정통 국제조약집

제2판 국가고시용

법리와 판단

윤경철 편저

국립외교원 시험

행정고시

변호사 시험

7급 외무영사직/

7급 및 9급 출입국관리직

경찰간부직

해양경찰공무원

지방직 시험 대비

· 한 손에 들고 찾아볼 수 있는 국내 유일한 조약집!
· 국내 모든 국가고시의 출제범위, 기본서에서의 비중,
  판례 이해를 위한 필요성에서 조약 선정!
· 번역문이 부실하거나 아예 없는 것, 개정이 미반영된 조약문을
  엄밀한 영문 대조로 수정하거나 직접 번역!

서문

제2판

2022년 2월 24일 러시아가 우크라이나를 침략했다. 그 과정에서 저질러진 러시아측의 전쟁범죄는 반드시 단죄되어야 한다. 하지만 전쟁으로 인한 원유, 가스, 농산물 수출제약으로 인해 각국의 원자재, 농산물 가격 등의 상승으로 전 세계 인플레이션을 야기하였다. 이에 대처하기 위해 다시 석탄의 사용이 증가하고 있다. 그런데 이것이 온실가스 감축을 위한 국제사회의 노력을 반감시키고 있다. 2021년 글래스고 기후총회때 합의했던 "2030년 기후목표(NDC) 상향"을 이행한 나라가 현재까지 193개국 가운데 26개국에 불과했다. 더 어려운 것은 2022년 10월 중국의 시진핑 제3기의 출범으로 미중간의 전략적 경쟁으로 인한 경제관계의 'Decoupling'은 더욱 격렬해질 것이다. 때를 맞춰 북한의 점증하는 핵 능력과 미사일 발사는 더욱 도발적이다. 한국은 미국의 확장억제력의 강화 속에 전술핵 도입 논의가 대두되고 있다. 루이 르네 베레 교수의 "국제법은 자살협정이 아니다"라는 말이 다가온다.

국가고시로서의 국제법 과목은 점차 조문과 법리 이해 및 전개에 역점을 두어 어려워지고 있다. 이번 제2판은 이에 발맞추어 생략되었던 조문의 일부를 기출문제에 맞추어 복원하였고 오역과 부실한 표현을 수정하였다. 무엇보다도 조문의 중요 키워드에 밑줄을 긋고 필요시에는 영어원문을 달아 이해를 더 수월하게 하였다. 마지막으로 기후대책관련 협약과 한반도 식민체제 청산 관련된 조약도 추가하였다.

조문은 반드시 이해하고 확인하고 숙달되어야 한다. 여러분 모두의 합격을 기원한다.

2023년 2월

연남재에서 *尹經撤*

제1판

애당초 국제조약집을 펴낼 생각은 없었다. 시중에 훌륭한 조약집이 많이 있기 때문이다. 그래서 수업시간에 기존 조약집을 반드시 지참하도록 하였다. 법학을 공부할 때 조문의 중요성은 아무리 강조해도 지나치지 않기 때문이다. 그런데 어느 날 신림동에서의 한 사건이 계기가 되었다. 한 여학생이 강의실에 들어올 때 여행용 카트를 끌고 들어오는 것이었다. 나중에 어디 놀러 가는가 싶었는데, 그 카트에서 수업용 교재가 마구 나오는 것이었다. 김대순 저『국제법론』, 정인섭 저『국제법 판례 100선』, 최승환 저『국제경제법』, 김승호 저『WTO 통상분쟁 판례해설(1), (2)』그리고 마지막으로 김대순, 김민서 편『국제조약집』이었다. 자그만 체구에 뻘겋게 달구어진 얼굴을 하고 가냘픈 팔로 한 권 한 권을 꺼내놓는 그 학생을 보면서 모두 한 번에 가지고 와야 하는 것도 아닌데 하면서도 가슴이 '짠'하였다.

그런데 힘들다고 불평할 만도 한데 나를 보면서 아무 말도 하지 않았다. 약간의 자부심과 약간의 두려움이 깃든 얼굴에서 툭 튀어나온 소리는 "선생님, 오늘도 조문 물어보실 거죠?"였다. 그랬다. 수업 초반부에 전날 강의 도중 강조한 일부 조문은 링 달린 '조문수첩'에 기재하여 암기시켰기 때문이다. 학생들한테는 당연히 고역이지만 주관식 2차 시험장에서 답안지에 특히 전문용어(terminology)의 법적 정의(legal definition)와 관련된 조항의 '숫자'와 그 내용을 깔끔하게 써 내려가려면 머리 속에 있어야 하고 또한 말로 읊어 낼 수 있으면 글로 쓸 수 있다는 내 신념 때문이었다. 물론 모든 조문에 대해 그럴 필요는 없다. 다소 긴 조문은 키워드만 숙지하면 된다. 또한 UN헌장 제51조상의 자위권 규정이 헌장 제7장 강제조치 내 맨 마지막에 위치한다는 점이 무엇을 의미하는지는 조약 전체의 구조를 봐야 알 수 있는 것이다. 객관식 시험에서도 조문의 출제비중은 70%가 넘는다. 최근에는 기본서에는 없으나 조약집에는 있는 구석진 부분도 출제되기도 하고 어떤 규정이 무슨 조약에 규정되어 있는지 여부도 출제된다. 수험생들로 하여금 간단한 요약서로 공부하지 말고 직접 조문을 읽고 확인하라는 '명령'처럼 느껴졌다. 살짝 살짝 문구 일부를 바꾸어 내는 오답도 재빨리 알아채려면 머릿속에 숙지하고 있어야 한다. 게다가 세계지도 내지 인터넷을 할 수 있는 '기기'도 준비하도록 하였다. 국제정세 내지 외교사와 관련된 판례의 배경 설명에 필요했기 때문이다. 더군다나 수업은 항상 막차 타고 가기에 충분한 시간을 두고 끝났다. 그래서 고민이 되었다. 공부보다 체력이 우선이라는 말을 할 수는 없었다. 기본 이론서는 『정통국제법』을 통해 줄여 놓았으니 이제는 기존 국제조약집의 부피를 어떻게든 줄여야 했다. 크기는 그야말로 '핸디'(handy)해야 했다. 그러나 작은 글씨를 보는 고통을 여러분에게 주고 말았다.

물론, 노량진과 강남, 대구, 부산에서 강의할 때에는 객관식 기출문제의 특성을 파악하여 필수적 조약만을 추려서 가제본 형식으로 펴낸 간단한 조약집이 있었다. 그런데 기본 이론서에서 잠깐 언급된 사항을 이해하는 것과 직접 조약집을 찾아서 한번 소리내어 읽어보는 것과는 상당한 차이가 있었다. 그런데 정작 조약집에는 필요한 조약이 없었다. 그래서 실증적인 이해가 어려웠다. 결국 부피는 줄이고 내용은 담보되는 조약집을 내도록 마음먹게 되었다.

제일 먼저 영한대역을 포기해야 했다. 이 부분은 지금도 마음이 아프다. 영문 조약에서 'shall'과 'should'는 우리말로 공히 '해야 한다'이지만 법적인 의미는 다르다. 전자는 법적 의무를 뜻하지만 후자는 강력한 촉구에 불과하다. 그래서 과거 외교부 번역본에서는 전자를 '한다'로 단정적인 표현으로 하였고 후자는 '해야 한다'로 썼을 것이다. 하지만 이러한 포인트는 이번 『정통 국제조약집』에서 포기해야 했다. 사이사이의 괄호 안에 표시를 할까, 중요 조문은 밑줄을 쳐줄까도 생각해 봤지만 시간과 부피가 장애였다. 애석하게도 단지 수업시간을 통해 알려 줄 수 있을 따름이다.

둘째, 1949년 제네바 인도법처럼 일부 조약은 총칙규정만 두고 나머지는 너무 길어 생략해야 했다. 항공형사법 분야의 동경협약과 헤이그협약, 우주법 분야의 반환협정, 등록협정, 달 협정, 한미 주둔군 지위협정, 1차 제네바 해양법, 일부 국제환경법, 다수의 WTO법 등은 아예 수록하지 않았다. 살점이 떨어져 나가는 것

같지만 부피축소라는 大義로 위안을 삼았다.

셋째, 어떤 조약 내지 문서를 넣을 것인가 하는 점이다. 일본 有斐閣 출판사에서 大沼保昭와 藤田久一가 펴낸 『國際條約集』같이 일본이 관련된 광범위하고 포괄적인 조약, 결의, 그리고 국내 법령 등은 내 능력 바깥의 문제였고 내가 할 일도 아니었고 또한 한국의 국가고시 대비 목적으로는 적합하지 않는 것이었다. 선정기준은 국내 전 국가고시 출제분야, 기본 교과서에서의 비중, 판례 이해를 위한 필요성에서 찾았다.

넷째, 한글 조문의 출처는 주로 법제처 산하 국가법령정보센터(http://www.law.go.kr), 외교통상부 이슈별 자료실의 조약과 국제법, 유네스코한국위원회(http://www.unesco.or.kr), 국제법평론 등이다. 특히 국가면제와 국가승계분야는 단국대 김석현 교수의 번역문을 참조했다. 찾다 찾다 포기하려는데 선생님은 이미 깃발을 휘날리고 있었다.

다섯째, 번역문이 부실하거나 개정 조약문이 반영되지 않거나 아예 없는 것은 영문을 엄밀히 대조하면서 수정을 하거나 직접 번역하였다. ICJ 규칙, 환경선언문, 외교보호초안, A규약 선택의정서 등이다. 직역을 원칙으로 영문의 본래의도와 우리말의 법령 용례와 어순을 유념하면서 걱정과 사명감으로 시도하였다. ICJ는 임의관할권이 원칙이라면 규정 제36조 1항에서 당사'자'가 아닌 당사국'들'이라고 번역되어야 했다. 규정 제38조 1항 d호에서 제59조의 제한을 받는 것은 학설이 아닌 사법결정 하나만이라고 명백히 표현되어야 했다.

여섯째, 국제법의 발전과정을 역사적으로 알게 하려고 분야별이 아닌 시대순대로 배열하였다. 무슨 협약이 무슨 협약보다 우선이니 나중이니 하는 객관식 문제에 대한 반감 때문이기도 하다.

일곱째, 가장 기초적인 UN 총회와 안보리 결의 및 국내법령을 실었다. 안보리 결의가 어떨 때 권고에 해당하고 어떨 때 결정에 해당하는지는 직접 읽어 문구를 확인해 봐야 확실히 알게 되기 때문이다. 인터넷만 두드리면 찾을 수 있는 자료는 게으름을 핑계로 만들어 버린다.

학교 다닐 때 한국외국어대 이장희 교수는 국제법 강의시간에 국제조약집을 필히 지참하도록 하셨고 중요 조문은 학생들로 하여금 일일이 큰 소리로 읽게 하셨다. 한번은 깜빡 잊고 친구들에게 빌리느라고 허둥대던 때가 떠오른다. 종군 위안부 문제로 열변을 토한 후 다음 수업을 진행하려다 잠시 지체되어 왜 그런가 하고 올려보니 선생님이 등을 돌리고 눈물을 닦는 모습을 맨 앞자리에 앉은 내가 목격하던 때도 있었다. 삼복 더위에 큰 수건을 아예 목에 두르고 흐르는 땀을 왼손으로 닦고 '기갑사단'이라 칭하면서 오른손으로 가지런한 판서와 국제법에 대한 '생각의 근육'을 키워주신 고려대 박기갑 교수, 대한국제법학회 차원에서 잘못 번역된 UN 헌장을 언제 제대로 수정할 것이냐고 일갈하시던(내 자리 바로 앞에서) 故 박춘호 교수, 공부하면서 매사에 항상 감사한 마음을 지녀야 함을 강조하셨던 경희대 최승환 교수 등 이분들이 그때 왜 그랬을까라는 의문에 대해 이제 나이가 들어보니 조금은 알 것 같다. 이런 연력이 이 국제조약집을 펴내게 된 원동력이다.

1989년에 말년 휴가를 울릉도로 갔을 때만 해도 독도를 가려면 울릉도 경찰서장에게 일주일 전에 신고해야 한다기에 포기한 적이 있었다. 그 후 국제법학회 차원에서 독도를 방문할 기회가 두 차례나 있었는데 강의 때문에 못 갔다. 마침내 2014년 8월 1일 환갑을 맞이한 이모님들을 모시고 하늘의 도움으로 드디어 독도에 발을 디뎠다. 독도를 배우고 독도를 가르치다가 독도에 도착하니 갑자기 애국주의자가 되는 느낌이었다. 사진으로만 보던 몇몇 화초 때문에 평소 텃밭이라도 있겠지 하는 생각은 완전 오산이었다. 선착장에서부터 독도수비대가 있는 저 높은 곳까지 짐 싣는 케이블이 지나는 전체가 돌섬이었다. 사람들이 태극기로 온 몸을 치장하게 되는 기분도 이해가 되었다. 사진 찍는 30분이 무척 짧았어도 어딘가 문어 파는 사람이 있을 텐데 하고 찾았는데 없었다. 그래서 다급한 마음에 선착장 앞 탁자 위에 기념품을 파는 어떤 젊은이한테 "오늘 김성도 씨 안 나오셨어요?" 하고 큰 소리로 물어보았다. 그때 바로 뒤에서 "나, 여기 있소"라는 목소리가 들려왔다. 뒤돌아보고 너무 반가워서 아저씨한테 뽀뽀를 할 뻔했다. 문어가 요새 잡히지 않아 도청 도움으로 기념품을 파신단다. 난 그 가격이 좀 비싸도 많이 샀다. 그래야 할 이유가 있다. 한국 정부가 독도 주민에게 과세

했다는 주권 행사 가능성을 높여야 행여 국제제판소에 간다 해도 effectivités를 강화할 수 있기 때문이다. 떠나는 것이 너무 안타까워 뭔가 평생 기억할 것이 없을까 하다가 섬 가장자리의 조약돌 두세 개를 얼른 집어넣었다. 그런데 돌아오는 배 안에서 어떤 고등학교 선생님이 학생들에게 독도 전체가 천연기념물인데 함부로 돌멩이라도 주워 오는 몰지각한 사람이 있다고 한 순간 내 가슴이 정말 뜨끔하였다. 지하철 2호선 시청역과 9호선 당산역에 독도 실물 모형을 세워 준 그 누군가에게도 고마움을 느낀다.

부피는 줄이면서 내용은 늘리려는 나와 신경전을 편 배움 출판사 관계자와 언제 출간되느냐고 다그치던 박문각 남부행정고시학원과 대구 한국공무원학원 관계자에게 미안함과 고마움을 느낀다. 수험생들의 叱正을 바라고 고난의 행군 속에서 당당한 합격을 기원한다.

2015년 5월 15일

연남재에서 *尹經撤*

Vox Clamanits in Deserto.

You have to be uncommon.

Life is tough. If you are stupid, it is tougher.

자신이 가야 할 길을 알고 그 길을 정확히 가고 있는 사람은 그만큼 자신의 삶이라는 객관적 사실에 맞서 감내해야 할 그 무엇인가가 존재한다. 그러나 그 사람의 누더기뿐인 뒷모습은 늘 아름답다...

목차

목차

제2편 WTO법

제3편 총회/안전보장이사회 결의

제4편 한국 관련 문서

시대순
일반 국제법 영역

1 1907년 국제분쟁의 평화적 해결을 위한 (헤이그) 협약 (Convention for the Pacific Settlement of International Disputes)

채택일 : 1907.10.18.
발효일 : 1910.1.26.
한국 발효일 : 2000.2.21.

...(각 체약국)은 보편적 평화유지를 위하여 노력할 진지한 소망에 기하여, 전력을 다하여 국제분쟁의 우호적 해결을 촉진하기로 결의하고, 문명국가 사회의 구성원들을 단결시키는 연대를 인식하고, 법의 영역의 확장과 국제 정의의 존중의 강화를 희망하고, 모든 독립국들에게 개방되어 있는 중재재판소의 항구적 설립이 이러한 목표달성에 효과적으로 기여할 것이라고 확신하며, 일반적이고 정규적인 중재절차 조직을 이용함이 유익하다는 것을 고려하고, 모든 국가의 안전 및 모든 민족의 복지의 기초가 되는 형평과 정의의 원칙을 국제적 협정으로서 기록하는 것이 긴요하다는 존경하는 만국평화회의 주창자의 의견에 공감하면서,

이러한 목적으로 조사위원회 및 중재재판소의 실제 기능이 향상되도록 보장하고 간이절차를 허용하는 사건을 중재재판에 회부함을 용이하게 하기를 희망하며, 국제분쟁의 평화적 해결을 위한 제1차 평화회의의 작업을 일부 수정하여 완성하는 것이 필요하다고 생각하고, 체약국들은 이러한 목적을 위하여 신 협약을 체결하기로 결정하고 각각 다음과 같이 전권위원을 임명하였다. (전권위원의 성명 생략) 적합·타당한 형식을 갖추었다고 인정된 전권위임장을 기탁한 후, 이들 전권위원들은 다음과 같이 합의하였다.

제1장 일반적 평화의 유지

제1조 국가 간의 관계에서 무력에 호소하는 것을 가능한 한 막기 위하여, 체약국은 국제적 이견의 평화적 해결을 보장하기 위하여 최선의 노력을 다할 것에 합의한다.

제2장 주선과 중개

제2조 체약국은 중대한 의견의 불일치나 분쟁의 경우 군사력에 호소하기 전에 사정이 허락하는 한, 하나 또는 다수의 우호적인 국가에 주선이나 중개를 의뢰할 것에 합의한다.

제3조 체약국은 위 의뢰와는 별도로, 분쟁과 관계가 없는 하나 또는 다수의 국가가 스스로의 발의에 의하여 사정이 허락하는 한 분쟁당사국에 주선과 중개를 제공하는 것이 유익하며 바람직하다고 인정한다. 분쟁과 관계가 없는 국가는 분쟁당사국의 적대행위가 진행 중인 동안에도 주선이나 중개를 제공할 권리를 가진다. 분쟁당사국들은 위 권리의 행사를 결코 비우호적인 행위로 간주할 수는 없다.

제4조 중개자의 임무는 상반된 주장을 조정하고 분쟁당사국 간에 발생할 수 있는 적대감을 유화시키는 것이다.

제5조 중개자의 기능은 분쟁당사국의 일방 또는 중개자 스스로

가 중개자가 제시한 조정수단이
수락되지 아니하였다고 선언하
는 때에 종료된다.

제6조 주선과 중개는 분쟁당사
국의 의뢰에 의하든가 분쟁과 관
계가 없는 국가의 발의에 의하든
가를 불문하고 전적으로 권고의
성격을 가지며 구속력을 가지지
아니한다.

제7조 중개의 수락은 다른 합
의가 없는 한, 전쟁준비를 위한
동원이나 기타의 조치를 중지·
연기·방해하는 효력을 가질 수
없다.

중개의 수락이 적대행위의 개
시 후에 이루어졌다면, 다른 합의
가 없는 한 진행 중인 군사작전은
중지시키지 아니한다.

제8조 모든 체약국은 사정이
허락하는 한 다음과 같은 형태의
특별중개를 권고하기로 합의하
였다.

평화를 위협하는 중대한 이견
이 발생한 경우, 각 분쟁당사국은
평화관계의 파괴를 방지하기 위
하여 일국을 선정, 타방이 선정한
국가와 직접교섭의 임무를 위탁
한다.

별도의 규정이 없는 한 위 위임
의 기간은 30일을 초과할 수 없으
며, 이 기간 중 분쟁당사국은 해
당 분쟁문제를 중개국에게 일임
한 것으로 간주하여 이에 대한 모
든 직접교섭을 중지하고, 위 중개
국은 분쟁 해결을 위하여 최선의
노력을 다하여야 한다.

평화관계가 분명하게 단절된
경우, 위 중개국들에게는 평화회
복을 위하여 모든 기회를 이용하
여야 할 공동임무가 부과된다.

제3장 국제조사위원회

제9조 체약국은 명예나 중대한
이익과 관련된 것이 아니고 단순
히 사실문제에 대한 견해 차이로
야기된 국제적 성격의 분쟁의 경
우에 있어, 외교수단에 의한 합의
가 불가능하게 된 당사국은 사정
이 허락하는 한 공평하고 양심적
인 조사를 통하여 사실을 명확히
함으로써 분쟁해결이 용이하도
록 국제조사위원회를 설치하는
것이 유익하고 바람직하다는 것
을 인정한다.

제10조 국제조사위원회는 분쟁
당사국 간의 특별협약에 의하여
구성된다.

조사협약은 검토할 사실을 규
정하고 위원회의 조직 방법 및 시
기와 위원의 권한을 정한다.

또한 위 협약은 조사위원회의 소재
지 및 소재지 변경의 허용여부, 위
원회가 사용할 언어 및 위원회에서
사용할 수 있다고 공인된 다른 언
어, 그리고 각 분쟁당사국이 사실진
술서를 제출할 기일과 분쟁당사국
간에 합의한 모든 조건을 정한다.
분쟁당사국이 배석위원을 임명
할 필요가 있다고 판단할 때에는
조사협약은 그 선임방법과 권한
을 정한다.

제11조 조사협약이 위원회의 소
재지를 지정하지 아니하는 경우
조사위원회는 헤이그에 소재한다.
조사위원회는 분쟁당사국의 동
의 없이는 일단 정하여진 개최지
를 변경할 수 없다.

조사협약이 조사위원회에서 사
용할 언어를 정하지 아니하는 경우
에는 조사위원회가 이를 정한다.

제12조 별도의 결정이 없는 한
조사위원회는 이 협약 제45조 및
제57조에서 규정한 방법으로 조
직된다.

제13조 조사위원이나 배석위원 중 1인이라도 사망·사임 그밖에 다른 이유로 직무수행이 불가능하게 된 경우에는 그를 임명할 때와 동일한 방법으로 그 공석을 충원한다.

제14조 분쟁당사국은 조사위원회에서 자국을 대표하고 분쟁당사국과 위원회 간의 중간매개자의 역할을 수행하는 특별대리인을 지명할 권리를 가진다.

또한 분쟁당사국은 조사위원회에서 사건에 대하여 진술하고 자국의 이익을 지지하도록 법률고문 또는 변호인을 선임할 수 있다.

제15조 상설중재재판소 국제사무국은 헤이그에 소재하는 조사위원회의 서기국 역할을 수행하며, 체약국이 조사위원회를 이용할 수 있도록 그 사무실과 직원을 제공하여야 한다.

제16조 조사위원회가 헤이그 이외의 장소에서 개최되는 경우, 위원회는 해당 위원회의 서기국으로서의 역할을 수행할 1인의 사무국장을 임명한다.

서기국은 위원장의 지휘 하에 위원회 회의장에 필요한 준비, 조서의 작성 및 조사기간 중 문서관리 업무를 담당하며, 이 문서는 후에 헤이그에 위치한 국제사무국에 이관되어야 한다.

제17조 체약국은 당사국들이 별도의 규칙을 채택하지 아니하는 한, 조사위원회의 구성 및 운영을 원활하게 할 목적으로 조사절차에 다음의 규칙들을 적용할 것을 권고한다.

제18조 조사위원회는 조사협약이나 이 협약이 규정하지 아니한 세부절차를 결정하며 증거를 다루는데 필요한 모든 절차를 준비한다.

제19조 조사에서는 양 분쟁당사국의 의견을 모두 들어야 한다. 각 분쟁당사국은 예정기일에, 필요한 경우, 사실에 대한 진술, 모든 경우에 사실의 진상을 밝히는 데 필요하다고 생각하는 증서·문서 및 기타의 서류, 그리고 자국이 조사하기를 원하는 증인 및 감정인의 명부를 조사위원회 및 타방당사국에 송부한다.

제20조 조사위원회는 분쟁당사국의 동의를 얻은 후 위의 조사수단을 사용하기에 유용하다고 판단되는 곳으로 일시적으로 이전하거나 1인 또는 다수의 위원을 그곳에 파견할 수 있다. 이 경우 그 조사가 실시될 지역의 관할국가의 승낙을 요한다.

제21조 모든 조사와 현지의 검증은 분쟁당사국의 대리인과 법률고문이 출석하거나 그들을 정당하게 소환한 후 행하여져야 한다.

제22조 조사위원회는 위원회가 필요하다고 판단하는 설명이나 정보를 어느 분쟁당사국에게나 청구할 권리를 가진다.

제23조 분쟁당사국은 가능한 한 당해 사실에 대한 완전한 숙지와 정확한 평가를 위하여 필요한 모든 수단방법과 편의를 조사위원회에 제공할 것을 약속한다.

분쟁당사국은 위원회의 소환을 받은 자국 영토 안에 소재하는 증인과 감정인의 출석을 보장하기 위하여 국내법에 의하여 행할 수 있는 모든 수단을 취할 것을 약속한다.

증인 또는 감정인이 조사위원회에 출석하는 것이 불가능한 경우 분쟁당사국은 자격있는 자국 관리 앞에서 이들의 증언이 행하여질 수 있도록 조치한다.

제24조 조사위원회가 체약국인

제3국의 영토 안에서 행하는 모든 통고는 위 위원회가 직접 당해국 정부 앞으로 이를 하여야 한다. 현지에서 증거수집절차를 행할 때에도 이와 동일하다.

위 청구를 받은 국가는 그 국내법이 허용하는 한 그 청구를 이행하여야 한다. 이 청구는 그 국가의 주권이나 안전을 해친다고 인정되는 경우를 제외하고는 거절할 수 없다.

위원회는 또한 언제나 그 소재지의 국가를 통하여 활동할 권리를 동등하게 가진다.

제25조 증인 및 감정인은 분쟁당사국의 청구에 의하여 또는 위원회의 직권으로 소환되며, 어떠한 경우에도 증인 및 감정인이 소속한 국가의 정부를 통하여 소환된다.

증인의 심문은 위원회가 정한 순서에 따라 대리인과 법률고문이 출석한 가운데 분리하여 연이어서 이를 행한다.

제26조 증인의 신문은 위원장이 행한다.

그러나 조사위원회의 위원은 각 증인의 증언을 명확히 하거나 보완하기 위하여, 또는 진실에 이르기 위하여 필요한 범위 안에서 증인에 관한 모든 정보를 얻기 위하여 적합하다고 보여지는 질문을 증인에게 할 수 있다.

분쟁당사국의 대리인과 법률고문은 증인이 증언할 때에 중단시킬 수 없고 직접 증인에게 질문할 수 없지만, 그들이 필요하다고 판단하는 보충적 질문을 증인에게 행하도록 위원장에게 요청할 수 있다.

제27조 증인은 증언을 할 때에 서면으로 된 문안을 낭독하는 것이 허용되지 아니한다. 그러나 진술하여야 할 사실의 성질상 메모 또는 서류를 사용함을 필요로 하는 경우에는 위원장의 허가를 얻어 이를 참고할 수 있다.

제28조 증인의 증언조서는 즉시 이를 작성하여 증인에게 낭독된다. 증인은 그가 필요하다고 생각하는 것을 변경하거나 추가할 수 있으며, 이러한 사실은 증언의 끝부분에 기재된다.

증인에게 증언의 전부를 읽어준 후 위원회는 증인에게 이에 서명하도록 요청한다.

제29조 대리인은 조사 진행 중에, 또는 조사 종료 시에 진실확인에 유익하다고 간주하는 진술·청구 또는 사실의 요약을 위원회 및 타방당사국에 서면으로 제출할 수 있다.

제30조 위원회는 결정을 비공개로 심의하고, 그 심리는 비밀로 한다.

모든 결정은 위원회 위원의 과반수의 찬성에 의한다.

투표에 참여하기를 거부하는 위원이 있는 경우 이를 조서에 기록하여야 한다.

제31조 위원회의 회합은 비공개로 하며, 조서 및 조사관련 문서는 분쟁당사국의 동의를 얻어 위원회가 공개하기로 결정한 경우를 제외하고는 비공개로 한다.

제32조 분쟁당사국으로부터 모든 설명과 증거가 제시되고 모든 증인의 진술이 끝나면, 위원장은 조사의 종결을 선언하고 위원회는 그 보고서를 심의하고 작성하기 위하여 정회한다.

제33조 위원회의 모든 위원은 보고서에 서명한다.

위원 중 보고서에 서명하기를 거부하는 자가 있는 경우 그 사실을 기재한다. 그러나 이는 보고서의 효력에 영향을 미치지 아니한다.

제34조 위원회의 보고서는 분쟁당사국의 대리인 및 법률고문이 출석하거나, 이들이 정당하게 소환된 공개 장소에서 낭독한다. 보고서의 사본은 각 분쟁당사국에게 송부된다.

제35조 위원회의 보고서는 사실의 선언에 한정되며 중재재판 판정의 성질을 가지지 아니한다. 사실의 선언에 대하여 어떠한 효력을 부여하느냐는 전적으로 분쟁당사국의 재량이다.

제36조 분쟁당사국은 각자의 비용을 부담하며, 위원회의 비용을 동등하게 부담한다.

제4장 국제중재재판

제1절 중재재판제도

제37조 국제중재재판은 국가 간의 분쟁을 체약국들이 스스로 선정한 재판관에 의하여 <u>법의 존중을 기초로 하여(on the basis of respect for law)</u> 해결하는 것을 목적으로 한다.

중재재판에 의뢰하는 것은 그 판정에 충실히 따른다는 약속을 포함한다.

제38조 체약국은 법적 성격의 문제와 특히 국제조약의 해석 또는 적용상의 문제에 있어서, 중재재판이 외교적으로 해결하지 못한 분쟁을 해결하는 가장 효과적이고 공평한 방법이라는 것을 인정한다.

따라서 전기의 문제에 관한 분쟁이 발생한 경우에는 사정이 허락하는 한 체약국이 이를 중재재판에 의뢰할 것이 요망된다.

제39조 <u>중재재판협약은 이미 존재하거나 장차 발생할 수 있는 분쟁을 위하여 체결된다.</u>
중재재판협약은 <u>모든 분쟁 또는</u> 특정 범주의 분쟁을 포괄할 수 있다.

제40조 중재재판에의 의뢰를 체약국의 의무로서 명백하게 규정하고 있는 일반조약이나 특별조약의 유무를 불문하고, <u>체약국은 중재재판에 복종하는 것이 가능하다고 판단되는 모든 경우에 강제적 중재재판을 적용할 목적으로 새로운 일반적 또는 특별한 협정을 체결할 권리를 보유한다.</u>

제2절 상설중재재판소

제41조 체약국은 외교적으로 해결이 불가능한 국제적 이견의 즉각적인 중재재판 의뢰가 용이하도록, <u>제1차 평화회의에서 설립되었고 언제든지 개방되어 있으며</u> 분쟁당사국 간에 다른 규정이 없는 한 이 협약에 규정된 절차규칙에 따라 운용되는 상설중재재판소를 유지할 것을 약속한다.

제42조 <u>상설중재재판소는 분쟁당사국이 특별법정을 설립하기로 합의하는 경우를 제외하고는 모든 중재사건에 대하여 관할권을 가진다.</u>

제43조 상설중재재판소는 <u>헤이그</u>에 소재한다. 국제사무국은 이 재판소의 서기국의 역할을 수행한다. 국제사무국은 재판 개정과 관련한 연락창구의 역할을 수행하며, 문서관리 업무를 담당하고, 모든 행정적 업무를 수행한다.

체약국은 체약국 간에 합의된 중재재판에 관한 모든 조건과 체약국과 관련하여 특별법정에 의하여 행하여진 모든 판정의 인증 등본을 가능한 한 속히 사무국에 송부할 것을 약속한다.

체약국은 또한 재판소가 내린 판정의 집행을 증명할 수 있는 법률·규칙 및 서류를 사무국에 송부할 것을 약속한다.

제44조 각 체약국은 국제법상의 문제에 능력이 잘 알려져 있고 덕망이 매우 높으며 중재재판관(Arbitrators)의 임무를 수락할 용의가 있는 자로서 4인 이하(at the most)의 중재재판관을 선정한다.

이와 같이 선정된 자는 재판소의 중재재판관(Members)으로 명부에 기입되며 사무국은 이 명부를 모든 체약국들에게 통고하여야 한다.

사무국은 중재재판관의 명부에 변경이 있을 때마다 이를 체약국에 통고한다.

두 개의 국가 또는 그 이상의 국가는 공동으로 1인 또는 그 이상의 중재재판관의 선정에 합의할 수 있다. 동일인이 다수 체약국에 의하여 선정될 수 있다. 중재재판관은 6년 임기로 임명되며, 연임이 가능하다.

중재재판관이 사망하거나 사임한 경우에는 그를 임명할 때와 동일한 방법으로 그 공석을 충원한다. 이 경우 새로운 6년 임기로 임명된다.

제45조 체약국이 상호 간에 발생한 이견을 해결하기 위하여 상설중재재판소에 의뢰하기를 원하는 경우, 그 이견을 판정할 권한을 가지는 법정을 구성하는 중재재판관은 중재재판관(Members)의 총명부에서 선정되어야 한다.

중재법정의 구성에 관하여 체약국 간의 합의가 없는 경우에는 아래와 같은 방법에 의한다.

각 분쟁당사국은 각각 2인의 중재재판관을 임명하며 그중 1인은 자국인 또는 자국이 상설중재재판소의 중재재판관으로 임명한 자 중에서 선정하여야 한다. 이들 중재재판관들은 합동으로 1인의 상급중재재판관을 선정한다.

투표 결과가 동수인 경우에는 분쟁당사국 간에 공동 합의로 선정한 제3국에 상급중재재판관의 선정을 위임한다.

위 선정에 대한 합의가 이루어지지 아니하는 경우에는 각 분쟁당사국은 각각 다른 1국을 지정하며, 이들 지정된 국가들이 협력하여 상급중재재판관을 선정한다. 지정된 2국이 2월 이내에 합의하지 못하는 경우 이들 국가는 각각 분쟁당사국이 임명하지 아니하였으며 분쟁당사국의 국적을 가지지 아니한 자로서 상설중재재판소 중재재판관명부에서 2인의 후보자를 추천한다. 추천된 후보자들 중에서 추첨에 의하여 상급중재재판관을 결정한다.

제46조 법정이 구성되면 분쟁당사국은 법정에 의뢰하기로 한 결정과 중재합의문 및 중재재판관의 이름을 사무국에 통고한다. 사무국은 지체없이 각 중재재판관에게 중재합의와 그 법정의 다른 중재재판관의 성명을 통지한다.

법정은 당사국들이 정한 기일에 개정한다. 사무국은 이를 위하여 필요한 시설을 제공한다.

법정의 중재재판관은 임무 수행 중 자국을 제외한 지역에서 외교특권 및 면제를 향유한다.

제47조 사무국은 모든 특별중재법정의 집무를 위하여 사무국의 시설과 직원을 체약국이 사용할 수 있도록 제공한다.

상설중재재판소의 관할권은 분쟁당사국이 이 법정에 의뢰하기로 합의한 경우에는, 규칙에 정하여진 조건에 의하여 비체약국 간 또는 체약국과 비체약국 간의 분쟁에도 확장될 수 있다.

제48조 체약국은 둘 또는 그 이상의 국가 간에 심각한 분쟁이 발발할 위험이 있는 경우, 이들

국가에게 상설중재재판소가 개방되어 있음을 상기시키는 것을 체약국의 의무로 간주한다.

따라서 체약국은 분쟁당사국에게 이 협약의 규정을 상기시키고 지고한 평화의 이익을 위하여 상설중재재판소에 의뢰할 것을 권고하는 것은 오직 우호적인 행위로만 간주될 수 있음을 선언한다. 양국 간에 분쟁이 발생한 경우 그 일방은 당해 분쟁을 중재재판에 회부할 의사가 있다는 선언을 담고 있는 문서를 언제든지 국제사무국에 송부할 수 있다.

사무국은 즉시 이 선언을 타방당사국에게 통지하여야 한다.

제49조 상설집행이사회는 헤이그에 파견된 각 체약국의 외교대표와 집행이사회 의장인 네덜란드 외무장관으로 구성되며 국제사무국을 지휘·감독할 책임을 진다.

집행이사회는 집행이사회의 의사규칙 및 기타 필요한 제 규칙을 정한다. 집행이사회는 재판소의 직무수행과 관련하여 야기될 수 있는 행정적인 제 문제를 결정한다. 집행이사회는 사무국의 직원과 고용인의 임명 및 정직·파면에 관한 전권을 가진다.

집행이사회는 봉급 및 수당을 정하며 전반적인 지출을 감독한다. 집행이사회는 정당하게 소집된 회합에 있어서 9인 이상의 출석자가 있는 경우에 유효한 평의를 할 수 있다. 그 결정은 다수결에 의한다.

집행이사회는 집행이사회가 채택한 규칙을 지체없이 체약국에 통지한다. 집행이사회는 매년 재판소의 업무, 행정업무의 집행 및 지출에 관한 연례보고서를 체약국에 제출한다. 또한 그 보고서에는 제43조제3항 및 제4항에 의하여 체약국이 사무국에 송부한 서류의 주요 내용의 요약이 포함된다.

제50조 각 체약국은 만국우편연합 국제사무국을 위하여 정한 비율에 따라 사무국의 경비를 부담한다. 가입국이 부담하는 경비는 그 가입이 효력을 발생한 날부터 계산된다.

제3절 중재재판절차

제51조 중재재판의 발전을 촉진하기 위하여 체약국은 분쟁당사국이 다른 규칙에 합의하지 아니하는 한 중재재판절차에 적용할 다음의 규칙을 합의하였다.

제52조 중재재판을 의뢰한 체약국은 분쟁의 목적, 중재재판관의 임명에 허용된 기간, 제63조에서 규정한 통지를 행하는 형식·순서 및 기한, 그리고 각 분쟁당사국이 비용을 충당하기 위하여 예탁하여야 하는 금액을 정한 중재합의에 서명한다.

중재합의는 또한 필요에 따라서 중재재판관의 임명 방법, 법정이 궁극적으로 가질 수 있는 특별한 권한, 중재법정의 소재지, 법정이 사용할 언어와 법정에서 사용하도록 허용된 언어 기타 일반적으로 분쟁당사국이 합의한 모든 조건을 정한다.

제53조 상설중재재판소는 분쟁당사국이 당해 재판소에 위임하기로 합의한 경우에는 중재합의를 정할 권능을 가진다.

외교경로에 의하여 합의에 도달하지 못한 때에는 상설중재재판소는 아래의 분쟁의 경우에 분쟁당사국 중 일방만이 신청을 한 때에도 같은 권능을 가진다.

(1) 이 협약 발효 후에 체결 또는 갱신되는 일반 중재조약으로서 모든 분쟁에 대하여 중재합의

를 예정하고 명시적으로나 묵시적으로 중재합의를 정하는 상설중재재판소의 권능을 배제하지 아니하는 조약의 적용범위에 속하는 분쟁. 다만, 분쟁당사국 중 타방당사국이 자국의 견해로는 당해 분쟁이 의무적으로 중재재판에 회부되는 범주에 속하지 아니한다고 선언한 경우에, 중재조약이 이 선결문제를 결정할 권한을 중재법정에 부여하지 아니하는 한 상설중재재판소에 회부되지 아니한다.

(2) 체약국 중 일방국이 자국 국민에게 지불하여야 한다고 타방국에 대하여 주장하는 계약상의 채무로부터 발생하는 분쟁으로서 그 해결을 위하여 중재재판의 제의가 수락된 분쟁. 이 규정은 그 수락이 중재합의를 다른 방법으로 정할 것을 조건으로 이루어진 경우에는 적용되지 아니한다.

제54조 전조에 해당하는 경우에 제45조제3항 내지 제6항에서 규정한 방법으로 임명된 5인의 위원으로 구성된 위원회가 중재합의를 정한다. 제5의 위원이 그 위원회의 당연직 의장이 된다.

제55조 중재재판관의 임무는, 분쟁당사국이 임의로 선정하거나 또는 본 협약에 의하여 설립된 상설중재재판소의 재판관중 분쟁당사국이 선정한 1인 또는 수인의 중재재판관에게 부여된다. 분쟁당사국 간 합의에 의한 법정의 구성이 실패한 경우에는 제45조제3항 내지 제6항에서 규정하고 있는 방법에 의한다.

제56조 <u>1국의 군주 또는 국가원수가 중재재판관으로 선정된 경우에는 그가 중재재판절차를 결정한다.</u>

제57조 상급중재재판관은 중재법정의 당연직 재판장이 된다. 상급중재재판관이 없는 경우에는 중재법정이 그 재판장을 임명한다.

제58조 제54조의 규정에 의하여 위원회가 중재합의를 정하는 경우에는 별도의 규정이 없는 한 위원회 스스로 중재법정을 구성한다.

제59조 중재재판관의 1인이 사망·사임 또는 그밖에 다른 사유로 그 직무를 수행할 수 없는 경우에는 그를 임명한 때와 동일한 방법으로 그 공석을 충원한다.

제60조 분쟁당사국이 다른 소재지를 지정하지 아니하는 한 법정은 헤이그에 소재한다. 법정은 제3국의 동의없이 그 영토 안에 소재할 수 없다. 일단 법정의 소재지가 선정되면 분쟁당사국이 동의한 경우 외에는 법정이 이를 변경할 수 없다.

제61조 사용될 언어가 중재합의에서 정하여지지 아니한 경우 법정이 이를 정한다.

제62조 분쟁당사국은 자국과 법정 간의 중간매개자의 역할을 수행하기 위하여 법정에 출석할 특별대리인을 임명할 권리를 가진다. 분쟁당사국은 자국의 권리와 이익을 변호하기 위하여 법률고문 또는 변호인을 임명하여 법정에서 변호시킬 권리를 가진다. 상설중재재판소의 재판관은 그를 재판소의 재판관으로 임명한 국가를 위한 경우를 제외하고는 대리인·법률고문 또는 변호인의 직무를 행사할 수 없다.

제63조 일반적으로 중재재판절차는 서면예심과 구두심문의 두 단계로 이루어진다. 서면예심은 각 대리인이 재판부의 재판관과 타방당사국에게 진술서·항변서

및 필요한 경우 답변서를 송부하는 것이다. 분쟁당사국은 사건에서 요구되는 모든 문서 및 서류를 여기에 첨부한다. 송부는 중재합의에 의하여 정하여진 순서와 기한 내에 직접 또는 국제사무국을 경유하여 행하여져야 한다. 중재합의에서 정한 기한은 분쟁당사국의 상호 합의 또는 법정이 정당한 판결을 위하여 필요하다고 인정하는 경우 법정에 의하여 연장될 수 있다. 구두심문은 법정에서 분쟁당사국의 주장을 구두진술하는 것이다.

제64조 분쟁당사국 중 일방이 제출한 모든 서류의 인증등본은 타방당사국에게 송부되어야 한다.

제65조 특별한 사정이 있는 경우를 제외하고는 법정은 서면예심이 종결될 때까지 개정하지 아니한다.

제66조 구두심문은 재판장의 지휘 아래 행하여진다. 구두심문은 분쟁당사국의 동의를 얻어 법정이 공개하기로 결정한 경우에 한하여 공개한다. 구두심문은 재판장이 임명한 서기관이 작성하는 조서에 기록된다. 재판장과 1인의 서기관이 이 조서에 서명하며 이 서명된 조서만이 정본의 성격을 가진다.

제67조 서면예심이 종결된 후에, 법정은 분쟁당사국 중 일방이 타방의 동의없이 추가로 제출하기를 원하는 모든 새로운 문서와 서류에 대한 심문을 거부할 권리를 가진다.

제68조 법정은 분쟁당사국의 대리인이나 법률고문이 제기한 새로운 문서나 서류를 고려할 재량이 있다. 이러한 경우에 법정은 이 문서 또는 서류의 제출을 요구할 수 있되, 이를 타방당사국에 통지함을 요한다.

제69조 법정은 그 외에 분쟁당사국의 대리인에게 모든 문서의 제출과 이에 관한 모든 필요한 설명을 요구할 수 있다. 거절할 경우에 법정은 이를 기록한다.

제70조 분쟁당사국의 대리인과 법률고문은 그 사건의 변호를 위하여 유익하다고 생각하는 모든 주장을 법정에서 구두로 진술할 수 있다.

제71조 대리인과 법률고문은 항변과 쟁점을 제기할 권리를 가진다. 쟁점에 대한 법정의 결정은 종국적이며, 새로이 이를 논의할 수는 없다.

제72조 법정의 중재재판관은 분쟁당사국의 대리인과 법률고문에게 질문하고 의문이 있는 쟁점에 대하여는 설명을 요구할 권리가 있다. 심문의 진행 중에 법정의 중재재판관이 행한 질문이나 발언은 법정 전체 또는 법정의 특정재판관이 의견을 표명한 것으로 간주되지 아니한다.

제73조 법정은 중재합의 및 원용할 수 있는 다른 조약을 해석하고 법의 원칙을 적용할 권한을 선언할 수 있다.

제74조 법정은 사건의 진행을 위하여 절차규칙을 발표하고, 각 분쟁당사국이 최종 진술을 하는 방법·순서 및 기한을 정하며, 증거조사에 관한 모든 형식을 정할 권리를 가진다.

제75조 분쟁당사국은 가능한 한 법정의 판정을 위하여 필요한 모든 정보를 법정에 제공할 것을 약속한다.

제76조 법정이 체약국인 제3국의 영토 안에서 행하는 모든 통고는 직접 당해국 정부 앞으로 하여야

한다. 현지에서 증거수집절차를 행할 때에도 동일하다. 위의 청구를 받은 국가는 그 국내법이 허용하는 한 그 청구를 이행하여야 한다. 이 청구는 그 국가의 주권이나 안전을 해친다고 인정되는 경우를 제외하고는 거절할 수 없다. 상설중재재판소는 또한 언제나 소재지의 국가를 통하여 활동할 수 있는 권리를 동등하게 가진다.

제77조 분쟁당사국의 대리인과 법률고문이 그 사건을 뒷받침할 모든 설명과 증거를 제출한 때에 재판장은 심문의 종결을 선언한다.

제78조 법정은 그 결정을 비공개로 하며, 심의(proceedings)는 비밀로 한다. 모든 결정은 법정 재판관의 다수결에 의한다.

제79조 판정에는 판정이유가 기술되어야 한다. 판정에는 중재재판관의 성명이 기록되어야 하며, 재판장과 기록관 또는 기록관의 직무를 담당하는 서기관이 이에 서명한다.

제80조 판정은 분쟁당사국의 대리인과 법률고문이 출석한 후 또는 이들을 정당하게 소환한 후 공개법정에서 낭독한다.

제81조 정당하게 발표되고 분쟁당사국의 대리인에게 통고된 판정은 분쟁을 확정적으로 해결하며 상소는 허용되지 아니한다.

제82조 판정의 해석과 집행에 관하여 분쟁당사국 간에 야기되는 모든 분쟁은 별도의 규정이 없는 한 당해 판정을 선고한 법정에 회부된다.

제83조 분쟁당사국은 중재합의에서 판정에 대한 재심청구권을 유보할 수 있다. 이 경우에 있어서는 별도의 규정이 없는 한, 판정을 내린 법정에 이를 청구하여야 한다. 이 청구는 그 판정에 결정적인 영향을 미칠 수 있고 심문 종결 시에 법정과 재심을 요구한 분쟁당사국이 인지하지 못한 새로운 사실이 발견된 경우에 한하여 허용될 수 있다. 재심은 새로운 사실의 존재를 명백히 확인하고, 그 사실이 전항에서 기술된 성질의 것이라는 것을 인정하며, 이러한 이유로 그 청구가 허용될 수 있다는 법정의 결정에 의하여서만 개시될 수 있다. 중재합의는 재심청구기간을 정한다.

제84조 판정은 분쟁당사국에 대하여서만 구속력을 가진다. 그 판정이 분쟁당사국 이외의 다른 국가들이 참여한 조약의 해석과 관련된 경우 분쟁당사국은 적절한 시기에 모든 서명국에 통지하여야 한다. 이 국가들은 소송에 참가할 권리를 가진다. 이들 국가 중의 1국 또는 다수국이 이 권리를 행사한 경우 판정에 관한 해석은 이들 국가에 대하여도 동일한 구속력을 가진다.

제85조 분쟁당사국은 각자의 비용을 부담하며 법정의 비용을 동등하게 부담한다.

제4절   간이중재재판절차

제86조 체약국은 간이절차를 허용하여 분쟁에 관한 중재재판의 운용을 용이하게 하기 위하여, 다른 규정이 없을 때에 적용할 수 있는 다음의 규칙을 정하며, 이 규칙과 저촉되지 아니하는 제3절의 규정은 그대로 적용한다.

제87조 각 분쟁당사국은 각각 1인의 중재재판관을 임명한다. 이와 같이 임명된 2인의 중재재판관이 상급중재재판관을 선정한다. 중재재판관들이 이에 합의하지 못하는 경우, 중재재판관은 상설중재재판소 재판관의 총명부에서

당사국이 지정하지 아니하고 당사국의 국적을 가지지 아니한 재판관 중에서 각각 2인의 후보를 지명하여 채택함으로써 당해 보좌중 상급중재재판관을 정한다. 상급중재재판관은 재판장이 되며 법정의 결정은 다수결에 의한다.

제88조 법정은 사전에 합의가 없는 경우 그 구성 후 즉시 분쟁당사국 쌍방이 진술서를 제출할 기한을 정한다.

제89조 각 분쟁당사국은 1인의 대리인으로 하여금 법정에서 자국을 대표하게 하며, 이 대리인은 법정과 자신을 임명한 정부 간의 중간매개자가 된다.

제90조 심리는 전부 서면으로 이루어진다. 다만, 분쟁당사국은 증인과 감정인의 출석을 요구할 권리를 가진다. 법정은 소환이 필요하다고 인정한 증인 · 감정인과 분쟁당사국의 대리인에 대하여 구두 설명을 요구할 권리를 가진다.

제5장 최종조항

제91조 이 협약은 정당하게 비준된 후 체약국 간의 관계에 있어서 1899년 7월 29일의 국제분쟁의 평화적 해결을 위한 협약을 대체한다.

제92조 이 협약은 가능한 한 조속히 비준하여야 한다. 비준서는 헤이그에 기탁된다. 제1차 비준서 기탁은 여기에 참여한 국가들의 대표와 네덜란드 외무장관이 서명한 의사록에 기록된다. 차후의 비준서 기탁은 네덜란드 정부 앞으로 비준서를 첨부하여 서면 통고함으로써 이루어진다. 네덜란드 정부는 제1차 비준서 기탁에 관한 의사록, 전항에 언급된 통고서 및 비준서의 인증등본을 제2차 평화회의에 초청된 국가들 및 본 협약에 가입한 기타 국가들에게 외교경로를 통해 즉시 송부한다. 전항에 해당하는 경우에 네덜란드 정부는 이를 접수한 일자를 해당 국가들에게 통보하여야 한다.

제93조 제2차 평화회의에 초청된 비서명국은 이 협약에 가입할 수 있다. 가입하기를 원하는 국가는 네덜란드 정부에 그 의사를 서면으로 통고하고 가입서를 전달한다. 그 가입서는 동 정부의 문서보관소에 기탁된다. 네덜란드 정부는 가입서와 통고서의 인증등본을 제2차 평화회의에 초청된 모든 국가에, 또한 통고서를 접수한 일자를 언급하여 송부한다.

제94조 제2차 평화회의에 초청되지 아니한 국가가 이 협약에 가입할 수 있는 조건은 추후 합의에 의하여 정한다.

제95조 이 협약은 제1차 비준서 기탁에 참여한 국가들에 대하여는 그 기탁 의사록 작성일부터 60일 후에, 그 후에 비준하거나 가입한 국가들에 대하여는 네덜란드 정부가 비준통고서나 가입통고서를 접수한 날부터 60일 후에 그 효력이 발생한다.

제96조 체약국 중 본 협약을 폐기하기를 원하는 국가가 있는 경우에, 그 국가는 네덜란드 정부에 이를 서면으로 통고하여야 하며, 네덜란드 정부는 즉시 모든 다른 국가에 그 접수일을 명기한 통고서의 인증등본을 통지하여야 한다. 폐기는 그 통고서가 네덜란드 정부에 도달한 때부터 1년 후, 이 통고를 행한 국가에 대하여만 효력이 발생한다.

제97조 네덜란드 외무부에 보관된 등록대장에는 제92조제3항 및 제4항에 의하여 행한 비준서 기탁일 및 제93조제2항의 규정에 의한 가입통고서 또는 제96조제1항에 의한 폐기통고서의 접수일이 기록되어야 한다.

각 체약국은 이 등록대장을 열람할 수 있으며, 인증등본을 제공받을 수 있다.

이상의 믿음으로 각 전권위원은 이 협약에 서명하였다.

1907년 10월 18일 헤이그에서 체결된 이 협약의 정본은 네덜란드 정부의 문서보관소에 기탁되며, 인증등본은 각 체약국에 외교경로를 통하여 송부된다.

2 1919년 국제연맹(LN)규약(베르사유 평화조약 제1편)

서명일: 1919.6.28.(베르사유)
발효일: 1920.1.10.(개정: 1921.10.21.)
해산일: 1946.4.19.
당사국(해산시): 50개국

체약국은,
전쟁에 호소하지 않을 의무를 수락하고, 각 국가 간의 공명정대한 관계를 규율하며, 각국 정부 간의 행위를 규율하는 현실의 규준으로서 국제법의 원칙을 확립하며, 조직된 인민들 상호 간의 교섭에 있어서 정의를 유지하며 또한 엄숙히 모든 조약상의 의무를 존중하며, 이로써 국제협력을 촉진하며 또한 각 국가 간의 평화와 안전을 달성하기 위하여, 이에 국제연맹규약을 협정한다.

제1조 ① 본 규약부속서에 열기된 서명국 및 유보없이 본 규약에 가입하는 본 부속서에 열기된 기타의 국가를 국제연맹의 원 연맹국으로 한다. 이 가입은 본 규약의 효력발생 후 2개월 이내에 선언서로 연맹사무국에 기탁하여서 행하여져야 한다. 이 가입의 통고는 다른 모든 연맹국에 보내져야 한다.
② 부속서에 열기되지 아니한 여하한의 완전한 자치를 가진 국가, 영지(Dominion) 또는 식민지(Colony)는 그의 가입에 있어서 총회의 3분의 2의 동의를 얻었을 때에는 연맹국이 될 수 있다. 단, 그의 국제의무를 준수한다는 진지한 의도에 관하여 유효한 보장을 주고, 또 그의 육·해 및 공군의 병력과 군비에 관하여 연맹이 규정할 수 있는 바의 준칙을 수락할 것을 요한다.
③ 연맹국은 2년의 예고로서 연맹에서 탈퇴할 수 있다. 단, 탈퇴시까지 그의 모든 국제적 의무 및 본 규약상의 의무를 이행하여야 한다.

제2조 본 규약에 의한 연맹의 행동은 연맹총회, 연맹이사회 및 부속된 상설연맹사무국에 의하여 행하여진다.

제3조 ① 연맹총회는 연맹국의 대표자로 조직한다.
② 연맹총회는 연맹본부 소재지 또는 따로 정하여질 수 있는 장소에서 정기적으로 및 필요에 따라서 수시로 개최한다.
③ 연맹총회는 연맹의 행동범위에 속하거나 또는 세계평화에 영향을 미치는 일체의 사항을 그 회의에서 처리한다.
④ 연맹국은 연맹총회의 회의에 있어서 각 1개의 투표권을 가지며, 또한 3명 이하의 대표자를 파견할 수 있다.

제4조 ① 연맹이사회는 주된 동맹 및 연합국과 다른 4개 연맹국의 대표자로서 조직한다. 이 4개 연맹국은 총회의 재량에 의하여 수시로 선정한다. 연맹총회가 최초로 선정하는 4개 연맹국의 대표가 임명될 때까지는 벨기에, 브라질, 스페인 및 희랍의 대표를 연맹이사회원으로 한다.
② ⓐ 연맹이사회는 총회의 과반수의 동의가 있을 때에는 연맹이사회에서 언제나 대표를 파견할 연맹국을 추가하여 지정할 수 있다. 연맹이사회는 총회의 전기와 같은 동의로써 총회에 의하여 선정되며, 연맹이사회에 대표를 파

견할 연맹국의 수를 증가시킬 수 있다.

ⓑ 연맹총회는 연맹이사회의 비상임이사국의 선거에 관한 규칙, 특히 그의 임기 및 재선의 조건에 관한 규칙을 3분의 2의 다수로써 정한다.

③ 연맹이사회는 연맹본부소재지 또는 따로 정할 수 있는 장소에서 필요에 따라 수시로, 그리고 적어도 매년 1회 개최한다.

④ <u>연맹이사회는 연맹의 행동범위에 속하거나 세계평화에 영향을 미치는 일체의 사항을 그 회의에서 처리한다.</u>

⑤ 연맹이사회에 대표를 내지 아니한 어떤 연맹국이라도 특히 그의 이익에 영향을 미치는 사항의 심의 중 연맹이사회의 회의에 이사회원으로서 참석하는 대표 1명을 파견하도록 초청받는다.

⑥ 연맹이사회에 대표를 내는 각 연맹국은 연맹이사회회의에서 1개의 투표권을 가지며 또한 1명의 대표자를 참가시킬 수 있다.

제5조 ① 본 규약 중 또는 본 조약의 조항 중 별단의 명문이 있는 경우를 제외하고는 총회 또는 이사회의 회의의 의결은 그 회의의 대표를 내는 연맹국 전부의 동의를 요한다.

② 연맹총회 또는 연맹이사회의 회의에 있어서 절차에 관한 모든 사항은 특수사항 조사위원의 임명과 아울러 총회 또는 이사회가 이를 정한다. 이 경우에 있어서는 그 회의에 대표를 낸 연맹국의 과반수에 의하여 결정할 수 있다.

③ 연기총회의 제1회 회의 및 연맹이사회의 제1회 회의는 미합중국대통령이 이를 소집한다.

제6조 ① 상설연맹사무국은 연맹본부소재지에 설치된다. 연락사무소에는 사무총장 1명과 필요한 사무관 및 직원을 둔다.

② 초대사무총장은 부속서에서 지정되며, 그 후의 사무총장은 총회 과반수의 동의를 얻어 이사회가 임명한다.

③ 연맹사무국의 사무관 및 직원은 연맹이사회의 동의를 얻어 사무총장이 임명한다.

④ 사무총장은 연맹총회 및 연맹이사회의 모든 회의에 있어서 그 자격으로서 행동한다.

⑤ 연맹의 경비는 연맹총회가 결정하는 비율에 따라서 연맹국이 이를 부담한다.

제7조 ① <u>연맹본부 소재지는 제네바로 한다.</u>

② 연맹이사회는 언제든지 그의 결정에 의하여 타 장소에 연맹본부 소재지를 정할 수 있다.

③ 연맹 하에서의 또는 이와 관계되는 모든 지위는 사무국을 포함하여 남녀에게 균등하게 개방된다.

④ 연맹국의 대표자 및 연맹직원은 연맹의 사무에 종사하는 동안 외교관의 특권 및 면제를 향유한다.

⑤ 연맹, 연맹의 직원 또는 연맹회의에 참석하는 대표자의 사용건물 및 기타의 재산은 불가침이다.

제8조 ① 연맹국은 평화유지를 위하여서는 그의 군비를 국가의 안전 및 <u>국제의무의 공동행동에 의한 강제에 지장이 없는 최저한도까지 축소할 필요가 있다는 것</u>을 인정한다.

② 연맹이사회는 각국정부의 심의와 결정을 위하여 각국의 지리적 위치와 사정을 참작하여 군비축소에 관한 안을 작성하여야 한다.

③ 이 안은 적어도 10년마다 재심의와 개정을 받아야 한다.

④ 각국정부가 이 안을 채택하였을 때에는 연맹이사회의 동의 없이는 이 안에서 정한 군비의 한도를 초과할 수 없다.

⑤ 연맹국은 민영에 의한 병기 및 군용기재의 제조가 중대한 이의를 면할 수 없다는 것을 인정한다. 따라서 연맹이사회는 이 제조에 따르는 폐해를 방지할 수 있는 방법을 권고하되, 그들의 안전에 필요한 병기 및 군용기재를 제조할 수 없는 연맹의 수요에 관하여서는 상당한 고려를 하여야 한다.
⑥ 연맹국은 그의 군비의 규모, 육·해 및 공군의 기획과 군사상의 목적에 제공될 공업의 상황에 관하여 충분하고 숨김없는 보도를 교환할 것을 약속한다.

제9조 제1조 및 제8조의 규정의 실행과 육·해 및 공군의 문제 전반에 관하여 연맹이사회에 권고할 상설위원회를 설치한다.

제10조 연맹국은 모든 연맹국의 영토보전 및 정치적 독립을 존중하고 또 외부의 침략에 대하여 이를 옹호할 것을 약속한다. 전기한 침략의 경우 또는 침략의 위협 혹은 위험이 있는 경우에는 연맹이사회는 본조의 의무를 이행할 수단을 권고하여야 한다.

제11조 ① 전쟁 또는 전쟁의 위협은 어떤 연맹국에게, 직접적인 영향 유무를 불문하고 연맹 전체의 이해관계사항인 것을 이에 성명한다. 따라서 연맹은 국제평화를 옹호하기 위하여 적당하며 유효하다고 인정되는 조치를 취할 수 있다. 그러한 긴급사태가 발생한 경우에는 사무총장은 어떠한 연맹국의 요청으로 곧 연맹이사회의 회의를 소집한다.
② 국제관계에 영향을 미치는 모든 사태로서 국제평화 또는 그 기초인 각국 간의 호의적 양해를 교란시킬 우려가 있는 것에 관하여 연맹총회 또는 연맹이사회의 주의를 환기함은 연맹 각국의 우호적인 권리라는 것을 또한 성명한다.

제12조 ① 연맹국은 그들 사이에 국교단절(rupture)에 이를 우려가 있는 분쟁이 발생한 경우에는 그 사건을 중재재판(arbitration), 사법적 해결(judicial settlement) 또는 연맹이사회의 사실심사(enquiry)에 부탁할 것과 또한 중재재판관들의 판정(award), 사법적 결정(judicial decision) 또는 연맹이사회의 보고(report) 후 3개월을 경과할 때까지는 어떠한 경우에 있어서도 전쟁(war)에 호소하지 않을 것을 약속한다.
② 본조에 의한 모든 경우에 있어서 중재재판관들의 판정 또는 사법적 결정은 합리적인 기간 내에, 그리고 연맹이사회의 보고는 분쟁사건의 부탁 후 6개월 이내에 행하여야 한다.

제13조 ① 연맹국은 그들 사이에 중재재판 또는 사법적 해결에 부탁할 수 있다고 인정되는 분쟁이 발생하여 그 분쟁이 외교적 수단에 의하여 만족할만한 해결을 얻지 못한 경우에는 이 사건 전부를 중재재판 또는 사법적 해결에 부탁할 것을 약속한다.
② 조약의 해석, 국제법상의 문제, 국제의무의 위반이 되는 사실의 존부 및 이 위반에 대한 배상의 범위 및 성질에 관한 분쟁은 일반적으로 중재재판 또는 사법적 해결에 부탁할 수 있는 사항에 속한다는 것을 선언한다.
③ 심리를 위하여 분쟁사건을 부탁할 재판소는 제14조의 규정에 의하여 설립된 상설국제사법재판소 또는 당사국 간의 합의로서 정하여진 혹은 당사국 내에 현존하는 조약의 규정에서 정하여진 재판소로 한다.
④ 연맹국은 일체의 판결을 성실히 이행하여야 하며, 또한 판결에 복종하는 당사국에 대하여서는 전쟁에 호소하지 않을 것을 약속한다. 판결을 이행하지 않을 경우

에는 연맹이사회는 그 이행을 기하기 위하여 필요한 조치를 제의하여야 한다.

제14조 연맹이사회는 상설국제사법재판소설치안을 작성하여 이를 연맹국에 채택하도록 회부하여야 한다. 이 재판소는 연맹당사국이 그에게 부탁하는 국제적 성질을 가지는 어떠한 분쟁이나 재판할 권한을 가진다. 또한 이 재판소는 연맹이사회 또는 연맹총회가 부탁하는 모든 분쟁 또는 문제에 관하여 권고적 의견(advisory opinion)을 제출할 수 있다.

제15조 ① 연맹국 간에 국교단절에 이를 우려가 있는 분쟁이 발생하여 제13조에 의한 중재재판 또는 사법적 해결에 부탁하지 아니하는 경우에는 연맹국은 이 사건을 연맹이사회에 부탁할 것을 약속한다. 분쟁의 어떠한 당사국이나 분쟁의 존재를 사무총장에게 통고함으로써 전기의 부탁을 할 수 있다. 사무총장은 이에 관한 충분한 조사 및 심리에 필요한 모든 조치를 취한다.

② 이 목적을 위하여 분쟁당사국은 가능한 한 속히 이 사건에 관한 진술서를 모든 관계사실 및 서류와 함께 사무총장에게 제출하여야 하며, 연맹이사회는 즉시로 그 공표를 명할 수 있다.

③ 연맹이사회는 분쟁의 해결에 노력하여야 하며 그 노력이 성공한 경우에는 적당하다고 인정하는 바에 따라서 이 분쟁에 관한 사실과 설명 및 그 해결조건을 기재한 조서를 공표한다.

④ 분쟁이 해결되지 아니한 경우에는 연맹이사회는 전원일치 또는 과반수의 투표에 의하여 이 분쟁사실의 진술과 그 분쟁에 관하여 공정하며 적당하다고 인정되는 권고를 기재한 보고서를 작성하

여 공표한다.

⑤ 연맹이사회에 대표를 낸 어떠한 연맹국이나 이 분쟁의 사실 및 이에 관한 자국의 결정에 대하여 진술서를 공표할 수 있다.

⑥ 연맹이사회의 보고서가 분쟁당사국의 대표자를 제외한 타 연맹이사회원의 전부의 동의를 얻은 경우에는 연맹국은 이 보고서의 권고에 따르는 분쟁당사국에 대하여 전쟁에 호소하지 않을 것을 약속한다.

⑦ 연맹이사회에 있어서 분쟁당사국의 대표자를 제외한 타 연맹이사회 전원 전부의 동의 있는 보고서를 얻지 못한 경우에는 연맹국은 권리와 정의를 유지하기 위하여 필요하다고 인정되는 조치를 취할 권리를 유보한다.

⑧ 분쟁당사국의 일방이 그들 사이의 분쟁이 '국제법상' 오로지(solely) 그 당사국의 국내관할권에 속한 사항에 관하여 발생한 것이라고 주장하고, 연맹이사회가 그렇게 인정한 경우에는 연맹이사회는 그 취지를 보고하고 또한 그 분쟁의 해결에 관한 아무런 권고도 하지 않을 것으로 한다.

⑨ 연맹이사회는 본조에 의한 모든 경우에 있어서 분쟁을 연맹총회에 이양할 수 있다. 분쟁당사국의 일방의 요청이 있는 경우에 또한 이를 연맹총회에 이양한다. 단, 전기한 요청은 분쟁을 연맹이사회에 부탁한 후 14일 이내에 행함을 요한다.

⑩ 연맹이사회의 행동 및 권한에 속하는 본조 및 제12조의 규정은 연맹총회에 이양시킨 사건에 관하여 전부 이를 연맹총회의 행동 및 권한에 적용한다. 단, 각 경우에 분쟁당사국의 대표자를 제외한 연맹이사국에 대표자를 낸 연맹국 및 기타 연맹국 과반수의 대

표자에 의하여 동의를 얻은 연맹
총회의 보고서는 분쟁당사국의
대표자를 제외한 타 연맹이사회
원 전부의 동의를 얻은 연맹이사
회의 보고서와 동일한 효력을 가
진다.

제16조 ① 제12조, 제13조 또는
제15조에 의한 약속을 무시하고
전쟁에 호소한 연맹국은 당연히
다른 모든 연맹국에 대하여 전쟁
행위를 한 것으로 간주한다. 기타
모든 연맹국은 규약을 위반한 국
가에 대하여 즉시로 모든 통상상
또는 재정상의 관계를 단절하고,
자국민과 규약을 위반한 국가의
국민 간의 모든 교통을 금지하고,
또 규약을 위반한 국가의 국민과
연맹국이든 아니든 기타 모든 국
가의 국민 사이의 모든 재정상·
통상상 또는 개인적 교통을 방지
할 것을 약속한다.
② 연맹이사회는 전항의 경우에
있어서 연맹의 약속을 옹호하기
위하여 사용할 병력에 대하여 연
맹 각국이 제공할 육·해 및 공군
의 분담 정도를 관계정부에 제안
할 의무를 진다.
③ 연맹국은 본조에 의하여 취하
여지는 재정적 및 경제적 조치에
서 야기되는 손실과 불편을 최소
한도로 하기 위하여 상호간에 원
조할 것, 연맹의 1국에 대한 위약
국의 특수한 조치를 대항하기 위
하여 상호 간 원조할 것과 연맹의
약속을 옹호하기 위하여 협력하
는 연맹국 군대의 영역통과에 관
하여 필요한 조치를 취할 것을 약
속한다.
④ 연맹의 약속을 위반한 연맹국
에 대하여서는 연맹이사회에 대
표를 내는 모든 기타 연맹대표자
의 연맹이사회에 있어서의 일치
된 투표로써 연맹으로부터 이를
제명할 것을 성명할 수 있다.

제17조 ① 연맹국과 비연맹국 간
또는 비연맹국 상호 간에 분쟁이
발생한 경우에는 비연맹국이 이
러한 분쟁의 해결을 위한 연맹국
의 의무를 연맹이사회가 정당하
다고 인정하는 조건에 따라 수락
할 것을 권유한다. 그러한 권유가
수락된 경우에는 제12조 내지 제
16조의 규정은 연맹이사회가 필
요하다고 인정하는 수정을 가하
여 적용한다.
② 전항의 권유를 행한 경우에 연
맹이사회는 즉시로 분쟁의 사정
의 사실심사를 개시하고, 당해 사
정하에서 가장 좋고 또 유효하다
고 인정되는 행동을 권고한다.
③ 권유를 받은 국가가 그러한 분
쟁의 해결을 위한 연맹국의 의무
의 수락을 거절하고, 어떤 연맹국
에 대하여 전쟁에 호소하는 경우
에는 제16조의 규정은 그러한 행
동을 취하는 국가에 대하여 적용
한다.
④ 권유를 받은 분쟁당사국의 쌍
방이 그러한 분쟁의 해결을 위한
연맹국의 의무의 수락을 거부한
경우에는 연맹이사회는 적대행
위를 방지하고, 분쟁을 해결할 조
치 및 권고를 행할 수 있다.

제18조 앞으로 연맹국이 체결
할 모든 조약 또는 국제협정은 즉
시 연맹사무국에 등록하며, 연맹
사무국은 가급적 속히 이를 공표
하여야 한다. 이러한 조약 또는
국제협정은 전기의 등록을 완료
할 때까지는 구속력이 발생하지
않는다.

제19조 연맹총회는 적용 불능하
게 된 조약의 재심의와 그 계속의
결과 세계평화를 위태롭게 할 가
능성이 있는 국제상태의 심의를
수시로 연맹국에 권고할 수 있다.

제20조 ① 연맹국은 본 규약의 조항과 양립하지 않는 연맹국 상호 간의 모든 의무 또는 양해가 자국에 관한 한 모두 본 규약에 의하여 폐기될 것이라는 것을 승인하며, 또한 앞으로 본 규약의 조항과 양립되지 않는 모든 약정을 체결하지 않을 것을 서약한다. ② 연맹국이 되기 전에 본 규약의 조항과 양립하지 않는 의무를 부담한 연맹국은 즉시로 이러한 의무를 해제할 수 있는 조치를 취하여야 한다.

제21조 본 규약은 중재재판조약과 같은 국제협정 또는 먼로주의와 같은 일정한 지역에 관한 협정으로서 평화의 유지를 확보하기 위한 것의 효력에는 어떠한 영향도 미치지 않는다.

제22조 ① 이번 전쟁의 결과로서 종전에 지배하던 국가의 통치로부터 벗어난 식민지 및 영토로서 현세계의 격심한 생존 경쟁상태하에서 아직도 자립할 수 없는 인민들이 거주하는 것에 대하여서는 이 인민의 복지와 발달이 문명의 신성한 수탁(sacred trust)이며, 또 그 사명수행의 보장이 본 규약 중에 구체화되어야 한다는 원칙이 적용되어야 한다. ② 이 원칙을 실현하는 가장 좋은 방법은 상술한 인민에 대한 후견의 임무를 선진국으로서 자원, 경험 또는 지리적 위치로 인하여 이 책임을 가장 잘 질 수 있고 또 이를 수락할 용의가 있는 국가에 위임되고, 이 국가로 하여금 연맹을 대신하여 수임국으로서 후견의 임무를 행하게 함에 있다. ③ 위임의 성질에 대하여서는 인민의 발달의 정도, 영역의 지리적 위치 및 경제상태와 기타 이와 유사한 사정에 의하여 차이를 설정할 것을 요한다.

④ 종전의 터키 제국에 속하였던 어떤 부족은 독립국으로서 가승인을 받을 수 있을 정도로 발달하였지만, 그가 자립할 수 있는 시기까지 수임국에 의하여 시정상의 조언과 원조를 받을 것으로 한다. 수임국의 선정에 있어서는 상술한 부족의 희망이 주로 고려되어야 한다. ⑤ 타 인민, 특히 중앙아프리카의 인민은 수임국이 다음과 같은 조건하에서 그 영역에 대한 시정책임을 져야 할 단계에 놓여 있다. 즉, 공공의 질서 및 선량한 풍속에 반하지 않는 한 양심과 신앙의 자유를 허용하며, 노예의 매매, 무기 혹은 주정의 거래와 같은 폐습의 방지와 축성 또는 육·해군의 기지설치 및 경내 또는 지역적 방위 이외의 목적을 위한 토착민의 군사훈련의 방지가 보장되어야 하며, 또한 기타 연맹국의 통상 및 무역에 관하여 기회균등이 확보되어야 한다. ⑥ 서남 아프리카 및 남태평양 제도와 같은 영역은 인구의 희소, 면적의 협소, 문명의 중심으로부터의 원격 또는 수임국 영역과의 인접과 기타의 사정으로 인하여 수임국 영역의 구성부분으로서 그 국법하에서 가장 잘 통치될 수 있다. 단, 수임국은 토착민의 이익을 위하여 전기의 보장을 부여하여야 한다. ⑦ 각 위임의 경우에 있어서 수임국은 그 위임된 지역에 관한 연보를 연맹이사회에 제출하여야 한다. ⑧ 수임국이 행할 권한, 통제 및 시정의 정도는 사전에 연맹국 간의 합의가 없는 경우에는 연맹이사회는 각 경우에 있어서 명백히 규정하여야 한다. ⑨ 수임국의 연보를 수리, 조사하고, 또 위임의 실행에 관한 모든

사항에 대하여 연맹이사회에 권고하기 위하여 상설위원회를 설치하여야 한다.

제23조 연맹국은 현행 또는 앞으로 체결될 국제조약의 규정에 따라 다음과 같은 것을 행한다. ① 자국 내에 있어서 및 그의 통상산업관계가 미치는 모든 국가에 있어서 남녀 및 아동을 위하여 공평하고 인도적인 노동조건을 확보할 것에 노력하며, 또 이 목적을 위하여 필요한 국제기구를 설립·유지할 것. ② 자국의 감리에 속하는 영역 내의 토착민에 대하여 공정한 대우를 확보할 것을 약속할 것. ③ 부인 및 아동이 매매와 아편 및 기타의 유해약물의 거래에 관한 협정의 실행에 관하여 일반감독을 연맹에 위임할 것. ④ 공동이익을 위하여 무기 및 탄약의 거래를 취재(取締)할 필요가 있는 국가들과의 그 거래에 관한 일반적 감독을 연맹에 위임할 것. ⑤ 교통과 통과의 자유 및 모든 연맹국의 통상에 대한 공평한 대우를 확보하기 위하여 그 방법을 강구할 것. 이에 관하여 1914년 내지 1918년의 전쟁 중 황폐화한 지역의 특수사정을 고려하여야 한다. ⑥ 질병의 예방 및 박멸을 위하여 국제적 이해관계사항에 관하여 조치를 취하도록 노력할 것.

제24조 ① 일반조약에 의하여 이미 설립된 국제사무국은 그 조약당사국의 승인이 있는 경우 모두 연맹의 지휘하에 귀속시켜야 한다. 국제이해관계사항의 처리를 위하여 앞으로 설치될 국제사무국 및 위원회는 모두 연맹의 지휘하에 귀속시킬 것으로 한다. ② 일반조약에 의하여 규정된 국제이해관계사항으로서 국제사무국 또는 위원회의 통제하에 놓이지 않는 것에 관하여서는 연맹사무국은 당사국의 청구에 의해 연맹이사회의 동의를 얻어 모든 관계정보를 수집하여 배부하고 기타 필요하거나 또는 요망되는 모든 원조를 부여하여야 한다. ③ 연맹이사회는 연맹의 지휘하에 귀속시킨 사무국 또는 위원회의 경비를 연맹사무국의 경비 중에 편입할 수 있다.

제25조 연맹국은 전 세계를 통하여 건강의 증진, 질병의 예방 및 고통의 경감을 목적으로 하는 공인된 국민적십자편기기관의 설립 및 협력을 장려 촉진할 것을 약속한다.

제26조 ① 본 규약의 개정은 연맹이사회를 구성하는 대표자를 내는 연맹국과 연맹총회를 구성하는 대표자를 내는 연맹국의 과반수에 의하여 추진되었을 때에 효력을 발생한다. ② 전항의 개정은 부동의를 표시한 어떠한 연맹국도 약속하지 못하며 이 경우에 있어서 그 연맹국은 연맹국의 지위를 상실한다.

3   1928년 국가정책수단으로서 전쟁포기에 관한 조약
(Treaty Providing for the Renunciation of War as an Instrument of National Policy/Kellogg-Briand Pact/부전조약)

서명일 : 1928.8.27.
발효일 : 1929.7.24.

각 체약국은 인류의 복지를 증진할 그 엄숙한 책무를 깊이 인식하고 그 인민 간에 존재하는 평화와 우호관계를 영구히 하기 위하여 '국가정책의 수단으로서의 전쟁'을 솔직히 포기할 시기가 도래하였음을 확인하고, 그 상호관계에 있어서의 '일체의 변경'은 평화적 수단에 의해서만 이를 요구할 것이며, 평화적이고 질서있는 절차의 결과일 것 및 금후 전쟁에 호소하여 국가의 이익을 증진케하려는 서명국은 '본 조약이 제공하는 이익'이 거부되어야 할 것임을 확신하고, 또한 본 조약의 실시 후에 신속히 이에 가입함으로써 그 인민으로 하여금 본 조약이 규정하는 혜택을 입게 하여 이로써 국가정책의 수단으로서의 전쟁의 공동포기에 세계의 문명제국을 결합케 할 것을 희망하고 이에 조약을 체결할 것을 결정한다.

제1조   체약국은 국제분쟁의 해결을 위하여 전쟁에 호소하는 것을 비난해야 하며(condemn recourse to war for the solution of international controversies), 그 상호관계에 있어서 국가정책의 수단으로서의 전쟁을 포기할 것 (renounce it as an instrument of national policy)을 그 각국 인민의 이름으로써 엄숙히 선언한다.

제2조   체약국은 상호 간에 야기될 수 있는 일체의 분쟁 또는 충돌은 그 성질 또는 여하 간의 원인을 불문하고(of whatever nature or of whatever origin) 평화적 수단에 의하는 것 외에 그 처리 또는 해결을 구하지 않을 것을 약정한다.

제3조   본 조약은 전문에 기재된 체약국에 의하여 각자의 헌법상의 요건에 따라 비준될 것이며 또한 각국의 비준서가 워싱턴에 기탁된 후 즉시 체약국 간에 실시되어야 한다.

본 조약은 전항에 정한 바에 의하며 실시될 때까지 세계의 다른 일체의 국가의 가입을 위하여 필요한 기간 동안 개방한다.

4 1933년 국가의 권리 및 의무에 관한 몬테비데오 협약

효력 발생일 : 1934.12.26.

제7회 아메리카 제국의 국제회의에 대표자를 참석시킨 정부는, 국가의 권리 및 의무에 관한 조약을 체결할 것을 희망하고 다음의 전권위원을 임명한다.
(전권위원명 생략)

상기 전권위원은 그 전권위임장을 제시하여 이것이 양호 및 타당함을 인정한 후 다음과 같이 합의한다.

제1조 국제법상의 인격자로서의 국가는 다음의 자격, 즉 ⓐ 영구적 인민(permanent population) ⓑ 명확한 영역(defined territory) ⓒ 정부(government) 그리고 ⓓ 타국과 관계를 설정할 수 있는 능력(capacity to enter into relations)을 보유하여야 한다.

제2조 연방국가(the federal state)는 국제법상에 있어서 단일의 인격을 구성한다.

제3조 국가의 정치적 존재는 타의 제국에 의한 승인과는 무관하다. 승인 전에 있어서도 국가는 그 보전 및 독립을 옹호하고 그 유지 및 번영을 위하여 준비하며 따라서 적당하다고 인정되는 바에 따라서 자국을 조직하고 그 이익에 관하여 법률을 제정하며 그 공무를 집행하고 재판소의 관할권 및 권한을 명확화할 권리를 가진다. 이러한 제 권리의 행사에 대하여 국제법에 의한 타국의 권리행사 이외에 어떠한 제한도 존재하지 아니한다.

제4조 국가들은 법률상 평등하며 동일한 권리를 향유하고 또한 그 행사에 관하여 평등한 능력을 가진다. 각국의 권리는 그 행사를 확보하기 위하여 당해국이 보유하는 권력에 의하는 것이 아니고 당해국이 국제법에 의한 인격으로서 존재한다는 단순한 사실에 의하는 것이다.

제5조 국가들의 근본적 권리는 무엇에 의하든 어떠한 방식으로도 영향을 받을 수 없다.

제6조 국가의 승인이란, 승인하는 국가가 국제법에 의하여 결정된 모든 권리 및 의무와 아울러 타방의 인격을 인정하는 것을 말함에 불과한 것이다. 승인은 무조건으로 하여야 하며 취소할 수 없다.

제7조 국가의 승인은 명시적 또는 묵시적일 수 있다. 후자는 신국가를 승인할 의사를 내포하는 행위로부터 발생한다.

제8조 어떠한 국가도 타국의 내정 또는 외정에 간섭할 권리가 없다.

제9조 국가의 자국 영역의 범위 내에 있어서의 관할권은 모든 주민에게 적용된다.

내국민 및 외국인은 법률 및 국내당국의 동일한 보호하에 있으며 또한 외국인은 내국민의 권리와 상이하거나 이보다 광범한 권리를 요구할 수 없다.

제10조 국가의 최대관심은 평화의 유지이다. 국가 간에 발생하는 어떠한 종류의 분쟁도 승인된 평화적 방법에 의하여 해결하여야 한다.

제11조 체약국은 무기의 사용, 외교대표의 협박 또는 다른 어떠한 유효한 강제조치의 어느 것에

의하여 이루어지든가를 불문하고 강제에 의하여 획득한 영토적 취득 또는 특수이익을 승인하지 아니하는 명확한 의무를 그 행동의 규정으로서 설정한다. 국가의 영역은 불가침한 것이며 군사적 점령의 대상 또는 일시적일지라도 직접적이든 간접적이든, 또한 이유 여하를 불문하고 타국이 부과하는 타의 강제적 조치의 대상으로 되어서는 아니된다.

제12조 본 조약은 이 이전에 체약국이 국제협정에 의해서 발효된 의무에는 영향을 미치지 아니한다.

제13조 본 조약은 체약국에 의하여 각국의 헌법상의 절차에 따라 비준되어야 한다.

5 1944년 국제민간항공에 관한 (시카고) 협약
(Convention on International Civil Aviation)

체결일 : 1944.12.7.
발효일 : 1947.4.4.
한국 발효일 : 1952.12.11.

국제민간항공의 장래의 발달은 세계의 각국과 각 국민 간에 있어서의 우호와 이해를 창조하고 유지하는 것을 크게 조장할 수 있으나 그 남용은 일반적 안전에 대한 위협이 될 수 있으므로, 각국과 각 국민 간에 있어서의 마찰을 피하고 세계평화의 기초인 각국과 각 국민 간의 협력을 촉진하는 것을 희망하므로, 따라서 하기서명 정부는 국제민간항공이 안전하고 정연하게 발달하도록 또 국제항공운송업체가 기회균등주의를 기초로 하여 확립되어서 건전하고 또 경제적으로 운영되도록 하게 하기 위하여 일정한 원칙과 작정에 대한 의견이 일치하여, 이에 본 협약을 결정한다.

제1부 항 공

제1장 협약의 일반원칙과 적용

제1조【주권】 체약국은 <u>모든 국가가 그 영역상의 공간에 있어서 완전하고 배타적인 주권(complete and exclusive sovereignty)</u>을 보유한다는 것을 <u>승인한다.</u>

제2조【영역】 본 협약의 적용상 국가의 영역이라 함은 그 나라의 주권, 종주권보호 또는 위임통치 하에 있는 육지와 그에 인접하는 영수를 말한다.

제3조【민간항공기 및 국가항공기】
(a) 본 협약은 민간 항공기에 한하여 적용하고 국가의 항공기에는 적용하지 아니한다.

(b) 군, 세관과 경찰업무에 사용하는 항공기는 국가의 항공기로 간주한다.

(c) 어떠한 체약국의 국가 항공기도 특별협정 또는 기타 방법에 의한 허가를 받고 또한 그 조건에 따르지 아니하고는 타국의 영역의 상공을 비행하거나 또는 그 영역에 착륙하여서는 아니된다.

(d) 체약국은 자국의 <u>국가항공기에 관한 규칙을 제정하는 때에는 민간항공기의 항행의 안전을 위하여 타당한 고려(due regard)</u>를 할 것을 <u>약속한다.</u>

제4조【민간항공의 남용】 각 체약국은, 본 협약의 목적과 양립하지 아니하는 목적을 위하여 민간항공을 사용하지 아니할 것을 동의한다.

제2장 체약국 영역 상공의 비행

제5조【부정기비행의 권리】 <u>각 체약국은, 타 체약국의 모든 항공기로서 정기 국제항공업무에 종사하지 아니하는 항공기가 사전의 허가를 받을 필요 없이 피비행국의 착륙요구권에 따를 것을 조건으로, 체약국의 영역 내에서의 비행 또는 그 영역을 무착륙으로 횡단비행하는 권리와 또 운수 이외의 목적으로서 착륙하는 권리를 본 협약의 조항을 준수하는 것을 조건으로 향유하는 것에 동의한다.</u> 단 각 체약국은 비행의 안전을 위하여, 접근하기 곤란하거나

또는 적당한 항공 보안시설이 없는 지역의 상공의 비행을 희망하는 항공기에 대하여 소정의 항로를 비행할 것 또는 이러한 비행을 위하여 특별한 허가를 받을 것을 요구하는 권리를 보유한다. 전기의 항공기는 정기국제항공업무로서가 아니고 유상 또는 대체로서 여객화물 또는 우편물의 운수에 종사하는 경우에도 제7조의 규정에 의할 것을 조건으로, 여객, 화물, 또는 우편물의 적재와 하재를 하는 권리를 향유한다. 단 적재 또는 하재가 실행되는 국가는 그가 필요하다고 인정하는 규칙, 조건 또는 제한을 설정하는 권리를 향유한다.

제6조【정기항공업무】정기국제 항공업무는 체약국의 특별한 허가 또는 타의 인가를 받고 그 허가 또는 인가의 조건에 따르는 경우를 제외하고 그 체약국의 영역의 상공을 비행하거나 또는 그 영역에 비입할 수 없다.

제7조【국내영업】 각 체약국은, 자국 영역 내에서 유상 또는 대체의 목적으로 타 지점으로 향하는 여객, 우편물, 화물을 적재하는 허가를 타 체약국의 항공기에 대하여 거부하는 권리를 향유한다. 각 체약국은 타국 또는 타국의 항공기업에 대하여 배타적인 기초 위에 전기의 특권을 특별히 부여하는 협약을 하지 아니하고 또 타국으로부터 전기의 배타적인 특권을 취득하지도 아니할 것을 약속한다.

제8조【무조종자 항공기】 조종자 없이 비행할 수 있는 항공기는 체약국의 특별한 허가 없이 또 그 허가의 조건에 따르지 아니하고는 체약국의 영역의 상공을 조종자 없이 비행하여서는 아니된다. 각 체약국은 민간 항공기에 개방되어 있는 지역에 있어서 전기 무조종자 항공기의 비행이 민간 항공기에 미치는 위험을 예방하도록 통제하는 것을 보장하는데 약속한다.

제9조【금지구역】 (a) 각 체약국은 타국의 항공기가 자국의 영역 내의 일정한 구역의 상공을 비행하는 것을 군사상의 필요 또는 공공의 안전의 이유에 의하여 일률적으로 제한하고 또는 금지할 수 있다. 단, 이에 관하여서는 그 영역 소속국의 항공기로서 국제정기 항공업무에 종사하는 항공기와 타 체약국의 항공기로서 우와 동양의 업무에 종사하는 항공기간에 차별을 두어서는 아니된다. 전기 금지구역은 항공을 불필요하게 방해하지 아니하는 적당한 범위와 위치로 한다. 체약국의 영역 내에 있는 이 금지구역의 명세와 그 후의 변경은 가능한 한 조속히 타 체약국과 국제민간 항공기구에 통보한다.

(b) 각 체약국은 특별사태 혹은 비상시기에 있어서 또는 공공의 안전을 위하여, 즉각적으로 그 영역의 전부 또는 일부의 상공비행을 일시적으로 제한하고 또는 금지하는 권리를 보류한다. 단, 이 제한 또는 금지는 타의 모든 국가의 항공기에 대하여 국적의 여하를 불문하고 적용하는 것이라는 것을 조건으로 한다.

(c) 각 체약국은 동국이 정하는 규칙에 의거하여 전기 (a) 또는 (b)에 정한 구역에 들어가는 항공기에 대하여 그 후 가급적 속히 그 영역 내 어느 지정한 공항에 착륙하도록 요구할 수가 있다.

제10조【세관공항에의 착륙】 항공기가 본 협약 또는 특별한 허가

조항에 의하여 체약국의 영역을 무착륙 횡단하는 것이 허용되어 있는 경우를 제외하고 체약국의 영역에 입국하는 모든 항공기는 그 체약국의 규칙이 요구할 때에는 세관 기타의 검사를 받기 위하여 동국이 지정한 공항에 착륙한다. 체약국의 영역으로부터 출발할 때 전기의 항공기는 동양으로 지정된 세관공항으로부터 출발한다. 지정된 모든 세관공항의 상세는 그 체약국이 발표하고 또 모든 타 체약국에 통보하기 위하여 본협약의 제2부에 의하여 설립된 국제민간항공기구에 전달한다.

제11조 【항공에 관한 규제의 적용】
국제항공에 종사하는 항공기의 체약국 영역에의 입국 혹은 그 영역으로부터의 출국에 관한 또는 그 항공기의 동영역 내에 있어서의 운항과 항행에 관한 체약국의 법률과 규칙은 본 협약의 규정에 따를 것을 조건으로 하여 국적의 여하를 불문하고 모든 체약국의 항공기에 적용되고 또 체약국의 영역에의 입국 혹은 그 영역으로부터의 출국시 또는 체약국의 영역 내에 있는 동안은 전기의 항공기에 의하여 준수된다.

제12조 【항공규칙】 각 체약국은 그 영역의 상공을 비행 또는 동영역 내에서 동작하는 모든 항공기와 그 소재의 여하를 불문하고 그 국적표지를 게시하는 모든 항공기가 당해지에 시행되고 있는 항공기의 비행 또는 동작에 관한 법규와 규칙에 따르는 것을 보장하는 조치를 취하는 것을 약속한다. 각 체약국은 이에 관한 자국의 규칙을 가능한 한 광범위하게 본협약에 의하여 수시 설정되는 규칙에 일치하게 하는 것을 약속한다. 공해의 상공에서 시행되는 법규는 본협약에 의하여 설정된

것으로 한다. 각 체약국은 적용되는 규칙에 위반한 모든 자의 소추를 보증하는 것을 약속한다.

제13조 【입국 및 출국에 관한 규칙】
항공기의 여객 승무원 또는 화물의 체약국 영역에의 입국 또는 그 영역으로부터의 출국에 관한 동국의 법률과 규칙, 예를 들면 입국, 출국, 이민, 여권, 세관과 검역에 관한 규칙은 동국 영역에의 입국 혹은 그 영역으로부터 출국을 할 때 또는 그 영역에 있는 동안 항공기의 여객, 승무원 또는 화물이 스스로 준수하든지 또는 이들의 명의에서 준수되어야 한다.

제14조 【병역의 만연의 방지】
각 체약국은 콜레라, 티프스, 천연두, 황열, 흑사병과 체약국이 수시 지정을 결정하는 타의 전염병의 항공에 의한 만연을 방지하는 효과적인 조치를 취하는 것에 동의하고 이 목적으로서 체약국은 항공기에 대하여 적용할 위생상의 조치에 관하여 국제적 규칙에 관계가 있는 기관과 항시 긴밀한 협의를 한다. 이 협의는 체약국이 이 문제에 대한 현재 국제조약의 당사국으로 있는 경우에는 그 적용을 방해하지 아니한다.

제15조 【공항의 사용료 및 기타의 사용요금】 체약국 내의 공항으로서 동국 항공기 일반의 사용에 공개되어 있는 것은 제86조의 규정에 따를 것을 조건으로, 모든 타 체약국이 항공기에 대하여 동일한 균등 조건하에 사용한다.
동일한 균등 조건은 무선전신과 기상의 업무를 포함한 모든 항공보안시설로 항공의 안전과 신속화를 위하여 공공용에 제공되는 것을 각 체약국의 항공기가 사용하는 경우에 적용한다.
타 체약국의 항공기가 이 공항과 항공보안시설을 사용하는 경우에

체약국으로서 부과하고 또는 부과하는 것을 허여하는 요금은 다음의 것보다 고액이 되어서는 안된다.

(a) 국제정기항공업무에 종사하지 아니하는 항공기에 관하여서는 동양의 운행에 종사하고 있는 자국의 동급의 항공기가 지불하는 것.

(b) 국제정기항공업무에 종사하고 있는 항공기에 관하여는 동양의 국제항공기업무에 종사하고 있는 자국의 항공기가 지불하는 것.

전기의 요금은 모두 공표하고 국제민간항공기구에 통보한다. 단, 관계 체약국의 신입이 있을 때에는 공항과 타시설의 사용에 대하여 부과된 요금은 이사회의 심사를 받고 이사회는 관계국 또는 관계제국에 의한 심의를 위하여 이에 관하여 보고하고 또 권고한다. 어느 체약국이라도 체약국의 항공기 또는 동양상의 인 혹은 재산이 자국의 영역의 상공의 통과, 동영역에의 입국 또는 영역으로부터의 출국을 하는 권리에 관한 것에 대해서만은 수수료, 세 또는 타의 요금을 부과하여서는 아니된다.

제16조 【항공기의 검사】 각 체약국의 당해 관헌은 부당히 지체하는 일 없이, 착륙 또는 출발 시에 타 체약국의 항공기를 검사하고 또 본 협약에 의하여 규정된 증명서와 타서류를 검열하는 권리를 향유한다.

제3장 항공기의 국적

제17조 【항공기의 국적】 항공기는 등록국의 국적을 보유한다.

제18조 【이중등록】 항공기는 일개 이상의 국가에 유효히 등록할 수 없다. 단, 그 등록은 일국으로부터 타국으로 변경할 수는 있다.

제19조 【등록에 관한 국내법】 체약국에 있어서 항공기의 등록 또는 등록의 변경은 그 국가의 법률과 규칙에 의하여 시행한다.

제20조 【기호의 표시】 국제항공에 종사하는 모든 항공기는 그 적당한 국적과 등록의 표지를 게시한다.

제21조 【등록의 보고】 각 체약국은 자국에서 등록된 특정한 항공기의 등록과 소유권에 관한 정보를, 요구가 있을 때에는, 타 체약국 또는 국제민간항공기구에 제공할 것을 약속한다. 또 각 체약국은 국제민간항공기구에 대하여 동기구가 규정하는 규칙에 의하여 자국에서 등록되고 또 항상 국제항공에 종사하고 있는 항공기의 소유권과 관리에 관한 입수 가능한 관계자료를 게시한 보고서를 제공한다. 국제민간항공기구는 이와 같이 입수한 자료를 타 체약국이 청구할 때에는 이용시킨다.

제4장 운항을 용이케 하는 조치

제22조 【수적의 간이화】 각 체약국은 체약국 영역 간에 있어서 항공기의 항행을 용이하게 하고 신속하게 하기 위하여 또 특히 입국항 검역, 세관과 출국에 관한 법률의 적용에 있어서 발생하는 항공기 승무원 여객 및 화물의 불필요한 지연을 방지하기 위하여 특별한 규칙의 제정 또는 타 방법으로 모든 실행 가능한 조치를 취하는 것에 동의한다.

제23조 【세관 및 출입국의 수속】 각 체약국은, 실행 가능하다고 인정하는 한 본 협약에 의하여 수시

인정되고 권고되는 방식에 따라 국제항공에 관한 세관 및 출입국 절차를 설정할 것을 약속한다. 본 조약의 여하한 규정도 자유공항의 설치를 방해하는 것이라고 해석되어서는 아니된다.

제24조【관세】 (a) 타 체약국의 영역을 향하여, 그 영역으로부터 또는 그 영역을 횡단하고 비행하는 항공기는, 그 국가의 세관규정을 따를 것을 조건으로, 잠정적으로 관세의 면제가 인정된다. 체약국의 항공기가 타 체약국의 영역에 도착할 때에 동항공기상에 있는 연료, 윤활유, 예비부분품 및 항공기저장품으로서 그 체약국으로부터 출발하는 때에 기상에 적재하고 있는 것은 관세, 검사, 수수료 등 국가 혹은 지방세와 과금이 면제된다. 이 면제는 항공기로부터, 내려진 양 또는 물품에는 적용하지 아니한다. 단, 동량 또는 물품을 세관의 감시하에 두는 것을 요구하는 그 국가의 세관규칙에 따르는 경우에는 제외한다.

(b) 국제항공에 종사하는 타 체약국의 항공기에 부가하거나 또는 는 그 항공기가 사용하기 위하여 체약국의 영역에 수입된 예비 부분품과 기기는 그 물품을 세관의 감시와 관리하에 두는 것을 규정한 관계국의 규칙에 따를 것을 조건으로 관세의 면세가 인정된다.

제25조【조난 항공기】 각 체약국은 그 영역 내에서 조난한 항공기에 대하여 실행 가능하다고 인정되는 구호조치를 취할 것을 약속하고 또 동항공기의 소유자 또는 동항공기의 등록국의 관헌이 상황에 따라 필요한 구호조치를 취하는 것을, 그 체약국의 관헌의 감독에 따르는 것을 조건으로, 허가할 것을 약속한다. 각 체약국은 행방불명의 항공기의 수색에 종사하는 경우에 있어서는 본 협약에 따라 수시 권고되는 공동조치에 협력한다.

제26조【사고의 조사】 체약국의 항공기가 타 체약국의 영역에서 사고를 발생시키고 또 그 사고가 사망 혹은 중상을 포함하든가 또는 항공기 또는 항공보안시설의 중대한 기술적 결함을 표시하는 경우에는 사고가 발생한 국가는 자국의 법률이 허용하는 한 국제민간항공기구가 권고하는 절차에 따라 사고의 진상 조사를 개시한다. 그 항공기의 등록국에는 조사에 임석할 입회인을 파견할 기회를 준다. 조사를 하는 국가는 등록 국가에 대하여 그 사항에 관한 보고와 소견을 통보하여야 한다.

제27조【특허권에 의하여 청구된 차압의 면제】 (a) 국제항공에 종사하고 있는 한 체약국의 항공기가 타 체약국의 영역에의 허가된 입국, 착륙 혹은 무착륙으로 동 영역의 허가된 횡단을 함에 있어서는, 항공기의 구조, 기계장치, 부분품, 부속품 또는 항공기의 운항이, 동항공기가 입국한 영역 소속국에서 합법적으로 허여되고 또는 등록된 발명특허, 의장 또는 모형을 침해한다는 이유로 전기의 국가 또는 동국 내에 있는 국민에 의하던가 또는 차등의 명의에 의하여 항공기의 차압 혹은 억류 항공기의 소유자 혹은 운항자에 대한 청구 또는 항공기에 대한 타의 간섭을 하여서는 아니된다. 항공기의 차압 또는 억류로부터 전기의 면제에 관한 보증금의 공탁은 그 항공기가 입국한 국가에서는 여하한 경우

에 있어서라도 요구되지 아니하는 것으로 한다.

(b) 본조 (a)항의 규정은, 체약국의 항공기를 위하여 예비부분품과 예비기기를 타 체약국의 영역 내에 보관하는 것에 대하여 또 체약국의 항공기를 타체약국의 영역 내에서 수리하는 경우에 전기의 물품을 사용하고 또 장치하는 권리에 대하여 적용한다. 단, 이와 같이 보관되는 어떠한 특허부분품 또는 특허 기기라도 항공기가 입국하는 체약국에서 국내적으로 판매하고 혹은 배부하고 또는 그 체약국으로부터 상업의 목적으로서 수출하여서는 아니된다.

(c) 본조의 이익은 본 협약의 당사국으로서, (1) 공업 소유권 보호에 관한 국제협약과 그 개정의 당사국인 국가 또는 (2) 본 협약의 타 당사국 국민에 의한 증명을 승인하고 또 이에 적당한 보호를 부여하는 특허법을 제정한 국가에 한하여 적용한다.

제28조【항공시설 및 표준양식】
각 체약국은, 실행 가능하다고 인정하는 한, 다음 사항을 약속한다.

(a) 본 협약에 의하여 수시 권고되고 또는 설정되는 표준과 방식에 따라, 영역상 업무와 국제항공을 용이하게 하는 타의 항공보안시설을 설정하는 것.

(b) 통신수속, 부호, 기호, 신호, 조명의 적당한 표준양식 또는 타의 운항상의 방식과 규칙으로서 본 협약에 의하여 수시 권고되고 또는 설정되는 것을 채택하여 실시하는 것.

(c) 본 협약에 의하여 수시 권고되고 또는 설정되는 표준에 따라, 항공지도와 항공지도의 간행을 확실하게 하기 위한 국제적 조치에 협력하는 것.

제5장 항공기에 관하여 이행시킬 요건

제29조【항공기가 휴대하는 서류】
국제항공에 종사하는 체약당사국의 모든 항공기는, 본 협약에 정한 조건에 따라 다음의 서류를 휴대하여야 한다 :

(a) 등록증명서 ;

(b) 내항증명서 ;

(c) 각 승무원의 적당한 면허장 ;

(d) 항공일지 ;

(e) 무선전신장치를 장비할 때에는 항공기무선전신국면허장 ;

(f) 여객을 수송할 때는 그 성명 및 승지와 목적지의 표시 ;

(g) 화물을 운송할 때는 적하목록과 화물의 세목신고서.

제30조【항공기의 무선장비】
(a) 각 체약국의 항공기는, 그 등록국의 적당한 관헌으로부터, 무선송신기를 장비하고 또 운용하는 면허장을 받은 때에 한하여, 타 체약국의 영역 내에서 또는 그 영역의 상공에서 전기의 송신기를 휴행할 수 있다. 피비행 체약국의 영역에서의 무선송신기의 사용은 동국이 정하는 규칙에 따라야 한다.

(b) 무선송신기의 사용은 항공기 등록국의 적당한 관헌에 의하여 발급된 그 목적을 위한 특별한 면허장을 소지하는 항공기 승무원에 한한다.

제31조【내항증명서】국제항공에 종사하는 모든 항공기는 그 등록국이 발급하거나 또는 유효하다고 인정한 내항증명서를 비치한다.

제32조【항공종사자의 면허장】
(a) 국제항공에 종사하는 모든 항공기의 조종자와 기타의 운항승무원은 그 항공기의 등록국이 발급하거나 또는 유효하다

고 인정한 기능증명서와 면허장을 소지한다.

(b) 각 체약국은 자국민에 대하여 타 체약국이 부여한 기능증명서와 면허장을 자국영역의 상공 비행에 있어서 인정하지 아니하는 권리를 보류한다.

제33조【증명서 및 면허장의 승인】 항공기의 등록국이 발급하거나 또는 유효하다고 인정한 내항증명서, 기능증명서 및 면허장은 타 체약국도 이를 유효한 것으로 인정하여야 한다. 단, 전기의 증명서 또는 면허장을 발급하거나 또는 유효하다고 인정한 요건은 본 협약에 따라 수시 설정되는 최저 표준과 그 이상이라는 것을 요한다.

제34조【항공일지】 국제항공에 종사하는 모든 항공기에 관하여서는 본 협약에 따라 수시 특정하게 되는 형식으로 그 항공기 승무원과 각 항공의 세목을 기입한 항공일지를 보지한다.

제35조【화물의 제한】 (a) 군수품 또는 군용기재는 체약국의 영역 내 또는 상공을 그 국가의 허가 없이 국가항공에 종사하는 항공기로 운송하여서는 아니된다. 각국은 통일성을 부여하기 위하여 국제민간항공기구가 수시로 하는 권고에 대하여 타당한 고려를 하여 본조에 군수품 또는 군용기재가 무엇이라는 것은 규칙으로서 결정한다.

(b) 각 체약국은 공중의 질서와 안전을 위하여 (a)항에 게시된 이외의 물품에 관하여 그 영역 내 또는 그 영역의 상공운송을 제한하고 또는 금지하는 권리를 보류한다. 단, 이에 관하여서는 국제항공에 종사하는 자국의 항공기와 타 체약국의 동양의 항공기관에 차별을 두어서는 아니

되며, 또한 항공기의 운항 혹은 항행 또는 직원 혹은 여객의 안전을 위하여 필요한 장치의 휴행과 기상사용을 방해하는 제한을 하여서는 아니된다.

제36조【사진기】 각 체약국은 그 영역의 상공을 비행하는 항공기에서 사진기를 사용하는 것을 금지하거나 또는 제한할 수 있다.

제6장 국제표준과 권고관행

제37조【국제표준 및 수속의 채택】 각 체약국은, 항공기 직원, 항공로 및 부속업무에 관한 규칙, 표준, 수속과 조직에 있어서의 실행 가능한 최고도의 통일성을 확보하는 데에 협력할 것을 약속하여, 이와 같은 통일성으로 운항이 촉진되고 개선되도록 한다.

이 목적으로서 국제민간항공기구는 다음의 사항에 관한 국제표준 및 권고되는 방식과 수속을 필요에 응하여 수시 채택하고 개정한다.

(a) 통신조직과 항공 보안시설 (지상표지를 포함);

(b) 공항과 이착륙의 성질;

(c) 항공규칙과 항공 교통관리방식;

(d) 운항관계 및 정비관계 종사자의 면허;

(e) 항공기의 내항성;

(f) 항공기의 등록과 식별;

(g) 기상정보의 수집과 교환;

(h) 항공일지;

(i) 항공지도 및 항공도;

(j) 세관과 출입국의 수속;

(k) 조난 항공기 및 사고의 조사. 또한 항공의 안전, 정확 및 능률에 관계가 있는 타의 사항으로서 수시 적당하다고 인정하는 것.

제38조 【국제표준 및 수속의 배제】
모든 점에 관하여 국제표준 혹은
수속에 추종하며, 또는 국제표준
혹은 수속의 개정 후 자국의 규칙
혹은 방식을 이에 완전히 일치하
게 하는 것이 불가능하다고 인정
하는 국가, 혹은 국제표준에 의하
여 설정된 것과 특정한 점에 있어
차이가 있는 규칙 또는 방식을 채
용하는 것이 필요하다고 인정하
는 국가는, 자국의 방식과 국제표
준에 의하여 설정된 방식 간의 차
이를 직시로 국제민간항공기구
에 통고한다. 국제표준의 개정이
있을 경우에, 자국의 규칙 또는
방식에 적당한 개정을 가하지 아
니하는 국가는, 국제표준의 개정
의 채택으로부터 60일 이내에 이
사회에 통지하는가 또는 자국이
취하는 조치를 명시하여야 한다.
이 경우에 있어서 이사회는 국제
표준의 특이점과 이에 대응하는
국가의 국내 방식 간에 있는 차이
를 직시로 타의 모든 국가에 통고
하여야 한다.

제39조 【증명서 및 면허장의 이서】
(a) 내항성 또는 성능의 국제표준
    이 존재하는 항공기 또는 부분품
    으로서 증명서에 어떤 점에 있어
    그 표준에 합치하지 못한 것은
    그 합치하지 못한 점에 관한 완
    전한 명세를 그 내항증명서에 이
    서하든가 또는 첨부하여야 한다.

제40조 【이서된 증명서 및 면허
장의 효력】 전기와 같이 보증된
증명서 또는 면허장을 소지하는
항공기 또는 직원은 입국하는 영
역의 국가의 허가 없이 국제항공
에 종사하여서는 아니 된다. 전기
의 항공기 또는 증명을 받은 항공
기 부분품으로서 최초에 증명을
받은 국가 이외의 국가에 있어서
의 등록 또는 사용은 그 항공기
또는 부분품을 수입하는 국가가
임의로 정한다.

제41조 【내항성의 현행표준의 승
인】 본장의 규정은 항공기로서
그 기기에 대한 내항성의 국제
표준을 채택한 일시 후 3년을 경
과하기 전에 그 원형이 적당한 국
내 관헌에게 증명을 받기 위하여
제출된 형식의 항공기와 항공기
기기에는 적용하지 아니한다.

제42조 【항공종사자의 기능에 관
한 현행표준의 승인】 본장의 규정
은 항공종사자에 대한 자격증명서
의 국제표준을 최초로 채택한 후 1
년을 경과하기 전에 면허장이 최
초로 발급되는 직원에게는 적용하
지 아니한다. 그러나 전기의 표준
을 채택한 일자 후 5년을 경과하고
상금 유효한 면허장을 소지하는
모든 항공종사자에게는 어떠한 경
우에 있어서도 적용한다.

제2부 국제민간항공기구

제7장 기 구

제43조 【명칭 및 구성】 본 협약
에 의하여 국제민간항공기구라
는 기구를 조직한다. 본 기구는
총회, 이사회 및 필요한 타의 기
관으로 구성된다.

제44조 【목적】 본 기구의 목적
은 다음의 사항을 위하여 국제항
공의 원칙과 기술을 발달시키고
또한 국제항공수송의 계획과 발
달을 조장하는 것에 있다:
(a) 세계를 통하여 국제민간항공
    의 안전하고도 정연한 발전을
    보장하는 것;
(b) 평화적 목적을 위하여 항공기
    의 설계와 운항의 기술을 장려
    하는 것;
(c) 국제민간항공을 위한 항공로,
    공항과 항공 보안시설의 발달
    을 장려하는 것;

(d) 안전하고 정확하며 능률적인
그리고 경제적인 항공수송에
대한 세계제 인민의 요구에 응
하는 것;
(e) 불합리한 경쟁으로 발생하는
경제적 낭비를 방지하는 것;
(f) 체약국의 권리가 충분히 존중
될 것과 체약국이 모든 국제항
공 기업을 운영하는 공정한 기
회를 갖도록 보장하는 것;
(g) 체약국 간의 차별대우를 피하
는 것;
(h) 국제항공에 있어서 비행의 안
전을 증진하는 것;
(i) 국제민간항공의 모든 부문의 발
달을 일반적으로 촉진하는 것:

제45조【항구적 소재지】 본 기구
의 항구적 소재지는 1944년 12월
7일 시카고에서 서명된 국제민간
항공에 관한 중간협정에 의하여
설립된 임시 국제민간항공기구
의 중간총회의 최종회합에서 결
정되는 장소로 한다. 이 소재지는
이사회의 결정에 의하여 일시적
으로 타의 장소에 또한 총회의 결
정에 의하여 일시적이 아닌 타의
장소로 이전할 수 있다. 이러한
총회의 결정은 총회가 정하는 표
수에 의하여 취하여져야 한다. 총
회가 정하는 표수는 체약국의 총
수의 5분의3 미만이어서는 아니
된다.

제46조【총회의 제1차 회합】 총
회의 제1차 회합은 전기의 임시
기구의 중간이사회가 결정하는
시일과 장소에서 회합하도록 본
협약의 효력발생 후 직시 중간이
사회가 소집한다.

제47조【법률상의 행위능력】 기
구는, 각 체약국의 영역 내에서
임무의 수행에 필요한 법률상의
행위능력을 향유한다. 완전한 법
인격은 관계국의 헌법과 법률에
양립하는 경우에 부여된다.

제8장 총 회

제48조【총회의 회합 및 표결】
(a) 총회는 적어도 매 3년에 1회
회합하고 적당한 시일과 장소
에서 이사회가 소집한다. 임시
총회는 이사회의 소집 또는 사
무장에게 발송된 10개 체약국
의 요청이 있을 때 하시라도 개
최할 수 있다.
(b) 모든 체약국은 총회의 회합에
대표를 파견할 평등한 권리를
향유하고, 각 체약국은 일개의
투표권을 보유한다. 체약국을
대표하는 대표는 회합에는 참
가할 수 있으나 투표권을 보유
하지 아니하는 기술고문의 원
조력을 받을 수 있다.
(c) 총회의 정족수를 구성하기 위
하여서는 체약국의 과반수를
필요로 한다. 본 협약에 별단의
규정이 없는 한, 총회의 결정은
투표의 과반수에 의하여 성립
된다.

제49조【총회의 권한 및 임무】 총
회의 권한과 임무는 다음과 같다.
(a) 매 회합 시에 의장 및 기타 역
원을 선출하는 것;
(b) 제9장의 규정에 의하여 이사
회에 대표자를 파견할 체약국
을 선출하는 것;
(c) 이사회의 보고를 심사하고 적
당한 조치를 취할 것과 이사회
로부터 총회에 위탁한 사항을
결정하는 것;
(d) 자체의 의사규칙을 결정하고
필요하다고 인정하는 보조위원
회를 설립하는 것;
(e) 제12장의 규정에 의하여 기구
의 연도예산을 표결하고 재정
상의 분배를 결정하는 것;
(f) 기구의 지출을 검사하고 결산
보고를 승인하는 것;

(g) 그 활동범위 내의 사항을 이 사회, 보조위원회 또는 타 기관에 임의로 위탁하는 것 ;

(h) 기구의 임무를 이행하기 위하여 필요한 또는 희구되는 권능과 권한을 이사회에 위탁하고 전기의 권한의 위탁을 하시라도 취소 또는 변경하는 것 ;

(i) 제13장의 적당한 규정을 실행하는 것 ;

(j) 본 협약의 규정의 변경 또는 개정을 위한 제안을 심의하고 동 제안을 승인한 경우에는 제21장의 규정에 의하여 이를 체약국에 권고하는 것 ;

(k) 기구의 활동범위 내의 사항에서 특히 이사회의 임무로 되지 아니한 것을 처리하는 것.

제9장 이사회

제50조 【이사회의 구성 및 선거】

(a) 이사회는 총회에 대하여 책임을 지는 상설기관이 된다. 이사회는 총회가 선거한 27개국의 체약국으로서 구성된다. 선거는 총회의 제1차 회합에서 또 그 후는 매 3년에 행하고 또 이와 같이 선거된 이사회의 구성원은 차기의 선거까지 재임한다.

(b) 이사회의 구성원을 선거함에 있어서, 총회는, (1) 항공운송에 있어 가장 중요한 국가 (2) 타점에서 포함되지 아니하나 국제민간항공을 위한 시설의 설치에 최대의 공헌을 하는 국가 (3) 타점에서는 포함되지 아니하나 그 국가를 지명함으로써 세계의 모든 중요한 지리적 지역이 이사회에 확실히 대표되는 국가를 적당히 대표가 되도록 한다. 이사회의 공석은 총회가 가급적 속히 보충하여야 한다. 이와 같이 이사회에 선거된 체약국은 전임자의 잔임기간 중 재임한다.

(c) 이사회에 있어서 체약국의 대표자는, 국제항공업무의 운영에 적극적으로 참여하거나 또는 그 업무에 재정적으로 관계하여서는 아니 된다.

제51조 【이사회의 의장】

이사회는 그 의장을 3년의 임기로서 선거한다. 의장은 재선할 수 있다. 의장은 투표권을 보유하지 아니한다. 이사회는 그 구성원 중에서 1인 또는 2인 이상의 부의장을 선거한다. 부의장은 의장대리가 되는 때라도 투표권을 보지한다. 의장은 이사회의 구성원의 대표자 중에서 선거할 필요는 없지만 대표자가 선거된 경우에는 그 의석은 공석으로 간주하고 그 대표자가 대표하는 국가에서 보충한다. 의장의 임무는 다음과 같다. :

(a) 이사회, 항공운송위원회 및 항공위원회의 회합을 소집하는 것 ;

(b) 이사회의 대표자가 되는 것 ;

(c) 이사회가 지정하는 임무를 이사회를 대리하여 수행하는 것.

제52조 【이사회에 있어서의 표결】

이사회의 결정은 그 구성원의 과반수의 승인을 필요로 한다. 이사회는 특정의 사항에 관한 권한을 그 구성원으로서 구성되는 위원회에 위탁할 수 있다. 이사회와 위원회의 결정에 관하여서는 이해관계가 있는 체약국이 이사회에 소송할 수 있다.

제53조 【투표권 없는 참석】

체약국은 그 이해에 특히 영향이 미치는 문제에 관한 이사회 또는 그 위원회와 전문위원회의 심의에 투표권 없이 참가할 수 있다. 이사회의 구성원은 자국이 당사국이 되는 분쟁에 관한 이사회의 심의에 있어 투표할 수 없다.

제54조【이사회의 수임기능】 이사회는 다음 사항을 장악한다 :
(a) 총회에 연차보고를 제출하는 것 ;
(b) 총회의 지령을 수행하고 본 협약이 부과한 임무와 의무를 이행하는 것 ;
(c) 이사회의 조직과 의사규칙을 결정하는 것 ;
(d) 항공운송위원회를 임명하고 그 임무를 규정하는 것. 동 위원회는 이사회의 구성원의 대표자 중에서 선거되고 또 이사회에 대하여 책임을 진다.
(e) 제10장의 규정에 의하여 항공위원회를 설립하는 것 ;
(f) 제12장과 제15장의 규정에 의하여 기구의 재정을 관리하는 것 ;
(g) 이사회 의장의 보수를 결정하는 것 ;
(h) 제11장의 규정에 의하여 사무총장이라 칭하는 수석 행정관을 임명하고 필요한 타직원의 임명에 관한 규정을 작성하는 것 ;
(i) 항공의 진보와 국제항공업무의 운영에 관한 정보를 요청, 수집, 심사 그리고 공표하는 것. 이 정보에는 운영의 비용에 관한 것과 공공 자금으로부터 항공기업에 지불된 보조금의 명세에 관한 것을 포함함.
(j) 본 협약의 위반과 이사회의 권고 또는 결정의 불이행을 체약국에 통보하는 것 ;
(k) 본 협약의 위반을 통고한 후, 상당한 기한 내에 체약국이 적당한 조치를 취하지 아니하였을 경우에는 그 위반을 총회에 보고하는 것 ;
(l) 국제표준과 권고되는 방식을, 본 협약 제6장의 규정에 의하여, 채택하여 편의상 이를 본 협약의 부속서로 하고 또한 취한 조치를 모든 체약국에 통고하는 것 ;
(m) 부속서의 개정에 대한 항공위원회의 권고를 심의하고, 제20장의 규정에 의하여 조치를 취하는 것 ;
(n) 체약국이 위탁한 본 협약에 관한 문제를 심의하는 것.

제55조【이사회의 임의기능】 이사회는 다음의 사항을 행할 수 있다:
(a) 적당한 경우와 경험에 의하여 필요성을 인정하는 때에는 지역적 또는 타의 기초에 의한 항공운송소위원회를 창설할 것과 국가 또는 항공기업의 집합 범위를 정하여 이와 함께 또는 이를 통하여 본 협약의 목적수행을 용이하게 하도록 하는 것 ;
(b) 본 협약에 정한 임무에 추가된 임무를 항공위원회에 위탁하고 그 권한위탁을 하시든지 취소하거나 또는 변경하는 것 ;
(c) 국제적 중요성을 보유하는 항공운송과 항공의 모든 부문에 관하여 조사를 하는 것 ; 그 조사의 결과를 체약국에 통보하고 항공운송과 항공상의 문제에 관한 체약국 간의 정보교환을 용이하게 하는 것 ;
(d) 국제간선항공업무의 국제적인 소유 및 운영을 포함하는 국제항공운송의 조직과 운영에 영향을 미치는 문제를 연구하고 이에 관한 계획을 총회에 제출하는 것 ;
(e) 피할 수 있는 장해가 국제항공의 발달을 방해한다고 인정하는 사태를 체약국의 요청에 의하여 조사하고 그 조사 후 필요하다고 인정하는 보고를 발표하는 것.

제10장 항공위원회

제56조 【위원의 지명 및 임명】

항공위원회는 이사회가 체약국이 지명한 자 중에서 임명된 12인의 위원으로서 구성한다. 이들은 항공의 이론과 실제에 관하여 적당한 자격과 경험을 가지고 있어야 한다. 이사회는 모든 체약국에 지명의 제출을 요청한다. 항공위원회의 위원장은 이사회가 임명된다.

제57조 【위원회의 의무】

항공위원회는 다음의 사항을 관장한다.
(a) 본 협약의 부속서의 변경을 심의하고 그 채택을 이사회에 권고하는 것 ;
(b) 희망된다고 인정되는 경우에는 어떠한 체약국이라도 대표자를 파견할 수 있는 전문소위원회를 설치하는 것 ;
(c) 항공의 진보에 필요하고 또한 유용하다고 인정하는 모든 정보의 수집과 그 정보의 체약국에의 통보에 관하여 이사회에 조언하는 것.

제11장 직 원

제58조 【직원의 임명】

총회가 정한 규칙과 본 협약의 규정에 따를 것을 조건으로, 이사회는 사무총장과 기구의 타직원의 임명과 임기종료의 방법, 훈련, 제 수당 및 근무조건을 결정하고 또 체약국의 국민을 고용하거나 또는 그 역무를 이용할 수 있다.

제59조 【직원의 국제적 성질】

이사회의 의장, 사무총장 및 타 직원은 그 책임의 이행에 있어 기구외의 권위자로부터 훈령을 요구하거나 또는 이를 수락하여서는 아니된다. 각 체약국은 직원의 책임의 국제적인 성질을 충분히 존중할 것과 자국민이 그 책임을 이행함에 있어서 이들에게 영향을 미치지 아니할 것을 약속한다.

제60조 【직원의 면제 및 특권】

각 체약국은, 그 헌법상의 절차에 의하여 가능한 한도 내에서, 이사회의 의장, 사무총장 및 기구의 타직원에 대하여 타의 공적 국제기관이 상당하는 직원에 부여되는 면제와 특권을 부여할 것을 약속한다. 국제적 공무원의 면제와 특권에 관한 일반 국제 협정이 체결된 경우에는, 의장, 사무총장 및 기구의 타 직원에 부여하는 면제와 특권은 그 일반 국제협정에 의하여 부여하는 것으로 한다.

제12장 재 정

제61조 【예산 및 경비의 할당】

이사회는 연차예산, 연차 결산서 및 모든 수입에 관한 개산을 총회에 제출한다. 총회는 적당하다고 인정하는 수정을 가하여 예산을 표결하고 또 제15장에 의한 동의국에의 할당금을 제외하고 기구의 경비를 총회가 수시 결정하는 기초에 의하여 체약국 간에 할당한다.

제62조 【투표권의 정지】

총회는 기구에 대한 재정상의 의무를 상당한 기간 내에 이행하지 아니한 체약국의 총회와 이사회에 있어서의 투표권을 정지할 수 있다.

제63조 【대표단 및 기타대표자의 경비】

각 체약국은 총회에의 자국 대표단의 경비, 이사회 근무를 명한 자 및 기구의 보조적인 위원회 또는 전문 위원회 또는 전문위원회에 대한 지명자 또는 대표자의 보수, 여비 및 기타 경비를 부담한다.

제13장 기타 국제약정

제64조 【안전보장 약정】 기구는
그 권한 내에 있는 항공문제로서
세계의 안전보장에 직접적으로
영향을 미치는 것에 관하여 세계
의 제국이 평화를 유지하기 위하
여 설립한 일반기구와 총회의 표
결에 의하여 상당한 협정을 할 수
있다.

제65조 【타 국제단체와의 약정】
이사회는, 공동업무의 유지 및 직
원에 관한 공동의 조정을 위하여,
그 기구를 대표하여, 타 국제단체
와 협정을 체결할 수 있고 또한
총회의 승인을 얻어, 기구의 사업
을 용이하게 하는 타의 협정을 체
결할 수 있다.

제66조 【타 협정에 관한 기능】
(a) 기구는 또 1944년 12월 7일 시
카고에서 작성된 국제항공업무
통과협정과 국제항공운송협정
에 의하여 부과된 임무를 이 협
약에 정한 조항과 조건에 따라
수행한다.
(b) 총회 및 이사회의 구성원으로
서 1944년 12월 7일 시카고에서
작성된 국제항공업무통과협정
또는 국제항공운송협정을 수락
하지 아니한 구성원은 관계협
정의 규정에 의하여 총회 또는
이사회에 기탁된 사항에 대하
여서는 투표권을 보유하지 아
니한다.

제3부 국제항공운송

제14장 정보와 보고

제67조 【이사회에 대한 보고제출】
각 체약국은, 그 국제항공기업이
교통보고, 지출통계 및 재정상의
보고서로서 모든 수입과 그 원천
을 표시하는 것을, 이사회가 정한
요건에 따라 이사회에 제출할 것

을 약속한다.

제15장 공항과 기타의 항공보안
시설

제68조 【항공로 및 공항의 지정】
각 체약국은, 본 협약의 규정을
따를 것을 조건으로, 국제항공업
무가 그 영역 내에서 종사할 공로
와 그 업무가 사용할 수 있는 공
항을 지정할 수 있다.

제69조 【항공시설의 개선】 이사
회는, 무선전신과 기상의 업무를
포함하는 체약국의 공항 또는 타
의 항공보안시설이 현존 또는 계
획 중의 국제항공업무의 안전하
고 정확하며, 또 능률적이고 경제
적인 운영을 기하기 위하여 합리
적으로 고찰하여 적당하지 아니
한 경우에는 그 사태를 구제할 방
법을 발견하기 위하여 직접 관계
국과 영향을 받은 타국과 협의하
고 또 이 목적을 위하여 권고를
할 수 있다. 체약국은 이 권고를
실행하지 아니한 경우라도 본 협
약의 위반의 책임은 없다.

제70조 【항공시설비용의 부담】
체약국은 제69조의 규정에 의하
여 생기는 사정하에 전기의 권고
를 실시하기 위하여 이사회와 협
정을 할 수 있다. 동 체약국은 전
기의 협정에 포함된 모든 비용을
부담할 수 있다. 동국이 이를 부
담하지 아니할 경우에 이사회는
동국의 요청에 의하여 비용의 전
부 또는 일부의 제공에 대하여 동
의할 수 있다.

제71조 【이사회에 의한 시설의 설
치 및 유지】 체약국이 요청하는
경우에는, 이사회는 무선전신과
기상의 업무를 포함한 공항과 기
타 항공보안시설의 일부 또는 전
부로서 타 체약국의 국제항공업
무의 안전하고 정확하며, 또 능률

적이고 경제적인 운영을 위하여 영역 내에서 필요하다고 하는 것에 설치, 배원, 유지 및 관리를 하는 것에 동의하고 또 설치된 시설의 사용에 대하여 정당하고 합리적인 요금을 정할 수 있다.

제72조 【토지의 취득 및 사용】
체약국의 요청에 의하여 이사회가 전면적으로 또는 부분적으로 출자하는 시설을 위하여 토지가 필요한 경우에는, 그 국가는 그가 희망하는 때에는 소유권을 보류하고 토지 그 자체를 제공하든가 또는 이사회가 정당하고 합리적인 조건으로 또 당해국의 법률에 의하여 토지를 사용할 것을 용이하게 한다.

제73조 【자금의 지출 및 할당】
이사회는, 총회가 제12장에 의하여 이사회의 사용에 제공하는 자금의 한도 내에서, 기구의 일반자금으로부터 본장의 목적을 위하여 경상적 지출을 할 수 있다. 이사회는 본장의 목적을 위하여 필요한 시설자금을 상당한 기간에 선하여 사전에 협정한 율로서 시설을 이용하는 항공기업에 속하는 체약국에서 동의한 자에게 할당한다. 이사회는 필요한 운영자금을 동의하는 국가에 할당할 수 있다.

제74조 【기술원조 및 수입의 이용】 체약국의 요청에 의하여, 이사회가 자금을 전불하든가 또는 항공 혹은 타시설을 전면적으로 혹은 부분적으로 설치하는 경우에, 그 협정은, 그 국가의 동의를 얻어, 그 공항과 타 시설의 감독과 운영에 관하여 기술적 원조를 부여할 것을 규정하고 또 그 공항과 타 시설의 운영비와 이자 그리고 할부상환비를 그 공항과 타시설의 운영에 의하여 생긴 수입으로부터 지불할 것을 규정할 수 있다.

제75조 【이사회로부터의 시설의 인계】 체약국은, 하시라도 그 상황에 따라 합리적이라고 이사회가 인정하는 액을 이사회에 지불하는 것에 동의하고, 제70조에 의하여 부담한 채무를 이행하고 또 이사회가 제71조와 제72조의 규정에 의하여 자국의 영역 내에 설치한 공항과 타 시설을 인수할 수 있다. 체약국은, 이사회가 정한 액이 부당하다고 인정하는 경우에는, 이사회의 결정에 대하여 총회에 이의를 제기할 수 있다. 총회는 이사회의 결정을 확인하거나 또는 수정할 수 있다.

제76조 【자금의 반제(return of funds)】 이사회가 제55조에 의한 변제 또는 제74조에 의한 이자와 할부상환금의 수령으로부터 얻은 자금은, 제73조에 의하여 체약국이 최초에 전불금을 출자하고 있을 경우에는, 최초에 출자가 할당된 그 할당 시에 이사회가 결정한 율로서 반제한다.

제16장 공동운영조직과 공동계산업무

제77조 【공동운영조직의 허가】 본 협약은 두 개 이상의 체약국이 공동의 항공운송운영조직 또는 국제운영기관을 조직하는 것과 어느 공로 또는 지역에서 항공 업무를 공동 계산하는 것을 방해하지 아니하다. 단, 그 조직 또는 기관과 그 공동 계산업무는 협정의 이사회에의 대 등록에 관한 규정을 포함하는 본 협약의 모든 규정에 따라야 한다. 이사회는 국제운영기관이 운영하는 항공기의 국적에 관한 본 협약의 규정을 여하한 방식으로 적용할 것인가를 결정한다.

제78조【이사회의 기능】이사회는 어느 공로 또는 지역에 있어 항공업무를 운영하기 위하여 공동 조직을 설치할 것을 관계 체약국에 제의할 수 있다.

제79조【운영조직에의 참가】국가는 자국정부를 통하여 또는 자국정부가 지정한 1 또는 2 이상의 항공회사를 통하여 공동운영조직 또는 공동 계산협정에 참가할 수 있다. 그 항공 회사는 관계국의 단독적인 재량으로 국유 또는 일부 국유 또는 사유로 할 수 있다.

제4부 최종규정

제17장 타 항공협정의 항공약정

제80조【파리협약 및 하바나협약】체약국은, 1919년 10월 13일 파리에서 서명된 항공법규에 관한 조약 또는 1928년 2월 20일 하바나에서 서명된 상업 항공에 관한 협약 중 어느 하나의 당사국인 경우에는, 그 폐기를 본 협약의 효력 발생 후 즉시 통보할 것을 약속한다. 체약국 간에 있어 본 협약은 전기 파리협약과 하바나 협약에 대치한다.

제81조【현존협정의 등록】본 협약의 효력 발생 시에 존재하는 모든 항공협정으로서 체약국과 타국 간 또는 체약국의 항공기업과 타국 혹은 타국의 항공기업 간의 협정은 직시로 이사회에 등록되어야 한다.

제82조【양립할 수 없는 협정의 폐지】체약국은, 본 협약이 본 협약의 조항과 양립하지 아니하는 상호간의 모든 의무와 양해를 폐지한다는 것을 승인하고 또한 이러한 의무와 양해를 성립시키지 아니할 것을 약속한다. 기구의 가맹국이 되기 전에 본 협약의 조항과 양립하지 아니하는 의무를 비체약국 혹은 비체약국의 국민에 대하여 약속한 체약국은 그 의무를 면제하는 조치를 즉시 그 조치를 취하여야 한다.

제83조【신 협정의 등록】체약국은 전조의 규정에 의할 것을 조건으로, 본 협약의 규정과 양립하는 협정을 체결할 수 있다. 그 협정은 직시 이사회에 등록하게 되고 이사회는 가급적 속히 이를 공표한다.

제18장 분쟁과 위약

제84조【분쟁의 해결】본 협약과 부속서의 해석 또는 적용에 관하여 둘 이상의 체약국 간의 의견의 불일치가 교섭에 의하여 해결되지 아니하는 경우에는, 그 의견의 불일치는 관계 국가의 신청이 있을 때 이사회가 해결한다. 이사회의 구성원은 자국이 당사국이 되는 분쟁에 관하여 이사회의 심리 중에는 투표하여서는 아니된다. 어느 체약국도 제85조에 의할 것을 조건으로, 이사회의 결정에 대하여 타의 분쟁당사국과 합의한 중재재판 또는 상설국제사법재판소에 상소(appeal)할 수 있다. 그 제소는 이사회의 결정통고의 접수로부터 60일 이내에 이사회에 통고한다.

제85조【중재절차】이사회의 결정이 제소되어 있는 분쟁에 대한 당사국인 어느 체약국이 상설 국제사법재판소 규정을 수락하지 아니하고 또 분쟁당사국인 체약국이 중재재판소의 선정에 대하여 동의할 수 없는 경우에는 분쟁당사국인 각 체약국은 일인의 재판위원을 지명하는 일인의 중재위원을 지명한다. 그 분쟁당사국인 어느 체약국의 제소의 일자로

부터 3개월의 기간 내에 중재위원을 지정하지 아니할 경우에는 중재위원도 이사회가 조치하고 있는 유자격자의 현재원 명부 중에서 이사회의 의장이 그 국가를 대리하여 지명한다. 중재위원이 중재재판장에 대하여 30일 이내에 동의할 수 없는 경우에는 이사회의 의장은 그 명부 중에서 중재재판장을 지명한다. 중재의원과 중재재판장은 중재재판소를 공동으로 구성한다. 본조 또는 전조에 의하여 설치된 중재재판소는 그 절차를 정하고 또 다수결에 의하여 결정을 행한다. 단 이사회는 절차문제를 심사 지연이 있다고 인정하는 경우에는 스스로 결정할 수 있다.

제86조 【이의신청】 이사회가 별도로 정하는 경우를 제외하고, 국제항공기업이 본 협약의 규정에 따라서 운영되고 있는가의 여부에 관한 이사회의 결정은, 이의신입에 의하여 파기되지 아니하는 한, 계속하여 유효로 한다. 타의 사항에 관한 이사회의 결정은, 이의신청이 있는 경우에는, 그 이의신청이 결정되기까지 정지된다. 상설국제사법재판소와 중재재판소의 결정은 최종적이고 구속력을 가진다.

제87조 【항공기업의 위반에 대한 제재】 각 체약국은 자국의 영토상의 공간을 통과하는 체약국의 항공기업의 운영을 당해 항공기업이 전조에 의하여 표시된 최종결정에 위반하고 있다고 이사회가 결정한 경우에는 허가하지 아니할 것을 약속한다.

제88조 【국가의 위반에 대한 제재】 총회는 본장의 규정에 의하여 위약국으로 인정된 체약국에 대하여 총회 및 이사회에 있어서의 투표권을 정지하여야 한다.

제19장 전 쟁

제89조 【전쟁 및 긴급사태】 전쟁의 경우에, 본 협약의 규정은, 교전국 또는 중립국으로서 영향을 받는 체약국의 행동자유에 영향을 미치지 아니한다. 이러한 원칙은 국가긴급사태를 선언하고 그 사실을 이사회에 통고한 체약국의 경우에도 적용한다.

제20장 부속서

제90조 【부속서의 채택 및 개정】
(a) 제54조에 언급된 이사회에 의한 부속서의 채택은 그 목적으로 소집된 회합에 있어 이사회의 3분의 2의 찬성투표를 필요로 하고, 다음에 이사회가 각 체약국에 송부한다. 이 부속서 또는 그 개정은 각 체약국에의 송달 후 3개월 이내, 또는 이사회가 정하는 그 이상의 기간의 종료 시에 효력을 발생한다. 단, 체약국의 과반수가 그 기간 내에 그 불승인을 이사회에 계출한 경우에는 차한에 부재한다.
(b) 이사회는 부속서 또는 그 개정의 효력 발생을 모든 체약국에 직시 통고한다.

제21장 비준, 가입, 개정과 폐기

제91조 【협약의 비준】 (a) 본 협약은 서명국에 의하여 비준을 받을 것을 요한다. 비준서는 미합중국정부의 기록 보관소에 기탁된다. 동국 정부는 각 서명국과 가입국에 기탁일을 통고한다.
(b) 본 협약은 26개국이 비준하거나 또는 가입한 때 제26번의 문서의 기탁 후 30일에 이들 국가간에 대하여 효력을 발생한다. ...
(c) 본 협약이 효력을 발생한 일을 각 서명국과 가입국의 정부에 통고하는 것은 미합중국정부의 임무로 한다.

제92조 【협약에의 가입】

(a) 본협약은 연합국과 이들 국가와 연합하고 있는 국가 및 금차 세계전쟁 중 중립이었던 국가의 가입을 위하여 개방된다.

(b) 가입은 미합중국정부에 송달하는 통고에 의하여 행하고 또 미합중국정부가 통고를 수령 후 30일부터 효력을 발생한다. 동국 정부는 모든 체약국에 통고한다.

제93조 【기타 국가의 가입승인】

제91조와 제92조(a)에 규정한 국가 이외의 국가는, 세계의 제국이 평화를 유지하기 위하여 설립하는 일반적 국제기구의 승인을 받을 것을 조건으로, 총회의 5분의 2의 찬반투표에 의하여 또 총회가 정하는 조건에 의하여 본 협약에 참가할 것이 용인된다. …

제94조 【협약의 개정】

(a) 본 협약의 개정안은 총회의 3분의 2의 찬성투표에 의하여 승인되어야 하고 또 총회가 정하는 수의 체약국이 비준한 때에 그 개정을 비준한 국가에 대하여 효력을 발생한다. 총회의 정하는 수는 체약국의 총수의 3분의 2의 미만이 되어서는 아니된다.

(b) 총회는 전항의 개정이 성질상 정당하다고 인정되는 경우에는, 채택을 권고하는 결의에 있어 개정의 효력 발생 후 소정의 기간 내에 비준하지 아니하는 국가는 직시 기구의 구성원과 본 협약의 당사국의 지위를 상실하게 된다는 것을 규정할 수 있다.

제95조 【협약의 폐기】

(a) 체약국은 이 협약의 효력 발생의 3년 후에 미합중국정부에 보낸 통고에 의하여서 이 협약의 폐기를 통고할 수 있다. 동국 정부는 직시 각 체약국에 통보한다.

(b) 폐기는 통고의 수령일로부터 1년 후에 효력을 발생하고 또 폐기를 행한 국가에 대하여서만 유효하다.

제22장 정 의

제96조 본 협약의 적용상 :

(a) 「항공업무」라 함은 여객, 우편물 또는 화물의 일반수송을 위하여 항공기로서 행하는 정기항공업무를 말한다.

(b) 「국제항공업무」라 함은 2 이상의 국가의 영역 상의 공간을 통과하는 항공업무를 말한다.

(c) 「항공기업」이라 함은 국제항공업무를 제공하거나 또는 운영하는 항공수송기업을 말한다.

(d) 「운수 이외의 목적으로서의 착륙」이라 함은 여객, 화물 또는 우편물의 적재 또는 하재 이외의 목적으로서의 착륙을 말한다.

6 1945년 국제연합헌장(Charter of the United Nations)

채택일 : 1945.6.26.
발효일 : 1945.10.24.
한국 발효일 : 1991.9.18.

우리 연합국 인민들은 우리 일생 중에 두 번이나 말할 수 없는 슬픔을 인류에 가져온 전쟁(war)의 참화에서 다음 세대를 구하고, 기본적 인권, 인간의 존엄 및 가치, 남녀 및 대소 각국의 평등권에 대한 신념을 재확인하며, 정의와 조약 및 기타 국제법의 연원으로부터 발생하는 의무에 대한 존중이 계속 유지될 수 있는 조건을 확립하며, 더 많은 자유 속에서 사회적 진보와 생활수준의 향상을 촉진할 것을 결의하였다.

그리고 이러한 목적을 위하여 관용을 실천하고 선량한 이웃으로서 상호 간 평화롭게 같이 생활하며, 국제평화와 안전을 유지하기 위하여 우리들의 힘을 합하며, 공동이익(common interests)을 위한 경우 이외에는 무력을 사용하지 아니한다는 것을, 원칙의 수락과 방법의 설정에 의하여, 보장하고, 모든 국민의 경제적 및 사회적 발전을 촉진하기 위하여 국제기관을 이용한다는 것을 결의하면서, 이러한 목적을 달성하기 위하여 우리의 노력을 결집할 것을 결정하였다.

따라서, 우리 각자의 정부는, 샌프란시스코에 모인, 유효하고 타당한 것으로 인정된 전권위임장을 제시한 대표를 통하여, 이 국제연합헌장에 동의하고, 국제연합이라는 국제기구를 이에 설립한다.

제1장 목적과 원칙

제1조 국제연합의 목적은 다음과 같다.
1. 국제평화와 안전을 유지하고, 이를 위하여 평화에 대한 위협의 방지, 제거 그리고 침략행위 또는 기타 평화의 파괴를 진압하기 위한 유효한 집단적 조치를 취하고 평화의 파괴로 이를 우려가 있는 국제적 분쟁이나 사태의 조정·해결을 평화적 수단에 의하여 또한 정의와 국제법의 원칙에 따라 실현한다.
2. 사람들의 평등권 및 자결의 원칙의 존중에 기초하여 국가 간의 우호관계를 발전시키며, 보편평화를 강화하기 위한 기타 적절한 조치를 취한다.
3. 경제적·사회적·문화적 또는 인도적 성격의 국제문제를 해결하고 또한 인종·성별·언어 또는 종교에 따른 차별 없이 모든 사람의 인권 및 기본적 자유에 대한 존중을 촉진하고 장려함에 있어 국제적 협력을 달성한다.
4. 이러한 공동의 목적을 달성함에 있어서 각국의 활동을 조화시키는 중심이 된다.

제2조 이 기구 및 그 회원국은 제1조에 명시한 목적을 추구함에 있어서 다음의 원칙에 따라 행동한다.
1. 기구는 모든 회원국의 주권평등 원칙에 기초한다.
2. 모든 회원국은 회원국의 지위에서 발생하는 권리와 이익을 그들 모두에 보장하기 위하여, 이 헌장에 따라 부과되는 의무를

성실히 이행한다.

3. 모든 회원국은 그들의 국제분쟁을 국제평화와 안전 그리고 정의를 위태롭게 하지 아니하는 방식으로 평화적 수단에 의하여 해결한다.

4. 모든 회원국은 그 국제관계에 있어서 다른 국가의 영토보전이나 정치적 독립에 대하여 또는 국제연합의 목적과 양립하지 아니하는 어떠한 기타 방식으로도 무력의 위협이나 무력행사를 삼간다.

5. 모든 회원국은 국제연합이 이 헌장에 따라 취하는 어떠한 조치에 있어서도 모든 원조를 다하며, 국제연합이 방지조치 또는 강제조치를 취하는 대상이 되는 어떠한 국가에 대하여도 원조를 삼간다.

6. 기구는 국제연합의 회원국이 아닌 국가가, 국제평화와 안전을 유지하는 데 필요한 한, 이러한 원칙에 따라 행동하도록 확보한다.

7. 이 헌장의 어떠한 규정도 본질상(essentially) 어떤 국가의 국내관할권 안에 있는 사항에 간섭할 권한을 국제연합에 부여하지 아니하며, 또는 그러한 사항을 이 헌장에 의한 해결에 맡기도록 회원국에 요구하지 아니한다. 다만, 이 원칙은 제7장에 의한 강제조치의 적용을 해하지 아니한다.

제2장 회원국의 지위

제3조 국제연합의 원회원국은, 샌프란시스코에서 국제기구에 관한 연합국 회의에 참가한 국가 또는 1942년 1월 1일의 연합국선언에 서명한 국가로서, 이 헌장에 서명하고 제110조에 따라 이를 비준한 국가이다.

제4조 1. 국제연합의 회원국 지위는 이 헌장에 규정된 의무를 수락하고, 이러한 의무를 이행할 능력과 의사가 있다고 기구가 판단하는 그 밖의 평화애호국 모두에 개방된다.

2. 그러한 국가의 국제연합회원국으로의 승인은 안전보장이사회의 권고에 따라 총회의 결정에 의하여 이루어진다.

제5조 안전보장이사회에 의하여 취하여지는 방지조치 또는 강제조치의 대상이 되는 국제연합회원국에 대하여는 총회가 안전보장이사회의 권고에 따라 회원국으로서의 권리와 특권의 행사를 정지시킬 수 있다. 이러한 권리와 특권의 행사는 안전보장이사회에 의하여 회복될 수 있다.

제6조 이 헌장에 규정된 원칙을 끈질기게 위반하는 국제연합회원국은 총회가 안전보장이사회의 권고에 따라 기구로부터 제명할 수 있다.

제3장 기 관

제7조 1. 국제연합의 주요기관으로서 총회·안전보장이사회·경제사회이사회·신탁통치이사회·국제사법재판소 및 사무국을 설치한다.

2. 필요하다고 인정되는 보조기관은 이 헌장에 따라 설치될 수 있다.

제8조 국제연합은 남녀가 어떠한 능력으로서든 그리고 평등의 조건으로 그 주요기관 및 보조기관에 참가할 자격이 있음에 대하여 어떠한 제한도 두어서는 아니된다.

제4장 총 회

구 성

제9조 1. 총회는 모든 국제연합회원국으로 구성된다.

2. 각 회원국은 총회에 5인 이하의 대표를 가진다.

임무 및 권한

제10조 총회는 이 헌장의 범위 안에 있거나 또는 이 헌장에 규정된 어떠한 기관의 권한 및 임무에 관한 어떠한 문제 또는 어떠한 사항도 토의할 수 있으며, 그리고 제12조에 규정된 경우를 제외하고는, 그러한 문제 또는 사항에 관하여 국제연합회원국 또는 안전보장이사회 또는 이 양자에 대하여 권고할 수 있다.

제11조 1. 총회는 국제평화와 안전의 유지에 있어서의 협력의 일반원칙을, 군비축소 및 군비규제를 규율하는 원칙을 포함하여 심의하고, 그러한 원칙과 관련하여 회원국이나 안전보장이사회 또는 이 양자에 대하여 권고할 수 있다.

2. 총회는 국제연합회원국이나 안전보장이사회 또는 제35조 제2항에 따라 국제연합회원국이 아닌 국가에 의하여 총회에 회부된 국제평화와 안전의 유지에 관한 어떠한 문제도 토의할 수 있으며, 제12조에 규정된 경우를 제외하고는 그러한 문제와 관련하여 1 또는 그 이상의 관계국이나 안전보장이사회 또는 이 양자에 대하여 권고할 수 있다. 그러한 문제로서 조치(action)를 필요로 하는 것은 토의의 전 또는 후에 총회에 의하여 안전보장이사회에 회부된다.

3. 총회는 국제평화와 안전을 위태롭게 할 우려가 있는 사태에 대하여 안전보장이사회의 주의를 환기할 수 있다.

4. 이 조에 규정된 총회의 권한은 제10조의 일반적 범위를 제한하지 아니한다.

제12조 1. 안전보장이사회가 어떠한 분쟁 또는 사태와 관련하여 이 헌장에서 부여된 임무를 수행하고 있는 동안에는 총회는 이 분쟁 또는 사태에 관하여 안전보장이사회가 요청하지 아니하는 한 어떠한 권고도 하지 아니한다.

2. 사무총장은 안전보장이사회가 다루고 있는 국제평화와 안전의 유지에 관한 어떠한 사항도 안전보장이사회의 동의를 얻어 매 회기 중 총회에 통고하며, 또한 사무총장은, 안전보장이사회가 그러한 사항을 다루는 것을 중지한 경우, 즉시 총회 또는 총회가 회기중이 아닐 경우에는 국제연합회원국에 마찬가지로 통고한다.

제13조 1. 총회는 다음의 목적을 위하여 연구를 발의하고 권고한다.

가. 정치적 분야에 있어서 국제협력을 촉진하고, 국제법의 점진적 발달 및 그 법전화를 장려하는 것.

나. 경제, 사회, 문화, 교육 및 보건 분야에 있어서 국제협력을 촉진하며 그리고 인종, 성별, 언어 또는 종교에 관한 차별 없이 모든 사람을 위하여 인권 및 기본적 자유를 실현하는 데 있어 원조하는 것.

2. 전기 제1항 나호에 규정된 사항에 관한 총회의 추가적 책임, 임무 및 권한은 제9장과 제10장에 규정된다.

제14조 제12조 규정에 따를 것을 조건으로 총회는 그 원인에 관계없이 일반적 복지 또는 국가 간의 우호관계를 해할 우려가 있다고 인정되는 어떠한 사태도 이의 평화적 조정을 위한 조치를 권고할 수 있다. 이 사태는 국제연합의 목적 및 원칙을 정한 이 헌장 규정의 위반으로부터 발생하는 사태를 포함한다.

제15조 1. 총회는 안전보장이사회로부터 연례보고와 특별보고를

받아 심의한다. 이 보고는 안전보장이사회가 국제평화와 안전을 유지하기 위하여 결정하거나 또는 취한 조치의 설명을 포함한다.
2. 총회는 국제연합의 다른 기관으로부터 보고를 받아 심의한다.

제16조 <u>총회는 제12장과 제13장에 의하여 부과된 국제신탁통치제도에 관한 임무를 수행한다.</u> 이 임무는 전략지역으로 지정되지 아니한 지역에 관한 신탁통치협정의 승인을 포함한다.

제17조 1. <u>총회는 기구의 예산</u>을 심의하고 승인한다.
2. <u>기구의 경비는 총회에서 배정한 바에 따라 회원국이 부담한다.</u>
3. 총회는 제57조에 규정된 <u>전문기구와의 어떠한 재정약정 및 예산약정도 심의</u>하고 <u>승인</u>하며, 당해 전문기구에 <u>권고할 목적으로</u> 그러한 전문기구의 <u>행정적 예산을 검사한다.</u>

표 결

제18조 1. 총회의 각 구성국은 1개의 투표권을 가진다.
2. <u>중요문제에 관한 총회의 결정은 출석하여 투표하는 구성국의 3분의 2의 다수로 한다.</u> 이러한 문제는 국제평화와 안전의 유지에 관한 권고, 안전보장이사회의 비상임이사국의 선출, 경제사회이사회의 이사국의 선출, 제86조 제1항 다호에 의한 신탁통치이사회의 이사국의 선출, 신회원국의 국제연합 가입의 승인, 회원국으로서의 권리 및 특권의 정지, 회원국의 제명, 신탁통치제도의 운영에 관한 문제 및 예산문제를 포함한다.
3. <u>기타 문제에 관한 결정은 3분의 2의 다수로 결정될 문제의 추가적 부문의 결정을 포함하여 출</u>석하여 투표하는 구성국의 과반수로 한다.

제19조 기구에 대한 재정적 분담금의 지불을 연체한 국제연합회원국은 그 연체금액이 그때까지의 만 2년간 그 나라가 지불하였어야 할 분담금의 금액과 같거나 또는 초과하는 경우 총회에서 <u>투표권을 가지지 못한다.</u> 그럼도 총회는 지불의 불이행이 그 회원국이 <u>제어할 수 없는 사정에</u> 의한 것임이 인정되는 경우 그 회원국의 투표를 허용할 수 있다.

절 차

제20조 총회는 연례정기회기 및 필요한 경우에는 특별회기로서 모인다. <u>특별회기는 안전보장이사회의 요청</u> 또는 국제연합회원국의 과반수의 요청에 따라 <u>사무총장</u>이 소집한다.

제21조 총회는 그 자체의 의사규칙을 채택한다. 총회는 매회기마다 의장을 선출한다.

제22조 총회는 그 임무의 수행에 필요하다고 인정되는 보조기관을 설치할 수 있다.

제5장 안전보장이사회

구 성

제23조 1. 안전보장이사회는 15개 국제연합회원국으로 구성된다. <u>중</u>화민국, 불란서, 소비에트사회주의공화국연방, 영국 및 미합중국은 안전보장이사회의 상임이사국이다. 총회는 먼저 <u>국제평화와</u> <u>안전의 유지</u> 및 기구의 기타 목적에 대한 국제연합회원국의 공헌과 또한 공평한 지리적 배분을 특별히 고려하여 그 외 <u>10개</u>의 국제연합회원국을 안전보장이사회의 비상임이사국으로 선출한다.

2. 안전보장이사회의 <u>비상임이사국은 2년의 임기로 선출된다.</u> 안전보장이사회의 이사국이 11개국에서 15개국으로 증가된 후 최초의 비상임이사국 선출에서는, 추가된 4개 이사국 중 2개 이사국은 1년의 임기로 선출된다. 퇴임이사국은 연이어 재선될 자격을 가지지 아니한다.

3. 안전보장이사회의 각 이사국은 1인의 대표를 가진다.

임무와 권한

제24조 1. 국제연합의 신속하고 효과적인 조치를 확보하기 위하여, 국제연합회원국은 국제평화와 안전의 유지를 위한 <u>일차적 책임(primary responsibility)을 안전보장이사회에 부여하며</u>, 또한 안전보장이사회가 그 책임하에 의무를 이행함에 있어 <u>회원국을 대신하여(on their behalf)</u> 활동하는 것에 동의한다.

2. 이러한 의무를 이행함에 있어 <u>안전보장이사회는 국제연합의 목적과 원칙에 따라 활동한다.</u> 이러한 의무를 이행하기 위하여 안전보장이사회에 부여된 특정한 권한은 제6장, 제7장, 제8장 및 제12장에 규정된다.

3. 안전보장이사회는 연례보고 및 필요한 경우 특별보고를 총회에 심의하도록 제출한다.

제25조 <u>국제연합회원국은 안전보장이사회의 결정(decisions)을 이 헌장에 따라 수락하고 이행할 것을 동의한다.</u>

제26조 세계의 인적 및 경제적 자원을 군비를 위하여 최소한으로 전용함으로써 국제평화와 안전의 확립 및 유지를 촉진하기 위하여, 안전보장이사회는 군비규제체제의 확립을 위하여 국제연합

회원국에 제출되는 계획을 제47조에 규정된 군사참모위원회의 원조를 받아 작성할 책임을 진다.

표 결

제27조 1. 안전보장이사회의 각 이사국은 1개의 투표권을 가진다.

2. <u>절차사항에 관한 안전보장이사회의 결정은 9개 이사국의 찬성투표로써 한다.</u>

3. <u>그 외 모든 사항에 관한 안전보장이사회의 결정은 상임이사국의 동의 투표를 포함한 9개 이사국의 찬성투표로써 한다.</u> 다만, <u>제6장 및 제52조 제3항에 의한 결정에 있어서는 분쟁당사국은 투표를 기권한다.</u>

절 차

제28조 1. 안전보장이사회는 계속적으로 임무를 수행할 수 있도록 조직된다. 이를 위하여 안전보장이사회의 각 이사국은 <u>기구의 소재지에 항상 대표를 둔다.</u>

2. 안전보장이사회는 정기회의를 개최한다. 이 회의에 각 이사국은 희망하는 경우, 각료 또는 특별히 지명된 다른 대표에 의하여 대표될 수 있다.

3. 안전보장이사회는 그 사업을 가장 쉽게 할 수 있다고 판단되는 기구의 소재지 외의 장소에서 회의를 개최할 수 있다.

제29조 안전보장이사회는 그 임무의 수행에 필요하다고 인정되는 보조기관을 설치할 수 있다.

제30조 안전보장이사회는 의장 선출방식을 포함한 그 자체의 의사규칙을 채택한다.

제31조 <u>안전보장이사회의 이사국이 아닌 어떠한 국제연합회원국도 안전보장이사회가 그 회원국의 이해에 특히 영향이 있다고

인정하는 때에는 언제든지 안전
보장이사회에 회부된 어떠한 문
제의 토의에도 투표권 없이 참가
할 수 있다.

제32조 안전보장이사회의 이사
국이 아닌 국제연합회원국 또는
국제연합회원국이 아닌 어떠한
국가도 안전보장이사회에서 심
의중인 분쟁의 당사자인 경우에
는 이 분쟁에 관한 토의에 투표권
없이 참가하도록 초청된다. 안전
보장이사회는 국제연합회원국이
아닌 국가의 참가에 공정하다고
인정되는 조건을 정한다.

제6장 분쟁의 평화적 해결

제33조 1. 어떠한 분쟁도 그의
계속이 국제평화와 안전의 유지
를 위태롭게 할 우려가 있는 것일
경우, 그 분쟁의 당사자는 우선
교섭, 심사, 중개, 조정, 중재재판,
사법적 해결, 지역적 기관 또는
지역적 약정의 이용 또는 당사자
가 선택하는 다른 평화적 수단에
의한 해결을 구한다(shall).
2. 안전보장이사회는 필요하다고
인정하는 경우 당사자에 대하여
그 분쟁을 그러한 수단에 의하여
해결하도록 요청한다(shall).

제34조 안전보장이사회는 어떠
한 분쟁에 관하여도, 또는 국제적
마찰이 되거나 분쟁을 발생하게
할 우려가 있는 어떠한 사태에 관
하여도, 그 분쟁 또는 사태의 계속
이 국제평화와 안전의 유지를 위
태롭게 할 우려가 있는지 여부를
결정하기 위하여 조사할 수 있다.

제35조 1. 국제연합회원국은 어
떠한 분쟁에 관하여도, 또는 제34조
에 규정된 성격의 어떠한 사태에
관하여도, 안전보장이사회 또는
총회의 주의를 환기할 수 있다.

2. 국제연합회원국이 아닌 국가
는 자국이 당사자인 어떠한 분쟁
에 관하여도, 이 헌장에 규정된
평화적 해결의 의무를 그 분쟁에
관하여 미리 수락하는 경우에는
안전보장이사회 또는 총회의 주
의를 환기할 수 있다.
3. 이 조에 의하여 주의가 환기된
사항에 관한 총회의 절차는 제11조
및 제12조의 규정에 따른다.

제36조 1. 안전보장이사회는 제
33조에 규정된 성격의 분쟁 또는
유사한 성격의 사태의 어떠한 단
계에 있어서도 적절한 조정절차
또는 조정방법을 권고할 수 있다.
2. 안전보장이사회는 당사자가 이
미 채택한 분쟁해결절차를 고려
하여야 한다(should).
3. 안전보장이사회는, 이 조에 의
하여 권고를 함에 있어서, 일반적
으로 법률적 분쟁이 국제사법재
판소규정의 규정에 따라 당사자
에 의하여 동 재판소에 회부되어
야 한다는 점도 또한 고려하여야
한다(should).

제37조 1. 제33조에 규정된 성
격의 분쟁당사자는, 동조에 규정
된 수단에 의하여 분쟁을 해결하
지 못하는 경우, 이를 안전보장이
사회에 회부한다(shall).
2. 안전보장이사회는 분쟁의 계
속이 국제평화와 안전의 유지를
위태롭게 할 우려가 실제로 있다
고 인정하는 경우 제36조에 의하
여 조치를 취할 것인지 또는 적절
하다고 인정되는 해결조건을 권
고할 것인지를 결정한다(shall).

제38조 제33조 내지 제37조의 규
정을 해하지 아니하고, 안전보장
이사회는 어떠한 분쟁에 관하여
도 모든 당사자가 요청하는 경우
그 분쟁의 평화적 해결을 위하여
그 당사자에게 권고할 수 있다.

제7장 평화에 대한 위협, 평화의 파괴 및 침략행위에 관한 조치

제39조 안전보장이사회는 <u>평화에 대한 위협, 평화의 파괴 또는 침략행위의 존재</u>를 결정하고, 국제평화와 안전을 유지하거나 이를 회복하기 위하여 <u>권고</u>하거나, 또는 제41조 및 제42조에 따라 어떠한 <u>조치</u>를 취할 것인지를 결정한다.

제40조 사태의 악화를 방지하기 위하여 안전보장이사회는 제39조에 규정된 권고를 하거나 조치를 결정하기 전에 필요하거나 바람직하다고 인정되는 <u>잠정조치</u>에 따르도록 관계당사자에게 <u>요청할 수 있다.</u> 이 잠정조치는 관계당사자의 권리, 청구권 또는 지위를 해하지 아니한다. <u>안전보장이사회</u>는 그러한 잠정조치의 불이행을 적절히 고려한다(<u>shall</u>).

제41조 안전보장이사회는 그의 결정을 집행하기 위하여 <u>병력의 사용</u>을 수반하지 아니하는 어떠한 조치를 취하여야 할 것인지를 결정할 수 있으며, 또한 국제연합회원국에 대하여 그러한 조치를 적용하도록 <u>요청할 수 있다.</u> 이 조치는 경제관계 및 철도, 항해, 항공, 우편, 전신, 무선통신 및 다른 교통통신수단의 <u>전부 또는 일부</u>의 중단과 외교관계의 단절을 포함할 수 있다.

제42조 안전보장이사회는 <u>제41조에 규정된 조치가 불충분할 것으로 인정하거나 또는 불충분한 것으로 판명되었다고 인정하는 경우에는,</u> 국제평화와 안전의 유지 또는 회복에 필요한 <u>공군, 해군 또는 육군에 의한 조치를 취할 수 있다.</u> 그러한 조치는 국제연합회원국의 공군, 해군 또는 육군에 의한 시위, 봉쇄 및 다른 작전을 포함할 수 있다.

제43조 1. 국제평화와 안전의 유지에 공헌하기 위하여 모든 국제연합회원국은 안전보장이사회의 요청에 의하여 그리고 1 또는 그 이상의 <u>특별협정</u>에 따라, 국제평화와 안전의 유지 목적상 필요한 병력, 원조 및 통과권을 포함한 편의를 안전보장이사회에 이용하게 할 것을 약속한다.
2. 그러한 협정은 병력의 수 및 종류, 그 준비 정도 및 일반적 배치와 제공될 편의 및 원조의 성격을 규율한다.
3. 그 협정은 안전보장이사회의 발의에 의하여 가능한 한 신속히 교섭되어야 한다. 이 협정은 안전보장이사회와 회원국 간에 또는 안전보장이사회와 회원국 집단 간에 체결되며, 서명국 각자의 헌법상의 절차에 따라 동 서명국에 의하여 비준되어야 한다.

제44조 안전보장이사회는 무력을 사용하기로 결정한 경우 이사회에서 대표되지 아니하는 회원국에게 제43조에 따라 부과된 의무의 이행으로서 병력의 제공을 요청하기 전에 그 회원국이 희망한다면 그 회원국 병력 중 파견부대의 사용에 관한 안전보장이사회의 결정에 참여하도록 그 회원국을 초청한다.

제45조 국제연합이 긴급한 군사조치를 취할 수 있도록 하기 위하여, 회원국은 합동의 국제적 강제조치를 위하여 자국의 공군파견부대를 즉시 이용할 수 있도록 유지한다. 이러한 파견부대의 전력과 준비 정도 및 합동조치를 위한 계획은 제43조에 규정된 1 또는 그 이상의 특별협정에 규정된 범위 안에서 <u>군사참모위원회</u>의 도움을 얻어 안전보장이사회가 결정한다.

제46조 병력사용계획은 군사참모위원회의 도움을 얻어 안전보장이사회가 작성한다.

제47조 1. 국제평화와 안전의 유지를 위한 안전보장이사회의 군사적 필요, 안전보장이사회의 재량에 맡겨진 병력의 사용 및 지휘, 군비규제 그리고 가능한 군비축소에 관한 모든 문제에 관하여 안전보장이사회에 조언하고 도움을 주기 위하여 군사참모위원회를 설치한다.

2. 군사참모위원회는 안전보장이사회 상임이사국의 참모총장 또는 그의 대표로 구성된다. 이 위원회에 상임이사국으로서 대표되지 아니하는 국제연합회원국은 위원회의 책임의 효과적인 수행을 위하여 위원회의 사업에 동 회원국의 참여가 필요한 경우에는 위원회에 의하여 그와 제휴하도록 초청된다.

3. 군사참모위원회는 안전보장이사회하에 안전보장이사회의 재량에 맡겨진 병력의 전략적 지도에 대하여 책임을 진다. 그러한 병력의 지휘에 관한 문제는 추후에 해결한다.

4. 군사참모위원회는 안전보장이사회의 허가를 얻어 그리고 적절한 지역기구와 협의한 후 지역소위원회를 설치할 수 있다.

제48조 1. 국제평화와 안전의 유지를 위한 안전보장이사회의 결정을 이행하는데 필요한 조치는 안전보장이사회가 정하는 바에 따라 국제연합회원국의 전부 또는 일부에 의하여 취하여진다.

2. 그러한 결정은 국제연합회원국에 의하여 직접적으로 또한 국제연합회원국이 그 구성국인 적절한 국제기관에 있어서의 이들 회원국의 조치를 통하여 이행된다.

제49조 국제연합회원국은 안전보장이사회가 결정한 조치를 이행함에 있어 상호원조를 제공하는 데에 참여한다.

제50조 안전보장이사회가 어느 국가에 대하여 방지조치 또는 강제조치를 취하는 경우, 국제연합회원국인지 아닌지를 불문하고 어떠한 다른 국가도 자국이 이 조치의 이행으로부터 발생하는 특별한 경제문제에 직면한 것으로 인정하는 경우, 동 문제의 해결에 관하여 안전보장이사회와 협의할 권리를 가진다.

제51조 이 헌장의 어떠한 규정도 국제연합회원국에 대하여 무력공격이 발생한 경우, 안전보장이사회가 국제평화와 안전을 유지하기 위하여 필요한 조치를 취할 때까지 개별적 또는 집단적 자위의 고유한(inherent) 권리를 침해하지 아니한다. 자위권을 행사함에 있어 회원국이 취한 조치는 즉시 안전보장이사회에 보고된다. 또한 이 조치는, 안전보장이사회가 국제평화와 안전의 유지 또는 회복을 위하여 필요하다고 인정하는 조치를 언제든지 취한다는, 이 헌장에 의한 안전보장이사회의 권한과 책임에 어떠한 영향도 미치지 아니한다.

제8장 지역적 약정

제52조 1. 이 헌장의 어떠한 규정도, 국제평화와 안전의 유지에 관한 사항으로서 지역적 조치에 적합한 사항을 처리하기 위하여 지역적 약정 또는 지역적 기관이 존재하는 것을 배제하지 아니한다. 다만, 이 약정 또는 기관 및 그 활동이 국제연합의 목적과 원칙에 일치하는 것을 조건으로 한다.

2. 그러한 약정을 체결하거나 그러한 기관을 구성하는 국제연합회원국은 지역적 분쟁을 안전보장이사회에 회부하기 전에 이 지역적 약정 또는 지역적 기관에 의하여 그 분쟁의 평화적 해결을 성취하기 위하여 모든 노력을 다한다.

3. 안전보장이사회는 관계국의 발의에 의하거나 안전보장이사회의 회부에 의하여 그러한 지역적 약정 또는 지역적 기관에 의한 지역적 분쟁의 평화적 해결의 발달을 장려한다.

4. 이 조는 제34조 및 제35조의 적용을 결코 해하지 아니한다.

제53조 1. 안전보장이사회는 그 권위하에 취하여지는 강제조치를 위하여 적절한 경우에는 그러한 지역적 약정 또는 지역적 기관을 이용한다. 다만, 안전보장이사회의 허가 없이는 어떠한 강제조치도 지역적 약정 또는 지역적 기관에 의하여 취하여져서는 아니된다. 그러나 이 조 제2항에 규정된 어떠한 적국에 대한 조치이든지 제107조에 따라 규정된 것 또는 적국에 의한 침략 정책의 재현에 대비한 지역적 약정에 규정된 것은, 관계정부의 요청에 따라 기구가 그 적국에 의한 새로운 침략을 방지할 책임을 질 때까지는 예외로 한다.

2. 이 조 제1항에서 사용된 적국이라는 용어는 제2차 세계대전 중에 이 헌장 서명국의 적국이었던 어떠한 국가에도 적용된다.

제54조 안전보장이사회는 국제평화와 안전의 유지를 위하여 지역적 약정 또는 지역적 기관에 의하여 착수되었거나 또는 계획되고 있는 활동에 대하여 항상 충분히 통보받는다.

제9장 경제적 및 사회적 국제협력

제55조 사람의 평등권 및 자결원칙의 존중에 기초한 국가 간의 평화롭고 우호적인 관계에 필요한 안정과 복지의 조건을 창조하기 위하여, 국제연합은 다음을 촉진한다.

가. 보다 높은 생활 수준, 완전고용 그리고 경제적 및 사회적 진보와 발전의 조건

나. 경제, 사회, 보건 및 관련 국제문제의 해결 그리고 문화 및 교육상의 국제협력

다. 인종, 성별, 언어 또는 종교에 관한 차별이 없는 모든 사람을 위한 인권 및 기본적 자유의 보편적 존중과 준수

제56조 모든 회원국은 제55조에 규정된 목적의 달성을 위하여 기구와 협력하여 공동의 조치 및 개별적 조치를 취할 것을 약속한다.

제57조 1. 정부 간 협정에 의하여 설치되고 경제, 사회, 문화, 교육, 보건분야 및 관련 분야에 있어서 기본적 문서에 정한대로 광범위한 국제적 책임을 지는 각종 전문기구는 제63조의 규정에 따라 국제연합과 제휴관계를 설정한다.

2. 이와 같이 국제연합과 제휴관계를 설정한 기구는 이하 전문기구라 한다.

제58조 기구는 전문기구의 정책과 활동을 조정하기 위하여 권고한다.

제59조 기구는 적절한 경우 제55조에 규정된 목적의 달성에 필요한 새로운 전문기구를 창설하기 위하여 관계국 간의 교섭을 발의한다.

제60조 이 장에서 규정된 기구의 임무를 수행할 책임은 총회와 총회의 권위하에 경제사회이사회에

부과된다. 경제사회이사회는 이 목적을 위하여 제10장에 규정된 권한을 가진다.

제10장 경제사회이사회

구 성

제61조 1. 경제사회이사회는 총회에 의하여 선출된 <u>54개</u> 국제연합회원국으로 구성된다.
2. 제3항의 규정에 따를 것을 조건으로, 경제사회이사회의 <u>18개</u> 이사국은 <u>3년</u>의 임기로 매년 선출된다. <u>퇴임이사국은 연이어 재선될 자격이 있다.</u>
3. 경제사회이사회의 이사국이 27개국에서 54개국으로 증가된 후 최초의 선거에서는, 그 해 말에 임기가 종료되는 9개 이사국을 대신하여 선출되는 이사국에 더하여, 27개 이사국이 추가로 선출된다. 총회가 정한 약정에 따라, 이러한 추가의 27개 이사국 중 그렇게 선출된 9개 이사국의 임기는 1년의 말에 종료되고, 다른 9개 이사국의 임기는 2년의 말에 종료된다.
4. 경제사회이사회의 각 이사국은 1인의 대표를 가진다.

임무와 권한

제62조 1. 경제사회이사회는 경제, 사회, 문화, 교육, 보건 및 관련 국제사항에 관한 연구 및 보고를 하거나 또는 발의할 수 있으며, 아울러 그러한 사항에 관하여 총회, 국제연합회원국 및 관계전문기구에 <u>권고</u>할 수 있다.
2. <u>이사회</u>는 모든 사람을 위한 인권 및 기본적 자유의 존중과 준수를 촉진하기 위하여 <u>권고</u>할 수 있다.
3. <u>이사회</u>는 그 권한에 속하는 사항에 관하여 총회에 제출하기 위한 협약안을 <u>작성</u>할 수 있다.

4. 이사회는 국제연합이 정한 규칙에 따라 그 권한에 속하는 사항에 관하여 국제회의를 소집할 수 있다.

제63조 1. <u>경제사회이사회</u>는 제57조에 규정된 어떠한 기구와도, 동 기구가 국제연합과 <u>제휴관계</u>를 설정하는 조건을 규정하는 협정을 체결할 수 있다. 그러한 <u>협정은 총회의 승인을 받아야 한다.</u>
2. 이사회는 전문기구와의 협의, 전문기구에 대한 권고 및 총회와 국제연합회원국에 대한 권고를 통하여 전문기구의 활동을 조정할 수 있다.

제64조 1. <u>경제사회이사회는 전문기구로부터 정기보고를 받기 위한 적절한 조치를 취할 수 있다.</u> 이사회는, 이사회의 권고와 이사회의 권한에 속하는 사항에 관한 총회의 권고를 실시하기 위하여 취하여진 조치에 관하여 보고를 받기 위하여, 국제연합회원국 및 전문기구와 약정을 체결할 수 있다.
2. 이사회는 이러한 보고에 관한 의견을 총회에 통보할 수 있다.

제65조 <u>경제사회이사회는 안전보장이사회에 정보를 제공할 수 있으며, 안전보장이사회의 요청이 있을 때에는 이를 원조한다.</u>

제66조 1. <u>경제사회이사회</u>는 총회의 권고의 이행과 관련하여 그 권한에 속하는 <u>임무</u>를 수행한다.
2. 이사회는 국제연합회원국의 요청이 있을 때와 전문기구의 요청이 있을 때에는 총회의 승인을 얻어 용역을 제공할 수 있다.
3. 이사회는 이 헌장의 다른 곳에 규정되거나 총회에 의하여 이사회에 부과된 다른 임무를 수행한다.

표 결

제67조 1. 경제사회이사회의 각 이사국은 1개의 투표권을 가진다.
2. 경제사회이사회의 결정은 출석하여 투표하는 이사국의 과반수에 의한다.

절 차

제68조 경제사회이사회는 경제적 및 사회적 분야의 위원회, 인권의 신장을 위한 위원회 및 이사회의 임무수행에 필요한 다른 위원회를 설치한다.

제69조 경제사회이사회는 어떠한 국제연합회원국에 대하여도, 그 회원국과 특히 관계가 있는 사항에 관한 심의에 투표권 없이 참가하도록 초청한다.

제70조 경제사회이사회는 전문기구의 대표가 이사회의 심의 및 이사회가 설치한 위원회의 심의에 투표권 없이 참가하기 위한 약정과 이사회의 대표가 전문기구의 심의에 참가하기 위한 약정을 체결할 수 있다.

제71조 경제사회이사회는 그 권한 내에 있는 사항과 관련이 있는 비정부간 기구와의 협의를 위하여 적절한 약정을 체결할 수 있다. 그러한 약정은 국제기구와 체결할 수 있으며 적절한 경우에는 관련 국제연합회원국과의 협의 후에 국내기구와도 체결할 수 있다.

제72조 1. 경제사회이사회는 의장의 선정방법을 포함한 그 자체의 의사규칙을 채택한다.
2. 경제사회이사회는 그 규칙에 따라 필요한 때에 회합하며, 동 규칙은 이사국 과반수의 요청에 의한 회의소집의 규정을 포함한다.

제11장 비자치지역에 관한 선언

제73조 주민이 아직 완전한 자치를 행할 수 있는 상태에 이르지 못한 지역의 시정(施政)의 책임을 지거나 또는 그 책임을 맡는 국제연합회원국은, 그 지역 주민의 이익이 가장 중요하다는 원칙을 승인하고, 그 지역주민의 복지를 이 헌장에 의하여 확립된 국제평화와 안전의 체제 안에서 최고도로 증진시킬 의무와 이를 위하여 다음을 행할 의무를 신성한 신탁(sacred trust)으로서 수락한다.

가. 관계주민의 문화를 적절히 존중함과 아울러 그들의 정치적, 경제적, 사회적 및 교육적 발전, 공정한 대우, 그리고 학대로부터의 보호를 확보한다.

나. 각 지역 및 그 주민의 특수사정과 그들의 서로 다른 발전단계에 따라 자치를 발달시키고, 주민의 정치적 소망을 적절히 고려하며, 또한 주민의 자유로운 정치제도의 점진적 발달을 위하여 지원한다.

다. 국제평화와 안전을 증진한다.

라. 이 조에 규정된 사회적, 경제적 및 과학적 목적을 실제적으로 달성하기 위하여 건설적인 발전조치를 촉진하고 연구를 장려하며 상호 간 및 적절한 경우에는 전문적 국제단체와 협력한다.

마. 제12장과 제13장이 적용되는 지역 외의 위의 회원국이 각각 책임을 지는 지역에서의 경제적, 사회적 및 교육적 조건에 관한 기술적 성격의 통계 및 다른 정보를, 안전보장과 헌법상의 고려에 따라 필요한 제한을 조건으로 하여, 정보용으로 사무총장에게 정기적으로 송부한다.

제74조 국제연합회원국은 이 장이 적용되는 지역에 관한 정책이,

그 본국 지역에 관한 정책과 마찬
가지로 세계의 다른 지역의 이익
과 복지가 적절히 고려되는 가운
데에, 사회적, 경제적 및 상업적
사항에 관하여 선린주의의 일반
원칙에 기초하여야 한다는 점에
또한 동의한다.

제12장 국제신탁통치제도

제75조 국제연합은 금후의 개별
적 협정에 의하여 이 제도하에 두
게 될 수 있는 지역의 시정 및 감
독을 위하여 그 권위하에 국제신
탁통치제도를 확립한다. 이 지역
은 이하 <u>신탁통치지역</u>이라 한다.
제76조 신탁통치제도의 기본적
목적은 이 헌장 제1조에 규정된
국제연합의 목적에 따라 다음과
같다.
가. <u>국제평화와</u> 안전을 증진하는 것
나. 신탁통치지역 주민의 정치
   적, 경제적, 사회적 및 교육적
   발전을 촉진하고, 각 지역 및 그
   주민의 특수사정과 관계주민이
   자유롭게 표명한 소망에 적합
   하도록, 그리고 각 신탁통치협
   정의 조항이 규정하는 바에 따
   라 <u>자치 또는 독립</u>을 향한 주민
   의 점진적 발달을 촉진하는 것.
다. <u>인종, 성별, 언어 또는 종교</u>에
   관한 차별 없이 모든 사람을 위
   한 인권과 기본적 자유에 대한
   존중을 장려하고, 전 세계 사람
   들의 상호의존의 인식을 장려
   하는 것.
라. 위의 목적의 달성에 영향을
   미치지 아니하고 제80조의 규정
   에 따를 것을 조건으로, 모든 국
   제연합회원국 및 그 국민을 위
   하여 사회적, 경제적 및 상업적
   사항에 대한 평등한 대우 그리
   고 또한 그 국민을 위한 사법상
   의 평등한 대우를 확보하는 것.

제77조 1. 신탁통치제도는 신탁
통치협정에 의하여 이 제도하에
두게 될 수 있는 다음과 같은 범
주의 지역에 적용된다.
가. 현재 위임통치하에 있는 지역
나. 제2차 세계대전의 결과로서 <u>적
   국으로부터 분리될 수 있는</u> 지역
다. 시정에 책임을 지는 국가가 자
   발적으로 그 제도하에 두는 지역
2. 위의 범주 안의 어떠한 지역을
어떠한 조건으로 신탁통치제도
하에 두게 될 것인가에 관하여는
금후의 협정에서 정한다.
제78조 국제연합회원국 간의 관
계는 주권평등원칙의 존중에 기
초하므로 신탁통치제도는 국제
연합회원국이 된 지역에 대하여
는 적용하지 아니한다.
제79조 신탁통치제도하에 두게
되는 각 지역에 관한 신탁통치의
조항은, 어떤 변경 또는 개정을
포함하여 직접 관계국과의
합의되며, 제83조 및 제85조에 규
정된 바에 따라 승인된다. 이 직
접관계국은 국제연합회원국의 위
임통치하에 있는 지역의 경우, 수
임국을 포함한다.
제80조 1. 제77조, 제79조 및 제
81조에 의하여 체결되고, 각 지역
을 신탁통치제도하에 두는 개별
적인 신탁통치협정에서 합의되
는 경우를 제외하고 그리고 그러
한 협정이 체결될 때까지, 이 헌
장의 어떠한 규정도 어느 국가 또
는 국민의 어떠한 권리, 또는 국
제연합회원국이 각기 당사국으
로 되는 기존의 국제문서의 조항
도 어떠한 방법으로도 변경하는
것으로 직접 또는 간접으로 해석
되지 아니한다.
2. 이 조 제1항은 제77조에 규정
한 바에 따라 위임통치지역 및 기
타지역을 신탁통치제도하에 두기
위한 협정의 교섭 및 체결의 지체

또는 연기를 위한 근거를 부여하는 것으로 해석되지 아니한다.

제81조 신탁통치협정은 각 경우에 있어 신탁통치지역을 시정하는 조건을 포함하며, 신탁통치지역의 시정을 행할 당국을 지정한다. 그러한 당국은 이하 시정권자라 하며 1 또는 그 이상의 국가, 또는 기구 자체일 수 있다.

제82조 어떠한 신탁통치협정에 있어서도 제43조에 의하여 체결되는 특별협정을 해하지 아니하고 협정이 적용되는 신탁통치지역의 일부 또는 전부를 포함하는 1 또는 그 이상의 전략지역을 지정할 수 있다.

제83조 1. 전략지역에 관한 국제연합의 모든 임무는 신탁통치협정의 조항과 그 변경 또는 개정의 승인을 포함하여 <u>안전보장이사회</u>가 행한다.
2. 제76조에 규정된 기본목적은 각 전략지역의 주민에 적용된다.
3. 안전보장이사회는, 신탁통치협정의 규정에 따를 것을 조건으로 또한 안전보장에 대한 고려에 영향을 미치지 아니하고, 전략지역에서의 정치적, 경제적, 사회적 및 교육적 사항에 관한 신탁통치제도하의 국제연합의 임무를 수행하기 위하여 신탁통치이사회의 원조를 이용한다.

제84조 신탁통치지역이 국제평화와 안전유지에 있어 그 역할을 하는 것을 보장하는 것이 시정권자의 의무이다. 이 목적을 위하여, 시정권자는 이 점에 관하여 시정권자가 안전보장이사회에 대하여 부담하는 의무를 이행함에 있어서 또한 지역적 방위 및 신탁통치지역 안에서의 법과 질서의 유지를 위하여 신탁통치지역의 의용군, 편의 및 원조를 이용할 수 있다.

제85조 1. 전략지역으로 지정되지 아니한 모든 지역에 대한 신탁통치협정과 관련하여 국제연합의 임무는, 신탁통치협정의 조항과 그 변경 또는 개정의 승인을 포함하여, 총회가 수행한다.
2. 총회의 권위하에 운영되는 신탁통치이사회는 이러한 임무의 수행에 있어 총회를 원조한다.

제13장 신탁통치이사회

구성

제86조 1. 신탁통치이사회는 다음의 국제연합회원국으로 구성한다.
가. <u>신탁통치지역을 시정하는 회원국</u>
나. <u>신탁통치지역을 시정하지 아니하나 제23조에 국명이 언급된 회원국</u>
다. <u>총회에 의하여 3년의 임기로 선출된 다른 회원국. 그 수는 신탁통치이사회의 이사국의 총수를 신탁통치지역을 시정하는 국제연합회원국과 시정하지 아니하는 회원국 간에 균분하도록 확보하는 데 필요한 수로 한다.</u>
2. 신탁통치이사회의 각 이사국은 이사회에서 자국을 대표하도록 특별한 자격을 가지는 1인을 지명한다.

임무와 권한

제87조 총회와, 그 권위하의 신탁통치이사회는 그 임무를 수행함에 있어 다음을 할 수 있다.
가. 시정권자가 제출하는 보고서를 <u>심의</u>하는 것
나. 청원의 수리 및 시정권자와 협의하여 이를 <u>심사</u>하는 것
다. 시정권자와 합의한 때에 각 신탁통치지역을 정기적으로 방문하는 것

라. 신탁통치협정의 조항에 따라 이러한 조치 및 다른 조치를 취하는 것

제88조 신탁통치이사회는 각 신탁통치지역 주민의 정치적, 경제적, 사회적 및 교육적 발전에 질문서를 작성하며, 또한 총회의 권능안에 있는 각 신탁통치지역의 시정권자는 그러한 질문서에 기초하여 총회에 연례보고를 행한다.

표 결

제89조 1. 신탁통치이사회의 각 이사국은 1개의 투표권을 가진다.
2. 신탁통치이사회의 결정은 출석하여 투표하는 이사국의 과반수로 한다.

절 차

제90조 1. 신탁통치이사회는 의장 선출방식을 포함한 그 자체의 의사규칙을 채택한다.
2. 신탁통치이사회는 그 규칙에 따라 필요한 경우 회합하며, 그 규칙은 이사국 과반수의 요청에 의한 회의의 소집에 관한 규정을 포함한다.

제91조 신탁통치이사회는 적절한 경우 경제사회이사회 그리고 전문기구가 각각 관련된 사항에 관하여 전문기구의 원조를 이용한다.

제14장 국제사법재판소

제92조 국제사법재판소는 국제연합의 주요한 사법기관이다. 재판소는 부속된 규정에 따라 임무를 수행한다. 이 규정은 상설국제사법재판소 규정에 기초하며, 이 헌장의 불가분의 일부를 이룬다.

제93조 1. 모든 국제연합회원국은 국제사법재판소 규정의 당연 당사국이다.

2. 국제연합회원국이 아닌 국가는 안전보장이사회의 권고에 의하여 총회가 각 경우에 결정하는 조건으로 국제사법재판소 규정의 당사국이 될 수 있다.

제94조 1. 국제연합의 각 회원국은 자국이 당사자가 되는 어떤 사건에 있어서도 국제사법재판소의 결정에 따를 것을 약속한다.
2. 사건의 당사자가 재판소가 내린 판결에 따라 자국이 부담하는 의무를 이행하지 아니하는 경우에는 타방의 당사자는 안전보장이사회에 회부할 수 있다. 안전보장이사회는 필요하다고 인정하는 경우 판결을 집행하기 위하여 권고하거나 취하여야 할 조치를 결정할 수 있다.

제95조 이 헌장의 어떠한 규정도 국제연합회원국이 그들 간의 분쟁의 해결을 이미 존재하거나 장래에 채결될 협정에 의하여 다른 법원에 의뢰하는 것을 방해하지 아니한다.

제96조 1. 총회 또는 안전보장이사회는 어떠한 법적 문제에 관하여도 권고적 의견을 줄 것을 국제사법재판소에 요청할 수 있다.
2. 총회에 의하여 그러한 권한이 부여될 수 있는 국제연합의 다른 기관 및 전문기구도 언제든지 그 활동범위 안에서 발생하는 법적 문제에 관하여 재판소의 권고적 의견을 또한 요청할 수 있다.

제15장 사무국

제97조 사무국은 1인의 사무총장과 기구가 필요로 하는 직원으로 구성한다. 사무총장은 안전보장이사회의 권고로 총회가 임명한다. 사무총장은 기구의 수석행정직원이다.

제98조 사무총장은 총회, 안전보장이사회, 경제사회이사회 및 신탁통치 이사회의 모든 회의에 사무총장의 자격으로 활동하며, 이러한 기관에 의하여 그에게 위임된 다른 임무를 수행한다. 사무총장은 기구의 사업에 관하여 총회에 연례보고를 한다.

제99조 사무총장은 국제평화와 안전의 유지를 위협한다고 그 자신이 인정하는 어떠한 사항에도 안전보장이사회의 주의를 환기할 수 있다.

제100조 1. 사무총장과 직원은 그들의 임무수행에 있어서 어떠한 정부 또는 기구 외의 어떠한 다른 당국으로부터도 지시를 구하거나 받지 아니한다. 사무총장과 직원은 기구에 대하여만 책임을 지는 국제공무원으로서의 지위를 손상할 우려가 있는 어떠한 행동도 삼간다.
2. 각 국제연합회원국은 사무총장 및 직원의 책임의 전적으로 국제적인 성격을 존중할 것과 그들의 책임수행에 있어서 그들에게 영향을 행사하려 하지 아니할 것을 약속한다.

제101조 1. 직원은 총회가 정한 규칙에 따라 사무총장에 의하여 임명된다.
2. 경제사회이사회, 신탁통치이사회 그리고 필요한 경우에는 국제연합의 다른 기관에 적절한 직원이 상임으로 배속된다. 이 직원은 사무국의 일부를 구성한다.
3. 직원의 고용과 근무조건의 결정에 있어서 가장 중요한 고려사항은 최고수준의 능률, 능력 및 성실성을 확보할 필요성이다. 가능한 한 광범위한 지리적 기초에 근거하여 직원을 채용하는 것의 중요성에 관하여 적절히 고려한다.

제16장 잡 칙

제102조 1. 이 헌장이 발효한 후 국제연합회원국이 체결하는 모든 조약과 모든 국제협정은 가능한 한 신속히 사무국에 등록되고(shall be registered) 사무국에 의하여 공표된다.
2. 이 조 제1항의 규정에 따라 등록되지 아니한 조약 또는 국제협정의 당사국은 국제연합의 어떠한 기관에 대하여도 그 조약 또는 협정을 원용할 수 없다.

제103조 국제연합회원국의 헌장상의 의무와 다른 국제협정상의 의무가 상충되는 경우에는 이 헌장상의 의무가 우선한다.

제104조 기구는 그 임무의 수행과 그 목적의 달성을 위하여 필요한 법적 능력을 각 회원국의 영역 안에서 향유한다.

제105조 1. 기구는 그 목적의 달성에 필요한 특권 및 면제를 각 회원국의 영역 안에서 향유한다.
2. 국제연합회원국의 대표 및 기구의 직원은 기구와 관련된 그들의 임무를 독립적으로 수행하기 위하여 필요한 특권과 면제를 마찬가지로 향유한다.
3. 총회는 이 조 제1항 및 제2항의 적용세칙을 결정하기 위하여 권고하거나 이 목적을 위하여 국제연합회원국에게 협약을 제안할 수 있다.

제17장 과도적 안전보장조치

제106조 안전보장이사회가 제42조상의 책임의 수행을 개시할 수 있다고 인정하는 제43조에 규정된 특별협정이 발효할 때까지, 1943년 10월 30일에 모스크바에서 서명된 4개국 선언의 당사국 및 불란서는 그 선언 제5항의 규정

에 따라 국제평화와 안전의 유지를 위하여 필요한 공동조치를 기구를 대신하여 취하기 위하여 상호 간 및 필요한 경우 다른 국제연합회원국과 협의한다.

제107조 이 헌장의 어떠한 규정도 제2차 세계대전 중 이 헌장 서명국의 적이었던 국가에 관한 조치로서, 그러한 조치에 대하여 책임을 지는 정부가 그 전쟁의 결과로서 취하였거나 허가한 것을 무효로 하거나 배제하지 아니한다.

제18장 개 정

제108조 이 헌장의 개정은 총회 구성국의 3분의 2의 투표에 의하여 채택되고, 안전보장이사회의 모든 상임이사국을 포함한 국제연합회원국의 3분의 2에 의하여 각자의 헌법상 절차에 따라 비준되었을 때, 모든 국제연합회원국에 대하여 발효한다.

제109조 1. 이 헌장을 재심의하기 위한 국제연합회원국 전체회의는 총회 구성국의 3분의 2의 투표와 안전보장이사회의 9개 이사국의 투표에 의하여 결정되는 일자 및 장소에서 개최될 수 있다. 각 국제연합회원국은 이 회의에서 1개의 투표권을 가진다.

2. 이 회의의 3분의 2의 투표에 의하여 권고된 이 헌장의 어떠한 변경도, 안전보장이사회의 모든 상임이사국을 포함한 국제연합회원국의 3분의 2에 의하여 그들 각자의 헌법상 절차에 따라 비준되었을 때 발효한다.

3. 그러한 회의가 이 헌장의 발효 후 총회의 제10차 연례회기까지 개최되지 아니하는 경우에는 그러한 회의를 소집하는 제안이 총회의 동 회기의 의제에 포함되어야 하며, 회의는 총회 구성국의

과반수의 투표와 안전보장이사회의 7개 이사국의 투표에 의하여 결정되는 경우에 개최된다.

제19장 비준 및 서명

제110조 1. 이 헌장은 서명국에 의하여 그들 각자의 헌법상 절차에 따라 비준된다.

2. 비준서는 미합중국 정부에 기탁되며, 동 정부는 모든 서명국과 기구의 사무총장이 임명된 경우에는 사무총장에게 각 기탁을 통고한다.

3. 이 헌장은 중화민국, 불란서, 소비에트사회주의공화국연방, 영국과 미합중국 및 다른 서명국의 과반수가 비준서를 기탁한 때에 발효한다. 비준서 기탁 의정서는 발효시 미합중국 정부가 작성하여 그 등본을 모든 서명국에 송부한다.

4. 이 헌장이 발효한 후에 이를 비준하는 이 헌장의 서명국은 각자의 비준서 기탁일에 국제연합의 원회원국이 된다.

제111조 중국어, 불어, 러시아어, 영어 및 스페인어본이 동등하게 정본인 이 헌장은 미합중국 정부의 문서보관소에 기탁된다. 이 헌장의 인증등본은 동 정부가 다른 서명국 정부에 송부한다.

이상의 증거로서, 연합국 정부의 대표들은 이 헌장에 서명하였다. 1945년 6월 26일 샌프란시스코시에서 작성하였다.

7 1945년 국제사법재판소(ICJ) 규정
(Statute of the International Court of Justice)

채택일 : 1945.6.26.
발효일 : 1945.10.24.
한국 발효일 : 1991.9.18.

제1조 국제연합의 주요한 사법 기관으로서 국제연합헌장에 의하여 설립되는 국제사법재판소는 재판소규정(Statute)의 규정들(provisions)에 따라 조직되며 임무를 수행한다.

제1장 재판소의 조직

제2조 재판소는 덕망이 높은 자로서 각 국가에서 최고법관으로 임명되는 데 필요한 자격을 가진 자 또는 국제법에 정통하다고 인정된 법률가 중에서 국적에 관계없이 선출되는 독립적 재판관의 일단으로 구성된다.

제3조 1. 재판소는 15인의 재판관으로 구성된다. 다만, 2인 이상이 동일국의 국민이어서는 아니된다.
2. 재판소에서 재판관의 자격을 정함에 있어서 2 이상의 국가의 국민으로 인정될 수 있는 자는 그가 통상적으로 시민적 및 정치적 권리를 행사하는 국가의 국민으로 본다.

제4조 1. 재판소의 재판관은 상설중재재판소의 국별재판관단(national groups)이 지명한 자의 명부 중에서 다음의 규정들에 따라 총회 및 안전보장이사회가 선출한다.
2. 상설중재재판소에서 대표되지 아니하는 국제연합회원국의 경우에는, 재판관 후보자는 상설중재재판소 재판관에 관하여 국제분쟁의 평화적 해결을 위한 1907

년 헤이그협약 제44조에 규정된 조건과 동일한 조건에 따라 각국 정부가 임명하는 국별재판관단이 지명한다.
3. 재판소규정의 당사국이지만 국제연합의 비회원국인 국가가 재판소의 재판관 선거에 참가할 수 있는 조건은, 특별한 협정이 없는 경우에는, 안전보장이사회의 권고에 따라 총회가 정한다.

제5조 1. 선거일부터 적어도 3월 전에 국제연합사무총장은, 재판소규정의 당사국인 국가에 속하는 상설중재재판소 재판관 및 제4조 제2항에 의하여 임명되는 국별재판관단의 구성원에게, 재판소의 재판관의 직무를 수락할 지위에 있는 자의 지명을 일정한 기간 내에 각 국별재판관단마다 행할 것을 서면으로 요청한다.
2. 어떠한 국별재판관단도 4인을 초과하여 후보자를 지명할 수 없으며, 그중 3인 이상(not more than two)이 자국국적의 소유자이어서도 아니된다. 어떠한 경우에도 하나의 국별재판관단이 지명하는 후보자의 수는 충원할 재판관석 수의 2배를 초과하여서는 아니된다.

제6조 이러한 지명을 하기 전에 각 국별재판관단은 자국의 최고법원·법과대학·법률학교 및 법률연구에 종사하는 학술원 및 국제학술원의 자국지부와 협의하도록 권고받는다.

제7조 1. 사무총장은 이와 같이 지명된 모든 후보자의 명부를

알파벳순으로 작성한다. 제12조 제2항에 규정된 경우를 제외하고 이 후보자들만이 피선될 자격을 가진다.

2. 사무총장은 이 명부를 총회 및 안전보장이사회에 제출한다.

제8조 총회와 안전보장이사회는 각각 독자적으로 재판소의 재판관을 선출한다.

제9조 모든 선거에 있어서 선거인은 피선거인이 개인적으로 필요한 자격을 가져야 할 뿐만 아니라 전체적으로 재판관단이 세계의 주요문명형태 및 주요법체계를 대표하여야 함에 유념한다.

제10조 1. 총회 및 안전보장이사회에서 절대다수표(absolute majority)를 얻은 후보자는 당선된 것으로 본다.

2. 안전보장이사회의 투표는, 재판관의 선거를 위한 것이든지 또는 제12조에 규정된 협의회의 구성원의 임명을 위한 것이든지, 안전보장이사회의 상임이사국과 비상임이사국 간에 구별없이 이루어진다.

3. 2인 이상의 동일국가 국민이 총회 및 안전보장이사회의 투표에서 모두 절대다수표를 얻은 경우에는 그중 최연장자만이 당선된 것으로 본다.

제11조 선거를 위하여 개최된 제1차 회의 후에도 충원되어야 할 1 또는 그 이상의 재판관석이 남는 경우에는 제2차 회의가, 또한 필요한 경우 제3차 회의가 개최된다.

제12조 1. 제3차 회의 후에도 충원되지 아니한 1 또는 그 이상의 재판관석이 여전히 남는 경우에는, 3인은 총회가, 3인은 안전보장이사회가 임명하는 6명으로 구성되는 합동협의회(joint conference)가 각

공석당 1인을 절대다수표로써 선정하여 총회 및 안전보장이사회가 각각 수락하도록 하기 위하여 총회 또는 안전보장이사회 중 어느 일방의 요청에 의하여 언제든지 설치될 수 있다.

2. 요구되는 조건을 충족한 자에 대하여 합동협의회가 전원일치로 동의한 경우에는, 제7조에 규정된 지명명부 중에 기재되지 아니한 자라도 협의회의 명부에 기재될 수 있다.

3. 합동협의회가 당선자를 확보할 수 없다고 인정하는 경우에는 이미 선출된 재판소의 재판관들은 총회 또는 안전보장이사회 중 어느 일방에서라도 득표한 후보자 중에서 안전보장이사회가 정하는 기간 내에 선정하여 공석을 충원한다.

4. 재판관 간의 투표가 동수인 경우에는 최연장재판관이 결정투표권을 가진다.

제13조 1. 재판소의 재판관은 9년의 임기로 선출되며 재선될 수 있다. 다만, 제1회 선거에서 선출된 재판관 중 5인의 재판관의 임기는 3년 후에 종료되며, 다른 5인의 재판관의 임기는 6년 후에 종료된다.

2. 위에 규정된 최초의 3년 및 6년의 기간 후에 임기가 종료되는 재판관은 제1회 선거가 완료된 직후 사무총장이 추첨으로 선정한다.

3. 재판소의 재판관은 후임자가 충원될 때까지 계속 직무를 수행한다. 충원 후에도 재판관은 이미 착수한 사건을 완결한다.

4. 재판소의 재판관이 사임하는 경우 사표는 재판소장에게 제출되며, 사무총장에게 전달된다. 이러한 최후의 통고에 의하여 공석이 생긴다.

제14조 공석은 후단의 규정에 따를 것을 조건으로 제1회 선거에 관하여 정한 방법과 동일한 방법으로 충원된다. 사무총장은 공석이 발생한 후 1월 이내에 제5조에 규정된 초청장을 발송하며, 선거일은 안전보장이사회가 정한다.

제15조 임기가 종료되지 아니한 재판관을 교체하기 위하여 선출된 재판소의 재판관은 전임자의 잔임기간 동안 재직한다.

제16조 1. 재판소의 재판관은 정치적 또는 행정적인 어떠한 임무도 수행할 수 없으며, 또는 전문적 성질을 가지는 다른 어떠한 직업에도 종사할 수 없다.
2. 이 점에 관하여 의문이 있는 경우에는 재판소의 결정에 의하여 해결한다.

제17조 1. 재판소의 재판관은 어떠한 사건에 있어서도 대리인·법률고문 또는 변호인으로서 행동할 수 없다.
2. 재판소의 재판관은 일방당사자의 대리인·법률고문 또는 변호인으로서, 국내법원 또는 국제법원의 법관으로서, 조사위원회의 위원으로서, 또는 다른 어떠한 자격으로서도, 이전에 그가 관여하였던 사건의 판결에 참여할 수 없다.
3. 이 점에 관하여 의문이 있는 경우에는 재판소의 결정에 의하여 해결한다.

제18조 1. 재판소의 재판관은, 다른 재판관들이 전원일치의 의견으로써 그가 요구되는 조건을 충족하지 못하게 되었다고 인정하는 경우를 제외하고는, 해임될 수 없다.
2. 해임의 정식통고는 재판소 서기가 사무총장에게 한다.
3. 이러한 통고에 의하여 공석이 생긴다.

제19조 재판소의 재판관은 재판소의 업무에 종사하는 동안 외교특권 및 면제를 향유한다.

제20조 재판소의 모든 재판관은 직무를 개시하기 전에 자기의 직권을 공평하고 양심적으로 행사할 것을 공개된 법정에서 엄숙히 선언한다.

제21조 1. 재판소는 3년 임기로 재판소장 및 재판소 부소장을 선출한다. 그들은 재선될 수 있다.
2. 재판소는 재판소 서기를 임명하며 필요한 다른 직원의 임명에 관하여 규정할 수 있다.

제22조 1. 재판소의 소재지는 헤이그로 한다. 다만, 재판소가 바람직하다고 인정하는 때에는 다른 장소에서 개정하여 그 임무를 수행할 수 있다.
2. 재판소장 및 재판소 서기는 재판소의 소재지에 거주한다.

제23조 1. 재판소는 재판소가 휴가 중인 경우를 제외하고는 항상 개정하며, 휴가의 시기 및 기간은 재판소가 정한다.
2. 재판소의 재판관은 정기휴가의 권리를 가진다. 휴가의 시기 및 기간은 헤이그와 각 재판관의 가정 간의 거리를 고려하여 재판소가 정한다.
3. 재판소의 재판관은 휴가 중에 있는 경우이거나 질병 또는 재판소장에 대하여 정당하게 해명할 수 있는 다른 중대한 사유로 인하여 출석할 수 없는 경우를 제외하고는 항상 재판소의 명에 따라야 할 의무를 진다.

제24조 1. 재판소의 재판관은 특별한 사유로 인하여 특정 사건의 결정에 자신이 참여하여서는 아니된다고 인정하는 경우에는 재판소장에게 그 점에 관하여 통보한다.

2. 재판소장은 재판소의 재판관 중의 한 사람이 특별한 사유로 인하여 특정 사건에 참여하여서는 아니된다고 인정하는 경우에는 그에게 그 점에 관하여 통보한다.
3. 그러한 모든 경우에 있어서 재판소의 재판관과 재판소장의 의견이 일치하지 아니하는 때에는 그 문제는 재판소의 결정에 의하여 해결한다.

제25조 1. 재판소규정에 달리 명문의 규정이 있는 경우를 제외하고는 재판소는 전원이 출석하여 개정한다.
2. 재판소를 구성하기 위하여 응할 수 있는 재판관의 수가 11인 미만으로 감소되지 아니할 것을 조건으로, 재판소규칙은 상황에 따라서 또한 윤번으로 1인 또는 그 이상의 재판관의 출석을 면제할 수 있음을 규정할 수 있다.
3. 재판소를 구성하는데 충분한 재판관의 정족수는 9인으로 한다.

제26조 1. 재판소는 특정한 부류의 사건(particular categories of cases), 예컨대 노동(labor)사건과 통과(transit) 및 운수 통신(교통)(communications)에 관한 사건을 처리하기 위하여 재판소가 결정하는 바에 따라 3인 또는 그 이상의 재판관으로 구성되는 1 또는 그 이상의 소재판부들(chambers)을 수시로 설치할 수 있다.
2. 재판소는 특정사건(particular cases)을 처리하기 위한 소재판부를 언제든지 설치할 수 있다. 그러한 소재판부를 구성하는 재판관의 수는 당사자의 승인을 얻어 재판소가 결정한다.
3. 당사자가 요청하는 경우에는 이 조에서 규정된 소재판부가 사건을 심리하고 결정한다.

제27조 제26조 및 제29조에 규정된 소재판부가 선고한 판결은 재판소가 선고한 것으로 본다.

제28조 제26조 및 제29조에 규정된 소재판부는 당사자의 동의를 얻어 헤이그 외의 장소에서 개정하여, 그 임무를 수행할 수 있다.

제29조 업무의 신속한 처리를 위하여 재판소는, 당사자의 요청이 있는 경우 간이소송절차(summary procedure)로 사건을 심리하고 결정할 수 있는, 5인의 재판관으로 구성되는 소재판부를 매년 설치한다. 또한 출석할 수 없는 재판관을 교체하기 위하여 2인의 재판관을 선정한다.

제30조 1. 재판소는 그 임무를 수행하기 위하여 규칙을 정한다. 재판소는 특히 소송절차규칙을 정한다.
2. 재판소규칙은 재판소 또는 그 소재판부에 투표권 없이 출석하는 보좌인에 관하여 규정할 수 있다.

제31조 1. 각 당사자의 국적재판관(judges of the nationality)은 재판소에 제기된 사건에 출석할 권리를 가진다.
2. 재판소가 그 재판관석에 당사자 중 1국의 국적재판관을 포함시키는 경우에는 다른 어느 당사자도 재판관으로서 출석할 1인을 선정할 '수' 있다. 다만, 그러한 자는 되도록이면 제4조 및 제5조에 규정된 바에 따라 후보자로 지명된 자 중에서 선정된다.
3. 재판소가 그 재판관석에 당사자의 국적재판관을 포함시키지 아니한 경우에는 각 당사자는 제2항에 규정된 바에 따라 재판관을 선정할 수 있다.
4. 이 조의 규정은 제26조 및 제29조의 경우에 적용된다. 그러한 경우에 재판소장은 소재판부를 구성

하고 있는 재판관 중 1인 또는 필요한 때에는 2인에 대하여, 관계 당사자의 국적재판관에게 또한 그러한 국적재판관이 없거나 출석할 수 없는 때에는 <u>당사자가 특별히 선정하는 재판관에게, 재판관석을 양보할 것을 요청한다.</u>

5. <u>동일한 이해관계를 가진 수 개의 당사자가 있는 경우에, 그 수 개의 당사자는 위 규정들의 목적상 단일당사자로 본다.</u> 이 점에 관하여 의문이 있는 경우에는 재판소의 결정에 의하여 해결된다.

6. 제2항·제3항 및 제4항에 규정된 바에 따라 선정되는 재판관은 재판소 규정의 <u>제2조·제17조 (제2항)·제20조 및 제24조</u>가 요구하는 조건을 충족하여야 한다. <u>그러한 재판관은 자기의 동료와 완전히 평등한 조건으로 결정에 참여한다.</u>

제32조 1. 재판소의 각 재판관은 연봉을 받는다.

2. 재판소장은 특별연차수당을 받는다.

3. 재판소 부소장은 재판소장으로서 활동하는 모든 날짜에 대하여 특별수당을 받는다.

4. 제31조에 의하여 선정된 재판관으로서 재판소의 재판관이 아닌 자는 자기의 임무를 수행하는 각 날짜에 대하여 보상을 받는다.

5. 이러한 봉급·수당 및 보상은 총회가 정하며 임기 중 감액될 수 없다.

6. 재판소 서기의 봉급은 재판소의 제의에 따라 총회가 정한다.

7. 재판소의 재판관 및 재판소 서기에 대하여 퇴직연금이 지급되는 조건과 재판소의 재판관 및 재판소 서기가 그 여비를 상환받는 조건은 총회가 제정하는 규칙에서 정하여진다.

8. 위의 봉급·수당 및 보상은 모든 과세로부터 면제된다.

제33조 <u>재판소의 경비는 총회가 정하는 방식에 따라 국제연합이 부담한다.</u>

제2장 재판소의 관할

제34조 1. <u>국가들만(only States)이 재판소에 제기되는 사건의 당사자가 될 수 있다.</u>

2. 재판소는 재판소규칙이 정하는 조건에 따라 <u>공공국제기구에게 재판소에 제기된 사건과 관련된 정보를 요청할 수 있으며, 또한 그 국제기구가 자발적으로 제공하는 정보를 수령한다.</u>

3. 공공국제기구의 설립문서 또는 그 문서에 의하여 채택된 국제협약의 해석이 재판소에 제기된 사건에서 문제로 된 때에는 재판소 서기는 당해 공공 국제기구에 그 점에 관하여 통고하며, 소송절차상의 모든 서류의 사본을 송부한다.

제35조 1. <u>재판소는 재판소규정의 당사국들(states parties)에 대하여 개방된다.</u>

2. <u>재판소를 다른(other) 국가에 대하여 개방하기 위한 조건은 현행(발효중인) 제 조약의 특별한 규정에 따를 것을 조건으로(subject to the special provisions contained in treaties in force) 안전보장이사회가 정한다.</u> 다만, 어떠한 경우에도 그러한 조건은 당사자들을 재판소에 있어서 불평등한 지위에 두게 하는 것이어서는 아니 된다.

3. 국제연합의 회원국이 아닌 국가가 사건의 당사자인 경우에는 <u>재판소는 그 당사자가 재판소의 경비에 대하여 부담할 금액을 정한다.</u> 그러한 국가가 재판소의 경비

를 분담하고 있는 경우에는 적용되지 아니한다.

제36조 1. 재판소의 관할은 당사자'들'이 재판소에 회부하는 모든 사건과 국제연합헌장 또는 현행(발효중인) 제 조약 및 협약에서 특별히 규정된 모든 사항에 미친다.

2. 재판소규정의 당사국'들'(the states parties to the present Statute)은 다음 사항에 관한 모든 법률적 분쟁(all legal disputes)에 대하여 재판소의 관할을, 동일한 의무(the same obligation)를 수락하는 모든(여하한의) 다른 국가(any other state)와의 관계에 있어서 당연히(ipso facto) 또한 특별한 합의 없이도, 강제적인 것(compulsory)으로 인정한다는 것을 언제든지(at any time) 선언할 수 있다.

가. 조약의 해석

나. 국제법상의 문제

다. 확인되는 경우, 국제의무의 위반에 해당하는 사실의 존재

라. 국제의무의 위반에 대하여 이루어지는 배상의 성질 또는 범위

3. 위에 규정된 선언은 무조건으로, 수 개 국가 또는 일정 국가와의 상호주의의 조건으로, 또는 일정한 기간을 정하여 할 수 있다.

4. 그러한 선언서는 국제연합사무총장에게 기탁되며, 사무총장은 그 사본을 재판소규정의 당사국과 국제사법재판소 서기(행정처장)(the Registrar))에게 송부한다.

5. 상설국제사법재판소규정 제36조에 의하여 이루어진 선언으로서 계속 효력을 가지는 것(still in force)은, 재판소규정의 당사국들 사이에서는(as between the parties to the present Statute),

이 선언이 금후 존속하여야 할 기간 동안 그리고 이 선언의 조건에 따라 재판소의 강제적 관할을 수락한 것으로 본다.

6. 재판소가 관할권을 가지는지의 여부에 관하여 분쟁이 있는 경우에는, 그 문제는 재판소의 결정에 의하여 해결된다.

제37조 현행의 조약 또는 협약이 국제연맹이 설치한 재판소 또는 상설국제사법재판소에 어떤 사항을 회부하는 것을 규정하고 있는 경우에 그 사항은 재판소 규정의 당사국들 사이에서는(as between the parties to the present Statute) 국제사법재판소에 회부된다.

제38조 1. 재판소는 재판소에 회부된 분쟁을 국제법에 따라 재판하는 것을 임무로 하며, 다음을 적용한다.

가. 분쟁국'들'(contesting states)에 의하여 명백히 인정된 규칙(expressly recognised)을 확립하고 있는(estblishing) 일반적인 또는 특별한 국제협약

나. 법으로 수락된 일반관행의 증거로서의 국제관습(international custom)

다. 문명국에 의하여 인정된 법의 일반원칙

라. 법칙결정의 보조수단으로서, 제59조의 규정에 따를 것을 조건으로 한 사법결정 그리고 제국의 가장 우수한 공법학자의 학설

2. 이 규정은 당사자가 합의하는 경우에 재판소가 형평과 선에 따라 재판하는 권한을 해하지 아니한다.

제3장 소송절차

제39조 1. 재판소의 공용어는 불어 및 영어로 한다. 당사자가 사건을 불어로 처리하는 것에 동

의하는 경우 판결은 불어로 한다. 당사자가 사건을 영어로 처리하는 것에 동의하는 경우 판결은 영어로 한다.

2. 어떤 공용어를 사용할 것인지에 대한 합의가 없는 경우에, 각 당사자는 자국이 선택하는 공용어를 변론절차에서 사용할 수 있으며, 재판소의 판결은 불어 및 영어로 한다. 이러한 경우에 재판소는 두 개의 본문 중 어느 것을 정본으로 할 것인가를 아울러 결정한다.

3. 재판소는 당사자의 요청이 있는 경우 그 당사자가 불어 또는 영어 외의 언어를 사용하도록 허가한다.

제40조 1. 재판소에 대한 사건의 제기는 각 경우에 따라 재판소서기에게 하는 <u>특별한 합의의 통고</u>에 의하여 또는 <u>서면신청</u>에 의하여 이루어진다. 어느 경우에도 분쟁의 주제 및 당사자가 표시된다.

2. 재판소 서기는 즉시 그 신청을 모든 이해관계자에게 <u>통보</u>한다.

3. 재판소 서기는 사무총장을 통하여 국제연합회원국에게도 통고하며, 또한 재판소에 출석할 자격이 있는 어떠한 다른 국가에게도 통고한다.

제41조 1. 재판소는 사정에 의하여 필요하다고 인정하는 때에는 <u>각 당사자(either party)의 각각의 권리(the respective rights)</u>를 보전하기 위하여 <u>취하여져야 할 (ought to be taken)</u> 잠정조치를 <u>제시(indicate)</u>할 권한을 가진다.

2. 종국판결이 있을 때까지, 제시되는 조치는 즉시 당사자들 및 안전보장이사회에 통지된다.

제42조 1. 당사자는 대리인에 의하여 대표된다.

2. 당사자는 재판소에서 법률고문 또는 변호인의 조력을 받을 수 있다.

3. 재판소에서 당사자의 대리인·법률고문 및 변호인은 자기의 직무를 독립적으로 수행하는 데 필요한 특권 및 면제를 향유한다.

제43조 1. 소송절차는 서면소송절차 및 구두소송절차의 두 부분으로 구성된다.

2. 서면소송절차는 준비서면(memorial) · 답변서(counter-memorials) 및 필요한 경우 항변서(replies)와 원용할 수 있는 모든 문서 및 서류를 재판소와 당사자에게 송부하는 것으로 이루어진다.

3. 이러한 송부는 재판소가 정하는 순서에 따라 재판소가 정하는 기간 내에 재판소 서기를 통하여 이루어진다.

4. 일방당사자가 제출한 모든 서류의 인증사본 1통은 타방당사자에게 송부된다.

5. 구두소송절차는 재판소가 증인·감정인·대리인·법률고문 및 변호인에 대하여 심문하는 것으로 이루어진다.

제44조 1. 재판소는 대리인(agents) · 법률고문(counsel) 및 변호인(advocates) 외의 자에 대한 모든 통지의 송달을, 그 통지가 송달될 지역이 속하는 국가의 정부에게 직접 한다.

2. 위의 규정은 현장에서 증거를 수집하기 위한 조치를 취하여야 할 경우에도 동일하게 적용된다.

제45조 심리는 재판소장 또는 재판소장이 주재할 수 없는 경우에는 재판소 부소장이 지휘한다. 그들 모두가 주재할 수 없을 때에는 출석한 선임재판관이 주재한다.

제46조 재판소에서의 심리(hearing)는 공개된다. 다만, 재판소가 달리 결정하는 경우 또는 당사자들이 공개하지 아니할 것을 요구하는 경우에는 그러하지 아니하다.

제47조 1. 매 심리마다 조서를 작성하고 재판소 서기 및 재판소장이 서명한다.

2. 이 조서만이 정본이다.

제48조 재판소는 사건의 진행을 위한 명령을 발하고, 각 당사자가 각각의 진술을 종결하여야 할 방식 및 시기를 결정하며, 증거조사에 관련되는 모든 조치를 취한다.

제49조 재판소는 심리의 개시전에도 서류를 제출하거나 설명을 할 것을 대리인에게 요청할 수 있다. 거절하는 경우에는 정식으로 이를 기록하여 둔다.

제50조 재판소는 재판소가 선정하는 개인·단체·관공서·위원회 또는 다른 조직에게 조사의 수행 또는 감정의견의 제출을 언제든지 위탁할 수 있다.

제51조 심리 중에는 제30조에 규정된 소송절차규칙에서 재판소가 정한 조건에 따라 증인 및 감정인에게 관련된 모든 질문을 한다.

제52조 재판소는 그 목적을 위하여 정하여진 기간 내에 증거 및 증언을 수령한 후에는, 타방당사자가 동의하지 아니하는 한, 일방당사자가 제출하고자 하는 어떠한 새로운 인증 또는 서증도 그 수리를 거부할 수 있다.

제53조 1. 일방당사자가 재판소에 출석하지 아니하거나 또는 그 사건을 방어하지 아니하는 때에는 타방당사자는 자기의 청구에 유리하게 결정할 것을 재판소에 요청할 수 있다.

2. 재판소는, 그렇게 결정하기 전에, 제36조 및 제37조에 따라 재판소가 관할권을 가지고 있을 뿐만 아니라 그 청구가 사실 및 법에 충분히 근거하고 있음을 확인하여야 한다.

제54조 1. 재판소의 지휘에 따라 대리인·법률고문 및 변호인이 사건에 관한 진술을 완료한 때에는 재판소장은 심리가 종결되었음을 선언한다.

2. 재판소는 판결을 심의(consider)하기 위하여 퇴정한다.

3. 재판소의 평의(deliberations)는 비공개로 이루어지며 비밀로 한다.

제55조 1. 모든 문제는 출석한 재판관의 과반수로 결정된다.

2. 가부동수인 경우에는 재판소장 또는 재판소장을 대리하는 재판관이 결정투표권을 가진다.

제56조 1. 판결에는 판결이 기초하고 있는 이유를 기재한다.

2. 판결에는 결정에 참여한 재판관의 성명이 포함된다.

제57조 판결이 전부 또는 부분적으로 재판관 전원일치의 의견을 나타내지 아니한 때에는 어떠한 재판관도 개별의견을 제시할 권리를 가진다.

제58조 판결에는 재판소장 및 재판소 서기가 서명한다. 판결은 대리인에게 적절히 통지된 후 공개된 법정에서 낭독된다.

제59조 재판소의 결정은 당사자사이와 그 특정 사건에 관하여서만 구속력을 가진다.

제60조 판결은 종국적이며 상소할 수 없다(without appeal) 판결의 의미 또는 범위에 관하여 분쟁이 있는 경우에는 재판소는 당사자의 요청에 의하여 이를 해석한다.

제61조 1. 판결의 재심청구는 재판소 및 재심을 청구하는 당사자가 판결이 선고되었을 당시에는 알지 못하였던 결정적 요소로 될 성질을 가진 어떤 사실의 발견에 근거하는 때에 한하여 할 수

있다. 다만, 그러한 사실을 알지 못한 것이 과실에 의한 것이 아니었어야 한다.
2. 재심의 소송절차는 새로운 사실이 존재함을 명기하고, 그 새로운 사실이 사건을 재심할 성질의 것임을 인정하고, 또한 재심청구가 이러한 이유로 허용될 수 있음을 선언하고 있는 재판소의 판결에 의하여 개시된다.
3. 재판소는 재심의 소송절차를 허가하기 전에 원판결의 내용을 먼저 준수하도록 요청할 수 있다.
4. 재심청구는 새로운 사실을 발견한 때부터 늦어도 6월 이내에 이루어져야 한다.
5. 판결일부터 10년이 지난 후에는 재심청구를 할 수 없다.

제62조 1. 사건의 결정에 의하여 영향을 받을 수 있는 법률적 성질의 이해관계가 있다고 인정하는 국가는 재판소에 그 소송에 참가하는 것을 허락하여 주도록 요청할 수 있다.
2. 재판소는 이 요청에 대하여 결정한다.

제63조 1. 사건에 관련된 국가 이외의 다른 국가가 당사국으로 있는 협약의 해석이 문제가 된 경우에는 재판소 서기(행정처장)는 모든 국가에게 통고한다.
2. 그렇게 통고를 받은 모든 국가는 그 소송절차에 참가할 권리를 가진다. 다만, 이 권리를 행사한 경우에는 판결에 의하여 부여된 해석은 그 국가에 대하여도 동일한 구속력을 가진다.

제64조 재판소가 달리 결정하지 아니하는 한 각 당사자는 각자의 비용을 부담한다.

제4장 권고적 의견

제65조 1. 재판소는 국제연합헌장에 의하여 또는 이 헌장에 따라 권고적 의견을 요청하는 것을 허가받은 기관이 그러한 요청을 하는 경우에 어떠한 법률문제에 관하여도 권고적 의견을 부여할 수 있다.
2. 재판소의 권고적 의견을 구하는 문제는, 그 의견을 구하는 문제에 대하여 정확하게 기술하고 있는 요청서에 의하여 재판소에 제기된다. 이 요청서에는 그 문제를 명확하게 할 수 있는 모든 서류를 첨부한다.

제66조 1. 재판소 서기는 권고적 의견이 요청된 사실을 재판소에 출석할 자격이 있는 모든 국가에게 즉시 통지한다.
2. 재판소 서기는 또한, 재판소에 출석할 자격이 있는 모든 국가에게, 또는 그 문제에 관한 정보를 제공할 수 있다고 재판소 또는 재판소가 개정 중이 아닌 때에는 재판소장이 인정하는 국제기구에게, 재판소장이 정하는 기간 내에, 재판소가 그 문제에 관한 진술서를 수령하거나 또는 그 목적을 위하여 열리는 공개법정에서 그 문제에 관한 구두진술을 청취할 준비가 되어 있음을 특별하고도 직접적인 통신수단에 의하여 통고한다.
3. 재판소에 출석할 자격이 있는 그러한 어떠한 국가도 제2항에 규정된 특별통지를 받지 아니하였을 때에는 진술서를 제출하거나 또는 구두로 진술하기를 희망한다는 것을 표명할 수 있다. 재판소는 이에 관하여 결정한다.
4. 서면 또는 구두진술 또는 양자 모두를 제출한 국가 및 기구는, 재판소 또는 재판소가 개정 중이 아닌 때에는 재판소장이 각 특정

사건에 있어서 정하는 형식·범위 및 기간 내에 다른 국가 또는 기구가 한 진술에 관하여 의견을 개진하는 것이 허용된다. 따라서 재판소 서기는 그러한 진술서를 이와 유사한 진술서를 제출한 국가 및 기구에게 적절한 시기에 송부한다.

제67조 재판소는 사무총장 및 직접 관계가 있는 국제연합회원국·다른 국가 및 국제기구의 대표에게 통지한 후 공개된 법정에서 그 권고적 의견을 발표한다.

제68조 권고적 임무를 수행함에 있어서 재판소는 재판소가 적용할 수 있다고 인정하는 범위 안에서 쟁송사건에 적용되는 재판소규정의 규정들에 또한 따른다.

제5장 개 정

제69조 재판소규정의 개정은 국제연합헌장이 그 헌장의 개정에 관하여 규정한 절차와 동일한 절차에 의하여 이루어진다. 다만, 재판소규정의 당사국이면서 국제연합회원국이 아닌 국가의 참가에 관하여는 안전보장이사회의 권고에 의하여 총회가 채택한 규정에 따른다.

제70조 재판소는 제69조의 규정에 따른 심의를 위하여 재판소가 필요하다고 인정하는 재판소규정의 개정을, 사무총장에 대한 서면통보로써, 제안할 권한을 가진다.

8 1946년 국제사법재판소(ICJ) 규칙
(Rules of the International Court of Justice)

채택일 : 1946.5.6.
1차 개정일 : 1972.9.1.(발효)
2차 개정일 : 1978.7.1.(발효)
3차 개정일 : 2001.2.1.(발효)
4차 개정일 : 2005.9.29.(발효)
5차 개정일 : 2019.10.21.(발효)

재판소는 국제연합헌장 제14장을 고려하고, 동 헌장에 부속되는 재판소규정 제30조에 의거하여, 1978년 4월 14일에 승인된 이하의 개정 재판소규칙을 채택한다.

제1부 재판소

제1장 재판관 및 보좌인

제1절 재판소 구성원

제1조 1. 재판소 구성원은 규정 제2조에서 제15조까지의 규정에 따라 선출된 재판관이다.
2. 재판소는 특정의 사건을 위하여 임시재판관으로서 출석하기 위하여 규정 제31조에 의거하여 선임된 1인 또는 그 이상의 자를 참석시킬 수 있다.
3. 이하의 규칙에 있어서 "재판소 구성원"이라는 용어는 선출된 재판관을 의미하며, "재판관"이라는 용어는 재판소 구성원 및 임시재판관을 의미한다.

제2조 1. 3년마다 실시되는 선거에 의하여 선출된 재판소 구성원의 임기는 구성원이 선거되기 위한 공석이 생기는 해의 2월 6일에 개시된다.
2. 임기종료 전의 구성원의 후임으로 선출되는 재판소 구성원의 임기는 그 선출일로부터 개시된다.

제3조 1. 재판소 구성원은 그 직무의 수행에 있어서 선출연도 또는 기간에 관계없이 동등한 지위를 갖는다.
2. 재판소 구성원은 보조 제4항 및 제5항에 정한 경우를 제외하고는 본 규칙 제2조가 정하는 바에 따라 각자의 임기가 시작된 일자에 의하여 석차가 결정된다.
3. 동일한 일자에 임기가 개시된 재판소 구성원 상호 간에는 연장순에 따라 석차가 결정된다.
4. 전의 임기에 계속하여 새로운 임기로 재선된 재판소 구성원은 본래의 석차를 가진다.
5. 재판소장 및 재판소 부소장은 그 지위에 있는 동안 타의 모든 재판소 구성원에 우선하는 지위를 갖는다.
6. 앞의 각항에 따라 재판소장 및 재판소 부소장의 다음 석차의 재판소 구성원을 본 규칙에 있어서 "선임재판관"으로 한다. 그러나 이것이 불가능한 경우에 그 구성원의 다음 석차의 재판소 구성원을 선임재판관으로 한다.

제4조 1. 규정 제20조에 따라 재판소의 각 구성원이 행하는 선서는 다음과 같다. 「나는 명예를 걸고 성실히 공평하게 그리고 양심에 따라 직무를 수행하고 재판관으로서의 직원을 행사할 것을 엄숙히 선서합니다.」

2. 이 선서는 해당 재판소 구성원이 출석하는 최초의 공개 법정에서 행한다. 이 법정은 해당 구성원의 임기가 시작된 후 가능한 한 빠른 시일 내에 개정되며 또한 필요에 따라 그 목적을 위하여 특별히 법정을 개정한다.

3. 재선된 재판소 구성원은 그 새로운 임기가 전의 임기에 계속되지 않는 경우에만 새로이 선서를 한다.

제5조 1. 사임하고자 하는 재판소 구성원은 사표를 재판소장에게 제출하여야 하며, 사임은 규정 제13조 제4항에 정한 바에 따라 효력이 발생한다.

2. 사임하고자 하는 재판소 구성원이 재판소장인 경우에는 사표를 재판소에 제출하여야 하며, 사임은 규정 제13조 제4항에 정한 바에 따라 효력이 발생한다.

제6조 규정 제18조의 적용이 문제되는 경우 재판소 구성원은 재판소장 또는 경우에 따라서는 재판소 부소장으로부터 그 이유 및 관계 증거를 포함한 서면 통지에 의하여 그러한 사실을 통보받아야 한다. 해당 구성원은 이 목적을 위하여 특별히 소집되는 재판소의 비밀회의에서 진술을 하고 정보를 제공하며 또는 설명을 하거나 자기에 대한 질문에 대해 구두 또는 서면으로 답변하는 기회를 부여받는다. 그리고 그 문제는 해당 구성원이 출석하지 않은 추후의 비밀회의에서 토론되어야 한다. 재판소의 각 구성원은 의견을 진술하며 요구가 있는 경우에는 투표를 한다.

제2절 임시재판관

제7조 1. 규정 제31조에 의거하여 특정 사건을 위하여 선임된 임시재판관은 본 규칙 제17조 제2항, 제35조, 제36조, 제37조, 제91조 제2항 및 제102조 제3항에 정한 경우에는 절차에 따라서 재판에 참석하는 것이 허용된다.

2. 임시재판관은 다른 재판관과 완전히 평등한 조건으로 참석하여 그 사건에 참여한다.

3. 임시재판관은 재판소 구성원들의 다음 순위로 연장순에 따라 석차가 결정된다.

제8조 1. 규정 제20조 및 제31조 제6항에 따라 모든 임시재판관이 엄숙히 행하는 선서는 본 규칙 제4조 제1항에 정한 바에 의한다.

2. 이 선서는 임시재판관이 참여하는 사건의 공개법정에 행한다. 사건이 재판소의 소재판부에 의하여 다루어지는 경우에 선서는 그 소재판부에서 동일한 방법에 의하여 행하여진다.

3. 임시재판관은 이전에 사건에 있어서 이미 선서를 하였을 경우에도 참여하는 매 사건마다 선서를 하여야 한다. 단, 동일 사건의 후석단계에 있어서는 새로이 선서를 하지 않는다.

제3절 보좌인

제9조 1. 재판소는 직권에 의하여 또는 서면절차의 종결 전에 행하여진 요청에 따라 계쟁사건 또는 권고적 의견 요청과 관련하여 투표권 없이 출석하는 보좌인의 협조를 받을 것을 결정할 수 있다.

2. 재판소가 이 결정을 하는 경우에는 재판소장은 보좌인의 선임에 관계된 모든 정보를 수집하기 위하여 필요한 조치를 취한다.

3. 보좌인은 무기명 투표에 의하여 그 사건에 관하여 재판소를 구성하는 재판관의 과반수 투표에 의하여 임명된다.

4. 규정 제26조 및 제29에 규정된 소재판부 및 그 소재판부의 장은 이와 동일한 권한이 부여되며 동일한 방법으로 이를 행사할 수 있다.
5. 보좌인은 직무에 취임함에 있어서 공개법정에서 다음과 같은 선서를 하지 않으면 아니된다. 「나는 명예를 걸고 공평하게 또한 양심에 따라 보좌인으로서의 직무를 수행하고 아울러 재판소의 규정 및 규칙의 모든 규정을 성실히 준수할 것을 엄숙히 선서합니다.」

제2장 재판소장

제10조 1. 재판소장 및 재판소 부소장의 임기는 3년마다 실시되는 선거에서 선출된 재판소 구성원의 임기가 본 규칙에 제2조에 따라 개시되는 날로부터 개시되는 것으로 한다.
2. 재판소장 및 재판소 부소장의 선거는 이 날짜에 또는 그 후의 빠른 시일 내에 행해져야 한다. 임기가 종료되는 재판소장이 계속하여 재판소 구성원인 경우에는 재판소장의 선거가 실시될 때까지 계속 그 직무를 수행한다.

제11조 1. 임기가 종료되는 재판소장은 재판소장의 선거일에 있어서 계속 재판소 구성원인 경우에 그 선거를 주재한다. 임기가 종료되는 재판소장이 재판소 구성원의 자격을 상실하였거나 또는 그 직무를 수행할 수 없는 경우에 선거는 본 규칙 제13조 제1항이 정하는 바에 따라 재판소장의 직무를 수행하고 있는 재판소 구성원이 주재한다.
2. 선거는 선거를 주재하는 재판소 구성원이 선거에 필요한 투표수를 선언한 후 비밀투표에 의해 이루어진다. 후보자의 소개는 없는 것으로 한다. 선거 시 재판소

를 구성하는 재판소 구성원의 과반수의 표를 얻은 재판소 구성원은 선출된 것으로 선언되며, 즉시 직무를 개시한다.
3. 신임 재판소장은 그 회의에서 또한 차기 회의에서 재판소 부소장의 선거를 주재한다. 본조 제2항의 규정은 이 선거에 동일하게 적용된다.

제12조 재판소장은 재판소의 모든 회의를 주재한다. 재판소장은 재판소의 사무를 지휘하며 업무를 감독한다.

제13조 1. 재판소장이 공석인 경우 또는 재판소장이 그 직무를 수행할 수 없는 경우에 재판소장의 직무를 재판소 부소장이 수행하며 이것이 불가능한 경우에는 선임재판관이 수행한다.
2. 재판소장이 규정 또는 규칙의 규정에 따라 특정 사건에 출석하거나 또는 이를 주재할 수 없는 경우에는 그 사건을 제외한 모든 경우에 있어서 재판소장의 직무를 계속 수행할 수 있다.
3. 재판소장은 재판소의 소재지에서의 그 직무의 지속적 수행을 위하여 필요한 조치를 취한다. 재판소장은 그 부재 시 규정 및 본 규칙에 반하지 않는 범위 내에서 재판소 부소장에게 그리고 이것이 불가능한 경우에는 선임재판관에게 그 직무를 위임할 수 있다.
4. 재판소장이 재판소장의 직을 사임하고자 할 때에는 재판소 부소장을 그리고 이것이 불가능한 경우 선임재판관을 통하여 재판소에 이를 서면으로 통보하여야 한다. 재판소 부소장이 그 직을 사임하고자 할 때에는 재판소장에게 이를 통보하여야 한다.

제14조 규정 제21조 제1항 및 본 규칙 제10조 제1항에 의하여 재판소장 또는 재판소 부소장의

공석이 그 임기 종료 전에 발생하는 경우에 재판소는 잔임기간 동안 공석을 보충할 것인가의 여부를 결정한다.

제3장 소재판부

제15조 1. 규정 제29조에 의하여 매년 설치되는 약식절차의 소재판부는 직권에 의하여 행동하는 재판소장 및 재판소 부소장과 본 규칙 제18조 제1항에 의하여 선출되는 3인의 재판관을 포함하는 5명의 재판소 구성원으로 구성된다. 이외에 2명의 재판소 구성원을 대리 재판관으로 매년 선출한다.

2. 본조 제1항에서의 선거는 매년 2월 6일 이후에 가능한 한 빠른 시일 내에 행해져야 한다. 소재판부의 재판관은 선출됨과 동시에 임무를 개시하여 다음 선거시까지 재임한다. 소재판부의 재판관은 재선될 수 있다.

3. 소재판부의 재판관이 이유 여하를 불문하고 사건에 출석할 수 없는 경우에는 2명의 대리재판관 중 선임자가 그를 대신하여 출석한다.

4. 소재판부의 재판관이 사임 또는 그 밖의 이유로서 소재판부 재판관의 자격을 상실하였을 때에는 2명의 대리재판관 중 선임자가 그를 대신하여 정식의 재판관이 된다. 또한 이에 교체되기 위하여 새로운 대리재판관이 선거된다. 소재판부의 재판관의 공석이 현재의 대리재판관의 수를 초과하는 경우, 대리재판관이 소재판부의 정식의 재판관으로 된 후에도 존재하는 재판관의 공석의 충원과 대리재판관의 보충을 위해 가능한 빠른 시일 내에 선거를 실시하여야 한다.

제16조 1. 재판소가 규정 제26조 제1항에서 정하는 하나 또는 그 이상의 소재판부를 설치할 것을 결정한 경우에 각 소재판부가 담당할 사건의 종류, 소재판부의 재판관의 수와 이들 재판관의 임기 및 임무 개시일을 결정하여야 한다.

2. 소재판부의 재판관은 사건의 처리를 위하여 그 재판부가 담당할 사건에 관하여 재판소 구성원이 갖고 있는 전문지식, 기능적 적성 또는 해당 사건과 관련된 경험을 고려하여, 재판소 구성원 중에서 본 규칙 제18조 제1항에 따라 선출된다.

3. 재판소는 소재판부의 폐지를 결정할 수 있다. 단, 계속되어 있는 사건을 완결할 해당 소재판부의 임무를 저해하여서는 아니된다.

제17조 1. 규정 제26조 제2항에 규정된 특정 사건을 재판하는 소재판부의 설치 요청은 서면절차가 종결되기 이전에 언제라도 제출할 수 있다. 재판소장은 일방당사자로부터 요청을 받은 경우에는 타방당사자가 이에 동의하는가의 여부를 확인하여야 한다.

2. 양 당사자가 동의하는 경우에 재판소장은 소재판부의 구성에 대하여 양 당사자의 견해를 통보받은 후 재판소에 이를 보고한다. 또한 재판소장은 규정 제31조 제4항의 규정의 적용을 위하여 필요한 조치를 취하여야 한다.

3. 재판소는 당사자의 승인을 얻어 소재판부를 구성하는 구성원의 수를 결정한 경우에는 본 규칙 제18조 제1항의 규정에 따라 그 구성원의 선거를 실시한다. 소재판부의 결원의 보충도 동일한 절차에 의한다.

4. 본조에 의하여 설치되는 소재판부의 구성원으로서 임기의 종료에 의하여 규정 제13조에 따라

퇴임하는 자는 그 퇴임 시 사건이 여하한 단계에 도달하였다 할지라도 그 사건의 모든 단계에 대하여 계속 참여한다.

제18조 1. 모든 재판관의 선출은 무기명투표에 의하여 실시된다. 선거 시 재판소를 구성하는 재판소 구성원의 과반수에 해당하는 최다수의 투표를 획득한 재판소 구성원은 선출된 것으로 선언된다. 공석을 보충하기 위하여 필요한 경우에 2회 이상의 투표가 실시되며 그 투표는 보충되어야 할 공석의 수에 한한다.

2. 소재판부가 구성되었을 때 그 소재판부가 재판소장 또는 재판소 부소장 또는 이 양자를 모두 포함하는 경우에는 재판소장 또는 재판소 부소장이 그 소재판부를 주재한다. 그 밖의 경우에는 소재판부는 그 장을 무기명투표에서 구성원의 투표를 최다수에 의하여 선출된다. 소재판부가 구성될 당시 본항에 따라 소재판부를 주재하는 재판소 구성원은 그 소재판부의 재판관인 한 계속하여 소재판부를 주재한다.

3. 소재판부의 장은 그 소재판부에 맡겨지는 사건에 관하여는 재판소에 부탁되는 사건에 관련하여 재판소장이 수행하는 모든 직무를 수행한다.

4. 소재판부의 장이 출석하거나 또는 소재판부를 주재하는 것이 불가능한 경우에는 소재판부의 장의 직무는 제일 순위의 재판관으로서 이를 수행할 수 있는 소재판부의 재판관에 의하여 수행된다.

제4장 재판소의 내부 기능

제19조 재판소의 사법 사무는 규정 및 본 규칙의 규정에 반하지 않는 한 재판소가 채택한 결의에 의하여 규율된다.

제20조 1. 규정 제25조 제3항에 규정된 정족수는 재판소의 모든 회의에 적용된다.

2. 규정 제23조 제3항에 의하여 항상 재판소의 명에 따라야 할 재판소의 구성원의 의무는 질병 그 밖에 재판소장이 정당하다고 인정하고 재판소에 통보한 중대한 사유에 의하여 출석하지 못하는 경우를 제외하고는 모든 회의에 출석하여야 함을 의미한다.

3. 임시재판관도 마찬가지로 재판소의 명에 따라야 하며 그가 참여하는 사건에 관하여 열리는 모든 회의에 출석할 의무를 진다. 임시재판관은 정족수의 계산에 포함되지 않는다.

4. 재판소는 사건 총명부의 상황 및 당면 업무의 필요성을 고려하여 재판소의 휴가의 기간을 정하며 또한 규정 제23조 제2항에 따라 재판소의 각 구성원에게 부여되는 휴가의 기간 및 조건을 정한다.

5. 재판소는 재판소의 개정지에 관행으로 되어 있는 공휴일을 존중하여야 한다.

6. 재판소장은 긴급의 경우에 언제라도 재판소를 소집할 수 있다.

제21조 1. 재판소의 심리는 공개하지 않으며 또한 비밀로 한다. 단, 재판소는 재판 이외의 사항의 심리에 대하여는 그 여하한 부분도 이를 공개하거나 이를 허가할 수 있다.

2. 재판관 그리고 필요한 경우 보좌인만이 재판의 심리에 참여한다. 재판소 서기 또는 서기보 그리고 그 밖에 출석이 요구되는 서기국 직원도 참석할 수 있다. 타의 여하한 자도 재판소의 허가 없이 참석할 수 없다.

3. 재판소의 재판심리의 의사록에는 심리의 주체 또는 사항의 명칭 또는 성질 그리고 표결의 결과

만을 기록한다. 의사록에는 심리의 구체적 내용 또는 그 표명된 견해의 여하한 것도 기록하지 않는다. 단, 모든 재판관은 자기가 행한 선언을 의사록에 삽입할 것을 요구할 수 있다.

제2부 서기국

제22조 1. 재판소는 재판소 구성원이 추천한 후보자 중에서 무기명 투표에 의하여 재판소 서기를 선출한다. 재판소 서기는 7년 임기로 선출되며 재임할 수 있다.
2. 재판소장은 재판소 서기가 공석이 된 경우에 즉시 그리고 그 공석이 임기의 종류에 의하여 생기는 경우에는 그 3개월 전에 재판소 구성원에 대하여 이를 통지한다. 재판소장은 후보자에 관한 추천 및 이에 대한 정보가 충분한 시간 내에 접수될 수 있도록 후보자 명부의 마감일을 정한다.
3. 추천에는 후보자에 관한 필요한 정부 특히 후보자의 연령, 국적, 현재의 직업, 학위, 어학지식 및 법률, 외교 또는 국제기구 업무상의 경험에 관한 정보를 기입한다.
4. 선거 시에 재판소를 구성하는 재판소 구성원의 과반수 투표를 얻은 후보자는 선출된 것으로 선언된다.

제23조 재판소는 재판소 서기보를 선출한다. 본 규칙 제22조의 규정은 재판소 서기보의 선거 및 임기에 적용된다.

제24조 1. 재판소 서기는 그 직무에 취임함에 있어서 재판소에 대하여 다음의 선서를 한다. 「나는 충실히, 신중히 그리고 양심에 따라 국제사법재판소 서기로서 나에게 부여된 직무를 수행하며 재판소규정 및 재판소규칙의 모든 규정을 성실하게 준수할 것을

엄숙히 선서합니다.」
2. 재판소 서기보는 그 직무에 취임함에 있어서 재판소에 대해 동일한 선서를 한다.

제25조 1. 서기국의 직원은 재판소 서기의 추천에 의하여 재판소가 임명한다. 단, 재판소가 정하는 직책은 재판소장의 승인을 얻어 재판소서기가 임명하도록 할 수 있다.
2. 각 직원은 그 직무에 취임함에 있어서, 재판소 서기의 입회하에 재판소장 앞으로 다음의 선서를 한다. 「나는 충실히, 신중히 그리고 양심에 따라 국제사법재판소 직원으로서 나에게 부여된 직무를 수행하며, 재판규정 및 재판소규칙의 모든 규정을 성실하게 준수할 것을 엄숙히 선서합니다.」

제26조 1. 재판소 서기는 직무를 수행함에 있어,
(a) 재판소로의 통신의 접수 및 재판소로부터의 통신의 발송, 특히 규정 또는 본 규칙이 규정하는 모든 통신, 통고 및 문서 발송을 담당함에 있어 이등의 발송 및 접수일자의 확인이 용이하도록 하며 ;
(b) 재판소장의 감독하에 또한 재판소가 정하는 형식에 따라 모든 사건의 총명부를 작성함에 있어, 소의 제기 또는 권고적 의견의 요청이 서기국에 접수된 순서로 번호를 매겨 기재하며 ;
(c) 규정 제35조 제2항에 의해 안전보장이사회가 채택한 결의에 상응하여 규정의 당사국이 아닌 국가가 행하는 재판소의 관할권 수락 선언은 보관하고, 또한 모든 규정 당사국, 그리고 이 같은 선언을 기탁한 그 밖의 모든 국가 및 국제연합사무총장에 대하여 그 선언의 사본을 송부하며 ;

(d) 모든 소송서류 및 부속서류의 사본을 접수 즉시 당사국에 송부하며;

(e) 재판소 또는 소재판부가 개정 중에 있는 사건에 관련된 국가의 정부 및 기타 관계있는 정부에 대하여, 규정 및 관계협정에 의하여 특권, 면제 또는 편의를 인정받을 자격이 있는 자에 대한 정보를 수시 제공하며;

(f) 재판소 및 소재판부의 개정에 직접 출석하거나 또는 그 대리인으로 하여금 출석하여 그의 책임하에 그 법정의 의사록을 작성하며;

(g) 재판소가 필요로 하는 재판소의 공용어로 번역 및 통역의 준비를 위해 필요한 조치를 취하며;

(h) 재판소의 모든 판결, 권고적 의견 및 명령과 (f)의 의사록에 서명하며;

(i) 재판소의 판결, 권고적 의견, 명령, 소송서류와 서면 진술, 각 사건의 공판의 의사록 및 재판소가 간행을 명령하는 기타 문서의 인쇄와 간행에 책임을 지며;

(j) 모든 행정사무, 특히 국제연합의 재무 지침에 따라 회계 및 재무에 책임을 지며;

(k) 재판소 및 그 활동에 관한 문제에 답하며;

(l) 재판소와 국제연합의 타 기관, 전문기관 그리고 국제법의 법전화와 점진적 발달에 관한 국제단체 및 국제회의와의 관계 유지를 지원하며;

(m) 재판소 및 그 활동에 관한 정보를 각국 정부, 각국의 최고 재판소, 법조단체 및 학술단체, 법률대학 및 법률학교와 언론기관이 입수할 수 있도록 필요한 조치를 강구하며;

(n) 재판소의 관인 및 인장, 재판소의 공문서와 재판소에 기탁된 기타의 공문서를 보관한다.

2. 재판소는 이상의 것 외에 언제라도 재판소 서기의 직무를 추가할 수 있다.

3. 재판소 서기는 직무의 수행에 관하여 재판소에 책임을 진다.

제27조 1. 재판소 서기보는 재판소 서기를 보좌하고 재판소 서기의 부재 시 재판소 서기로서 행동하며, 또한 재판소 서기가 결원이 된 경우에는 새로이 결원이 보충될 때까지 재판소 서기의 직무를 행한다.

2. 재판소 서기 및 재판소 서기보가 모두 재판소 서기의 직무를 수행할 수 없는 경우에 재판소장은 필요한 기간 이들의 직무를 대행하는 서기국 직원 1명을 임명한다. 재판소 서기와 재판소 서기보가 동시에 결원이 된 경우에 재판소는 재판소 구성원들과 협의한 후 새로운 재판소 서기가 선출될 때까지 재판소 서기의 직무를 행하는 서기국 직원 1명을 임명한다.

제28조 1. 서기국은 재판소 서기, 재판소 서기보 및 재판소 서기가 그 임무를 효과적으로 수행하기 위하여 필요로 하는 기타의 직원으로서 구성된다.

2. 재판소는 서기국의 기구를 정하며, 또 이를 위하여 제의를 하도록 재판소 서기에게 요청한다.

3. 서기국에 대한 훈령은 재판소 서기가 작성하며 재판소의 승인을 얻어야 한다.

4. 서기국 직원은 재판소 서기가 국제연합직원 규정 및 규칙에 가능한 한 의거하여 작성하고 또한 재판소가 승인하는 직원규정에 따라야 한다.

제29조 1. 재판소 서기는 상시적으로 그 직무를 수행하는 것이 불가능하거나 그 의무를 중대하게 위반하였다고 재판소가 그 구성원 3분의 2의 다수에 의하여 인정한 경우 외에는 해임될 수 없다.

2. 재판소 서기는 본조에 따라 결정이 행하여지기 전에, 재판소장으로부터 그 이유 및 관계 증거에 대해 그 이유 및 관계 증거를 포함하는 서면의 통보를 받는다. 재판소 서기는 추후에 재판소의 비공개회의에서 진술하고, 그가 제출하고자 하는 정보를 제공하거나 또는 병명을 행하며, 자기에 대한 질문에 구두 또는 서면으로 답변하는 기회를 부여받는다.

3. 재판소 서기보는 동일한 이유에 의하여 또한 절차에 따르지 아니하고 해임될 수 없다.

제3부 소송절차

제1장 재판소에 대한 통지 및 협의

제30조 본 규칙에 따라 재판소에 대하여 행하여지는 모든 통지는 별도의 규정이 없는 한 재판소 서기에게 송달이 되어야 한다. 당사자가 행하는 모든 문의도 공개법정에서 구두로 행하여지는 경우를 제외하고는 재판소 서기에게 송달되어야 한다.

제31조 재판소장은 재판소에 부탁되는 사건에 있어서 절차문제에 관하여 당사자의 의견을 조회하지 않으면 아니된다. 이를 위하여 재판소장은 당사자의 대리인이 임명된 후 즉시, 그리고 그 후에도 필요한 때에는 언제라도 당대리인을 출두시킬 수 있다.

제2장 특정 사건에 관한 재판소의 구성

제32조 1. 재판소장이 사건의 일방당사자의 국민인 경우에 재판소장은 해당 사건에 대하여 재판소장의 직무권한으로 행하여서는 아니된다. 재판소 부소장 또는 선임재판관이 재판소장으로

서 행동하도록 요청된 경우에도 같은 규칙을 적용한다.

2. 한 사건의 구두절차를 위해서 재판이 개시된 날짜에 재판을 주재하는 재판소 구성원은 새로이 재판소장 또는 재판소 부소장이 선출되어도 해당사건을 그 완결 단계까지 계속 주재한다. 그 구성원이 주재할 수 없게 된 경우에는 해당 사건의 재판장을 본 규칙 제13조에 따라, 또 구두절차를 위하여 개정된 일자의 재판소의 구성에 의거하여 결정된다.

제33조 본 규칙 제17조에 규정된 경우를 제외하고, 임기의 종료에 의하여 규정 제13조 제3항에 따라 퇴임하는 재판소 구성원은 그 퇴임일 이전에 구두절차를 위하여 재판소가 개정된 사건의 모든 단계의 완결까지 계속 참여할 동조 제2항의 의무를 이행해야 한다.

제34조 1. 규정 제17조 제2항의 적용에 관하여 의문이 있는 경우 또는 규정 제24조의 적용에 관하여 의견이 일치하지 않는 경우에 재판소장은 이를 재판소 구성원들에게 통보하여야 하며, 이들에 의해 그 결정이 내려진다.

2. 당사자가 앞의 1항에 정한 규정들의 적용에 관련이 있다고 판단하고 또한 재판소에 통보되지 않았다고 믿는 사실에 대해 재판소의 주의를 환기시키고자 하는 경우에 그 당사자는 그런 사실들을 서면으로 재판소장에게 친전(親展) 통지한다.

제35조 1. 당사자는 사건에 있어서 임시재판관을 선임하기 위하여 규정 제31조에 의하여 부여된 권리를 행사하려고 하는 경우에는 가능한 한 신속히 그 취지를 재판소에 통지한다. 이 경우 선임될 재판관의 성명 및 국적을 동시

에 지정하지 않았을 때에 당사자는 답변서의 제출을 위하여 정하여진 기간의 2개월 전까지 재판소에 대하여 선임된 재판관의 설명 및 국적을 통지하고 또한 간단한 경력서를 제출한다. 임시재판관은 그를 선임한 당사자 이외의 국적을 가진 자라도 무방하다.

2. 당사자는 타방당사자가 동일하게 포기하는 것을 조건으로 임시재판관의 선임을 포기하고자 하는 경우에는 재판소에 대하여 이를 통지하여야 한다. 이 경우, 재판소는 이를 타방당사자에게 통지한다. 그 후에 타방당사자가 임시재판관을 선임할 의사를 통지하거나 선임한 경우에 재판소장은 임시재판관의 선임을 포기한 당사자를 위하여 그 선임의 기간을 연장할 수 있다.

3. 임시재판관의 선임에 관한 통지의 사본은 재판소 서기가 타방당사자에게 송부한다. 재판소장은 타방당사자에 대해 이에 대한 의견을 정하는 기간 내에 제출하도록 요청한다.

4. 이에 대한 이의 또는 의문이 있는 경우, 재판소는 필요하다면 당사자의 의견을 청취한 후에 결정한다.

5. 임명을 수락한 후에 출석할 수 없게 된 임시재판관은 사임할 수 있다.

6. 임시재판관은 그 참여할 이유가 더 이상 존재하지 않는 것이 명백하게 된 경우에는 참석을 중지한다.

제36조 1. 둘 또는 그 이상의 당사자가 공통된 이해관계를 가짐으로써 하나의 당사자로 또한 재판석에 그들 중의 여하한 국적도 가진 재판소 구성원이 없다고 재판소가 인정하는 경우에 재판소는 그들 당사자가 공동으로 한 명의 임시재판관을 선임할 기간을 정한다.

2. 재판소가 공통된 이해관계가 있다고 인정한 당사자들 중의 여하한 일방이 자기에게 다른 이해관계가 존재함을 주장하거나 또는 기타의 여하한 이의를 제기한 경우, 재판소는 필요하다면 당사자들의 의견을 청취한 후 이에 대해 결정한다.

제37조 1. 당사자들 중 하나의 국적을 가진 재판소 구성원이 사건의 한 단계에 참여할 수 없거나 더 이상 참여할 수 없게 된 경우에 그 당사자는 재판소가 또는 재판소가 개정 중이 아닌 때에는 재판소장이 정하는 기한 내에 임시재판관을 선임할 권리가 있다.

2. 공통된 이해관계를 가지는 당사자들은 이들 중 하나의 국적을 가진 재판소의 구성원이 사건의 한 단계에 참여하지 못하거나 더 이상 참여할 수 없게 된 경우에 재판석에 그들 국가의 여하한 국적도 재판관을 갖지 않는 것으로 본다.

3. 당사자들 중 하나의 국적을 가진 재판소 구성원이 사건의 서면절차의 종료 전에 다시 참여할 수 있게 된 경우에 그 구성원은 다시 참석할 수 있다.

제3장 재판정의 절차

제1절 소의 제기

제38조 1. 규정 제40조 제1항에 따라 제출되는 재판신청에 의하여 소가 제기되는 경우에 그 신청(청구)은 신청(청구)의 주체, 상대 당사자 및 분쟁의 대상을 명시하여야 한다.

2. 신청(청구)에는 재판소의 관할권의 근거가 되는 법적 이유를 가능한 명확하게 기재하지 않

으면 아니된다. 신청(청구)에는
아울러 신청(청구)의 정확한 성
질을 기재하고, 또한 신청(청구)
의 기초가 되는 사실 및 이유를
간결하게 기재하여야 한다.
3. 신청(청구)의 원본에는 이를
제출하는 당사자의 대리인 또는
재판소의 소재국에 주재하는 당
사자의 외교대표 또는 그 밖의 정
당하게 수권된 자가 서명하여야
한다. 신청(청구)이 당사자의 외
교대표 이외의 자에 의하여 서명
된 경우에 그 서명은 당사자의 외
교대표 또는 신청(청구) 주체의
외무부의 권한 있는 기관에 의하
여 확인되어야 한다.
4. 재판소 서기는 신청의 인증등
본의 1통을 피고에게 즉시 송부
한다.
5. 상대국이 아직 동의를 부여하
지 않았거나 이를 분명히 하지 않
은 합의를 근거로 원고가 재판소
의 관할권을 주장하는 경우에 그
신청은 상대국에게 송부되어야
한다. 단, 상대국이 해당 사건에
대한 재판소의 관할권에 동의를
부여하지 않는 한, 그리고 동의할
때까지(unless and until), 이 신
청은 사건 총명부에 기재되어서
는 아니되며 또한 여하한 절차상
의 조치도 취해서는 아니된다.

제39조 1. 규정 제40조 제1항에
따라 부탁합의의 통고에 의하여
소가 제기되는 경우 이 통고는 당
사자들이 공동으로 또는 당사자
들 중 하나 또는 둘 이상으로서
행할 수 있다. 통고가 공동으로
행하여지지 않는 경우에 재판소
서기는 통고의 인증등본 1통을
즉시 타방당사자에게 송부한다.
2. 각 경우에 있어서 통고는 부탁
합의의 원문 또는 인증등본을 첨
부하지 않으면 아니된다. 또한 불
가합된 분쟁의 주제와 분쟁의

당사자가 명확하게 표시되지 않
은 경우에 통고는 이를 분명히 표
시하여야 한다.

제40조 1. 본 규칙 제38조 제5항
에 정한 경우를 제외하고는 소의
제기 이후에 당사자를 위한 모든
조치는 대리인이 행한다. 대리인
은 사건에 관한 모든 통지가 수령
될 수 있는 조서를 재판소 소재지
에 가지고 있어야 한다. 당사자의
대리인에게 송달된 통지는 해당
당사자에게 송달된 것으로 본다.
2. 신청에 의하여 소가 제기되는
경우에 원고의 대리인의 성명을
기재한다. 피고는 신청의 인증등
본을 수령함과 동시에 또는 그 후
가능한 한 신속하게 대리인의 성
명을 재판소에 통지한다.
3. 부탁합의의 통고에 의하여 소
가 제기되는 경우에 통고를 하는
당사자는 그 대리인의 성명을 기
재하지 않으면 아니된다. 부탁합
의의 다른 모든 당사자는 아직 그
대리인의 성명을 통지하지 않는
경우에 통고의 인증등본을 재판
소 서기로부터 수령함과 동시에
또는 가능한 한 신속하게 그 대리
인의 성명을 재판소에 통지하여
야 한다.

제41조 규정의 당사국이 아닌 국
가로서 규정 제35조 제2항에 의거
하여 안전보장이사회가 채택한
결의에 따라 행한 선언에 의하여
재판소의 관할을 수락한 국가가
소를 제기하는 경우에 있어서, 이
선언을 아직 재판소 서기에게 기
탁하지 않은 경우 이를 기탁하여
야 한다. 이러한 선언의 유효성
또는 효력에 관하여 문제가 발생
한 경우에는 재판소가 결정한다.

제42조 재판소 서기는 소를 제
기하는 신청(소장) 또는 특별합의
의 통고에 관한 사본을 (a) 국제연
합사무총장, (b) 국제연합회원국,

(c) 재판소에서 소송능력이 있는 기타 모든 국가에게 발송한다.

제43조 1. 사건의 당사자 이외의 국가가 참가하고 있는 조약의 해석이 규정 제63조 제1항에서의 문제로 되는 경우에 재판소는 그 문제에 관하여 재판소 서기에게 어떠한 지시를 할 것인가를 검토한다.

2. 공공국제기구가 당사국인 조약의 해석이 재판소에 회부된 사건의 사안인 경우, 재판소는 재판소 서기가 관련 공공국제기구에게 그런 사실을 통지해야 하는지 여부를 검토한다. 재판소 서기에 의해 통지받은 모든 공공국제기구는 사안에서 그 해석이 문제가 된 조약의 특정 조항에 대한 소견을 제출할 수 있다.

3. 만일 어떠한 공공국제기구가 자신의 소견을 제시하는 것이 이 조 제2항에 따라 적절하다고 판단하는 경우, 후속절차는 이 규칙 제69조 제2항에서 규정된 바를 따른다.

제2절 서면절차

제44조 1. 재판소는 본 규칙 제31조에 의하여 재판소장이 입수한 정보에 비추어, 특히, 소송서류의 수 및 그 제출의 순서와 기한을 결정하기 위하여 필요한 명령을 내린다.

2. 본조 제1항에 의한 명령을 내림에 있어서 절차를 부당하게 지연시키지 않는 한 당사자 간의 모든 합의를 고려하여야 한다.

3. 이해관계 있는 당사자의 요청이 있는 경우에 재판소는 그 요청에 충분한 근거가 있다고 판단하는 때에는 기한을 연장하거나 또는 정해진 기한의 만료 후에 취해지는 여하한 절차상의 조치도 유효한 것으로 인정할 수 있다. 이러한 모든 경우에 있어서 타방당사자는 그 의견을 진술한 기회가 부여되어야 한다.

4. 본조에 의하여 재판소에게 부여되는 권한은 재판소가 개정 중이 아닌 경우 재판소의 차후의 결정에 영향을 주지 않는 것을 조건으로 하여 재판소장에 의해서 행사된다. 제31조에 정한 의견의 조회 결과와 본 규칙 제45조 제2항 또는 제46조 제2항의 적용에 관하여 당사자 간의 지속적인 의견의 차이가 있음이 확인되는 경우에 이 문제를 해결하기 위하여 재판소가 소집된다.

제45조 1. 신청에 의하여 소가 제기되는 사건의 소송서류들은 원고의 준비서면, 피고의 답변서의 순서로 구성된다.

2. 재판소는 당사자가 합의하거나 또는 재판소가 직권 또는 일방당사자의 요청에 의하여 원고의 항변서 및 피고의 재항변서가 필요하다고 결정한 경우에는 이들 소송서류들의 제출을 허가하거나 또는 지시할 수 있다.

제46조 1. 부탁합의의 통고에 의하여 소가 제기되는 사건에 있어서는 소송서류(소답)의 횟수 및 순서는 재판소가 당사자의 의견을 조회한 후에 별도의 결정을 하지 않는 한 해당 합의에서 규정된 바에 따른다.

2. 부탁합의가 이에 관한 여하한 규정도 포함하고 있지 않으며 또한 당사자가 차후에 소송서류(소답)들의 횟수 및 순서에 관하여 합의에 도달하지 못한 경우에 각 당사자는 동일한 기한 내에 준비서면 및 답변서를 제출하여야 한다. 재판소는 필요하다고 인정하지 않는 한 항변서(reply) 및 재항변서(rejoinder)의 제출을 허가할 수 없다.

제47조 재판소는 둘 또는 그 이상의 사건에 있어서 소를 병합할 것을 언제라도 지시할 수 있다. 재판소는 증인의 소환을 포함한 서면 또는 구두절차를 동시에 행할 것을 지시할 수도 있다. 또한 재판소는 정식의 병합을 하지 않고 소송의 여하한 단계에 있어서도 동시의 절차를 밟을 것을 지시할 수 있다.

제48조 소송에 있어서 각 단계의 완결을 위한 기한은 일정 기간을 지정함으로써 정할 수 있으나 항상 명확한 일자를 지정하여야 한다. 이 기한은 사건의 성질이 허락하는 한 짧아야 한다.

제49조 1. 준비서면에는 신청의 원인이 되는 사실의 진술, 법률상의 진술 및 신청취지를 기재한다.
2. 답변서에는 준비서면에 기재된 사실의 승인 또는 부인, 필요한 때에는 추가의 사실을 기재하며, 아울러 준비서면 중의 법률상의 진술에 관한 의견, 그에 응답하는 법률상의 진술 및 취지를 기재한다.
3. 재판소의 허가를 얻어 제출된 항변서 및 재항변서에는 당사자의 주장이 반복되는 데 그쳐서는 아니되며 그 대립되는 쟁점이 명확하게 기재되어야 한다.
4. 모든 소송서류는 주장과는 별도로 사건의 관련 단계에 있어서의 당사자의 취지를 기재하거나 또는 이전에 행한 취지를 재확인하지 않으면 아니된다.

제50조 1. 모든 소송서류의 원본에는 그 서류에 기재된 조장을 뒷받침하기 위하여 인용한 모든 관련 서류의 사본이 첨부되어야 한다.
2. 서류를 일부만이 관계되는 경우, 해당 소송서류의 목적에 필요한 부분을 발췌하여 첨부한다. 서류 전체의 사본은 그것이 용이하게 입수될 수 있는 형태로 공표되어 있는 경우를 제외하고 서기국에 기탁한다.
3. 소송서류를 제출함에 있어 이에 첨부되는 모든 서류의 목록을 함께 제출하여야 한다.

제51조 1. 당사자들이 모든 서면절차를 재판소의 공용어 중 어느 하나로 작성할 것에 합의한 경우, 소송서류들은 오로지 그 언어로서만 제출되어야 한다. 당사자가 이러한 합의를 하지 않은 경우, 여하한 소송서류 또는 그 부분도 공용어 중 여하한 언어로도 제출할 수 있다.
2. 규정 제39조 제3항에 따라 프랑스어 또는 영어 이외의 언어를 사용할 경우에는 소송서류를 제출할 당사자가 정확하다고 인정한 프랑스어 또는 영어의 번역문을 각 소송서류의 원본에 첨부하여야 한다.
3. 소송서류의 부속서류가 재판소의 여하한 공용어에 의하여도 작성되지 않는 경우에는 소송서류를 제출할 당사자가 정확하다고 인정한 재판소의 공용어 중 하나로 된 번역문을 첨부하여야 한다. 번역문은 부속서류의 일부 또는 부속서류의 발췌에 한정될 수 있다. 이 경우에는 번역된 부분을 표시하는 설명을 첨부하여야 한다. 그러나 재판소는 서류의 다른 부분 또는 전체의 번역문을 제출하도록 요구할 수 있다.

제52조 1. 모든 소송서류의 원본은 대리인에 의해 서명되고 서기국에 제출되어야 한다. 이 원본에는 규정 제43조 제4항에 의하여 타방당사자에게 송부하기 위한 서류의 인증등본, 부속서류 및 번역문과 아울러 서기국이 요구하는 수의 사본이 첨부되어야 한다.

그러나 이 사본은 추가로 요구될 수 있다.

2. 모든 소송서류에는 일자가 기재되어야 한다. 소송서류를 일정한 기일 내에 제출하여야 하는 경우 재판소에 의해 인정되는 일자는 해당서류가 서기국에 접수된 일자로 한다.

3. 이미 제출된 서류 중의 오식은 타방당사자의 동의 또는 재판소장의 허가를 얻어 언제든지 정정될 수 있다. 이와 같은 정정은 그 정정과 관련이 있는 소송서류와 같은 방법으로 타방당사자에게 통지되어야 한다.

제53조 1. 재판소 그리고 재판소가 개정 중이 아닐 때에는 재판소장은, 당사자의 의견을 조회한 후, 재판소에서 소송능력 있는 국가로서 소송서류 및 그 부속서류의 사본을 요청하는 국가로 하여금 이를 입수할 수 있도록 언제라도 결정할 수 있다.

2. 재판소는 당사자의 의견을 조회한 후, 소송서류 및 부속서류의 사본을 구두절차의 개시 시 또는 그 개시 후에 일반에게 개방될 수 있도록 결정할 수 있다.

제3절 구두절차

제54조 1. 사건은 서면절차의 종결 즉시 변론의 단계로 들어간다. 구두절차의 개시일은 재판소가 정한다. 또한 재판소는 필요한 경우에 구두절차의 개시 또는 속행의 연기를 결정할 수 있다.

2. 재판소는 구두절차의 개시일을 정하거나 또는 연기하는 경우 본 규칙 제74조가 정한 우선순위 및 다른 사건의 긴급성을 비롯한 그 밖의 사정을 고려하여야 한다.

3. 재판소가 개정 중이 아닌 경우 본조에 의한 재판소의 권한은 재판소장이 행사한다.

제55조 재판소장은 필요하다고 인정하는 경우 규정 제22조 제1항에 따라 사건의 후속 절차의 전부 또는 일부를 재판소의 소재지 이외의 장소에서 진행할 것을 결정할 수 있다. 재판소는 그 결정을 하기 전에 당사자의 의견을 조회하여야 한다.

제56조 1. 여하한 당사자도 종결 후에는 타방당사자가 동의한 경우 또는 본조 제2항이 정하는 경우를 제외하고는 추가로 서류를 재판소에 제출할 수 없다. 새로이 서류를 제출하고자 하는 당사자는 그 서류의 원본 또는 인증등본을 서기국이 요구하는 수의 사본을 첨부하여 제출한다. 서기국은 타방당사자에게 이를 통지하여야 하며, 또한 재판소에 통보하여야 한다. 타방당사자가 이 서류의 제출에 이의를 제기하지 않는 경우에 동의하는 것으로 본다.

2. 타방당사자의 동의가 없는 때에는 재판소는 양 당사자의 의견을 청취한 후 해당 서류가 필요하다고 인정하는 경우에 그 제출을 허가할 수 있다.

3. 본조 제1항 또는 제2항에 의하여 새로이 서류가 제출되는 경우에 타방당사자는 그 서류에 대하여 의견을 진술하고 또한 이를 뒷받침하기 위한 서류를 제출할 기회를 부여받는다.

4. 규정 제43조 또는 본조에 따라 제출된 것이 아닌 서류의 내용은 그 서류가 용이하게 입수될 수 있는 간행물의 일부가 아닌 한 구두절차 중에 언급될 수 없다.

5. 본조의 규정의 적용은 그 자체로서 구두절차의 개시 또는 그 속행을 지연시키는 근거가 될 수 없다.

제57조 각 당사국은 서류의 제출에 관한 본 규칙의 규정에 반하지 않는 범위 내에서 그 제출하려

고 하는 증거 또는 재판소에 대하여 입수를 요청하고자 하는 증거에 관한 정보를 구두절차의 개시 전에 충분한 시간의 여유를 가지고 재판소 서기에게 통지하여야 한다. 이 통지에는 당사자가 그 출정시키고자 하는 증인 및 감정인의 성명, 국적, 경력 및 주소를 기재하며 또한 그 증언의 목적인 논점을 요지에 기재한다. 아울러 타방당사자에 대한 송부를 위하여 통지의 사본 1통을 제출하여야 한다.

제58조 1. 재판소는 당사자가 변론을 증거의 제출 전에 행하여야 하는가 또는 그 제출 후에 행하여야 하는가를 결정한다. 단, 당사자는 제출된 증거에 관하여 의견을 진술할 권리를 갖는다.

2. 당사자의 변론순서, 증거의 제출방법 및 증인과 감정인의 심문방법 및 각 당사자를 위하여 변론하는 법률고문과 변호인의 수는 본 규칙 제31조에 따라 당사자의 의견을 조회한 후 재판소가 결정한다.

제59조 재판소에서의 변론은 재판소가 별도의 결정을 한 경우 또는 양 당사자가 이를 공개하지 않을 것을 요구하는 경우를 제외하고는 공개한다. 이 결정 또는 요구는 변론의 전부 또는 일부의 여하한 것에 대해서도 또한 언제라도 행할 수 있다.

제60조 1. 각 당사자를 위하여 행해지는 구두진술은 변론에 있어서 해당 당사자의 주장을 적절히 제시하기 위하여 필요로 하는 범위 내에서 가능한 한 간결하여야 한다. 따라서 구두진술은 당사자의 의견이 대립되는 쟁점에 대한 것이어야 하며, 소송서류에서 다루어진 사항 전반에 대해 언급하거나 또는 해당 서류에 기재된

사실 및 주장을 단순히 반복하는 것이어서는 안된다.

2. 구두절차 중 당사자에 의해 제출되는 최종진술을 마침에 있어서 대리인은 그 주장의 요점을 반복함이 없이 해당 당사자의 최종취지를 낭독하여야 한다. 대리인이 서명한 서류의 사본은 재판소에 제출되고 또한 타방의 당사자에게 송부되어야 한다.

제61조 1. 재판소는 변론 전 또는 변론 중에도 재판소가 특히 당사자에 대해 특별한 검토를 희망하거나 또는 충분한 논의가 있었다고 판단하는 쟁점 또는 문제점들을 지적할 수 있다.

2. 재판소는 변론 중에 대리인, 법률고문 및 변호인에게 질문을 하거나 설명을 요구할 수 있다.

3. 각 재판관은 질문을 할 권리를 가진다. 그러나 각 재판관은 이 권리를 행사하기 전에 규정 제45조에 의하여 변론의 통제를 책임지는 재판소장에게 그 의도를 알려야 한다.

4. 대리인, 법률고문 및 변호인은 즉시 또는 재판소장이 정하는 기간 내에 답할 수 있다.

제62조 1. 재판소는 당사자들에 대해 쟁점으로 되어 있는 모든 문제를 명백히 하기 위하여 재판소가 필요하다고 판단하는 증거를 제출하거나, 설명할 것을 언제든지 요구할 수 있으며, 이 목적을 위하여 그 외의 정보를 스스로 수집할 수 있다.

2. 재판소는 절차 중 필요한 경우에 증인 또는 감정인으로 하여금 진술을 하도록 할 수 있다.

제63조 1. 당사자들은 본 규칙 제57조에 따라 재판소에 통지된 명부에 기재되어 있는 증인 또는 감정인을 소환할 수 있다. 변론 중 여하한 시기에도 일방의 당사

자가 앞의 명부에 그 성명이 기재되어 있지 않은 증인 또는 감정인의 소환을 희망하는 경우에 그 당사자는 재판소 및 타방당사자에게 이를 통보하고 또한 본 규칙 제57조가 요구하는 정보를 통지하여야 한다. 그 증인 또는 감정인은 타방당사자가 이의를 제기하지 않거나 또는 그 증언이 그 사건과의 관련성을 입증할 수 있다는 것을 재판소가 확인한다면 소환될 수 있다.

2. 재판소 또는 재판소가 개정 중이 아닐 때에는 재판소장은 일반의 당사자의 요청에 의하여 또는 독자적으로 재판소 이외의 장소에서 증인의 심문을 행하기 위해 필요한 조치를 취하여야 한다.

제64조 특별한 사정에 의하여 재판소가 다른 형식을 결정하는 경우를 제외하고

(a) 각 증인은 증언에 앞서 다음의 선서를 하여야 한다. : 「나는 모든 진실을 진실대로 말하고 진실 이외의 여하한 것도 말하지 아니할 것을 나의 명예와 양심에 따라 엄숙히 선서한다.」

(b) 모든 감정인은 진술을 하기 전에 다음과 같은 선서를 해야만 한다. : 「나는 모든 진실을 진실대로 말하고, 진실 이외의 여하한 것도 말하지 아니할 것이고, 나의 진술은 나의 성실한 믿음에 상응하고 있음을 나의 명예와 양심에 따라 엄숙히 선서한다.」

제65조 증인 및 감정인은 재판소장의 통제하에 당사자의 대리인, 법률고문 또는 변호인의 심문을 받는다. 증인 및 감정인은 재판소장과 재판관들로부터 질문을 받는다. 증인은 증언을 하기 전에 법정 외의 장소에 있어야 한다.

제66조 재판소는 독자적으로 또는 일방당사자의 요청에 따라 당사자들의 의견을 조회한 후 재판소가 정하는 조건에 의하여 사건에 관계되는 장소에서 증거 수집과 관련된 직무를 수행할 것을 언제라도 결정할 수 있다. 이를 위하여 필요한 조치는 규정 제44조에 따라 취하여진다.

제67조 1. 재판소는 조사 또는 감정이 필요하다고 판단하는 경우에 당사자들의 의견을 청취한 후 이를 위한 명령을 내린다. 이 명령에는 조사 또는 감정의 목적을 명시하며 조사인과 감정인의 수 및 임명방법, 그리고 그 절차를 지정하여야 한다. 필요한 경우에 재판소는 조사인과 감정인으로 하여금 엄숙한 선서를 하도록 할 수 있다.

2. 조사와 관련된 보고 또는 의사록 및 감정의견은 모든 당사자들에게 통지되어야 하며, 당사자들은 이에 대하여 진술할 기회가 보여진다.

제68조 본 규칙 제62조 제2항 의하여 재판소의 소환에 의하여 출두하는 증인과 감정인 및 제67조 제1항에 의하여 조사인 또는 감정인으로 임명된 자에 대해서 지급되는 수당은 필요한 경우 재판소의 자금에서 지출된다.

제69조 1. 재판소는 구두절차의 종료 이전의 여하한 시기에도 독자적으로 또는 본 규칙 제57조가 규정하는 통지를 받은 일방당사자의 요청에 따라 규정 제34조에 의하여 공공국제기구에 대하여 재판소에 부탁된 사건과 관련되는 정보를 제공할 수 있도록 요청할 수 있다. 재판소는 해당 국제기구의 장과 협의한 후 이 정보가 구두로 제출되어야 하는가 또는 서면으로 제출되어야 하는가의

문제 및 그 제출기한을 결정한다.
2. 공공국제기구는 재판소에 부탁된 사건과 관련하여 자발적으로 정보를 제공하는 것이 필요하다고 판단하는 경우에 이를 진술서의 형식으로 서면절차의 종결 전에 서기국에 제출하여야 한다. 재판소는 국제기구에 대해서 그러한 정보와 관련하여 그 스스로 필요하다고 판단하는 모든 질문에 대하여 구두 또는 서면의 답변 형식으로 이를 보충할 것을 요구하거나 또는 당사자로 하여금 이와 같이 제출된 정보에 관하여 구두 또는 서면에 의하여 의견을 진술할 것을 허가할 권리를 가진다.
3. 재판소 서기는 규정 제34조 제3항이 정하는 경우에 재판소 또는 재판소가 개정 중이 아닐 경우 재판소장의 지시에 따라 동항에 규정된 절차를 따른다. 재판소 또는 재판소가 개정 중이 아닐 경우 재판소장은 재판소 서기가 서면절차의 사본을 송부한 날짜의 이후 또는 공공국제기구의 장과 협의 후에 해당 기관이 그 견해를 서면으로 재판소에 제출할 기한을 정한다. 이 견해는 당사자들에게 송부되어야 하며, 당사자들 및 앞서 말한 기구의 대표자는 구두절차중에 이에 관하여 토의할 수 있다.
4. 전 각 항의 공공국제기구(public international organization)라 함은 국가들에 의하여 구성되는 국제기구(정부 간 국제기구)를 말한다.

제70조 1. 재판소에 의한 반대의 결정이 없는 한 변론에 있어서 재판소의 공용어 중 하나로 행하여진 발언과 진술 및 증언은 타의 공용어로 통역된다. 이들이 다른 언어로 행하여진 경우에는 두 개의 재판소 공용어로 통역된다.

2. 규정 제39조 제3항에 의해 불어와 영어 이외의 언어가 사용되는 경우에 두 개의 공용어 중 하나로의 통역을 위한 조치는 관계 당사자에 의해 취해진다. 단, 재판소 서기는 당사자를 위해 행하여진 증언에 대해 당사자가 제공한 통역의 검증을 위해 필요한 조치를 취한다. 재판소에 의해 소환되어 출두하는 증인 또는 감정인의 경우에 그 통역을 위한 조치는 재판소 서기에 의해 취해진다.
3. 자기를 위한 발언, 진술 또는 증거가 재판소의 공용어가 아닌 언어로 행하여지지 않은 경우에 해당 당사자는 재판소 서기가 필요한 조치를 취할 수 있도록 충분한 시간을 두고 이를 그에게 통보하여야 한다.
4. 당사자가 선임한 통역자는 사건의 통역에 앞서 공개된 법정에서 다음과 같이 선서를 하여야 한다. : 「나는 나의 통역이 충실하고 완전한 통역임을 나의 명예와 양심을 걸고 엄숙히 선서한다.」

제71조 1. 재판소 서기는 변론 중 사용된 재판소의 공용어로 각 변론의 의사기록을 작성하여야 한다. 사용된 언어가 재판소의 공용어가 아닌 경우에 의사기록은 그 공용어 중 하나로 작성되어야 한다.
2. 발언 또는 진술이 재판소의 공용어 이외의 언어로 행하여지는 경우에 그 당사자는 사전에 그 발언 또는 진술의 내용을 공용어 중 하나로 작성하여 서기국에 제출하여야 하며 이는 의사기록의 해당 부분을 구성한다.
3. 의사기록의 원본은 그 서두에 출석 재판관의 성명과 당사자의 대리인, 법률고문 및 변호인의 성명을 기재한다.

4. 이 원본의 사본은 사건에 참여한 재판관 및 당사자에게 배부된다. 당사자는 재판소의 감독하에 자기를 위하여 행하여진 발언 및 진술의 원본을 정정할 수 있다. 그러나 여하한 경우에도 이러한 정정은 판단과 이로 인한 결과에 영향을 미쳐서는 아니된다. 재판관도 같은 방법으로 그가 한 발언의 원본을 정정할 수 있다.

5. 증인 및 감정인은 의사기록의 내용 중 그가 행한 증언 또는 진술에 관련된 부분을 열람할 수 있으며 또한 당사자도 같은 방법으로 그 원본을 정정할 수 있다.

6. 재판소장 및 재판소 서기가 서명한 정정된 확정원본의 인증사본 1통을 규정 제47조에 있어서의 공판정의 정식 의사기록으로 한다. 공개변론의 의사기록은 재판소가 인쇄하고 공표한다.

제72조 본 규칙 제61조에 따라 행하여진 질문에 대한 일반의 당사자의 서면 답변 또는 제62조에 따라 일방의 당사자가 제출한 증거 또는 설명이 구두절차의 종결 후에 재판소가 수령한 것은 타방당사자에게 통보되어야 하며, 타방당사자는 이에 관하여 의견을 진술하는 기회가 부여되어야 한다. 필요할 경우에는 그 목적을 위하여 구두절차가 개시될 수 있다.

제4장 부수적 절차

제1절 가보존조치

제73조 1. 잠정조치는 그 요청에 관계된 사건의 절차 중 언제라도 일방당사자의 서면 요청에 의하여 지시될 수 있다.

2. 이 요청에는 그 이유, 요청이 기각되는 경우에 발생하는 결과 및 요청하는 조치를 명시하여야 한다. 재판소 서기는 요청의 인증등본 1통을 즉시 타방당사자에게 송부한다.

제74조 1. 감정조치 지시의 요청은 타의 모든 사건에 우선한다.

2. 이 요청이 있을 때에 재판소가 개정 중이 아닌 경우에는 재판소는 긴급사항으로서 이 요청에 관한 결정의 절차를 밟기 위하여 즉시 소집된다.

3. 재판소 또는 재판소가 개정 중이 아닐 때에 재판소장은 양 당사자에게 진술의 기회를 주기 위해 변론의 기일을 정하여야 한다. 재판소는 이 구두절차의 종결 전에 제출되는 모든 의견을 수리하고 고려하여야 한다.

4. 재판소의 심리 중에 재판소장은 잠정조치의 요청에 대하여 내려질 수 있는 여하한의 명령이 적절한 효과를 가질 수 있도록 행동할 것을 양 당사자에 대하여 요청할 수 있다.

제75조 1. 재판소는 독자적으로 언제라도 사건의 상황이 일방 또는 모든 당사자에 의해 취해지거나 이행되어야 하는 잠정조치의 지시를 필요로 하는가의 여부를 검토할 것을 결정할 수 있다.

2. 잠정조치의 요청이 있는 경우에 재판소는 요청된 잠정조치와는 전체적으로 또는 부분적으로 상이하거나 또는 잠정조치를 요청한 당사자 자신이 취하거나 이행하여야 할 조치를 지시할 수 있다.

3. 잠정조치 지시의 요청의 기각은 그 요청을 행한 당사자가 동일한 사건에 있어서 새로운 사실에 입각한 새로운 요청을 하는 것을 방해하지 않는다.

제76조 1. 일방당사자의 요청으로 혹은 자발적으로 재판소는 사정의 변경에 의하여 잠정조치에 관한 결정을 철회 또는 수정하는 것이 정당하다고 판단하는 경우

에는 사건의 <u>최종판결 전의 여하한 시기</u>에도 그러한 조치를 철회 또는 수정할 수 있다.
2. 이 철회 또는 수정을 제의하는 당사자의 모든 요청은 관계있다고 판단되는 사정의 변경을 명시하여야 한다.
3. 재판소는 본조 제1항에 따라 결정을 하기 전에 당사자에 대하여 이 문제에 관하여 자기의 의견을 제출할 기회를 부여하여야 한다.

제77조 본 규칙 제73조 및 제74조에 의하여 재판소가 지시하는 어떤 조치 및 본 규칙 제76조 제1항에 의하여 재판소가 내리는 어떤 결정은 규정 제41조 제1항에 따라 안전보장이사회에 통고하기 위하여 국제연합사무총장에게 통보되어야 한다.

제78조 재판소는 재판소가 지시한 잠정조치의 이행에 관한 모든 문제에 대하여 당사자로부터 정보를 요구할 수 있다.

제2절 선결적 항변

제79조 1. 재판소의 '<u>관할권</u>' (jurisdiction) 또는 '<u>청구의 허용성</u>'(admissibility)에 대한 피청구국(the respondent)의 어떠한 항변도, 또는 <u>본안에 대한 어떠한 추가적 소송진행 전에 그 결정이 요구되는(the decision upon which is required) 어떠한 항변(other objection)</u>도 가능한 한 신속히, 그리고 원고의 진술서가 전달된 후 '<u>3개월 이내에</u>' 서면으로 제기되어야 한다. <u>피청구국 이외의 당사국</u>이 제기하는 어떠한 그러한 항변은 그 당사자의 <u>제1소답 전 달시한 내에 제출</u>된다.
2. 1항에도 불구하고, 신청서가 제출된 후에 그리고 재판소장이 당사자들을 만나서 협의한 후, 재

판소는 <u>재판 관할권과 청구의 허용성에 관한 어떠한 문제라도 개별적으로(separately) 재판하기로 결정</u>할 수 있다.
3. 재판소가 그렇게 결정한 경우, 당사자들은 재판소가 설정한 시한 내에 그리고 제45조 1항에도 불구하고 <u>재판소에 의해 종결되기 위해 관할권과 (소의) 허용성에 관한 여하간의 소답(pleadings)을 제기</u>한다.
4. 선결적 항변은 항변의 근거가 되는 사실과 법, 취지 및 이를 뒷받침할 서류의 목록을 기재하며, 또한 당해 당사자가 제출을 희망하는 증거를 기재한다. 그리고 이를 뒷받침할 서류의 사본을 첨부한다.
5. <u>선결적 항변이 서기국에 수령됨과 동시에 본안 절차는 정지되</u>며 재판소 또는 재판소가 개정 중이 아닐 경우 재판소 소장은 다른 한쪽 당사자가 그 의견 및 취지에 대하여 서면에 의한 진술을 제출할 기한을 정한다. 이 서면에는 이를 뒷받침할 서류가 첨부되어야 하며, 제출하고자 하는 증거를 제시한다.
6. 재판소가 달리 결정을 내리지 않는 한, 항변에 관한 추후 절차는 <u>구두</u>에 의한다.
7. 본조 4항 및 5항에서 말하는 소송서류에 있어서의 사실 및 법의 진술 그리고 6항이 예정하고 있는 변론에서 제출되는 진술 및 증거는 항변에 관련된 사항에 국한되어야 한다.
8. 재판소는 소송의 예비단계에서 <u>재판소의 관할권을 결정할 수 있도록</u> 필요한 경우에는 언제라도 양 당사자에게 법 및 사실에 관한 모든 문제를 토론하고 또한 쟁점에 관한 모든 증거를 제시할 것을 요구할 수 있다.

9. 재판소는 당사자의 의견을 청취한 후 <u>판결의 형식으로 결정 (decision in the form of a judgement)</u>을 내린다. 재판소는 이 결정에 의해 항변을 <u>수용하거나 (uphold)</u> 또는 기각하거나(reject) 사건의 상황에 비추어 항변이 <u>전적으로(exclusively) 선결적 성격 (preliminary character)을 갖지 않음</u>을 선언한다. 재판소가 항변을 기각하거나 그것이 전적으로 선결적 항변을 갖지 않음을 선언하는 경우, 절차의 속행을 위한 기한을 정한다.

10. <u>재판소는 본조 1항에 따라 제기된 항변을 본안의 테두리 내에서 청취하고 결정하기 위한 당사자 간의 모든 합의를 유효한 것으로 한다.</u>

Subsection 2. Preliminary Objections

Article 79* [1]

1. Following the submission of the application and after the President has met and consulted with the parties, the Court may decide, *if the circumstances so warrant,* that questions concerning its jurisdiction or the admissibility of the application shall be determined separately.

2. Where the Court so decides, the parties shall submit pleadings *concerning* jurisdiction or admissibility within the time-limits fixed, and in the order determined, by the Court. *Each pleading shall contain the party's observations and submissions, including any evidence on which it relies, and shall attach copies of supporting documents.*

Article 79 *bis*[2]

1. *When the Court has not taken any decision under Article 79,* an objection by the respondent

---

1) * Amendment entered into force on 1 February 2001; subsequent amendment entered into force on 21 October 2019; <u>재판소 자신이 확인하는 선결 '문제'(preliminary questions)를 다룸.</u>

2) * Amendment entered into force on 21 October 2019; <u>사건의 어느 당사자가 제출하는 선결적 항변 (preliminary objections)를 다룸.</u>

to the jurisdiction of the Court or to the admissibility of the application, or other objection the decision upon which is requested before any further proceedings on the merits, shall be made in writing as soon as possible, and not later than three months after the delivery of the Memorial. Any such objection made by a party other than the respondent shall be filed within the time-limit fixed for the delivery of that party's first pleading.

2. The preliminary objection shall set out the facts and the law on which the objection is based, the submissions and a list of the documents in support; it shall include any evidence *on which the party relies.* Copies of the supporting documents shall be attached.

3. Upon receipt by the Registry of a preliminary objection, the proceedings on the merits shall be suspended and the Court, or the President if the Court is not sitting, shall fix the time-limit for *the presentation by the other party of* a written statement of its observations and submissions, which shall include any evidence *on which the party relies. Copies of the* supporting documents shall be attached.

4. The Court shall give effect to any agreement between the parties that an objection submitted under paragraph 1 be heard and determined within the framework of the merits.

———————

Article 79 *ter**3)

1. *Pleadings with respect to preliminary questions, or objections filed pursuant to Article 79, paragraph 2, or Article 79bis, paragraphs 1 and 3,* shall be confined to those matters that are relevant to *the preliminary questions or objections.*

2. Unless otherwise decided by the Court, the further proceedings shall be oral.

3. The Court, whenever necessary, may request the parties to argue all questions of law and fact, and to adduce all evidence, which bear on the *preliminary questions or objections.*

4. After hearing the parties, the Court *shall decide upon a preliminary question or uphold or* reject a preliminary objection. *The Court may however* declare that, in the circumstances of the case, a question or objection does not possess an exclusively preliminary character.

5. The Court shall give its decision in the form of a judgment. *If the judgment does not dispose of the case,* the Court shall fix time-limits for the further proceedings.

———————

3) * Amendment entered into force on 21 October 2019 ; 재판소 자신이 확인하는 선결 '문제'와 사건의 어느 당사자가 제출하는 선결적 '항변'의 경우 모두에 적용되는 일반적 절차적 쟁점에 관련된 사항임.

제3절 반소

제80조 1. 재판소는 반소가 재판소의 관할권 내에 들고 타방당사자의 청구의 주제와 직접적 관련이(directly connected) 있는 경우에만 수락될 수 있다.

2. 반소는 답변서에서 이루어져야 하며 그리고 그에 포함되어 있는 취지의 일부로 나타나야 한다. 반소에 대해 문서로 타 당사국의 견해를 제출할 권리는, 추가적인 소답에서, 재판소의 어떤 결정과도 무관하게 추가적인 소답 문서를 제기하는 것에 관한 규칙 제45조 2항에 의거하여 유보된다.

3. 1항의 적용에 관한 반대가 제기되는 경우 또는 재판소가 필요하다고 간주할 때마다 당사자들의 의견을 들은 이후 바로 그에 관한 결정을 한다.

제4절 소송참가

제81조 1. 규정 제62조에 의거한 소송참가의 허가를 요하는 신청은 본 규칙 제38조 제3항에 정한 방법으로 서명되어야 하며 가능한 한 신속하게 서면절차의 종결 이전에 제출되어야 한다. 단, 특별한 사정이 있는 경우에는 그 후의 단계에 제출된 신청도 수락될 수 있다.

2. 신청에는 대리인의 성명을 기재한다. 이 신청에는 관계사실을 명시하고 다음의 사항을 기재한다.

(a) 소송참가를 신청하는 국가가 그 사건의 재판에 의하여 영향을 받는다고 생각하는 법적 성질의 이해관계:

(b) 소송참가의 명확한 목적:

(c) 소송참가를 신청하는 국가가 자기와 사건 당사자들 간에 존재한다고 주장하는 관할권의 일체의 기초:

3. 이 신청에 첨부되는 원용된 서류의 목록이 포함되어야 한다.

제82조 1. 규정 제63조에 규정된 소송참가의 권리를 행사하고자 하는 국가는 이를 위하여 본 규칙 제38조 제3항이 정하는 바에 따라 서명된 그런 취지의 선언을 제출하여야 한다. 이러한 선언은 가능한 한 신속하게 그리고 구두절차의 개시일 이전에 제출되어야 한다. 단, 특별한 사정이 있는 경우에 그 후에 제출된 선언도 수락될 수 있다.

2. 이 선언에는 대리인의 성명을 기재한다. 이 선언에는 사건과 이에 관련된 조약을 명시하고 아울러 다음의 사항을 포함하여야 한다:

(a) 선언을 제출하는 국가가 스스로 조약의 당사국이라고 판단하는 상세한 근거:

(b) 그 해석이 문제된다고 판단하는 특정 조약의 규정:

(c) 그 조약규정이 주장하고 있는 규정의 해석에 관한 진술:

(d) 첨부되어진 원용된 서류의 목록:

3. 이 선언서는 해석이 문제되어 있는 조약의 당사국이라고 스스로 판단하는 국가로서 규정 제63조에 정하는 통고를 받지 않는 국가도 제출할 수 있다.

제83조 1. 규정 제62조에 규정된 소송참가의 허가를 위한 신청 및 규정 제63조에 규정된 소송참가의 선언서의 인증등본은 즉시 사건의 당사국들에게 송부되어야 한다. 이들은 재판소 또는 재판소가 개정중이 아닌 경우 재판소장이 정하는 기한 내에 자기의 의견을 서면으로 제출하도록 요청된다.

2. 재판소 서기는 다음의 사본을 (a) 국제연합사무총장, (b) 국제연합가맹국, (c) 재판소에서 소송능력이 있는 그 밖의 국가 및 (d) 규정

제63조에 의거하여 통지를 받은 그 밖의 국가에게 송부하여야 한다.

제84조 1. 재판소는 사건의 상황을 고려하여 별도의 결정을 하지 않는 한 규정 제62조에 의거한 소송참가의 허가 신청을 받아들일 것인가 그리고 규정 제63조에 의거한 소송참가를 인정할 것인가를 우선적으로 결정한다.

2. 본 규칙 제83조에 따라 정해진 기간 내에 소송참가의 허가신청 또는 소송참가 선언서의 수락에 대하여 이의가 있는 경우에 재판소는 결정을 하기 전에 참가를 희망하는 국가 및 양 당사자의 의견을 청취하여야 한다.

제85조 1. 규정 제62조에 의한 소송참가 허가의 요청이 받아들여진 경우에 참가하는 국가는 소송 서류 및 부속서류의 사본을 제공받으며 또한 재판소가 정하는 기간 내에 서면에 의한 진술을 제출할 수 있다. 이 진술과 관련하여 당사자가 구두절차 이전에서 면으로 의견제출을 희망하는 경우에 재판소는 이를 위한 별도의 기한을 정한다. 재판소가 개정 중이 아닐 때에는 이들의 기한은 재판소장이 정한다.

2. 전항에 따라 정하여진 기한은 가능한 한 이미 해당사건의 소송서류에 관하여 정하여진 기한과 일치되어야 한다.

3. 소송에 참가하는 국가는 구두절차 중에 그 참가의 취지와 관련하여 그 의견을 제출할 수 있다.

제86조 1. 규정 제63조에 의한 소송참가가 인정된 경우에 참가하는 국가는 소송서류 및 부속서류의 사본을 제공받으며 재판소 또는 재판소가 개정 중이 아닐 경우에 재판소장이 정한 기한 내에 소송참가의 취지와 관련하여 의견을 서면으로 제출할 수 있다.

2. 이러한 의견은 당사자 및 소송참가를 인정받은 모든 국가에게 통지된다. 소송에 참가하는 국가는 구두소송절차 중에 소송참가의 물적관할에 관하여 의견을 서면으로 제출할 수 있는 권리가 있다.

제5절 재판소에 대한 특별부탁

제87조 1. 발효 중인 조약 또는 협약에 상응하여 다른 국제적 실체에서의 소송절차 사항이었던 문제에 관하여 본 재판소에 계쟁사건이 제기된 경우에 계쟁사건을 규율하는 규정 및 규칙의 규정이 적용된다.

2. 재판신청에는 관계 국제적 실체의 결정 또는 명령을 명시하고 그 사본을 첨부한다. 이 신청에는 이전의 결정 또는 명령에 관하여 발생하여 재판소에 부탁되는 분쟁의 주제를 구성하는 문제를 명확히 기재한다.

제6절 소의 취하 (Discontinuance)

제88조 1. 본안에 관한 최종판결이 내려지기 전에 당사자들이 소의 취하에 합의한 사실을 공동 또는 단독으로 서면에 의해 재판소에 통보한 경우에 재판소는 소의 취하를 인정함과 아울러 해당사건을 사건명부에서 삭제할 것을 지시하는 명령을 내린다.

2. 당사자가 화해에 도달함으로써 소의 취하에 합의한 경우 당사자가 희망한다면 재판소는 사건명부에서 해당 사건을 삭제하는 명령에서 이 사실을 인정하고 그 명령 또는 부속서류에 화해조건을 기록한다.

3. 재판소가 개정 중이 아닐 때에는 본조에 의한 명령은 재판소장이 내린다.

제89조 1. 신청에 의하여 개시된 절차 중에 원고가 절차를 계속하지 않을 것을 재판소가 서면으로 통보하고, 그 통보가 서기국에 접수된 일자까지 피고가 아직 그 절차에 있어 여하한 조치도 취하지 않은 경우에 재판소는 소의 취하를 공식으로 인정함과 아울러 해당 사건을 사건명부에서 삭제할 것을 지시하는 명령을 내린다. 재판소 서기는 이 명령의 사본을 피고에게 송부한다.

2. 소의 취하의 통보가 접수된 때에 피고가 이미 그 절차에 있어서 어떠한 조치를 취하였을 경우에 재판소는 피고에게 소의 취하에 이의가 있는지의 여부를 진술할 기한을 정한다. 그 기한의 종료까지 소의 취하에 이의가 있는지의 여부를 진술할 기한을 정한다. 그 기한의 종료까지 소의 취하에 관하여 이의가 없을 때에는 이것이 묵인된 것으로 간주되며 재판소는 소의 취하를 공식으로 인정함과 아울러 해당 사건을 사건명부에서 삭제할 것을 지시하는 명령을 발한다. 이의의 신청이 있을 경우에 절차를 속행한다.

3. 재판소가 개정 중이 아닐 때에는 본조에 의한 재판소의 권한은 재판소장이 행사한다.

제5장 소재판부의 절차

제90조 규정 제26조 및 제29조에 규정된 소재판부의 절차는 규정 및 본 규칙의 소재판부에 관한 규정에 따를 것을 조건으로 하여 재판소에 부탁된 계쟁사건에 적용되는 본 규칙의 제1부에서 제3부까지의 규정에 의하여 규율된다.

제91조 1. 사건을 규정 제26조 제1항 또는 제29조에 따라 설치되는 소재판부 중 하나에 부탁하고자 하는 경우에 이를 위한 요청은 재판신청서에 기재되거나 또는 이에 첨부되어야 한다. 양 당사자가 합의하는 경우에 이러한 요청은 받아들여질 수 있다.

2. 재판소장은 서기국에 그 요청이 접수됨과 동시에 이를 해당 소재판부의 재판관에게 통보한다. 재판소장은 규정 제31조 제4항의 규정을 적용하기 위한 필요한 조치를 취한다.

3. 재판소장은 절차상의 요건에 양립하는 가장 빠른 일자에 소재판부를 소집한다.

제92조 1. 소재판부에 부탁된 사건에 있어서 서면절차는 양 당사자에 의한 각 한 통의 서류의 제출로서 이루어진다. 신청에 의해 소가 제기되는 경우 소송서류는 연속적인 기한 내에 제출된다. 특별합의의 통지에 의하여 소가 제기되는 경우에 소송서류는 당사자가 소송서류의 연속적인 제출에 있어서 합의하지 않는 한 동일한 기한 내에 제출된다. 본항의 기한은 재판소 또는 재판소가 개정 중이 아닐 때에는 재판소장이 소재판부가 이미 구성되어 있는 경우에는 이와 협의하여 정한다.

2. 그 이상의 소송서류가 필요하다고 당사자가 합의하거나 또는 소재판부가 독자적으로 또는 일방당사자의 요청에 의해 이를 결정하는 경우 소재판부는 이러한 소송서류의 제출을 허가하거나 지시할 수 있다.

3. 당사자가 합의하지 않거나 소재판부가 등장하지 않는 한 구두절차는 진행된다. 구두절차가 생략되는 경우에도 소재판부는 당사자에 대하여 구두로서 정보를 제공하거나 설명을 하도록 요청할 수 있다.

제93조 소재판부의 판결은 해당 소재판부의 공개 법정에서 낭독된다.

제6장 판결, 해석 및 재심

제1절 판 결

제94조 1. 재판소는 심리를 완결하고 판결을 채택한 때에는 당사자에게 판결을 낭독할 일자를 통지한다.

2. 판결은 재판소의 공개법정에서 낭독되어야 한다. 재판소는 건강, 안보 혹은 다른 강력한 이유로 인해 판결이 비디오 링크에 의해 당사국들이나 공공에 접근 가능한 재판소에서 판결이 낭독되어야 함을 결정할 수 있다. 낭독된 일자로부터 당사자에게 구속력을 갖는다.

제95조 1. 판결은 이것이 재판소에 의하여 내려진 것인가 또는 소재판부에 의해 내려진 것인가를 명시하여야 하며 다음 사항을 포함하여야 한다 :

판결을 낭독한 일자 :
판결에 참여한 재판관의 설명 :
당사자의 표시 :
당사자의 대리인, 보조인 및 변호인의 성명 :
절차의 요약 :
당사자의 신청사실의 설명 :
법률상의 이유 :
판결주문 :
필요한 경우 비용에 관한 결정 :
결정에 있어서 과반수를 구성하는 재판관의 수 및 성명 :
판결문의 정본 표시

2. 여하한 재판관도 다수의견의 반대 여부에 관계없이 희망한다면 자기의 개별적 의견을 판결에 첨부할 수 있다. 이유에 대한 설명 없이 동의 또는 반대를 표시하고자 하는 재판관은 선언의 형식으로 이를 행할 수 있다. 이는 재판소의 명령에 대해서도 적용된다.

3. 정식으로 서명 날인된 판결의 한 통은 재판소의 문서보관서에 보관되며 또한 각 당사자에게 한 통씩 교부된다. 재판소 서기는 판결의 등본을 (a) 국제연합사무총장, (b) 국제연합회원국 및 (c) 재판소에 소송능력이 있는 기타 모든 국가에게 송부한다.

제96조 당사자의 합의에 의하여 구두절차 및 서면절차가 재판소의 두 개 공용어 중 하나로 이루어지고 또한 규정 제39조 제1항에 따라 그 공용어로 내려졌을 경우에는 그 용어로 작성된 판결문을 정본으로 한다.

제97조 재판소가 규정 제64조에 의하여 일방당사자의 소송비용의 전액 또는 일부를 타방의 당사자가 지불할 것을 결정한 경우에 재판소는 이를 위한 명령을 내릴 수 있다.

제2절 판결의 해석 또는 재심의 요청

제98조 1. 판결의 의의 또는 범위에 대하여 분쟁이 있을 경우에는 원 절차가 신청에 의하여 개시되었는지 또는 특별협정에 의하여 개시되었는지를 불문하고 어느 당사자도 판결의 해석을 요청할 수도 있다.

2. 판결의 해석은 신청에 의하여 또는 당사자 간의 특별협정의 통고에 의하여 요청할 수 있다. 이 신청 또는 특별협정의 통고에는 판결의 의의 또는 범위에 관한 쟁점이 명시되어야 한다.

3. 해석의 요청이 신청에 의하여 이루어질 경우에 요청 당사자의 주장은 그 신청서에 기재되어야 하며, 타방의 당사자는 재판소 또는 재판소가 개정 중이 아닐 경우 재판소장이 정하는 기간 내에 서면으로 의견을 제출할 수 있다.

4. 해석의 요청이 신청에 의하여 행하여졌는가 또는 특별협정의 통고에 의하여 행하여졌는가를 불문하고 재판소는 필요한 경우에 당사자들에게 서면 또는 구두로 추가설명을 제공할 기회를 부여할 수도 있다.

제99조 1. 판결의 재심요청은 신청에 의하여 이루어지고 이 신청서에는 규정 제61조에서 정한 조건이 충족되었음을 표시하기 위하여 필요한 상세한 사항들을 포함하여야 한다. 원용서류는 신청에 첨부되어야 한다.
2. 타방당사자는 재판소 또는 재판소가 개정 중이 아닐 경우에 재판소장이 정한 기간 내에 신청의 수락가능성에 관하여 서면으로 의견을 제출할 수 있다. 이 의견은 신청을 제출한 당사자에게 통보되어야 한다.
3. 재판소는 신청의 수락가능성에 대한 판결을 내리기 전에 이에 대하여 의견을 제출할 기회를 당사자에게 재차 부여할 수 있다.
4. 재판소는 신청이 수락될 수 있음을 선언한 경우에 당사자의 의견을 조회한 후 요청의 본안에 대하여 필요하다고 인정하는 추후 절차의 기간을 정한다.
5. 재판소는 판결의 선이행을 조건으로 재심절차를 개시할 것을 결정할 경우에는 이를 위한 명령을 내린다.

제100조 1. 재심 또는 해석되어야 하는 판결을 재판소가 내린 것일 경우에 그 재심 또는 해석의 요청은 재판소가 취급한다. 문제의 판결이 소재판부가 내린 것인 경우에 그 재심 또는 해석의 요청을 해당 소재판부가 취급한다.
2. 판결의 해석 또는 재심의 요청에 관한 재판소 또는 소재판부의 결정은 판결의 형식으로 내린다.

제7장 당사자의 수정제안

제101조 사건의 당사자는 제3부의 규칙들(제93조에서 제97조까지의 규정은 제외)에 대해 특별한 수정 또는 추가를 공동으로 제의할 수 있다. 재판소 또는 소재판부는 사건의 상황에 비추어 적당하다고 인정할 경우에는 이러한 제의를 수락할 수 있다.

제4부 권고적 의견의 절차

제102조 1. 재판소는 규정 제65조에 의한 권고적 기능을 행사함에 있어서 국제연합헌장 제96조 및 규정 제4장의 규정과 아울러 본 규칙의 본부의 규정을 적용한다.
2. 재판소는 그 적용이 가능하다고 인정하는 범위 내에서 계쟁사건에 적용하는 규정 및 본 규칙의 규정들도 고려한다. 재판소는 이를 위하여 우선 권고적 의견의 요청이 현재 둘 또는 그 이상의 국가 간에 계쟁중인 법률문제에 관계된 것인가의 여부를 검토한다.
3. 권고적 의견이 현재 둘 또는 그 이상의 국가 간에 계쟁중인 법률문제에 대해 요청하는 경우 규정 제31조가 그 조항의 적용에 관한 본 규칙의 규정과 함께 적용한다.

제103조 국제연합헌장에 의하여 또는 이에 따라 권고적 의견을 요청할 자격이 부여된 기구가 재판소에 대하여 그 요청이 긴급한 회답을 필요로 함을 통지하거나 또는 재판소가 조속한 회답이 요망된다고 인정한 경우에 재판소는 절차에 박차를 가하기 위하여 필요한 모든 조치를 취하여야 하며, 요청에 대한 변론 및 심리에 착수하기 위해 가능한 한 신속하게 소집되어야 한다.

제104조 모든 권고적 의견의 요청은 국제연합사무총장 또는 경우에 따라서는 이를 요청할 자격이 부여된 국제기구의 장에 의하여 재판소에 제출된다. 규정 제65조 제2항에서 언급된 서류는 요청과 동시에 또는 그 후의 가능한 한 빠른 시일 내에 서기국이 요구하는 수의 등본을 첨부하여 재판소에 제출되어야 한다.

제105조 1. 재판소에 제출된 진술서는 재판소 서기에 의하여 이와 유사한 진술서를 제출한 모든 국가 및 국제기구에 송부한다.

2. 재판소 또는 재판소가 개정 중이 아닐 경우에 재판소장은 다음을 해야 한다.:

가. 규정 제66조 제4항에 의거하여 허용된 진술의 접수를 위한 형식 및 범위를 결정하고 또한 그러한 모든 서면상의 진술의 제출을 위한 기간을 정한다.

나. 규정 제66조의 규정에 의거하여 진술 및 의견을 재판소에 제출하기 위한 구두절차를 진행할 것인가의 여부를 결정하고, 필요한 경우에 그 개시일자를 정한다.

제106조 재판소 또는 재판소가 개정 중이 아닐 경우에 재판소는 진술서 및 부속서류를 구두절차의 개시 시 또는 그 후에 공개할 것을 결정할 수 있다. 권고적 의견의 요청이 현재 둘 또는 그 이상의 국가 간에 계쟁중인 법률문제에 관계되는 경우에 이들 국가와 우선적으로 협의하여야 한다.

제107조 1. 재판소가 심리를 완결하고 권고적 의견을 채택한 때에는 그 의견은 재판소의 공개법정에서 낭독된다.

2. 권고적 의견에는 다음의 사항이 포함된다 :

권고적 의견을 부여한 일자 :
참가한 재판관의 성명 :
절차의 요약 :
사실의 진술 :
법률상의 이유 :
재판소에 제출된 문제에 대한 회답 :
과반수를 구성하는 재판관의 수 및 성명 :
신뢰할 만한 의견의 정본에 관한 진술서.

3. 여하한 재판관도 다수의견에 반대하는가의 여부에 불문하고 희망한다면 재판소의 권고적 의견에 자기의 개별적 의견을 첨부할 수 있다. 이유에 대한 설명 없이 동의 또는 반대를 표시하고자 하는 재판관은 선언의 형식으로 이를 행할 수 있다.

제108조 재판소 서기는 국제연합사무총장 또는 필요한 경우에 권고적 의견을 요청한 기구의 장에게 의견이 낭독될 공개법정의 일시를 통보한다. 재판소 서기는 또는 국제연합회원국 및 기타 국가, 전문기구 그리고 직접적으로 관련 있는 정부 간 국제기구의 대표들에 대하여도 이를 통보한다.

제109조 정식으로 서명 날인된 권고적 의견의 한 통은 재판소의 문서보관소에 보관되며, 다른 한 통은 국제연합사무총장에게 그리고 필요한 경우에 세 번째의 한 통은 재판소의 의견을 요청한 국제기구의 장에게 송부한다. ...

9 1946년 국제연합의 특권 및 면제에 관한 협약
(Convention on the Privileges and Immunities of the United Nations)

체결일 : 1946.2.23.
발효일 : 1946.9.17.
한국 발효일 : 1992.4.9.
한국 유보[4] : 제18조 다항

국제연합헌장 제104조는 국제연합이 그 기능의 수행과 목적의 달성을 위하여 필요한 법률행위능력을 각 회원국의 영역 안에서 향유한다고 규정하고 있으며, 국제연합헌장 제105조는 국제연합이 그 목적의 달성을 위하여 필요한 특권과 면제를 회원국의 영역 안에서 향유하며, 회원국 대표와 국제연합의 직원은 국제연합과 관련되는 임무를 독자적으로 수행하기 위하여 필요한 특권과 면제를 향유한다고 규정하고 있다.

이에 따라 국제연합 총회는 1946년 2월 13일 채택된 결의로 다음 협약을 승인하였으며, 모든 회원국이 이에 가입하도록 제의하였다.

제1장 법인격

제1조 국제연합은 법인격을 가진다. 국제연합은

(가) 계약을 체결하고,

(나) 동산 및 부동산을 취득·처분하며,

(다) 소송을 제기하는 능력을 가진다.

제2장 재산·기금 및 자산

제2조 국제연합과 그 재산(property) 및 자산(assets)은 그 소재지 및 보유자에 관계없이 모든 종류의 법적 절차(every form of legal process)로부터의 면제를 향유한다. 다만, 국제연합이 명시적으로 면제를 포기하는 특별한 경우에는 예외로 한다. 그러나 어떠한 면제의 포기도 강제집행을 포함하지는 아니하는 것으로 양해한다.

제3조 국제연합의 공관은 불가침이다(shall be inviolable). 국제연합의 재산과 자산은 소재지 및 보유자에 관계없이 집행적·행정적·사법적 또는 입법적 조치를 통한 수색·징발·몰수·수용 및 다른 모든 형태의 간섭(any other form of interference)으로부터 면제된다.

제4조 국제연합의 문서 및 국제연합에 속하거나 국제연합이 보유하는 모든 서류는 소재지에 관계없이 통상(in general) 불가침이다(shall be inviolable).

제5조 국제연합은 어떠한 종류의 재정적 통제·규칙 또는 지불유예의 제약을 받지 아니하고,

(가) 기금·금 또는 어떠한 종류의 통화도 보유할 수 있으며, 또한 어느 통화로도 계정을 운영할 수 있다.

(나) 기금·금 및 통화를 한 나라에서 다른 나라로 또는 한 나라 안에서 자유롭게 이동할 수 있

---

4) 유보 내용 ; 이 협약 제5장 제18조 다항은 대한민국 국민에 대하여 적용되지 아니한다고 선언하면서 이 협약에 가입한다.

으며, 보유하고 있는 통화를 다른 어느 통화로도 자유롭게 환전할 수 있다.

제6조 제5조에 의한 권리를 행사함에 있어서, 국제연합은 회원국 정부가 제시한 의견이 국제연합의 이익을 해함이 없이 실행될 수 있다고 인정되는 경우 이를 정당히 고려한다.

제7조 국제연합과 그 자산·소득 및 다른 재산은,

(가) 모든 직접세로부터 면제된다. 다만, 국제연합은 사실상 공공역무에 대한 부담에 불과한 조세로부터의 면제는 청구하지 아니하는 것으로 양해한다.

(나) 국제연합이 공적 사용을 위하여 수입 또는 수출하는 물품의 경우 관세 및 수출입상의 금지와 제한으로부터 면제된다. 다만, 그러한 면제하에 수입된 물품은 수입된 나라 안에서 그 나라 정부와 합의한 조건에 따르지 아니하고는 매각되지 못하는 것으로 양해한다.

(다) 국제연합의 출판물의 경우 관세 및 수출입상의 금지와 제한으로부터 면제된다.

제8조 국제연합은 원칙적으로 물품세와 동산·부동산의 판매가격에 포함되는 조세에 대하여 면제를 청구하지 아니한다. 다만, 국제연합이 공적 사용을 위하여 이러한 조세가 부과되었거나 부과될 중요한 재산을 구매하는 경우, 회원국은 가능한 한 언제든지 조세액을 감면하거나 되돌려 주기 위한 적절한 행정조치를 취한다.

제3장 통신에 관한 편의

제9조 국제연합은 공적 통신의 경우 회원국의 영역 안에서 우편·전보·무선·사진전보·전화 등 통신의 우선순위·요금 및 조세 그리고 신문 및 라디오의 정보에 대한 요금에 있어서 그 나라 정부가 외교사절을 포함하여 다른 정부에 부여하는 대우보다 불리하지 아니한 대우를 향유한다. 국제연합의 공적 서한과 다른 공적 통신은 검열대상이 되지 아니한다.

제10조 국제연합은 암호를 사용하고, 외교신서사 및 외교행낭과 동일한 특권과 면제를 향유하는 신서사를 통하거나 행낭으로 서한을 발송하고 접수할 권리를 가진다.

제4장 회원국 대표

제11조 국제연합의 주요기관 및 보조기관에 파견되는 회원국 대표(representative of members)와 국제연합이 소집하는 회의에 참석하는 회원국 대표는 그들의 임무를 수행하는 동안 및 회의장소로 여행하는 동안 다음의 특권과 면제를 향유한다.

(가) 체포 또는 구금, 개인수하물의 압류로부터의 면제와 대표의 자격으로 행한 구두 또는 서면진술 및 모든 행위에 대하여 모든 종류의 법적 절차로부터의 면제

(나) 모든 문건 및 서류의 불가침

(다) 암호를 사용하고, 신서사를 통하거나 봉인된 행낭으로 문건 또는 서한을 접수할 권리

(라) 임무 수행상 방문 또는 경유하는 나라에서 대표 자신 및 그 배우자에 대하여 출입국 제한이나 외국인등록 또는 국민적 역무상 의무로부터의 면제

(마) 통화 또는 외환통제와 관련하여 일시적 공무를 수행하는 다른 나라 정부 대표에게 부여되는 것과 동일한 편의

(바) 개인수하물과 관련하여 외교사절에게 부여되는 것과 동일한 면제 및 편의

(사) (개인수하물의 일부가 아닌 경우에는) 수입되는 물품에 대한 관세나 물품세 또는 판매세로부터의 면제를 청구할 권리가 없는 경우를 제외하고, 위에 규정한 사항과 모순되지 아니하는 외교 사절이 향유하는 다른 특권·면제 및 편의

제12조 국제연합의 주요기관 및 보조기관에 파견되는 <u>회원국 대표</u>와 국제연합이 소집하는 회의에 참석하는 <u>회원국 대표에게 임무수행상 완전한 발언의 자유와 독자성을 보장하기 위하여, 임무수행상 그들이 행한 구두 또는 서면 진술 및 모든 행위에 대한 법적 절차로부터의 면제는 관련인사가 회원국 대표자격을 상실한 후에도 계속 부여된다.</u>

제13조 거주 여부에 따라 조세를 부과하는 경우, 국제연합의 주요 기관 및 보조 기관에 파견되는 회원국 대표와 국제연합이 소집하는 회의에 참석하는 회원국 대표가 임무를 수행하기 위하여 어느 국가에 체류하는 기간은 거주 기간으로 인정하지 아니한다.

제14조 특권과 면제는 개인적 이익을 위한 것이 아니며, 국제연합과 관련된 임무의 독자적 수행을 보장하기 위하여 회원국 대표에게 부여된다. 따라서 회원국은 자기 나라 대표에 대한 면제가 사법절차를 저해하고, 면제가 부여된 목적을 해함이 없이 포기될 수 있다고 판단하는 모든 경우 면제를 포기할 권리뿐만 아니라 의무가 있다.

제15조 제11조·제12조 및 제13조의 규정은 대표와 그 대표의 국적국가 또는 그가 대표하고 있거나 대표하였던 국가의 당국 사이에는 적용되지 아니한다.

제16조 이 조에서 "대표"라 함은 모든 대표·교체대표·고문·기술전문가 및 대표단의 비서를 포함하는 것으로 본다.

제5장 직원

제17조 사무총장은 이 조 및 제7조의 규정이 적용되는 직원의 범위를 지정하여 총회에 제출한다. 이 범위는 모든 회원국 정부에 통보한다. 이 범위에 포함되는 직원의 명단은 수시로 회원국 정부에 통보한다.

제18조 국제연합의 <u>직원(officials)</u>은
(가) <u>공적 자격으로 행한 구두 또는 서면진술 및 모든 행위와 관련하여 법적 절차로부터 면제</u>된다.
(나) 국제연합이 지급하는 봉급 및 수당에 대한 조세로부터 면제된다.
(다) 국민적 역무상 의무로부터 면제된다.
(라) 배우자 및 부양가족과 더불어 출입국 제한과 외국인 등록으로부터 면제된다.
(마) 외환 편의에 관련하여 그 나라 정부에 파견된 외교공관의 동급 외교직원에게 부여되는 것과 동일한 특권이 부여된다.
(바) 국제적 위기 시에 배우자 및 부양가족과 더불어 외교사절과 동일한 귀환편의가 부여된다.
(사) <u>최초로 어느 나라에 부임할 때에 가구 및 일용품을 면세로 수입하는 권리를 가진다.</u>

제19조 제18조에 규정된 특권과 면제 외에 사무총장과 사무차장의 본인·배우자 및 미성년 자녀에 대하여는 국제법에 따라 외교사절에게 부여되는 특권·면제 및 편의가 부여된다.

제20조 특권과 면제는 국제연합의 이익을 위하여 직원에게 부여되며, 개인적 이익을 위하여 부여되는 것이 아니다. 사무총장은 직원에 대한 면제가 사법 절차(course of justice)를 저해하고, 국제연합의 이익을 해함이 없이 포기될 수 있다고 판단하는 모든 경우 면제를 포기할 권리와 의무(the right and the duty)를 가진다(shall). 사무총장의 경우에는 안전보장이사회가 면제를 포기할 '권리'를 가진다.

제21조 국제연합은 합당한 사법행정을 촉진하고 경찰규칙의 준수를 보장하며, 이 조에 규정된 특권·면제 및 편의와 관련된 권리 남용을 방지하기 위하여 회원국의 적절한 당국과 항상 협조한다.

제6장 국제연합의 임무를 수행하는 전문가

제22조 국제연합을 위하여 임무를 수행하는 전문가(제5장의 범위 안에 속하는 직원을 제외한다)는 여행기간을 포함하여 임무 수행 기간 동안 독자적 임무 수행에 필요한 특권과 면제가 부여된다. 특히 다음의 특권과 면제가 부여된다.
(가) 체포 또는 구금, 개인수하물의 압류로부터의 면제
(나) 임무수행 중에 행한 구두 또는 서면진술과 행위에 대한 모든 형태의 법적 절차로부터의 면제. 법적 절차로부터의 면제는 관련 인사가 국제연합 임무

에 더 이상 종사하지 않더라도 계속 부여된다.
(다) 모든 문건 및 서류의 불가침
(라) 국제연합과의 통신을 위하여 암호를 사용하고, 신서사를 통하거나 봉인행낭으로 문건 또는 서한을 접수할 권리
(마) 통화 또는 외환통제와 관련하여 일시적 공무를 수행하는 다른 나라 정부 대표에게 부여되는 것과 동일한 편의
(바) 개인수하물과 관련하여 외교사절에게 부여되는 것과 동일한 면제 및 편의

제23조 전문가의 특권과 면제는 국제연합의 이익을 위하여 부여되며, 개인적 이익을 위하여 부여되는 것이 아니다. 사무총장은 전문가에 대한 면제가 사법절차를 저해하고 국제연합의 이익을 해함이 없이 포기될 수 있다고 판단하는 경우 면제를 포기할 권리와 의무를 가진다.

제7장 국제연합 통행증

제24조 국제연합은 직원에게 국제연합 통행증(laissez-passer)을 발급할 수 있다. 통행증은 제25조의 규정을 고려하여 회원국의 당국에 의하여 유효한 여행문서로서 인정되고 수락된다.

제25조 국제연합 통행증 소지자로부터의 사증신청(필요한 경우)은 국제연합 업무상 여행 중이라는 증명서가 구비되어 있을 경우 가능한 한 신속히 처리한다. 또한 국제연합 통행증 소지자에게는 신속한 여행을 위한 편의가 부여된다.

제26조 국제연합 통행증의 소지자는 아니지만, 국제연합업무상 여행중이라는 증명서를 소지한 전문가 등에게는 제25조에 규정된 것과 유사한 편의가 부여된다.

제27조 국제연합업무상 국제연합 통행증을 소지하고 여행하는 사무총장·사무차장 및 국장에게는 외교사절에게 부여되는 것과 동일한 편의가 부여된다.

제28조 이 조는 헌장 제63조에 따라 체결된 전문기구와의 관계설정 협정이 규정하는 경우 동급의 전문기구 직원에게 적용될 수 있다.

제8장 분쟁의 해결

제29조 국제연합은 다음 분쟁의 적절한 해결방법에 관한 규정을 정한다.

(가) 계약상 발생하는 분쟁 또는 국제연합이 당사자가 되는 민사법적 성질의 다른 분쟁

(나) 공적 지위상 면제를 향유하고, 사무총장이 그 면제를 포기하지 아니한 국제연합 직원이 관련된 분쟁

제30조 당사자가 다른 분쟁 해결방법에 부탁하기로 합의하지 아니하는 경우, 협약의 해석 또는 적용으로부터 발생하는 모든 분쟁은 국제사법재판소에 회부된다(shall). 국제연합과 회원국 사이에 분쟁이 발생하는 경우에는 헌장 제96조 및 국제사법재판소규정 제65조에 따라 법률문제에 관하여 권고적 의견을 요청한다(shall). 당사자는 국제사법재판소의 권고적 의견을 확정적인 것(decisive)으로 수락한다(shall).

최종조항

제31조 이 협약은 가입을 위하여 모든 국제연합 회원국에 제출된다.

제32조 가입은 국제연합 사무총장에게 가입서를 기탁함으로써 이루어지며, 협약은 회원국의 가입서 기탁일에 그 회원국에 대하여 효력을 발생한다.

제33조 사무총장은 모든 국제연합 회원국에 가입서의 기탁사실을 통지한다.

제34조 회원국의 가입서가 기탁되었을 때 그 회원국은 협약의 규정을 자기 나라 국내법에 따라 시행할 수 있는 것으로 양해된다.

제35조 회원국이 국제연합 회원국으로 남아있는 한, 또는 수정된 협약이 총회에 의하여 승인되고 회원국이 수정협약의 당사국이 될 때까지, 협약은 국제연합과 가입서를 기탁한 모든 회원국 사이에 유효하다.

제36조 사무총장은 회원국과 관련이 있는 경우 협약의 규정을 조정하는 보충 협정을 그 회원국과 체결할 수 있다. 모든 보충협정은 총회의 승인을 얻어야 한다.

10 1947년 전문기구의 특권과 면제협약
(Convention on the Privileges and Immunities of the Specialized Agencies)

체결일: 1947.11.21.
발효일: 1948.12.2.
한국 발효일: 1977.5.13.

국제연합 총회는 1946년 2월 13일 국제연합과 제 전문기구가 향유하는 특권과 면제의 통일을 가능한 한 기하기 위한 결의를 채택하였으며,

상기 결의의 이행에 관한 협의가 국제연합과 전문기구 간에 이루어졌으므로,

이에 따라 총회는 1974년 11월 21일 채택된 결의 제179(Ⅱ)에 의하여 전문기구에 대해서는 수락을 위하여 또한 국제연합의 모든 회원국과 1개 또는 그 이상의 전문기구의 다른 모든 회원국에 대해서는 가입을 위하여 제출된 아래의 협약을 승인하였다.

제1조 【정의 및 범위】
제1절 이 협약에서
(i) "표준조항"이라 함은 제2조 내지 제9조의 제 조항을 말한다.
(ii) "전문기구"라 함은 다음의 기구를 의미한다.
 (a) 국제노동기구
 (b) 국제연합식량농업기구
 (c) 국제연합교육과학문화기구
 (d) 국제민간항공기구
 (e) 국제통화기금
 (f) 국제부흥개발은행
 (g) 세계보건기구
 (h) 만국우편연합
 (i) 국제전기통신연합
 (j) 헌장 제57조 및 제63조에 의거하여 국제연합과 제휴관계를 가진 기타의 기관

(iii) "협약"이라 함은 어느 특정 전문기구와의 관계에 있어서 제36절 및 제38절에 의거하여 그 전문기구가 송부한 부속서의 최종(또는 수정)문에 의하여 수정된 표준조항을 의미한다.
(iv) 제3조의 목적상 "재산과 자산"이라 함은 전문기구헌장상의 기능을 촉진하기 위하여 그 전문기구가 관리하고 있는 재산과 자산을 또한 포함한다.
(v) 제5조와 제7조의 목적상 "회원국의 대표"라 함은 모든 대표 즉 교체대표, 자문위원, 기술전문가 및 대표단의 비서를 포함하는 것으로 간주된다.
(vi) 제13절, 제14절, 제15절 및 제25절에서 "전문기구가 소집하는 회합"은 다음의 것을 의미한다.
 (1) 전문기구의 총회 및 집행기관(그 명칭 여하를 불문함)의 회합
 (2) 전문기구헌장에 규정된 모든 위원회의 회합
 (3) 전문기구가 소집하는 모든 국제회의
 (4) 이러한 제 기관의 모든 위원회의 회합
(vii) "사무장"이라 함은 사무총장 또는 그 밖의 다른 명칭으로 호칭되는가에 관계없이 당해 전문기구의 수석행정관을 의미한다.
제2절 제37절에 의거하여 이 협약이 적용될 수 있게 된 어느 전문기구와 관계를 가진 이 협약의 각 당사국은 표준조항에 명시된

조건에 따라 동 표준조항에 규정
된 특권과 면제를 그 전문기구에
대하여 또는 그 전문기구에 관련
하여 부여한다. 다만, 그 전문기
구에 관한 최종(또는 수정)부속
서의 규정에 포함된 것으로서 제
36절 또는 제38절에 의거하여 송
부된 표준조항의 수정에 따를 것
으로 한다.

제2조 【법인격】

제3절 전문기구는 법인격을 가
진다. 전문기구는 (a) 계약을 체결
하고 (b) 동산, 부동산을 취득, 처
분하며 (c) 법적 소송제기의 능력
을 가진다.

제3조 【재산, 기금 및 자산】

제4절 전문기구 및 그의 재산과
자산은 그 소재지와 보유자의 여
하에 관계없이 특정의 사건에 있
어서 명시적으로 면제를 포기한
경우를 제외하고는 여하한 형태
의 법적 절차로부터의 면제를 향
유한다. 다만, 면제의 포기는 강
제집행조치에 확대되지 아니하
는 것으로 양해된다.

제5절 전문기구의 관사는 불가
침이다. 전문기구의 재산과 자산은
그 소재지와 보유자의 여하에 관계
없이 집행적, 행정적, 사법적 또는
입법적 조치를 불문하고 수색, 징
발, 몰수, 수용 및 기타 여하한 형태
의 간섭으로부터 면제된다.

제6절 전문기구의 문서와 일반
적으로 전문기구에 속하거나 전
문기구가 보유하고 있는 모든 서
류는 그 소재지를 불문하고 불가
침이다.

제7절 전문기구는 재정적 통제,
규정 또는 어떠한 종류의 지불유
예에 의한 제한을 받지 아니하고
다음의 것을 할 수 있다.

(a) 전문기구는 기금, 지금 또는
어떠한 종류의 통화를 보유하
고 또한 어떠한 통화로도 재정
을 유지할 수 있다.
(b) 전문기구는 기금, 지금 또는
통화를 어느 국가에서 다른 어
느 국가로 또는 어느 국가 내에
서 자유로이 송금할 수 있으며
그가 보유하고 있는 통화를 다
른 어떠한 통화로도 자유로이
환전할 수 있다.

제8절 상기 제7절에 따른 권리
를 행사함에 있어서 각 전문기구
는 이 협약의 어느 당사국 정부가
제시한 의견에 대하여 그러한 의
견이 전문기구의 이익을 침해함
이 없이 실행될 수 있는 것으로
간주되는 한 정당히 고려하여야
한다.

제9절 전문기구와 그의 자산,
소득 및 기타 재산은 다음과 같이
취급된다.

(a) 모든 직접세로부터 면제된다.
다만, 전문기구는 사실상 공공
요금에 불과한 조세로부터의
면제를 청구하지 아니할 것으
로 양해된다.
(b) 전문기구가 공용으로 수입 또
는 수출하는 물품에 관하여 관
세 및 수출입상의 금지와 제한
으로부터 면제된다. 다만, 그러
한 면제하에 수입된 물품은 그
물품이 수입된 국가 내에서 그
국가의 정부와 합의된 조건에
의하지 아니하고는 매각되지
아니할 것으로 양해된다.
(c) 전문기구의 발간물에 관하여
관세 및 수출입상의 금지 및 제
한으로부터 면제된다.

제10절 전문기구는 일반적 규
칙으로서 물품세와 지불될 가격
의 일부를 이루는 것으로서 동산
및 부동산의 판매에 부과되는 조
세로부터의 면제를 청구하지 아

니하되 전문기구가 그러한 조세가 부과되었거나 또는 부과될 수 있는 재산을 공용으로 긴요하게 구입하는 경우에는 이 협약 당사국은 가능한 한 언제든지 조세액의 감면 또는 반납을 위한 적절한 행정적 조치를 취한다.

제4조 【통신에 관한 편의】

제11절 각 전문기구는 그 전문기구와 관계를 가진 이 협약의 각 당사국의 영역 내에서 공적통신을 위하여 우편, 전보, 전신, 무선전신, 사진전송, 전화 및 기타 통신의 우선순위, 요금 및 조세와 신문과 라디오에 대한 정보제공요금에 있어서 그 국가의 정부가 외교사절을 포함하여 기타 어떠한 정부에 부여하는 대우보다 불리하지 아니한 대우를 향유한다.

제12절 전문기구의 공적서한 및 기타 공적통신에 대하여는 검열이 적용되지 아니한다.

　전문기구는 암호를 사용하고 또한 외교신서사 및 외교행낭과 동일한 면제와 특권을 가지는 신서사 또는 봉인행낭에 의하여 서한을 발송하고 접수할 권리를 가진다. 본 절의 어떠한 규정도 이 협약 당사국과 전문기구 간의 합의에 의하여 정하여질 적절한 보안조치의 채택을 배제하는 것으로 해석되지 아니한다.

제5조 【회원국의 대표】

제13절 전문기구가 소집하는 회합에 참석하는 회원국의 대표는 그들의 임무를 수행하는 동안 또는 회합장소에의 출입국을 위한 여행 도중 다음과 같은 특권과 면제를 향유한다.

(a) 체포 또는 구금으로부터 또한 개인적 수화물의 압류로부터의 면제 및 공적자격으로 그들이

행한 구두 또는 서면의 진술 및 모든 행위에 관하여 모든 종류의 법적 절차로부터의 면제

(b) 모든 문건 및 서류의 불가침

(c) 암호를 사용하고 신서사나 봉인행낭에 의하여 문건 및 서한을 접수할 권리

(d) 임무수행에 있어서 방문 또는 경유하는 국가 내에서 대표자신 및 그들의 배우자에 대한 출입국 제한, 외국인 등록 또는 국가역무상의 의무로부터의 면제

(e) 통화 또는 외환제한에 관하여 일시적 공적임무를 띤 외국정부 대표에게 부여되는 것과 동일한 편의

(f) 그들의 개인적 수화물에 관하여 그들과 상응한 직급의 외교공관 구성원에게 부여되는 것과 동일한 면제와 편의

제14절 전문기구가 소집하는 회합에 참석하는 전문기구회원국의 대표들에게 그들의 임무수행에 있어서 완전한 발언의 자유와 완전한 독립을 보장하기 위하여 임무수행상 그들이 행한 구두 또는 서면의 진술 및 모든 행위에 관한 법적 절차로부터의 면제는 관련인사가 더 이상 그러한 임무의 수행에 종사하지 아니하더라도 계속 부여된다.

제15절 여하한 형태의 조세가 거주에 의거하여 부과되는 경우 전문기구가 소집하는 회의에 참석하는 전문기구 회원국의 대표가 그들의 임무수행을 위하여 회원국에 체류하는 기간은 거주기간으로 고려되지 아니한다.

제16절 특권과 면제는 회원국의 대표 각자의 개인적 이익을 위하여 회원국의 대표에게 부여되는 것이 아니라 전문기구와 관련된 그들의 직무의 독립적 수행을 보장하기 위하여 부여된다. 따라서

회원국은 그 자신의 의견으로 보아 면제가 부여된 목적을 침해함이 없이 포기될 수 있는 경우에는 그 대표의 면제를 포기할 권리뿐만 아니라 의무도 진다.

제17절 제13절, 제14절 및 제15절의 규정은 관계인이 국민으로 되어 있는 국가 또는 그가 대표로 되어 있거나 혹은 대표이었던 국가의 당국에 관해서는 적용되지 아니한다.

제6조 【직원】

제18절 각 전문기구는 본조 및 제8조의 규정이 적용될 직원의 범주를 명시한다. 각 전문기구는 그 전문기구와 관계를 가진 이 협약의 모든 당사국 정부와 국제연합사무총장에게 그 범주를 통보한다. 그 범주에 포함되는 직원의 명단은 상기 정부에 수시로 통지된다.

제19절 전문기구의 직원은 다음과 같이 취급된다.

(a) 공적자격으로 그들이 행한 구두 또는 서면의 기술 및 모든 행위에 관하여 법적 절차로부터 면제된다.

(b) 전문기구가 그들에게 지급하는 봉급 및 수당에 관하여 동일한 조건으로 국제연합의 직원이 향유하는 것과 동일한 조세로부터의 면제를 향유한다.

(c) 배우자 및 부양가족과 함께 출입국 제한 및 외국인 등록으로부터 면제된다.

(d) 외환 편의에 관하여 그들과 상응한 직급의 외교공관 직원에게 부여되는 것과 동일한 특권이 부여된다.

(e) 국제적 위기 시에 배우자 및 부양가족과 함께 상응한 직급의 외교공관직원과 동일한 귀환 편의가 부여된다.

(f) 당해 국내의 직무를 맡기 위하여 최초로 부임한 때에 가구와 일용품을 면세로 수입하는 권리를 가진다.

제20절 전문기구의 직원은 그들이 국민으로 되어 있는 국가와의 관계에 있어서 그들의 직무를 이유로 전문기구의 사무장에 의하여 작성되고 또한 관계국에 의하여 승인된 명단에 그 이름이 기재된 전문기구의 직원에 대하여 국가역무상의 의무의 면제가 한정될 것을 조건으로 하여 그러한 의무로부터 면제된다.

전문기구의 기타 직원이 국가역무를 위하여 소집되는 경우에 관계국은 관계전문기구의 요청에 따라 그러한 직원을 소집함에 있어서 긴요한 사업의 계속에 대한 방해의 회피에 필요한 일시적 연기를 부여한다.

제21절 제19절 및 제20절에 명시된 면제와 특권에 부가하여 그가 직무로부터의 부재중에 그를 대리하는 직원을 포함한 각 전문기구의 사무장은 본인, 배우자 및 미성년의 자녀에 관하여 국제법에 의거하여 외교사절에게 부여되는 특권과 면제 및 부담면제와 편의를 부여받는다.

제22절 특권과 면제는 전문기구만의 이익을 위하여 직원에게 부여되며 그들 각자의 개인적 이익을 위하여 부여되지 아니한다. 각 전문기구는 자신의 의견으로 보아 면제가 사법절차를 방해하며 또한 전문기구의 이익을 침해함이 없이 포기될 수 있다고 판단되는 경우에는 직원의 면제를 포기할 권리와 의무를 가진다.

제23절 각 전문기구는 적절한 사법행정의 원활을 기하고, 경찰규칙의 준수를 보장하며 또한 본조에 언급된 특권, 면제 및 편의

와 관련하여 여하한 권리남용이 발생함을 방지하기 위하여 회원국의 관계당국과 항시 협조한다.

제7조 【특권의 남용】

제24절   이 협약 당사국이 이 협약에 의하여 부여된 특권 또는 면제의 남용이 있었다고 고려하는 경우 그 국가와 관계전문기구는 그러한 남용이 발생하였는지의 여부를 결정하기 위하여 그리고 만일 그러한 남용이 발생하였을 경우에는 그러한 남용의 재발방지를 도모하기 위하여 협의하여야 한다. 그러한 협의가 그 국가와 관계전문기구에 만족스러운 결과를 가져오지 못하는 경우, 특권 또는 면제의 남용이 발생하였는지의 여부에 관한 문제는 제32절의 규정에 의거하여 국제사법재판소에 제소된다. 국제사법재판소가 그러한 남용이 발생하였다고 판결하는 경우 그러한 남용으로 피해를 받은 이 협약 당사국은 관계 전문기구에 통고한 후 그 기구에 대하여 그와 같이 남용된 특권 또는 면제의 혜택을 거부할 권리를 가진다.

제25절   1. 전문기구가 소집하는 회합에 참석하는 회원국의 대표로서 그들이 직무를 수행하는 동안 또한 그 회합장소에의 출입국을 위한 여행 도중에 있는 자들과 제18절의 의미 내에 속하는 직원은 공적자격으로 행한 활동으로 인하여 영역 당국으로부터 그들의 임무를 수행하고 있는 국가로부터의 출국을 요구받지 아니한다. 다만, 그 국가에서 공적 임무 이외의 활동으로 위의 어느 사람이 범한 체류특권의 남용의 경우에는 그는 아래의 사항을 조건으로 하여 그 국가의 정부로부터 출국을 요구받을 수 있다.

2. (Ⅰ) 회원국의 대표 및 제21절에 따라 외교적 면제의 권리를 가진 자는 그 국가에 신임장을 제출한 외교사절에게 적용되는 외교적 절차에 따라서가 아니면 그 국가로부터의 출국을 요구받지 아니한다.

(Ⅱ) 제21절이 적용되지 않는 직원의 경우에는 당해국 외무부장관의 승인이 없이는 출국명령이 발급되지 않으며 그러한 외무부장관의 승인은 관계 전문기구의 사무장과 협의한 후에야만 부여된다. 그리고 만일 어느 직원에 대한 추방절차가 취하여지면 전문기구의 사무장은 그러한 절차의 대상이 되는 자를 위하여 그러한 절차에 간여할 권리를 가진다.

제8조 【통행증】

제28절   전문기구의 직원은 국제연합사무총장과 통행증을 발급할 특별권한을 위임받을 수 있는 전문기구의 소관당국 간에 체결되는 행정적 약정에 따라서 국제연합통행증을 사용할 권리를 가진다. 국제연합사무총장은 이 협약의 각 당사국에 그와 같이 체결된 개개의 행정적 약정을 통고한다.

제27절   이 협약 당사국은 전문기구 직원에게 발급된 국제연합통행증을 유효한 여행증명서로서 인정하고 수락한다.

제28절   사증이 필요한 경우 국제연합통행증을 소지한 전문기구의 직원으로부터의 사증신청은 그들이 전문기구의 용무로 여행하고 있다는 증서가 첨부되어 있으면 가능한 한 신속히 처리된다. 이에 부가하여 그러한 자에게 신속한 여행을 위한 제 편의가 부여된다.

제29절 국제연합통행증의 소지자는 아니나 전문기구의 용무로 여행하고 있다는 증서를 소지한 전문가나 기타 인원은 제28절에 규정된 것과 유사한 편의가 부여된다.

제30절 국제연합통행증을 소지하고 전문기구의 용무로 여행하는 전문기구의 사무장, 사무차장, 국장 및 국장급의 기타 직원은 그들과 상응한 직급의 외교공관 직원에게 부여되는 것과 동일한 여행상의 편의가 부여된다.

제9조 【분쟁의 해결】

제31절 각 전문기구는 다음과 같은 분쟁의 적절한 해결방법을 강구한다.

(a) 전문기구가 당사자로 되어 있는 계약으로부터 발생하는 분쟁 또는 사적 성격의 기타 분쟁

(b) 면제가 제22절의 규정에 의거하여 포기되지 아니한 경우로서 관계직원의 공적 직책상의 이유로 면제를 향유하는 그 직원에 관련되는 분쟁

제32절 이 협약의 해석 또는 적용으로부터 발생하는 모든 의견의 불일치는 특정한 사건에 있어서 당사자에 의하여 다른 해결방법에 부탁하기로 합의되지 아니하는 경우 국제사법재판소에 제소된다. 전문기구를 일방으로 하고 회원국을 타방으로 하여 의견의 불일치가 발생한 경우에는 헌장 제96조, 국제사법재판소규정 제65조 및 국제연합과 관계전문기구 간에 체결된 협정의 관계규정에 의거하여 관련된 법적 문제에 대한 권고적 의견을 요청한다. 재판소에 의하여 부여된 의견은 당사자에 의하여 결정적으로 수락된다.

제10조 【부속서 및 개별전문기구에 대한 적용】

제33절 표준조항은 각 전문기구에 적용됨에 있어서 제36절 및 제38절에 규정된 바와 같이 그 기구에 관련된 부속서의 최종(또는 수정)문에 규정된 제 수정에 따를 것으로 하여 운용된다.

제34절 협약의 제 규정은 특정 전문기구와의 관계에 있어서 그 전문기구가 그 설립문서에 의하여 수임된 기능에 비추어 해석되어야 한다.

제35절 제1 내지 제9부속서 초안은 그 속에 표시된 전문기구에 대하여 권고된다. 제1절에서 그 명칭이 언급되지 아니한 전문기구의 경우에는 국제연합사무총장이 경제사회이사회가 권고한 부속서 초안을 그 기구에 송부한다.

제36절 각 부속서의 최종문은 그 헌장상의 절차에 의거하여 당해 전문기구에 의하여 승인된 것이다. 각 전문기구에 의하여 승인된 부속서의 사본은 당해 전문기구에 의하여 국제연합사무총장에게 송부되며 그 즉시 제35절에서 언급된 초안을 대체한다.

제37절 이 협약은 각 전문기구가 국제연합사무총장에게 관계부속서의 최종문을 송부하며 또한 전문기구가 이 부속서에 의하여 수정된 표준조항을 수락하며 제8절, 제18절, 제22절, 제23절, 제24절, 제31절, 제32절, 제42절 및 제45절(부속서의 최종문과 기구의 설립문서의 일치를 기하기 위하여 필요할지도 모를 제32절의 수정에 따를 것으로 함)과 기구에 의무를 부과하는 부속서의 모든 조항을 이행하기로 약속함을 국제연합사무총장에게 통보한 때에 각 전문기구에 적용된다. 사무총장은 본절에 따라 그에게 송부된 모든 부

속서 및 제38절에 따라 송부된 수정부속서의 인증등본을 국제연합의 모든 회원국 및 전문기구의 기타 회원국에게 송부한다.

제38절 제36절에 따라 최종부속서를 송부한 후 어느 전문기구가 그 헌장상의 절차에 의거하여 그 부속서에 대한 특정의 수정을 승인할 경우 그 전문기구는 수정부속서를 국제연합사무총장에게 송부한다.

제39절 이 협약의 제 규정은 어느 전문기구의 본부나 지역사무소가 어느 국가의 영역 내에 소재함으로 인하여 그 국가에 의하여 그 전문기구에게 부여된 또는 이후 부여될지도 모를 특권과 면제를 결코 제한하거나 침해하지 아니한다. 이 협약은 이 협약 당사국과 어느 전문기구 간에 이 협약의 규정을 조정하거나 또는 이 협약에 의하여 부여된 특권과 면제를 확대하거나 또는 제한하는 보충협정의 체결을 방해하는 것으로 간주되지 아니한다.

제40절 제36절에 따라 전문기구에 의하여 국제연합사무총장에게 송부된 부속서의 최종문(또는 제38절에 따라 송부된 수정부속서)에 의하여 수정된 표준조항은 발효중인 당해 전문기구의 설립문서의 제 규정과 일치할 것으로 양해되며 또한 만일 그 설립문서를 그와 같이 일치하도록 하기 위하여 설립문서의 수정이 필요하다면 그러한 수정은 최종 (또는 수정)부속서가 전달되기 전에 그 전문기구의 헌장상의 절차에 따라 발효할 것으로 양해된다. 이 협약은 전문기구의 설립문서의 규정 또는 기구가 달리 보유, 취득, 부담하는 권리 혹은 의무를 폐기하거나 이를 훼손시키기 위하여 운용되지 아니한다.

제11조 【최종 규정】

제41절 국제연합 회원국과 전문기구의 회원국에 의한(제42절에 따를 것으로 함) 이 협약에의 가입은 국제연합사무총장에게 가입서를 기탁함으로써 실현되며 그 가입서는 기탁되는 날에 발효한다.

제42절 관계 전문기구는 국제연합 회원국이 아닌 그 기구의 회원국에 대하여 관계부속서와 함께 이 협약문을 송부하여 그 전문기구에 관한 이 협약문을 송부하여 그 전문기구에 관한 이 협약의 가입서를 국제연합사무총장 또는 그 기구의 사무장에게 기탁함으로써 그 기구에 관하여 이 협약에 가입할 것을 요청한다.

제43절 이 협약의 각 당사국은 그에 관하여 이 협약의 제 규정을 적용할 것임을 약속하는 전문기구 또는 전문기구들을 가입서 속에 지정한다. 이 협약의 각 당사국은 국제연합 사무총장에게 추후의 서면통고로써 추가로 1개 또는 그 이상의 전문기구에 이 협약의 제 규정을 적용할 것임을 약속할 수 있다. 이러한 통고는 사무총장에 의하여 접수된 날에 발효한다.

제44절 제37절에 의거하여 이 협약이 어느 전문기구에 대하여 적용될 때 그리고 이 협약 당사국이 제43절에 의거하여 그 전문기구에 이 협약의 제 규정을 적용할 것을 약속할 때에 이 협약은 그 전문기구와 관계를 가진 이 협약 당사국에 대하여 발효한다.

제45절 국제연합사무총장은 국제연합의 모든 회원국, 제 전문기구의 모든 회원국 및 제 전문기구의 사무장에게 제41절에 따라 접수한 각 가입서의 기탁 사실과 제43절에 따라 접수한 추후의 통고 사실을 통보한다. 전문기구의 사무장은 국제연합사무총장과 관

계전문기구의 회원국에게 제42절에 따라 그에게 기탁된 가입서의 기탁 사실을 통보한다.

제46절 가입서 또는 추후의 통고서가 어느 국가의 이름으로 기탁됐을 때 이 국가는 그러한 가입서나 통고서에 지정된 전문기구에 관련된 부속서의 최종문에 의하여 수정된 이 협약의 제 규정을 자국법에 따라 시행할 수 있는 것으로 양해된다.

제47절 1. 본절의 하기 2항 및 3항의 규정에 따를 것으로 하여 이 협약의 각 당사국은 수정된 협약 또는 부속서가 그 전문기구에 대하여 적용될 때까지 또한 그 당사국이 수정된 협약 또는 부속서를 수락할 때까지 가입 혹은 추후의 통고에 의하여 지정되는 각 전문기구에 관하여 이 협약을 적용하기로 약속한다. 수정된 부속서의 경우 국가에 의한 수락은 국제연합 사무총장에게의 통고로써 행하여지며 그러한 통고는 사무총장에 의하여 접수되는 날에 발효한다.

2. 그러나 전문기구의 회원국이 아닌 또는 전문기구의 회원국의 지위를 상실한 이 협약의 각 당사국은 통고를 접수한 날로부터 적어도 3개월 이후 어느 특정일로부터 전기전문기구에 대하여 이 협약상의 혜택을 거부한다는 취지로 국제연합사무총장 및 관계 전문기구의 사무장에게 서면통고를 행할 수 있다.

3. 이 협약의 각 당사국은 국제연합과의 제휴관계를 단절하는 전문기구에 대하여 이 협약상의 혜택을 거부할 수 있다.

4. 국제연합사무총장은 본절의 규정에 따라 그에게 송부된 통고를 이 협약의 모든 당사국에 통보한다.

제48절 이 협약 당사국의 3분의 1의 요구가 있으면 국제연합사무총장은 협약의 수정을 위하여 회의를 소집한다.

제49절 국제연합사무총장은 이 협약의 사본을 각 전문기구 및 국제연합의 각 회원국 정부에 송부한다.

부속서 I
국제노동기구
부속서 II
국제연합식량농업기구
부속서 III
국제민간항공기구
부속서 IV
국제연합교육과학문화기구
부속서 V
국제통화기금
부속서 VI
국제부흥개발은행
부속서 VII
세계보건기구
부속서 VIII
만국우편연합
부속서 IX
국제전기통신연합
부속서 X
세계기상기구

11 1948년 집단살해 방지 및 처벌에 관한 협약
(Convention on the Prevention and Punishment of the Crime of Genocide)

체결일 : 1948.12.9.
발효일 : 1951.1.12.
한국 발효일 : 1951.1.12.

체약국은 집단살해는 국제연합의 정신과 목적에 반하며 또한 문명세계에서 죄악으로 단정한 국제법상의 범죄라고 국제연합총회가 1946년 12월 11일부 결의 96(1)에서 행한 선언을 고려하고, 역사상의 모든 시기에서 집단살해가 인류에게 막대한 손실을 끼쳤음을 인지하고, 인류를 이와 같은 고뇌(odious scourge)로부터 해방시키기 위하여는 국제협력이 필요함을 확신하고, 이에 하기에 규정된 바와 같이 동의한다.

제1조 체약국은 집단살해가 평시에 행하여졌든가 전시에 행하여졌든가를 불문하고 이것을 방지하고 처벌할 것을 약속하는 국제법상의 범죄(crime under international law)임을 확인한다.

제2조 본 협약에서 집단살해라 함은 국민적(national), 인종적(ethnical), 민족적(racial) 또는 종교적(religious) 집단을 전부(in whole) 또는 일부(in part)를 그 자체로(as such) 파괴할 의도(with intent to destroy)로서 행하여진 아래의 행위를 말한다.

(a) 집단구성원을 살해(killing)하는 것

(b) 집단구성원에 대하여 중대한 육체적 또는 정신적 위해(harm)를 가하는 것

(c) 전부 또는 부분적으로 육체적 파괴를 초래할 목적으로 의도된 생활조건을 집단에게 고의로 과하는 것

(d) 집단 내에 있어서의 출생을 방지하기 위하여 의도된 조치를 과하는 것

(e) 집단의 아동을 강제적으로 타 집단에 이동시키는 것

제3조 다음의 제 행위는 이를 처벌한다.

(a) 집단살해

(b) 집단살해를 범하기 위한 공모(conspiracy)

(c) 집단살해를 범하기 위한 직접 또는 공연한 교사(incitement)

(d) 집단살해의 미수(attempt)

(e) 집단살해의 공범(complicity)

제4조 집단살해 또는 제3조에 열거된 기타 행위의 어떤 것이라도 이를 범하는 자는 헌법상으로 책임있는 통치자이거나 또는 사인이거나를 불문하고 처벌한다.

제5조 체약국은 각자의 헌법에 따라서 본 협약의 규정을 실시하기 위하여 특히 집단살해 또는 제3조에 열거된 기타의 행위의 어떤 것에 대하여도 죄가 있는 자에 대한 유효한 형벌을 규정하기 위하여 필요한 입법을 제정할 것을 약속한다.

제6조 집단살해 또는 제3조에 열거된 기타 행위의 어떤 것이라도 이로 인하여 고소된 자는 행위가 그 영토 내에서 범행된 국가의 당해 재판소에 의하여 또는 국제형사재판소(international penal tribunal)의 관할권을 수락하는 체약국에 관하여 관할권을 가지는 동 재판소에 의하여 심리된다.

제7조 집단살해 또는 제3조에 열거된 기타 행위는 범죄인 인도의 목적으로 정치적 범죄로 인정치 않는다. 체약국은 이러한 경우에 실시중인 법률 또는 조약에 따라서 범죄인 인도를 허가할 것을 서약한다.

제8조 체약국은 국제연합의 당해 기관이 집단살해 또는 제3조에 열거한 기타 행위의 어떤 것이라도 이를 방지 또는 억압하기 위하여 적당하다고 인정하는 국제연합헌장에 기한 조치를 취하도록 요구할 수 있다.

제9조 본 협약의 해석 적용 또는 이행에 관한 체약국 간의 분쟁은 집단살해 또는 제3조에 열거된 기타 행위의 어떤 것이라도 이에 대한 국가책임에 관한 분쟁을 포함하여 분쟁당사국 요구에 의하여 국제사법재판소에 부탁한다.

제10조 본 협약은 중국어, 영어, 불어, 노어, 서반아어의 원문을 동등히 정문으로 하며 1948년 12월 9일자로 한다.

제11조 본 협약은 국제연합의 가맹국과 총회로부터 서명 초청을 받은 비가맹국을 위하여 1949년 12월 31일까지 개방된다. 본 협약은 비준을 받아야 한다. 비준서는 국제연합사무총장에게 기탁한다.

1950년 1월 1일 이후 본 협약은 국제연합의 가맹국과 전기한 초청을 받은 비가맹국을 위하여 가입되어질 수 있다. 가입서는 국제연합사무총장에게 기탁한다.

제12조 체약국은 국제연합 사무총장 앞으로의 통고로써 자국이 외교관계의 수행에 책임을 지고 있는 지역의 전부 또는 일부에 대하여 언제라도 본 협약의 적용을 확장할 수 있다.

제13조 최초의 20통의 비준서 또는 가입서가 기탁된 일자에 사무총장은 경위서를 작성하여 그 사본을 국제연합의 각 가맹국과 제11조에 규정된 비가맹 각국에 송부한다. 본 협약은 20통째의 비준서 또는 가입서가 기탁된 90일 후에 발효한다. 전기일 이후에 행하여진 비준이나 가입은 비준서 또는 가입서 기탁 90일 후에 효력을 발생한다.

제14조 본 협약은 발효일로부터 10년간 계속하여 효력을 갖는다. 전기 기간의 적어도 만료 6개월 전에 본 조약을 폐기하지 아니한 체약국에 대하여는 본 협약은 그 후 5년간씩 계속하여 효력을 가진다. 폐기는 국제연합사무총장 앞으로의 통고서에 의하여 행한다.

제15조 폐기의 결과 본 협약에의 가맹국 수가 16개국 이하일 때에는 본 협약은 폐기의 최후의 것이 효력이 발생하는 날로부터 효력이 종지된다.

제16조 본 협약의 개정요청은 체약국이 사무총장 앞으로의 통고서에 의하여 언제나 행할 수 있다. 총회는 전기 요청에 관하여 취할 조치가 있을 때에는 이를 결정한다.

제17조 국제연합사무총장은 국제연합의 모든 가맹국과 제11조에 규정된 비가맹국에 대하여 다음 사항을 통고한다.
(a) 제11조에 의하여 수령한 서명 비준 또는 가입
(b) 제12조에 의하여 수령한 통고
(c) 제13조에 의하여 본 협약이 발효하는 일자
(d) 제14조에 의하여 수령한 폐기
(e) 제15조에 의한 협약의 폐지
(f) 제16조에 의하여 수령한 통고

제18조 본 협약의 원안은 국제
연합의 문서보관소에 기탁한다.
본 협약의 인증등본은 국제연합
의 모든 가맹국과 제11조에 규정
된 비가맹국에 송부한다.

제19조 본 협약은 발효일자에
국제연합사무총장이 등록한다.

12 1948년 세계인권선언(Universal Declaration of Human Rights : 총회 결의 217(III))

1948.12.10. 국제연합 총회에서 채택

인류 가족 모든 구성원의 <u>고유한(inherent) 존엄성</u>과 평등하고 <u>양도할 수 없는(inalienable)</u> 권리를 인정하는 것이 세계의 자유, 정의, 평화의 기초가 됨을 인정하며,

인권에 대한 무시와 경멸은 인류의 양심을 짓밟는 야만적 행위를 결과하였으며, 인류가 <u>언론의 자유, 신념의 자유, 공포와 궁핍으로부터의 자유</u>를 향유하는 세계의 도래가 일반인의 지고한 열망으로 천명되었으며,

사람들이 폭정과 억압에 대항하는 마지막 수단으로서 반란에 호소하도록 강요받지 않으려면, 인권이 법에 의한 지배에 의하여 보호되어야 함이 필수적이며,

국가 간의 친선관계의 발전을 촉진시키는 것이 긴요하며,

국제연합의 여러 국민들은 그 헌장에서 <u>기본적 인권과, 인간의 존엄성과 가치, 남녀의 동등한 권리</u>에 대한 신념을 재확인하였으며, 더욱 폭넓은 <u>자유 속에서 사회적 진보와 생활수준의 개선</u>을 촉진할 것을 다짐하였으며,

회원국들은 국제연합과 협력하여 인권과 기본적 자유에 대한 보편적 존중과 준수의 증진을 달성할 것을 서약하였으며,

이들 권리와 자유에 대한 공통의 이해가 이러한 서약의 이행을 위하여 가장 중요하므로,

따라서 이제 국제연합 총회는 모든 개인과 사회의 각 기관은 세계인권선언을 항상 마음속에 간직한 채, 교육과 학업을 통하여 이러한 권리와 자유에 대한 존중을 신장시키기 위하여 노력하고, 점진적인 국내적 및 국제적 조치를 통하여 회원국 국민 및 회원국 관할하의 영토의 국민들 양자 모두에게 권리와 자유의 보편적이고 효과적인 인정과 준수를 보장하기 위하여 힘쓰도록, 모든 국민들과 국가에 대한 <u>공통의 기준</u>으로서 본 세계인권선언을 선포한다.

제1조 <u>모든 사람은 태어날 때부터 자유롭고, 존엄성과 권리에 있어서 평등하다.</u> 사람은 이성과 양심을 부여받았으며 서로에게 형제의 정신으로 대하여야 한다.

제2조 모든 사람은 <u>인종, 피부색, 성, 언어, 종교, 정치적 또는 그 밖의 견해, 민족적 또는 사회적 출신, 재산, 출생, 기타의 지위</u> 등에 따른 어떠한 종류의 구별도 없이, 이 선언에 제시된 모든 권리와 자유를 누릴 자격이 있다.

나아가 개인이 속한 나라나 영역이 독립국이든 신탁통치지역이든, 비자치지역이든 또는 그 밖의 다른 주권상의 제한을 받고 있는 지역이든, 그 나라나 영역의 정치적, 사법적, 국제적 지위를 근거로 차별이 행하여져서는 아니된다.

제3조 모든 사람은 <u>생명권과 신체의 자유</u>와 안전을 누릴 권리가 있다.

제4조 <u>어느 누구도 노예나 예속상태에 놓여지지 아니한다.</u> 모든 형태의 노예제도 및 노예매매는 금지된다.

제5조 <u>어느 누구도 고문이나, 잔혹하거나, 비인도적이거나, 모욕적인 취급 또는 형벌을 받지 아니한다.</u>

제6조　모든 사람은 어디에서나 법 앞에 인간으로서 인정받을 권리를 가진다.

제7조　모든 사람은 법 앞에 평등하고, 어떠한 차별도 없이 법의 평등한 보호를 받을 권리를 가진다. 모든 사람은 이 선언을 위반하는 어떠한 차별에 대하여도, 또한 어떠한 차별의 선동에 대하여도 평등한 보호를 받을 권리를 가진다.

제8조　모든 사람은 헌법 또는 법률이 부여하는 기본권을 침해하는 행위에 대하여 담당 국가법원에 의하여 효과적인 구제를 받을 권리를 가진다.

제9조　어느 누구도 자의적인 체포, 구금 또는 추방을 당하지 아니한다.

제10조　모든 사람은 자신의 권리와 의무, 그리고 자신에 대한 형사상의 혐의를 결정함에 있어서, 독립적이고 편견 없는 법정에서 공정하고도 공개적인 심문을 전적으로 평등하게 받을 권리를 가진다.

제11조　1. 형사범죄로 소추당한 모든 사람은 자신의 변호를 위하여 필요한 모든 장치를 갖춘 공개된 재판에서 법률에 따라 유죄로 입증될 때까지 무죄로 추정받을 권리를 가진다.
2. 어느 누구도 행위 시의 국내법 또는 국제법상으로 범죄를 구성하지 아니하는 작위 또는 부작위를 이유로 유죄로 되지 아니한다. 또한 범죄가 행하여진 때에 적용될 수 있는 형벌보다 무거운 형벌이 부과되지 아니한다.

제12조　어느 누구도 자신의 사생활, 가정, 주거 또는 통신에 대하여 자의적인 간섭을 받지 않으며, 자신의 명예와 신용에 대하여 공격을 받지 아니한다. 모든 사람은 그러한 간섭과 공격에 대하여 법률의 보호를 받을 권리를 가진다.

제13조　1. 모든 사람은 각국의 영역 내에서 이전과 거주의 자유에 관한 권리를 가진다.
2. 모든 사람은 자국을 포함한 어떤 나라로부터도 출국할 권리가 있으며, 또한 자국으로 돌아올 권리를 가진다.

제14조　1. 모든 사람은 박해를 피하여 타국에서 피난처를 구하고 비호를 향유할 권리를 가진다.
2. 이 권리는 비정치적인 범죄 또는 국제연합의 목적과 원칙에 반하는 행위만으로 인하여 제기된 소추의 경우에는 활용될 수 없다.

제15조　1. 모든 사람은 국적을 가질 권리를 가진다.
2. 어느 누구도 자의적으로 자신의 국적을 박탈당하거나 그의 국적을 바꿀 권리를 부인당하지 아니한다.

제16조　1. 성년에 이른 남녀는 인종, 국적 또는 종교에 따른 어떠한 제한도 받지 않고 혼인하여 가정을 이룰 권리를 가진다. 이들은 혼인 기간 중 및 그 해소 시 혼인에 관하여 동등한 권리를 가진다.
2. 결혼은 양 당사자의 자유롭고도 완전한 합의에 의하여만 성립된다.
3. 가정은 사회의 자연적이며 기초적인 구성 단위이며, 사회와 국가의 보호를 받을 권리를 가진다.

제17조　1. 모든 사람은 단독으로는 물론 타인과 공동으로 자신의 재산을 소유할 권리를 가진다.
2. 어느 누구도 자신의 재산을 자의적으로 박탈당하지 아니한다.

제18조　모든 사람은 사상, 양심 및 종교의 자유에 대한 권리를 가진다. 이러한 권리는 자신의 종교 또는 신념을 바꿀 자유와 선교, 행사, 예배, 의식에 있어서 단독

으로 또는 다른 사람과 공동으로, 공적으로 또는 사적으로 자신의 종교나 신념을 표명하는 자유를 포함한다.

제19조 모든 사람은 의견과 표현의 자유에 관한 권리를 가진다. 이 권리는 간섭받지 않고 의견을 가질 자유와 모든 매체를 통하여 국경에 관계없이 정보와 사상을 추구하고, 접수하고, 전달하는 자유를 포함한다.

제20조 1. 모든 사람은 평화적 집회와 결사의 자유에 관한 권리를 가진다.
2. 어느 누구도 어떤 결사에 소속될 것을 강요받지 아니한다.

제21조 1. 모든 사람은 직접 또는 자유롭게 선출된 대표를 통하여 자국의 통치에 참여할 권리를 가진다.
2. 모든 사람은 자국의 공무에 취임할 동등한 권리를 가진다.
3. 국민의 의사는 정부의 권위의 기초가 된다. 이 의사는 보통 및 평등 선거권에 의거하며, 또한 비밀투표 또는 이와 동등한 자유로운 투표 절차에 따라 실시되는 정기적이고 진정한 선거를 통하여 표현된다.

제22조 모든 사람은 사회의 일원으로서 사회보장제도에 관한 권리를 가지며, 국가적 노력과 국제적 협력을 통하여 그리고 각국의 조직과 자원에 따라 자신의 존엄성과 인격의 자유로운 발전을 위하여 불가결한 경제적, 사회적 및 문화적 권리의 실현에 관한 권리를 가진다.

제23조 1. 모든 사람은 근로의 권리, 자유로운 직업 선택권, 공정하고 유리한 근로조건에 관한 권리 및 실업으로부터 보호받을 권리를 가진다.

2. 모든 사람은 어떠한 차별도 받지 않고 동등한 노동에 대하여 동등한 보수를 받을 권리를 가진다.
3. 모든 근로자는 자신과 가족에게 인간적 존엄에 합당한 생활을 보장하여 주며, 필요할 경우 다른 사회적 보호의 수단에 의하여 보완되는, 정당하고 유리한 보수를 받을 권리를 가진다.
4. 모든 사람은 자신의 이익을 보호하기 위하여 노동조합을 결성하고, 가입할 권리를 가진다.

제24조 모든 사람은 근로시간의 합리적 제한과 정기적인 유급휴일을 포함한 휴식과 여가에 관한 권리를 가진다.

제25조 1. 모든 사람은 식량, 의복, 주택, 의료, 필수적인 사회역무를 포함하여 자신과 가족의 건강과 안녕에 적합한 생활수준을 누릴 권리를 가지며, 실업, 질병, 불구, 배우자와의 사별, 노령, 그밖의 자신이 통제할 수 없는 상황에서의 다른 생계 결핍의 경우 사회보장을 누릴 권리를 가진다.
2. 모자는 특별한 보살핌과 도움을 받을 권리를 가진다. 모든 어린이는 부모의 혼인 여부에 관계없이 동등한 사회적 보호를 향유한다.

제26조 1. 모든 사람은 교육을 받을 권리를 가진다. 교육은 최소한 초등기초단계에서는 무상이어야 한다. 초등교육은 의무적이어야 한다. 기술교육과 직업교육은 일반적으로 이용할 수 있어야 하며, 고등교육도 능력에 따라 모든 사람에게 평등하게 개방되어야 한다.
2. 교육은 인격의 완전한 발전과 인권 및 기본적 자유에 대한 존중의 강화를 목표로 하여야 한다. 교육은 모든 국가들과 인종적 또는 종교적 집단 간에 있어서 이

해, 관용 및 친선을 증진시키고 평화를 유지하기 위한 국제연합의 활동을 촉진시켜야 한다.

3. 부모는 자녀에게 제공되는 교육의 종류를 선택함에 있어서 우선권을 가진다.

제27조 1. 모든 사람은 공동체의 문화생활에 자유롭게 참여하고, 예술을 감상하며, 과학의 진보와 그 혜택을 향유할 권리를 가진다.

2. 모든 사람은 자신이 창조한 모든 과학적, 문학적, 예술적 창작물에서 생기는 정신적, 물질적 이익을 보호받을 권리를 가진다.

제28조 모든 사람은 이 선언에 제시된 권리와 자유가 완전히 실현될 수 있는 사회적 및 국제적 질서에 대한 권리를 가진다.

제29조 1. 모든 사람은 그 안에서만 자신의 인격을 자유롭고 완전하게 발전시킬 수 있는 공동체에 대하여 의무를 부담한다.

2. 모든 사람은 자신의 권리와 자유를 행사함에 있어서, 타인의 권리와 자유에 대한 적절한 인정과 존중을 보장하고, 민주사회에서의 도덕심, 공공질서, 일반의 복지를 위하여 정당한 필요를 충족시키기 위한 목적에서만 법률에 규정된 제한을 받는다.

3. 이러한 권리와 자유는 어떤 경우에도 국제연합의 목적과 원칙에 반하여 행사될 수 없다.

제30조 이 선언의 그 어떠한 조항도 특정 국가, 집단 또는 개인이 이 선언에 규정된 어떠한 권리와 자유를 파괴할 목적의 활동에 종사하거나, 또는 그와 같은 행위를 행할 어떠한 권리도 가지는 것으로 해석되지 아니한다.

13 1949년 8월 12일자 육전에 있어서의 군대의 부상자 및 병자의 상태개선에 관한 제네바 협약(제1협약)
(Geneva Convention for the Amelioration of Condition of the Wounded and Sick Armed Forces in the Field of August 12, 1949)

발효일 : 1950.10.21.
한국 발효일 : 1966.8.16.

한국 선언 ; 대한민국 정부는 대한민국의 유일한 합법정부이며, 이 협약에의 가입은 대한민국이 이제까지 승인하지 않은 여하한 본 협약의 당사자를 승인하는 것으로 간주하여서는 아니 된다는 것을 이에 선언한다.

육전에 있어서의 군대의 부상자 및 병자의 구제를 위한 1929년 7월 27일자 제네바 협약을 개정하기 위하여, 1949년 4월 21일부터 8월 12일까지 제네바에서 개최한 외교회의에 대표를 파견한 정부의 아래에 서명한 전권위원은, 다음과 같이 협정하였다.

제1장 총 칙

제1조 체약국은, <u>모든 경우에 (in all circumstances)</u> 있어서 본 협약을 존중할 것과 본 협약의 존중을 <u>보장할 것</u>을 약속한다.

제2조 본 협약은, <u>평시(in peace time)</u>에 실시될 규정 외에도, 둘 또는 그 이상의 <u>체약국 간(between .. High Contracting Parties)</u>에 발생할 수 있는 <u>모든 선언된 전쟁 (declared war)</u> 또는 <u>기타 무력충돌(armed conflict)</u>의 모든 경우에 대하여, 당해 체약국의 하나가 <u>전쟁상태를 승인하거나 아니하거나를 불문하고 적용된다.</u> 본 협약은, 또한, 일 체약국 영토의 일부 또는 전부가 점령된 모든 경우에 대하여, <u>비록 그러한 점령의 무력 저항을 받지 아니한다 하더라도 적용된다.</u> 충돌 당사국의 하나가 본 협약의 당사국이 아닌 경우에도, 본 협약의 당사국은, <u>그들 상호 간의 관계에 있어서 본 협약의 구속을 받는다.</u> 또한 체약국은, 본 협약의 체약국이 아닌 충돌 당사국이, 본 협약의 규정을 <u>수락하고 또한 적용할(accepts and applies)</u> 때에는, 그 국가와의 관계에 있어서 본 협약의 구속을 받는다.

제3조 일 체약국의 영토 내에서 발생하는 <u>국제적 성격을 띠지 아니한 무력 충돌(armed conflict not of an international character)</u>의 경우에 있어서, 당해 충돌의 각 당사국은, 적어도 다음 규정의 적용을 받아야 한다.

1. 무기를 버린 전투원 및 질병, 부상, 억류, 기타의 사유로 전투력을 상실한 자(hors de combat)를 포함하여 <u>적대행위에 능동적으로 참가하지 아니하는 자(persons taking no active part in the hostilities)</u>는, 모든 경우에 있어서 인종, 피부색, 종교 또는 신앙, 성별, 문벌이나 빈부 또는 기타의 유사한 기준에 근거한 불리한 차별 없이 <u>인도적으로 대우</u>하여야 한다. 이 목적을 위하여 상기의 자에 대한 다음의 행위는 때와 장소를 불문하고 이를 금지한다.

가. 생명 및 신체에 대한 폭행,

특히 모든 종류의 <u>살인</u>, <u>상해</u>,
<u>학대 및 고문</u>
나. <u>인질로 잡는 일</u>
다. 인간의 존엄성에 대한 침해,
특히 <u>모욕적이고 치욕적인 대우</u>
라. 문명국인이 불가결하다고 인
정하는 모든 법적 보장을 부여
하고 <u>정상적으로 구성된 법원
의 사전 재판에 의하지 아니하</u>
는 판결의 언도 및 형의 집행
2. <u>부상자 및 병자는 수용하여 간
호하여야 한다.</u> 국제 적십자 위
원회와 같은 공정한 인도적 단체
는 그 용역을 충돌 당사국에 제
공할 수 있다. 충돌 당사국은, 특
별한 협정에 의하여 본 협약의
다른 규정의 전부 또는 일부를
실시하도록에 더욱 노력하여야 한
다. 전기의 규정의 적용은 충돌
당사국의 법적 지위에 영향을 미
치지 아니한다.

제4조 중립국은 그 영토 내에
접수 또는 억류된 충돌 당사국 군
대의 부상자, 병자 및 의무요원과
종교요원 및 발견된 사망자에 대
하여는 본 협약의 규정을 유추하
여 적용하여야 한다.

제5조 본 협약에 의하여 보호되
는 자로서 적의 수중에 들어가 있
는 자에 대하여서 본 협약은 그들
의 송환이 완전히 종료될 때까지
적용된다.

제6조 체약국은 제10조, 제15조,
제23조, 제28조, 제31조, 제36조,
제37조 및 제52조에서 명문으로
규정한 협정 외에도 그에 관하여
별도의 규정을 두는 것이 적당하
다고 인정하는 모든 사항에 관하
여 다른 특별 협정을 체결할 수
있다. 어떠한 특별 협정도 본 협
약에서 정하는 부상자, 병자, 의
무 요원 및 종교요원의 지위에 불
리한 영향을 미치거나 또는 본 협
약이 그들에게 부여하는 권리를

제한하여서는 아니된다. 부상자,
병자, 의무요원 및 종교요원은,
본 협정이 그들에게 적용되는 한,
전기의 협정의 혜택을 계속 향유
한다. 단, 전기의 협정 또는 추후
의 협정에 반대되는 명문의 규정
이 있는 경우 또는 충돌 당사국의
일방 또는 타방이 그들에 대하여
더 유리한 조치를 취한 경우는 제
외한다.

제7조 부상자, 병자, 의무요원
및 종교요원은 어떠한 경우에도
본 협약 및 전조에서 말한 특별
협정(그러한 협정이 존재할 경
우)에 의하여 그들에게 보장된
권리의 일부 또는 전부를 포기할
수 없다.

제8조 본 협약은 충돌 당사국의
이익의 보호를 그 임무로 하는 이
익 보호국의 협력에 의하여, 또한
그 보호하에 적용된다. 이 목적을
위하여 이익 보호국은, 자국의 외
교관 또는 영사를 제외한 자국민
이나 다른 중립국 국민 중에 대
표단을 임명할 수 있다. 전기의
대표는 그들의 임무를 수행할 국
가의 승인을 받아야 한다. 충돌
당사국은 이익 보호국의 대표 또
는 사절단의 활동에 있어서 가능
한 최대한의 편의를 도모하여야
한다. 이익 보호국의 대표 또는
사절단은 어떠한 경우에도 본 협
약에 의한 그들의 임무를 초월하
여서는 아니된다. 그들은 특히 그
들이 임무를 수행하는 국가의 안
전상 절대적으로 필요한 사항을
참작하여야 한다. 그들의 활동은
군사상의 절대적인 요구로 인하
여 소요될 때에 한하여서만 예외
적이고 임시적인 조치로서 제한
하여야 한다.

제9조 본 협약의 제 규정은, 국
제 적십자 위원회 또는 기타의 공
정한 인도적인 단체가, 관계충돌

당사국의 동의를 얻어 부상자, 병자, 의무요원 및 종교요원의 보호 및 그들의 구제를 위하여 행하는 인도적인 활동을 방해하지 아니한다.

제10조 체약국은 공정과 효율을 전적으로 보장하는 단체에, 본 협약에 따라 이익 보호국이 부담하는 의무를, 언제든지 위임할 것에 동의할 수 있다. 이유의 여하를 불문하고 부상자, 병자, 의무요원 및 종교요원이, 이익 보호국 또는 전항에 규정한 단체의 활동에 의한 혜택을 받지 아니하거나 또는 혜택을 받지 아니하게 되는 때에는 억류국은 충돌당사국이 지정한 이익 보호국이 본 협약에 따라 행하는 임무를, 중립국 또는 전기의 단체가 인수하도록 요청하여야 한다. 보호가 제대로 마련되지 못할 때에는, 억류국은 이익 보호국이 본 협약에 의하여 행하는 인도적 업무를 인수하도록 국제적십자 위원회와 같은 인도적 단체의 용역의 제공을, 본 조의 규정에 따를 것을 조건으로, 요청하거나 수락하여야 한다. 여사한 목적을 위하여 관계국이 요청하거나 또는 자청하는 어떠한 중립국이나 단체도, 본 협정에 의하여 보호되는 자가 의존하는 충돌 당사국에 대하여 책임감을 가지고 활동함을 요하며, 또한 그가 적절한 업무를 인수하여 공정하게 이를 수행할 입장에 있다는 충분한 보장을 제공하여야 한다. 군사상의 사건으로 특히 그 영역의 전부 또는 상당한 부분이 점령됨으로써 일방국이 일시적이나마 타방국 또는 그 동맹국과 교섭할 자유를 제한당하는 경우, 국가 간의 특별 협정으로서 전기의 규정을 침해할 수 없다. 본 협약에서 이익보호국이라 언급될 때, 그러한 언급은 언제든지 본조에서 의미하는 대용단체에도 적용된다.

제11조 이익 보호국이 보호를 받는 자를 위하여 적당하다고 인정할 경우, 특히 본 협약의 규정의 적용 또는 해석에 관하여 충돌 당사국 간에 분쟁이 있을 경우에는, 이익 보호국은 분쟁을 해결하기 위하여 주선을 행하여야 한다. 이를 위하여 각 이익 보호국은, 일 당사국의 요청에 따라 또는 자진하여, 충돌 당사국에 대하여 그들의 대표들의, 특히 부상자, 병자, 의무요원 및 종교요원에 대하여 책임을 지는 당국의, 회합을 가능하면 적절히 선정된 중립지역에서 열도록 제의할 수 있다. 충돌 당사국은 이 목적을 위하여 그들에게 행하여지는 제의를 실행할 의무를 진다. 이익 보호국은 필요할 경우에는 충돌 당사국의 승인을 얻기 위하여, 중립국에 속하는 또는 국제 적십자 위원회의 위임을 받는 자를 추천할 수 있으며, 이러한 자는 전기의 회합에 참석하도록 초청되어야 한다. (이하 생략 ; 이하 조문은 국가법령정보센터, https://www.law.go.kr/ 참조 바람)

14 1949년 8월 12일자 해상에 있어서의 군대의 부상자, 병자 및 조난자의 상태개선에 관한 제네바 협약(제2협약)
(Geneva Convention for the Amelioration of the Condition of the Sick, Wounded and Shipwrecked Members of Armed Forces at Sea of August 12, 1949)

발효일 : 1950.10.21.
한국 발효일 : 1966.8.16.
한국 선언 ; 대한민국 정부는 대한민국의 유일한 합법정부이며, 이 협약에의 가입은 대한민국이 이제까지 승인하지 않은 여하한 본 협약의 당사자를 승인하는 것으로 간주하여서는 안된다는 것을 선언한다.

1906년 "제네바" 협약의 제 원칙을 해전에 적용하기 위하여, 또한 1907년 10월 18일자 「제10차 헤이그 협약」을 개정하기 위하여 1949년 4월 21일부터 8월 12일까지 제네바에서 개최한 외교관 회의에 대표를 파견한 정부의 아래에 서명한 전권위원들은 다음과 같이 협정하였다.

제1장 총 칙

제1조 체약국은 모든 경우에 있어서 본 협약을 존중할 것과 본 협약의 존중을 보장할 것을 약속한다.

제2조 본 협약은 평시에 실시될 규정 외에도 둘 또는 그 이상의 체약국 간에 발생할 수 있는 모든 선언된 전쟁 또는 기타 무력 충돌의 모든 경우에 대하여, 당해 체약국의 하나가 전쟁상태를 승인하거나 아니하거나를 불문하고 적용된다. 본 협약은, 또한 일 체약국 영토의 일부 또는 전부가 점령된 모든 경우에 대하여 비록 그러한 점령이 무력저항을 받지 아니한다 하더라도 적용된다. 충돌 당사국의 하나가 본 협약의 당사국이 아닌 경우에도, 본 협약의 당사국은 그들 상호 간의 관계에

있어서 본 협약의 구속을 받는다. 또한 체약국은 본 협약 당사국이 아닌 충돌 당사국이 본 협약의 규정을 수락하고 또한 적용할 때에는 그 국가와의 관계에 있어서 본 협약의 구속을 받는다.

제3조 일 체약국의 영토 내에서 발생하는 국제적 성격을 띠지 아니한 무력충돌의 경우에 있어서 당해 충돌의 각 당사국은 적어도 다음 규정의 적용을 받아야 한다.
1. 무기를 버린 전투원 및 질병, 부상, 억류, 기타의 사유로 전투력을 상실한 자를 포함하여 적대행위에 능동적으로 참가하지 아니하는 자는 모든 경우에 있어서 인종, 색, 피부색, 종교 또는 신앙, 성별, 문벌이나 빈부, 또는 기타의 유사한 기준에 근거한 불리한 차별 없이 인도적으로 대우하여야 한다. 이 목적을 위하여 상기의 자에 대한 다음의 행위는 때와 장소를 불문하고 이를 금지한다.
가. 생명 및 신체에 대한 폭행, 특히 모든 종류의 살인, 상해, 학대 및 고문.
나. 인질로 잡는 일.
다. 인간의 존엄성에 대한 침해, 특히 모욕적이고 치욕적인 대우.

라. 문명국인이 불가결하다고 인
정하는 모든 법적 보장을 부여
하는 정상적으로 구성된 법원
이 사전 재판에 의하지 아니하
는 판결의 언도 및 형의 집행.
2. 부상자, 병자 및 조난자는 수용
하여 간호하여야 한다. 국제적십
자위원회와 같은 공정한 인도적
단체는 그 용역을 충돌 당사국에
제공할 수 있다. 충돌 당사국은
특별 협정에 의하여 본 협약의 다
른 규정의 전부, 또는 일부를 실
시하도록 더욱 노력하여야 한다.
전기의 규정의 적용은 충돌 당사
국의 법적 지위에 영향을 미치지
아니한다.

제4조 충돌 당사국의 지상군과
해군 간의 적대 행위의 경우에 있
어서 본 협약의 규정은 선내의 군
대에 대하여만 적용된다. 상륙한
군대는 즉시 육전에 있어서의 군
대의 부상자 및 병자의 상태 개선
에 관한 1949년 8월 12일자 제네
바 협약 제 규정의 적용을 받는다.

제5조 중립국은 그 영토 내에
접수 또는 억류된 충돌 당사국 군
대의 부상자, 병자, 조난자, 의무
요원, 종교요원 및 발견된 사망자
에 대하여는 본 협약의 규정을 유
추 적용하여야 한다.

제6조 체약국은 제10조, 제18조,
제31조, 제38조, 제39조, 제40조,
제43조 및 제53조에서 명문으로
규정된 협정 외에 그에 관하여 별
도의 규정을 두는 것이 적당하다
고 인정하는 모든 사항에 관하여
다른 특별 협정을 체결할 수 있
다. 어떠한 특별 협정에도 본 협
약에서 정하는 부상자, 병자, 조
난자, 의무요원 및 종교요원의 지
위에 불리한 영향을 미치거나 또
는 본 협약이 그들에게 부여하는
권리를 제한하여서는 아니된다.
부상자, 병자, 조난자, 의무요원

및 종교요원은 본 협약이 그들에게
적용되는 한, 전기의 협정의 혜택
을 계속 향유한다. 단, 전기의 협
정 또는 추후의 협정에 반대되는
명문의 규정이 있는 경우 또는 충
돌 당사국의 일방 또는 타방이 그
들에 대하여 더 유리한 조치를 취
한 경우는 예외로 한다.

제7조 부상자, 병자, 조난자, 의무
요원 및 종교요원은 어떠한 경우에
도 본 협약 및 전조에서 말한 특별
협정(그러한 협정이 존재할 경우)
에 의하여 그들에게 보장된 권리의
일부 또는 전부를 포기할 수 없다.

제8조 본 협약은 충돌 당사국의
이익의 보호를 그 임무로 하는 이
익 보호국의 협력에 의하여, 또한
그 보호하에 적용된다. 이 목적을
위하여 이익 보호국은 자국외교
관 또는 역사를 제외한 자국민이
나 다른 중립국 국민 중에서 대표
단을 임명할 수 있다. 전기의 대
표는 그들의 임무를 수행할 국가
의 승인을 받아야 한다. 충돌 당
사국은 이익 보호국의 대표 또는
사절단의 활동에 있어서 가능한
한 최대한의 편의를 도모하여야
한다. 이익 보호국의 대표 또는
사절단은 어떠한 경우에도 본 협
약에 의한 그들의 임무를 초월하
여서는 아니된다. 그들은 특히 그
들이 임무를 수행하는 국가의 안
전상 절대적으로 필요한 사항을
참작하여야 한다. 그들의 활동은
군사상의 절대적인 필요로 인하
여 소요될 때에 한하여서만 예외
적이고 또한 임시적인 조치로서
제한하여야 한다.

제9조 본 협약의 제 규정은, 국
제적십자위원회 또는 기타의 공
평한 인도적인 단체가 관계 충돌
당사국의 동의를 얻어 부상자, 병자,
조난자, 의무요원 및 종교요원의
보호 및 그들의 구제를 위하여 행하

는 인도적인 활동을 방해하지 아니한다.

제10조 체약국은 공정 및 효율성을 전적으로 보장하는 단체에 본 협약에 따라 이익 보호국이 부담하는 의무를 언제든지 위임할 것에 동의할 수 있다. 이유의 여하를 불문하고 부상자, 병자, 조난자, 의무요원 및 종교요원이 이익 보호국 또는 전항에 규정한 단체의 활동에 의한 혜택을 받지 아니하거나 또는 혜택을 받지 아니하게 되는 때에는 억류국은 충돌 당사국이 지정하는 이익 보호국이 본 협약에 따라 행하는 임무를 중립국 또는 전기의 단체에 인수하도록 요청하여야 한다. 보호가 제대로 마련되지 못할 때에는 억류국은 이익 보호국이 본 협약에 의하여 행하는 인도적 업무를 인수하도록 국제적십자위원회와 같은 인도적 단체의 용역의 규정을 본 조의 규정에 따를 것을 조건으로 요청하고 또는 수락하여야 한다. 어떠한 중립국이거나 또는 여사한 목적을 위하여 관계국의 요청을 받았든가 또는 자원하는 어떠한 단체라도 본 협약에 의하여 보호되는 자가 의존하는 충돌 당사국에 대하여 책임감을 가지고 활동함을 요하며 또한 그가 적절한 업무를 인수하여 공정하게 이를 수행할 입장에 있다는 충분한 보장을 제공하여야 한다. 군사상의 사건으로, 특히 그 영토의 전부 또는 상당한 부분이 점령되므로 인하여 그 일국이 일시적이나마 타방국 또는 그 동맹국과 교섭할 자유를 제한당하는 경우 국가 간의 특별협정으로서 전기의 규정을 침해할 수 없다. 본 협약에서 이익보호국이라 언급될 때 그러한 언급은 언제든지 본조에서 의미하는 대용단체에도 적용된다.

제11조 이익 보호국이 보호를 받는 자를 위하여 적당하다고 인정할 경우, 특히 본 협약의 규정의 적용 또는 해석에 관하여 충돌 당사국 간에 분쟁이 있을 경우에는 이익 보호국은 그 분쟁을 해결하기 위하여 주선을 행하여야 한다. 이를 위하여 각 이익 보호국은 일당사국의 요청에 따라 또는 자진하여, 충돌 당사국에 대하여 그들의 대표들의, 특히 부상자, 병자, 조난자, 의무요원 및 종교요원에 대하여 책임을 지는 당국의 회합을 가능하면 적절히 선정된 중립 지역에서 열도록 제의할 수 있다. 충돌 당사국은 이 목적을 위하여 그들에게 행하여지는 제의를 실행할 의무를 진다. 이익 보호국은 필요할 경우에는 충돌 당사국의 승인을 얻기 위하여 중립국에 속하는, 또는 국제적십자위원회의 위임을 받는 자를 추천할 수 있으며, 이러한 자는 전기의 회합에 참가하도록 초청되어야 한다. (이하 생략; 기타 조문은 국가법령정보센터, https://www.law.go.kr/ 참조바람)

15 1949년 8월 12일자 포로의 대우에 관한 제네바 협약(제3협약)
(Geneva Convention Relating to the Treatment of the Prisoners of War of August 12, 1949)

발효일 : 1950.10.21.

한국 발효일 : 1966.8.16.

한국 선언 ; 대한민국 정부는 대한민국의 유일한 합법정부이며, 이 협약에의 가입은 대한민국이 이제까지 승인하지 않은 여하한 본 협약의 당사자를 승인하는 것으로 간주하여서는 안된다는 것을 선언한다. 대한민국은 제118조 제1항의 규정을 공개적으로 자유로이 발표된 포로의 의사에 반하여 그 포로를 강제 송환할 의무는 지지 않은 것으로 해석한다.

포로의 대우에 관한 1929년 7월 12일자의 제네바 협약을 개정하기 위하여 1949년 4월 21일부터 8월 12일까지 제네바에서 개최한 외교회의에 대표를 파견한 정부의 아래에 서명한 전권위원은 다음과 같이 협정하였다.

제1편 총 칙

제1조 체약국은 모든 경우에 있어서 본 협약을 존중할 것과 본 협약의 존중을 보장할 것을 약속한다.

제2조 본 협약은 평시에 실시될 규정 외에도, 둘 또는 그 이상의 체약국 간에 발생할 수 있는 모든 선언된 전쟁 또는 기타 무력충돌의 모든 경우에 대하여 당해 체약국의 하나가 전쟁상태를 승인하거나 아니하거나를 불문하고 적용된다. 본 협약은, 또한 일 체약국 영토의 일부 또는 전부가 점령된 모든 경우에 대하여 비록 그러한 점령이 무력 저항을 받지 아니한다 하더라도 적용된다. 충돌 당사국의 하나가 본 협약의 당사국이 아닌 경우에도, 본 협약의 당사국은 그들 상호 간의 관계에 있어서 본 협약의 구속을 받는다. 또한 체약국은 본 협약체약국이 아닌 충돌 당사국이 본 협약의 규정을 수락하고 또한 적용할 때에는 그 국가와의 관계에 있어서 본 협약의 구속을 받는다.

제3조 체약국의 영토 내에서 발생하는 국제적 성격을 띠지 아니한 무력충돌의 경우에 있어서 당해 충돌의 각 당사국은 적어도 다음 규정의 적용을 받아야 한다.

1. 무기를 버린 전투원 및 질병, 부상, 억류, 기타의 사유로 전투력을 상실한 자를 포함하여 적대행위에 능동적으로 참가하지 아니하는 자는 모든 경우에 있어서 인종, 색, 종교 또는 신앙, 성별, 문벌이나 빈부 또는 기타의 유사한 기준에 근거한 불리한 차별없이 인도적으로 대우하여야 한다. 이 목적을 위하여, 상기의 자에 대한 다음의 행위는 때와 장소를 불문하고 이를 금지한다.

가. 생명 및 신체에 대한 폭행, 특히 모든 종류의 살인, 상해, 학대 및 고문

나. 인질로 잡는 일

다. 인간의 존엄성에 대한 침해, 특히 모욕적이고 치욕적인 대우

라. 문명국인이 불가결하다고 인정하는 모든 법적 보장을 부여

하는 정상적으로 구성된 법원의 사전 재판에 의하지 아니하는 판결의 언도 및 형의 집행.
2. 부상자 및 병자는 수용하여 간호하여야 한다. 국제적십자위원회와 같은 공정한 인도적 단체는 그 용역을 충돌 당사국에 제공할 수 있다. 충돌 당사국은 특별한 협정에 의하여, 본 협약의 다른 규정의 전부 또는 일부를 실시하도록 더욱 노력하여야 한다. 전기의 규정의 적용은 충돌 당사국의 법적 지위에 영향을 미치지 아니한다.

제4조 1. 본 협약에서 포로라 함은 다음 부류의 하나에 속하는 자로서 적의 수중에 들어간 자를 말한다.
가. 충돌 당사국의 군대의 구성원 및 그러한 군대의 일부를 구성하는 민병대 또는 의용대의 구성원.
나. 충돌 당사국에 속하며 그들 자신의 영토(동 영토가 점령되고 있는지의 여부를 불문한다.) 내외에서 활동하는 기타의 민병대의 구성원 및 기타의 의용대의 구성원(이에는 조직적인 저항운동의 구성원을 포함한다). 단, 그러한 조직적 저항 운동을 포함하는 그러한 민병대 또는 의용대는 다음의 조건을 충족시켜야 한다.
(1) 그 부하에 대하여 책임을 지는 자에 의하여 지휘될 것.
(2) 멀리서 인식할 수 있는 고정된 식별표지를 가질 것.
(3) 공공연하게 무기를 휴대할 것.
(4) 전쟁에 관한 법규 및 관행에 따라 그들의 작전을 행할 것.
다. 억류국이 승인하지 아니하는 정부 또는 당국에 충성을 서약한 정규 군대의 구성원.

라. 실제로 군대의 구성원은 아니나 군대를 수행하는 자. 즉, 군용기의 민간인, 승무원, 종군기자, 납품업자, 노무대원, 또는 군대의 복지를 담당하는 부대의 구성원. 단, 이들은 이들이 수행하는 군대로부터 인가를 받고 있는 경우에 한하며, 이를 위하여 당해 군대는 이들에게 부속서의 양식과 유사한 신분증명서를 발급하여야 한다.
마. 선장, 수로 안내인 및 견습선원을 포함하는 충돌 당사국의 상선의 승무원 및 민간 항공기의 승무원으로서, 국제법의 다른 어떠한 규정에 의하여서도 더 유리한 대우의 혜택을 향유하지 아니하는 자
바. 점령되어 있지 아니하는 영토의 주민으로서, 적이 접근하여 올 때, 정규군 부대에 편입될 시간이 없이, 침입하는 군대에 대항하기 위하여 자발적으로 무기를 든 자. 단, 이들이 공공연하게 무기를 휴대하고 또한 전쟁 법규 및 관행을 존중하는 경우에 한한다.
2. 다음의 자들도 또한 본 협약에 의하여 포로로 대우되어야 한다.
가. 피 점령국의 군대에 소속하는 또는 소속하고 있던 자로서, 특히 그러한 자가 그들이 소속하는 교전 중에 있는 군대에 복귀하려다가 실패한 경우, 또는 억류의 목적으로 행하여진 소환에 불응한 경우에, 전기의 소속을 이유로 하여 점령국이 그들을 억류함을 필요하다고 인정하는 자. 단, 동 점령국이 본래 그가 점령하는 영토 외에서 적대 행위가 행하여지고 있는 동안에 그들을 해방하였다 하더라도 이를 불문한다.

나. 본조에 열거한 부류의 하나에 속하는 자로서, 중립국 또는 비교전국이 자국의 영토 내에 접수하고 있고, 또한 그러한 국가가 국제법에 의하여 억류함을 요하는 자. 단, 이들 국가가 부여하기를 원하는 더욱 유리한 대우를 행하지 못하며, 또한 제8조, 제10조, 제15조, 제30조 제5항, 제58조 내지 제67조, 제92조 및 제126조와 충돌 당사국과 관계중립국 또는 비교전국과의 사이에 외교관계가 존재하는 때에는, 이익보호국에 관한 조항은 예외로 한다. 전기의 외교관계가 존재하는 경우에는, 이들이 속하는 충돌 당사국은 이들에 대하여 본 협약에서 규정하는 이익 보호국의 임무를 행함이 허용된다. 단, 이들 충돌 당사국이 외교상 및 영사 업무상의 관행 및 조약에 따라 통상 행하는 임무를 행하지 않는다.

3. 본조는 본 협약의 제33조에 규정하는 의무직 및 군목의 지위에 하등의 영향도 미치지 아니한다.

제5조 본 협약은 제4조에 말한 자에 대하여 이들이 적의 권력 내에 들어간 때부터 그들의 최종적인 석방과 송환 때까지 적용된다. 교전 행위를 행하여 적의 수중에 빠진 자가 제4조에 열거한 부류의 1에 속하는가의 여부에 대하여 의문이 생길 경우에는, 그러한 자들은 그들의 신분이 관할 재판소에 의하여 결정될 때까지 본 협약의 보호를 향유한다.

제6조 체약국은 제10조, 제23조, 제28조, 제33조, 제60조, 제65조, 제66조, 제67조, 제72조, 제73조, 제75조, 제109조, 제110조, 제118조, 제119조, 제122조 및 제132조에 특별히 규정된 협정 외에 그에 관

하여 별도의 규정을 두는 것이 적당하다고 인정하는 모든 사항에 관하여 다른 특별협정을 체결할 수 있다. 어떠한 특별 협정도 본 협약에서 정하는 포로의 지위에 불리한 영향을 미치거나 또는 본 협약이 포로에게 부여하는 권리를 제한하여서는 아니된다. 포로는 본 협약이 그들에게 적용되는 동안 전기의 협정의 이익을 계속 향유한다. 단, 전기의 협정 또는 추후의 협정에 반대되는 명문의 규정이 있는 경우, 또는 충돌 당사국의 일방 또는 타방이 포로에 대하여 더 유리한 조치를 취한 경우는 예외로 한다.

제7조 포로는 어떠한 경우에도 본 협약 및 전조에서 말한 특별 협정(그러한 협정이 존재할 경우)에 의하여 그들에게 보장된 권리의 일부 또는 전부를 포기할 수 없다.

제8조 본 협약은 충돌 당사국의 이익의 보호를 그 임무로 하는 이익 보호국의 협력에 의하여 또한 그 보호하에 적용된다. 이 목적을 위하여 이익 보호국은 자국 외교관 또는 영사를 제외한, 자국민이나 다른 중립국 국민 중에서 대표단을 임명할 수 있다. 전기의 대표는 그들의 임무를 수행할 국가의 승인을 받아야 한다. 충돌 당사국은 이익 보호국의 대표 또는 사절단의 활동에 있어서 가능한 최대한의 편의를 도모하여야 한다. 이익 보호국의 대표 또는 사절단은, 어떠한 경우에도, 본 협약에 의한 그들의 임무를 초월하여서는 아니된다. 그들은, 특히 그들이 임무를 수행하는 국가의 안전상 절대적으로 필요한 사항을 참작하여야 한다.

제9조 본 협약의 제 규정은, 국제적십자위원회 또는 기타의 공평한 인도적인 단체가 관계충돌당사국

의 동의를 얻어 포로의 보호 및 그들의 구제를 위하여 행하는 인도적인 활동을 방해하지 아니한다.

제10조 체약국은 공정 및 효율을 전적으로 보장하는 단체에 본 협약에 따라 이익 보호국이 부담하는 임무를 언제든지 위임할 것에 동의할 수 있다. 포로가 이유의 여하를 불문하고 이익 보호국 또는 전항에 규정한 단체의 활동에 의한 혜택을 받지 아니하거나 또는 혜택을 받지 아니하게 되는 때에는, 억류국은 충돌 당사국이 지정하는 이익 보호국이 본 협약에 따라 행하는 임무를 중립국 또는 전기의 단체에 인수하도록 요청하여야 한다. 보호가 제대로 마련되지 못할 때에는, 억류국은 이익 보호국이 본 협약에 의하여 행하는 인도적 업무를 인수하도록 국제적십자위원회와 같은 인도적 단체의 용역의 제공을, 본조의 규정에 따를 것을 조건으로 요청하고 또는 수락하여야 한다. 어떠한 중립국이거나 또는 여사한 목적을 위하여 관계국의 요청을 받았던 또는 자원하는 어떠한 단체라도, 본 협약에 의하여 보호되는 자가 의존하는 충돌 당사국에 대하여 책임감을 가지고 행동함을 요하며, 또한 그가 적절한 업무를 인수하여 공평하게 이를 수행할 입장에 있다는 충분한 보장을 제공하여야 한다. 군사상의 사건으로, 특히 그 영토의 전부 또는 상당한 부분이 점령됨으로 인하여 그 일국이 일시적이나마 타방국 또는 그 동맹국과 교섭할 자유를 제한당하는 경우 여러 국가 간의 특별 협정으로써 전기의 규정을 침해할 수 없다. 본 협약에서 이익 보호국이 언급될 때에는 그러한 언급은 언제든지 본조에서 의미하는 대용단체에도 적용된다.

제11조 이익 보호국이 보호를 받는 자를 위하여 적당하다고 인정할 경우, 특히 본 협약의 규정의 적용 또는 해석에 관하여 충돌 당사국 간에 분쟁이 있을 경우에는, 이익 보호국은 그 분쟁을 해결하기 위하여 주선을 행하여야 한다. 이를 위하여 각 이익 보호국은, 일 당사국의 요청에 따라 또는 자진하여 충돌 당사국에 대하여 그들의 대표나 특히 포로에 대하여 책임을 지는 관계당국의 회합을 가능하면 적절히 선정된 중립지역에서 열도록 제의할 수 있다. 충돌 당사국은 이 목적을 위하여 그들에게 행하여지는 제의를 실행할 의무를 진다.

이익 보호국은, 필요할 경우에는 충돌 당사국의 승인을 얻기 위하여 중립국에 속하는 자 또는 국제 적십자위원회의 위임을 받는 자를 추천할 수 있으며, 이러한 자는 전기의 회합에 참가하도록 초청되어야 한다.

제2편 포로의 일반적 보호

제12조 포로는 적국의 권력 내에 있는 것이지, 그들을 체포한 개인이나 군 부대의 권력 내에 있는 것이 아니다. 억류국은 있을 수 있는 개인적 책임에 관계없이 포로에게 부여하는 대우에 관하여 책임을 진다. 억류국은 이송을 받는 국가가 본 협약을 적용할 의사와 능력이 있음을 확인한 후 본 협약 당사국에 한하여 포로를 이송할 수 있다. 억류국에 의하여 포로가 전기와 같은 사정하에 이송될 때에는, 본 협약의 적용에 대한 책임은, 포로가 자국 내에 억류되고 있는 동안 포로를 접수한 국가에 있다. 동 국가가 어떤 중요한 점에 관하여 본 협약의 규정을 실시하지 않을 경우, 포로를

이송한 국가는, 이익 보호국의 통고가 있을 시 동 사태를 시정하기 위한 유효한 조치를 취하거나 또는 포로의 반환을 요청하여야 한다. 이러한 요청은 반드시 응낙되어야 한다.

제13조 포로는 항상 인도적으로 대우되어야 한다. 그 억류하에 있는 포로를 사망케 하거나 그 건강에 중대한 위해를 가하는 여하한 억류국의 불법한 작위 또는 부작위도 금지되어야 하며, 이는 또한 본 협약의 중대한 위반으로 간주된다. 특히, 포로에 대하여, 신체의 절단 또는 의료, 치과 또는 임상치료상 정당하다고 인정될 수 없고 또한 그 이익에 배치되는 모든 종류의 의료 또는 과학적 실험을 행하지 못한다. 또한 포로는 특히 폭행, 협박, 모욕 및 대중의 호기심으로부터 항상 보호되어야 한다. 포로에 대한 보복조치는 이를 금지한다.

제14조 포로는 모든 경우에 있어서 그들의 신체와 명예를 존중받을 권리를 가진다. 여자는 여성이 당연히 받아야 할 모든 고려로서 대우되며, 또한 여하한 경우에도 남자와 동등하게 대우되어야 한다. 포로는 그들이 포로가 될 때에 향유하던 완전한 사법상의 행위 능력을 보유한다. 억류국은, 포로라는 신분 때문에 불가피한 경우를 제외하고는 자국의 영토 내외에서, 그들의 행위 능력이 부여하는 권리의 행사를 제한하여서는 아니된다.

제15조 포로를 억류하는 국가는 무상으로 포로에 대한 급양을 제공하고 또한 그들의 건강상태상 필요한 의료를 제공하여야 한다.

제16조 억류국은 계급 및 성별에 관한 본 협약의 규정을 고려하고, 또한 그들의 건강상태, 연령 또는 전문능력을 이유로 그들에게 부여할 수 있는 특전적인 대우를 허여하면서 인종, 국적, 종교적 신앙이나 정치적 의견에 근거를 둔 불리한 차별 또는 유사한 기준에 근거를 둔 기타의 모든 차별없이, 모든 포로를 균등하게 대우하여야 한다.

제3편 포로의 신분

제1부 포로 신분의 개시

제17조 모든 포로는 당해 문제에 관하여 심문을 받을 때에는, 그 성명, 계급, 출생 년월일 및 소속군번호, 연대번호, 군번을 진술하여야 하며, 또는 이것이 없는 경우에는 이에 상당한 사항을 진술하여야 한다. 포로가 고의로 이 규칙을 위반할 경우에는, 그는 그의 계급 또는 지위에 해당하는 특전을 제한받을 수 있다. ...

제18조 무기, 마필, 군장비 및 군 문서를 제외한 모든 개인 용품은 포로가 계속하여 소지하며, 철모와 방독면 및 인체의 보호를 위하여 교부된 유사한 물품도 또한 동일하다. 포로의 의식을 위하여 사용되는 물품도, 비록 그들 정규의 군장비에 속하는 것이라고 하더라도, 그들이 계속하여 소지한다. 포로는 항상 신분증명서를 휴대하여야 한다. ...

제19조 포로는 포로가 된 후 가능한 한 신속히, 그들에게 위험이 없을 정도로 전투 지역으로부터 충분히 떨어진 지역에 소재하는 수용소에 후송되어야 한다. ...

제20조 포로의 후송은 항상 인도적으로, 또한 억류국 군대가 이동할 경우와 동일한 조건으로, 실행하여져야 한다. ...

제2부 포로의 억류

제1장 총 칙

제21조 억류국은 포로를 억류할 수 있다. 억류국은 그들이 억류되어 있는 수용소를 일정한 한계를 넘어 떠나지 않도록 하는 의무를, 또는 위에 말한 수용소가 울타리로 둘러싸인 경우에는 그 주위 밖으로 나가지 않도록 하는 의무를 포로들에게 과할 수 있다. 형벌 및 징계벌에 관한 본 협약의 규정에 따라 포로는 엄중하게 감금되어서는 아니된다. 단, 그들의 건강을 보호하기 위하여 필요한 경우와, 또한 그러한 감금을 필요로 하는 사정이 계속되는 동안은 예외로 한다. ...

제22조 포로는 육지에 소재하며 또한 위생상 및 보건상의 모든 보장을 주는 건물에 한하여 억류될 수 있다. 포로들 자신의 이익이 된다고 인정되는 특별한 경우를 제외하고는 포로들을 형무소에 억류하지 못한다. 비위생적인 지역에, 또는 기후가 그들에게 해로운 지역에 억류되어 있는 포로는 가능한 한 조속히 더 호전적인 기후로 이전하여야 한다. ...

제23조 포로는 어떠한 때에도 전투 지대의 포화에 노출될 우려가 있는 지역에 보내거나 또는 억류하지 못하며, 또한 그의 존재를 일정한 지점이나 지역을 군사작전으로부터 면제되도록 이용하지 못한다. 포로는 지방의 민간인 주민과 동일한 정도로 공중 폭격과 기타의 전쟁의 위험에 대한 대피소를 가져야 한다. ...

제25조 포로는 동일한 지역에 숙영하는 억류국의 군대와 동일하게 유리한 조건으로 영사에 수용되어야 한다. ...

제26조 매일의 기본 급식은 양, 질 및 종류에 있어서, 포로로 하여금 양호한 건강상태를 유지할 수 있도록 하고 또한 체중의 감소 또는 영양 실조의 발생을 방지하는데 충분하여야 한다. ...

제27조 억류국은, 포로가 억류되어 있는 지역의 기후를 고려하여 피복, 내의 및 신발을 충분히 공급하여야 한다. ...

제28조 모든 수용소에는, 포로가 식량, 비누, 담배 및 일상 사용하는 보통의 물품을 구매할 수 있는 주보가 설치되어야 한다. ...

제3장 위생 및 의료

제29조 억류국은 수용소의 청결 및 위생의 확보와 전염병의 방지를 위하여 필요한 모든 위생상의 조치를 취하여야 한다. ...

제30조 각 수용소에는 포로들이 필요한 치료와 적당한 식사 요양을 제공받을 수 있는 적절한 변동이 있어야 한다. ...

제31조 포로의 신체검사는 적어도 월1회 행하여야 한다. ...

제4장 포로를 원조하기 위하여 억류된 의무 요원 및 종교요원

제33조 의무 요원 및 종교요원은 억류국이 포로를 원조하기 위하여 억류하는 동안, 포로로 간주되지 아니한다. ...

제5장 종교적, 지적 및 육체적 활동

제34조 포로는, 군 당국이 정하는 일상의 규율에 따를 것을 조건으로 하여, 그들 신앙의 종교의식에 참석하는 것을 포함하는 그들의 종교상 의무의 이행에 있어서

완전한 자유를 가진다. 종교적 의식을 거행할 수 있는 적당한 건물이 제공되어야 한다. ...

제6장 규 율

제39조 모든 포로 수용소는, 억류국의 정규군대에 속하는 책임 있는 장교의 직접지휘하에 두어야 한다. ...

제40조 계급장 및 국적 표지 및 훈장의 착용은 허가하여야 한다.

제41조 모든 수용소에는 본 협약 및 그 부속서의 본문과 제6조에 규정하는 모든 특별 협정의 내용을 포로가 사용하는 언어로써 모든 포로가 읽을 수 있는 장소에 게시하여야 한다. ...

제42조 포로, 특히 도주하고 있는 또는 도주하려 하는 포로에 대한 무기의 사용은 극단적인 조치가 되는 것으로서 이에 앞서 당해 사정에 적합한 경고를 반드시 행하여야 한다.

제7장 포로의 계급

제43조 충돌 당사국은, 적대 행위가 개시될 때에 같은 계급에 속하는 포로들 대우의 평등을 보장하기 위하여, 본 협약 제4조에 말한 모든 자의 직위와 계급을 상호 통지하여야 한다. ...

제8장 수용소에 도착한 후의 포로의 이동

제46조 억류국은 포로의 이동을 결정함에 있어서는 포로 자신의 이익을 고려하여야 하고 특히 포로의 송환을 일층 곤란하게 하지 않도록 하여야 한다. ...

제48조 이동의 경우에는 포로에 대하여 그의 출발 사실 및 새로운 우편용 주소를 정식으로 통지하여야 한다. ...

제3부 포로의 노동

제49조 억류국은, 특히 포로들을 신체적 및 정신적 건강의 양호한 상태로 유지하기 위하여, 그들의 연령, 성별, 계급 및 신체적 적성을 고려하여 신체적으로 적합한 포로의 노동을 이용할 수 있다. 포로인 하사관들은 감독의 일만을 행함이 요구된다. ...

제50조 포로들은, 수용소의 행정, 시설 또는 유지에 관련된 노동 이외에 다음의 종류에 포함되는 노동에 한하여 이를 행하도록 강제할 수 있다.
가. 농업,
나. 원료의 생산 또는 채취에 관련되는 산업, 제조공업(야금업, 기계공업 및 화학공업은 제외한다) 및 군사적 성질 또는 목적을 가지지 않는 토목업과 건축업,
다. 군사적 성질 또는 목적을 가지지 않는 운송업과 창고업,
라. 상업 및 예술과 공예,
마. 가내 용역,
바. 군사적 성질 또는 목적을 가지지 않는 공익사업. 위의 규정에 대한 위반이 있을 경우에는 포로들은 제78조에 따라 청원의 권리를 행사하도록 허용되어야 한다. ...

제51조 포로들은 특히 숙사, 음식, 피복 및 장비에 관하여 적절한 노동조건을 허여하여야 한다. ...

제52조 포로는 스스로의 희망하지 않는 한 건강에 해로운 또는 위험한 성질의 노동에 사용하지 못한다. ...

제53조 왕복 시간을 포함하는 포로들의 일일 노동시간은 과도하여서는 아니되며, 또한 어떠한

경우에도 억류국의 국민으로서 동일한 노동에 고용되고 있는 당해 지방의 민간인 노동자에게 허용되는 바를 초과하지 못한다. ...

제55조 노동에 대한 포로의 적성은 적어도 매월 1회 의사의 진찰에 의하여 정기적으로 확인되어야 한다. ...

제4부 포로들의 금전 관계

제58조 적대 행위가 시작된 때, 또한 이익 보호국과 이 문제에 관하여 합의가 성립할 때까지 억류국은 현금 또는 이에 유사한 형식으로 포로들이 소지할 수 있는 최고한도의 금액을 정할 수 있다. ...

제60조 억류국은 모든 포로에 대하여 월급을 선지불하여야 하며, 그 금액은 다음의 액을 억류국의 통화로 환산하여 정한다. ...

제5부 포로의 외부와의 관계

제71조 포로들은 편지나 엽서를 송부하고 또한 받을 것이 허가되어야 한다. ...

제6부 포로와 당국과의 관계

제1장 억류 조건에 관한 포로의 이의 제청

제78조 포로들은 그 권력하에 그들이 있는 군 당국에 대하여 억류조건에 관한 요청을 제기할 권리를 가진다. ...

제2장 포로대표

제79조 포로들은, 장교들이 있는 장소를 제외하고 포로가 있는 모든 장소에 있어서, 군당국, 이익보호국, 국제적십자위원회 및 포로를 원조하는 기타의 단체에 대하여 그들의 대표 행위를 위임할

포로대표를 6개월마다 또는 결원이 생긴 때마다 자유로이 비밀 투표로 선거하여야 한다. ...

제3장 형벌 및 징계벌

1. 총 칙

제82조 포로는 억류국의 군대에 적용되는 법률, 규칙 및 명령에 복종하여야 한다. ...

제84조 포로는 군사재판소만이 재판할 수 있다. ...

제86조 포로는 동일한 행위 또는 동일한 범죄 사실에 대하여 두 번 처벌되지 아니한다.

제87조 억류국의 군당국 및 법원은 포로에 대하여 동일한 행위를 한 억류국의 군대의 구성원에 관하여 규정한 형벌 이외의 형벌을 과하지 못한다. ...

제91조 포로의 도주는 다음 경우에는 성공한 것으로 간주한다. 1. 포로가 그가 속하는 국가 또는 동맹국의 군대에 복귀한 경우, 2. 포로가 억류국 또는 그 동맹국의 지배하에 있는 지역을 떠났을 때, 3. 포로가 억류국의 영해에서 그가 속하는 국가 또는 동맹국의 국기를 게양하는 함선에 승선했을 때. ... 본조의 의미에 있어서의 도주에 성공한 후 다시 포로로 된 자에 대하여는 이전의 도주에 대하여 처벌할 수 없다.

제92조 도주를 기도하는 포로와 제91조의 의미에 있어서의 도주에 성공하기 전 다시 붙잡힌 포로에 대하여는 그 위반행위가 반복된 경우라도 그것에 대하여는 징계벌만 과하여야 한다. ...

제4편 포로 신분의 종료

제1부 직접 송환 및 중립국에서의 수용

제109조 본조 제3항의 규정에 따를 것을 조건으로 충돌 당사국은 중상 및 중병의 포로를 그의 수와 계급의 여하를 불문하고 그들이 여행에 적합할 때까지 치료한 후에 다음 조 제1항에 따라 본국으로 송환하여야 한다.

제111조 억류국, 포로가 속하는 국가 및 그 2국 간에 합의된 중립국은 적대 행위가 종료할 때까지 그 중립국 영토 내에 포로를 억류할 수 있도록 하는 협정의 체결에 노력하여야 한다. ...

제117조 송환된 자는 현역 군무에 복무시켜서는 아니된다.

제2부 적대행위 종료시의 포로의 석방과 송환

제118조 포로는 적극적인 적대행위가 종료한 후 지체없이 석방하고 송환하여야 한다. ...

제3부 포로의 사망

제120조 포로의 유언서는 본국법에서 필요로 하는 유효요건을 충족시키도록 작성하여야 하고 본국은 이점에 관한 요건을 억류국에 통지하기 위하여 필요한 조치를 취한다. ...

제5편 포로에 관한 정보국과 구제단체

제122조 각 충돌당사국은 충돌이 개시될 때와 모든 점령의 경우에 그 권력 내에 있는 포로에 관한 공설 정보국을 설치하여야 한다. ...

제123조 (중앙 포로 정보국은 중립국에 설치한다.) 국제적십자위원회는 필요하다고 인정하는 경우 관계국가에 대하여 중앙 포로 정보국의 조직을 제안하여야 한다. ...
(이하 생략, 기타 조문은 국가법령정보센터, https://www.law.go.kr/ 참조바람)

16 1949년 8월 12일자 전시에 있어서의 민간인 보호에 관한 제네바 협약(제4협약)
(Geneva Convention Relating to the Protection of Civilian Persons in Time of War of August 12, 1949)

발효일 : 1950. 10.21.
한국 발효일 : 1966.8.16.
한국 유보 ; 대한민국은 제68조 제2항에서 말하는 범죄행위가, 점령개시의 피점령지역의 법령에 의하여 사형을 과할 수 있는 여부를 불문하고, 동 항의 규정에 따라 사형을 과할 권리를 유보한다.
한국 선언 ; 대한민국 정부는 대한민국의 유일한 합법정부이며, 이 협약에의 가입은 대한민국이 이제까지 승인하지 않은 여하한 본 협약의 당사자를 승인하는 것으로 간주하여서는 안된다는 것을 선언한다. 대한민국은 제118호 제1항의 규정을 공개적으로 자유로이 발표된 포로의 의사에 반하여 그 포로를 강제송환할 의무는 지지 않은 것으로 해석한다.

전시에 있어서의 민간인의 보호에 관한 협약을 제정할 목적으로, 1949년 4월 21일부터 동년 12일까지 제네바에서 개최된, 외교관회의에 대표를 파견한 정부의 아래에 서명한 전권위원은 다음과 같이 협정하였다.

제1편 총 칙

제1조 체약국은 모든 경우에 있어서 본 협약을 존중할 것과 본 협약의 존중을 보장할 것을 약속한다.

제2조 본 협약은, 평시에 실시될 규정 외에도 둘 또는 그 이상의 체약국 간에 발생할 수 있는 모든 선언된 전쟁 또는 기타 무력충돌의 모든 경우에 대하여, 당해 체약국의 하나가 전쟁상태를 승인하거나 아니거나를 불문하고 적용된다. 본 협약은, 또한 일 체약국 영토의 일부 또는 전부가 점령된 모든 경우에 대하여 비록 그러한 점령이 무력저항을 받지 아니한다 하더라도 적용된다. 충돌 당사국의 일방이 본 협약의 당사국이 아닐 경우에도 본 협약의 당사국은 그들 상호 관계에 있어서, 본 협약에 구속된다. 또한 체약국은 본 협약체약국이 아닌 충돌 당사국이 본 협약의 규정을 수락하고 또한 적용할 때에는 그 국가와의 관계에 있어서 본 협약의 구속을 받는다.

제3조 일 체약국의 영토 내에서 발생하는 국제적 성격을 갖지 아니한 무력충돌의 경우에 있어서 당해 충돌의 각 당사국은 적어도 다음 규정의 적용을 받아야 한다.
1. 무기를 버린 전투원 및 질병, 부상, 억류 기타 사유로 전투력을 상실한 자를 포함하여, 적대행위에 능동적으로 참가하지 아니하는 자는 모든 경우에 있어서 인종, 색, 종교 또는 신앙, 성별, 문벌이나 빈부, 또는 기타의 유사한 기준에 근거한 불리한 차별 없이 인도적으로 대우하여야 한다. 이 목적을 위하여 상기의 자에 대한 다음의 행위는 때와 장소를 불문하고 이를 금지한다.
가. 생명, 및 신체에 대한 폭행, 특히 모든 종류의 살인, 상해, 학대 및 고문.

나. 인질로 잡는 일.

다. 인간의 존엄성에 대한 침해, 특히 모욕적이고, 치욕적인 대우
라. 문명국인이 불가결하다고 인정하는 모든 법적 보장을 부여하는 정상적으로 구성된 법원의 사전의 재판에 의하지 아니하는 판결의 언도 및 형의 집행

2. 부상자 및 병자는 수용, 간호되어야 한다. 국제적십자위원회와 같은 공정한 인도적 단체는 그 용역을 충돌 당사국에 제공할 수 있다. 충돌 당사국은 특별협정에 의하여, 본 협약의 다른 규정의 전부 또는 일부를 실시하도록 더욱 노력하여야 한다. 전기 규정의 적용은 충돌 당사국의 법적 지위에 영향을 미치지 아니한다.

제4조 본 협약에 의하여 보호되는 자는, 무력 충돌 또는 점령의 경우에 있어서 특정 시점에 그 형식의 여하에 관계없이 충돌 당사국 또는 점령국의 권력 내에 있는 자로서 동 충돌 당사국 또는 점령국의 국민이 아닌 자이다. 본 협약의 구속을 받지 않는 국가의 국민은 본 협약의 보호를 받지 못한다. 교전국 영역 내에 있는 중립국 국민 또는 공동 교전국 국민은 그들의 본국이 그들을 권력하에 두고 있는 국가 내에 통상적인 외교대표를 주재시키고 있는 기간 동안은 피보호자로 간주되지 아니한다.

육전에 있어서의 군대의 부상자 및 병자의 상태 개선에 관한 1949년 8월 12일자 제네바 협약, 해상에 있는 군대의 부상자, 병자 및 조난자의 상태 개선에 관한 1949년 8월 12일자 제네바 협약, 또는 포로의 대우에 관한 1949년 8월 12일자 제네바 협약에 의하여 보호를 받는 자는, 본 협약이 의미하는 피보호자로 고려되지 않는다.

제5조 충돌 당사국의 영역 내에서 피보호인이 동 충돌 당사국의 안전을 해하는 활동을 하였다는 혐의 또는 그러한 활동에 종사하고 있다는 사실을 확인하였을 경우에는 그러한 개인은 동인을 위하여 행사된다면 그러한 충돌 당사국의 안전에 유해할 본 협약상의 제 권리와 특권을 요청할 수 없다. ...

제6조 본 협약은 제2조에서 언급된 충돌 또는 점령의 개시 시부터 적용된다. 충돌 당사국의 영역 내에 있어서는 본 협약의 적용은 군사행동의 일반적 종료와 동시에 정지된다. 점령지역의 경우에 있어서는, 본 협약의 적용은 군사행동의 일반적 종료 일 년 후에 정지된다. ...

제7조 제11조, 제14조, 제15조, 제17조, 제36조, 제108조, 제109조, 제132조, 제133조 및 제149조에서 명문으로 규정된 협정에 부가하여 체약국은 별도규정을 설정함이 적당하다고 인정하는 모든 관계 사항에 관하여 타의 특별협정을 체결할 수 있다. 어떠한 특별협정이라도 본 협약에서 정하는 피보호인의 지위에 불리한 영향을 미치거나, 또는 본 협약이 그들 피보호인에게 부여하는 권리를 제한해서는 아니된다. ...

제8조 피보호인은 어떠한 경우에 있어서도 본 협정 및 전조에 언급된 특별협정(그러한 협정이 있는 경우)에 의하여 보장된 권리를 부분적으로나 또는 전체적으로도 포기할 수 없다.

제9조 본 협약은, 충돌 당사국의 이익 보호를 임무로 하는 이익 보호국의 협력에 의하여 또한 그 보호하에 적용된다. 이 목적을 위하여 이익 보호국은, 자국외교관 또는 영사를 제외한 자국 국민이나

다른 중립국 국민 중에서 대표단을 임명할 수 있다. 전기의 대표는 그들의 임무를 수행할 국가의 승인을 받아야 한다. ...

제10조　본 협약의 제 규정은 국제적십자위원회 또는 기타의 공평한 인도적 단체가 관계충돌 당사국의 동의를 얻어, 민간인의 보호 및 그 구제를 위하여 행하는 인도적 활동을 방해하지 아니한다.

제11조　체약국은, 하시라도, 공정과 효율을 전적으로 보장하는 단체에 본 협약에 따라 이익 보호국이 부담하는 의무를 언제든지 위임할 것에 동의할 수 있다. ...

제12조　이익 보호국이 보호를 받는 자를 위하여 적당하다고 인정할 경우, 특히 본 협약의 규정의 적용 또는 해석에 관하여 충돌 당사국 간에 분쟁이 있을 경우에는, 이익 보호국은 그 분쟁을 해결하기 위하여 주선을 행하여야 한다. ...

제2편　전쟁의 특정 결과에 대한 주민의 일반적 보호

제13조　제2편의 규정은 특히 인종, 국적, 종교 또는 정치적 의견에 따른 불리한 차별을 받음이 없이 충돌 당사국의 주민 전체에 적용되며 또 전쟁에 의하여 발생되는 고통을 경감함을 목적으로 한다.

제14조　평시에 있어서 체약국, 그리고 적대 행위의 발발 후에 있어서 적대행위의 당사국은 각자의 영역 내에 그리고 필요한 경우에는 점령 지역 내에, 부상자, 병자, 노인, 15세 미만 아동, 임산부 및 7세 미만의 유아의 모를 전쟁의 영향으로부터 보호하기 위하여 편제되는 병원, 안전지대 및 지점을 설정할 수 있다. ...

제15조　어느 충돌 당사국 일방은 직접으로 또는 중립국 또는 인도적인 기구를 통하여 전쟁이 계속되고 있는 지역 내에 하기자를 차별 없이 전쟁의 영향으로부터 보호하기 위한 중립지대를 설치할 것을 상대방 당사국에게 제의할 수 있다.

가. 부상자 또는 병자(전투원, 비전투원 불문),

나. 적대 행위에 참가하지 아니하고 그 지역에 거주하는 동안 여하한 군사적 성질을 가진 사업도 수행하지 아니하는 민간인. 관계국이 제안된 중립지대의 지리적 위치, 관리, 식량공급 및 감시에 관하여 합의하였을 경우에는 충돌 당사국의 대표자는 문서에 의한 협정을 체결 서명하여야 한다. 동 협정은 지대 중립화의 시기와 존속 기간을 확정해 두어야 한다.

제16조　<u>부상자, 병자, 허약자 및 임산부는 특별한 보호 및 존중의 대상이 되어야 한다.</u> 군사적인 사정이 허락하는 한, 각 충돌 당사국은 사자 및 부상자를 수색하고, 조난자 및 기타 중대한 위험에 처한 자를 구조하고 약탈 및 학대로부터 이들을 보호하기 위하여 취하여지는 조치에 편익을 제공하여야 한다.

제17조　충돌 당사국은, 공격 또는 포위된 지역으로부터의 부상자, 병자, 허약자, 노인, 아동 및 임산부의 철수 및 동 지역으로 향하는 종교요원, 의무요원 및 의료기재의 통로를 위한 지역적 협정을 체결토록 노력하여야 한다.

제18조　부상자, 병자, 허약자 및 임산부를 간호하기 위하여 설립된 민간병원은 어떠한 경우에도 공격의 대상이 되어서는 안 되며 항시 충돌 당사국에 의하여 존중되고 보호되어야 한다. ...

제19조 민간병원이 향유할 수 있는 보호는 그러한 병원이 그 인도적인 임무를 벗어나 적에게 유해한 행위를 하도록 사용된 경우를 제외하고는 소멸되어서는 안된다. ...

제20조 민간인 부상자 및 병자, 허약자 및 임산부의 수새, 철수, 수송 및 간호에 종사하는 자를 포함하여 민간병원의 운영 및 관리에 정규로 또 전적으로 종사하는 자는 존중되고 보호되어야 한다. ...

제21조 민간인 부상자 및 병자, 허약자 및 임산부를 수송하는 육상의 호송 차량대, 또는 병원 열차, 또는 해상의 특수 선박은 제18조에서 규정된 병원과 동일하게 존중 및 보호되어야 하며, 아울러 국가의 동의를 얻어 육전에 있어서의 군대의 부상자 및 병자의 상태 개선에 관한 1949년 8월 12일자 제네바 협약의 제38조에서 규정한 특수 표지를 게시하여 표시하여야 한다.

제22조 민간인 부상자 및 병자, 허약자 및 임산부의 철수, 의무요원 및 의료 기구의 수송을 위하여 전적으로 사용되는 항공기는 모든 관계충돌 당사국 간에 특별히 합의된 고도, 시각 및 항로에 따라 비행하고 있는 동안은 공격되어서는 아니되고 존중되어야 한다. ...

제23조 각 체약국은 타방 체약국, 비록 적국일지라도 민간인에게만 향하는 의료품 및 병원용품, 그리고 종교상의 의식을 위하여 필요로 하는 물품 등 모든 탁송품의 자유 통과를 허용하여야 한다. ...

제24조 충돌 당사국은 전쟁의 결과로 고아가 되었거나, 또는 자기 가족들로부터 이산된, 15세 미만의 아동이 유기되지 않도록, 그리고 모든 경우에 있어 그들의 부양,

종교생활 및 교육이 용이하게 보장됨을 확보하기 위한 필요한 조치를 취하여야 한다. ...

제25조 충돌 당사국의 영역 또는 그 점령 지역 내에 있는 모든 자에 대하여는 그들의 가족이 있는 장소의 여하를 불문하고 엄밀한 사적 성격을 가진 소식을 그들 가족들과 상호 전달할 수 있도록 하여야 한다. ...

제3편   피보호자의 지위 및 대우

제1부   충돌 당사국의 영역 및 점령지역내에 공통되는 규정

제27조 피보호자들은 모든 경우에 있어서 그들의 신체, 명예, 가족으로서 가지는 제 권리, 신앙 및 종교상의 행사, 풍속 및 관습을 존중받을 권리를 가진다. 그들은 항시 인도적으로 대우되어야 하며, 특히 모든 폭행 또는 협박, 모욕 및 공중의 호기심으로부터 보호되어야 한다.

제31조 피보호자 또는 제삼자로부터 특히 정보를 얻기 위하여 피보호자들에게 육체적 또는 정신적 강제를 가하여서는 안된다.

제2부   충돌 당사국의 영역에 있는 외국인

제35조 충돌이 개시될 때 또는 그것의 진행 기간 중에 충돌 당사국의 영역으로부터 퇴거하기를 희망하는 모든 피보호자들은 그 퇴거가 그 나라의 국가적 이익에 반하지 않는 한, 그 영역으로부터 퇴거할 권리를 가진다. ...

제38조 피보호자의 지위는 본 협약 특히 제27조 및 제41조에 의하여 인정되는 특별 조치를 예외로 하고 원칙적으로 평시에 있어

서의 외국인에 관한 규정에 의하여 계속 규율되어야 한다. ...

제40조 피보호자는 그가 재류하는 충돌 당사국의 국민과 동등한 정도 이상으로는 노동을 강제받지 아니한다. ...

제42조 피보호자의 억류 또는 주거지정은 억류국의 안정보장상 이를 절대 필요로 하는 경우에 한하여 명할 수 있다. ...

제44조 억류국이 본 협약에서 말하는 통제조치를 적용함에 있어 사실상 여하한 정부의 보호도 받지 않고 있는 망명자들을 다만 그들이 법률상 적국의 국적을 가지고 있다는 이유만으로써 적성 외국인으로 취급하여서는 안된다. ...

제48조 영역을 점령당한 국가의 국민이 아닌 피보호자들은 제35조의 규정에 따를 것을 조건으로 하고, 그 영역을 퇴거할 권리를 행사할 수 있다. ...

제49조 피보호자들을 점령지역으로부터 점령국의 영역 또는 피점령 여부를 불문하고 타국의 영역으로 개인적 또는 집단적으로 강제 이송 또는 추방하는 것은 그 이유의 여하를 불문하고 금지된다. 그러나, 점령국은 주민의 안전 또는 군사상의 이유로 필요할 경우에는 일정한 구역의 전부 또는 일부의 철거를 실시할 수 있다. ...

제51조 점령국은 피보호자들에 대하여 자국의 군대 또는 보조부대에 복무할 것을 강요하여서는 안된다. 자발적 지원을 시키는 것을 목적으로 하는 압력 또는 선전은 금지된다. ...

제53조 개인적인 것이거나 또는 공동적인 것임을 불문하고 사인, 국가 기타의 공공당국, 사회단체 또는 협동단체에 속하는 부동산 또는 동산의 점령군에 의한 파괴는 그것이 군사행동에 의하여 절대 필요하게 될 경우를 제외하고는 일체 금지된다. ...

제64조 피점령국의 형벌법령은 그것이 점령국의 안전을 위협하거나 또는 본 협약의 적용을 방해한 때에 점령국이 이를 폐지 또는 정지시키는 경우를 제외하고는 계속하여 효력을 가진다. ...

제83조 억류국은 전쟁의 위험을 많이 받고 있는 지구에 억류장소를 설치하여서는 안된다. ...

제85조 억류국은 피보호자들의 억류시초로부터 그들을 위생상 및 보건상의 모든 보장을 주고 또 기후의 가혹성 및 전쟁의 영향으로부터 가능한 한 보호를 받을 수 있는 건물 또는 구획 내에 수용하는 것을 확보키 위하여 필요하고 가능한 모든 조치를 취하여야 한다. ...
(이하 생략; 기타 조문은 국가법령정보센터, https://www.law.go.kr/ 참조바람)

17 1950년 인권 및 기본적 자유의 보호에 관한 유럽협약
(Convention for the Protection of Human Rights and Fundamental Freedoms)[5]

서명일 : 1950.11.4./ 발효일 : 1953.9.3.

제3의정서(1970년 9월 21일 발효), 제5의정서(1971년 12월 20일 발효), 제8의정서
(1990년 1월 1일 발효), 제11의정서(1998년 11월 1일 발효), 제14의정서(2004년 6월
1일 발효), 제15의정서(2021년 8월 1일 발효), 제16의정서(2018년 8월 1일)에 의한 개정

유럽심(평)의회(Council of Europe) 가맹국인 서명정부는, 1948년 12월 10일 국제연합 총회가 선포한 세계인권선언을 고려하고, 그 선언이 그 속에 선포된 권리의 보편적이고 실효적인 승인과 준수를 확보함을 목적으로 하고 있음을 고려하고, 유럽심(평)의회의 목적이 가맹국 간의 보다 강한 결합을 달성하는 것이며, 그 목적이 추구되는 방법 중의 하나가 인권 및 기본적 자유의 유지와 보다 큰 실현이라는 점을 고려하고, 세계의 정의와 평화의 기초이며, 한편으로는 실효적인 정치적 민주주의에 의하여 다른 한편으로는 그 자체가 의존하고 있는 인권에 대한 공통의 이해와 준수에 의하여 가장 잘 유지될 수 있는 기본적 자유에 대한 깊은 신념을 재확인하고, 마음을 같이 하며, 정치적 전통, 이상, 자유 및 법의 지배에 관한 공통의 유산을 갖고 있는 유럽 국가의 정부로서, 세계인권선언 속에 규정된 일정한 권리를 집단적으로 실행하기 위한 최초의 조치를 취할 것을 결의하여,

"Affirming that the High Contracting Parties, in accordance with *the principle of subsidiarity*, have the primary responsibility to secure the rights and freedoms defined in this Convention and the Protocols thereto, and that in doing so they enjoy *a margin of appreciation*, subject to the supervisory jurisdiction of the European Court of Human Rights established by this Convention."(제15의정서 제1조에 의해 추가)

다음과 같이 합의하였다.

제1조 【인권 존중의 의무】 체약국은 자신의 관할에 속하는 모든 자에 대하여 이 협약 제1절에 규정된 권리와 자유를 보장한다(shall ensure).

제1절 권리와 자유

제2조 【생명권】 1. 모든 사람의 생명권은 법에 의하여 보호된다. 어느 누구도 법에 규정된 형벌이 부과되는 범죄의 유죄확정에 따른 법원의 판결을 집행하는 경우를 제외하고는 고의로 생명을 박탈당하지 아니한다.

2. 생명의 박탈이 다음의 상황에서 절대적으로 필요한 힘의 행사의 결과인 때에는, 이 조에 위반하여 부과된 것으로 간주되지 아니한다.

---

5) 제11의정서에 의한 개정 내용 반영. www.unesco.or.kr/hrtreaty, 정인섭 편역, 「국제인권조약집」, 유네스코한국위원회 기획 참조

a. 위법한 폭력으로부터 사람을 보호하기 위하여.
b. 합법적으로 체포를 하거나 또는 합법적으로 구금된 자의 도주를 방지하기 위하여.
c. 폭동 또는 반란을 진압하기 위하여 합법적으로 취하여지는 행동.

제3조 【고문의 금지】 어느 누구도 고문, 비인도적인 또는 굴욕적인 취급이나 형벌을 받지 아니한다.

제4조 【노예 및 강제노동의 금지】
1. 어느 누구도 노예 또는 예속 상태에 놓여지지 아니한다.
2. 어느 누구도 강제적 또는 의무적 노동을 하도록 요구되지 아니한다.
3. 이 조의 적용상 "강제적 또는 의무적 노동"이라고 하는 용어는 다음 사항을 포함하지 아니한다.
a. 이 협약 제5조의 규정에 따라 부과된 구금 중 또는 그러한 구금으로부터 조건부 석방에서 통상적으로 요구되는 작업.
b. 군사적 성격의 역무, 또는 양심적 병역거부가 인정되고 있는 국가에서 병역의무 대신 실시되는 역무.
c. 공동사회의 존립 또는 복지를 위협하는 긴급사태 또는 재난시에 요구되는 역무.
d. 시민의 통상적인 의무를 구성하는 작업 또는 역무.

제5조 【신체의 자유와 안전에 대한 권리】 1. 모든 사람은 신체의 자유와 안전에 대한 권리를 가진다. 어느 누구도 다음의 경우에 있어서 법률로 정한 절차를 따르지 아니하고는 자유를 박탈당하지 아니한다.
a. 권한 있는 법원의 유죄결정 후의 사람의 합법적 구금.

b. 법원의 합법적 명령에 따르지 않기 때문이거나, 또는 법률이 규정한 의무의 이행을 확보하기 위한 사람의 합법적 체포 또는 구금.
c. 범죄를 범했다고 의심할 만한 합리적인 이유가 있을 때, 또는 그 범죄의 수행이나 범죄수행 후의 도주를 방지하기 위하여 필요하다고 믿을 만한 합리적 이유가 있을 때, 그를 권한 있는 사법당국에 회부하기 위한 목적에서 실시되는 합법적 체포 또는 구금.
d. 교육적인 감독의 목적으로 합법적 명령에 의한 미성년자의 구금, 또는 권한 있는 사법당국으로 회부하기 위한 목적에 따른 합법적인 미성년자의 구금.
e. 전염병의 전파를 방지하기 위하여, 또는 정신이상자, 알코올중독자, 마약중독자 및 부랑자의 합법적 구금.
f. 불법 입국을 방지하기 위하여, 또는 강제퇴거나 범죄인 인도를 위한 절차가 행하여지고 있는 사람의 합법적 체포 또는 구금.
2. 체포된 모든 사람은 그가 이해하는 언어로 그의 체포 사유 및 피의 사실을 신속하게 통고받는다.
3. 이 조 제1항 c호 규정에 따라 체포 또는 구금된 모든 사람은 법관 또는 법률에 의하여 사법권을 행사할 권한을 부여받은 기타 관헌에게 신속히 회부되어야 하며, 또한 그는 합리적인 기간 내에 재판을 받거나 또는 재판 중에 석방될 권리를 가진다. 석방은 재판을 위하여 출두할 것이라는 보증을 조건으로 할 수 있다.

4. 체포 또는 구금에 의하여 자유를 박탈당한 사람은 누구든지 법원이 그의 구금의 합법성을 지체없이 결정하고, 그의 구금이 합법적이 아닌 경우에는 석방이 명령되도록 법원에 절차를 취할 권리를 가진다.

5. 이 조의 규정에 위반된 체포 또는 구금의 피해자는 누구든지 집행 가능한 보상을 받을 권리를 가진다.

제6조 【공정한 재판을 받을 권리】

1. 모든 사람은 민사상의 권리 및 의무, 또는 형사상의 죄의 결정을 위하여 법률에 의하여 설립된 독립적이고, 공평한 법원에 의하여 합리적인 기한 내에 공정한 공개심리를 받을 권리를 가진다. 판결은 공개적으로 선고되며, 다만 민주사회에 있어서의 도덕, 공공질서 또는 국가안보를 위한 경우, 미성년자의 이익이나 당사자들의 사생활보호를 위하여 필요한 경우, 또는 공개가 사법상 이익을 해할 특별한 사정이 있다고 법원이 판단하는 경우 엄격히 필요한 한도 내에서 보도기관 또는 공중에 대하여 재판의 전부 또는 일부가 공개되지 아니할 수 있다.

2. 모든 형사피의자는 법률에 따라 유죄가 입증될 때까지는 무죄로 추정된다.

3. 모든 형사피의자는 다음과 같은 최소한의 권리를 가진다.

a. 그에 대한 기소의 성격 내지 이유를 그가 이해하는 언어로 신속하고 상세하게 통보받을 것.

b. 자신의 변호의 준비를 위하여 충분한 시간과 편의를 가질 것.

c. 직접 또는 본인이 선택한 법적 조력을 통하여 자신을 변호할 것, 또는 법적 조력을 위한 충분한 지불수단을 가지고 있지 못하지만 사법상의 이익을 위하여 필요한 경우에는 무료로 법적 조력이 부여될 것.

d. 자기에게 불리한 증인을 심문하거나 심문받도록 할 것, 그리고 자기에게 불리한 증인과 동일한 조건으로 자신을 위한 증인을 출석시키도록 하고 또한 심문받도록 할 것.

e. 법정에서 사용되는 언어를 이해하지 못하거나 또는 말할 수 없는 경우에는 무료로 통역의 조력을 받을 것.

제7조 【죄형법정주의】

1. 어떤 누구도 행위 시의 국내법 또는 국제법에 의하여 범죄를 구성하지 아니하는 작위 또는 부작위를 이유로 유죄로 되지 아니한다. 어느 누구도 범죄가 행하여진 때에 적용될 수 있는 형벌보다도 중한 형벌을 받지 아니한다.

2. 이 조는 그 행위 시 문명국가에 의하여 승인된 법의 일반원칙에 따르면 범죄에 해당하는 작위 또는 부작위를 이유로 하여 당해인을 재판하고 처벌하는 것을 방해하지 아니한다.

제8조 【사생활 및 가족생활을 존중받을 권리】

1. 모든 사람은 그의 사생활, 가정생활, 주거 및 통신을 존중받을 권리를 가진다.

2. 법률에 합치되고, 국가안보, 공공의 안전 또는 국가의 경제적 복리, 질서유지와 범죄의 방지, 보건 및 도덕의 보호, 또는 다른 사람의 권리 및 자유를 보호하기 위하여 민주사회에서 필요한 경우 이외에는, 이 권리의 행사에 대하여는 어떠한 공공당국의 개입도 있어서는 아니된다.

제9조 【사상·양심·종교의 자유】
1. 모든 사람은 사상, 양심 및 종교의 자유에 대한 권리를 가진다. 이러한 권리는 자기의 종교 또는 신념을 변경하는 자유와 단독으로 또는 다른 사람과 공동으로, 공적 또는 사적으로 예배, 선교, 행사와 의식에 의하여 그의 종교 또는 신념을 표명하는 자유를 포함한다.
2. 자기의 종교 또는 신념을 표명하는 자유는 법률에 규정되고, 공공의 안전, 공공질서, 보건, 또는 도덕, 또는 다른 사람의 권리 및 자유의 보호를 위하여 민주사회에 있어서 필요한 경우에만 제한받을 수 있다.

제10조 【표현의 자유】 1. 모든 사람은 표현의 자유에 대한 권리를 가진다. 이 권리는 의견을 가질 자유와 공공당국의 간섭을 받지 않고 국경에 관계없이 정보 및 사상을 주고받는 자유를 포함한다. 이 조가 방송, 텔레비전 또는 영화 사업자에 대한 국가의 허가제도를 금지하는 것은 아니다.
2. 이러한 자유의 행사에는 의무와 책임이 따르므로, 법률에 의하여 규정되고, 국가안보, 영토의 일체성이나 공공의 안전, 무질서 및 범죄의 방지, 보건과 도덕의 보호, 타인의 명예나 권리의 보호, 비밀리에 얻은 정보의 공개방지, 또는 사법부의 권위와 공정성의 유지를 위하여 민주사회에서 필요한 형식, 조건, 제약 또는 형벌에 따르게 할 수 있다.

제11조 【집회 및 결사의 자유】
1. 모든 사람은 자신의 이익을 보호하기 위하여 노동조합을 조직하고, 이에 가입하는 권리를 포함하여 평화적인 집회 및 다른 사람과의 결사의 자유에 관한 권리를 가진다.
2. 이 권리의 행사에 대하여는 법률에 의하여 규정되고, 국가안보 또는 공공의 안전, 무질서 및 범죄의 방지, 보건 및 도덕의 보호, 또는 다른 사람의 권리 및 자유의 보호를 위하여 민주사회에서 필요한 것 이외의 어떠한 제한도 가하여져서는 아니 된다. 이 조는 국가의 군대, 경찰 또는 행정부의 구성원이 이러한 권리를 행사하는 데 대하여 합법적인 제한을 부과하는 것을 방해하지 아니한다.

제12조 【혼인의 권리】 혼인적령의 남녀는 이 권리행사에 관한 국내법에 따라 혼인을 하고 가정을 구성할 권리를 가진다.

제13조 【실효적 구제를 받을 권리】 이 협약에 규정된 권리와 자유를 침해당한 모든 사람은 그 침해가 공무집행 중인 자에 의하여 자행된 것이라 할지라도 국가당국 앞에서의 실효적인 구제조치를 받아야 한다.

제14조 【차별의 금지】 성, 인종, 피부색, 언어, 종교, 정치적 또는 기타의 의견, 민족적 또는 사회적 출신, 소수민족에의 소속, 재산, 출생 또는 기타의 신분 등에 의한 어떠한 차별도 없이 이 협약에 규정된 권리와 자유의 향유가 확보되어야 한다.

제15조 【비상시의 의무 예외】
1. 전쟁 또는 국가의 생존을 위협하는 기타 공공의 비상사태의 경우에는, 어떠한 체약국도 사태의 긴급성에 의하여 엄격히 요구되는 한도 내에서 이 협약상의 의무를 이탈하는 조치를 취할 수가 있다. 다만 이러한 조치는 국제법상의 다른 의무에 저촉되어서는 아니 된다.

2. 적법한 전쟁행위로 인한 사망의 경우를 제외하고 제2조, 제3조, 제4조 제1항 및 제7조에 대하여는 이 조를 근거로 한 어떠한 이탈도 허용되지 아니한다.

3. 의무를 이탈하는 조치를 취할 권리를 행사하는 어떠한 체약국도 자신이 취한 조치와 그 이유를 유럽심의회 사무총장에게 충분히 통보하여야 한다. 당해 국가는 그러한 조치의 적용이 언제 중지되어 협약 규정이 재차 완전히 실행될 것인지 역시 유럽심의회 사무총장에게 통보하여야 한다.

제16조【외국인의 정치활동의 제한】 제10조, 제11조 및 제14조의 어떠한 규정도 체약국이 외국인의 정치활동에 대하여 제한을 부과하는 것을 금지하는 것으로 간주되지 아니한다.

제17조【권리남용의 금지】 이 협약 중의 어떠한 규정도 국가, 집단 또는 개인이 이 협약에 규정된 권리 및 자유를 파괴하거나, 또는 이 협약에 규정된 범위 이상으로 제한하는 것을 목적으로 하는 활동에 종사하거나 수행할 권리를 가지는 것으로 해석되지 아니한다.

제18조【권리제한의 한계】 위의 권리 및 자유에 대하여 이 협약 하에서 허용되는 제한은, 이를 규정한 목적 이외의 어떠한 목적을 위하여도 적용되지 아니한다.

제2절 유럽인권재판소

제19조【재판소의 설립】 협약 및 의정서의 체약국이 행한 약속의 준수를 확보하기 위하여 유럽인권재판소(이하 "재판소"라 함)를 설립한다. 이 재판소는 상설적으로 활동한다.

제20조【판사의 수】 재판소는 체약국 수와 같은 수의 판사로 구성된다.

제21조【판사의 자격】 1. 판사는 덕망이 높은 자로서 국내의 고위 판사직으로 임명되는 데 필요한 자격을 보유하거나 능력이 인정된 법률가이어야 한다.

2. 판사는 개인 자격으로 재판소에서 근무한다.

3. 판사는 임기 중 그의 독립성, 중립성 또는 상임직의 요구와 양립될 수 없는 활동에 종사하여서는 아니 된다. 이 항의 적용과정에서 발생하는 모든 문제는 재판소에 의하여 결정된다.

제22조【판사의 선출】 1. 판사는 각 체약국별로 체약국이 지명한 3명의 후보 명부로부터 총회에서 다수결로 선출된다.

2. 새로운 체약국이 가입하는 경우와 임시적 공석을 채우는 경우에도 위와 동일한 절차가 적용된다.

제23조【임기와 해임】 1. 판사의 임기는 9년이다. 그들은 재선될 수 없다.

2. 판사의 정년은 70세이다.[6]

3. 판사는 교체될 때까지 직을 보유한다. 그러나 이미 심리 중인 사건은 계속하여 관여한다.

4. 판사는 다른 판사들이 3분의 2의 다수결로 자격요건을 갖추지 못하였다고 결정하는 경우를 제외하고는 해임되지 아니한다.

---

6) 제15의정서 제2조 1항에 의해 삭제되었다. 대신 제21조 새로이 2항을 추가하여 재판관 후보자는 유럽심의회의원총회(the Parliamentary Assembly)가 체약국의 3명의 후보자 지명을 수령한 일자를 기준으로 65세보다 적어야 한다. 재판관 임기는 9년이므로 제15의정서에 의해 최대 퇴직 연령은 74세로 연장되었다(김대순, 제20판, p.913).

제24조【서기국 및 법률비서】
재판소는 서기국을 두며, 그 기능과 조직은 재판소의 규칙으로 정한다. 재판소는 법률비서의 조력을 받는다.

제25조【전원재판부】 판사 전원회의(Plenary Court)는,

a. 3년 임기의 재판소 소장과 한 명 또는 두 명의 재판소 부소장을 선출한다. 이들은 연임할 수 있다.

b. 지정된 임기로 구성되는 소재판부를 설치한다.

c. 재판소 소재판부의 재판장을 선출한다. 이들은 연임할 수 있다.

d. 재판소 규칙을 채택한다.

e. 재판소 서기와 한 명 또는 그 이상의 부서기를 선임한다.

f. 제26조 2항에 따라 어떠한 요청을 한다.

제26조【단독 재판관 구성, 위원회, 소재판부 및 대재판부】
1. 제소된 사건을 심리하기 위하여 재판소는 단독재판관 구성, 3명의 판사로 구성된 위원회, 7명의 판사로 구성된 소재판부 및 17명의 판사로 구성된 대재판부를 둔다. 각 소재판부는 지정된 임기의 위원회들을 구성한다.
2. 판사전원회의의 요청으로, 장관위원회는 만장일치의 결정에 의해 그리고 고정된 기간동안 소재판부의 판사의 수를 다섯으로 줄일 수 있다.
3. 단독재판관으로 구성된 경우, 재판관은 자신을 선출했던 체약국에 대한 어떠한 청구를 검토할 수 없다.
4. 소재판부와 대재판부에는 사건 당사국 출신 판사가 당연직으로 참여하며, 만약 해당 판사가 없거나 참여가 불가능하면 그 당사국에 의해 미리 제출된 명단에서 재판소 소장에 의해 선택된 사람이 판사의 자격으로 참여한다.

5. 대재판부는 재판소 소장, 재판소 부소장, 소재판부 각 재판장 및 재판소 규칙에 따라 선정된 기타의 판사를 포함한다. 사건이 제43조에 따라 대재판부에 회부된 경우, 판결을 내리는 소재판부의 판사는 대재판부에 참석할 수 없으나, 단 소재판부 재판장과 관련 당사국 측 판사는 이에 해당하지 아니한다.

제27조【단독재판관의 권한】
1. 단독재판관은 그 같은 결정이 추가적인 검토없이 내려질 수 있다면 제소를 각하하거나 재판소의 사건목록에서의 삭제를 선언할 수 있다.
2. 그 결정은 최종적이다.
3. 만일 단독재판관이 청구를 각하하거나 삭제하는 선언을 하지 않는다면 그 단독재판관은 추가적인 검토를 위해 위원회나 소재판부에 제출해야 한다.

제28조【위원회들의 권한】
1. 제34조에 의거하여 제출된 청구에 대해 위원회는 만장일치로

a. 더 이상의 추가적인 검토없이 결정이 내려질 경우 제출된 청구(제소)를 각하하거나 사건목록에서의 삭제를 선언할 수 있다. 또는

b. 만일 협약과 그에 따른 의정서들의 해석과 적용과 관련하여 사건의 중요문제가 재판소의 잘 수립된 판례법의 주제라면 재판적격을 선언하거나 동시에 본안의 판단 문제로 전환한다.
2. 제1항에 따른 결정들과 판결들은 최종적이다.

3. 만일 관련 체약국에서 선출된 재판관이 위원회의 구성원이 아니라면 위원회는 그 당사국이 1항 b에 따라 절차의 적용에 대해 이의제기 여부를 포함하여 모든 관련 요소들을 고려하면서 심리의 어떠한 단계에서도 그 재판관을 위원회의 구성원들 중의 하나의 자리에 참여할 수 있도록 초청할 수 있다.

제29조【심리적격 및 본안에 대한 소재판부의 결정】 1. 제27조와 제28조에 따라 어떠한 결정이 내려지지 않거나, 제28조에 의한 판결이 내려지지 않은 경우, 소재판부는 제34조에 따라 제출된 개별 제소의 심리적격 및 본안에 대하여 결정한다. 심리적격성(admissibility)에 관한 결정은 개별적으로 내려질 수 있다.
2. 소재판부는 제33조에 따라 제출된 국가 간 제소의 심리적격 및 본안에 관하여 결정한다. 심리적격 문제는 예외적인 경우 재판소가 달리 결정하지 않는 한 별도로 결정된다.

제30조【대재판부에 대한 관할권의 포기】 소재판부에 계류된 사건이 협약 또는 의정서의 해석에 영향을 미치는 중대한 문제를 제기하는 경우나 소재판부에 의한 사건해결이 재판소의 선례와 일치하지 않는 결과를 가져올지도 모르는 경우, *사건의 당사자 중의 일방이 이에 반대하지 않는 한[7]* 소재판

부는 판결을 내리기 전 언제라도 대재판부로 관할권을 이양할 수 있다.

제31조【대재판부의 권한】 대재판부는,
a. 제33조 또는 제34조에 따라 제출된 사건으로 소재판부가 제30조에 따라 관할권을 이양한 사건이나 제43조에 따라 이에 제출된 사건을 판단한다.
b. 제47조에 따라 제출된 권고적 의견부여 요청을 심리한다.

제32조【재판소의 관할권】
1. 재판소는 제33조, 제34조 및 제47조에 규정된 바와 같이 제출된 협약 및 의정서의 해석과 적용에 관한 모든 문제에 대하여 관할권을 가진다.
2. 재판소가 관할권을 가지는지의 여부에 관하여 분쟁이 있을 경우에는 재판소가 결정한다.

제33조【국가간 사건】 모든 체약국은 다른 체약국의 협약 및 의정서의 규정에 대한 어떠한 위반에 대하여도 재판소에 제소할 수 있다.

제34조【개별적 제소】 재판소는 협약 또는 의정서에 규정된 권리를 체약국의 위반에 의하여 침해당하였다고 주장하는 모든 사람, 비정부조직, 개인집단으로부터의 제소를 접수한다. 체약국은 어떠한 경우에도 이 권리의 실효적인 행사를 방해하지 아니할 것을 약속한다.

제35조【심리적격의 기준】
1. 재판소는 일반적으로 인정된 국제법 원칙에 따라 모든 국내적 구제절차가 종료된 이후, 그리고 최종 결정이 내려진 날로부터 6개월 이내의 사건만을 다룰 수 있다.

---

[7] 이탤릭체 부분인 "unless one of the parties to the case objects" 이 제15의정서 제3조에 의해 삭제되었다. 따라서 소재판부가 대재판부로 사건을 넘기는 것에 대해 소송당사자 일방이 거부권을 행사할 수 없게 되었다(김대순, 제20판, p.913)

2. 재판소는 제34조에 따라 제출된 다음과 같은 제소는 다루지 아니한다.
a. 익명의 제소 또는,
b. 재판소에 의해 이미 검토되었던 사건과 실질적으로 동일한 사안이거나 다른 국제적 조사나 해결절차에 이미 회부되었고 관련된 새로운 정보를 전혀 포함하지 않은 경우
3. 제34조에 의한 개별적 제소가 다음의 경우라고 판단되는 경우 <u>재판소는 심리 부적격을 선언하여야 한다.</u>
a. 제소(청구)가 협약 또는 그에 따른 의정서들의 규정과 양립할 수 없는 경우, 명백하게 근거가 없는 경우, 또는 개별 제소권의 남용인 경우; 또는
b. 제소자가 <u>중대한 불이익을 겪지 않는 경우,</u>[8] 단 협약과 이에 따른 의정서들에서 정의된 인권을 존중할 필요성 때문에 본안에 대한 청구 검토가 요구되는 경우, 그리고 중대한 손해가 <u>국내재판소에 의해 충분하게 고려되지 않아 어떠한 사건도 거절될 수 없는 경우에는</u>[9] 그러하지 않는다(⇨ 불허용성 불선언).

8) 즉 사소한 문제인 경우 재판소가 심리 부적격을 선언하여야 한다는 것이다.
9) 이탤릭체 부분인 "and provided that no case may be rejected on this ground which has not been duly considered by a domestic tribunal"은 제15의정서 제5조에 의해 삭제되었다. 따라서 국내재판소에서 충분히 검토되지 않았어도 소의 허용성이 없음을 선언할 수 있게 되었다(김대순, 제20판, p.914).

4. 재판소는 이 조에 따라 심리 적격이 없다고 판단되는 어떠한 제소도 각하하여야 한다. 이는 소송의 어떠한 단계에서도 가능하다.

제36조【제3자 소송참가】
1. 소재판부 또는 대재판부가 다루는 모든 사건에서 원고의 출신 체약국은 서면답변서를 제출하고 심리에 참여할 권리가 있다.
2. 재판소 소장은 재판의 적절한 운용을 위하여 소송의 당사국이 아닌 체약국이나 원고가 아닌 개인에게 서면자료의 제출이나 심리참여를 요청할 수 있다.
3. 소재판부나 대재판부에 회부된 모든 사건에서 평의회인권고위대표는 서면 논평을 제출할 수 있고 심리에 참여할 수 있다.

제37조【제소의 각하】
1. 재판소는 소송의 어떠한 단계에서도 상황이 다음과 같은 결론에 이르는 경우 사건목록에서 제소를 삭제할 수 있다.
a. 원고가 그 제소를 계속하기 원하지 않는 경우 또는,
b. 그 사안이 해결된 경우 또는,
c. 어떠한 이유에서든 제소에 대한 조사를 계속하는 것이 더 이상 정당화될 수 없는 경우.
그러나 재판소는 협약 및 의정서에 규정된 인권에 대한 존중을 위하여 필요한 경우 제소에 대한 조사를 계속하여야 한다.
2. 재판소는 상황에 의하여 정당화될 수 있다고 판단되는 경우 제소를 사건목록에 회복시킬 수 있다.

제38조 【사건의 조사】 재판소는 당사자의 대표들과 함께 사건을 조사하고, 필요한 경우 관련 당사국이 모든 필요한 편의를 제공하는 유효한 행동에 대하여 조사를 수행하여야 한다.

제39조 【우호적 해결】 1. 심리의 어떤 단계에서도 재판소는 협약과 그에 따른 의정서들에 규정된 인권존중을 기초로 사안의 우호적 해결을 확보하기 위해 관련당사국들의 처분에 따를 수 있다.

2. 1항에서 수행된 심리는 공개되지 아니한다.

3. 우호적 해결이 이루어지면 재판소는 사안 및 그 해결에 대하여 간략한 서술만을 하는 결정을 통하여 해당 사건을 사건목록에서 삭제하여야 한다.

4. 이 결정은 이 결정에서 규정된 우호적 해결의 조건의 집행을 감독해야 할 유럽심의회장관위원회(the Committee of Ministers)로 송부된다.

제40조 【심리의 공개 및 자료 접근】 1. 재판소가 예외적인 경우 달리 결정하지 아니하는 한 심리는 공개되어야 한다.

2. 재판소 소장이 달리 결정하지 아니하는 한 서기국에 보관된 문서에 대한 일반인의 접근이 보장되어야 한다.

제41조 【정당한 구제조치】 협약 또는 의정서의 위반이 있었으나 해당 체약국의 국내법이 부분적인 보상만을 허용하고 있는 경우, 재판소는 필요하다면 피해자에게 정당한 구제조치를 제공하여야 한다.

제42조 【소재판부의 판결】 제44조 제2항의 규정에 따른 소재판부의 판결은 최종적이다.

제43조 【대재판부로의 회부】 1. 예외적인 경우 소재판부의 판결일로부터 3개월 이내에 사건의 당사자는 사건이 대재판부로 회부되도록 요청할 수 있다.

2. 대재판부의 5명의 판사로 구성된 패널은 그 사건이 협약 또는 의정서의 해석이나 적용에 심각한 영향을 미치는 문제나, 일반적인 중요성을 갖는 심각한 문제를 야기하는 경우 그 요청을 받아들여야 한다.

3. 패널이 그 요청을 받아들이는 경우, 대재판부는 판결로써 이 사건을 결정하여야 한다.

제44조 【최종판결】 1. 대재판부의 판결은 최종적이다.

2. 소재판부의 판결은 다음과 같은 경우 최종적이다.

a. 당사자들이 그 사건을 대재판부에 회부하도록 요청하지 않겠다고 선언하는 경우 또는,

b. 대재판부로의 회부 요청이 없이, 판결일로부터 3개월이 지난 경우 또는,

c. 대재판부의 패널이 제43조에 따른 회부요청을 각하하는 경우.

3. 최종판결은 공표되어야 한다.

제45조 【판결 및 결정의 이유】 1. 제소적격 여부에 대한 판결 및 결정에 대하여는 그 이유가 제시되어야 한다.

2. 판결의 전부 또는 일부가 판사들의 전원일치의 의견을 나타내지 않는 경우 어떠한 판사도 개별의견을 밝힐 수 있다.

제46조 【판결의 구속력 및 집행】 1. 체약국은 자신이 당사자인 모든 사건에서 재판소의 최종판결에 따를 것을 약속한다.

2. 재판소의 최종판결은 그 집행을 감독하는 유럽심의회장관위원회(the Committee of Ministers)로 송부된다.

3. 만일 유럽심의회 장관위원회가 최종 판결의 집행에 대한 감독이 판결의 해석문제로 인해 방해받는다고 고려하면, 동 위원회는 해석문제에 관한 판결을 위해 사안을 재판소에 회부할 수 있다.

4. 만일 유럽심의회 장관위원회가 당사국이 자신이 당사자인 사건에 관한 최종 판결을 이행하기를 거부하는 경우 그 당사국에 공식 통보를 한 후에 그리고 그 위원회에 참석할 자격이 있는 대표자들의 2/3의 다수결로 채택된 결정에 의해 당사국이 제1항(판결준수)하의 의무위반여부에 관한 문제를 재판소에 회부할 수 있다(⇨ 일종의 이행강제소송 내지 위반소송 제기).

5. 만일 재판소가 제1항의 위반을 판정하는 경우 당 재판소는 취해져야 할 조치를 고려하기 위해 장관위원회로 그 사건을 회부한다. 만일 재판소가 제1항의 어떠한 의무위반이 없다고 판정하는 경우 당 재판소는 장관위원회에 사건을 회부해야 하며 여기서 사건에 대한 검토를 종료한다.

제47조【권고적 의견】 10)1. 재판소는 각료(장관)위원회의 요청에 따라 협약 및 의정서의 해석에 관한 법적 문제에 관하여 권고적 의견을 부여할 수 있다.

2. 권고적 의견은 협약 제1절 및 의정서에 규정된 자유권의 내용이나 범위에 관련된 문제, 또는 재판소나 각료(장관)위원회가 협약에 따라 개시될 수 있는 소송의 결과로 검토하여야 하는 문제를 다루어서는 아니된다.

3. 재판소의 권고적 의견을 요구하기로 하는 결정은 각료(장관)위원회 재적 과반수의 표결을 요한다.

제48조【재판소의 권고적 관할권】 재판소는 각료위원회에 의하여 제출된 권고적 의견부여 요청이 제47조에서 규정된 권한 범위 내의 것인지 여부를 결정하여야 한다.

제49조【권고적 의견의 이유】
1. 재판소의 권고적 의견에 대하여는 이유가 제시되어야 한다.
2. 권고적 의견의 전부 또는 일부가 판사의 전원일치의 의견이 아닌 경우에는 어떠한 판사도 개별의견을 제시할 수 있다.
3. 재판소의 권고적 의견은 각료위원회에 통보된다.

제50조【재판소의 비용】 재판소의 경비는 유럽심의회가 부담한다.

제51조【판사의 특권 및 면제】 판사는 직무수행 도중에 유럽심의회 규정 제40조 및 그에 따른 협정에 규정된 특권 및 면제가 부여된다.

제3절 일반 규정

제52조【사무총장의 문의】 유럽심의회의 사무총장의 요청을 받으면 체약국은 자국의 국내법이 어떠한 방법으로 이 협약 규정의 실효적인 이행을 확보하는가에 대하여 설명하여야 한다.

---

10) 이 제47조에 의한 권고적 의견 절차는 제16의정서가 규정하고 있는 권고적 의견 절차하고는 다른 것이다.

제53조【기존 인권의 보장】 이 협약 중의 어떠한 규정도 체약국의 법률 또는 체약국이 당사국인 다른 협정에 따라 보장되는 인권 및 기본적 자유를 제한하거나 훼손하는 것으로 해석되지 아니한다.

제54조【각료위원회의 권한】 이 협약의 어떠한 규정도 유럽심의회 규정에 의하여 각료위원회에 부여된 권한을 해하지 아니한다.

제55조【다른 분쟁해결 수단의 배제】 체약국은 특별협정에 의한 경우를 제외하고는 이 협약의 해석 또는 적용으로부터 발생하는 분쟁을 이 협약에 규정된 것 이외의 분쟁해결 수단에 일방적 신청을 통하여 회부할 목적으로 체약국 간에 발효 중인 조약, 협약 또는 선언을 이용하지 아니할 것에 합의한다.

제56조【적용 영역】 1. 이 조 제4항의 적용을 전제로 하여 어떠한 국가도 비준 시 또는 이후 언제라도 유럽심의회의 사무총장에 대한 통고로써 자국이 국제관계에 대한 책임을 지는 영역의 전부 또는 일부에 이 협약이 적용된다는 것을 선언할 수 있다.
2. 이 협약은 유럽심의회의 사무총장에 의한 통고접수 후 30일째부터 통고에서 지정된 영역에 적용된다.
3. 이 협약의 규정은 지역적 요구를 적절히 고려하여 해당 영역에 적용된다.
4. 이 조 제1항에 따른 선언을 한 국가는 이후 언제라도 그 선언이 적용되는 하나 또는 그 이상의 영역에 있어서 이 협약 제34조에 따라 개인, 비정부조직 또는 개인 집단으로부터의 제소를 재판소가 수리할 권한을

수락하는 선언을 할 수 있다.

제57조【유보】 1. 어떠한 국가도, 이 협약의 서명 또는 비준서 기탁 시 자국 영역에서 당시 유효한 국내법이 이 협약의 규정과 일치하지 않는 한도 내에서 해당 조항에 대한 유보를 할 수 있다. 이 조에 의한 일반적 성격의 유보는 허용되지 아니한다.
2. 이 조에 따라 행하여진 어떠한 유보도 관계법률에 대한 간단한 설명을 포함하여야 한다.

제58조【폐기】 1. 체약국은 당사국이 된 날부터 5년이 경과된 이후 유럽심의회 사무총장에 대한 통고서에 포함된 6개월 간의 예고 후에만 이 협약을 폐기할 수 있으며, 사무총장은 이 사실을 다른 체약국에게 통보하여야 한다.
2. 의무 위반에 해당할 수 있기 때문에 폐기가 발효하기 이전에 체약국이 이행하였어야 한 행위에 관하여는 이 같은 폐기가 해당 체약국을 협약상의 의무로부터 면제시켜 주는 것은 아니다.
3. 유럽심의회 가맹국에서 제외된 체약국은 같은 조건하에서 이 협약의 당사국으로부터도 제외된다.
4. 협약은 제56조에 의하여 적용된다고 선언된 영역에 관하여도 위 항의 규정에 따라 폐기될 수 있다.

제59조【서명 및 비준】 1. 이 협약은 유럽심의회 가맹국의 서명을 위하여 개방된다. 이 협약은 비준을 받아야 한다. 비준서는 유럽심의회의 사무총장에게 기탁된다.
2. <u>유럽연합(EU)은 이 협약에 가입할 수 있다.</u>
3. 이 협약은 10번째 비준서의 기탁 이후 발효한다.

4. 그 이후에 비준하는 서명국에 대하여 이 협약은 비준서 기탁일에 발효한다.

5. 유럽심의회의 사무총장은 모든 유럽심의회 가맹국에게 협약의 발효, 비준한 체약국명 및 그 후에 행하여진 모든 비준서의 기탁을 통고한다.

1950년 11월 4일 로마에서 동등하게 정본인 영어 및 프랑스어본 단일본으로 작성되어, 이는 유럽심의회 문서보관소에 기탁된다. 사무총장은 인증등본을 각 서명국에게 송부한다.

유럽인권협약 제15의정서 (Protocol No. 15 amending the Convention on the Protection of Human Rights and Fundamental Freedoms)

2021.8. 1 발효

Preamble
The member States of the Council of Europe and the other High Contracting Parties to the Convention for the Protection of Human Rights and Fundamental Freedoms, signed at Rome on 4 November 1950 (hereinafter referred to as "the Convention"), signatory hereto, Having regard to the declaration adopted at the High Level Conference on the Future of the European Court of Human Rights, held in Brighton on 19 and 20 April 2012, as well as the declarations adopted at the conferences held in Interlaken on 18 and 19

February 2010 and İzmir on 26 and 27 April 2011; Having regard to Opinion No. 283 (2013) adopted by the Parliamentary Assembly of the Council of Europe on 26 April 2013; Considering the need to ensure that the European Court of Human Rights (hereinafter referred to as "the Court") can continue to play its pre-eminent role in protecting human rights in Europe, Have agreed as follows:

Article 1
At the end of the preamble to the Convention, a new recital shall be added, which shall read as follows: "<u>Affirming that the High Contracting Parties, in accordance with *the principle of subsidiarity*, have the primary responsibility to secure the rights and freedoms defined in this Convention and the Protocols thereto, and that in doing so they enjoy *a margin of appreciation*, subject to the supervisory jurisdiction of the European Court of Human Rights established by this Convention,</u>"[11])

----

11) "판단의 여부" 독트린은 일정 상황하에서 유럽인권협약하의 의무 자체로부터 이탈하는 것을 인정하는 것이 아니고 오히려 각 체약국에 유럽인권협약을 이탈함이 없이 일정 조치를 취할 재량이 있음을 인정하는 이론이다. 이 독트린은 이탈(derogation)이 허용되는 조항인지 여부에 관계없이 적용된다. "판단의 여부" 독트린은 "보충성 원칙"과 불가분의 관계에 있다; 김대순, 제20판, p.904~905.

Article 2

1 In Article 21 of the Convention, a new paragraph 2 shall be inserted, which shall read as follows: "Candidates shall be less than 65 years of age at the date by which the list of three candidates has been requested by the Parliamentary Assembly, further to Article 22."

2 Paragraphs 2 and 3 of Article 21 of the Convention shall become paragraphs 3 and 4 of Article 21 respectively.

3 Paragraph 2 of Article 23 of the Convention shall be deleted. Paragraphs 3 and 4 of Article 23 shall become paragraphs 2 and 3 of Article 23 respectively.

Article 3

In Article 30 of the Convention, the words "unless one of the parties to the case objects" shall be deleted.[12]

Article 4

In Article 35, paragraph 1 of the Convention, the words "within a period of six months" shall be replaced by the words "within a period of four months".

Article 5

In Article 35, paragraph 3, sub-paragraph b of the Convention, the words "and provided that no case may be rejected on this ground which has not been duly considered by a domestic tribunal" shall be deleted.[13]

Final and transitional provisions

Article 6

1 This Protocol shall be open for signature by the High Contracting Parties to the Convention, which may express their consent to be bound by:

a signature without reservation as to ratification, acceptance or approval; or

b signature subject to ratification, acceptance or approval, followed by ratification, acceptance or approval.

2 The instruments of ratification, acceptance or approval shall be deposited with the Secretary General of the Council of Europe.

Article 7

This Protocol shall enter into force on the first day of the month following the expiration of a period of three months after the date on which all High Contracting Parties to the Convention have expressed their consent to be bound by the Protocol, in accordance with the provisions of Article 6.

Article 8

1 The amendments introduced by Article 2 of this Protocol shall apply only to candidates on lists submitted to the Parliamentary Assembly by the High Contracting Parties

---

12) 따라서 소재판부가 대재판부로 사건을 넘기는 것에 대해 소송당사자 일방이 거부권을 행사할 수 없게 되었다(김대순, 제20판, p.913)

13) 제14의정서하에는 국내재판소에 충분히 검토되지 않았으면 소의 허용성이 선언할 수 없었는데 제15의정서에서는 이제 가능하게 되었다(김대순, 제20판, p.914)

under Article 22 of the Convention after the entry into force of this Protocol.

2 The amendment introduced by Article 3 of this Protocol shall not apply to any pending case in which one of the parties has objected, prior to the date of entry into force of this Protocol, to a proposal by a Chamber of the Court to relinquish jurisdiction in favour of the Grand Chamber.

3 Article 4 of this Protocol shall enter into force following the expiration of a period of six months after the date of entry into force of this Protocol. Article 4 of this Protocol shall not apply to applications in respect of which the final decision within the meaning of Article 35, paragraph 1 of the Convention was taken prior to the date of entry into force of Article 4 of this Protocol.

4 All other provisions of this Protocol shall apply from its date of entry into force, in accordance with the provisions of Article 7.

Article 9

The Secretary General of the Council of Europe shall notify the member States of the Council of Europe and the other High Contracting Parties to the Convention of:

a any signature;

b the deposit of any instrument of ratification, acceptance or approval;

c the date of entry into force of this Protocol in accordance with Article 7; and

d any other act, notification or communication relating to this Protocol.

In witness whereof, the under-signed, being duly authorised thereto, have signed this Protocol.

Done at Strasbourg, this 24th day of June 2013, in English and in French, both texts being equally authentic, in a single copy which shall be deposited in the archives of the Council of Europe. The Secretary General of the Council of Europe shall transmit certified copies to each member State of the Council of Europe and to the other High Contracting Parties to the Convention.

유럽인권협약 제16의정서 (Protocol No. 16 to the Convention on the Protection of Human Rights and Fundamental Freedoms) (일명 *dialogue protocol*)

2018. 8. 1. 발효

Preamble

The member States of the Council of Europe and other High Contracting Parties to the Convention for the Protection of Human Rights and Fundamen-tal Freedoms, signed at Rome on 4 November 1950 (hereinafter referred to as "the Convention"), signatories hereto, Having regard to the provisions of the Convention and, in particular, Article 19 establishing the European Court of Human Rights (hereinafter referred to as "the Court"); Considering that the extension of the Court's competence to give advisory opinions will further enhance the interaction between the Court and national authorities and thereby reinforce implementation of the Convention, in accordance with the principle of subsidiarity; Having regard to Opinion No. 285 (2013) adopted by the Parliamentary Assembly of the Council of Europe on 28 June 2013, Have agreed as follows:

Article 1

1 Highest[14] courts and tribunals of a High Contracting Party, as specified in accordance with Article 10, may[15] request the Court to give advisory opinions on questions of principle relating to the interpretation or application of the rights and freedoms defined in the Convention or the protocols thereto.

2 The requesting court or tribunal may seek an advisory opinion only in the context of a case pending before it.[16]

3 The requesting court or tribunal shall give reasons for its request and shall provide the relevant legal and factual background of the pending case.

Article 2

1 A panel of five judges of the Grand Chamber shall decide whether to accept the request for an advisory opinion, having regard to Article 1.[17] The panel shall give reasons for any refusal to accept the request.

2 If the panel accepts the request, the Grand Chamber shall deliver the advisory opinion.

---

14) 'the' highest courts and tribunals 가 아닌 것으로 규정된 것은(= the가 빠진 것은) 기계적으로 체약국의 국내법체계에서 최정상에 있는 헌법재판소나 최고재판소를 말하는 것은 아님을 의미한다. 즉 위계상 헌법재판소나 최고재판소 아래에 위치하는 재판소라도 특정 부류의 사건에 대해서는 '가장 높은' 재판소에 해당할 수 있으며, 이런 의도는 가장 높은 재판소를 체약국이 지명하도록 한 데서도 알 수 있다(김대순, 제20판, p.915).

15) 체약국의 가장 높은 재판소가 권고적 의견을 요구할 수 있는 선택의 권리를 말하며 이에 따라 도중에 철회할 수 있는 것으로 이해되고 있다(김대순, 제20판, p.915)

16) "계류 중인 사건과 관련하여"란 표현은 가장 높은 재판소에 계류 중이더라도 이 사건에서 적용될 수 없는 추상적, 이론적 혹은 가정적 성격의 문제는 권고적 의견의 주제가 되지 못함을 의미한다(김대순, 제20판, p.915)

17) 권고적 의견 요청이 의무가 아닌 것에 상응하여 유럽인권재판소도 요청을 수락할 의무를 지는 것이 아니다. 먼저 대재판부의 5인의 재판관으로 구성되는 패널이 수락여부를 결정한다. 이를 수락한다면 대재판부는 권고적 의견을 전달해야 한다(김대순, 제20판, p.915)

3 The panel and the Grand Chamber, as referred to in the preceding paragraphs, shall include *ex officio* the judge elected in respect of the High Contracting Party to which the requesting court or tribunal pertains. If there is none or if that judge is unable to sit, a person chosen by the President of the Court from a list submitted in advance by that Party shall sit in the capacity of judge.

Article 3
The Council of Europe Commissioner for Human Rights and the High Contracting Party to which the requesting court or tribunal pertains shall have the right to submit written comments and take part in any hearing. The President of the Court may, in the interest of the proper administration of justice, invite any other High Contracting Party or person also to submit written comments or take part in any hearing.

Article 4
1 Reasons shall be given for advisory opinions.
2 If the advisory opinion does not represent, in whole or in part, the unanimous opinion of the judges, any judge shall be entitled to deliver a separate opinion.
3 Advisory opinions shall be communicated to the requesting court or tribunal and to the High Contracting Party to which that

court or tribunal pertains.
4 Advisory opinions shall be published.

Article 5
Advisory opinions shall not be binding.

Article 6
As between the High Contracting Parties the provisions of Articles 1 to 5 of this Protocol shall be regarded as additional articles to the Convention, and all the provisions of the Convention shall apply accordingly.

Article 7
1 This Protocol shall be open for signature by the High Contracting Parties to the Convention, which may express their consent to be bound by:
a signature without reservation as to ratification, acceptance or approval; or
b signature subject to ratification, acceptance or approval, followed by ratification, acceptance or approval.
2 The instruments of ratification, acceptance or approval shall be deposited with the Secretary General of the Council of Europe.

Article 8
1 This Protocol shall enter into force on the first day of the month following the expiration of a period of three months after the date on which ten High Contracting Parties to the Convention have expressed their consent to be bound by

the Protocol in accordance with the provisions of Article 7.

2 In respect of any High Contracting Party to the Convention which subsequently expresses its consent to be bound by it, the Protocol shall enter into force on the first day of the month following the expiration of a period of three months after the date of the expression of its consent to be bound by the Protocol in accordance with the provisions of Article 7.

Article 9

No reservation may be made under Article 57 of the Convention in respect of the provisions of this Protocol.

Article 10

Each High Contracting Party to the Convention shall, at the time of signature or when depositing its instrument of ratification, acceptance or approval, by means of a declaration addressed to the Secretary General of the Council of Europe, indicate the courts or tribunals that it designates for the purposes of Article 1, paragraph 1, of this Protocol. This declaration may be modified at any later date and in the same manner.

Article 11

The Secretary General of the Council of Europe shall notify the member States of the Council of Europe and the other High Contracting Parties to the Convention of:

a any signature;

b the deposit of any instrument of ratification, acceptance or approval;

c any date of entry into force of this Protocol in accordance with Article 8;

d any declaration made in accordance with Article 10; and

e any other act, notification or communication relating to this Protocol.

In witness whereof the under-signed, being duly authorised thereto, have signed this Protocol.

Done at Strasbourg, this 2nd day of October 2013, in English and French, both texts being equally authentic, in a single copy which shall be deposited in the archives of the Council of Europe. The Secretary General of the Council of Europe shall transmit certified copies to each member State of the Council of Europe and to the other High Contracting Parties to the Convention.

18 1951년 난민 지위에 관한 협약
(Convention Relating to the Status of Refugees)

채택일 : 1951.7.28.
발효일 : 1954.4.22.
한국 발효일 : 1993.3.3.

유보 : 대한민국은 체약국의 영역에서 3년 거주요건을 충족한 난민에 입법상의 상호주의를 면제한다고 규정한 제조에 기속되지 아니함을 이 협약 제42조에 따라 선언한다. "난민의 지위에 관한 협약"의 상호주의 면제 조항에 대한 유보 철회
[다자조약, 제1970호, 2009.9.24.]

선언 : 대한민국은 제1조 A에 규정된 "1951년 1월 1일 이전에 발생한 사건"이라는 용어가 "1951년 1월 1일 이전에 유럽 또는 기타 지역에서 발생한 사건"을 의미하는 것으로 해석된다는 것을 이 협약 제1조 B에 따라 선언한다.

체약국은, 국제연합헌장과 1948년 12월 10일 국제연합 총회에 의하여 승인된 세계인권선언이, 인간은 차별 없이 기본적인 권리와 자유를 향유한다는 원칙을 확인하였음을 고려하고, 국제연합이 수차에 걸쳐 난민에 대한 깊은 관심을 표명하였고, 또한 난민에게 이러한 <u>기본적인 권리와 자유의 가능한 한 광범위한 행사를 보장</u>하려고 노력하였음을 고려하며, <u>난민의 지위에 관한 종전의 국제협정들을 개정하고 통합하고, 또한 그러한 문서의 적용 범위와 그러한 문서에서 정하여진 보호를 새로운 협정에서 확대</u>하는 것이 바람직함을 고려하며, 난민에 대한 비호의 부여가 특정 국가에 부당하게 과중한 부담(unduly heavy burdens)이 될 가능성이 있고, 또한 국제적 범위와 성격을 가진다고 국제연합이 인정하는 문제에 관한 만족할 만한 해결은 국제협력이 없이는 성취될 수 없다는 것을 고려하며, <u>모든 국가가 난민문제의 사회적, 인도적 성격을 인식하고, 이 문제가 국가 간의 긴장의 원인이 되는 것을 방지하기 위하여 가능한 모든 조치를 취할 것을 희망하며, 국제연합 난민고등판무관이</u> 난민의 보호에 관하여 정하는 국제협약의 적용을 감독하는 임무를 가지고 있다는 것을 유의하고, 또한 각국과 국제연합 난민고등판무관과의 협력에 의하여 난민문제를 다루기 위하여 취하여진 조치의 효과적인 조정이 가능하게 될 것임을 인정하며, 다음과 같이 합의하였다.

제1장 일반 규정

제1조 ['난민'이라는 용어의 정의]
A. 이 협약의 적용상, "난민"이라는 용어는 다음과 같은 자에게 적용된다.
(1) 1926년 5월 12일 및 1928년 6월 30일의 약정 또는 1933년 10월 28일 및 2월 10일의 협약, 1939년 9월 14일의 의정서 또는 국제난민기구 헌장에 의하여 난민으로 인정되고 있는 자. 국제난민기구가 그 활동 기간 중에 행한 부적격 결정은 당해자가 (2)의 조건을 충족시키는 경우 당해자가 난민의 지위를 부여하는 것을 방해하지 아니한다.
(2) <u>1951년 1월 1일 이전에 발생한 사건의 결과로서, 또한 인종, 종교, 국적 또는 특정 사회 집단의 구성원 신분 또는 정치적 의견을 이유로 박해를 받을 우려가 있</u>

다는 충분한 이유가 있는 공포로 인하여 국적국 밖에 있는 자로서 그 국적국의 보호를 받을 수 없거나 또는 그러한 공포로 인하여 그 국적국의 보호를 받는 것을 원하지 아니하는 자 및 이들 사건의 결과로서 상주국가 밖에 있는 무국적자로서 종전의 상주국가로 돌아갈 수 없거나 또는 그러한 공포로 인하여 종전의 상주국가로 돌아가는 것을 원하지 아니하는 자. 둘 이상의 국적을 가진 자의 경우에, "국적국"이라 함은 그가 국적을 가지고 있는 국가 각각을 말하며, 충분한 이유가 있는 공포에 기초한 정당한 이유 없이 어느 하나의 국적국의 보호를 받지 않았다면 당해자에게 국적국의 보호가 없는 것으로 인정되지 아니한다.

B. (1) 이 협약의 적용상 제1조 A의 "1951년 1월 1일 이전에 발생한 사건"이라는 용어는 다음 중 어느 하나를 의미하는 것으로 이해된다.

(a) "1951년 1월 1일 이전에 유럽에서 발생한 사건" 또는

(b) "1951년 1월 1일 이전에 유럽 또는 기타 지역에서 발생한 사건" 각 체약국은 서명, 비준 또는 가입 시에 이 협약상의 의무를 이행함에 있어서 상기 중 어느 규정을 적용할 것인가를 선택하는 선언을 행한다.

(2) (a) 규정을 적용할 것을 선택한 체약국은 언제든지 (b) 규정을 적용할 것을 선택한다는 것을 국제연합 사무총장에게 통고함으로써 그 의무를 확대할 수 있다.

C. 이 협약은 A의 요건에 해당하는 자에게 다음의 어느 것에 해당하는 경우 적용이 정지된다.

(1) 임의로 국적국의 보호를 다시 받고 있는 경우, 또는

(2) 국적을 상실한 후 임의로 국적을 회복한 경우, 또는

(3) 새로운 국적을 취득하고, 또한 새로운 국적국의 보호를 받고 있는 경우, 또는

(4) 박해를 받을 우려가 있다고 하는 공포 때문에 정주하고 있는 국가를 떠나거나 또는 그 국가 밖에 체류하고 있었으나 그 국가에서 임의로 다시 정주하게 된 경우, 또는

(5) 난민으로 인정되어 온 근거 사유가 소멸되었기 때문에 국적국의 보호를 받는 것을 거부할 수 없게 된 경우. 다만, 이 조항은 이 조 A(1)에 해당하는 난민으로서 국적국의 보호를 받는 것을 거부한 이유로서 과거의 박해에 기인하는 어쩔 수 없는 사정을 원용할 수 있는 자에게는 적용하지 아니한다.

(6) 국적이 없는 자로서, 난민으로 인정되어 온 근거사유가 소멸되었기 때문에 종전의 상주국가에 되돌아올 수 있을 경우. 다만 이 조항은 이 조 A(1)에 해당하는 난민으로서 종전의 상주국가에 돌아오기를 거부한 이유로서 과거의 박해에 기인하는 어쩔 수 없는 사정을 원용할 수 있는 자에게는 적용하지 아니한다.

D. 이 협약은 국제연합 난민고등판무관 외에 국제연합의 기관이나 또는 기구로부터 보호 또는 원조를 현재 받고 있는 자에게는 적용하지 아니한다. 그러한 보호 또는 원조를 현재 받고 있는 자의 지위에 관한 문제가 국제연합 총회에 의하여 채택된 관련 결의에 따라 최종적으로 해결됨이 없이 그러한 보호 또는 원조의 부여가 종지되는 경우 그 자는 사실에 의하여 이 협약에 의하여 부여되는 이익을 받을 자격이 있다.

E. 이 협약은 거주국의 권한 있는 기관에 의하여 그 국가의 국적을 보유하는 데에 따른 권리 및 의무를 가진 것으로 인정되는 자에게는 적용하지 아니한다.

F. 이 협약의 규정은 다음의 어느 것에 해당한다고 간주될 상당한 이유가 있는 자에게는 적용하지 아니한다.

(a) 평화에 대한 범죄, 전쟁범죄 또는 인도에 대한 범죄에 관하여 규정하는 국제문서에 정하여진 그러한 범죄를 범한 자.

(b) 난민으로서 피난국에 입국하는 것이 허가되기 전에 그 국가 밖에서 중대한 비정치적 범죄를 범한 자.

(c) 국제연합의 목적과 원칙에 반하는 행위를 행한 자.

제2조 【일반적 의무】 모든 난민은 자신이 체재하는 국가에 대하여 특히 그 국가의 법령을 준수할 의무 및 공공질서를 유지하기 위한 조치에 따를 의무를 진다.

제3조 【무차별】 체약국은 난민에게 인종, 종교 또는 출신국에 의한 차별 없이 이 협약의 규정을 적용한다.

제4조 【종교】 체약국은 그 영역 내의 난민에게 종교를 실천하는 자유 및 자녀의 종교적 교육에 관한 자유에 대하여 적어도 자국민에게 부여하는 대우와 동등한 호의적 대우를 부여한다.

제5조 【이 협약과는 관계없이 부여되는 권리】 이 협약의 어떠한 규정도 체약국이 이 협약과는 관계없이 난민에게 부여하는 권리와 이익을 저해하는 것으로 해석되지 아니한다.

제6조 【"동일한 사정하에서"라는 용어】 이 협약의 적용상, "동일한 사정하에서"라는 용어는, 그 성

격상 난민이 충족시킬 수 없는 요건을 제외하고, 특정 개인이 그가 난민이 아니라고 할 경우에 특정 권리를 향유하기 위하여 충족시켜야 하는 요건(제재 또는 거주의 기간과 조건에 관한 요건을 포함한다)이 충족되어야 한다는 것을 의미한다.

제7조 【상호주의로부터의 면제】
1. 체약국은 난민에게 이 협약이 더 유리한 규정을 두고 있는 경우를 제외하고, 일반적으로 외국인에게 부여하는 대우와 동등한 대우를 부여한다.

2. 모든 난민은 어떠한 체약국의 영역 내에서 3년 간 거주한 후 그 체약국의 영역 내에서 입법상의 상호주의로부터의 면제를 받는다.

3. 각 체약국은 자국에 관하여 이 협약이 발효하는 날에 상호주의의 적용 없이 난민에게 이미 인정되고 있는 권리와 이익이 존재하는 경우 그 권리와 이익을 계속 부여한다.

4. 체약국은 제2항 및 제3항에 따라 인정되고 있는 권리와 이익 이외의 권리와 이익을 상호주의의 적용 없이 난민에게 부여할 가능성과 제2항에 규정하는 거주의 조건을 충족시키지 못하고 있는 난민과 제3항에 규정하는 권리와 이익이 인정되고 있지 아니한 난민에게도 상호주의로부터의 면제를 적용할 가능성을 호의적으로 고려한다.

5. 제2항 및 제3항의 규정은 이 협약의 제13조, 제18조, 제19조, 제21조 및 제22조에 규정하는 권리와 이익 및 이 협약에서 규정하고 있지 아니하는 권리와 이익에 관하여서도 적용한다.

제8조 【예외적 조치의 면제】 체약국은 특정한 외국 국민의 신체, 재산 또는 이익에 대하여 취하여

지는 예외적 조치에 관하여, 형식상 당해 외국의 국민인 난민에 대하여 단순히 그의 국적만을 이유로 그 조치를 적용하여서는 아니된다. 법제상 이 조에 명시된 일반원칙을 적용할 수 없는 체약국은 적당한 경우 그러한 난민을 위하여 그 예외적 조치를 한다.

제9조【잠정조치】 이 협약의 어떠한 규정도 체약국이 전시 또는 기타 중대하고 예외적인 상황에 처하여, 특정 개인에 관하여 국가안보를 위하여 불가결하다고 인정되는 조치를 잠정적으로 취하는 것을 방해하는 것은 아니다. 다만, 그 조치는 특정 개인이 사실상 난민인가의 여부, 또한 그 특정 개인에 관하여 불가결하다고 인정되는 조치를 계속 적용하는 것이 국가안보를 위하여 필요한 것인가의 여부를 체약국이 결정할 때까지에 한한다.

제10조【거주의 계속】 1. 제2차 세계대전 중에 강제로 퇴거되어 어느 체약국의 영역으로 이동되어서 그 영역 내에 거주하고 있는 난민은 그러한 강제체류기간은 합법적으로 그 영역 내에서 거주한 것으로 본다.
2. 난민이 제2차 세계대전 중에 어느 체약국의 영역으로부터 강제로 퇴거되었다가 이 협약의 발효일 이전에 거주를 위하여 그 영역 내로 귀환한 경우 그러한 강제퇴거 전후의 거주기간은 계속적인 거주가 요건이 되는 어떠한 경우에 있어서도 계속된 하나의 기간으로 본다.

제11조【난민선원】 체약국은 자국을 기국으로 하는 선박에 승선하고 있는 선원으로서 정규적으로 근무 중인 난민에 관하여서는 자국의 영역에서 정주하는 것에 관하여 호의적으로 고려하고, 특히 타국에서의 정주를 용이하게 하기 위한 여행증명서를 발급하거나 또는 자국의 영역에 일시적으로 입국하는 것을 허락하는 것에 관하여 호의적으로 고려한다.

제2장 법적 지위

제12조【개인적 지위】 1. 난민의 개인적 지위는 주소지 국가의 법률에 의하거나 또는 주소가 없는 경우에는 거소지 국가의 법률에 의하여 규율된다.
2. 난민이 이미 취득한 권리로서 개인적 지위에 따르는 것, 특히 혼인에 따르는 권리는 난민이 체약국의 법률에 정하여진 절차에 따르는 것이 필요한 경우 이들에 따를 것을 조건으로 하여 그 체약국에 의하여 존중된다. 다만, 문제의 권리는 난민이 난민이 되지 않았을 경우일지라도 그 체약국의 법률에 의하여 인정된 것이어야 한다.

제13조【동산 및 부동산】 체약국은 난민에게 동산 및 부동산의 소유권과 이에 관한 기타 권리의 취득 및 동산과 부동산에 관한 임대차 및 기타의 계약에 관하여 가능한 한 유리한 대우를 부여하고, 어떠한 경우에 있어서도, 동일한 사정하에서 일반적으로 외국인에게 부여되는 대우보다 불리하지 아니한 대우를 부여한다.

제14조【저작권 및 공업소유권】 난민은 발명, 의장, 상표, 상호 등의 공업소유권의 보호 및 문학적, 예술적 및 학술적 저작물에 대한 권리의 보호에 관하여, 상거소를 가지는 국가에서 그 국가의 국민에게 부여되는 보호와 동일한 보호를 부여받는다. 기타 체약국의 영역에 있어서도 그 난민이 상거소를 가지는 국가의 국민에게 그

체약국의 영역에서 부여되는 보호와 동일한 보호를 부여받는다.

제15조【결사의 권리】 체약국은 합법적으로 그 영역 내에 체재하는 난민에게 비정치적이고 비영리적인 단체나 노동조합에 관한 사항에 관하여 동일한 사정하에서 외국 국민에게 부여하는 대우 중 가장 유리한 대우를 부여한다.

제16조【재판을 받을 권리】 1. 난민은 모든 체약국의 영역에서 자유로이 재판을 받을 권리를 가진다.
2. 난민은 상거소를 가지는 체약국에서 법률구조와 소송비용의 담보 면제를 포함하여 재판을 받을 권리에 관한 사항에 있어서 그 체약국의 국민에게 부여되는 대우와 동일한 대우를 부여받는다.
3. 난민은 상거소를 가지는 체약국 이외의 체약국에서 제2항에 규정하는 사항에 관하여 그 상거소를 가지는 체약국의 국민에게 부여되는 대우와 동일한 대우를 부여받는다.

제3장 유급직업

제17조【임금이 지급되는 직업】 1. 체약국은 합법적으로 그 영역 내에 체재하는 난민에게, 임금이 지급되는 직업에 종사할 권리에 관하여, 동일한 사정에서 외국 국민에게 부여되는 대우 중 가장 유리한 대우를 부여한다.
2. 어떠한 경우에 있어서도, 체약국이 국내 노동시장의 보호를 위하여 외국인 또는 외국인의 고용에 관하여 취하는 제한적 조치는 그 체약국에 대하여 이 협약이 발효하는 날에 이미 그 조치로부터 면제된 난민이나, 또는 다음의 조건 중 어느 하나를 충족시키는 난민에게는 적용되지 아니한다.

(a) 그 체약국에서 3년 이상 거주하고 있는 자.
(b) 그 난민이 거주하고 있는 체약국의 국적을 가진 배우자가 있는 자. 난민이 그 배우자를 유기한 경우에는 이 조항에 의한 이익을 원용하지 못한다.
(c) 그 난민이 거주하고 있는 체약국의 국적을 가진 1명 또는 그 이상의 자녀를 가진 자.
3. 체약국은 임금이 지급되는 직업에 관하여 모든 난민, 특히 노동자 모집계획 또는 이주민계획에 따라 그 영역 내에 입국한 난민의 권리를 자국민의 권리와 동일하게 할 것을 호의적으로 고려한다.

제18조【자영업】 체약국은 합법적으로 그 영역 내에 있는 난민에게 독립하여 농업, 공업, 수공업 및 상업에 종사하는 권리 및 상업상, 산업상 회사를 설립할 권리에 관하여 가능한 한 유리한 대우를 부여하고, 어떠한 경우에 있어서도 동일한 사정하에서 일반적으로 외국인에게 부여하는 대우보다 불리하지 아니한 대우를 부여한다.

제19조【자유업】 1. 각 체약국은 합법적으로 그 영역 내에 체재하는 난민으로서 그 체약국의 권한 있는 기관이 승인한 자격증서를 가지고 자유업에 종사할 것을 희망하는 자에게 가능한 한 유리한 대우를 부여하고, 어떠한 경우에 있어서도 동일한 사정하에서 일반적으로 외국인에게 부여하는 대우보다 불리하지 아니한 대우를 부여한다.
2. 체약국은 본토 지역 이외에 자국이 국제관계에서 책임을 가지는 영역 내에서 상기한 난민이 정주하는 것을 확보하기 위하여 자국의 헌법과 법률에 따라 최선의 노력을 한다.

제4장 복 지

제20조【배급】 공급이 부족한 물자의 분배를 규제하는 것으로서 주민 전체에 적용되는 배급제도가 존재하는 경우, 난민은 그 배급제도의 적용에 있어서 내국민에게 부여되는 대우와 동일한 대우를 부여받는다.

제21조【주거】 체약국은 주거에 관한 사항이 법령의 규제를 받거나 또는 공공기관의 관리하에 있는 경우 합법적으로 그 영역 내에 체재하는 난민에게 주거에 관하여 가능한 한 유리한 대우를 부여하고, 어떠한 경우에 있어서도 동일한 사정하에서 일반적으로 외국인에게 부여하는 대우보다 불리하지 아니한 대우를 부여한다.

제22조【공공교육】 1. 체약국은 난민에게 초등교육에 대하여 자국민에게 부여하는 대우와 동일한 대우를 부여한다.
2. 체약국은 난민에게 초등교육 이외의 교육, 특히 수학의 기회, 학업에 관한 증명서, 자격증서 및 학위로서 외국에서 수여된 것의 승인, 수업료와 기타 납부금의 감면 및 장학금의 급여에 관하여 가능한 한 유리한 대우를 부여하고, 어떠한 경우에 있어서도 동일한 사정하에서 일반적으로 외국인에게 부여하는 대우보다 불리하지 아니한 대우를 부여한다.

제23조【공공구제】 체약국은 합법적으로 그 영역 내에 체재하는 난민에게, 공공구제와 공적 원조에 관하여 자국민에게 부여하는 대우와 동일한 대우를 부여한다.

제24조【노동법제와 사회보장】
1. 체약국은 합법적으로 그 영역 내에 체재하는 난민에게, 다음 사항에 관하여 자국민에게 부여하는 대우와 동일한 대우를 부여한다.

(a) 보수의 일부를 구성하는 가족수당을 포함한 보수, 노동시간, 시간외 노동, 유급휴가, 가내노동에 관한 제한, 최저고용연령, 견습과 훈련, 여성과 연소자의 노동 및 단체교섭의 이익향유에 관한 사항으로서 법령의 규율을 받거나 또는 행정기관의 관리하에 있는 것.
(b) 사회보장(산업재해, 직업병, 출산, 질병, 폐질, 노령, 사망, 실업, 가족부양 등 기타 국내법령에 따라 사회보장제도의 대상이 되는 급부사유에 관한 법규). 다만, 다음의 조치를 취하는 것을 방해하지 아니한다.
(ⅰ) 취득한 권리와 취득과정 중에 있는 권리의 유지를 위하여 적절한 조치를 취하는 것.
(ⅱ) 거주하고 있는 체약국의 국내법령이 공공자금에서 전액 지급되는 급부의 전부 또는 일부에 관하여, 또한 통상의 연금의 수급을 위하여 필요한 기여조건을 충족시키지 못하는 자에게 지급되는 수당에 관하여 특별한 조치를 정하는 것.
2. 산업재해 또는 직업병에서 기인하는 난민의 사망에 대한 보상을 받을 권리는 그의 권리를 취득하는 자가 체약국의 영역 밖에 거주하고 있다는 사실로 인하여 영향을 받지 아니한다.
3. 체약국은 취득되거나 또는 취득의 과정 중에 있는 사회보장에 관한 권리의 유지를 위하여 다른 체약국 간에 이미 체결한 협정 또는 장차 체결할 문제의 협정의 서명국의 국민에게 적용될 조건을 난민이 충족시키고 있는 한 그 협정에 의한 이익과 동일한 이익을 그 난민에게 부여한다.

4. 체약국은 상기한 체약국과 비체약국 간에 현재 유효하거나 장래 유효하게 될 유사한 협정에 의한 이익과 동일한 이익을 가능한 한 난민에게 부여하는 것을 호의적으로 고려한다.

제5장 행정적 조치

제25조【행정적 원조】 1. 난민이 그의 권리를 행사함에 있어서 통상적으로 외국기관의 원조를 필요로 하는 경우 그 기관의 원조를 구할 수 없을 때에는 그 난민이 거주하고 있는 체약국은 자국의 기관 또는 국제기관에 의하여 그러한 원조가 난민에게 부여되도록 조치한다.
2. 제1항에서 말하는 자국의 기관 또는 국제기관은 난민에게 외국인이 통상적으로 본국의 기관으로부터 또는 이를 통하여 발급받은 문서 또는 증명서를 발급하거나 또는 그 감독하에 이들 문서 또는 증명서를 발급받도록 한다.
3. 상기와 같이 발급된 문서 또는 증명서는 외국인이 본국의 기관으로부터 또는 이를 통하여 발급받은 공문서에 대신하는 것으로 하고, 반증이 없는 한 신빙성을 가진다.
4. 궁핍한 자에 대한 예외적인 대우를 하는 경우 이에 따를 것을 조건으로 하여, 이 조에 규정하는 사무에 대하여 수수료를 징수할 수 있다. 그러나 그러한 수수료는 타당하고 또한 동종의 사무에 대하여 자국민에게 징수하는 수수료에 상응하는 것이어야 한다.
5. 이 조의 규정은 제27조 및 제28조의 적용을 방해하지 아니한다.

제26조【이동의 자유】 각 체약국은 합법적으로 그 영역 내에 있는 난민에게 그 난민이 동일한 사정하에서 일반적으로 외국인에게 적용되는 규제에 따를 것을 조건으로 하여 거주지를 선택할 권리 및 그 체약국의 영역 내에서 자유로이 이동할 권리를 부여한다.

제27조【신분증명서】 체약국은 그 영역 내에 있는 난민으로서 유효한 여행증명서를 소지하고 있지 아니한 자에게 신분증명서 (identity papers)를 발급한다.

제28조【여행증명서】 1. 체약국은 합법적으로 그 영역 내에 체재하는 난민에게 국가안보 또는 공공질서를 위하여 어쩔 수 없는 이유가 있는 경우를 제외하고는, 그 영역 외로의 여행을 위한 여행증명서(travel documents)를 발급하고, 이 여행증명서에 관하여서는 이 협정 부속서의 규정을 적용한다. 체약국은 그 영역 내에 있는 다른 난민에게도 이러한 여행증명서를 발급할 수 있으며, 또한 체약국은 특히 그 영역 내에 있는 난민으로서 합법적으로 거주하고 있는 국가로부터 여행증명서를 받을 수 없는 자에게 이러한 여행증명서의 발급에 관하여 호의적으로 고려한다.
2. 종전의 국제협정의 체약국이 국제협정이 정한 바에 따라 난민에게 발급한 여행증명서는 이 협약의 체약국에 의하여 유효한 것으로 인정되고 또한 이 조에 따라 발급된 것으로 취급된다.

제29조【재정상의 부과금】 1. 체약국은 난민에게 유사한 상태에 있는 자국민에게 과하고 있거나 또는 과해질 조세 기타 공과금(명칭 여하를 불문한다) 이외의 공과금을 과하지 아니한다. 또한 조세 기타 공과금에 대하여 유사한 상태에 있는 자국민에게 과하는 금액보다도 고액의 것을 과하지 아니한다.

2. 전항의 규정은 행정기관이 외국인에게 발급하는 신분증명서를 포함한 문서의 발급에 대한 수수료에 관한 법령을 난민에게 적용하는 것을 방해하지 아니한다.

제30조 【자산의 이전】 1. 체약국은 자국의 법령에 따라 난민이 그 영역 내로 반입한 자산을 정주하기 위하여 입국허가를 받은 다른 국가로 이전하는 것을 허가한다.
2. 체약국은 난민이 입국 허가된 타국에서 정주하기 위하여 필요한 자산에 대하여 그 소재지를 불문하고 그 난민으로부터 그 자산의 이전허가 신청이 있는 경우 그 신청을 호의적으로 고려한다.

제31조 【피난국에 불법으로 있는 난민】 1. 체약국은 그 생명 또는 자유가 제1조의 의미에 있어서 위협되고 있는 영역으로부터 직접 온 난민으로서 허가없이 그 영역에 입국하거나 또는 그 영역 내에 있는 자에 대하여 불법으로 입국하거나 또는 불법으로 있는 것을 이유로 형벌을 과하여서는 아니된다. 다만, 그 난민이 지체없이 당국에 출두하고 또한 불법으로 입국하거나 또는 불법으로 있는 것에 대한 상당한 이유를 제시할 것을 조건으로 한다.
2. 체약국은 상기한 난민의 이동에 대하여 필요한 제한 이외의 제한을 과하지 아니하며 또한 그러한 제한은 그 난민의 체약국에 있어서의 체재가 합법적인 것이 될 때까지 또는 그 난민이 타국에의 입국허가를 획득할 때까지만 적용된다. 체약국은 그러한 난민에게 타국에의 입국허가를 획득하기 위하여 타당하다고 인정되는 기간과 이를 위하여 필요한 모든 편의를 부여한다.

제32조 【추방】 1. 체약국은 국가안보 또는 공공질서를 이유로 하는 경우를 제외하고 합법적으로 그 영역에 있는 난민을 추방(expel)하여서는 아니된다.
2. 이러한 난민의 추방은 법률에 정하여진 절차에 따라 이루어진 결정에 의하여서만 행하여진다. 국가안보를 위하여 불가피한 이유가 있는 경우를 제외하고 그 난민은 추방될 이유가 없다는 것을 밝히는 증거를 제출하고, 또한 권한있는 기관 또는 그 기관이 특별히 지명하는 자에게 이의를 신청하고 이 목적을 위한 대리인을 세우는 것이 인정된다.
3. 체약국은 상기 난민에게 타국가에의 합법적인 입국허가를 구하기 위하여 타당하다고 인정되는 기간을 부여한다. 체약국은 그 기간 동안 동국이 필요하다고 인정하는 국내 조치를 취할 권리를 유보한다.

제33조 【추방 또는 송환의 금지】
1. 체약국은 난민을 어떠한 방법으로도 인종, 종교, 국적, 특정 사회집단의 구성원 신분 또는 정치적 의견을 이유로 그 생명이나 자유가 위협받을 우려가 있는 영역들의 국경으로(to the frontiers of territories) 추방(expel)하거나 송환(return)('refouler')하여서는 아니된다.
2. 체약국에 있는 난민으로서 그 국가의 안보에 위험하다고 인정되기에 충분한 상당한 이유가 있는 자 또는 특히 중대한 범죄에 관하여 유죄의 판결이 확정되고 그 국가공동체(the community of that country)에 대하여 위험한 존재가 된 '자'는 이 규정의 이익을 요구하지 못한다.

제34조【귀화】체약국은 난민의 동화 및 귀화를 가능한 한 장려한다. 체약국은 특히 귀화 절차를 신속히 행하기 위하여 또한 이러한 절차에 따른 수수료 및 비용을 가능한 한 경감시키기 위하여 모든 노력을 다한다.

제6장 실시 및 경과 규정

제35조【국내 당국과 국제연합과의 협력】 1. 체약국은 국제연합 난민고등판무관 사무국 또는 그를 승계하는 국제연합의 다른 기관과의 임무의 수행에 있어서 이들 기관과 협력할 것을 약속하고 (undertake to cooperate), 특히 이들 기관이 이 협약의 규정을 적용하는 것을 감독하는 책무의 수행에 있어서 이들 기관에게 편의를 제공한다.
2. 체약국은 국제연합 난민고등판무관 사무국 또는 그를 승계하는 국제연합의 다른 기관이 국제연합의 관할기관에 보고하는 것을 용이하게 하기 위하여 요청에 따라 다음 사항에 관한 정보와 통계를 적당한 양식으로 제공할 것을 약속한다.
(a) 난민의 상태
(b) 이 협약의 실시상황
(c) 난민에 관한 현행법령 및 장차 시행될 법령

제36조【국내법령에 관한 정보】 체약국은 국제연합 사무총장에게 이 협약의 적용을 확보하기 위하여 제정하는 법령을 송부한다.

제37조【종전의 협약과의 관계】 이 협약의 제28조 제2항을 침해함이 없이, 이 협약은 체약국 사이에서 1922년 7월 5일, 1924년 5월 31일, 1926년 5월 12일, 1928년 6월 30일 및 1935년 7월 30일의 협약, 1933년 10월 28일 및 1938년 2월 10일의 협약, 1939년 9월 14일의 의정서 및 1946년 10월 15일의 협약을 대신한다.

제7장 최종조항

제38조【분쟁의 해결】 이 협약의 해석 또는 적용에 관한 협약 당사국 간의 분쟁으로서 다른 방법에 의하여 해결될 수 없는 것은 분쟁 당사국 중 어느 일 당사국의 요청에 의하여 국제사법재판소에 부탁된다.

제39조【서명, 비준 및 가입】
1. 이 협약은 1951년 7월 28일에 제네바에서 서명을 위하여 개방되고, 그 후 국제연합 사무총장에게 기탁된다. 이 협약은 1951년 7월 28일부터 동년 8월 31일까지 국제연합 구주사무국에서, 동년 9월 17일부터 1952년 12월 31일까지 국제연합 본부에서 서명을 위하여 다시 개방된다.
2. 이 협약은 국제연합의 모든 회원국과 난민 및 무국적자의 지위에 관한 전권회의에 참석하도록 초청된 국가 또는 총회에 의하여 서명하도록 초청받은 국가의 서명을 위하여 개방된다. 이 협약은 비준되어야 하고, 비준서는 국제연합 사무총장에게 기탁된다.
3. 이 협약은 본조 제2항에 언급된 국가들의 가입을 위해 1951년 7월 28일부터 개방된다. 가입은 국제연합 사무총장에게 가입서를 기탁함으로써 효력을 발생한다.

제40조【적용지역조항】 1. 어떠한 국가도 서명, 비준 또는 가입 시에 자국이 국제관계에 책임을 지는 영역의 전부 또는 일부에 관하여 이 협약을 적용한다는 것을 선언할 수 있다. 이러한 선언은 이 협약이 그 국가에 대하여 발효할 때 효력을 발생한다.

2. 그 후에는 국제연합 사무총장에게 언제든지 통고함으로써 그러한 적용을 행하고 또한 그 적용은 국제연합 사무총장이 통고를 수령한 날로부터 90일 후 또는 그 국가에 대하여 이 협약이 발효하는 날의 양자 중 늦은 날로부터 효력을 발생한다.

3. 관계국가는 서명, 비준 또는 가입 시에 이 협약이 적용되지 아니하는 영역에 관하여 이 협약을 적용시키기 위하여 헌법상의 이유로 필요한 경우 그러한 영역의 정부의 동의를 조건으로 하여 필요한 조치를 취할 가능성을 검토한다.

제41조 【연방조항】 체약국이 연방제 또는 비단일제 국가인 경우에는 다음 규정을 적용한다.

(a) 이 협약의 규정으로서 그 실시가 연방의 입법기관의 입법권의 범위 내에 속하는 것에 관하여서는, 연방정부의 의무는 연방제 국가가 아닌 체약국의 의무와 동일한 것으로 한다.

(b) 이 협약의 규정으로서 그 실시가 연방구성국, 주 또는 현의 입법권의 범위 내에 속하고 또한 연방의 헌법제도상 구성국, 주 또는 현이 입법조치를 취할 의무가 없는 것에 관하여서는 연방정부는 구성국, 주 또는 현의 적당한 기관에 대하여 가능한 한 빨리 호의적인 권고와 함께 그 규정을 통보한다.

(c) 이 협약의 체약국인 연방제 국가는 국제연합 사무총장을 통하여 이 협약의 다른 체약국으로부터 요청이 있는 경우, 이 협약의 규정의 실시에 관한 연방과 그 구성단위의 법령 및 관행에 관한 설명을 제시하고, 또한 입법 기타의 조치에 의하여 이 협약의 규정이 실시되고 있는 정도를 보여준다.

제42조 【유보】 1. 어떠한 국가도 서명, 비준 또는 가입 시에 이 협약의 제1조, 제3조, 제16조(1), 제33조, 제36조 내지 제46조 규정 외에는 협약규정의 적용에 관하여 유보할 수 있다.

2. 이 조 제1항에 따라 유보를 행한 국가는 국제연합 사무총장에 대한 통고로써 당해 유보를 언제든지 철회할 수 있다.

제43조 【발효】 1. 이 협약은 여섯 번째의 비준서 또는 가입서가 기탁된 날로부터 90일 후에 발효한다.

2. 이 협약은 여섯 번째의 비준서 또는 가입서가 기탁된 후 비준 또는 가입하는 국가에 대하여는 그 비준서 또는 가입서가 기탁된 날로부터 90일 후에 발효한다.

제44조 【폐기】 1. 어떠한 체약국도 국제연합 사무총장에 대한 통고로써 이 협약을 언제든지 폐기할 수 있다.

2. 폐기는 국제연합 사무총장이 통고를 접수한 날로부터 1년 후에 당해 체약국에 대하여 효력을 발생한다.

3. 제40조에 따라 선언 또는 통고를 행한 국가는 그 후 언제든지 국제연합 사무총장에 대한 통고로써 상기한 영역에 이 협약의 적용을 종지한다는 선언을 할 수 있다. 그 선언은 국제연합 사무총장이 통고를 접수한 날로부터 1년 후에 효력을 발생한다.

제45조 【개정】 1. 어떠한 체약국도 국제연합 사무총장에 대한 통고로써 언제든지 이 협약의 개정을 요청할 수 있다.

2. 국제연합 총회는 상기 요청에 관하여 조치가 필요한 경우 이를 권고한다.

제46조【국제연합 사무총장에 의한 통보】 국제연합 사무총장은 국제연합의 모든 회원국과 제39조에 규정한 비회원국에 대하여 다음 사항을 통보한다.

(a) 제1조 B에 의한 선언 및 통고, (b) 제39조에 의한 서명, 비준 및 가입, (c) 제40조에 의한 선언 및 통고, (d) 제42조에 의한 유보 및 철회, (e) 제43조에 의한 이 협약의 발효일, (f) 제44조에 의한 폐기 및 통고, (g) 제45조에 의한 개정의 요청

이상의 증거로서 하기 서명자는 각자의 정부로부터 정당하게 위임을 받아 이 협약에 서명하였다. 1951년 7월 28일 제네바에서 모두 정본인 영어, 불란서어로 본서 1통을 작성하였다. 본서는 국제연합 문서보존소에 기탁되고, 그 인증등본은 국제연합의 모든 회원국과 제39조에 규정된 비회원국에 송부된다.

19 1959년 남극협약(The Antarctic Treaty)

체결일 : 1959.6.23.
발효일 : 1961.6.23.
한국 발효일 : 1986.11.28.

아르헨티나, 호주, 벨기에, 칠레, 불란서, 일본, 뉴질랜드, 노르웨이, 남아프리카 연방, 소련, 영국 및 미합중국 정부는, 남극지역이 오로지 평화적 목적을 위하여서만(exclusively for peaceful purposes) 항구적으로 이용되고, 또한 국제적 불화의 무대나 대상이 되지 않는 것이 모든 인류의 이익이(in the interests of all mankind) 됨을 인식하고, 남극지역에서의 과학적 조사에 관한 국제협력이 과학적 지식에 대한 실질적인 공헌을 가져옴을 인정하며, 국제지구관측년 동안 적용되었던 남극지역에서의 과학적 조사의 자유의 기초 위에서 그러한 협력을 계속하고, 또한 발전시키기 위한 확고한 토대를 확립하는 것이 과학상의 이익 및 모든 인류의 진보에 합치함을 확신하며, 또한 남극지역을 평화적 목적으로만 이용하고, 남극지역에서의 계속적인 국제조화를 확보하는 조약이 국제연합헌장에 구현된 목적과 원칙을 조장하는 것임을 확신하여, 다음과 같이 합의하였다.

제1조 1. 남극지역은 평화적 목적을 위하여서만 이용된다. 특히, 군사기지와 방비시설의 설치, 어떠한 형태의 무기실험 및 군사훈련의 시행과 같은 군사적 성격의 조치는 금지된다.
2. 이 조약은 과학적 연구를 위하거나 또는 기타 평화적 목적을 위하여 군의 요원 또는 장비를 사용하는 것을 금하지 아니한다.

제2조 국제지구 관측년(the International Geophysical Year) 동안 적용되었던 바와 같은, 남극지역에서의 과학적 조사의 자유와 그러한 목적을 위한 협력은 이 조약의 제규정에 따를 것을 조건으로 계속된다.

제3조 1. 이 조약의 제2조에 규정된 바와 같이 남극지역에서의 과학적 조사에 관한 국제협력을 증진시키기 위하여, 체약당사국은 아래 사항을 최대한 실현 가능하도록 할 것에 합의한다.
(a) 남극지역에서의 과학적 계획을 가장 경제적이고 능률적으로 실시할 수 있도록 하기 위하여 그 계획에 관한 정보를 교환함.
(b) 남극지역에서 탐험대 및 기지 간에 과학요원을 교환함.
(c) 남극지역으로부터의 과학적 관측 및 결과를 교환하고 자유로이 이용할 수 있도록 함.
2. 이 조를 실시함에 있어서 남극지역에 과학적 또는 기술적 관심을 가지고 있는 국제연합의 전문기구 및 기타 국제기구와 협조적인 업무관계를 설정하는 것이 모든 방법으로 장려된다.

제4조 1. 이 조약의 어떠한 규정도 다음과 같이 해석되지 아니한다.
(a) 어느 체약당사국이 종전에 주장한 바 있는 남극지역에서의 영토주권 또는 영토에 관한 청구권을 포기하는 것
(b) 어느 체약당사국이 남극지역에서의 그 국가의 활동 또는 그 국민의 활동의 결과 또는 기타의 결과로서 가지고 있는 남극

지역의 영토주권에 관한 청구권의 근거를 포기하는 것 또는 감소시키는 것

(c) 남극지역에서의 타국의 영토주권, 영토주권에 관한 청구권 또는 그 청구권의 근거를 승인하거나 또는 승인하지 않는 것에 관하여 어느 체약당사국의 입장을 손상하는 것

2. 이 조약의 발효 중에 발생하는 여하한 행위 또는 활동도 남극지역에서의 영토주권에 관한 청구권을 주장하거나 지지하거나 또는 부인하기 위한 근거가 되지 아니하며, 또한 남극지역에서의 어떠한 주권적 권리도 설정하지 아니한다. 이 조약의 발효 중에는 남극지역에서의 영토주권에 관한 새로운 청구권 또는 기존 청구권의 확대를 주장할 수 없다.

제5조 1. 남극지역에서의 모든 핵폭발과 방사선 폐기물의 동 지역에서의 처분은 금지된다.

2. 핵폭발과 방사선 폐기물의 처분을 포함하는 핵에너지의 이용에 관한 국제협정이 체결되고, 제9조에 규정된 회의에 대표를 참가시킬 권리를 가지는 모든 체약당사국이 동 협정의 당사국일 경우, 그러한 협정에 따라 정해진 규칙은 남극지역에 적용된다.

제6조 이 조약의 제 규정은 모든 빙산을 포함하여 남위 60도 이남의 지역에 적용된다. 그러나 이 조약의 어떠한 규정도 동 지역내의 공해에 관한 국제법상의 어느 국가의 권리 또는 권리의 행사를 침해하거나 또는 어떠한 방법으로도 동 권리 또는 동 권리의 행사에 영향을 미치지 아니한다.

제7조 1. 이 조약의 목적을 증진하고, 또한 이 조약의 제 규정의 준수를 확보하기 위하여 이 조약의 제9조에 언급된 회의에 대표를 참가시킬 권리를 가지는 각 체약당사국은 이 조에 규정된 조사를 행할 감시원을 지명할 권리를 가진다. 감시원은 그를 지명하는 체약당사국의 국민이어야 한다. 감시원의 이름은 감시원을 지명할 권리를 가지는 다른 모든 체약당사국에게 통보되며, 또한 그들의 임명의 종료에 관하여도 똑같이 통고된다.

2. 이 조 제1항의 규정에 따라 지명된 각 감시원은 남극지역의 어느 지역 또는 모든 지역에 언제든지 접근할 완전한 자유를 가진다.

3. 남극지역 내의 모든 기지, 시설 및 장비와 남극지역에서 화물 또는 사람의 양륙 또는 적재지점의 모든 선박과 항공기를 포함하여 남극지역의 모든 지역은 이 조 제1항에 따라 지명된 감시원에 의한 조사를 위하여 언제든지 개방된다.

4. 감시원을 지명할 권리를 가지는 어느 체약당사국도 남극지역의 어느 지역 또는 모든 지역에 대한 공중감시를 언제든지 행할 수 있다.

5. 각 체약당사국은 이 조약이 자국에 대하여 발효할 때 다른 당사국에게 아래사항을 통보하고, 그 이후에도 사전에 통고한다.

(a) 자국의 선박 또는 국민이 참가하는 남극지역을 향한, 또는 남극지역 내에서의 모든 탐험대 및 자국의 영역 내에서 조직되거나 또는 자국의 영역으로부터 출발하는 남극지역을 향한 모든 탐험대

(b) 자국의 국민이 점거하는 남극지역에서의 모든 기지 및

(c) 이 조약 제1조제2항에 규정된 조건에 따라 남극지역에 들어가게 될 군의 요원 또는 장비

제8조 1. 이 조약 제7조제1항에 따라 지명된 감시원과 제3조제1항(b)에 따라 교환된 과학요원 및 그러한 사람을 동행하는 직원은, 이 조약에 따른 자기의 임무의 수행을 용이하게 하기 위하여, 남극지역에서의 모든 사람에 대한 관할권에 관한 체약당사국의 각자 입장을 침해함이 없이, 남극지역에 있는 동안 자기의 임무를 수행할 목적으로 행하는 모든 작위 또는 부작위에 대하여 그들의 국적국인 체약당사국의 관할권에만 복종한다.

2. 남극지역에서의 관할권의 행사에 관한 분쟁에 관계된 체약당사국은 이 조 제1항의 규정을 침해하지 않고, 제9조제1항(e)에 따른 조치가 채택될 때까지 상호 수락할 만한 해결에 도달하기 위하여 즉시 서로 협의하여야 한다.

제9조 1. 이 조약의 전문에 명시된 체약당사국의 대표는 정보를 교환하고, 남극지역에 관한 공동관심사항에 관하여 협의하고, 아래 사항에 관한 조치를 포함하여 이 조약의 원칙과 목적을 조장하는 조치를 입안하고, 심의하고, 각자의 정부에 권고하기 위하여 이 조약의 발효 후 2개월 이내에 캔버라시에서, 그 이후에는 적당한 간격을 두어 적당한 장소에서 회합한다.

(a) 남극지역을 평화적 목적을 위하여서만 이용하는 것

(b) 남극지역에서의 과학적 연구를 용이하게 하는 것

(c) 남극지역에서의 국제적 과학협력을 용이하게 하는 것

(d) 이 조약 제7조에 규정된 조사권의 행사를 용이하게 하는 것

(e) 남극지역에서의 관할권의 행사에 관한 문제

(f) 남극지역에서 생물자원을 보존하는 것

2. 제13조에 따른 가입에 의하여 이 조약의 당사국이 된 각 체약당사국은 과학기지의 설치 또는 과학탐험대의 파견과 같은 남극지역에서 실질적인 과학적 연구활동을 행함으로써 남극지역에 대한 자국의 관심을 표명하는 동안, 이 조 제1항에 언급된 회의에 참가할 대표를 임명할 권리를 가진다.

3. 이 조약의 제7조에 언급된 감시원으로부터의 보고는 이 조 제1항에 언급된 회의에 참가하는 체약당사국의 대표에게 전달된다.

4. 이 조 제1항에 언급된 조치는 그 조치를 심의하기 위하여 개최되는 회의에 대표를 참가시킬 권리를 가지는 모든 체약당사국이 승인하였을 때에 효력을 발생한다.

5. 이 조약에서 설정된 어느 권리 또는 모든 권리는 이 조에 규정된 바에 따라 그러한 권리의 행사를 용이하게 하는 어떠한 조치가 제안되었거나 심의되었거나 또는 승인되었는지의 여부에 관계없이 이 조약의 발효일자로부터 행사될 수 있다.

제10조 각 체약당사국은 어느 누구도 남극지역에서 이 조약의 원칙 또는 목적에 반대되는 어떠한 활동에 종사하지 않도록 하기 위하여 국제연합헌장에 따른 적절한 노력을 경주할 것을 약속한다.

제11조 1. 이 조약의 해석 또는 적용에 관하여 둘 이상의 체약당사국 간에 분쟁이 발생할 경우, 동 체약당사국은 교섭, 심사, 중개, 조정, 중재, 사법적 해결 또는 그들이 선택하는 다른 평화적 수단에 의하여 분쟁을 해결하기 위하여 그들 상호간에 협의하여야 한다.

2. 위에 따라 해결되지 않는 상기와 같은 성격의 분쟁은, 각각의 경우에 모든 분쟁당사국의 동의를

얻어 국제사법재판소에서 해결하도록 회부되어야 한다. 그러나 분쟁당사국은 국제사법재판소에 회부하는 일에 대하여 합의에 도달하지 못한 경우에도 이 조 제1항에 언급된 평화적 수단 중 어느 것에 의하여 분쟁을 해결하도록 계속 노력할 책임을 면하지 못한다.

제12조 1. (a) 이 조약은 제9조에 규정된 회의에 대표를 참가시킬 권리를 가지는 체약당사국의 일치된 합의에 의하여 언제든지 수정 또는 개정될 수 있다. 그러한 수정 또는 개정은 수탁국 정부가 전기한 모든 체약당사국으로부터 그것을 비준하였다는 통고를 접수한 때에 발효한다.

(b) 그 이후의 그러한 수정 또는 개정은 수탁국 정부가 다른 체약당사국으로부터 비준하였다는 통고를 접수한 때에 다른 체약당사국에 대하여 발효한다. 다른 체약당사국 중 이 조 제1항(a)의 규정에 따라 수정 또는 개정의 발효일자로부터 2년의 기간 내에 비준통고가 접수되지 않은 국가는 동 기간의 만료일자에 이 조약으로부터 탈퇴한 것으로 간주된다.

2. (a) 이 조약의 발효일자로부터 30년이 경과한 후, 제9조에 규정된 회의에 대표를 참가시킬 권리를 가지는 어느 체약당사국이 수탁국 정부에 대한 통보에 의하여 요청할 경우, 이 조약의 운영을 재검토하기 위한 모든 체약당사국회의가 될 수 있는 한 조속히 개최된다.

(b) 상기 회의에서 제9조에 규정된 회의에 대표를 참가시킬 권리를 가지는 체약당사국의 과반수를 포함하여, 그 회의에 참가한 체약당사국의 과반수에 의하여 승인된 이 조약의 수정 또는 개정은 회의종료 즉시 수탁국 정부에 의하여 모든 체약당사국에 통보되며, 또한 이 조 제1항의 규정에 따라 발효한다.

(c) 위와 같은 수정 또는 개정이 모든 체약당사국에 통보된 일자로부터 2년의 기간 이내에 이 조 제1항(a)의 규정에 따라 발효하지 않을 경우, 어느 체약당사국도 동기간의 만료 후 언제든지 수탁국 정부에게 이 조약으로부터의 탈퇴를 통고할 수 있으며, 이러한 탈퇴는 수탁국 정부가 통고를 접수한 2년 후에 발효한다.

제13조 1. 이 조약은 서명국에 의하여 비준되어야 한다. 이 조약은 국제연합회원국 또는 이 조약 제9조에 규정된 회의에 대표를 참가시킬 권리를 가지는 모든 체약당사국의 동의를 얻어 이 조약에 가입하도록 초청받은 다른 국가에 의한 가입을 위하여 개방된다.

2. 이 조약의 비준 또는 가입은 각 국이 그 헌법절차에 따라 행한다.

3. 비준서 및 가입서는 이 조약에서 수탁국 정부로 지정된 미합중국 정부에 기탁된다.

4. 수탁국 정부는 모든 서명국 및 가입국에 대하여 각 비준서 또는 가입서의 기탁일자 및 이 조약의 발효일자와 조약의 수정 또는 개정의 발효일자를 통보한다.

5. 이 조약은 모든 서명국이 비준서를 기탁한 때에 그들 국가 및 가입서를 기탁한 국가에 대하여 발효한다. 그 이후 이 조약은 어느 가입국이 가입서를 기탁한 때에 그 가입국에 대하여 발효한다.

6. 이 조약은 국제연합헌장 제102조에 따라 수탁국 정부에 의하여 등록된다. ...

20 1961년 외교관계 비엔나 협약(Vienna Convention on Diplomatic Relations)

체결일 : 1961.4.18.
발효일 : 1961.4.24.
한국 발효일 : 1971.1.27.

본 협약의 당사국은, 고대로부터 모든 국가의 국민이 외교관의 신분을 인정하였음을 상기하고, 국가의 주권평등, 국제평화와 안전의 유지 및 국가 간의 우호관계의 증진에 관한 국제연합헌장의 목적과 원칙을 명심하고, 외교교섭, 특권 및 면제에 관한 국제협약이 여러 국가의 상이한 헌법체계와 사회제도에도 불구하고, 국가 간의 우호관계의 발전에 기여할 것임을 확신하고, 이러한 특권과 면제의 목적이 개인의 이익을 위함이 아니라 국가를 대표하는 외교공관직무의 효율적 수행을 보장하기 위한 것임을 인식하고, 본 협약의 규정에 명시적으로 규제되지 아니한 문제에는 국제관습법의 규칙이 계속 지배하여야 함을 확인하며, 다음과 같이 합의하였다.

제1조 본 협약의 적용상 하기 표현은 다음에서 정한 의미를 가진다.
(a) "공관장"(the head of the mission)이라 함은 파견국이 그러한 자격으로(in that capacity) 행동할 임무를 부여한 자를 말한다.
(b) "공관원"(the members of the mission)이라 함은 공관장과 공관직원을 말한다.
(c) "공관직원"(the staff of the mission)이라 함은 공관의 외교직원, 행정 및 기능직원 그리고 노무직원을 말한다.

(d) "외교직원"(the members of the diplomatic staff)은 외교관의 직급을 가진 공관직원을 말한다.
(e) "외교관"(diplomatic agent)이라 함은 공관장이나 공관의 외교직원을 말한다.
(f) "행정 및 기능직원"(the members of the administrative and technical staff)이라 함은 공관의 행정 및 기능업무에 고용된 공관직원을 말한다.
(g) "노무직원"(the members of the service staff)이라 함은 공관의 관내역무에 종사하는 공관직원을 말한다.
(h) "개인 사용인"(private servant)이라 함은 공관직원의 가사에 종사하며 파견국의 피고용인이 아닌 자를 말한다.
(i) "공관지역"(the premises of the mission)이라 함은 소유자 여하를 불문하고, 공관장의 주거를 포함하여 공관의 목적으로 사용되는(used) 건물과 건물의 부분 및 부속토지를 말한다.

제2조 국가 간의 외교관계의 수립 및 상설 외교공관의 설치는 상호 합의에 의하여 이루어진다.

제3조 1. 외교공관의 직무는 특히(*inter alia*) 아래와 같은 것을 포함한다.
(a) 접수국에서의 파견국의 대표
(b) 접수국에 있어서, 국제법이 허용하는 한도 내에서, 파견국과 파견국 국민의 이익 보호
(c) 접수국 정부와의 교섭

(d) 모든 합법적인 방법에 의한 접수국의 사정과 발전의 확인 및 파견국 정부에 대한 상기 사항의 <u>보고</u>

(e) 접수국과 파견국 간의 우호관계 증진 및 양국 간의 경제, 문화 및 과학관계의 발전

2. <u>본 협약의 어떠한 규정도 외교공관에 의한 영사업무의 수행을 방해하는 것으로 해석되지 아니한다.</u>

제4조 1. 파견국은 <u>공관장으로</u> 파견하고자 제의한 자에 대하여 접수국의 "<u>아그레망(agrément)</u>"<u>이 부여되었음을 확인하여야 한다.</u>

2. <u>접수국은 "아그레망"을 거절한 이유를 파견국에 제시할 의무를 지지 아니한다.</u>

제5조 1. 파견국은 관계접수국들에 적절한 통고를 행한 후 접수국 중 어느 국가의 명백한 반대가 없는 한, 사정에 따라서 1개국 이상의 국가에 1인의 <u>공관장</u>을 파견하거나 외교직원을 임명할 수 있다.

2. 파견국이 1개국 또는 그 이상의 국가에 1인의 공관장을 파견하는 경우, 파견국은 공관장이 상주하지 아니하는 각국에 <u>대사대리(charge d'affaires ad interim)</u>를 장으로 하는 외교공관을 설치할 수 있다.

3. <u>공관장이나 공관의 외교직원은 어떠한 국제기구에 대하여서도 파견국의 대표로서 행동할 수 있다.</u>

제6조 2개국 또는 그 이상의 국가는, 접수국의 반대가 없는 한, 동일한 자를 공관장으로 타국에 파견할 수 있다.

제7조 제5조, 제8조, 제9조 및 제11조의 규정에 따를 것을 조건으로, 파견국은 <u>자유로이</u> 공관직원

을 임명할 수 있다. 육·해·공군의 무관인 경우에는, 접수국은 그의 승인을 위하여 사전에 그들의 명단 제출을 요구할 수 있다.

제8조 1. 공관의 외교직원은 원칙적으로 파견국의 국적을 가진 자이어야 한다.

2. 공관의 외교직원은 언제라도 철회할 수 있는 <u>접수국 측의 동의가 있는 경우를 제외하고는</u> 접수국의 국적을 가진 자 중에서 임명하여서는 아니된다.

3. 접수국은 파견국의 국민이 아닌 제3국의 국민에 관하여서도 동일한 권리를 유보할 수 있다.

제9조 1. 접수국은, <u>언제든지 그리고 그 결정을 설명할 필요 없이, 공관장이나 또는 기타 공관의 외교직원이 불만한 인물(Persona non grata)</u>이며, 또는 기타의 공관직원을 <u>받아들일 수 없는(is not acceptable)</u> 인물이라고 파견국에 <u>통고</u>할 수 있다. 이와 같은 경우에, <u>파견국은 적절히 관계자를 소환하거나 또는 그 공관직무를 종료시켜야 한다.</u> 접수국은 누구라도 접수국의 영역에 도착하기 전에 불만한 인물 또는 받아들일 수 없는 인물로 선언할 수 있다.

2. 파견국이 본조 제1항에 의한 의무의 이행을 거절하거나 또는 상당한 기일 내에 이행하지 못하는 경우에는, 접수국은 관계자를 공관원으로 인정함을 거부할 수 있다.

제10조 1. 접수국의 외무부 또는 합의되는 기타 부처는 다음과 같은 통고를 받는다.

(a) 공관원의 임명, 그들의 도착과 최종 출발 또는 그들의 공관직무의 종료

(b) 공관원의 가족에 속하는 자의 도착 및 최종 출발 그리고 적당한

경우 어떤 사람이 공관원의 가족의 일원이 되거나 또는 되지 않게 되는 사실

(c) 본항(a)에 언급된 자에게 고용된 개인 사용인의 도착과 최종 출발 그리고, 적당한 경우 그들의 고용인과 해약을 하게 되는 사실

(d) 특권 및 면제를 받을 권리를 가진 공관원이나 개인 사용인으로서 접수국에 거주하는 자의 고용 및 해고

2. 가능하면 도착과 최종 출발의 사전 통고도 하여야 한다.

제11조 1. 공관 규모에 관한 특별한 합의가 없는 경우에는, 접수국은 자국의 사정과 조건 및 당해 공관의 필요성을 감안하여, 합리적이며, 정상적이라고 인정되는 범위 내에서 공관의 규모를 유지할 것을 요구할 수 있다.

2. 접수국은 또한 유사한 범위 내에서 그리고 무차별의 기초 위에서, 특정 범주에 속하는 직원의 접수를 거부할 수 있다.

제12조 파견국은 접수국의 명시적인 사전 동의가 없이는 공관이 설립된 이외의 다른 장소에 공관의 일부를 구성하는 사무소를 설치할 수 없다.

제13조 1. 공관장은 일률적으로 적용되는 접수국의 일반적 관행에 따라 자기의 신임장을 제정하였을 때 또는 그의 도착을 통고하고 신임장을 제정하였을 때 또는 그의 도착을 통고하고 신임장의 진정등본을 접수국의 외무부 또는 합의된 기타 부처에 제출하였을 때에 접수국에서 그의 직무를 개시한 것으로 간주된다.

2. 신임장이나 또는 신임장의 진정등본 제출순서는 공관장의 도착 일자와 시간에 의하여 결정한다.

제14조 1. 공관장은 다음의 3가지 계급(classes)으로 구분된다.

(a) 국가원수에게 파견된 대사 또는 교황청대사(nuncio), 그리고 동등한 계급(equivalent rank)을 가진 기타의 공관장

(b) 국가원수에게 파견된 공사 또는 교황청 공사(internuncios)

(c) 외무부장관에게 파견된 대리공사(chargé d'affaires)

2. 서열 및 의례에 관계되는 것을 제외하고는, 그들의 계급으로 인한 공관장 간의 차별이 있어서는 아니된다.

제15조 공관장에게 부여되는 계급은 국가 간의 합의로 정한다.

제16조 1. 공관장은 제13조의 규정에 의거하여 그 직무를 개시한 일자와 시간의 순서로 각자의 해당계급 내의 서열(precedence)이 정하여진다.

2. 계급의 변동에 관련되지 아니한 공관장의 신임장 변경은 그의 서열에 영향을 미치지 아니한다.

3. 본조는 교황청대표의 서열에 관하여 접수국에 의하여 승인된 어떠한 관행도 침해하지 아니한다.

제17조 공관장은 공관의 외교직원의 서열을 외무부 또는 합의되는 기타 부처에 통고한다.

제18조 공관장의 접수를 위하여 각국에서 준수되는 절차는 각 계급에 관하여 일률적이어야 한다.

제19조 1. 공관장이 공석이거나 또는 공관장이 그의 직무를 수행할 수 없을 경우에는 대사대리(chargé d'affaires ad interim)가 잠정적으로 공관장으로서 행동한다. 대사대리의 성명은 공관장이나 또는 공관장이 할 수 없는 경우에는, 파견국의 외무부가 접수국의 외무부 또는 합의된 기타 부처에 통고한다.

2. 접수국에 공관의 외교직원이 없는 경우에는, 파견국은 접수국의 동의를 얻어 행정 및 기능직원을, 공관의 일상관리사무를 담당하도록 지명할 수 있다.

제20조 공관과 공관장은 공관장의 주거를 포함한 공관지역 및 공관장의 수송수단에 파견국의 국기 및 문장을 사용할 권리를 가진다.

제21조 1. 접수국은, 그 법률에 따라, 파견국이 공관을 위하여 필요로 하는 공관지역을 접수국의 영토에서 취득함을 용이하게 하거나 또는 기타 방법으로 파견국이 시설을 획득하는 데 있어서 이를 원조하여야 한다.
2. 접수국은 또한 필요한 경우, 공관이 그들의 관원을 위하여 적당한 시설을 획득하는 데 있어서 이를 원조하여야 한다.

제22조 1. 공관지역은 불가침이다(shall be inviolable). 접수국의 관헌은, 어떠한 침입(intrusion)이나 손해(damage)에 대하여도 공관지역을 보호하며, 공관의 안녕을 교란(disturbance)시키거나 품위(prestige)의 손상(impairment)을 방지하기 위하여 모든 적절한 조치를 취할 특별한 의무를 가진다.
3. 공관지역과 동 지역 내에 있는(thereon) 비품류 및 기타 재산과 공관의 수송수단은 수색(search), 징발(requisition), 차압(attachment) 또는 강제집행(execution)으로부터 면제된다.

제23조 1. 파견국 및 공관장은, 특정 용역의 제공에 대한 지불의 성격을 가진 것을 제외하고는, 소유 또는 임차여하를 불문하고 공관지역에 대한 국가, 지방 또는 지방자치단체의 모든 조세와 부과금으로부터 면제된다.
2. 본조에 규정된 조세의 면제는, 파견국 또는 공관장과 계약을 체결하는 자가 접수국의 법률에 따라 납부하여야 하는 조세나 부과금에는 적용되지 아니한다.

제24조 공관의 문서(archives) 및 서류(documents)는 어느 때나 그리고 어느 곳에서나 불가침이다.

제25조 접수국은 공관의 직무수행을 위하여 충분한 편의를 제공하여야 한다.

제26조 접수국은 국가안전을 이유로 출입이 금지되어 있거나 또는 규제된 지역에 관한 법령에 따를 것을 조건으로 하여 모든 공관원에게 대하여, 접수국 영토 내에서의 이동과 여행의 자유를 보장하여야 한다.

제27조 1. 접수국은 공용을 위한 공관의 자유로운 통신을 허용하며 보호하여야 한다. 공관은 자국 정부 및 소재여하를 불문한 기타의 자국 공관이나 영사관과 통신을 함에 있어서, 외교신서사 및 암호 또는 부호로 된 통신문을 포함한 모든 적절한 방법을 사용할 수 있다. 다만, 공관은 접수국의 동의를 얻어야만 무선송신기를 설치하고 사용할 수 있다.
2. 공관의 공용 통신문은 불가침이다. 공용 통신문이라 함은 공관 및 그 직무에 관련된 모든 통신문을 의미한다.
3. 외교행낭은 개봉되거나 유치되지 아니한다.
4. 외교행낭을 구성하는 포장물은 그 특성을 외부에서 식별할 수 있는 표지를 달아야 하며 공용을 목적으로 한 외교문서나 물품만을 넣을 수 있다.

5. 외교신서사(diplomatic courier)는 그의 신분 및 외교행낭을 구성하는 포장물의 수를 표시하는 공문서를 소지하여야 하며, 그의 직무를 수행함에 있어서 접수국의 보호를 받는다. 외교신서사는 신체의 불가침을 향유하며 어떠한 형태의 체포나 구금도 당하지 아니한다.

6. 파견국 또는 공관은 임시 외교신서사(diplomatic courier ad hoc)를 지정할 수 있다. 이러한 경우에는 본조 제5항의 규정이 또한 적용된다. 다만, 동신서사가 자신의 책임하에 있는 외교행낭을 수취인에게 인도하였을 때에는 제5항에 규정된 면제가 적용되지 아니한다.

7. 외교행낭은 공인된 입국항에 착륙하게 되어 있는 상업용 항공기의 기장에게 위탁할 수 있다. 동 기장은 행낭을 구성하는 포장물의 수를 표시하는 공문서를 소지하여야 하나 외교신서사로 간주되지는 아니한다. 공관은 항공기 기장으로부터 직접으로 또는 자유롭게 외교행낭을 수령하기 위하여 공관직원을 파견할 수 있다.

제28조 공관이 자신의 공무를 수행함에 있어서 부과한 수수료와 요금은 모든 부과금과 조세로부터 면제된다.

제29조 외교관의 신체(the person of a diplomatic agent)는 불가침이다(shall be inviolable). 외교관은 어떠한 형태의 체포(arrest) 또는 구금(detention)도 당하지 아니한다. 접수국은 상당한 경의(with due respect)로서 외교관을 대우하여야 하며 또한 그의 신체, 자유 또는 품위에 대한 여하한 침해에 대하여도 이를 방지하기 위하여 모든 적절한 조치를 취하여야 한다.

제30조 1. 외교관의 개인주거는 공관지역과 동일한 불가침과 보호를 향유한다.
2. 외교관의 서류, 통신문 그리고 제31조제3항에 규정된 경우를 제외한 그의 재산도 동일하게 불가침권을 향유한다.

제31조 1. 외교관은 접수국의 형사재판관할권으로부터의 면제를 향유한다(shall enjoy). 외교관은 또한, 다음 경우를 제외하고는 접수국의 민사 및 행정재판관할권으로부터의 면제를 향유한다.
(a) 접수국의 영역 내에 있는 개인부동산에 관한 부동산 소송. 단, 외교관이 공관의 목적을 위하여(for the purposes of the mission) 파견국을 대신하여 소유하는 경우는 예외이다.
(b) 외교관이 파견국을 대신하지 아니하고(not on the behalf of) 개인으로서 유언집행인, 유산관리인, 상속인 또는 유산수취인으로서 관련된 상속에 관한 소송
(c) 접수국에서 외교관이 그의 공적직무 이외로 행한(outside his official functions) 여하한의 직업적 또는 상업적 활동(any professional or commercial activity)에 관한 소송
2. 외교관은 증인으로서 증언을 행할 의무를 지지 아니한다.
3. 본조 제1항a), (b) 및 (c)에 해당되는 경우를 제외하고는, 외교관에 대하여 여하한 강제 집행조치도 취할 수 없다. 전기의 강제 집행조치는 외교관의 신체나 주거의 불가침을 침해하지 않는 경우에 취할 수 있다.
4. 접수국의 재판관할권으로부터 외교관을 면제하는 것은 파견국의 재판관할권으로부터 외교관을 면제하는 것은 아니다.

제32조 1. '파견국'은 외교관 및 제37조에 따라 면제를 향유하는 자에 대한 재판관할권의 면제를 포기할 수 있다.

2. 포기는 언제나 명시적이어야 한다.

3. 외교관과 제37조에 따라 재판관할권의 면제를 향유하는 자가 소송을 제기한 경우에는 본소에 직접 관련된 반소(counter-claim directly connected with the principal claim)에 관하여 재판관할권의 면제를 원용할 수 없다.

4. 민사 또는 행정소송에 관한 재판관할권으로부터의 면제의 포기는 동 판결의 집행에 관한 면제의 포기를 의미하는 것으로 간주되지 아니한다. 판결의 집행으로부터의 면제를 포기하기 위하여서는 별도의 포기(separate waiver)를 필요로 한다.

제33조 1. 본조 제3항의 규정에 따를 것을 조건으로 외교관은 파견국을 위하여 제공된 역무에 관하여 접수국에서 시행되는 사회보장의 제 규정으로부터 면제된다.

2. 본조 제1항에 규정된 면제는 아래의 조건으로 외교관에게 전적으로 고용된 개인사용인에게도 적용된다.

(a) 개인사용인이 접수국의 국민이거나 또는 영주자가 아닐 것

(b) 개인사용인이 파견국이나 또는 제3국에서 시행되는 사회보장규정의 적용을 받고 있을 것

3. 본조 제2항에 규정된 면제가 적용되지 아니하는 자를 고용하는 외교관은 접수국의 사회보장규정이 고용주에게 부과하는 제 의무를 준수하여야 한다.

4. 본조 제1항 및 제2항에 규정된 면제는, 접수국의 승인을 받는다는 조건으로 접수국의 사회보장제도에 자발적으로 참여함을 방해하지 아니한다.

5. 본조의 규정은 사회보장에 관하여 이미 체결된 양자 또는 다자협정에 영향을 주지 아니하며, 또한 장차의 이러한 협정의 체결도 방해하지 아니한다.

제34조 외교관은 다음의 경우를 제외하고는 국가, 지방 또는 지방자치단체의 모든 인적 또는 물적 부과금과 조세로부터 면제된다.

(a) 상품 또는 용역의 가격에 통상 포함되는 종류의 간접세

(b) 접수국의 영역 내에는 사유부동산에 대한 부과금 및 조세. 단, 공관(사절)의 목적을 위하여(for the purposes of the mission) 파견국을 대신하여 소유하는 경우는 예외이다.

(c) 제39조 제4항의 규정에 따를 것을 조건으로, 접수국이 부과하는 재산세, 상속세 또는 유산세

(d) 접수국에 원천을 둔 개인소득에 대한 부과금과 조세 및 접수국에서 상업상의 사업에 행한 투자에 대한 자본세

(e) 특별한 용역의 제공에 부과된 요금

(f) 제23조의 규정에 따를 것을 조건으로 부동산에 관하여 부과되는 등기세, 법원의 수수료 또는 기록수수료, 담보세 및 인지세

제35조 접수국은, 외교관에 대하여 모든 인적역무와 종류 여하를 불문한 일체의 공공역무 및 징발, 군사상의 기부 그리고 숙사제공 명령에 관련된 군사상의 의무로부터 면제하여야 한다.

제36조 1. 접수국은, 동국이 제정하는 법령에 따라서, 하기 물품의 반입을 허용하며 모든 관세 및 조세와 기타 관련되는 과징금을 면제한다. 단, 보관, 운반 및 이와 유사한 역무에 대한 과징금은 그

러하지 아니하다.
(a) 공관의 공용을 위한 물품
(b) 외교관의 거주용 물품을 포함
하여 외교관이나 또는 그의 세
대를 구성하는 가족의 개인사
용을 위한 물품
2. 외교관의 개인수하물은 검열
에서 면제된다. 단, 본조 제1항에
서 언급한 면제에 포함되지 아니
하는 물품이 있거나, 또는 접수국
의 법률로서 수출입이 금지되어
있거나, 접수국의 검역규정에 의
하여 통제된 물품을 포함하고 있
다고 추정할 만한 중대한 이유가
있는 경우에는 그러하지 아니하
다. 전기의 검열은 외교관이나 또
는 그가 권한을 위임한 대리인의
입회하에서만 행하여야 한다.

제37조 1. 외교관의 세대를 구
성하는 그의 가족은, 접수국의 국
민이 아닌 경우, 제29조에서 제36조
까지 명시된 특권과 면제를 향유
한다.
2. 공관의 행정 및 기능직원은,
그들의 각 세대를 구성하는 가족
과 더불어, 접수국의 국민이나 영
주자가 아닌 경우, 제29조에서 제
35조까지 명시된 특권과 면제를
향유한다. 단, 제31조 제1항에 명
시된 접수국의 민사 및 행정재판
관할권으로부터의 면제는 그들
의 직무 이외에 행한 행위(acts
performed outside the course of
their duties)에는 적용되지 아니
한다. 그들은 또한 처음 부임할
때에 수입한 물품에 관하여 제36조
제1항에 명시된 특권을 향유한다.
3. 접수국의 국민이나 영주자가
아닌 공관의 노무직원은, 그들의
근무 중에 행한 행위(acts performed
in the course of their duties)에
관하여 면제를 향유하며 그들이
취업으로 인하여 받는 보수에 대
한 부과금이나 조세로부터 면제

되고, 제33조에 포함된 면제를 향
유한다.
4. 공관원의 개인사용인은, 접수
국의 국민이나 영주자가 아닌 경
우, 그들이 취업으로 인하여 받는
보수에 대한 부과금이나 조세로
부터 면제된다. 그 이외의 점에
대하여, 그들은 접수국이 인정하
는 범위에서만 특권과 면제를 향
유할 수 있다. 단, 접수국은 공관
의 직무수행을 부당하게 간섭하
지 않는 방법으로 이러한 자에 대
한 관할권을 행사하여야 한다.

제38조 1. 접수국이 추가로 특
권과 면제를 부여하는 경우를 제
외하고는 접수국의 국민이나 영
주자인 외교관은 그의 직무수행
중에 행한 공적 행위에 대하여
만(official acts performed in the
exercise of his functions) 재판관할
권 면제 및 불가침권을 향유한다.
2. 접수국의 국민이나 영주자인
기타의 공관직원과 개인사용인
은 접수국이 인정하는 범위에서
만 특권과 면제를 향유한다. 단,
접수국은 공관의 직무수행을 부
당하게 간섭하지 않는 방법으로
이러한 자에 대한 관할권을 행사
하여야 한다.

제39조 1. 특권 및 면제를 받을
권리가 있는 자는, 그가 부임차
접수국의 영역에 들어간 순간부
터, 또는 이미 접수국의 영역 내
에 있을 경우에는, 그의 임명을
외무부나 또는 합의되는 기타 부
처에 통고한 순간부터 특권과 면
제를 향유한다.
2. 특권과 면제를 향유하는 자의
직무가 종료하게 되면, 여사한 특
권과 면제는 통상 그가 접수국에
서 퇴거하거나 또는 퇴거에 요하는
상당한 기간이 만료하였을 때에
소멸하나, 무력분쟁의 경우일지
라도 그 시기까지는 존속한다.

단, 공관원으로서의 직무수행 중에 그가 행한 행위에 관하여는 재판관할권으로부터의 면제가 계속 존속한다.

3. 공관원이 사망하는 경우에, 그의 가족은 접수국을 퇴거하는데 요하는 상당한 기간이 만료할 때까지 그들의 권리인 특권과 면제를 계속 향유한다.

4. 접수국의 국민이나 영주자가 아닌 공관원이나 또는 그의 세대를 구성하는 가족이 사망하는 경우에, 접수국은 자국에서 취득한 재산으로서 그 수출이 그의 사망시에 금지된 재산을 제외하고는 사망인의 동산의 반출을 허용하여야 한다. 사망자가 공관원 또는 공관원의 가족으로서 접수국에 체재하였음에 전적으로 연유하여 동국에 존재하는 동산에는 재산세, 상속세 및 유산세는 부과되지 아니한다.

제40조 1. 외교관이 부임, 귀임 또는 본국으로 귀국하는 도중, 여권사증이 필요한 경우 그에게 여권사증을 부여한 제3국을 통과하거나 또는 제3국의 영역 내에 있을 경우에, 제3국은 그에게 불가침권과 그의 통과나 귀국을 보장함에 필요한 기타 면제를 부여하여야 한다. 동 규정은 특권이나 면제를 향유하는 외교관의 가족이 동 외교관을 동반하거나 그와 합류하거나 자국에 귀국하기 위하여 별도로 여행하는 경우에도 적용된다.

2. 본조 제1항에 명시된 것과 유사한 사정하에서 제3국은, 공관의 행정 및 기능직원 또는 노무직원과 그들 가족이 그 영토를 통과함을 방해하여서는 아니된다.

3. 제3국은 암호 또는 부호로 된 통신문을 포함하여 통과중인 공문서와 기타 공용통신에 대하여 접수국이 허여하는 동일한 자유와 보호를 부여하여야 한다. 제3국은 사증이 필요한 경우 여권사증이 부여된 외교신서사와 통과중인 외교행낭에 대하여 접수국이 부여하여야 하는 동일한 불가침권과 보호를 부여하여야 한다.

4. 본조 제1항, 제2항, 및 제3항에 따른 제3국의 의무는 전기 각항에서 언급한 자와 공용통신 및 외교행낭이 불가항력으로 제3국의 영역 내에 들어간 경우에도 적용된다.

제41조 1. 그들의 특권과 면제를 침해하지 아니하는 한, 접수국의 법령을 존중하는 것은 이와 같은 특권과 면제를 향유하는 모든 자의 의무이다. 그들은 또한 접수국의 내정에 개입하여서는 아니될 의무를 진다.

2. 파견국이 공관에 위임한 접수국과의 모든 공적 사무는 접수국의 외무부 또는 합의되는 기타 부처를 통해서 행하여진다.

3. 공관지역은 본 협약, 일반국제법상의 기타 규칙 또는 파견국과 접수국 간에 유효한 특별 협정에 규정된 공관의 직무와 양립할 수 없는 여하한 방법으로도 사용되어서는 아니된다.

제42조 외교관은 접수국에서 개인적 영리를 위한 어떠한 직업적 또는 상업적 활동도 하여서는 아니된다.

제43조 외교관의 직무는 특히 다음의 경우에 종료한다.

(a) 파견국이 당해 외교관의 직무가 종료되었음을 접수국에 통고한 때

(b) 접수국이 제9조 제2항에 따라 당해 외교관을 공관원으로서

인정하기를 거부함을 파견국에 통고한 때

제44조 접수국은, 무력충돌의 경우에라도, 접수국의 국민이 아닌 자로서 특권과 면제를 향유하는 자와 국적에 관계없이 이러한 자의 가족이 가능한 한 조속히 퇴거할 수 있도록 편의를 제공하여야 한다. 특히 필요한 경우에는, 그들 자신과 그들의 재산을 위하여 필요한 수송수단을 수의로 사용할 수 있도록 제공하여야 한다.

제45조 2개국 간의 외교관계가 단절되거나, 또는 공관이 영구적으로 또는 잠정적으로 소환되는 경우에,
(a) 접수국은 무력충돌의 경우에라도, 공관의 재산 및 문서와 더불어 공관지역을 존중하고 보호하여야 한다(must respect and protect).
(b) 파견국은 공관의 재산 및 문서와 더불어 공관지역의 보관을 접수국이 수락할 수 있는 제3국에 위탁할 수 있다.
(c) 파견국은 자국 및 자국민의 이익보호를, 접수국이 수락할 수 있는 제3국에 위탁할 수 있다.

제46조 파견국은 접수국의 사전 동의를 얻고, 또한 그 접수국에 공관을 가지지 아니한 제3국의 요청에 따라 제3국과 그 국민의 이익을 잠정적으로 보호할 수 있다.

제47조 1. 접수국은 본 협약의 조항을 적용함에 있어서 국가 간에 차별을 두어서는 아니된다.
2. 다만, 다음의 경우에는 차별을 두는 것으로 간주되지 아니한다.
(a) 파견국이 본 협약의 어느 조항을 파견국 내에 있는 접수국의 공관에 제한적으로 적용한다는 것을 이유로, 접수국이 동조항을 제한적으로 적용하는 경우
(b) 관습이나 합의에 의하여 각 국이 본 협약의 조항이 요구하는 것보다 더욱 유리한 대우를 상호 부여하는 경우

제48조 본 협약은, 모든 국제연합 회원국 또는 국제연합 전문기구의 회원국과 국제사법재판소 규정의 당사국, 그리고 국제연합 총회가 본 협약의 당사국이 되도록 초청한 기타 국가에 의한 서명을 위하여 다음과 같이 즉, 1961년 10월 31일까지는 오스트리아외무성에서 그리고 그 후 1962년 3월 31일까지는 뉴욕에 있는 국제연합본부에서 개방된다.

제49조 본 협약은 비준되어야 한다. 비준서는 국제연합 사무총장에게 기탁된다.

제50조 본 협약은 제48조에 언급된 4개의 범주 중 어느 하나에 속하는 국가의 가입을 위하여 개방된다. 가입서는 국제연합 사무총장에게 기탁된다.

제51조 1. 본 협약은, 22번째 국가의 비준서 또는 가입서가 국제연합 사무총장에게 기탁된 일자로부터 30일이 되는 날에 발효한다.
2. 22번째 국가의 비준서 또는 가입서가 기탁된 후에 본 협약을 비준하거나 이에 가입하는 각 국가에 대하여는, 본 협약은 이러한 국가가 비준서나 가입서를 기탁한 일자로부터 30일이 되는 날에 발효한다.

제52조 국제연합 사무총장은 제48조에 언급된 4개의 범주중 어느 하나에 속하는 모든 국가에 대하여 다음 사항을 통고하여야 한다.
(a) 제48조, 제49조 및 제50조에 따른 본 협약에 대한 서명과 비준서 또는 가입서의 기탁

(b) 제51조에 따른 본 협약의 발효 일자

제53조 중국어, 영어, 불어, 노어 및 서반아어본이 동등히 정본인 본 협약의 원본은 국제연합 사무총장에게 기탁되어야 하며, 국제연합 사무총장은 본 협약의 인증등본을 제48조에 언급된 4개의 범주 중 어느 하나에 속하는 모든 국가에 송부하여야 한다.

이상의 증거로서 각기 자국 정부에 의하여 정당한 권한을 위임받은 하기 전권위원은 본 협약에 서명하였다. 1961년 4월 18일 비엔나에서 작성하였다.

21 1963년 영사관계 비엔나 협약(Vienna Convention on Consular Relations)

체결일 : 1963.4.24.
발효일 : 1967.3.19.
한국 발효일 : 1977.4.6.

이 협약의 당사국은, 영사관계가 고래로부터 제 국민 간에 확립되어 왔음을 상기하고, 국가의 주권평등, 국제평화와 안전의 유지 및 제 국가 간의 우호관계의 증진에 관한 국제연합헌장의 목적과 원칙을 유념하며, 외교 교섭과 면제에 관한 국제연합회의는 1961년 4월 18일 서명을 위하여 개방되었던 외교관계에 관한 비엔나협약을 채택하였음을 고려하며, 영사관계 및 특권과 면제에 관한 국제협약은 국가들의 상이한(differing) 헌법상 및 사회적 제도에 관계없이 제 국가 간의 우호관계에 기여하고 또한 기여할 것임을 확신하며, 그러한 특권과 면제의 목적은 개인에게 혜택을 부여함에 있지 아니하고 각자의 국가를 대표하는(on behalf of) 영사기관에 의한 기능의 효과적 수행을 확보함에 있음을 인식하며, 관습 국제법의 제 규칙은 이 협약의 제 규정에 의하여 명시적으로 규제되지 아니하는 문제들을 계속 규율함을 확인하여, 다음과 같이 합의하였다.

제1조 【정의】 1. 이 협약의 목적상 하기의 표현은 아래에서 정한 의미를 가진다.

(a) "영사기관"(consular post)이라 함은 총영사관, 영사관, 부영사관 또는 영사대리사무소를 의미한다.

(b) "영사관할구역"(consular district)이라 함은 영사기능의 수행을 위하여 영사기관에 지정된 지역을 의미한다.

(c) "영사기관장"(head of consular post)이라 함은 그러한 자격으로 행동하는 임무를 맡은 자를 의미한다.

(d) "영사관원"(consular office)이라 함은 영사기관장을 포함하여 그러한 자격으로(in that capacity) 영사직무의 수행을 위임받은 자를 의미한다.

(e) "사무직원"(consular employee)이라 함은 영사기관의 행정 또는 기술업무에 종사하는 자를 의미한다.

(f) "업무직원"(member of the service staff)이라 함은 영사기관의 관내 업무에 종사하는 자를 의미한다.

(g) "영사기관원"(members of the consular post)이라 함은 영사관원, 사무직원 및 업무직원을 의미한다.

(h) "영사직원"(members of the consular staff)이라 함은 영사기관장 이외의 영사관원, 사무직원 및 업무직원을 의미한다.

(i) "개인사용인"(member of the private staff)이라 함은 영사기관원의 사용노무에만 종사하는 자를 의미한다.

(j) "영사관사(공관)"(consular premises)라 함은 소유권에 관계없이 영사기관의 목적에만 사용되는(used exclusively for the purpose of the consular post) 건물 또는 그 일부와 그에 부속된 토지를 의미한다.

(k) "영사문서"(consular archives) 라 함은 영사기관의 모든 문건 서류, 서한, 서적, 필름, 녹음테이프, 등록대장, 전신암호와 기호, 색인카드 및 이들을 보존하거나 또는 보관하기 위한 용기를 포함한다.

2. 영사관원은 직업영사관원(career consular officers)과 명예영사관원(honorary consular officers)의 두 가지 카테고리로 구분된다. 이 협약 제2장의 규정은 직업영사관원을 장으로 하는 영사기관에 적용되며 또한 제3장의 규정은 명예영사관원을 장으로 하는 영사기관을 규율한다.

3. 접수국의 국민 또는 영주자인 영사기관원의 특별한 지위는 이 협약 제71조에 의하여 규율된다.

제1장 영사관계 일반

제1절 영사관계의 수립 및 수행

제2조 【영사관계의 수립】 1. 국가 간의 영사관계의 수립은 상호 동의에 의하여 이루어진다.

2. 양국 간의 외교관계의 수립에 부여된 동의는 달리 의사를 표시하지 아니하는 한 영사관계의 수립에 대한 동의를 포함한다.

3. 외교관계의 단절은 영사관계의 단절을 당연히(ipso facto) 포함하지 아니한다.

제3조 【영사기능의 수행】 영사기능은 영사기관(consular posts)에 의하여 수행된다. 영사기능은 또한 이 협약의 규정에 따라 외교공관(외교사절단)(diplomatic missions)에 의하여 수행된다.

제4조 【영사기관의 설치】 1. 영사기관은 접수국의 동의를 받는 경우에만 접수국의 영역 내에 설치될 수 있다.

2. 영사기관의 소재지, 그 등급 및 영사관할구역은 파견국에 의하여 결정되며 또한 접수국의 승인을 받아야 한다.

3. 영사기관의 소재지, 그 등급 또는 영사관할구역은 접수국의 동의를 받는 경우에만 파견국에 의하여 추후 변경될 수 있다.

4. 총영사관 또는 영사관이 그 총영사관 또는 영사관이 설치되어 있는 지방 이외의 다른 지방에, 부영사관 또는 영사대리사무소의 개설을 원하는 경우에는 접수국의 동의가 필요하다.

5. 영사기관의 소재지 이외의 다른 장소에 기존 영사기관의 일부를 이루는 사무소를 개설하기 위해서도 접수국의 명시적 사전 동의가 필요하다.

제5조 【영사기능】 영사기능은 다음과 같다.

(a) 국제법이 인정하는 범위 내에서 파견국의 이익과 개인 및 법인을 포함한 그 국민의 이익을 접수국 내에서 보호하는 것

(b) 파견국과 접수국 간의 통상, 경제, 문화 및 과학관계의 발전을 증진하며 또한 기타의 방법으로 이 협약의 규정에 따라 그들 간의 우호관계를 촉진하는 것

(c) 모든 합법적 수단에 의하여 접수국의 통상, 경제, 문화 및 과학적 생활의 제 조건 및 발전을 조사하고, 이에 관하여 파견국 정부에 보고하며 또한 이해관계자에게 정보를 제공하는 것

(d) 파견국의 국민에게 여권과 여행증서를 발급하며 또한 파견국에 여행하기를 원하는 자에게 사증(visas) 또는 적당한 증서를 발급하는 것

(e) 개인과 법인을 포함한 파견국 국민을 도와주며 협조하는 것

(f) 접수국의 법령에 위배되지 아니할 것을 조건으로 공증인 및 민사업무 서기로서 또한 유사한 종류의 자격으로 행동하며 또한 행정적 성질의 일정한 기능을 수행하는 것

(g) 접수국의 영역 내에서의 사망에 의한 상속의 경우에 접수국의 법령에 의거하여 개인과 법인을 포함한 파견국 국민의 이익을 보호하는 것

(h) 파견국의 국민으로서 미성년자와 완전한 능력을 결하고 있는 기타의 자들, 특히 후견 또는 재산관리가 필요한 경우에 접수국의 법령에 정해진 범위 내에서 그들의 이익을 보호하는 것

(i) 접수국 내의 관행과 절차에 따를 것을 조건으로 하여 파견국의 국민이 부재 또는 기타의 사유로 적절한 시기에 그 권리와 이익의 방어를 맡을 수 없는 경우에 접수국의 법령에 따라 그러한 국민의 권리와 이익의 보전을 위한 가처분(provisional measures)을 받을 목적으로 접수국의 재판소 및 기타의 당국에서 접수국의 국민을 위하여 적당한 대리행위를 행하거나 또는 동 대리행위를 주선하는 것

(j) 유효한 국제협정에 의거하여 또는 그러한 국제협정이 없는 경우에는 접수국의 법령과 양립하는 기타의 방법으로 파견국의 법원을 위하여 소송서류 또는 소송 이외의 서류를 송달하거나 또는 증거조사의뢰서 또는 증거조사위임장을 집행하는 것

(k) 파견국의 국적을 가진 선박과 파견국에 등록된 항공기 및 그 승무원에 대하여 파견국의 법령에 규정된 감독 및 검사권을 행사하는 것

(1) 본조 세항 (k)에 언급된 선박과 항공기 및 그 승무원에게 협조를 제공하는 것, 선박의 항행에 관하여 진술을 받는 것, 선박의 서류를 검사하고 이에 날인하는 것, 접수국 당국의 권한을 침해함이 없이 항해 중에 발생한 사고에 대하여 조사하는 것 또한 파견국의 법령에 의하여 인정되는 경우에 선장, 직원 및 소속원간의 여하한 종류의 분쟁을 해결하는 것

(m) 파견국이 영사기관에 위임한 기타의 기능으로서 접수국의 법령에 의하여 금지되지 아니하거나 또는 접수국의 이의를 제기하지 아니하거나 또는 접수국과 파견국 간의 유효한 국제협정에 언급된 기능을 수행하는 것

제6조【영사관할구역 외에서의 영사직무의 수행】 영사관원은 특별한 사정하에서 접수국의 동의를 받아 그의 영사관할구역 외에서 그의 직무를 수행할 수 있다.

제7조【제3국에서의 영사기능의 수행】 파견국은 관계국가 중 어느 한 국가의 명시적 반대가 없는 한 관계국가에 통고한 후 특정 국가 내에 설치된 영사기관에 대하여 제3국 내에서의 영사기능의 수행을 위임할 수 있다.

제8조【제3국을 대표하는 영사기능의 수행】 파견국의 영사기관은 접수국이 반대하지 아니하는 한 접수국에 적절히 통고한 후, 제3국을 대표하여 접수국 내에서 영사기능을 수행할 수 있다.

제9조【영사기관장의 계급】 1. 영사기관장(heads of consular posts)은 다음의 네 가지 계급(classes)으로 구분된다.

(a) 총영사(consuls-general)

(b) 영사(consuls)

(c) 부영사(vice-consuls)

(d) 영사대리(consular agents)

2. 본조 1항의 규정은 영사기관장 이외의 기타의 영사관원의 직명을 지정할 수 있는 체약당사국의 권리를 여하한 방법으로도 제한하지 아니한다.

제10조【영사기관장의 임명과 승인】 1. 영사기관장은 파견국에 의하여 임명되며 또한 접수국에 의하여 그 직무의 수행이 인정된다.

2. 이 협약의 제 규정에 따를 것으로 하여, 영사기관장의 임명 및 인정에 관한 방식은 각기 파견국과 접수국의 법령과 관례에 의하여 결정된다.

제11조【영사위임장 또는 임명통고】 1. 영사기관장은 임명될 때마다 작성되는 위임장(commission) 또는 유사한 증서의 형식으로 그의 자격을 증명하고 또한 그의 성명, 카테고리, 계급, 영사관할구역(consular district) 및 영사기관의 소재지를 일반적으로 표시하는 문서를 파견국으로부터 받는다.

2. 파견국은 외교경로 또는 기타의 적절한 경로를 통하여 영사기관장이 그 영역 내에서 그 직무를 수행할 국가의 정부에 위임장 또는 이와 유사한 증서를 전달한다.

3. 파견국은 접수국이 동의하는 경우에 위임장 또는 유사한 증서 대신에 본조 1항에 의하여 요구되는 세부사항을 포함하는 통고를 접수국에 송부할 수 있다.

제12조【영사인가장】 1. 영사기관장은 그 인가양식에 관계없이 영사인가장(exequatur)으로 불리는 접수국의 인가에 의하여 그 직무의 수행이 인정된다.

2. 영사인가장의 부여를 거부하는 국가는 그 거부이유를 파견국에 제시할 의무를 지지 않는다.

3. 제13조 및 제15조의 제 규정에 따를 것으로 하여, 영사기관장은 영사인가장을 접수할 때까지 그 임무를 개시하여서는 아니된다.

제13조【영사기관장의 잠정적 인정】 영사기관장은 영사인가장을 접수할 때까지 잠정적으로 그 직무의 수행이 인정될 수 있다. 그 경우에는 이 협약의 규정이 적용된다.

제14조【당국에 대한 영사관할구역의 통고】 영사기관장이 잠정적으로 그 직무의 수행을 인정받는 경우에도 접수국은 즉시 권한 있는 당국에 대하여 영사관할구역을 통고하여야 한다. 접수국은 영사기관장이 그 임무를 수행할 수 있게 하며 또한 이 협약의 제 규정상의 이익을 향유할 수 있도록 필요한 조치를 취하는 것을 또한 보장하여야 한다.

제15조【영사기관장의 직무의 일시적 수행】 1. 영사기관장이 그 직무를 수행할 수 없거나 또는 영사기관장의 직이 공석인 경우에는 기관장대리(acting head of post)가 잠정적으로 영사기관장으로서 행동할 수 있다.

2. 기관장대리의 명단은 파견국의 외교공관에 의하여 또는 접수국 내에 외교공관을 두지 아니한 경우에는 영사기관장에 의하여 또는 영사기관장이 통고할 수 없는 경우에는 파견국의 권한 있는 당국에 의하여 접수국의 외무부 또는 외무부가 지정하는 당국에 통고된다. 이 통고는 일반적으로 사전에 행하여져야 한다. 접수국은 접수국 내에 있는 파견국의 외교관도 아니며 또한 영사관원도 아닌 자를 접수국의 동의에 따를 것을 조건으로 기관장대리로서 인정할 수 있다.

3. 접수국의 권한 있는 당국은 기관장대리에 대하여 협조와 보호를 부여하여야 한다. 기관장대리가 영사기관의 책임을 맡고 있는 동안 이 협약의 제 규정은 관계영사기관장에게 적용되는 것과 동일한 기초 위에서 동 대리에게 적용된다. 다만, 접수국은 기관장대리가 충족시키지 못하는 조건에 따를 것만으로 하여 영사기관장이 향유하는 편의, 특권 또는 면제를 기관장대리에게 부여할 의무를 지지 아니한다.

4. 본조 1항에 언급된 사정하에서 접수국 내에 있는 파견국의 외교공관의 외교직원이 파견국에 의하여 기관장대리로 지정된 경우에 동 외교직원은 접수국이 반대하지 아니하는 한 외교특권과 면제를 계속 향유한다.

제16조 【영사기관간의 석차】

1. 영사기관장은 영사인가장의 부여 일자에 따라 각 계급 내에서 그 석차가 정하여진다.

2. 다만, 영사인가장을 받기 전에 잠정적으로 영사기관장의 직무의 수행이 인정된 경우에 그 석차는 동 잠정적 인정일자에 따라 결정된다. 이 석차는 영사인가장의 발급 후에도 유지된다.

3. 동일한 일자에 영사인가장 또는 잠정적 인정을 받은 2인 이상의 영사기관장 간의 석차순위는 위임장 또는 유사한 증서 또는 제11조3항에 언급된 통고가 접수국에 제출된 일자에 따라 결정된다.

4. 기관장대리는 모든 영사기관장의 다음에 그 석차를 가지며 또한 기관장대리 상호 간에는 제15조 2항에 따른 통고에 표시되어 있는 기관장대리로서 그 직무를 맡은 일자에 따라 그 석차가 정하여진다.

5. 영사기관장으로서의 명예영사관원은 상기 각항에 규정된 순위와 규칙에 따라 직업 영사기관장의 다음에 각 계급 내에서 그 석차가 정하여진다.

6. 영사기관장은 기관장의 지위를 가지지 아니하는 영사관원에 대하여 상위의 석차를 보유한다.

제17조 【영사관원에 의한 외교활동의 수행】

1. 파견국이 외교공관을 가지지 아니하고 또한 제3국의 외교공관에 의하여 대표되지 아니하는 국가 내에서 영사관원은 접수국의 동의를 받아 또한 그의 영사지위에 영향을 미침이 없이 외교활동을 수행하는 것이 허용될 수 있다. 영사관원에 의한 그러한 활동의 수행은 동 영사관원에게 외교특권과 면제를 요구할 수 있는 권리를 부여하는 것이 아니다.

2. 영사관원은 접수국에 통고한 후 정부 간 국제기구에 대한 파견국의 대표로서 활동할 수 있다. 영사관원이 그러한 활동을 수행하는 경우에 동 영사관원은 국제관습법 또는 국제협정에 의하여 그러한 대표에게 부여되는 특권과 면제를 향유할 수 있는 권리가 부여된다. 다만, 동 영사관원에 의한 영사직무의 수행에 대하여 그는 이 협약에 따라 영사관원이 부여받을 권리가 있는 것보다 더 큰 관할권의 면제를 부여받지 아니한다.

제18조 【2개국 이상에 의한 동일인의 영사관원 임명】

2개 이상의 국가는 접수국의 동의를 받아 동일인을 동 접수국 내의 영사관원으로 임명할 수 있다.

제19조 【영사직원의 임명】

1. 제20조, 제22조 및 제23조의 제 규정에 따를 것으로 하여 파견국은 영사직원을 자유로이 임명할 수 있다.

2. 영사기관장을 제외한 기타의 모든 영사관원의 명단, 카테고리 및 계급은 접수국이 원하는 경우에 제23조3항에 따른 접수국의 권리를 행사할 수 있는 충분한 시간적 여유를 두고 파견국에 의하여 접수국에 통고되어야 한다.

3. 파견국은 그 법령상 필요한 경우에 영사기관장을 제외한 기타의 영사관원에게 영사인가장을 부여하도록 접수국에 요청할 수 있다.

4. 접수국은 그 법령상 필요한 경우에 영사기관장을 제외한 기타의 영사관원에게 영사인가장을 부여할 수 있다.

제20조【영사직원의 수】 영사직원의 수에 관한 명시적 합의가 없을 경우에 접수국은 영사관할구역내의 사정과 조건 및 특정 영사기관의 필요성을 고려하여 동 접수국이 합리적이고 정상적이라고 간주하는 범위 내에서 직원의 수를 유지하도록 요구할 수 있다.

제21조【영사기관의 영사기관원간의 석차】 영사기관의 영사관원간의 석차 순위 및 그 변경은 파견국의 외교공관에 의하여 또는 파견국이 접수국 내에 외교공관을 두지 아니하는 경우에는 그 영사기관장에 의하여 접수국의 외무부 또는 동 외무부가 지정하는 당국에 통고되어야 한다.

제22조【영사관원의 국적】 1. 영사관원은 원칙적으로 파견국의 국적을 가져야 한다.

2. 영사관원은 언제든지 철회될 수 있는 접수국의 명시적 동의를 받는 경우를 제외하고 접수국의 국적을 가진 자 중에서 임명되어서는 아니된다.

3. 접수국은 또한 파견국의 국민이 아닌 제3국의 국민에 대하여 동일한 권리를 유보(reserve)할 수 있다.

제23조【불만으로 선언된 인물 (persons declared non grata)】

1. 접수국은 영사'관원'이 불만스러운 인물(persona non grata)이거나 또는 기타의 영사'직원'이 수락할 수 없는 자(is not acceptable)임을 언제든지 파견국에 통고할 수 있다. 그러한 통고가 있는 경우에 파견국은 사정에 따라 관계자를 소환하거나 또는 영사기관에서의 그의 직무를 종료시켜야 한다.

2. 파견국이 본조 1항에 따른 의무의 이행을 적당한 기간 내에 거부하거나 또는 이행하지 아니하는 경우에 접수국은 사정에 따라 관계자로부터 영사인가장을 철회하거나 또는 그를 영사직원으로 간주하지 아니할 수 있다.

3. 영사기관원으로 임명된 자는 접수국의 영역에 도착하기 전에 또는 이미 영사기관 내에 있을 경우에는 영사기관에서의 그의 임무를 개시하기 전에 수락할 수 없는 인물로 선언될 수 있다. 그러한 경우에 파견국은 그의 임명을 철회하여야 한다.

4. 본조 제1항 및 제3항에 언급된 경우에 있어서 접수국은 파견국에 대하여 그 결정의 이유를 제시해야 할 의무를 지지 아니한다.

제24조【접수국에 대한 임명, 도착 및 퇴거통고】 1. 접수국의 외무부 또는 동 외무부가 지정하는 당국은 다음의 사항에 관하여 통고를 받는다.

(a) 영사기관원의 임명, 영사기관에 임명된 후의 그 도착, 그 최종퇴거, 그 직무의 종료 및 영사기관에서의 근무 중에 발생할 수 있는 기타의 그 지위에 영향을 미치는 변동

(b) 영사기관원의 가족으로서 그 세대의 일부를 이루는 자의 도착 및 최종퇴거 또한 적절한 경우

에 특정인이 그 가족구성원이
되거나 또는 되지 아니하는 사
실
(c) 개인사용인의 도착 및 최종퇴
거 또한 적절한 경우에 동 개인
사용인으로서의 노무 종료
(d) 특권과 면제를 부여받을 권리
가 있는 영사기관원으로서 또
는 개인사용인으로서의 접수국
내 거주자의 고용 및 해고
2. 가능한 경우에 도착 및 최종퇴
거의 사전통고가 또한 행하여져
야 한다.

제2절 영사직무의 종료

**제25조【영사기관원의 직무의 종
료】** 영사기관원의 직무는 특히
다음의 경우에 <u>종료한다.</u>
(a) 그의 직무가 종료하였음을 파
견국이 접수국에 <u>통고한 때</u>
(b) <u>영사인가장의 철회</u> 시
(c) 접수국이 그를 <u>영사직원으로
간주하지 아니함을 파견국에
통고할 때</u>

**제26조【접수국의 영역으로부터
의 퇴거】** 접수국은 무력충돌의
경우에도 접수국의 국민이 아닌
영사기관원과 개인사용인 및 국
적에 관계없이 그 세대의 일부를
이루는 그 가족구성원에 대하여
<u>그들이 퇴거를 준비하고 또한 관
계직원의 직무가 종료한 후 가능
한 한 조속한 시일 내에 퇴거할
수 있도록 필요한 시간과 편의를
제공하여야 한다.</u> 특히, 접수국은
필요한 경우 그들 및 그 재산으로
서 접수국 내에서 취득하여 퇴거
시에 그 반출이 금지되는 것을 제
외한 재산에 대한 필요한 수송수
단을 그들이 이용할 수 있도록 하
여야 한다.

**제27조【파견국의 영사관사와 문
서 및 이익에 대한 비상시의 보호】**
1. 양국 간의 영사관계가 단절되는
경우에 다음의 규정이 적용된다.
(a) <u>접수국은 무력충돌의 경우에
도 영사관사와 영사기관의 재
산 및 영사문서를 존중하며 또
한 보호하여야 한다.</u>
(b) 파견국은 접수국이 수락하는
제3국에 대하여 영사관사와 그
재산 및 영사문서의 보관을 위
탁할 수 있다.
(c) 파견국은 접수국이 수락하는
제3국에 대하여 그 이익과 그
국민의 이익에 대한 보호를 위
탁할 수 있다.
2. 영사기관이 일시적으로 또는
영구적으로 폐쇄되는 경우에는
본조 1항의 세항 (a)의 규정이 적
용되며, 추가적으로 다음의 규정
이 적용된다.
(a) 접수국에서 외교공관에 의하
여 대표되지 아니하더라도 파
견국이 동 접수국의 영역 내에
다른 영사기관을 두고 있는 경
우에, 동 영사기관은 폐쇄된 영
사기관의 관사와 그 재산 및 영
사문서의 보관을 위임받을 수
있으며 또한 접수국의 동의를
받아 그 영사기관의 관할구역
내에서의 영사기능의 수행을
위임받을 수 있다.
(b) 파견국이 접수국 내에 외교공
관을 두지 아니하며 또한 기타
의 영사기관을 두지 아니하는
경우에는 본조 1항의 세항 (b)
및 (c)의 규정이 적용된다.

제2장 영사기관, 직업영사관원 및 기타의 영사기관원에 관한 편의, 특권 및 면제

제1절 영사기관에 관한 편의, 특권 및 면제

제28조 【영사기관의 활동에 대한 편의】 접수국은 영사기관의 기능의 수행을 위하여 충분한 편의를 제공하여야 한다.

제29조 【국기와 문장의 사용】
1. 파견국은 본조의 규정에 의거하여 접수국 내에서 자국의 국기와 문장의 사용권을 가진다.
2. 파견국의 국기와 그 문장은 영사기관이 점유하는 건물과 그 현관 및 영사기관장의 관저와 공용시의 그 교통수단에 게양될 수 있고 또한 부착될 수 있다.
3. 본조에 의하여 부여되는 권리를 행사함에 있어서는 접수국의 법령과 관례를 고려하여야 한다.

제30조 【주거시설】 1. 접수국은 그 법령에 의거하여 동 파견국이 그 영사기관에 필요한 관사를 접수국의 영역 내에서 취득하는 것에 편의를 제공하거나 또는 다른 방법으로 파견국이 주거시설을 구하는 것에 협조하여야 한다.
2. 접수국은 필요한 경우에 영사기관이 그 직원을 위한 적당한 주거시설을 구하는 것에 또한 협조하여야 한다.

제31조 【영사관사의 불가침】
1. 영사관사는 본조에 규정된 범위 내에서(to the extent provided in this Article) 불가침이다(shall be inviolable).
2. 접수국의 당국은 영사기관장 또는 그가 지정한 자 또는 파견국의 외교공관장의 동의를 받는 경우를 제외하고 전적으로 영사기관의 활동을 위하여 사용되는 영사관사의 부분에 들어가서는 아니된다. 다만, 화재 또는 신속한 보호조치를 필요로 하는 기타 재난의 경우에는 영사기관장의 동의가 있은 것으로 추정될 수 있다.

3. 본조 2항의 규정에 따를 것으로 하여 접수국은 침입 또는 손괴로부터 영사관사를 보호하고 또한 영사기관의 평온에 대한 교란 또는 그 위엄의 손상을 방지하기 위한 모든 적절한 조치를 취해야 하는 특별한 의무를 진다.
4. 영사관사와 그 비품 및 영사기관의 재산과 그 교통수단은 국방상 또는 공익상의 목적을 위한 어떠한 형태의 징발로부터 면제된다. 그러한 목적을 위하여 수용이 필요한 경우에는 영사기능의 수행에 대한 방해를 회피하도록 모든 가능한 조치를 취하여야 하며 또한 신속하고 적정하며 효과적인 보상이 파견국에 지불되어야 한다.

제32조 【영사관사에 대한 과세면제】 1. 파견국 또는 파견국을 대표하여 행동하는 자가 소유자이거나 또는 임차인으로 되어 있는 영사관사 및 직업 영사기관장의 관저는 제공된 특별의 역무에 대한 급부로서의 성질을 가지는 것을 제외한 기타의 모든 형태의 국가, 지역 또는 지방의 부과금과 조세로부터 면제된다.
2. 본조 1항에 언급된 과세의 면제는 파견국 또는 파견국을 대표하여 행동하는 자와 계약을 체결한 자가 접수국의 법에 따라 동 부과금과 조세를 납부해야 하는 경우에는 동 부과금과 조세에 적용되지 아니한다.

제33조 【영사문서와 서류의 불가침】 영사문서와 서류는 언제 어디서나 불가침이다.

제34조 【이전의 자유】 국가안보상의 이유에서 그 출입이 금지되거나 또는 규제되고 있는 지역에 관한 접수국의 법령에 따를 것으로 하여, 접수국은 모든 영사기관원에 대하여 접수국 영역 내의 이전 및 여행의 자유를 보장한다.

제35조 【통신의 자유】 1. 접수국은 영사기관에 대하여 모든 공용 목적을 위한 통신의 자유를 허용하며 또한 보호하여야 한다. 영사기관은, 파견국정부 및 그 소재지에 관계없이 파견국의 외교공관 및 다른 그 영사기관과 통신함에 있어서 외교 또는 영사신서사 외교 또는 영사행낭 및 기호 또는 전신암호에 의한 통신물을 포함한 모든 적절한 수단을 사용할 수 있다. 다만, 영사기관은 접수국의 동의를 받는 경우에만 무선송신기를 설치하여 사용할 수 있다.
2. 영사기관의 공용서한은 불가침이다. 공용서한이라 함은 영사기관과 그 기능에 관한 모든 서한을 의미한다.
3. 영사행낭은 개방되거나 또는 억류되지 아니한다. 다만, 영사행낭 속에 본조 4항에 언급된 서한, 서류 또는 물품을 제외한 기타의 것이 포함되어 있다고 믿을만한 중대한 이유를 접수국의 권한 있는 당국이 가지고 있는 경우에 동 당국은 그 입회하에 파견국이 인정한 대표가 동 행낭을 개방하도록 요청할 수 있다. 동 요청을 파견국의 당국이 거부하는 경우에 동 행낭은 발송지로 반송된다.
4. 영사행낭을 구성하는 포장용기에는 그 성질을 나타내는 명백한 외부의 표지를 부착하여야 하며 또한 공용서한과 서류 또는 전적으로 공용을 위한 물품만이 포함될 수 있다.
5. 영사신서사는 그 신분 및 영사행낭을 구성하는 포장용기의 수를 표시하는 공문서를 지참하여야 한다. 영사신서사는 접수국의 동의를 받는 경우를 제외하고 접수국의 국민이어서는 아니되고 또한 그가 파견국의 국민이 아닌 경우에는 접수국의 영주자이어

서는 아니된다. 영사신서사는 그 직무를 수행함에 있어서 접수국에 의하여 보호를 받는다. 영사신서사는 신체의 불가침을 향유하며 또한 어떠한 형태로도 체포 또는 구속되지 아니한다.
6. 파견국과 그 외교공관 및 영사기관은 임시 영사신서사를 임명할 수 있다. 그러한 경우에는 동 임시 신서사가 맡은 영사행낭을 수취인에게 전달하였을 때에 본조 5항에 언급된 면제가 적용되지 아니하는 것을 제외하고 동 조항의 제 규정이 또한 적용된다.
7. 영사행낭은 공인 입국항에 기착되는 선박 또는 민간항공기의 기장에게 위탁될 수 있다. 동 기장은 행낭을 구성하는 포장용기의 수를 표시하는 공문서를 지참하여야 하나, 영사신서사로 간주되지 아니한다. 영사기관은 관계 지방당국과의 약정에 의하여 선박 또는 항공기의 기장으로부터 직접 자유로이 행낭을 수령하기 위하여 그 직원을 파견할 수 있다.

제36조 【파견국 국민과의 통신 및 접촉】 1. 파견국의 국민에 관련되는 영사기능의 수행을 용이하게 할 목적으로 다음의 규정이 적용된다.
(a) 영사관원은 파견국의 국민과 자유로이 통신할 수 있으며 또한 접촉할 수 있다. 파견국의 국민은 파견국 영사관원과의 통신 및 접촉에 관하여 동일한 자유를 가진다.
(b) 파견국의 영사관할구역 내에서 파견국의 국민이 체포되는 경우 또는 재판에 회부되기 전에 구금 또는 유치되는 경우 또는 기타의 방법으로 구속되는 경우에 그 국민이 파견국의 영사기관에 통보할 것을 요청하면 접수국의 권한 있는 당국은

지체없이 통보하여야 한다. 체포, 구금, 유치 또는 구속되어 있는 자가 영사기관에 보내는 어떠한 통신도 동 당국에 의하여 지체없이 전달되어야 한다. 동 당국은 관계자에게 본 세항에 따른 그의 권리(his right)를 지체없이 통보하여야 한다.

(c) 영사관원은 구금, 유치 또는 구속되어 있는 파견국의 국민을 방문하며 또한 동 국민과 면담하고 교신하며 또한 그의 법적 대리를 주선하는 권리를 가진다. 영사관원은 판결에 따라 그 관할구역 내에 구금, 유치 또는 구속되어 있는 파견국의 국민을 방문하는 권리를 또한 가진다. 다만, 구금, 유치 또는 구속되어 있는 국민을 대신하여 영사관원이 조치를 취하는 것을 동 국민이 명시적으로 반대하는 경우에, 동 영사관원은 그러한 조치를 삼가하여야 한다.

2. 본조 1항에 언급된 권리는 접수국의 법령에 의거하여 행사되어야 한다. 다만, 동 법령은 본조에 따라 부여된 권리가 의도하는 목적을 충분히 실현할 수 있어야 한다는 조건에 따라야 한다.

제37조【사망, 후견, 재산관리, 난파 및 항공사고의 경우에 있어서 통보】
접수국의 권한 있는 당국이 관계정보를 입수하는 경우에 동 당국은 다음과 같은 의무를 진다.

(a) 파견국 국민의 사망의 경우에는 그 사망이 발생한 영사관할구역 내의 영사기관에 지체없이 통보하는 것

(b) 파견국의 국민으로서 미성년자 또는 충분한 능력을 결하고 있는 기타의 자의 이익을 위하여 후견인 또는 재산관리인을 지정하는 것이 필요하다고 생각되는 경우에는 권한 있는 영

사기관에 지체없이 통보하는 것. 다만, 이러한 통보는 상기 지정에 관한 접수국의 법령의 시행을 침해해서는 아니 된다.

(c) 파견국의 국적을 보유한 선박이 접수국의 영해 또는 내수에서 난파하거나 또는 좌초하는 경우 또는 파견국에 등록된 항공기가 접수국의 영역에서 사고를 당하는 경우에는 사고발생현장에서 가장 가까운 영사기관에 지체없이 통보하는 것

제38조【접수국 당국과의 통신】
영사관원은 그 직무를 수행함에 있어서 아래의 당국과 통신할 수 있다.

(a) 그 영사관할구역 내의 권한 있는 지방당국

(b) 접수국의 권한 있는 중앙당국. 다만, 이 경우에는 접수국의 법령과 관례 또는 관계국제협정에 의하여 허용되며 또한 허용되는 범위에 한한다.

제39조【영사수수료와 요금】
1. 영사기관은 접수국의 영역 내에서 영사활동에 관한 파견국의 법령이 규정하는 수수료와 요금을 부과할 수 있다.

2. 본조 1항에 언급된 수수료와 요금의 형식으로 징수한 총액과 동 수수료 및 요금의 수령액은 접수국의 모든 부과금과 조세로부터 면제된다.

제2절 직업영사관원과 기타의 영사기관원에 관한 편의, 특권 및 면제

제40조【영사관원의 보호】
접수국은 상당한 경의로써 영사관원을 대우하여야 하며 또한 영사관원의 신체, 자유 또는 위엄에 대한 침해를 방지하기 위한 모든 적절한 조치를 취하여야 한다.

제41조 【영사관원의 신체의 불가침】 1. 영사관원은 중대한 범죄의 경우에 권한 있는 사법당국에 의한 결정에 따르는 것을 제외하고, 재판에 회부되기 전에 체포되거나 또는 구속되지 아니한다.

2. 본조 1항에 명시된 경우를 제외하고 영사관원은 구금되지 아니하며 또한 그의 신체의 자유에 대한 기타 어떠한 형태의 제한도 받지 아니한다. 다만, 확정적 효력을 가진 사법상의 결정을 집행하는 경우는 제외된다.

3. 영사관원에 대하여 형사소송절차가 개시된 경우에 그는 권한 있는 당국에 출두하여야 한다. 그러나 그 소송절차는 그의 공적 직책상의 이유에서 그가 받아야 할 경의를 표하면서 또한 본조 1항에 명시된 경우를 제외하고는 영사직무의 수행에 가능한 최소한의 지장을 주는 방법으로 진행되어야 한다. 본조 1항에 언급된 사정하에서 영사관원을 구속하는 것이 필요하게 되었을 경우에 그에 대한 소송절차는 지체를 최소한으로 하여 개시되어야 한다.

제42조 【체포, 구속 또는 소추의 통고】 재판에 회부되기 전에 영사직원을 체포하거나 또는 구속하는 경우 또는 동 영사직원에 대하여 형사소송절차가 개시되는 경우에 접수국은 즉시 영사기관장에게 통고하여야 한다. 영사기관장 그 자신이 그러한 조치의 대상이 되는 경우에 접수국은 외교경로를 통하여 파견국에 통고하여야 한다.

제43조 【관할권으로부터의 면제】
1. 영사관원과 사무직원은 영사직무의 수행 중에 행한 행위(acts performed in the exercise of consular functions)에 대하여 접수국의 사법 또는 행정당국의 관할권에 복종할 의무를 지지 아니한다.

2. 다만, 본조 1항의 규정은 다음과 같은 민사소송에 관하여 적용되지 아니한다.
(a) 영사관원 또는 사무직원이 체결한 계약으로서 그가 파견국의 대리인으로서 명시적으로 또는 묵시적으로 체결하지 아니한 계약으로부터 제기되는 민사소송
(b) 접수국 내의 차량, 선박 또는 항공기에 의한 사고로부터 발생하는 손해에 대하여 제3자가 제기하는 민사소송

제44조 【증언의 의무】 1. 영사기관원은 사법 또는 행정소송절차의 과정에서 증인출두의 요청을 받을 수 있다. 사무직원 또는 업무직원은 본조 3항에 언급된 경우를 제외하고 증언을 거부해서는 아니된다. 영사관원이 증언을 거부하는 경우에 그에 대하여 강제적 조치 또는 형벌이 적용되어서는 아니 된다.

2. 영사관원의 증언을 요구하는 당국은 그 직무의 수행에 대한 간섭을 회피하여야 한다. 동 당국은 가능한 경우에 영사관원의 주거 또는 영사기관 내에서 증거를 수집하거나 또는 서면에 의한 그의 진술을 받을 수 있다.

3. 영사기관원은 그 직무의 수행에 관련되는 사항에 관하여 증언을 행하거나 또는 그에 관련되는 공용서한과 서류를 제출할 의무를 지지 아니한다. 영사기관원은 파견국의 법에 관하여 감정인으로서 증언하는 것을 거부하는 권리를 또한 가진다.

제45조 【특권 및 면제의 포기】
1. 파견국은 영사기관원에 관련하여 제41조, 제43조 및 제44조에 규정된 특권과 면제를 포기할 수 있다.

2. 동 포기는 본조 3항에 규정된 경우를 제외하고 모든 경우에 명시적이어야 하며 또한 서면으로 접수국에 전달되어야 한다.
3. 영사관원 또는 사무직원이 제43조에 따라 관할권으로부터의 면제를 향유할 수 있는 사항에 관하여 그 자신이 소송절차를 개시하는 경우에는 본소에 직접적으로 관련되는 반소에 대하여 관할권으로부터의 면제를 원용하지 못한다.
4. 민사 또는 행정소송절차의 목적상 관할권으로부터의 면제의 포기는 사법적 결정에서 나오는 집행조치로부터의 면제의 포기를 의미하는 것으로 간주되지 아니한다. 그러한 조치에 관해서는 별도의 포기가 필요하다.

제46조 【외국인등록과 거주허가로부터의 면제】
1. 영사관원과 사무직원 및 그 세대의 일부를 이루는 가족은 외국인등록 및 거주허가에 관하여 접수국의 법령에 따른 모든 의무로부터 면제된다.
2. 다만, 본조 1항의 규정은 파견국의 고정된 고용원이 아니거나 또는 접수국 내에서 영리적인 사적직업에 종사하는 사무직원 또는 그 가족구성원에 대하여 적용되지 아니한다.

제47조 【취업허가로부터의 면제】
1. 영사기관원은 파견국을 위하여 제공하는 역무에 관하여 외국노동의 고용에 관한 접수국의 법령에 의하여 부과되는 취업허가에 관한 의무로부터 면제된다.
2. 영사관원과 사무직원의 개인사용인은 접수국 내에서 다른 영리적 직업에 종사하지 아니하는 경우에 본조 1항에 언급된 의무로부터 면제된다.

제48조 【사회보장상의 면제】
1. 본조 3항의 규정에 따를 것으로 하여 영사기관원은 파견국을 위하여 제공하는 역무(services)에 관해서 또한 그 세대의 일부를 이루는 가족구성원은 접수국 내에서 시행되는 사회보장상의 제규정으로부터 면제된다.
2. 본조 1항에 규정된 면제는 다음의 조건하에서 영사기관원에게 전적으로 고용되어 있는 개인사용인에게도 적용된다.
(a) 그 사용인이 접수국의 국민이 아니거나 또는 접수국 내의 영주자가 아닐 것
(b) 그 사용인이 파견국 또는 제3국에서 시행되는 사회보장규정의 적용을 받을 것
3. 본조 2항에 규정된 면제의 적용을 받지 아니하는 자를 고용하는 영사기관원은 접수국의 사회보장규정이 고용주에게 부과하는 의무를 준수하여야 한다.
4. 본조 1항 및 2항에 규정된 면제는 접수국의 사회보장제도에의 참여가 동 접수국에 의하여 허용될 것을 조건으로 동 제도에의 자발적 참여를 배제하는 것이 아니다.

제49조 【과세로부터의 면제】
1. 영사관원과 사무직원 및 그 세대의 일부를 이루는 가족구성원은 다음의 것을 제외하고 인적 또는 물적, 국가, 지역 또는 지방의 부과금과 조세로부터 면제된다.
(a) 상품 또는 용역의 가격 속에 정상적으로 포함되어 있는 성질의 간접세
(b) 제32조의 규정에 따를 것으로 하여 접수국의 영역 내에 소재하는 개인의 부동산에 대한 부과금 또는 조세
(c) 제51조 (b)항의 규정에 따를 것으로 하여 접수국에 의하여

부과되는 재산세, 상속 또는 유산세 및 권리이전에 대한 조세

(d) 자본이득을 포함하여 접수국 내에 원천을 둔 개인소득에 대한 부과금 및 조세와 접수국 내의 상업적 또는 금융사업에의 투자에 대한 자본세

(e) 제공된 특정역무에 대한 과징금

(f) 제32조의 규정에 따를 것으로 하여 등록수료, 재판 또는 기록수료료, 담보세 및 인지세

2. 업무직원은 그 역무에 대하여 받는 임금에 대한 부과금과 조세로부터 면제된다.

3. 임금 또는 급료에 대하여 접수국에서 소득세의 면제를 받지 아니하는 자를 고용하는 영사기관원은 동 소득세의 과세에 관하여 접수국의 법령이 고용주에게 부과되는 의무를 준수하여야 한다.

제50조 【관세 및 검사로부터의 면제】

1. 접수국은 자국이 채택하는 법령에 의거하여 다음의 물품에 대하여 그 반입을 허가하며 또한 그에 대한 모든 관세 및 조세와 보관, 운반 및 유사한 역무에 대한 것을 제외한 기타의 과징금을 면제하여야 한다.

(a) 영사기관의 공용물품

(b) 영사관원의 주거용 물품을 포함하여 영사관원 또는 그 세대의 일부를 이루는 가족구성원의 사용물품.

소비용 물품은 당해자의 직접 사용에 필요한 양을 초과하여서는 아니된다.

2. 사무직원은 최초의 부임 시에 수입하는 물품에 관하여 본조 1항에 명시된 특권과 면제를 향유한다.

3. 영사관원과 그 세대의 일부를 이루는 가족구성원이 휴대하는 수하물은 검사로부터 면제된다. 그 수하물 중에 본조 1항의 세항 (b)에 언급된 것을 제외한 기타의

물품 또는 그 수출입이 접수국의 법령에 의하여 금지되거나 또는 그 검역에 관한 법령에 따라야 하는 물품이 포함되어 있다고 믿을 만한 중대한 이유가 있는 경우에만 검사할 수 있다. 그러한 경우의 검사는 그 영사관원 또는 당해 가족구성원의 입회하에 행하여져야 한다.

제51조 【영사기관원 또는 그 가족구성원의 유산】

영사기관원 또는 그 세대의 일부를 이루는 가족구성원의 사망의 경우에 접수국은 다음의 의무를 진다.

(a) 사망자가 접수국 내에서 취득한 재산으로서 그의 사망 시에 반출이 금지된 것을 제외하고는 그의 동산의 반출을 허가하여야 한다는 것

(b) 사망자가 영사기관원으로서 또는 영사기관원의 가족구성원으로서 접수국 내에 있게 된 이유만으로 동 접수국 내에 소재하는 그의 동산에 대하여 국가, 지역 또는 지방의 재산세 및 상속 또는 유산세와 권리이전에 대한 조세를 부과하여서는 아니 된다는 것

제52조 【인적 역무 및 부담금으로부터의 면제】

접수국은 영사기관원과 그 세대의 일부를 이루는 가족구성원에 대하여 모든 인적 역무 및 여하한 종류의 모든 공공 역무와 징발 군사적 부담금 및 숙사지정에 관련되는 것 등의 군사적 의무를 면제하여야 한다.

제53조 【영사특권 및 면제의 개시와 종료】

1. 영사기관원은 부임하기 위하여 접수국의 영역에 입국하는 때부터 또는 이미 접수국의 영역 내에 있을 경우에는 영사기관에서 그의 직무를 개시하는 때부터 이 협약에 규정된 특권과 면제를 향유한다.

2. 영사기관원의 세대의 일부를 이루는 그 가족구성원과 그 개인사용인은 그 영사기관원이 본조 1항에 의거하여 특권과 면제를 향유하는 일자로부터 또는 그들이 접수국의 영역에 입국하는 일자로부터 또는 그 가족구성원 또는 사용인이 되는 일자 중 어느 것이든 최종일자로부터 이 협약에 규정된 특권과 면제를 받는다.

3. 영사기관원의 직무가 종료한 경우에 그의 특권과 면제 및 그 세대의 일부를 이루는 가족구성원 또는 그 개인사용인의 특권과 면제는 당해인들이 접수국을 떠나는 때 또는 접수국을 떠나기 위하여 필요한 상당한 기간이 만료한 때 중에서 어느 것이든 더 이른 시기부터 정상적으로 종료하나 무력충돌의 경우에도 그때까지는 존속한다. 본조 2항에 언급된 자의 경우에 그들의 특권과 면제는 그들이 영사기관원의 세대에 속하지 아니하는 때 또는 영사기관원의 역무에 종사하지 아니하는 때에 종료한다. 다만, 당해인들이 그 후 상당한 기간 내에 접수국을 떠나고자 하는 경우에 그들의 특권과 면제는 그들의 퇴거 시까지 존속할 것을 조건으로 한다.

4. 그러나 영사관원 또는 사무직원이 그 직무를 수행함에 있어서 행한 행위에 관해서는 관할권으로부터의 면제가 기한의 제한 없이 계속 존속된다.

5. 영사기관원의 사망의 경우에 그 세대의 일부를 이루는 가족구성원은 그들이 접수국을 떠날 때까지 또는 그들이 접수국을 떠날 수 있도록 상당한 기간이 만료할 때까지 중 어느 것이든 더 이른 시기까지 그들에게 부여된 특권과 면제를 계속 향유한다.

제54조 【제3국의 의무】 1. 영사관원의 부임 또는 귀임 도중 또는 귀국의 도중에 사증이 필요한 경우 그에게 사증을 부여한 제3국을 통과하거나 또는 그 제3국의 영역 내에 체재하는 경우에 그 제3국은 그의 통과 또는 귀국을 보장하기 위하여 필요한 것으로서 이 협약의 다른 제 조항에 규정된 모든 면제를 그에게 부여하여야 한다. 영사관원의 세대의 일부를 이루는 가족구성원으로서 그러한 특권과 면제를 향유하는 자가 그 영사관원을 동행하거나 또는 그 영사관원과 합류하기 위하여 또는 파견국에 귀국하기 위하여 개별적으로 여행하는 경우에도 동일하게 적용된다.

2. 본조 1항에 명시된 것과 유사한 사정하에서 제3국은 다른 영사기관원 또는 그 세대의 일부를 이루는 가족구성원의 당해 제3국 영역에의 통과를 방해하여서는 아니 된다.

3. 제3국은 기호 또는 전신암호에 의한 통신물을 포함하여 통과 중인 공용서한 및 기타의 공용통신에 대하여 접수국이 이 협약에 따라 부여할 의무를 지는 동일한 자유와 보호를 부여하여야 한다. 제3국은 사증이 필요한 경우에 사증을 부여받은 영사신서사와 통과중인 영사낭에 대하여 접수국이 이 협약에 따라 부여할 의무를 지는 동일한 불가침 및 보호를 부여하여야 한다.

4. 본조 1항, 2항 및 3항에 따른 제3국의 의무는 각기 그러한 제 조항에 언급된 자 및 공용통신과 영사행낭이 불가항력으로 제3국의 영역 내에 있게 되는 경우에도 적용된다.

제55조 【접수국의 법령에 대한 존중】 1. 특권과 면제를 향유하는 모든 자는 그들의 특권과 면제를 침해함이 없이 접수국의 법령을 존중할 의무를 진다. 그들은 또한 접수국의 국내문제에 간여해서는 아니 되는 의무를 진다.

2. 영사관사는 영사기능의 수행과 양립하지 아니하는 방법으로 사용되어서는 아니된다.

3. 본조 3항의 규정은 영사관사가 수용되어 있는 건물의 일부에 다른 기구 또는 기관의 사무소가 설치될 수 있는 가능성을 배제하지 아니한다. 다만, 다른 기관에 배정된 사무실은 영사기관이 사용하는 사무실과 구분된 것을 조건으로 한다. 그러한 경우에 상기 사무소는 이 협약의 목적상 영사관사의 일부를 이루는 것으로 간주하지 아니한다.

제56조 【제3자의 위험에 대한 보험】 영사기관원은 차량, 선박 또는 항공기의 사용에서 야기되는 제3자의 위험에 대한 보험에 관하여 접수국의 법령이 부과하는 요건에 따라야 한다.

제57조 【영리적인 사적 직업에 관한 특별규정】 1. 직업영사관원은 접수국 내에서 개인적 이득을 목적으로 전문직업적 또는 상업적 활동에 종사해서는 아니 된다.

2. 본장에 규정된 특권과 면제는 하기인에게 부여되지 아니한다.

(a) 접수국 내에서 영리적인 사적 직업에 종사하는 사무직원 또는 업무직원

(b) 본항의 세항 (a)에 언급된 자의 가족구성원 또는 그 개인사용인

(c) 영사기관원의 가족구성원으로 접수국 내에서 영리적인 사적 직업에 종사하는 자

제3장 명예영사관원과 명예영사관원을 장으로 하는 영사기관에 관한 제도

제58조 【편의, 특권 및 면제에 관한 일반규정】 1. 제28조, 제29조, 제30조, 제34조, 제35조, 제36조, 제37조, 제38조, 제39조, 제54조 3항 및 제55조 2항과 3항은 명예영사관원을 장으로 하는 영사기관에 적용된다.[18] 또한 이러한 영사기관의 편의, 특권 및 면제는 제59조, 제60조, 제61조 및 제62조에 의하여 규율된다.

2. 제42조, 제43조, 제44조 3항, 제45조, 제53조 및 제55조 1항은 명예영사관원에게 적용된다.[19] 또한 이러한 영사관원의 편의, 특권 및 면제는 제63조, 제64조, 제65조 및 제67조에 의하여 규율된다.

3. 이 협약에 규정된 특권과 면제는 명예영사관원의 가족구성원 또는 명예영사관원을 장으로 하는 영사기관에 고용되어 있는 사무직원에게 부여되지 아니한다.

4. 명예영사관을 장으로 하는 상이한 국가 내의 2개의 영사기관간의 영사행낭의 교환은 당해 2개 접수국의 동의없이 허용되지 아니한다.

제59조 【영사관사의 보호】 접수국은 침입 또는 손괴로부터 명예영사관원을 장으로 하는 영사기관의 영사관사를 보호하며 또한 영사기관의 평온에 대한 교란 또는 그 위엄의 손상을 방지하기 위하여 필요한 조치를 취하여야 한다.

─────────────

18) 따라서 제31조의 영사관사(공관)의 불가침권에 관한 규정은 명예영사에게 적용되지 않는다.

19) 따라서 제41조의 영사관원의 신체의 불가침권에 관한 규정은 명예영사에게 적용되지 않는다.

제60조【영사관사의 과세로부터의 면제】 1. 명예영사관원을 장으로 하는 영사기관의 영사관사의 소유자 또는 임차자가 파견국인 경우에 동 영사관사는 제공된 특정 역무에 대한 급부로서의 성질을 가지는 것을 제외한 다른 여하한 형태의 모든 국가, 지역 또는 지방의 부과금과 조세로부터 면제된다.
2. 본조 1항에 언급된 과세로부터의 면제는 파견국과 계약을 체결한 자가 접수국의 법령에 따라 납부해야 하는 경우에는 동 부과금과 조세에 대하여 적용되지 아니한다.

제61조【영사문서와 서류의 불가침】 명예영사관원을 장으로 하는 영사기관의 영사문서와 서류는 언제 어디서나 불가침이다. 다만, 이들 문서와 서류는 다른 문서 및 서류와 구분되며, 특히 영사기관장과 그와 같이 근무하는 자의 사용서한과 구분되며 또한 그들의 전문직업 또는 거래에 관계되는 자료, 서적 및 서류와 구분되어야 한다.

제62조【관세로부터의 면제】 접수국은 자국이 채택하는 법령에 의거하여 다음의 물품에 대하여 그 반입을 허가하며 또한 모든 관세 및 조세와 창고료, 운송료 및 유사한 역무에 대한 것을 제외한 기타의 관계과징금으로부터의 면제를 부여한다. 다만, 그 물품은 명예영사관원을 장으로 하는 영사기관의 공적 용도를 위한 것일 것을 조건으로 한다. 즉 문장, 국기, 간판, 인장과 인지, 서적, 공용인쇄물, 사무실 가구, 사무실 비품 및 파견국이 영사기관에 공급하거나 또는 파견국의 의뢰에 따라 영사기관에 공급되는 유사한 물품

제63조【형사소송절차】 명예영사관원에 대하여 형사소송절차가 개시되는 경우에 그는 권한 있는 당국에 출두하여야 한다. 그러나 그 소송절차는 그의 공적 직책상의 이유에서 그가 받아야 할 경의를 표하면서 집행되어야 하며 또한 그가 체포 또는 구속된 경우를 제외하고 영사직무의 수행에 최소한의 지장을 주는 방법으로 행하여져야 한다. 명예영사관원을 구속하는 것이 필요하게 되었을 경우에 그에 대한 소송절차는 지체를 최소한으로 하여 개시되어야 한다.

제64조【명예영사관원의 보호】 접수국은 명예영사관원에 대하여 그의 공적 직책상의 이유에서 필요로 하는 보호를 부여할 의무를 진다.

제65조【외국인등록 및 거주허가로부터의 면제】 명예영사관원은 사적 이득을 위하여 접수국에서 전문직업적 또는 상업적 활동에 종사하는 자를 제외하고, 외국인등록 및 거주허가에 관하여 접수국의 법령에 따른 모든 의무로부터 면제된다.

제66조【과세로부터의 면제】 명예영사관원은 영사직무의 수행에 관하여 그가 파견국으로부터 받는 보수와 급료에 대한 모든 부과금과 조세로부터 면제된다.

제67조【인적 역무 및 부담금으로부터의 면제】 접수국은 명예영사관원에 대하여 모든 인적 역무 및 여하한 성질의 모든 공공역무와 징발, 군사적 부담금 및 숙사지정에 관련되는 것 등의 군사적 의무를 면제하여야 한다.

제68조【명예영사관원제도의 임의성】 각국은 명예영사관원을 임명하거나 또는 접수하는 것을 결정하는 자유를 가진다.

제4장 일반조항

제69조【영사기관장이 아닌 영사대리】 1. 각국은 파견국에 의하여 영사기관장으로 지정되지 아니한 영사대리에 의하여 수행되는 영사대리사무소를 설치하거나 또는 인정하는 것을 결정하는 자유를 가진다.

2. 본조 1항에 언급된 영사대리사무소가 그 활동을 수행하는 조건 및 동사무소를 관장하는 영사대리가 향유하는 특권 및 면제는 파견국과 접수국 간의 합의에 의하여 결정된다.

제70조【외교공관에 의한 영사기능의 수행】 1. 이 협약의 제 규정은 문맥이 허용하는 한 외교공관(외교사절단; diplomatic missions)에의 영사기능의 수행에도 적용된다.

2. 외교공관원으로서 영사부서에 배속되거나 또는 동 공관의 영사기능의 수행을 달리 맡은 자의 명단은 접수국의 외무부 또는 동 외무부가 지정하는 당국에 통고되어야 한다.

3. 외교공관(외교사절단; diplomatic missions)은 영사기능을 수행함에 있어서 아래의 당국과 통신을 가질 수 있다.

(a) 영사관할구역 내의 지방당국

(b) 접수국의 법령 및 관례 또는 관계 국제협정에 의해 허용되는 경우에 접수국의 중앙당국

4. 본조 2항에 언급된 외교공관원의 특권과 면제는 외교관계에 관한 국제법의 규칙에 의하여 계속 규율된다.

제71조【접수국의 국민 또는 영주자】 1. 접수국에 의하여 추가의 편의, 특권 및 면제가 부여되는 경우를 제외하고, 접수국의 국민 또는 영주자인 영사관원은 그 직무수행에서 행한 공적행동에 관하여 관할권으로부터의 면제와 신체의 불가침만을 향유하며 또한 제44조 3항에 규정된 특권만을 향유한다. 접수국은 이들 영사관원에 관한 한 제42조에 규정된 의무에 의하여 또한 기속된다. 상기 영사관원에 대하여 형사소송절차가 제기되는 경우에 그 소송절차는 그가 체포 또는 구속되는 경우를 제외하고 영사직무의 수행에 가능한 최소한의 지장을 주는 방법으로 진행되어야 한다.

2. 접수국의 국민 또는 영주자인 다른 영사관원과 그 가족구성원 및 본조 1항에 언급된 영사관원의 가족구성원은 접수국이 그들에게 부여하는 경우에 있어서만 동 편의, 특권 및 면제를 향유한다. 접수국의 국민 또는 영주자인 영사기관원의 가족구성원 및 그 개인사용인은 접수국이 그들에게 부여하는 경우에 있어서만 편의, 특권 및 면제를 또한 향유한다. 다만, 접수국은 영사기관의 기능의 수행을 부당하게 방해하지 아니하는 방법으로 상기자들에 대한 관할권을 행사하여야 한다.

제72조【무차별】 1. 접수국은 이 협약의 제 규정을 적용함에 있어서 국가 간에 차별을 두어서는 아니된다.

2. 그러나 다음의 경우에는 차별이 있는 것으로 간주되지 아니한다.

(a) 이 협약의 어느 규정이 파견국내의 접수국 영사기관에 제한적으로 적용되고 있음을 이유로 그 접수국이 이 협약의 그 규정을 제한적으로 적용하는 경우

(b) 제국이 관습 또는 협정에 의하여 이 협약의 제 규정에 의하여 요구되는 것보다 더 유리한 대우를 상호 부여하는 경우

제73조 【이 협약과 다른 국제협정과의 관계】 1. 이 협약의 제 규정은 다른 국제협정의 당사국 간에 유효한 그 국제협정에 영향을 주지 아니한다.

2. 이 협약의 어떠한 규정도 제국이 이 협약의 제 규정을 확인, 보충, 확대 또는 확장하는 국제협정을 체결하는 것을 배제하지 아니한다.

제5장 최종조항

제74조 【서명】 이 협약은 국제연합 또는 전문기구 중의 어느 하나의 모든 회원국 또는 국제사법재판소규정의 당사국 및 국제연합 총회에 의하여 이 협약의 당사국이 되도록 초청된 기타의 국가에 의한 서명을 위하여 다음과 같이 개방된다. 즉 1963년 10월 31일까지는 오스트리아공화국의 연방 외무부에서 개방되며 또한 그 이후 1964년 3월 31일까지는 뉴욕의 국제연합본부에서 개방된다.

제75조 【비준】 이 협약은 비준되어야 한다. 비준서는 국제연합 사무총장에게 기탁된다.

제76조 【가입】 이 협약은 제74조에 언급된 네 가지 카테고리의 어느 하나에 속하는 국가에 의한 가입을 위하여 계속 개방된다. 가입서는 국제연합 사무총장에게 기탁된다.

제77조 【발효】 1. 이 협약은 스물두 번째의 비준서 또는 가입서가 국제연합 사무총장에게 기탁된 날로부터 30일 후에 발효한다.

2. 스물두 번째의 비준서 또는 가입서가 기탁된 후 이 협약에 비준하거나 또는 가입하는 각 국가에 대하여 이 협약은 그 국가에 의한 비준서 또는 가입서의 기탁으로부터 30일 후에 발효한다.

제78조 【사무총장에 의한 통고】 국제연합 사무총장은 제74조에 언급된 네 가지 카테고리의 어느 하나에 속하는 모든 국가에 대하여 다음의 것을 통고한다.

(a) 제74조, 제75조 및 제76조에 의거한 이 협약의 서명 및 비준서 또는 가입서의 기탁

(b) 제77조에 의거하여 이 협약이 발효하는 일자

제79조 【정본】 중국어, 영어, 불어, 노어 및 서반아어본이 동등히 정본인 이 협약의 원본은 국제연합 사무총장에게 기탁되며, 사무총장은 동 원본의 인증등본을 제74조에 언급된 네 가지 카테고리의 어느 하나에 속하는 모든 국가에 송부한다.

이상의 증거로, 하기 전권대표는 각자의 정부에 의하여 정당히 권한을 위임받아 이 협약에 서명하였다.

1963년 4월 24일 비엔나에서 작성되었다.

22 1965년 국가와 타방국가 국민 간의 투자분쟁의 해결에 관한 협약(Convention on the Settlement of Investment Disputes between States and Nationals of Other States)(ICSID협약)(워싱턴협약)

발효일 : 1967.3.23.
한국 발효일 : 1966.10.18.

체약국은, 경제발전을 위한 국제적 협력의 필요와 그에 대한 국제적인 민간투자의 역할을 고려하고, 이러한 투자와 관련하여 일방 국가와 타방 체약국 국민 간에 분쟁이 수시로 야기될 수 있는 가능성에 유의하고, 이러한 분쟁이 통상적으로 국내의 법적 절차에 따라야 하는 반면 경우에 따라서는 국제적인 해결 방법이 적절한 것임을 인정하고, 체약국과 타방 체약국 국민이 원한다면 이러한 분쟁을 회부할 수 있는 국제조정이나 국제중재의 기관의 유용성을 특히 중요시하고, 국제부흥개발은행(IBRD)의 주관하에 이러한 기관을 설치할 것을 희망하고, 이러한 분쟁을 그 기관에 의한 조정 또는 중재에 회부한다는 당사국 간의 상호 동의는 구속력 있는 합의를 구성하며, 이 합의는 조정자의 어떠한 건의에 대하여서도 적절한 고려를 하여야 할 것과 또한 어떠한 중재판정도 준수되어야 한다는 것을 특히 요구하는 것임을 인정하고, 어떠한 체약국도 본 협약의 비준, 수락 또는 승인이라는 단순한 사실만으로써 그들의 동의 없이 어느 특별한 분쟁을 조정이나 중재에 회부하여야 한다는 의무를 지우는 것으로 간주하지 아니함을 선언하며, 다음과 같이 합의하였다.

제1장 투자분쟁의 해결을 위한 국제본부

제1절 설치와 기구

제1조 (1) 투자분쟁의 해결을 위한 국제본부(이하 본부라 한다)를 이에 설치한다.
(2) 본부의 목적은 본 협약의 규정에 따라 체약국과 타방체약국 국민 간의 투자분쟁의 조정과 중재를 위한 기관을 마련함에 있다.

제2조 본부의 소재지는 국제부흥개발은행(이하 은행이라 한다)의 주 사무소의 소재지로 한다. 그 소재지는 이사의 3분지 2 이상 다수결에 의하여 채택한 운영이사회의 결정으로 다른 장소로 이를 이전할 수 있다.

제3조 본부에는 운영이사회와 사무국을 두고, 1개의 조정위원단과 1개의 중재위원단을 상설한다.

제2절 운영이사회

제4조 (1) 운영이사회는 각 체약국의 대표 1명으로서 구성된다. 교체대표는 수석대표가 회의에 결석하거나 또는 행동할 수 없는 경우에는 대표의 자격으로 행동할 수 있다.
(2) 별단의 지명이 없는 경우, 각 체약국이 임명하는 은행의 각 위원과 대리 위원은 직권상 각각 당해 체약국의 대표 및 교체대표가 된다.

제5조 은행의 총재는 직권상 운영이사회의 의장(이하 의장이라 한다)이 되나 투표권은 가지지 아니한다. 총재가 결석하거나 또는 행동할 수 없는 때와 총재직에 결원이 있는 때에는 그 당시의 총재의 대리권자가 운영이사회의 의장으로서 행동한다.

제6조 (1) 본 협약의 다른 규정에 의하여 운영이사회에 부여한 권한과 기능을 침해함이 없이, 운영이사회는,

(가) 본부의 행정규칙과 재정규칙을 채택하고,

(나) 조정 및 중재 절차 재정을 위한 의사규칙을 채택하고,

(다) 조정 및 중재 절차를 위한 규칙(이하 조정규칙 및 중재규칙이라 한다)을 채택하고,

(라) 은행의 행정적 시설과 용역을 이용하기 위한 은행과의 약정을 승인하고,

(마) 사무총장 및 사무차장의 복무조건을 결정하고,

(바) 본부의 수입, 지출의 연간 예산을 채택하며,

(사) 본부의 활동에 관한 연간 보고서를 승인한다. 상기 (가), (나), (다) 및 (바)에 규정된 결정은 운영이사회 이사의 3분지 2 이상의 다수결로 채택한다.

(2) 운영이사회는 필요하다고 인정하는 위원회를 임명할 수 있다.

(3) 운영이사회는 본 협약의 제 규정을 이행하기 위하여 필요하다고 결정하는 기타 권한을 행사하고 또한 기타 기능을 행한다.

제7조 (1) 운영이사회는 연례회의와 이사회가 결정하거나 의장이 소집하거나 또는 이사회 이사 5명 이상의 요구에 의하여 사무총장이 소집하는 기타 회의를 개최한다.

(2) 운영이사회의 각 이사는 1개의 투표권을 가지며, 달리 규정한 경우를 제외하고는 이사회에 제의되는 모든 문제는 과반수 투표로써 이를 결정한다.

(3) 운영이사회의 회의 정족수는 그 구성원의 과반수로 한다.

(4) 운영이사회는 동 이사회 이사 3분지 2의 다수결로써 의장이 동 이사회를 소집하지 아니하고 동 이 사회의 투표를 구할 수 있는 절차를 제정할 수 있다. 그 투표는 전기 절차에 의하여 지정된 기간 내에 이사회의 과반수 이사가 투표를 할 때에만 유효한 것으로 간주한다.

제8조 운영이사회 이사와 의장은 본부로부터 보수를 받지 아니하고 근무한다.

제3절 사무국

제9조 사무국은 1명의 사무총장과 1명 또는 그 이상의 사무차장 및 직원을 둔다.

제10조 (1) 사무총장과 사무차장은 운영이사회가 의장의 지명에 의하여 동 이사회 이사 3분지 2 이상의 다수결에 의하여 6년을 초과하지 아니하는 임기로 선출되고 또한 그들은 재선될 수 있다. 의장은 운영이사회 이사와 협의한 후에 이러한 직위에 1명 또는 그 이상의 후보자를 제의하여야 한다.

(2) 사무총장과 사무차장의 직무는 어느 정치적 기능의 행사와 양립될 수 없다. 사무총장이나 사무차장은 운영이사회의 승인 없이는 다른 직무를 가지지 못하며 또한 다른 직업에 종사하지 못한다.

(3) 사무총장이 결석하거나 권한을 행사할 수 없을 때 또는 사무총장의 직에 결원이 있을 때 사무차장이 사무총장으로서 활동한다.

제11조 사무총장은 본부의 법적 대표이며 본부의 수석 직원이며, 또한 본 협약의 제 규정과 운영이 사회가 채택한 규칙에 따라 직원의 임명을 포함한 본부의 운영에 대하여 책임을 진다. 사무총장은 동 기관의 기능을 이행하며 본 협약에 따라 부여된 중재의 판정서를 인증하고 또한 상기 판정 사본을 인증할 권한을 가진다.

제4절 위원단

제12조 조정위원단과 중재위원단은 다음에 규정한 바에 따라 지명된 자로서 당해 위원단에 복무할 의사를 가진 유자격자로서 각각 구성된다.

제13조 (1) 각 체약국은 자국민일 수는 있으나 자국민임을 요하지 아니하는 자 4명을 각 위원단에 지명한다.

(2) 의장은 각 위원단에 10명을 지명한다. 이와 같이 지명된 자는 각각 상이한 국적을 가진다.

제14조 (1) 위원단에 복무하기로 지명된 자는 높은 덕망이 있고 법률, 상업, 산업이나 재정의 분야에 있어서 공인된 자격이 있으며, 독립하여 판결할 수 있다고 신뢰를 받는 자라야 한다. 법률 분야에 있어서의 자격은 중재위원단에 종사하는 경우에 특히 중요하다.

(2) 의장은 위원단에 복무할 자를 지명함에 있어서 이에 부가하여 세계의 주요한 법 제도와 경제활동의 주요 형태를 위원단에 대표하도록 보장하는 중요성에 대하여 적절한 고려를 하여야 한다.

제15조 (1) 위원단의 위원은 6년 임기로 복무하거나 재임될 수 있다.

(2) 위원단의 위원의 사망이나 사직의 경우에는 그 위원을 지명한 당국은 그 위원의 잔여 임기동안 복무할 다른 자를 지명할 권한을 가진다.

(3) 위원단의 위원은 그 후임자가 지명될 때까지 계속 복무한다.

제16조 (1) 1위원이 양 위원단에 복무할 수 있다.

(2) 1위원이 1 이상의 체약국에 의하거나 또는 1 이상의 체약국과 의장에 의하여 동일한 위원단에 복무하기로 지명되었을 경우, 그는 최초로 그를 지명한 기관에 의하여 그러한 기관이 그가 국민인 국가인 때에는 당해국에 의하여 지명된 것으로 간주된다.

(3) 모든 지명은 사무총장에게 이를 통고하여야 하며, 이는 통고가 접수된 날로부터 효력이 발생한다.

제5절 본부에 대한 재정 염출 (Financing the Centre)

제17조 본부의 경비가 본부 시설의 이용에 대한 과징금이나 기타 수입금으로써 충족되지 못한 때, 그 초과액은 은행의 회원인 체약국의 경우는 은행자본에 대한 각자의 분담금에 비례하여 그리고 은행의 회원이 아닌 체약국의 경우는 운영이사회가 채택한 규칙에 따라 부담한다.

제6절 지위, 면제 및 특권

제18조 본부는 완전한 국제법 인격을 가진다. 본부의 법적 권능은 다음의 권능을 포함한다.

(가) 계약의 체결

(나) 동산과 부동산의 취득 및 처분

(다) 소송의 제기

제19조 본부가 그의 권능을 수행할 수 있도록 하기 위하여 본부는 각 체약국의 영역 안에서 본절에 규정된 면제와 특권을 가진다.

제20조　<u>본부 및 그의 재산과 자산은 모두 소송으로부터 면제를 받는다. 다만, 그 면제를 포기한 때에는 그렇지 아니하다.</u>

제21조　의장, 운영이사회 이사, 조정관이나 또는 중재관으로서 행동하는 자, 또는 제52조 제3항에 따라 임명된 위원회의 위원과 사무국의 직원 및 고용원은,

(가) 본부가 이러한 면제를 포기하지 아니하는 한 그들의 직무행사로서 수행한 행동에 관하여 소송으로부터 면제된다.

(나) 현지의 국민이 아닌 때에는 일방체약국이 타방체약국의 이에 상응하는 계급의 대표, 직원 및 고용원에 부여하는 것과 동일한 출입국 제한, 외국인등록 요건 및 국내 제 용역으로부터의 면제와 환 제한에 있어서의 동일한 편의제공과 아울러 여행편의 제공에 있어서의 동일한 대우를 향유한다.

제22조　제21조의 규정은 본 협약에 따라 당사자, 대리인, 법률자문관, 변호인, 증인 또는 전문가로서 소송에 출석하는 자에게 적용된다. 다만, 동조 (나)항은 소송이 진행되고 있는 곳에 대한 출입을 위한 여행과 그곳에 체류하는 것에 관하여서만 적용된다.

제23조　(1) 본부의 문서보관소는 소재의 여하를 불문하고 불가침이다.

(2) 공용통신에 관하여 본부는 각 체약국이 기타 국제기구에 부여하는 것보다 불리하지 아니하는 대우를 부여받는다.

제24조　(1) 본부, 그의 자산, 재산 및 소득과 본 협약에 의하여 인정된 그의 운영과 거래는 모든 조세와 관세로부터 면제된다. 본부는 또한 어떠한 조세 또는 관세의 징수와 납부의 의무로부터 면제된다.

(2) 현지의 국민인 경우를 제외하고는 어떠한 조세도 본부가 운영이사회의 의장이나 위원에게 지급한 소요경비에 대하여 또는 그와 관련하여 또는 본부가 사무국의 직원이나 고용원에게 지급한 봉급, 소요경비나 기타 수당에 대하여 또는 그와 관련하여 부과되지 아니한다.

(3) 어느 조세에 대한 유일한 과세권의 기초가 본부의 위치에 의한 것이거나 이러한 소송이 행하여진 곳이거나 또는 이러한 수수료나 수당이 지급된 곳인 경우에는 어떠한 조세도 본 협정상의 소송에 있어서 제52조 제3항에 따라 임명된 조정관, 중재관 또는 위원회의 위원으로서 행동하는 자가 받은 수수료나 소요경비 수당에 대하거나 또는 이에 관련하여 부과되지 아니한다.

제2장　본부의 관할권

제25조　(1) <u>본부의 관할권은 분쟁 당사자가 본부에 제소할 것을 서면상으로 동의한 분쟁으로서 체약국(또는 당해 체약국에 의하여 본부에 대하여 지정한 동 체약국의 하부조직이나 기관)과 타방체약국 국민 간의 투자로부터 직접적으로 발생하는 모든 법적 분쟁에 미친다. 당사자가 그러한 동의를 한 경우에는 어떠한 당사자도 그 동의를 일방적으로 철회할 수 없다.</u>

(2) "타방체약국 국민"이라 함은 다음의 자를 말한다.

(가) 제23조 제1항 또는 제36조 제3항에 따라 요청서가 등록된 일자 및 당사자가 어느 분쟁을 조정이나 중재에 회부하기로 동의한 일자에 그러한 분쟁당사국 이외의 체약국의 국적을

가진 자연인. 다만, 이상의 어느 일자에 분쟁당사국의 국적을 가진 자는 이에 포함되지 아니한다.

(나) 당사자가 어느 분쟁을 조정이나 중재에 회부하기로 동의한 일자에 그러한 분쟁당사국 이외의 체약국의 국적을 가진 법인 및 전기일자에 분쟁 당사국의 국적을 가지고 또한 외국인의 지배로 인하여 당사국이 본 협정의 목적을 위하여 타 체약국의 국민으로서 취급할 것으로 합의한 법인.

(3) 체약국의 하부조직이나 기관이 행하는 동의는 체약국의 승인을 요한다. 다만, 당해 국가가 이러한 승인이 필요하지 아니하다고 통고한 경우에는 그러하지 아니하다.

(4) 체약국은 본 협약의 비준, 수락 또는 승인하는 때나 또는 그 이후의 어느 때에 있어서 본부의 관할에 제기하는 것으로 고려한다거나 또는 고려하지 아니할 분쟁의 종류 및 제 종류를 본부에 통고한다. 사무총장은 즉시 이러한 통고를 모든 체약국에 전달한다. 이러한 통고는 제1항이 요구하는 동의를 구성하지 아니한다.

제26조 본 협약에 따라 당사자가 중재에 동의하는 것을 달리 규정한 바가 없으면 다른 어떠한 구제수단도 배제하고 그러한 중재에 동의한 것으로 간주된다. 체약국은 본 협약에 따른 중재에의 동의조건으로서 행정적 또는 사법적인 지역적 구제수단을 다 거칠 것을 요청할 수 있다.

제27조 (1) 어떠한 체약국도 1명의 당해국 국민과 타 체약국이 본 협약에 따라 중재에 회부하기로 동의하였거나 또는 회부하였던 분쟁에 관하여 외교적 보호를 부여하거나 또는 국제적인 청구로서 제기하여서는 아니 된다. 다만, 관계체약국이 이러한 분쟁에 있어서 내린 판정에 불복하고 이를 이행하지 못한 경우에는 그러하지 아니하다.

(2) 제1항의 적용상 외교적 보호라 함은 분쟁의 해결을 촉진할 목적만을 위한 비공식적인 외교조치를 포함하지 아니한다.

제3장 조 정

제1절 조정 요청

제28조 (1) 조정 절차를 제거하고자 하는 어느 체약국이나 어느 체약국의 국민은 이러한 취지의 요청서를 서면으로 사무총장에게 제출하여야 하며 사무총장은 요청서의 사본을 타방당사자에게 송부하여야 한다.

(2) 요청서에는 분쟁 중의 문제, 당사자의 신원사항과 조정 및 중재 절차를 제기하기 위한 규칙에 따라서 조정 제기에 대한 동의 등에 관한 제 정보가 포함되어야 한다.

(3) 사무총장은 요청서에 포함된 정보에 의하여 그 분쟁이 명백히 본부의 관할권 외라고 인정하는 경우가 아닌 한 요청서를 등록하여야 한다. 그는 즉시 당사자에게 등록이나 등록의 거부를 통고하여야 한다.

제2절 조정위원회의 구성

제29조 (1) 조정위원회(이하 위원회라 한다)는 제28조에 따라 요청서가 등록된 후 가능한 한 조속히 구성되어야 한다.

(2) (가) 위원회는 당사자가 합의한 바에 따라 임명된 1명의 또는 기수의 조정관으로서 구성된다.

(나) 당사자가 조정관의 수와 그의 임명방법에 관하여 합의하지 아니한 경우에는, 위원회는 각 당사자가 임명하는 1명의 조정관과 그 위원회의 위원장이 될 자로서 당사의 합의에 의하여 임명될 제3의 조정관의 3명의 조정관으로서 구성된다.

제30조 요청서의 등록 통고가 제28조 제3항에 따라 사무총장에 의하여 발송된 후 90일 이내에 또는 당사자가 합의하는 기타 기간 내에 위원회가 구성되지 아니한다면, 의장은 일방당사자의 요청에 의하여 가능한 한 광범위하게 양 당사자와 상의한 후에 아직 임명되지 아니한 조정관 또는 조정관들을 임명하여야 한다.

제31조 (1) 조정관은 조정위원단의 외부로부터 임명될 수도 있다. 다만, 제30조에 따라 의장이 임명하는 경우에는 그러하지 아니하다.
(2) 조정위원단의 외부로부터 임명된 조정관은 제14조 제1항에 규정된 자격을 가져야 한다.

제3절 조정 절차

제32조 (1) 위원회는 그 자신의 권한을 결정하여야 한다.
(2) 분쟁이 본부의 관할권 내에 있지 아니하거나 또는 기타 이유로 위원회의 권한 내에 있지 아니하다는 어느 분쟁 당사자의 이의는 위원회에 의하여 고려되며 또한 그 이의를 예비문제로 취급할 것인지 또는 그 이의를 분쟁의 본안에 결합시킬 것인지의 여부를 위원회가 결정하여야 한다.

제33조 어떠한 조정 절차도 본절의 제 규정에 의거하여 진행되어야 하며 또한 분쟁 당사자가 별도로 합의하는 경우를 제외하고는 당사자가 조정에 부의할 것을 동의한 당시에 유효하던 조정규칙에 의거하여 진행되어야 한다. 본절에 의하여서나 조정규칙 또는 분쟁당사자가 합의하는 어떠한 규칙에 의하여서도 망라되지 아니한 어떠한 절차상의 문제가 제기되는 경우 위원회는 그 문제를 결정하여야 한다.

제34조 (1) 위원회의 의무는 당사자 간에 분쟁중인 문제를 명백히 하고 상호 간에 수락할 수 있는 조건으로 당사자 간의 합의를 성립시키도록 노력하는 것이다. 이러한 목적을 위하여 심리절차의 어느 단계에서든지 또는 수시로 당사자에게 해결 조건을 건의할 수 있다. 분쟁당사자는 위원회가 그의 기능을 수행할 수 있도록 성실히 위원회와 협력하여야 하며, 이의 건의에 대하여는 분쟁당사자는 가장 진지한 고려를 하여야 한다.
(2) 분쟁당사자가 합의에 도달하면 위원회는 분쟁 중의 문제를 기술하고 또한 분쟁당사자가 합의에 도달한 사실을 기록한 보고서를 작성하여야 한다. 심리절차의 어느 단계에 있어서든지 만일 분쟁당사자 간에 합의에 도달할 가능성이 없다고 위원회가 인정하는 경우에는 위원회는 그 심리절차를 종결하고 분쟁의 제기 사실을 기술하고 또한 당사자가 합의 도달에 실패하였음을 기록한 보고서를 작성하여야 한다.

제35조 분쟁당사자가 달리 합의하는 바를 제외하고는 조정 중의 어느 당사자도 중재재판이거나 법정 또는 기타 어떠한 경우를 막론하고 다른 어떠한 심리절차에 있어서도 조정심리 도중에 타방 분쟁당사자가 표명한 의견, 성명, 또는 해결을 위한 조건의 용인 또는 제시 등

이거나 또는 위원회가 작성한 보고서 나 권고안 등을 원용하거나 또는 이에 의뢰할 권리가 없다.

제4장 중 재

제1절 중재요청

제36조 (1) 중재소송절차를 제기하고자 하는 체약국이나 체약국의 국민은 서면으로 이와 같은 취지로 사무총장에게 요청서를 송부하여야 하며 사무총장은 동 요청서의 사본을 타방당사자에게 송부하여야 한다.

(2) 요청서에는 분쟁 중의 문제, 당사자의 신원사항 및 조정과 중재소송절차를 제기하기 위한 규칙에 따라서 중재 제기에 대한 동의 등에 관한 제 정보가 포함되어야 한다.

(3) 사무총장은 요청서에 포함된 정보에 의하여 그 분쟁이 명백히 본부의 관할권 외라고 인정하는 경우가 아닌 한 그 요청서를 등록하여야 한다. 그는 즉시 당사자에게 등록이나 등록의 거부를 통고하여야 한다.

제2절 재판소의 구성

제37조 (1) 중재재판소(이하 재판소라 한다)는 제36조에 따라 요청서의 등록 후 가급적 신속히 구성되어야 한다.

(2) (가) 재판소는 당사자가 합의하는 1명의 또는 홀수의 중재관으로서 구성되어야 한다.

(나) 당사자가 중재관의 수와 그의 임명방법에 관하여 합의하지 아니한 경우에는, 재판소는 각 당사자가 임명하는 1명의 중재관과 재판장이 될 자로서 당사자의 합의에 의하여 임명될 제3의 중재관의 3명의 중재관으로서 구성되어야 한다.

제38조 요청서의 등록통지가 제36조 제3항에 따라 사무총장에 의하여 발송된 후 90일 이내에 또는 당사자가 합의하는 기타 기간 내에 재판소가 구성되지 아니한다면 의장은 일방당사자의 요청에 의하여 가능한 한 광범위하게 양 당사자와 상의한 후에 아직 임명되지 아니한 중재관 또는 중재관들을 임명하여야 한다. 본조에 따라 의장이 임명하는 중재관은 분쟁당사자인 체약국의 국민이거나 또는 그의 국민이 분쟁당사자인 체약국의 국민이어서는 아니된다.

제39조 중재관의 과반수는 분쟁 당사자인 체약국 및 그의 국민이 분쟁당사자인 체약국 이외의 국가의 국민이어야 한다. 그러나, 본조의 전기 규정은 1명의 중재관이나 재판소의 각 재판관이 당사자의 합의에 따라 임명된 때에는 적용되지 아니한다.

제40조 (1) 중재관은 중재위원단의 외부로부터 임명될 수도 있다. 다만, 제38조에 따라 의장이 임명하는 경우에는 그러하지 아니하다.

(2) 중재위원단의 외부로부터 임명되는 중재관은 제14조 제1항에 규정된 능력을 소유하여야 한다.

제3절 재판소의 권한과 기능

제41조 (1) 재판소는 그 자신의 권한을 결정하여야 한다.

(2) 분쟁이 본부의 관할권 내에 있지 아니하거나, 또는 기타 이유로 재판소의 권한 내에 있지 아니하다는 어느 분쟁당사자의 이의는 재판소에 의하여 고려되며 또한 그 이의를 예비문제로 취급할 것인지 또는 그 이의를 분쟁 본안에 결합시킬 것인지의 여부를 재판소가 결정하여야 한다.

제42조 (1) 재판소는 당사자가 합의하는 법률의 규칙에 따라 분쟁을 해결하여야 한다. 이러한 합의가 없는 때에는 분쟁 체약당사국의 법률(법률의 충돌에 관한 동국의 규칙을 포함한다) 및 적용할 수 있는 국제법의 규칙을 그 분쟁에 적용하여야 한다.
(2) 재판소는 법의 부존재나 불명을 이유로 명확하지 않다는 판결을 내릴 수 없다.
(3) 제1항과 제2항의 규정은 분쟁 당사자가 합의하는 경우 형평과 선의 원칙에 따라 분쟁을 결정할 재판소의 권한을 침해하여서는 아니된다.

제43조 당사자가 달리 합의하는 경우를 제외하고는 소송절차의 어느 단계에 있어서라도 재판소가 필요하다고 인정한다면 재판소는,
(가) 당사자에게 문서나 기타 증거를 제출하도록 요구할 수 있고,
(나) 분쟁과 관련되는 현장을 임검하고 재판소가 적절하다고 인정하는 그곳의 조사를 실시할 수 있다.

제44조 어떠한 중재소송절차도 본절의 제 규정에 의거하여 진행되어야 하며 또한 분쟁 당사자가 별도로 합의하는 경우를 제외하고는 당사자가 중재에 부의할 것을 동의한 당시의 유효하던 중재규칙에 따라 진행되어야 한다. 본절에 의하여서나 또는 중재규칙이나 분쟁당사자가 합의하는 어떠한 규칙에 의하여 망라되지 아니한 어떠한 절차상의 문제가 제기되는 경우 재판소는 그 문제를 결정하여야 한다.

제45조 (1) 일방당사자가 출석하지 못하거나 그의 사건을 제기 못한 것은 타방당사국의 주장을 인용한 것으로 간주되지 아니한다.

(2) 일방당사자가 출석하지 못하거나 그의 사건을 제기하지 못하는 경우 타방당사자는 재판소에 제출한 문제를 취급하고 판정을 내리도록 요청할 수 있다. 판정을 내리기 전에 재판소는 출석하지 못하거나 그의 사건을 제기하지 못한 당사자에게 통고하고 유예기간을 허용하여야 한다. 다만, 당해 당사자가 그와 같이 행동할 의사가 없음을 재판소가 납득한 경우에는 그러하지 아니하다.

제46조 당사자가 달리 합의하는 경우를 제외하고는 일방당사자의 요청이 있으면 재판소는 어떠한 부수적이거나 부가적인 소 또는 분쟁의 본안으로부터 직접적으로 발생한 반소를 결정하여야 한다. 다만, 그러한 소가 당사자가 합의한 범위 내의 것이고 또한 당사자가 합의한 것이 본부의 관할 내에 있어야 한다.

제47조 당사자가 달리 합의하는 경우를 제외하고는, 재판소는, 그가 사정이 그와 같이 요청한다고 인정하는 경우에는, 각 당사자의 상호의 권리를 보전하기 위하여 취하여야 할 잠정적 조치를 권고할 수 있다.

제4절 판 정

제48조 (1) 재판소는 모든 재판관의 다수결 투표에 의하여 문제를 결정하여야 한다.
(2) 재판소의 판정은 서면으로 작성되어야 하며 그것에 찬성 투표한 재판소의 재판관이 이에 서명하여야 한다.
(3) 판정은 재판소에 제출된 모든 문제를 취급하여야 하고 또한 판정의 근거가 되는 이유를 명시하여야 한다.

(4) 재판소의 재판관은 그가 다수의견과 의견을 달리하거나 아니 하거나를 불문하고 판정에 대한 개인의견을 부가하거나 또는 불찬성에 대한 진술을 첨부할 수 있다.

(5) 본부는 당사자의 동의 없이는 그 판정서를 발급하여서는 아니된다.

제49조 (1) 사무총장은 판정서의 인증등본을 신속히 당사자에게 송부한다. 판정은 그 판정서의 인증등본이 송달되는 날에 내려진 것으로 간주된다.

(2) 판정이 내려진 날로부터 45일 이내에 행한 일방당사자의 요청에 따라 재판소는 일방당사자에게 통고한 후 판정에서 결정이 누락된 문제점을 결정할 수 있고, 또한 판정서 상의 어떠한 오기, 오산 또는 기타 이에 유사한 오류를 정정하여야 한다. 재판소의 결정은 판정의 일부를 구성하며 판정서와 동일한 방법으로 당사자에게 통고되어야 한다. 제51조 제2항 및 제52조 제2항에 규정된 기간은 결정이 행하여진 날로부터 가산되어야 한다.

제5절 판정서의 해석, 재심 및 무효

제50조 (1) 판정서의 의미 또는 범위에 관하여 당사자 간에 분쟁이 제기되는 경우에는 어느 일방당사자는 사무총장 앞으로 신청서를 제출하여 판정서의 해석을 요청할 수 있다.

(2) 요청서는 가능하다면 판정을 내린 재판소에 제출되어야 한다. 이것이 불가능하다면 새로운 재판소가 본장 제2절에 따라 구성되어야 한다. 재판소는 사정이 그와 같이 요구한다고 인정하는 경우에는 그의 결정이 있을 때까지 판정의 집행을 유예할 수 있다.

제51조 (1) 어느 일방당사자가 판정에 결정적으로 영향을 미치는 그러한 성질의 어느 사실을 발견하였음을 이유로 사무총장 앞으로 신청서를 제출하여 판정의 재심을 요청할 수 있다. 다만, 판정이 내려졌을 당시에 이러한 사실이 재판소 및 신청인에게 알려지지 아니하였고 또한 이러한 사실을 신청인이 알지 못하였음이 과실에 기인하지 아니한 때에 한한다.

(2) 신청은 이러한 사실을 발견한 후, 30일 이내에 행하여져야 하고 어떠한 경우라 할지라도 판정이 내려진 날로부터 3년 이내에 이를 행하여야 한다.

(3) 요청서는 가능하다면 판정을 내린 재판소에 제출되어야 한다. 이것이 불가능하다면 새로운 재판소는 본장 제2절에 따라 구성되어야 한다.

(4) 재판소는 사정이 그와 같이 요구한다고 인정한다면 그의 결정이 있을 때까지 판정의 집행을 유예할 수 있다. 신청인이 그의 신청서에서 판정집행의 유예를 요청한다면 집행은 재판소가 이러한 요청에 대한 결정을 할 때까지 잠정적으로 유예되어야 한다.

제52조 (1) 각 당사자는 다음의 1 또는 2 이상의 사유로서 사무총장 앞으로 신청서를 제출하여 판정의 무효를 요청할 수 있다.

(가) 재판소가 적절히 구성되지 아니하였을 때,

(나) 재판소가 명백히 그의 권한을 이탈하였을 때,

(다) 재판소의 재판관에 부정이 있을 때,

(라) 기본적인 심리 규칙으로부터 중대한 이탈이 있었을 때, 또는

(마) 판정서에 그의 근거되는 이유를 명시하지 아니하였을 때.

(2) 신청은 판정이 내려진 날로부터 120일 이내에 이를 하여야 한다. 다만, 부정을 이유로 무효를 요청한 때에는 부정을 발견한 날로부터 120일 이내에 그리고 어떠한 경우라 할지라도 판정이 행하여진 날로부터 3년 이내에 이러한 신청을 하여야 한다.

(3) 요청서를 접수하면 의장은 즉시 3명으로 구성된 특별위원회를 중재위원단으로부터 임명하여야 한다. 위원회의 어느 위원도 판정을 내린 재판소의 재판관이어서는 아니 되며, 분쟁당사국이나 그의 국민이 분쟁 당사자인 국가의 국민이어서도 아니 되며, 이들의 어느 국가에 의하여서도 중재위원단에 지명되지 아니하였어야 하며 또는 동일한 분쟁의 조정자로서 활동하지 아니하였어야 한다. 위원회는 제1항에 규정된 이유에 의하여 판정서 또는 그의 어느 부분을 무효하게 하는 권능을 가진다.

(4) 제41조 내지 제45조, 제48조, 제49조, 제53조 및 제54조와 제6장 및 제7장의 규정은 위원회의 절차에 준용한다.

(5) 위원회는 사정이 그와 같이 요구한다고 인정한다면 그의 결정이 있을 때까지 판정의 집행을 유예할 수 있다. 신청인이 그의 신청에서 판정집행의 유예를 요청한다면 집행은 위원회가 이러한 요청에 대한 결정을 할 때까지 잠정적으로 유예되어야 한다.

(6) 판정이 무효로 된다면 그 분쟁은 어느 일방 당사자의 요청에 따라 본장 제2절의 규정에 따라 구성되는 새로운 재판소에 제출되어야 한다.

제6절 판정의 승인과 집행

제53조 (1) 판정은 당사자를 구속하며 본 협정에 규정된 바를 제외하고는 어떠한 상소나 또는 기타 어떠한 구제수단에도 그 대상으로 되지 아니한다. 각 당사자는 본 협약의 관계조항에 따라 집행이 유예되어 있는 범위를 제외하고는 판정의 조건을 준수하고 이를 따라야 한다.

(2) 본절의 적용상, 판정이라 함은 제50조, 제51조 또는 제52조에 따라 이러한 판정을 해석, 수정 또는 무효케 하는 어떠한 결정도 포함한다.

제54조 (1) 각 체약국은 본 협약에 따라 내려진 판정은 구속력 있는 것으로 승인하고 그것이 당해 국가의 법원의 최종판결인 것과 같이 동국의 영역 안에서 이러한 판정에 의하여 과하여진 금전상의 의무를 집행하여야 한다. 연방헌법을 가진 체약국은 그의 연방법원 안에서 또는 이를 통하여 이러한 판정을 집행하여야 하며 또한 이러한 법원은 그 판정을 마치 주 법원의 최종판결인 것과 같이 취급할 것을 정하여야 한다.

(2) 체약국의 영역 안에서 승인이나 집행을 구하는 당사자는 이러한 국가가 이 목적을 위하여 지정한 법원이나 기타 당국에 사무총장이 인증한 판정서의 등본을 제공하여야 한다. 각 체약국은 이 목적을 위한 관계법원이나 기타 당국의 지정 및 그 후의 이러한 지정의 변경을 사무총장에게 통고하여야 한다.

(3) 판정의 집행은 그의 영토 안에서 이러한 집행이 요구된 국가에서 유효한 재판의 집행에 관한 법률에 의하여 규율되어야 한다.

제55조 제54조의 어떠한 규정도 당해국 또는 어느 외국의 집행

으로부터의 면제에 관한 어느 체약국의 유효한 법률을 훼손하는 것으로 해석되지 아니한다.

제5장 중재관 및 조정관의 대체 및 자격상실

제56조 (1) 위원회나 재판소가 구성되고 심리절차가 시작된 후에는 그 구성을 변경하지 못한다. 그러나 중재관이나 조정관이 사망, 능력상실, 또는 사직하는 경우 이 결과로 초래된 결원은 제3장 제2절 또는 제4장 제2절의 규정에 따라 충원되어야 한다.

(2) 위원회 또는 재판소의 위원이나 재판관은 그가 위원단의 위원직을 상실하였음에도 불구하고 위원 또는 재판관 자격으로 계속 복무하여야 한다.

(3) 일방당사자가 임명한 중재관이나 조정관이 그가 위원인 위원회나 재판소의 동의 없이 사직하게 되는 경우에는 의장은 이 결과로 초래된 결원을 충원하기 위하여 관계위원단으로부터 인원을 임명하여야 한다.

제57조 일방당사자는 제14조 제1항에 요구된 자격의 명백한 결격을 나타내는 사실 때문에 어느 위원의 자격 상실을 위원회나 재판소에 제의할 수 있다. 중재소송의 일방당사자는 이에 추가하여 그가 제4장 제2절에 따라 임명이 될 자격이 없다는 이유로 중재관의 자격상실을 제의할 수 있다.

제58조 조정관이나 중재관을 자격 상실시키는 제의에 대한 결정은 그 경우에 따라 위원회나 재판소의 기타 위원이나 재판관으로서 이를 행하여야 한다. 그러나, 이와 같은 위원이나 재판관이 동수로 분립하거나 또는 1명의 조정관이나 중재관이 또는 다수의 조정관이나 중재관을 자격 상실시키는 제의의 경우에는 의장이 그 결정을 한다. 제의에 충분한 이유가 있다고 결정한 경우에는 그 결정에 관련되는 조정관이나 중재관은 제3장 제2절 또는 제4장 제2절의 규정에 따라 대체되어야 한다.

제6장 소송비용

제59조 당사자가 본부시설의 이용에 대하여 지불하여야 할 과징금은 운영이사회가 채택한 규정에 따라 사무총장이 이를 결정하여야 한다.

제60조 (1) 각 위원회 및 각 재판소는 운영이사회가 수시로 설정하는 범위 내에서 또는 사무총장과 상의한 후에 그 위원이나 재판관의 수수료와 경비를 결정하여야 한다.

(2) 본조 제1항의 어떠한 규정도 당사자가 위원회나 재판소의 위원이나 재판관의 수수료와 경비에 관하여 관계위원이나 재판소와 사전에 합의하는 것을 배제하지 아니한다.

제61조 (1) 조정절차의 경우에 있어서 본부시설의 이용을 위한 과징금과 아울러 위원회 위원의 수수료 및 경비는 당사자가 균등히 이를 분담한다. 각 당사자는 그 절차와 관련하여 당사자가 부담하는 기타 경비를 부담하여야 한다.

(2) 중재소송의 경우에 있어서 달리 합의하는 바를 제외하고는 소송과 관련하여 당사자에 의하여 부담될 경비를 재판소는 산정하여야 하며 또한 재판소의 경비, 재판소의 재판관의 수수료와 경비 및 본부시설의 이용을 위한 과징금이 어떻게 지불되어야 하며

누가 지불하는가를 재판소가 결정하여야 한다. 이러한 결정은 판정의 일부를 이룬다.

제7장   조정 및 중재의 장소

제62조 조정과 중재의 절차는 이하에서 달리 규정하는 경우를 제외하고는 본부의 소재지에서 행하여져야 한다.

제63조 조정과 중재의 절차는 당사자가 합의한다면 다음의 장소에서 행하여질 수 있다.

(가) 상설 중재재판소의 소재지 또는 민간기구와 공공기구를 불문하고 본부가 그 목적을 위하여 약정할 수 있는 기타 적당한 기구의 소재지.

(나) 위원회나 재판소가 사무총장과 상의한 후에 승인한 기타 장소.

제8장   체약국간의 분쟁

제64조 본 협약의 해석이나 적용에 관하여 체약국 간에 발생하는 분쟁으로서 교섭에 의하여 해결되지 아니하는 것은 관계국가가 다른 해결방법에 합의한 경우를 제외하고는 어느 분쟁 당사자의 신청에 의하여 국제사법재판소에 회부되어야 한다.

제9장   개 정

제65조 어느 체약국이든 본 협약의 개정을 제의할 수 있다. 개정안은 이러한 개정안을 검토할 운영이사회의 회기에 앞서 90일 전에 사무총장에게 송부되어야 하며 또한 사무총장은 운영이사회의 전 위원에게 이를 즉시 전달하여야 한다.

제66조 (1) 운영이사회가 그 위원의 3분지 2 이상의 다수결로써

가결한다면 개정안은 비준, 수락 또는 승인을 위하여 모든 체약국에 배부되어야 한다. 각각의 개정은 모든 체약국이 그 개정을 비준, 수락 또는 승인하였다는 통고를 본 협약의 기탁기관에 의하여 체약국에 발송된 후 30일 만에 효력을 발생한다.

(2) 어떠한 개정도 개정의 효력발생 이전에 본부의 관할권에 동의함으로써 발생한 어느 체약국 또는 그의 하부조직이나 기관 또는 이러한 국가의 국민의 본 협정상의 권리의무에 영향을 미치지 아니한다.

제10장   최종조항

제67조 본 협약은 은행의 회원국가의 서명을 위하여 개방된다. 그것은 또한 국제사법재판소 규정의 당사국이며 또한 운영이사회가 그 이사회의 3분지 2 이상의 투표로서 협약에 서명하도록 초청할 기타 국가의 서명을 위하여 개방된다.

제68조 (1) 본 협약은 서명국 각각의 헌법상의 절차에 따라 당해국에 의하여 비준, 수락 또는 승인되어야 한다.

(2) 본 협약은 비준서, 수락서 또는 승인서가 20번째로 기탁된 후 30일 만에 효력을 발생한다. 본 협정은 그 후에 비준서, 수락서 또는 승인서를 기탁한 각 국가에 대하여서는 이러한 기탁을 한 날로부터 30일 만에 효력을 발생한다.

제69조 각 체약국은 당해국의 영역 내에서 본 협약의 규정을 유효케 하는데 필요한 입법적인 또는 기타 필요하다고 인정되는 조치를 취하여야 한다.

제70조 본 협약은 체약국의 국제관계에 있어서 책임을 지는 모든

영역에 대하여 적용되어야 한다. 다만, 이러한 국가가 비준, 수락 또는 승인하는 어느 때에나 본 협약의 기탁기관에 서면통고로써 제외시킨 영역에 대하여서는 그러하지 아니하다.

제71조 모든 체약국은 본 협약의 기탁기관에 서면 통고함으로써 본 협약을 폐기할 수 있다. 폐기는 이러한 통고를 받은 날로부터 6개월 후에 효력을 발생한다.

제72조 제70조 또는 제71조에 의거한 체약국의 통고는 기탁기관이 이러한 통고를 받기 전에 본부의 관할권에 동의한 것으로부터 발생한 어느 체약국, 그의 하부조직이나 또는 기관 또는 이러한 국가의 국민이 지고 있는 본 협약상의 권리의무에 영향을 미치지 아니한다.

제73조 본 협약 및 그 개정 협약에 대한 비준서, 수락서 또는 승인서는 본 협약의 기탁기관으로서 행동할 은행에 기탁되어야 한다. 기탁기관은 회원국과 협약에 서명하도록 초청받은 기타 국가에 인증 등본을 송부하여야 한다.

제74조 기탁기관은 국제연합헌장 제102조 및 총회가 채택한 그에 관한 규정에 따라 국제연합사무국에 본 협약을 등록하여야 한다.

제75조 기탁기관은 모든 체약국에 대하여 다음의 사항을 통고하여야 한다.

(가) 제67조에 따른 서명.

(나) 제73조에 따른 비준서, 수락서 및 승인서의 기탁.

(다) 제68조에 따른 본 협약의 효력 발생일자.

(라) 제70조에 따른 영역의 본 협약 적용으로부터의 제외.

(마) 제66조에 따른 본 협약의 개정의 효력 발생일자.

(바) 제71조에 따른 폐기.

동등히 정본인 영어, 불어 및 서반아어로 각각 1통씩을 워싱턴에서 작성하였으며, 국제부흥개발은행의 문서국에 이를 기탁하여야 한다.

23 1965년 모든 형태의 인종차별 철폐에 관한 국제협약(International Convention on the Elimination of All Forms of Racial Discrimination)

체결일: 1965.12.21.
발효일: 1969.1.4.
한국 발효일: 1979.1.4.

본 협약의 체약국은,
국제연합헌장이 모든 인간에게 고유한 존엄과 평등의 원칙에 기본을 두고 있으며 모든 회원국이 인종, 성별, 언어 또는 종교의 구별없이 만인을 위한 인권과 기본적 자유에 대한 보편적 존중과 준수를 증진시키고 촉진하는 국제연합의 목적 중의 하나를 성취하는 데 있어서 국제연합과의 협조 아래 공동적 및 개별적 조치를 취하기로 서약하였음을 고려하고, 세계인권선언이 만인은 존엄과 권리에 있어 태어날 때부터 자유롭고 평등함을 선언하고 또한 특히 인종, 피부색 또는 출생지에 대하여 어떠한 종류의 구별도 하지 않고 동 선언에 언급된 모든 권리와 자유를 누구나 향유할 수 있음을 선언하고 있음을 고려하고, 만인은 법 앞에 평등하며 어떠한 차별에 대해서도 그리고 어떠한 차별의 고무에 대해서도 법의 균등한 보호를 받을 자격이 있음을 고려하고,
국제연합이 어떠한 형태로든 또한 어디에 그들이 존재하든 식민주의와 그리고 그와 결탁한 차등과 차별의 모든 관행을 규탄하고 1960년 12월 14일자 식민지 및 그 국민에 대한 독립 부여에 관한 선언(총회결의 1514(XV))이 그들을 신속히 무조건 종식시켜야 할 필요성을 확인하고 또한 엄숙히 선언하였음을 고려하고, 1963년 11월 20일자 모든 형태의 인종차별철폐에 관한 국제연합선언(총회결의 1904(XVⅡⅠ))이 전 세계에서 모든 형태와 양상의 인종차별을 신속히 철폐하고 인간의 존엄성에 대한 이해와 존중을 확보할 필요성을 엄숙히 확인하고 있음을 고려하고, 인종차별에 근거한 어떠한 우수 인종 학설도 과학적으로 허위이며 도덕적으로 규탄받아야 하며 사회적으로 부당하고 위험하며 또한 어느 곳에서든 이론상으로나 실제상으로 인종차별에 대한 정당화가 있을 수 없다는 것을 확신하고, 인종, 피부색 또는 종족의 기원을 근거로 한 인간의 차별은 국가 간의 우호적이고 평화적인 관계에 대한 장애물이며 국민 간의 평화와 안전을 그리고 심지어 동일한 단일 국가 내에서 나란히 살고 있는 인간들의 조화마저 저해할 수 있다는 것을 재확인하고,
인종적 장벽의 존재가 어떠한 인류사회의 이상과도 배치됨을 확신하고,
세계 일부 지역에서 아직도 실증적인 인종 차별의 시현과 또한 인종적 우월성 또는 증오감에 근거를 둔 "남아프리카의 인종차별정책"(apartheid[20]), 인종분리(segregation) 또는 격리(separation)

---

20) 원문에는 'apartheid'라는 일반 용어를 한국어본에서는 굳이 "남아프리카의 인종차별정책"이라고 특정화시키는 번역을 하는 이유를 모르겠다.

와 같은 정부 정책에 경악을 금치
못하고,

　모든 형태와 양상에 있어 인종
차별을 신속히 철폐시키기 위한
모든 필요 조치를 채택하고, 인종
간의 이해를 증진시키기 위하여
인종주의자의 이론과 실제를 방
지하고 격퇴시키며 모든 형태의
인종분리 및 인종차별이 없는 국
제공동사회를 건설할 것을 결의
하고,

　1958년 국제노동기구가 채택한
고용 및 직업에 있어서의 차별에
관한 협약과 1960년 국제연합교
육과학문화기구가 채택한 교육
에 있어서의 차별 금지 협약에 유
의하고,

　모든 형태의 인종차별 철폐에
관한 국제연합선언에 포용된 제
반원칙을 실행할 것과 이 목적을
위한 실제적 조치의 최단 시일 내
채택을 확보할 것을 열망하여,
다음과 같이 합의하였다.

제1부

제1조 1. 이 협약에서 "인종차
별"이라 함은 인종, 피부색, 가문
또는 민족이나 종족의 기원에 근
거를 둔 어떠한 구별, 배척, 제한
또는 우선권을 말하며 이는 정치,
경제, 사회, 문화 또는 기타 어떠
한 공공생활의 분야에 있어서든
평등하게 인권과 기본적 자유의
인정, 향유 또는 행사를 무효화시
키거나 침해하는 목적 또는 효과
를 가지고 있는 경우이다.
2. 이 협약은 체약국이 자국의 시
민과 비시민을 구별하여 어느 한
쪽에의 배척, 제한 또는 우선권을
부여하는 행위에는 적용되지 아
니한다.
3. 이 협약의 어느 규정도 국적,
시민권 또는 귀화에 관한 체약국
의 법 규정에 어떠한 영향도 주는

것으로 해석될 수 없다. 단, 이러
한 규정은 어느 특정 국적에 대하
여 차별을 하지 아니한다.
4. 어느 특정 인종 또는 종족의
집단이나 개인의 적절한 진보를
확보하기 위한 유일한 목적으로
취해진 특별한 조치는 그러한 집
단이나 개인이 인권과 기본적 자
유의 동등한 향유와 행사를 확보
하는 데 필요한 보호를 요청할 때
에는 인종차별로 간주되지 않는
다. 단, 그러한 조치가 결과적으
로 상이한 인종집단에게 별개의
권리를 존속시키는 결과를 초래
하여서는 아니되며 또한 이러한
조치는 소기의 목적이 달성된 후
에는 계속되어서는 아니된다.

제2조 1. 체약국은 인종차별을
규탄하며 모든 형태의 인종차별철
폐와 인종 간의 이해증진 정책을
적절한 방법으로 지체없이 추구할
책임을 지며 이 목적을 위하여
(a) 각 체약국은 인간이나 인간의
　　집단 또는 단체에 대한 인종차
　　별행위를 하지 않을 의무 또는
　　인종차별을 실시하지 않을 의
　　무를 지며 또한 모든 국가 및 지
　　방공공기관과 공공단체가 그러
　　한 의무에 따라 행동하도록 보
　　증할 의무를 지고
(b) 각 체약국은 인간이나 또는
　　조직에 의한 인종차별을 후원,
　　옹호 또는 지지하지 않을 의무
　　를 지며
(c) 각 체약국은 어디에 존재하든
　　간에 인종차별을 야기시키거나
　　또는 영구화시키는 효과를 가진
　　정부, 국가 및 지방정책을 면밀히
　　조사하고 또한 상기 효과를 가진
　　법규를 개정, 폐기 또는 무효화시
　　키는 효율적 조치를 취하며
(d) 각 체약국은 어느 인간, 집단
　　또는 조직에 의한 인종차별을
　　해당 사정에 따라 입법을 포함

한 모든 적절한 수단으로써 금지하고 종결시키며

(e) 각 체약국은 적절한 경우 다종족 통합주의자단체와 인종간의 장벽을 폐지하는 운동 및 기타 방법을 장려하고 또한 인종분열을 강화할 성향이 있는 어떠한 것도 막아야 한다.

2. 체약국은 상황이 적절한 경우 사회적, 경제적, 문화적 그리고 기타 분야에 있어서 특정 인종집단 또는 개인의 적절한 발전과 보호를 보증하는 특수하고 구체적인 조치를 취하여 이들에게 완전하고 평등한 인권과 기본적 자유의 향유를 보장토록 한다. 이와 같은 조치는 어떠한 경우에도 소기의 목적이 달성된 후 별개의 상이한 인종집단에 대한 불평등 또는 별개의 권리를 존속시키는 일을 초래하여서는 아니된다.

제3조 체약국은 특히 인종분리(racial segregation)와 "남아프리카의 인종차별정책"(apartheid)을 규탄하고 그들 관할권 내의 영역에서 이런 부류의 관행을 방지, 금지 및 근절시킬 의무를 진다.

제4조 체약국은 어떤 인종이나 특정 피부색 또는 특정 종족의 기원을 가진 인간의 집단이 우수하다는 관념이나 이론에 근거를 두고 있거나 또는 어떠한 형태로든 인종적 증오와 차별을 정당화하거나 증진시키려고 시도하는 모든 선전과 모든 조직을 규탄하며 또한 체약국은 이 같은 차별을 위한 모든 고무 또는 행위를 근절시키기 위한 즉각적이고 적극적인 조치를 취할 의무를 지며 이 목적을 위하여 세계인권선언에 구현된 제 원칙 및 이 협약 제5조에 명시적으로 언급된 제 권리와 관련하여 특히 체약국은

(a) 인종적 우월성이나 증오, 인종차별에 대한 고무에 근거를 둔 모든 관념의 보급 그리고 피부색이나 또는 종족의 기원이 상이한 인종이나 또는 인간의 집단에 대한 폭력행위나 폭력행위에 대한 고무를 의법 처벌해야 하는 범죄로 선언하고 또한 재정적 지원을 포함하여 인종주의자의 활동에 대한 어떠한 원조의 제공도 의법 처벌해야 하는 범죄로 선언한다.

(b) 인종차별을 촉진하고 고무하는 조직과 조직적 및 기타 모든 선전활동을 불법으로 선언하고 금지시킨다. 그리고 이러한 조직이나 활동에의 참여를 의법 처벌하는 범죄로 인정한다.

(c) 국가 또는 지방의 공공기관이나 또는 공공단체가 인종차별을 촉진시키거나 또는 고무하는 것을 허용하지 아니한다.

제5조 제2조에 규정된 기본적 의무에 따라 체약국은 특히 아래의 제 권리를 향유함에 있어서 인종, 피부색 또는 민족이나 종족의 기원에 구별 없이 만인의 권리를 법 앞에 평등하게 보장하고 모든 형태의 인종차별을 금지하고 폐지할 의무를 진다.

(a) 법원 및 기타 모든 사법기관 앞에서 평등한 대우를 받을 권리

(b) 정부 관리에 의해 자행되거나 또는 개인, 집단 또는 단체에 의해 자행되거나 간에 폭행 또는 신체적 피해에 대하여 국가가 부여하는 인간의 안전 및 보호를 받을 권리

(c) 정치적 권리 특히 선거에 참가하는 권리, 보통·평등 선거의 기초 위에서 투표하고 입후보하는 권리, 각급 공공업무의 행사는 물론 정부에 참여하는 권리 그리고 공공업무에의 평등한 접근을 할 권리

(d) 기타의 민권 특히
  (i) 당해 체약국 국경 이내에서의 거주 이전의 자유에 대한 권리
  (ii) 자국을 포함 모든 국가로부터 출국하고 자국으로 귀국하는 권리
  (iii) 국적 취득권
  (iv) 혼인 및 배우자 선택권
  (v) 단독 및 공공재산 소유권
  (vi) 상속권
  (vii) 사상, 양심 및 종교의 자유에 대한 권리
  (viii) 의견과 표현의 자유에 대한 권리
  (ix) 평화적인 집회와 결사의 자유에 대한 권리
(e) 경제적, 사회적 및 문화적 권리 특히
  (i) 근로, 직업 선택의 자유, 공정하고 알맞는 근로조건, 실업에 대한 보호, 동일 노동, 동일 임금, 정당하고 알맞는 보수 등에 대한 권리
  (ii) 노동조합 결성 및 가입권
  (iii) 주거에 대한 권리
  (iv) 공중보건, 의료, 사회보장 및 사회봉사에 대한 권리
  (v) 교육과 훈련에 대한 권리
  (vi) 문화적 활동에의 균등 참여에 대한 권리
(f) 운송, 호텔, 음식점, 카페, 극장 및 공원과 같은 공중이 사용하는 모든 장소 또는 시설에 접근하는 권리

제6조 체약국은 권한 있는 국가 법원 및 기타 기관을 통하여 본 협약에 반하여 인권 및 기본적 자유를 침해하는 인종차별행위로부터 만인을 효과적으로 보호하고 구제하며 또한 그러한 차별의 결과로 입은 피해에 대하여 법원으로부터 공정하고 적절한 보상 또는 변제를 구하는 권리를 만인에게 보증한다.

제7조 체약국은 특히 수업, 교육, 문화 및 공보분야에 있어서 인종차별을 초래하는 편견에 대항하기 위하여 민족과 인종 또는 종족 집단 간의 이해, 관용과 우호를 증진시키기 위하여 그리고 국제연합헌장, 세계인권선언, 모든 형태의 인종차별철폐에 관한 국제연합선언 및 이 협약의 제 목적과 원칙을 전파시키기 위하여 즉각적이고 효과적인 조치를 취할 의무를 진다.

제8조 1. 인종차별철폐에 관한 위원회(이후 위원회라 함)를 설치한다. 이 위원회는 체약국이 자국 국민 중에서 선정한 덕망이 높고 공평성이 인정된 18명의 전문가로 구성된다. 상기 전문가는 개인 자격으로 집무하며, 이들의 선정에는 공정한 지역적 배분이 이루어지고 주요 법체계 및 상이한 문명 형태를 대표하도록 고려한다.
2. 위원회의 위원은 체약국이 지명한 후보자 명단에서 비밀투표로 선출된다. 각 체약국은 자국 국민 중에서 후보자 1명을 지명할 수 있다. ...

제9조
1. 체약국은 이 협정의 제 규정을 시행하도록 채택한 입법적, 사법적, 행정적 또는 기타 제반 조치에 관한 보고서를 아래와 같이 국제연합 사무총장에게 제출하여 위원회의 심의에 회부되도록 한다.
  (a) 당해 체약국에 대하여 협약의 발효 후 1년 이내
  (b) 그 후 매 2년마다 그리고 위원회가 요청할 때 위원회는 체약국으로부터 더 이상의 정보를 요청할 수 있다.
2. 위원회는 사무총장을 통하여 자신의 활동에 관하여 매년 국제연합 총회에 보고하며, 체약국으로부터 접수된 보고와 정보를 검

토하고, 이를 근거로 제의와 일반적인 권고를 행할 수 있다. 이러한 제의와 일반적인 권고는 체약국의 논평이 있을 경우 이 논평과 함께 총회에 보고된다. ...

제11조 1. 체약국이 이 협약의 규정을 시행하지 않는 기타 체약국이 있다고 간주할 때는 이 문제를 위원회에 회부할 수 있다. 위원회는 이 사실을 당해 체약국에 전달한다. 3개월 이내에 당해 체약국은 이 문제를 명확히 하는 문서로 된 해명서 또는 성명서와 더불어 동국이 구제조치를 취한 것이 있으면 그 구제조치를 위원회에 제출한다.

2. 만약 이 문제가 당해 국가에서 1차 통보를 받은 후 6개월 이내에 쌍무 교섭이나 또는 양자에게 가능한 다른 절차 중 어느 한 수단에 의하여 양측에 동등히 납득되도록 해결되지 않을 경우, 양측 중 어느 일방은 위원회와 상대방 국가에 통고함으로써 위원회에 재차 이 문제를 회부할 권리를 보유하고 있다.

3. 위원회는 어느 문제에 있어서 모든 가능한 국내적 구제조치가 취하여져 완료되었음을 확인한 후 본조 2항에 따라 위원회에 회부된 그 문제를 일반적으로 승인된 국제법 원칙에 따라 처리한다. 이것은 구제조치의 적용이 부당하게 지연되는데 대한 규칙이 될 수 없다.

4. 위원회는 자신에게 회부된 어떠한 문제에 있어서도 당해 체약국에게 관련 정보의 제공을 요청할 수 있다.

5. 본조에서 언급된 문제가 위원회에 의하여 심의되고 있을 때에는 당해 체약국은 동 문제가 심의되는 동안 대표를 파견하여 투표권없이 위원회의 의사 절차에 참여하도록 할 수 있다. ...

제12조 1. (a) 위원회가 자신이 생각하기에 필요하다고 보는 모든 정보를 획득하여 비교 대조한 후에 위원장은 5명으로 구성되는 임시 조정위원단(이후 위원단이라 함)을 임명한다. 이 위원단의 구성원은 위원회의 위원일 수도 있으며 또 위원이 아닐 수도 있다. 이 위원단의 구성원은 분쟁당사국 전원의 동의를 얻어 임명되며, 위원단의 주선은 이 협약에 대한 존중을 기초로 하여 문제를 호의적으로 해결하기 위하여 당해 체약국에서 이용 가능하여야 한다.

(b) 분쟁에 관련된 체약국이 3개월 이내에 위원단 구성의 전부 또는 일부에 대하여 합의에 도달하지 못할 경우, 분쟁에 관련된 체약국에 의하여 합의되지 못한 위원단의 구성원은 위원회의 비밀투표에 의해 2/3 다수표로 위원회 위원 중에서 선출된다.

2. 위원단의 구성원은 개인자격으로 집무한다. 이들은 분쟁당사국의 국민이 되어서는 안되며 이 협약의 비체약국 국민이 되어서도 안된다. ...

제14조 1. 체약국은 어느 때라도 동 체약국에 의한 이 협약에 규정된 권리 위반의 피해자임을 주장하고 있는 개인이나 또는 개인의 집단으로부터 그 관할권 내에서 통보를 접수하여 심사할 권능을 위원회가 보유하고 있다는 것을 승인한다고 선언할 수 있다. 이러한 선언을 하지 않은 체약국에 관련되는 통보는 위원회가 접수하지 아니한다.

2. 본조1항에 규정된 것과 같은 선언을 한 체약국은 자국 법질서 범위 내에서 어느 기관을 설치하거나 또는 지정하여, 이 기관이 이 협약에 규정된 권리 위반의 피

해자임을 주장하고 가능한 국내 구제조치를 완료한 개인과 개인의 집단으로부터 그 관할권 내에서 청원을 접수하여 심사할 권능을 가지도록 한다.

3. 본조1항에 따라 취해진 선언과 본조2항에 따라 설치되거나 또는 지정된 기관의 명칭은 당해 체약국에 의하여 국제연합 사무총장에게 기탁되고, 국제연합사무총장은 이들의 사본을 타 체약국에게 전달한다. 선언은 어느 때라도 사무총장에 대한 통고로써 철회될 수 있으나, 이러한 철회가 위원회 앞으로 계류되어 있는 전달에는 영향을 주지 않는다.

...

6. (a) <u>위원회는 자신이 받은 통보사항에 대하여 본 협정의 규정을 위반하고 있다는 혐의를 받고 있는 체약국의 주의를 은밀히 환기시킨다. 그러나 해당 개인이나 또는 개인집단의 신원이 자신들의 명시적인 동의 없이 밝혀져서는 아니된다. 위원회는 익명으로 된 통보를 접수하지 아니한다.</u>

(b) 3개월 이내에 접수국은 동 문제를 해명하는 설명이나 혹은 성명을 서면으로 위원회에 제출하며 또한 자국이 취한 구제조치가 있으면 그 구제조치를 위원회에 제출한다.

7. (a) 위원회는 당해 체약국과 청원자에 의해 제공된 모든 정보를 감안하여 통보를 받은 사항을 심의한다. 위원회는 청원자가 모든 가능한 국내구제조치를 완료하였음을 확인하지 않는 한 청원자로부터 어떠한 통보도 심의하지 않는다. 그러나 이것은 구제조치의 적용이 부당하게 지연되는데 대한 규칙이 될 수는 없다.

(b) 위원회는 당해 체약국과 청원자에게 제의와 권고를 할 사항이 있을 경우 이러한 제의와 권고를 한다. ...

24 1966년 경제적, 사회적, 문화적 권리에 관한 국제 인권협약(A규약)(International Covenant on Economic, Social and Cultural Rights)

체결일: 1966.12.16.
발효일: 1976.1.3.
한국 발효일: 1990.7.10.

이 규약의 당사국은, 국제연합헌장에 선언된 원칙에 따라 인류사회의 <u>모든 구성원의 고유의 존엄성 및 평등하고 양도할 수 없는 권리를 인정하는 것이 세계의 자유, 정의 및 평화의 기초가 됨을</u> 고려하고, 이러한 권리는 <u>인간의 고유한 존엄성으로부터 유래함</u>을 인정하며, 세계인권선언에 따라 <u>공포와 결핍으로부터의 자유를 향유하는 자유 인간의 이상은 모든 사람이 자신의 시민적, 정치적 권리뿐만 아니라 경제적, 사회적 및 문화적 권리를 향유할 수 있는 여건이 조성되는 경우에만 성취될 수 있음을 인정하며</u>, 인권과 자유에 대한 보편적 존중과 준수를 촉진시킬 국제연합헌장상의 국가의 의무를 고려하며, 타 개인과 자기가 속한 사회에 대한 의무를 지고 있는 개인은, 이 규약에서 인정된 권리의 증진과 준수를 위하여 노력하여야 할 책임이 있음을 인식하여, 다음 조문들에 합의한다.

제1부

제1조 1. <u>모든 인민(민족) (peoples)</u>은 자결권을 가진다. 이 권리에 기초하여 모든 인민은 그들의 정치적 지위를 자유로이 결정하고, 또한 그들의 경제적, 사회적 및 문화적 발전을 자유로이 추구한다.
2. 모든 인민(민족)<u>(peoples)</u>은, 호혜의 원칙에 입각한 국제경제협력으로부터 발생하는 의무 및 국제법상의 의무에 위반하지 아니하는 한, 그들 자신의 목적을 위하여 <u>그들의 천연의 부와 자원을 자유로이 처분할 수 있다.</u> 어떠한 경우에도 <u>인민(a people)은 그들의 생존수단을 박탈당하지 아니한다.</u>
3. 비자치지역 및 신탁통치지역의 행정책임을 맡고 있는 국가들을 포함하여 이 규약의 당사국은 국제연합헌장의 규정에 따라 자결권의 실현을 촉진하고 동 권리를 존중하여야 한다.

제2부

제2조 1. 이 규약의 각 당사국은 특히 입법조치의 채택을 포함한 모든 적절한 수단에 의하여 이 규약에서 인정된 <u>권리의 완전한 실현을 점진적으로 달성하기 위하여(with a view to achieving progressively)</u>, 개별적으로 또한 특히 경제적, 기술적인 국제지원과 국제협력을 통하여, 자국의 가용 자원이 허용하는 <u>최대한도까지(to the maximum of its available resourses) 조치를 취할 것을 약속한다.</u>
2. 이 규약의 당사국은 이 규약에서 선언된 권리들이 <u>인종, 피부색, 성, 언어, 종교, 정치적 또는 기타의 의견, 민족적 또는 사회적 출신, 재산, 출생 또는 기타의 신분 등에 의한 어떠한 종류의 차별도</u>

없이 행사되도록 보장할 것을 약속한다.

3. 개발도상국은, 인권과 국가 경제를 충분히 고려하여 이 규약에서 인정된 경제적 권리를 어느 정도까지 자국의 국민이 아닌 자에게 보장할 것인가를 결정할 수 있다.

제3조 이 규약의 당사국은 이 규약에 규정된 모든 경제적, 사회적 및 문화적 권리를 향유함에 있어서 남녀에게 동등한 권리를 확보할 것을 약속한다.

제4조 이 규약의 당사국은, 국가가 이 규약에 따라 부여하는 권리를 향유함에 있어서, 그러한 권리의 본질과 양립할 수 있는 한도 내에서, 또한 오직 민주 사회에서의 공공복리증진의 목적으로 반드시 법률에 의하여 정하여지는 제한에 의해서만, 그러한 권리를 제한할 수 있음을 인정한다.

제5조 1. 이 규약의 어떠한 규정도 국가, 집단 또는 개인이 이 규약에서 인정되는 권리 및 자유를 파괴하거나, 또는 이 규약에서 규정된 제한의 범위를 넘어 제한하는 것을 목적으로 하는 활동에 종사하거나 또는 그와 같은 것을 목적으로 하는 행위를 행할 권리를 가지는 것으로 해석되지 아니한다.

2. 이 규약의 어떠한 당사국에서 법률, 협정, 규칙 또는 관습에 의하여 인정되거나 또는 현존하고 있는 기본적 인권에 대하여는, 이 규약이 그러한 권리를 인정하지 아니하거나 또는 그 인정의 범위가 보다 협소하다는 것을 구실로 동 권리를 제한하거나 또는 훼손하는 것이 허용되지 아니한다.

제3부

제6조 1. 이 규약의 당사국(the States Parties to the present Covenant)은, 모든 사람이 자유로이 선택하거나 수락하는 노동에 의하여 생계를 영위할 권리를 포함하는 근로의 권리를 인정하며(recognize), 동 권리를 보호하기 위하여 적절한 조치를 취한다(will take appropriate steps).

2. 이 규약의 당사국(the States Parties to the present Covenant)이 근로권의 완전한 실현을 달성하기 위하여 취하는 제반조치에는 개인에게 기본적인 정치적, 경제적 자유를 보장하는 조건하에서 착실한 경제적, 사회적, 문화적 발전과 생산적인 완전고용을 달성하기 위한 기술 및 직업의 지도, 훈련계획, 정책 및 기술이 포함되어야 한다.

제7조 이 규약의 당사국(the States Parties to the present Covenant)은 특히 다음 사항이 확보되는 공정하고 유리한 근로조건을 모든 사람이 향유할 권리를 가지는 것을 인정한다(recognize).

(a) 모든 근로자에게 최소한 다음의 것을 제공하는 보수
 (i) 공정한 임금과 어떠한 종류의 차별도 없는 동등한 가치의 노동에 대한 동등한 보수, 특히 여성에게 대하여는 동등한 노동에 대한 동등한 보수와 함께 남성이 향유하는 것보다 열등하지 아니한 근로조건의 보장
 (ii) 이 규약의 규정에 따른 근로자 자신과 그 가족의 품위 있는 생활
(b) 안전하고 건강한 근로조건
(c) 연공서열 및 능력 이외의 다른 고려에 의하지 아니하고, 모든 사람이 자기의 직장에서 적절한 상위직으로 승진할 수 있는 동등한 기회

(d) 휴식, 여가 및 근로시간의 합리적 제한, 공휴일에 대한 보수와 정기적인 유급휴일

제8조 1. 이 규약의 당사국(the States Parties to the present Covenant)은 다음의 권리를 확보할 것을 약속한다(undertake).

(a) 모든 사람은 그의 경제적, 사회적 이익을 증진하고 보호하기 위하여 관계단체의 규칙에만 따를 것을 조건으로 노동조합을 결성하고, 그가 선택한 노동조합에 가입하는 권리. 그러한 권리의 행사에 대하여는 법률로 정하여진 것 이외의 또한 국가안보 또는 공공질서를 위하여 또는 타인의 권리와 자유를 보호하기 위하여 민주 사회에서 필요한 것 이외의 어떠한 제한도 과할 수 없다.

(b) 노동조합이 전국적인 연합 또는 총연합을 설립하는 권리 및 총연합이 국제노동조합조직을 결성하거나 또는 가입하는 권리

(c) 노동조합은 법률로 정하여진 것 이외의 또한 국가안보, 공공질서를 위하거나 또는 타인의 권리와 자유를 보호하기 위하여 민주사회에서 필요한 제한 이외의 어떠한 제한도 받지 아니하고 자유로이 활동할 권리

(d) 특정 국가의 법률에 따라 행사될 것을 조건으로 파업을 할 수 있는 권리(the right to strike)

2. 이 조는 군인, 경찰 구성원 또는 행정관리가 전기한 권리들을 행사하는 것에 대하여 합법적인 제한을 부과하는 것을 방해하지 아니한다.

3. 이 조의 어떠한 규정도 결사의 자유 및 단결권의 보호에 관한 1948년의 국제노동기구협약의 당사국이 동 협약에 규정된 보장을 저해하려는 입법조치를 취하도록 하거나, 또는 이를 저해하려는 방법으로 법률을 적용할 것을 허용하지 아니한다.

제9조 이 규약의 당사국(the States Parties to the present Covenant)은 모든 사람이 사회보험을 포함한 사회보장에 대한 권리를 가지는 것을 인정한다(recognize).

제10조 이 규약의 당사국(the States Parties to the present Covenant)은 다음 사항을 인정한다(recognize).

1. 사회의 자연적이고 기초적인 단위인 가정에 대하여는, 특히 가정의 성립을 위하여 그리고 가정이 부양 어린이의 양육과 교육에 책임을 맡고 있는 동안에는 가능한 한 광범위한 보호와 지원이 부여된다. 혼인은 혼인의사를 가진 양 당사자의 자유로운 동의하에 성립된다.

2. 임산부에게는 분만 전후의 적당한 기간 동안 특별한 보호가 부여된다. 동 기간 중의 근로 임산부에게는 유급휴가 또는 적당한 사회보장의 혜택이 있는 휴가가 부여된다.

3. 가문 또는 기타 조건에 의한 어떠한 차별도 없이, 모든 어린이와 연소자를 위하여 특별한 보호와 원조의 조치가 취하여진다. 어린이와 연소자는 경제적, 사회적 착취로부터 보호된다. 어린이와 연소자를 도덕 또는 건강에 유해하거나 또는 생명에 위험하거나 또는 정상적 발육을 저해할 우려가 있는 노동에 고용하는 것은 법률에 의하여 처벌될 수 있다. 당사국은 또한 연령제한을 정하여 그 연령에 달하지 않은 어린이에 대한 유급노동에의 고용이 법률로 금지되고 처벌될 수 있도록 한다.

제11조 1. 이 규약의 당사국(the States Parties to the present Covenant)은 모든 사람이 적당한 식량, 의복 및 주택을 포함하여 자기 자신과 가정을 위한 적당한 생활수준을 누릴 권리와 생활조건을 지속적으로 개선할 권리를 가지는 것을 인정한다(reconize). 당사국은 그러한 취지에서 자유로운 동의에 입각한 국제적 협력의 본질적인 중요성을 인정하고, 그 권리의 실현을 확보하기 위한 적당한 조치를 취한다.

2. 이 규약의 당사국(the States Parties to the present Covenant)은 기아로부터의 해방이라는 모든 사람의 기본적인 권리를 인정하고, 개별적으로 또는 국제협력을 통하여 아래 사항을 위하여 구체적 계획을 포함하는 필요한 조치를 취한다.

(a) 과학·기술 지식을 충분히 활용하고, 영양에 관한 원칙에 대한 지식을 보급하고, 천연자원을 가장 효율적으로 개발하고 이용할 수 있도록 농지제도를 발전시키거나 개혁함으로써 식량의 생산, 보존 및 분배의 방법을 개선할 것.

(b) 식량수입국 및 식량수출국 쌍방의 문제를 고려하여 필요에 따라 세계식량공급의 공평한 분배를 확보할 것.

제12조 1. 이 규약의 당사국(the States Parties to the present Covenant)은 모든 사람이 도달가능한 최고 수준의 신체적·정신적 건강을 향유할 권리를 가지는 것을 인정한다.

2. 이 규약당사국이 동 권리의 완전한 실현을 달성하기 위하여 취할 조치에는 다음 사항을 위하여 필요한 조치가 포함된다.

(a) 사산율과 유아사망율의 감소 및 어린이의 건강한 발육

(b) 환경 및 산업위생의 모든 부문의 개선

(c) 전염병, 풍토병, 직업병 및 기타 질병의 예방, 치료 및 통제

(d) 질병 발생 시 모든 사람에게 의료와 간호를 확보할 여건의 조성

제13조 1. 이 규약의 당사국(the States Parties to the present Covenant)은 모든 사람이 교육에 대한 권리를 가지는 것을 인정한다(recognize). 당사국은 교육이 인격과 인격의 존엄성에 대한 의식이 완전히 발전되는 방향으로 나아가야 하며, 교육이 인권과 기본적 자유를 더욱 존중하여야 한다는 것에 동의한다. 당사국은 나아가서 교육에 의하여 모든 사람이 자유사회에 효율적으로 참여하며, 민족 간에 있어서나 모든 인종적, 종족적 또는 종교적 집단 간에 있어서 이해, 관용 및 친선을 증진시키고, 평화유지를 위한 국제연합의 활동을 증진시킬 수 있도록 하는 것에 동의한다.

2. 이 규약의 당사국(the States Parties to the present Covenant)은 동 권리의 완전한 실현을 달성하기 위하여 다음 사항을 인정한다.

(a) 초등교육은 모든 사람에게 무상 의무교육으로 실시된다.

(b) 기술 및 직업 중등교육을 포함하여 여러가지 형태의 중등 교육은, 모든 적당한 수단에 의하여, 특히 무상교육의 점진적 도입에 의하여 모든 사람이 일반적으로 이용할 수 있도록 하고, 또한 모든 사람에게 개방된다.

(c) 고등교육은, 모든 적당한 수단에 의하여, 특히 무상교육의 점진적 도입에 의하여, 능력에 기초하여 모든 사람에게 동등하게 개방된다.

(d) 기본교육은 초등교육을 받지 못하였거나 또는 초등교육의 전기간을 이수하지 못한 사람들을 위하여 가능한 한 장려되고 강화된다.

(e) 모든 단계에 있어서 학교제도의 발전이 적극적으로 추구되고, 적당한 연구·장학제도가 수립되며, 교직원의 물질적 처우는 계속적으로 개선된다.

3. 이 규약의 당사국은 부모 또는 경우에 따라서 법정후견인이 그들 자녀를 위하여 공공기관에 의하여 설립된 학교 이외의 학교로서 국가가 정하거나 승인하는 최소한도의 교육수준에 부합하는 학교를 선택하는 자유 및 그들의 신념에 따라 자녀의 종교적, 도덕적 교육을 확보할 수 있는 자유를 존중할 것을 약속한다.

4. 이 조의 어떠한 부분도 항상 이 조 제1항에 규정된 원칙을 준수하고, 그 교육기관에서의 교육이 국가가 결정하는 최소한의 기준에 일치한다는 요건하에서, 개인과 단체가 교육기관을 설립, 운영할 수 있는 자유를 간섭하는 것으로 해석되지 아니한다.

제14조 이 규약의 당사국이 되는 때 그 본토나 자국 관할 내에 있는 기타 영토에서 무상으로 초등의무교육을 확보할 수 없는 각 당사국은 계획상에 정해질 합리적인 연한 이내에 모든 사람에 대한 무상의무교육 원칙을 점진적으로 시행하기 위한 세부실천계획을 2년 이내에 입안, 채택할 것을 약속한다.

제15조 1. <u>이 규약의 당사국은</u> 모든 사람의 다음 권리를 <u>인정한다.</u>
(a) 문화생활에 참여할 권리
(b) 과학의 진보 및 응용으로부터 이익을 향유할 권리
(c) 자기가 저작한 모든 과학적,

문학적 또는 예술적 창작품으로부터 생기는 정신적, 물질적 이익의 보호로부터 이익을 받을 권리

2. 이 규약의 당사국이 그러한 권리의 완전한 실현을 달성하기 위하여 취하는 조치에는 과학과 문화의 보존, 발전 및 보급에 필요한 제반조치가 포함된다.

3. 이 규약의 당사국은 과학적 연구와 창조적 활동에 필수불가결한 자유를 존중할 것을 약속한다.

4. 이 규약의 당사국은 국제적 접촉의 장려와 발전 및 과학과 문화 분야에서의 협력으로부터 이익이 초래됨을 인정한다.

제4부

제16조 1. 이 규약의 당사국(<u>the States Parties to the present Covenant</u>)은 규약에서 인정된 권리의 준수를 실현하기 위하여 취한 조치와 성취된 진전사항에 관한 보고서를 이 부의 규정에 따라 제출할 것을 <u>약속한다(undertake)</u>.

2. (a) 모든 보고서는 <u>국제연합 사무총장</u>에게 제출된다. 사무총장은 이 규약의 규정에 따라, <u>경제사회이사회</u>가 심의할 수 있도록 보고서 사본을 동 이사회에 송부한다.

(b) 국제연합 사무총장은 이 규약의 당사국으로서 국제연합전문기구의 회원국인 국가가 제출한 보고서 또는 보고서 내용의 일부가 전문기구의 창설규정에 따라 동 전문기구의 책임에 속하는 문제와 관계가 있는 경우, 동 보고서 사본 또는 그 내용 중의 관련 부분의 사본을 동 전문기구에 송부한다.

제17조 1. <u>이 규약의 당사국(the States Parties to the present Covenant)</u>은 경제사회이사회가

규약당사국 및 관련 전문기구와 협의한 후, 이 규약의 발효 후 1년 이내에 수립하는 계획에 따라, 자국의 보고서를 각 단계별로 제출한다.

2. 동 보고서는 이 규약상의 의무의 이행 정도에 영향을 미치는 요소 및 장애를 지적할 수 있다.

3. 이 규약의 당사국이 이미 국제연합 또는 전문기구에 관련 정보를 제출한 경우에는, 동일한 정보를 다시 작성하지 않고 동 정보에 대한 정확한 언급으로서 족하다.

제18조 경제사회이사회는 인권과 기본적 자유의 분야에서의 국제연합헌장상의 책임에 따라, 전문기구가 동 기구의 활동영역에 속하는 이 규약 규정의 준수를 달성하기 위하여 성취된 진전사항을 이사회에 보고하는 것과 관련하여, 당해 전문기구와 협정을 체결할 수 있다. 그러한 보고서에는 전문기구의 권한 있는 기관이 채택한 규정의 이행에 관한 결정 및 권고의 상세를 포함할 수 있다.

제19조 경제사회이사회는 제16조 및 제17조에 따라 각국이 제출하는 인권에 관한 보고서 및 제18조에 따라 전문기구가 제출하는 인권에 관한 보고서 중 국제연합 인권위원회의 검토, 일반적 권고, 또는 정보를 위하여 적당한 보고서를 <u>인권위원회(the Commission on Human Rights)</u>에 송부할 수 있다.

제20조 이 규약의 당사국과 관련한 전문기구는 제19조에 의한 일반적 권고에 대한 의견 또는 국제연합인권위원회의 보고서 또는 보고서에서 언급된 어떠한 문서에서도 그와 같은 일반적 권고에 대하여 언급하고 있는 부분에 관한 의견을 경제사회이사회에 제출할 수 있다.

제21조 경제사회이사회는 일반적 성격의 권고를 포함하는 보고서와 이 규약에서 인정된 권리의 일반적 준수를 달성하기 위하여 취한 조치 및 성취된 진전사항에 관하여 이 규약의 당사국 및 전문기구로부터 입수한 정보의 개요를 수시로 총회에 제출할 수 있다.

제22조 경제사회이사회는 이 규약의 제4부에서 언급된 보고서에서 생기는 문제로서, 국제연합의 타 기관, 그 보조기관 및 기술원조의 제공에 관여하는 전문기구가 각기 그 권한 내에서 이 규약의 효과적, 점진적 실시에 기여할 수 있는 국제적 조치의 타당성을 결정하는데 도움이 될 수 있는 문제에 대하여 그들의 주의를 환기시킬 수 있다.

제23조 이 규약의 당사국은 이 규약에서 인정된 권리의 실현을 위한 국제적 조치에는 협약의 체결, 권고의 채택, 기술원조의 제공 및 관계정부와 협력하여 조직된 협의와 연구를 목적으로 하는 지역별 회의 및 기술적 회의의 개최와 같은 방안이 포함된다는 것에 동의한다.

제24조 이 규약의 어떠한 규정도 이 규약에서 취급되는 문제에 관하여 국제연합의 여러 기관과 전문기구의 책임을 각각 명시하고 있는 국제연합헌장 및 전문기구헌장의 규정을 침해하는 것으로 해석되지 아니한다.

제25조 <u>이 규약의 어떠한 규정도 모든 사람이 그들의 천연적 부와 자원을 충분히, 자유로이 향유하고, 이용할 수 있는 고유의 권리를 침해하는 것으로 해석되지 아니한다.</u>

제5부

제26조 1. 이 규약은 국제연합의 모든 회원국, 전문기구의 모든 회원국, 국제사법재판소 규정의 모든 당사국 또한 국제연합총회가 이 규약에 가입하도록 초청한 기타 모든 국가들의 서명을 위하여 개방된다.

2. 이 규약은 비준되어야 한다. 비준서는 국제연합사무총장에게 기탁된다.

3. 이 규약은 이 조 제1항에서 언급된 모든 국가들의 가입을 위하여 개방된다.

4. 가입은 가입서를 국제연합 사무총장에게 기탁함으로써 이루어진다.

5. 국제연합 사무총장은 이 규약에 서명 또는 가입한 모든 국가들에게 각 비준서 또는 가입서의 기탁을 통보한다.

...

25 1966년 시민적, 정치적 권리에 관한 국제인권협약 (B규약)(International Covenant on Civil and Political Rights)

체결일 : 1966.12.12.

발효일 : 1976.3.23.

한국 발효일 : 1990.7.10.

한국 유보 : 대한민국 정부는 동 규약을 심의한 후, 동 규약의 제14조 5항, 제14조 7항, 제22조 및 제23조 4항의 규정이 대한민국의 헌법을 포함한 관련 국내법 규정에 일치되도록 적용될 것임과 동 규약 제41조상의 인권위원회의 권한을 인정함을 선언하며, 이에 동 규약에 가입한다.

한국 유보 철회 : 상기 유보선언에 대해 대한민국은 동 규약 제23조 제4항을 1991년 3월 15일에, 제14조 7항에 대해 1993년 1월 21일에, 제14조 제5항에 대해 2007년 4월 2일에 유보 철회하였음.

이 규약의 당사국은, 국제연합헌장에 선언된 원칙에 따라 인류사회의 모든 구성원의 고유의 존엄성 및 평등하고 양도할 수 없는 권리를 인정하는 것이 세계의 자유, 정의 및 평화의 기초가 됨을 고려하고, 이러한 권리는 인간의 고유한 존엄성으로부터 유래함을 인정하며, 세계인권선언에 따라 시민적, 정치적 자유 및 공포와 결핍으로부터의 자유를 향유하는 자유인간의 이상은 모든 사람이 자신의 경제적, 사회적 및 문화적 권리뿐만 아니라 시민적 및 정치적 권리를 향유할 수 있는 여건이 조성되는 경우에만 성취될 수 있음을 인정하며, 인권과 자유에 대한 보편적 존중과 준수를 촉진시킬 국제연합헌장상의 국가의 의무를 고려하며, 타 개인과 자기가 속한 사회에 대한 의무를 지고 있는 개인은, 이 규약에서 인정된 권리의 증진과 준수를 위하여 노력하여야 할 책임이 있음을 인식하여, 다음의 조문들에 합의한다.

제1부

제1조 1. 모든 인민(peoples)은 자결권을 가진다. 이 권리에 기초하여 모든 사람은 그들의 정치적 지위를 자유로이 결정하며, 또한 그들의 경제적, 사회적 및 문화적 발전을 자유로이 추구한다.

2. 모든 인민(peoples)은, 호혜의 원칙에 입각한 국제적 경제협력으로부터 발생하는 의무 및 국제법상의 의무에 위반하지 아니하는 한, 그들 자신의 목적을 위하여 그들의 천연의 부와 자원을 자유로이 처분할 수 있다. 어떠한 경우에도 인민(a people)은 그들의 생존수단을 박탈당하지 아니한다.

3. 비자치지역 및 신탁통치지역의 행정책임을 맡고 있는 국가들을 포함하여 이 규약의 당사국은 국제연합헌장의 규정에 따라 자결권의 실현을 촉진하고 동 권리를 존중하여야 한다.

제2부

제2조 1. 이 규약의 각 당사국은 자국의 영토 내에 있으며, 그 관할권하에 있는 모든 개인(all

individuals within its territory and subject to its jurisdiction)에 대하여 인종, 피부색, 성, 언어, 종교, 정치적 또는 기타의 의견, 민족적 또는 사회적 출신, 재산, 출생 또는 기타의 신분 등에 의한 어떠한 종류의 차별도 없이 이 규약에서 인정되는 권리들을 존중하고 확보할 것을 약속한다(undertakes).

2. 이 규약의 각 당사국은 현행의 입법조치 또는 기타 조치에 의하여 아직 규정되어 있지 아니한 경우, 이 규약에서 인정되는 권리들을 실현하기 위하여 필요한 입법조치 또는 기타 조치를 취하기 위하여 자국의 헌법상의 절차 및 이 규약의 규정에 따라 필요한 조치를 취할 것을 약속한다(undertakes).

3. 이 규약의 각 당사국은 다음의 조치를 취할 것을 약속한다(undertakes).

(a) 이 규약에서 인정되는 권리 또는 자유를 침해당한 사람에 대하여, 그러한 침해가 공무집행 중인 자에 의하여 자행된 것이라 할지라도 효과적인 구제조치를 받도록 확보할 것.

(b) 그러한 구제조치를 청구하는 개인에 대하여, 권한 있는 사법, 행정 또는 입법 당국 또는 당해 국가의 법률제도가 정하는 기타 권한 있는 당국에 의하여 그 권리가 결정될 것을 확보하고, 또한 사법적 구제조치의 가능성을 발전시킬 것.

(c) 그러한 구제조치가 허용되는 경우, 권한 있는 당국이 이를 집행할 것을 확보할 것.

제3조 이 규약의 당사국은 이 규약에서 규정된 모든 시민적 및 정치적 권리를 향유함에 있어서 남녀에게 동등한 권리를 확보할 것을 약속한다.

제4조 1. 국민의 생존을 위협하는 공공의 비상사태(public emergency)의 경우에 있어서 그러한 비상사태의 존재가 공식으로 선포되어 있을 때에는 이 규약의 당사국은 당해 사태의 긴급성에 의하여 엄격히 요구되는 한도 내에서 이 규약상의 의무를 위반하는 조치(measures derogating from their obligations)를 취할 수 있다. 다만, 그러한 조치는 당해국의 국제법상의 여타 의무에 저촉되어서는 아니되며, 또한 인종, 피부색, 성, 언어, 종교 또는 사회적 출신만을 이유로 하는 차별을 포함하여서는 아니된다.

2. 전항의 규정은 제6조, 제7조, 제8조(제1항 및 제2항), 제11조, 제15조, 제16조 및 제18조에 대한 위반을 허용하지 아니한다(⇐ 예외의 예외 조항).

3. 의무를 위반하는 조치를 취할 권리를 행사하는 이 규약의 당사국은, 위반하는 규정 및 위반하게 된 이유를, 국제연합 사무총장을 통하여 이 규약의 타 당사국들에게 즉시 통지한다. 또한 당사국은 그러한 위반이 종료되는 날에 동일한 경로를 통하여 그 내용을 통지한다.

제5조 1. 이 규약의 어떠한 규정도 국가, 집단 또는 개인이 이 규약에서 인정되는 권리 및 자유를 파괴하거나, 또는 이 규약에서 규정된 제한의 범위를 넘어 제한하는 것을 목적으로 하는 활동에 종사하거나 또는 그와 같은 것을 목적으로 하는 행위를 행할 권리를 가지는 것으로 해석되지 아니한다.

2. 이 규약의 어떠한 당사국에서 법률, 협정, 규칙 또는 관습에 의하여 인정되거나 또는 현존하고 있는 기본적 인권에 대하여는, 이 규약이 그러한 권리를 인정하지

아니하거나 또는 그 인정의 범위가 보다 협소하다는 것을 구실로 동 권리를 제한하거나 또는 훼손하여서는 아니 된다.

제3부

제6조 1. 모든 인간(every human beings)은 고유한 생명권을 가진다(has the inherent right to life). 이 권리는 법률에 의하여 보호된다. 어느 누구도 자의적으로 자신의 생명을 박탈당하지 아니한다.
2. 사형을 폐지하지 아니하고 있는 국가에 있어서 사형은 범죄 당시의 현행법에 따라서 또한 이 규약의 규정과 집단살해죄의 방지 및 처벌에 관한 협약에 저촉되지 아니하는 법률에 의하여 가장 중한 범죄에 대해서만 선고될 수 있다. 이 형벌은 권한 있는 법원이 내린 최종판결에 의하여서만 집행될 수 있다.
3. 생명의 박탈이 집단살해죄를 구성하는 경우에는 이 조의 어떠한 규정도 이 규약의 당사국이 집단살해죄의 방지 및 처벌에 관한 협약의 규정에 따라 지고 있는 의무를 어떠한 방법으로도 위반하는 것을 허용하는 것은 아니라고 이해한다.
4. 사형을 선고받은 사람은 누구나 사면 또는 감형을 청구할 권리를 가진다. 사형선고에 대한 일반사면, 특별사면 또는 감형은 모든 경우에 부여될 수 있다.
5. 사형선고는 18세 미만의 자가 범한 범죄에 대하여 과하여져서는 아니되며, 또한 임산부에 대하여 집행되어서는 아니된다.
6. 이 규약의 어떠한 규정도 이 규약의 당사국에 의하여 사형의 폐지를 지연시키거나 또는 방해하기 위하여 원용되어서는 아니 된다.

제7조 어느 누구도(no one) 고문 또는 잔혹한, 비인도적인 취급 또는 굴욕적인 취급 또는 형벌을 받지 아니한다. 특히 누구든지 자신의 자유로운 동의 없이 의학적 또는 과학적 실험을 받지 아니한다.

제8조 1. 어느 누구도(no one) 노예상태에 놓여지지 아니한다. 모든 형태의 노예제도 및 노예매매는 금지된다.
2. 어느 누구도(no one) 예속상태에 놓여지지 아니한다.
3. (a) 어느 누구도 강제노동을 하도록 요구되지 아니한다.
(b) 제3항 (a)의 규정은 범죄에 대한 형벌로 중노동을 수반한 구금형을 부과할 수 있는 국가에서, 권한 있는 법원에 의하여 그러한 형의 선고에 따른 중노동을 시키는 것을 금지하는 것으로 해석되지 아니한다.
(c) 이 항의 적용상 "강제노동"이라는 용어는 다음 사항을 포함하지 아니한다.
(i) (b)에서 언급되지 아니한 작업 또는 역무로서 법원의 합법적 명령에 의하여 억류되어 있는 자 또는 그러한 억류로부터 조건부 석방 중에 있는 자에게 통상적으로 요구되는 것
(ii) 군사적 성격의 역무 및 양심적 병역거부가 인정되고 있는 국가에 있어서는 양심적 병역거부자에게 법률에 의하여 요구되는 국민적 역무
(iii) 공동사회의 존립 또는 복지를 위협하는 긴급사태 또는 재난 시에 요구되는 역무
(iv) 시민으로서 통상적인 의무를 구성하는 작업 또는 역무

제9조 1. 모든 사람(every one)은 신체의 자유와 안전에 대한 권리를 가진다(has the right to liberty and security of person). 누구든지 자의적으로 체포되거나 또는 억류되지 아니한다. 어느 누구도 법률로 정한 이유 및 절차에 따르지 아니하고는 그 자유를 박탈당하지 아니한다.

2. 체포된 사람은 누구든지 체포시에 체포이유를 통고받으며, 또한 그에 대한 피의 사실을 신속히 통고받는다.

3. 형사상의 죄의 혐의로 체포되거나 또는 억류된 사람은 법관 또는 법률에 의하여 사법권을 행사할 권한을 부여받은 기타 관헌에게 신속히 회부되어야 하며, 또한 그는 합리적인 기간 내에 재판을 받거나 또는 석방될 권리를 가진다. 재판에 회부되는 사람을 억류하는 것이 일반적인 원칙이 되어서는 아니되며, 석방은 재판 기타 사법적 절차의 모든 단계에서 출두 및 필요한 경우 판결의 집행을 위하여 출두할 것이라는 보증을 조건으로 이루어질 수 있다.

4. 체포 또는 억류에 의하여 자유를 박탈당한 사람은 누구든지, 법원이 그의 억류의 합법성을 지체없이 결정하고, 그의 억류가 합법적이 아닌 경우에는 그의 석방을 명령할 수 있도록 하기 위하여, 법원에 절차를 취할 권리를 가진다.

5. 불법적인 체포 또는 억류의 희생이 된 사람은 누구든지 보상을 받을 권리를 가진다.

제10조 1. 자유를 박탈당한 모든 사람(all persons)은 인도적으로 또한 인간의 고유한 존엄성을 존중하여 취급된다.

2. (a) 피고인은 예외적인 사정이 있는 경우를 제외하고는 기결수와 격리되며, 또한 유죄의 판결을 받고 있지 아니한 자로서의 지위에 상응하는 별도의 취급을 받는다.

(b) 미성년 피고인은 성인과 격리되며 또한 가능한 한 신속히 재판에 회부된다.

3. 교도소 수감제도는 재소자들의 교정과 사회복귀를 기본적인 목적으로 하는 처우를 포함한다. 미성년 범죄자는 성인과 격리되며 또한 그들의 연령 및 법적 지위에 상응하는 대우가 부여된다.

제11조 어느 누구도(no one) 계약상 의무의 이행불능만을 이유로 구금되지 아니한다.

제12조 1. 합법적으로 어느 국가의 영역 내에 있는 모든 사람은(everyone), 그 영역 내에서 이동의 자유 및 거주의 자유에 관한 권리를 가진다.

2. 모든 사람은 자국을 포함하여 어떠한 나라로부터도 자유로이 퇴거할 수 있다.

3. 상기 권리는 법률에 의하여 규정되고, 국가안보, 공공질서, 공중보건 또는 도덕 또는 타인의 권리와 자유를 보호하기 위하여 필요하고, 또한 이 규약에서 인정되는 기타 권리와 양립되는 것을 제외하고는 어떠한 제한도 받지 아니한다.

4. 어느 누구도(no one) 자국에 돌아올 권리를 자의적으로 박탈당하지 아니한다.

제13조 합법적으로 이 규약의 당사국의 영역 내에 있는 외국인은, 법률에 따라 이루어진 결정에 의하여서만 그 영역으로부터 추방될 수 있으며, 또한 국가안보상 불가피하게 달리 요구되는 경우를 제외하고는 자기의 추방에 반대하는 이유를 제시할 수 있고 또한 권한 있는 당국 또는 동 당국에 의하여 특별히 지명된 자에 의하여 자기의 사안이 심사되는 것이 인정되며, 또한 이를 위하여 그 당국 또는 사람 앞에서 다른 사람이 그를 대리하는 것이 인정된다.

제14조 1. 모든 사람(all persons)은 재판에 있어서(before the courts and tribunals) 평등하다. 모든 사람은 그에 대한 형사상의 죄의 결정 또는 민사상의 권리 및 의무의 다툼에 관한 결정을 위하여 법률에 의하여 설치된 권한 있는 독립적이고 공평한 법원에 의한 공정한 공개심리를 받을 권리를 가진다. 보도기관 및 공중에 대하여서는, 민주 사회에 있어서 도덕, 공공질서 또는 국가안보를 이유로 하거나 또는 당사자들의 사생활의 이익을 위하여 필요한 경우, 또는 공개가 사법상 이익을 해할 특별한 사정이 있는 경우 법원의 견해로 엄격히 필요하다고 판단되는 한도에서 재판의 전부 또는 일부를 공개하지 않을 수 있다. 다만, 형사소송 기타 소송에서 선고되는 판결은 미성년자의 이익을 위하여 필요한 경우 또는 당해 절차가 혼인관계의 분쟁이나 아동의 후견문제에 관한 경우를 제외하고는 공개된다.

2. 모든 형사피의자는 법률에 따라 유죄가 입증될 때까지 무죄로 추정받을 권리를 가진다.

3. 모든 사람은 그에 대한 형사상의 죄를 결정함에 있어서 적어도 다음과 같은 보장을 완전 평등하게 받을 권리를 가진다.

(a) 그에 대한 죄의 성질 및 이유에 관하여 그가 이해하는 언어로 신속하고 상세하게 통고받을 것

(b) 변호의 준비를 위하여 충분한 시간과 편의를 가질 것과 본인이 선임한 변호인과 연락을 취할 것

(c) 부당하게 지체됨이 없이 재판을 받을 것

(d) 본인의 출석하에 재판을 받으며, 또한 직접 또는 본인이 선임하는 자의 법적 조력을 통하여 변호할 것. 만약 법적 조력을 받지 못하는 경우 변호인의 조력을 받을 권리에 대하여 통지를 받을 것. 사법상의 이익을 위하여 필요한 경우 및 충분한 자불수단을 가지고 있지 못하는 경우 본인이 그 비용을 부담하지 아니하고 법적 조력이 그에게 주어지도록 할 것.

(e) 자기에게 불리한 증인을 신문하거나 또는 신문받도록 할 것과 자기에게 불리한 증인과 동일한 조건으로 자기를 위한 증인을 출석시키도록 하고 또한 신문받도록 할 것.

(f) 법정에서 사용되는 언어를 이해하지 못하거나 또는 말할 수 없는 경우에는 무료로 통역의 조력을 받을 것.

(g) 자기에게 불리한 진술 또는 유죄의 자백을 강요당하지 아니할 것.

4. 미성년자의 경우에는 그 절차가 그들의 연령을 고려하고 또한 그들의 갱생을 촉진하고자 하는 요망을 고려한 것이어야 한다.

5. 유죄판결을 받은 모든 사람은 법률에 따라 그 판결 및 형벌에 대하여 상급 법원에서 재심을 받을 권리를 가진다.

6. 어떤 사람이 확정판결에 의하여 유죄판결을 받았으나, 그 후 새로운 사실 또는 새로 발견된 사실에 의하여 오심이 있었음을 결정적으로 입증함으로써 그에 대한 유죄판결이 파기되었거나 또는 사면을 받았을 경우에는 유죄판결의 결과 형벌을 받은 자는 법률에 따라 보상을 받는다. 다만, 그 알지 못한 사실이 적시에 밝혀지지 않은 것이 전체적으로 또는 부분적으로 그에게 책임이 있었다는 것이 증명된 경우에는 그러하지 아니한다.

7. 어느 누구도 각국의 법률 및 형사절차에 따라 이미 확정적으로 유죄 또는 무죄선고를 받은 행위에 관하여서는 다시 재판 또는 처벌을 받지 아니한다.

제15조 1. 어느 누구도 행위 시의 국내법 또는 국제법에 의하여 범죄를 구성하지 아니하는 작위 또는 부작위를 이유로 유죄로 되지 아니한다. 또한 어느 누구도 범죄가 행하여진 때에 적용될 수 있는 형벌보다도 중한 형벌을 받지 아니한다. 범죄인은 범죄가 행하여진 후에 보다 가벼운 형을 부과하도록 하는 규정이 법률에 정해진 경우에는 그 혜택을 받는다. 2. 이 조의 어떠한 규정도 국제사회에 의하여 인정된 법의 일반원칙에 따라 그 행위 시에 범죄를 구성하는 작위 또는 부작위를 이유로 당해인을 재판하고 처벌하는 것을 방해하지 아니한다.

제16조 모든 사람(everyone)은 어디에서나 법 앞에 인간으로서 인정받을 권리를 가진다(shall have).

제17조 1. 어느 누구도 그의 사생활, 가정, 주거 또는 통신에 대하여 자의적이거나 불법적인 간섭을 받거나 또는 그의 명예와 신용에 대한 불법적인 비난을 받지 아니한다. 2. 모든 사람은 그러한 간섭 또는 비난에 대하여 법의 보호를 받을 권리를 가진다.

제18조 1. 모든 사람(everyone)은 사상, 양심 및 종교의 자유에 대한 권리를 가진다(shall have). 이러한 권리는 스스로 선택하는 종교나 신념을 가지거나 받아들일 자유와 단독으로 또는 다른 사람과 공동으로, 공적 또는 사적으로 예배, 의식, 행사 및 선교에 의하여 그의 종교나 신념을 표명하는 자유를 포함한다. 2. 어느 누구도 스스로 선택하는 종교나 신념을 가지거나 받아들일 자유를 침해하게 될 강제를 받지 아니한다. 3. 자신의 종교나 신념을 표명하는 자유는, 법률에 규정되고 공공의 안전, 질서, 공중보건, 도덕 또는 타인의 기본적 권리 및 자유를 보호하기 위하여 필요한 경우에만 제한받을 수 있다. 4. 이 규약의 당사국은 부모 또는 경우에 따라 법정 후견인이 그들의 신념에 따라 자녀의 종교적, 도덕적 교육을 확보할 자유를 존중할 것을 약속한다.

제19조 1. 모든 사람(everyone)은 간섭받지 아니하고 의견을 가질 권리를 가진다(shall have). 2. 모든 사람은 표현의 자유에 대한 권리를 가진다. 이 권리는 구두, 서면 또는 인쇄, 예술의 형태 또는 스스로 선택하는 기타의 방법을 통하여 국경에 관계없이 모든 종류의 정보와 사상을 추구하고 접수하며 전달하는 자유를 포함한다. 3. 이 조 제2항에 규정된 권리의 행사에는 특별한 의무와 책임이 따른다. 따라서 그러한 권리의 행사는 일정한 제한을 받을 수 있다. 다만, 그 제한은 법률에 의하여 규정되고 또한 다음 사항을 위하여 필요한 경우에만 한정된다. (a) 타인의 권리 또는 신용의 존중 (b) 국가안보 또는 공공질서 또는 공중보건 또는 도덕의 보호

제20조 1. 전쟁을 위한 어떠한 선전도 법률에 의하여 금지된다. 2. 차별, 적의 또는 폭력의 선동이 될 민족적, 인종적 또는 종교적 증오의 고취는 법률에 의하여 금지된다.

제21조 평화적인 집회의 권리가 인정된다. 이 권리의 행사에 대하여는 법률에 따라 부과되고, 또한 국가안보 또는 공공의 안전, 공공질서, 공중보건 또는 도덕의 보호 또는 타인의 권리 및 자유의 보호를 위하여 <u>민주사회에서 필요한 것 이외의 어떠한 제한도 과하여서는 아니된다.</u>

제22조 1. <u>모든 사람(everyone)은 자기의 이익을 보호하기 위하여 노동조합을 결성하고 이에 가입하는 권리를 포함하여 다른 사람과의 결사의 자유에 대한 권리를 갖는다(shall have).</u>
2. 이 권리의 행사에 대하여는 법률에 의하여 규정되고, <u>국가안보 또는 공공의 안전, 공공질서, 공중보건 또는 도덕의 보호 또는 타인의 권리 및 자유의 보호를 위하여 민주사회에서 필요한 것 이외의 어떠한 제한도 과하여서는 아니된다.</u> 이 조는 군대와 경찰의 구성원이 이 권리를 행사하는 데 대하여 합법적인 제한을 부과하는 것을 방해하지 아니한다.
3. 이 조의 어떠한 규정도 결사의 자유 및 단결권의 보호에 관한 1948년의 국제노동기구협약의 당사국이 동 협약에 규정하는 보장을 저해하려는 입법조치를 취하도록 하거나 또는 이를 저해하려는 방법으로 법률을 적용할 것을 허용하는 것은 아니다.

제23조 1. <u>가정은 사회의 자연적이며 기초적인 단위이고, 사회와 국가의 보호를 받을 권리를 가진다.</u>
2. 혼인적령의 남녀가 혼인을 하고, 가정을 구성할 권리가 인정된다.
3. 혼인은 양 당사자의 자유롭고 완전한 합의 없이는 성립되지 아니한다.
4. <u>이 규약의 당사국은 혼인기간</u> 중 및 혼인 해소 시에 혼인에 대한 배우자의 권리 및 책임의 평등을 확보하기 위하여 적절한 조치를 취한다. 혼인해소의 경우에는 자녀에 대한 필요한 보호를 위한 조치를 취한다.

제24조 1. 모든 어린이는 인종, 피부색, 성, 언어, 종교, 민족적 또는 사회적 출신, 재산 또는 출생에 관하여 어떠한 차별도 받지 아니하고 자신의 가족, 사회 및 국가에 대하여 미성년자로서의 지위로 인하여 요구되는 보호조치를 받을 권리를 가진다.
2. <u>모든 어린이는 출생 후 즉시 등록되고, 성명을 가진다.</u>
3. <u>모든 어린이는 국적을 취득할 권리를 가진다.</u>

제25조 모든 시민은 제2조에 규정하는 어떠한 차별이나 또는 불합리한 제한도 받지 아니하고 다음의 권리 및 기회를 가진다.
(a) <u>직접 또는 자유로이 선출한 대표자를 통하여 정치에 참여하는 것.</u>
(b) <u>보통, 평등 선거권에 따라 비밀투표에 의하여 행하여지고, 선거인의 의사의 자유로운 표명을 보장하는 진정한 정기적 선거에서 투표하거나 피선되는 것.</u>
(c) 일반적인 평등 조건하에 자국의 공무에 취임하는 것.

제26조 <u>모든 사람(all persons)은 법 앞에 평등하고 어떠한 차별도 없이 법의 평등한 보호를 받을 권리를 가진다(are entitled).</u> 이를 위하여 법률은 모든 차별을 금지하고, 인종, 피부색, 성, 언어, 종교, 정치적, 또는 기타의 의견, 민족적 또는 사회적 출신, 재산, 출생 또는 기타의 신분 등의 어떠한 이유로 차별에 대하여도 평등하고 효과적인 보호를 모든 사람에게 보장한다.

제27조 종족적, 종교적 또는 언어적 소수민족이 존재하는 국가에 있어서는 그러한 소수민족에 속하는 사람들에게 그 집단의 다른 구성원들과 함께 그들 자신의 문화를 향유하고, 그들 자신의 종교를 표명하고 실행하거나 또는 그들 자신의 언어를 사용할 권리가 부인되지 아니한다.

제4부

제28조 1. (B규약)인권위원회 (Human Rights Committee)(이하 이 규약에서 위원회(the Committee)라 한다)를 설치한다[21]. 위원회는 18인의 위원으로 구성되며 이하에 규정된 임무를 행한다.

2. 위원회는 고매한 인격을 가지고 인권 분야에서 능력이 인정된 이 규약의 당사국의 국민들로 구성하고, 법률적 경험을 가진 약간명의 인사의 참여가 유익할 것이라는 점을 고려한다.

3. 위원회의 위원은 개인적 자격으로 선출되고, 직무를 수행한다.

---

21) 편집자 주 'Human Rights Committee'를 '(B규약)인권위원회'로 번역한다. 1946년 경제사회이사회에 의해 창설된 'Commission on Human Rights'가 '(UN)인권위원회'로 번역되는 것과 구분하기 위함이다. 예전부터 Human Rights Committee가 '인권이사회'로 알려지기도 하였으나 2006년 'Commission on Human Rights'가 'Human Rights Council'의 이름으로 총회의 보조기관으로 격상되었고 이를 보통 "인권이사회"로 부르게 되었다. 그러므로 혼동을 피하기 위해 'Human Rights Committee'는 '(B규약)인권위원회'로, 그 줄임말인 'the Committee'를 '위원회'로 한다.

제29조 1. 위원회의 위원은 제28조에 규정된 자격을 가지고 이 규약의 당사국에 의하여 선거를 위하여 지명된 자의 명단 중에서 비밀투표에 의하여 선출된다.

2. 이 규약의 각 당사국은 2인 이하의 자를 지명할 수 있다. 이러한 자는 지명하는 국가의 국민이어야 한다.

3. 동일인이 재지명받을 수 있다.

제30조 1. 최초의 선거는 이 규약의 발효일로부터 6개월 이내에 실시된다.

2. 국제연합 사무총장은, 제34조에 따라 선언된 결원의 보충선거를 제외하고는, 위원회의 구성을 위한 각 선거일의 최소 4개월 전에, 이 규약당사국이 3개월 이내에 위원회의 위원후보 지명을 제출하도록 하기 위하여 당사국에 서면 초청장을 발송한다.

3. 국제연합 사무총장은, 이와 같이 지명된 후보들을 지명국 이름의 명시와 함께 알파벳순으로 명단을 작성하여 늦어도 선거일 1개월 전에 동 명단을 이 규약당사국에게 송부한다.

4. 위원회 위원의 선거는 국제연합사무총장이 국제연합 본부에서 소집한 이 규약당사국회합에서 실시된다. 이 회합은 이 규약 당사국의 3분의 2를 정족수로 하고, 출석하여 투표하는 당사국 대표의 최대다수표 및 절대다수표를 획득하는 후보가 위원으로 선출된다.

제31조 1. 위원회는 동일국가의 국민을 2인 이상 포함할 수 없다.

2. 위원회의 선거에 있어서는 위원의 공평한 지리적 안배와 상이한 문명형태 및 주요한 법률체계가 대표되도록 고려한다.

제32조 1. 위원회의 위원은 4년 임기로 선출된다. 모든 위원은 재지명된 경우에 재선될 수 있다. 다만, 최초의 선거에서 선출된 위원 중 9인의 임기는 2년 후에 종료된다. 이들 9인 위원의 명단은 최초 선거 후 즉시 제30조 제4항에 언급된 회합의 의장에 의하여 추첨으로 선정된다.

2. 임기 만료 시의 선거는 이 규약 제4부의 전기 조문들의 규정에 따라 실시된다.

제33조 1. 위원회의 어느 한 위원이 그의 임무를 수행할 수 없는 것이 일시적 성격의 결석이 아닌 다른 이유로 인한 것이라고 다른 위원 전원이 생각할 경우, 위원회의 의장은 국제연합 사무총장에게 이를 통보하며, 사무총장은 이때 동 위원의 궐석을 선언한다.

2. 위원회의 위원이 사망 또는 사임한 경우, 의장은 국제연합 사무총장에게 이를 즉시 통보하여야 하며, 사무총장은 사망일 또는 사임의 효력 발생일로부터 그 좌석의 궐석을 선언한다.

제34조 1. 제33조에 의해 궐석이 선언되고, 교체될 궐석위원의 잔여임기가 궐석 선언일로부터 6개월 이내에 종료되지 아니할 때에는, 국제연합 사무총장은 이 규약의 각 당사국에게 이를 통보하며, 각 당사국은 궐석을 충원하기 위하여 제29조에 따라서 2개월 이내에 후보자의 지명서를 제출할 수 있다.

2. 국제연합 사무총장은 이와 같이 지명된 후보들의 명단을 알파벳순으로 작성, 이를 이 규약의 당사국에게 송부한다. 보궐선거는 이 규약 제4부의 관계규정에 따라 실시된다.

3. 제33조에 따라 선언되는 궐석을 충원하기 위하여 선출되는 위원은 동조의 규정에 따라 궐석위원의 잔여임기 동안 재직한다.

제35조 위원회의 위원들은 국제연합총회가 위원회의 책임의 중요성을 고려하여 결정하게 될 조건에 따라, 국제연합의 재원에서 동 총회의 승인을 얻어 보수를 받는다.

제36조 국제연합 사무총장은 이 규정상 위원회의 효과적인 기능수행을 위하여 필요한 직원과 편의를 제공한다.

제37조 1. 국제연합 사무총장은 위원회의 최초 회의를 국제연합 본부에서 소집한다.

2. 최초회의 이후에는, 위원회는 위원회의 절차규칙이 정하는 시기에 회합한다.

3. 위원회는 통상 국제연합본부나 제네바 소재 국제연합사무소에서 회합을 가진다.

제38조 위원회의 각 위원은 취임에 앞서 이사회의 공개석상에서 자기의 직무를 공평하고 양심적으로 수행할 것을 엄숙히 선언한다.

제39조 1. 위원회는 임기 2년의 임원을 선출한다. 임원은 재선될 수 있다.

2. 위원회는 자체의 절차규칙을 제정하며 이 규칙은 특히 다음 사항을 규정한다.

(a) 의사정족수는 위원 12인으로 한다.

(b) 위원회의 의결은 출석위원 과반수의 투표로 한다.

제40조 1. 이 규약의 당사국은 규약에서 인정된 권리를 실현하기 위하여 취한 조치와 그러한 권리를 향유함에 있어서 성취된 진전사항에 관한 보고서를 다음과 같이 제출할 것을 약속한다.

(a) 관계당사국에 대하여는 이 규약의 발효 후 1년 이내

(b) 그 이후에는 위원회가 요청하는 때

2. 모든 보고서는 국제연합 사무총장에게 제출되며 사무총장은 이를 위원회가 심의할 수 있도록 이사회에 송부한다. 동 보고서에는 이 규약의 이행에 영향을 미치는 요소와 장애가 있을 경우, 이를 기재한다.

3. 국제연합 사무총장은 이사회와의 협의 후 해당전문기구에 그 전문기구의 권한의 분야에 속하는 보고서 관련 부분의 사본을 송부한다.

4. 위원회는 이 규약의 당사국에 의하여 제출된 보고서를 검토한다. 위원회는 위원회 자체의 보고서와 위원회가 적당하다고 간주하는 일반적 의견을 당사국에게 송부한다. 위원회는 또한 이 규약의 당사국으로부터 접수한 보고서 사본과 함께 동 일반적 의견을 경제사회이사회에 제출할 수 있다.

5. 이 규약의 당사국은 본조 제4항에 따라 표명된 의견에 대한 견해를 위원회에 제출할 수 있다.

제41조 1. 이 규약의 당사국은 타 당사국이 이 규약상의 의무를 이행하지 아니하고 있다고 주장하는 일 당사국의 통보를 접수, 심리하는 위원회의 권한을 인정한다는 것을 이 조에 의하여 언제든지 선언할 수 있다. 이 조의 통보는 이 규약의 당사국 중 자국에 대한 위원회의 그러한 권한의 인정을 선언한 당사국에 의하여 제출될 경우에만 접수, 심리될 수 있다. 위원회는 그러한 선언을 행하지 아니한 당사국에 관한 통보는 접수하지 아니한다. 이 조에 따라 접수된 통보는 다음의 절차에 따라 처리된다.

(a) 이 규약의 당사국은 타 당사국이 이 규약의 규정을 이행하고 있지 아니하다고 생각할 경우에는, 서면통보에 의하여 이 문제에 관하여 그 당사국의 주의를 환기시킬 수 있다. 통보를 접수한 국가는 통보를 접수한 후 3개월 이내에 당해문제를 해명하는 설명서 또는 기타 진술을 서면으로 통보한 국가에 송부한다. 그러한 해명서에는 가능하고 적절한 범위 내에서, 동 국가가 당해문제와 관련하여 이미 취하였든가, 현재 취하고 있든가 또는 취할 국내절차와 구제수단에 관한 언급이 포함된다.

(b) 통보를 접수한 국가가 최초의 통보를 접수한 후 6개월 이내에 당해문제가 관련당사국 쌍방에게 만족스럽게 조정되지 아니할 경우에는, 양 당사국 중 일방에 의한 위원회와 타 당사국에 대한 통고로 당해문제를 위원회에 회부할 권리를 가진다.

(c) 위원회는, 위원회에 회부된 문제의 처리에 있어서, 일반적으로 승인된 국제법의 원칙에 따라 모든 가능한 국내적 구제절차가 원용되고 완료되었음을 확인한 다음에만 그 문제를 처리한다. 다만, 구제수단의 적용이 부당하게 지연되고 있을 경우에는 그러하지 아니한다.

(d) 위원회가 이 조에 의한 통보를 심사할 경우에는 비공개 토의를 가진다.

(e) (c)의 규정에 따를 것을 조건으로, 위원회는 이 규약에서 인정된 인권과 기본적 자유에 대한 존중의 기초 위에서 문제를 우호적으로 해결하기 위하여 관계당사국에게 주선을 제공한다.

(f) 위원회는 회부받은 어떠한 문제에 관하여도 (b)에 언급된 관계당사국들에게 모든 관련정보를 제출할 것을 요청할 수 있다.

(g) (b)에서 언급된 관계당사국은 당해문제가 위원회에 심의되고 있는 동안 자국의 대표를 참석시키고 구두 또는 서면으로 의견을 제출할 권리를 가진다.

(h) 위원회는 (b)에 의한 통보의 접수일로부터 12개월 이내에 보고서를 제출한다.

(i) (e)의 규정에 따라 해결에 도달한 경우에는 위원회는 보고서를 사실과 도달된 해결에 관한 간략한 설명에만 국한시킨다.

(j) (e)의 규정에 따라 해결에 도달하지 못한 경우에는 위원회는 보고서를 사실에 관한 간략한 설명에만 국한시키고 관계당사국이 제출한 서면 의견과 구두 의견의 기록을 동 보고서에 첨부시킨다. 모든 경우에 보고서는 관계당사국에 통보된다.

2. 이 조의 제 규정은 이 규약의 10개 당사국이 이 조 제1항에 따른 선언을 하였을 때 발효된다. 당사국은 동 선언문을 국제연합 사무총장에게 기탁하며, 사무총장은 선언문의 사본을 타 당사국에 송부한다. 이와 같은 선언은 사무총장에 대한 통고에 의하여 언제든지 철회될 수 있다. 이 철회는 이 조에 의하여 이미 송부된 통보에 따른 어떠한 문제의 심의도 방해하지 아니한다. 어떠한 당사국에 의한 추후의 통보는 사무총장이 선언 철회의 통고를 접수한 후에는 관계당사국이 새로운 선언을 하지 아니하는 한 접수되지 아니한다.

제42조 1. (a) 제41조에 따라 위원회에 회부된 문제가 관계당사국들에 만족스럽게 타결되지 못하는 경우에는 위원회는 관계당사국의 사전 동의를 얻어 특별조정위원회(이하 조정위원회라 한다)를 임명할 수 있다. 조정위원회는 이 규약의 존중에 기초하여 당해문제를 우호적으로 해결하기 위하여 관계당사국에게 주선을 제공한다.

(b) 조정위원회는 관계당사국에게 모두 수락될 수 있는 5인의 위원으로 구성된다. 관계당사국이 3개월 이내에 조정위원회의 전부 또는 일부의 구성에 관하여 합의에 이르지 못하는 경우에는, 합의를 보지 못하는 조정위원회의 위원은 비밀투표에 의하여 위원회 위원 중에서 인권위원회 위원 3분의 2의 다수 결표로 선출된다.

2. 조정위원회의 위원은 개인 자격으로 직무를 수행한다. 동 위원은 관계당사국, 이 규약의 비당사국 또는 제41조에 의한 선언을 행하지 아니한 당사국의 국민이어서는 아니된다.

3. 조정위원회는 자체의 의장을 선출하고 또한 자체의 절차규칙을 채택한다.

4. 조정위원회의 회의는 통상 국제연합본부 또는 제네바 소재 국제연합사무소에서 개최된다. 그러나, 동 회의는 조정위원회가 국제연합사무총장 및 관계당사국과 협의하여 결정하는 기타 편리한 장소에서도 개최될 수 있다.

5. 제36조에 따라 설치된 사무국은 이 조에서 임명된 조정위원회에 대하여도 역무를 제공한다.

6. 위원회가 접수하여 정리한 정보는 조정위원회가 이용할 수 있으며, 조정위원회는 관계당사국에게 기타 관련 자료의 제출을 요구할 수 있다.

7. 조정위원회는 문제를 충분히 검토한 후, 또는 당해문제를 접수한 후, 어떠한 경우에도 12개월 이내에, 관계당사국에 통보하기 위하여 인권이사회의 위원장에게 보고서를 제출한다.

(a) 조정위원회가 12개월 이내에 당해문제에 대한 심의를 종료할 수 없을 경우, 조정위원회는 보고서를 당해문제의 심의현황에 관한 간략한 설명에 국한시킨다.

(b) 조정위원회가 이 규약에서 인정된 인권의 존중에 기초하여 당해문제에 대한 우호적인 해결에 도달한 경우, 조정위원회는 보고서를 사실과 도달한 해결에 관한 간략한 설명에 국한시킨다.

(c) 조정위원회가 "(b)"의 규정에 의한 해결에 도달하지 못한 경우, 조정위원회의 보고서는 관계당사국 간의 쟁점에 관계되는 모든 사실문제에 대한 자체의 조사결과 및 문제의 우호적인 해결 가능성에 관한 견해를 기술한다. 동 보고서는 또한 관계당사국이 제출한 서면 의견 및 구두의견의 기록을 포함한다.

(d) "(c)"에 의하여 조정위원회의 보고서가 제출되는 경우, 관계당사국은 동 보고서의 접수로부터 3개월 이내에 인권위원회의 위원장에게 조정위원회의 보고서 내용의 수락여부를 통고한다.

8. 이 조의 규정은 제41조에 의한 이사회의 책임을 침해하지 아니한다.

9. 관계당사국은 국제연합 사무총장이 제출하는 견적에 따라 조정위원회의 모든 경비를 균등히 분담한다.

10. 국제연합 사무총장은 필요한 경우, 이 조 제9항에 의하여 관계당사국이 분담금을 납입하기 전에 조정위원회의 위원의 경비를 지급할 수 있는 권한을 가진다.

제43조 위원회의 위원과 제42조에 의하여 임명되는 특별조정위원회의 위원은 국제연합의 특권 및 면제에 관한 협약의 관계 조항에 규정된 바에 따라 국제연합을 위한 직무를 행하는 전문가로서의 편의, 특권 및 면제를 향유한다.

제44조 이 규약의 이행에 관한 규정은 국제연합과 그 전문기구의 설립헌장 및 협약에 의하여 또는 헌장 및 협약하에서의 인권 분야에 규정된 절차의 적용을 방해하지 아니하고, 이 규약당사국이 당사국 간에 발효 중인 일반적인 또는 특별한 국제협정에 따라 분쟁의 해결을 위하여 다른 절차를 이용하는 것을 방해하지 아니한다.

제45조 위원회는 그 활동에 관한 연례보고서를 경제사회이사회를 통하여 국제연합총회에 제출한다.

제5부

제46조 이 규약의 어떠한 규정도 이 규약에서 취급되는 문제에 관하여 국제연합의 여러 기관과 전문기구의 책임을 각각 명시하고 있는 국제연합헌장 및 전문기구헌장의 규정을 침해하는 것으로 해석되지 아니한다.

제47조 이 규약의 어떠한 규정도 모든 사람이 그들의 천연적 부와 자원을 충분히 자유로이 향유하고, 이용할 수 있는 고유의 권리를 침해하는 것으로 해석되지 아니한다.

제6부

제48조 1. 이 규약은 국제연합의 모든 회원국, 전문기구의 모든 회원국, 국제사법재판소 규정의 모든 당사국 또한 국제연합총회가 이 규약에 가입하도록 초청한 기타 모든 국가들의 서명을 위하여 개방된다.

2. 이 규약은 비준되어야 한다. 비준서는 국제연합 사무총장에게 기탁된다.

3. 이 규약은 이 조 제1항에서 언급된 모든 국가들의 가입을 위하여 개방된다.

4. 가입은 가입서를 국제연합 사무총장에게 기탁함으로써 이루어진다.

5. 국제연합 사무총장은 이 규약에 서명 또는 가입한 모든 국가들에게 각 비준서 또는 가입서의 기탁을 통보한다.

제49조 1. 이 규약은 35번째의 비준서 또는 가입서가 국제연합 사무총장에게 기탁되는 날로부터 3개월 후에 발효한다.

2. 35번째의 비준서 또는 가입서의 기탁 후에 이 규약을 비준하거나 또는 이 조약에 가입하는 국가에 대하여는, 이 규약은 그 국가의 비준서 또는 가입서가 기탁된 날로부터 3개월 후에 발효한다.

제50조 이 규약의 규정은 어떠한 제한이나 예외 없이 연방국가의 모든 지역에 적용된다.

제51조 1. 이 규약의 당사국은 개정안을 제안하고 이를 국제연합사무총장에게 제출할 수 있다. 사무총장은 개정안을 접수하는 대로, 각 당사국에게 동 제안을 심의하고 표결에 회부하기 위한 당사국회의 개최에 찬성하는지에 관한 의견을 사무총장에게 통보하여 줄 것을 요청하는 것과 함께, 개정안을 이 규약의 각 당사국에게 송부한다. 당사국 중 최소 3분의 1이 당사국회의 개최에 찬성하는 경우, 사무총장은 국제연합의 주관하에 동 회의를 소집한다. 동 회의에 출석하고 표결한 당사국의 과반수에 의하여 채택된 개정안은 그 승인을 위하여 국제연합총회에 제출된다.

2. 개정안은 국제연합총회의 승인을 얻고, 각기 자국의 헌법상 절차에 따라 이 규약당사국의 3분의 2의 다수가 수락하는 때 발효한다.

3. 개정안은 발효 시 이를 수락한 당사국을 구속하고, 여타 당사국은 계속하여 이 규약의 규정 및 이미 수락한 그 이전의 모든 개정에 의하여 구속된다.

제52조 제48조 제5항에 의한 통보에 관계없이, 국제연합사무총장은 동조 제1항에서 언급된 모든 국가에 다음을 통보한다.

(a) 제48조에 의한 서명, 비준 및 가입

(b) 제49조에 의한 이 규약의 발효일자 및 제51조에 의한 모든 개정의 발효일자

제53조 1. 이 규약은 중국어, 영어, 불어, 러시아어 및 서반아어본이 동등히 정본이며 국제연합 문서보존소에 기탁된다.

2. 국제연합 사무총장은 제48조에서 언급된 모든 국가들에게 이 규약의 인증등본을 송부한다.

이상의 증거로, 하기 서명자들은 각자의 정부에 의하여 정당히 권한을 위임받아 일천구백육십육년 십이월 십구일 뉴욕에서 서명을 위하여 개방된 이 규약에 서명하였다.

26 1966년 시민적 및 정치적 권리에 관한 국제규약 (제1) 선택의정서(Optional Protocol to the International Covenant on Civil and Political Rights)

체결일 : 1966.12.16.
발효일 : 1976.3.23.
한국 발효일 : 1990.7.10.

이 의정서의 당사국은 시민적 및 정치적 권리에 관한 규약(이하 "규약"이라 칭한다)의 목적 및 그 제 규정의 이행을 더욱 잘 달성하기 위하여 규약 제4부에서 설치된 (B규약)인권위원회(이하 "위원회"라 칭한다)가 규약에 규정된 권리에 대한 침해의 희생자임을 주장하는 개인으로부터의 통보를 이 의정서의 규정에 따라 접수하고 심리하도록 하는 것이 적절함을 고려하여 다음과 같이 합의하였다.

제1조 이 의정서의 당사국이 된 규약당사국은 그 관할권에 속하는 자(individuals subject to its jurisdiction)로서 동국에 의한 규약에 규정된 권리에 대한 침해의 희생자임을 주장하는 개인으로부터의 통보를 접수하고 심리하는 위원회의 권한을 인정한다. 위원회는 이 의정서의 당사국이 아닌 규약당사국에 관한 어떠한 통보도 접수하지 않는다.

제2조 제1조에 따를 것을 조건으로, 규약에 열거된 어떤 권리가 침해되었다고 주장하는 개인들은 모든 이용가능한 국내적 구제조치를 완료하였을 경우, 위원회에 심리를 위한 서면통보를 제출할 수 있다.

제3조 위원회는 이 의정서에 따른 통보가 익명이거나 통보제출권의 남용 또는 규약규정과 양립할 수 없는 것으로 간주될 경우에

는 그러한 통보를 허용할 수 없는 것으로 간주한다.

제4조 1. 제3조에 따를 것을 조건으로, 위원회는 이 의정서에 따라 제출된 통보에 대하여 규약 규정을 위반하고 있는 것으로 주장되는 당사국의 주의를 환기한다.
2. 이 당사국은 6개월 이내에 그 문제 및 취하여진 구제조치가 있는 경우 이를 설명하는 서면 설명서 또는 진술서를 위원회에 제출한다.

제5조 1. 위원회는 개인 및 관련 당사국으로부터 입수된 모든 서면정보를 참고하여, 이 의정서에 따라 접수된 통보를 심리한다.
2. 위원회는 다음 사항을 확인한 경우가 아니면 개인으로부터의 어떠한 통보도 심리하지 않는다.
(a) 동일 문제가 다른 국제적 조사 또는 해결절차에 따라 심사되고 있지 않을 것.
(d) 개인이 모든 이용가능한 국내적 구제조치를 완료하였을 것. 다만, 이 규칙은 구제조치의 적용이 불합리하게 지연되는 경우에는 적용되지 않는다.
3. 위원회는 이 의정서에 따라 통보를 심사할 때에는 비공개 회의를 갖는다.
4. 위원회는 관련당사국과 개인에게 위원회의 견해(views)를 송부한다.

제6조 위원회는 규약 제45조에 의한 연례보고서에 이 의정서에

따른 활동의 개요를 포함한다.

제7조 이 의정서의 규정은 1960년 12월 14일 국제연합총회에 의하여 채택된 식민지와 그 인민에 대한 독립부여 선언에 관한 결의 1514(XV)의 목적이 달성될 때까지 국제연합헌장과 국제연합 및 그 전문기관하에서 체결된 여타 국제협약과 문서에 의하여 이들에게 부여된 청원권을 어떤 경우에도 제한하지 않는다.

제8조 1. 이 의정서는 규약에 서명한 모든 국가들의 서명을 위하여 개방된다.

2. 이 의정서는 규약을 비준하였거나 이에 가입한 국가들에 의하여 비준되어야 한다. 비준서는 국제연합사무총장에게 기탁된다.

3. 이 의정서는 규약을 비준하였거나 이에 가입한 모든 국가들의 가입을 위하여 개방된다.

4. 가입은 가입서를 국제연합 사무총장에게 기탁함으로써 발효한다.

5. 국제연합 사무총장은 이 의정서에 서명 또는 가입한 모든 국가들에게 각 비준서 또는 가입서의 기탁을 통보한다.

제9조 1. 규약의 효력발생을 조건으로, 이 의정서는 10번째 비준서 또는 가입서가 국제연합 사무총장에게 기탁된 날로부터 3개월 후에 발효한다.

2. 10번째 비준서 또는 기탁 후에 이 의정서를 비준하거나 또는 이에 가입하는 국가에 대하여, 이 의정서는 그 국가의 비준서 또는 가입서가 기탁된 날로부터 3개월 후에 발효한다.

제10조 이 의정서의 규정은 어떠한 제한이나 예외없이 연방국가의 모든 지역에 적용된다.

제11조 1. 이 의정서 당사국은 개정안을 제안하고 이를 국제연합사무총장에게 제출할 수 있다. 사무총장은 개정안을 접수하는 대로, 각 당사국에게 동 제안을 심의하고 표결에 회부하기 위한 당사국회의 개최에 찬성하는지에 관한 의견을 사무총장에게 통보하여 줄 것을 요청하는 것과 함께 개정안을 이 규약의 각 당사국에게 송부한다. 당사국 중 최소한 3분의 1이 당사국회의 개최에 찬성하는 경우에, 사무총장은 국제연합의 주관하에 이 회의를 소집한다. 이 회의에 출석하여 표결하는 당사국의 과반수에 의하여 채택된 개정안은 그 승인을 위하여 국제연합총회에 제출된다.

2. 개정안은 국제연합총회의 승인을 얻고, 각기 자국의 헌법상 절차에 따라 이 의정서 당사국의 3분의 2 다수가 수락하는 때 발효한다.

3. 개정안은 발효 시 이를 수락한 당사국을 구속하고, 여타 당사국은 계속하여 이 의정서의 규정 및 이미 수락한 그 이전의 모든 개정에 의하여 구속된다.

제12조 1. <u>당사국은 언제든지 국제연합 사무총장에 대한 서면 통보에 의하여 이 의정서를 폐기할 수 있다. 폐기는 사무총장이 통보를 접수한 날로부터 3개월 후에 효력을 발생한다.</u>

2. 폐기는 동 폐기가 발효하기 전에는 제2조에 의해 제출된 통보에 대하여 이 의정서의 규정이 계속적으로 적용하는 것을 침해하지 않는다.

제13조 제8조 제5항에 의한 통보에 관계없이, 국제연합 사무총장은 규약 제48조 제1항에서 언급된 모든 국가에 다음을 통보한다.

(a) 제8조에 따른 서명, 비준 및 가입

(b) 제9조에 따른 이 의정서의 발
  효일자 및 제171조에 의한 모든
  개정의 발효일자
(c) 제12조에 따른 폐기

제14조 1. 이 의정서는 중국어,
영어, 불어, 러시아어 및 서반아
어본이 동등히 정본이며 국제연
합 문서보존소에 기탁된다.
2. 국제연합 사무총장은 규약 제
48조에서 언급된 모든 국가들에
게 이 의정서의 인증등본을 송부
한다.

27   1967년 달과 기타 천체를 포함한 외기권의 탐색과 이용에 있어서의 국가활동을 규율하는 원칙에 관한 조약
(Treaty on Principles Governing the Activities of States in the Exploration and Use of Outer Space, including the Moon and Other Celestial Bodies)

체결일 : 1967.1.27.
발효일 : 1967.10.10.
한국 발효일 : 1967.10.13.
한국 선언 : 동 조약에 대한 서명 및 비준은 대한민국 정부가 국가 또는 정부로 승인하지 아니한 영역 또는 집단의 승인을 의미하는 것은 아니다.

이 조약의 당사국은,
외기권에 대한 인간의 진입으로써 인류 앞에 전개된 위대한 전망에 고취되고, 평화적 목적을 위한 외기권의 탐색과 이용의 발전에 대한 모든 인류의 공동이익을 인정하고, 외기권의 탐색과 이용은 그들의 경제적 또는 과학적 발달의 정도에 관계없이 전 인류의 이익을 위하여 수행되어야 한다고 믿고, 평화적 목적을 위한 외기권의 탐색과 이용의 과학적 및 법적 분야에 있어서 광범한 국제적 협조에 기여하기를 열망하고, 이러한 협조가 국가와 인민 간의 상호 이해증진과 우호적인 관계를 강화하는 데 기여할 것임을 믿고, 1963년 12월 13일에 국제연합총회에서 만장일치로 채택된 "외기권의 탐색과 이용에 있어서의 국가의 활동을 규율하는 법적 원칙의 선언"이라는 표제의 결의 1962(XVIII)를 상기하고, 1963년 10월 17일 국제연합총회에서 만장일치로 채택되고, 국가에 대하여 핵무기 또는 기타 모든 종류의 대량파괴 무기를 가지는 어떠한 물체도 지구주변의 궤도에 설치하는 것을 금지하고, 또는 천체에 이러한 무기를 장치하는 것을 금지하도록 요구한 결의 1884(XVIII)를 상기하고, 평화에 대한 모든 위협, 평화의 파괴 또는 침략행위를 도발 또는 고취하기 위하여 또는 도발 또는 고취할 가능성이 있는 선전을 비난한 1947년 11월 3일의 국제연합총회결의 110(II)을 고려하고 또한 상기 결의가 외기권에도 적용됨을 고려하고, 달과 기타 천체를 포함한 외기권의 탐색과 이용에 있어서의 국가활동을 규율하는 원칙에 관한 조약이 국제연합헌장의 목적과 원칙을 증진시킬 것임을 확신하여, 아래와 같이 합의하였다.

제1조   달과 기타 천체를 포함한 외기권의 탐색과 이용은 그들의 경제적 또는 과학적 발달의 정도에 관계없이 모든 국가의 이익을 위하여(in the interests of all countries) 수행되어야 하며 모든 인류의 활동범위(the province of all mankind)이어야 한다. 달과 기타 천체를 포함한 외기권은 종류의 차별 없이 평등의 원칙에 의하여 국제법에 따라 모든 국가가 자유로이 탐색하고 이용하며 천체의 모든 영역에 대한 출입을 개방한다. 달과 기타 천체를 포함한 외기권에 있어서의 과학적 조사의 자유가 있으며 국가는 이러한 조사에 있어서 국제적인 협조를 용이하게 하고 장려한다.

제2조 달과 기타 천체를 포함한 외기권은 주권의 주장으로 의하여 또는 이용과 점유에 의하여 또는 기타 모든 수단에 의한 국가 전용(專用)(national appropriation)의 대상이 되지 아니한다.

제3조 본 조약의 당사국은 외기권의 탐색과 이용에 있어서의 활동을 국제연합헌장을 포함한 국제법에 따라 국제평화와 안전의 유지를 위하여 그리고 국제적 협조와 이해를 증진하기 위하여 수행하여야 한다.

제4조 본 조약의 당사국은 지구 주변의 궤도에 핵무기 또는 기타 모든 종류의 대량파괴 무기를 설치(place)하지 않으며, 천체에 이러한 무기를 장치(install)하거나 기타 어떠한 방법으로든지 이러한 무기를 외기권에 배치(station)하지 아니할 것을 약속한다. 달(the moon)과 기타 천체(other celestial bodies)는 본 조약의 모든 당사국에 오직 평화적 목적을 위하여서만 이용되어야 한다. 천체에 있어서의 군사기지, 군사시설 및 군사요새의 설치, 모든 형태의 무기의 실험 그리고 군사연습의 실시는 금지되어야 한다. 과학적 조사 또는 기타 모든 평화적 목적을 위하여 군인을 이용하는 것은 금지되지 아니한다. 달과 기타 천체의 평화적 탐색에 필요한 어떠한 장비 또는 시설의 사용도 금지되지 아니한다.

제5조 본 조약의 당사국은 우주인을 외기권에 있어서의 인류의 사절(envoys of mankind in outer space)로 간주하며 사고나 조난의 경우 또는 다른 당사국의 영역이나 공해상에 비상착륙한 경우에는 그들에게 모든 가능한 원조를 제공하여야 한다. 우주인이 이러한 착륙을 한 경우에는, 그들은 그들의 우주선의 등록국에 안전하고도 신속하게 송환되어야 한다. 외기권과 천체에서의 활동을 수행함에 있어서 한 당사국의 우주인은 다른 당사국의 우주인에 대하여 모든 가능한 원조를 제공하여야 한다. 본 조약의 당사국은 본 조약의 다른 당사국 또는 국제연합 사무총장에 대하여 그들이 달과 기타 천체를 포함한 외기권에서 발견한 우주인의 생명과 건강에 위험을 조성할 수 있는 모든 현상에 관하여 즉시 보고하여야 한다.

제6조 본 조약의 당사국은 달과 기타 천체를 포함한 외기권에 있어서 그 활동을 정부기관이 행한 경우나 비정부 주체가 행한 경우를 막론하고, 국가활동에 관하여 그리고 본 조약에서 규정한 조항에 따라서 국가활동을 수행할 것을 보증함에 관하여 국제적 책임을 져야 한다. 달과 기타 천체를 포함한 외기권에 있어서의 비정부 주체의 활동은 본 조약의 관계 당사국에 의한 인증과 계속적인 감독을 요한다. 달과 기타 천체를 포함한 외기권에 있어서 국제기구가 활동을 행한 경우에는, 본 조약에 의한 책임은 동 국제기구와 이 기구에 가입하고 있는 본 조약의 당사국들이 공동으로 부담한다.

제7조 달과 기타 천체를 포함한 외기권에 물체를 발사하거나 또는 그 물체를 발사하여 궤도에 진입하게 한 본 조약의 각 당사국과 그 영역 또는 시설로부터 물체를 발사한 각 당사국은 지상, 공간 또는 달과 기타 천체를 포함한 외기권에 있는 이러한 물체 또는 동 물체의 구성부분에 의하여 본 조약의 다른 당사국 또는 그 자연인 또는 법인에게 가한 손해에 대하여 국제적 책임을 진다(is internationally liable).

제8조   외기권에 발사된 물체의 등록국인 본 조약의 당사국은 동 물체가 외기권 또는 천체에 있는 동안, 동 물체 및 동 물체의 인원에 대한 관할권(jurisdiction) 및 통제권(control)을 보유한다. 천체에 착륙 또는 건설된 물체와 그 물체의 구성부분을 포함한 외기권에 발사된 물체의 소유권(ownership)은 동 물체가 외기권에 있거나 천체에 있거나 또는 지구에 귀환하였거나에 따라 영향을 받지 아니한다. 이러한 물체 또는 구성부분이 그 등록국인 본 조약 당사국의 영역 밖에서 발견된 것은 동 당사국에 반환되며 동 당사국은 요청이 있는 경우 그 물체 및 구성부분의 반환에 앞서 동일물체라는 자료를 제공하여야 한다.

제9조   달과 기타 천체를 포함한 외기권의 탐색과 이용에 있어서 본 조약의 당사국은 협조와 상호원조의 원칙에 따라야 하며, 본 조약의 다른 당사국의 상응한 이익을 충분히 고려하면서 달과 기타 천체를 포함한 외기권에 있어서의 그들의 활동을 수행하여야 한다. 본 조약의 당사국은 유해한 오염을 회피하고 또한 지구대권외적 물질의 도입으로부터 야기되는 지구 주변에 불리한 변화 (adverse changes)를 가져오는 것을 회피하는 방법으로 달과 천체를 포함한 외기권의 연구를 수행하고, 이들의 탐색을 행하며 필요한 경우에는 이 목적을 위하여 적절한 조치를 채택하여야 한다. 만약, 달과 기타 천체를 포함한 외기권에서 국가 또는 그 국민이 계획한 활동 또는 실험이 달과 기타 천체를 포함한 외기권의 평화적 탐색과 이용에 있어서 다른 당사국의 활동에 잠재적으로 유해한 방해를 가져올 것이라고 믿을 만한 이유를 가지고 있는 본 조약의 당사국은 이러한 활동과 실험을 행하기 전에 적절한 국제적 협의를 가져야 한다. 달과 기타 천체를 포함한 외기권에서 다른 당사국이 계획한 활동 또는 실험이 달과 기타 천체를 포함한 외기권의 평화적 탐색과 이용에 잠재적으로 유해한 방해를 가져올 것이라고 믿을만한 이유를 가지고 있는 본 조약의 당사국은 동 활동 또는 실험에 관하여 협의를 요청할 수 있다.

제10조   달과 기타 천체를 포함한 외기권의 탐색과 이용에 있어서 본 조약의 목적에 합치하는 국제적 협조를 증진하기 위하여 본 조약의 당사국은 이들 국가가 발사한 우주 물체의 비행을 관찰할 기회가 부여되어야 한다는 본 조약의 다른 당사국의 요청을 평등의 원칙하에 고려하여야 한다. 관찰을 위한 이러한 기회의 성질과 기회가 부여될 수 있는 조건은 관계국가 간의 합의에 의하여 결정되어야 한다.

제11조   외기권의 평화적 탐색과 이용에 있어서의 국제적 협조를 증진하기 위하여 달과 기타 천체를 포함한 외기권에서 활동을 하는 본 조약의 당사국은 동 활동의 성질, 수행, 위치 및 결과를 실행 가능한 최대 한도로 일반 대중 및 국제적 과학단체뿐만 아니라 국제연합 사무총장에 대하여 통보하는 데 동의한다. 동 정보를 접수한 국제연합 사무총장은 이를 즉각적으로 그리고 효과적으로 유포하도록 하여야 한다.

제12조   달과 기타 천체상의 모든 배치소, 시설, 장비 및 우주선은 호혜주의 원칙하에 본 조약의 다른 당사국대표에게 개방되어야 한다. 그러한 대표들에 대하여

안전을 보장하기 위하여 그리고 방문할 설비의 정상적인 운영에 대한 방해를 피하기 위한 적절한 협의를 행할 수 있도록 하고 또한 최대한의 예방수단을 취할 수 있도록 하기 위하여 방문 예정에 관하여, 합리적인 사전통고가 부여되어야 한다.

제13조 본 조약의 규정은 본 조약의 단일 당사국에 의하여 행해진 활동이나 또는 국제적 정부 간 기구의 테두리 내에서 행해진 경우를 포함한 기타 국가와 공동으로 행해진 활동을 막론하고, 달과 기타 천체를 포함한 외기권의 탐색과 이용에 있어서의 본 조약 당사국의 활동에 적용된다. 달과 기타 천체를 포함한 외기권의 탐색과 이용에 있어서 국제적 정부 간 기구가 행한 활동에 관련하여 야기되는 모든 실제적 문제는 본 조약의 당사국이 적절한 국제기구나 또는 본 조약의 당사국인 동 국제기구의 1 또는 2 이상의 회원 국가와 함께 해결하여야 한다.

제14조 1. 본 조약은 서명을 위하여 모든 국가에 개방된다. 본조 제3항에 따라 본 조약 발효 이전에 본 조약에 서명하지 아니한 국가는 언제든지 본 조약에 가입할 수 있다.
2. 본 조약은 서명국가에 의하여 비준되어야 한다. 비준서와 가입서는 기탁국 정부로 지정된 아메리카합중국 정부, 대영연합왕국 정부 및 소비에트 사회주의 연방 공화국 정부에 기탁되어야 한다.
3. 본 조약은 본 조약에 의하여 기탁국 정부로 지정된 정부를 포함한 5개국 정부의 비준서 기탁으로써 발효한다.

4. 본 조약의 발효 후에 비준서 또는 가입서를 기탁한 국가에 대하여는 그들의 비준서 또는 가입서의 기탁일자에 본 조약이 발효한다.
5. 기탁국 정부는 본 조약의 각 서명일자, 각 비준서 및 가입서의 기탁일자, 본 조약의 발효일자 및 기타 통고를 모든 서명국 및 가입국에 대하여 즉시 통고한다.
6. 본 조약은 국제연합헌장 제102조에 따라 기탁국 정부에 의하여 등록되어야 한다.

제15조 본 조약의 당사국은 본 조약에 대한 개정을 제의할 수 있다. 개정은 본 조약 당사국의 과반수가 수락한 때에 개정을 수락한 본 조약의 각 당사국에 대하여 효력을 발생한다. 그 이후에는 본 조약을 나머지 각 당사국에 대하여 동 당사국의 수락일자에 발효한다.

제16조 본 조약의 모든 당사국은 본 조약 발효 1년 후에 기탁국 정부에 대한 서면통고로써 본 조약으로부터의 탈퇴통고를 할 수 있다. 이러한 탈퇴는 탈퇴통고의 접수일자로부터 1년 후에 효력을 발생한다.

제17조 영어, 노어, 불어, 서반아어 및 중국어본이 동등히 정본인 본 조약은 기탁국 정부의 보관소에 기탁되어야 한다. 본 조약의 인증등본은 기탁국 정부에 의하여 서명국 정부 및 가입국 정부에 전달되어야 한다.

1967년 1월 27일 워싱턴, 런던 및 모스크바에서 3통을 작성하였다.

28 1968년 핵무기의 비확산에 관한 조약(Treaty on the Non - Proliferation of Nuclear Weapons/NPT)

체결일 : 1968.7.1.
발효일 : 1970.3.5.
한국 발효일 : 1975.4.23.

본 조약을 체결하는 국가들(이하 "조약당사국"이라 칭한다)은, 핵전쟁이 모든 인류에게 엄습하게 되는 참해와 그러한 전쟁의 위험을 회피하기 위하여 모든 노력을 경주하고 제 국민의 안전을 보장하기 위한 조치를 취하여야 할 필연적 필요성을 고려하고, 핵무기의 확산으로 핵전쟁의 위험이 심각하게 증대할 것임을 확신하며, 핵무기의 광범한 분산방지에 관한 협정의 체결을 요구하는 국제연합총회의 제 결의에 의거하며, 평화적 원자력 활동에 대한 국제원자력기구의 안전조치 적용을 용이하게 하는데 협조할 것을 약속하며, 어떠한 전략적 장소에서의 기재 및 기타 기술의 사용에 의한 선원물질 및 특수분열성 물질의 이동에 대한 효과적 안전조치 적용 원칙을, 국제원자력기구의 안전조치제도의 테두리 내에서, 적용하는 것을 촉진하기 위한 연구개발 및 기타의 노력에 대한 지지를 표명하며, 핵폭발 장치의 개발로부터 핵무기 보유국이 인출하는 기술상의 부산물을 포함하여 핵기술의 평화적 응용의 이익은, 평화적 목적을 위하여 핵무기 보유국이거나 또는 핵무기 비보유국이거나를 불문하고, 본 조약의 모든 당사국에 제공되어야 한다는 원칙을 확인하며, 상기 원칙을 촉진함에 있어서 본 조약의 모든 당사국은 평화적 목적을 위한 원자력의 응용을 더욱 개발하기 위한 과학정보의 가능한 한 최대한의 교환에 참여할 권리를 가지며, 또한 단독으로 또는 다른 국가와 협조하여 동 응용의 개발에 가일층 기여할 수 있음을 확신하며, 가능한 한 조속한 일자에 핵무기 경쟁의 중지를 성취하고 또한 핵군비축소의 방향으로 효과적인 조치를 취하고자 하는 당사국의 의사를 선언하며, 이러한 목적을 달성함에 있어서 모든 국가의 협조를 촉구하며,

대기권, 외기권 및 수중에서의 핵무기 실험을 금지하는 1963년 조약 당사국들이, 핵무기의 모든 실험폭발을 영원히 중단하도록 노력하고 또한 이러한 목적으로 교섭을 계속하고자 동 조약의 전문에서 표명한 결의를 상기하며, 엄격하고 효과적인 국제감시하의 일반적 및 완전한 군축에 관한 조약에 따라 핵무기의 제조 중지, 모든 현존 핵무기의 비축 해소 및 국내 병기고로부터의 핵무기와 핵무기 운반수단의 제거를 용이하게 하기 위하여 국제적 긴장완화와 국가 간의 신뢰증진을 촉진하기를 희망하며, 국제연합헌장에 따라 제 국가는, 그들의 국제관계에 있어서 어느 국가의 영토보전과 정치적 독립에 대하여 또는 국제연합의 목적과 일치하지 아니하는 여하한 방법으로, 무력의 위협 또는 무력사용을 삼가해야 하며 또한 국제평화와 안전의 확립 및 유지는 세계의 인적 및 경제적 자원의 군비목적에의 전용을 최소화함으로써 촉진될 수

있다는 것을 상기하여, 다음과 같
이 합의하였다.

제1조 핵무기 보유 조약당사국
은 여하한 핵무기 또는 기타의 핵
폭발장치 또는 그러한 무기 또는
폭발장치에 대한 관리를 직접적
으로 또는 간접적으로 어떠한 수
령자에 대하여도 양도하지 않을
것을 약속하며, 또한 핵무기 비보
유국이 핵무기 또는 기타의 핵폭
발장치를 제조하거나 획득하며
또는 그러한 무기 또는 핵폭발 장
치를 관리하는 것을 여하한 방법
으로도 원조, 장려 또는 권유하지
않을 것을 약속한다.

제2조 핵무기 비보유 조약당사
국은 여하한 핵무기 또는 기타의
핵폭발장치 또는 그러한 무기 또
는 폭발장치의 관리를 직접적으
로 또는 간접적으로 어떠한 양도
자로부터도 양도받지 않을 것과,
핵무기 또는 기타의 핵폭발장치
를 제조하거나 또는 다른 방법으
로 획득하지 않을 것과, 또한 핵
무기 또는 기타의 핵폭발장치를
제조함에 있어서 어떠한 원조를
구하거나 또는 받지 않을 것을 약
속한다.

제3조 ① 핵무기 비보유 조약당
사국은 원자력을, 평화적 이용으
로부터 핵무기 또는 기타의 핵폭
발장치로, 전용하는 것을 방지하
기 위하여 본 조약에 따라 부담하
는 의무이행의 검증을 위한 전속
적 목적으로 국제원자력기구규
정 및 동기구의 안전조치제도에
따라 국제원자력기구와 교섭하
여 체결할 합의사항에 열거된 안
전조치를 수락하기로 약속한다.
본조에 의하여 요구되는 안전조
치의 절차는, 선원물질 또는 특수
분열성 물질(source or special
fissionable material)이 주요원자

력 시설 내에서 생산처리 또는 사
용되고 있는가 또는 그러한 시설
외에서 그렇게 되고 있는가를 불
문하고, 동물질에 관하여 적용되
어야 한다. 본조에 의하여 요구되
는 안전조치는 전기당사국 영역
내에서나 그 관할권 하에서나 또
는 기타의 장소에서 동 국가의 통
제하에 행하여지는 모든 평화적
원자력 활동에 있어서의 모든 선
원물질 또는 특수분열성 물질에
적용되어야 한다.
② 본 조약당사국은, 선원물질 또
는 특수분열성 물질이 본조에 의
하여 요구되고 있는 안전조치에
따르지 아니하는 한,
(가) 선원물질 또는 특수분열성
　물질 또는
(나) 특수분열성물질의 처리사용 또는
　생산을 위하여 특별히 설계되거나
　또는 준비되는 장비 또는 물질을 평
　화적 목적을 위해서 여하한 핵무기
　비보유국(non-nuclear-weapon
　State)에 제공하지 아니하기로 약속
　한다.
③ 본조에 의하여 요구되는 안전
조치는, 본 조약 제4조에 부응하는
방법으로, 또한 본조의 규정과 본
조약 전문에 규정된 안전조치 적
용원칙에 따른 평화적 목적을 위
한 핵물질의 처리사용 또는 생산
을 위한 핵물질과 장비의 국제적
교환을 포함하여 평화적 원자력
활동분야에 있어서의 조약당사국
의 경제적 또는 기술적 개발 또는
국제협력에 대한 방해를 회피하는
방법으로 시행되어야 한다.
④ 핵무기 비보유 조약당사국은
국제원자력기구규정에 따라 본
조의 요건을 충족하기 위하여 개
별적으로 또는 다른 국가와 공동
으로 국제원자력기구와 협정을
체결한다. 동 협정의 교섭은 본
조약의 최초 발효일로부터 180일

이내에 개시되어야 한다. 전기의 180일 후에 비준서 또는 가입서를 기탁하는 국가에 대해서는 동 협정의 교섭이 동 기탁일자 이전에 개시되어야 한다. 동 협정은 교섭개시일로부터 18개월 이내에 발효하여야 한다.

제4조 ① 본 조약의 어떠한 규정도 차별 없이 또한 본 조약 제1조 및 제2조에 의거한 평화적 목적을 위한 원자력의 연구생산 및 사용을 개발시킬 수 있는 모든 조약당사국의 불가양의 권리(the inalienable right)에 영향을 주는 것으로 해석되어서는 아니된다. ② 모든 조약당사국은 원자력의 평화적 이용을 위한 장비 물질 및 과학기술적 정보의 가능한 한 최대한의 교환을 용이하게 하기로 약속하고, 또한 동 교환에 참여할 수 있는 권리를 가진다. 상기의 위치에 처해 있는 조약당사국은, 개발도상지역의 필요성을 적절히 고려하여, 특히 핵무기 비보유 조약당사국의 영역 내에서, 평화적 목적을 위한 원자력의 응용을 더욱 개발하는데 단독으로 또는 다른 국가 및 국제기구와 공동으로 기여하도록 협력한다.

제5조 본 조약당사국은 본 조약에 의거하여 적절한 국제감시하에 또한 적절한 국제적 절차를 통하여 핵폭발의 평화적 응용(peaceful applications of nuclear explosion)으로부터 발생하는 잠재적 이익이 무차별의 기초 위에 핵무기 비보유 조약당사국에 제공되어야 하며, 또한 사용된 폭발장치에 대하여 핵무기 비보유 조약당사국이 부담하는 비용은 가능한 저 렴할 것과 연구 및 개발을 위한 어떠한 비용도 제외할 것을 보장하기 위한 적절한 조치를 취하기로 약속한다. 핵무기 비보유 조약

당사국은 핵무기 비보유국을 적절히 대표하는 적당한 국제기관을 통하여 특별한 국제협정에 따라 그러한 이익을 획득할 수 있어야 한다. 이 문제에 관한 교섭은 본 조약이 발효한 후 가능한 한 조속히 개시되어야 한다. 핵무기 비보유 조약당사국이 원하는 경우에는 양자협정에 따라 그러한 이익을 획득할 수 있다.

제6조 조약당사국은 조속한 일자 내의 핵무기 경쟁중지 및 핵군비 축소를 위한 효과적 조치에 관한 교섭과 엄격하고 효과적인 국제적 통제하의 일반적 및 완전한 군축에 관한 조약 체결을 위한 교섭을 성실히 추구하기로 약속한다.

제7조 본 조약의 어떠한 규정도 국가의 집단이 각자의 영역 내에서 핵무기의 전면적 부존재를 보장하기 위하여 지역적 조약을 체결할 수 있는 권리에 영향을 주지 아니한다.

제8조 ① 조약당사국은 어느 국가나 본 조약에 대한 개정안을 제의할 수 있다. 제의된 개정문안은 기탁국 정부에 제출되며 기탁국 정부는 이를 모든 조약당사국에 배부한다. 동 개정안에 대하여 조약당사국의 3분의 1 또는 그 이상의 요청이 있을 경우에, 기탁국 정부는 동 개정안을 심의하기 위하여 모든 조약당사국을 초청하는 회의를 소집하여야 한다. ② 본 조약에 대한 개정안은, 모든 핵무기 보유 조약당사국과 동 개정안이 배부된 당시의 국제원자력기구 이사국인 조약당사국 전체의 찬성을 포함한 모든 조약당사국의 과반수의 찬성투표로서 승인되어야 한다. 동 개정안은 개정안에 대한 비준서를 기탁하는 당사국에 대하여, 모든 핵무기 보유 조약당사국과 동 개정안이

배부된 당시의 국제원자력기구 이사국인 조약당사국 전체의 비준서를 포함한 모든 조약당사국 과반수의 비준서가 기탁된 일자에 효력을 발생한다. 그 이후에는 동 개정안에 대한 비준서를 기탁하는 일자에 동 당사국에 대하여 효력을 발생한다.

③ 본 조약의 발효일로부터 5년이 경과한 후에 조약당사국 회의가 본 조약 전문의 목적과 조약규정이 실현되고 있음을 보증할 목적으로 본 조약의 실시를 검토하기 위하여 스위스 제네바에서 개최된다. 그 이후에는 5년마다 조약당사국 과반수가 동일한 취지로 기탁국 정부에 제의함으로써 본 조약의 실시를 검토하기 위해 동일한 목적의 추후 회의를 소집할 수 있다.

제9조 ① 본 조약은 서명을 위하여 모든 국가에 개방된다. 본조 3항에 의거하여 본 조약의 발효 전에 본 조약에 서명하지 아니한 국가는 언제든지 본 조약에 가입할 수 있다.

② 본 조약은 서명국에 의하여 비준되어야 한다. 비준서 및 가입서는 기탁국 정부로 지정된 미합중국, 영국 및 소련 정부에 기탁된다.

③ 본 조약은 본 조약의 기탁국 정부로 지정된 국가 및 본 조약의 다른 40개 서명국에 의한 비준과 동 제국에 의한 비준서 기탁일자에 발효한다. 본 조약상 핵무기 보유국이라 함은 1967년 1월 1일 이전에 핵무기 또는 기타의 핵폭발장치를 제조하고 폭발한 국가를 말한다.

④ 본 조약의 발효 후에 비준서 또는 가입서를 기탁하는 국가에 대해서는 동 국가의 비준서 또는 가입서 기탁일자에 발효한다.

⑤ 기탁국 정부는 본 조약에 대한 서명일자, 비준서 또는 가입서 기탁일자, 본 조약의 발효일자 및 회의소집 요청 또는 기타의 통고접수일자를 모든 서명국 및 가입국에 즉시 통보하여야 한다.

⑥ 본 조약은 국제연합헌장 제102조에 따라 기탁국 정부에 의하여 등록된다.

제10조 ① 각 당사국은, 당사국의 주권을 행사함에 있어서, 본 조약상의 문제에 관련되는 비상사태가 자국의 지상이익을 위태롭게 하고 있음을 결정하는 경우에는(if it decides that extraordinary events ... have jeopardized the supreme interests of its country) 본 조약으로부터 탈퇴할 수 있는 권리(the right to withdraw)를 가진다. 각 당사국은 동 탈퇴 통고를 3개월 전에 모든 조약당사국과 국제연합 안전보장이사회에 행한다. 동 통고에는 동 국가의 지상이익을 위태롭게 하고 있는 것으로 그 국가가 간주하는 비상사태에 관한 설명이 포함되어야 한다.

② 본 조약의 발효일로부터 25년이 경과한 후에 본 조약이 무기한으로 효력을 지속할 것인가 또는 추후의 일정 기간 동안 연장될 것인가를 결정하기 위하여 회의를 소집한다. 동 결정은 조약당사국 과반수의 찬성에 의한다.

제11조 동등히 정본인 영어, 노어, 불어, 서반아어 및 중국어로 된 본 조약은 기탁국 정부의 문서보관소에 기탁된다. 본 조약의 인증등본은 기탁국 정부에 의하여 서명국과 가입국 정부에 전달된다. 이상의 증거로서 정당히 권한을 위임받은 하기 서명자는 본 조약에 서명하였다.

1968년 7월 1일 워싱턴, 런던 및 모스크바에서 본 협정문 3부를 작성하였다.

29 1969년 조약법에 관한 비엔나 협약
(Vienna Convention on the Law of Treaties)

체결일 : 1969.5.23.
발효일 : 1980.1.27.
한국 발효일 : 1980.1.27.

이 협약의 당사국은 국제 관계의 역사에 있어서 조약의 근본적 역할을 고려하고 제 국가의 헌법상 및 사회적 제도에 관계없이 국제법의 법원으로서 또한 제 국가 간의 평화적 협력을 발전시키는 수단으로서의 조약의 점증하는 중요성을 인정하며 자유로운 동의와 신의성실의 원칙 및 「약속은 준수하여야 한다」는 규칙이 보편적으로 인정되고 있음에 유의하며, 다른 국제 분쟁과 같이 조약에 관한 분쟁은 평화적 수단에 의하여 또한 정의와 국제법의 원칙에 의거하여 해결되어야 함을 확인하며 정의가 유지되며 또한 조약으로부터 발생하는 의무에 대한 존중이 유지될 수 있는 조건을 확립하고자 하는 국제연합의 제 국민의 결의를 상기하며, 제 국민의 평등권과 자결, 모든 국가의 주권 평등과 독립, 제 국가의 국내 문제에 대한 불간섭, 힘의 위협 또는 사용의 금지 및 모든 자의 인권과 기본적 자유에 대한 보편적 존중과 그 준수의 제 원칙들 국제연합헌장에 구현된 국제법의 제 원칙에 유념하며, 이 협약 속에 성취된 조약법의 법전화와 점진적 발전은 국제연합헌장에 규정된 국제연합의 제 목적 즉 국제평화와 안전의 유지, 국가 간의 우호관계의 발전 및 협력의 달성을 촉진할 것임을 확신하며, 관습 국제법의 제 규칙은 이 협약의 제 규정에 의하여 규제되지 아니하는 제 문제를 계속 규율할 것임을 확인하여 다음과 같이 합의하였다.

제1부 총 강

제1조 【협약의 범위】 이 협약은 국가 간의 조약에 적용된다.

제2조 【용어의 사용】 1. 이 협약의 목적상
(a) "조약"(treaty)이라 함은 단일의 문서에 또는 2 또는 그 이상의 관련문서에 구현되고 있는가에 관계없이 또한 그 특정의 명칭에 관계없이, 서면형식으로(in written form) 국가 간에 체결되며 또한 국제법에 의하여 규율되는 국제적 합의를 의미한다.
(b) "비준", "수락", "승인" 및 "가입"이라 함은 국가가 국제적 측면에서 조약에 대한 국가의 기속적 동의를 확정하는 경우에 각 경우마다 그렇게 불리는 국제적 행위를 의미한다.
(c) "전권위임장"(full powers)이라 함은 조약문을 교섭·채택 또는 정본인증하기 위한 목적으로 또는 조약에 대한 국가의 기속적 동의를 표시하기 위한 목적으로 또는 조약에 관한 기타의 행위를 달성하기 위한 목적으로 국가를 대표하기 위하여 국가의 권한 있는 당국이 1 또는 수 명을 지정하는 문서를 의미한다.
(d) "유보"(reservation)라 함은 자구 또는 명칭에 관계없이 조약의 서명·비준·수락·승인 또는 가입 시에 국가가 그 조약의 일부 규정을 자국에 적용함에

있어서 그 조약의 일부 규정의 법적 효과를 배제하거나 또는 변경시키고자 의도하는 경우에 그 국가가 행하는 일방적 성명을 의미한다.

(e) "교섭국"이라 함은 조약문의 작성 및 채택에 참가한 국가를 의미한다.

(f) "체약국"이라 함은 조약이 효력을 발생하였는지의 여부에 관계없이 그 조약에 대한 기속적 동의를 부여한 국가를 의미한다.

(g) "당사국"이라 함은 조약에 대한 기속적 동의를 부여하였으며 또한 그에 대하여 그 조약이 발효하고 있는 국가를 의미한다.

(h) "제3국"이라 함은 조약의 당사국이 아닌 국가를 의미한다.

(i) "국제기구"라 함은 정부 간 기구를 의미한다.

2. 이 협약에 있어서 용어의 사용에 관한 상기 1항의 규정은 어느 국가의 국내법상 그러한 용어의 사용 또는 그러한 용어에 부여될 수 있는 의미를 침해하지 아니한다.

제3조 【이 협약의 범위에 속하지 아니하는 국제적 합의】 국가와 국제법의 다른 주체 간 또는 국제법의 그러한 다른 주체 간에 체결되는 국제적 합의 또는 서면형식에 의하지 아니한 국제적 합의에 대하여 이 협약이 적용되지 아니한다는 사실은 다음의 것에 영향을 주지 아니한다.

(a) 그러한 합의의 법적 효력

(b) 이 협약과는 별도로 국제법에 따라 그러한 합의가 복종해야 하는 이 협약상의 규칙을 그러한 합의에 적용하는 것

(c) 다른 국제법 주체도 당사자인 국제적 합의에 따라 그러한 국가 간에서 그들의 관계에 이 협약을 적용하는 것

제4조 【협약의 불소급】 이 협약과는 별도로 국제법에 따라 조약이 복종해야 하는 이 협약상의 규칙의 적용을 침해함이 없이, 의 협약은 그 발효 후에 국가에 의하여 체결되는 조약에 대해서만 그 국가에 대하여 적용된다.

제5조 【국제기구를 성립시키는 조약 및 국제기구 내에서 채택되는 조약】 이 협약은 국제기구의 관계규칙을 침해함이 없이 국제기구의 성립 문서가 되는 조약과 국제기구 내에서 채택되는 조약에 적용된다.

제2부 조약의 체결 및 발효

제1절 조약의 체결

제6조 【국가의 조약체결능력】 모든 국가는 조약을 체결하는 능력을 가진다.

제7조 【전권위임장】 1. 누구나 다음의 경우에는 조약문의 채택 또는 정본인증을 위한 목적으로 또는 조약에 대한 국가의 기속적 동의를 표시하기 위한 목적으로 국가를 대표하는 것으로 간주된다.

(a) 적절한 전권위임장을 제시하는 경우 또는

(b) 관계 국가의 관행 또는 기타의 사정으로 보아 상기의 목적을 위하여 그 자가 그 국가를 대표하는 것으로 간주되었으며 또한 전권위임장을 필요로 하지 아니하였던 것이 관계 국가의 의사에서 나타나는 경우

2. 다음의 자는 그의 직무상 또한 전권 위임장을 제시하지 않아도 자국을 대표하는 것으로 간주된다.

(a) 조약의 체결에 관련된 모든 행위(all acts)를 수행할 목적으로서는 국가원수·정부수반 및 외무부장관

(b) 파견국과 접수국 간의 조약문

을 채택(adopting the text of a treaty)할 목적으로서는 외교공관장(heads of diplomatic missions)
(c) 국제회의·국제기구 또는 그 국제기구의 어느 한 기관 내에서 조약문을 채택할 목적으로서는 국가에 의하여 그 국제회의, 그 국제기구 또는 그 기구의 그 기관에 파견된 대표

제8조 【권한 없이 행한 행위의 추인】 제7조에 따라 조약체결의 목적으로 국가를 대표하기 위하여 권한을 부여받은 것으로 간주될 수 없는 자가 행한 조약체결에 관한 행위는 그 국가에 의하여 추후 확인되지 아니하는(unless afterwards purpose)한 법적 효과를 가지지 아니한다(without legal effect).

제9조 【조약문의 채택】 1. 조약문의 채택은 하기 2항에 규정된 경우를 제외하고 그 작성에 참가한 모든 국가의 동의에 의하여 이루어진다.
2. 국제회의에서의 조약문의 채택은 그 국가들이 다른 규칙을 동일한 다수결로 적용하기로 결정하지 아니하는 한 출석하여 투표하는 국가의 3분의 2의 찬성에 의하여 이루어진다.

제10조 【조약문의 정본인증】 조약문은 다음의 것에 의하여 정본으로 또한 최종적으로 확정된다.
(a) 조약문에 규정되어 있거나 또는 조약문의 작성에 참가한 국가가 합의하는 절차 또는
(b) 그러한 절차가 없는 경우에는 조약문의 작성에 참가한 국가의 대표에 의한 조약문 또는 조약문을 포함하는 회의의 최종의정서에의 서명, 「조건부서명」(signature *ad referendum*) 또는 가서명(initialling)

제11조 【조약에 대한 기속적 동의의 표시방법】 조약에 대한 국가의 기속적 동의는 서명, 조약을 구성하는 문서의 교환, 비준·수락·승인 또는 가입에 의하여 또는 기타의 방법에 관하여 합의하는 경우에 그러한 기타의 방법으로 표시된다.

제12조 【서명에 의하여 표시되는 조약에 대한 기속적 동의】 1. 조약에 대한 국가의 기속적 동의는 다음의 경우에 국가대표에 의한 서명에 의하여 표시된다.
(a) 서명이 그러한 효과를 가지는 것으로 그 조약이 규정하고 있는 경우
(b) 서명이 그러한 효과를 가져야 하는 것으로 교섭국 간에 합의되었음이 달리 확정되는 경우 또는
(c) 서명에 그러한 효과를 부여하고자 하는 국가의 의사가 그 대표의 전권위임장으로부터 나타나는 경우 또는 교섭 중에 표시된 경우
2. 상기 1항의 목적상
(a) 조약문의 가서명이 그 조약의 서명을 구성하는 것으로 교섭국간에 합의되었음이 확정되는 경우에 그 가서명은 그 조약문의 서명을 구성한다.
(b) 대표에 의한 조약의 「조건부서명」은 대표의 본국에 의하여 확인되는 경우에 그 조약의 완전한 서명을 구성한다.

제13조 【조약을 구성하는 문서의 교환에 의하여 표시되는 조약에 대한 기속적 동의】 국가 간에 교환된 문서에 의하여 구성되는 조약에 대한 국가의 기속적 동의는 다음의 경우에 그 교환에 의하여 표시된다.
(a) 그 교환이 그러한 효과를 가지는 것으로 그 문서가 규정하고 있는 경우 또는

(b) 문서의 그러한 교환이 그러한
효과를 가져야 하는 것으로 관
계국 간에 합의되었음이 달리
확정되는 경우

**제14조【비준·수락 또는 승인에
의하여 표시되는 조약에 대한 기
속적 동의】** 1. 조약에 대한 국가
의 기속적 동의는 다음의 경우에
비준에 의하여 표시된다.
(a) 그러한 동의가 비준에 의하여
표시될 것을 그 조약이 규정하
고 있는 경우
(b) 비준이 필요한 것으로 교섭국
간에 합의되었음이 달리 확정
되는 경우
(c) 그 국가의 대표가 비준되어야
할 것으로 하여 그 조약에 서명
한 경우 또는
(d) 비준되어야 할 것으로 하여
그 조약에 서명하고자 하는 그
국가의 의사가 그 대표의 전권
위임장으로부터 나타나거나 또
는 교섭중에 표시된 경우
2. 조약에 대한 국가의 기속적 동
의는 비준에 적용되는 것과 유사
한 조건으로 수락 또는 승인에 의
하여 표시된다.

**제15조【가입에 의하여 표시되는
조약에 대한 기속적 동의】** 조약에
대한 국가의 기속적 동의는 다음의
경우에 가입에 의하여 표시된다.
(a) 그러한 동의가 가입의 방법으
로 그 국가에 의하여 표시될 수
있음을 그 조약이 규정하고 있
는 경우
(b) 그러한 동의가 가입의 방법으
로 그 국가에 의하여 표시될 수
있음을 교섭국 간에 합의하였
음이 달리 확정되는 경우
(c) 그러한 동의가 가입의 방법으
로 그 국가에 의하여 표시될 수
있음을 모든 당사국이 추후 동
의한 경우

**제16조【비준서·수락서·승인서
또는 가입서의 교환 또는 기탁】**
조약이 달리 규정하지 아니하는
한 비준서·수락서·승인서 또
는 가입서는 다음의 경우에 조약
에 대한 국가의 기속적 동의를 확
정한다.
(a) 체약국 간의 그 교환
(b) 수락자에의 그 기탁 또는
(c) 합의되는 경우 체약국 또는
수락자에의 그 통고

**제17조【조약의 일부에 대한 기속
적 동의 및 상이한 제 규정의 선택】**
1. 제19조 내지 제23조를 침해함이
없이 조약의 일부에 대한 국가의
기속적 동의는 그 조약이 이를 인
정하거나 또는 다른 체약국이 이
에 동의하는 경우에만 유효하다.
2. 상이한 제 규정의 선택을 허용
하는 조약에 대한 국가의 기속적
동의는 그 동의가 어느 규정에 관
련되는 것인가에 관하여 명백해
지는 경우에만 유효하다.

**제18조【조약의 발효 전에 그 조
약의 대상과 목적을 저해하지 아
니한 의무】** 국가는 다음의 경우
에 조약의 대상과 목적을 저해하
게 되는 행위를 삼가해야 하는 의
무를 진다.
(a) 비준·수락 또는 승인되어야
하는 조약에 서명하였거나 또
는 그 조약을 구성하는 문서를
교환한 경우에는 그 조약의 당
사국이 되지 아니하고자 하는
의사를 명백히 표시할 때까지
또는
(b) 그 조약에 대한 그 국가의 기
속적 동의를 표시한 경우에는
그 조약이 발효 시까지 그리고
그 발효가 부당하게 지연되지
아니할 것을 조건으로 함.

제2절 유 보

제19조 【유보의 형성】 국가는 다음의 경우에 해당하지 아니하는 한 조약에 서명·비준·수락승인 또는 가입할 때에 유보를 형성할 수 있다.

(a) 그 조약에 의하여 유보가 금지된 경우

(b) 문제의 유보를 포함하지 아니하는 특정의 유보만을 행할 수 있음을 그 조약이 규정하는 경우 또는

(c) 상기 세항 (a) 및 (b)에 해당되지 아니하는 경우에는 그 유보가 그 조약의 대상 및 목적과 양립하지 아니하는 경우

제20조 【유보의 수락 및 유보에 대한 이의】 1. 조약에 의하여 명시적으로 인정된 유보는 다른 체약국에 의한 추후의 수락이 필요한 것으로 그 조약이 규정하지 아니하는 한 그러한 추후의 수락을 필요로 하지 아니한다.

2. 교섭국의 한정된 수와 또한 조약의 대상과 목적으로 보아 그 조약의 전체를 모든 당사국 간에 적용하는 것이 조약에 대한 각 당사국의 기속적 동의의 필수적 조건으로 보이는 경우에 유보는 모든 당사국에 의한 수락을 필요로 한다.

3. 조약이 국제기구의 설립문서인 경우로서 그 조약이 달리 규정하지 아니하는 한 유보는 그 기구의 권한 있는 기관에 의한 수락을 필요로 한다.

4. 상기 제 조항에 해당되지 아니하는 경우로서 조약이 달리 규정하지 아니하는 한 다음의 규칙이 적용된다.

(a) 다른 체약국에 의한 유보의 수락은 그 조약이 유보국과 다른 유보 수락국에 대하여 유효한 경우에 또한 유효한 기간 동안 유보국이 그 다른 유보 수락국과

의 관계에 있어서 조약의 당사국이 되도록 한다.

(b) 유보에 다른 체약국의 이의는 이의 제기국이 확정적으로 반대의사를 표시하지 아니하는 한(unless a contrary intention is definitely expressed) 이의 제기국과 유보국 간에 있어서의 조약의 발효를 배제하지 아니한다(does not preclude the entry into force of the treaty).

(c) 조약에 대한 국가의 기속적 동의를 표시하며 또한 유보를 포함하는 행위는 적어도 하나의 다른 체약국이 그 유보를 수락한 경우에 유효하다.

5. 상기 2항 및 4항의 목적상 조약이 달리 규정하지 아니하는 한 국가가 유보의 통고를 받은 후 12개월의 기간이 끝날 때까지나 또는 그 조약에 대한 그 국가의 기속적 동의를 표시한 일자까지 중 어느 것이든 나중의 시기까지 그 유보에 대하여 이의를 제기하지 아니한 경우에는 유보가 그 국가에 의하여 수락된 것으로 간주된다.

제21조 【유보 및 유보에 대한 이의의 법적 효과】 1. 제19조, 제20조 및 제23조에 따라 다른 당사국에 대하여 성립된 유보는 다음의 법적효과를 가진다.

(a) 유보국과 그 다른 당사국과의 관계에 있어서 유보국에 대해서는 그 유보에 관련되는 조약규정을 그 유보의 범위 내에서 변경한다.

(b) 다른 당사국과 유보국과의 관계에 있어서 그 다른 당사국에 대해서는 그러한 조약규정을 동일한 범위 내에서 변경한다.

2. 유보는 조약의 다른 당사국에 대하여 그들간에(inter se) 그 조약규정을 수정하지 아니한다.

3. 유보에 대하여 이의를 제기하는 국가가 동 이의제기국과 유보국 간의 조약의 발효에 반대하지 아니하는 경우에 유보에 관련되는 규정(the provisions to which the reservation relates)은 그 유보의 범위 내에서(to the extent of the reservation) 양국 간에 적용되지 아니한다(do not apply).

제22조【유보 및 유보에 대한 이의의 철회】1. 조약이 달리 규정하지 아니하는 한 유보는 언제든지 철회될 수 있으며 또한 그 철회를 위해서는 동 유보를 수락한 국가의 동의가 필요하지 아니하다.
2. 조약이 달리 규정하지 아니하는 한 유보에 대한 이의는 언제든지 철회될 수 있다.
3. 조약이 달리 규정하지 아니하는 한 또는 달리 합의되지 아니하는 한 다음의 규칙이 적용된다.
(a) 유보의 철회는 다른 체약국이 그 통고를 접수한 때에만 그 체약국에 관하여 시행된다.
(b) 유보에 대한 이의의 철회는 동 유보를 형성한 국가가 그 통고를 접수한 때에만 시행된다.

제23조【유보에 관한 절차】1. 유보, 유보의 명시적 수락 및 유보에 대한 이의는 서면으로 형성되어야 하며 또한 체약국 및 조약의 당사국이 될 수 있는 권리를 가진 국가에 통고되어야 한다.
2. 유보가 비준·수락 또는 승인에 따를 것으로 하여 조약에 서명한 때에 형성된 경우에는 유보국이 그 조약에 대한 기속적 동의를 표시하는 때에 유보국에 의하여 정식으로 확인되어야 한다. 그러한 경우에 유보는 그 확인 일자에 형성된 것으로 간주된다.
3. 유보의 확인 이전에 형성된 유보의 명시적 수락 또는 유보에 대한 이의는 그 자체확인을 필요로 하지 아니한다.
4. 유보 또는 유보에 대한 이의의 철회는 서면으로 형성되어야 한다.

제3절 조약의 발효 및 잠정적 적용

제24조【발효】1. 조약은 그 조약이 규정하거나 또는 교섭국이 협의하는 방법으로 또한 그 일자에 발효한다.
2. 그러한 규정 또는 합의가 없는 경우에는 조약에 대한 기속적 동의가 모든 교섭국에 대하여 확정되는 대로 그 조약이 발효한다.
3. 조약에 대한 국가의 기속적 동의가 그 조약이 발효한 후의 일자에 확정되는 경우에는 그 조약이 달리 규정하지 아니하는 한 그 동의가 확정되는 일자에 그 조약은 그 국가에 대하여 발효한다.
4. 조약문의 정본인증, 조약에 대한 국가의 기속적 동의의 확정, 조약의 발효방법 또는 일자, 유보, 수락자의 기능 및 조약의 발효 전에 필연적으로 발생하는 기타의 사항을 규율하는 조약규정은 조약문의 채택 시로부터 적용된다.

제25조【잠정적 적용】1. 다음의 경우에 조약 또는 조약의 일부는 그 발효 시까지 잠정적으로(provisionally) 적용된다.
(a) 조약 자체가 그렇게 규정하는 경우 또는
(b) 교섭국이 다른 방법으로 그렇게 합의한 경우
2. 조약이 달리 규정하지 아니하거나 또는 교섭국이 달리 합의하지 아니한 경우에는 어느 국가가 조약이 잠정적으로 적용되고 있는 다른 국가에 대하여 그 조약의 당사국이 되지 아니하고자 하는 의사를 통고한 경우에 그 국가에

대한 그 조약 또는 그 조약의 일부의 잠정적 적용이 종료된다.

제3부 조약의 준수 · 적용 및 해석

제1절 조약의 준수

제26조 【약속은 준수하여야 한다 (Pacta sunt servanda)】
유효한 모든 조약은 그 당사국을 구속하며 또한 당사국에 의하여 성실하게 이행되어야 한다.

제27조 【국내법과 조약의 준수】
어느 당사국도 조약의 불이행에 대한 정당화의 방법으로 그 국내법 규정을 원용해서는 아니된다. 이 규칙은 제46조를 침해하지 아니한다.

제2절 조약의 적용

제28조 【조약의 불소급(non-retroactivity)】
별도의 의사가 조약으로부터 나타나지 아니하거나 또는 달리 확정되지 아니하는 한 그 조약 규정은 그 발효 이전에 당사국에 관련하여 발생한 행위나 사실 또는 없어진 사태에 관하여 그 당사국을 구속하지 아니한다.

제29조 【조약의 영토적 범위】
별도의 의사가 조약으로부터 나타나지 아니하거나 또는 달리 확정되지 아니하는 한 조약은 각 당사국의 전체 영역에 관하여 각 당사국을 구속한다.

제30조 【동일한 주제에 관한 계승적(후속) 조약의 적용】 1. 국제연합헌장 제103조에 따를 것으로 하여 동일한 주제에 관한 계승적(sucessive) 조약의 당사국의 권리와 의무는 아래의 조항에 의거하여 결정된다.

2. 조약이 전조약 또는 후조약에 따를 것을 명시하고 있거나 또는

전조약 또는 후조약과 양립하지 아니하는 것으로 간주되지 아니함을 명시하고 있는 경우에는 그 다른 조약의 규정이 우선한다.

3. 전조약의 모든 당사국이 동시에 후조약의 당사국이나 전조약이 제59조에 따라 종료되지 아니하거나 또는 시행 정지되지 아니하는 경우에 전조약은 그 규정이 후조약의 규정과 양립하는 범위 내에서만 적용된다.

4. 후조약의 당사국이 전조약의 모든 당사국을 포함하지 아니하는 경우에는 다음의 규칙이 적용된다.
(a) 양 조약의 당사국 간에는 상기 3항과 같은 동일한 규칙이 적용된다.
(b) 양 조약의 당사국과 어느 한 조약의 당사국 간에는 그 양국이 다 같이 당사국인 조약이 그들 상호간의 권리와 의무를 규율한다.

5. 상기 4항은 제41조에 대하여 또는 제60조의 규정에 따른 조약의 종료 또는 시행정지에 관한 문제에 대하여 또는 다른 조약에 따른 국가에 대한 어느 국가의 의무와 조약규정이 양립하지 아니하는 조약의 체결 또는 적용으로부터 그 어느 국가에 대하여 야기될 수 있는 책임문제를 침해하지 아니한다.

제3절 조약의 해석

제31조 【해석의 일반규칙】 1. 조약은 조약문의 문맥 및 조약의 대상과 목적으로 보아 그 조약의 문언(terms)에 부여되는 통상적 의미에 따라 성실하게 해석되어야 한다.

2. 조약의 해석 목적상 문맥은 조약문에 추가하여 조약의 전문 및 부속서와 함께 다음의 것을 포함한다.

(a) 조약의 체결에 관련하여 모든 당사국 간에 이루어진 그 조약에 관한 <u>여하한의 합의(any agreement)</u>

(b) 조약의 체결에 관련하여 또는 그 이상의 당사국이 작성하고 또한 다른 당사국이 그 조약이 관련되는 문서로서 수락한 <u>문서</u>

3. 문맥과 함께 다음의 것이 참작되어야 한다(shall be taken into account).

(a) 조약의 해석 또는 그 조약규정의 적용에 관한 당사국 간의 <u>추후의 합의</u>

(b) 조약의 해석에 관한 당사국의 합의를 확정하는 그 조약 적용에 있어서의 <u>추후의 관행</u>

(c) 당사국 간의 관계에 적용될 수 있는 <u>국제법의 관계규칙</u>

4. 당사국의 <u>특별한 의미</u>를 특정용어에 부여하기로 의도하였음이 확정되는 경우에는 그러한 의미가 부여된다.

제32조【해석의 보충적 수단】 제31조의 적용으로부터 나오는 의미를 확인하기 위하여 또는 제31조에 따라 해석하면 *다음과 같이 되는 경우에* 그 의미를 결정하기 위하여 조약의 교섭 기록 및 그 <u>체결 시의 사정</u>을 포함한 해석의 보충적 수단에 의존할 수 있다.

(a) 의미가 모호해지거나 또는 애매하게 되는 경우 또는

(b) 명백히 불투명하거나 또는 불합리한 결과를 초래하는 경우

제33조【2 또는 그 이상의 언어가 정본인 조약의 해석】 1. 조약이 2 또는 그 이상의 언어에 의하여 정본으로 확정된 때에는 상위(divergence)가 있을 경우에 특정의 조약문이 우선함을 그 조약이 규정하지 아니하거나 또는 당사국이 합의하지 아니하는 한 각 언어로 작성된 조약문은 <u>동등히 유효</u>하다.

2. 조약의 정본으로 사용된 언어 중의 어느 하나 이외의 다른 언어로 작성된 조약의 번역문은 이를 정본으로 간주함을 조약이 규정하거나 또는 당사국이 이에 합의하는 경우에만 정본으로 간주된다.

3. 조약의 용어는 각 정본상 동일한 의미를 가지는 것으로 추정된다.

4. 상기 1항에 의거하여 특정의 조약문이 우선하는 경우를 제외하고, 제31조 및 제32조의 적용으로 제거되지 아니하는 의미의 차이가 정본의 비교에서 노정되는 경우에는 <u>조약의 대상과 목적을 고려하여 최선으로 조약문과 조화되는 의미</u>를 채택한다.

제4절 조약과 제3국

제34조【제3국에 관한 일반 규칙】 <u>조약은 제3국에 대하여 그 동의 없이는 의무 또는 권리를 창설하지 아니한다.</u>

제35조【제3국에 대하여 의무를 규정하는 조약】 조약의 당사국이 조약규정을 제3국에 대하여 의무를 설정하는 수단으로 <u>의도</u>하며 또한 그 제3국이 <u>서면</u>으로 그 의무를 명시적으로 수락하는 경우에는 그 조약의 규정으로부터 그 제3국에 대하여 의무가 발생한다.

제36조【제3국에 대하여 권리를 규정하는 조약】 1. 조약의 당사국이 제3국 또는 제3국이 속하는 국가의 그룹 또는 모든 국가에 대하여 권리를 부여하는 조약규정을 <u>의도</u>하며 또한 그 제3국이 이에 <u>동의</u>하는 경우에는 그 조약의 규정으로부터 그 제3국에 대하여 권리가 발생한다. <u>조약이 달리 규정하지 아니하는 한 제3국의 동의는 반대의 표시가 없는 동안(so long as the contrary is not indicated) 있는 것으로 추정된다</u>

(its assent shall be presumed).
2. 상기 1항에 의거하여 권리를 행사하는 국가는 조약에 규정되어 있거나 또는 조약에 의거하여 확정되는 그 권리행사의 조건에 따라야 한다.

제37조【제3국의 의무 또는 권리의 취소 또는 변경】 1. 제35조에 따라 제3국에 대하여 의무가 발생한 때에는 조약의 당사국과 제3국이 달리 합의하였음이 확정되지 아니하는 한 <u>그 의무는 조약의 당사국'과' 제3국의 동의를 얻는 경우에만</u>(only with the consent of the parties to the treaty and of the third State) 취소 또는 변경될 수 있다.

2. 제36조에 따라 제3국에 대하여 권리가 발생한 때에는 <u>그 권리가 제3국의 동의없이 취소 또는 변경되어서는 아니되는 것으로 의도되었음이 확정되는 경우에</u>(if it is established that the right was intended not to be revocable or subject to modification without the consent of the third State) 그 권리는 당사국에 의하여 취소 또는 변경될 수 <u>없다.</u>

제38조【국제 관습을 통하여 제3국을 구속하게 되는 조약상의 규칙】 <u>제34조 내지 제37조의 어느 규정도 조약에 규정된 규칙이 관습 국제법의 규칙으로 인정된 그러한 규칙으로서 제3국을 구속하게 되는 것을 배제하지 아니한다.</u>

제4부 조약의 개정 및 변경

제39조【조약의 개정에 관한 일반규칙】 조약은 당사국 간의 합의에 의하여 개정될 수 있다. 제2부에 규정된 규칙은 조약이 달리 규정하는 경우를 제외하고 그러한 합의에 적용된다.

제40조【다자조약의 개정】 1. 조약이 달리 규정하지 아니하는 한 다자조약의 개정은 아래의 조항에 의하여 규율된다.

2. <u>모든 당사국 간에서 다자조약을 개정하기 위한 제의는 모든 체약국에 통고되어야 하며 각 체약국은 다음의 것에 참여할 권리를 가진다.</u>
(a) 그러한 제의에 관하여 취하여질 조치에 관한 결정
(b) 그 조약의 개정을 위한 합의의 교섭 및 성립

3. <u>조약의 당사국이 될 수 있는 권리를 가진 모든 국가는 개정되는 조약의 당사국이 될 수 있는 권리를 또한 가진다.</u>

4. <u>개정하는 합의는 개정하는 합의의 당사국이 되지 아니하는 조약의 기존 당사국인 어느 국가도 구속하지 아니한다.</u> 그러한 국가에 관해서는 제30조 4항 (b) 가 적용된다.

5. 개정하는 합의의 발효 후에 조약의 당사국이 되는 국가는 그 국가에 의한 별도 의사의 표시가 없는 경우에 다음과 같이 간주된다.
(a) 개정되는 조약의 당사국으로 간주된다.
(b) 개정하는 합의에 의하여 구속되지 아니하는 조약의 당사국과의 관계에 있어서는 개정되지 아니한 조약의 당사국으로 간주된다.

제41조【일부 당사국에서만 다자조약을 변경하는 합의】 1. 다자조약의 2 또는 그 이상의 당사국은 다음의 경우에 그 당사국 간에서만 조약을 변경하는 합의를 성립시킬 수 있다.
(a) <u>그러한 변경의 가능성이 그 조약에 의하여 규정된 경우</u> 또는
(b) 문제의 변경이 그 조약에 의하여 <u>금지되지 아니하고 또한</u>

(ⅰ) 다른 당사국이 그 조약에
따라 권리를 향유하며 또는 의
무를 이행하는 것에 영향을 주
지 아니하며
(ⅱ) 전체로서의 그 조약의 대상
과 목적의 효과적 수행과 일부
변경이 양립하지 아니하는 규정
에 관련되지 아니하는 경우
2. 상기 1항 (a)에 해당하는 경우
에 조약이 달리 규정하지 아니하
는 한 문제의 당사국은 그 합의를
성립시키고자 하는 의사와 그 합
의가 규정하는 그 조약의 변경을
타방당사국에 통고하여야 한다.

**제5부 조약의 부적법(invalidity)
·종료 또는 시행정지**

제1절 일반규정

**제42조【조약의 적법성 및 효력
의 계속】** 1. 조약의 적법성 또는
조약에 대한 국가의 기속적 동의
의 적법성은 이 협약의 적용을 통
해서만 부정될 수 있다.
2. 조약의 종료, 그 폐기 또는 당
사국의 탈퇴는 그 조약의 규정 또
는 이 협약의 적용의 결과로서만
행하여질 수 있다. 동일한 규칙이
조약의 시행정지에 적용된다.

**제43조【조약과는 별도로 국제법
에 의하여 부과되는 의무】** 이 협
약 또는 조약규정의 적용의 결과
로서 조약의 부적법·종료 또는
폐기, 조약으로부터의 당사국의
탈퇴 또는 그 시행정지는 그 조약
과는 별도로 국제법에 따라 복종
해야 하는 의무로서 그 조약에 구
현된 것을 이행해야 하는 국가의
책무를 어떠한 방법으로도 경감
시키지 아니한다.

**제44조【조약 규정의 가분성
(separability)】** 1. 조약에 규정되
어 있거나 또는 제56조에 따라 발생

하는 조약의 폐기·탈퇴 또는 시
행 정지시킬 수 있는 당사국의 권
리(a right of a party)는 조약이 달
리 규정하지 아니하거나 또는 당
사국이 달리 합의하지 아니하는
한 조약 전체(the whole treaty)에
관해서만 행사될 수 있다.
2. 이 협약에서 인정되는(recognized
in the present Convention) 조약의
부적법화·종료·탈퇴 또는 시행정
지의 사유는 아래의 제 조항 또는 제
60조에 규정되어 있는 것을 제외하고
조약 전체(the whole treaty)에 관해
서만 원용될 수 있다.
3. 그 사유가 특정의 조항에만 관
련되는 경우에는 다음의 경우에
그러한 조항에 관해서만 원용될
수 있다.
(a) 당해 조항이 그 적용에 관련
하여 그 조약의 잔여 부분으로
부터 분리될 수 있으며
(b) 당해 조항의 수락이 전체로서
의 조약에 대한 1 또는 그 이상
의 다른 당사국의 기속적 동의
의 필수적 기초가 아니었던 것
이 그 조약으로부터 나타나거
나 또는 달리 확정되며 또한
(c) 그 조약의 잔여 부분의 계속적
이행이 부당하지 아니한 경우
4. 제49조 및 제50조에 해당하는
경우에 기만 또는 부정을 원용하
는 권리를 가진 국가는 조약 전체
에 관하여 또는 상기 3항에 따를
것으로 하여 특정의 조항에 관해
서만 그렇게 원용할 수 있다.
5. 제51조, 제52조 및 제53조에
해당하는 경우에는 조약규정의
분리가 허용되지 아니한다.

**제45조【조약의 부적법화·종료·
탈퇴 또는 그 시행정지의 사유를
원용하는 권리의 상실】** 국가는
다음의 경우에 사실을 알게 된 후
에는 제46조 내지 제50조 또는 제
60조 및 제62조에 따라 조약의

부적법화·종료·탈퇴 또는 시행정지의 사유를 원용할 수 없다.
(a) 경우에 따라 그 조약이 적법하다는 것 또는 계속 유효하다는 것 또는 계속 시행된다는 것에 그 국가가 명시적으로 동의한 경우 또는
(b) 그 국가의 행동으로 보아 조약의 적법성 또는 그 효력이나 시행의 존속을 묵인한 것으로 간주되어야 하는 경우

제2절 조약의 부적법

제46조【조약 체결권에 관한 국내법 규정】 1. 조약 체결권에 관한 국내법 규정의 위반이 명백하며 또한 근본적으로 중요한 국내법 규칙에 관련되지 아니하는 한 국가는 조약에 대한 그 기속적 동의를 부적법화하기 위한 것으로 그 동의가 그 국내법 규정에 위반하여 표시되었다는 사실을 원용할 수 없다.
2. 통상의 관행에 의거하고 또한 성실하게 행동하는 어느 국가에 대해서도 위반이 객관적으로 분명한 경우에는 그 위반은 *명백한* 것이 된다.

제47조【국가의 동의 표시 권한에 대한 특정의 제한】 어느 조약에 대한 국가의 기속적 동의를 표시하는 대표의 권한이 특정의 제한에 따를 것으로 하여 부여된 경우에 그 대표가 그 제한을 준수하지 아니한 것은 그러한 동의를 표시하기 전에 그 제한을 다른 교섭국에 통고하지 아니하는 한 그 대표가 표시한 동의를 부적법화하는 것으로 원용될 수 없다.

제48조【착오】 1. 조약상의 착오는 그 조약이 체결된 당시에 존재한 것으로 국가가 추정한 사실 또는 사태로서, 그 조약에 대한 국

가의 기속적 동의의 본질적 기초를 구성한 것에 관한 경우에 국가는 그 조약에 대한 그 기속적 동의를 부적법화하는 것으로 그 착오를 원용할 수 있다.
2. 문제의 국가가 자신의 행동에 의하여 착오를 유발하였거나 또는 그 국가가 있을 수 있는 착오를 감지할 수 있는 등의 사정하에 있는 경우에는 상기 1항이 적용되지 아니한다.
3. 조약문의 자구에만 관련되는 착오는 조약의 적법성에 영향을 주지 아니한다. 그 경우에는 제79조가 적용된다.

제49조【기만】 국가가 다른 교섭국의 기만적 행위에 의하여 조약을 체결하도록 유인된 경우에 그 국가는 조약에 대한 자신의 기속적 동의를 부적법화하는 것으로 그 기만을 원용할 수 있다.

제50조【국가 대표의 부정】 조약에 대한 국가의 기속적 동의의 표시가 직접적으로 또는 간접적으로 다른 교섭국에 의한 그 대표의 부정을 통하여 감행된 경우에 그 국가는 조약에 대한 자신의 기속적 동의를 부적법화하는 것으로 그 부정을 원용할 수 있다.

제51조【국가 대표의 강제】 국가 대표에게 정면으로 향한 행동 또는 위협을 통하여 그 대표에 대한 강제에 의하여 감행된 조약에 대한 국가의 기속적 동의표시는 여하한의 법적 효력을 가지지 아니한다(shall be without any legal effect).

제52조【힘의 위협 또는 사용에 의한 국가의 강제】 국제연합헌장에 구현된 국제법의 제 원칙을 위반하여 힘의 위협 또는 사용에 의하여 조약의 체결이 감행된 경우에 그 조약은 무효이다(is void).

제53조 【일반 국제법의 절대규범 (강행규범)과 충돌하는 조약】 조약은 그 체결 당시에 일반 국제법의 절대(강행)규범과 충돌하는 경우에 무효이다(is void). 이 협약의 목적상 일반 국제법의 절대(강행)규범(peremptory norm of general international law)은 그 이탈이 허용되지 아니하며(from which no derogation is permitted) 또한 동일한 성질을 가진(having the same character) 일반 국제법의 추후의 규범에 의해서'만'(only by a subsequent norm of general international law) 변경될 수 있는 규범으로 국가들로 이루어진 국제공동체 전체(the international community of States as a whole)가 수락하며 또한 인정하는 규범이다.

제3절 조약의 종료 및 시행정지

제54조 【조약규정 또는 당사국의 동의에 따른 조약의 종료 또는 조약으로부터의 탈퇴】 조약의 종료 또는 당사국의 탈퇴는 다음의 경우에 행하여질 수 있다.
(a) 그 조약의 규정에 의거하는 경우 또는
(b) 다른 체약국과 협의한 후에 언제든지 모든 당사국의 동의를 얻는 경우

제55조 【다자조약의 발효에 필요한 수 이하로의 그 당사국 수의 감소】 조약이 달리 규정하지 아니하는 한 다자조약은 그 당사국 수가 그 발효에 필요한 수 이하로 감소하는 사실만을 이유로 종료하지 아니한다.

제56조 【종료·폐기 또는 탈퇴에 관한 규정을 포함하지 아니하는 조약의 폐기 또는 탈퇴】 1. 종료에 관한 규정을 포함하지 아니하며

또한 폐기 또는 탈퇴를 규정하고 있지 아니하는 조약은 다음의 경우에 해당되지 아니하는 한 폐기 또는 탈퇴가 인정되지 아니한다.
(a) 당사국이 폐기 또는 탈퇴의 가능성을 인정하고자 하였음이 확정되는 경우 또는
(b) 폐기 또는 탈퇴의 권리가 조약의 성질상(by the nature) 묵시되는 경우
2. 당사국은 상기 1항에 따라 조약의 폐기 또는 탈퇴 의사를 적어도 12개월 전에 통고하여야 한다.

제57조 【조약 규정 또는 당사국의 동의에 의한 조약의 시행정지】 모든 당사국 또는 특정의 당사국에 대하여 조약의 시행이 다음의 경우에 정지될 수 있다.
(a) 그 조약의 규정에 의거하는 경우 또는
(b) 다른 체약국과 협의한 후에 언제든지 모든 당사국의 동의를 얻는 경우

제58조 【일부 당사국 간만의 합의에 의한 다자조약의 시행정지】 1. 다자조약의 2 또는 그 이상의 당사국은 다음의 경우에 일시적으로 또한 그 당사국 간에서만 조약규정의 시행을 정지시키기 위한 합의를 성립시킬 수 있다.
(a) 그러한 정지의 가능성이 그 조약에 의하여 규정되어 있는 경우 또는
(b) 문제의 정지가 조약에 의하여 금지되지 아니하고 또한
 (ⅰ) 다른 당사국에 의한 조약상의 권리 향유 또는 의무의 이행에 영향을 주지 아니하며
 (ⅱ) 그 조약의 대상 및 목적과 양립할 수 없는 것이 아닌 경우
2. 상기 1항 (a)에 해당하는 경우에 조약이 달리 규정하지 아니하는 한 문제의 당사국은 합의를 성립시키고자 하는 그 의사 및 시행을

정지시키고자 하는 조약규정을 타방당사국에 통고하여야 한다.

제59조【후조약의 체결에 의하여 묵시되는 조약의 종료 또는 시행정지】 1. 조약의 모든 당사국이 동일한 사항에 관한 후조약을 체결하고 또한 아래의 것에 해당하는 경우에 그 조약은 종료한 것으로 간주된다.

(a) 후조약에 의하여 그 사항이 규율되어야 함을 당사국이 의도하였음이 그 후조약으로부터 나타나거나 또는 달리 확정되는 경우 또는

(b) 후조약의 규정이 전조약의 규정과 근본적으로 양립하지 아니하여 양 조약이 동시에 적용될 수 없는 경우

2. 전조약을 시행정지시킨 것만이 당사국의 의사이었음이 후조약으로부터 나타나거나 또는 달리 확정되는 경우에 전조약은 그 시행이 정지된 것만으로 간주된다.

제60조【조약 위반의 결과로서의 조약의 종료 또는 시행정지】

1. 양자조약의 일방당사국에 의한 실질적 위반(material breach)은 그 조약의 종료 또는 시행의 전부 또는 일부의 정지를 위한 사유로서 그 위반을 원용하는 권리를 타방당사국에 부여한다.

2. 다자조약의 어느 당사국에 의한 실질적 위반은 관계 당사국이 다음의 조치를 취할 수 있는 권리를 부여한다.

(a) 다른 당사국이 전원일치의 합의(unanimous agreement)에 의하여 그 조약의 전부 또는 일부를 시행 정지시키거나 또는 그 조약을 종료시키는 권리

(i) 그 다른 당사국과 위반국 간의 관계에서 또는

(ii) 모든 당사국 간에서

(b) 위반에 의하여 특별히 영향을 받는 당사국(a party specially affected)이, 그 자신과 위반국 간의 관계에 있어서 그 조약의 전부 또는 일부의 시행을 정지시키기 위한 사유로서 그 위반을 원용하는 권리

(c) 어느 당사국에 의한 조약규정의 실질적 위반으로 그 조약상의 의무의 추후의 이행에 관한 모든 당사국의 입장을 근본적으로 변경시키는(radically changes the position of every party) 성질의 조약인 경우에, 위반국 이외의 다른 당사국에 관하여 그 조약의 전부 또는 일부의 시행정지를 위한 사유로서 그 다른 당사국에 그 위반을 원용하는 권리

3. 본조의 목적상 조약의 실질적 위반은 다음의 경우에 해당한다.

(a) 이 협약에 의하여 원용되지 아니하는 조약의 이행 거부 또는

(b) 조약의 대상과 목적의 달성에 필수적인 규정의 위반

4. 상기의 제 규정은 위반의 경우에 적용할 수 있는 조약상의 규정을 침해하지 아니한다.

5. 상기 1항 내지 3항은 인도적 성질의 조약에 포함된 인신의 보호에 관한(relating to the protection of the human person contained in treaties of a humanitarian character) 규정 특히 그러한 조약에 의하여 보호를 받는 자에 대한 여하한 형태의 복구를 금지하는(prohibiting any form of reprisals) 규정에 적용되지 아니한다.

제61조【후발적(supervening) 이행불능】 1. 조약의 이행불능이 그 조약의 시행에 불가결한 대상의 영구적 소멸 또는 파괴(the permanent disappearance or destruction of an object)로 인한 경우에 당사국은 그 조약을 종료시키거나 또는 탈퇴하기

위한 사유로서 그 이행불능을 원용할 수 있다. 그 이행불능이 일시적인 경우(temporary)에는 조약의 시행정지를 위한 사유로서만 원용될 수 있다.

2. 이행불능이 이를 원용하는 당사국에 의한 조약상의 의무나 또는 그 조약의 다른 당사국에 대하여 지고 있는 기타의 국제적 의무의 위반의 결과인 경우에 그 이행불능은 그 조약을 종료시키거나 또는 탈퇴하거나 또는 그 시행을 정지시키기 위한 사유로서 그 당사국에 의하여 원용될 수 없다.

제62조【사정의 근본적 변경(funda-mental change of circumstances)】

1. 조약의 체결 당시에 존재한 사정에 관하여 발생하였으며 또한 당사국'들'에 의하여 예견되지 아니한 사정의 근본적 변경은 다음 경우에 해당되지 아니하는 한 조약을 종료시키거나 또는 탈퇴하기 위한 사유로서 원용될 수 없다.
(a) 그러한 사정의 존재가 그 조약에 대한 당사국들의 기속적 동의의 본질적 기초를 구성하였으며 또한
(b) 그 조약에 따라 계속 이행되어야 '할' 의무의 범위를 그 변경의 효과가 급격하게 변환시키는 경우
2. 사정의 근본적 변경은 다음의 경우에는 조약을 종료시키거나 또는 탈퇴하는 사유로서 원용될 수 없다.
(a) 그 조약이 경계선을 확정하는 (establishes) 경우 또는
(b) 근본적 변경이 이를 원용하는 당사국에 의한 조약상의 의무나 또는 그 조약의 다른 당사국에 대하여 지고 있는 기타의 국제적 의무의 위반의 결과인 경우
3. 상기의 제 조항에 따라 당사국이 조약을 종료시키거나 또는 탈퇴

하기 위한 사유로서 사정의 근본적 변경을 원용할 수 있는 경우에 그 당사국은 그 조약의 시행을 정지시키기 위한 사유로서 그 변경을 또한 원용할 수 있다.

제63조【외교 또는 영사 관계의 단절】조약 당사국 간의 외교 또는 영사 관계의 단절은 외교 또는 영사 관계의 존재가 그 조약의 적용에 불가결한 경우를 제외하고 (except in so far as the existence of diplomatic or consular relations is indispensible) 그 조약에 의하여 그 당사국 간에 확립된 법적 관계에 영향을 주지 아니한다.

제64조【일반 국제법의 새 절대규범(강행규범)의 출현】일반 국제법의 새 절대규범이 출현하는 경우에 그 규범과 충돌하는 현행 조약은 무효로 되어 종료한다 (becomes void and terminates).

제4절　절차

제65조【조약의 부적법·종료·탈퇴 또는 시행정지에 관하여 취해지는 절차】1. 이 협약의 규정에 따라(under the provision of the present Convention) 조약에 대한 국가의 기속적 동의상의 흠결(defect)을 원용하거나 또는 조약의 적법성을 부정하거나 조약을 종료시키거나 조약으로부터 탈퇴하거나 또는 그 시행을 정지시키기 위한 사유를 원용하는 당사국(party)은 다른 당사국에 대하여 그 주장을 통고하여야 한다. 그 통고에는 그 조약에 관하여 취하고자 제의하는 조치 및 그 이유를 표시하여야 한다.
2. 특별히 긴급한 경우를 제외하고 그 통고의 접수 후 3개월 이상의 기간이 경과한 후에 어느 당사국도 이의를 제기하지 아니한 경우

에는 그 통고를 행한 당사국은 제67조에 규정된 방법으로 그 당사국이 제의한 조치를 실행할 수 있다.

3. 다만, 다른 당사국에 의하여 이의가 제기된 경우에 당사국은 국제연합헌장 제33조에 열거되어 있는 수단을 통한 해결을 도모하여야 한다.

4. 상기 제 조항의 어느 규정도 분쟁의 해결에 관하여 당사국을 구속하는 유효한 규정에 따른 당사국의 권리 또는 의무에 영향을 주지 아니한다.

5. 제45조를 침해함이 없이 어느 국가가 상기 1항에 규정된 통고를 사전에 행하지 아니한 사실은 조약의 이행을 요구하거나 또는 조약의 위반을 주장하는 다른 당사국에 대한 회답으로서 그 국가가 그러한 통고를 행하는 것을 막지 아니한다.

제66조【사법적 해결 · 중재 재판 및 조정을 위한 절차】 이의가 제기된 일자로부터 12개월의 기간 내에 제65조 3항에 따라 해결에 도달하지 못한 경우에는 다음의 절차를 진행하여야 한다.

(a) 제53조 또는 제64조의 적용 또는 해석에 관한 분쟁의 어느 한 당사국(any one of the parties)은 제 당사국이 공동의 동의에 의하여 분쟁을 중재 재판에 부탁하기로 합의하지 아니하는 한 분쟁을 국제사법재판소에 결정을 위하여 서면 신청으로써 부탁할 수 있다(may).

(b) 이 협약 제5부의 따른 제 조항의 적용 또는 해석에 관한 분쟁의 어느 한 당사국은 협약의 부속서에 명시된 절차의 취지로 요구서를 국제연합사무총장에게 제출함으로써 그러한 절차를 개시할 수 있다.

제67조【조약의 부적법선언 · 종료 · 탈퇴 또는 시행정지를 위한 문서】

1. 제65조 1항에 따라 규정된 통고는 서면으로 행하여져야 한다.

2. 조약의 규정 또는 제65조 2항 또는 3항의 규정에 따른 그 조약의 부적법선언 · 종료 · 탈퇴 또는 시행정지에 관한 행위는 다른 당사국에 전달되는 문서를 통하여 이행하여야 한다. 동 문서가 국가원수 · 정부수반 또는 외무부장관에 의하여 서명되지 아니한 경우에는 이를 전달하는 국가의 대표에게 전권 위임장을 제시하도록 요구할 수 있다.

제68조【제65조 및 제67조에 규정된 통고와 문서의 철회】 제65조 또는 제67조에 규정된 통고 또는 문서는 그 효력을 발생하기 전에 언제든지 철회될 수 있다.

제5절 조약의 부적법 · 종료 또는 시행정지의 효과

제69조【조약의 부적법의 효과】

1. 이 협약에 의거하여 그 부적법이 확정되는 조약은 무효이다. 무효인 조약의 규정은 법적 효력을 가지지 아니한다.

2. 다만, 그러한 조약에 의존하여 행위가 실행된 경우에는 다음의 규칙이 적용된다.

(a) 각 당사국은 그 행위가 실행되지 아니하였더라면 존재하였을 상태를 당사국의 상호관계에 있어서 가능한 한 확립하도록 다른 당사국에 요구할 수 있다.

(b) 부적법이 원용되기 전에 성실히 실행된 행위는 그 조약의 부적법만을 이유로 불법화되지 아니한다.

3. 제49조, 제50조, 제51조 또는 제52조에 해당하는 경우에는 기만 ·

부정행위 또는 강제의 책임이 귀속되는 당사국에 관하여 상기 2항이 적용되지 아니한다.
4. 다자조약에 대한 특정 국가의 기속적 동의의 부적법의 경우에 상기의 제 규칙은 그 국가와 그 조약의 당사국 간의 관계에 있어서 적용된다.

제70조【조약의 종료 효과】 1. 조약이 달리 규정하지 아니하거나 또는 당사국이 달리 합의하지 아니하는 한 조약의 규정에 따르거나 또는 이 협약에 의거한 그 조약의 종료는 다음의 효과를 가져온다.
(a) 당사국에 대하여 추후 그 조약을 이행할 의무를 해제한다.
(b) 조약의 종료 전에 그 조약의 시행을 통하여 생긴 당사국의 권리·의무 또는 법적 상태에 영향을 주지 아니한다.
2. 국가가 다자조약을 폐기하거나 또는 탈퇴하는 경우에는 그 폐기 또는 탈퇴가 효력을 발생하는 일자로부터 그 국가와 그 조약의 다른 각 당사국 간의 관계에 있어서 상기 1항이 적용된다.

제71조【일반 국제법의 절대규범과 충돌하는 조약의 부적법의 효과】 1. 제53조에 따라 무효인 조약의 경우에 당사국은 다음의 조치를 취한다.
(a) 일반 국제법의 절대규범과 충돌하는 규정에 의존하여 행하여진 행위의 결과를 가능한 한 제거하며 또한
(b) 당사국의 상호관계를 일반국제법의 절대규범과 일치시키도록 한다.
2. 제64조에 따라 무효로 되어 종료하는 조약의 경우에 그 조약의 종료는 다음의 효과를 가져온다.
(a) 당사국에 대하여 추후 그 조약을 이행할 의무를 해제한다.

(b) 조약의 종료 전에 그 조약의 시행을 통하여 생긴 당사국의 권리·의무 또는 법적 상태에 영향을 주지 아니한다. 다만, 그러한 권리·의무 또는 상태는 그 유지 자체가 일반 국제법의 새 절대규범과 충돌하지 아니하는 범위 내에서만 그 이후 유지될 수 있을 것을 조건으로 한다.

제72조【조약의 시행정지 효과】
1. 조약이 달리 규정하지 아니하거나 또는 당사국이 달리 합의하지 아니하는 한 조약의 규정에 따르거나 또는 이 협약에 의거한 그 조약의 시행정지는 다음의 효과를 가져온다.
(a) 조약의 시행이 정지되어 있는 당사국에 대해서는 동 정지 기간 동안 그 상호관계에 있어서 그 조약을 이행할 의무를 해제한다.
(b) 그 조약에 의하여 확립된 당사국간의 법적 관계에 달리 영향을 주지 아니한다.
2. 시행정지 기간 동안 당사국은 그 조약의 시행 재개를 방해하게 되는 행위를 삼가하여야 한다.

제6부 잡 칙

제73조【국가의 계승·국가책임 및 적대행위 발발의 경우】 이 협약의 규정은 국가의 승계·국가의 국제책임 또는 국가 간의 적대행위의 발발로부터 조약에 관하여 발생될 수 있는 문제를 예단하지 아니한다.

제74조【외교 및 영사관계와 조약의 체결】 2 또는 그 이상의 국가 간의 외교 또는 영사관계의 단절 또는 부재는 그러한 국가 간의 조약체결을 막지 아니한다. 조약의 체결은 그 자체 외교 또는 영사관계에 관련된 상태에 영향을

주지 아니한다.

제75조 【침략국의 경우】 이 협약의 규정은 국제연합헌장에 의거하여 침략국의 침략에 관하여 취해진 조치의 결과로서 그 침략국에 대하여 발생될 수 있는 조약상의 의무를 침해하지 아니한다.

제7부 수탁자·통고·정정 및 등록

제76조 【조약의 수탁자】 1. 조약의 수탁자는 조약 그 자체 속에 또는 기타의 방법으로 교섭국에 의하여 지정될 수 있다. 수탁자는 1 또는 그 이상의 국가·국제기구 또는 국제기구의 수석 행정관이 될 수 있다.

2. 조약의 수탁자의 기능은 성질상 국제적이며 또한 수탁자는 그 기능을 수행함에 있어서 공평하게 행동할 의무를 진다. 특히, 조약이 일부 당사국 간에 발효하지 아니하였거나 또는 수탁자의 기능의 수행에 관하여 국가와 수탁자 간에 의견의 차이가 발생한 사실은 그러한 의무에 영향을 주지 아니한다.

제77조 【수탁자의 기능】 1. 달리 조약에 규정되어 있지 아니하거나 또는 체약국이 합의하지 아니하는 한 수탁자의 기능은 특히 다음의 것을 포함한다.

(a) 수탁자에 송달된 조약 및 전권 위임장의 원본 보관

(b) 원본의 인증등본 작성, 조약에 의하여 요구될 수 있는 추가의 언어에 의한 조약문 작성 및 조약의 당사국과 당사국이 될 수 있는 권리를 가진 국가에의 그 전달

(c) 조약에 대한 서명의 접수 및 조약에 관련된 문서·통고 및 통첩의 접수와 보관

(d) 서명 또는 조약에 관련된 문서·통고 또는 통첩이 정당하고 또한 적절한 형식으로 된 것인가의 검토 및 필요한 경우에 문제점에 대하여 당해 국가의 주의환기

(e) 조약의 당사국 및 당사국이 될 수 있는 권리를 가진 국가에 대한 그 조약에 관련된 행위의 통고 및 통첩의 통보

(f) 조약의 발효에 필요한 수의 서명 또는 비준서·수락서·승인서 또는 가입서가 접수되거나 또는 기탁되는 경우에 조약의 당사국이 될 수 있는 권리를 가진 국가에의 통보

(g) 국제연합사무국에의 조약의 등록

(h) 이 협약의 다른 규정에 명시된 기능의 수행

2. 수탁자의 기능의 수행에 관하여 국가와 수탁자 간에 발생하는 의견의 차이의 경우에 수탁자는 그 문제에 대하여 서명국과 체약국 또는 적절한 경우에는 관계 국제기구의 권한 있는 기관의 주의를 환기시킨다.

제78조 【통고 및 통첩】 조약 또는 이 협약이 달리 규정하는 경우를 제외하고 이 협약에 따라 국가가 행하는 통고 또는 통첩은 다음과 같이 취급된다.

(a) 수탁자가 없는 경우에는 통고 또는 통첩은 받을 국가에 직접 전달되며 수탁자가 있는 경우에는 수탁자에게 전달된다.

(b) 전달 대상 국가가 통고 또는 통첩을 접수한 때에만 또는 경우에 따라 수탁자가 접수한 때에만 문제의 국가가 그 통고 또는 통첩을 행한 것으로 간주된다.

(c) 수탁자에게 전달된 경우에는 전달 대상 국가가 제77조 1항 (e)에 의거하여 수탁자로부터

통보받은 경우에만 그 국가가 접수한 것으로 간주된다.

제79조【조약문 또는 인증등본상의 착오 정정】 1. 조약문의 정본인증 후 그 속에 착오가 있다는 것에 서명국 및 체약국이 합의하는 경우에는 그들이 다른 정정방법에 관하여 결정하지 아니하는 한 착오는 다음과 같이 정정된다.

(a) 착오문에 적당한 정정을 가하고 정당히 권한을 위임받은 대표가 그 정정에 가서명하는 것

(b) 합의된 정정을 기재한 1 또는 그 이상의 문서에 효력을 부여하거나 또는 이를 교환하는 것

(c) 원본의 경우와 동일한 절차에 의하여 조약 전체의 정정본을 작성하는 것

2. 수탁자가 있는 조약의 경우에 수탁자는 서명국 및 체약국에 대하여 착오와 그 정정 제안을 통보하며 또한 제안된 정정에 대하여 이의를 제기할 수 있는 적절한 기한을 명시한다. 그 기한이 만료되면 다음의 조치가 취하여진다.

(a) 이의가 제기되지 아니한 경우에 수탁자는 착오문에 정정을 가하고 이에 가서명하며 또한 착오문의 정정「경위서」를 작성하여 그 사본을 조약의 당사국 및 조약의 당사국이 될 수 있는 권리를 가진 국가에 송부한다.

(b) 이의가 제기된 경우에 수탁자는 그 이의를 서명국 및 체약국에 송부한다.

3. 조약문이 2 또는 그 이상의 언어로 정본인증되고 또한 서명국 및 체약국 간의 합의로서 정정되어야 할 합치의 결여가 있다고 보이는 경우에는 상기 1항 및 2항의 규칙이 또한 적용된다.

4. 정정본은 서명국 및 체약국이 달리 결정하지 아니하는 한 「처음부터」 흠결본을 대치한다.

5. 등록된 조약문의 정정은 국제연합사무국에 통고된다.

6. 조약의 인증등본에서 착오가 발견되는 경우에 수탁자는 정정을 명시하는 「경위서」를 작성하며 또한 그 사본을 서명국 및 체약국에 송부한다.

제80조【조약의 등록 및 발간】 1. 조약은 그 발효 후에 경우에 따라 등록 또는 편철과 기록을 위하여 또한 발간을 위하여 국제연합사무국에 송부된다.

2. 수탁자의 지정은 상기 전항에 명시된 행위를 수탁자가 수행할 수 있는 권한을 부여하게 된다.

제8부　최종조항

제81조【서명】 이 협약은 국제연합 또는 전문기구 중의 어느 하나 또는 국제원자력기구의 모든 회원국 또는 국제사법재판소 규정의 당사국 및 국제연합총회에 의하여 이 협약의 당사국이 되도록 초청된 기타의 국가에 의한 서명을 위하여 다음과 같이 개방된다. 즉 1969년 1월 30일까지는 오스트리아 공화국의 연방 외무부에서 개방되며 또한 그 이후 1970년 4월 30일까지는 뉴욕의 국제연합본부에서 개방된다.

제82조【비준】 이 협약은 비준되어야 한다. 비준서는 국제연합사무총장에게 기탁된다.

제83조【가입】 이 협약은 제81조에 언급된 카테고리의 어느 하나에 속하는 국가에 의한 가입을 위하여 계속 개방된다. 가입서는 국제연합사무총장에게 기탁된다.

제84조【발효】 1. 이 협약은 35번째의 비준서 또는 가입서가 기탁된 날로부터 30일 후에 발효한다.

2. 35번째의 비준서 또는 가입서가 기탁된 후 이 협약에 비준하거

나 또는 가입하는 각 국가에 대하여 이 협약은 그 국가에 의한 비준서 또는 가입서의 기탁으로부터 30일 후에 발효한다.

제85조 【정본】 중국어 · 영어 · 불어 · 노어 및 서반아어본이 동등히 정본인 이 협약의 원본은 국제연합사무총장에게 기탁된다.

이상의 증거로, 하기 전권대표는 각자의 정부에 의하여 정당히 권한을 위임받아 이 협약에 서명하였다. 일천구백육십구년 오월 이십삼일 비엔나에서 작성되었다.

(강제조정에 관한) 부속서

1. 국제연합사무총장은 자격 있는 법률가로 구성되는 조정관의 명부를 작성하여 유지한다. 이러한 목적으로 국제연합의 회원국 또는 이 협약의 당사국인 모든 국가는 2명의 조정관을 지명하도록 요청되며 또한 이렇게 지명된 자의 명단은 상기명부에 포함된다. 불시의 공석을 보충하기 위하여 지명된 조정관의 임기를 포함하여 조정관의 임기는 5년이며 또한 연임될 수 있다. 임기가 만료되는 조정관은 하기 2항에 따라 그가 선임된 목적상의 직무를 계속 수행하여야 한다.

2. 제66조에 따라 국제연합사무총장에게 요청이 제기된 경우에 사무총장은 다음과 같이 구성되는 조정위원회에 분쟁을 부탁한다. 분쟁당사국의 일방을 구성하는 1 또는 그 이상의 국가는 다음과 같이 조정관을 임명한다.

(a) 상기 1항에 언급된 명부 또는 동 명부 외에서 선임될 수 있는 자로서 당해국의 또는 당해 2 이상의 국가 중 어느 하나의 국가의 국적을 가진 1명의 조정관을 임명하며 또한

(b) 상기 명부에서 선임되는 자로서 당해국 또는 당해 2 이상의 국가 중 어느 하나의 국가의 국적을 가지지 아니한 1명의 조정관을 임명한다. 분쟁당사국의 타방을 구성하는 1 또는 그 이상의 국가는 동일한 방법으로 2명의 조정관을 임명한다. 분쟁당사국에 의하여 선임되는 4명의 조정관은 사무총장이 요청을 받는 날로부터 60일 이내에 임명되어야 한다. 4명의 조정관은 그들 중 최후에 임명을 받는 자의 임명일자로부터 60일 이내에 상기명부로부터 선임되는 자로서 조정위원장이 될 제5조의 조정관을 임명한다. 위원장 또는 다른 조정관의 임명을 위하여 상기에 지정된 기간 내에 그러한 임명이 행하여지지 아니한 경우에는 동 기간이 만료한 후 60일 이내에 사무총장이 임명을 행한다. 위원장의 임명은 명부 중에서 또는 국제법 위원회의 위원 중에서 사무총장이 행할 수 있다. 임명이 행하여져야 하는 기간은 분쟁당사국의 합의에 의하여 연장될 수 있다. 공석은 처음의 임명에 관하여 지정된 방법으로 보충된다.

3. 조정위원회는 자체의 절차를 결정한다. 위원회는 분쟁당사국의 동의를 얻어 조약의 어느 당사국에 대하여 그 견해를 구두 또는 서면으로 동 위원회에 제출하도록 요청할 수 있다. 위원회의 결정 및 권고는 5명의 구성원의 다수결에 의한다.

4. 위원회는 우호적 해결을 촉진할 수 있는 조치에 대하여 분쟁당사국의 주의를 환기할 수 있다.

5. 위원회는 분쟁당사국의 의견을 청취하고, 청구와 이의를 심사하며 또한 분쟁의 우호적 해결에

도달할 목적으로 당사국에 대한 제안을 작성한다.

6. 위원회는 그 구성 후 12개월이내에 보고하여야 한다. 그 보고서는 사무총장에게 기탁되며 또한 분쟁당사국에 송부된다. 사실 또는 법적문제에 관하여 위원회의 보고서에 기술된 결론을 포함한 위원회의 보고서는 분쟁당사국을 구속하지 아니하며 또한 분쟁의 우호적 해결을 촉진하기 위하여 분쟁당사국에 의한 고려의 목적으로 제출된 권고 이외의 다른 성질을 가지지 아니한다.

7. 사무총장은 위원회가 필요로하는 협조와 편의를 위원회에 제공한다. 위원회의 경비는 국제연합이 부담한다.

30 1971년 민간항공의 안전에 대한 불법적 행위의 억제를 위한 (몬트리올) 협약
(Convention for the Suppression of Unlawful Acts against the Safety of Civil Aviation)

채택일 : 1971.9.23.
발효일 : 1973.9.1.
한국 발효일 : 1973.9.1.

본 협약 당사국들은, 민간항공의 안전에 대한 불법적 행위가 인명 및 재산의 안전에 위해를 가하고, 항공업무의 수행에 중대한 영향을 미치며, 또한 민간항공의 안전에 대한 세계인민의 신뢰를 저해하는 것임을 고려하고, 그러한 행위의 발생이 중대한 관심사임을 고려하고 그러한 행위를 방지하기 위하여 범인들의 처벌에 관한 적절한 조치를 규정할 긴박한 필요성이 있음을 고려하여, 다음과 같이 합의하였다.

제1조 1. 여하한 자도 불법적으로 그리고 고의적으로 :
(가) 비행 중인 항공기에 탑승한 자에 대하여 폭력 행위를 행하고 그 행위가 그 항공기의 안전에 위해를 가할 가능성이 있는 경우 ; 또는
(나) 운항 중인 항공기를 파괴하는 경우 또는 그러한 비행기를 훼손하여 비행을 불가능하게 하거나 또는 비행의 안전에 위해를 줄 가능성이 있는 경우 ; 또는
(다) 여하한 방법에 의하여서라도, 운항 중인 항공기상에 그 항공기를 파괴할 가능성이 있거나 또는 그 항공기를 훼손하여 비행을 불가능하게 할 가능성이 있거나 또는 그 항공기를 훼손하여 비행의 안전에 위해를 줄 가능성이 있는 장치나 물질을 설치하거나 또는 설치되도록 하는 경우 ; 또는

(라) 항공시설을 파괴 혹은 손상하거나 또는 그 운용을 방해하고 그러한 행위가 비행 중인 항공기의 안전에 위해를 줄 가능성이 있는 경우 ; 또는
(마) 그가 허위임을 아는 정보를 교신하여, 그에 의하여 비행 중인 항공기의 안전에 위해를 주는 경우 ; 에는 범죄를 범한 것으로 한다.
2. 여하한 자도 :
(가) 본조 1항에 규정된 범죄를 범하려고 시도한 경우 ; 또는
(나) 그러한 범죄를 범하거나 또는 범하려고 시도하는 자의 공범자인 경우에도 또한 범죄를 범한 것으로 한다.

제2조 본 협약의 목적을 위하여 :
(가) 항공기는 탑승 후 모든 외부의 문이 닫힌 순간으로부터 하기를 위하여 그러한 문이 열려지는 순간까지의 어떠한 시간에도 비행 중에 있는 것으로 본다. 강제착륙의 경우, 비행은 관계당국이 항공기와 기상의 인원 및 재산에 대한 책임을 인수할 때까지 계속하는 것으로 본다 ;
(나) 항공기는 일정 비행을 위하여 지상원 혹은 승무원에 의하여 항공기의 비행 전 준비가 시작된 때부터 착륙 후 24시간까지 운항 중에 있는 것으로 본다. 운항의 기간은, 어떠한 경우에도, 항공기가 본조 1항에 규정된 비행 중에 있는 전 기간 동안 계속된다.

제3조 각 체약국은 제1조에 규정된 범죄를 엄중한 형벌로 처벌할 수 있도록 할 의무를 진다.

제4조 1. 본 협약은 군사, 세관 또는 경찰 업무에 사용되는 항공기에는 적용되지 아니한다.

2. 제1조 1항의 세항 (가), (나), (다) 및 (마)에 규정된 경우에 있어서, 본 협약은 항공기가 국제 또는 국내선에 종사하는지를 불문하고:

(가) 항공기의 실제 또는 예정된 이륙 또는 착륙 장소가 그 항공기의 등록국가의 영토 외에 위치한 경우 ; 또는

(나) 범죄가 그 항공기 등록국가 이외의 국가 영토 내에서 범하여진 경우에만 적용된다.

3. 본조 2항에도 불구하고 제1조 1항 세항 (가), (나), (다) 및 (마)에 규정된 경우에 있어서, 본 협약은 범인 및 범죄 혐의자가 항공기 등록국가 이외의 국가 영토 내에서 발견된 경우에도 적용된다.

4. 제9조에 언급된 국가와 관련하여 또한 제1조 1항 세항 (가), (나), (다) 및 (마)에 언급된 경우에 있어서, 본 협약은 본조 2항 세항 (가)에 규정된 장소들이 제9조에 규정된 국가의 하나에 해당하는 국가의 영토 내에 위치한 경우에는, 그 국가 이외의 국가 영토 내에서 범죄가 범하여지거나 또는 범인이나 범죄 혐의자가 발견되지 아니하는 한, 적용되지 아니한다.

5. 제1조 1항 세항 (라)에 언급된 경우에 있어서, 본 협약은 항공시설이 국제 항공에 사용되는 경우에만 적용된다.

6. 본조 2, 3, 4 및 5항의 규정들은 제1조 2항에 언급된 경우에도 적용된다.

제5조 1. 각 체약국은 다음과 같은 경우에 있어서 범죄에 대한 관할권을 확립하기 위하여 필요한 제반 조치를 취하여야 한다.

(가) 범죄가 그 국가의 영토 내에서 범하여진 경우.

(나) 범죄가 그 국가에 등록된 항공기에 대하여 또는 기상에서 범하여진 경우.

(다) 범죄가 기상에서 범하여지고 있는 항공기가 아직 기상에 있는 범죄 혐의자와 함께 그 영토 내에 착륙한 경우.

(라) 범죄가 주된 사업장소 또는 그러한 사업장소를 가지지 않은 경우에는 영구 주소를 그 국가 내에 가진 임차인에게 승무원 없이 임대된 항공기에 대하여 또는 기상에서 범하여진 경우.

2. 각 체약국은 범죄 혐의자가 그 영토 내에 소재하고 있으며, 그를 제8조에 따라 본조 1항에 언급된 어떠한 국가에도 인도하지 않는 경우에 있어서, 제1조 1항 (가), (나) 및 (다)에 언급된 범죄에 관하여 또한 제1조 2항에 언급된 범죄에 관하여, 동조가 그러한 범죄에 효력을 미치는 한, 그 관할권을 확립하기 위하여 필요한 제반 조치를 또한 취하여야 한다.

3. 본 협약은 국내법에 따라 행사되는 어떠한 형사 관할권도 배제하지 아니한다.

제6조 1. 사정이 그와 같이 허용한다고 인정한 경우, 범인 및 범죄 혐의자가 그 영토 내에 소재하고 있는 체약국은 그를 구치하거나 그의 신병확보를 위한 기타 조치를 취하여야 한다. 동 구치 및 기타 조치는 그 국가의 국내법에 규정된 바에 따라야 하나, 형사 또는 인도 절차를 취함에 필요한 시간 동안만 계속될 수 있다.

2. 그러한 국가는 사실에 대한 예비 조사를 즉시 행하여야 한다.

3. 본조 1항에 따라 구치 중에 있는 어떠한 자도 최근거리에 있는 그 본국의 적절한 대표와 즉시 연락을 취하는 데 도움을 받아야 한다.

4. 본조에 의거하여 체약국이 어떠한 자를 구치하였을 때, 그 국가는 제5조 1항에 언급된 국가, 피구치자가 국적을 가진 국가 및 타당하다고 생각할 경우 기타 관계국가에 대하여 그와 같은 자가 구치되어 있다는 사실과 그의 구치를 정당화하는 사정을 즉시 통고하여야 한다. 본조 2항에 규정된 예비조사를 행한 국가는 전기 국가에 대하여 그 조사 결과를 즉시 보고하여야 하며, 그 관할권을 행사할 의도가 있는지의 여부를 명시하여야 한다.

제7조 그 영토 내에서 범죄 혐의자가 발견된 체약국은 만약 동 인을 인도하지 않은 경우, 예외 없이 또한 그 영토 내에서 범죄가 범하여진 것인지 여부를 불문하고, 소추를 하기 위하여 권한 있는 당국에 동 사건을 회부하여야 한다. 그러한 당국은 그 국가의 법률상 중대한 성질의 일반 범죄의 경우에 있어서와 같은 방법으로 그 결정을 내려야 한다.

제8조 1. 범죄는 체약국 간에 현존하는 인도 조약상의 인도 범죄에 포함되는 것으로 간주된다. 체약국은 범죄를 그들 사이에 체결될 모든 인도 조약에 인도 범죄로 포함할 의무를 진다.

2. 인도에 관하여 조약의 존재를 조건으로 하는 체약국이 상호 인도 조약을 체결하지 않은 타 체약국으로부터 인도 요청을 받은 경우에는, 그 선택에 따라 본 협약을 범죄에 관한 인도를 위한 법적인 근거로서 간주할 수 있다. 인도는 피 요청국의 법률에 규정된 기타 제 조건에 따라야 한다.

3. 인도에 관하여 조약의 존재를 조건으로 하지 않는 체약국들은 피 요청국의 법률에 규정된 제 조건에 따를 것을 조건으로 범죄를 동 국가들 간의 인도범죄로 인정하여야 한다.

4. 각 범죄는, 체약국 간의 인도 목적을 위하여, 그것이 발생한 장소에서뿐만 아니라 제5조 1항 (나), (다) 및 (라)에 의거하여 그 관할권을 확립하도록 되어 있는 국가의 영토 내에서 범하여진 것처럼 취급된다.

제9조 공동 또는 국제 등록에 따라 항공기를 운영하는 공동 항공운수 운영기구 또는 국제운영기관을 설치한 체약국들은 적절한 방법에 따라 각 항공기에 대하여 관할권을 행사하고 본 협약의 목적을 위하여 등록국가의 자격을 가지는 국가는 당해국 중에서 지명하여야 하며 또한 국제민간항공기구에 그에 관한 통고를 하여야 하며, 동 기구는 본 협약의 전 체약국에 동 통고를 전달하여야 한다.

제10조 1. 체약국은, 국제법 및 국내법에 따라, 제1조에 언급된 범죄를 방지하기 위한 모든 실행 가능한 조치를 취하도록 노력하여야 한다.

2. 제1조에 언급된 범죄의 하나를 범함으로써, 비행이 지연되거나 또는 중단된 경우, 항공기, 승객 또는 승무원이 자국 내에 소재하고 있는 어떠한 체약국도 실행이 가능한 한 조속히 승객 및 승무원의 여행의 계속을 용이하게 하여야 하며, 항공기 및 그 화물을 정당한 점유권자에게 지체없이 반환하여야 한다.

제11조 1. 체약국들은 범죄와 관련하여 제기된 형사 소송절차에 관하여 상호 간 최대의 협조를 제공

하여야 한다. 피요청국의 법률은 모든 경우에 있어서 적용된다.

2. 본조 1항의 규정은 형사문제에 있어서 전반적 또는 부분적인 상호 협조를 규정하거나 또는 규정할 그 밖의 어떠한 양자 또는 다자조약상의 의무에 영향을 미치지 아니한다.

제12조 제1조에 언급된 범죄의 하나가 범하여질 것이라는 것을 믿게 할 만한 이유를 가지고 있는 어떠한 체약국도, 그 국내법에 따라 제5조 1항에 언급된 국가에 해당한다고 믿어지는 국가들에게 그 소유하고 있는 관계정보를 제공하여야 한다.

제13조 각 체약국은 그 국내법에 의거하여 국제민간항공기구 이사회에 그 국가가 소유하고 있는 다음에 관한 어떠한 관계 정보도 가능한 한 조속히 보고하여야 한다.

(가) 범죄의 상황.

(나) 제10조 2항에 의거하여 취하여진 조치.

(다) 범인 또는 범죄 혐의자에 대하여 취하여진 조치, 또한 특히 인도절차 및 기타 법적 절차의 결과.

제14조 1. 협상을 통하여 해결될 수 없는 본 협약의 해석 또는 적용에 관한 2개국 또는 그 이상의 체약국들 간의 어떠한 분쟁도 그들 중 일 국가의 요청에 의하여 중재에 회부된다. 중재 요청일로부터 6개월 이내에 체약국들이 중재구성에 합의하지 못할 경우에는, 그들 당사국 중의 어느 일 국가가 국제사법재판소에 동 재판소 규정에 따라 분쟁을 부탁할 수 있다.

2. 각 체약국은 본 협약의 서명, 비준, 또는 가입 시에 자국이 전항 규정에 구속되지 아니한 것으로

본다는 것을 선언할 수 있다. 타방체약국들은 그러한 유보를 행한 체약국에 관하여 전항 규정에 의한 구속을 받지 아니한다.

3. 전항 규정에 의거하여 유보를 행한 어떠한 체약국도 수탁정부에 대한 통고로써 동 유보를 언제든지 철회할 수 있다.

제15조 1. 본 협약은 1971년 9월 8일부터 23일까지 몬트리올에서 개최된 항공법에 관한 국제회의 (이하 몬트리올 회의라 한다)에 참가한 국가들에 대하여 1971년 9월 23일 몬트리올에서 서명을 위하여 개방된다. 1971년 10월 10일 이후 본 협약은 모스크바, 런던 및 워싱턴에서 서명을 위하여 모든 국가에 개방된다. 본조 3항에 따른 발효 이전에 본 협약에 서명하지 않은 어떠한 국가도 언제든지 본 협약에 가입할 수 있다.

2. 본 협약은 서명국에 의한 비준을 받아야 한다. 비준서 및 가입서는 이에 수탁정부로 지정된 소련, 영국 및 미국 정부에 기탁되어야 한다.

3. 본 협약은 몬트리올 회의에 참석한 본 협약의 10개 서명국에 의한 비준서 기탁일로부터 30일 후에 효력을 발생한다.

4. 기타 국가들에 대하여, 본 협약은 본조 3항에 따른 본 협약의 발효일자 또는 당해국의 비준서 또는 가입서 기탁일자 후 30일 중에서 나중의 일자에 효력을 발생한다.

5. 수탁정부들은 모든 서명 및 가입국에 대하여 서명일자, 비준서 또는 가입서의 기탁일자, 본 협약의 발효일자 및 기타 통고를 즉시 통보하여야 한다.

6. 본 협약은 발효하는 즉시 국제연합헌장 제102조에 따라, 또한 국제민간항공협약(시카고, 1944)

제83조에 따라 수탁정부들에 의하여 등록되어야 한다.

제16조 1. 어떠한 체약국도 수탁정부들에 대한 서면통고로써 본 협약을 폐기할 수 있다.
2. 폐기는 수탁정부들에 의하여 통고가 접수된 일자로부터 6개월 후에 효력을 발생한다.

이상의 증거로써 하기 전권대표들은, 그들 정부로부터 정당히 권한을 위임받아 본 협약에 서명하였다.

일천구백칠십일년 구월 이십삼일, 각기 영어, 불어, 노어 및 서반아어로 공정히 작성된 원본 3부로 작성하였다.

31 1972년 우주물체에 의하여 발생한 손해에 대한 국제책임에 관한 협약(Convention on the International Liability for Damage Caused by Space Objects)

체결일 : 1972.3.29.
발효일 : 1973.10.9.
한국 발효일 : 1980.1.13.
한국 선언 : 동 협정에 대한 대한민국 정부의 서명은 대한민국 정부가 국가 또는 정부로 승인하지 아니한 영역 또는 집단의 승인을 의미하는 것은 아니다.

이 협약의 당사국은, 평화적 목적을 위한 외기권의 탐색과 이용을 촉진하는 데 있어 모든 인류의 공동 이익을 인정하고, 달과 기타 전체를 포함한 외기권의 탐색과 이용에 있어서의 국가 활동을 규율하는 원칙에 관한 조약을 상기하며, 우주물체 발사에 관계된 국가 및 정부 간 국제기구가 예방조치를 취하고 있음에도 불구하고, 그러한 물체에 의한 손해가 경우에 따라 발생할 가능성이 있음을 고려하며, 우주물체에 의하여 발생한 손해에 대한 책임에 관한 효과적인 국제적 규칙과 절차를 설정할 필요성과 특히 이 협약의 조항에 따라 그러한 손해의 희생자에 대한 충분하고 공평한 보상의 신속한 지불을 보장하기 위한 필요성을 인정하며, 그러한 규칙과 절차를 설정함이 평화적 목적을 위한 외기권의 탐색 및 이용면에서 국제협력을 강화하는 데 기여할 것임을 확신하여, 아래와 같이 합의하였다.

제1조 이 협약의 목적상
(a) "손해"(damage)라 함은 인명의 손실, 인체의 상해 또는 기타 건강의 손상 또는 국가나 개인의 재산, 자연인이나 법인의 재산 또는 정부 간 국제기구의 재산의 손실 또는 손해를 말한다.
(b) "발사"라 함은 발사 시도를 포함한다.

(c) "발사국"(launching State)이라 함은
 (i) 우주 물체를 발사하거나 또는 우주 물체의 발사를 야기하는 국가
 (ii) 우주 물체가 발사되는 지역 또는 시설의 소속국을 의미한다.
(d) "우주 물체"라 함은 우주 물체의 구성 부분 및 우주선 발사기, 발사기의 구성부분을 공히 포함한다.

제2조 발사국은 자국 우주물체가 지구 표면에(on the surface of the earth) 또는 비행 중의 항공기(aircraft in flight)에 끼친 손해에 대하여 보상을 지불할 절대적인 책임을 진다(shall be absolutely liable).

제3조 지구 표면 이외의 영역에서(elsewhere than on the surface of the earth) 발사국의 우주 물체 또는 동 우주 물체상의 인체 또는 재산이 타 발사국의 우주 물체에 의하여 손해를 입었을 경우, 후자는 손해가 후자의 과실(fault) 또는 후자가 책임져야 할 사람의 과실로 인한 경우에만(only if … the fault of persons for whom it is responsible) 책임을 진다(shall be liable).

제4조 1. 지구 표면 이외의 영역에서 1개 발사국의 우주 물체 또는

동 우주 물체상의 인체 또는 재산이 타 발사국의 우주 물체에 의하여 손해를 입었을 경우, 그리고 그로 인하여 제3국 또는 제3국의 자연인이나 법인이 손해를 입었을 경우, 전기 2개의 국가는 공동으로 그리고 개별적으로 제3국에 대하여 아래의 한도 내에서 책임을 진다.

(a) 제3국의 지상에 또는 비행 중인 항공기에 손해가 발생하였을 경우, 제3국에 대한 전기 양국의 책임은 절대적이다.

(b) 지구 표면 이외의 영역에서 제3국의 우주 물체 또는 동 우주 물체상의 인체 또는 재산에 손해가 발생하였을 경우, 제3국에 대한 전기 2개국의 책임은 2개국 중 어느 하나의 과실, 혹은 2개국 중 어느 하나가 책임겨야 할 사람의 과실에 기인한다.

2. 본조 1항에 언급된 공동 및 개별 책임의 모든 경우, 손해에 대한 보상 부담은 이들의 과실 정도에 따라 전기 2개국 사이에 분할된다. 만일 이들 국가의 과실 관계가 설정될 수 없을 경우, 보상 부담은 이들 간에 균등히 분할된다. 이러한 분할은 공동으로 그리고 개별적으로 책임겨야 할 발사국들의 하나 또는 전부로부터 이 협약에 의거 당연히 완전한 보상을 받으려 하는 제3국의 권리를 침해하지 않는다.

제5조 1. 2개 또는 그 이상의 국가가 공동으로 우주 물체를 발사할 때에는 그들은 발생한 손해에 대하여 공동으로 그리고 개별적으로 책임을 진다.

2. 손해에 대하여 보상을 지불한 바 있는 발사국은 공동 발사의 타 참가국에 대하여 구상권을 보유한다. 공동 발사참가국들은 그들이 공동으로 그리고 개별적으로

책임겨야 할 재정적인 의무의 할당에 관한 협정을 체결할 수 있다. 그러한 협정은 공동으로 그리고 개별적으로 책임겨야 할 발사국 중의 하나 또는 전부로부터 이 협약에 의거 완전한 보상을 받으려 하는 손해를 입은 국가의 권리를 침해하지 않는다.

3. 우주 물체가 발사된 지역 또는 시설의 소속국은 공동 발사의 참가국으로 간주된다.

제6조 1. *본조 제2항의 규정을 따를 것으로 하여* 발사국 측의 절대 책임의 면제는 손해를 입히려는 의도하에 행하여진 청구국 또는 청구국이 대표하는 자연인 및 법인 측의 작위나 부작위 또는 중대한 부주의로 인하여 전적으로 혹은 부분적으로 손해가 발생하였다고 발사국이 입증하는 한도까지 인정된다.

2. 특히 유엔헌장 및 달과 기타 천체를 포함한 외기권의 탐색과 이용에 있어서의 국가 활동을 규율하는 원칙에 관한 조약을 포함한 국제법과 일치하지 않는 발사국에 의하여 행하여진 활동으로부터 손해가 발생한 경우에는 어떠한 면책도 인정되지 않는다.

제7조 이 협약의 규정은 발사국의 우주 물체에 의하여 발생한 아래에 대한 손해에는 적용되지 않는다.

(a) 발사국의 국민

(b) 발사기 또는 발사 시 이후 어느 시기로부터 하강할 때까지의 단계에서 그 우주 물체의 작동에 참여하는 동안, 또는 발사국의 초청을 받아 발사 또는 회수 예정 지역의 인접지에 있는 동안의 외국인

제8조 1. 손해를 입은 국가 또는 자국의 자연인 또는 법인이 손해를 입은 국가는 발사국에 대하여

그러한 손해에 대하여 보상을 청구할 수 있다.

2. 손해를 입은 국민의 국적국이 보상을 청구하지 않는 경우, 타 국가는 어느 자연인 또는 법인이 자국의 영역 내에서 입은 손해에 대하여 발사국에 보상을 청구할 수 있다.

3. 손해의 국적 또는 손해 발생 지역국이 손해 배상을 청구하지 않거나 또는 청구의사를 통고하지 않을 경우, 제3국은 자국의 영주권자가 입은 손해에 대하여 발사국에 보상을 청구할 수 있다.

제9조 손해에 대한 보상청구는 외교 경로를 통하여 발사국에 제시되어야 한다. 당해 발사국과 외교 관계를 유지하고 있지 않은 국가는 제3국에 대하여 발사국에 청구하도록 요청하거나 또는 기타의 방법으로 이 협약에 따라 자국의 이익을 대표하도록 요구할 수 있다. 또는 청구국과 발사국이 공히 국제연합의 회원국일 경우, 청구국은 국제연합 사무총장을 통하여 청구할 수 있다.

제10조 1. 손해에 대한 보상청구는 손해의 발생일 또는 책임져야 할 발사국이 확인한 일자 이후 1년 이내에 발사국에 제시될 수 있다.

2. 만일 손해의 발생을 알지 못하거나 또는 책임져야 할 발사국을 확인할 수 없을 경우, 전기 사실을 알았던 일자 이후 1년 이내에 청구를 제시할 수 있다. 그러나 이 기간은 태만하지 않았다면 알 수 있을 것으로 합리적으로 기대되는 날로부터 1년을 어느 경우에도 초과할 수 없다.

3. 본조 1항 및 2항에 명시된 시한은 손해의 전체가 밝혀지지 않았다 하더라도 적용된다. 그러나 이러한 경우, 청구국은 청구를 수정

할 수 있는 권리와 그러한 시한의 만료 이후라도 손해의 전체가 밝혀진 이후 1년까지 추가 자료를 제출할 수 있는 권리를 가진다.

제11조 1. 이 협약에 의거 발사국에 대한 손해 보상 청구의 제시는 청구국 또는 청구국이 대표하고 있는 자연인 및 법인이 이용할 수 있는 사전 어떠한 국내적 구제의 완료를 요구하지 않는다.

2. 이 협약상의 어떠한 규정도 국가 또는 그 국가가 대표하고 있는 자연인이나 법인이 발사국의 법원 또는 행정 재판소 또는 기관에 보상 청구를 제기하는 것을 방해하지 않는다. 그러나 국가는 청구가 발사국의 법원 또는 행정 재판소 또는 기관에 제기되어 있거나 또는 관련 국가를 기속하고 있는 타 국제협정에 의거 제기되어 있는 동일한 손해에 관하여는 이 협약에 의거 청구를 제시할 권리를 가지지 않는다.

제12조 발사국이 이 협약에 의거 책임지고 지불하여야 할 손해에 대한 보상은 손해가 발생하지 않았을 경우에 예상되는 상태대로 자연인, 법인, 국가 또는 국제기구가 입은 손해가 보상될 수 있도록 국제법 및 정의와 형평의 원칙에 따라 결정되어야 한다.

제13조 이 협약에 의거 청구국과 보상 지불국이 다른 보상 방식에 합의하지 못할 경우, 보상은 청구국의 통화로 지불되며, 만일 청구국이 요구하면 보상 지불국의 통화로 지불된다.

제14조 청구국이 청구 자료를 제출하였다는 사실을 발사국에게 통고한 일자로부터 1년 이내에 제9조에 규정된 대로 외교적 교섭을 통하여 보상 청구가 해결되지 않을 경우, 관련당사국은 어느

일 당사국의 요청에 따라 청구위원회를 설치한다.

제15조 1. 청구위원회는 3인으로 구성된다. 청구국과 발사국이 각각 1명씩 임명하며, 의장이 되는 제3의 인은 양 당사국에 의하여 공동으로 선정된다. 각 당사국은 청구위원회 설치요구 2개월 이내에 각기 위원을 임명하여야 한다.

2. 위원회 설치요구 4개월 이내에 의장 선정에 관하여 합의에 이르지 못할 경우, 어느 일 당사국은 국제연합 사무총장에게 2개월의 추천 기간 내에 의장을 임명하도록 요청할 수 있다.

제16조 1. 일방당사국이 규정된 기간 내에 위원을 임명하지 않을 경우, 의장은 타방당사국의 요구에 따라 단일 위원 청구위원회를 구성한다.

2. 어떠한 이유로든지 위원회에 발생한 결원은 최초 임명 시 채택된 절차에 따라 충원된다.

3. 위원회는 그 자신의 절차를 결정한다.

4. 위원회는 위원회가 개최될 장소 및 기타 모든 행정적인 사항을 결정한다.

5. 단일 위원 위원회의 결정과 판정의 경우를 제외하고, 위원회의 모든 결정과 판정은 다수결에 의한다.

제17조 청구위원회의 위원 수는 위원회에 제기된 소송에 2 혹은 그 이상의 청구국 또는 발사국이 개입되어 있다는 이유로 증가되지 않는다. 그렇게 개입된 청구국들은 단일 청구국의 경우에 있어서와 동일한 방법과 동일한 조건에 따라 위원회의 위원 1명을 공동으로 지명한다. 2개 또는 그 이상의 발사국들이 개입된 경우에도 동일한 방법으로 위원회의

위원 1명을 공동으로 지명한다. 청구국들 또는 발사국들이 규정 기간 내에 위원을 임명하지 않을 경우, 의장은 단일 위원 위원회를 구성한다.

제18조 청구위원회는 보상 청구의 타당성 여부를 결정하고 타당할 경우, 지불하여야 할 보상액을 확정한다.

제19조 1. 청구위원회는 제12조의 규정에 따라 행동한다.

2. 위원회의 결정은 당사국이 동의한 경우 최종적이며 기속적이다. 당사국이 동의하지 않는 경우, 위원회는 최종적이며 권고적인 판정을 내리되 당사국은 이를 성실히 고려하여야 한다. 위원회는 그 결정 또는 판정에 대하여 이유를 설명하여야 한다.

3. 위원회가 결정 기관의 연장이 필요하다고 판단하지 않을 경우, 위원회는 가능한 신속히 그리고 위원회 설치일자로부터 1년 이내에 결정 또는 판정을 내려야 한다.

4. 위원회는 그의 결정 또는 판정을 공포한다. 위원회는 결정 또는 판정의 인증등본을 각 당사국과 국제연합 사무총장에게 송부하여야 한다.

제20조 청구위원회에 관한 경비는 위원회가 달리 결정하지 아니하는 한, 당사국이 균등하게 부담한다.

제21조 우주 물체에 의하여 발생한 손해가 인간의 생명에 광범한 위험을 주게 되거나 또는 주민의 생활 조건이나 중요 중심부의 기능을 심각하게 저해하게 되는 경우, 당사국 특히 발사국은 손해를 입은 국가의 요청이 있을 경우 그 국가에 대해 신속 적절한 원조 제공 가능성을 검토하여야 한다. 그러나 본조의 어떠한 규정도 이

협약상의 당사국의 권리 또는 의무에 영향을 미치지 않는다.

제22조 1. 제24조로부터 제27조의 규정을 제외하고 이 협약에서 국가에 대해 언급된 사항은 우주활동을 행하는 어느 정부 간 국제기구에도 적용되는 것으로 간주된다. 이는 기구가 이 협약에 규정된 권리와 의무의 수락을 선언하고 또한 기구의 대다수의 회원국이 이 협약 및 '달과 기타 전체를 포함한 외기권의 탐색과 이용에 있어서의 국가활동을 규율하는 원칙에 관한 조약'의 당사국인 경우에 한한다.

2. 이 협약의 당사국인 상기 기구의 회원국은 기구가 전항에 따른 선언을 행하도록 적절한 모든 조치를 취하여야 한다.

3. 어느 정부 간 국제기구가 이 협약의 규정에 의거 손해에 대한 책임을 지게 될 경우, 그 기구와 이 협약의 당사국인 동 기구의 회원국인 국가는 아래의 경우 공동으로 그리고 개별적으로 책임을 진다.

(a) 그러한 손해에 대한 보상 청구가 기구에 맨 처음 제기된 경우

(b) 기구가 6개월 이내에, 그러한 손해에 대한 보상으로서 동의 또는 결정된 금액을 지불하지 않았을 때 한해서 청구국이 이 협약의 당사국인 회원국에 대하여 전기 금액의 지불 책임을 요구할 경우

4. 본조 1항에 따라 선언을 행한 기구가 입은 손해에 대하여 이 협약의 규정에 따른 보상 청구는 이 협약의 당사국인 기구의 회원국에 의하여 제기되어야 한다.

제23조 1. 이 협약의 규정은 기타 국제협정 당사국 간의 관계가 관련되는 한 발효 중인 그러한 협정에 영향을 미치지 않는다.

2. 이 협약의 어떤 규정도 국가가 협약의 규정을 확인, 보충 또는 확대시키는 국제협정을 체결하는 것을 방해하지 않는다.

제24조 1. 이 협약은 서명을 위하여 모든 국가에 개방된다. 본조 3항에 따라 이 협약의 발효 전에 이 협약에 서명하지 아니한 국가는 언제든지 이 협약에 가입할 수 있다.

2. 이 협약은 서명국에 의하여 비준되어야 한다. 비준서나 가입서는 기탁국 정부로 지정된 영국, 소련 및 미국정부에 기탁되어야 한다.

3. 이 협약은 5번째 비준서의 기탁으로써 발효한다.

4. 이 협약의 발효 후에 비준서 또는 가입서를 기탁한 국가에 대하여는 그들의 비준서 또는 가입서의 기탁일자에 이 협약이 발효한다.

5. 기탁국 정부는 이 협약의 각 서명일자, 각 비준서 및 가입서의 기탁일자, 이 협약의 발효일자 및 기타 통고를 모든 서명국 및 가입국에 대하여 즉시 통보한다.

6. 이 협약은 국제연합헌장 제102조에 따라 기탁국 정부에 의하여 등록되어야 한다.

제25조 이 협약의 당사국은 이 협약에 대한 개정을 제의할 수 있다. 개정은 이 협약 당사국의 과반수가 수락한 때에 개정을 수락한 이 협약의 각 당사국에 대하여 발효하며, 그 이후 이 협약의 각 나머지 당사국에 대하여는 동 당사국의 개정 수락일자에 발효한다.

제26조 이 협약의 발효 10년 후, 이 협약의 지난 10년간 적용에 비추어 협약의 수정 여부를 심의하기 위한 협약 재검토 문제가 국제연합총회의 의제에 포함되어야 한다. 그러나 이 협약 발효 5년 후에는

어느 때라도 협약 당사국의 3분의
1의 요청과 당사국의 과반수의 동
의가 있으면 이 협약 재검토를 위
한 당사국 회의를 개최한다.

제27조 이 협약의 당사국은 협
약 발효 1년 후 기탁국 정부에 대
한 서면통고로써 이 협약으로부
터의 탈퇴를 통고할 수 있다. 그
러나 탈퇴는 이러한 통고접수일
자로부터 1년 후에 발효한다.

제28조 영어, 노어, 불어, 서반
아어 및 중국어가 동등히 정본인
이 협약은 기탁국 정부의 문서보
관소에 기탁되어야 한다. 이 협약
의 인증등본은 기탁국 정부에 의
하여 서명국 및 가입국 정부에 전
달되어야 한다.

32 1972년 (스톡홀름) UN 인간환경선언문
(Declaration of the United Nations Conference on the Human Environment)

국제연합인간환경회의(UNCHE)는 1972년 6월 5일부터 16일까지 스톡홀름에서 개최되어 인간 환경의 보전과 향상에 관해 세계의 모든 사람들을 일깨우고 유도하기 위해서는 공통된 견해와 원칙이 필요하다는 인식 아래 다음과 같이 선언하였다.

1. 사람은 환경의 창조물인 동시에 환경의 형성자이다. 환경은 인간의 생존을 지탱시켜줄 뿐만 아니라 지적, 도덕적, 사회적, 정신적인 성장을 위한 기회를 마련해 주고 있다. 지구상에서의 인류의 고난에 찬 길고 긴 진화 과정 속에서 인간은 과학기술의 가속적인 진보를 통해 스스로의 환경을 무수한 방법과 전례없는 규모로 변혁시킬 능력을 갖춘 단계에 이르렀다. 자연 그대로의 환경과 인간이 마련한 환경은 모두 인간의 복지, 기본적 인권 더 나아가서는 생존권 그 자체의 향유를 위해 기본적으로 중요하다.

2. 인간환경을 보호하고 개선하는 것은 세계 모든 사람의 복지와 경제발전에 영향을 미치는 중요한 과제이다. 이것은 전 세계의 사람들이 긴급하게 바라는 바이고 또한 모든 정부의 의무이기도 하다.

3. 인간은 끊임없이 경험을 살려가며 발견, 발명, 창조와 진보를 계속해 나아가야 한다. 오늘날의 주위환경을 변혁시킬 수 있는 인간의 능력은 현명하게만 이용된다면 모든 사람들에게 개발의 혜택과 생활의 질을 향상시킬 수 있는 기회를 마련해 줄 수 있다.

그러나 잘못 또는 부주의하게 이용된다면 동일한 능력도 인간과 인간환경에 대해 헤아릴 수 없는 인공적인 해독이 증대되어 가고 있음을 알고 있다. 그 해독이란 물, 대기, 대지 및 생물의 위험수준에 도달한 오염, 생물권의 생태학적 균형에 대한 중대하고도 바람직스럽지 못한 교란, 대체불능 자원의 파괴와 고갈 및 인공적 환경 특히, 생활환경과 노동환경에 있어서의 인간의 육체적, 정신적, 사회적 건강에 해를 끼치는 결함이다.

4. 개발도상국에서는 환경문제의 대부분이 저개발로 인하여 발생하고 있다. 수백만의 사람들이 충분한 식량, 의복, 주거, 교육, 건강, 위생이 결핍된 상태에서 인간으로서의 생활을 유지하기 위한 최저수준을 훨씬 밑도는 생활을 계속하고 있다. 이 때문에 개발도상국은 개발의 우선순위와 환경의 보전 개선의 필요성을 염두에 두고 개발을 위해 노력해야 한다. 같은 목적을 위해 선진공업 국가는 스스로와 개발도상국 간의 격차를 줄이도록 노력해야 한다. 선진공업국에서의 환경문제는 일반적으로 공업화와 기술개발과 관련되어 있다.

5. 인구의 자연증가는 끊임없이 환경보전에 대해 문제를 제기하고 있어서 이 문제를 해결하기 위한 적절하고도 충분한 정책과 조치가 마련되어야 한다. 만물 중에 인간은 가장 귀중한 존재이다. 사회의 진보를 추진하고 사회의 부를 창출해 가며 과학기술을 발달시키고 노동의 노력을 통해 인간

환경을 항상 바꾸어 가는 것은 바로 인간 그들이다. 사회의 발전, 생산과 과학기술의 진보와 더불어 환경을 개선하는 인간의 능력은 날로 향상되어 가고 있다.

6. 우리들은 역사의 전환점에 서 있다. 이제 우리는 세계 속에서 환경에 미치는 영향에 대해 한층 더 사려깊은 주의를 거듭하면서 행동해야만 한다. 무지, 무관심이면 우리들은 우리의 생명과 복지가 의존하는 지구상의 환경에 대해 중대하고도 돌이킬 수 없는 해독을 끼치게 된다. 반대로 충분한 지식과 현명한 행동으로 대응한다면 우리들 자신과 후손들을 위해 인류의 필요와 희망에 알맞은 환경 속에서 보다 나은 생활을 이룩할 수 있을 것이다. 환경의 질의 향상과 보다 나은 생활의 창조를 위한 전망은 넓게 열려있다. 이제 필요한 것은 열렬하면서도 냉정한 정신과 강렬하면서도 질서 있는 작업뿐이다. 자연세계에서 자유를 확보하기 위해서는 자연과의 협조에서 보다 나은 환경을 만들기 위해 지식을 활용해야만 한다. 현재와 장래의 세대를 위해 인간환경을 옹호하고 향상시키는 것은 인류가 추구하는 지상의 목표 즉, 평화와 나란히 그러면서도 조화를 유지해 가며 추구되어야 할 목표가 되었다.

7. 이러한 환경상의 목표를 달성하기 위해서는 시민과 사회, 기업과 단체가 모든 위치에서 책임을 지고 공통된 노력을 공평하게 분담하는 것이 필요하다. 잡다한 신분의 개인도 모든 분야의 조직체도 그들이 취하는 행동의 질과 양에 따라 장차의 세계환경을 형성하게 될 것이다. 지자체나 중앙정부도 그 관할 범위 내에서 대규모적인 환경정책과 그 실시에 관한

최대의 책임을 진다. 이 분야에서 개발도상국이 자기 책임을 수행할 수 있도록 돕기 위해 재원조달을 위한 국제협력이 필요하다. 환경문제는 한층 더 복잡하게 될 것이지만 그 범위에 있어서 지역적 또는 전 지구적인 것이고 또한 공통된 국제적 영역에 영향을 미치는 것이기에 공통된 이익을 위해 국가 간의 광범한 협력과 국제연합 인간환경회의는 각국 정부와 국민에 대해 인류와 그 후손을 위한 인간 환경의 보전과 개선을 목표로 한 공동노력을 요청하는 공통된 신념을 다음과 같이 표명한다.

원 칙

1. 환경에 관한 권리와 의무
인간은 존엄과 복지를 유지할 수 있는 환경 속에서 자유, 평등 및 충분한 생활수준을 누릴 수 있는 근본적 권리를 지니고 동시에 현재와 장래의 세대를 위해 환경을 보호하고 개선할 엄숙한 책임을 진다. 이에 관해 인종격리정책, 인종차별, 차별적 대우, 식민지주의 기타의 압제와 외국 지배를 촉진하거나 또는 항구화시키는 정책은 비난되고 배제되어야 한다.

2. 천연자원의 보호
대개, 물, 대지, 동식물과 특히 자연생태계의 대표적인 것을 포함한 천연자원은 현재와 장래의 세대를 위해 주의 깊은 계획과 관리에 의해 적절하게 보호되어야 한다.

3. 갱신가능 자원
갱신가능한 중요한 자원을 산출하는 지구의 능력은 유지되어야 하고 될수록 회복 또는 향상되어야 한다.

4. 야생 생물의 보호
조상으로부터 물려받은 야생 생물과 그 서식지는 오늘날 각종 유해한

요인으로 인하여 중대한 위기에 처해 있는바, 인간은 이를 보호하고 현명하게 관리할 특별한 책임을 진다. 야생생물을 포함한 자연의 보호는 경제개발계획의 입안에 있어서 중시되어야 한다.

5. 갱신불능 자원

지구상의 갱신이 불가능한 자원은 앞으로는 고갈 위험에 대비하고 또한 그 사용에서 발생하는 성과가 모든 인간에게 배분될 수 있는 방법으로 이용되어야만 한다.

6. 유해물질의 배출규제

유해물질 또는 기타 물질과 열기의 배출이 그것을 무해한 것으로 만들 환경의 능력을 초과하여 상당한 양이나 농도로 이루어지는 것은 생태계에 심각하거나 돌이킬 수 없는 피해를 입히지 않도록 보장하기 위해 중단되어야 한다. 환경오염에 반대하는 손상된 국가의 주민들의 정당한 투쟁은 지지되어야 한다.

7. 해양오염의 방지

각국은 인간의 건강을 위협하고, 생물자원과 해양생물에 해를 주며, 해양의 쾌적한 환경을 파괴하고, 해양의 정당한 이용을 방해시키는 물질에 의한 해양오염을 방지하기 위해 모든 가능한 조치를 마련해야 한다.

8. 경제사회개발

경제와 사회의 개발은 인간에게 바람직한 생활환경과 노동환경의 확보를 위해 불가결의 것이고, 또한 생활의 질의 향상에 필요한 조건을 지구상에 마련하는 데 필수적인 것이다.

9. 개발의 촉진과 원조

저개발에서 오는 환경상의 결함과 자연재해는 중대한 문제로 되어 있다. 이는 개발도상국의 스스로의 노력을 보완하기 위한 상당량의 자금원조와 기술원조의 제공 그리고 필요시에 필요한 원조를 통해 촉진된 개발로서 가장 잘 구제될 수 있다.

10. 1차 산품의 가격 안정

개발도상국에 있어서 1차 산품 및 원자재의 가격의 안정과 이를 통한 충분한 수익은 환경의 관리에 불가결이다. 생태학적인 절차와 아울러 경제적인 요소를 배려해야 하기 때문이다.

11. 환경정책의 영향

모든 국가의 환경정책은 개발도상국의 현재 또는 장래의 개발 가능성을 향상시켜야 하고, 그 가능성에 대해 악영향을 미치는 것이어서는 안되고, 모든 사람들의 보다 나은 생활조건의 달성을 저해하는 것이어서는 안된다. 또한 환경상의 조치로 인해 국내와 국제간의 경제적 귀결을 조정하는 합의를 얻기 위해 각국과 국제기관은 적당한 조치를 마련해야 한다.

12. 환경보호를 위한 원조

개발도상국의 상태와 그 특별한 필요성을 고려하고 개발계획에 환경보호 대책을 마련함으로써 생기는 비용을 감안하여 더욱이 요청이 있을 경우 이 목적을 위한 추가적인 기술과 자금의 원조가 필요하다는 것을 고려하면서 환경의 보호향상을 위한 원조가 제공되어야 한다.

13. 종합적인 개발 계획

합리적인 자원관리를 하고 환경을 개선하기 위해 각국은 그 개발계획의 입안에 있어서 국민의 이익을 위해 인간환경을 보호하고 향상시킬 필요성과 개발이 양립될 수 있도록 종합성을 유지하면서 조정시켜야 한다.

14. 합리적 계획

합리적 계획은 개발의 필요성과

환경보호향상 필요성과의 모순을 조정시키는 필수적인 수단이다.

15. 거주 및 도시화의 계획

거주 및 도시화의 계획은 환경에 미칠 악영향을 회피하고 모든 사람이 최대한의 사회적, 경제적 환경상의 이익을 얻을 수 있도록 입안되어야 한다. 이에 관해 식민지주의자와 인종차별주의자들의 지배목적으로 입안한 계획은 포기되어야 한다.

16. 인구 정책

정부가 적당하다고 인정하고 기본적 인권을 해롭게 하지 않는 인구정책은 인구증가율 또는 과도한 인구 집중이 환경상 혹은 개방상 악영향을 미치는 지역, 또는 인구의 과소가 인간환경의 향상과 개발을 저해하는 지역에서 실시되어야 한다.

17. 환경소관청

국가의 적당한 기관이 환경의 질을 향상시킬 목적으로 당해 국가의 환경자원에 대해 계획하고 관리하고 규제하는 임무를 맡아야 한다.

18. 과학 기술

과학기술은 경제, 사회의 발전에 기여하는 일환으로 인류의 공통된 이익을 위해 환경의 위기를 예견하고 회피하고 제어하는 것과 환경문제의 해결에 이용되어야 한다.

19. 교육

환경문제에 관한 젊은 세대와 성인에 대한 교육은 "불우한 사람들을 충분히 배려한다"는 전제 아래 개인 기업 및 지역 사회의 환경을 보호 향상시키는 방향으로 그 사고방식을 개발하고 책임 있는 행동을 할 수 있게 하는 기반을 넓히는 데 필수적인 것이다. 대중매체는 환경악화에 편들어서는 안되고, 모든 면에서 사람들이 그 자질을 살릴 수 있도록 환경을 보호 개선해야 하는 필요성에 관한 교육적인 정보를 널리 제공하여야 한다.

20. 연구개발의 촉진, 교류

국내와 국제적인 환경문제에 관련된 과학적 연구개발은 모든 국가 특히 개발도상국에서 추진되어야 한다. 이에 관해 최신의 과학적 정보와 경험의 자유로운 교류는 환경 문제의 해결을 촉진시키기 위해 지지되고 원조받아야 한다. 환경에 관련된 기술은 개발도상국에 경제적 부담을 주지 않고 널리 보급될 수 있는 조건으로 제공되어야 한다.

21. 환경에 대한 국가의 권리와 책임

각국은 국제연합헌장과 국제법의 원칙에 따라 자국의 자원을 자국의 환경 정책에 의해서 개발할 수 있는 주권적 권리를 가진다. 각국은 또한 자국의 관할권 내 또는 통제하의 활동이 다른 나라의 환경이나 국가의 관할권의 범위를 벗어난 지역의 환경에 손해를 끼치지 않도록 조치를 마련할 책임을 진다(States have, in accordance with the Charter of the United Nations and the principles of international law, the sovereign right to exploit their own resources pursuant to their own environmental policies, and the responsibility to ensure that activities within their jurisdiction or control do not cause damage to the environment of other States or of areas beyond the limits of national jurisdiction).

22. 보상에 관한 국제법의 발전

각국은 자국의 관할권 내 또는 지배하의 활동이 자국의 관할권 밖에 있는 지역에 미친 오염 기타

환경상 손해의 피해자에 대한 책임과 보상에 관한 국제법을 더욱 더 발전시킬 수 있도록 협력해야 한다.

23. 기준의 설정요인

국제공동체에서 합의될 기준이나 또는 국가가 결정해야 할 기준에 구애됨이 없이 어떤 경우에나 모든 국가의 개별적인 가치체계(the systems of values)를 고려하는 것이 중요하다. 가장 앞선 선진국에게는 타당한 기준이라 할지라도 개발도상국에게는 부적당하고 부당한 사회적 비용이 될 수 있다는 적용한도에 대한 고려도 중요하다.

24. 국제 협력

환경의 보호와 개선에 관한 국제문제는 국가의 대소를 불문하고 평등한 입장에서 협조적인 정신으로 다루어져야만 한다. 다국 간 결정, 양국 간 결정, 기타 적당한 방법에 의한 협력은 모든 국가의 주권과 이익을 충분히 배려해 가면서 모든 분야의 활동에서 발생되는 환경에 대한 악영향을 예방, 제거, 감소시키고 효과적으로 규제하기 위해 불가결이다.

25. 국제기관의 역할

각국은 환경의 보호와 개선을 위해 국제기관이 조정하고 능률적으로 강력한 역할을 다할 수 있도록 협력해야 한다.

26. 핵무기 기타 대량파괴 무기

인간과 그 환경은 핵무기 기타 모든 대량파괴 수단의 영향으로부터 벗어나야 한다. 각국은 적당한 국제기관에서 이와 같은 무기의 제거와 완전한 파기에 대해 조속히 합의를 얻도록 노력해야 한다.

33 1977년 1949년 8월 12일자 제네바 협약에 대한 추가 및 국제적 무력충돌의 희생자 보호에 관한 의정서 (제1의정서)

(Protocol Additional to the Geneva Conventions of 12 August 1949, and Relating to the Protection of Victims of International Armed Conflicts (Protocol I))

체결일 : 1977.6.8.
발효일 : 1978.12.7.
한국 발효일 : 1982.7.15.

한국 해석선언 : 1. 제1의정서 제44조에 관하여, 동조 제3항 둘째 문장에 기술된 '상황'은 점령지역 또는 제1조 4항에 의하여 규율되는 무력충돌에서만 존재할 수 있으며, 대한민국 정부는 동조 제3항 (b)의 '전개'를 '공격이 개시되는 장소로 향한 모든 움직임'을 말하는 것으로 해석한다.

2. 제1의정서 제85조 제4항 (b)에 관하여, 전쟁포로를 억류하고 있는 국가가 공개적으로 자유롭게 발표된 포로의 의사에 따라 그 포로를 송환하지 아니함은 동 의정서의 중대한 위반행위 중 포로송환에 있어서의 부당한 지연에 포함되지 아니한다.

3. 제1의정서 제91조에 관하여, 제 협약 또는 본 의정서의 규정을 위반하는 충돌당사국은 피해 체약당사국에게 보상책임을 지며 이는 피해 체약당사국이 무력충돌의 법적 당사자인지 여부는 불문한다.

4. 제1의정서 제96조 제3항에 관하여, 제1조 제4항의 요건을 진정으로 충족시키는 당국에 의한 선언만이 제96조 제3항에 규정된 효과를 가질 수 있으며, 동 당국은 적절한 지역 정부 간 기구에 의하여 승인받는 것이 필요하다. 제90조 국제사실조사위원회 권능수락선언.

체약당사국은 제 국민 간에 평화가 지배하도록 하기 위한 그들의 진지한 희망을 선언하고 모든 국가는 국제연합헌장에 따라 국제관계에 있어서 국가의 주권, 영토보존, 정치적 독립에 대하여 또는 국제연합의 목적과 불일치하는 여하한 방법으로 무력의 위협 또는 사용을 하지 않을 의무를 가진다는 것을 상기하고, 무력충돌의 희생자를 보호하는 제 규정을 재확인하고 발전시키며 동 규정의 적용을 강화하기 위한 제조치를 보충할 필요가 있음을 믿고, 본 의정서 및 1949년 8월 12일자 제네바 협약의 어느 규정도 국제연합헌장과 배치되는 여하한 침략행위 또는 무력행사를 합법화하거나 용인하는 것으로 해석될 수 없다는 확신을 표명하고, 나아가서 1949년 8월 12일자 제네바 협약 및 본 의정서의 규정은 무력충돌의 성격이나 원인 또는 충돌당사국에 의하여 주장되거나 충돌당사국에 기인하는 이유에 근거한 어떠한 불리한 차별도 없이 이들 약정에 의하여 보호되는 모든 자에게 어떠한 상황하에서도 완전히 적용됨을 재확인하며, 다음과 같이 합의하였다.

제1편 총 칙

제1조【일반원칙 및 적용범위】

1. 체약당사국은 모든 경우에 있어서 본 의정서를 존중할 것과 본 의정서의 존중을 보장할 것을 약정한다.

2. 본 의정서 또는 다른 국제협정의 적용을 받지 아니하는 경우에는 민간인 및 전투원은 확립된 관습, 인도주의 원칙 및 공공양심의 명령(established custom, from the principles of humanity and from the dictates of public conscience)으로부터 연원하는 국제법 원칙의 보호와 권한하에 놓인다.

3. 전쟁희생자 보호를 위한 1949년 8월 12일자 제네바 제 협약을 보완하는 본 의정서는 이들 협약의 공통조항인 제2조에 규정된 사태에 적용한다.

4. 전항에서 말하는 사태는 유엔헌장 및 "유엔헌장에 따른 국가간 우호관계와 협력에 관한 국제법원칙의 선언"에 의하여 보장된 민족자결권을 행사하기 위하여 식민통치, 외국의 점령 및 인종차별정권에 대항하여 투쟁하는 무력충돌을 포함한다.

제2조【정의】 본 의정서의 목적을 위하여

가. "제1협약", "제2협약", "제3협약" 및 "제4협약"이라 함은 각각 육전에 있어서의 군대의 부상자 및 병자의 상태개선에 관한 1949년 8월 12일자 제네바협약, 해상에 있어서의 군대의 부상자, 병자 및 난선자의 상태개선에 관한 1949년 8월 12일자 제네바 협약, 포로의 대우에 관한 1949년 8월 12일자 제네바협약, 전시에 있어서의 민간인의 보호에 관한 1949년 8월 12일자 제네바 협약을 의미하며, "제 협약"이라 함은 전쟁희생자 보호를 위한 1949년 8월 12일자 제네바 4개협약을 의미한다.

나. "무력충돌에 적용되는 국제법의 규칙"이라 함은 충돌당사국이 당사자인 국제협정에 명시된 전시에 적용되는 규칙과 전시에 적용 가능한 국제법의 일반적으로 인정된 원칙 및 규칙을 의미한다.

다. "이익보호국"이라 함은 충돌당사국에 의하여 지정되고 적대당사국에 의하여 수락되었으며 제협약과 본 의정서에 따라 이익보호국에 부여된 기능을 수행할 것에 동의한 중립국 또는 충돌 비당사국을 의미한다.

라. "대리기관"이라 함은 제5조에 따라 이익보호국을 대신하여 활동하는 기구를 의미한다.

제3조【적용의 개시 및 종료】 항시 적용되는 규정을 침해함이 없이,

가. 제 협약 및 본 의정서는 본 의정서 제1조에 규정된 사태가 개시될 때로부터 적용된다.

나. 제 협약 및 본 의정서의 적용은 충돌당사국의 영역 내에서는 군사작전의 일반적인 종료 시, 점령지역의 경우에는 점령의 종료 시에 끝난다. 단, 양 경우에 있어서 최종석방, 송환, 복귀가 그 후에 행하여지는 자는 예외로 한다. 이러한 자들은 그들의 최종석방, 송환, 복귀 시까지 본 의정서 및 제협약의 관련규정으로부터 계속 혜택을 향유한다.

제4조【충돌당사국의 법적 지위】

제 협약과 본 의정서의 적용 및 그에 규정된 협정의 체결은 충돌당사국의 법적지위에 영향을 주지 아니한다. 영토의 점령 또는 제 협약 및 본 의정서의 적용은 문제지역의 법적지위에 영향을 주지 아니한다.

제5조 【이익보호국 및 그 대리기관의 지명】 1. 충돌당사국은 충돌이 개시된 때부터 하기 조항에 따라 특히 이익보호국의 지명과 수락을 포함한 이익보호국제도의 적용에 의하여 협약과 본 의정서의 감시와 실시를 확보할 의무가 있다. 이러한 이익보호국은 충돌당사국의 이익을 보장할 의무를 진다.

2. 제1조에 규정된 사태가 개시된 때로부터 각 충돌당사국은 지체 없이 제 협약 및 본 의정서의 적용을 목적으로 이익보호국을 지정하여야 하며, 지체없이 그리고 동일한 목적을 위하여 적대국에 의하여 지명되고 자국에 의하여 수락된 이익보호국의 활동을 허용하여야 한다.

3. 본 의정서 제1조에 규정된 사례가 개시된 때로부터 이익보호국이 지명되고 수락되지 않은 경우에는 기타 공정한 인도적 단체가 행동할 권리를 침해함이 없이 국제적십자위원회가 충돌당사국이 동의하는 이익보호국의 지체없는 지명을 목적으로 주선을 제공한다. 이 목적을 위하여 국제적십자위원회는 각 당사국에게 그 당사국이 적대당사국과의 관계에서 자국을 위하여 이익보호국으로 행동함을 수락할 수 있다고 생각하는 최소한 5개국의 명단을 제공할 것과 각 적대당사국에게 상대당사국의 이익보호국으로 수락할 수 있는 최소한 5개국의 명단을 제공할 것을 요청할 수 있다. 이들 명단은 요청을 접수한 때부터 2주일 이내에 통보되어야 한다. 국제적십자위원회는 동 명단들을 비교하고 양측 명단에 기재된 후보국가에 대한 합의를 모색한다.

4. 전항의 규정에도 불구하고 이익보호국이 없는 경우에는 충돌당사국은 국제적십자위원회 또는 공정성과 능률성이 보장되는 기타 조직이 관계 당사국과 필요한 협의를 한 후 이러한 협의의 결과를 고려하여 대리기관으로 행동할 것을 제의하는 경우 이를 지체없이 수락하여야 한다. 이러한 대리기관의 기능은 충돌당사국의 동의를 얻어야 한다. 충돌당사국은 제 협약 및 본 의정서에 따라 업무를 수행하는 대리기관의 활동을 촉진시키기 위하여 모든 노력을 다하여야 한다.

5. 제4조에 따라 제 협약 및 본 의정서를 적용하기 위한 이익보호국의 지명과 수락은 충돌당사국 또는 점령지를 포함한 어떠한 영토의 법적지위에 대하여도 영향을 주지 아니한다.

6. 충돌당사국 간의 외교관계의 유지 또는 당사국의 이익 및 자국 국민의 이익의 보호를 외교관계에 관한 국제법의 규칙에 따라 제3국에게 위임하는 것은 협약과 본 의정서의 적용을 위한 이익보호국의 지명에 장애가 되지 아니한다.

7. 이하 본 의정서의 이익보호국에 관한 언급에는 대리기관도 포함된다.

제6조 【자격있는 요원】 1. 평시에 체약당사국은 국내적십자(적신월, 적사자태양)사의 지원을 받아 제 협약 및 본 의정서의 적용과 특히 이익보호국의 활동을 촉진시키기 위하여 자격있는 요원을 훈련시키도록 노력한다.

2. 그러한 요원의 선발과 훈련은 국내 관할사항이다.

3. 국제적십자위원회는 체약당사국이 작성하여 그 목적으로 송부한 훈련된 요원의 명단을 체약당사국이 이용하도록 유지한다.

4. 국가 영역 밖에서 그러한 요원

의 사용을 규율하는 조건은 각 경우에 관계당사국 간의 특별협정의 대상이 된다.

제7조【회의】 본 의정서의 수탁국은 제 협약 및 본 의정서의 적용에 관한 일반적인 문제를 토의하기 위하여 1개국 또는 그 이상의 체약당사국의 요청과 체약당사국 과반수의 찬성을 얻어 체약당사국 회의를 개최한다. ...

제2장 전투원 및 전쟁포로의 지위

제43조【군 대】

1. 충돌당사국의 군대는 동국이 적대당사국에 의하여 승인되지 아니한 정부 또는 당국에 의하여 대표되는 경우라 하더라도 자기 부하의 지휘에 관하여 동국에 책임을 지는 지휘관 휘하에 있는 조직된 모든 무장병력, 집단 및 부대로 구성된다. 그러한 군대는 내부 규율체계 특히 무력충돌에 적용되는 국제법의 규칙에의 복종을 강제하는 규율체계에 복종하여야 한다.

2. 충돌당사국의 군대구성원(제3협약 제33조에 규정된 의무요원 및 종교요원 제외)은 전투원이다. 즉 그들은 직접 적대행위에 참여할 권리가 있다.

3. 충돌당사국은 준군사적 또는 무장한 법 집행기관을 군대에 포함시킬 경우 타충돌당사국에 그러한 사실을 통고하여야 한다.

제44조【전투원 및 전쟁포로】

1. 제43조에 정의된 자로서 적대당사국의 권력 내에 들어간 모든 전투원은 전쟁포로가 된다.

2. 모든 전투원은 무력충돌에 적용되는 국제법의 규칙을 준수할 의무가 있으나 이들 규칙의 위반으로 인하여 전투원이 될 권리를 박탈당하지 아니하며, 적대당사국의 권력 내에 들어갈 경우에는 3항 및 4항에 규정된 경우를 제외하고는 전쟁포로가 될 권리를 박탈당하지 아니한다.

3. 적대행위의 영향으로부터 민간인 보호를 제고하기 위하여 전투원은 그들이 공격이나 공격전의 예비적인 군사작전에 참여하고 있는 동안 그들 자신을 민간인과 구별하여야 한다. 그러나 적대행위의 성격 때문에 무장전투원이 자신을 그와 같이 구별시킬 수 없는 무력충돌의 상황이 존재함을 감안하여 그러한 상황하에서 다음 기간 중 무기를 공공연히 휴대하는 경우에는 전투원으로서의 지위를 보유한다.

가. 각 교전기간 중 및

나. 공격 개시 전의 작전 전개에 가담하는 동안 적에게 노출되는 기간 중 본 항의 요구에 복종하는 행위는 제37조1항

다. 호에서 의미하는 배신적 행위로 간주되지 아니한다.

4. 3항의 2번째 문장에 제시된 요구를 충족시키지 못하는 동안 적대당사국의 권력 내에 들어간 전투원은 전쟁포로가 될 권리를 상실한다. ...

5. 공격 또는 공격전의 군사작전에 참여하지 아니하는 동안 적대당사국의 권력 내에 들어간 모든 전투원은 이전의 행위로 인하여 전투원 및 전쟁포로가 될 권리를 상실하지 아니한다.

6. 본 조는 제3협약 제4조에 따른 어떠한 자의 전쟁포로가 될 권리를 침해하지 아니한다. ...

제45조【적대행위에 가담한 자들의 보호】

1. 적대행위에 가담하고 적대당사국이 규력 내에 들어간 자는 전쟁포로로 간주되며 따라서 그가 전쟁포로의 지위를 주장하거나

그러한 지위의 자격이 있는 것처럼 보이거나 또는 그의 소속국이 그를 위하여 억류국 및 이익보호국에 통고함으로써 그러한 자유를 주장하는 경우 제3협약에 의하여 보호되어야 한다. 전쟁포로로서의 자격여부에 관하여 의문이 있을 때에도 그는 그러한 자격을 계속 보유하며 따라서 그의 자격이 권한있는 재판정에 의하여 결정될 때까지 제3협약 및 본 의정서에 의하여 계속 보호된다.

2. 적대당사국의 권력 내에 들어간 자가 전쟁포로로 취급되지 아니하고 적대행위에 연유한 범행으로 인하여 동 당사국에 의하여 심리를 받게 될 경우 그 자는 사법재판정에서 전쟁포로 자격을 주장하고 그 문제에 대하여 판결받을 권리를 가진다. 판결은 가급적 적용가능한 절차에 의하여 범행에 대한 심리를 하기 전에 이루어져야 한다. 이익보호국의 대표는 그러한 절차가 예외적으로 국가안보이익을 위하여 비밀리에 열리는 경우를 제외하고는 동 문제의 판결절차에 참석할 자격이 있다. 그러한 경우 억류국은 이익보호국에 이를 통보하여야 한다. ...

제46조【간 첩】

1. 제 협약 및 본 의정서의 다른 규정에도 불구하고 간첩행위에 종사하는 동안 적대당사국의 권력 내에 들어간 충돌당사국의 군대의 구성원은 전쟁포로로서의 지위를 가질 권리가 없으며 간첩으로 취급될 수 있다.

2. 소속당사국을 위하여 적대당사국에 의하여 지배되는 영토 내에서 정보를 수집하거나 또는 수집하려고 기도하는 충돌당사국 군대의 구성원은 그렇게 하는 동안 그가 군대의 제복을 착용하는 한 간첩행위에 종사하는 것으로 간주되지 아니한다.

3. 적대당사국에 의하여 점령된 영토의 주민으로서 소속국을 위하여 그 영토 내에서 군사적 가치가 있는 정보를 수집 또는 수집하려 하는 충돌당사국 군대의 구성원은 위장 행위 또는 고의적으로 은밀한 방법으로 그렇게 하지 아니하는 한 간첩행위에 종사하는 것으로 간주되지 아니한다. 더욱이 그러한 주민은 전쟁포로로서의 지위를 잃지 아니하며 그가 간첩행위에 종사하고 있는 중에 체포되지 아니하는 한 간첩으로 취급되지 아니한다.

4. 적대당사국에 의하여 점령된 영토 내의 주민이 아니면서 그 영토 내에서 간첩행위에 종사하는 충돌당사국의 군대구성원은 전쟁포로로서의 권리를 잃지 아니하며 그의 소속군대로의 복귀전에 체포되지 아니하는 한 간첩으로 취급되지 아니한다.

제47조【용 병】

1. 용병은 전투원 또는 전쟁포로가 될 권리를 가지지 아니한다.

2. 용병은 다음의 모든 자를 말한다.

가. 무력충돌에서 싸우기 위하여 국내 또는 국외에서 특별히 징집된 자

나. 실제로 적대행위에 직접 참가하는 자

다. 근본적으로 사적 이익을 얻을 목적으로 적대행위에 참가한 자 및 충돌당사국에 의하여 또는 충돌당사국을 위하여 그 당사국 군대의 유사한 지위 및 기능의 전투원에게 약속되거나 지급된 것을 실질적으로 초과하는 물질적 보상을 약속받은 자

라. 충돌당사국의 국민이 아니거나 충돌당사국에 의하여 통치되는 영토의 주민이 아닌 자

마. 충돌당사국의 군대의 구성원
이 아닌 자

바. 충돌당사국이 아닌 국가에
의하여 동국의 군대구성원으로
서 공적인 임무를 띠고 파견되
지 아니한 자

제4편   민간주민

제1장 적대행위의 영향으로부터의 일반적 보호

제1절   기본규칙 및 적용분야

제48조【기본규칙】

민간주민과 민간물자의 존중 및
보호를 보장하기 위하여 충돌당
사국은 항시 민간주민과 전투원,
민간물자와 군사목표물을 구별
하며 따라서 그들의 작전은 군사
목표물에 대해서만 행하여지도
록 한다.

제50조【민간인 및 민간주민의 정의】

1. 민간인이라 함은 제3협약 제4조
A (1), (2), (3), (6) 및 본 의정서 제
43조에 언급된 자들의 어느 분류
에도 속하지 아니하는 모든 사람
을 말한다. 어떤 사람이 민간인 인
지의 여부가 의심스러운 경우에는
동인은 민간인으로 간주된다.

2. 민간주민은 민간인인 모든 사
람들로 구성된다.

3. 민간인의 정의에 포함되지 아
니하는 개인들이 민간주민 내에
존재하는 경우라도 그것은 주민
의 민간적 성격을 박탈하지 아니
한다.

제51조【민간주민의 보호】

1. 민간주민 및 민간개인은 군사
작전으로부터 발생하는 위험으
로부터 일반적 보호를 향유한다.
...

2. 민간개인은 물론 민간주민도
공격의 대상이 되지 아니한다. 민

간주민 사이에 테러를 만연시킴
을 주목적으로 하는 폭력행위 및
위협은 금지된다.

3. 민간인들은 적대행위에 직접
가담하지 아니하는, 그리고 그
러한 기간 동안 본 장에 의하여
부여되는 보호를 향유한다.

4. 무차별공격은 금지된다. 무차
별공격이라 함은, 가. 특정한 군
사목표물을 표적으로 하지 아니
하는 공격 나. 특정한 군사목표물
을 표적으로 할 수 없는 전투의
방법 또는 수단을 사용하는 공격
또는, 다. 그것의 영향이 본 의정
서가 요구하는 바와 같이 제한될
수 없는 전투의 방법 또는 수단을
사용하는 경우를 말하며, 그 결과
개개의 경우에 있어서 군사목표
물과 민간인 또는 민간물자를 무
차별적으로 타격하는 성질을 갖
는 것을 말한다. ...

6. 보복의 수단으로서의 민간주
민 또는 민간인에 대한 공격은 금
지된다.

7. 민간주민이나 민간개인의 존
재 또는 이동은 특정지점이나 지
역을 군사작전으로부터 면제받
도록 하기 위하여, 특히 군사목표
물을 공격으로부터 엄폐하거나
또는 군사작전을 엄폐, 지원 또는
방해하려는 기도로 사용되어서
는 아니된다. 충돌당사국은 군사
목표물을 공격으로부터 엄폐하
거나 군사작전을 엄폐하기 위하
여 민간주민 또는 민간개인의 이
동을 지시하여서는 아니된다. ...

제3절   민간물자

제52조【민간물자의 일반적 보호】

1. 민간물자는 공격 또는 복구의
대상이 되지 아니한다. 민간물자
라 함은 제2항에 정의한 군사목
표물이 아닌 모든 물건을 말한다.

2. 공격의 대상은 엄격히 군사목표물에 한정된다. 물건에 관한 군사목표물은 그 성질·위치·목적·용도상 군사적행동에 유효한 기여를 하고, 당시의 지배적 상황에 있어 그것들의 전부 또는 일부의 파괴, 포획 또는 무용화가 명백한 군사적 이익을 제공하는 물건에 한정된다....

3. 예배장소, 가옥이나 기타 주거 또는 학교와 같이 통상적으로 민간목적에 전용되는 물건이 군사행동에 유효한 기여를 하기 위하여 사용되는 지의 여부가 의심스러운 경우에는, 그렇게 사용되지 아니하는 것으로 추정된다.

제54조【민간주민의 생존에 불가결한 물건의 보호】

1. 전투방법으로서 민간인의 기아작전은 금지된다.

2. 민간주민 또는 적대국에 대하여 식료품·식료품생산을 위한 농경지역·농작물·가축·음료수 시설과 그 공급 및 관개시설과 같은 민간주민의 생존에 필요 불가결한 물건들의 생계적 가치를 부정하려는 특수한 목적을 위하여 이들을 공격·파괴·이동 또는 무용화하는 것은 그 동기의 여하를 불문하고, 즉 민간인을 굶주리게 하거나 그들을 퇴거하게 하거나 또는 기타 여하한 동기에서이든 불문하고 금지된다.

3. 제2항에서의 금지는 동항의 적용을 받는 물건이 적대국에 의하여 다음과 같이 사용되는 경우에는 적용되지 아니한다.

가. 오직 군대구성원의 급양으로 사용되는 경우, 또는

나. 급양으로서가 아니라 하더라도 결국 군사행동에 대한 직접적 지원으로 사용되는 경우. 다만, 여하한 경우에라도 민간주민의 기아를 야기시키거나 또는 그들의 퇴거를 강요하게 할 정도로 부족한 식량 또는 물을 남겨놓을 우려가 있는 조치를 취하지 아니하는 것을 조건으로 한다.

4. 이러한 물건은 복구의 대상이 되어서는 아니된다.

5. 침략으로부터 자국영역을 방위함에 있어서 충돌당사국의 필요불가결한 요구를 인정하여, 충돌당사국은 긴박한 군사상의 필요에 의하여 요구되는 경우에는 자국의 지배하에 있는 그러한 영역 내에서 제2항에 규정된 금지사항을 파기할 수 있다.

(이하 생략; 이하 조문은 국가법령정보센터, https://www.law.go.kr/ 참조바람)

34 1977년 1949년 8월 12일자 제네바 협약에 대한 추가 및 비국제적 무력충돌의 희생자 보호에 관한 의정서 (제2의정서)

(Protocol Additional to the Geneva Conventions of 12 August 1949, and Relating to the Protection of Victims of Non-International Armed Conflicts)

체결일 : 1977.6.8.
발효일 : 1982.7.15.
한국 발효일 : 1982.7.15.

체약당사국은 1949년 8월 12일자 제네바 제 협약의 공통규정인 제3조에 내포된 인도적 원칙들이 국제적 성격을 갖지 않는 무력충돌의 경우에 있어서 인간의 존중의 기초를 구성함을 상기하고, 나아가 인권에 관한 국제약정들이 인간에게 기본적 보호를 제공함을 상기하고, 그러한 무력충돌의 희생자에게 보다 나은 보호를 보장할 필요성을 강조하고, 현행법에 의하여 규율되지 않는 경우에 인간은 인도주의 원칙 및 공공양심의 명령의 보호하에 놓임을 상기하면서, 다음과 같이 합의하였다.

제1편 본 의정서의 범위

제1조 【적용의 물적범위】 1. 1949년 8월 12일자 제네바 제 협약의 공통규정인 제3조를 현재의 적용조건을 변경시키지 않고 발전시키고 보완한 본 의정서는 국제적 분쟁의 희생자의 보호에 관한 1948년 8월 12일자 제네바 제 협약에 대한 추가의정서(제1의정서) 제1조의 적용을 받지 아니하는 것으로서 체약당사국의 영토 내에서 동 체약당사국의 군대 및 책임있는 지휘하에 있으며 지속적이고 일치된 군사작전을 수행하고 본 의정서를 이행할 수 있을 정도로 그 영토의 일부분을 통제하고 있는 체약당사국의 군대와 반란군대 또는 다른 조직된 무장집단 사이에 발생하는 모든 무력충돌에 적용된다.
2. 본 의정서는 무력충돌이 아닌 폭동, 고립되고 산발적인 폭력행위 및 기타 유사한 성질의 행위와 같은 내부혼란 및 긴장의 상황에는 적용되지 아니한다.

제2조 【적용의 인적범위】 1. 본 의정서는 제1조에 정의된 무력충돌에 의하여 영향받는 모든 자에 대하여 인종, 피부색, 성별, 언어, 종교 또는 신념, 정치적 또는 기타 의견, 국가적 사회적 출신성분, 부, 출생 또는 다른 신분 또는 기타 유사한 어떠한 기준에 근거하여서도 어떠한 불리한 차별도 행함이 없이 적용된다.
2. 무력충돌의 종식 시에는, 자유가 박탈되었거나 충돌과 관련하여 자유가 제한되어 온 모든 자는 같은 이유로 충돌 후에 자유를 박탈당하고 자유를 제한받는 자와 마찬가지로 자유의 박탈 및 제한의 종료 시까지 제5조 및 제6조의 보호를 향유한다.

제3조 【불간섭】 1. 본 의정서의 어떠한 규정도 모든 합법적인 수단으로 국내의 법과 질서를 유지 또는 회복하거나 국가의 통일성 및 영토보전을 수호하는 국가의

주권 및 정부의 책임에 영향을 미칠 목적으로 원용되어서는 아니 된다.

2. 본 의정서의 어떠한 규정도 충돌이 발생한 지역의 체약당사국의 무력충돌이나 내부 또는 대외 문제에 어떠한 이유로든지 직접 또는 간접으로 간섭하는 것을 정당화시키기 위하여 원용되어서는 아니 된다.

제2편   인도적 대우

제4조 【기본적 보장】 1. 적대행위에 직접 가담하지 않거나 적대행위에 가담하기를 중지한 모든 사람들은 그들의 자유가 제한되었는지 여부를 불문하고 그들의 신체, 명예, 신념, 종교적 관습을 존중받을 권리가 있다. 그들은 모든 상황에 있어서 어떠한 불리한 차별도 없이 인도적으로 대우된다. 전멸 명령은 금지된다.

2. 전항의 일반성을 침해함이 없이 1항에 언급된 자에 대한 다음의 행위는 시간과 장소를 불문하고 금지되어야 한다.

가. 생명, 건강, 정신적·신체적 복리에 대한 침해 특히 살인 및 고문, 신체절단 또는 모든 형태의 신체적 처벌과 같은 잔인한 행위

나. 집단적 처벌

다. 인질행위

라. 테러행위

마. 개인의 존엄에 대한 침해 특히 모독적 비하행위, 강간, 강제매춘 및 모든 형태의 비열한 폭행

바. 노예제도 및 모든 형태의 노예매매

사. 약탈

아. 전기의 행위를 행하려는 위협

3. 아동은 그들이 필요로 하는 양호 및 지원을 받아야만 한다. 특히,

가. 그들은 부모의 희망에 따라 또는 부모가 없는 경우에는 그들의 양육책임자의 희망에 부응하여 종교, 도덕교육을 포함한 교육을 받는다.

나. 분산된 가족의 재결합을 촉진하기 위하여 모든 적절한 조치를 취한다.

다. 15세 이하의 아동은 군대에 징집되거나 적대행위에 참가하도록 하여서는 아니된다.

라. 본조에 의하여 15세 이하의 아동에게 부여되는 특별보호는 다. 호의 규정에도 불구하고 그들이 적대행위에 참가하고 포획되었을 때에도 계속 적용된다.

마. 필요할 경우 그들이 부모 또는 법률 및 관습에 의하여 일차적으로 그들의 보호에 책임이 있는 자의 동의를 얻어 아동을 적대 행위가 일어나고 있는 지역으로부터 동국 내의 안전한 장소로 임시 이동시키고 그들의 안전 및 복리를 책임지고 있는 자들이 동행하도록 보장하기 위한 조치를 취하여야 한다.

제5조 【자유가 제한된 개인】

1. 제4조의 규정에 추가하여 무력분쟁에 관련된 이유로 그들의 자유를 박탈당한 사람에 대하여는 그들이 억류되어 있든 구류되어 있든 간에 최소한 다음 사항이 보장되어야 한다.

가. 부상자 및 병자는 제7조에 따라 취급되어야 한다.

나. 본항에 언급된 자는 지역 민간인과 같은 정도로 음식, 음료수가 공급되어야 하고 건강, 위생의 안전, 기후 및 무력투쟁의 위험으로부터 보호를 부여받는다.

다. 그들은 개인적, 집단적 구호를 받도록 허용되어야 한다.

라. 그들은 그들의 종교의식을 행하는 것이 허용되며, 만일 필요하고 적절할 경우에는 목사와

같은 종교적 기능을 수행하는 자로부터 정신적 도움을 받는 것이 허용되어야 한다.
마. 그들은 노동에 종사할 경우 지방주민이 향유하는 것과 동일한 노동조건 및 보호를 향유한다.
2. 1항에 언급된 자들의 구금 및 억류에 대하여 책임을 지고 있는 자들은 그들의 능력 한도 내에서 전기의 자들에 관련된 다음 규정을 존중하여야 한다.
가. 한 가족의 남녀가 같이 수용되는 경우를 제외하고는 여자는 남자의 숙소로부터 분리된 숙소에 수용되어야 하고 여자의 직접적인 감독하에 두어야 한다.
나. 그들은 편지 및 카드를 보내고 받을 수 있어야 한다. 그 회수는 필요하다면 권한 있는 당국에 의하여 제한될 수 있다.
다. 구금 및 억류의 장소는 전투지대에 근접한 곳에 위치하여서는 아니 된다. 1항에 언급된 자들은 그들의 소개가 충분한 안전조건하에 행해질 수 있다면 그들의 억류 또는 구류장소가 특히 무력충돌로 인한 위험에 노출되는 경우 소개되어야 한다.
라. 그들은 의료검진의 혜택을 받는다.
마. 그들의 신체적, 정신적 건강 및 보전은 부당한 작위 또는 부작위에 의하여 위협받지 아니한다. 따라서 본조에 규정된 자들을 당사자의 건강상태에 의하지 아니한 또는 유사한 의료 환경하에서 자유인에게 적용되는 일반적으로 인정된 의료기준과 일치되지 아니하는 의료절차를 받게 하는 것은 금지된다.

3. 1항의 적용을 받지는 않지만 무력충돌에 관련되는 이유로 어떠한 방법으로든지 자유를 제한받는 자들은 제4조와 본조의 1항 가, 나, 다호 및 2항 나호에 따라 인도적으로 대우되어야 한다.
4. 자유를 박탈당한 자들을 석방하기로 결정하는 경우 그러한 결정을 내리는 자들은 그들의 안전을 보장하기 위하여 필요한 조치를 취하여야 한다.

제6조【형사소추】1. 본조는 무력충돌과 관련되는 형사범죄의 소추 및 처벌에 적용된다.
2. 독립성 및 공평성이라는 필수적 보장이 부여되는 법정에 의한 선고에 의하지 아니하고는 범죄를 범한 자에 대하여 어떠한 형벌도 집행될 수 없다. 특히,
가. 동 절차는 혐의사실의 세목을 지체없이 피고에게 알려주도록 하고 피고에게 심리이전 및 심리 중에 변호에 필요한 모든 권리 및 수단을 부여하여야 한다.
나. 개인적 형사책임에 근거하지 아니하고는 어떠한 자도 유죄판결을 받지 아니한다.
다. 누구도 행위시의 법률하에서 죄를 구성하지 않는 작위 및 부작위로 인하여 유죄판결을 받지 아니한다. 또한 범행이 행해진 당시에 적용되는 것보다 더 중요한 형벌이 과하여져서는 아니된다. 범행 후에 보다 경한 형벌을 과하는 법률이 제정되는 경우에는 범행자도 그 혜택을 향유하도록 한다.
라. 법에 따라 유죄임이 밝혀질 때까지 범죄피의자는 무죄로 추정된다.
마. 범죄피의자는 누구나 본인의 출석하에 재판을 받을 권리를 가진다.

바. 누구도 자신에 불리한 증언
을 하거나 범죄를 자백하도록
강요당하지 아니한다.

3. 유죄판결을 받은 자는 선고 즉
시 법적 및 기타 구제절차 및 동
절차가 행사될 수 있는 시한을 통
지받아야 한다.

4. 사형은 범죄 시 18세 이하의
자에게는 선고될 수 없으며 임산
부 또는 영아의 모에게는 집행될
수 없다.

5. 적대행위의 종료 시 권한 있는
당국은 무력충돌에 참가했던 자
들 및 무력충돌에 관련 있는 이유
로 자유가 구속된 자들에게 그들
이 억류되어 있건 구류되어 있건
가능한 최대의 사면을 부여하도
록 노력하여야 한다.

(이하 생략 ; 이하 조문은 국가법령
정보센터, https://www.law.go.kr/
참조바람)

35 1978년 조약의 국가승계에 관한 비엔나 협약
(Vienna Convention on Succession of States in Respect of Treaties)

1978년 8월 23일 채택
1996년 11월 6일 발효

본 협약의 당사자들은, 탈식민화의 과정에 의해 이루어진 국제공동체의 중요한 변화를 고려하며, 또한 그 밖의 요소에 의해 장래의 국가승계의 경우가 발생할 수 있음을 고려하고, 이러한 경우 국제관계에 있어 법적 안정성을 한층 더 확보하기 위한 방법의 하나로서, 조약의 존중에 있어서의 국가승계에 관한 규칙의 편찬과 점진적 발달의 필요를 확신하며, 자유로운 합의의 원칙, 신의성실의 원칙 그리고 '약속은 지켜져야 한다'는 원칙이 보편적으로 인정됨을 주목하고,

국제법의 편찬 및 점진적 발달을 다루는 일반 다자조약과 국제공동체 전체가 그 대상과 목적에 이해관계를 갖는 조약들의 지속적 준수가 평화와 국제적 협력의 강화를 위해 특별히 중요함을 강조하며,

제 민족의 평등한 권리와 자결권, 모든 국가의 주권평등 및 독립, 국내문제 불간섭, 무력에 의한 위협 및 그 행사의 금지 그리고 모두의 인권 및 기본적 자유의 보편적 존중의 원칙 등 국제연합헌장에 포함된 국제법 원칙들을 고려하고,

모든 국가들의 영토보전 및 정치적 독립의 존중이 국제연합헌장에 의해 요구됨을 상기하며, 1969년 조약법에 관한 비엔나 협약의 규정들을 고려하고, 동 협약 제73조를 유념하고, 국가승계로부터 발생하는 것 이외의 조약법상의 다른 문제들을 1969년 조약법에 관한 비엔나 협약 내에 포함된 국제관습법규들을 포함한 관련 국제법에 의해 규율됨을 확인하며,

본 협약의 규정들에 의해 규율되지 않는 문제들은 국제관습법규들에 의해 계속 규율됨을 확인하면서 다음과 같이 합의하였다.

제1부 일반규정

제1조 【본 협약의 범위】 본 협약은 국가 간의 조약과 관련된 국가승계의 효과에 대해 적용된다.

제2조 【용어의 사용】 1. 본 협약에 있어,

(a) "조약"이라 함은, 그것이 수록된 문서가 단일의 문서이든 또는 두 개 이상의 관련 문서이든 불문하고 그리고 그 명칭의 여하를 불문하고, 국가 간의 서면에 의해 이루어지고 국제법에 의해 규율되는 국제적 합의를 말한다.

(b) "국가승계"라 함은, 영토의 국제적 관계에 대한 책임에 있어 (in the responsibility for the international relations of territory) 한 국가로부터 다른 국가로 이전 (대체)(replacement)됨을 의미한다.

(c) "선임국"이라 함은, 국가승계 시에 타국에 의해 대체되는 국가를 의미한다.

(d) "승계국"이라 함은, 국가승계 시 한 국가를 대신하는 국가를 의미한다.

(e) "국가승계일"이라 함은, 국가 승계와 관련된 영토의 국제관계에 대한 책임에 있어서 승계국이 선임국을 대체하는 일자를 의미한다.

(f) "신생국"이라 함은, <u>그 영토가 국가승계일 직전에 선임국이 국제관계를 책임지는 종속 영토(dependent territory)에 속해 있었던 국가</u>를 의미한다.

(g) "승계의 통고"라 함은, 다자조약과 관련하여 그 명칭의 여하간에 승계국이 조약에 의해 구속을 받겠다는 동의를 표시하는 통고를 의미한다.

(h) "전권위임장"이라 함은, 승계의 통고 또는 기타 본 협약상의 여하한 통고와 관련하여 국가의 권한 있는 당국에 의해 발급된 문서로서, 어떠한 사람이 승계의 통고를 위한 연락 또는 경우에 따라 그 통고를 위한 해당 국가를 대표하도록 임명하는 문서를 의미한다.

(i) "비준", "수락" 또는 "인준"이라 함은, 국가가 조약에 구속을 받겠다고 국제적 차원에서 동의를 하는 국제적 행위를 각각 의미한다.

(j) "유보"라 함은, 그 명칭의 여하에 불구하고 국가가 조약에 서명하거나 이를 비준, 수락, 인준 또는 가입함에 있어 또는 조약에 대한 승계의 통고를 함에 있어 행하는 일방적 의사표시로서, 그 조약을 해당 국가에 적용함에 있어 조약의 특정 조항의 법적 효과를 배제하거나 수정하고자 하는 것을 의미한다.

(k) "체약국"이라 함은, 조약의 발효 여부와 관계없이 그 조약에 구속을 받겠다는 동의를 표시한 국가를 의미한다.

(l) "당사자"라 함은, 조약에 의해 구속을 받겠다고 동의하고 조약의 적용을 받는 국가를 의미한다.

(m) "타당사자"라 함은, 승계국과의 관계에서 국가승계가 관련되는 영토에 대해 국가승계일 당시 발효 중인 조약의 당사자로 되어 있는 선임국 외의 모든 국가를 의미한다.

(n) "국제기구"라 함은, 정부 간 기구를 의미한다.

2. 용어의 사용에 관한 본 협약 제1항의 규정들은 여하한 국가의 국내법에 있어 이들 용어의 사용 또는 이들에 대해 주어지는 의미를 저해하지 아니한다.

제3조【본 협약의 범위에 속하지 않는 경우들】 본 협약이 국가와 다른 국제법 주체 간에 체결되거나 국제협정 또는 서면에 의해 이루어지지 않은 국제적 합의에 있어서의 국가승계의 효과에 대해 적용되지 않는다는 사실로 인해,

(a) 본 협약과 관계없이 국제법상 본 협약에 규정된 규칙들에 의해 규율되는 이들 경우에 본 협약상의 규칙이 적용되거나,

(b) 본 협약이 국가 간의 경우와 마찬가지로 국가 이외의 다른 국제법 주체들도 당사자로 되어 있는 국제협정에 있어서의 국가승계의 효과에 대해 적용되는 것을 저해하지 아니한다.

제4조【국제기구설립조약 및 국제기구 내에서 채택된 조약】 본 협약은,

(a) 국제기구의 설립문서에 해당하는 모든 조약과 관련한 국가승계의 효과에 대해 적용됨에 있어 그 회원국 자격의 취득에 관한 규칙 및 기타 기구의 규칙들을 저해하지 않으며,

(b) 국제기구 내에서 채택된 모든 조약과 관련한 국가승계의 효과에 대해 적용됨에 있어 동기

구의 여하한 규칙도 저해하지
아니한다.

**제5조 【조약과 관계없이 국제법
에 의해 부과되는 의무】** 본 협약
의 적용에 의해 어떠한 조약이 한
국가에 대해 발효하지 않는 것으
로 간주되는 경우에도, 그 국가가
그 조약과 관계없이 국제법에 의
해 부과되는 그 조약상의 모든 의
무를 이행하여야 함은 결코 영향
을 받지 아니한다.

**제6조 【본 협약에서 다루는 국가
승계의 경우】** 본 협약은 국제법
과 특히 국제연합헌장에 포함된
국제법의 원칙들에 일치하여 발
생하는 국가승계의 효과에 대하
여만 적용된다.

제7조 【본 협약의 잠정적 적용】
1. 본 협약은 본 협약과 관계없이
국제법상 국가 승계의 효과를 규
율하는 본 협약상 여하한 규칙의
적용도 저해함 없이, 별도로 합의
된 경우를 제외하고는 본 협약의
발효 이후에 발생된 국가승계에
대해서만 적용된다.
2. 승계국은 본 협약에 의해 구속
을 받겠다는 동의를 표시한 시점
또는 그 이후의 언제라도 본 협약
의 발효 이전에 발생한 자신의 국
가승계에 대해 자국의 선언을 수
락하겠다고 선언하는 본 협약의
체약국 및 당사국과의 관계에서
본 협약의 규정을 적용하겠다는
선언을 할 수 있다. 본 협약의 규
정은 이들 선언을 한 국가들 간의
본 협약의 발효 또는 수락선언의
일자 중 나중의 일자 이후에 국가
승계일로부터의 국가승계의 효
과에 대해 적용된다.
3. 승계국은 본 협약에 서명 시
또는 구속을 받겠다는 동의 표시
시에 자국의 선언을 수락한다고
선언하는 다른 서명국 또는 체약
국과의 관계에서 본 협약의 발효

이전에 발생한 스스로의 국가승
계에 대해 본 협약의 규정을 잠정
적으로 적용하겠다는 선언을 할
수 있다. 수락선언을 한 후, 이들
규정은 그 국가승계일자로부터
의 양국 간 국가승계의 효과에 대
해 잠정적으로 적용된다.
4. 제3항 또는 제3항에 따라 이루
어진 여하한 선언도 수탁자에게 서
면에 의해 통보되어야 하며, 수탁
자는 본 협약의 당사국 또는 당사
국이 될 자격이 있는 국가들에게
이러한 통보가 전달되었다는 사실
과 그 내용을 통지하여야 한다.

**제8조 【선임국으로부터 승계국으
로의 조약상 권리 의무의 이전에
관한 합의】** 1. 국가승계일 당시
한 영토와 관련하여 유효한 조약
상의 선임국의 권리 또는 의무들
은 선임국과 승계국이 그러한 권
리 또는 의무가 승계국으로 이전
된다고 하는 협정을 체결하였다
는 사실만으로 그 조약의 다른 당
사국들에 대한 승계국의 권리 또
는 의무로 될 수 없다.
2. 그러한 협정의 체결에도 불구
하고, 국가승계일 당시 문제의 영
토에 대해 유효하였던 조약과 관
련한 국가승계의 효과는 본 협약
에 의해 규율된다.

**제9조 【선임국의 조약과 관련한
승계국의 일방적 선언】** 1. 국가
승계일 당시 영토에 대해 유효한
조약상의 권리 또는 의무들은 승
계국이 그 영토에 관한 조약을 계
속 유지하겠다는 일방적 선언을
하였다는 사실만으로 승계국 또
는 그 조약의 다른 당사국의 권리
또는 의무로 될 수 없다.
2. 그러한 경우, 국가승계일 당시
문제 영토에 대해 유효한 조약과
관련한 국가승계의 효과는 본 협
약에 의해 규율된다.

제10조【승계국의 참여를 규정한 조약】 1. 조약이 국가승계 시 승계국이 조약의 당사자가 될 것을 스스로 선택할 수 있음을 규정하고 있는 경우, 승계국은 조약의 해당규정에 따라 또는 그러한 규정이 없는 경우 본 협약의 규정에 따라 조약에 대한 승계를 통고하여야 한다.

2. 조약상에 국가승계 시 승계국이 조약의 한 당사자로 된다는 것이 규정된 경우, 이 규정은 승계국이 그렇게 취급될 것을 명시적으로 수락한 경우에만 효력을 가진다.

3. 제1항 또는 제2항에 속하는 경우에 있어서, 조약의 당사자로 되겠다는 동의를 표시하는 승계국은 조약에 달리 규정되거나 달리 합의된 경우를 제외하고는 국가승계일로부터 당사자로 간주된다.

제11조【국경제도(boundary regime)】 국가승계는 "그 자체로서"(as such) (a)조약에 의해 수립된 국경, (b)조약에 의해 수립된 국경제도와 관련된 권리 의무에 대해서는 영향을 미치지 않는다.

제12조【기타 영토제도(other territorial regime)】 1. 국가승계는 "그 자체로서"(as such) (a)한 외국의 어떠한(any) 영토의 이익을 위해 조약에 의해 확립된 것으로서 그 여하한의 (any) 영토의 사용 또는 그 제한에 관련되고 문제의 영토에 부착된 것으로(attaching) 간주되는 [의무]들과 (b)한 외국의 어떠한 영토의 이익을 위해 조약에 의해 확립된 것으로서 그 여하한의 영토의 사용 또는 그 제한에 관련되고 문제의 영토에 부착된 것으로 (attaching) 간주되는 [권리]들에 대해서는 영향을 미치지 않는다. 2. 국가승계는 "그 자체로서"(as

such) (a)국가들의 집단 또는 모든 국가들의 이익을 위해 조약에 의해 확립된 것으로서 어떠한 영토의 사용 또는 그 제한에 관련되고 그 영토에 부착된 것으로 (attaching) 간주되는 [의무]들과 (b)국가들의 집단 또는 모든 국가를의 이익을 위해 조약에 의해 확립된 것으로서 어떠한 영토의 사용 또는 그 제한에 관련되고 그 영토에 부착된 것으로(attaching) 간주되는 [권리]들에 대해서는 영향을 미치지 않는다.

3. 본조의 규정은 국가승계가 문제되는 영토에 대해 외국군사기지의 설치를 규정한 선임국의 조약상의 의무에 대해서는 적용되지 아니한다.

제13조【본 협약과 천연의 부와 자원에 대한 항구적 주권】 본 협약의 여하한 규정도 천연의 부와 자원에 대한 모든 민족 및 국가들의 항구적 주권을 인정하는 국제법 원칙에 대해 영향을 주지 아니한다.

제14조【조약의 효력에 관한 제문제】 본 협약의 여하한 규정도 조약의 효력에 관한 여하한 문제를 결코 선결하는 것으로 간주되지 아니한다.

제2부 영토 일부의 승계

제15조【영토 일부의 승계】 한 국가의 영토의 일부 또는 한 국가의 영토에 속하지 않으나 국가가 국제관계에 대해 책임을 지는 영토가 다른 한 국가의 영토의 일부가 되는 경우,

(a) 선임국의 조약은 국가승계가 문제되는 영토와 관련하여 국가승계일로부터 종료되며,

(b) 승계국의 조약은 국가승계가 문제되는 영토와 관련하여 국

가승계일로부터 발효한다. 단, 그 영토에 대한 조약의 적용이 그 조약의 대상 및 목적과 양립할 수 없거나 그 운용의 조건을 급격하게 변화시킨다는 것이 조약 자체에 의해 또는 그 밖의 방법으로 확인되는 경우에는 예외로 한다.

제3부 신생국

제1절 일반원칙

제16조【선임국의 조약과 관련한 지위】신생국은 국가승계일 당시 그 조약이 국가승계가 문제되는 영토와 관련하여 발효 중에 있었다는 사실만으로 여하한 조약을 계속 유지하거나 또는 그 당사자로 되어야 할 의무가 없다.

제2절 다자조약

제17조【국가승계일 현재 발효 중인 다자조약에의 참여】1. 제2항 및 제3항에 따를 것을 조건으로 하여, 신생국은 승계의 통고에 의해 국가승계가 문제되는 영토와 관련하여 국가승계일 당시 유효하던 여하한 다자조약에도 당사자로 될 수 있다.
2. 제1항은 신생국에 대한 그 조약의 적용이 조약의 대상 및 목적과 양립할 수 없거나 그 운용의 조건을 급격하게 변화시킨다는 것이 조약 자체에 의해 또는 그 밖의 방법으로 확인되는 경우에는 적용되지 아니한다.
3. 조약의 조건 또는 교섭국의 제한된 수 및 조약의 대상 및 목적에 의해 여하한 타국의 조약 참가도 모든 당사자의 동의를 요구하는 경우, 신생국은 그러한 동의를 얻어야만 조약의 당사자로 될 수 있다.

제18조【국가승계일 당시 발효하지 않은 조약에의 참가】1. 제3항 및 제4항에 따를 것을 조건으로 하여, 신생국은 국가승계가 문제되는 영토와 관련하여 아직 발효하지 않은 다자조약으로서 국가승계일 현재 선임국이 체약국이었던 조약에 대해 승계의 통고를 함으로써 당사국이 될 수 있다.
2. 제3항 및 제4항에 따를 것을 조건으로 하여, 신생국은 국가승계가 문제되는 영토와 관련하여 국가승계일 이후 발효하는 조약으로서 국가 승계일 현재 선임국이 체약국이었던 조약에 대해 승계의 통고를 함으로써 당사국이 될 수 있다.
3. 제1항 및 제2항은 신생국에 대한 그 조약의 적용이 조약의 대상 및 목적과 양립할 수 없거나 그 운용의 조건을 급격하게 변화시킨다는 것이 조약 자체로부터 또는 그 밖의 방법으로 확인되는 경우에는 적용되지 아니한다.
4. 조약의 조건 또는 교섭국의 제한된 수 및 조약의 대상 및 목적에 의해 여하한 타국의 조약 참가도 모든 당사자 또는 모든 체약국의 동의를 요구하는 경우, 신생국은 그러한 동의를 얻어야만 조약의 당사자 또는 체약국으로 될 수 있다.
5. 조약이 그 발효를 위해 특정수의 체약국이 필요함을 규정하는 경우, 조약으로부터 또는 기타의 방법에 의해 다른 의도가 확인되지 않는 한, 제1항에 따라 조약에 체약국의 지위를 얻는 신생국은 그 규정에서 말하는 체약국 속에 포함되어야 한다.

제19조【선임국이 비준, 수락 또는 인준을 조건으로 서명한 조약에의 참가】1. 제3항 및 제4항에 따를 것을 조건으로 하여, 국가

승계일 이전에 선임국이 국가승계가 문제되는 영토에 적용시킬 것을 목적으로 비준, 수락 또는 인준을 조건으로 서명한 조약에 대해서는 신생국은 스스로 이 조약에 이미 서명한 것과 마찬가지로 비준, 수록 또는 인준을 함으로써 그 조약의 당사국 또는 체약국이 될 수 있다.

2. 제1항에 있어서, 조약 자체에 의해 또는 기타의 방법에 의해 다른 의도가 확인되지 않는 한, 선임국에 의한 조약의 서명은 그 조약을 선임국이 그 국제관계에 대해 책임지고 있는 모든 영토에 대해 적용할 의도를 표명한 것으로 간주된다.

3. 제1항은 신생국의 영토에 대한 조약의 적용이 조약의 대상 및 목적과 양립할 수 없거나 또는 그 운용의 조건을 급격하게 변화시킨다는 것이 조약 자체에 의해 또는 기타의 방법에 의해 확인되는 경우에는 적용되지 아니한다.

4. 조약의 조건 또는 교섭국의 제한된 수 및 조약의 대상 및 목적에 의해 여하한 타국의 조약 참가도 모든 당사자 또는 모든 체약국의 동의를 요구하는 경우, 신생국은 그러한 동의를 얻어야만 조약의 당사자 또는 체약국으로 될 수 있다.

제20조 【유보】 1. 신생국이 제17조 또는 제18조에 따라 승계의 통고에 의해 다자조약의 당사자 또는 체약국으로서의 지위를 획득하는 경우, 국가승계가 문제되는 영토에 대해 국가승계일 현재 적용되던 여하한 유보도 유지하는 것으로 간주된다. 그러나, 승계의 통보 시에 신생국이 반대의 의사를 표명하거나 문제의 유보와 동일한 주제에 관한 별도의 유보를 하는 경우에는 예외로 한다.

2. 제17조 또는 제18조에 따라 승계의 통고에 의해 다자조약의 당사자 또는 체약국으로서의 지위를 획득함에 있어서, 신생국은 조약법에 관한 비엔나 협약 제19조 (a), (b), (c)의 규정에 의해 배제되지 않는 범위 내에서 유보를 할 수 있다.

3. 신생국이 제2항에 따라 유보를 하는 경우, 조약법에 관한 제20조에서 제23조까지의 규칙이 이 유보에 대해 적용된다.

제21조 【조약의 일부에 의해 구속을 받겠다는 동의 및 상이한 규정 중의 선택】 1. 신생국은 제17조 또는 제18조에 의해 승계의 통고를 함으로써 다자조약의 당사자 또는 체약국의 지위를 획득함에 있어, 조약이 허용하는 경우, 조약의 일부에 의해 구속을 받겠다는 동의를 표시하거나 또는 상이한 규정 중에 선택을 할 수 있다. 그러나, 이는 그러한 동의 또는 선택에 대해 조약이 규정한 조건에 따라 이루어져야 한다.

2. 신생국은 다른 당사자 또는 체약국과 동일한 조건으로, 국가승계가 문제되는 영토와 관련하여 그 스스로 또는 선임국이 표시한 여하한 동의 또는 선택도 조약의 규정에 따라 이를 철회하거나 수정할 권리를 갖는다.

3. 신생국이 제1항에 따라 동의 또는 선택을 하지 않거나, 또는 제2항에 따라 선임국의 동의 또는 선택을 철회 또는 수정하지 않는 경우에는,

(a) 국가승계가 문제되는 영토와 관련하여 선임국이 조약에 따라 표시한 조약의 일부에 의한 구속 동의, 또는

(b) 국가승계가 문제되는 영토에 대한 조약의 적용에 있어 선임국이 조약에 따라 행한 상이한

규정들 중에 선택을 유지하는 것으로 간주된다.

제22조 【승계의 통고】 1. 제17조 또는 제18조 상의 다자조약과 관련한 승계의 통고는 <u>서면으로</u> 이루어져야 한다.

2. 승계의 통고가 국가원수, 정부수반, 또는 외무장관에 의해 서명되지 않은 경우, 이 통고를 전달하는 국가대표는 전권위임장의 제출을 요구받을 수 있다.

3. 조약에서 달리 규정되지 않는 한, 승계의 통고는,

(a) 신생국에 의해 수탁자, 또는 수탁자가 없는 경우, 당사자들 또는 체약국들에게 전달되어야 하며,

(b) 수탁자에 의해, 또는 수탁자가 없을 때에는 모든 당사자들 또는 경우에 따라서는 모든 체약국들에 의해 접수된 일자에 신생국에 의해 이루어진 것으로 간주된다.

4. 제3항은 신생국에 의해 이루어진 승계의 통고 또는 이와 관련된 통지를 조약에 따라 또는 기타의 방법으로 당사자들 또는 체약국들에게 전달하여야 할 수탁자의 의무를 저해하지 아니한다.

5. 조약의 규정에 따를 것을 조건으로 하여, 승계의 통고 또는 이와 관련한 통지는 수신국이 수탁자에 의해 이를 전달받았을 때에 비로소 그 국가에 의해 접수된 것으로 본다.

제23조 【승계 통고의 효과】 1. <u>조약에 달리 규정되거나 달리 합의되지 않은 경우, 제17조 또는 제18조 제2항에 따라 승계의 통고를 하는 신생국은 국가승계일 또는 조약의 발효일자 중 나중의 일자로부터 조약의 당사자로 간주된다.</u>

2. 그러나, <u>조약의 운용은 승계의 통고를 한 날짜까지 신생국과 다른 당사자 간의 관계에서 중지되는 것으로 본다.</u> 단, 조약이 제27조에 따라 잠정적으로 적용될 수 있거나 또는 달리 합의되는 경우에는 예외로 한다.

3. 협약에서 달리 규정하거나 달리 협의하지 않는 한, 본 협약 제18조 제1항에 따라 승계의 통지를 한 신생독립국은 승계 통지한 날로부터 조약의 당사국이 된 것으로 본다.

제3절 양자조약

제24조 【국가승계의 경우 조약이 유효하다고 인정될 수 있는 조건】 1. 국가승계일 현재 <u>국가승계가 문제되는 영토와 관련하여 발효 중이던 양자조약은 다음의 경우에 신생국과 타당사국 간에 유효한 것으로 인정될 수 있다.</u>

(a) 이들 국가가 그렇게 <u>합의한</u> 경우, 또는

(b) 그들의 <u>행동으로 미루어 그들이 그렇게 합의했다고 간주되는</u> 경우.

2. 제1항에 따라 유효한 것으로 간주되는 조약은 국가승계일로부터 신생국과 타당사국 간의 관계에 적용된다. 단, 이는 그들 국가의 합의로부터 또는 기타의 방법에 의해 다른 의사가 확인되지 않는 경우에 한한다.

제25조 【선임국과 신생국 간의 관계의 지위】 제24조에 의해 신생국과 타당사국 간의 관계에 유효한 것으로 인정되는 조약은 그 사실만으로서 선임국과 신생국 간의 관계에도 마찬가지로 유효한 것으로 인정되지 않는다.

제26조【선임국과 타당사국 간에 있어서의 조약의 종료, 운용 중지 및 수정】 1. 제24조에 따라 조약이 신생국과 타당사국 간에 유효한 것으로 인정되는 경우 그 조약은,

(a) 그 조약이 결과적으로 선임국과 타당사국 간의 관계에서 종료되었다는 사실만으로서 그들 간의 관계에서도 그 효력을 상실하지는 않으며,

(b) 그 조약이 결과적으로 선임국과 타당사국 간의 관계에서 운용이 중지되지는 않으며,

(c) 그 조약이 결과적으로 선임국과 타당사국 간의 관계에서 수정되었다는 사실만으로서 그들 간의 관계에서도 수정되지 아니한다.

2. 조약이 국가승계일 이후 선임국과 타당사국 간의 관계에서 종료되거나 경우에 따라서는 운용이 중지되었다는 사실은, 그 조약이 신생국과 타당사국이 제24조에 따라 그렇게 합의한 경우 이들 국가 간의 관계에서 유효하거나 또는 경우에 따라서는 운용될 수 있음을 방해하지 않는다.

3. 조약이 국가승계일 이후 선임국과 타당사국 간의 관계에서 수정되었다는 사실은, 신생국과 타당사국이 그들 간의 관계에서 조약을 그렇게 수정된 채로 적용할 것을 의도한다는 것이 확인되지 않는 한, 그 조약이 그들 간의 관계에서 수정되지 않은 채로 제24조에 따라 유효한 것으로 인정될 수 있음을 방해하지 않는다.

제4절 잠정적용

제27조【다자조약】 1. 국가승계일 현재 다자조약이 국가승계가 문제되는 영토와 관련하여 발효 중이었고 신생국이 그 조약을 스스로의 영토에 대해 잠정적으로 적용할 의도를 통보하는 경우, 그 조약은 신생국과 이에 동의하거나 그 행위로 미루어 그렇게 동의하는 것으로 간주되는 여하한 당사자와의 관계에서도 잠정적으로 적용될 수 있다.

2. 그러나, 제14조 제3항에 언급된 경우에 속하는 조약에 있어서는 그러한 잠정적용에 대해 모든 당사자의 동의가 요구된다.

3. 국가승계일 현재 아직 발효하지 않은 다자조약이 국가승계가 문제되는 영토와 관련하여 잠정적으로 적용되고 있었으며 신생국이 스스로의 영토에 대해 그 조약을 계속 잠정 적용할 의도를 통보한 경우, 그 조약은 신생국과 이에 동의하거나 그 행위로 미루어 그렇게 동의하는 것으로 간주되는 여하한 체약국과의 관계에서도 잠정적으로 적용된다.

4. 그러나, 제17조 제3항에서 언급된 경우에 속하는 조약에 있어서는 그러한 잠정적용의 계속에 대해 모든 체약국의 동의가 요구된다.

5. 제1항에서 제4항은 신생국의 영토에 대한 조약의 적용이 조약의 대상 및 목적과 양립할 수 없거나 또는 그 운용의 조건을 급격하게 변화시킨다는 것이 조약 자체에 의해 또는 기타의 방법에 의해 확인되는 경우에는 적용되지 아니한다.

제28조【양자조약】 국가승계일 현재 국가승계가 문제되는 영토와 관련하여 발효 중이었거나 잠정 적용되고 있던 양자조약은 다음의 경우에 신생국과 타의 관계국과의 관계에서 잠정 적용되는 것으로 인정된다.

(a) 이들 국가가 그렇게 합의한 경우, 또는

(b) 그들의 행위로 미루어 보아,

그들이 이렇게 합의하였다고 간주되는 경우.

제29조【잠정적용의 종료】 1. 조약이 달리 규정하거나 달리 합의된 경우를 제외하고는, 제27조에 의한 다자조약의 잠정적용은,

(a) 신생국 또는 그 조약을 잠정적으로 적용하는 당사자 또는 체약국에 의한 종료의 적절한 예고기간의 통고 및 그 기간의 만료에 의하여, 또는

(b) 제17조 제3항에서 언급된 경우에 속하는 조약의 경우에는 신생국 또는 모든 당사자 또는 경우에 따라서는 모든 체약국에 의한 종료의 적절한 예고기간의 통고 및 그 기간의 만료에 의하여 종료된다.

2. 조약이 달리 규정하거나 달리 합의된 경우를 제외하고는, 제28조에 따른 양자조약의 잠정적용은 신생국 또는 기타 관계국에 의한 종료의 적절한 예고기간의 통고 및 그 기간의 만료에 의해 종료된다.

3. 조약이 그 종료에 대해 보다 짧은 기간을 규정하거나 달리 합의된 경우를 제외하고는, 종료의 적절한 예고기간의 통고라 함은 조약을 잠정 적용하는 타국들이 그 통고를 접수한 일자로부터 12개월의 예고기간의 통고를 말한다.

4. 조약이 달리 규정하거나 또는 달리 합의된 경우를 제외하고는, 제27조에 따른 다자조약의 잠정적용은 신생국이 조약에 당사자로 되지 않겠다는 의도를 통보하는 경우 종료된다.

제5절 둘 또는 그 이상의 영토로 구성된 신생국

제30조【둘 또는 그 이상의 영토로 구성된 신생국】 1. 제16조로

부터 제29조는 둘 또는 그 이상의 영토로 구성된 신생국의 경우에도 적용된다.

2. 둘 또는 그 이상의 영토로 구성된 신생국이 그 영토의 전체가 아닌 그 하나 또는 그 이상의 영토와 관련하여 제17조, 제18조 또는 제24조에 의해 조약의 당사자로 되거나 이미 당사자로서 간주되고, 국가승계일 현재 조약이 발효 중에 있거나 또는 영토의 전부가 아니라 그 하나 또는 그 이상에 대해 구속을 받겠다는 동의가 주어진 경우, 그 조약은 다음의 경우를 제외하고는 그 국가의 영토 전체에 대해 적용된다.

(a) 영토 전체에 대한 조약의 적용이 조약의 대상 및 목적과 양립할 수 없거나 조약 운용의 조건을 급격하게 변화시킨다는 것이 조약 자체로부터 나오거나 기타의 방법으로 확인되는 경우.

(b) 제17조 제3항 또는 제18조 제4항의 범위에 속하지 않는 다자조약에 있어서, 승계의 통고가 국가승계일 현재 발효중이던 조약이 적용되고 있었거나 또는 그 일자 이전에 그 조약에 의해 구속을 받겠다는 동의가 주어진 영토에 한정된 경우;

(c) 제17조 제3항 또는 제18조 제4항의 범위에 속하는 다자조약의 경우에 있어서, 신생국과 타 당사국들 또는 경우에 따라서는 타체약국들이 달리 합의하는 경우; 또는,

(d) 양자조약의 경우에 있어, 신생국과 기타의 관계국이 달리 합의하는 경우.

3. 둘 또는 그 이상의 영토로 구성된 신생국이 제19조에 의해 다자조약의 당사국이 되고 선임국(들)의 서명에 의해 그 조약이 영토의

전체가 아닌 하나 또는 그 이상에 대해서만 적용된다는 것이 의도되어 있는 경우, 그 조약은 다음의 경우를 제외하고는 신생국의 영토 전체에 대해 적용된다.

(a) 영토 전체에 대한 조약의 적용이 조약의 대상 및 목적과 양립할 수 없거나 조약 운용의 조건을 급격하게 변화시킨다는 것이 조약 자체로부터 나오거나 기타의 방법으로 확인되는 경우;

(b) 제19조 제4항의 범위에 속하지 않는 다자조약의 경우에 있어서, 조약의 비준, 수락 또는 인준이 조약적용이 의도된 영토에 대하여 한정된 경우; 또는

(c) 제19조 제4항의 범위에 속하는 다자조약의 경우에 있어서, 신생국과 타당사국들 또는 경우에 따라서는 타체약국들이 달리 합의한 경우.

제4부 국가의 통합(uniting) 및 분리(separation)

제31조 【국가승계일 현재 발효 중인 조약과 관련한 국가통합의 효과】 1. 두 개 또는 그 이상의 국가들이 통합하여 하나의 승계국을 구성하는 경우, 국가승계일 현재 이들 국가들 중 어느 하나와 관련하여 발효 중이었던 모든 조약은 다음의 경우를 제외하고는 승계국에 대해 계속 효력을 가진다.

(a) 승계국과 타당사국(들)이 달리 합의하는 경우; 또는

(b) 승계국에 대해 조약을 적용하는 것이 조약의 대상 및 목적과 양립할 수 없거나 조약의 운용 조건을 급격하게 변화시킨다는 것이 조약 자체로부터 또는 다른 방법에 의해 확인되는 경우.

2. 제1항에 따라 계속 유효한

여하한 조약도 다음의 경우를 제외하고는 국가승계일 현재 그 조약이 적용되고 있던 영토의 부분에 대해서만 적용된다.

(a) 제17조 제3항에 언급된 부류에 속하지 않는 다자조약의 경우에 있어, 조약이 그 영토 전체에 대해 적용되어야 함을 승계국이 통고하는 경우;

(b) 제17조 제3항에 언급된 부류에 속하는 다자조약의 경우에 있어, 승계국과 타당사자국들이 달리 합의하는 경우; 또는

(c) 양자조약의 경우에 있어, 승계국과 타당사국이 달리 합의하는 경우.

3. 제2항 (a)는 승계국의 영토 전체에 대해 조약을 적용하는 것이 조약의 대상 및 목적과 양립할 수 없거나 조약의 운용 조건을 급격하게 변화시킨다는 것이 조약 자체로부터 또는 다른 방법에 의해 확인되는 경우에는 적용되지 아니한다.

제32조 【국가승계일 현재 발효 중이 아닌 조약과 관련한 국가통합의 효과】 1. 제3항 및 제4항에 따르는 것을 조건으로 하여, 제31조의 승계국은 발효 중이 아닌 다자조약으로서 국가승계일 현재 선임국들이 그 조약의 체약국이었던 조약에 대해 통고를 함으로써 그 조약의 체약국의 지위를 얻을 수 있다.

2. 제3항 및 제4항에 따르는 것을 조건으로 하여, 제31조에 해당하는 승계국은 국가승계일 이후 발효하는 다자조약으로서 국가승계일 현재 선임국들 중 여하한 하나가 당사자로 되어 있는 조약에 대해 통고를 함으로써 그 당사자의 지위를 얻을 수 있다.

3. 제1항 및 제3항은 승계국에 대해 조약을 적용하는 것이 조약의

대상 및 목적과 양립할 수 없거나 조약의 운용 조건을 급격하게 변화시킨다는 것이 조약 자체로부터 또는 다른 방법에 의해 확인되는 경우에는 적용되지 아니한다.

4. 조약이 제17조 제3항에서 언급된 부류에 속하는 것인 경우, 승계국은 모든 당사자들 또는 모든 체약국들의 동의가 있어야만 조약의 당사자 또는 체약국의 지위를 얻을 수 있다.

5. 제1항 또는 제2항에 따라 승계국이 체약국 또는 당사자로 되는 여하한 조약도 <u>다음의 경우를 제외하고는</u> 국가승계일 이전에 조약에 의해 구속을 받겠다는 동의가 주어진 승계국의 영토의 부분에 대해서만 적용된다.

(a) 제17조 제3항에서 언급된 부류에 속하지 않는 다자조약의 경우에 있어, <u>이 조약이 스스로의 영토 전체에 대해 적용되어야 함을 승계국이 제1항 또는 제1항에 따라 통고하는 경우</u>, 또는

(b) 제17조 제3항에서 언급된 부류에 속하는 <u>다자조약의 경우에 있어, 승계국과 모든 당사자 또는 경우에 따라서는 모든 체약국이 달리 합의하는 경우.</u>

6. 제5항의 (a)는 승계국의 영토 전체에 대해 조약을 적용하는 것이 조약의 대상 및 목적과 양립할 수 없거나 조약의 운용 조건을 급격하게 변화시킨다는 것이 조약 자체로부터 또는 다른 방법에 의해 확인되는 경우에는 적용되지 아니한다.

제33조 【비준, 수락 또는 인준을 조건으로 선임국에 의해 서명된 조약과 관련한 국가통합의 효과】

1. 선임국들 중 하나가 국가승계일 이전에 비준, 수락 또는 인준을 조건으로 이미 다자조약에 서명한 경우, 제31조에 해당하는 승계국은 제2항 및 제3항에 따를 것을 조건으로 하여, 그 스스로가 그 조약에 이미 서명했던 것과 같이 동 조약을 비준, 수락 또는 인준함으로써 그 조약의 당사자 또는 체약국이 될 수 있다.

2. 제1항은 승계국에 대해 조약을 적용하는 것이 조약을 대상 및 목적과 양립할 수 없거나 조약의 운용 조건을 급격하게 변화시킨다는 것이 조약 자체로부터 또는 다른 방법에 의해 확인되는 경우에는 적용되지 아니한다.

3. 조약이 제17조 제3항에서 언급된 부류에 속하는 것인 경우, 승계국은 모든 당사자들 또는 모든 체약국들의 동의가 있어야만 그 조약의 당사자 또는 체약국이 될 수 있다.

4. 제1항에 따라 승계국이 당사자 또는 체약국으로 되는 여하한 조약도 다음의 경우를 제외하고는 선임국들 중 하나의 서명이 관련된 승계국 영토의 부분에 대해서만 적용된다.

(a) 제17조 제3항에서 언급된 부류에 속하지 않는 다자조약의 경우에 있어, 승계국이 조약을 비준, 수락 또는 인준함에 있어 동 조약을 영토 전체에 대해 적용하겠다는 것을 통지하는 경우; 또는

(b) 제17조 제3항에서 언급된 부류에 속하는 다자조약의 경우에 있어, 승계국과 모든 당사자 또는 경우에 따라서는 모든 체약국이 달리 합의하는 경우.

5. 제4항 (a)는 승계국에 대해 조약을 적용하는 것이 조약의 대상 및 목적과 양립할 수 없거나 조약의 운용 조건을 급격하게 변화시킨다는 것이 조약 자체로부터 또는 다른 방법에 의해 확인되는 경우에는 적용되지 아니한다.

제34조 【국가 일부의 분리에 있어서 국가승계】 1. 한 국가의 영토의 한 부분 또는 수 개의 부분이 하나 또는 수 개의 국가를 형성하는 경우, 선임국이 계속 존재하는가의 여부에 관계없이,

(a) 국가승계일자에 선임국의 영토 전체에 대해 발효한 여하한 조약도 이와 같이 형성된 각 승계국에 대해 계속 효력을 가진다.

(b) 국가승계일자에 선행국 영토의 그 일부에만 발효중인 여하한의 조약은 여전히 그 후임국 영토에만 계속 효력을 가진다.

2. 제1항은 다음의 경우 적용되지 아니한다.

(a) 관계국이 달리 합의하는 경우; 또는

(b) 승계국에 대해 조약을 적용하는 것이 조약의 대상 및 목적과 양립할 수 없거나 조약의 운용 조건을 급격하게 변화시킨다는 것이 조약 자체로부터 또는 다른 방법에 의해 확인되는 경우.

제35조 【영토의 일부 분리 후에 선임국이 계속 존재하는 경우의 지위】 한 국가의 영토의 여하한 일부가 분리된 후 선임국이 계속 존재하는 경우, 국가승계일 현재 선임국에 대해 효력을 갖고 있던 여하한 조약도 다음의 경우를 제외하고는 잔여 영토에 대해 계속 효력을 가진다.

(a) 관계국이 달리 합의하는 경우;

(b) 조약이 선임국으로부터 분리된 영토에 대해서만 관계된다는 것이 확인되는 경우; 또는

(c) 선임국에 대해 조약을 적용하는 것이 조약의 대상 및 목적과 양립할 수 없거나 조약의 운용 조건을 급격히 변화시킨다는 것이 조약 자체로부터 또는 다른 방법에 의해 확인되는 경우.

제36조 【국가의 일부 영토의 분리에 있어서 국가승계일 현재 발효하지 않은 조약에의 참가】 1. 제3항 및 제4항에 따를 것을 조건으로 하여, 국가승계일 현재 선임국이 국가승계가 문제되는 영토와 관련된 조약의 체약국인 경우 제34조 제1항에 해당하는 승계국은 발효하지 않은 다자조약에 대해 통고를 함으로써 그 체약국의 지위를 얻을 수 있다.

2. 제3항 및 제4항에 따를 것을 조건으로 하여, 국가승계일 현재 선임국이 국가승계가 문제되는 영토와 관련한 조약이 체약국이 었던 경우 제34조 제1항에 해당하는 승계국은 국가승계일 이후에 발효하는 다자조약에 대해 통고를 함으로써 당사자의 지위를 얻을 수 있다.

3. 제1항 및 제2항은 승계국에 대해 조약을 적용하는 것이 조약의 대상 및 목적과 양립할 수 없거나 조약의 운용 조건을 급격하게 변화시킨다는 것이 조약 자체로부터 또는 다른 방법에 의해 확인되는 경우에는 적용되지 아니한다.

4. 조약이 제17조 제3항에서 언급된 부류에 속하는 경우, 승계국은 모든 당사자들 또는 모든 체약국들의 동의가 있어야만 조약의 당사자 또는 체약국의 지위를 얻을 수 있다.

제37조 【국가 영토의 분리의 경우 선임국에 의해 비준, 수락 또는 인준을 조건으로 서명된 조약에의 참가】 1. 제2항 및 제3항에 따를 것을 조건으로 하여, 국가승계일 이전에 선임국이 비준, 수락 또는 인준을 조건으로 다자조약에 서명하였으며 그 조약이 이 일자 현재 발효하였다면 국가승계가 문제되는 영토에 대해 적용되었을 것인 경우에는, 제34조 제1항에

해당하는 승계국은 스스로 그 조약에 서명하였던 것과 같이 이 조약을 비준, 수락 또는 인준함으로써 그 조약의 당사자 또는 체약국이 될 수 있다.

2. 제1항은 승계국에 대해 조약을 적용하는 것이 조약의 대상 및 목적과 양립할 수 없거나 조약의 운용 조건을 급격하게 변화시킨다는 것이 조약 자체로부터 또는 다른 방법에 의해 확인되는 경우에는 적용되지 아니한다.

3. 조약이 제17조 제3항에서 언급된 부류에 속하는 경우, 승계국은 모든 당사자들 또는 모든 체약국들의 동의가 있어야만 조약의 당사자 또는 체약국의 지위를 얻을 수 있다.

제38조【통고】 1. 제31조, 제32조 또는 제36조상의 여하한 통고도 서면으로 이루어져야 한다.

2. 통고가 국가원수, 정부수반 또는 외무장관에 의해 서명되지 않은 경우, 이 통고를 전달하는 국가대표는 전권위임장의 제출을 요구받을 수 있다.

3. 조약이 달리 규정하지 않는 한, 통고는

(a) 승계국에 의해 수탁자에게 전달되어야 하며, 수탁자가 없는 경우 당사자들 또는 체약국들에게 전달되어야 한다.

(b) 수탁자에 의해, 또는 수탁자가 없을 때에는 모든 당사자들 또는 경우에 따라서는 모든 체약국들에 의해 접수된 일자에 승계국에 의해 이루어진 것으로 간주된다.

4. 제3항은 승계국에 의해 이루어진 승계의 통고 또는 이와 관련된 통지를 조약에 따라 또는 기타의 방법으로 당사자들 또는 체약국들에게 전달하여야 할 수탁자의 의무를 저해하지 아니한다.

5. 조약의 규정에 따를 것을 조건으로 하여, 승계의 통고 또는 이와 관련한 통지는 수신국이 수탁자에 의해 이를 전달받았을 때에 비로소 그 국가에 의해 접수된 것으로 본다.

제5부 잔여규칙

제39조【국가책임 및 적대행위 발발의 경우】 본 협약의 규정들은 국가의 국제책임 또는 국가 간의 적대행위 발발에 의해 조약에 관한 국가승계와 관련하여 발생하는 여하한 문제도 선결하지 아니한다.

제40조【국가적 점령의 경우】 본 협약의 규정들은 영토의 군사적 점령에 의해 조약과 관련하여 발생하는 여하한 문제도 선결하지 아니한다.

제6부 분쟁해결

제41조【협의 및 교섭】 본 협약의 둘 또는 그 이상의 당사자들 간에 본 협약의 해석 또는 적용과 관련한 분쟁이 발생하는 경우, 이들 국가는 그들 중 하나의 요청에 의해 협의 및 교섭을 통하여 이를 해결하도록 노력하여야 한다.

제42조【조정】 제41조에 언급된 요청이 있는 날로부터 6개월 이내에 분쟁이 해결되지 않는 경우, 이 분쟁의 여하한 당사자도 이를 본 협약의 부속서에서 지시된 조정절차에 따라 국제연합 사무총장에게 조정을 부탁하고 분쟁의 타방사자(들)에 대해 이 부탁사실을 통고하여야 한다.

제43조【사법적 해결 및 중재】 본 협약에 서명 또는 비준하거나 이에 가입함에 있어 또는 그 이후의 여하한 시기에 있어서 모든 국가

는 수탁자에 대한 통고를 통해, 분쟁이 제41조 및 제42조에 언급된 절차의 적용을 통해 해결되지 않은 경우 이 분쟁은 분쟁의 다른 당사자가 같은 선언을 하는 것을 조건으로 하여 여하한 분쟁당사자의 서면요청에 의해서도 국제사법재판소의 결정에 맡겨지거나 또는 중재재판에 부탁될 수 있음을 선언할 수 있다.

제44조【합의에 의한 해결】 제41조, 제42조 및 제43조의 규정에도 불구하고, 본 협약의 둘 또는 그 이상의 당사자 간에 본 협약의 해석 또는 적용과 관련한 분쟁이 발생하는 경우, 이들은 합의에 의하여 이를 국제사법재판소 또는 중재재판 또는 분쟁해결을 위한 기타의 적절한 절차에 부탁할 수 있다.

제45조【분쟁해결을 위해 유효한 기타 규정】 제41조에서 제44조까지의 규정들은 분쟁해결과 관련하여 본 협약의 당사자들 간에 유효한 여하한 규정에 따라 이들이 가지는 권리 또는 의무도 저해하지 아니한다.

제7부 최종조항

제46조【서명】 본 협약은 1979년 2월 28일까지 오스트리아 공화국의 연방 외무부에서, 그리고 이어서 1979년 8월 31일까지 뉴욕의 국제연합 본부에서 모든 국가들의 서명을 위해 개방된다.

제47조【비준】 본 협약은 비준을 받아야 한다. 비준문서는 국제연합 사무총장에게 기탁된다.

제48조【가입】 본 협약은 여하한 국가의 가입을 위해서도 개방된다. 가입문서는 국제연합 사무총장에게 기탁된다.

제49조【발효】 1. 본 협약은 15번째의 비준문서 또는 가입문서가 기탁된 후 30일이 되는 날에 발효한다.
2. 15번째의 비준문서 또는 가입문서가 기탁된 후 본 협약에 비준하거나 가입하는 국가들에 대해서 본 협약은 그 국가의 비준문서 또는 가입문서가 기탁된 후 30일이 되는 날에 발효한다.

제50조【정본】 아랍어, 중국어, 영어, 불어, 러시아어 및 스페인어로 작성된 본 협약문은 동등하게 정본이며, 그 원본은 국제연합 사무총장에게 기탁되어야 한다. 이상의 증거로서 자국 정부들에 의해 정당하게 권한을 위임받은 아래 전권대표들은 본 협약에 서명하였다.

비엔나에서 1978년 8월 23일 작성되었다.

※ 출처 : 김현석 역, 「국제법 평론」 통권 제4호(1995) 참조

36 1979년 여성에 대한 모든 형태의 차별철폐에 관한 협약(Convention on the Elimination of all Forms of Discrimination against Women)

체결일 : 1979.12.18.
발효일 : 1981.9.3.
한국 발효일 : 1985.1.26.

본 협약 당사국은,
국제연합헌장이 기본적 인권, 인간의 존엄과 가치 및 남녀평등권에 대한 신뢰를 재확인하고 있음에 유의하고, 세계인권선언은 차별이 허용될 수 없다는 원칙을 확인하고 있으며 모든 인간은 자유롭게 그리고 존엄과 제반 권리에 있어 평등하게 출생하며 성에 기인한 차별을 포함한 어떠한 종류의 차별도 받지 아니하고 동 선언에 규정된 모든 권리와 자유를 누릴 권리가 있다고 선언하고 있음에 유의하고, 국제인권규약 당사국은 모든 경제적, 사회적, 문화적, 시민적 및 정치적 권리를 향유할 남녀의 평등권을 보장할 의무를 지고 있음에 유의하고, 국제연합 및 전문기구의 후원하에 체결된 남녀권리의 평등을 촉진하는 제 국제협약을 고려하고, 국제연합 및 전문기구에 의해 채택된 남녀권리의 평등을 촉진하는 결의, 선언 및 권고에도 유의하고, 그러나 이러한 제도에도 불구하고 여성에 대한 광범위한 차별이 계속 존재하고 있음을 우려하고, 여성에 대한 차별은 권리평등 및 인간의 존엄성의 존중원칙에 위배되며, 여성이 남성과 동등한 조건하에 국가의 정치적, 사회적, 경제적 및 문화적 생활에 참여하는 데 장애가 되며, 사회와 가정의 번영의 증진을 어렵게 하며, 그들 국가와 인류에 대한 봉사에 있어 여성의 잠재력의 완전한 개발을 더욱 어렵게 함을 상기하고, 궁핍한 상황하에서는 식량, 건강, 교육, 훈련 및 취업 기회와 기타의 필요에 있어 여성이 가장 혜택받기 어려운 점을 우려하고, 형평과 정의에 기초를 둔 신 국제경제질서의 수립이 남녀평등을 도모하는데 크게 기여할 것임을 확신하고, 인종격리정책, 모든 형태의 인종주의, 인종차별, 식민주의, 신식민주의, 침략, 외국의 점령 및 지배와 국내 문제에 대한 간섭 등의 제거가 남성과 여성의 권리의 완전한 향유에 필수적임을 강조하고, 국제 평화와 안전의 강화, 국제긴장의 완화, 국가의 사회적, 경제적 체제에 관계없이 국가 간의 상호 협력, 전반적이고 완전한 군비축소, 특히 엄격하고 효과적인 국제적 통제하의 핵 군축, 국제관계에 있어서의 정의 평등 및 호혜의 원칙의 확인, 외국의 식민 지배와 외국의 점령하에 있는 인민의 자결권 및 독립권의 실현 그리고 국가주권 및 영토보전에 대한 존중 등이 사회 진보와 발전을 촉진하며 결과적으로 남성과 여성 사이의 완전한 평등의 성취에 기여할 것임을 확인하고, 국가의 완전한 발전과 인류의 복지 및 평화를 위해서는 여성이 모든 분야에 남성과 평등한 조건으로 최대한 참여하는 것이 필요함을 확신하고, 현재까지 충분히 인식되지 못하고 있는 가정의 복지와 사회의 발전에 대한 여성의 지대한 공헌,

모성의 사회적 중요성 및 가정과 자녀양육에 있어서의 부모의 역할을 명심하며 또한 출산에 있어서의 여성의 역할이 차별의 근거가 될 수 없으며, 아동의 양육에는 남성, 여성 및 사회 전체가 책임을 분담해야 함을 인식하고, 남성과 여성 사이에 완전한 평등을 달성하기 위하여는 사회와 가정에서의 여성의 역할뿐만 아니라 남성의 전통적 역할에도 변화가 필요함을 인식하고, 여성에 대한 차별의 철폐에 관한 선언에 명시된 제 원칙을 이행하며, 이러한 목적으로 <u>모든 형태 및 양태에 있어서의 차별을 철폐하는데 필요한 조치를 취할 것을 결의하면서</u> 다음과 같이 합의하였다.

제1부

제1조 본 협약의 목적을 위하여 "여성에 대한 차별"이라 함은 <u>정치적, 경제적, 사회적, 문화적, 시민적 또는 기타 분야에 있어서 결혼 여부에 관계없이 남녀동등의 기초 위에서 인권과 기본적 자유를 인식, 향유 또는 행사하는 것을 저해하거나 무효화하는 효과 또는 목적을 가지는 성에 근거한 모든 구별, 배제 또는 제한을</u> 의미한다.

제2조 당사국은 여성에 대한 모든 형태의 차별을 규탄하고 여성에 대한 차별을 철폐하기 위한 정책을 모든 적절한 수단을 통해 지체 없이 추진하기로 합의하며 이러한 목적으로 <u>다음을 약속한다.</u>

(가) 남녀평등의 원칙이 헌법 또는 기타 적절한 입법에 아직 규정되지 않았다면 이를 구현하며 법 또는 기타 적절한 수단을 통해 동 원칙의 실제적 실현을 확보할 것

(나) 여성에 대한 모든 차별을 금지하는 적절한 입법 및 기타조치를 채택하고 필요한 경우 제재를 포함시킬 것

(다) 남성과 동등한 기초 위에서 여성의 권리에 대한 법적 보호를 확립하며 권한 있는 국내법정과 기타 공공기관을 통하여 여성을 여하한 차별행위로부터 효과적으로 보호하도록 확보할 것

(라) 여성에 대한 여하한 차별행위 또는 관행에 따르는 것을 삼가며 공공당국과 기관이 동 의무와 부합되게 행동하도록 확보할 것

(마) 여하한 개인, 조직 또는 기업에 의한 여성 차별도 철폐되도록 모든 적절한 조치를 취할 것

(바) 여성에 대한 차별을 구성하는 현행 법률, 규칙, 관습 및 관행을 수정 또는 폐지하도록 입법을 포함한 모든 적절한 조치를 취할 것

(사) 여성에 대한 차별을 구성하는 모든 국내 형사법 규정을 폐지할 것

제3조 당사국은 여성이 남성과 동등하게 인권과 기본적 자유를 행사하고 향유하는 것을 보장하기 위한 목적으로 모든 분야, 특히 정치적, 사회적, 경제적 및 문화적 분야에서 여성의 완전한 발전 및 진보를 확보해 줄 수 있는 입법을 포함한 <u>모든 적절한 조치를 취하여야 한다.</u>

제4조 1. 남성과 여성 사이의 사실상의 평등을 촉진할 목적으로 당사국이 채택한 잠정적 특별조치는 본 협약에서 정의한 차별로 보지 아니하나, 그 결과 불평등한 또는 별도의 기준이 유지되어서는 결코 아니 된다. 기회와 대우의 평등이라는 목적이 달성되었을 때 이러한 조치는 중지되어야 한다.

2. 당사국이 모성을 보호할 목적으로 본 협약에 수록된 제 조치를 포함한 특별조치를 채택하는 것은 차별적인 것으로 보아서는 아니된다.

제5조 당사국은 다음을 위하여 모든 적절한 조치를 취하여야 한다.

(가) 일방의 성이 열등 또는 우수하다는 관념 또는 남성과 여성의 고정적 역할에 근거한 편견, 관습 및 기타 모든 관행을 없앨 목적으로, 남성과 여성의 사회적 및 문화적 행동양식을 수정할 것

(나) 사회적 기능의 하나로서의 모성에 대한 적절한 이해와 자녀의 양육과 발전에 있어서 남녀의 공동책임에 대한 인식이 가정교육에 포함되도록 확보하되, 모든 경우에 있어서 자녀의 이익이 최우선적으로 고려되도록 할 것

제6조 당사국은 여성에 대한 모든 형태의 인신매매 및 매춘에 의한 착취를 금지하기 위하여 입법을 포함한 모든 적절한 조치를 취하여야 한다.

제2부

제7조 당사국은 국가의 정치적 및 공적생활에서 여성에 대한 차별을 철폐하기 위하여 모든 적절한 조치를 취하여야 하며 특히 남성과 동등한 조건으로 다음의 권리를 여성에게 확보하여야 한다.

(가) 모든 선거 및 국민투표에서의 투표권 및 선거에 의해 선출되는 모든 공공 기구에의 피선거권

(나) 정부정책의 입안 및 동 정책의 시행에 참여하며 공직에 봉직하여 정부의 모든 직급에서 공공직능을 수행할 권리

(다) 국가의 공적, 정치적 생활과 관련된 비정부 기구 및 단체에 참여할 권리

제8조 당사국은 여성이 남성과 동등한 조건으로 또한 아무런 차별없이 국제적 수준에서 그들 정부를 대표하며 국제기구의 업무에 참여할 기회를 확보하기 위한 모든 적절한 조치를 취하여야 한다.

제9조 1. 당사국은 여성이 국적을 취득, 변경 또는 보유함에 있어 남성과 동등한 권리를 부여하여야 한다. 당사국은 특히 외국인과의 결혼 또는 혼인 중 남편에 의한 국적의 변경으로 처의 국적이 자동적으로 변경되거나, 처가 무국적으로 되거나 또는 남편의 국적이 처에게 강제되지 아니하도록 확보하여야 한다.

2. 당사국은 자녀의 국적에 관하여 남성과 동등한 권리를 여성에게 부여하여야 한다.

제3부

제10조 당사국은 교육분야에서 여성에게 남성과 동등한 권리를 확보하기 위하여 특히 남녀 평등의 기초 위에 다음을 확보할 목적으로 여성에 대한 차별을 철폐하기 위한 모든 적절한 조치를 취하여야 한다.

(가) 도시 및 시골의 각종 교육기관에서 취업과 직업 보도, 학문의 혜택 및 학위취득에 있어서의 동등한 조건 ; 이러한 평등은 취학 전 교육, 일반교육, 기술교육, 전문교육 및 고등기술 교육에서 뿐만 아니라 모든 형태의 직업훈련에서 확보되어야 함.

(나) 동일한 교과과정, 동일한 시험, 동일 수준의 자격요건을 가진 교수진, 동질의 학교건물 및 장비의 수혜

(다) 모든 수준 및 모든 형태의 교육에 있어서 남성과 여성의 역할에 관한 고정관념을 제거하기 위해 본 목적을 달성하는데 기여할 수 있는 남녀공학 및 기타 형태의 교육을 장려하며 특히 교과서와 교과과정의 개편 및 교수방법의 개선을 기함.

(라) 장학금 기타 연구장려금의 혜택을 받을 수 있는 동일한 기회

(마) 성인용 및 문맹자용 교과과정을 포함한 계속교육과정 특히 교육에 있어서의 남녀 간의 격차를 가능한 한 조속히 감소시키기 위한 교과과정의 혜택을 받을 수 있는 동일한 기회

(바) 여학생 중퇴율의 감소 및 일찍이 학업을 포기한 소녀 및 여성을 위한 교과과정의 마련

(사) 스포츠와 체육교육에 적극적으로 참여할 수 있는 동일한 기회

(아) 가족계획에 관한 정보 및 조언을 포함하여 가족의 건강과 복지를 확보하는 데 도움을 주는 구체적인 교육정보의 수혜

제11조 1. 당사국은 고용분야에서 남녀 평등의 기초 위에 동일한 권리 특히 다음의 권리를 확보할 목적으로 여성에 대한 차별을 철폐하기 위한 <u>모든 적절한 조치를 취하여야 한다.</u>

(가) 모든 인간의 불가침의 권리로서의 근로의 권리

(나) 동일한 채용기준의 적용을 포함한 동일한 고용기회를 보장받을 권리

(다) 직업과 고용의 자유로운 선택권, 승진, 직장안정 및 역무에 관련된 모든 혜택과 조건을 누릴 권리, 그리고 견습, 고등직업훈련 및 반복훈련을 포함한 직업훈련 및 재훈련을 받을 권리

(라) 수당을 포함하여 동등한 보수를 받을 권리 및 노동의 질의 평가에 있어 동등한 처우와 동등한 가치의 노동에 대한 동등한 처우를 받을 권리

(마) 유급휴가를 받을 권리 및 사회보장, 특히 퇴직, 실업, 질병, 병약, 노령 및 기타 노동 무능력의 경우에 사회보장에 대한 권리

(바) 건강보호에 대한 권리 및 생식기능의 보호조치를 포함한 노동조건의 안전에 대한 권리

2. <u>당사국</u>은 결혼 또는 모성을 이유로 한 여성에 대한 차별을 방지하며 여성의 근로에 대한 유효한 권리를 확보하기 위하여 <u>다음을 위한 적절한 조치를 취하여야 한다.</u>

(가) 임신 또는 출산휴가를 이유로 한 해고 및 혼인여부를 근거로 한 해고에 있어서의 차별을 금지하고 위반 시 제재를 가하도록 하는 것

(나) 종전의 직업, 선임순위 또는 사회보장 수당을 상실함이 없이 유급 또는 이에 상당하는 사회보장급부를 포함하는 출산휴가제를 도입하는 것

(다) 특히 아동보육 시설망의 확립과 발전의 촉진을 통하여 부모가 직장에서의 책임 및 사회생활에의 참여를 가사의 의무와 병행시키는 데 도움이 될 필요한 사회보장 혜택의 제공을 장려하는 것

(라) 임신 중의 여성에게 유해한 것이 증명된 유형의 작업에는 동 여성에 대한 특별한 보호를 제공하는 것

3. 본조에 취급된 문제와 관련한 보호적 입법은 과학적 및 기술적 지식에 비추어 정기적으로 검토되어야 하며, 필요하다면 개정, 폐기 또는 연장되어야 한다.

제12조 1. 당사국은 남녀 평등의 기초 위에 가족계획에 관련된

것을 포함한 보건 사업의 혜택을 확보하기 위하여 보건분야에서의 여성에 대한 차별을 철폐하기 위한 <u>모든 적절한 조치를 취하여야 한다</u>.

2. 본조 제1항의 규정에도 불구하고 당사국은 여성에 대해 임신 및 수유기 동안의 적절한 영양 섭취를 확보하고 임신, 해산 및 산후조리기간과 관련하여 적절한 역무제공을 확보하여야 하며, 필요한 경우에는 무상으로 이를 제공하여야 한다.

제13조 당사국은 경제적, 사회적 생활의 다른 영역에 있어 남녀평등의 기초 위에 동일한 권리, 특히 다음의 권리를 확보할 목적으로 여성에 대한 차별을 철폐하기 위한 <u>모든 적절한 조치를 취하여야 한다</u>.

(가) 가족급부금에 대한 권리

(나) 은행대부, 저당 및 기타 형태의 금융대부에 대한 권리

(다) 레크레이션 활동, 체육과 각종 문화생활에 참여할 권리

제14조 1. 당사국은 시골여성이 직면하고 있는 특수한 문제와 화폐로 표시되지 않는 경제 부문에서의 노동을 포함하여 시골여성이 가족의 경제적 생존을 위하여 수행하는 중요한 역할을 고려하여야 하며, 시골여성에게 본 협약의 제 조항의 적용을 확보하도록 <u>모든 적절한 조치를 취하여야 한다</u>.

2. 당사국은 남녀 평등의 기초 위에 시골여성이 지역개발에 참여하며 그 개발에 따른 이익을 향유할 수 있도록 보장하기 위하여 시골여성에 대한 차별을 철폐하기 위한 모든 적절한 조치를 취하여야 하며, 특히 시골여성에 대하여 다음의 권리를 확보하여야 한다.

(가) 모든 수준에서 개발계획의 작성 및 실시에 참여하는 것

(나) 가족계획에 대한 정보, 상담 및 서비스를 포함한 적절한 보건시설의 혜택을 받는 것

(다) 사회보장 계획으로부터 직접적인 혜택을 받는 것

(라) 기술적 능력을 향상시키기 위하여 기능적 문자 해독능력에 관한 것을 포함한 모든 형태의 공식, 비공식 훈련 및 교육과, 특히 지역사회교육 및 특별교육의 혜택을 받는 것

(마) 취업 또는 자가경영을 통한 경제적 기회에 있어 평등한 혜택을 받을 수 있도록 자조집단 및 협동조합을 결성하는 것

(바) 모든 지역사회활동에 참여하는 것

(사) 농업신용 및 대부, 매매시설, 적절한 공업기술의 혜택을 받으며, 토지 및 농지개혁과 재정착계획에 있어 동등한 대우를 받는 것

(아) 적절한 생활조건, 특히 주거, 위생시설, 전력 및 용수공급, 운송 및 통신 등과 관련한 생활조건을 향유하는 것

제4부

제15조 1. 당사국은 여성에 대하여 <u>법 앞에서의 남성과의 평등을 부여하여야 한다</u>.

2. 당사국은 민사문제에 있어서, 여성에게 남성과 동등한 법적능력 및 동 능력을 행사할 동일한 기회를 부여하여야 한다. 특히, 당사국은 계약을 체결하고 재산을 관리할 동등권을 여성에게 부여하여야 하며 법원과 법정의 절차상 <u>모든 단계에서 여성을 동등히 취급하여야 한다</u>.

3. 당사국은 여성의 법적 능력을 제한하는 법적 효과를 가지는 모든 계약과 기타 모든 종류의 사적문서를 무효로 간주하는 데 <u>동의한다</u>.

4. 당사국은 사람의 이전에 관한 법과 그들의 주거 및 주소 선택의 자유와 관련하여 남성과 여성에게 동일한 권리를 부여하여야 한다.

제16조 1. 당사국은 혼인과 가족관계에 관한 모든 문제에 있어 여성에 대한 차별을 철폐하기 위한 모든 적절한 조치를 취하여야 하며, 특히 남녀 평등의 기초 위에 다음을 보장하여야 한다.

(가) 혼인을 할 동일한 권리

(나) 자유로이 배우자를 선택하고 상호 간의 자유롭고 완전한 동의에 의해서만 혼인을 할 동일한 권리

(다) 혼인 중 및 혼인을 해소할 때의 동일한 권리와 책임

(라) 부모의 혼인상태를 불문하고 자녀에 관한 문제에 있어 부모로서의 동일한 권리와 책임: 모든 경우에 있어서 자녀의 이익이 최우선적으로 고려되어야 함.

(마) 자녀의 수 및 출산간격을 자유롭고 책임감 있게 결정할 동일한 권리와 이 권리를 행사할 수 있게 하는 정보, 교육 및 제 수단의 혜택을 받을 동일한 권리

(바) 아동에 대한 보호, 후견, 재산관리 및 자녀입양 또는 국내 법제상 존재하는 개념 중에 유사한 제도와 관련하여 동일한 권리와 책임: 모든 경우에 있어서 아동의 이익이 최우선적으로 고려되어야 함.

(사) 가족성(姓) 및 직업을 선택할 권리를 포함하여 부부로서의 동일한 개인적 권리

(아) 무상이든 혹은 유상이든 간에 재산의 소유, 취득, 운영, 관리, 향유 및 처분에 관한 양 배우자의 동일한 권리

2. 아동의 약혼과 혼인은 아무런 법적효과가 없으며 혼인을 위한 최저 연령을 정하고 공공등기소에 혼인등록을 의무화하기 위하여 입법을 포함한 모든 필요한 조치를 취하여야 한다.

제5부

제17조 1. 본 협약의 이행상 행하여진 진전을 심의할 목적으로 여성에 대한 차별철폐위원회(이하 위원회라 함)를 설치하며, 위원회는 협약의 발효 시에는 18인, 그리고 35번째 당사국이 비준 또는 가입한 후에는 23인의 본 협약의 규율분야에서 높은 도덕적 명성과 능력을 갖춘 전문가로서 구성한다. 동 전문가는 당사국에 의해 그들의 국민 중에서 선출되어 개인 자격으로 봉사하여야 하며, 선출에 있어서는 공평한 지리적 배분과 주요 법체계 및 상이한 문명형태가 대표될 수 있도록 고려되어야 한다.

2. 위원회의 구성원은 당사국에 의해 지명된 자의 명부 중에서 비밀투표로 선출한다. 각 당사국은 그 국민 중에서 1인을 지명할 수 있다.

3. 최초선거는 본 협약의 발효일로부터 6개월 후에 행한다. 국제연합사무총장은 최소한 각 선거 3개월 이전에 당사국에 서한을 발송하여 2개월 이내에 그들의 지명자를 제출해 줄 것을 요청하여야 한다. 사무총장은 이렇게 지명된 전원의 명단을 알파벳 순으로, 그들을 지명한 당사국을 명시하여, 작성하여 당사국에 송부하여야 한다.

4. 위원회 구성원의 선거는 사무총장에 의해 소집되어 국제연합본부에서 열리는 당사국회의에서 행한다. 당사국의 3분의 2가 정족수를 구성하는 동 회의에서 참석 및 투표한 당사국 대표의 최다수표 및 절대다수표를 획득한

피지명자가 위원회 구성원으로 선출된다.

5. 위원회의 구성원은 4년 임기로 선출된다. 그러나 최초선거에서 선출된 구성원 중 9인의 임기는 2년으로 만료되며 최초선거 후 즉시 동 9인 구성원의 명단을 위원회 의장으로 추첨으로 선정한다.

6. 위원회는 추가 구성원 5인의 선거는 35번째 비준 또는 가입 후 본조 제2항, 제3항 및 제4항의 규정에 따라 행한다. 동 기회에 선출된 추가 구성원 중 위원회 의장이 추첨으로 선정한 2인의 임기는 2년으로 만료된다.

7. 불시의 공석을 보충하기 위하여 자국의 전문가가 위원회 구성원으로서의 기능을 종료한 당사국은 위원회의 승인을 조건으로 그 국민 중에서 다른 전문가를 임명하여야 한다.

8. 위원회 구성원은 위원회 책무의 중요성을 고려하여 총회가 승인하고 결정하는 조건에 따라 국제연합 재원으로부터 보수를 받는다.

9. 국제연합 사무총장은 본 협약에 따른 위원회 임무의 효율적 수행을 위하여 필요한 직원 및 시설을 제공한다.

제18조 1. 당사국은 그들이 본 협약의 규정을 실시하기 위하여 채택한 입법, 사법, 행정 또는 기타 조치와 이와 관련하여 이루어진 진전에 대한 보고서를 위원회가 심의하도록 국제연합 사무총장에게 제출할 의무를 진다. 즉,

(가) 관계국에 대하여 발효한 후 1년 이내에 제출하며

(나) 그 이후에는 최소한 매 4년마다 제출하며 위원회가 요구하는 때는 언제든지 제출한다.

2. 보고서에는 본 협약상 의무의 이행 정도에 영향을 주는 요인 및 애로점을 지적할 수 있다.

제19조 1. 위원회는 자체의 의사규칙을 채택하여야 한다.

2. 위원회는 2년 임기의 자체직원을 선출하여야 한다.

제20조 1. 위원회는 본 협약 제18조에 따라 제출되는 보고서를 심의하기 위하여 매년 2주를 넘지 않는 기간 동안 정규적으로 회합한다.

2. 위원회 회의는 국제연합본부 또는 위원회가 정하는 다른 편리한 장소에서 정규적으로 개최된다.

제21조 1. 위원회는 경제사회이사회를 통하여 그 활동에 관한 보고서를 매년 국제연합총회에 제출하며, 당사국으로부터 접수한 보고서 및 정보에 대한 심사를 기초로 하여 제안 및 일반적 권고를 할 수 있다. 동 제안 및 일반적 권고는 당사국으로부터의 논평이 있는 경우 이와 함께 위원회의 보고서에 수록하여야 한다.

2. 사무총장은 위원회의 보고서를 참고용으로 여성지위위원회에 송부하여야 한다.

제22조 전문기구는 본 협약 규정 중 그 활동 범위에 속하는 규정의 시행에 대한 심의에 참가할 권한이 있다. 위원회는 전문기구에 그 활동 범위에 속하는 분야에서의 협약의 시행에 관한 보고서를 제출하도록 권유할 수 있다.

제6부

제23조 본 협약상 어떠한 것도 아래에 포함될 수 있는 남녀평등의 달성에 더욱 이바지하는 규정에 영향을 미치지 아니한다.

(가) 당사국의 법령 또는

(나) 동 국에 대하여 발효 중인 여하한 기타 국제협약, 조약 또는 협정

제24조 당사국은 본 협약상 인정된 권리의 완전한 실현을 달성할 목적으로 국가적 수준에서 모든 필요한 조치를 취할 의무를 진다.

제25조 1. 본 협약은 모든 국가의 서명을 위하여 개방된다.

2. 국제연합사무총장은 본 협약의 수탁자로 지정된다.

3. 본 협약은 비준되어야 한다. 비준서는 국제연합 사무총장에게 기탁되어야 한다.

4. 본 협약은 모든 국가의 가입을 위하여 개방된다. 가입은 국제연합 사무총장에게 가입서를 기탁함으로써 이루어진다.

제26조 1. 본 협약의 개정요구는 국제연합 사무총장에 대한 서면통고의 방법으로 당사국이 언제든지 행할 수 있다.

2. 국제연합총회는 동 요구가 있으면 이에 대하여 취할 조치를 결정한다.

제27조 1. 본 협약은 국제연합 사무총장에게 20번째의 비준서 또는 가입서가 기탁된 날로부터 30일 후에 발효한다.

2. 본 협약은 20번째의 비준서 또는 가입서가 기탁된 후에 본 협약을 비준하거나 가입한 각 국가에 대하여는 비준서 또는 가입서가 기탁된 날로부터 30일 후에 발효한다.

제28조 1. 국제연합 사무총장은 비준 또는 가입 시에 각국이 행한 유보문을 접수하고 이를 모든 국가에 회람시켜야 한다.

2. 본 협약의 대상 및 목적과 양립하지 아니하는 유보는 허용되지 아니한다.

3. 유보는 국제연합 사무총장에 대한 통고로써 언제든지 철회할 수 있으며, 사무총장은 이를 모든 국가에 회람시켜야 한다. 그러한 통고는 접수된 날에 발효한다.

제29조 1. 본 협약의 해석 또는 적용에 관한 둘 또는 그 이상 당사국간의 분쟁이 직접교섭에 의해 해결되지 아니하는 경우 그들 중 하나의 요구가 있으면 중재재판에 회부되어야 한다. 중재재판 요구일로부터 6개월 이내 당사국이 중재재판 구성에 합의하지 못하면 동 당사국 중 일방은 국제사법재판소 규정에 부합하는 요청에 의해 동 분쟁을 국제재판소에 회부할 수 있다.

2. 각 당사국은 이 협약의 서명, 비준 또는 가입 시에 동 국이 본 조 제1항에 기속되는 것으로 보지 않는다고 선언할 수 있다. 타 당사국은 그러한 유보를 행한 당사국에 대하여는 전항에 기속되지 아니한다.

3. 본조 제2항에 따라 유보를 행한 당사국은 국제연합 사무총장에 대한 통고로써 언제든지 동 유보를 철회할 수 있다.

제30조 본 협약은 아랍어, 중국어, 영어, 불어, 노어 및 서반아어본이 동등히 정본이며 국제연합 사무총장에게 기탁된다.

이상의 증거로서 정당히 권한이 주어진 하기 서명자는 본 협약에 서명하였다.

37 1982년 UN 해양법협약

(United Nations Convention on the Law of the Sea)

채택일 : 1982.12.10.

발효일 : 1994.11.16.

한국 발효일 : 1996.1.29.

이 협약의 당사국은, 해양법과 관련된 모든 문제를 상호이해와 협력의 정신으로 해결하고자 하는 희망에 따라, 또한 세계 모든 사람들을 위한 평화·정의 및 진보의 유지에 대한 중대한 공헌의 하나로서 이 협약이 가지는 역사적 의의를 인식하고, 1958년과 1960년에 제네바에서 개최된 국제연합해양법회의 이래의 발전에 따라 새롭고도 일반적으로 수락될 수 있는 해양법 협약의 필요성이 강조되고 있음에 유의하고, 해양의 여러 문제가 서로 밀접하게 관련되어 있으며 전체로서 고려되어야 할 필요성이 있음을 인식하고, 이 협약을 통하여 모든 국가의 주권을 적절히 고려하면서, 국제교통의 촉진, 해양의 평화적 이용, 해양자원의 공평하고도 효율적인 활용, 해양생물자원의 보존, 그리고 해양환경의 연구, 보호 및 보전을 촉진하기 위하여 해양에 대한 법질서를 확립하는 것이 바람직함을 인식하고, 이러한 목적의 달성이 인류 전체의 이익과 필요, 특히 연안국이거나 내륙국이거나 관계없이 개발도상국의 특별한 이익과 필요를 고려한 공정하고도 공평한 국제경제질서의 실현에 기여할 것이라는 점을 유념하고, 국제연합총회가 국가관할권 한계 밖의 해저·해상 및 그 하층토 지역은 그 자원과 함께 인류공동유산이며, 이에 대한 탐사와 개발은 국가의 지리적 위치에 관계없이 인류 전체의 이익을 위하여 수행되어야 한다고 특별히 엄숙하게 선언한 1970년 12월 17일자 결의 제2749(XXV)호에 구현된 여러 원칙을 이 협약에 의하여 발전시킬 것을 희망하고, 이 협약이 이룩한 해양법의 법전화와 점진적 발달이 정의와 평등권의 원칙에 따라 모든 국가 간에 평화·안전·협력 및 우호관계의 강화에 기여하고 국제연합헌장에 규정된 국제연합의 목적과 원칙에 따라 세계 모든 사람들의 경제적·사회적 진보를 증진할 것임을 믿으며, 이 협약에 의하여 규율되지 아니한 사항은 일반국제법의 규칙과 원칙에 의하여 계속 규율될 것임을 확인하며, 다음과 같이 합의하였다.

제1부 총 칙

제조 【용어의 사용과 적용범위】

1. 이 협약에서,

(1) "심해저"(Area)라 함은 국가관할권 한계 밖(beyond the limits of national jurisdiction)의 해저(the sea-bed)·해상(대양저)(ocean floor) 및 그 하층토(subsoil thereof)를 말한다.

(2) "해저기구"(Authority)라 함은 국제해저기구를 말한다.

(3) "심해저활동"이라 함은 심해저자원을 탐사하고 개발하는 모든 활동을 말한다.

(4) "해양환경오염"(pollution of maritime environment)이라 함

은 생물자원과 해양생물에 대한 손상, 인간의 건강에 대한 위험, 어업과 그 밖의 적법한 해양이용을 포함한 해양활동에 대한 장애, 해수이용에 의한 수질악화 및 쾌적도 감소 등과 같은 해로운 결과를 가져오거나 가져올 가능성이 있는 물질이나 에너지를 인간이 직접적으로 또는 간접적으로 강어귀를 포함한 해양환경에 들여오는 것을 말한다.

(5) (a) "투기"(dumping)라 함은 다음을 말한다.

(i) 선박·항공기·플랫폼 또는 그 밖의 인공해양구조물로부터 폐기물이나 그 밖의 물질을 고의로 버리는 행위

(ii) 선박·항공기·플랫폼 또는 그 밖의 인공해양구조물을 고의로 버리는 행위

(b) "투기"에는 다음이 포함되지 아니한다.

(i) 선박·항공기·플랫폼 또는 그 밖의 인공해양구조물 및 이들 장비의 통상적인 운용에 따라 발생되는 폐기물이나 그 밖의 물질의 폐기. 단, 폐기물이나 그 밖의 물질을 버릴 목적으로 운용되는 선박·항공기·플랫폼 또는 그 밖의 인공해양 구조물에 의하여 운송되거나 이들에게 운송된 폐기물이나 그 밖의 물질, 이러한 선박·항공기·플랫폼 또는 그 밖의 인공해양구조물에서 이러한 폐기물 또는 그 밖의 물질을 처리함에 따라 발생되는 폐기물이나 그 밖의 물질은 제외

(ii) 이 협약의 목적에 어긋나지 아니하는 단순한 폐기를 목적으로 하지 아니하는 물질의 유치

2. (1) "당사국"(States Parties)이라 함은 이 협약에 기속받기로 동의하고 이 협약이 발효하고 있는 국가를 말한다.

(2) 이 협약은 제305조 제1항 (b), (c), (d), (e) 및 (f)에 해당하는 주체로서 각기 관련되는 조건에 따라 이 협약의 당사자가 된 주체에 대하여 준용되며, 그러한 경우 "당사국"이라 함은 이러한 주체를 포함한다.

제2부 영해와 접속수역

제1절 총 칙

제2조【영해, 영해의 상공·해저 및 하층토의 법적지위】 1. 연안국의 <u>주권</u>은 <u>영토와 내수 밖의 영해라고 하는 인접해역, 군도국가의 경우에는 군도수역 밖의 영해라고 하는 인접해역에까지(to an adjacent belt of sea, described as territorial sea) 미친다.</u>
2. 이러한 <u>주권</u>은 영해의 <u>상공 (the air space)·해저(its bed) 및 하층토(subsoil)</u>에까지 미친다.
3. 영해에 대한 주권은 <u>이 협약과 그 밖의 국제법규칙</u>에 따라 행사된다.

제2절 영해의 한계

제3조【영해의 폭】 <u>모든 국가 (Every State)</u>는 이 협약에 따라 결정된 기선으로부터 <u>12해리를 넘지 아니하는 범위에서(up to a limit not exceeding 12 nautical miles)</u> 영해의 폭을 설정할 권리<u>(the right)</u>를 가진다.

제4조【영해의 바깥한계】 영해의 바깥한계는 <u>기선상의 가장 가까운 점으로부터 영해의 폭과 같은 거리에 있는 모든 점을 연결한 선</u>으로 한다.

제5조【통상(정상)기선】 영해의 폭을 측정하기 위한 통상(정상)기선은 이 협약에 달리 규정된 경우를 제외하고는 연안국이 공인한 대축척해도(large-scale charts)에 표시된 해안의 저조선(low-water line)으로 한다.

제6조【암초(reefs)】 환초(atolls) 상에 위치한 섬 또는 가장자리에 암초를 가진 섬의 경우, 영해의 폭을 측정하기 위한 기선(이하 "영해기선"이라 함)은 연안국이 공인한 해도상에 적절한 기호로 표시된 암초의 바다 쪽 저조선(the seaward low-water line of the reef)으로 한다.

제7조【직선기선】 1. 해안선이 깊게 굴곡이 지거나(deeply indented) 잘려 들어간 지역(cut into), 또는 해안을 따라 아주 가까이(in its immediate vicinity) 섬이 흩어져 있는 지역(a fringe of islands)에서는 영해기선을 설정함에 있어서 적절한 지점(appropriate points)을 연결하는 직선기선의 방법이 사용될 수 있다. 2. 삼각주(delta)가 있거나 그 밖의 자연조건으로 인하여 해안선이 매우 불안정한 곳에서는, 바다 쪽 가장 바깥 저조선(along the furthest seaward extent of the low-water line)을 따라 적절한 지점을 선택할 수 있으며, 그 후 저조선이 후퇴하더라도(notwithstanding subsequent regression of the low-water line) 직선기선은 이 협약에 따라 연안국에 의하여 수정될 때까지 유효하다. 3. 직선기선은 해안의 일반적 방향(general direction)으로부터 현저히 벗어나게(to any appreciable extent) 설정할 수 없으며, 직선기선 안에 있는 해역은 내수제도에 의하여 규율될 수 있을 만큼 육지와 충분히 밀접하게 관련되어야 한다(closely linked to the land domain to be subject to the regime of internal waters). 4. 직선기선은 간조노출지나 또는 간조노출지로부터(to and from low-tide elevations) 설정할 수 없다(shall not). 다만, 영구적으로 해면 위에 있는 등대나 이와 유사한 시설이 간조노출지에 세워진 경우 또는 간조노출지 사이의 기선설정이 일반적으로 국제적인 승인을 받은 경우에는 그러하지 아니하다. 5. 제1항의 직선기선의 방법을 적용하는 경우, 특정한 기선을 결정함에 있어서 그 지역에 특유한 경제적 이익이 있다는 사실과 그 중요성이 오랜 관행에 의하여 명백히 증명된 경우 그 경제적 이익을 고려할 수 있다. 6. 어떠한 국가도 다른 국가의 영해를 공해나 배타적 경제수역으로부터 격리시키는 방식으로(as to cut off the territorial sea of another State) 직선기선제도를 적용할 수 없다.

제8조【내수】 1. 제4부에 규정된 경우를 제외하고는 영해기선의 육지 쪽 수역은 그 국가의 내수의 일부를 구성한다. 2. 제7조에 규정된 방법에 따라 직선기선을 설정함으로써 종전에 내수가 아니었던 수역이 내수에 포함되는 경우, 이 협약에 규정된 무해통항권이 그 수역에서 계속 인정된다.

제9조【하구】 강이 직접 바다로 유입하는 경우, 기선은 양쪽 강둑(banks)의 저조선 상의 지점을 하구를 가로질러(across the mouth of the river between points on the low-water line of its banks) 연결한 직선으로 한다.

제10조【만(灣)(bays)】 1. 이 조는 그 해안이 한 국가에 속하는 만에 한하여 적용한다.

2. 이 협약에서 만이라 함은 그 들어간 정도가 입구의 폭에 비하여 현저하여 육지로 둘러싸인 수역을 형성하고, 해안의 단순한 굴곡 이상이 뚜렷한 만입을 말한다. 그러나 만입 면적이 만입의 입구를 가로질러 연결한 선을 지름으로 하는 반원의 넓이에 미치지 못하는 경우, 그러한 만입은 만으로 보지 아니한다.

3. 측량의 목적상 만입면적(the area of an identation)이라 함은 만입해안의 저조선과 만입의 자연적 입구의 양쪽 저조지점을 연결하는 선 사이에 위치한 수역의 넓이를 말한다. 섬이 있어서 만이 둘 이상의 입구를 가지는 경우에는 각각의 입구를 가로질러 연결하는 선의 길이의 합계와 같은 길이인 선상에 반원을 그려야 한다. 만입의 안에 있는 섬은 만입수역의 일부로 본다.

4. 만의 자연적 입구 양쪽의 저조지점 간의 거리가 24해리를 넘지 아니하는 경우, 폐쇄선(closing line)을 두 저조지점 간에 그을 수 있으며, 이 안에 포함된 수역은 내수로 본다.

5. 만의 자연적 입구 양쪽의 저조지점 간의 거리가 24해리를 넘는 경우, 24해리의 직선으로서(a straight baseline of 24 nautical miles) 가능한 한 최대의 수역을 둘러싸는 방식으로 만안에 24해리 직선기선을 그어야 한다.

6. 전항의 규정들은 이른바 "역사적" 만(historic bays)에 대하여 또는 제7조에 규정된 직선기선제도가 적용되는 경우에는 적용하지 아니한다.

제11조 【항구】 영해의 경계를 획정함에 있어서, 항만체계의 불가분의 일부(integral part of the harbour works)를 구성하는 가장 바깥의 영구적인 항만시설(the outermost permanent harbour works)은 해안(the coast)의 일부를 구성하는 것으로 본다. 근해시설(offshore installations)과 인공섬은 영구적인 항만시설로 보지 아니한다.

제12조 【정박지(roadsteads)】 선박이 화물을 싣고, 내리고, 닻을 내리기 위하여 통상적으로 사용되는 정박지는 전부 또는 일부가 영해의 바깥한계 밖에 있는 경우에도 영해에 포함된다.

제13조 【간조노출지(low-tide elevations)】 1. 간조노출지는 썰물일 때에는 물로 둘러싸여 물 위에 노출되나 밀물일 때에는 물에 잠기는 자연적으로 형성된 육지지역(naturally formed area of land)을 말한다. 간조노출지의 전부 또는 일부가 본토나 섬으로부터 영해의 폭을 넘지 아니하는 거리에 위치하는 경우, 그 간조노출지의 저조선을 영해기선으로 사용할 수 있다.

2. 간조노출지 전부가 본토나 섬으로부터 영해의 폭을 넘는 거리에 위치하는 경우, 그 간조노출지는 자체의 영해를 가지지 아니한다.

제14조 【기선결정 방법의 혼합】 연안국은 서로 다른 조건에 적합하도록 앞의 각 조에 규정된 방법을 교대로 사용하여 기선을 결정할 수 있다.

제15조 【대향국 간 또는 인접국 간의 영해의 경계획정】 두 국가의 해안이 서로 마주보고 있거나 인접하고 있는 경우, 양국 간 달리 합의하지 않는 한 양국의 각각의 영해기선 상의 가장 가까운 점으로부터 같은 거리에 있는 모든 점을 연결한 중간선 밖으로 영해를 확장할 수 없다. 다만, 위의 규정은 역사적 권원이나 그 밖의

특별한 사정에 의하여 이와 다른 방법으로 양국의 영해의 경계를 획정할 필요가 있는 경우에는 적용하지 아니한다.

제16조 【해도와 지리적 좌표목록】

1. 제7조, 제9조 및 제10조에 따라 결정되는 영해기선 또는 그로부터 도출된 한계, 그리고 제12조 및 제15조에 따라 그어진 경계선은 그 위치를 확인하기에 적합한 축척의 해도에 표시되어야 한다. 또는 측지자료를 명기한 각 지점의 지리적 좌표목록으로 이를 대체할 수 있다.

2. 연안국은 이러한 해도나 지리적 좌표목록을 적절히 공표하고, 그 사본을 국제연합 사무총장에게 기탁한다.

제3절   영해에서의 무해통항

제1관   모든 선박에 적용되는 규칙

제17조 【무해통항권】 연안국이거나 내륙국이거나 관계없이 모든 국가의 선박(ships of all States)은 이 협약에 따라, 영해에서 무해통항권을 향유한다.

제18조 【통항의 의미】 1. 통항이라 함은 다음의 목적을 위하여 영해를 지나서 항행함을 말한다.

(a) 내수에 들어가지 아니하거나 내수 밖의 정박지나 항구시설에 기항하지 아니하고 영해를 횡단하는 것 ; 또는

(b) 내수를 향하여 또는 내수로부터 항진하거나 또는 이러한 정박지나 항구시설에 기항하는 것

2. 통항은 계속적이고 신속하여야(continuous and expeditious) 한다. 다만, 정선(stopping)이나 닻을 내리는 행위(anchoring)가 통상적인 항행에 부수되는(incidental) 경우, 불가항력이나 조난으로 인하여 필요한 경우, 또는 위험하거나 조난

상태에 있는 인명·선박 또는 항공기를 구조하기 위한 경우에는 통항에 포함된다.

제19조 【무해통항의 의미】 1. 통항은 연안국의 평화, 공공질서 또는 안전을 해치지 아니하는 한 무해하다. 이러한 통항은 이 협약과 그 밖의 국제법규칙에 따라 이루어진다.

2. 외국선박이 영해에서 다음의 어느 활동에 종사하는 경우, 외국선박의 통항은 연안국의 평화, 공공질서 또는 안전을 해치는 것으로 본다.

(a) 연안국의 주권, 영토보전 또는 정치적 독립에 반하거나, 또는 국제연합헌장에 구현된 국제법의 원칙에 위반되는 그 밖의 방식에 의한 무력의 위협이나 무력의 행사

(b) 무기를 사용하는 훈련이나 연습

(c) 연안국의 국방이나 안전에 해가 되는 정보수집을 목적으로 하는 행위

(d) 연안국의 국방이나 안전에 해로운 영향을 미칠 것을 목적으로 하는 선전행위

(e) 항공기의 선상 발진·착륙 또는 탑재

(f) 군사기기의 선상 발진·착륙 또는 탑재

(g) 연안국의 관세·재정·출입국관리 또는 위생에 관한 법령에 위반되는 물품이나 통화를 싣고 내리는 행위 또는 사람의 승선이나 하선

(h) 이 협약에 위배되는 고의적이고도 중대한 오염행위

(i) 어로활동

(j) 조사활동이나 측량활동의 수행

(k) 연안국의 통신체계 또는 그 밖의 설비·시설물에 대한 방해를 목적으로 하는 행위

(l) 통항과 직접 관련이 없는 그 밖의 활동

제20조 【잠수함과 그 밖의 잠수항행기기】 잠수함과 그 밖의 잠수항행기기는 영해에서 해면 위로 국기를 게양하고 항행한다.

제21조 【무해통항에 관한 연안국의 법령】 1. 연안국은 이 협약의 규정과 그 밖의 국제법규칙에 따라 다음 각호의 전부 또는 일부에 대하여 영해에서의 무해통항에 관한 법령을 제정할 수 있다.

(a) 항행의 안전과 해상교통의 규제
(b) 항행보조수단과 설비 및 그 밖의 설비나 시설의 보호
(c) 해저전선과 관선의 보호
(d) 해양생물자원의 보존
(e) 연안국의 어업법령 위반방지
(f) 연안국의 환경보전과 연안국 환경오염의 방지, 경감 및 통제
(g) 해양과학조사와 수로측량
(h) 연안국의 관세·재정·출입 국관리 또는 위생에 관한 법령의 위반방지

2. 이러한 법령이 일반적으로 수락된 국제규칙이나 기준을 시행하는 것이 아닌 한 외국선박의 설계, 구조, 인원배치 또는 장비에 대하여 적용하지 아니한다.

3. 연안국은 이러한 모든 법령을 적절히 공표하여야 한다.

4. 외국선박이 영해에서 무해통항권을 행사하는 경우, 이러한 모든 법령과 해상충돌방지에 관하여 일반적으로 수락된 모든 국제규칙을 준수하여야 한다.

제22조 【영해 내의 항로대와 통항분리방식】 1. 연안국은 항행의 안전을 위하여 필요한 경우 자국의 영해에서 무해통항권을 행사하는 외국선박에 대하여 선박통항을 규제하기 위하여 지정된 항로대(sea lanes)와 규정된 통항분리방식(traffic separation schemes)을 이용하도록 요구할 수 있다.

2. 특히 유조선, 핵추진선박 및 핵물질 또는 본래 위험하거나 유독한 그 밖의 물질이나 재료를 운반 중인 선박에 대하여서는 이러한 항로대만을 통항하도록 요구할 수 있다.

3. 연안국은 이 조에 따라 항로대를 지정하고 통항분리방식을 규정함에 있어서 다음 사항을 고려한다.

(a) 권한 있는 국제기구의 권고
(b) 국제항행에 관습적으로 이용되고 있는 수로
(c) 특정한 선박과 수로의 특성
(d) 선박교통량

4. 연안국은 이러한 항로대와 통항분리방식을 해도에 명시하고 이를 적절히 공표한다.

제23조 【외국의 핵추진선박과 핵물질 또는 본래 위험하거나 유독한 그 밖의 물질을 운반하는 선박】 외국의 핵추진선박과 핵물질 또는 본래 위험하거나 유독한 그 밖의 물질을 운반 중인 선박은 영해에서 무해통항권을 행사하는 경우, 이러한 선박에 대하여 국제협정이 정한 서류를 휴대하고 또한 국제협정에 의하여 확립된 특별예방조치를 준수한다.

제24조 【연안국의 의무】 1. 연안국은 이 협약에 의하지 아니하고는 영해에서 외국선박의 무해통항을 방해하지 아니한다. 특히, 연안국은 이 협약이나 이 협약에 따라 제정된 법령을 적용함에 있어 다음 사항을 행하지 아니한다.

(a) 외국선박에 대하여 실질적으로 무해통항권을 부인하거나 침해하는 효과를 가져오는 요건의 부과
(b) 특정국의 선박, 또는 특정국으로 화물을 반입·반출하거나 특정국을 위하여 화물을 운반하는 선박에 대한 형식상 또는 실질상의 차별

2. 연안국은 자국이 인지하고 있는 자국 영해에서의 통항에 관한 위험을 적절히 공표한다.

제25조【연안국의 보호권】 1. 연안국은 무해하지 아니한 통항을 방지하기 위하여 필요한 조치를 자국 영해에서 취할 수 있다.

2. 연안국은 선박이 내수를 향하여 항행하거나 내수 밖의 항구시설에 기항하고자 하는 경우, 그 선박이 내수로 들어가기 위하여 또는 그러한 항구시설에 기항하기 위하여 따라야 할 허가조건을 위반하는 것을 방지하기 위하여 필요한 조치를 취할 권리를 가진다.

3. 연안국은 무기를 사용하는 훈련을 포함하여 자국의 안전보호상 긴요한 경우에는 영해의 지정된 수역에서 외국선박을 형식상 또는 실질상 차별하지 아니하고 무해통항을 일시적으로 정지시킬 수 있다. 이러한 정지조치는 적절히 공표한 후에만 효력을 가진다.

제26조【외국선박에 부과할 수 있는 수수료】 1. 외국선박에 대하여 영해의 통항만을 이유로 어떠한 수수료도 부과할 수 없다.

2. 수수료는 영해를 통항하는 외국선박에 제공된 특별한 용역에 대한 대가로서만 그 선박에 대하여 부과할 수 있다. 이러한 수수료는 차별없이 부과된다.

제2관 상선과 상업용 정부선박에 적용되는 규칙

제27조【외국선박 내에서의 형사관할권】 1. 연안국의 형사관할권은 오직 다음의 각호의 경우를 제외하고는 영해를 통항하고 있는 외국선박의 선박 내에서 통항 중에 발생한 어떠한 범죄와 관련하여 사람을 체포하거나 수사를 수행

하기 위하여 그 선박 내에서 행사될 수 없다.

(a) 범죄의 결과가 연안국에 미치는 경우

(b) 범죄가 연안국의 평화나 영해의 공공질서를 교란하는 종류인 경우

(c) 그 선박의 선장이나 기국의 외교관 또는 영사가 현지 당국에 지원을 요청한 경우

(d) 마약이나 향정신성물질의 불법거래를 진압하기 위하여 필요한 경우

2. 위의 규정은 내수를 떠나 영해를 통항 중인 외국선박 내에서의 체포나 수사를 목적으로 자국법이 허용한 조치를 취할 수 있는 연안국의 권리에 영향을 미치지 아니한다.

3. 제1항 및 제2항에 규정된 경우, 연안국은 선장이 요청하면 어떠한 조치라도 이를 취하기 전에 선박 기국의 외교관이나 영사에게 통고하고, 이들과 승무원 간의 연락이 용이하도록 한다. 긴급한 경우 이러한 통고는 조치를 취하는 동안에 이루어질 수도 있다.

4. 현지당국은 체포여부나 체포방식을 고려함에 있어 통항의 이익을 적절히 고려한다.

5. 제12부에 규정된 경우나 제5부에 따라 제정된 법령위반의 경우를 제외하고는, 연안국은 외국선박이 외국의 항구로부터 내수에 들어오지 아니하고 단순히 영해를 통과하는 경우, 그 선박이 영해에 들어오기 전에 발생한 범죄와 관련하여 사람을 체포하거나 수사를 하기 위하여 영해를 통항 중인 외국선박 내에서 어떠한 조치도 취할 수 없다.

제28조【외국선박과 관련한 민사관할권】 1. 연안국은 영해를 통항중인 외국선박 내에 있는 <u>사람에 대한 민사관할권</u>을 행사하기 위하여 그 선박을 <u>정지시키거나 항로를 변경시킬 수 없다.</u>

2. 연안국은 외국선박이 연안국 수역을 항행하는 동안이나 그 수역을 항행하기 위하여 <u>선박 스스로 부담하거나 초래한 의무 또는 책임에 관한 경우를 제외하고는</u> 민사소송절차를 위하여 그 선박에 대한 <u>강제집행이나 나포</u>를 할 수 없다.

3. 제2항의 규정은 영해에 정박하고 있거나 <u>내수를 떠나 영해를 통항 중인 외국선박</u>에 대하여 자국법에 따라 민사소송절차를 위하여 <u>강제집행이나 나포</u>를 할 수 있는 <u>연안국의 권리</u>를 침해하지 <u>아니한다.</u>

제3관 군함과 그 밖의 비상업용 정부선박에 적용되는 규칙

제29조【군함의 정의】 이 협약에서 "군함"이라 함은 어느 한 국가의 군대에 속한 선박으로서, 그 국가의 국적을 구별할 수 있는 외부표지가 있으며, 그 국가의 정부에 의하여 정식으로 임명되고 그 성명이 그 국가의 적절한 군적부나 이와 동등한 명부에 등재되어 있는 장교의 지휘 아래 있으며 정규군 군율에 따르는 승무원이 배치된 선박을 말한다.

제30조【군함의 연안국 법령위반】 군함이 영해통항에 관한 연안국의 법령을 준수하지 아니하고 그 군함에 대한 <u>연안국의 법령준수 요구를 무시하는 경우, 연안국은</u> 그 군함에 대하여 영해에서 즉시 <u>퇴거할 것을 요구</u>할 수 있다.

제31조【군함이나 그 밖의 비상업용 정부선박에 의한 손해에 대한 기국의 책임】 기국은 군함이나 그 밖의 비상업용 정부선박이 영해통항에 관한 연안국의 법령 또는 이 협약이나 그 밖의 <u>국제법규칙</u>을 준수하지 아니함으로써 <u>연안국에게 입힌 어떠한 손실이나 손해에 대하여도 국제책임</u>을 진다.

제32조【군함과 그 밖의 비상업용 정부선박의 면제】 제1관, 제30조 및 제31조에 규정된 경우를 제외하고는 이 협약의 어떠한 규정도 군함과 그 밖의 <u>비상업용 정부선박의 면제에 영향을 미치지 아니한다.</u>

제4절 접속수역

제33조【접속수역】 1. 연안국은 <u>영해에 접속해 있는(contiguous to its territorial sea)</u> 수역으로서 접속수역이라고 불리는 수역에서 다음을 위하여 필요한 <u>통제(control)</u>를 할 수 있다.

(a) 연안국의 영토나 영해에서의 <u>관세(customs)·재정(fiscal)·출입국관리(immigration)</u> 또는 <u>위생(sanitary)</u>에 관한 법령의 <u>위반방지</u>

(b) 연안국의 영토나 영해에서 발생한 위의 법령 위반에 대한 <u>처벌</u>

2. 접속수역은 <u>영해기선</u>으로부터 <u>24해리 밖으로 확장</u>할 수 없다.

제3부 국제항행에 이용되는 해협

제1절 총칙

제34조【국제항행에 이용되는 해협(straits used for international navigation)을 형성하는 수역의 법적지위】 1. 이 부에서 수립된 국제항행에 이용되는 해협의 통항제도는 이러한 <u>해협을 형성하는 수역의 법적지위</u> 또는 그 수역

과 그 수역의 상공·해저 및 하층토에 대한 해협연안국의 주권이나 관할권의 행사에 영향을 미치지 아니한다.

2. 해협연안국의 주권이나 관할권은 이 부와 그 밖의 국제법규칙에 따라 행사된다.

제35조【적용범위】 이 부의 어떠한 규정도 다음에 영향을 미치지 아니한다.

(a) 제7조에 규정된 방법에 따라 직선기선을 설정함으로써 종전에는 내수가 아니었던 수역의 내수에 포함되는 곳을 제외한 해협 안의 내수의 모든 수역

(b) 해협연안국의 영해 바깥수역이 배타적 경제수역 또는 공해로서 가지는 법적 지위

(c) 특정해협에 관하여 장기간에 걸쳐 유효한 국제협약에 따라 통항이 전체적 또는 부분적으로 규제되고 있는 해협의 법제도

제36조【국제항행에 이용되는 해협을 통한 공해 통과항로 또는 배타적 경제수역 통과항로】 항행상 및 수로상 특성(navigational and hydrographical characteristics)에서 유사한 편의(of similar convenience)가 있는 공해 통과항로(a route through the high seas)나 배타적 경제수역 통과항로(a route through an exclusive economic zone)가 국제항행에 이용되는 해협 안에 있는(through the strait) 경우, 이 부를 그 해협에 적용하지 아니한다. 이러한 항로에 있어서는 통항 및 상공비행의 자유에 관한 규정을 포함한 이 협약의 다른 관련 부를 적용한다.

제2절 통과통항

제37조【적용범위】 이 절은 공해나 배타적 경제수역의 일부(one part)와 공해나 배타적 경제수역의 다른 부분(another part) 간의 국제항행에 이용되는 해협에 적용한다.

제38조【통과통항권】 1. 제37조에 언급된 해협 내에서, 모든 선박과 항공기(all ships and aircraft)는 방해받지 아니하는 통과통항권을 향유한다. 다만, 해협이 해협연안국의 섬과 본토에 의하여 (by an island of a State bordering the strait and its mainland) 형성되어 있는 경우, 항행상 및 수로상 특성에서 유사한 편의가 있는 공해 통과항로나 배타적 경제수역 통과항로가 그 섬의 바다 쪽에 있으면(seaward of the island) 통과통항을 적용하지 아니한다.

2. 통과통항이라 함은 공해 또는 배타적 경제수역의 일부와 공해 또는 배타적 경제수역의 다른 부분 간의 해협을 오직 계속적으로 신속히 통과할(continuous and expeditious transit) 목적으로 이 부에 따라 항행과 상공비행의 자유(freedom of navigation and overflight)를 행사함을 말한다. 다만, 계속적이고 신속한 통과의 요건은 해협연안국의 입국조건에 따라서 그 국가에 들어가거나 그 국가로부터 나오거나 되돌아가는 것을 목적으로 하는 해협통항을 배제하지 아니한다.

3. 해협의 통과통항권의 행사가 아닌 활동은 이 협약의 다른 적용가능한 규정에 따른다.

제39조【통과통항 중인 선박과 항공기의 의무】 1. 선박과 항공기는 통과통항권을 행사함에 있어서 다음과 같이 하여야 한다.

(a) 해협 또는 그 상공의 지체 없는 항진

(b) 해협연안국의 주권, 영토보전 또는 정치적 독립에 반하거나, 또는 국제연합헌장에 구현된 국제법의 원칙에 위반되는 그

밖의 방식에 의한 <u>무력의 위협</u> <u>이나 무력의 행사의 자제</u>
(c) <u>불가항력 또는 조난</u>으로 인하여 필요한 경우를 *제외*하고는 <u>계속적이고 신속한 통과의 통상적인 방식</u>에 따르지 아니하는 활동의 자제
(d) 이 부의 그 밖의 관련규정 준수
2. 통과통항 중인 선박은 다음과 같이 하여야 한다.
(a) 해상충돌방지를 위한 국제규칙을 포함하여 해상안전을 위하여 <u>일반적으로 수락된 국제규칙, 절차 및 관행의 준수</u>
(b) 선박에 의한 <u>오염의 방지, 경감 및 통제</u>를 위하여 일반적으로 수락된 <u>국제규칙, 절차 및 관행의 준수</u>
3. 통과통항 중인 <u>항공기</u>는 다음과 같이 하여야 한다.
(a) 국제민간항공기구가 제정한 민간항공기에 적용되는 <u>항공규칙 준수</u>. 국가 항공기도 통상적으로 이러한 안전조치를 준수하고 항상 비행의 안전을 적절히 고려하여 운항
(b) 국제적으로 지정된 권한 있는 <u>항공교통통제기구가 배정한 무선주파수나 적절한 국제조난 무선주파수</u>의 상시 <u>청취</u>

제40조【조사 및 측량활동】 해양과학조사선이나 수로측량선을 포함한 <u>외국선박</u>은 통과통항 중 해협연안국의 <u>사전허가 없이 어떠한 조사활동이나 측량활동도 수행할 수 없다.</u>

제41조【국제항행에 이용되는 해협의 항로대와 통항분리방식】
1. 해협연안국은 선박의 안전통항을 촉진하기 위하여 필요한 경우, 이 부에 따라 <u>해협 내 항행을 위하여 항로대를 지정하고 통항분리방식을 설정</u>할 수 있다.
2. 해협연안국은 필요한 경우, 적

절히 공표한 후, 이미 지정되거나 설정되어 있는 항로대나 통항분리방식을 <u>다른</u> 항로대나 통항분리방식으로 <u>대체</u>할 수 있다.
3. 이러한 항로대와 통항분리방식은 일반적으로 수락된 국제규칙에 따른다.
4. 해협연안국은 항로대를 지정·대체하거나 통항분리방식을 설정·대체하기에 앞서 <u>권한 있는 국제기구가 이를 채택하도록 제안</u>한다. <u>국제기구</u>는 해협연안국과 합의된 항로대와 통항분리방식만을 채택할 수 있으며, 그 후 해협연안국은 이를 지정, 설정 또는 대체할 수 있다.
5. 2개국 이상의 해협연안국의 수역을 통과하는 항로대나 통항분리방식이 제안된 해협에 대하여는, 관계국은 권한 있는 <u>국제기구와의 협의</u>하에 제안을 작성하기 위하여 협력한다.
6. 해협연안국은 자국이 지정하거나 설정한 모든 항로대와 통항분리방식을 <u>해도에 명시</u>하고 이 <u>해도를 적절히 공표</u>한다.
7. 통과통항 중인 선박은 이 조에 따라 설정되어 적용되는 <u>항로대</u>와 통항분리방식을 준수한다.

제42조【통과통항에 관한 해협연안국의 법령】 1. 이 절의 규정에 따라 해협연안국은 다음의 전부 또는 일부에 관하여 <u>해협의 통과통항에 관한 법령</u>을 제정할 수 있다.
(a) 제41조에 규정된 항행의 안전과 해상교통의 규제
(b) 해협에서의 유류, 유류폐기물 및 그 밖의 유독성물질의 배출에 관하여 적용하는 국제규칙을 시행함으로써 오염의 방지·경감 및 통제
(c) 어선에 관하여서는 어로의 금지 (어구의 적재에 관한 규제 포함)

(d) 해협연안국의 관세·재정·출입국관리 또는 위생에 관한 법령에 위반되는 상품이나 화폐를 싣고 내리는 행위 또는 사람의 승선과 하선

2. 이러한 법령은 외국선박을 형식상 또는 실질상으로 차별하지 아니하며, 그 적용에 있어서 이 절에 규정된 통과통항권을 부정, 방해 또는 침해하는 실질적인 효과를 가져오지 아니한다.

3. 해협연안국은 이러한 모든 법령을 적절히 공표한다.

4. 통과통항권을 행사하는 외국선박은 이러한 법령을 준수한다.

5. 주권면제를 향유하는 선박의 기국 또는 항공기의 등록국은 그 선박이나 항공기가 이러한 법령이나 이 부의 다른 규정에 위배되는 방식으로 행동한 경우 그로 인하여 해협연안국이 입은 손실 또는 손해에 대하여 국제책임을 진다.

제43조【항행 및 안전보조시설, 그 밖의 개선시설과 오염의 방지·경감 및 통제】 해협이용국과 해협연안국은 합의에 의하여 다음을 위하여 서로 협력한다.

(a) 항행 및 안전보조시설 또는 국제항행에 유용한 그 밖의 개선시설의 해협 내 설치와 유지

(b) 선박에 의한 오염의 방지·경감 및 통제

제44조【해협연안국의 의무】 해협연안국은 통과통항권을 방해할 수 없으며 자국이 인지하고 있는 해협 내 또는 해협 상공에서의 항행이나 비행에 관한 위험을 적절히 공표한다. 통과통항은 정지될 수 없다(no suspension).

제3절 무해통항

제45조【무해통항】 1. 제2부 제3절에 규정된 무해통항제도는 국제항행에 이용되는 다음 해협에 적용된다.

(a) 제38조 제1항에 규정된 통과통항제도가 적용되지 아니하는 해협

(b) 공해 또는 배타적 경제수역의 일부와 외국의 영해와의 사이에 있는 해협

2. 이러한 해협을 통한 무해통항은 정지될 수 없다(no suspension).

제4부 군도국가

제46조【용어의 사용】 이 협약에서,

(a) "군도국가"라 함은 전체적으로 하나 또는 둘 이상의 군도로 구성된 국가를 말하며, 그 밖의 섬을 포함할 수 있다.

(b) "군도"(archipelago)라 함은 섬의 무리(섬들의 일부를 포함), 연결된 수역 및 그 밖의 자연지형으로서, 이들이 서로 밀접하게 관련되어 있어 그러한 섬, 수역 및 그 밖의 자연지형이 고유한 지리적·경제적 또는 정치적 단일체를 이루고 있거나 또는 역사적으로 그러한 단일체로 인정되어 온 것을 말한다.

제47조【군도기선】 1. 군도국가는 군도의 가장 바깥쪽 섬의 가장 바깥 점과 드러난 암초의 가장 바깥 점을 연결한 직선군도기선(straight archipelagic baselines)을 그을 수 있다. 다만, 이러한 기선 안에는 주요한 섬을 포함하며 수역의 면적과 육지면적(환초 포함)의 비율이 1대1에서 9대1 사이여야 한다.

2. 이러한 기선의 길이는 100해리를 넘을 수 없다. 다만, 군도를 둘러싼 기선 총 수의 3퍼센트까지는 그 길이가 100해리를 넘어 최장 125해리까지 될 수 있다.

3. 이러한 기선은 군도의 일반적 윤곽으로부터 현저히 벗어날 수 없다.

4. 이러한 기선은 간조노출지와 연결하여 설정할 수 없다. 다만,

영구적으로 해면 위에 있는 등대나 이와 유사한 시설이 간조노출지에 설치되어 있거나, 전체적 또는 부분적으로 간조노출지가 가장 가까운 섬으로부터 영해 폭을 넘지 아니하는 거리에 있는 경우에는 그러하지 아니하다.

5. 군도국가는 다른 국가의 영해를 공해나 배타적 경제수역으로부터 격리시키는 방식으로 이러한 기선제도를 적용할 수 없다.

6. 군도국가의 군도수역의 어느 일부가 바로 이웃한 국가의 두 부분 사이에 있는 경우, 이웃한 국가가 이러한 수역에서 전통적으로 행사하여 온 기존의 권리와 그 밖의 모든 합법적인 이익 및 관련 국 간의 합의에 의하여 규정된 모든 권리는 계속하여 존중된다.

7. 제1항에 규정된 수역과 육지의 비율을 산정함에 있어서 육지면적은 섬을 둘러싸고 있는 암초와 환초 안쪽에 있는 수역을 포함할 수 있으며, 또한 급경사가 있는 해양 고원에 있어서는 그 주변에 있는 일련의 석회암 섬과 드러난 암초에 의하여 둘러싸여 있거나 거의 둘러싸인 수역도 포함할 수 있다.

8. 이 조에 따라 그은 기선은 그 위치를 확인하기에 적절한 축척의 해도에 표시한다. 이는 측지자료를 명기한 각 지점의 지리적 좌표목록으로 대체할 수 있다.

9. 군도국가는 이러한 해도나 지리적 좌표목록을 적절히 공표하고, 그 사본을 국제연합 사무총장에게 기탁한다.

제48조【영해, 접속수역, 배타적 경제수역과 대륙붕의 폭의 측정】

영해, 접속수역, 배타적 경제수역과 대륙붕의 폭은 제47조에 따라 그은 군도기선으로부터 측정한다.

제49조【군도수역과 그 상공·해저 및 하층토의 법적지위】

1. 군도국가의 주권은 군도수역의 깊이나 해안으로부터의 거리에 관계없이 제47조에 따라 그은 군도기선에 의하여 둘러싸인 군도수역이라고 불리는 수역에 미친다.

2. 이러한 주권은 군도수역의 상공·해저와 하층토 및 이에 포함된 자원에까지 미친다.

3. 이러한 주권은 이 부에 따라 행사된다.

4. 이 부에 따라서 설정된 군도항로대 통항제도(regime of archipelargic sea lanes)는 다른 면에 있어서 군도항로를 포함한 군도수역의 지위 또는 군도수역, 군도수역의 상공·해저 및 하층토와 이에 포함된 자원에 대한 군도국가의 주권행사에 영향을 미치지 아니한다.

제50조【내수의 경계획정】

군도수역에서 군도국가는 제9조, 제10조 및 제11조에 따라 내수의 경계를 획정하기 위한 폐쇄선(closing lines)을 그을 수 있다.

제51조【현행협정, 전통적 어업권과 기존해저전선】

1. 제49조를 침해하지 아니하고, 군도국가는 다른 국가와의 현행협정을 존중하고 군도수역의 일정한 수역에 있어서 바로 이웃한 국가의 전통적 어업권과 그 밖의 적법한 활동을 인정한다. 이러한 권리와 활동의 성질·범위와 적용지역뿐만 아니라 그 행사의 조건은 관련국의 요청에 따라 그들 서로 간의 양자협정으로 규율한다. 이러한 권리는 제3국이나 제3국의 국민에게 이전되거나 공유되지 아니한다.

2. 군도국가는 다른 국가가 부설한 기존 해저전선이 육지에 닿지 아니하고 자국수역을 통과하는 경우 이를 존중한다. 군도국가는 이러한 전선의 위치 및 이에 대한

수리 또는 교체 의사를 적절히 통지받은 경우, 그 전선의 유지와 교체를 허용한다.

제52조【무해통항권】 1. 제53조에 따르고 제50조를 침해하지 아니할 것을 조건으로, 모든 국가의 선박은 제2부 제3절에 따라 군도수역에서 무해통항권을 향유한다. 2. 군도국가는 자국의 안전을 보장하기 위하여 불가피한 경우에는 외국선박 간에 형식상 또는 실질상 차별하지 아니하고 군도수역의 특정수역에서 외국선박의 무해통항을 일시적으로 정지시킬 수 있다. 이러한 정지조치는 적절히 공표한 후에만 효력을 가진다.

제53조【군도항로대 통항권】 1. 군도국가는 자국의 군도수역과 이와 인접한 영해나 그 상공을 통과하는 외국선박과 항공기의 계속적이고 신속한 통항에 적합한 항로대와 항공로(air route)를 지정할 수 있다. 2. 모든 선박과 항공기(all ships and aircraft)는 이러한 항로대와 항공로에서 군도항로대 통항권 (the right of archipelagic sea lanes)을 향유한다. 3. 군도항로대 통항(archipelagic sea lanes passage)이라 함은 공해나 배타적 경제수역의 어느 한 부분과 공해나 배타적 경제수역의 다른 부분과의 사이에서 오로지 계속적이고 신속하게 방해받지 아니하며 통과하기 위한 목적으로 통상적 방식의 항행권과 비행권을 이 협약에 따라 행사함을 말한다. 4. 이러한 항로대와 항공로는 군도수역 및 이와 인접한 영해를 횡단하는 것으로서 군도수역의 국제항행로 또는 그 상공비행로로 사용되는 모든 통상적인 통항로

를 포함하며, 선박에 관하여서는 이러한 통항로 안의 모든 통상적인 항행수로를 포함한다. 다만, 동일한 입구지점과 출구지점 사이에 유사한 편의가 있는 통로를 중복하여 둘 필요는 없다. 5. 이러한 항로대와 항공로는 통항로의 입구지점으로부터 출구지점까지의 일련의 연속축선에 의하여 정한다. 군도항로대를 통항중인 선박과 항공기는 통항중 이러한 축선의 어느쪽으로나 25 해리 이상을 벗어날 수 없다. 다만, 이러한 선박과 항공기는 항로대에 접하고 있는 섬과 섬 사이의 가장 가까운 지점을 연결한 거리의 10퍼센트 지점보다 해안에 접근하여 항행할 수 없다. 6. 이 조에 따라 항로대를 지정하는 군도국가는 그러한 항로대 안의 좁은 수로에서 선박의 안전통항을 위하여 통항분리방식을 설정할 수 있다. 7. 군도국가는 필요한 경우, 적절히 공표한 후 이미 지정되거나 설정된 항로대나 통항분리방식을 다른 항로대나 통항분리방식으로 대체할 수 있다. 8. 이러한 항로대와 통항분리방식은 일반적으로 수락된 국제규칙을 따른다. 9. 항로대를 지정·대체하거나 통항분리방식을 설정·대체함에 있어 군도국가는 권한 있는 국제기구에 제안을 회부하여 채택되도록 한다. 그 국제기구는 군도국가가 동의한 항로대와 통항분리방식만을 채택할 수 있으며, 그 후 군도국가는 이를 지정·설정 또는 대체할 수 있다. 10. 군도국가는 자국이 지정하거나 설정한 항로대와 통항분리방식의 축을 해도에 명시하고 이를 적절히 공표한다.

11. 군도항로대를 통항중인 선박은 이 조에 따라 수립되고 적용되는 항로대와 통항분리방식을 존중한다.

12. 군도국가가 항로대나 항공로를 지정하지 아니한 경우, 군도항로대 통항권은 국제항행에 통상적으로 사용되는 통로를 통하여 행사될 수 있다.

제54조 【통항·조사측량활동 중인 선박과 항공기의 의무, 군도국가의 의무 및 군도항로대 통항에 관한 군도국가의 법령】 제39조, 제40조, 제42조 및 제44조는 군도항로대 통항에 준용한다.

제5부　배타적 경제수역

제55조 【배타적 경제수역의 특별한 법제도】 배타적 경제수역은 영해 밖에 인접한 수역(an area beyond and adjacent to the territorial sea)으로서, 연안국의 권리와 관할권 및 다른 국가의 권리와 자유가 이 협약의 관련규정에 의하여 규율되도록 이 부에서 수립된 특별한 법제도(the specific legal regime)에 따른다.

제56조 【배타적 경제수역에서의 연안국의 권리, 관할권 및 의무】
1. 배타적 경제수역에서 연안국은 다음의 권리와 의무를 갖는다.
(a) 해저의 상부수역(the waters superjacent to the sea-bed), 해저(the sea-bed) 그 하층토 (its subsoil)의 생물이나 무생물 등 천연자원의 탐사, 개발, 보존 및 관리를 목적으로 하는 주권적 권리(sovereign rights)와, 해수·해류 및 해풍을 이용한 에너지생산과 같은 이 수역의 경제적 개발과 탐사를 위한 그 밖의 활동에 관한 주권적 권리 (sovereign rights)

(b) 이 협약의 관련규정에 규정된 다음 사항에 관한 관할권(jurisdiction)
(ⅰ)인공섬, 시설 및 구조물의 설치와 사용
(ⅱ)해양과학조사
(ⅲ)해양환경의 보호와 보전
(c) 이 협약에 규정된 그 밖의 권리와 의무

2. 이 협약상 배타적 경제수역에서의 권리행사와 의무이행에 있어서, 연안국은 다른 국가의 권리와 의무를 적절히 고려(due regard)하고, 이 협약의 규정에 따르는 방식으로 행동한다.

3. 해저와 하층토에 관하여 이 조에 규정된 권리는 제6부에 따라 행사된다.

제57조 【배타적 경제수역의 폭】 배타적 경제수역은 영해기선으로부터 200해리를 넘을 수 없다.

제58조 【배타적 경제수역에서의 다른 국가의 권리와 의무】 1. 연안국이거나 내륙국이거나 관계 없이, 모든 국가(all States)는, 이 협약의 관련규정에 따를 것을 조건으로, 배타적 경제수역에서 제87조에 규정된 항행·상공비행의 자유, 해저전선·관선부설의 자유 및 선박·항공기·해저전선·관선의 운용 등과 같이 이러한 자유와 관련되는 것으로서 이 협약의 다른 규정과 양립하는 그 밖의 국제적으로 적법한 해양 이용의 자유를 향유한다.

2. 제88조부터 제115조까지의 규정과 그 밖의 국제법의 적절한 규칙은 이 부에 배치되지 아니하는 한 배타적 경제수역에 적용된다.

3. 이 협약상 배타적 경제수역에서 권리행사와 의무를 이행함에 있어서, 각국은 연안국의 권리와 의무를 적절하게 고려하고, 이 부의 규정과 배치되지 아니하는 한 이 협약의 규정과 그 밖의 국제법규

칙에 따라 연안국이 채택한 법령을 준수한다.

제59조【배타적 경제수역에서의 권리와 관할권의 귀속에 관한 마찰 해결의 기초】 이 협약에 의하여 배타적 경제수역에서의 권리나 관할권이 연안국이나 다른 국가에 귀속되지 아니하고 또한 연안국과 다른 국가 간 이해관계를 둘러싼 마찰이 발생한 경우, 그 마찰은 당사자의 이익과 국제사회 전체의 이익의 중요성을 각각 고려하면서 형평(equity)에 입각하여 모든 관련 상황(all the relevant circumstances)에 비추어 해결한다.

제60조【배타적 경제수역에서의 인공섬, 시설 및 구조물】 1. 배타적 경제수역에서 연안국은 다음을 건설하고, 이에 관한 건설·운용 및 사용을 허가하고 규제하는 배타적 권리(the exclusive right)를 가진다.
(a) 인공섬
(b) 제56조에 규정된 목적과 그 밖의 경제적 목적을 위한 시설과 구조물
(c) 배타적 경제수역에서 연안국의 권리행사를 방해할 수 있는 시설과 구조물
2. 연안국은 이러한 인공섬, 시설 및 구조물에 대하여 관세·재정·위생·안전 및 출입국관리법령에 관한 관할권을 포함한 배타적 관할권을 가진다.
3. 이러한 인공섬·시설 또는 구조물의 건설은 적절히 공시하고, 이러한 것이 있다는 사실을 경고하기 위한 영구적 수단을 유지한다. 버려졌거나 사용되지 아니하는 시설이나 구조물은 항행의 안전을 보장하기 위하여 제거하며, 이 경우 이와 관련하여 권한 있는 국제기구에 의하여 수립되어 일반적으로 수락된 국제기준을 고려한다. 이러한 제거작업을 수행함에 있어서 어로·해양환경 보호 및 다른 국가의 권리와 의무를 적절히 고려한다. 완전히 제거되지 아니한 시설 또는 구조물의 깊이, 위치 및 규모는 적절히 공표한다.
4. 연안국은 필요한 경우 항행의 안전과 인공섬·시설 및 구조물의 안전을 보장하기 위하여 이러한 인공섬·시설 및 구조물의 주위에 적절한 조치를 취할 수 있는 합리적인 안전수역(safety zone)을 설치할 수 있다.
5. 연안국은 적용 가능한 국제기준을 고려하여 안전수역의 폭을 결정한다. 이러한 수역은 인공섬·시설 또는 구조물의 성격 및 기능과 합리적으로 연관되도록 설정되고, 일반적으로 수락된 국제기준에 의하여 허용되거나 권한 있는 국제기구가 권고한 경우를 제외하고는 그 바깥쪽 끝의 각 점으로부터(from each point of their outer edge) 측정하여 500미터를 넘을 수 없다. 안전수역의 범위는 적절히 공시한다.
6. 모든 선박은 이러한 안전수역을 존중하며 인공섬·시설·구조물 및 안전수역 주변에서 일반적으로 수락된 항행에 관한 국제기준을 준수한다.
7. 인공섬·시설·구조물 및 그 주위의 안전수역은 승인된 국제항행에 필수적인 항로대 이용을 방해할 수 있는 곳에 설치할 수 없다.
8. 인공섬·시설 및 구조물은 섬의 지위를 가지지 아니한다. 이들은 자체의 영해를 가지지 아니하며 이들의 존재가 영해, 배타적 경제수역 또는 대륙붕의 경계획정에 영향을 미치지 아니한다.

제61조【생물자원의 보존】 1. 연안국은 자국의 배타적 경제수역에서의 생물자원의 허용어획량(the allowable catch)을 결정한다(shall).

2. 연안국은 자국이 이용 가능한 최선의 과학적 증거를 고려하여, 남획으로 인하여 배타적 경제수역에서 생물자원의 유지가 위태롭게 되지 아니하도록 적절한 보존·관리조치를 통하여 보장한다. 적절한 경우, 연안국과 권한 있는 소지역적·지역적 또는 지구적 국제기구는 이를 위하여 협력한다.

3. 이러한 조치는 최대지속생산량(the maximum sustainable yield)을 가져올 수 있는 수준으로 어획대상 어종의 자원량이 유지·회복되도록 계획한다. 이러한 조치를 취함에 있어서 연안어업지역의 경제적 필요와 개발도상국의 특별한 요구를 포함한 환경적·경제적 관련 요인에 의하여 입증되고 또한 어로방식·어족 간의 상호의존성 및 소지역적·지역적 또는 지구적 기준 등 어느 기준에서 보나 일반적으로 권고된 국제적 최소기준을 고려한다.

4. 이러한 조치를 취함에 있어서 연안국은 어획되는 어종에 연관되거나 종속되는 어종의 자원량의 생산량이 중대하게 위태롭게 되지 아니할 수준 이상으로 유지·회복하기 위하여 연관어종이나 종속어종에 미치는 영향을 고려한다.

5. 이용 가능한 과학적 정보, 어획량과 어업활동 통계 및 수산자원의 보존과 관련된 그 밖의 자료는 배타적 경제수역에서 그 국민의 입어가 허용된 국가를 포함한 모든 관련국의 참여 아래 적절히 권한 있는 소지역적·지역적 또는 지구적 국제기구를 통하여 정기적으로 제공되고 교환된다.

제62조【생물자원의 이용】 1. 연안국은 제61조의 규정을 침해하지 아니하고 배타적 경제수역에서 생물자원의 최적이용목표(the objective of optimum utilization)를 달성한다.

2. 연안국은 배타적 경제수역의 생물자원에 관한 자국의 어획능력을 결정한다. 연안국이 전체 허용어획량을 어획할 능력이 없는 경우, 협정이나 그 밖의 약정을 통하여 제4항에 언급된 조건과 법령에 따라 허용어획량의 잉여량에 관한 다른 국가의 입어를 허용한다(shall). 이 경우 연안국은 제69조 및 제70조의 규정, 특히 이러한 규정이 언급한 개발도상국에 대해 특별히 고려한다.

3. 이 조에 따라 배타적 경제수역에서 다른 국가의 입어를 허용함에 있어서, 연안국은 모든 관련요소를 고려한다. 특히 그 수역의 생물자원이 연안국의 경제와 그 밖의 국가이익에 미치는 중요성, 제69조 및 제70조의 규정, 잉여자원 어획에 관한 소지역 내 또는 지역 내 개발도상국의 요구 및 소속국민이 그 수역에서 관습적으로 어로행위를 하여 왔거나 어족의 조사 및 식별을 위하여 실질적인 노력을 기울여 온 국가의 경제적 혼란을 극소화할 필요성을 고려한다.

4. 배타적 경제수역에서 어로행위를 하는 다른 국가의 국민은 연안국의 법령에 의하여 수립된 보존조치와 그 밖의 조건을 준수한다. 이러한 법령은 이 협약에 부합하여야 하며 특히 다음 사항에 관련될 수 있다.

(a) 어부에 대한 조업허가, 어선과 조업장비의 허가(이러한 허

가조치에는 수수료나 다른 형태의 보상금 지급이 포함되며, 개발도상연안국의 경우 수산업에 관한 금융·장비 및 기술분야에 있어서 적절한 보상으로 이루어질 수 있다.)

(b) 어획 가능한 어종의 결정 및 어획 할당량의 결정(특정한 어족, 어족의 무리, 또는 특정 기간 동안 어선당 어획량 또는 특정 기간 동안 어느 국가의 국민에 의한 어획량으로 산정되는 어획 할당량)

(c) 어로기, 어로수역, 어구의 종류·크기 및 수량, 그리고 사용 가능한 어선의 종류·크기 및 척수의 규제

(d) 어획 가능한 어류와 그 밖의 어종의 연령과 크기의 결정

(e) 어선에 대하여 요구되는 정보 (어획량과 어업활동 통계 및 어선위치 보고 포함)

(f) 연안국의 허가와 통제에 따른 특정한 어업조사계획의 실시요구와 이러한 조사(어획물의 견본작성, 견본의 처리 및 관련 과학조사자료 보고를 포함)실시의 규제

(g) 연안국에 의한 감시원이나 훈련원의 어선에의 승선배치

(h) 이러한 어선에 의한 어획물의 전부나 일부를 연안국의 항구에 내리는 행위

(i) 합작사업이나 그 밖의 협력약정에 관한 조건

(j) 연안국의 어로조사 수행능력 강화를 포함한 인원훈련과 어로기술의 이전조건

(k) 시행절차

5. 연안국은 보존과 관리에 관한 법령을 적절히 공시한다.

제63조 【2개국 이상 연안국의 배타적 경제수역에 걸쳐 출현하거나 배타적 경제수역과 그 바깥의 인접수역에 걸쳐 출현하는 어족】 1. 동일어족이나 이와 연관된 어종의 배타적 경제수역이 2개국 이상 연안국의 배타적 경제수역에 걸쳐 출현하는 경우, 이러한 연안국들은, 이 부의 다른 규정을 침해하지 아니하고, 직접 또는 적절한 소지역기구나 지역기구를 통하여 이러한 어족의 보존과 개발을 조정하고 보장하는 데 필요한 조치에 합의하도록 노력한다.

2. 동일어족 또는 이와 연관된 어종의 어족이 배타적 경제수역과 그 바깥의 인접수역에 걸쳐 출현하는 경우, 연안국과 인접수역에서 이러한 어족을 어획하는 국가는 직접 또는 적절한 소지역기구나 지역기구를 통하여 인접수역에서 이러한 어족의 보존에 필요한 조치에 합의하도록 노력한다.

제64조 【고도회유성어종(highly migratory species)】 1. 연안국과 제1부속서에 열거된 고도회유성어종을 어획하는 국민이 있는 그 밖의 국가는 배타적 경제수역과 그 바깥의 인접수역에서 그러한 어종의 보존을 보장하고 최적이용목표를 달성하기 위하여 직접 또는 적절한 국제기구를 통하여 협력한다. 적절한 국제기구가 없는 지역에서는 연안국과 같은 수역에서 이러한 어종을 어획하는 국민이 있는 그 밖의 국가는 이러한 기구를 설립하고 그 사업에 참여하도록 노력한다.

2. 제1항의 규정은 이 부의 다른 규정과 함께 적용한다.

제65조 【해양포유동물】 이 부의 어떠한 규정도, 적절한 경우, 이 부에 규정된 것보다 더 엄격하게 해양포유동물의 포획을 금지·

제한 또는 규제할 수 있는 연안국의 권리나 국제기구의 권한을 제한하지 아니한다. 각국은 해양포유동물의 보존을 위하여 노력하며, 특히 고래류(cetaceans)의 경우 그 보존·관리 및 연구를 위하여 적절한 국제기구를 통하여 노력한다.

제66조 【소하성어족(anadromous stocks)】 1. 소하성어족이 기원하는 하천의 국가는 이 어족에 대한 일차적 이익과 책임을 가진다. 2. 소하성어족의 기원국은 자국의 배타적 경제수역 바깥한계의 육지쪽 모든 수역에서의 어로와 제3항 (b)에 규정된 어로에 관하여 적절한 규제조치를 수립함으로써 그 어족의 보존을 보장한다. 기원국은 이러한 어족을 어획하는 제3항과 제4항에 언급된 다른 국가와 협의한 후 자국 하천에서 기원하는 어족에 대한 총허용어획량을 결정할 수 있다.

3. (a) 이 규정으로 인하여 기원국 이외의 국가에 경제적 혼란이 초래되는 경우를 제외하고는, 소하성어족의 어획은 배타적 경제수역 바깥한계의 육지쪽 수역에서만 행하여진다. 배타적 경제수역 바깥한계 밖의 어획에 관하여 관련국은 그 어족에 관한 기원국의 보존요건 및 필요를 적절히 고려하여 어로조건에 관한 합의에 도달하기 위한 협의를 유지한다.

(b) 기원국은 소하성어족을 어획하는 다른 국가의 통상적인 어획량, 조업방법 및 모든 조업실시지역을 고려하여 이들 국가의 경제적 혼란을 최소화하도록 협력한다.

(c) (b)에 언급된 국가가 기원국과의 합의에 의하여, 특히 그 경비 분담등 소하성 어족을 재생산

시키는 조치에 참여하는 경우, 이러한 국가에 대하여 기원국은 자국의 하천에서 기원한 그 어족의 어획에 있어서 특별한 고려를 한다.

(d) 배타적 경제수역 바깥의 소하성어족에 관한 규칙은 기원국과 다른 관련국과의 합의에 의하여 시행한다.

4. 소하성어족이 기원국이 아닌 국가의 배타적 경제수역 바깥한계의 육지쪽 수역을 통하여 회유하는 경우 이러한 국가는 그 어족의 보존과 관리에 관하여 기원국과 협력한다.

5. 소하성어족의 기원국과 이를 어획하는 그 밖의 국가는 이 조의 규정을 이행하기 위하여 적절한 경우 지역기구를 통하여 약정을 체결한다.

제67조 【강하성어종(catadromous species)】 1. 강하성어종이 그 생존기간의 대부분을 보내는 수역의 연안국은 그 어종의 관리에 대한 책임을 지며 회유어의 출입을 보장한다.

2. 강하성어종의 어획은 배타적 경제수역 바깥한계의 육지 쪽 수역에서만 행하여진다. 배타적 경제수역에서 어획이 행하여지는 경우 이 조의 규정 및 배타적 경제수역 내 어획에 관한 이 협약의 그 밖의 규정에 따른다.

3. 강하성어종이 치어로서 또는 성어로서 다른 국가의 배타적 경제수역을 회유하는 경우, 어획을 포함한 그 어종에 대한 관리는 제1항에 언급된 국가와 그 밖의 관련국 간의 합의에 따라 규제된다. 이러한 합의는 강하성어종의 합리적 관리를 보장하고 이의 유지를 위하여 제1항에 언급된 국가의 책임을 고려한다.

제68조【정착성어종(sedentary species)】 이 부는 제77조 제4항에서 정의한 정착성어종에는 적용하지 아니한다.

제69조【내륙국(land-locked State)의 권리】 1. 내륙국은 모든 관련국의 경제적·지리적 관련상황을 고려하고 이 조 및 제61조, 제62조의 규정에 따라 형평에 입각하여(on an equitable basis) 동일한 소지역이나 지역 내 연안국(coastal States of the same subregion or region)의 배타적 경제수역의 생물자원 잉여량 중 적절한 양의 개발에 참여할 권리를 가진다.

2. 이러한 참여조건과 방식은 특히 아래 사항을 고려하여 양자협정, 소지역 또는 지역협정을 통하여 관련국에 의하여 수립된다.
(a) 연안국의 지역어업사회 및 수산업에 해로운 영향을 회피할 필요
(b) 이 조의 규정에 따라 내륙국이 기존의 양자협정, 소지역 또는 지역협정에 따라 다른 연안국의 배타적 경제수역의 생물자원 개발에 참여하고 있는 정도 또는 참여할 수 있는 자격의 정도
(c) 다른 내륙국과 지리적 불리국이 연안국의 배타적 경제수역의 생물자원개발에 참여하고 있는 정도 및 그 결과로 단일 연안국이 특별한 부담 또는 그 일부를 지게 되는 것을 회피할 필요
(d) 각국 주민의 영양상 필요

3. 연안국의 어획능력이 자국 배타적 경제수역 내에 있는 생물자원의 허용어획량 전체를 어획할 수 있는 수준에 도달한 경우, 연안국과 그 밖의 관련국은 양국 간, 소지역적 또는 지역적 기초에 입각하여 상황에 적절하고 모든 당사국이 만족하는 조건으로 동일한 소지역 또는 지역 내에 있는 개발도상 내륙국이 그 소지역 또는 지역 내 연안국의 배타적 경제수역의 생물자원개발에 참여하는 것을 허용하는 공평한 약정을 체결하도록 협력한다. 이 규정을 이행함에 있어서 제2항에 규정한 사항도 함께 고려한다.

4. 이 조의 규정에 따라 선진내륙국은 동일한 소지역 또는 지역 내 선진연안국의 배타적 경제수역에 한하여 생물자원 개발에 참여할 수 있다. 이때 그 선진내륙국은 그 선진연안국이 자국의 배타적 경제수역의 생물자원에 대한 다른 국가의 접근을 허용함에 있어서, 관습적으로 그 수역에서 조업하여 온 국민이 있는 국가의 지역어업사회에 미칠 해로운 영향과 경제적 혼란을 최소화할 필요를 고려하여 온 정도를 참작한다.

5. 위의 규정은 연안국이 배타적 경제수역의 생물자원개발을 위한 평등한 권리나 우선적 권리를 동일한 소지역 또는 지역 내 내륙국에 부여하는 소지역 또는 지역 내에서 합의된 약정을 적용하는 것을 침해하지 아니한다.

제70조【지리적 불리국(geographically disadvantaged States)의 권리】
1. 지리적 불리국은 모든 관련국의 경제적·지리적 상황을 고려하고 이 조 및 제61조, 제62조의 규정에 따라 동일한 소지역 또는 지역 내에 있는 연안국의 배타적 경제수역의 생물자원 잉여량 중 적절한 양의 개발에 공평하게 참여할 권리를 가진다.
2. 이 부에서 "지리적 불리국"이라 함은 폐쇄해나 반폐쇄해에 접한 국가를 포함한 연안국으로서, 그 지리적 여건으로 인하여 자국

주민 또는 그 일부의 영양상 목적을 위하여 충분한 어류공급을 소지역 또는 지역 내에 있는 다른 국가의 배타적 경제수역 내 생물자원의 개발에 의존하여야 하거나, 자국의 배타적 경제수역을 주장할 수 없는 연안국을 말한다.

3. 이러한 참여의 조건과 방식은 특히 아래 사항을 고려하여 양자협정, 소지역 또는 지역협정을 통하여 관련국에 의하여 확립된다.

(a) 연안국의 지역어업사회 및 수산업에 해로운 영향을 회피할 필요

(b) 이 조의 규정에 따라 지리적 불리국이 기존의 양자협정, 소지역 또는 지역협정에 따라 다른 연안국의 배타적 경제수역의 생물자원개발에 참여하고 있는 정도 또는 참여할 수 있는 자격의 정도

(c) 다른 지리적 불리국과 내륙국이 연안국의 배타적 경제수역의 생물자원의 개발에 참여하고 있는 정도 및 그 결과로 단일 연안국이 특별한 부담 또는 그 일부를 지게 되는 것을 회피할 필요

(d) 각국 주민의 영양상 필요

4. 연안국의 어획능력이 자국의 배타적 경제수역 *생물자원의 허용어획량 전체를 어획할 수 있는 수준에 도달한 경우*, 연안국과 그 밖의 관련국은 양국 간, 소지역적 또는 지역적 기초에 입각하여 상황에 적절하고 모든 당사국이 만족하는 조건으로, 동일한 소지역이나 지역 내에 있는 연안국의 배타적 경제수역 생물자원 개발에 참여를 허용하는 공평한 약정을 체결하도록 협력한다. 이 규정을 이행함에 있어서 제3항에 규정한 사항도 함께 고려한다.

5. 이 조의 규정에 따라 선진지리적 불리국은 동일한 소지역 또는 지역 내에 있는 선진연안국의 배타적 경제수역에 한하여 생물자원의 개발에 참여할 수 있다. 이때 그 선진지리적 불리국은 그 선진연안국이 자국의 배타적 경제수역의 생물자원에 대하여 다른 국가의 입어를 허용함에 있어서, 소속국민이 오랫동안 그 수역에서 조업하여 온 국가의 지역어업사회에 미칠 해로운 영향과 경제적 혼란을 최소화할 필요를 고려하여 온 정도를 참작한다.

6. 위의 규정은 연안국이 배타적 경제수역의 생물자원 개발을 위한 평등한 권리나 우선적 권리를 동일한 소지역 또는 지역 내의 지리적불리국에 부여하는 소지역 또는 지역 내에서 합의된 약정을 적용하는 것을 침해하지 아니한다.

제71조【제69조와 제70조 적용의 배제】제69조와 제70조의 규정은 연안국의 경제가 배타적 경제수역의 생물자원개발에 크게 의존하고 있는 경우에는 적용하지 아니한다.

제72조【권리이전의 제한】1. 제69조와 제70조에 규정한 생물자원개발 권리는 관계국이 달리 합의하지 아니하는 한, 임대차나 면허, 합작사업의 설립 또는 권리이전의 효과를 가지는 그 밖의 방법에 의하여 제3국이나 그 국민에게 직접적으로 또는 간접적으로 이전될 수 없다.

2. 제1항의 규정은 동항에서 언급된 효과를 가지지 아니하는 한, 관련국이 제69조와 제70조의 규정에 따른 권리의 행사를 용이하게 하기 위하여 제3국이나 국제기구로부터 기술적 · 재정적 원조를 받는 것을 방해하지 아니한다.

제73조【연안국법령의 시행】
1. 연안국은 배타적 경제수역의

생물자원을 탐사·개발·보존 및 관리하는 주권적 권리를 행사함에 있어서, 이 협약에 부합되게 채택한 자국법령을 준수하도록 보장하기 위하여 승선, 검색, 나포 및 사법절차를 포함하여 필요한 조치를 취할 수 있다.

2. 나포된 선박과 승무원은 적절한 보석금이나 그 밖의 보증금을 예치한 뒤에는 즉시 석방된다.

3. 배타적 경제수역에서 어업법령 위반에 대한 연안국의 처벌에는, 관련국 간 달리 합의하지 아니하는 한, 금고 또는 다른 형태의 체형이 포함되지 아니한다.

4. 외국선박을 나포하거나 억류한 경우, 그 연안국은 적절한 경로를 통하여 취하여진 조치와 그 후에 부과된 처벌에 관하여 기국에 신속히 통고한다.

제74조 【대향국 간 또는 인접국 간의 배타적 경제수역의 경계획정】

1. 서로 마주 보고있거나 인접한 연안을 가진 국가 간의 배타적 경제수역 경계획정은 공평한 해결(equitable solution)에 이르기 위하여, 국제사법재판소규정 제38조에 언급된 국제법을 기초로 하는 합의(agreement)에 의하여 이루어진다.

2. 상당한 기간 내에 합의에 이르지 못할 경우 관련국은 제15부에 규정된 절차에 회부한다.

3. 제1항에 규정된 합의에 이르는 동안, 관련국은 이해와 상호협력의 정신으로 실질적인 잠정약정(provisional arrangements of a practical nature)을 체결할 수 있도록 모든 노력을 다하며, 과도적인 기간 동안 최종 합의에 이르는 것을 위태롭게 하거나 방해하지 아니한다. 이러한 약정은 최종적인 경계획정에 영향을 미치지 아니한다.

4. 관련국 간에 발효중인 협정이 있는 경우, 배타적 경제수역의 경계획정에 관련된 사항은 그 협정의 규정에 따라 결정된다.

제75조 【해도와 지리적 좌표목록】

1. 이 부에 따라 배타적 경제수역의 바깥한계선 및 제75조에 따라 그은 경계획정선은 그 위치를 확인하기에 적합한 축척의 해도에 표시된다. 적절한 경우 이러한 바깥한계선이나 경계획정선은 측지자료를 명기한 각 지점의 지리적 좌표목록으로 대체할 수 있다.

2. 연안국은 이러한 해도나 지리적 좌표목록을 적절히 공표하고 그 사본을 국제연합 사무총장에게 기탁한다.

제6부   대륙붕

제76조 【대륙붕의 정의】 1. 연안국의 대륙붕은 영해 밖으로(beyond its territorial sea) 영토의 자연적 연장에 따라(throughout the natural prolongation of its land territory) 대륙변계의 바깥 끝까지(to the outer edge of the continental margin), 또는 대륙변계의 바깥끝이 200해리에 미치지 아니하는 경우, 영해기선으로부터 200해리까지(to a distance of 200 nautical miles)의 해저지역의 해저와 하층토(the sea-bed and subsoil of the submarine areas)로 이루어진다.

2. 연안국의 대륙붕은 제4항부터 제6항까지 규정한 한계 밖으로 확장될 수 없다.

3. 대륙변계(continental margin)는 연안국 육지의 해면 아래쪽 연장(submerged prolongation of the land mass)으로서, 대륙붕·대륙사면·대륙융기의 해저와 하층토(sea-bed and subsoil of the shelf, the slope and the rise)

로 이루어진다. 대륙변계는 해양산맥을 포함한 심해대양저나 그 하층토를 포함하지 아니한다.

4. (a) 이 협약의 목적상 연안국은 대륙변계가 영해기선으로부터 200해리 밖까지 확장되는 곳에서는(wherever the margin extends beyond 200 nautical miles) 아래 선 중 어느 하나로(by either) 대륙변계의 바깥 끝을 정한다.

　(ⅰ) 퇴적암의 두께(thickness of sedimentary rocks)가 그 가장 바깥 고정점(the outermost fixed points)으로부터 대륙사면의 끝까지(to the foot of the continental slope)를 연결한 가장 가까운 거리의 최소한 1퍼센트(at least 1 percent of the shortest distance)인 가장 바깥 고정점을 제7항에 따라 연결한 선

　(ⅱ) 대륙사면의 끝으로부터(from the continental slope) 60해리를 넘지 아니하는(not more than 60 nautical miles) 고정점을 제7항에 따라 연결한 선

　(b) 반대의 증거가 없는 경우, 대륙사면의 끝은 그 기저에서 경사도의 최대변경점으로 결정된다.

5. 제4항 (a) (ⅰ)과 (ⅱ)의 규정에 따라 그은 해저에 있는 대륙붕의 바깥한계선(the line of the outer limits of the continental shelf)을 이루는 고정점은 영해기선으로부터 350해리를 넘거나(shall not exceed 350 nautical miles) 2500미터 수심을 연결하는 선인 2500미터 등심선(the 2,500 metre isobath)으로부터 100해리를 넘을 수 없다.

6. 제5항의 규정에도 불구하고 해저산맥에서는 대륙붕의 바깥한계는 영해기선으로부터 350해리를 넘을 수 없다. 이 항은 해양

고원·융기·캡·해퇴 및 해저돌출부와 같은 대륙변계의 자연적 구성요소인 해저고지에는 적용하지 아니한다.

7. 대륙붕이 영해기선으로부터 200해리 밖으로 확장되는 경우, 연안국은 경도와 위도 좌표로 표시된 고정점을 연결하여 그 길이가 60해리를 넘지 아니하는 직선으로 대륙붕의 바깥한계를 그어야 한다.

8. 연안국은 영해기선으로부터 200해리를 넘는 대륙붕의 한계에 관한 정보를 공평한 지리적 배분의 원칙에 입각하여 제2부속서에 따라 설립된 대륙붕한계위원회(the Commission on the Limits of the Continental Shelf)에 제출한다(shall). 위원회는 대륙붕의 바깥한계 설정에 관련된 사항에 관하여 연안국에 권고를 행한다(shall). 이러한 권고를 기초로(on the basis of) 연안국이 확정한 대륙붕의 한계는 최종적이며 구속력을 가진다(shall be final and binding).

9. 연안국은 측지자료를 비롯하여 항구적으로 자국 대륙붕의 바깥한계를 표시하는 해도와 관련 정보를 국제연합 사무총장에게 기탁한다. 국제연합 사무총장은 이를 적절히 공표한다.

10. 이 조의 규정은 서로 마주보고 있거나 이웃한 연안국의 대륙붕경계 획정문제에 영향을 미치지 아니한다.

제77조 【대륙붕에 대한 연안국의 권리】

1. 연안국은 대륙붕을 탐사하고 그 천연자원을 개발할 수 있는 대륙붕에 대한 주권적 권리를 행사한다.

2. 제1항에 언급된 권리는 연안국이 대륙붕을 탐사하지 아니하거나 그 천연자원을 개발하지 아니하더라도 다른 국가는 연안국

의 명시적인 동의없이는 이러한 활동을 할 수 없다는 의미에서 배타적 권리이다.

3. 대륙붕에 대한 연안국의 권리는 실효적이거나 관념적인 점유(occupation, effective or notional) 또는 명시적 선언(express proclamation)에 의존하지 아니한다.

4. 이 부에서 규정한 천연자원은 해저와 하층토의 광물, 그 밖의 무생물자원 및 정착성 어종(sedentary species)에 속하는 생물체, 즉 수확가능단계에서 해저표면 또는 그 아래에서 움직이지 아니하거나 또는 해저나 하층토에 항상 밀착하지 아니하고는 움직일 수 없는 생물체로 구성된다.

제78조【상부수역과 상공의 법적 지위 및 다른 국가의 권리와 자유】

1. 대륙붕에 대한 연안국의 권리는 그 상부수역이나 수역 상공의 법적 지위에 영향을 미치지 아니한다.

2. 대륙붕에 대한 연안국의 권리행사는 다른 국가의 항행의 권리 및 이 협약에 규정한 다른 권리와 자유를 침해하거나 부당한 방해를 초래하지 아니한다.

제79조【대륙붕에서의 해저전선과 관선】 1. 모든 국가(all States)는 이 조의 규정에 따라 대륙붕에서 해저전선과 관선을 부설할 자격을 가진다.

2. 연안국은 대륙붕의 탐사와 대륙붕의 천연자원 개발, 그리고 관선에 의한 오염의 방지, 경감 및 통제를 위한 합리적 조치를 취할 권리에 따라 이러한 전선이나 관선의 부설이나 유지를 방해할 수 없다.

3. 대륙붕에서 위의 관선 부설경로의 설정은 연안국의 동의를 받아야 한다.

4. 이 부의 어떠한 규정도 자국 영토나 영해를 거쳐가는 전선이나 관선에 대한 조건을 설정하는 연안국의 권리, 대륙붕의 탐사나 그 자원의 개발 또는 자국 관할권 아래에 있는 인공섬·시설 및 구조물의 운용과 관련하여 부설하거나 사용하는 전선과 관선에 대한 연안국의 관할권에 영향을 미치지 아니한다.

5. 각국은 해저전선이나 관선을 부설함에 있어서 이미 설치된 전선이나 관선을 적절히 고려한다. 특히 기존전선이나 관선을 수리할 가능성을 방해하지 아니한다.

제80조【대륙붕 상의 인공섬·시설 및 구조물】 제60조의 규정은 대륙붕 상의 인공섬·시설 및 구조물에 준용한다.

제81조【대륙붕시추】 연안국은 대륙붕에서 모든 목적의 시추를 허가하고 규제할 배타적 권리를 가진다.

제82조【200해리 밖의 대륙붕개발에 따른 금전지급 및 현물공여】

1. 연안국은 영해기선으로부터 200해리 밖에 있는 대륙붕의 무생물 자원 개발에 관하여 금전을 지급하거나 현물을 공여한다.

2. 금전지급과 현물공여는 생산개시 5년 후부터 그 광구에서 생산되는 모든 생산물에 대하여 매년 납부된다. 6년째의 금전지급이나 현물공여의 비율은 생산물의 가격이나 물량의 1퍼센트로 유지한다. 그 비율은 12년째까지 매년 1퍼센트씩 증가시키고 그 이후에는 7퍼센트로 한다. 생산물의 개발을 위하여 사용한 자원은 포함하지 아니한다.

3. 자국의 대륙붕에서 생산되는 광물자원의 순 수입국인 개발도상국은 그 광물자원에 대한 금전지급이나 현물공여로부터 면제

된다.

4. 금전지급과 현물공여는 해저기구(the Authority)를 통하여 이루어지며, 해저기구는 이를 개발도상국 특히 개발도상국 중 최저개발국 및 내륙국의 이익과 필요를 고려하고 공평분배의 기준에 입각하여 이 협약의 당사국에게 분배한다.

제83조 【대향국 간 또는 인접국 간의 대륙붕의 경계획정】

1. 서로 마주보고 있거나 인접한 연안국간의 대륙붕 경계획정은 공평한 해결(equitable solution)에 이르기 위하여, 국제사법재판소규정 제38조에 언급된 국제법을 기초로 하여 합의(agreement)에 의하여 이루어진다.

2. 상당한 기간 내에 합의에 이르지 못할 경우, 관련국은 제15부에 규정된 절차에 회부한다(shall).

3. 제1항에 규정된 합의에 이르는 동안 관련국은, 이해와 상호협력의 정신으로, 실질적인 잠정약정(provisional arrangements of a practical nature)을 체결할 수 있도록 모든 노력을 다하며, 과도적인 기간 동안 최종 합의에 이르는 것을 위태롭게 하거나 방해하지 아니한다. 이러한 약정은 최종적 경계획정에 영향을 미치지 아니한다.

4. 관련국 간에 발효 중인 협정이 있는 경우, 대륙붕의 경계획정에 관련된 문제는 그 협정의 규정에 따라 결정된다.

제84조 【해도와 지리적 좌표목록】

1. 이 부에 따라 대륙붕의 바깥한계선과 제83조에 따라 그은 경계획정선은 그 위치를 확인하기에 적합한 축척의 해도에 표시한다. 적절한 경우 이러한 바깥한계선이나 경계획정선은 측지자료를 명기한 각 지점의 지리적 좌표목록으로 대체할 수 있다.

2. 연안국은 이러한 해도나 지리적 좌표목록을 적절히 공표하고 그 사본을 국제연합 사무총장에게 기탁하며, 대륙붕의 바깥한계선을 표시하는 해도나 좌표목록의 경우에는 이를 해저기구 사무총장에게 기탁한다.

제85조 【굴착(tunneling)】

이 부의 규정은 하층토 상부의 수심에 관계없이 굴착에 의하여 하층토를 개발하는 연안국의 권리를 침해하지 아니한다.

제7부 공 해(High Seas)

제1절 총 칙

제86조 【이 부 규정의 적용】

이 부의 규정은 어느 한 국가의 배타적 경제수역·영해·내수 또는 군도국가의 군도수역에 속하지 아니하는 바다의 모든 부분에 적용된다. 이 조는 제58조에 따라 배타적 경제수역에서 모든 국가가 향유하는 자유에 제약을 가져오지 아니한다.

제87조 【공해의 자유】

1. 공해는 연안국이거나 내륙국이거나 관계없이 모든 국가(all States)에 개방된다. 공해의 자유는 이 협약과 그 밖의 국제법규칙이 정하는 조건에 따라 행사된다. 연안국과 내륙국이 향유하는 공해의 자유는 특히(inter alia) 다음의 자유를 포함한다.

(a) 항행의 자유
(b) 상공비행의 자유
(c) 제6부에 따른 해저전선과 관선 부설의 자유
(d) 제6부에 따라 국제법상 허용되는 인공섬과 그 밖의 시설 건설의 자유
(e) 제2절에 정하여진 조건에 따른 어로의 자유

(f) 제6부와 제13부에 따른 과학조사의 자유

2. 모든 국가는 이러한 자유를 행사함에 있어서 공해의 자유의 행사에 관한 다른 국가의 이익 및 심해저활동과 관련된 이 협약상의 다른 국가의 권리를 적절히 고려한다.

제88조【평화적 목적을 위한 공해의 보존】 공해는 평화적 목적을 위하여 보존된다(shall be reserved).

제89조【공해에 대한 주권주장의 무효】 어떠한 국가라도 유효하게 공해의 어느 부분을 자국의 주권 아래 둘 수 없다.

제90조【항행의 권리】 연안국이거나 내륙국이거나 관계없이 모든 국가(every State)는 공해에서 자국기를 게양한 선박을 항행시킬 권리를 가진다.

제91조【선박의 국적】 1. 모든 국가(every State)는 선박에 대한 자국국적의 부여, 자국영토에서의 선박의 등록 및 자국기를 게양할 권리에 관한 조건을 정한다. 어느 국기를 게양할 자격이 있는 선박은 그 국가의 국적을 가진다. 그 국가와 선박 간에는 진정한 관련(genuine link)이 있어야 한다.

2. 모든 국가(every State)는 그 국기를 게양할 권리를 부여한 선박에 대하여 그러한 취지의 서류를 발급한다.

제92조【선박의 지위】 1. 국제조약이나 이 협약에 명시적으로 규정된 예외적인 경우를 제외하고는 선박은 어느 한 국가의 국기만을 게양하고 항행하며 공해에서 그 국가의 배타적인 관할권에 속한다. 선박은 진정한 소유권이전 또는 등록변경의 경우를 제외하고는 항행 중이나 기항 중에 그 국기를 바꿀 수 없다.

2. 2개국 이상의 국기를 편의에 따라(according to convenience) 게양하고 항행하는 선박은 다른 국가에 대하여 그 어느 국적도 주장할 수 없으며 무국적선(a ship without nationality)으로 취급될 수 있다.

제93조【국제연합, 국제연합전문기구와 국제원자력기구의 기를 게양한 선박】 앞의 조항들은 국제연합, 국제연합전문기구 또는 국제원자력기구의 기를 게양하고 그 기구의 공무에 사용되는 선박에 관련된 문제에는 영향을 미치지 아니한다.

제94조【기국의 의무】 1. 모든 국가(every State)는 자국기를 게양한 선박에 대하여 행정적·기술적·사회적 사항에 관하여 유효하게 자국의 관할권을 행사하고 통제한다.

2. 모든 국가(every State)는 특히(in particular),

(a) 일반적으로 수락된 국제규칙이 적용되지 아니하는 소형 선박을 제외하고는 자국기를 게양한 선명과 세부사항을 포함하는 선박등록대장을 유지한다.

(b) 선박에 관련된 행정적·기술적·사회적 사항과 관련하여 자국기를 게양한 선박, 그 선박의 선장, 사관과 선원에 대한 관할권을 자국의 국내법에 따라 행사한다.

3. 모든 국가(every State)는 자국기를 게양한 선박에 대하여 해상안전을 확보하기 위하여 필요한 조치로서 특히 다음 사항에 관한 조치를 취한다.

(a) 선박의 건조, 장비 및 감항성

(b) 적용가능한 국제문서를 고려한 선박의 인원배치, 선원의 근로조건 및 훈련

(c) 신호의 사용, 통신의 유지 및 충돌의 방지

4. 이러한 조치는 다음을 보장하기 위하여 필요한 사항을 포함한다.

(a) 각 선박은 등록 전과 등록 후 적당한 기간마다 자격 있는 선박검사원에 의한 검사를 받아야 하며, 선박의 안전항행에 적합한 해도·항행간행물과 항행장비 및 항행도구를 선상에 보유한다.

(b) 각 선박은 적합한 자격, 특히 선박조종술·항행·통신·선박공학에 관한 적합한 자격을 가지고 있는 선장과 사관의 책임 아래 있고, 선원은 그 자격과 인원수가 선박의 형태·크기·기관 및 장비에 비추어 적합하여야 한다.

(c) 선장·사관 및 적합한 범위의 선원은 해상에서의 인명안전, 충돌의 방지, 해양오염의 방지·경감·통제 및 무선통신의 유지와 관련하여 적용가능한 국제규칙에 완전히 정통하고 또한 이를 준수한다.

5. 제3항과 제4항에서 요구되는 조치를 취함에 있어서, 각국은 일반적으로 수락된 국제적인 규제조치, 절차 및 관행을 따르고, 이를 준수하기 위하여 필요한 조치를 취한다.

6. 선박에 관한 적절한 관할권이나 통제가 행하여지지 않았다고 믿을 만한 충분한 근거를 가지고 있는 국가는 기국에 그러한 사실을 통보할 수 있다. 기국은 이러한 통보를 접수한 즉시 그 사실을 조사하고, 적절한 경우, 상황을 개선하기 위하여 필요한 조치를 취한다.

7. 각국은 다른 국가의 국민에 대한 인명손실이나 중대한 상해, 다른 국가의 선박이나 시설, 또는 해양환경에 대한 중대한 손해를 일으킨 공해상의 해난이나 항행사고에 관하여 자국기를 게양한 선박이 관계되는 모든 경우, 적절한 자격을 갖춘 사람에 의하여 또는 그 입회 아래 조사가 실시되도록 한다. 기국 및 다른 관련국은 이러한 해난이나 항행사고에 관한 그 다른 관련국의 조사실시에 서로 협력한다.

제95조【공해상 군함의 면제】
공해에 있는 군함은 기국 외의 어떠한 국가의 관할권으로부터도 완전히 면제(complete immunity)된다.

제96조【정부의 비상업적 업무에만 사용되는 선박의 면제】
국가가 소유하거나 운용하는 선박으로서 정부의 비상업적 업무에만 사용되는 선박은 공해에서 기국 외의 어떠한 국가의 관할권으로부터도 완전히 면제된다.

제97조【충돌 또는 그 밖의 항행사고에 관한 형사관할권】
1. 공해에서 발생한 선박의 충돌 또는 선박에 관련된 그 밖의 항행사고로 인하여 선장 또는 그 선박에서 근무하는 그 밖의 사람의 형사책임이나 징계책임이 발생하는 경우, 관련자에 대한 형사 또는 징계절차는 그 선박의 기국이나 그 관련자의 국적국의 사법 또는 행정당국 외에서는 제기될 수 없다.

2. 징계문제와 관련, 선장증명서, 자격증 또는 면허증을 발급한 국가만이 적법절차를 거친 후, 이러한 증명서의 소지자가 자국국민이 아니더라도, 이러한 증명서를 무효화할 권한이 있다.

3. 선박의 나포나 억류는 비록 조사를 위한 조치이더라도 기국이 아닌 국가의 당국은 이를 명령할 수 없다.

제98조【지원제공의무】 1. 모든 국가(every State)는 자국국기를 게양한 선박의 선장에 대하여 선박·선원 또는 승객에 대한 중대한 위험이 없는 한 다음 사항을 행하도록 요구한다.
(a) 바다에서 발견된 실종위험이 있는 사람에 대한 지원제공
(b) 지원할 필요가 있다고 통보받은 경우 선장이 그러한 행동을 하리라고 합리적으로 기대되는 한도 내에서 가능한 전속력 항진하여 조난자를 구조하는 것
(c) 충돌 후 상대선박·선원·승객에 대한 지원제공 및 가능한 경우 자기선박의 명칭·등록항 그리고 가장 가까운 기항예정지를 상대선박에 통보
2. 모든 연안국(every coastal State)은 해상안전에 관한 적절하고도 실효적인 수색·구조기관의 설치·운영 및 유지를 촉진시키고, 필요한 경우 이를 위하여 지역약정의 형태로 인접국과 서로 협력한다.

제99조【노예수송금지】 모든 국가(every State)는 자국기 계양이 허가된 선박에 의한 노예수송을 방지하고 처벌하며 자국기가 그러한 목적으로 불법사용되는 것을 방지하기 위하여 실효적인 조치를 취한다. 선박에 피난한 노예는 그 선박의 기국이 어느 나라이건 피난사실 자체로서 자유이다.

제100조【해적행위 진압을 위한 협력의무】 모든 국가(all States)는 공해나 국가 관할권 밖의 어떠한 곳에서라도 해적행위를 진압하는 데 최대한 협력한다.

제101조【해적행위의 정의】 해적행위(piracy)라 함은 다음 행위를 말한다.
(a) 민간선박 또는 민간항공기의 승무원이나 승객이 사적 목적 (private ends)으로 다음에 대하여 범하는 불법적 폭력행위, 억류 또는 약탈 행위
(i) 공해상의 다른 선박이나 항공기 또는 그 선박이나 항공기내의 사람이나 재산
(ii) 국가 관할권에 속하지 아니하는 곳에 있는(in a place outside the jurisdiction of any State) 선박·항공기·사람이나 재산
(b) 어느 선박 또는 항공기가 해적선 또는 해적항공기가 되는 활동을 하고 있다는 사실을 알고서도 자발적으로 그러한 활동에 참여하는 모든 행위
(c) (a)와 (b)에 규정된 행위를 교사하거나 고의적으로 방조하는 모든 행위

제102조【승무원이 반란을 일으킨 군함·정부선박·정부항공기에 의한 해적행위】 승무원이 반란을 일으켜 그 지배하에 있는 군함·정부선박·정부항공기가 제101조에 정의된 해적행위를 하는 경우, 그러한 행위는 민간선박 또는 민간항공기에 의한 행위로 본다.

제103조【해적선·해적항공기의 정의】 선박 또는 항공기를 실효적으로 통제하고 있는 자가 제101조에 언급된 어느 한 행위를 목적으로 그 선박이나 항공기를 사용하려는 경우, 그 선박 또는 항공기는 해적선이나 해적항공기로 본다. 선박이나 항공기가 이러한 행위를 위하여 사용된 경우로서 그 선박이나 항공기가 그러한 행위에 대해 책임있는 자의 지배하에 있는 한 또한 같다.

제104조【해적선·해적항공기의 국적 보유 또는 상실】 선박 또는 항공기가 해적선 또는 해적항공기가 된 경우에도 그 국적을 보유할 수 있다. 국적의 보유나 상실은

그 국적을 부여한 국가의 법률에 의하여 결정된다.

제105조 【해적선·해적항공기의 나포】 모든 국가는 공해 또는 국가 관할권 밖의 어떠한 곳에서라도, 해적선·해적항공기 또는 해적행위에 의하여 탈취되어 해적의 지배하에 있는 선박·항공기를 나포(seize)하고, 그 선박과 항공기 내에 있는 사람을 체포(arrest)하고, 재산을 압수(seize)할 수 있다. 나포를 행한 국가의 법원은 부과될 형벌을 결정하며, 선의의 제3자의 권리를 존중할 것을 조건으로 그 선박·항공기 또는 재산에 대하여 취할 조치를 결정할 수 있다.

제106조 【충분한 근거없는 나포에 따르는 책임】 해적행위의 혐의가 있는 선박이나 항공기의 나포가 충분한 근거 없이(without adequate grounds) 행하여진 경우, 나포를 행한 국가는 그 선박이나 항공기의 국적국에 대하여 나포로 인하여 발생한 손실(loss) 또는 손해(damage)에 대한 책임을 진다.

제107조 【해적행위를 이유로 나포할 권한이 있는 선박과 항공기】 해적행위를 이유로 한 나포는 군함(warships)·군용항공기(military aircraft) 또는 정부업무를 수행 중인 것으로(as being on government service) 명백히 표시되고(clearly marked) 식별이 가능하며(identifiable) 그러한 권한이 부여된(authorized to that effect) 그 밖의 선박이나 항공기만이 행할 수 있다.

제108조 【마약이나 향정신성물질의 불법거래】 1. 모든 국가(all States)는 공해에서 선박에 의하여 국제협약을 위반하여 행하여지는 마약과 향정신성물질의 불법거래를 진압하기 위하여 협력한다.

2. 자국기를 게양한 선박이 마약이나 향정신성물질의 불법거래에 종사하고 있다고 믿을 만한 합리적인 근거를 가지고 있는 국가는 다른 국가에 대하여 이러한 거래의 진압을 위한 협력을 요청할 수 있다.

제109조 【공해로부터의 무허가방송】 1. 모든 국가(all States)는 공해로부터의 무허가방송을 진압하는 데 협력한다.

2. 이 협약에서 "무허가방송"이라 함은 국제규정을 위배하여 일반대중의 수신을 목적으로 공해상의 선박이나 시설로부터 음성무선방송이나 텔레비전방송을 송신함을 말한다. 다만, 조난신호의 송신은 제외한다.

3. 무허가방송에 종사하는 자는 다음 국가의 법원에 기소될 수 있다.
   (a) 선박의 기국
   (b) 시설의 등록국
   (c) 종사자의 국적국
   (d) 송신이 수신될 수 있는 국가
   (e) 허가된 무선통신이 방해받는 국가

4. 제3항에 따라 관할권을 가지는 국가는 무허가방송에 종사하는 사람이나 선박을 제110조의 규정에 따라 공해에서 체포하거나 나포하고 방송기기를 압수할 수 있다.

제110조 【임검권(right of visit)】 1. 제95조와 제96조에 따라 완전한 면제를 가지는 선박을 제외한 외국선박을 공해에서 만난 군함은 다음과 같은 혐의를 가지고 있다는 합리적 근거가 없는 한 그 선박을 임검하는 것은 정당화되지 아니한다. 다만, 간섭행위가 조약에 따라 부여된 권한에 의한 경우는 제외한다.

(a) 그 선박의 해적행위에의 종사
(b) 그 선박의 노예거래에의 종사
(c) 그 선박의 무허가방송에의 종사 및 군함 기국이 제109조에 따른 관할권 보유
(d) 무국적선
(e) 선박이 외국기를 게양하고 있거나 국기제시를 거절하였음에도 불구하고 실질적으로 군함과 같은 국적 보유(the ship is, in reality, of the same nationality as the warship)

2. 제1항에 규정된 경우에 있어서 군함은 그 선박이 그 국기를 게양할 권리를 가지는가를 확인할 수 있다. 이러한 목적을 위하여 군함은 혐의선박에 대하여 장교의 지휘 아래 보조선을 파견할 수 있다. 서류를 검열한 후에도 혐의가 남아있는 경우, 가능한 한 신중하게 그 선박 내에서 계속하여 검사를 진행할 수 있다.

3. 혐의가 근거없는 것으로 밝혀지고 또한 임검을 받은 선박이 그 혐의를 입증할 어떠한 행위도 행하지 아니한 경우에는 그 선박이 입은 모든 손실(loss)이나 피해(damage)에 대하여 보상을 받는다.

4. 이러한 규정은 군용항공기에 준용한다(apply *mutatis mutandis*).

5. 이러한 규정은 또한 정부 업무에 사용 중인 것으로 명백히 표시되어 식별이 가능하며 정당하게 권한이 부여된 그 밖의 모든 선박이나 항공기에도 적용한다.

제111조【추적권(right of hot pursuit)】

1. 외국선박에 대한 추적은 연안국의 권한 있는 당국이 그 선박이 자국의 법령을 위반한 것으로 믿을 만한 충분한 이유(good reason to believe)가 있을 때 행사할 수 있다. 이러한 추적은 외국선박이나 그 선박의 보조선이 추적국의 내수·군도수역·영해

또는 접속수역에 있을 때 시작되고(must be commenced) 또한 추적이 중단되지 아니한 경우에 한하여 영해나 접속수역 밖으로 계속될 수 있다. 영해나 접속수역에 있는 외국선박이 정선명령을 받았을 때 정선명령을 한 선박은 반드시 영해나 접속수역에 있어야 할 필요는 없다. 외국선박이 제33조에 정의된 접속수역에 있을 경우 추적은 그 수역을 설정함으로써 보호하려는 권리가 침해되는 경우에 한하여 행할 수 있다.

2. 추적권은 배타적 경제수역이나 대륙붕(대륙붕시설 주변의 안전수역 포함)에서 이 협약에 따라 배타적 경제수역이나 대륙붕(이러한 안전수역 포함)에 적용될 수 있는 연안국의 법령을 위반한 경우에 준용한다.

3. 추적권은 추적당하는 선박이 그 국적국 또는 제3국의 영해에 들어감과 동시에 소멸한다(ceases).

4. 추적당하는 선박이나 그 선박의 보조선이 또는 추적하는 선박을 모선으로 사용하면서 한 선단을 형성하여 활동하는 그 밖의 보조선이 영해의 한계 내에 있거나, 경우에 따라서는, 접속수역·배타적 경제수역 한계 내에 또는 대륙붕 상부에 있다는 사실을 추적선박이 이용 가능한 실제적인 방법으로(by such practical means as may be available) 확인하지 아니하는 한, 추적은 시작된 것으로 인정되지 아니한다. 추적은 시각이나 음향 정선신호(visual or auditory)가 외국선박이 보거나 들을 수 있는 거리에서 발신된 후 비로소 이를 시작할 수 있다.

5. 추적권은 군함·군용항공기 또는 정부업무에 사용 중인 것으로 명백히 표시되어 식별이 가능하며 그러한 권한이 부여된 그 밖의

선박이나 항공기에 의하여서만 행사될 수 있다.

6. 추적이 항공기에 의하여 행하여지는 경우

(a) 제1항부터 제4항까지의 규정을 준용한다.

(b) 정선명령을 한 항공기는 선박을 직접 나포할 수 있는 경우를 제외하고는 그 항공기가 요청한 연안국의 선박이나 다른 항공기가 도착하여 추적을 인수할 때까지 그 선박을 스스로 적극적으로 추적한다. 선박의 범법사실 또는 범법혐의가 항공기에 의하여 발견되었더라도, 그 항공기에 의하여 또는 중단없이 그 추적을 행한 다른 항공기나 선박에 의하여 정선명령을 받고 추적당하지 아니하는 한, 영해 밖에서의 나포를 정당화시킬 수 없다.

7. 어느 국가의 관할권 내에서 나포되어 권한 있는 당국의 심리를 받기 위하여 그 국가의 항구에 호송된 선박은 부득이한 사정에 의하여 그 항행 도중에 배타적 경제수역의 어느 한 부분이나 공해의 어느 한 부분을 통하여 호송되었다는 이유만으로 그 석방을 주장할 수 없다.

8. 추적권의 행사가 정당화되지 아니하는 상황에서 선박이 영해 밖에서 정지되거나 나포된 경우, 그 선박은 이로 인하여 받은 모든 손실이나 피해를 보상받는다.

제112조 【해저전선·관선의 부설권】 1. 모든 국가(all States)는 대륙붕 밖의 공해 해저에서 해저전선과 관선을 부설할 수 있다.

2. 제79조 제5항은 이러한 전선과 관선에 적용된다.

제113조 【해저전선·관선의 파괴 및 훼손】 모든 국가(every State)는 자국기를 게양한 선박이나 자국

의 관할권에 속하는 사람이 전신이나 전화통신을 차단하거나 방해할 우려가 있는 방법으로 공해 밑에 있는 해저전선을 고의나 과실로 파괴하거나 훼손하는 행위와 이와 유사한 방식으로 해저관선이나 고압전선을 파괴하거나 훼손하는 행위는 처벌가능한 범죄를 구성한다는 사실을 규정하기 위하여 필요한 법령을 제정한다. 또한 이조의 규정은 이러한 파괴 및 훼손을 기도하였거나 초래할 가능성이 있는 행위에도 적용한다. 다만, 이조의 규정은 이러한 파괴 및 훼손을 피하기 위하여 필요한 모든 예방조치를 취한 후 자신의 생명이나 선박을 구하기 위하여 오직 적법한 목적으로 행동한 사람에의하여 발생한 파괴 및 훼손에 대하여는 적용하지 아니한다.

제114조 【해저전선·관선 소유자에 의한 다른 해저전선·관선의 파괴 및 훼손】 모든 국가(every State)는 자국의 관할권에 속하는 사람으로서 공해 밑에 있는 해저전선이나 관선의 소유자가 전선이나 관선을 부설·수리 도중 다른 전선이나 관선을 파괴하거나 훼손한 경우, 수리비용을 부담하도록 규정하기 위하여 필요한 법령을 제정한다.

제115조 【해저전선·관선 훼손을 피하는 데 따르는 손실의 보상】 모든 국가(every State)는 선박의 소유자가 해저전선이나 관선의 훼손을 회피하기 위하여 닻, 어망또는 그 밖의 어구를 멸실하였음을 입증할 수 있을 때에는 그 선박소유자가 사전에 모든 합리적인 예방조치를 취하였음을 조건으로 하여 그 전선이나 관선의 소유자로부터 보상을 받을 수 있도록 보장하기 위하여 필요한 법령을 제정한다.

제2절 공해생물자원의 관리 및 보존

제116조【공해어업권】 모든 국가는 다음의 규정을 지킬 것을 조건으로 자국민이 공해에서 어업에 종사하도록 할 권리를 가진다.
(a) 자국의 조약상의 의무
(b) 특히 제63조 제2항과 제64조부터 제67조까지의 규정된 연안국의 권리, 의무 및 이익
(c) 이 절의 규정

제117조【자국민을 대상으로 공해생물자원 보존조치를 취할 국가의 의무】 모든 국가는 자국민을 대상으로 공해생물자원 보존에 필요한 조치를 취하거나, 그러한 조치를 취하기 위하여 다른 국가와 협력할 의무가 있다.

제118조【생물자원의 보존·관리를 위한 국가 간 협력】 모든 국가는 공해수역에서 생물자원의 보존·관리를 위하여 서로 협력한다. 동일한 생물자원이나 동일수역에서의 다른 생물자원을 이용하는 국민이 있는 모든 국가는 관련생물자원의 보존에 필요한 조치를 취하기 위한 교섭을 시작한다. 이를 위하여 적절한 경우 그 국가는 소지역 또는 지역어업기구를 설립하는 데 서로 협력한다.

제119조【공해생물자원 보존】
1. 공해생물자원의 허용어획량을 결정하고 그 밖의 보존조치를 수립함에 있어서 국가는 다음 사항을 행한다.
(a) 개발도상국의 특별한 요구를 포함한 환경적·경제적 관련요소에 따라 제한되고 어업형태·어족 간 서로 의존하고 있는 정도 및 소지역적·지역적 또는 지구적이거나에 관계없이 일반적으로 권고된 국제최저기준을 고려하여 최대지속 생산량을

실현시킬 수 있는 수준으로, 어획하는 어종의 자원량을 유지·회복하도록 관계국이 이용가능한 최선의 과학적 증거를 기초로 하여 계획된 조치를 취한다.
(b) 어획하는 어종과 관련되거나 이에 부수되는 어종의 자원량의 재생산이 뚜렷하게 위태롭게 되지 아니할 수준 이상으로 유지·회복시키기 위하여 연관어종이나 종속어종에 미치는 영향을 고려한다.
2. 이용가능한 과학적 정보, 어획량 및 어업활동 통계와 수산자원 보존에 관련된 그 밖의 자료는 적절한 경우 모든 관련국이 참여하는 가운데 권한 있는 소지역적·지역적 또는 지구적 국제기구를 통하여 정기적으로 제공되고 교환된다.
3. 관계국은 보존조치와 그 시행에 있어서 어떠한 국가의 어민에 대하여서도 형식상 또는 실질상의 차별이 없도록 보장한다.

제120조【해양포유동물】 제65조는 공해의 해양포유동물의 보존과 관리에도 적용한다.

제8부 섬제도

제121조【섬제도】 1. 섬이라 함은 바닷물로 둘러싸여 있으며, 밀물일 때에도 수면 위에 있는, 자연적으로 형성된 육지지역(naturally formed area of land)을 말한다.
2. 제3항에 규정된 경우를 제외하고는 섬의 영해, 접속수역, 배타적 경제수역 및 대륙붕은 다른 영토에 적용가능한 이 협약의 규정에 따라 결정한다.
3. 인간이 거주할 수 없거나 독자적인 경제활동을 유지할 수 없는 암석(rocks which cannot sustain human habitation or economic

life of their own)은 배타적 경제 수역이나 대륙붕을 가지지 아니 한다(shall have no exclusive economic zone or continental shelf).

제9부 폐쇄해·반폐쇄해 (enclosed or semi-enclosed seas)

제122조【정의】 이 협약에서 "폐쇄해 또는 반폐쇄해"라 함은 2개 국 이상에 의하여 둘러싸이고 좁은 출구에 의하여 다른 바다나 대양에 연결되거나, 또는 전체나 그 대부분이 2개국 이상 연안국의 영해와 배타적 경제수역으로 이루어진 만, 내만 또는 바다를 말한다.

제123조【폐쇄해·반폐쇄해 연안국 간 협력】 폐쇄해 또는 반폐쇄해 연안국은 이 협약에 따른 권리행사와 의무이행에 있어서 서로 협력한다. 이러한 목적을 위하여 이들 국가는 직접적으로 또는 적절한 지역기구를 통하여 다음을 위하여 노력한다.
(a) 해양생물자원의 관리·보존·탐사 및 이용 조정
(b) 해양환경보호·보전에 관한 권리의무 이행의 조정
(c) 과학조사정책의 조정 및 적절한 경우 해역에서의 공동과학 조사계획의 실시
(d) 이 조의 규정을 시행함에 있어서 적절한 경우 서로 협력하기 위한 다른 이해 관계국이나 국제기구의 초청

제10부 내륙국의 해양출입권과 통과의 자유

제124조【용어의 사용】 1. 이 협약에서,

(a) "내륙국"이라 함은 해안이 없는 국가를 말한다.
(b) "통과국"이라 함은 해안이 있고 없음에 관계없이 내륙국과 바다 사이에 위치하여 그 영토를 통하여 통과교통이 이루어지는 국가를 말한다.
(c) "통과교통"이라 함은 물건을 옮겨 싣거나, 창고에 넣거나, 짐을 분할하거나, 또는 운송방식을 바꾸거나 관계없이, 내륙국의 영토에서 시작하거나 끝나는 전체 운송과정의 한 부분으로서 1개국 이상의 통과국의 영토를 지나는 사람, 화물, 상품 및 운송수단의 통과를 말한다.
(d) "운송수단"이라 함은 다음을 말한다.
(i) 철도차량, 해양용·호수용·하천용 선박 및 육로차량
(ii) 현지사정에 따라서는 운반인이나 운반용 동물
2. 내륙국과 통과국은 상호 합의에 의하여 운송수단으로 관선·가스관 및 제1항에 포함된 것 이외의 다른 운송수단을 포함시킬 수 있다.

제125조【해양출입권과 통과의 자유】 1. 내륙국은 공해의 자유와 인류의 공동유산에 관한 권리를 비롯하여 이 협약에 규정된 권리를 행사하기 위한 해양출입권을 가진다. 이를 위하여 내륙국은 모든 수송수단에 의하여 통과국의 영토를 지나는 통과의 자유를 향유한다.
2. 통과의 자유를 행사하기 위한 조건과 방식은 내륙국과 관련 통과국 사이의 양자협정이나 소지역적·지역적 협정을 통하여 합의된다.
3. 통과국은 자국영토에 대한 완전한 주권을 행사함에 있어서 이부에서 내륙국을 위하여 규정된

권리와 편의가 어떠한 방법으로든 통과국의 적법한 이익을 침해하지 아니하도록 보장하기 위하여 필요한 모든 조치를 취할 권리를 가진다.

제126조【최혜국대우조항의 적용제외】 특수한 지리적 위치를 이유로 하여 내륙국의 권리와 편의를 설정하고 있는 이 협약의 규정과 해양출입권의 행사에 관한 특별협정은 최혜국대우조항의 적용으로부터 제외된다.

제127조【관세·조세와 그 밖의 부과금】 1. 통과교통에 대하여는 이와 관련하여 제공된 특별한 용역에 대하여 징수되는 부과금을 제외하고는 어떠한 관세·조세 또는 그 밖의 부과금도 징수되지 아니한다.
2. 내륙국을 위하여 제공되고 또한 내륙국에 의하여 사용되는 통과운송수단과 그 밖의 시설에 대하여서는 통과국의 운송수단의 사용에 따라 징수되는 것보다 높은 조세나 부과금이 징수되지 아니한다.

제128조【자유지역과 그 밖의 세관시설】 통과교통의 편의를 위하여 자유지역(free zones)이나 그 밖의 세관시설을 통과국과 내륙국 간 협정에 따라 그러한 통과국 내의 출입항에 설치할 수 있다.

제129조【운송수단의 건조·개선을 위한 협력】 통과국에 통과의 자유를 실행할 수 있는 운송수단이 없거나 항구시설과 장비를 비롯한 기존수단이 어느 면에서든 불충분한 경우, 통과국과 관련 내륙국은 이를 건조하고 개선하는 데 서로 협력할 수 있다.

제11부 심해저

제1절 총 칙

제133조【용어의 사용】 이 부에서,
(a) "자원"이라 함은 복합금속단괴를 비롯한 심해저의 해저나 해저 아래에 있는 자연상태의 모든 고체성, 액체성 또는 기체성 광물자원을 말한다.
(b) 자원이 심해저로부터 채취된 경우 이를 "광물"이라 한다.

제134조【적용범위】
1. 이 부는 심해저에 적용된다.
2. 심해저활동은 이 부의 규정에 의하여 규율된다.
3. 제1조 제1항 (1)에 언급된 한계를 표시하는 해도나 지리적 좌표목록의 기탁과 공표에 관한 요건은 제6부에 규정한다.
4. 이 조의 규정은 제6부에 따른 대륙붕의 바깥한계 설정이나 해안을 마주하거나 해안이 인접한 국가간의 경계획정에 관한 협정의 효력에 영향을 미치지 아니한다.

제135조【상부수역과 상공의 법적지위】 이 부 또는 이 부에 따라 부여되거나 행사되는 어떠한 권리도 심해저 상부수역이나 상공의 법적지위에 영향을 미치지 아니한다.

제2절 심해저를 규율하는 원칙

제136조【인류의 공동유산】 심해저와 그 자원은 인류의 공동유산이다.

제137조【심해저와 그 자원의 법적지위】 1. 어떠한 국가도 심해저나 그 자원의 어떠한 부분에 대하여 주권이나 주권적 권리를 주장하거나 행사할 수 없으며, 어떠한 국가·자연인·법인도 이를 자신의 것으로 독점할 수 없다. 이와 같은 주권, 주권적 권리의

주장·행사 또는 독점은 인정되지 아니한다.
2. 심해저 자원에 대한 모든 권리는 인류 전체(mankind as a whole)에게 부여된 것이며, 해저기구는 인류 전체를 위하여 활동한다. 이러한 자원은 양도의 대상이 될 수 없다. 다만, 심해저로부터 채취된 광물은 이 부와 해저기구의 규칙, 규정 및 절차에 의하여서만 양도할 수 있다.
3. 국가, 자연인 또는 법인은 *이 부에 의하지 아니하고는* 심해저로부터 채취된 광물에 대하여 권리를 주장, 취득 또는 행사할 수 없다. 이 부에 의하지 아니한 권리의 주장, 취득 및 행사는 인정되지 아니한다.

제138조 【심해저에 관한 국가의 일반적 행위】 심해저에 관한 국가의 일반적 행위는 이 부의 규정, 국제연합헌장에 구현된 원칙 및 그 밖의 국제법 규칙에 따라 평화와 안전의 유지 및 국제협력과 상호이해의 증진을 위하여 수행되어야 한다.

제139조 【협약준수의무 및 손해배상책임】 1. 당사국은 당사국이나 국영기업에 의하여 수행되거나, 당사국의 국적을 가지거나 당사국 또는 그 국민에 의하여 실효적으로 지배되는 자연인 또는 법인에 의하여 수행되는 심해저활동이 이 부에 따라 수행되도록 보장할 의무를 진다. 국제기구가 수행하는 심해저활동에 있어서는 그 국제기구가 동일한 의무를 진다.
2. 국제법의 규칙과 제3부속서 제22조를 침해하지 아니하고, 당사국이나 국제기구는 이 부에 따른 의무를 이행하지 아니함으로써 발생한 손해에 대한 책임을 지며, 이와 함께 활동하는 당사국이나 국제기구는 연대책임 및 개별

책임을 진다. 다만, 당사국이 제153조 제4항과 제3부속서 제4조 제4항의 규정에 따라 실효적인 준수를 보장하기 위하여 필요하고 적절한 모든 조치를 취한 경우에는, 그 당사국이 제153조 제2항 (b)의 규정에 따라 보증한 자가 이 부의 규정을 준수하지 아니하여 발생한 손해에 대하여는 책임을 지지 아니한다.
3. 국제기구의 회원국인 당사국은 그 국제기구와 관련하여 이 조의 이행을 보장하기 위한 적절한 조치를 취한다.

제140조 【인류의 이익】 1. 심해저활동은 이 부에 특별히 규정된 바와 같이 연안국이나 내륙국 등 국가의 지리적 위치에 관계없이 인류전체의 이익을 위하여 수행하며, 개발도상국의 이익과 필요 및 국제연합총회 결의 제1514(XV)호와 그 밖의 국제연합총회의 관련 결의에 따라 국제연합에 의하여 승인된 완전독립 또는 그 밖의 자치적 지위를 획득하지 못한 주민의 이익과 필요를 특별히 고려한다.
2. 해저기구(the Authority)는 심해저활동으로부터 나오는 재정적 이익과 그 밖의 경제적 이익이 제160조 제2항 (f), (i)의 규정에 따라 적절한 제도를 통하여 차별없이 공평하게 배분되도록 한다.

제141조 【심해저의 평화적 이용】 심해저는 연안국이거나 내륙국이거나 관계없이 모든 국가가 차별없이, 이 부의 다른 규정을 침해하지 아니하고, 오로지 평화적 목적을 위하여 이용하도록 개방된다.

제142조 【연안국의 권리와 적법한 이익】 1. 국가관할권 한계에 걸쳐 존재하는 심해저 자원의 광상에 대한 심해저활동은 이러한 광상

이 그 관할권에 걸쳐 존재하는 모든 연안국의 권리와 정당한 이익을 적절히 고려하여 수행된다.

2. 이러한 권리와 이익의 침해를 방지하기 위하여 관련국 사이에 사전통고제도를 포함한 협의를 유지한다. 심해저활동이 국가관할권 내에 있는 자원의 개발을 초래할 경우에는 관련 연안국의 사전동의를 필요로 한다.

3. 이 부 및 이 부에 따라 부여되거나 행사되는 어떠한 권리도 심해저활동으로부터 초래되거나 야기되는 오염이나 오염발생의 위험, 그 밖의 위험한 사태로부터 자국의 연안이나 관련 이익에 대한 중대하고도 급박한 위험을 방지, 경감 및 제거하기 위하여 제12부의 관련규정에 따라 필요한 조치를 취할 연안국의 권리에 영향을 미치지 아니한다.

제143조 【해양과학조사】 1. 심해저에서의 해양과학조사는 제13부에 따라 오로지 평화적 목적과 인류전체의 이익을 위하여 수행된다.

2. 해저기구는 심해저와 그 자원에 관한 해양과학조사를 수행할 수 있고 이 목적을 위한 계약을 체결할 수 있다. 해저기구는 심해저에서 해양과학조사의 수행을 증진하고 장려하며, 이용가능한 경우 이러한 조사와 분석의 결과를 조정하고 보급한다.

3. 당사국은 심해저에서 해양과학조사를 수행할 수 있다. 당사국은 아래 방법에 따라 심해저에서의 해양과학조사를 위한 국제협력을 증진한다.

(a) 국제계획 참여 및 여러 국가와 해저기구 직원에 의하여 수행되는 해양과학조사를 위한 협력의 장려

(b) 다음의 목적을 위하여 해저기구 또는 그 밖의 적절한 국제기구를 통하여 개발도상국과 기술후진국의 이익을 위한 계획이 개발되도록 보장

(i) 이러한 국가의 조사능력 강화

(ii) 조사기술과 응용분야에 있어서 이러한 국가와 해저기구 직원의 훈련

(iii) 심해저조사분야에 있어서 이러한 국가의 자격있는 인원의 고용 촉진

(c) 해저기구나 그 밖의 국제경로를 통하여 적절한 시기에 이용가능한 조사·분석결과를 효과적으로 보급

제144조 【기술이전】 1. 해저기구는 이 협약에 따라 다음을 위한 조치를 취한다.

(a) 심해저활동과 관련된 기술과 과학지식 획득

(b) 모든 당사국이 이익을 얻도록 개발도상국에 대한 그러한 기술과 과학지식의 이전의 증진 및 장려

2. 이러한 목적을 위하여 해저기구와 당사국은 심해저공사(the Enterprise)와 모든 당사국이 이익을 얻도록 심해저활동과 관련된 기술과 과학지식의 이전을 증진하기 위하여 상호 협력한다. 특히 다음 사항을 제안하고 증진한다.

(a) 심해저공사와 개발도상국에 대한 심해저활동 관련 기술의 전계획(특히 심해저공사와 개발도상국이 공평하고 합리적인 조건 아래 관련 기술을 획득할 수 있도록 돕는 것을 포함)

(b) 심해저공사의 기술과 개발도상국의 국내기술 향상을 목적으로 한 조치(특히 심해저공사와 개발도상국의 인원에 대하여 해양과학기술에 관한 훈련과 심해저활동에 전면적으로 참여하는 기회 제공)

제145조【해양환경보호】 심해저 활동에 따라 초래될 수 있는 해로운 영향으로부터 해양환경을 효과적으로 보호하기 위하여 이 협약에 따라 심해저활동에 관하여 필요한 조치를 취한다. 이를 위하여 해저기구는 특히 다음의 목적을 위한 적절한 규칙, 규정 및 절차를 채택한다.

(a) 해안을 포함한 해양환경에 대한 오염과 그 밖의 위험 및 해양환경의 생태학적 균형에 대한 영향의 방지·경감 및 통제(시추·준설·굴착 및 폐기물투기, 이러한 활동에 관련된 시설, 관선과 그 밖의 장비의 건설·운용·유지와 같은 활동에 의한 해로운 영향으로부터 해양을 보호할 필요성에 특별히 유의함)

(b) 심해저 천연자원의 보호, 보존 및 해양환경의 동식물군에 대한 피해 방지

제146조【인명보호】 심해저활동과 관련하여 인명을 효과적으로 보호하기 위하여 필요한 조치를 취한다. 이를 위하여 해저기구는 관련 조약에 구현된 기존 국제법을 보충할 적절한 규칙, 규정 및 절차를 채택한다.

제147조【심해저와 해양환경에서의 활동조정】 1. 심해저활동은 해양환경에서의 다른 활동을 합리적으로 고려하여 수행된다.

2. 심해저활동에 사용되는 시설은 다음의 조건을 충족하여야 한다.

(a) 이러한 시설은 이 부의 규정과 해저기구의 규칙, 규정 및 절차에 따라서만 건조·설치·제거되며, 이러한 시설의 건조·설치·제거는 적절하게 통지되고, 또한 그 존재에 관한 항구적 경고수단이 유지되어야 한다.

(b) 이러한 시설은 국제항행에 필수적인 것으로 인정된 항로대의 사용을 방해할 수 있는 해역이나 어로활동이 집중되는 해역에는 설치할 수 없다.

(c) 이러한 시설 주위에는 항행과 설비의 안전을 보장하기 위하여 적절한 표지를 갖춘 안전수역을 설정한다. 이러한 안전수역의 형태와 위치는 특정 해역으로 향하는 합법적인 해운이나 국제항로대를 통한 항행을 방해하는 띠를 형성하는 방식으로 설정될 수 없다.

(d) 이러한 시설은 오로지 평화적 목적을 위하여 사용된다.

(e) 이러한 시설은 섬의 지위를 가지지 아니한다. 이러한 시설은 자체의 영해를 가지지 아니하며, 그 존재가 영해·배타적경제수역 또는 대륙붕의 경계획정에 영향을 미치지 아니한다.

3. 해양환경에서의 다른 활동은 심해저활동을 합리적으로 고려하여 수행된다.

제148조【개발도상국의 심해저활동 참여】 개발도상국의 특수한 이익과 필요, 특히 개발도상국 중 내륙국이나 지리적불리국이 심해저로부터의 원격성 또는 접근의 어려움 등 불리한 위치로 인한 장애를 극복하여야 하는 특별한 필요를 적절히 고려하여, 이 부에서 특별히 정한 바에 따라 개발도상국이 심해저활동에 효과적으로 참여하도록 조장한다.

제149조【고고학적·역사적 유물】 심해저에서 발견된 고고학적·역사적 성격을 가진 모든 물건은 인류전체의 이익을 위하여 보존하거나 처분하며, 특히, 기원국, 문화적 기원국 또는 역사적·고고학적 기원국의 우선적 권리를 특별히 고려한다.

제3절 심해저자원 개발

제150조【심해저활동 관련 정책】

심해저활동은 이 부에 특별히 규정된 바에 따라 <u>세계경제의 건전한 발전과 국제무역의 균형된 성장</u>을 촉진하고, 모든 국가, 특히 개발도상국의 전반적인 발전을 위한 국제협력을 촉진하는 방식으로 다음이 보장되도록 수행된다.

(a) 심해저자원 개발

(b) 심해저자원의 질서있고 안전하고 합리적인 관리(심해저활동의 능률적 수행, 건전한 보존원칙의 준수 및 불필요한 낭비의 방지 포함)

(c) 특히 제144조와 제148조의 규정에 부합되게 심해저활동 참여 기회 확대

(d) 이 협약에 규정된 해저기구의 수익 참여와 심해저공사와 개발도상국에 대한 기술이전

(e) 이러한 광물의 소비자에 대한 공급을 보장하기 위하여 다른 곳에서 생산된 광물과 관련하여 필요한 심해저 생산광물의 공급증대

(f) 심해저와 다른 곳으로부터 생산된 광물이 생산자에게 수익성이 있고 소비자에게 공정한 적정하고 안정된 가격을 유지하도록 조장하고 수요공급의 장기적 균형을 조장

(g) 사회적·경제적 체제나 지리적 위치에 관계없이 모든 당사국이 심해저자원의 개발에 참여할 수 있는 기회의 증대 및 심해저활동 독점의 방지

(h) 심해저 활동에 의하여 가격하락이나 수출량 감소로 인하여 개발도상국의 경제나 수출소득에 초래되는 부정적 영향으로부터 개발도상국을 보호(그러한 광물가격 하락이나 수출량 감소가 제151조에 규정된 바에 따라 수행된 심해저활동에 의하여 초래된 범위 내에서)

(i) 인류전체의 이익을 위한 공동유산 개발

(j) 심해저자원으로부터 생산된 광물과 이러한 광물로부터 생산된 상품의 수입을 위한 시장접근조건은 다른 곳으로부터의 수입에 적용되는 최혜조건보다 더 유리하지 아니하여야 한다.

제151조【생산정책】

1. <이행협정에 의하여 삭제>

(a) 제150조에 규정된 목적을 침해하지 아니하고 제150조 (h)를 이행하기 위하여, 해저기구는 생산자와 소비자를 포함한 모든 이해당사자가 참여하는 기존회의를 통하여 또는 적절한 경우 새로운 약정이나 협정을 통하여 활동함으로써 심해저에서 나오는 광물로부터 생산된 상품 시장의 성장·효율성 및 안정성이 생산자에게 수익성이 있고 소비자에게 공정한 가격에서 유지되도록 조장하기 위하여 필요한 조치를 취한다. 모든 당사국은 이러한 목적을 위하여 서로 협력한다.

(b) 해저기구는 이러한 상품을 다루고 생산자와 소비자를 비롯한 모든 이해당사자가 참여하는 모든 상품회의에 참여할 권리를 가진다. 해저기구는 이러한 회의로부터 도출되는 모든 약정이나 협정의 당사자가 될 권리를 가진다. 이러한 약정이나 협정에 따라 설립되는 모든 기관에 대한 해저기구의 참여는 심해저에서의 생산에 관한 것이어야 하며 그 기관의 관련 규칙에 따른다.

(c) 해저기구는, 심해저에서의 모든 관련 광물의 생산에 관한 통일적이고 차별없는 시행을 보장

하는 방식으로, 이 항에 언급된 약정이나 협정에 따른 의무를 이행한다. 이와 같이 함에 있어서 해저기구는 심해저공사의 기존약정 및 승인된 사업계획의 조건과 합치되는 방식으로 행동한다.

2. <이행협정에 의하여 삭제>

(a) 제3항에 명시된 잠정기간 동안 상업생산은 조업자가 신청하고 해저기구에 의하여 생산인가가 발급될 때까지, 승인된 사업계획에 따라 수행되지 아니한다. 이러한 생산인가는 개발사업의 성격과 시기를 고려하여 해저기구의 규칙, 규정 및 절차가 다른 기간을 규정하지 아니하는 한, 사업계획에 따른 상업생산의 개시시점 보다 5년 이전에 신청되거나 발급될 수 없다.

(b) 생산인가의 신청에 있어서 조업자는 승인된 사업계획서상 연간 채취예상 니켈량을 명시한다. 신청서에는 조업자가 인가를 받은 후 지출할 경비계획서가 포함되어야 하며, 그 경비는 조업자가 계획된 날짜에 상업생산을 시작할 수 있도록 합리적으로 계산된다.

(c) (a)와 (b)의 목적을 위하여 해저기구는 제3부속서 제17조에 따른 적절한 이행요건을 설정한다.

(d) 해저기구는 잠정기간 중 생산이 계획되어 있는 각 연도에 있어서 신청된 생산수준과 이미 인가된 수준의 합계가 인가발급연도에 제4항에 따라 계산된 니켈 생산량 한도를 넘지 아니하는 한, 신청된 생산수준에 대한 생산인가를 발급한다.

(e) 생산인가가 발급된 경우, 생산인가와 승인된 신청은 승인된 사업계획의 일부가 된다.

(f) 조업자의 생산인가 신청이 (d)에 따라 거부된 경우, 조업자는 언제라도 해저기구에 다시 신청할 수 있다.

3. <이행협정에 의하여 삭제>

잠정기간은 승인된 사업계획서상 최초의 상업생산이 시작될 것으로 계획된 연도 1월 1일의 5년 전에 개시된다. 최초의 상업생산이 원래 계획연도 이후로 연기되는 경우, 잠정기간의 시작과 원래 계산된 생산년도는 이에 따라 조정된다. 잠정기간은 25년이 되는 시점, 제155조에 언급된 재검토회의의 종료 시점, 또는 제1항에 언급된 새로운 약정이나 협정이 발효되는 시점 중에서 가장 빠른 시점까지 계속된다. 이러한 약정이나 협정이 소멸하거나 어떠한 이유로든 효력을 상실하는 경우, 해저기구는 잠정기간의 남은 기간 동안 이 조에 규정된 권한을 갖는다.

4. <이행협정에 의하여 삭제>

(a) 잠정기간의 각 연도의 생산한도는 다음의 합계로 한다.

(ⅰ) (b)의 규정에 따라 계산된, 최초상업 생산연도의 직전년도와 잠정기간 개시 직전년도의 니켈소비량에 대한 추세치 차이

(ⅱ) (b)의 규정에 따라 계산된, 생산인가가 신청된 연도와 최초 상업생산연도 직전년도의 니켈소비량에 대한 추세치의 차이의 60퍼센트

(b) (a)는 다음과 같이 적용한다.

(ⅰ) 니켈생산한도를 계산하는데 사용되는 추세치는 생산인가 발급연도에 계산된 추세선상의 연간 니켈소비량으로 한다. 추세선은 시간을 독립변수로 하여 자료를 구할 수 있는 최근 15년간의 실제 니켈

소비량에 관한 선형대수 회귀선으로부터 도출된다. 이 추세선을 원추세선이라고 한다.

(ii) 원추세선의 연 증가율이 3퍼센트 미만인 경우, (a)에 규정된 생산량의 결정에 사용된 추세선은 원추세선상의 최근 15년간의 최초년도값을 지나서 매년 3퍼센트씩 증가하는 추세선으로 대신한다. 다만, 잠정기간 중 어떠한 연도에 대하여 설정된 생산연도는 어떠한 경우에도 그 해의 원추세치와 잠정기간 시작 직전년도의 원추세치의 차이를 넘지 아니한다.

5. <이행협정에 의하여 삭제> 심해저공사의 최초생산을 위하여 해저기구는 제4항에 따라 계산된 이용가능한 생산한도 중에서 심해저공사에 38,000톤의 니켈을 유보한다.

6. <이행협정에 의하여 삭제>

(a) 조업자는 생산총량이 생산인가에 명시된 양을 넘지 아니하는 경우에는 어느 해의 생산인가에 명시된 복합금속단괴로부터 광물의 연간생산수준의 8퍼센트까지 초과하여 생산할 수 있다. 어느 해에 8퍼센트 이상 20퍼센트 이하인 생산초과, 또는 생산초과가 2년 연속된 후 직후년도와 그 후 계속되는 연도의 생산초과는 해저기구와 협의되고, 해저기구는 조업자에게 추가생산에 관한 보충생산인가를 획득하도록 요구할 수 있다.

(b) 이러한 보충생산 인가신청은 아직 생산인가를 얻지 못한 조업자에 의한 모든 계류된 신청이 처리되고, 예상되는 다른 신청자에 대하여 적절히 고려한 후 해저기구에 의하여 심사된다. 해저기구는 잠정기간의 어떠한 연도의 생산한도에 따라 허용된 총생산량을 넘지 아니한다는 원칙에 따른다. 해저기구는 어떠한 사업계획 아래에서도 연간 46,500톤을 넘게 니켈생산을 인가할 수 없다.

7. <이행협정에 의하여 삭제> 생산인가에 따라 채취된 복합금속단괴로부터 추출된 구리, 코발트 및 망간 등 그 밖의 광물 생산수준은 조업자가 이 조의 규정에 따라 그 단괴로부터 니켈을 최대한 생산할 경우에 생산될 수준보다 높지 아니하여야 한다. 해저기구는 이 항을 이행하기 위하여 제3부속서 제17조에 따라 규칙, 규정 및 절차를 제정한다.

8. 불공정한 경제적 관행에 관한 관련 다자무역 협정상의 권리와 의무는 심해저 광물의 탐사와 개발에 적용된다. 이 규정에 관하여 발생하는 분쟁의 해결에 있어서 그러한 다자무역협정의 당사자인 당사국은 그러한 협정의 분쟁해결절차에 따른다.

9. <이행협정에 의하여 삭제> 해저기구는 제161조 제8항에 따른 규칙을 채택함으로써 적절한 조건하에서 적절한 방법을 적용하여, 복합금속단괴로부터 생산되는 광물 이외에 심해저로부터 생산되는 광물의 생산수준을 제한할 권한을 가진다.

10. 경제기획위원회의 권고를 기초로 한 이사회의 권고에 따라 총회는 영향받은 광물의 가격하락 또는 수출량감소로 인하여 수출소득이나 경제에 심각한 부정적 영향을 받은 개발도상국을 그러한 가격하락과 수출량감소가 심해저활동에 의하여 야기된 한도 내에서 원조하기 위하여 보상제도를 수립하거나 전문기구와 다른 국제기구와의 협력을 비롯한

경제조정 지원조치를 취한다. 해저기구는 요청이 있는 경우, 가장 중대한 영향을 받을 것으로 예상되는 국가들의 문제에 관하여 그 곤란을 최소화하고 그 국가의 경제조정을 지원하기 위한 연구를 추진한다.

제152조【해저기구의 권한행사와 임무수행】 1. 해저기구는 심해저활동에 관한 기회의 제공을 비롯한 그 권한의 행사와 임무의 수행에 있어서 차별을 피한다.

2. 그러나, 이 부에 특별히 규정된 개발도상국에 대한 특별한 고려(개발도상국 중 내륙국과 지리적불리국에 대한 특별고려 포함)는 허용된다.

제153조【탐사·개발제도】 1. 심해저활동은 이 조의 규정, 이 부의 그 밖의 관련규정, 관련 부속서와 해저기구의 규칙·규정 및 절차에 따라 해저기구에 의하여 인류전체를 위하여 조직·수행·통제된다.

2. <u>심해저활동</u>은 제3항의 규정에 따라 다음의 <u>주체</u>에 의하여 수행된다.

(a) <u>심해저공사</u>

(b) 해저기구와 제휴한 <u>당사국 또는 당사국이 보증하는 경우 (when sponsored by such States)</u> 당사국의 국적을 가지거나 당사국이나 그 국민에 의하여 <u>실효적으로 지배되는 국영기업·자연인·법인</u> 또는 제3부속서와 이 부에 규정된 요건을 충족하는 앞의 주체의 <u>모든 집합체</u>

3. 심해저활동은 제3부속서에 따라 작성되고 법률·기술위원회에 의하여 검토된 후 이사회가 승인한 공식 서면사업계획에 따라 수행된다. 해저기구가 인가한 바에 따라 제2항 (b)의 규정에 명시된

주체에 의하여 수행되는 심해저활동의 경우, 사업계획은 제3부속서 제3조에 따른 계약의 형태를 취한다. 이러한 계약에는 제3부속서 제11조의 규정에 따라 공동약정이 포함될 수 있다. <이행협정부속서 제2절 4항 참조>

4. 해저기구는 이 부의 관련규정, 관련 부속서 및 해저기구의 규칙, 규정 및 절차와 제3항에 따라 승인된 사업계획의 준수를 보장하는데 필요한 심해저활동에 대한 통제를 한다. 당사국은 제139조에 따른 준수를 보장하기 위하여 필요한 모든 조치를 취함으로써 해저기구를 지원한다.

5. 해저기구는 이 부의 규정의 준수를 보장하고 이 부 또는 계약에 따라 해저기구에 부여된 통제와 규제기능을 수행하기 위하여 언제라도 이 부에 규정된 모든 조치를 취할 권리를 가진다. 해저기구는 심해저활동과 관련하여 사용되는 모든 심해저 시설을 검사할 권리를 가진다.

6. 제3항에 따른 계약은 계약기간에 대한 보장을 규정한다. 이러한 계약은 제3부속서 제18조와 제19조에 의한 경우를 제외하고는 개정, 정지 또는 종료되지 아니한다.

제154조【정기적 재검토】 총회는 이 협약이 발효한 후 5년마다 이 협약에 의하여 수립된 국제심해저제도의 실제 운영상황에 대하여 전반적이고 조직적인 재검토를 한다. 이러한 재검토에 비추어 총회는 이 부 및 이 부와 관련된 부속서의 규정과 절차에 따라서 제도운용의 개선을 가져올 조치를 취하거나 다른 기관이 그러한 조치를 취하도록 권고할 수 있다.

제155조【재검토회의】 1. <이행협정에 의하여 삭제> 승인된 사업

계획에 따른 최초의 상업생산이 시작된 연도의 1월 1일로부터 15년 후에 총회는 심해저자원의 탐사·개발제도를 규율하는 이 부 및 관련 부속서의 규정을 재검토하기 위한 회의를 소집한다. 재검토회의는 그 기간 중 얻어진 경험에 비추어 다음을 상세히 검토한다.

(a) 심해저자원의 탐사·개발제도를 규율하는 이 부의 규정이 인류전체에게 이익을 주었는지 여부를 비롯하여 모든 면에서 그 목적을 달성하였는지 여부

(b) 15년 기간 동안 유보지역이 비유보지역과 비교하여 효과적이고 균형된 방식으로 개발되었는지 여부

(c) 심해저와 심해저자원의 개발과 이용이 세계경제의 건전한 발전과 국제무역의 균형적인 성장을 촉진하는 방식으로 수행되었는지 여부

(d) 심해저활동의 독점이 방지되었는지 여부

(e) 제150조와 제151조에 규정된 정책이 수행되었는지 여부

(f) 특히 개발도상국의 이익과 필요를 고려하여 그 제도가 심해저활동으로부터 나오는 이익의 공평한 분배를 가져왔는지 여부

2. 재검토회의는 인류공동유산원칙, 모든 국가, 특히 개발도상국의 이익을 고려하여 심해저자원의 공평한 개발을 보장하기 위한 국제제도 및 심해저활동을 조직·수행 및 통제하는 해저기구를 유지할 수 있도록 보장한다. 재검토회의는 심해저의 어떠한 부분에 대한 주권의 주장·행사의 배제, 심해저와 관련한 국가의 권리와 일반적인 행위, 이 협약에 따른 국가의 심해저활동 참여, 심해저활동 독점방지, 평화적 목적만을 위한 심해저이용, 심해저활동의 경제적 측면, 해양과학조사, 기술이전, 해양환경보호, 인명보호, 연안국의 권리, 심해저의 상부수역과 상공의 법적지위 및 심해저활동과 해양환경에서의 그 밖의 활동과의 조정 등에 관하여 이 부에 규정된 원칙이 유지되도록 보장한다.

3. <이행협정에 의하여 삭제> 재검토회의에서 적용하는 의사결정절차는 제3차 국제연합해양법회의에서 적용된 절차와 같다. 회의는 어떠한 개정이라도 컨센서스에 의하여 합의에 이르도록 모든 노력을 기울여야 하며 컨센서스에 이르기 위한 모든 노력을 다할 때까지 이러한 사항에 관하여 표결하지 아니한다.

4. <이행협정에 의하여 삭제> 재검토회의 시작으로부터 5년이 지난 후에도 심해저자원의 탐사·개발제도에 관하여 합의가 이루어지지 못하는 경우, 재검토회의는 그로부터 12개월 이내에 당사국 3/4의 다수에 의하여 그 회의가 필요하고 적절하다고 결정하는, 기존의 제도를 변경하거나 수정하는 개정안을 채택하고 이를 비준·가입하도록 당사국에게 제시할 것을 결정할 수 있다. 이러한 개정안은 당사국의 3/4이 비준서나 가입서를 기탁한 12개월 후 모든 당사국에 대하여 발효한다.

5. 이 조의 규정에 따라 재검토회의가 채택한 개정안은 기존의 계약에 따라 획득한 권리에 영향을 미치지 아니한다.

제4절 해저기구

제1관 총 칙

제156조【해저기구의 설립】

1. 이 부에 따라 임무를 수행하는 국제 해저기구(the international Sea-Bed Authority)를 설립한다.
2. 모든 당사국은 당연히(*ipso facto*) 해저기구의 회원국이 된다.
3. 최종의정서에 서명하고 제305조 제1항 (c), (d), (e) 또는 (f)에 언급 되지 아니한 제3차 국제연합해양 법회의 옵서버는 해저기구의 규칙, 규정 및 절차에 따라 옵서버 로 해저기구에 참여할 권리를 가진다.
4. 해저기구의 소재지는 자메이카에 둔다.
5. 해저기구는 그 임무를 수행하는 데 필요하다고 인정되는 지역 사무소를 설치할 수 있다.

제157조【해저기구의 성격과 기본원칙】

1. 해저기구는 당사국이 특히 심해저자원을 관리할 목적으로 이 부에 따라 이를 통하여, 심해저활동을 주관하고 통제하는 기구이다.
2. 해저기구의 권한과 임무는 이 협약에 의하여 명시적으로 부여된다. 해저기구는 심해저활동에 관한 그 권한의 행사와 임무의 수행에 내재하고 필요하며 이 협약에 부합하는 부수적 권한을 가진다.
3. 해저기구는 모든 회원국의 주권평등원칙에 기초를 둔다.
4. 해저기구의 모든 회원국은 회원자격으로부터 발생하는 권리와 이익을 모든 회원국에게 보장하기 위하여 이 부에 따라 스스로 진 의무를 성실히 이행한다.

제158조【해저기구의 기관】

1. 해저기구의 주요기관으로서 총회, 이사회 및 사무국을 둔다.
2. 해저기구는 제170조 제1항에 규정된 임무를 수행하기 위한 기관 으로서 심해저공사(the Enterprise) 를 설치한다.
3. 필요하다고 인정하는 보조기 관을 이 부의 규정에 따라 설치할 수 있다.
4. 해저기구와 심해저공사의 주 요기관은 그에 부여된 권한을 행 사하고 임무를 수행할 책임을 진 다. 이러한 권한을 행사하거나 임 무를 수행함에 있어서 각 기관은 다른 기관에게 부여된 특정한 권 한의 행사와 임무의 수행을 손상 하거나 방해하는 행동을 취하지 아니한다.

제2관 총 회

제159조【구성 · 절차 및 표결】

<이행협정부속서 제3절 참조>

1. 총회(the Assembly)는 해저기 구의 모든 회원국으로 구성된다. 각 회원국은 총회에 1인의 대표 를 파견하며, 대표는 교체대표와 고문을 대동할 수 있다.
2. 총회는 연례 정기회기 및 총회 의 결정에 의하여 소집되거나 이 사회의 요청, 또는 해저기구의 회 원국 과반수의 요청에 따라 사무 총장에 의하여 소집되는 특별회 기에 회합한다.
3. 회기는 총회에서 달리 결정되 지 아니하는 한, 해저기구의 소재 지에서 개최된다.
4. 총회는 의사규칙을 채택한다. 총회는 각 정기회기 초에 의장과 그 밖의 필요한 임원을 선출한다. 이들은 다음 정기회의에서 새로 운 의장과 그 밖의 임원이 선출될 때까지 재임한다.
5. 총회의 의사정족수는 회원국 의 과반수로 한다.
6. 총회에서 각 회원국은 한 표의 표결권을 가진다.
7. 총회의 특별회기를 소집하는

결정을 포함한 절차문제에 관한 결정은 출석하여 투표한 회원국 과반수에 의하여 내려진다.

8. 실질문제에 관한 결정은 출석하여 투표하는 회원국의 2/3 이상의 다수에 의하여 내려지며 이러한 다수에는 그 회기에 참가한 회원국의 과반수가 포함되어야 한다. 어떠한 문제가 실질문제인지의 여부가 문제된 경우, 총회에서 실질문제의 표결에 요구되는 다수결에 의하여 달리 결정되지 아니하는 한 실질문제로 취급된다.

9. 실질문제가 처음 표결에 회부되는 경우, 의장은 5일을 넘지 아니하는 기간 동안 그 문제에 관한 표결을 연기할 수 있으며, 총회 회원국 중 최소한 1/5 이상의 요구가 있을 때에는 이를 연기한다. 이 규칙은 어느 문제에 관하여 1회만 적용하되, 회기종료일 이후까지 그 문제를 연기할 목적으로 적용할 수 없다.

10. 해저기구의 회원국 중 1/4 이상이 어떠한 사항에 관하여 총회에 제출된 제안이 이 협약에 합치하는지에 관한 권고적 의견을 의장에게 서면으로 요청한 경우, 총회는 국제해양법재판소 해저분쟁재판부에 그에 대한 권고적 의견을 요청하고 재판부에 의한 권고적 의견을 접수할 때까지 그 제안에 대한 표결을 연기한다. 권고적 의견을 요청한 회기의 마지막 주까지 권고적 의견을 접수하지 못한 경우, 총회는 연기된 제안에 관하여 표결을 하기 위한 회합시기를 결정한다.

제160조【권한과 임무】 1. 총회는 모든 회원국으로 구성되는 해저기구의 유일한 기관으로서, 이 협약에 특별히 규정된 바에 따라 다른 주요기관이 이에 대하여 책임을 지는 해저기구의 최고기관

으로 본다. 총회는 해저기구의 권한에 속하는 모든 문제나 사항에 관하여 이 협약의 관련 규정에 따라 일반적인 정책을 수립할 권한을 가진다.

2. 또한 총회의 권한과 임무는 다음 사항을 포함한다.

(a) 제161조의 규정에 따라 이사회 회원국 선출

(b) 이사회가 제정한 후보자 중에서 사무총장 선출

(c) 이사회의 추천을 받아 심해저공사 관리위원회의 임원과 심해저공사의 사무국장 선출

(d) 총회가 이 부의 규정에 따른 임무의 수행에 필요하다고 인정하는 보조기관의 설치. 이러한 보조기관의 구성에 있어서 공평한 지리적 배분원칙 및 그 보조기관이 취급하는 관련 기술사항에 있어서 자격과 능력을 갖춘 회원국의 특수한 이익 및 필요를 적절하게 고려한다.

(e) 해저기구가 다른 재원으로부터 행정경비에 충당하기에 충분한 수입을 얻을 때까지 국제연합의 정규예산 분담금 비율에 기초하여 합의된 분담금 비율에 따라 해저기구의 행정예산을 위한 회원국의 분담금 배정

(f) (ⅰ) 개발도상국 및 완전한 독립이나 자치적 지위를 얻지 못한 주민의 이익과 필요를 특별히 고려하여, 이사회의 권고에 따라 심해저활동으로부터 나오는 재정적 이익과 그 밖의 경제적 이익, 제82조의 규정에 따라 행하여진 금전지급과 현물공여의 공평한 배분에 관한 규칙, 규정 및 절차의 심의와 승인. 총회가 이사회의 권고를 승인하지 아니하는 경우 총회는 총회가 표명한 의견에 비추어 재심의하도록 그 권고를 이사회에 회송한다.

(ii) 제162조 제2항 (o) (ii)의 규정에 따라 이사회가 잠정적으로 채택한 해저 기구의 규칙, 규정 및 절차와 이에 관한 개정의 심의와 승인. 이러한 규칙, 규정 및 절차는 심해저의 개괄 탐사, 탐사 및 개발, 해저기구의 재정관리와 내부행정, 그리고 심해저공사 관리위원회의 권고가 있는 경우 심해저공사로부터 해저기구로의 자금의 이전 등에 관련된 것이어야 한다.

(g) 심해저활동으로부터 나오는 재정적 이익과 그 밖의 경제적 이익을 이 협약과 해저기구의 규칙, 규정 및 절차에 따라 공평하게 배분하기 위한 결정

(h) 이사회가 제출한 해저기구 연례예산안의 심의와 승인

(i) 이사회와 심해저공사가 제출한 정기보고서, 이사회와 해저기구의 다른 기관이 요구에 따라 제출한 특별보고서의 심사

(j) 심해저활동에 관한 국제적 협력을 증진하고 이에 관한 국제법의 점진적 발전과 법전화를 장려하기 위한 연구의 추진과 권고의 채택

(k) 심해저활동과 관련하여, 특히 개발도상국에 관한 일반적 성격의 문제 및 각국의 지리적 위치에 기인하는 심해저활동과 관련한 문제, 특히 내륙국과 지리적 불리국에 관한 문제 심의

(l) 경제기획위원회의 조언을 기초로 한 이사회의 권고에 따라서 제151조 제10항에 규정된 보상제도나 그 밖의 경제조정지원 조치의 수립

(m) 제185조에 따라 회원국으로서의 권리와 특권 행사를 정지시키는 조치

(n) 해저기구의 권한에 속하는 모든 문제나 사항에 대한 토의 및 해저기구의 특정한 기관에 명시적으로 위임되지 아니한 문제나 사항을 해저기구 기관 사이의 권한과 임무의 배분에 따라 해저기구의 어느 기관이 다룰 것인가에 관한 결정

제3관 이사회

제161조【구성 · 절차 및 표결】
<이행협정부속서 제3절 참조>

1. <이행협정에 의하여 삭제> 이사회는 다음 순서에 따라 총회에서 선출된 해저기구의 36개 회원국으로 구성된다.

(a) 통계를 이용할 수 있는 최근 5년간 심해저에서 채취되는 종류의 광물로부터 생산된 상품의 세계 총소비량의 2퍼센트 이상을 소비하는 당사국이나 세계 총수입량의 2퍼센트 이상을 순수입하는 당사국 중 4개국. 어떠한 경우에도 최대 소비국과 동구(사회주의)지역의 1개국을 포함한다.

(b) 직접 또는 그 국민을 통하여 심해저활동의 준비와 수행에 가장 많이 투자한 8개 당사국 중 4개국. 적어도 동구(사회주의)국가 중 1개국을 포함한다.

(c) 그 관할권 아래에 있는 지역에서의 생산을 기초로 하여 심해저로부터 채취되는 종류의 광물의 주요 순수출국인 당사국 중에서 4개국. 적어도 이러한 광물의 수출이 그 경제에 중대한 관계를 가지는 개발도상국 2개국을 포함한다.

(d) 개발도상국인 당사국 중에서 특별이익을 대표하는 6개국. 대표되는 특별이익은 인구 다수국, 내륙국이나 지리적 불리국, 심해저로부터 채취되는 종류의 광물의 주요수입국, 이러한 광물의 잠재적 생산국 및 최저개발국을 포함한다.

(e) 이사회 전체의석의 공평한 지리적 배분 보장원칙에 따라 선출되는 18개국. 다만, 이 규정에 따라 선출된 이사국이 각 지역마다 최소 1개국은 있어야 한다. 이 규정을 적용함에 있어서 지리적 지역은 아프리카·아시아·동구(사회주의)·중남미·서구 및 기타 지역을 말한다.

2. 제1항의 규정에 따라 이사국을 선출함에 있어서 총회는 다음을 보장한다.

(a) 내륙국과 지리적 불리국은 그들이 총회에서 대표되는 정도에 합리적으로 비례하여 대표된다.

(b) 제1항 (a), (b), (c) 또는 (d)에 따른 자격을 갖추지 아니한 연안국, 특히 개발도상국은 총회에서 그들이 대표되는 정도에 합리적으로 비례하여 대표된다.

(c) 이사회에서 대표되는 각 당사국그룹은 그 그룹에 의하여 지명된 이사국이 있는 경우 지명된 이사국에 의하여 대표된다.

3. 선거는 총회 정기회기에서 행하여지고 이사회의 각 이사국은 4년 임기로 선출된다. 다만, 최초의 선거에 있어서는 제1항에 규정된 각 그룹에 속하는 이사국 반수의 임기는 2년으로 한다.

4. 이사국은 재선될 수 있으나 바람직한 의석 순환의 필요성을 적절히 고려한다.

5. 이사회는 해저기구의 소재지에서 임무를 수행하고, 해저기구의 업무상 필요한 횟수만큼 회합하나 최소한 연 3회 이상 회합한다.

6. 이사회의 의사정족수는 이사국의 과반수로 한다.

7. 각 이사국은 한 표의 투표권을 가진다.

8. (a) 절차문제에 관한 결정은 출석하여 투표하는 이사국 과반수에 의하여 내려진다.

(b) <이행협정에 의하여 삭제> 다음 규정에 따라 일어나는 실질문제에 관한 결정은 출석하여 투표하는 이사국 2/3 이상의 다수결로 내리며, 이에는 이사국의 과반수가 포함되어야 한다: 제162조 제2항 (f), (g), (h), (i), (n), (p), (v) 및 제191조

(c) <이행협정에 의하여 삭제> 다음 규정에 따라 일어나는 실질문제에 관한 결정은 출석하여 투표하는 이사국 3/4 이상의 다수결로 내리며, 이에는 이사국의 과반수가 포함되어야 한다: 제162조 제1항, 제162조 제2항 (a), (b), (c), (d), (e), (i), (q), (r), (s), (t). 계약자나 보증인에 의한 불이행의 경우에는 (u), (w), (d)에 따라 취하여진 결정에 의하여 추인되지 아니하는 한, 이에 따른 명령은 30일 이상의 구속력을 가지지 아니한다. 제162조 제2항 (x), (y), (z), 제163조 제2항, 제174조 제3항 및 제4부속서 제11조

(d) 다음 규정에 따라 발생하는 실질문제에 관한 결정은 컨센서스에 의한다: 제162조 제2항 (m), (o) 및 제11부의 개정안의 채택

(e) (d), (f), (g)의 규정을 적용함에 있어서 "컨센서스"라 함은 공식적인 반대가 없는 것을 말한다. 제안이 이사회에 제출된 후 14일 이내에 이사회의 의장은 제안의 채택에 공식적인 반대가 있는지 여부를 결정한다. 이사회의 의장이 이러한 반대가 있다고 결정한 경우, 이사회의 의장은 이러한 결정 후 3일 이내에 이견을 조정하고 컨센서스에 의하여 채택될 수 있는 제안을 작성하기 위하여 9개국 이하의 이사국으로 구성되고 자신을

의장으로 하는 조정위원회를 설치하고 소집한다. 위원회는 신속히 작업하여 설치 후 14일 이내에 이사회에 보고한다. 위원회가 컨센서스로 채택될 수 있는 제안을 권고하지 못할 경우, 위원회는 보고서에 그 제안이 반대되는 이유를 밝힌다.

(f) 해저기구의 규칙, 규정 및 절차에 의하거나 다른 방법에 의하여 이사회가 결정할 권한을 부여받았으나 위에 열거되지 아니한 문제에 대한 결정은, 규칙, 규정 및 절차에 명시된 이 항 각 호의 규정에 따라 내려지며, 그러한 규정이 명시되어 있지 아니한 경우에는 가능하면 사전에 이사회가 컨센서스로 결정한 어느 한 호의 규정에 따른다.

(g) 어떠한 문제가 (a), (b), (c) 또는 (d)의 규정에 해당되는지 여부에 관하여 문제가 제기된 때에는 경우에 따라 보다 많거나 또는 가장 많은 다수의 의결이나 컨센서스를 요하는 어느 한 호의 규정에 해당하는 것으로 취급한다. 다만, 이사회가 앞의 다수결이나 컨센서스로 달리 결정하는 경우에는 그러하지 아니하다.

9. 이사회는 이사국이 아닌 해저기구의 회원국이 요청하였을 경우나 특히 그 회원국에 영향을 미치는 문제가 심의 중에 있을 경우에는 그 회원국이 이사회의 회의에 참석할 대표를 파견할 수 있도록 하는 절차를 수립한다. 그러한 대표는 심의에 참여할 수 있으나 투표할 수 없다.

제162조【권한과 임무】 1. 이사회는 해저기구의 집행기관이다. 이사회는 이 협약 및 총회가 수립한 일반적인 정책에 따라 해저기구의 권한에 속하는 모든 문제나 사항에 관하여 해저기구가 수행하여야 할 개별정책을 수립할 권한을 가진다.

2. 또한 이사회는 다음을 행한다.

(a) 해저기구의 권한에 속하는 모든 문제와 사항에 관하여 이 부의 규정의 이행을 감독하고 조정하며, 불이행의 사례가 있을 경우 총회의 주의를 환기시킨다.

(b) 사무총장을 선출하기 위하여 후보자 명부를 총회에 제출한다.

(c) 심해저공사 관리위원회의 위원과 심해저공사의 사무국장을 선출하기 위하여 후보자를 총회에 추천한다.

(d) 적절한 경우 경제성과 효율성을 적정하게 고려하여 이 부에 따른 임무 수행에 필요한 보조기관을 설치한다. 보조기관의 구성에 있어서는 그 기관이 다루는 관련 기술사항에 있어서 자격과 능력을 갖춘 위원이 선정되어야 하는 필요성에 역점을 두되, 공평한 지리적 배분원칙과 특별이익과 원칙을 적절히 고려한다.

(e) 이사회의 의장 선출방식을 포함한 이사회 의사규칙을 채택한다.

(f) 총회의 승인을 받을 것을 조건으로 하여, 해저기구를 대표하여 해저기구의 권한 내에서 국제연합이나 다른 국제기구와 협정을 체결한다.

(g) 심해저공사의 보고서를 심의하고 권고와 함께 이를 총회에 송부한다.

(h) 연례보고서 및 총회가 요구하는 특별보고서를 총회에 제출한다.

(i) 제170조에 따라 심해저공사에 지시를 한다.

(j) <이행협정에 의하여 삭제> 제3부속서 제6조에 따라 사업계획을 승인한다. 이사회는 이사회 회기중에 법률·기술위원회가 사업계획을 제출한 후 60일 안에 다음 절차에 따라 각 사업계획을 처리한다.

 (i) 위원회가 사업계획을 승인하도록 권고한 경우, 어떠한 이사국도 14일 안에 의장에게 제3부속서 제6조의 요건을 갖추고 있지 못하다고 주장하는 명시적인 반대를 서면으로 제출하지 아니하면 그 사업계획이 이사회에 의하여 승인된 것으로 본다. 반대가 있는 경우, 제161조 제8항 (e)에 규정된 조정절차가 적용된다. 조정절차가 끝난 후에도 반대가 있는 경우, 그 사업계획은 신청국이나 신청자 보증국을 제외한 이사국의 컨센서스로 이사회가 승인을 거부하지 아니하는 한 이사회에 의하여 승인된 것으로 본다.

 (ii) 위원회가 사업계획을 승인하지 아니하도록 권고하거나 권고 자체를 하지 아니하는 경우, 이사회는 출석하여 투표하는 이사국의 3/4 이상의 다수에 의하여 그 사업계획을 승인할 수 있다. 다만, 이에는 회기에 출석한 이사국의 과반수가 포함되어야 한다.

(k) (j)에 규정된 절차를 준용하여 제4부속서 제12조에 따라 심해저공사가 제출한 사업계획서를 승인한다.

(l) 제153조 제4항과 해저기구의 규칙, 규정과 절차에 따라 심해저활동을 통제한다.

(m) 경제기획위원회의 권고에 따라서 제150조 (h)에 명시된 부정적인 경제적 영향으로부터의 보호를 위하여 그 규정에 따라 필요하고도 적절한 조치를 취한다.

(n) 경제기획위원회의 권고를 기초로 하여 제151조 제10항에 규정된 보상제도나 그 밖의 경제조정 지원조치에 관하여 총회에 권고한다.

(o) (i) 개발도상국 및 완전한 독립이나 그 밖의 자치적 지위를 얻지 못한 주민의 이익과 필요를 특별히 고려하여, 심해저활동으로부터 나오는 재정적 이익과 그 밖의 경제적 이익, 제82조에 따라 행하여진 금전지급과 부담 공여의 공평한 배분에 관한 규칙, 규정 및 절차를 총회에 권고한다.

 (ii) 총회의 승인이 있을 때까지 법률·기술위원회나 그 밖의 하부 관련기관의 권고를 고려하여 해저기구의 규칙, 규정 및 절차 및 이에 대한 개정안을 잠정적으로 채택하고 적용한다. 이러한 규칙, 규정 및 절차는 심해저의 개괄탐사, 탐사 및 개발과 해저기구의 재정관리와 내부행정에 관련된 것이어야 한다. 복합금속단괴의 탐사와 개발에 대한 규칙, 규정 및 절차는 우선적으로 채택된다. 복합금속단괴 이외의 자원의 탐사와 개발을 위한 규칙, 규정 및 절차는 해저기구의 회원국이 해저기구에 이러한 자원에 대한 규칙, 규정 및 절차의 채택을 요청한 날로부터 3년 안에 채택된다. 모든 규칙, 규정 및 절차는 총회가 승인할 때까지 또는, 총회가 표명한 견해에 비추어 이사회가 이를 개정할 때까지 잠정적으로 효력을 가진다.

(p) 이 부의 규정에 따른 조업과 관련하여 해저기구가 행하거나 해저기구에 대하여 행하여진 모든 지불액의 징수를 심사한다.

(q) <이행협정에 의하여 삭제> 제3부속서 제7조에 따라 선정이 필요한 경우에는 생산인가 신청자 중에서 선정한다.

(r) 해저기구 연간예산안을 총회에 제출하여 승인을 받는다.

(s) 해저기구의 권한에 속하는 모든 문제나 사항에 대한 정책에 관하여 총회에 권고한다.

(t) *제185조에 따라 회원국으로서의 권리와 특권 행사의 정지에 관하여 총회에 권고한다.*

(u) 협약 불이행이 있는 경우, 해저기구를 대표하여 해저분쟁재판부에 소송을 제기한다.

(v) (u)에 따라 제기된 소송에 있어서 해저분쟁재판부의 결정을 총회에 통보하고 취하여야 할 조치에 관하여 적절하다고 판단하는 권고를 한다.

(w) 심해저활동으로부터 발생하는 해양환경에 대한 중대한 피해를 방지하기 위하여 조업정지명령이나 조업조정명령을 포함한 비상명령을 내린다.

(x) 해양환경에 대한 중대한 피해 위험이 있다는 구체적인 증거가 있는 경우, 계약자나 심해저공사의 개발지역을 승인하지 아니한다.

(y) 아래와 관련된 재정에 관한 규칙, 규정 및 절차의 초안을 작성할 보조기관을 설치한다.<이행협정부속서 제9절 9항 참조>
  (i) 제171조부터 제175조까지에 따른 재정관리
  (ii) 제3부속서 제13조와 제17조 제1항 (c)에 따른 재정약정

(z) 이 부의 규정, 해저기구의 규칙, 규정 및 절차와 해저기구와의 계약조건이 준수되고 있는지의 여부를 결정하기 위하여 심해저활동을 검사할 검사관을 지시하고 감독하기 위한 적절한 제도를 수립한다.

제163조【이사회의 기관】 1. 이사회에 다음 기관을 설치한다.
(i) 경제기획위원회
(ii) 법률 · 기술위원회
2. 각 위원회는 당사국이 지명한 후보자 중에서 이사회가 선출한 15인의 위원으로 구성한다. 다만, 필요한 경우에 이사회는 경제성과 효율성을 적정하게 고려하여 각 위원회의 규모를 확대할 것을 결정할 수 있다.
3. 위원회의 위원은 그 위원회의 권한에 속하는 분야에서 적절한 자격을 갖추어야 한다. 당사국은 위원회가 임무를 효과적으로 수행하도록 보장하기 위하여 관련 분야에서 자격이 있고 최고수준의 능력과 성실성을 갖춘 후보자를 지명한다.
4. 위원회의 위원을 선출함에 있어서 공평한 지리적 배분과 특별이익이 대표되도록 적절히 고려한다.
5. 어느 당사국도 같은 위원회에서 2인 이상의 후보자를 지명할 수 없다. 누구도 2개 이상의 위원회에서 근무하도록 선출될 수 없다.
6. 위원회의 위원은 5년 임기로 재직한다. 위원은 1회에 한하여 재선될 수 있다.
7. 임기만료 전 위원회의 위원의 사망, 무자격 또는 해직의 경우, 이사회는 잔여임기 동안 재직할 위원을 동일한 지리적 지역이나 이해분야로부터 선출한다.
8. 위원회의 위원은 심해저에서의 탐사와 개발과 관련된 모든 활동에 관하여 어떠한 재정상의 이해

관계도 가질 수 없다. 위원은 자신이 근무하는 위원회에 대한 책임에 따를 것을 조건으로 직무종료 후에도 산업상의 비밀이나 제3부 속서 제14조에 따라 해저기구에 이전된 재산권 자료 또는 해저기구 임무수행중 알게 된 그 밖의 비밀정보를 누설하지 아니한다.

9. 각 위원회는 이사회가 채택하는 지침과 지시에 따라 임무를 수행한다.

10. 각 위원회는 위원회의 임무를 효율적으로 수행하기 위하여 필요한 규칙과 규정을 작성하고 승인을 얻기 위하여 이를 이사회에 제출한다.

11. 위원회의 의사결정절차는 해저기구의 규칙, 규정 및 절차에 따라 정한다. 필요한 경우 이사회에 대한 권고에 위원회내의 서로 다른 의견을 요약하여 첨부한다.

12. 각 위원회는 통상적으로 해저기구의 소재지에서 활동하며 임무를 효율적으로 수행하기 위하여 필요한 횟수만큼 회합한다.

13. 각위원회는 그 임무를 수행함에 있어서 적절한 경우, 다른 위원회, 국제연합과 그 전문기구의 권한 있는 기관 또는 이러한 협의의 주제에 관하여 권한 있는 어떠한 국제기구와도 협의할 수 있다.

제164조【경제기획위원회】

1. 경제기획위원회의 위원은 광업, 광물자원 활동의 관리, 국제무역이나 국제경제학 등과 관련된 적절한 자격을 갖춘다. 이사회는 위원회를 구성함에 있어 모든 적절한 자격이 반영되도록 보장하기 위하여 노력한다. 위원회는 심해저에서 채취되는 종류의 광물의 수출이 자국경제에 실질적인 관계가 있는 개발도상국 출신 위원을 적어도 2인 이상 포함한다.

2. 경제기획위원회는 다음 사항을 행한다.

(a) 이사회의 요청에 따라, 심해저활동과 관련하여 이 협약에 따라 내려진 결정을 이행하기 위한 조치를 제안한다.

(b) 수입국과 수출국 양쪽의 이익 특히 그 중에서도 개발도상국의 이익에 유의하여 심해저 광물의 공급, 수요, 가격 동향 및 이에 영향을 미치는 요인을 검토한다.

(c) 관계당사국이 주의를 환기시킨 제150조 (h)에 언급된 부정적인 영향을 초래할 수 있는 상황을 검토하여 이사회에 적절한 권고를 행한다.

(d) 제151조 제10항에 규정된 바와 같이 심해저활동으로 인하여 부정적인 영향을 받은 개발도상국을 위한 보상제도나 그 밖의 경제조정지원 조치를 총회에 제출하도록 이사회에 제안한다. 위원회는 총회가 채택한 이러한 보상제도나 그 밖의 조치를 구체적으로 적용하기 위하여 이사회에 필요한 권고를 한다.

제165조【법률·기술위원회】

1. 법률·기술위원회의 위원은 광물자원의 탐사, 개발 및 가공, 해양학, 해양환경보호, 또는 해양광업 및 기타 관련 전문분야에 관한 경제적·법률적 사항 등에 관한 적절한 자격을 갖추어야 한다. 이사회는 위원회를 구성하는데 적합한 모든 자격이 반영되도록 보장하기 위하여 노력한다.

2. 법률·기술위원회는 다음을 행한다.

(a) 이사회의 요청에 따라 해저기구의 임무수행에 관한 권고를 한다.

(b) 제153조 제3항에 따라 심해저

활동을 위한 공식문서로 된 사업계획을 심사하고 이사회에 적절한 권고를 한다. 위원회는 오로지 제3부속서에 규정된 근거에 기초하여 이러한 권고를 하고 이에 관하여 이사회에 충분히 보고한다.

(c) 이사회의 요청에 의하여, 적절한 경우, 심해저활동을 수행하는 주체나 관계국과 협의, 협력하여 심해저활동을 감독하고 이사회에 보고한다.

(d) 심해저활동이 환경에 미치는 영향에 관한 평가서를 작성한다.

(e) 해양환경보호에 관한 분야에서 인정된 전문가의 견해를 고려하여 이사회에 해양환경보호에 관한 권고를 한다.

(f) 심해저활동이 환경에 미치는 영향평가를 비롯한 모든 관련요소를 고려하여 제162조 제2항 (o)에 규정된 규칙, 규정 및 절차를 작성하여 이사회에 제출한다.

(g) 이러한 규칙, 규정 및 절차를 항상 검토하여 필요하거나 바람직하다고 판단되는 개정안을 수시로 이사회에 제출한다.

(h) 인정된 과학적 방법에 의하여 심해저활동으로 인한 해양환경 오염의 위험이나 효과를 정기적으로 관찰, 측정, 평가 및 분석하는 감시계획의 수립에 관하여 이사회에 권고하고, 기존의 규칙이 적절히 이행되도록 보장하고 또한 이사회가 승인한 감시계획의 시행을 조정한다.

(i) 이 부 및 관련 부속서에 따라, 특히 제187조를 고려하여 해저기구를 대표하여 해저분쟁재판부에 소송을 제기할 것을 이사회에 권고한다.

(j) (i)에 따라 제기된 소송에서 해저분쟁재판부가 내린 결정에 근거하여 취하여야 할 조치에 대하여 이사회에 권고한다.

(k) 심해저활동으로부터 발생하는 해양환경에 대한 중대한 피해를 방지하기 위하여 조업정지명령이나 조업조정명령을 포함한 비상명령을 내릴 것을 이사회에 권고한다. 이사회는 이러한 권고를 우선적으로 취급한다.

(1) 해양환경에 대한 중대한 피해의 위험이 있다는 구체적인 증거가 있는 경우, 계약자 또는 심해저공사의 개발지역을 승인하지 아니할 것을 이사회에 권고한다.

(m) 이 부의 규정, 해저기구의 규칙, 규정 및 절차와 해저기구와의 계약조건이 준수되고 있는지 여부를 결정하기 위하여 심해저활동을 검사하는 검사관의 지휘와 감독에 관하여 이사회에 권고한다.

(n) <이행협정에 의하여 삭제> 이사회가 제3부속서 제7조에 따라 생산인가 신청자 중에서 필요한 자를 선정한 후 제151조 제2항부터 제7항까지에 따라 해저기구를 대표하여 생산한도를 계산하고 생산인가서를 발급한다.

3. 위원회의 위원은 감독과 검사 임무를 수행함에 있어서 당사국이나 다른 관련자의 요청이 있을 때에는 당사국이나 다른 관련자의 대표를 대동한다.

제4관 사무국

제166조 【사무국】 1. 해저기구의 사무국은 사무총장 및 해저기구가 필요로 하는 직원으로 구성된다.

2. 사무총장은 이사회가 제안한 후보자 중에서 총회에 의하여 4년 임기로 선출되며 재선될 수 있다.

3. 사무총장은 해저기구의 수석 행정직원이며, 그러한 자격으로 총회, 이사회 및 보조기관의 모든 회합에 참석하고 이들 기관에 의하여 위임된 다른 행정상의 임무를 수행한다.

4. 사무총장은 해저기구의 활동에 관한 연례보고서를 총회에 제출한다.

제167조 【해저기구 직원】 1. 해저기구의 직원은 해저기구의 행정상 임무를 수행하기 위하여 요구되는 과학적·기술적 자격과 그 밖의 자격을 갖춘 인원으로 구성된다.

2. 직원을 채용·고용하고 그 근무조건을 정함에 있어서 최고수준의 효율성, 능력 및 성실성을 확보할 필요성을 최우선적으로 고려한다. 이러한 고려를 할 것을 조건으로, 가능한 한 광범위한 지리적 기초 위에서 직원을 채용하는 것이 중요하다는 점을 적절히 고려한다.

3. 직원은 사무총장이 임명한다. 직원의 임명, 보수 및 해고조건은 해저기구의 규칙, 규정 및 절차에 따른다.

제168조 【사무국의 국제적 성격】

1. 사무총장과 직원은 그 직무를 수행함에 있어서 어떠한 정부나 해저기구 밖의 어떠한 출처로부터도 지시를 구하거나 받지 아니한다. 이들은 오직 해저기구에 대하여서만 책임을 지는 국제공무원으로서의 지위에 영향을 미치는 어떠한 행위도 삼간다. 각 당사국은 사무총장과 직원의 책임이 전적으로 국제적인 성격을 가진다는 것을 존중하며, 그들의 책임 수행에 영향을 미치려고 하지 아니할 것을 약속한다. 직원에 의한 책임 불이행은 해저기구의 규칙, 규정 및 절차에 규정된 적절한 행정재판소에 회부된다.

2. 사무총장과 직원은 심해저 탐사, 개발과 관련된 모든 활동에 있어서 어떠한 재정적 이해도 가질 수 없다. 그들은 해저기구에 대한 책임에 따를 것을 조건으로 직무가 종료한 이후에도 산업비밀이나 제3부속서 제14조에 따라 해저기구에 이전된 재산권 자료나 해저기구에 근무함으로써 알게 된 그 밖의 비밀정보를 누설하지 아니한다.

3. 제2항에 규정한 해저기구 직원에 의한 의무위반은, 그러한 위반에 의하여 피해를 입은 당사국의 요청이 있거나, 또는 제153조 제2항 (b)의 규정에 의거하여 당사국이 보증하고 그러한 위반에 의하여 피해를 입은 자연인이나 법인의 요청이 있으면 해저기구는 관련 직원을 해저기구의 규칙, 규정 및 절차에 지정된 재판소에 회부한다. 피해를 입은 당사국은 그 소송에 참가할 권리를 가진다. 재판소가 권고하는 경우 사무총장은 관련 직원을 해고한다.

4. 해저기구의 규칙, 규정 및 절차는 이 조를 이행하는 데 필요한 규정을 포함한다.

제169조 【국제기구·비정부 간 기구와의 협의·협력】 1. 사무총장은 해저기구의 권한 내 사항에 관하여 국제연합 경제사회이사회가 인정한 국제기구, 비정부 간 기구와의 협의 및 협력을 위하여 이사회의 승인을 받아 적절한 약정을 체결한다.

2. 제1항의 규정에 의하여 사무총장과 약정을 체결한 기구는 해저기구의 기관의 의사규칙에 따라 그러한 기관의 회합에 옵서버로 참석할 대표를 지정할 수 있다. 적절한 경우 그러한 기구의 의견을 얻기 위한 절차를 확립한다.

3. 사무총장은 제1항에 언급된 비정부 간 기구가 특별한 권한을 가지는 사항으로서 해저기구의 활동과 관련된 사항에 관하여 제출한 서면보고서를 당사국에 배포할 수 있다.

제5관 심해저공사

제170조 【심해저공사】 1. 심해저공사는 제153조 제2항 (a)에 따라 심해저활동을 직접 수행하며 심해저로부터 채취된 광물의 수송, 가공 및 판매를 수행하는 해저기구의 기관이다.

2. 심해저공사는 해저기구의 국제법인격의 테두리 안에서 제4부 속서에 규정된 정관에 따른 법적 능력을 가진다. 심해저공사는 이 협약, 해저기구의 규칙, 규정 및 절차, 또한 총회가 확립한 일반정책에 따라 행동하여야 하며 이사회의 지시와 통제에 따른다.

3. 심해저공사는 해저기구의 소재지에 주사무소를 둔다.

4. 심해저공사는 제173조 제2항과 제4부속서 제11조에 따라 그 직무를 수행하기 위하여 필요한 자금을 제공받으며 제144조와 그밖의 이 협약 관련규정에 따라 기술을 인수한다. <이행협정부속서 제2절 6항 참조>

제6관 해저기구의 재정

제171조 【해저기구의 자금】 해저기구의 자금은 다음을 포함한다.

(a) 제160조 제2항 (e)의 규정에 따라 해저기구의 회원국이 납부한 분담금

(b) 제3부속서 제13조의 규정에 따라 심해저활동과 관련하여 해저기구가 받은 자금

(c) 제4부속서 제10조의 규정에 따라 심해저공사로부터 이전된 자금

(d) 제174조의 규정에 따라 차입한 자금

(e) 회원국이나 다른 주체가 납부한 자발적 기부금

(f) 제151조 제10항에 따라 경제기획위원회가 권고하는 재원으로부터의 보상기금에 대한 납입금

제172조 【해저기구의 연간예산】 사무총장은 해저기구의 연간예산안을 작성하여 이사회에 제출한다. 이사회는 연간예산안을 심의하여 이에 대한 권고와 함께 총회에 제출한다. 총회는 제160조 제2항 (h)에 따라 연간예산안을 심의하고 승인한다.

제173조 【해저기구의 경비】 1. 제171조 (a)에 언급된 분담금은 해저기구가 다른 재원으로부터 해저기구의 행정경비를 충당하기에 충분한 자금을 가질 때까지 이러한 경비를 충당하기 위한 특별계정에 불입된다.

2. 해저기구의 행정경비는 해저기구의 자금에서 우선적으로 지급된다. 제171조 (a)에 규정된 분담금을 제외하고, 행정경비 지급 후 남은 자금은 특히 다음과 같이 배분하거나 사용한다.

(a) 제140조 및 제160조 제2항 (g)에 따라 배분한다.

(b) 제170조 제4항에 따라 심해저공사에 자금을 제공하기 위하여 사용한다.

(c) 제151조 제10항 및 제160조 제2항 (l)에 따라 개발도상국에 보상하기 위하여 사용한다.

제174조 【해저기구의 차입권한】 1. 해저기구는 자금을 차입할 권한을 가진다. <이행협정부속서 제1절 14항 참조>

2. 총회는 제160조 제2항 (f)에 따라 채택된 재정규칙 내에 해저기구의 차입권한에 대한 제한을 규정한다.

3. 이사회는 해저기구의 차입권 한을 행사한다.

4. 당사국은 해저기구의 채무에 대하여 책임을 지지 아니한다.

제175조【연례감사】 연차재무제표를 비롯한 해저기구의 기록, 장부와 계산서류는 총회가 임명하는 독립된 감사관에 의하여 매년 감사를 받는다.

제7관 법적지위, 특권·면제

제176조【법적지위】 해저기구는 국제법인격 및 그 임무의 수행과 목적의 달성에 필요한 법적 능력을 가진다.

제177조【특권·면제】 해저기구가 그 임무를 수행할 수 있도록 하기 위하여 해저기구는 각 당사국의 영토 안에서 이 관에서 규정된 특권·면제를 향유한다. 심해저공사에 관한 특권·면제는 제4부속서 제13조에 규정된 특권·면제와 같다.

제178조【법절차로부터의 면제】 해저기구가 특별한 사건에 대하여 *명시적으로 면제를 포기한 경우 이외*에는 해저기구와 해저기구의 재산과 자산은 법절차로부터 면제된다.

제179조【수색·압수로부터의 면제】 해저기구의 재산과 자산은 그 소재지와 점유자에 관계없이 행정적 또는 입법조치에 의한 수색, 징발, 몰수, 수용 또는 그 밖의 형태의 압수로부터 면제된다.

제180조【제한·규제·통제·동결로부터의 면제】 해저기구의 재산과 자산은 어떠한 성격의 제한, 규제, 통제 및 동결조치로부터도 면제된다.

제181조【해저기구의 문서보관소와 공용통신】 1. 해저기구의 문서보관소는 어디에 있든 불가침이다.

2. 재산권 자료·산업비밀 또는 이와 유사한 정보 및 인사기록은 공공에 개방되는 문서보관소에 비치될 수 없다.

3. 해저기구는 공용통신에 관하여 각 당사국이 다른 국제기구에 부여한 것보다 불리하지 아니한 대우를 각 당사국으로부터 부여받는다.

제182조【해저기구 관련인사의 특권·면제】 총회나 이사회의 회합 또는 총회나 이사회 기관의 회합에 출석하는 회원국 대표, 해저기구의 사무총장 및 직원은 각 당사국의 영토 안에서 다음 사항을 향유한다.

(a) 직무수행 중에 행한 행위에 관한 법절차로부터의 면제(단, 이들이 대표하는 국가 또는 적절한 경우 해저기구가 특정한 사건에 대하여 명시적으로 면제를 포기한 경우를 제외)

(b) 이들이 그 당사국의 국민이 아닌 경우, 그 당사국이 이들과 동등한 지위에 있는 다른 당사국의 대표 및 공무원과 고용인에게 부여하는 것과 동일한 출입국제한, 외국인 등록요건 및 국민으로서의 의무로부터의 동등한 면제 및 외환제한에 관한 동일한 편의와 여행편의에 관한 동일한 대우

제183조【조세·관세의 면제】
1. 해저기구, 그 재산과 자산, 수입 그리고 이 협약에 의하여 인정된 해저기구의 운영과 거래는 해저기구의 공적활동 범위 안에서 모든 직접세로부터 면제되고, 또한 해저기구 공용으로 수입되거나 수출되는 물품은 모든 관세로부터 면제된다. 해저기구는 제공된 용역에 대하여 부과되는 수수료로부터의 면제를 주장할 수 없다.

2. 해저기구의 공적활동에 필요한 실질적 가치가 있는 상품과 용역의 구입이 해저기구에 의하여 또는 해저기구를 대리하여 이루어지고 또한 이러한 상품과 용역의 가격에 조세나 관세가 포함되어 있는 경우, 실행가능한 범위 안에서 당사국은 이러한 조세나 관세로부터의 면제를 부여하거나 이를 환급하기 위한 적절한 조치를 취한다. 이 조의 규정에 따른 면제하에 수입되거나 구입된 물품은, 면제를 부여한 당사국과 합의한 조건에 따르는 경우를 제외하고는, 그 당사국의 영토 안에서 매각되거나 또는 달리 처분되지 아니한다.

3. 해저기구의 사무총장과 직원, 해저기구를 위하여 임무를 수행하는 자로서 당사국의 국민이 아닌 전문가에게 해저기구가 지급한 봉급, 수당이나 다른 형태의 지급에 대하여 그 당사국은 조세를 부과할 수 없다.

제8관 회원국의 권리·특권 행사의 정지

제184조 【표결권 행사의 정지】
해저기구에 대한 재정분담금 납부를 지체하고 있는 당사국은 그 체납액이 과거 2년 동안 납부하여야 할 분담금액과 동일하거나 이를 넘는 경우에는 표결권을 가지지 아니한다. 분담금을 납부하지 못한 것이 회원국이 통제할 수 없는 상황 때문이라는 점이 납득될 경우 총회는 이러한 회원국이 투표하도록 허가할 수 있다.

제185조 【회원국의 권리·특권행사의 정지】
1. 총회는 중대하고도 계속적으로 이 부의 규정을 위반한 당사국에 대하여는 이사회의 권고에 따라 회원국으로서의 권리와 특권의 행사를 정지시킬 수 있다.

2. 당사국이 중대하고도 계속적으로 이 부의 규정을 위반하였다는 것을 해저분쟁재판부가 결정할 때까지는 제1항에 따른 어떠한 조치도 취할 수 없다.

제5절 분쟁해결과 권고적 의견

제186조 【국제해양법재판소의 해저분쟁재판부】
해저분쟁재판부의 설치와 그 관할권 행사방식은 이 부, 제15부 및 제6부속서의 규정에 의하여 규율된다.

제187조 【해저분쟁재판부의 관할권】
해저분쟁재판부는 이 부 및 이 부와 관련된 부속서에 따라 다음 범주에 속하는 심해저 활동 관련분쟁에 대한 관할권을 가진다.

(a) 이 부 및 이 부와 관련된 부속서의 해석 또는 적용에 관한 당사국 사이의 분쟁

(b) 다음 사항에 관한 당사국과 해저기구 사이의 분쟁

　(ⅰ) 이 부 또는 이 부와 관련된 부속서 또는 이에 따라 채택된 해저기구의 규칙, 규정 및 절차를 위반한 것으로 주장되는 해저기구나 당사국의 작위나 부작위

　(ⅱ) 관할권의 일탈 또는 권한남용이라고 주장되는 해저기구의 행위

(c) 당사국, 해저기구 또는 심해저공사, 국영기업 및 제153조 제2항 (b)에 규정된 자연인이나 법인 등 계약당사자 사이의 다음 사항에 관한 분쟁

　(ⅰ) 관련 계약이나 사업계획의 해석 또는 적용

　(ⅱ) 다른 계약당사자를 대상으로 하거나 또는 그의 적법한 이익에 직접적으로 영향을 미치는 심해저활동에 관한 계약당사자의 작위나 부작위

(d) 제153조 제2항 (b)의 규정에

따라 국가가 보증하고 제3부속서 제4조 제6항 및 제13조 제2항에 규정된 조건을 적절하게 이행한 계약예정자와 해저기구 사이의 분쟁으로서 계약의 거부 또는 계약의 협상 중에 발생하는 법적 문제에 관한 분쟁

(e) 해저기구가 제3부속서 제22조에 규정된 책임을 지게 되었다고 주장되는 경우, 해저기구와 당사국, 국영기업 또는 제153조 제2항 (b)의 규정에 따라 당사국이 보증한 자연인이나 법인 사이의 분쟁

(f) 해저분쟁재판부의 관할권에 속하는 것으로 이 협약에 특별히 규정된 그 밖의 분쟁

제188조【국제해양법재판소 특별재판부나 해저분쟁재판부 임시재판정 또는 구속력이 있는 상사중재에의 분쟁 회부】 1. 제187조 (a)에 언급된 당사국 사이의 분쟁은 다음 재판부에 회부될 수 있다.

(a) 분쟁당사자의 요청이 있을 경우 제6부속서 제15조 및 제17조에 따라 구성되는 국제해양법재판소 특별재판부

(b) 어느 한 분쟁당사자의 요청이 있을 경우 제6부속서 제36조에 따라 구성되는 해저분쟁재판부 임시재판정

2. (a) 제187조 (c) (i)에 언급된 계약의 해석·적용에 관한 분쟁은 당사자가 달리 합의하지 아니하는 한, 어느 한 분쟁당사자의 요청이 있으면 구속력 있는 상사중재에 회부된다. 분쟁이 회부되는 상사중재재판소는 이 협약의 해석문제를 결정할 관할권을 가지지 아니한다. 분쟁이 심해저활동에 관하여 제11부 및 이와 관련된 부속서의 해석문제를 포함하는 경우, 이러한 문제는 해저분쟁 재판부에 회부하여 재정되도록 한다.

(b) 이러한 중재를 시작할 때 또는 도중에 중재재판소가 분쟁의 어느 한 당사자의 요청에 의하여 또는 재판소의 직권으로 재판소의 결정이 해저분쟁재판부의 재정에 의존한다고 판정한 경우, 중재재판소는 재정을 위하여 이 문제를 해저분쟁재판부에 회부한다. 중재재판소는 해저분쟁재판부의 재정에 합치되게 결정을 내린다.

(c) 분쟁에 적용할 중재절차에 관한 규정이 계약서에 없는 경우, 중재는 두 당사자가 달리 합의하지 아니하는 한, 국제연합상거래위원회의 중재규칙이나 해저기구의 규칙, 규정 및 절차에 규정된 중재규칙에 따라 이루어진다.

제189조【해저기구의 결정에 대한 재판관할권의 제한】 해저분쟁재판부는 이 부에 따른 해저기구의 재량권행사에 관하여는 관할권을 가지지 아니한다. 어떠한 경우에도 해저분쟁재판부는 자신의 재량으로 해저기구의 재량을 대체할 수 없다. 해저분쟁재판부는 제191조를 침해하지 아니하고 제187조에 따라 관할권을 행사함에 있어 해저기구의 규칙, 규정 및 절차가 이 협약과 합치하는지 여부에 대한 문제에 관하여 판단하지 아니하여야 하며 이러한 규칙, 규정 및 절차가 무효임을 선언하지 아니한다. 다만, 해저분쟁재판부의 관할권은 개별사건에 있어서 해저기구의 규칙, 규정 및 절차를 적용하는 것이 분쟁당사자의 계약상 의무나 이 협약상의 의무와 충돌된다는 주장, 관할권의 일탈 또는 권한남용에 관한 주장, 다른 당사자의 계약상 의무 또는 이 협약상의 의무불이행에 대하여 관련 당사자에게 지불되

어야 할 손해배상 또는 그 밖의 구제의 주장을 결정하는데 국한된다.

제190조 【보증당사국의 소송절차 참가와 출석】 1. 자연인이나 법인이 제187조에 언급된 분쟁당사자인 경우 보증국은 이에 관하여 통지를 받고 서면진술 또는 구두진술을 통하여 소송절차에 참가할 권리를 가진다.

2. 제187조 (c)에 언급된 분쟁에 있어서 어느 한 당사국을 상대로 다른 당사국이 보증하는 자연인이나 법인이 소송을 제기할 경우, 피소국은 그 보증국에 대하여 자연인이나 법인을 대리하여 소송에 출석하도록 요청할 수 있다. 그러한 불출석의 경우, 피소국은 자국 국적의 법인을 대리로 내보낼 수 있다.

제191조 【권고적 의견】 해저분쟁재판부는 총회나 이사회의 활동범위 안에서 발생하는 법률문제에 관하여 총회나 이사회의 요청에 따라 권고적 의견을 제시한다(shall give). 그러한 권고적 의견은 긴급사항으로 제시된다.

제12부 해양환경의 보호와 보전

제1절 총 칙

제192조 【일반적 의무】 각국(States)은 해양환경을 보호하고 보전할 의무를 진다.

제193조 【천연자원의 개발에 관한 국가의 주권적 권리】 각국은 자국의 환경정책과 해양환경을 보호하고 보전할 의무에 따라 자국의 천연자원을 개발할 주권적 권리를 가진다.

제194조 【해양환경 오염의 방지, 경감 및 통제를 위한 조치】 1. 각국은 개별적으로 또는 적절한 경우 공동으로, 자국이 가지고 있는 실제적인 최선의 수단을 사용하여 또한 자국의 능력에 따라 모든 오염원으로부터 해양환경 오염을 방지, 경감 및 통제하는 데 필요한 이 협약과 부합하는 모든 조치를 취하고, 또한 이와 관련한 자국의 정책을 조화시키도록 노력한다.

2. 각국은 자국의(their) 관할권(jurisdiction)이나 통제(control)하의 활동이 다른 국가(other States)와 그들의[22] 환경(their environment)에 대하여 오염으로 인한 손해를 주지 않게 수행되도록 보장하고, 또한 자국의 관할권이나 통제하의 사고나 활동으로부터 발생하는 오염이 이 협약에 따라 자국이 주권적 권리를 행사하는 지역 밖으로 확산되지 아니하도록 보장하는 데 필요한 모든 조치를 취한다(shall).

3. 이 부에 따라 취하여진 조치는 해양환경의 모든 오염원을 다룬다. 이러한 조치는 특히 다음의 사항을 가능한 한 가장 극소화시키기 위한 조치를 포함한다.

(a) 육상오염원으로부터, 대기로부터, 대기를 통하여 또는 투기에 의하여 특히 지속성 있는 유독·유해하거나 해로운 물질의 배출

(b) 선박으로부터의 오염, 특히 사고방지, 긴급사태의 처리, 해상작업의 안전확보, 고의적 및 비고의적 배출의 방지, 선박의 설계·건조·장비·운용 및 인원배치의 규제를 위한 조치

---

22) 외교부의 원번역문은 '자국의'이다. 원문의 'their'를 그 앞에 나오는 'their'와 동일한 것이라고 오판한 것이다. 'other States' 다음에 나오는 'their environment'는 '그들의 환경'이라고 번역함이 옳다.

(c) 해저와 하층토의 천연자원의 탐사나 개발에 사용되는 <u>설비나 장치</u>로부터의 오염, 특히 사고방지, 긴급사태의 처리, 해상작업의 안전확보, 또한 이러한 설비나 장치의 설계·구조·장비·운용 및 인원배치의 규제를 위한 조치

(d) 해양환경에서 운용되는 그 밖의 <u>설비나 장치</u>로부터의 오염. 특히 사고방지, 긴급사태의 처리, 해상작업의 안전확보, 또한 이러한 설비나 장치의 설계·구조·장비·운용 및 인원배치를 규제하기 위한 조치

4. 각국은 해양환경 오염을 방지, 경감 및 통제하기 위한 조치를 취함에 있어서 <u>다른 국가가 이 협약에 따른 권리 행사나 의무 이행상 수행하는 활동을 부당하게 방해하지 아니한다.</u>

5. 이 부에 따라 취하여진 조치는 매우 희귀하거나 손상되기 쉬운 생태계, 고갈되거나 <u>멸종의 위협</u>을 받거나 <u>위험에 처한 생물종</u> 및 그 밖의 해양생물체 서식지의 보호와 보존에 필요한 조치를 포함한다.

제195조 【피해나 위험을 전가시키거나 오염형태를 변형시키지 아니할 의무】 각국은 해양환경 오염을 방지, 경감 및 통제하기 위한 조치를 취함에 있어서 직접·간접적으로 <u>피해나 위험을 어느 한 지역에서 다른 지역에 전가시키거나 어떤 형태의 오염을 다른 형태의 오염으로 변형시키지 아니하도록</u> 행동한다.

제196조 【기술의 사용 또는 외래종이나 새로운 종의 도입】 1. 각국은 해양환경에 중대하고도 해로운 변화를 초래할 우려가 있는 자국의 관할권이나 통제하에 있는 기술의 사용으로부터 또는 해

양환경의 특정한 부분에 대한 <u>외래의 종이나 새로운 종의 고의적, 우발적인 도입으로부터 발생하는 해양환경 오염을 방지, 경감 및 통제하기 위하여 필요한 조치</u>를 취한다.

2. 이 조는 해양환경 오염의 방지, 경감 및 통제에 관한 이 협약의 적용에 영향을 미치지 아니한다.

제2절 지구적·지역적 협력

제197조 【지구적·지역적 차원의 협력】 각국은 지구적 차원에서 그리고 적절한 경우 <u>지역적 차원</u>에서 특수한 지역특성을 고려하여 직접 또는 권한 있는 국제기구를 통하여 해양환경을 보호하고 보존하기 위하여 <u>이 협약과 합치하는 국제규칙, 기준, 권고관행 및 절차의 수립 및 발전에 협력</u>한다.

제198조 【급박한 피해나 현실적 피해의 통고】 어느 국가가 해양환경이 오염에 의하여 피해를 입을 급박한 위험에 처하거나 피해를 입은 것을 알게 될 경우, <u>그 국가는 그러한 피해에 의하여 영향을 받을 것으로 생각되는 다른 국가와 권한 있는 국제기구에 신속히 통고</u>한다.

제199조 【오염대비 비상계획】 제198조에 언급된 경우, 피해지역에 있는 국가는 자국의 능력에 따라서 <u>권한 있는 국제기구와 함께 가능한 한 오염의 영향을 제거하고 피해를 방지하거나 최소화하도록 협력</u>한다. 이러한 목적을 위하여 각국은 공동으로 해양환경내의 오염사고에 대처하기 위한 비상계획을 개발하고 촉진시킨다.

제200조 【연구·조사계획과 정보·자료교환】 각국은 과학조사연구를 촉진시키고 과학조사계획을

실시하며 또한 <u>해양환경오염에 관하여 획득된 정보와 자료의 교환</u>을 장려하기 위하여 직접 또는 권한 있는 국제기구를 통하여 협력한다. 각국은 오염의 성격과 범위의 평가, 오염에의 노출, 그 경로, 위험 및 구제조치에 관한 지식을 얻기 위하여 지역적·세계적 계획에 적극적으로 참여하도록 노력한다.

제201조 【규칙제정을 위한 과학적 기준】 제200조에 따라 획득된 정보와 자료를 고려하여 각국은 직접적으로 또는 권한 있는 국제기구를 통하여 해양환경오염의 방지, 경감 및 통제에 관한 규칙, 기준, 권고관행 및 절차를 수립하고 발전시키기 위한 적절한 과학적 기준을 설정하도록 협력한다.

제3절 기술지원

제202조 【개발도상국에 대한 과학·기술지원】 각국은 직접 또는 권한 있는 국제기구를 통하여 다음을 행한다.

(a) 해양환경의 보호 및 보존과 해양오염의 방지, 경감 및 통제를 위하여 <u>개발도상국에 대한 과학적·교육적·기술적 지원 및 그 밖의 지원계획을 촉진</u>시킨다. 이러한 지원에는 특히 다음 사항이 포함된다.

　(i) 개발도상국의 과학·기술 요원의 훈련

　(ii) 관련있는 국제계획에 개발도상국 요원의 참여 촉진

　(iii) 개발도상국에 대한 필요장비와 시설의 제공

　(iv) 개발도상국의 이러한 장비의 생산능력 제고

　(v) 연구·감시·교육 및 그 밖의 계획을 위한 시설의 개발과 조언

(b) 해양환경에 심각한 오염을 가져올 수 있는 심각한 사고의 영향을 최소화하기 위하여 특히 개발도상국에 적절한 지원을 제공한다.

(c) <u>환경평가 준비에 관하여 특히 개발도상국에 적절한 지원을</u> 제공한다.

제203조 【개발도상국에 대한 우선적 대우】 개발도상국은 해양환경오염의 방지, 경감 및 통제 또는 그 영향의 최소화를 위하여 국제기구로부터 다음 사항에 관한 우선권을 부여받는다.

(a) 적절한 자금과 기술원조의 할당

(b) 국제기구의 전문적 용역의 이용

제4절 감시와 환경평가

제204조 【오염의 위험이나 영향의 감시】 1. 각국은 다른 국가의 권리와 양립하는 범위 내에서 직접적 또는 권한 있는 국제기구를 통하여 해양환경 오염의 위험이나 영향을 인정된 <u>과학적 방법</u>에 의하여 관찰, 측정, 평가 및 분석하기 위하여 실행가능한 한 노력한다. 2. 특히 각국은 자국이 허가하거나 참여하는 모든 활동이 해양환경을 오염시킬 가능성이 있는지의 여부를 결정하기 위하여 그 활동의 영향을 계속 감시한다.

제205조 【보고서 발간】 각국은 제204조에 따라 획득한 결과에 대한 보고서를 발간하거나 적절한 시간 간격을 두고 권한 있는 국제기구에 이러한 보고서를 제출하며, 그 국제기구는 이를 모든 국가가 이용할 수 있도록 한다.

제206조 【활동의 잠재적 영향평가】 각국은 자국의 관할권이나 통제하에 계획된 활동이 <u>해양환경에 실질적인 오염이나 중대하고 해로운 변화를 가져올 것이라고</u>

믿을만한 합리적인 근거가 있는 경우, 해양환경에 대한 이러한 <u>활동의 잠재적 영향을 실행가능한 한 평가하고</u>(they shall, as far as practicable, assess the potential effects of such activities) 제205조가 규정한 방식에 따라 이러한 평가의 결과에 관한 <u>보고서를 송부</u>한다.

제5절 해양환경 오염의 방지, 경감, 통제를 위한 국제규칙과 국내입법

제207조【육상오염원에 의한 오염】 1. 각국은 <u>국제적으로 합의된 규칙, 기준 및 권고관행과 절차를 고려하여</u>(taking into account) 강, 하구, 관선 및 배출시설을 비롯한 육상오염원에 의한 <u>해양환경오염을 방지, 경감 및 통제하기 위하여 법령을 제정한다.</u>
2. 각국은 이러한 오염을 방지, 경감 및 통제하기 위하여 필요한 그 밖의 조치를 취한다.
3. 각국은 이와 관련하여 적절한 지역차원에서 각국의 정책을 조화시키도록 노력한다.
4. 각국은 개발도상국의 지역적 특성, 경제적 능력 및 경제개발의 필요성을 고려하여 권한 있는 국제기구나 외교회의를 통하여 육상오염원에 의한 해양환경 오염을 방지, 경감 및 통제하기 위한 세계적·지역적 규칙, 기준 및 권고관행과 절차를 확립하기 위하여 노력한다. 이러한 규칙, 기준 및 권고관행과 절차는 필요에 따라 수시로 재검토된다.
5. 제1항, 제2항 및 제4항에 언급된 법령, 조치, 규칙, 기준 및 권고관행과 절차는 특히 지속성이 있는 유독·유해한 물질의 해양환경으로의 배출을 가능한 한 최소화시키기 위한 것을 포함한다.

제208조【국가관할권하의 해저활동에 의한 오염】 1. 연안국은 자국의 관할권 아래에 있는 해저활동으로부터 또는 이와 관련하여 발생하는 해양환경의 오염 및 제60조와 제80조에 자국 관할권 내에 건설된 인공섬, 설비 및 구조물로부터 발생하는 해양환경의 오염을 방지, 경감 및 통제하기 위한 법령을 제정한다.
2. 각국은 이러한 오염을 방지, 경감 및 통제하기 위하여 필요한 그 밖의 조치를 취한다.
3. <u>이러한 법령과 조치는 적어도 국제규칙, 기준 및 권고관행과 절차와 동등한 효력</u>(no less effective than)<u>을 갖추도록 한다.</u>
4. 각국은 이와 관련하여 적절한 지역적 차원에서 각국의 정책을 조화시키도록 노력한다.
5. 각국은 특히 권한 있는 국제기구나 외교회의를 통하여 제1항에 언급된 해양환경의 오염을 방지, 경감 및 통제하기 위한 세계적·지역적 규칙, 기준 및 권고관행과 절차를 확립한다. 이러한 규칙, 기준 및 권고관행과 절차는 필요에 따라 수시로 재검토된다.

제209조【심해저활동에 의한 오염】 1. 심해저활동으로 인한 해양환경 오염을 방지, 경감 및 통제하기 위하여 제11부에 따라 국제규칙, 규정 및 절차를 수립한다. 이러한 규칙, 규정 및 절차는 필요에 따라 수시로 재검토한다.
2. 이 절의 관계규정에 따를 것을 조건으로, 각국은 자국기를 게양하거나 자국에 등록되었거나 또는 자국의 권한 아래 운영되는 선박, 설비, 구조물 및 그 밖의 장비에 의하여 수행되는 심해저활동으로 인한 해양환경의 오염을 방지, 경감 및 통제하기 위한 법령을 경우에 따라 제정한다. 이러한

법령의 요건은 적어도 제1항에 언급된 국제규칙, 규정 및 절차와 동등한 효력(no less effective than)을 가져야 한다.

제210조 【투기에 의한 오염】

1. 각국은 투기에 의한 해양환경 오염을 방지, 경감 및 통제하기 위하여 법령을 제정한다.

2. 각국은 이러한 오염의 방지, 경감 및 통제에 필요한 그 밖의 조치를 취한다.

3. 이러한 법령과 조치는 권한 있는 당국의 허가 없이는 투기가 이루어지지 아니하도록 보장한다.

4. 각국은 특히 권한 있는 국제기구나 외교회의를 통하여 이러한 오염을 방지, 경감 및 통제하기 위한 세계적·지역적 규칙, 기준 및 권고관행과 절차를 수립하여 위하여 노력한다. 이러한 규칙, 기준 및 권고관행과 절차는 필요에 따라 수시로 재검토된다.

5. 영해와 배타적 경제수역에서의 투기 또는 대륙붕 상의 투기는 연안국의 명시적인 사전승인 없이는 행할 수 없으며, 연안국은 지리적 여건으로 인하여 불리한 영향을 받을 다른 국가와 함께 그 문제를 적절히 검토한 후 이러한 투기를 허용, 규제 및 통제할 권리를 가진다.

6. 국내법령과 조치는 이러한 오염을 방지, 경감 및 통제하는 데 있어서 적어도 세계적 규칙 및 기준과 동등한 효력(no less effective ... than)을 가져야 한다.

제211조 【선박에 의한 오염】

1. 각국은 권한 있는 국제기구나 외교회의를 통하여 선박에 의한 해양환경 오염을 방지, 경감 및 통제하기 위한 국제적 규칙과 기준을 수립하여야 하며, 적절한 경우, 동일한 방식으로 연안을 포함한 해양환경을 오염시킬 수 있는 사고의 위협 및 연안국의 관련이익에 대한 오염피해를 최소화하기 위한 항로제도의 채택을 촉진한다. 이러한 원칙과 기준은, 동일한 방식으로, 필요에 따라 수시로 재검토된다.

2. 각국은 자국기를 게양하고 있거나 자국에 등록된 선박으로부터의 해양환경 오염을 방지, 경감 및 통제하기 위하여 법령을 제정한다. 이러한 법령은 권한 있는 국제기구나 일반외교회의를 통하여 수립되어 일반적으로 수락된 국제규칙 및 기준과 적어도 동등한 효력(at least ... the same effect)을 가져야 한다.

3. 해양환경 오염의 방지, 경감 및 통제를 위하여 외국선박의 자국 항구와 내수로의 진입이나 연안정박시설 방문에 대해 특별한 조건을 규정한 국가는 이러한 요건을 적절히 공표하고 권한 있는 국제기구에 통보한다. 2개국 이상의 연안국이 정책을 조화시키기 위하여 이러한 요건을 동일하게 규정한 경우, 이러한 협력약정에 참가하는 국가를 명시하여 통보한다. 모든 국가는 자국기를 게양하거나 자국에 등록된 선박이 이러한 협력약정에 참여하고 있는 국가의 영해를 항행할 경우, 그 국가의 요청이 있으면 그 선박이 이러한 협력약정에 참여하고 있는 동일 지역의 국가로 항진하고 있는지 여부에 관한 정보를 제공할 것과 또한 그러한 항진이 있을 경우 그 국가의 입항조건을 준수하고 있는지 여부를 밝히도록 선장에게 요구한다. 이 조는 선박의 계속적인 무해통항권 행사나 제25조 제2항의 적용에 영향을 미치지 아니한다.

4. 연안국은 자국 영해에서 주권을 행사함에 있어서 무해통항권

을 행사하는 선박을 포함한 외국 선박으로부터의 해양오염을 방지, 경감 및 통제하기 위하여 국내법령을 제정할 수 있다. 제2부 제3절에 따라 이러한 법령은 외국선박의 무해통항을 방해하지 아니한다.

5. 연안국은 제6절에 규정된 법령을 집행하기 위하여 자국의 배타적 경제수역에서 선박으로부터의 오염을 방지, 경감 및 통제하기 위하여 권한 있는 국제기구나 일반 외교회의를 통하여 확립된 일반적으로 수락된 국제규칙과 기준에 합치하고 또한 이에 대하여 효력을 부여하는 법령을 제정할 수 있다.

6. (a) 제1항에 언급된 국제규칙과 기준이 특별한 상황에 대처하기 부적당하고, 연안국이 자국의 배타적 경제수역 중 명확히 지정된 특정수역이 그 수역의 이용, 그 자원의 보호 및 교통상의 특수성과 그 수역의 해양학적·생태학적 조건과 관련하여 인정된 기술적 이유에 비추어 선박으로부터의 오염을 방지하기 위한 특별강제조치를 채택할 필요가 있는 수역이라고 믿을 만한 합리적인 근거가 있는 경우, 연안국은 권한 있는 국제기구를 통하여 모든 관계국과 적절히 협의한 후, 그 국제기구에 수역을 통보하고 이를 뒷받침하는 과학기술적인 증거와 필요한 수용시설에 관한 정보를 제출할 수 있다. 국제기구는 이러한 통보를 접수한 후 12개월 이내에 통보된 수역이 위 요건에 부합하는지 여부를 결정한다. 국제기구가 이러한 요건에 적합하다고 결정한 경우, 연안국은 그 수역에 있어서 선박으로부터의 오염의 방지, 경감 및 통제를 위한 법령을 제정하여, 국제기구가

특별수역에 적용되는 국제규칙과 기준, 또는 항행상의 관행을 시행할 수 있다. 이러한 법령은 권한 있는 국제기구에 통보한 후 15개월 동안 외국선박에 대하여 적용하지 아니한다.

(b) 연안국은 명확히 획정된 이러한 특별수역의 한계를 공표한다.

(c) 연안국이 선박으로부터의 오염의 방지, 경감 및 규제를 위하여 특정해역에 대한 법령을 추가로 채택하고자 하는 경우, 전술한 통보를 제출함과 동시에 이를 국제기구에 통고한다. 이러한 추가법령은 배출 또는 항행상의 관행과 관련될 수 있으나, 외국선박에 대하여 일반적으로 수락된 국제규칙과 기준 이외에 설계·구조·인원배치 또는 장비에 관한 기준을 준수하도록 요구하지 아니한다. 이러한 법령은 통보를 제출한 후 12개월 내에 위의 국제기구가 동의할 것을 조건으로, 통보를 제출한 후 15개월 이후에 외국선박에 적용된다.

7. 이 조에 언급된 국제규칙과 기준은 특히 배출 또는 배출가능성이 있는 해난을 비롯한 사고에 의하여 연안이나 관련이익이 영향을 받을 수 있는 연안국에 대한 신속한 통보에 관한 규칙과 기준을 포함한다.

제212조【대기에 의한 또는 대기를 통한 오염】1. 각국은 대기로부터 또는 대기를 통한 해양환경 오염을 방지, 경감 및 통제하기 위하여 국제적으로 합의된 규칙, 기준, 권고관행과 절차 및 항공의 안전을 고려하여 자국의 주권 아래 있는 영공과 자국기를 게양하고 있는 선박 또는 자국에 등록된 선박과 항공기에 적용되는 법령을 채택한다.

2. 각국은 이러한 오염의 방지, 경감 및 통제에 필요한 그 밖의 조치를 취한다.

3. 각국은 특히 권한 있는 국제기구나 외교회의를 통하여 이러한 오염을 방지, 경감 및 통제하기 위한 세계적·지역적 규칙과 기준 및 권고관행과 절차를 확립하도록 노력한다.

제6절 법령집행

제213조【육상오염원에 의한 오염관련 법령집행】 각국은 제207조에 따라 제정된 자국의 법령을 집행하고 육상오염에 의한 해양환경 오염을 방지, 경감 및 통제하기 위하여 권한 있는 국제기구나 외교회의를 통하여 수립된 적용가능한 국제규칙과 기준을 시행하는 데 필요한 법령을 제정하고 그 밖의 조치를 취한다.

제214조【해저활동에 의한 오염관련 법령집행】 각국은 제208조에 따라 제정된 자국의 법령을 집행하며 자국관할권하의 해저활동으로부터 또는 이와 관련하여 발생하는 해양환경 오염과 제60조 및 제80조에 따라 자국의 관할권하에 설치한 인공섬, 설비 및 구조물로부터 발생하는 해양환경 오염을 방지, 경감 및 통제하기 위하여 권한 있는 국제기구나 외교회의를 통하여 수립된 적용가능한 국제규칙과 기준을 시행하는 데 필요한 법령을 제정하고 그 밖의 조치를 취한다.

제215조【심해저활동으로 인한 오염관련 법령집행】 심해저활동으로 인한 해양환경 오염을 방지, 경감 및 통제하기 위하여 제11부에 의거하여 수립된 국제규칙, 규정 및 절차의 집행은 제11부에 따라 규율된다.

제216조【투기에 의한 오염관련 법령집행】 1. 투기에 의한 해양환경의 오염을 방지, 경감 및 통제하기 위하여 이 협약에 따라 제정된 법령과 권한 있는 국제기구나 외교회의를 통하여 수립된 적용가능한 국제규칙과 기준은 다음에 의하여 집행된다.

(a) 영해, 배타적 경제수역 내 또는 대륙붕상의 투기에 관하여는 연안국

(b) 자국기를 게양하고 있는 선박이나 자국에 등록된 선박, 항공기에 관하여는 기국

(c) 자국의 영토나 연안정박시설에서 폐기물이나 그 밖의 물질을 싣는 행위에 대하여서는 그 국가

2. 다른 국가가 이 조에 의거하여 이미 소송을 제기한 경우에는 어떠한 국가도 이 조의 규정에 따라 소송을 제기할 의무를 지지 아니한다.

제217조【기국에 의한 법령집행】 1. 각국은 자국기를 게양하고 있거나 자국에 등록된 선박이 선박으로부터의 해양환경 오염을 방지, 경감 및 통제하기 위하여 권한 있는 국제기구나 일반외교회의를 통하여 수립된 적용가능한 국제규칙과 기준 및 이 협약에 따라 제정된 자국의 법령을 준수하도록 보장하고, 그 시행에 필요한 법령을 제정하며 그 밖의 조치를 취한다. 기국은 위반행위의 발생장소에 관계없이 이러한 규칙, 기준 및 법령을 실효적으로 집행한다.

2. 각국은 특히 자국기를 게양하고 있거나 자국에 등록된 선박이 설계, 구조, 장비 및 인원배치에 관한 요건을 비롯하여 제1항에 규정된 국제규칙과 기준의 요건을 준수하며 항행할 수 있을 때까지 그 항행이 금지되도록 보장하기

위하여 적절한 조치를 취한다.
3. 각국은 자국기를 계양하고 있거나 자국에 등록된 선박이 제1항에 언급된 국제규칙과 기준에 따라 요구되며 이에 따라 발급된 증명서를 선상에 비치하도록 한다. 각국은 이러한 증명서가 선박의 실제상태와 부합하는지 여부를 확인하기 위하여 자국기를 계양한 선박이 정기적으로 검사되도록 보장한다. 다른 국가는 선박의 상태가 증명서의 기재사항과 실질적으로 부합되지 아니한다고 믿을 만한 명백한 근거가 있지 아니하는 한, 이러한 증명서를 선박의 상태에 관한 증거로 인정하고 그 증명서가 자국이 발급한 증명서와 동일한 효력을 갖는 것으로 본다.
4. 선박이 권한 있는 국제기구나 일반외교회의를 통하여 수립된 규칙과 기준을 위반한 경우, 제218조, 제220조 및 제228조의 적용을 침해함이 없이 기국은 위반 발생장소나 이러한 위반으로 인한 오염이 발생하거나 발견된 장소에 관계없이 주장된 위반에 관하여 신속히 조사하고 적절한 경우 소송을 제기한다.
5. 위반을 조사하는 기국은 사건의 상황을 밝히기 위하여 다른 국가와의 협력이 유용한 경우에는 어떠한 국가에라도 조력을 요청할 수 있다. 각국은 기국의 적절한 요청에 응하도록 노력한다.
6. 각국은 다른 국가의 서면요청이 있을 경우, 자국기를 계양한 선박이 범하였다고 주장되는 위반을 조사한다. 기국은 위반주장에 대하여 소송이 제기될 수 있는 충분한 증거가 있다고 판단되는 경우 지체없이 자국의 법률에 따라 이러한 소송절차를 개시한다.

7. 기국은 취하여진 조치와 그 결과를 요청한 국가 및 권한 있는 국제기구에 신속히 통보한다. 이러한 정보는 모든 국가가 이용할 수 있도록 한다.
8. 자국기를 계양한 선박에 대하여 각국이 법령으로 규정한 형벌은 위반이 발생한 장소에 관계없이 그 위반을 억제하기에 충분할 만큼 엄격하여야 한다.

제218조 【기항국에 의한 법령집행】 1. 선박이 어느 국가의 항구나 연안정박시설에 자발적으로 들어온 경우 그 국가는 권한 있는 국제기구나 일반외교회의를 통하여 수립된 적용가능한 국제규칙과 기준에 위반하여 자국의 내수, 영해 또는 배타적 경제수역 밖에서 행하여진 그 선박으로부터의 배출에 관하여 조사를 행하고 증거가 허용하는 경우에는 소송을 제기할 수 있다.
2. 제1항에 따른 소송은, 자국의 내수, 영해나 배타적 경제수역에서 배출 위반이 발생한 국가나 기국 또는 배출 위반으로 인하여 피해를 입었거나 위협을 받는 국가에 의하여 요청되거나 또는 위반이 소송을 제기하는 국가의 내수, 영해나 배타적 경제수역에서 오염을 초래하거나 오염을 초래할 위험이 있는 경우를 제외하고는, 다른 국가의 내수, 영해나 배타적 경제수역에서의 배출 위반에 관하여 제기될 수 없다.
3. 선박이 어느 국가의 항구나 연안정박시설에 자발적으로 들어온 경우 그 국가는 어떤 국가가 자국의 내수, 영해나 배타적 경제수역에서 발생하였거나 이들 수역에 대하여 피해를 입히거나 피해의 위험을 주었다고 판단되는 제1항에 언급된 배출 위반에 관한 조사요청을 할 경우, 실행가능한

한 이에 응한다. 그 국가는 위반이 발생한 장소에 관계없이 기국이 배출 위반에 관한 조사요청을 하는 경우에도 마찬가지로 실행가능한 한 응한다.

4. 이 조에 따라 기항국이 수행한 조사기록은 기국이나 연안국이 있으면 기국이나 연안국에 전달된다. 위반이 연안국의 내수, 영해나 배타적 경제수역에서 발생한 경우 이러한 조사를 기초로 하여 기항국이 제기한 소송은 제7절에 따를 것을 조건으로, 연안국의 요청에 따라 중단될 수 있다. 이러한 경우 사건의 증거와 기록은 기항국의 당국에 제공된 보석금이나 그 밖의 재정적 담보와 함께 연안국에 이송된다. 이러한 이송이 행하여지는 경우 기항국에서의 소송은 계속되지 아니한다.

제219조 【오염방지를 위한 선박 감항성(seaworthiness) 관련조치】
제7절에 따를 것을 조건으로, 각국은 요청에 의하거나 자발적으로 자국 항구나 연안정박시설에 있는 어떠한 선박이 선박의 감항성에 관하여 적용되는 국제규칙과 기준을 위반함으로써 해양환경에 대해 피해를 입힐 위험이 있다고 확인한 경우, 실행가능한 한 그 선박의 항행을 금지시키기 위한 행정조치를 취한다. 각국은 그 선박이 가장 가까이 있는 적절한 수리장소까지만 운항하도록 허가할 수 있고 또한 위반원인이 제거되는 즉시 항행을 계속하도록 허가한다.

제220조 【연안국에 의한 법령집행】
1. 선박이 어느 국가의 항구나 연안정박시설에 자발적으로 들어온 경우, 그 국가는 위반이 자국의 영해나 배타적 경제수역에서 발생한 때에는 선박으로부터의 오염을 방지, 경감 및 통제하기 위하여 이 협약이나 적용가능한 국제규칙 또는 기준에 따라 제정된 자국 법령위반에 관하여 제7절에 따를 것을 조건으로 소송을 제기할 수 있다.

2. 어느 국가의 영해를 항행하는 선박이 운항 중에 선박으로부터의 오염을 방지, 경감 및 통제하기 위하여 이 협약 또는 적용가능한 국제규칙과 기준에 따라 제정된 국내법령을 위반하였다고 믿을만한 명백한 근거가 있는 경우, 그 국가는 제2부 제3절의 관련 규정의 적용을 침해함이 없이 위반 관련 선박의 물리적 조사를 행할 수 있고, 증거가 허락하는 경우 제7절에 따를 것을 조건으로 자국 법률에 따라 선박의 억류를 포함한 소송을 제기할 수 있다.

3. 어느 국가의 배타적 경제수역이나 영해를 항행 중인 선박이 배타적 경제수역에서 선박으로부터의 오염의 방지, 경감 및 통제를 위하여 적용가능한 국제규칙과 기준 또는 이에 합치하고 또한 이를 시행하기 위한 그 국가의 법령을 위반하였다고 믿을 만한 명백한 증거가 있는 경우, 그 국가는 그 선박에 대하여 선박식별, 등록항, 직전 및 다음 기항지에 관한 정보와 위반발생 여부를 확인하는 데 필요한 그 밖의 관련 정보를 요구할 수 있다.

4. 각국은 자국기를 게양한 선박이 제3항에 따른 정보제공 요구에 따르도록 법령을 제정하고 그 밖의 조치를 취한다.

5. 어느 국가의 배타적 경제수역이나 영해를 항행 중인 선박이 그 국가의 배타적 경제수역에서 제3항에 언급된 위반을 하여 해양환경의 중대한 오염을 야기하거나 야기할 위험이 있는 실질적인 배출이 발생하였다고 믿을 만한 명백한 근거가 있는 경우, 그 국가

는 그 선박이 정보제공을 거부하거나 또는 제공한 정보가 명백히 실제상황과 어긋나는 경우 및 사건의 상황이 이러한 조사를 정당화하는 경우에는 그 선박에 대한 <u>물리적 조사를</u> 행할 수 있다.

6. 어느 국가의 배타적 경제수역이나 영해를 항행하는 선박이 그 국가의 배타적 경제수역에서 제3항에 언급된 위반을 하여 연안국의 해안이나 관련이익, 또는 영해나 배타적 경제수역의 자원에 중대한 피해를 야기하거나 야기할 위험이 있는 배출을 행하였다는 명백하고 객관적인 증거가 있는 경우, 그 국가는 제7절에 따를 것을 조건으로 증거가 허락하는 경우, 자국 법률에 따라 선박의 억류를 포함한 소송을 제기할 수 있다.

7. 제6항에도 불구하고 권한 있는 국제기구를 통하여 또는 달리 합의된 바에 따라 보석금이나 그 밖의 적절한 금융 담보요건을 충족할 수 있는 적절한 절차가 수립되고, 연안국은 이러한 절차의 적용을 받는 경우, 연안국은 그 선박의 출항을 허용한다.

8. 제3항, 제4항, 제5항, 제6항 및 제7항은 제211조 제6항에 따라 제정된 국내법령에도 적용된다.

제221조【해난사고에 의한 오염을 방지하기 위한 조치】 1. 이 부의 어떠한 규정도, 각국이 관습국제법이나 성문국제법에 따라, 중대한 해로운 결과를 초래할 것이 합리적으로 예측되는 해난사고나 이러한 사고에 관련된 행위로 인한 오염, 또는 오염의 위험으로부터 자국의 해안이나 어로를 포함한 관계이익을 보호하기 위하여, 실제상의 피해 또는 발생할 위험이 있는 피해에 상응하는 조치를 영해 밖까지 취하고 집행할 <u>권리를 침해하지 아니한다.</u>

2. 이 조를 적용함에 있어서 "해난사고"라 함은 선박의 충돌, 좌초, 그 밖의 항행상의 사고 또는 그 밖에 선상이나 선외에서 사건으로서 선박이나 화물에 실질적인 피해나 급박한 피해의 위험을 초래하는 그 밖의 사건을 말한다.

제222조【대기에 의한 또는 대기를 통한 오염관련 법령집행】 각국은 자국의 관할권하의 영공에서, 또는 자국기를 게양하고 있거나 자국에 등록된 선박이나 항공기에 관하여, 제212조 제1항과 그 밖의 이 협약 규정에 따라 제정된 자국의 법령을 집행하며, 항공의 안전에 관한 모든 관련 국제규칙과 기준에 따라 대기에 의한 또는 대기를 통한 해양환경의 오염을 방지, 경감 및 통제하기 위하여 권한 있는 국제기구나 외교회의를 통하여 수립된 적용가능한 국제규칙과 기준을 시행하는 데 필요한 국내법령을 제정하고 그 밖의 조치를 취한다.

제7절 보장제도

제223조【소송을 용이하게 하기 위한 조치】 각국은 이 부에 따라 제기된 소송에 있어 증인심문 및 다른 국가의 당국이나 권한 있는 국제기구가 제출한 증거의 채택을 용이하게 할 조치를 취하고, 권한 있는 국제기구, 기국 및 위반으로 발생한 오염에 의하여 영향을 받는 국가의 공식대표가 소송에 용이하게 출석할 수 있도록 한다. 이러한 소송절차에 출석하는 공식대표는 국내법령이나 국제법에 규정된 권리와 의무를 가진다.

제224조【법령집행권한 행사】 이 부에 따른 외국선박에 대한 집행권한은 공무원이나 군함, 군용항공기나 정부업무에 사용되는

것이 명백하게 표시되고 식별가능한 그 밖의 선박이나 항공기에 의하여서만 행사될 수 있다.

제225조【법령집행권한 행사상의 부정적 영향 방지의무】 각국은 이 협약에 따라 외국선박에 대한 집행권한을 행사함에 있어서 항행의 안전을 위태롭게 하거나 그 밖에 선박에 어떠한 위험을 초래하거나 또는 선박을 안전하지 못한 항구나 정박지로 이동시키거나 또는 해양환경을 불합리한 위험에 노출시키지 아니한다.

제226조【외국선박조사】 1. (a) 각국은 제216조, 제218조 및 제220조에 규정된 조사의 목적을 위하여 긴요한 기간 이상 외국선박을 지체시키지 아니한다. 외국선박에 대한 어떠한 물리적 검사도 일반적으로 수락된 국제규칙과 기준에 따라 그 선박에 비치하도록 요구된 증명서, 기록 및 그 밖의 서류나 그 선박이 비치하고 있는 유사한 서류심사에 국한된다. 선박에 대한 추가적인 물리적 조사는 오직 그러한 심사가 수행된 후 다음의 경우에 한하여 실시할 수 있다.
(i) 선박이나 장비의 상태가 서류의 기재내용과 실질적으로 부합되지 아니하다고 믿을 만한 명백한 근거가 있는 경우
(ii) 이러한 서류의 내용이 위반혐의를 확인하거나 입증하기에 충분하지 아니한 경우
(iii) 선박이 유효한 증명서와 기록을 비치하지 아니한 경우
(b) 조사에 의하여 해양환경의 보호, 보존을 위하여 적용되는 법령이나 국제규칙과 기준의 위반이 밝혀지는 경우 보석금이나 그 밖의 적절한 금융 보증과 같은 합리적 절차에 따를 것을 조건으로 신속히 석방된다.

(c) 선박의 감항성에 관한 적용가능한 국제규칙과 기준의 적용을 침해하지 아니하고 선박의 석방으로 해양환경에 불합리한 피해가 초래될 위험이 되는 경우 선박의 석방을 거부하거나 가장 가까이 있는 적절한 수리소로 항진할 것을 조건으로 석방할 수 있다. 석방이 거부되거나 조건부로 된 경우, 선박의 기국에 신속히 통보하고, 기국은 제15부에 따라 선박의 석방을 요구할 수 있다.
2. 각국은 해상에서 선박에 대한 불필요한 물리적 조사를 피하기 위한 절차를 발전시키도록 노력한다.

제227조【외국선박 차별금지】 이 부의 규정에 따른 권리를 행사하고 의무를 이행함에 있어서 각국은 다른 국가의 선박을 형식상 또는 실질상으로 차별하지 아니한다.

제228조【소송의 정지 · 제한】
1. 소송을 제기한 국가의 영해 밖에서 외국선박이 선박으로부터의 오염의 방지, 경감 및 통제에 관하여 적용되는 법령이나 국제규칙과 기준을 위반한 데 대하여 처벌하는 소송은, 그 소송이 연안국에 대하여 중대한 피해를 발생시킨 경우와 관련되었거나 문제된 기국이 자국선박이 행한 위반에 대하여 적용가능한 국제규칙과 기준을 실효적으로 집행할 의무를 반복하여 무시하지 아니하는 한 소송이 시작된 날로부터 6개월 이내에 기국이 동일한 혐의에 대하여 처벌하는 소송을 시작한 경우 정지된다. 기국이 이 조에 따라 소송의 중지를 요청한 경우, 그 기국은 이전에 소송을 제기한 국가에게 적절한 시기에 따라 사건의 모든 서류와 소송기록을 제공

한다. 기국이 제기한 소송이 종결되었을 때 정지된 소송은 종료된다. 이러한 소송에 관하여 발생한 비용이 지급된 경우 연안국은 정지된 절차와 관련하여 제공된 보석금과 그 밖의 금융보증을 반환한다.

2. 외국선박에 형벌을 부과하는 소송은 위반발생일로부터 3년이 지난 후에는 제기될 수 없으며, 제1항의 규정에 따를 것을 조건으로 어느 한 국가가 소송을 제기한 경우에는 어떠한 다른 국가도 소송을 제기할 수 없다.

3. 이 조는 다른 국가에 의한 이전의 소송제기에 관계없이 기국이 자국법률에 따라 처벌하기 위하여 소송을 포함한 조치를 취할 권리를 침해하지 아니한다.

제229조【민사소송 제기】 이 협약의 어떠한 규정도 해양환경 오염으로 인한 손실이나 피해의 청구를 위한 민사소송의 제기에 영향을 미치지 아니한다.

제230조【벌금과 피고인의 인정된 권리의 존중】 1. 외국선박이 영해 밖에서 해양환경오염의 방지, 경감 및 통제를 위한 국내법령이나 적용가능한 국제규칙과 기준을 위반한 데 대하여는 벌금만 부과할 수 있다.

2. 영해에서 고의적으로 중대한 오염행위를 한 경우를 제외하고는 외국선박이 영해에서 해양환경오염의 방지, 경감 및 통제를 위한 국내법령이나 적용가능한 국제규칙과 기준을 위반한 데 대하여는 벌금만 부과할 수 있다.

3. 외국선박이 형벌의 부과를 초래할 수 있는 위반을 한 데 대한 소송의 진행에 있어서 형사피고인에게 인정된 권리는 존중된다.

제231조【기국과 관련국에 대한 통지】 각국은 제6절에 따라 외국선박에 대하여 취한 조치를 기국과 그 밖의 모든 관련국에 신속히 통고하고, 이러한 조치에 관한 모든 공식보고서를 기국에 제출한다. 다만, 영해에서 행하여진 위반에 관하여는 연안국의 이러한 의무는 소송에서 취한 조치에만 적용된다. 기국의 외교관이나 영사관원 및 가능한 경우 해양당국은 제6절에 따라 외국선박에 대하여 취하여진 조치에 관하여 신속히 통보받는다.

제232조【집행조치로 인한 국가책임】 각국은 제6절에 따라 취하여진 조치가 불법적이거나 또는 이용가능한 정보에 비추어 합리적으로 요구되는 한도를 넘을 경우, 이러한 조치 때문에 자국에게 귀책되는 손해나 손실에 대하여 책임을 진다. 각국은 자국 법원에서 이러한 손해나 손실의 구제를 청구하는 절차를 규정한다.

제233조【국제항행에 이용되는 해협관련 보장제도】 제5절, 제6절 및 제7절의 어떠한 규정도 국제항행에 사용되는 해협의 법제도에 영향을 미치지 아니한다. 다만, 제10절에 언급된 선박 이외의 외국선박이 제42조 제1항 (a)와 (b)에 언급된 법령을 위반하여 해협의 해양환경에 중대한 피해를 초래하거나 초래할 위험을 야기한 경우, 해협연안국은 적절한 집행조치를 취할 수 있고, 이 경우 이 절의 규정이 준용된다.

제8절 결빙해역

제234조【결빙해역】 연안국은 특별히 가혹한 기후조건과 연중 대부분 그 지역을 덮고 있는 얼음의 존재가 항해에 대한 장애나 특별한 위험이 되고 해양환경오염이

생태학적 균형에 중대한 피해를 초래하거나 돌이킬 수 없는 혼란을 가져올 수 있는 경우, 배타적 경제수역에 있는 결빙해역에서 선박으로부터의 해양오염을 방지, 경감 및 통제하기 위한 차별 없는 법령을 제정하고 집행할 권리를 가진다. 이러한 법령은 항행과 이용가능한 최선의 과학적 증거에 근거하여 해양환경의 보호와 보존을 적절하게 고려한다.

제9절 책 임

제235조【책임】1. 각국은 해양환경의 보호와 보전을 위한 국제적 의무를 이행할 의무를 진다. 각국은 국제법에 따라 책임을 진다. 2. 각국은 자국 관할권하에 있는 자연인이나 법인에 의한 해양환경 오염으로 인한 손해에 관하여 자국의 법제도에 따라 신속하고 적절한 보상이나 그 밖의 구제를 위한 수단이 이용될 수 있도록 보장한다. 3. 각국은 해양환경의 오염으로 인한 모든 손해에 대한 신속하고 적절한 보상을 보장할 목적으로 손해평가와 손해보상 및 분쟁해결을 위한 책임에 관한 현행 국제법의 이행과 국제법의 점진적 발전을 위하여 협력하고, 또한 적절한 경우, 강제보험이나 보상기금 등 적절한 보상지급에 관한 기준과 절차의 발전을 위하여 협력한다.

제10절 주권면제

제236조【주권면제】해양환경의 보호·보존에 관한 이 협약의 규정은 군함, 해군보조함 및 국가가 소유하거나 운영하며 당분간 정부의 비상업용 업무에만 사용되는 그 밖의 선박이나 항공기에는 적용되지 아니한다. 다만, 각국은 자국이 소유하거나 운영하고 있는

이러한 선박이나 항공기의 운항 또는 운항능력에 손상을 주지 아니하는 적절한 조치를 취함으로써 이러한 선박이나 항공기가 합리적이고 실행가능한 범위 내에서 이 협약에 합치하는 방식으로 행동하도록 보장한다.

제11절 해양환경 보호·보전을 위한 다른 협약상의 의무

제237조【해양환경 보호·보전을 위한 다른 협약상의 의무】1. 이 부의 규정은 해양환경의 보호·보전과 관련하여 이미 체결된 특별 협약과 협정에 따라 국가가 지는 특정한 의무 및 이 협약에 규정된 일반원칙의 증진을 위한 협정의 체결에 영향을 미치지 아니한다. 2. 해양환경의 보호·보전에 관하여 특별 협약에 따라 국가가 지는 특정한 의무는 이 협약의 일반원칙과 목적에 합치하는 방식으로 이행된다.

제13부 해양과학조사

제1절 총 칙

제238조【해양과학조사권】그 지리적 위치에 관계없이 모든 국가(all States)와 권한 있는 국제기구(competent international organizations)는 이 협약에 규정된 다른 국가의 권리와 의무를 존중할 것을 조건으로 해양과학조사를 수행할 권리를 가진다.

제239조【해양과학조사 촉진】각국 및 권한 있는 국제기구는 이 협약에 따라 해양과학조사의 발전과 수행을 촉진하고 용이하게 한다.

제240조【해양과학조사의 일반원칙】해양과학조사 수행에 있어서 다음 원칙을 적용한다.

(a) 해양과학조사는 <u>오로지 평화
적 목적</u>을 위하여 수행한다.
(b) 해양과학조사는 이 협약에 합
치하는 <u>적절한 과학적 수단과
방법</u>에 따라 수행한다.
(c) 해양과학조사는 이 협약에 합
치하는 다른 적법한 해양의 이
용을 부당하게 방해하지 아니
하며, 이러한 이용과정에서 적
절히 존중된다.
(d) 해양과학조사는 <u>해양환경의
보호·보전</u>을 위한 규칙을 비
롯하여 이 협약에 따라 제정된
모든 관련 규칙을 준수하여 수
행된다.

**제241조【권리주장의 법적 근거
로서의 해양과학조사활동 불인
정】**해양과학조사활동은 해양환
경이나 그 자원의 어느 한 부분에
대한 어떠한 권리 주장의 법적 근
거도 될 수 없다.

제2절 국제협력

제242조【국제협력 증진】1. 각
국 및 권한 있는 국제기구는 주권
및 관할권 존중 원칙에 따라, 상
호 이익의 바탕 위에 평화적 목적
을 위한 해양과학조사에 있어서
국제협력을 증진한다.
2. 이와 관련하여, 각국은 이 부
를 적용함에 있어서 이 협약상의
국가의 권리와 의무를 침해하지
아니하고, 적절한 경우, 인간의
건강과 안전 및 환경에 대한 손상
을 방지하고 통제하는 데 필요한
정보를 자국으로부터, 또는 자국
과 협력하여 얻을 수 있는 합리적
인 기회를 다른 국가에 제공한다.

제243조【유리한 여건 조성】각
국 및 권한 있는 국제기구는, 양
자협정 또는 다자협정 체결을 통
하여, 해양환경을 위한 유리한 여건을
조성하고 해양환경에서 발생하

는 현상과 과정의 본질 및 그 상
호관계를 연구함에 있어서 과학
자들의 노력을 결집하기 위하여
서로 협력한다.

**제244조【정보·지식의 출판·
보급】**
1. 국가와 권한 있는 국제기구는
이 협약에 따라 주요 제안사업과
그 사업의 목적에 관한 정보 및
해양과학조사로부터 얻은 지식
을 이용할 수 있도록 적절한 경로
를 통하여 공표, 보급한다.
2. 이를 위하여 각국은 개별적으
로 그리고 다른 국가나 권한 있는
국제기구와 협력하여 과학자료
및 정보의 교류와 해양과학조사
로부터 얻은 지식의 이전, 특히
개발도상국에 대한 이전을 적극
적으로 증진하고, 특히 개발도상
국의 기술·과학분야의 직원에
대한 적절한 교육과 훈련을 제공
하기 위한 계획을 통하여 개발도
상국의 독자적인 해양과학조사
능력의 강화를 적극적으로 증진
한다.

제3절 해양과학조사의 수행과
촉진

**제245조【영해에서의 해양과학
조사】**연안국은 그 주권을 행사
함에 있어서 자국 영해에서의 해
양과학조사를 규제, 허가 및 수행
할 배타적 권리를 가진다. 영해에
서의 해양과학조사는 연안국의
명시적 동의와 연안국이 정한 조
건에 따라서만 수행된다.

**제246조【배타적 경제수역과 대
륙붕에서의 해양과학조사】**1. 연
안국은 그 관할권을 행사함에 있
어서 이 협약의 관련 규정에 따라
자국의 배타적 경제수역과 대륙
붕에서의 해양과학조사를 규제,
허가 및 수행할 권리를 가진다.

2. 배타적 경제수역과 대륙붕에서의 해양과학조사는 <u>연안국의 동의</u>를 얻어 수행한다.

3. 연안국은, <u>통상적 상황</u>에서, 다른 국가 또는 권한 있는 국제기구가 오로지 평화적인 목적을 위하여, 또한 모든 인류에 유익한 해양환경에 대한 과학지식을 증진시키기 위하여 <u>이 협약에 따라 자국의 배타적 경제수역과 대륙붕에서 수행하는 해양과학조사 사업에 동의한다(shall grant their consent).</u> 이를 위하여 연안국은 이러한 동의가 부당하게 지연되거나 거부되지 아니하도록 보장하는 규칙이나 절차를 확립한다.

4. 제3항을 적용함에 있어서, 연안국과 조사국 간에 외교관계가 없는 경우에도 통상적 상황은 있을 수 있다.

5. 그러나 <u>연안국은 자국의 배타적 경제수역과 대륙붕에서 다른 국가 또는 권한 있는 국제기구에 의한 해양과학조사 실시사업이 다음과 같을 경우에는 재량으로써 동의를 보류할 수 있다.</u>

(a) 생물 또는 무생물 천연자원의 탐사와 개발에 <u>직접적인 영향</u>을 미치는 경우

(b) 대륙붕의 굴착, 폭발물의 사용 또는 해양환경에 해로운 물질의 반입을 수반하는 경우

(c) 제60조와 제80조에 언급된 인공섬, 시설 및 구조물의 건조, 운용 또는 사용을 수반하는 경우

(d) 제248조에 따라 조사사업의 성질과 목적에 관하여 전달된 정보가 부정확한 경우나 조사국이나 권한 있는 국제기구가 이전에 실시된 조사사업과 관련하여 연안국에 대한 의무를 이행하지 아니한 경우

6. 제5항의 규정에도 불구하고 영해기선으로부터 200해리 밖의 대륙붕 중 연안국이 개발이나 세부적인 탐사작업이 수행되고 있거나 또한 상당한 기간 내에 수행될 지역으로 언제라도 공적으로 지정할 수 있는 특정 지역을 제외한 곳에서 이 부의 규정에 따라 실시되는 해양과학조사사업에 대하여서는 제5항 (a)의 동의를 유보할 수 있는 재량권을 행사할 수 없다. 연안국은 이러한 지역의 지정 및 변경을 합리적으로 통지하여야 하나, 그러한 지역 안에서의 세부 활동내용을 통지할 의무는 없다.

7. 제6항의 규정은 제77조에서 수립된 대륙붕에 관한 연안국의 권리를 침해하지 아니한다.

8. 이 조에 언급된 해양과학조사 활동은 이 협약에 규정된 연안국의 주권적 권리와 관할권의 행사로서 연안국이 실시하는 활동을 부당하게 방해하지 아니한다.

제247조【국제기구에 의하여 또는 국제기구의 후원하에 실시되는 해양과학조사사업】 국제기구의 회원국이거나 국제기구와 양자협정을 체결한 연안국의 배타적 경제수역이나 대륙붕에서 그 기구가 직접 또는 그 후원하에 해양과학조사사업을 수행하는 경우, 그 국제기구가 사업의 실시를 결정할 때 연안국이 세부사업을 승인하거나, 사업에 참여할 의사를 가지거나, 그 국제기구가 연안국에 대하여 사업을 통보한 후 4개월 내에 연안국이 반대의사를 표명하지 아니한 경우에는 그 연안국이 합의된 내역에 따라 그러한 조사사업이 시행되도록 인가한 것으로 본다.

제248조【연안국에 대한 정보제공의무】 연안국의 배타적 경제수역과 대륙붕에서 해양과학조사를 수행하려는 국가와 권한 있는 국제기구는 적어도 해양과학조사사업 개시예정일 6개월 이전에 관계연안국에게 다음 사항에 관한 완전한 내역을 제공한다.

(a) 사업의 성질과 목적

(b) 사용될 수단과 방법 및 과학 장비의 설명서(선박의 명칭, 톤수, 형태 및 선급을 포함)

(c) 사업이 수행될 정확한 지리적 위치

(d) 조사선박의 최초 도착예정일과 최종 철수예정일, 또는 적절한 경우 장비의 설치 및 제거예정일

(e) 후원기관 명칭과 기관장, 사업책임자의 성명

(f) 연안국이 그 사업에 참여하거나 대표를 파견할 수 있다고 고려되는 범위

제249조【특정조건 준수의무】

1. 각국과 권한 있는 국제기구는 연안국의 배타적 경제수역이나 대륙붕에서 해양과학조사를 수행함에 있어 다음 조건을 준수한다.

(a) 연안국이 희망할 경우, 해양과학조사사업에 참여하고 그 대표를 파견할 연안국의 권리, 특히 실행가능한 경우 연안국 과학자에 대한 보수지급이나 조사사업 비용을 분담할 의무 없이 조사선박과 그 밖의 선박 또는 과학조사 시설에 탑승하여 사업에 참여하고 대표를 파견할 연안국의 권리를 보장한다.

(b) 연안국의 요청이 있는 경우 가능한 한 신속히 예비보고서 및 조사 완료 후 최종적인 결과와 결론을 연안국에 제공한다.

(c) 연안국의 요청이 있는 경우 해양과학조사사업으로부터 얻어진 모든 자료와 견본을 연안국이 이용할 수 있도록 하고, 또한 복사될 수 있는 자료와 과학적 가치의 손상 없이 분할될 수 있는 견본을 연안국에게 제공한다.

(d) 연안국의 요청이 있는 경우 이러한 자료, 견본 및 조사결과

의 평가를 연안국에 제공하거나 연안국이 이를 평가 또는 해석하는 것을 지원한다.

(e) 제2항에 따를 것을 조건으로, 조사결과가 가능한 한 신속히 적절한 국내적·국제적 경로를 통하여 국제적으로 이용될 수 있도록 보장한다.

(f) 조사사업에 주요 변경이 있는 경우 즉시 연안국에 통보한다.

(g) 달리 합의되지 아니하는 한, 조사가 완료되면 과학조사를 위한 설비나 장비를 철거한다.

2. 이 조는 천연자원의 탐사와 개발에 직접적인 관련이 있는 사업의 조사결과를 국제적으로 이용 가능하도록 하기 위한 사전합의 요구를 비롯하여, 제246조 제5항에 따라 동의를 부여하거나 거부할 수 있는 연안국의 재량권 행사를 위하여 연안국의 법령에 정한 조건을 침해하지 아니한다.

제250조【해양과학조사사업 관련 통보】 달리 합의되지 아니하는 한, 해양과학조사사업에 관한 통보는 적절한 공식경로를 통하여 이루어진다.

제251조【일반적 기준과 지침】 각국이 해양과학조사의 성질과 의미를 확인하는 것을 돕기 위한 일반적인 기준과 지침 수립을 촉진하기 위하여 각국은 권한 있는 국제기구를 통하여 노력한다.

제252조【묵시적 동의】 각국과 권한 있는 국제기구는 연안국이 제248조에 따라 요청되는 정보가 연안국에 제공된 날로부터 6개월이 경과한 때에는 해양과학조사사업을 시작할 수 있다. 다만, 연안국이 그러한 정보를 포함한 통보를 수령한 후 4개월 내에 조사를 행하는 국가나 국제기구에 다음 중의 어느 하나를 통보하는 경우에는 그러하지 아니하다.

(a) 연안국이 제246조의 규정에 따라 동의를 거부하였다는 것

(b) 사업의 성질과 목적에 관하여 조사를 행하는 국가나 권한 있는 국제기구가 제공한 정보가 명백히 사실과 합치하지 아니한다는 것

(c) 연안국이 제248조와 제249조에 언급된 조건과 정보에 관련된 보충적인 정보를 요구한다는 것

(d) 국가나 국제기구가 이전에 실시한 해양과학조사사업과 관련하여 제249조에 수립된 조건에 비추어 이행되지 아니한 의무가 있다는 것

제253조 【해양과학조사의 정지나 중지】 1. 연안국은 다음의 경우 자국의 배타적 경제수역이나 대륙붕에서 수행되고 있는 해양과학조사활동의 정지를 요구할 권리를 가진다.

(a) 조사활동이 제248조의 규정에 따라 통보된 정보로서 연안국 동의의 기초가 되었던 정보에 따라 수행되고 있지 아니한 경우

(b) 조사활동을 수행하고 있는 국가나 권한 있는 국제기구가 해양과학조사사업에 관한 연안국의 권리에 관한 제249조의 규정을 이행하지 아니한 경우

2. 제248조 규정이 이행되지 아니하고 또 이러한 불이행이 조사사업이나 조사활동의 중대한 변경에 해당하는 경우, 연안국은 해양과학조사활동의 중지를 요구할 권리를 가진다.

3. 연안국은 또한 제1항에 해당하는 상황이 합리적인 기간 내에 시정되지 아니하는 경우 해양과학조사활동의 중지를 요구할 수 있다.

4. 해양과학조사활동 수행을 허가받은 국가나 권한 있는 국제기구는 연안국에 의한 정지나 중지 결정 통보가 있으면 이러한 통고의 대상이 되는 조사활동을 종료한다.

5. 조사를 수행하는 국가나 권한 있는 국제기구가 제248조와 제249조에 따른 요구 조건을 이행하는 경우, 연안국은 제1항에 의한 정지명령을 해제하고 해양과학조사활동이 계속되도록 허용한다.

제254조 【인접내륙국과 지리적 불리국의 권리】 1. 제246조 제3항에 언급된 해양과학조사 사업계획을 연안국에 제출한 국가나 권한 있는 국제기구는 제안된 조사사업계획을 인접내륙국과 지리적 불리국에 통보하고 또한 연안국에도 통보한다.

2. 제246조와 그 밖의 이 협약 관련 규정에 따라 관계 연안국이 제안된 해양과학조사사업에 동의한 후, 이러한 사업을 수행하는 국가와 권한 있는 국제기구는 인접내륙국과 지리적 불리국에 대하여 이들 국가의 요청에 따라, 또한 적절한 경우, 제248조와 제249조 제1항 (f)에 명시된 관련정보를 제공한다.

3. 앞에 언급된 인접내륙국과 지리적 불리국은 이들이 임명하고 연안국이 반대하지 아니하는 자격있는 전문가를 통하여 관계 연안국과 해양과학조사를 실시하는 국가 또는 권한 있는 국제기구 간에 이 협약의 규정에 부합되게 합의된 사업조건에 따라 제안된 해양과학조사사업에 실행 가능한 경우 참여할 수 있는 기회를 요청하여 부여받는다.

4. 제1항에 언급된 국가와 권한 있는 국제기구는 앞에 언급된 인접내륙국과 지리적 불리국이 요

청하는 경우 제249조 제2항에 따를 것을 조건으로 제249조 제1항 (d)에 명시된 정보와 지원을 제공한다.

제255조 【해양과학조사촉진 및 조사선지원을 위한 조치】 각국은 자국의 영해 밖에서 이 협약에 따라 수행되는 해양과학조사를 촉진하고 용이하게 하기 위한 합리적 규칙, 규정 및 절차를 채택하기 위하여 노력하고, 적절한 경우, 자국의 법령에 따를 것을 조건으로, 이 부의 관련규정을 준수하는 해양과학조사선의 자국 항구 출입을 용이하게 하고 그에 대한 지원을 촉진한다.

제256조 【심해저에서의 해양과학조사】 지리적 위치에 관계없이 모든 국가와 권한 있는 국제기구는 제11부의 규정에 따라 심해저에서 해양과학조사를 수행할 권리를 가진다.

제257조 【배타적 경제수역 바깥수역에서의 해양과학조사】 지리적 위치에 관계없이 모든 국가와 권한 있는 국제기구는 이 협약에 따라 배타적 경제수역 바깥수역에서 해양과학조사를 수행할 권리를 가진다.

제4절 해양환경 내의 과학조사시설이나 장비

제258조 【설치와 사용】 해양환경의 모든 수역에 있어서 모든 종류의 과학조사시설이나 장비의 설치 및 사용은 이러한 수역에서의 해양과학조사 수행에 관하여 이 협약에 규정된 것과 동일한 조건에 따른다.

제259조 【법적지위】 이 절에 언급된 시설이나 장비는 섬의 지위를 가지지 아니한다. 이들은 자체의 영해를 가지지 아니하며 또한 그 존재가 영해, 배타적 경제수역 또는 대륙붕의 경계설정에 영향을 미치지 아니한다.

제260조 【안전수역】 이 협약의 관련규정에 따라 과학조사를 위한 시설의 주위에 500미터를 넘지 아니하는 합리적인 폭의 안전수역을 설정할 수 있다. 모든 국가는 자국의 선박이 이러한 안전수역을 준수하도록 보장한다.

제261조 【해운항로 불가침】 어떠한 종류의 과학조사시설이나 장비의 설치와 사용도 확립된 국제해운항로에 대한 장애가 되지 아니하여야 한다.

제262조 【식별표지와 경고신호】 이 절에 언급된 시설과 장비는 등록국이나 소속 국제기구를 나타내는 식별표지를 부착하며, 권한 있는 국제기구에 의하여 설정된 규칙과 기준을 고려하여, 해상안전과 항공운항 안전을 보장하기 위하여 국제적으로 합의된 적절한 경고신호를 갖춘다.

제5절 책임

제263조 【책임】 1. 각국과 권한 있는 국제기구는 그들이 수행하거나 그들을 대리하여 수행되는 해양과학조사가 이 협약에 따라 실시되도록 보장할 책임을 진다. 2. 각국과 권한 있는 국제기구는 다른 국가나 그 국가의 자연인에 의하여 법인 또는 권한 있는 국제기구에 의하여 수행되는 해양과학조사와 관련하여 이 협약을 위반하여 취한 조치에 대한 책임을 지며 이러한 조치로 인하여 초래된 손해를 보상하여야 한다.

3. 각국과 권한 있는 국제기구는 그들이 수행하거나 그들을 대리하여 수행되는 해양과학조사로 해양환경오염으로 초래된 손해에 대하여 제235조에 따라 책임을 진다.

제6절 분쟁해결과 잠정조치

제264조 【분쟁해결】 해양과학조사에 관한 이 협약 규정의 해석이나 적용에 관한 분쟁은 제15부 제2절과 제3절에 따라 해결된다.

제265조 【잠정조치】 해양과학조사사업 수행을 승인받은 국가나 권한 있는 국제기구는 제15부 제2절과 제3절에 따라 분쟁이 해결될 때까지 관계연안국의 명시적 동의 없이는 조사활동을 개시하거나 계속할 수 없다.

제14부 해양기술의 개발과 이전

제1절 총 칙

제266조 【해양기술의 개발과 이전의 촉진】 1. 각국은 공평하고 합리적인 조건에 따라 해양과학 및 해양기술의 개발과 이전을 적극 증진하기 위하여 직접 또는 권한 있는 국제기구를 통하여 자국의 능력에 따라 협력한다.

2. 각국은 개발도상국의 사회적, 경제적 발전을 촉진하기 위하여 해양자원의 탐사·개발·보존 및 관리, 해양환경의 보호와 보전, 해양 환경 내에서의 해양과학조사 및 이 협약과 양립하는 그 밖의 활동에 관하여 해양과학기술분야의 원조를 필요로 하고 이를 요청한 국가, 특히 내륙국과 지리적불리국을 비롯한 개발도상국의 해양과학기술분야의 능력개발을 촉진한다.

3. 각국은 모든 당사자의 공평한 이익을 위하여 해양기술 이전에 유리한 경제적, 법률적 여건조성에 노력한다.

제267조 【적법한 이익의 보호】 각국은, 제266조에 따른 협력을 증진함에 있어서, 특히 해양기술의 보유자, 제공자 및 수혜자의 권리와 이익을 비롯한 모든 적법한 이익을 적절히 고려한다.

제268조 【기본목표】 각국은 직접 또는 권한 있는 국제기구를 통하여 다음을 증진한다.
(a) 해양기술 지식의 획득·평가·보급 및 이러한 정보와 자료의 이용
(b) 적절한 해양기술 개발
(c) 해양기술이전을 용이하게 하기 위하여 필요한 기술적 기반의 개발
(d) 개발도상국의 국민, 특히 최저개발국 국민의 훈련과 교육을 통한 인적자원 개발
(e) 모든 수준, 특히 지역적·소지역적 및 양자차원을 비롯한 모든 차원에서의 국제협력

제269조 【기본목표 달성을 위한 조치】 각국은 제268조에 언급된 목적을 달성하기 위하여 직접 또는 권한 있는 국제기구를 통하여 특히 다음을 위하여 노력한다.
(a) 해양기술분야에서 기술원조를 필요로 하고 요청하는 국가, 특히 개발도상국과 지리적 불리국에 대하여, 또한 해양과학과 해양자원의 탐사, 개발에 있어서 자국의 기술력을 확립, 발전시킬 수 없거나 그러한 기술의 기반을 발전시킬 수 없는 그 밖의 개발도상국에 대하여, 모든 종류의 해양기술을 효과적으로 이전하기 위한 기술협력 계획의 수립
(b) 협정, 계약 및 그 밖의 유사한 약정이 공평하고 합리적인 조건하에 체결될 수 있는 유리한

여건의 조장
(c) 과학·기술관련 주제, 특히 해양기술 이전을 위한 정책과 방법에 관한 회의, 세미나 및 심포지움의 개최
(d) 과학자, 기술자 및 그 밖의 전문가 교류의 증진
(e) 사업수행 및 합작사업과 그 밖의 형태의 양자협력 및 다자협력의 증진

제2절 국제협력

제270조【국제협력의 방법과 수단】 해양기술의 개발과 이전을 위한 국제협력은, 적절하고 가능한 경우 해양과학조사, 특히 새로운 분야의 해양기술이전을 촉진하고 해양연구개발을 위한 적절한 국제기금 조성을 촉진하기 위하여, 기존의 양자적·지역적 또는 다자적 계획과 새로운 확대계획을 통하여 수행된다.

제271조【지침과 기준】 각국은, 직접 또는 권한 있는 국제조직을 통하여 특히 개발도상국의 이익과 필요를 고려하여 양자차원에서 또는 국제기구와 그 밖의 국제회의에서 일반적으로 수락된 해양기술이전의 지침과 기준의 수립을 촉진한다.

제272조【국제적 활동계획의 조정】 각국은 해양기술이전 분야에서 개발도상국, 특히 내륙국과 지리적 불리국의 이익과 필요를 고려하여 권한 있는 각 국제기구가 지역적·세계적 계획을 비롯한 각 국제기구의 활동을 조정하도록 보장하기 위하여 노력한다.

제273조【국제기구·해저기구와의 협력】 각국은 심해저활동 관련 기능과 해양기술을 개발도상국과 그 국민, 심해저공사에 이전하도록 장려하고 촉진하기 위하여 권한 있는 국제기구 및 해저기구와 적극적으로 협력한다.

제274조【해저기구의 목표】 해저기구는 특히 기술의 보유자, 제공자 및 수혜자의 권리와 의무를 비롯한 모든 적법한 이익을 존중할 것을 조건으로, 심해저활동에 관하여 다음을 보장한다.
(a) 공평한 지리적 배분의 원칙에 입각하여, 연안국, 내륙국 또는 지리적 불리국 여부에 관계없이 개발도상국의 국민을 훈련목적상 해저기구의 사업을 위하여 구성되는 관리직원, 연구직원 및 기술직원으로 채용한다.
(b) 관련장비, 기계, 장치 및 공정에 관한 기술서류는 모든 국가, 특히 이 분야의 기술원조를 필요로 하고 요청하는 개발도상국이 이용할 수 있도록 한다.
(c) 해저기구는 해양기술분야의 기술원조를 필요로 하고 요청하는 국가, 특히 개발도상국에 의한 해양기술분야의 기술지원 획득을 용이하게 하고 그 국민이 직업훈련을 포함한 필요한 기능과 지식 획득을 용이하게 할 수 있도록 적절한 규정을 마련한다.
(d) 이 분야에서 기술원조를 필요로 하고 요청하는 국가, 특히 개발도상국은 이 협약에 규정된 재정상의 약정을 통하여 필요한 장비, 공정, 공장설비 및 그 밖의 기술지식의 획득을 위한 지원을 받는다.

제3절 국내·지역 해양과학기술 연구소

제275조【국내연구소의 설립】
1. 각국은, 직접 또는 권한 있는 국제기구와 해저기구를 통하여, 개발도상연안국의 해양과학조사 실시를 장려·발전시키기 위하

여, 또한 개발도상연안국이 자국의 경제적 이익을 위하여 자국의 해양자원을 이용·보전하는 능력을 높일 수 있도록 하기 위하여, 특히 개발도상국 국내에 해양과학연구소가 설립되고 기존 국내연구소가 강화되도록 장려한다.
2. 각국은, 권한 있는 국제기구와 해저기구를 통하여, 원조를 필요로 하고 요청하는 국가에게, 높은 수준의 훈련시설, 필요한 장비·기능과 기술지식 및 기술전문가를 제공하기 위하여 이러한 국내연구소의 설립·강화를 촉진하기 위한 적절한 지원을 한다.

제276조【지역연구소의 설립】

1. 각국은 권한 있는 국제기구, 해저기구 및 국내해양과학기술연구기관과의 조정을 거쳐 개발도상국에 의한 해양과학조사의 실시를 장려, 촉진시키고 해양기술이전을 조장하기 위하여 특히 개발도상국 내에 지역 해양과학기술연구소의 설립을 증진한다.
2. 역내 모든 국가는 지역연구소의 목적을 보다 효과적으로 달성하기 위하여 지역연구소와 협력한다.

제277조【지역연구소의 기능】이러한 지역연구소의 기능에는 특히 다음을 포함한다.

(a) 특히 생물자원의 보존과 관리를 포함한 해양생물학, 해양학, 수로학, 공학, 해저지질탐사, 채광 및 탈염기술 등 해양과학기술연구의 여러 분야의 모든 수준에서의 훈련 및 교육계획
(b) 경영연구
(c) 해양환경의 보호·보존 및 오염의 방지·경감·통제에 관한 연구계획
(d) 지역회의, 세미나 및 심포지움의 조직

(e) 해양과학기술에 관한 자료와 정보의 획득·분석
(f) 해양과학기술조사 결과를 쉽게 이용할 수 있는 출판물에 의하여 신속히 보급
(g) 해양기술이전에 관한 국가정책의 공표와 그러한 정책의 체계적 비교연구
(h) 기술판매, 계약 및 특허에 관한 그 밖의 약정에 대한 정보의 수집과 체계화
(i) 역내 다른 국가와의 기술협력

제4절 국제기구 간 협력

제278조【국제기구 간 협력】이 부 및 제13부에 언급된 권한 있는 국제기구는 직접적으로 또는 그 국제기구 서로 간의 긴밀한 협력을 통하여 이 부에 따른 임무와 책임을 효과적으로 이행하기 위하여 모든 적절한 조치를 한다.

제15부 분쟁의 해결

제1절 총칙

제279조【평화적 수단에 의한 분쟁해결의무】당사국은 이 협약의 해석이나 적용에 관한 당사국 간의 모든 분쟁을 국제연합헌장 제2조 제3항의 규정에 따라 평화적 수단에 의하여 해결하여야 하고, 이를 위하여 헌장 제33조 제1항에 제시된 수단에 의한 해결을 추구한다.

제280조【당사자가 선택한 평화적 수단에 의한 분쟁해결】이 부의 어떠한 규정도 당사국이 언제라도 이 협약의 해석이나 적용에 관한 당사국간의 분쟁을 스스로 선택하는 평화적 '수단'에 의하여 해결하기로 합의할 수 있는 권리를 침해하지 아니한다.

제281조【당사자 간 합의가 이루어지지 아니한 경우의 절차】 1. 이 협약의 해석이나 적용에 관한 분쟁의 당사자인 당사국이 스스로 선택한 평화적 수단에 의한 분쟁해결을 추구하기로 합의한 후, 이 부에 규정된 절차는 <u>그 수단에 의하여 해결이 이루어지지 아니하고 당사자간의 합의로 그 밖의 다른 절차(any further procedure)를 배제하지 아니하는(not exclude) 경우에만</u> 적용된다.

2. 당사자가 기한을 두기로 합의한 경우, 제1항은 그 기한이 만료한 때에 한하여 적용한다.

제282조【일반협정·지역협정·양자협정상의 의무】 이 협약의 해석이나 적용에 관한 분쟁의 당사자인 당사국들이 일반협정·지역협정·양자협정을 통하여 또는 <u>다른 방법으로(otherwise)</u> 어느 한 분쟁당사자의 <u>요청</u>에 따라 구속력 있는 결정을 초래하는 절차에 그 분쟁을 회부하기로 <u>합의</u>한 경우, 그 분쟁당사자가 달리 합의하지 아니하는 한, 이 부에 규정된 절차 대신 <u>그 절차가 적용된다.</u>

제283조【의견교환의무】 1. 이 협약의 해석이나 적용에 관하여 당사국 간 분쟁이 일어나는 경우, 분쟁당사자는 교섭이나 그 밖의 평화적 수단에 의한 분쟁의 해결에 관한 의견을 신속히 교환한다.

2. 당사자는 이러한 분쟁의 해결절차에 의하여 해결에 도달하지 못하였거나 또는 해결에 도달하였으나 해결의 이행방식에 관한 협의를 필요로 하는 상황인 경우, 의견을 신속히 교환한다.

제284조【조정】 1. 이 협약의 해석이나 적용에 관한 분쟁당사자인 당사국은 제5부속서 제1절에 규정된 절차나 그 밖의 조정절차에 따라 다른 당사자에게 그 분쟁을 조정에 회부하도록 요청할 수 있다.

2. 이러한 요청이 수락되고 당사자가 적용할 조정절차에 합의한 경우, 어느 당사자라도 그 분쟁을 조정절차에 회부할 수 있다.

3. 이러한 요청이 수락되지 아니하거나 당사자가 조정절차에 합의하지 아니하는 경우, 조정이 종료된 것으로 본다.

4. 당사자가 달리 합의하지 아니하는 한, 분쟁이 조정에 회부된 때에는 조정은 합의된 조정절차에 따라서만 종료될 수 있다.

제285조【제11부에 따라 회부된 분쟁에 대한 이 절의 적용】 이 절은 제11부 제5절에 의거하여 이 부에 규정된 절차에 따라 해결하는 모든 분쟁에 적용한다. 국가가 아닌 주체가 이러한 분쟁의 당사자인 경우에도 이 절을 준용한다.

제2절 구속력 있는 결정을 수반하는 강제절차

제286조【이 절에 따른 절차의 적용】 이 협약의 해석이나 적용에 관한 분쟁이 제1절에 따른 방법으로 해결이 이루어지지 아니하는 경우, <u>제3절에 따를 것을 조건으로,</u> 어느 한 분쟁당사자의 <u>요청이</u> 있으면 이 절에 의하여 관할권을 가지는 재판소에 회부된다.

제287조【절차의 선택】 1. 어떠한 국가가 <u>이 협약의 서명, 비준, 가입 시 또는 그 이후 언제라도, 서면 선언에 의하여</u> 이 협약의 해석이나 적용에 관한 분쟁의 해결을 위하여 다음 수단 중의 <u>어느 하나 또는 그 이상(one or more)</u>을 자유롭게 선택할 수 있다.

(a) <u>제6부속서에 따라 설립된 국제해양법재판소</u>

(b) <u>국제사법재판소</u>

(c) 제7부속서에 따라 구성된 중재재판소

(d) 제8부속서에 규정된 하나 또는 그 이상의 종류의 분쟁해결을 위하여 그 부속서에 따라 구성된 특별중재재판소

2. 제1항에 따라 행한 선언은 제11부 제5절에 규정된 범위와 방식에 따라 국제해양법재판소 해저분쟁재판부의 관할권을 수락하여야 하는 당사국의 의무에 영향을 미치지 아니하거나 또는 이로부터 영향을 받지 아니한다.

3. 유효한 선언에 포함되어 있지 아니한 분쟁의 당사자인 당사국은 제7부속서에 따른 중재를 수락한 것으로 본다.

4. 분쟁당사자가 그 분쟁에 관하여 동일한 분쟁해결절차를 수락한 경우, 당사자간 달리 합의하지 아니하는 한, 그 분쟁은 그 절차에만 회부될 수 있다.

5. 분쟁당사자가 그 분쟁에 관하여 동일한 분쟁해결절차를 수락하지 아니한 경우, 당사자 간 달리 합의하지 아니하는 한, 그 분쟁은 제7부속서에 따른 중재에만 회부될 수 있다.

6. 제1항에 따라 행한 선언은 취소통고가 국제연합 사무총장에게 기탁된 후 3개월까지 효력을 가진다.

7. 새로운 선언, 선언의 취소 또는 종료의 통고는 당사자 간 달리 합의하지 아니하는 한, 이 조에 따른 관할권을 가지는 재판소에 계류중인 소송에 어떠한 영향도 미치지 아니한다.

8. 이 조에 언급된 선언과 통고는 국제연합 사무총장에게 기탁되어야 하며, 사무총장은 그 사본을 당사국에 전달한다.

제288조 【관할권】 1. 제287조에 언급된 재판소는 이 부에 따라 재판소에 회부되는 이 협약의 해석이나 적용에 관한 분쟁에 대하여 관할권을 가진다.

2. 제287조에 언급된 재판소는 이 협약의 목적과 관련된 국제협정의 해석이나 적용에 관한 분쟁으로서 그 국제협정에 따라 재판소에 회부된 분쟁에 대하여 관할권을 가진다.

3. 제6부속서에 따라 설립된 국제해양법재판소 해저분쟁재판부와 제11부 제5절에 언급된 그 밖의 모든 재판부나 중재재판소는 제11부 제5절에 따라 회부된 모든 문제에 대하여 관할권을 가진다.

4. 재판소가 관할권을 가지는지 여부에 관한 분쟁이 있는 경우, 그 문제는 그 재판소의 결정에 의하여 해결된다.

제289조 【전문가】 과학·기술적 문제를 수반하는 분쟁에 있어서 이 절에 따라 관할권을 행사하는 재판소는 어느 한 분쟁당사자의 요청이나 재판소의 직권에 의하여 당사자와의 협의를 거쳐 우선적으로 제8부속서 제2조에 따라 준비된 관련 명부로부터 투표권 없이 재판에 참여하는 2인 이상의 과학·기술전문가를 선임할 수 있다.

제290조 【잠정조치】 1. 어느 재판소(a court or tribunal)에 정당하게 회부된 분쟁에 대하여 그 재판소가 일응(*prima facie*)이 부나 제11부 제5절에 따라 관할권을 가지는 것으로 판단하는 경우, 그 재판소(the court or tribunal)는 최종 판결이 날 때까지 각 분쟁당사자의 권리(rights)를 보전하기 위하여 또는 해양환경에 대한 중대한 손상을 방지하기 위하여 그 상황에서 적절하다고 판단하는 잠정조치를 명령할 수 있다 (may prescibe).

2. 잠정조치는 이를 정당화하는 상황이 변화하거나 소멸하는 즉시 변경하거나 철회할 수 있다.
3. 잠정조치는 어느 한 분쟁당사자의 요청이 있는 경우에만 모든 당사자에게 진술의 기회를 준 후 이 조에 따라 명령·변경 또는 철회할 수 있다.
4. 재판소(the court or tribunal)는 분쟁당사자와 재판소가 적절하다고 인정하는 그 밖의 당사국에게 잠정조치의 명령, 변경 또는 철회를 즉시 통지한다.
5. 이 절에 따라 분쟁이 회부되는 중재재판소가 구성되는 동안(pending the constitution of an arbitral tribunal) 잠정조치의 요청이 있는 경우 당사자가 합의하는 재판소가, 만일 잠정조치의 요청이 있은 후 2주일 이내에 이러한 합의가 이루어지지 아니하는 경우에는 국제해양법재판소(또는 심해저활동에 관하여서는 해저분쟁재판부)가, 이 조에 따라 잠정조치를 명령, 변경 또는 철회할 수 있다. 다만, 이는 장차 구성될 중재재판소가 일응 관할권을 가지고 있고 상황이 긴급하여 필요하다고 인정된 경우에 한한다. 분쟁이 회부된 중재재판소는 구성 즉시 제1항부터 제4항까지에 따라 그 잠정조치를 변경, 철회 또는 확인할 수 있다.
6. 분쟁당사자는 이 조의 규정에 따라 명령된 잠정조치를 신속히 이행한다.

제291조 【분쟁해결절차의 개방】

1. 이 부에 규정된 모든 분쟁해결절차는 당사국에게 개방된다.
2. 이 부에 규정된 분쟁해결절차는 이 협약에 특별히 규정된 경우에만 당사국 이외의 주체에게 개방된다.

제292조 【선박·선원의 신속한 석방】

1. 어느 한 당사국의 당국이 다른 당사국의 국기를 게양한 선박을 억류하고 있고, 적정한 보석금이나 그 밖의 금융 보증이 예치되었음에도 불구하고 억류국이 선박이나 선원을 신속히 석방해야 할 이 협약상의 규정을 준수하지 아니하였다고 주장되는 경우, 당사국 간 달리 합의되지 아니하는 한, 억류로부터의 석방문제는 당사국 간 합의된 재판소에 회부될 수 있으며, 만일 그러한 합의가 억류일로부터 10일 이내에 이루어지지 아니하면 제287조에 따라 억류국이 수락한 재판소나 국제해양법재판소에 회부될 수 있다.
2. 석방신청은 선박의 기국에 의하여 또는 기국을 대리하여서만 할 수 있다.
3. 재판소(the court or tribunal)는 지체 없이 석방신청을 처리하고, 선박과 그 소유자 또는 선원에 대한 적절한 국내법정에서의 사건의 심리에 영향을 미침이 없이 석방문제만(only with the question of release)을 처리한다. 억류국의 당국은 선박이나 승무원을 언제라도 석방할 수 있는 권한을 가진다.
4. 재판소가 결정한 보석금이나 그 밖의 금융 보증이 예치되는 즉시 억류국의 당국은 선박이나 선원들의 석방에 관한 재판소의 결정을 신속히 이행한다.

제293조 【적용법규】

1. 이 절에 따라 관할권을 가지는 재판소는 이 협약 및 이 협약과 상충되지 아니하는 그 밖의 국제법규칙을 적용한다.
2. 당사자가 합의한 경우, 제1항은 이 절에 따라 관할권을 가지는 재판소가 형평과 선에 기초하여 재판하는 권한을 침해하지 아니한다.

제294조【예비절차】 1. 제287조에 규정된 재판소에 제297조에 언급된 분쟁에 관한 신청이 접수된 경우, 그 재판소는 어느 한 당사자의 요청에 따라 청구가 법적 절차의 남용에 해당하는지의 여부나 청구에 일응 정당한 근거가 있는지의 여부를 결정하여야 하며, 재판소의 직권으로 이를 결정할 수도 있다. 재판소는 청구가 법적 절차의 남용에 해당하거나 또는 일응 근거가 없다고 결정한 경우, 그 사건에 관하여 더 이상의 조치를 취할 수 없다.
2. 재판소는 신청을 접수한 즉시 다른 당사자에게 그 신청을 신속히 통지하여야 하며 다른 당사자가 제1항에 따라 재판소의 결정을 요청할 수 있는 합리적인 기한을 정한다.
3. 이 조의 어떠한 규정도 적용가능한 절차규칙에 따라 선결적 항변을 제기할 수 있는 분쟁당사자의 권리에 영향을 미치지 아니한다.

제295조【국내적 구제의 완료】 이 협약의 해석이나 적용에 관한 당사국 간의 분쟁은 <u>국제법상 국내적 구제가 완료되어야 하는 경우</u>에는 이러한 <u>절차를 완료한 후에만</u> 규정된 절차에 회부될 수 있다.

제296조【판결의 종국성과 구속력】 1. 이 절에 따라 관할권을 가지는 재판소의 판결은 <u>종국적</u>이며 분쟁당사자에 의하여 <u>준수</u>되어야 한다.
2. 어떠한 판결도 그 특정 분쟁과 당사자 <u>외에는</u> 구속력을 가지지 아니한다.

제3절 적용의 제한(limitations)과 예외(exceptions)

제297조【적용의 제한】 1. <u>이 협약에 규정된 연안국의 주권적 권리 또는 관할권 행사와 관련된</u> 이 협약의 <u>해석</u>이나 <u>적용</u>에 관한 분쟁으로서 다음의 각 경우 제2절에 규정된 절차에 따른다.
(a) 연안국이 <u>항해·상공비행의 자유와 권리, 해저전선·해저관선 부설의 자유와 권리</u> 또는 제58조에 명시된 <u>그 밖의 국제적으로 적법한 해양이용권</u>에 관한 이 협약의 규정에 위반되는 행위를 하였다고 주장되는 경우
(b) 어느 한 국가가 앞에 언급된 자유, 권리 또는 이용권을 행사함에 있어서 이 협약 또는 이 협약 및 이 협약과 상충하지 아니하는 그 밖의 국제법규칙에 부합하여 <u>연안국이 채택한 법령에 위반되는 행위</u>를 하였다고 주장되는 경우
(c) 연안국이 이 협약에 의하여 수립되었거나 또는 권한 있는 국제기구나 외교회의를 통하여 이 협약에 부합되게 수립되어 연안국에 적용되는 <u>해양환경의 보호와 보전을 위한 특정의 규칙과 기준에 위반되는 행위</u>를 하였다고 주장된 경우
2. (a) 해양과학조사와 관련한 이 협약의 규정의 해석이나 적용에 관한 분쟁은 제2절에 따라 해결된다. 다만, 연안국은 다음의 경우로부터 발생하는 분쟁에 대하여는 제2절에 규정된 절차에 회부할 것을 수락할 의무를 지지 아니한다.
(i) <u>제246조에 따르는 연안국의 권리나 재량권의 행사</u>
(ii) <u>제253조에 따르는 조사계획의 정지나 중지를 명령하는 연안국의 결정</u>
(b) 특정 조사계획에 관하여 연안국이 제246조와 제253조에 의한 권리를 이 협약과 양립하는 방식으로 행사하고 있지 않다

고 조사국이 주장함으로써 발생하는 분쟁은 어느 한 당사국의 요청이 있는 경우, 제5부속서 제2절에 규정된 조정에 회부되어야 한다. 다만, 조정위원회는 제246조 제6항에 언급된 특정 지역을 지정할 수 있는 연안국의 재량권 행사나 제246조 제5항에 따라 동의를 거부할 수 있는 연안국의 재량권 행사를 문제삼지 아니하여야 한다.

3. (a) 어업과 관련된 이 협약 규정의 해석이나 적용에 관한 분쟁은 제2절에 따라 해결된다. 다만, 연안국은 배타적 경제수역의 생물자원에 대한 자국의 주권적 권리 및 그 행사(허용어획량, 자국의 어획능력, 다른 국가에 대한 잉여량 할당 및 자국의 보존관리법에서 정하는 조건을 결정할 재량권 포함)에 관련된 분쟁을 그러한 해결절차에 회부할 것을 수락할 의무를 지지 아니한다.

(b) 이 부 제1절에 의하여 해결되지 아니하는 분쟁은 다음과 같은 주장이 있는 경우, 어느 한 분쟁당사자의 요청이 있으면 제5부속서 제2절에 따른 조정에 회부된다(shall be submitted to conciliation).

(i) 연안국이 적절한 보존·관리조치를 통하여 배타적 경제수역의 생물자원의 유지가 심각하게 위협받지 아니하도록 보장할 의무를 명백히 이행하지 아니하였다는 주장

(ii) 연안국이 다른 국가의 어획에 관심을 가지고 있는 어종의 허용어획량과 자국의 생물자원 어획능력 결정을 그 다른 국가의 요청에도 불구하고 자의적으로 거부하였다는 주장

(iii) 연안국이 존재한다고 선언한 잉여분의 전부나 일부를 제62조, 제69조 및 제70조에 따라, 또한 연안국이 이 협약에 부합되게 정한 조건에 따라 다른 국가에게 할당할 것을 자의적으로 거부하였다는 주장

(c) 어떠한 경우에도 조정위원회는 그 재량권으로써 연안국의 재량권을 대체할 수 없다.

(d) 조정위원회의 보고서는 적절한 국제기구에 송부된다.

(e) 당사국은, 제69조와 제70조에 따라 협정을 교섭함에 있어, 달리 합의하지 아니하는 한, 협정의 해석이나 적용에 관한 의견 불일치의 가능성을 최소화하기 위한 조치에 관한 조항과 그럼에도 불구하고 발생하는 경우에 대처하기 위한 절차에 관한 조항을 포함시켜야 한다.

제298조【제2절 적용의 선택적 예외】 1. 국가는 제1절에 의하여 발생하는 의무에 영향을 미침이 없이 이 협약 서명, 비준, 가입 시 또는 '그 이후 어느 때라도'(at any time thereafter) 다음 분쟁의 범주 중 어느 하나 또는 그 이상에 관하여 제2절에 규정된 절차 중 어느 하나 또는 그 이상을 수락하지 아니한다는 것을 서면선언할 수 있다.

(a) (i) 해양경계획정과 관련된 제15조, 제74조 및 제83조의 해석이나 적용에 관한 분쟁 또는 역사적 만 및 권원과 관련된 분쟁. 다만, 이러한 분쟁이 이 협약 발효 후 발생하고 합리적 기간 내에 당사자 간의 교섭에 의하여 합의가 이루어지지 아니하는 경우, 어느 한 당사자의 요청이 있으면 이러한 선언을 행한 국가

는 그 사건을 제5부속서 제2절에 따른 조정에 회부할 것을 수락하여야 하나, 육지영토 또는 도서영토에 대한 주권이나 그 밖의 권리에 관한 미해결분쟁이 반드시 함께 검토되어야 하는 분쟁은 이러한 회부로부터 제외된다.

(ii) 조정위원회가 보고서(그 근거가 되는 이유 명시)를 제출한 후, 당사자는 이러한 보고서를 기초로 합의에 이르기 위하여 교섭한다. 교섭이 합의에 이르지 못하는 경우, 당사자는, 달리 합의하지 아니하는 한, 상호 동의에 의해 제2절에 규정된 어느 한 절차에 그 문제를 회부한다.

(iii) 이 호는 당사자 간의 약정에 따라 종국적으로 해결된 해양경계분쟁, 또는 당사자를 구속하는 양자협정이나 다자협정에 따라 해결되어야 하는 어떠한 해양경계분쟁에도 적용되지 아니한다.

(b) 군사활동(비상업용 업무를 수행중인 정부 선박과 항공기에 의한 군사활동 포함)에 관한 분쟁 및 주권적 권리나 관할권의 행사와 관련된 법집행활동에 관한 분쟁으로서 제297조 제2항 또는 제3항에 따라 재판소의 관할권으로부터 제외된 분쟁

(c) 국제연합안전보장이사회가 국제연합헌장에 따라 부여받은 권한을 수행하고 있는 분쟁. 다만, 안전보장이사회가 그 문제를 의제로부터 제외하기로 결정하는 경우 또는 당사국에게 이 협약에 규정된 수단에 따라 그 문제를 해결하도록 요청한 경우에는 그러하지 아니하다.

2. 제1항에 따른 선언을 행한 당사국은 언제라도 이를 철회할 수 있으며, 또한 그 선언에 따라 제외되는 분쟁을 이 협약에 규정된 절차에 회부하기로 합의할 수 있다.

3. 제1항에 따라 선언을 행한 당사국은 다른 당사국을 상대방으로 하는 분쟁으로서 제외된 분쟁의 범주에 속하는 분쟁을 그 다른 당사국의 동의 없이 이 협약의 절차에 회부할 수 없다.

4. 어느 한 당사국이 제1항 (a)에 따라 선언을 행한 경우, 다른 모든 당사국은 제외된 범주에 속하는 분쟁을 선언당사국을 상대방으로 하여 그 선언에 명시된 절차에 회부할 수 있다.

5. 새로운 선언이나 선언의 철회는, 당사자가 달리 합의하지 아니하는 한, 이 조에 따라 재판소에 계류 중인 소송절차에 어떠한 영향도 미치지 아니한다.

6. 이 조에 따라 행한 선언이나 그 철회의 통지는 국제연합사무총장에게 기탁하며, 국제연합사무총장은 당사국에게 그 사본을 전달한다.

제299조 【분쟁해결절차에 관하여 합의할 수 있는 당사국의 권리】

1. 제297조에 따라 배제되거나 제298조에 따른 선언으로 제2절에 규정된 분쟁해결절차로부터 제외된 분쟁은 분쟁당사자 간의 합의에 의하여만 이러한 절차에 회부될 수 있다.

2. 이 절의 어떠한 규정도 이러한 분쟁의 해결을 위하여 다른 절차에 합의하거나 우호적 해결에 이를 수 있는 분쟁당사자의 권리를 침해하지 아니한다.

제16부 일반규정

제300조【신의성실과 권리남용】
당사국은 이 협약에 따른 의무를 성실하게 이행하여야 하며, 이 협약이 인정하고 있는 권리, 관할권 및 자유를 권리남용에 해당되지 아니하도록 행사한다.

제301조【해양의 평화적 이용】
이 협약에 따른 권리행사와 의무이행에 있어서 당사국은 다른 국가의 영토보전 또는 정치적 독립에 해가 되거나 또는 국제연합헌장에 구현된 국제법의 원칙에 부합되지 아니하는 방식에 의한 무력의 위협이나 행사를 삼가야 한다.

제302조【정보의 공개】
이 협약에 규정된 분쟁해결절차를 이용할 수 있는 당사국의 권리를 침해하지 아니하고 이 협약의 어떠한 규정도 당사국이 이 협약상의 의무를 이행함에 있어서, 공개될 경우 자국의 중대한 안보이익에 반하는 정보를 제공하도록 요구하는 것으로 보지 아니한다.

제303조【해양에서 발견된 고고학적·역사적 유물】
1. 각국은 해양에서 발견된 고고학적·역사적 유물을 보호할 의무를 지며, 이를 위하여 서로 협력한다.
2. 이러한 유물의 거래를 통제하기 위하여 연안국은 제33조를 적용함에 있어서, 연안국의 승인 없이 제33조에 규정된 수역의 해저로부터 유물을 반출하는 것을 제33조에 언급된 자국의 영토나 영해에서의 자국 법령 위반으로 추정할 수 있다.
3. 이 조의 어떠한 규정도 확인가능한 소유주의 권리, 해난구조법 또는 그 밖의 해사규칙, 또는 문화교류에 관한 법률과 관행에 영향을 미치지 아니한다.

4. 이 조는 고고학적·역사적 유물의 보호에 관한 그 밖의 국제협정과 국제법규칙을 침해하지 아니한다.

제304조【손해배상책임】
손해배상책임에 관한 이 협약의 규정은 국제법상 책임에 관한 기존 규칙의 적용과 장래 이러한 규칙의 발전을 저해하지 아니한다.

제17부 최종조항

제305조【서명】
1. 이 협약은 다음에 의한 서명을 위하여 개방된다.
(a) 모든 국가
(b) 국제연합나미비아위원회에 의하여 대표되는 나미비아
(c) 국제연합총회 결의 제1514(XV)호에 따라 국제연합에 의하여 감독되고 승인되는 민족자결행위로서 그 지위를 선택하고, 이 협약에 의하여 규율되는 사항에 관한 권한(그러한 사항에 관한 조약체결권 포함)을 가지는 모든 자치연합국
(d) 각각의 연합문서에 따라 이 협약에 의해 규율되는 사항에 관한 권한(조약체결권 포함)을 가지는 모든 자치연합국
(e) 완전한 국내자치를 누리고 있어 국제연합에 의하여 그러하게 승인되고 있으나, 국제연합총회 결의 제1514(XV)호에 따른 완전한 독립을 얻지 못하고, 이 협약에 의하여 규율되는 사항에 관한 권한(그러한 사항에 관한 조약체결권 포함)을 가지는 모든 영토
(f) 제9부속서에 따른 국제기구
2. 이 협약은 1984년 12월 9일까지는 자메이카 외무부에서, 1983년 7월 1일부터 1984년 12월 9일까지 뉴욕에 있는 국제연합본부에서 서명을 위하여 개방된다.

제306조【비준과 공식확인】이 협약은 국가 및 제305조 제1항 (b), (c), (d), (e)에 언급된 그 밖의 주체에 의하여 비준되고 제305조 제1항 (f)에 언급된 주체에 의하여 제9부속서에 따라 공식확인되어야 한다. 비준서와 공식확인서는 국제연합사무총장에게 기탁된다.

제307조【가입】협약은 국가 및 제305조에 언급된 그 밖의 주체에 의한 가입을 위하여 개방된다. 제305조 제1항 (f)에 규정된 주체에 의한 가입은 제9부속서에 따른다. 가입서는 국제연합 사무총장에게 기탁된다.

제308조【발효】1. 이 협약은 60번째 비준서나 가입서가 기탁된 날로부터 12개월 후 발효한다.

2. 이 협약은 60번째 비준서나 가입서가 기탁된 후 비준 또는 가입하는 국가에 대하여, 제1항의 규정을 따를 것을 조건으로, 비준서 또는 가입서 기탁 후 30일째 발효한다.

3. 해저기구 총회는 이 협약의 발효일에 개최되며 해저기구 이사회의 이사국을 선출한다. 이사회 제1회기는 제161조의 규정을 엄격하게 적용할 수 없는 경우 제161조의 목적에 합치하는 방식으로 구성된다.

4. 준비위원회에 의하여 기초된 규칙, 규정 및 절차는 제11부에 따라 해저기구가 정식 채택할 때까지 잠정적으로 적용된다.

5. 해저기구와 그 기관은 선행투자자와 관련한 제3차 국제연합해양법회의의 결의 II와 그 결의에 따라 준비위원회가 내린 결정에 따라 행동한다.

제309조【유보와 예외】이 협약의 다른 조항에 의하여 명시적으로 허용되지 아니하는 한 이 협약에 대한 유보나 예외는 허용되지 아니한다.

제310조【선언과 성명】제309조는 어떠한 국가가 특히 자국의 국내법령을 이 협약의 규정과 조화시킬 목적으로 이 협약의 서명, 비준, 가입 시 그 표현이나 명칭에 관계없이 선언이나 성명을 행하는 것을 배제하지 아니한다. 다만, 그러한 선언이나 성명은 그 당사국에 대하여 이 협약의 규정을 적용함에 있어서 협약규정의 법적효과를 배제하거나 변경시키려고 의도하지 아니하여야 한다.

제311조【다른 협약·국제협정과의 관계】1. 이 협약은 당사국 간에 있어 1958년 4월 29일자 해양법에 관한 제네바 협약에 우선한다.

2. 이 협약은 이 협약과 양립가능한 다른 협정으로부터 발생하거나 또는 다른 당사국이 이 협약상의 권리를 행사하거나 의무를 이행함에 영향을 미치지 아니하는 당사국의 권리와 의무를 변경하지 아니한다.

3. 2개국 이상의 당사국은 오직 그들 상호관계에만 적용되는 협정으로서 이 협약의 규정의 적용을 변경하거나 정지시키는 협정을 체결할 수 있다. 다만, 이러한 협정은 이 협약의 목적과 대상의 효과적 이행과 양립하지 않는 조항 일탈에 관한 것이어서는 아니되며, 이 협약에 구현된 기본원칙의 적용에 영향을 미치지 아니하며, 그 협정의 규정이 이 협약상 다른 당사국의 권리행사나 의무이행에 영향을 미치지 아니하여야 한다.

4. 제3항에 언급된 협정을 체결하고자 하는 당사국은 이 협약의 수탁자를 통하여 협정체결의사 및 그 협정이 규정하고 있는 이 협약에 대한 변경이나 정지를 다른 모든 당사국에 통고하여야 한다.

5. 이 조는 이 협약의 다른 규정에 의하여 명시적으로 허용되거나 보장되어 있는 국제협정에 영향을 미치지 아니한다.

6. 당사국은 제136조에 규정된 인류공동유산에 관한 기본원칙에 대한 어떠한 개정도 있을 수 없으며, 이 기본원칙을 일탈하는 어떠한 협정의 당사국도 되지 아니한다는 데 합의한다.

제312조【개정】 1. 당사국은 이 협약 발효일로부터 10년이 지난 후 국제연합 사무총장에 대한 서면통보를 통하여 심해저활동 관련규정을 제외한 이 협약의 규정에 대한 개정안을 제안하고 그 개정안을 다룰 회의의 소집을 요청할 수 있다. 사무총장은 이러한 통보를 모든 당사국에 회람한다. 통보 회람일로부터 12개월 이내에 당사국의 1/2 이상이 요청에 긍정적인 답변을 한 경우 사무총장은 회의를 소집한다.

2. 개정회의에 적용하는 의사결정절차는 그 회의에서 달리 결정하지 아니하는 한, 제3차 국제연합해양법회의에 적용된 의사결정절차와 동일하다. 개정회의는 어떠한 개정안에 대하여서도 컨센서스에 의한 합의에 이르기 위한 모든 노력을 다하여야 하며, 컨센서스를 위한 모든 노력이 끝날 때까지 표결하지 아니한다.

제313조【약식절차에 의한 개정】

1. 당사국은 국제연합 사무총장에 대한 서면통보를 통하여 심해저활동 관련규정을 제외한 이 협약의 규정에 대한 개정안을 회의를 소집하지 아니하고 이 조에 규정하는 약식절차에 의하여 채택되도록 제안할 수 있다. 사무총장은 이러한 통보를 모든 당사국에 회람한다.

2. 이러한 통보가 회람된 후 12개월 이내에 어느 한 당사국이 개정안에 대하여 또는 약식절차를 통한 개정안 채택 제의에 대하여 반대하는 경우, 그 개정안은 기각된 것으로 본다. 사무총장은 모든 당사국에 즉시 이를 통고한다.

3. 이러한 통보가 회람된 후 12개월이 경과할 때까지 어떠한 당사국도 개정안에 대하여 또는 약식절차를 통한 개정안 채택 제안에 근거하여 반대하지 아니하는 경우, 그 개정안은 채택된 것으로 본다. 사무총장은 모든 당사국에게 개정안이 채택되었음을 통고한다.

제314조【심해저활동에만 관련된 규정의 개정】 1. 당사국은 해저기구 사무총장에 대한 서면통보를 통하여 심해저활동에만 관련된 협약규정(제6부속서 제4절을 포함)에 대한 개정을 제안할 수 있다. 사무총장은 이러한 통보를 모든 당사국에 회람한다. 개정안은 이사회의 승인 후 총회의 승인을 받는다. 이러한 기관에서 당사국 대표는 제안된 개정안을 검토하고 승인할 전권을 가진다. 이사회와 총회에 의하여 승인된 개정안은 채택된 것으로 본다.

2. 제1항의 규정에 따라 개정안을 승인하기에 앞서 이사회와 총회는 그 개정안이 제155조에 따른 재검토회의 이전에는 심해저자원의 탐사·개발체제를 침해하지 아니하도록 보장한다. <이행협정부속서 제4절 참조>

제315조【개정안의 서명·비준·가입과 정본】 1. 이 협약에 따라 채택된 개정안은 개정안 자체에 달리 규정되지 아니하는 한, 당사국에 의한 서명을 위하여 채택일로부터 12개월 동안 뉴욕에 있는 국제연합본부에서 개방된다.

2. 제306조, 제307조 및 제320조는 이 협약에 대한 모든 개정에 적용된다.

제316조【개정의 발효】 1. 제5항에 언급된 개정을 제외한 이 협약에 대한 개정은 당사국의 3분의 2 또는 60개 당사국 중 더 많은 수의 비준서 또는 가입서가 기탁된 후 30일째 되는 날에 이를 비준하거나 가입한 국가에 대하여 발효한다.

2. 개정은 그 효력발생을 위하여 이 조가 요구하는 것보다 더 많은 수의 비준·가입을 필요로 함을 규정할 수 있다.

3. 필요한 수의 비준서나 가입서가 기탁된 후 제1항에 규정된 개정에 비준하거나 가입하는 당사국에 대하여는, 개정은 비준서 또는 가입서가 기탁된 후 30일째 발효한다.

4. 제1항에 따른 개정의 발효 이후 이 협약의 당사국이 된 국가는 그 국가에 의한 다른 의사표시가 없는 한,

(a) 개정된 이 협약의 당사국으로 본다.

(b) 개정에 기속되지 아니한 협약 당사국에 대하여는 개정되지 아니한 협약의 당사국으로 본다.

5. 심해저활동에만 관련된 개정과 제6부속서에 대한 개정은 당사국 4분의 3의 비준서나 가입서가 기탁된 후 1년이 되는 날부터 모든 당사국에게 발효한다.

6. 제5항에 따른 개정의 발효 후 이 협약의 당사국이 된 국가는 개정된 이 협약의 당사국으로 본다.

제317조【폐기】 1. 당사국은 국제연합 사무총장에 대한 서면통고를 통하여 이 협약을 폐기하고 그 이유를 명시할 수 있다. 폐기이유를 명시하지 아니하여도 폐기의 효력에 영향을 미치지 아니한다. 폐기는 통고서에 폐기일자를 더 늦게 지정하지 아니하는 한, 통고수령일 후 1년이 지난 날부터 유효하다.

2. 어떠한 당사국도 폐기를 이유로 당사국이었던 중에 발생한 재정적 의무와 계약상 의무로부터 면제되지 아니하며, 폐기는 이 협약이 그 국가에 대하여 종료되기 전에 이 협약의 시행을 통하여 발생한 그 당사국의 권리, 의무 또는 법적 상황에 영향을 미치지 아니한다.

3. 폐기는 이 협약에 구현된 의무로서 이 협약과는 관계없이 국제법에 따라 부과된 의무를 이행해야 할 당사국의 의무에 어떠한 영향도 미치지 아니한다.

제318조【부속서의 지위】 부속서는 이 협약과 불가분의 일체를 이루며, 명시적으로 달리 규정되지 아니하는 한, 협약이나 협약의 각 부에 대한 언급은 이와 관련된 부속서에 대한 언급을 포함한다.

제319조【수탁자】 1. 국제연합 사무총장은 이 협약과 이에 대한 개정의 수탁자가 된다.

2. 사무총장은 수탁자로서의 기능 이외에 다음을 수행한다.

(a) 이 협약과 관련하여 발생한 일반적 성격의 문제를 모든 당사국, 해저기구 및 권한 있는 국제기구에 보고

(b) 이 협약에 대한 비준, 공식확인, 가입, 개정 및 폐기에 관하여 해저기구에 통고

(c) 제311조 제4항에 따른 협정을 당사국에 통고

(d) 이 협약에 따라 채택된 개정의 비준이나 가입을 위하여 당사국에 회람

(e) 이 협약에 따라 필요한 당사국회의의 소집

3. (a) 사무총장은 제156조에 언급
된 옵서버에게 다음을 전달한다.
(i) 제2항 (a)에 언급된 보고
(ii) 제2항 (b)와 (c)에 언급된 통고
(iii) 제2항 (d)에 언급된 개정문
안(옵서버 참고용)
(b) 사무총장은 이러한 옵서버를
제2항 (e)에 언급된 당사국회의
에 옵서버로 참가하도록 초청
한다.

제320조 【정본】 아랍어, 중국어,
영어, 불어, 노어 및 스페인어본
을 동등하게 정본으로 하는 이 협
약의 원본은 제305조 제2항에 따
라 국제연합 사무총장에게 기탁
된다.

이상의 증거로서 다음의 전권대
표들은 정당히 권한을 위임받아
이 협약에 서명하였다.

1982년 12월 10일 몬테고베이에
서 작성되었다.

38 1984년 고문 및 그 밖의 잔혹한, 비인도적인 또는 굴욕적인 대우나 처벌의 방지에 관한 협약(Convention against Torture and Other Cruel, Inhuman or Degrading Treatment or Punishment)

체결일 : 1984.12.10.
발효일 : 1987.6.26.
한국 발효일 : 1995.2.8.

이 협약의 당사국은,
국제연합헌장에 천명된 원칙에 따라, 인류사회의 모든 구성원이 향유하는 평등하며 불가양한 권리를 인정하는 데서 세계의 자유·정의 및 평화의 기초가 이룩됨을 고려하고,
이러한 권리는 인간의 고유한 존엄성으로부터 유래함을 인정하며, 국제연합헌장 특히 제55조에 따라 인권 및 기본적 자유를 보편적으로 존중하고 이의 준수를 촉진하여야 하는 국가의 의무를 고려하고,
어느 누구도 고문 및 잔혹한·비인도적인 또는 굴욕적인 대우나 처벌의 대상이 되어서는 아니된다고 규정한 세계인권선언 제5조와 시민적 및 정치적 권리에 관한 국제규약 제7조에 유의하며, 1975년 12월 9일 국제연합총회에서 채택된 고문 및 그 밖의 잔혹한·비인도적인 또는 굴욕적인 대우나 처벌로부터 만인의 보호에 관한 선언에 유의하고, 세계적으로 고문 및 그 밖의 잔혹한·비인도적인 또는 굴욕적인 대우나 처벌을 방지하기 위한 투쟁이 더욱 실효적이기를 희망하여(Desiring to make more effective the struggle against), 다음과 같이 합의하였다.

제1장

제1조 1. 이 협약의 목적상 "고문"이라 함은 공무원(a public official)이나 그 밖의 공무수행자(other person acting in an official capacity)가 직접 또는 이러한 자의 교사·동의·묵인 아래, 어떤 개인이나 제3자로부터 정보(information)나 자백(a confession)을 얻어내기 위한 목적으로, 개인이나 제3자가 실행하였거나 실행한 혐의가 있는 행위에 대하여 처벌을 하기 위한 목적으로, 개인이나 제3자를 협박·강요할 목적으로, 또는 모든 종류의 차별에 기초한 이유로, 개인에게 고의로(intentionally) 극심한 신체적·정신적 고통을 가하는 행위를 말한다. 다만, 합법적 제재조치로부터 초래되거나, 이에 내재하거나 이에 부수되는 고통은 고문에 포함되지 아니한다.
2. 이 조는 더 광범위하게 적용되는 규정을 포함하고 있거나 포함하게 될 국제문서나 국내입법을 해하지 아니한다.

제2조 1. 당사국은 자기 나라 관할하의 영토 내에서 고문행위를 방지하기 위하여 실효적인 입법·행정·사법 또는 그 밖의 조치를 취한다.
2. 전쟁상태, 전쟁의 위협, 국내의 정치불안정 또는 그 밖의 사회적 긴급상황 등 어떠한 예외적인 상황도 고문을 정당화하기 위하여

원용될 수 없다.

3. 상관 또는 당국의 명령은 고문을 정당화하기 위하여 원용될 수 없다.

제3조 1. 어떠한 당사국도 고문받을 위험이 있다고 믿을 만한 상당한 근거가 있는 다른 나라로 개인을 추방(expel)·송환(return/refouler) 또는 인도(extradite)하여서는 아니된다.

2. 위와 같이 믿을만한 근거가 있는지 여부를 결정하기 위하여, 권한 있는 당국은 가능한 경우 관련 국가에서 현저하며 극악한 또는 대규모 인권침해 사례가 꾸준하게 존재하여 왔는지 여부를 포함하여 모든 관련사항을 고려한다.

제4조 1. 당사국은 모든 고문행위가 자기 나라의 형법에 따라 범죄가 되도록 보장하며, 고문 미수, 고문 공모 또는 가담에 해당하는 행위도 마찬가지로 다룬다.

2. 당사국은 이러한 범죄가 그 심각성이 고려된 적절한 형벌로 처벌될 수 있도록 한다.

제5조 1. 당사국은 다음의 경우에 제4조에 규정된 범죄에 대한 관할권을 확립하기 위하여 필요한 조치를 취한다.

가. 범죄가 자기 나라 관할하의 영토 내에서 또는 자기 나라에 등록된 선박이나 항공기에서 실행될 경우

나. 범죄혐의자가 자기 나라의 국민인 경우

다. 피해자가 자기 나라의 국민이며 자기 나라의 관할권 행사가 적절하다고 인정하는 경우

2. 당사국은 범죄혐의자가 자기 나라 관할하의 영토 내에 소재하나 이러한 범죄혐의자를 제1항에 규정된 어느 국가에도 제8조에 따라 인도하지 아니하는 경우에는 위와 마찬가지로 이러한 범죄에 대한 관할권을 확립하기 위하여 필요한 조치를 취한다.

3. 이 협약은 국내법에 따라 행사되는 어떠한 형사관할권도 배제하지 아니한다.

제6조 1. 당사국은 제4조에 규정된 범죄를 실행한 것으로 추정되는 혐의자가 자기 나라 영토 안에 소재하는 경우에, 입수된 정보를 검토한 후 상황에 비추어 정당하다고 판단하게 되면, 즉시 범죄혐의자를 구금하거나 또는 그의 신병을 확보하기 위한 그 밖의 법적 조치를 취한다. 구금 또는 그 밖의 법적 조치는 당사국의 법에 따르나, 형사절차나 범죄인 인도 절차를 개시하는 데 필요한 기간만 지속될 수 있다.

2. 위의 조치를 취한 국가는 즉시 예비 사실조사를 실시한다.

3. 제1항에 따라 구금된 개인은 가장 인근에 소재하는 국적국의 적절한 대표, 무국적자인 경우에는 자신이 상주하고 있는 국가의 대표와 즉각적으로 연락을 취할 수 있도록 지원을 받는다.

4. 어느 국가가 이 조에 따라 개인을 구금하는 경우, 제5조 제1항에 규정된 국가에 그 개인의 구금 사실 및 구금을 정당화하는 상황을 즉시 통고한다. 제2항에 규정된 예비조사를 실시하는 국가는 조사결과를 제5조 제1항에 규정된 국가에 신속히 통보하며, 관할권을 행사할 의도가 있는지 여부를 알린다.

제7조 1. 당사국은 제4조에 규정된 범죄를 실행한 것으로 추정되는 혐의자가 자기 나라 영토 안에 소재하나, 제5조에 규정된 사건과 관련 이러한 범죄혐의자를 인도하지 아니하는 경우에는, 기소를 위하여 사건을 권한 있는 당국에 회부한다.

2. 이러한 당국은 자기 나라 법에 따라 통상적인 중범죄의 경우와 같은 방식으로 결정을 내린다. 제5조 제2항에 해당하는 경우, 기소 및 유죄판결에 필요한 증거의 수준은 제5조 제1항에 해당하는 경우에 적용되는 증거의 수준만큼 엄격하여야 된다.

3. 제4조에 규정된 범죄와 관련하여 제기된 소송에 관련된 자는 소송의 모든 단계에서 공정한 대우를 보장받는다.

제8조 1. 제4조에 규정된 범죄는 당사국 사이의 현행 범죄인 인도조약상 인도대상 범죄에 포함된 것으로 본다. 당사국은 향후 그들 사이에 체결될 모든 범죄인 인도조약에 이러한 범죄를 인도대상 범죄로 포함시킨다.

2. 조약의 존재를 범죄인 인도의 조건으로 하고 있는 당사국이 범죄인 인도조약을 체결하고 있지 아니한 다른 당사국으로부터 범죄인 인도 요청을 받는 경우, 당사국은 이 협약을 이러한 범죄에 대한 범죄인 인도의 법적 근거로 인정할 수 있다. 범죄인 인도는 피요청국의 법에 규정된 그 밖의 조건에 따른다.

3. 조약의 존재를 범죄인 인도의 조건으로 하지 아니하는 당사국은 피요청국의 법이 규정한 조건에 따라 위의 범죄를 그들 사이의 인도대상 범죄로 인정한다.

4. 당사국 사이의 범죄인 인도 목적상 위의 범죄는 범죄 발생지에서는 물론 제5조 제1항에 따라 관할권을 확립하여야 하는 국가의 영토에서도 실행된 것으로 취급된다.

제9조 1. 제4조에 규정된 범죄에 대하여 제기된 형사절차와 관련하여, 당사국은 서로 최대한의 지원을 제공하며, 이러한 지원에는 당사국이 보유한 형사절차상 필요한 모든 증거의 제공이 포함된다.

2. 당사국은 당사국 사이에 체결된 사법공조 조약이 있을 경우 이에 따라 제1항에 따른 의무를 수행한다.

제10조 1. 당사국은 여하한 형태의 체포·구금 또는 징역의 대상이 된 개인의 구금·심문 또는 처리에 관여할 수 있는 민간이나 군의 법집행요원·의료인·공무원 및 그 밖의 요원들의 훈련과정에 고문방지에 관한 교육 및 정보가 충실하게 포함되도록 보장한다.

2. 당사국은 위 요원들의 임무 및 기능에 관한 규칙이나 지침에 고문금지 내용을 포함시킨다.

제11조 고문사례를 방지하기 위하여 당사국은 자기 나라 관할하의 영토 내에서 여하한 형태의 체포·구금 또는 징역의 대상이 된 개인을 구금·처리하는 각종 제도는 물론 심문 규칙·지침·방법 및 관행을 체계적으로 검토한다.

제12조 당사국은 자기 나라 관할하의 영토 내에서 고문이 자행되었다고 믿을만한 타당한 근거가 있는 경우에는 권한 있는 당국이 신속하고 공평한 조사를 진행하도록 보장한다.

제13조 당사국은 자기 나라 관할하의 영토 내에서 고문을 받았다고 주장하는 개인이 권한 있는 당국에 고소하여 신속하고 공평하게 조사를 받을 수 있는 권리를 보장하며, 고소인과 증인이 고소 또는 증거제공으로 인하여 부당한 취급이나 협박을 받지 아니하도록 보장조치를 취한다.

제14조 1. 당사국은 자기 나라의 법체계 안에서 고문행위의 피해자가 구제를 받고, 또한 가능한

한 완전한 재활수단을 포함하여 공정하고 적절한 배상을 받을 수 있는 실효적인 권리를 보장한다. 고문행위의 결과로 피해자가 사망한 경우, 피해자의 부양가족이 배상받을 권리를 가진다.

2. 이 조의 어떠한 규정도 피해자나 그 밖의 개인들이 국내법에 따라 배상을 받을 수 있는 권리에 영향을 미치지 아니한다.

제15조 당사국은 고문의 결과 행해진 것으로 입증된 진술이 모든 소송에서 증거로 원용되지 아니하도록 보장한다. 다만, 위의 진술사실이 고문 혐의자에 대한 소송에서 그 진술이 행하여졌다는 증거로 원용되는 경우에는 제외한다.

제16조 1. 당사국은 자기 나라 관할하의 영토 내에서 제1조에 규정된 고문에 미치지 아니하는 그 밖의 잔혹한·비인도적인 또는 굴욕적인 대우나 처벌이 공무원이나 그 밖의 공무수행자에 의하여 직접 또는 이들의 교사·동의·묵인 아래 이루어지는 것을 방지한다. 특히 제10조·제11조·제12조 및 제13조에 규정된 의무는 "고문"이라는 표현 대신에 그 밖의 형태의 잔혹한·비인도적인 또는 굴욕적인 대우나 처벌이라는 표현으로 대체하여 그대로 적용한다.

2. 이 협약의 규정은 잔혹한·비인도적인 또는 굴욕적인 대우나 처벌을 금지하거나 범죄인 인도·추방과 관련된 그 밖의 국제문서나 국내법의 규정을 해하지 아니한다.

제2장

제17조 1. 다음에 규정된 기능을 수행하는 고문방지위원회(이하 "위원회"라 한다)를 설치한다. 위원회는 고매한 인격을 지니고 인권분야에서 능력이 인정된 10명의 전문가로 구성하며, 이들은 개인자격으로 직무를 수행한다. 이들 전문가는 당사국이 선출하며, 선출시에는 공평한 지역적 안배 및 법률적 경험을 가진 인사가 일부 포함되는 것이 유익하다는 점을 함께 고려한다.

2. 위원회의 위원은 당사국이 지명한 후보자 명부에서 비밀투표로 선출한다. 각 당사국은 자기나라 국민중에서 후보자 1명을 지명할 수 있다. 당사국은 후보자 지명시 시민적 및 정치적 권리에 관한 국제규약에 따라 설치된 B규약인권위원회의 위원 중 고문방지위원회에 재임하고자 하는 인사를 지명하는 것이 유익하다는 점을 유념한다.

3. 위원회의 위원은 국제연합 사무총장이 2년마다 소집하는 당사국회의에서 선출된다. 당사국의 3분의 2가 의사정족수를 구성하는 이 회의에서 위원회 위원은 출석하여 투표한 당사국 대표로부터 절대 다수표를 획득한 자 중 최다득표자 순으로 선출된다.

4. 최초 선거는 이 협약 발효일로부터 6월 안에 실시한다. ...

5. 위원회의 위원은 4년 임기로 선출된다. 위원은 후보로 재지명되는 경우 재선될 수 있다. ...

6. 위원회의 위원이 사망·사임하거나 또는 그 밖의 사유로 위원회의 임무를 더 이상 수행할 수 없는 경우, 이 위원을 지명한 당사국은 전체 당사국 과반수의 승인을 조건으로 이 위원의 잔여 임기동안 재임할 다른 전문가를 자기나라 국민 중에서 지명한다. ...

7. 당사국은 위원회 위원들의 임무수행 중 발생하는 위원들의 경비를 부담한다.

제18조 1. 위원회는 2년 임기의 임원을 선출한다. 임원은 재선될 수 있다.
2. 위원회는 자체 의사규칙을 제정한다. 다만, 이 규칙은 특히 다음 사항을 규정한다.
가. 의사정족수는 위원 6인으로 한다.
나. 위원회의 결정은 출석위원 과반수의 찬성으로 한다.
3. 국제연합 사무총장은 위원회가 이 협약에 따른 기능을 효과적으로 수행하는 데 필요한 직원과 시설을 제공한다. ...

제19조 1. <u>당사국은 이 협약에 따른 의무를 이행하기 위하여 취한 조치에 관하여 이 협약이 자기 나라에 대하여 발효한 후 1년 안에 보고서를 작성하여 국제연합 사무총장을 통하여 위원회에 제출한다.</u>
그 이후에 당사국은 새로이 취한 조치에 관하여 매 <u>4년마다</u> 추가보고서를 제출하며, 위원회가 요청하는 그 밖의 보고서를 제출한다.
2. 국제연합 사무총장은 보고서를 <u>모든 당사국</u>에 송부한다.
3. 위원회는 각 보고서를 검토하고, 보고서에 관하여 적절하다고 판단되는 <u>일반적인 의견제시</u>를 할 수 있으며, 이러한 의견제시를 관련 당사국에 송부한다. <u>관련당사국은 이에 대한 견해를 위원회에 제시</u>할 수 있다.
4. 위원회는 제3항에 따라 행한 의견제시를 관련 당사국으로부터 접수한 견해와 함께 제24조에 따라 작성되는 <u>위원회의 연례보고서에 포함시키도록</u> 재량으로 결정할 수 있다. 관련당사국이 요청하는 경우, 위원회는 또한 제1항에 따라 제출된 보고서의 사본을 포함시킬 수 있다.

제20조 1. <u>위원회가 어떤 당사국의 영토 내에서 고문이 조직적으로 자행되고 있다는 근거있는 내용을 포함하고 있는 것으로 추정되는 신뢰할 만한 정보를 접수하는 경우, 위원회는 그 당사국에 대하여 그러한 정보를 조사하는 데 협조할 것과, 또한 이를 위하여 관련 정보에 대한 의견을 제출하도록 요청한다.</u>
2. 위원회는 관련당사국이 제출한 의견 및 그 밖에 입수 가능한 모든 관련 정보를 고려하여 정당하다고 결정하는 경우, 위원 중 1명 또는 그 이상을 지명하여 비공개 조사를 실시하고 이를 위원회에 긴급히 보고하게 할 수 있다.
3. 제2항에 따라 조사가 실시되는 경우, 위원회는 관련당사국에 협력을 요청한다. 관련당사국과 합의하는 경우 이러한 조사에는 관련당사국의 영토 방문이 포함될 수 있다.
4. 제2항에 따라 제출된 위원의 조사결과를 검토한 후, 위원회는 이러한 조사결과를 상황에 비추어 적절하다고 판단되는 의견제시 및 제안과 함께 관련당사국에 송부한다.
5. 제1항에서 제4항까지 규정된 위원회의 절차는 비공개로 진행되며, 절차의 모든 단계에서 당사국의 협력을 요청한다. 제2항에 따라 실시된 조사절차가 완료된 후, 위원회는 관련당사국과의 협의를 거쳐 조사결과 요지를 제24조에 따라 작성되는 연례보고서에 포함시키도록 결정할 수 있다.

제21조 1. <u>이 협약의 당사국은, 어떤 당사국이 이 협약에 따른 의무를 다른 당사국이 이행하지 아니하고 있다고 통보하는 경우에 위원회가 이러한 통보를 수리하여 심리할 권능을 가지고 있음을 인정</u>

한다는 선언을 이 조에 따라 언제든지 할 수 있다. 이러한 통보는, 위원회의 권능을 자기나라에 대하여 인정한다는 선언을 한 당사국이 제출한 경우에 한하여, 이 조에 규정된 절차에 따라 수리되어 심리될 수 있다. 위원회는 이러한 선언을 하지 아니한 당사국과 관련된 통보를 이 조에 따라 처리할 수 없다. 이 조에 따라 수리된 통보는 다음의 절차에 따라 처리된다.

가. 당사국은 다른 당사국이 이 협약의 규정을 이행하지 아니한다고 판단하는 경우에, 서면통보로 이 문제에 관하여 그 당사국의 주의를 환기시킬 수 있다. 통보접수국은 통보접수 3월 안에 통보국에 대하여 관련문제를 설명하는 설명서나 그 밖의 해명서를 제공한다. 이 설명서나 해명서는 가능하고 적절한 범위 안에서 국내절차 및 이미 취해졌거나 계류중이거나 이용가능한 구제수단에 관한 설명을 포함하여야 한다.

나. 접수국이 최초 통보를 접수한 후 6월 안에 두 관련당사국 사이에 문제가 만족스럽게 조정되지 아니하는 경우, 일방 당사국은 위원회의 타방당사국에 대한 통고를 통해, 위원회에 문제를 회부할 권리를 가진다.

다. 위원회는 모든 국내적 구제조치가 일반적으로 승인된 국제법의 원칙에 따라 시도되어 완료되었음을 확인한 후에 이 조에 따라 회부된 문제를 처리한다. 다만, 구제수단의 적용이 부당하게 지연되거나, 이 협약 위반으로 피해를 받은 자에게 구제를 기대할 수 없는 경우에 이 규정은 적용되지 아니한다.

라. 위원회는 이 조에 따른 통보를 비공개 회의를 개최하여 검토한다.

마. 다호의 규정에 따를 것을 조건으로, 위원회는 이 협약에 규정된 의무에 대한 존중에 기초하여 문제를 우호적으로 해결토록하기 위하여 관련당사국에 주선을 제공한다. 이를 위하여 위원회는 적절한 경우 임시조정위원회를 설치할 수 있다.

바. 이 조에 따라 위원회에 회부된 모든 문제와 관련하여, 위원회는 나호에 규정된 관련당사국에게 모든 관련정보를 제공하도록 요청할 수 있다.

사. 나호에 규정된 관련당사국은 위원회에서 문제가 심리되는 동안 대표를 참석시킬 권리와 구두 및 서면진술권을 가진다.

아. 위원회는 나호에 따른 통고접수일부터 12월 안에 다음과 같은 보고서를 제출한다.

(1) 마호의 규정에 따라 해결에 도달하는 경우, 위원회의 보고내용은 사실관계 및 해결내용에 관한 약술로 한정된다.

(2) 마호의 규정에 따라 해결에 도달하지 못한 경우, 위원회의 보고내용은 사실관계에 관한 약술로 한정되며, 관련당사국이 제출한 서면진술 및 구두진술기록이 보고서에 첨부된다.

어떤 문제와 관련된 것이든 보고서는 관련당사국에게 통보된다.

2. 이 조의 규정은 이 협약의 5개 당사국이 제1항에 따라 선언을 하는 때에 발효한다. 당사국은 이러한 선언을 국제연합 사무총장에게 기탁하며, 국제연합 사무총장은 선언의 사본을 그 밖의 당사국에게 송부한다. 선언은 언제든지 국제연합 사무총장에 대한 통고로 철회될 수 있다. 철회는 이 조에 따라 이미 송부되어 통보의 대상이 된 문제의 심리를 해하지 아니한다. 국제연합 사무총장이

선언철회에 관한 통고를 접수한 후에는, 관련당사국이 새로이 선언을 하지 아니하는 한, 이러한 당사국의 통보는 더 이상 이 조에 따라 수리되지 아니한다.

제22조 1. 이 협약의 당사국은, 자기나라의 관할권 내에 소재하는 개인이 당사국의 협약 규정 위반 때문에 피해를 받았다고 주장하는 경우에 위원회가 그 개인으로부터 직접 또는 그의 대리인으로부터 통보를 수리하고 심리할 권능을 가지고 있음을 인정한다는 선언을 이 조에 따라 언제든지 할 수 있다. 위원회는 이러한 선언을 하지 아니한 당사국과 관련된 통보는 수리하지 아니한다.

2. 위원회는 익명의 통보, 통보제출권의 남용 또는 이 협약의 규정과 양립되지 아니하는 것으로 판단되는 통보에 대하여는 이를 이 조에 따라 수리될 수 없는 통보로 간주한다.

3. 제2항의 규정에 따를 것을 조건으로, 위원회는 이 조에 따라 위원회에 제출된 통보에 대하여 제1항에 따라 선언을 하였으며 협약규정을 위반한 혐의당사국에게 주의를 환기시킨다. 6월 안에 접수국은 사건의 내용과 스스로 취한 구제조치를 설명하는 설명서나 해명서를 위원회에 제출한다.

4. 위원회는 개인이 직접 또는 그의 대리인 및 관련당사국이 제공한 모든 정보를 고려하여, 이 조에 따라 수리된 통보를 심리한다.

5. 위원회는 다음 사항을 확인하기 전에는 이 조에 따른 개인의 통보를 심리하지 아니한다.

가. 동일한 문제가 다른 국제적인 조사 또는 해결절차에 따라 심리되었거나 현재 심리되고 있지 아니할 것

나. 개인이 이용할 수 있는 모든 국내적 구제조치를 완료하였을 것. 다만, 구제수단의 적용이 부당하게 지연되거나 또는 이 협약 위반으로 피해를 받은 자에게 효과적인 구제를 기대할 수 없는 경우에는 이 규정이 적용되지 아니함.

6. 위원회는 이 조에 따른 통보를 비공개 회의를 개최하여 검토한다.

7. 위원회는 위원회의 의견을 관련당사국과 개인에게 송부한다.

8. 이 조의 규정은 이 협약의 5개 당사국이 제1항에 따라 선언을 하는 때에 발효한다. 당사국은 이러한 선언을 국제연합 사무총장에게 기탁하며, 국제연합 사무총장은 선언의 사본을 그 밖의 당사국에게 송부한다. 선언은 언제든지 국제연합 사무총장에 대한 통고로 철회될 수 있다. 철회는 이 조에 따라 이미 송부되어 통보의 대상이 된 문제의 심리를 해하지 아니한다. 국제연합 사무총장이 선언철회에 관한 통고를 접수한 후에는, 당사국이 새로이 선언을 하지 아니하는 한, 개인 또는 그의 대리인의 통보는 더 이상 이 조에 따라 수리되지 아니한다.

제23조 위원회의 위원 및 제21조 제1항 마호에 따라 임명되는 임시조정위원회의 위원은, 국제연합의 특권과 면제에 관한 협약의 관련 부분에 규정된 바에 따라, 국제연합을 위하여 임무를 수행 중인 전문가의 편의와 특권·면제를 향유한다.

제24조 위원회는 이 협약에 따른 활동에 관한 연례보고서를 모든 당사국과 국제연합 총회에 제출한다.

39 1989년 시민적 정치적 권리에 관한 국제인권규약 제 2선택의정서(Second Optional Protocol to the International Covenant on Civil and Political Rights, aiming at the abolition of the death penalty [23])

채택일 : 1989.12.15.
발효일 : 1991.7.11.
한국 미가입

이 의정서의 당사국은,
사형의 폐지가 인간의 존엄의 향상과 인권의 전진적 발전에 기여한다고 믿으며,
1948년 12월 10일에 채택된 세계인권선언 제3조 및 1966년 12월 16일에 채택된 시민적 및 정치적 권리에 관한 국제규약 제6조를 상기하며,
시민적 및 정치적 권리에 관한 국제규약 제6조는 폐지가 바람직스러움을 강력히 시사하는 문언으로 사형의 폐지를 언급하고 있음에 유의하며,
사형폐지를 위한 모든 조치가 생명권의 향유에 있어서의 전진으로 간주되어야 함을 확신하며, 이에 사형폐지를 위한 국제적 약속이 바람직스러우므로,
다음과 같이 합의하였다.

제1조 1. 이 선택의정서의 당사국의 관할 내에서는 누구도 사형을 집행당하지 아니한다.
2. 각 당사국은 자국의 관할 내에서 사형폐지를 위한 모든 필요한 조치를 취한다.

제2조 1. 전쟁 중 범행된 군사적 성격의 극히 중대한 범죄에 대한 유죄판결에 의하여 전쟁 시에는 사형을 적용할 수 있다는 유보를 비준 또는 가입 시에 하지 않았다면, 이 선택의정서에 대한 어떤 유보도 허용되지 않는다.

2. 위의 유보를 한 당사국은 비준 또는 가입 시 국제연합 사무총장에게 전시에 적용되는 국내법의 관련규정을 통보하여야 한다.
3. 위의 유보를 한 당사국은 국제연합 사무총장에게 자국 영역에 적용되는 전쟁상태의 개시 또는 종료를 통고하여야 한다.

제3조 이 의정서의 당사국은 규약 제40조 규정에 따라 B규약인권위원회에 제출하는 보고서에 이 의정서를 실시하기 위하여 취한 조치에 관한 정보를 포함시켜야 한다.

제4조 규약 제41조 규정에 의한 선언을 한 당사국과 관련하여 그 당사국이 비준 또는 가입 시에 반대의 입장을 표명하지 아니하는 한, 다른 당사국이 의무를 이행하지 않는다는 것을 주장하는 당사국의 통보를 B규약인권위원회가 수리하고 심의하는 권한은 이 의정서의 규정에도 미친다.

제5조 1966년 12월 16일에 채택된 시민적 및 정치적 권리에 관한 국제규약에 관한 제1선택의정서의 당사국과 관련하여, 그 당사국이 비준 또는 가입 시에 반대의 입장을 표명하지 아니하는 한, 그 관할권하에 있는 개인으로부터의 통보를 B규약인권위원회가 수리하고 심의하는 권한은 이 의정서의 규정에도 미친다.

---

23) www.unesco.or.kr/hrtreaty(검색일 : 2012.2.23.)

제6조 1. 이 의정서의 규정은 규약의 추가규정으로 적용된다.

2. 이 의정서 제2조에 규정된 유보의 가능성을 해하는 것이 아닌 한, 이 의정서 제1조 1항에 보장된 권리는 규약 제4조 규정에 의한 어떠한 위반조치의 대상도 되지 아니한다.

제7조 1. 이 의정서는 규약에 서명한 모든 국가의 서명을 위하여 개방된다.

2. 이 의정서는 규약을 비준하거나 이에 가입한 국가에 의하여 비준되어야 한다. 비준서는 국제연합 사무총장에게 기탁된다.

3. 이 의정서는 규약을 비준하거나 이에 가입한 국가의 가입을 위하여 개방된다.

4. 가입은 국제연합 사무총장에게 가입서를 기탁함으로써 시행된다.

5. 국제연합 사무총장은 이 의정서에 서명하거나 가입한 모든 국가에게 각 비준서 또는 가입서의 기탁을 통지한다.

제8조 1. 이 의정서는 열 번째의 비준서 또는 가입서가 국제연합 사무총장에게 기탁된 날로부터 3개월 후부터 발효한다.

2. 열 번째의 비준서나 가입서가 기탁된 이후에 이 의정서를 비준하거나 가입한 국가에 대해서는 그 국가의 비준서나 가입서가 기탁된 날로부터 3개월 이후부터 발효한다.

제9조 이 의정서의 규정은 어떤 제한이나 예외도 없이 연방국가의 모든 지역에 적용된다.

제10조 국제연합 사무총장은 규약 제48조 1항이 규정하는 모든 국가에게 다음 사항을 통지한다.

(a) 이 의정서 제2조에 의한 유보, 통보 및 통고

(b) 이 의정서 제4조 또는 제5조에 의한 입장표명

(c) 이 의정서 제7조에 의한 서명, 비준 및 가입

(d) 이 의정서 제8조에 의한 의정서의 발효일

40 1989년 아동의 권리에 관한 협약(Convention on the Rights of the Child)

채택일 : 1989.11.20.
발효일 : 1990.9.2.
한국 발효일 : 1991.12.20.
한국 유보 : 대한민국 정부는 이 협약을 심의한 후, 이 협약의 제9조 3항, 제21조 가항 및 제40조 제2항 나호 (5)의 규정을 유보하면서 이 협약을 비준한다. 2008년 제9조 제3항에 대한 유보를 철회한다.

이 협약의 당사국은, 국제연합헌장에 선언된 원칙에 따라, 인류 사회의 모든 구성원의 고유한 존엄성 및 평등하고 양도할 수 없는 권리를 인정하는 것이 세계의 자유·정의 및 평화의 기초가 됨을 고려하고, 국제연합체제하의 모든 국민들은 기본적인 인권과 인간의 존엄성 및 가치에 대한 신념을 헌장에서 재확인하였고, 확대된 자유 속에서 사회진보와 생활수준의 향상을 촉진하기로 결의하였음에 유념하며, 국제연합이 세계인권선언과 국제인권규약에서 모든 사람은 인종, 피부색, 성별, 언어, 종교, 정치적 또는 기타의 의견, 민족적 또는 사회적 출신, 재산, 출생 또는 기타의 신분 등 어떠한 종류 구분에 의한 차별 없이 동 선언 및 규약에 규정된 모든 권리와 자유를 누릴 자격이 있음을 선언하고 동의하였음을 인정하고, 국제연합이 세계인권선언에서 아동기에는 특별한 보호와 원조를 받을 권리가 있다고 선언하였음을 상기하며, 사회의 기초집단이며 모든 구성원 특히 아동의 성장과 복지를 위한 자연적 환경으로서 가족에게는 공동체 안에서 그 책임을 충분히 감당할 수 있도록 필요한 보호와 원조가 부여되어야 함을 확신하며, 아동은 완전하고 조화로운 인격 발달을 위하여 가족적 환경과 행복, 사랑 및 이해의 분위기 속에서 성장하여야 함을 인정하고, 아동은 사회에서 한 개인으로서의 삶을 영위할 수 있도록 충분히 준비되어져야 하며, 국제연합헌장에 선언된 이상의 정신과 특히 평화·존엄·관용·자유·평등·연대의 정신 속에서 양육되어야 함을 고려하고, 아동에게 특별한 보호를 제공하여야 할 필요성은 1924년 아동권리에 관한 제네바선언과 1959년 11월 20일 총회에 의하여 채택된 아동권리선언에 명시되어 있으며, 세계인권선언, 시민적 및 정치적 권리에 관한 국제규약(특히 제23조 및 제24조), 경제적·사회적 및 문화적 권리에 관한 국제 규약(특히 제10조) 및 아동의 복지와 관련된 전문기구와 국제기구의 규정 및 관련문서에서 인정되었음을 유념하고, 아동권리선언에 나타나 있는 바와 같이, "아동은 신체적·정신적 미성숙으로 인하여 출생 전후를 막론하고 적절한 법적 보호를 포함한 특별한 보호와 배려를 필요로 한다"는 점에 유념하고, "국내적 또는 국제적 양육위탁과 입양을 별도로 규정하는 아동의 보호와 복지에 관한 사회적 및 법적 원칙에 관한 선언"의 제 규정, "소년법 운영을 위한 국제연합 최소 표준규칙"(베이징규칙) 및 "비상시 및 무력 충돌 시 부녀자와 아동의 보호에 관한 선언"을 상기하고, 세계 모든 국가에 예외적으로 어려운 여건하에 생활하고 있는 아동들이 있으며, 이 아동들은 특별한 배려를 필요로 함을 인정하고, 아동의 보호와 조화로운 발전을 위하여 각 민족의 전통과 문화적 가치의 중요성을 충분히 고려하고, 모든 국가, 특히 개발도상국가 아동의 생활여건을 향상시키기 위한 국제 협력의 중요성을 인정하면서, 다음과 같이 합의하였다.

제1부

제1조 이 협약의 목적상, "아동"이라 함은 아동에게 적용되는 법에 의하여 보다 조기에 성인 연령에 달하지 아니하는 한 <u>18세 미만의 모든 사람</u>을 말한다.

제2조 1. 당사국은 자국의 관할권 안에서 아동 또는 그의 부모나 후견인의 인종, 피부색, 성별, 언어, 종교, 정치적 또는 기타의 의견, 민족적, 인종적 또는 사회적 출신, 재산, 무능력, 출생 또는 기타의 신분에 관계없이 그리고 어떠한 종류의 차별을 함이 없이 이 협약에 규정된 권리를 존중하고, 각 아동에게 보장하여야 한다.
2. 당사국은 아동이 그의 부모나 후견인 또는 가족 구성원의 신분, 활동, 표명된 의견 또는 신념을 이유로 하는 모든 형태의 차별이나 처벌로부터 보호되도록 보장하는 모든 적절한 조치를 취하여야 한다.

제3조 1. 공공 또는 민간 사회복지기관, 법원, 행정당국, 또는 입법기관 등에 의하여 실시되는 아동에 관한 모든 활동에 있어서 아동의 최선의 이익이 최우선적으로 고려되어야 한다.

2. 당사국은 아동의 부모, 후견인, 기타 아동에 대하여 법적 책임이 있는 자의 권리와 의무를 고려하여, 아동복지에 필요한 보호와 배려를 아동에게 보장하고, 이를 위하여 모든 적절한 입법적·행정적 조치를 취하여야 한다.
3. 당사국은 아동에 대한 배려와 보호에 책임있는 기관, 편의 및 시설이 관계당국이 설정한 기준, 특히 안전과 위생분야 그리고 직원의 수 및 적격성은 물론 충분한 감독 면에서 기준에 따를 것을 보장하여야 한다.

제4조 당사국은 이 협약에서 인정된 권리를 실현하기 위하여 모든 적절한 입법적·행정적 및 여타의 조치를 취하여야 한다. 경제적·사회적 및 문화적 권리에 관하여 당사국은 가용자원의 최대한도까지 그리고 필요한 경우에는 국제협력의 테두리 안에서 이러한 조치를 취하여야 한다.

제5조 아동이 이 협약에서 인정된 권리를 행사함에 있어서 당사국은 부모 또는 적용가능한 경우 현지 관습에 의하여 인정되는 확대가족이나 공동체의 구성원, 후견인 기타 아동에 대한 법적 책임자들이 아동의 능력발달에 상응하는 방법으로 적절한 감독과 지도를 행할 책임과 권리 및 의무를 가지고 있음을 존중하여야 한다.

제6조 1. 당사국은 모든 아동이 생명에 관한 고유의 권리를 가지고 있음을 인정한다.
2. 당사국은 가능한 한 최대한도로 아동의 생존과 발전을 보장하여야 한다.

제7조 1. 아동은 출생 후 즉시 등록되어야 하며, 출생 시부터 성명권과 국적취득권을 가지며, 가능한 한 자신의 부모를 알고 부모에 의하여 양육받을 권리를 가진다.

2. 당사국은 이 분야의 국내법 및 관련국제문서상의 의무에 따라 이러한 권리가 실행되도록 보장하여야 하며, 권리가 실행되지 아니하여 아동이 무국적으로 되는 경우에는 특히 그러하다.

제8조 1. 당사국은 위법한 간섭을 받지 아니하고, 국적, 성명 및 가족관계를 포함하여 법률에 의하여 인정된 신분을 보존할 수 있는 아동의 권리를 존중한다.

2. 아동이 그의 신분요소 중 일부 또는 전부를 불법적으로 박탈당한 경우, 당사국은 그의 신분을 신속하게 회복하기 위하여 적절한 원조와 보호를 제공하여야 한다.

제9조 1. 당사국은 사법적 심사의 구속을 받는 관계당국이 적용 가능한 법률 및 절차에 따라서 분리가 아동의 최상의 이익을 위하여 필요하다고 결정하는 경우 외에는, 아동이 그의 의사에 반하여 부모로부터 분리되지 아니하도록 보장하여야 한다. 위의 결정은 부모에 의한 아동 학대 또는 유기의 경우나 부모의 별거로 인하여 아동의 거소에 관한 결정이 내려져야 하는 등 특별한 경우에 필요할 수 있다.

2. 제1항의 규정에 의한 어떠한 절차에서도 모든 이해당사자는 그 절차에 참가하여 자신의 견해를 표시할 기회가 부여되어야 한다.

3. 당사국은 아동의 최선의 이익에 반하는 경우 외에는, 부모의 일방 또는 쌍방으로부터 분리된 아동이 정기적으로 부모와 개인적 관계 및 직접적인 면접교섭을 유지할 권리를 가짐을 존중하여야 한다.

4. 그러한 분리가 부모의 일방이나 쌍방 또는 아동의 감금, 투옥, 망명, 강제퇴거 또는 사망(국가가 억류하고 있는 동안 어떠한 원인에 기인한 사망을 포함한다) 등과 같이 당사국에 의하여 취하여진 어떠한 조치의 결과인 경우에는, 당사국은 그 정보의 제공이 아동의 복지에 해롭지 아니하는 한, 요청이 있는 경우, 부모, 아동 또는 적절한 경우 다른 가족구성원에게 부재중인 가족구성원의 소재에 관한 필수적인 정보를 제공하여야 한다. 또한 당사국은 그러한 요청의 제출이 그 자체로 관계인에게 불리한 결과를 초래하지 아니하도록 보장하여야 한다.

제10조 1. 제9조 제1항에 규정된 당사국의 의무에 따라서, 가족의 재결합을 위하여 아동 또는 그 부모가 당사국에 입국하거나 출국하기 위한 신청은 당사국에 의하여 긍정적이며 인도적인 방법으로 그리고 신속하게 취급되어야 한다. 또한 당사국은 이러한 요청의 제출이 신청자와 그의 가족 구성원들에게 불리한 결과를 수반하지 아니하도록 보장하여야 한다.

2. 부모가 타국에 거주하는 아동은 예외적 상황 외에는 정기적으로 부모와 개인적 관계 및 직접적인 면접교섭을 유지할 권리를 가진다. 이러한 목적에 비추어 그리고 제9조 제2항에 규정된 당사국의 의무에 따라서, 당사국은 아동과 그의 부모가 본국을 포함하여 어떠한 국가로부터 출국할 수 있고 또한 본국으로 입국할 수 있는 권리를 존중하여야 한다. 어떠한 국가로부터 출국할 수 있는 권리는 법률에 의하여 규정되고, 국가안보, 공공질서, 공중보건이나 도덕 또는 타인의 권리와 자유를 보호하기 위하여 필요하며 이 협약에서 인정된 그 밖의 권리에 부합되는 제한에 의하여만 구속된다.

제11조 1. 당사국은 아동의 불법

해외이송 및 미귀환을 퇴치하기 위한 조치를 취하여야 한다.

2. 이 목적을 위하여 당사국은 양자 또는 다자협정의 체결이나 기존 협정에의 가입을 촉진하여야 한다.

제12조 1. 당사국은 자신의 견해를 형성할 능력이 있는 아동에 대하여 본인에게 영향을 미치는 모든 문제에 있어서 자신의 견해를 자유스럽게 표시할 권리를 보장하며, 아동의 견해에 대하여는 아동의 연령과 성숙도에 따라 정당한 비중이 부여되어야 한다.

2. 이러한 목적을 위하여, 아동에게는 특히 아동에게 영향을 미치는 어떠한 사법적·행정적 절차에 있어서도 직접 또는 대표자나 적절한 기관을 통하여 진술할 기회가 국내법적 절차에 합치되는 방법으로 주어져야 한다.

제13조 1. 아동은 표현에 대한 자유권을 가진다. 이 권리는 구두, 필기 또는 인쇄, 예술의 형태 또는 아동이 선택하는 기타의 매체를 통하여 모든 종류의 정보와 사상을 국경에 관계없이 추구하고 접수하며 전달하는 자유를 포함한다.

2. 이 권리의 행사는 일정한 제한을 받을 수 있다. 다만 이 제한은 오직 법률에 의하여 규정되고 또한 다음 사항을 위하여 필요한 것이어야 한다.

가. 타인의 권리 또는 신망의 존중
나. 국가안보, 공공질서, 공중보건 또는 도덕의 보호

제14조 1. 당사국은 아동의 사상·양심 및 종교의 자유에 대한 권리를 존중하여야 한다.

2. 당사국은 아동이 권리를 행사함에 있어 부모 및 경우에 따라서는, 후견인이 아동의 능력발달에 부합하는 방식으로 그를 감독할

수 있는 권리와 의무를 존중하여야 한다.

3. 종교와 신념을 표현하는 자유는 오직 법률에 의하여 규정되고 공공의 안전, 질서, 보건이나 도덕 또는 타인의 기본권적 권리와 자유를 보호하기 위하여 필요한 경우에만 제한될 수 있다.

제15조 1. 당사국은 아동의 결사의 자유와 평화적 집회의 자유에 대한 권리를 인정한다.

2. 이 권리의 행사에 대하여는 법률에 따라 부과되고 국가안보 또는 공공의 안전, 공공질서, 공중보건이나 도덕의 보호 또는 타인의 권리와 자유의 보호를 위하여 민주사회에서 필요한 것 외의 어떠한 제한도 과하여져서는 아니된다.

제16조 1. 어떠한 아동도 사생활, 가족, 가정 또는 통신에 대하여 자의적이거나 위법적인 간섭을 받지 아니하며 또한 명예나 신망에 대한 위법적인 공격을 받지 아니한다.

2. 아동은 이러한 간섭 또는 비난으로부터 법의 보호를 받을 권리를 가진다.

제17조 당사국은 대중매체가 수행하는 중요한 기능을 인정하며, 아동이 다양한 국내적 및 국제적 정보원으로부터의 정보와 자료, 특히 아동의 사회적·정신적·도덕적 복지와 신체적·정신적 건강의 향상을 목적으로 하는 정보와 자료에 대한 접근권을 가짐을 보장하여야 한다. 이 목적을 위하여 당사국은,

가. 대중매체가 아동에게 사회적·문화적으로 유익하고 제29조의 정신에 부합되는 정보와 자료를 보급하도록 장려하여야 한다.

나. 다양한 문화적·국내적 및 국제적 정보원으로부터의 정보

와 자료를 제작·교환 및 보급
하는데 있어서의 국제협력을
장려하여야 한다.

다. 아동도서의 제작과 보급을
장려하여야 한다.

라. 대중매체로 하여금 소수집단
에 속하거나 원주민인 아동의
언어상의 곤란에 특별한 관심을
기울이도록 장려하여야 한다.

마. 제13조와 제18조의 규정을
유념하며 아동 복지에 해로운
정보와 자료로부터 아동을 보
호하기 위한 적절한 지침의 개
발을 장려하여야 한다.

제18조 1. 당사국은 부모 쌍방
이 아동의 양육과 발전에 공동책
임을 진다는 원칙이 인정받을 수
있도록 최선의 노력을 기울여야
한다. 부모 또는 경우에 따라서
후견인은 아동의 양육과 발달에
일차적 책임을 진다. 아동의 최선
의 이익이 그들의 기본적 관심이
된다.

2. 이 협약에 규정된 권리를 보장
하고 촉진시키기 위하여, 당사국
은 아동의 양육책임 이행에 있어
서 부모와 후견인에게 적절한 지
원을 제공하여야 하며, 아동 보호
를 위한 기관·시설 및 편의의 개
발을 보장하여야 한다.

3. 당사국은 취업부모의 아동들
이 이용할 자격이 있는 아동보호
를 위한 편의 및 시설로부터 이익
을 향유할 수 있는 권리가 있음을
보장하기 위하여 모든 적절한 조
치를 취하여야 한다.

제19조 1. 당사국은 아동이 부
모·후견인 기타 아동양육자의
양육을 받고 있는 동안 모든 형태
의 신체적·정신적 폭력, 상해나
학대, 유기나 유기적 대우, 성적
학대를 포함한 혹사나 착취로부
터 아동을 보호하기 위하여 모든
적절한 입법적·행정적·사회적

및 교육적 조치를 취하여야 한다.
2. 이러한 보호조치는 아동 및 아
동양육자에게 필요한 지원을 제
공하기 위한 사회계획의 수립은
물론, 제1항에 규정된 바와 같은
아동학대 사례를 다른 형태로 방
지하거나 확인·보고·조회·조
사·처리 및 추적하고 또한 적절
한 경우에는 사법적 개입을 가능
하게 하는 효과적 절차를 적절히
포함하여야 한다.

제20조 1. 일시적 또는 항구적
으로 가정환경을 박탈당하거나
가정환경에 있는 것이 스스로의
최선의 이익을 위하여 허용될 수
없는 아동은 국가로부터 특별한
보호와 원조를 부여받을 권리가
있다.
2. 당사국은 자국의 국내법에 따
라 이러한 아동을 위한 보호의 대
안을 확보하여야 한다.
3. 이러한 보호는 특히 양육위탁,
회교법의 카팔라, 입양, 또는 필
요한 경우 적절한 아동 양육기관
에 두는 것을 포함한다. 해결책을
모색하는 경우에는 아동 양육에
있어 계속성의 보장이 바람직하
다는 점과 아동의 인종적·종교
적·문화적 및 언어적 배경에 대
하여 정당한 고려가 베풀어져야
한다.

제21조 입양제도를 인정하거나
허용하는 당사국은 아동의 최선
의 이익이 최우선적으로 고려되
도록 보장하여야 하며, 또한 당사
국은
가. 아동의 입양은, 적용가능한
법률과 절차에 따라서 그리고
적절하고 신빙성 있는 모든 정
보에 기초하여, 입양이 부모·
친척 및 후견인에 대한 아동의
신분에 비추어 허용될 수 있음
을, 그리고 요구되는 경우 관계
자들이 필요한 협의에 의하여

입양에 대한 분별있는 승낙을 하였음을 결정하는 관계당국에 의하여만 허가되도록 보장하여야 한다.

나. 국제입양은, 아동이 위탁양육자나 입양가족에 두어질 수 없거나 또는 어떠한 적절한 방법으로도 출신국에서 양육되어질 수 없는 경우, 아동 양육의 대체수단으로서 고려될 수 있음을 인정하여야 한다.

다. 국제입양에 관계되는 아동이 국내입양의 경우와 대등한 보호와 기준을 향유하도록 보장하여야 한다.

라. 국제입양에 있어서 양육지정이 관계자들에게 부당한 재정적 이익을 주는 결과가 되지 아니하도록 모든 적절한 조치를 취하여야 한다.

마. 적절한 경우에는 양자 또는 다자약정이나 협정을 체결함으로써 이 조의 목적을 촉진시키며, 이러한 테두리 안에서 아동의 타국 내 양육지정이 관계당국이나 기관에 의하여 실시되는 것을 확보하기 위하여 노력하여야 한다.

제22조 1. 당사국은 난민으로서의 지위를 구하거나 또는 적용가능한 국제법 및 국내법과 절차에 따라 난민으로 취급되는 아동이, 부모나 기타 다른 사람과의 동반여부에 관계없이, 이 협약 및 당해 국가가 당사국인 다른 국제 인권 또는 인도주의 관련 문서에 규정된 적용가능한 권리를 향유함에 있어서 적절한 보호와 인도적 지원을 받을 수 있도록 하기 위하여 적절한 조치를 취하여야 한다.

2. 이 목적을 위하여, 당사국은 국제연합 및 국제연합과 협력하는 그 밖의 권한 있는 정부 간 또는 비정부 간 기구들이 그러한 아동을 보호, 원조하고 가족재결합에 필요한 정보를 얻기 위하여 난민아동의 부모나 다른 가족 구성원을 추적하는데 기울이는 모든 노력에 대하여도 적절하다고 판단되는 협조를 제공하여야 한다. 부모나 다른 가족구성원을 발견할 수 없는 경우, 그 아동은 어떠한 이유로 인하여 영구적 또는 일시적으로 가정 환경을 박탈당한 다른 아동과 마찬가지로 이 협약에 규정된 바와 같은 보호를 부여받아야 한다.

제23조 1. 당사국은 정신적 또는 신체적 장애아동이 존엄성이 보장되고 자립이 촉진되며 적극적 사회참여가 조장되는 여건 속에서 충분히 품위있는 생활을 누려야 함을 인정한다.

2. 당사국은 장애아동의 특별한 보호를 받을 권리를 인정하며, 신청에 의하여 그리고 아동의 여건과 부모나 다른 아동양육자의 사정에 적합한 지원이, 활용가능한 재원의 범위 안에서, 이를 받을만한 아동과 그의 양육 책임자에게 제공될 것을 장려하고 보장하여야 한다.

3. 장애아동의 특별한 어려움을 인식하며, 제2항에 따라 제공된 지원은 부모나 다른 아동양육자의 재산을 고려하여 가능한 한 무상으로 제공되어야 하며, 장애아동의 가능한 한 전면적인 사회참여와 문화적·정신적 발전을 포함한 개인적 발전의 달성에 이바지하는 방법으로 그 아동이 교육, 훈련, 건강관리지원, 재활지원, 취업준비 및 오락기회를 효과적으로 이용하고 제공받을 수 있도록 계획되어야 한다.

4. 당사국은 국제협력의 정신에 입각하여, 그리고 당해 분야에서의 능력과 기술을 향상시키고 경험

을 확대하기 위하여 재활, 교육 및 직업보도 방법에 관한 정보의 보급 및 이용을 포함하여, 예방의 학산양 및 장애아동에 대한 의학적·심리적·기능적 처치분야에 있어서의 적절한 정보의 교환을 촉진하여야 한다. 이 문제에 있어서 개발도상국의 필요에 대하여 특별한 고려가 베풀어져야 한다.

제24조 1. 당사국은 도달가능한 최상의 건강수준을 향유하고, 질병의 치료와 건강의 회복을 위한 시설을 사용할 수 있는 아동의 권리를 인정한다. 당사국은 건강관리지원의 이용에 관한 아동의 권리가 박탈되지 아니하도록 노력하여야 한다.

2. 당사국은 이 권리의 완전한 이행을 추구하여야 하며, 특히 다음과 같은 적절한 조치를 취하여야 한다.

가. 유아와 아동의 사망률을 감소시키기 위한 조치

나. 기초건강관리의 발전에 중점을 두면서 모든 아동에게 필요한 의료지원과 건강관리의 제공을 보장하는 조치

다. 환경오염의 위험과 손해를 감안하면서, 기초건강관리 체계 안에서 무엇보다도 쉽게 이용가능한 기술의 적용과 충분한 영양식 및 깨끗한 음료수의 제공 등을 통하여 질병과 영양실조를 퇴치하기 위한 조치

라. 산모를 위하여 출산 전후의 적절한 건강관리를 보장하는 조치

마. 모든 사회구성원 특히 부모와 아동은 아동의 건강과 영양, 모유·수유의 이익, 위생 및 환경정화 그리고 사고예방에 관한 기초 지식의 활용에 있어서 정보를 제공받고 교육을 받으며 지원을 받을 것을 확보하는 조치

바. 예방적 건강관리, 부모를 위한 지도 및 가족계획에 관한 교육과 편의를 발전시키는 조치

3. 당사국은 아동의 건강을 해치는 전통관습을 폐지하기 위하여 모든 효과적이고 적절한 조치를 취하여야 한다.

4. 당사국은 이 조에서 인정된 권리의 완전한 실현을 점진적으로 달성하기 위하여 국제협력을 촉진하고 장려하여야 한다. 이 문제에 있어서 개발도상국의 필요에 대하여 특별한 고려가 베풀어져야 한다.

제25조 당사국은 신체적·정신적 건강의 관리, 보호 또는 치료의 목적으로 관계당국에 의하여 양육지정 조치된 아동이, 제공되는 치료 및 양육지정과 관련된 그 밖의 모든 사정을 정기적으로 심사받을 권리를 가짐을 인정한다.

제26조 1. 당사국은 모든 아동이 사회보험을 포함한 사회보장제도의 혜택을 받을 권리를 가짐을 인정하며, 자국의 국내법에 따라 이 권리의 완전한 실현을 달성하기 위하여 필요한 조치를 취하여야 한다.

2. 이러한 혜택은 아동 및 아동에 대한 부양책임자의 자력과 주변사정은 물론 아동에 의하여 직접 행하여지거나 또는 아동을 대신하여 행하여지는 혜택의 신청과 관련된 그 밖의 사정을 참작하여 적절한 경우에 부여되어야 한다.

제27조 1. 당사국은 모든 아동이 신체적·지적·정신적·도덕적 및 사회적 발달에 적합한 생활수준을 누릴 권리를 가짐을 인정한다.

2. 부모 또는 기타 아동에 대하여 책임이 있는 자는 능력과 재산의 범위 안에서 아동 발달에 필요한 생활여건을 확보할 일차적 책임을 진다.

3. 당사국은 국내 여건과 재정의 범위 안에서 부모 또는 기타 아동에 대하여 책임있는 자가 이 권리를 실현하는 것을 지원하기 위한 적절한 조치를 취하여야 하며, 필요한 경우에는 특히 영양, 의복 및 주거에 대하여 물질적 보조 및 지원계획을 제공하여야 한다.

4. 당사국은 국내외에 거주하는 부모 또는 기타 아동에 대하여 재정적으로 책임있는 자로부터 아동양육비의 회부를 확보하기 위한 모든 적절한 조치를 취하여야 한다. 특히 아동에 대하여 재정적으로 책임있는 자가 아동이 거주하는 국가와 다른 국가에 거주하는 경우, 당사국은 국제협약의 가입이나 그러한 협약의 체결은 물론 다른 적절한 조치의 강구를 촉진하여야 한다.

제28조 1. 당사국은 아동의 교육에 대한 권리를 인정하며, 점진적으로 그리고 기회 균등의 기초 위에서 이 권리를 달성하기 위하여 특히 다음의 조치를 취하여야 한다.

가. 초등교육은 의무적이며, 모든 사람에게 무료로 제공되어야 한다.

나. 일반교육 및 직업교육을 포함한 여러 형태의 중등교육의 발전을 장려하고, 이에 대한 모든 아동의 이용 및 접근이 가능하도록 하며, 무료교육의 도입 및 필요한 경우 재정적 지원을 제공하는 등의 적절한 조치를 취하여야 한다.

다. 고등교육의 기회가 모든 사람에게 능력에 입각하여 개방될 수 있도록 모든 적절한 조치를 취하여야 한다.

라. 교육 및 직업에 관한 정보와 지도를 모든 아동이 이용하고 접근할 수 있도록 조치하여야 한다.

마. 학교에의 정기적 출석과 탈락률 감소를 장려하기 위한 조치를 취하여야 한다.

2. 당사국은 학교 규율이 아동의 인간적 존엄성과 합치하고 이 협약에 부합하도록 운영되는 것을 보장하기 위한 모든 적절한 조치를 취하여야 한다.

3. 당사국은, 특히 전세계의 무지와 문맹의 퇴치에 이바지하고, 과학적·기술적 지식과 현대적 교육방법에의 접근을 쉽게 하기 위하여, 교육에 관련되는 사항에 있어서 국제협력을 촉진하고 장려하여야 한다. 이 문제에 있어서 개발도상국의 필요에 대하여 특별한 고려가 베풀어져야 한다.

제29조 당사국은 아동교육이 다음의 목표를 지향하여야 한다는 데 동의한다.

가. 아동의 인격, 재능 및 정신적·신체적 능력의 최대한의 계발

나. 인권과 기본적 자유 및 국제연합헌장에 규정된 원칙에 대한 존중의 진전

다. 자신의 부모, 문화적 주체성, 언어 및 가치 그리고 현거주국과 출신국의 국가적 가치 및 이질문명에 대한 존중의 진전

라. 아동이 인종적·민족적·종교적 집단 및 원주민 등 모든 사람과의 관계에 있어서 이해, 평화, 관용, 성(性)의 평등 및 우정의 정신에 입각하여 자유사회에서 책임있는 삶을 영위하도록 하는 준비

마. 자연환경에 대한 존중의 진전

2. 이 조 또는 제28조의 어떠한 부분도 개인 및 단체가, 언제나 제1항에 규정된 원칙들을 준수하고 당해교육기관에서 실시되는 교육이 국가에 의하여 설정된 최소한의 기준에 부합하여야 한다는 조건

하에, 교육기관을 설립하여 운영할 수 있는 자유를 침해하는 것으로 해석되어서는 아니된다.

제30조 인종적·종교적 또는 언어적 소수자나 원주민이 존재하는 국가에서 이러한 소수자에 속하거나 원주민인 아동은 자기 집단의 다른 구성원과 함께 고유문화를 향유하고, 고유의 종교를 신앙하고 실천하며, 고유의 언어를 사용할 권리를 부인당하지 아니한다.

제31조 1. 당사국은 휴식과 여가를 즐기고, 자신의 연령에 적합한 놀이와 오락활동에 참여하며, 문화생활과 예술에 자유롭게 참여할 수 있는 아동의 권리를 인정한다.
2. 당사국은 문화적·예술적 생활에 완전하게 참여할 수 있는 아동의 권리를 존중하고 촉진하며, 문화, 예술, 오락 및 여가활동을 위한 적절하고 균등한 기회의 제공을 장려하여야 한다.

제32조 1. 당사국은 경제적 착취 및 위험하거나, 아동의 교육에 방해되거나, 아동의 건강이나 신체적·지적·정신적·도덕적 또는 사회적 발전에 유해한 여하한 노동의 수행으로부터 보호받을 아동의 권리를 인정한다.
2. 당사국은 이 조의 이행을 보장하기 위한 입법적·행정적·사회적 및 교육적 조치를 강구하여야 한다. 이 목적을 위하여 그리고 그밖의 국제 문서의 관련 규정을 고려하여 당사국은 특히 다음의 조치를 취하여야 한다.
가. 단일 또는 복수의 최저 고용연령의 규정
나. 고용시간 및 조건에 관한 적절한 규정의 마련
다. 이 조의 효과적인 실시를 확보하기 위한 적절한 처벌 또는 기타 제재수단의 규정

제33조 당사국은 관련 국제조약에서 규정하고 있는 마약과 향정신성 물질의 불법적 사용으로부터 아동을 보호하고 이러한 물질의 불법적 생산과 거래에 아동이 이용되는 것을 방지하기 위하여 입법적·행정적·사회적·교육적 조치를 포함한 모든 적절한 조치를 취하여야 한다.

제34조 당사국은 모든 형태의 성적 착취와 성적 학대로부터 아동을 보호할 의무를 진다. 이 목적을 달성하기 위하여 당사국은 특히 다음의 사항을 방지하기 위한 모든 적절한 국내적·양국 간·다국 간 조치를 취하여야 한다.
가. 아동을 모든 위법한 성적 활동에 종사하도록 유인하거나 강제하는 행위
나. 아동을 매음이나 기타 위법한 성적 활동에 착취적으로 이용하는 행위
다. 아동을 외설스러운 공연 및 자료에 착취적으로 이용하는 행위

제35조 당사국은 모든 목적과 형태의 아동의 약취유인이나 매매 또는 거래를 방지하기 위한 모든 적절한 국내적, 양국 간, 다국 간 조치를 취하여야 한다.

제36조 당사국은 아동복지의 어떠한 측면에 대하여라도 해로운 기타 모든 형태의 착취로부터 아동을 보호하여야 한다.

제37조 당사국은 다음의 사항을 보장하여야 한다.
가. 어떠한 아동도 고문 또는 기타 잔혹하거나 비인간적이거나 굴욕적인 대우나 처벌을 받지 아니한다. 사형 또는 석방의 가능성이 없는 종신형은 18세 미만의 사람이 범한 범죄에 대하여 과하여져서는 아니된다.

나. 어떠한 아동도 위법적 또는 자의적으로 자유를 박탈당하지 아니한다. 아동의 체포, 억류 또는 구금은 법률에 따라 행하여져야 하며, 오직 최후의 수단으로서 또한 적절한 최단기간 동안만 사용되어야 한다.

다. 자유를 박탈당한 모든 아동은 인도주의와 인간 고유의 존엄성에 대한 존중에 입각하여 그리고 그들의 연령상의 필요를 고려하여 처우되어야 한다. 특히 자유를 박탈당한 모든 아동은, 성인으로부터 격리되지 아니하는 것이 아동의 최선의 이익에 합치된다고 생각되는 경우를 제외하고는 성인으로부터 격리되어야 하며, 예외적인 경우를 제외하고는 서신과 방문을 통하여 자기 가족과의 접촉을 유지할 권리를 가진다.

라. 자유를 박탈당한 모든 아동은 법률적 및 기타 적절한 구조에 신속하게 접근할 권리를 가짐은 물론 법원이나 기타 권한 있고 독립적이며 공정한 당국 안에서 자신에 대한 자유박탈의 합법성에 이의를 제기하고 이러한 소송에 대하여 신속한 결정을 받을 권리를 가진다.

제38조 1. 당사국은 아동과 관련이 있는 무력분쟁에 있어서, 당사국에 적용가능한 국제인도법의 규칙을 존중하고 동 존중을 보장할 의무를 진다.

2. 당사국은 15세에 달하지 아니한 자가 적대행위에 직접 참여하지 아니할 것을 보장하기 위하여 실행가능한 모든 조치를 취하여야 한다.

3. 당사국은 15세에 달하지 아니한 자의 징병을 삼가야 한다. 15세에 달하였으나 18세에 달하지 아니한 자 중에서 징병하는 경우, 당사국은 최연장자에게 우선순위를 두도록 노력하여야 한다.

4. 무력분쟁에 있어서 민간인 보호를 위한 국제인도법상의 의무에 따라서, 당사국은 무력분쟁의 영향을 받는 아동의 보호 및 배려를 확보하기 위하여 실행가능한 모든 조치를 취하여야 한다.

제39조 당사국은 모든 형태의 유기, 착취, 학대, 또는 고문이나 기타 모든 형태의 잔혹하거나 비인간적이거나 굴욕적인 대우나 처벌, 또는 무력분쟁으로 인하여 희생이 된 아동의 신체적·심리적 회복 및 사회복귀를 촉진시키기 위한 모든 적절한 조치를 취하여야 한다.

제40조 1. 당사국은 형사피의자나 형사피고인 또는 유죄로 인정받은 모든 아동에 대하여, 아동의 연령 그리고 아동의 사회복귀 및 사회에서의 건설적 역할 담당을 촉진하는 것이 바람직스럽다는 점을 고려하고, 인권과 타인의 기본적 자유에 대한 아동의 존중심을 강화시키며, 존엄과 가치에 대한 아동의 지각을 촉진시키는 데 부합하도록 처우받을 권리를 가짐을 인정한다.

2. 이 목적을 위하여 그리고 국제문서의 관련규정을 고려하며, 당사국은 특히 다음 사항을 보장하여야 한다.

가. 모든 아동은 행위 시의 국내법 또는 국제법에 의하여 금지되지 아니한 작위 또는 부작위를 이유로 하여 형사피의자가 되거나 형사기소되거나 유죄로 인정받지 아니한다.

나. 형사피의자 또는 형사피고인인 모든 아동은 최소한 다음 사항을 보장받는다.

(1) 법률에 따라 유죄가 입증될 때까지는 무죄로 추정받는다.

(2) 피의사실을 신속하게 그리고 직접 또는, 적절한 경우, 부모나 후견인을 통하여 통지받으며, 변론의 준비 및 제출시 법률적 또는 기타 적절한 지원을 받는다.

(3) 권한 있고 독립적이며 공평한 기관 또는 사법기관에 의하여 법률적 또는 기타 적당한 지원하에 법률에 따른 공정한 심리를 받아 지체없이 사건이 판결되어야 하며, 아동의 최선의 이익에 반한다고 판단되지 아니하는 경우, 특히 그의 연령이나 주변환경, 부모 또는 후견인 등을 고려하여야 한다.

(4) 증언이나 유죄의 자백을 강요당하지 아니하며, 자신에게 불리한 증인을 신문하거나 또는 신문받도록 하며, 대등한 조건하에 자신을 위한 증인의 출석과 신문을 확보한다.

(5) 형법위반으로 간주되는 경우, 그 판결 및 그에 따라 부과된 여하한 조치는 법률에 따라 권한 있고 독립적이며 공정한 상급당국이나 사법기관에 의하여 심사되어야 한다.

(6) 아동이 사용되는 언어를 이해하지 못하거나 말하지 못하는 경우, 무료로 통역원의 지원을 받는다.

(7) 사법절차의 모든 단계에서 아동의 사생활은 충분히 존중되어야 한다.

3. 당사국은 형사피의자, 형사피고인 또는 유죄로 인정받은 아동에게 특별히 적용될 수 있는 법률, 절차, 기관 및 기구의 설립을 촉진하도록 노력하며, 특히 다음 사항에 노력하여야 한다.

가. 형법위반능력이 없다고 추정되는 최저 연령의 설정

나. 적절하고 바람직스러운 경우, 인권과 법적 보장이 완전히 존중된다는 조건하에 이러한 아동을 사법절차에 의하지 아니하고 다루기 위한 조치

4. 아동이 그들의 복지에 적절하고 그들의 여건 및 범행에 비례하여 취급될 것을 보장하기 위하여 보호, 지도 및 감독명령, 상담, 보호관찰, 보호양육, 교육과 직업훈련계획 및 제도적 보호에 대한 그 밖의 대체방안 등 여러 가지 처분이 이용 가능하여야 한다.

제41조 이 협약의 규정은 다음 사항에 포함되어 있는 아동권리의 실현에 보다 공헌할 수 있는 어떠한 규정에도 영향을 미치지 아니한다.

가. 당사국의 법

나. 당사국에 대하여 효력을 가지는 국제법

제2부

제42조 당사국은 이 협약의 원칙과 규정을 적절하고 적극적인 수단을 통하여 성인과 아동 모두에게 널리 알릴 의무를 진다.

제43조 1. 이 협약상의 의무이행을 달성함에 있어서 당사국이 이룩한 진전 상황을 심사하기 위하여 이하에 규정된 기능을 수행하는 아동권리위원회를 설립한다.

2. 위원회는 고매한 인격을 가지고 이 협약이 대상으로 하는 분야에서 능력이 인정된 10명의 전문가로 구성된다. 위원회의 위원은 형평한 지리적 배분과 주요 법체계를 고려하여 당사국의 국민 중에서 선출되며, 개인적 자격으로 임무를 수행한다.

3. 위원회의 위원은 당사국에 의하여 지명된 자의 명단 중에서 비밀투표에 의하여 선출된다. 각 당사국은 자국민 중에서 1인을 지명할 수 있다.

4. 위원회의 최초의 선거는 이 협약의 발효일부터 6월 이내에 실시되며, 그 이후는 매 2년마다 실시된다. 각 선거일의 최소 4월 이전에 국제연합 사무총장은 당사국에 대하여 2월 이내에 후보자 지명을 제출하라는 서한을 발송하여야 한다. 사무총장은 지명한 당사국의 표시와 함께 알파벳순으로 지명된 후보들의 명단을 작성하여, 이를 이 협약의 당사국에게 제시하여야 한다.

5. 선거는 국제연합 본부에서 사무총장에 의하여 소집된 당사국회의에서 실시된다. 이 회의는 당사국의 3분의 2를 의사정족수로 하고, 출석하고 투표한 당사국 대표의 최대다수표 및 절대다수표를 얻는 자가 위원으로 선출된다.

6. 위원회의 위원은 4년 임기로 선출된다. 위원은 재지명된 경우에는 재선될 수 있다. 최초의 선거에서 선출된 위원 중 5인의 임기는 2년 후에 종료된다. 이들 5인 위원의 명단은 최초선거 후 즉시 동 회의의 의장에 의하여 추첨으로 선정된다.

7. 위원회 위원이 사망, 사퇴 또는 본인이 어떠한 이유로 인하여 위원회의 임무를 더 이상 수행할 수 없다고 선언하는 경우, 그 위원을 지명한 당사국은 위원회의 승인을 조건으로 자국민 중에서 잔여 임기를 수행할 다른 전문가를 임명한다.

8. 위원회는 자체의 절차규정을 제정한다.

9. 위원회는 2년 임기의 임원을 선출한다.

10. 위원회의 회의는 통상 국제연합 본부나 위원회가 결정하는 그 밖의 편리한 장소에서 개최된다. 위원회는 통상 매년 회의를 한다. 위원회의 회의기간은 필요한 경우 총회의 승인을 조건으로 이 협약 당사국 회의에 의하여 결정되고 재검토된다.

11. 국제연합 사무총장은 이 협약에 의하여 설립된 위원회의 효과적인 기능수행을 위하여 필요한 직원과 편의를 제공한다.

12. 이 협약에 의하여 설립된 위원회의 위원은 총회의 승인을 얻고 총회가 결정하는 기간과 조건에 따라 국제연합의 재원으로부터 보수를 받는다.

제44조 1. 당사국은 이 협약에서 인정된 권리를 실행하기 위하여 그들이 채택한 조치와 동 권리의 향유와 관련하여 이룩한 진전상황에 관한 보고서를 다음과 같이 국제연합 사무총장을 통하여 위원회에 제출한다.

가. 관계 당사국에 대하여 이 협약이 발효한 후 2년 이내

나. 그 후 5년마다

2. 이 조에 따라 제출되는 보고서는 이 협약상 의무의 이행 정도에 영향을 미치는 요소와 장애가 있을 경우 이를 적시하여야 한다. 보고서는 또한 관계국에서의 협약이행에 관한 포괄적인 이해를 위원회에 제공하기 위한 충분한 정보를 포함하여야 한다.

3. 위원회에 포괄적인 최초의 보고서를 제출한 당사국은, 제1항 나호에 의하여 제출하는 후속보고서에 이미 제출된 기초적 정보를 반복할 필요는 없다.

4. 위원회는 당사국으로부터 이 협약의 이행과 관련이 있는 추가정보를 요청할 수 있다.

5. 위원회는 위원회의 활동에 관한 보고서를 2년마다 경제사회이사회를 통하여 총회에 제출한다.

6. 당사국은 자국의 활동에 관한 보고서를 자국 내 일반에게 널리 활용 가능하도록 하여야 한다.

제45조 이 협약의 효과적인 이행을 촉진하고 이 협약이 대상으로 하는 분야에서의 국제협력을 장려하기 위하여

가. 전문기구, 국제연합아동기금 및 국제연합의 그 밖의 기관은 이 협약 중 그들의 권한범위 안에 속하는 규정의 이행에 관한 논의에 대표를 파견할 권리를 가진다. 위원회는 전문기구, 국제연합 아동기금 및 위원회가 적절하다고 판단하는 그 밖의 권한 있는 기구에 대하여 각 기구의 권한 범위에 속하는 분야에 있어서 이 협약의 이행에 관한 전문적인 자문을 제공하여 줄 것을 요청할 수 있다. 위원회는 전문기구, 국제연합아동기금 및 국제연합의 그 밖의 기관에게 그들의 활동범위에 속하는 분야에서의 이 협약의 이행에 관한 보고서를 제출할 것을 요청할 수 있다.

나. 위원회는 적절하다고 판단되는 경우 기술적 자문이나 지원을 요청하거나 그 필요성을 지적하고 있는 당사국의 모든 보고서를 그러한 요청이나 지적에 대한 위원회의 의견이나 제안이 있으면 동 의견이나 제안과 함께 전문기구, 국제연합아동기금 및 그 밖의 권한 있는 기구에 전달하여야 한다.

다. 위원회는 사무총장이 위원회를 대신하여 아동권리와 관련이 있는 특정 문제를 조사하도록 요청할 것을 총회에 대하여 권고할 수 있다.

라. 위원회는 이 협약 제44조 및 제45조에 의하여 접수한 정보에 기초하여 제안과 일반적 권고를 할 수 있다. 이러한 제안과 일반적 권고는 당사국의 논평이 있으면 그 논평과 함께 모든 관계당사국에 전달되고 총회에 보고되어야 한다. (이하 생략)

41 1992년 환경과 개발에 관한 리오선언
(The Rio Declaration on Environment and Development)

전 문

유엔환경개발회의가 1992년 6월 3일~14일간 리우데자네이루에서 개최되었다. 스톡홀름 선언을 재확인하고 이를 더욱 확고히 할 것을 추구하여 ; 모든 국가와 사회의 주요 분야, 그리고 모든 사람들 사이의 새로운 차원의 협력을 창조함으로써 새롭고 공평한 범세계적 동반자 관계를 수립할 목적으로 ; 모두의 이익을 존중하고 또한 지구의 <u>환경 및 개발체제의 통합성</u>을 보호하기 위한 국제협정체결을 위하여 노력하며 우리들의 삶의 터전인 지구의 통합적이며 상호의존적인 성격을 인식하면서 다음과 같이 선언한다.

원칙 1. 인간을 중심으로 지속가능한 개발이 논의되어야 한다. 인간은 자연과 조화를 이룬 건강하고 생산적인 삶을 향유하여야 한다.

원칙 2. 각 국가는 유엔헌장과 국제법 원칙에 조화를 이루면서 자국의 환경 및 개발정책에 따라 <u>(pursuant to their environmental and developmental policies)</u> 자국의 자원을 개발할 수 있는 <u>주권적 권리(the sovereignt right)</u>를 갖고 있으며 자국의 관할권 또한 통제 내에서의 <u>활동(activities within their jurisdiction and control)</u>이 <u>다른 국가의 환경이나 관할권의 범위를 벗어난 지역(areas beyond the limits of national jurisdiction)의 환경에 손해(damage)를 끼치지 않도록 할 책임(reponsibility)을 진다.</u>

원칙 3. 개발의 권리는 개발과 환경에 대한 <u>현세대와 차세대의</u> 요구를 공평하게 충족할 수 있도록 실현되어야 한다.

원칙 4. <u>지속가능한 개발(sustainable development)</u>을 성취하기 위하여 <u>환경보호는 개발과정의 중요한 일부(an integral part)</u>를 구성하며 개발과정과 분리시켜 고려되어서는 아니 된다.

원칙 5. 모든 국가와 국민은 생활수준의 격차를 줄이고 세계 대다수의 사람들의 기본수요를 충족시키기 위하여 지속가능한 개발의 필수요건인 빈곤의 퇴치라는 중차대한 과업을 위해 협력하여야 한다.

원칙 6. 개발도상국, 특히 극빈개도국과 환경적으로 침해받기 쉬운 개도국의 특수상황과 환경보전의 필요성은 특별히 우선적으로 고려의 대상이 되어야 함. 또한 환경과 개발분야에 있어서의 국제적 활동은 모든 나라의 이익과 요구를 반영하여야 한다.

원칙 7. 각 국가는 지구생태계의 건강과 안전성을 보존, 보호 및 회복시키기 위하여 <u>범세계적 동반자의 정신으로(in a spirit of global partnership)</u> 협력하여야 한다. 지구의 환경악화에 대한 제각기 다른 책임을 고려하여, 각 국가는 <u>공통된 그러나 차별적인 책임(common but differentiated responsibilities)</u>을 가진다. <u>선진국들은 그들이 지구환경에 끼친 영향과 그들이 소유하고 있는 기술 및 재정적 자원을 고려하여 지속가능한 개발을 추구하기 위한 국제적 노력에 있어서 분담하여야 할 책임을 인식한다.</u>

원칙 8. 지속가능한 개발과 모든

사람의 보다 나은 생활의 질을 추구하기 위하여 각 국가는 지속불가능한 생산과 소비 패턴을 줄이고 제거하여야 하며 적절한 인구정책을 촉진하여야 한다.

원칙 9. 각 국가는 과학적, 기술적 지식의 교환을 통하여 과학적 이해를 향상시키고 새롭고 혁신적인 기술을 포함한 기술의 개발, 적용, 존속, 전파 그리고 이전을 증진시킴으로써 지속가능한 개발을 위한 내재적 능력을 형성, 강화하도록 협력하여야 한다.

원칙 10. 환경문제는 적절한 수준의 모든 관계 시민들의 참여가 있을 때 가장 효과적으로 다루어진다. 국가 차원에서 각 개인은 지역사회에서의 유해물질과 처리에 관한 정보를 포함하여 공공기관이 가지고 있는 환경정보에 적절히 접근하고 의사결정과정에 참여할 수 있는 기회를 부여받아야 한다. 각 국가는 정보를 광범위하게 제공함으로써 공중의 인식과 참여를 촉진하고 증진시켜야 한다. 피해의 구제와 배상 등 사법 및 행정적 절차에 효과적으로 접근할 수 있어야 한다.

원칙 11. 국가들은 효과적인 환경법규를 제정하여야 한다. 환경기준, 관리목적, 그리고 우선 순위는 이들이 적용되는 환경과 개발의 정황이 반영되어야 한다. 어느 한 국가에서 채택된 기준은 다른 국가, 특히 개도국에게 부적당하거나 지나친 경제·사회적 비용을 초래할 수도 있다.

원칙 12. 각 국가는 환경악화문제에 적절히 대처하기 위하여, 모든 국가의 경제성장과 지속가능한 개발을 도모함에 있어 도움이 되고 개방적인 국제경제체제를 증진시키도록 협력하여야 한다.

환경적 목적을 위한 무역정책수단은 국제무역에 대하여 자의적 또는 부당한 차별적 조치나 위장된 제한을 포함해서는 아니 된다. 수입국의 관할지역 밖의 환경적 문제에 대응하기 위한 일방적 조치는 회피되어야 한다. 국경을 초월하거나 지구적 차원의 환경문제에 대처하는 환경적 조치는 가능한 한 국제적 합의에 기초하여야 한다.

원칙 13. 각 국가는 환경오염이나 기타 환경위해의 피해자에 대한 책임과 배상에 관한 국제법을 발전시켜야 한다. 각 국가는 자국의 관할권 또는 통제지역 내에서의 활동이 자국의 관리 범위 이외 지역에 초래한 악영향에 대한 책임과 배상에 관한 국제법을 보다 발전시키기 위하여 신속하고 확실한 방법으로 협력하여야 한다.

원칙 14. 각 국가는 환경악화를 심각하게 초래하거나 인간의 건강에 위해한 것으로 밝혀진 활동이나 물질을 다른 국가로 재배치 또는 이전하는 것을 억제하거나 예방하기 위하여 효율적으로 협력하여야 한다.

원칙 15. 환경을 보호하기 위하여 각 국가의 능력에 따라(according to their capabilities) 사전주의적 조치(the precautionary approach)가 널리 실시되어야 한다(shall be widely applied). 심각하거나 회복 불가능한 피해의 우려(threats of serious or irreversible damage)가 있을 경우, 완전한 과학적 확실성의 결여(lack of full scientific certainty)가 환경악화를 방지하기 위한 비용 효과적인 조치를 지연시키는 구실(reason)로 이용되어서는 아니 된다(shall).

원칙 16. 국가 당국은 오염자가 원칙적

으로 오염의 비용을 부담하여야 한 다는 원칙을 고려하여 환경비용의 내 부화(internalization of environmental costs)와 경제적 수단의 이용을 증진 시키도록 노력하여야 한다(should endeavour). 이에 있어서 공공의익 을 적절히 고려하여야 하며 국제무 역과 투자를 왜곡시키지 않아야 한다.

원칙 17. 환경에 심각한 악영향 (significant adverse impact)을 초래할 가능성이 있으며 관할 국 가당국의 의사결정을 필요로 하는 사업계획에 대하여 환경영향평가 (environmental impact assessment) 가 국가적 제도(a national instrument) 로서 실시되어야 한다.

원칙 18. 각 국가는 다른 국가의 환경에 급격한 위해를 초래할 수 있는 어떠한 자연재해나 기타의 긴급사태를 상대방 국가에 즉시 통고해야 함. 국제사회는 이러한 피해를 입은 국가를 돕기 위하여 모든 노력을 기울여야 한다.

원칙 19. 각 국가는 국경을 넘어 서 환경에 심각한 악영향을 초래 할 수 있는 활동에 대하여 피해가 예상되는 국가에게 사전에 적시 적인 통고 및 관련 정보를 제공하 여야 하며 초기단계에서 성실하 게 이들 국가와 협의하여야 한다.

원칙 20. 여성은 환경관리 및 개 발에 있어서 중대한 역할을 수행 함. 따라서 지속가능한 개발을 달 성하기 위하여 그들의 적극적인 참여가 필수적이다.

원칙 21. 지속가능한 개발을 성 취하고 모두의 밝은 미래를 보장 하기 위하여 전세계 청년들의 독 창성, 이상, 그리고 용기가 결집 되어 범세계적 동반자 관계가 구 축되어야 한다.

원칙 22. 토착민과 그들의 사회, 그리고 기타의 지역사회는 그들 의 지식과 전통적 관행으로 인하 여 환경관리 개발에 있어서 중 요한 역할을 수행한다. 각 국가는 그들의 존재와 문화 및 이익을 인 정하고 적절히 지지하여야 하며, 또한 지속가능한 개발을 성취하 기 위하여 그들의 효과적인 참여 가 가능하도록 하여야 한다.

원칙 23. 압제, 지배 및 점령하에 있는 국민의 환경과 자연자원은 보호되어야 한다.

원칙 24. 전쟁은 본질적으로 지속 가능한 개발을 파괴한다. 따라서 각 국가는 무력충돌시 환경의 보 호를 규정하는 국제법을 존중하 여야 하며 필요한 경우에는 이의 발전을 위하여 협력하여야 한다.

원칙 25. 평화, 발전, 환경보호는 상호의존적이며 불가분의 관계 에 있다.

원칙 26. 국가는 그들의 환경분 쟁을 유엔헌장에 따라 평화적으 로 또한 적절한 방법으로 해결하 여야 한다.

원칙 27. 각 국가와 국민들은 이 선언에 구현된 원칙을 준수하고 지속가능한 개발분야에 있어서 의 관련 국제법을 한층 발전시키 기 위하여 성실하고 동반자적 정 신으로 협력하여야 한다.

42 1992년 생물다양성에 관한 협약(Convention on Biological Diversity)

체결일 : 1992.6.5.
발효일 : 1993.12.29.
한국 발효일 : 1995.1.1.

체약당사자는, 생물다양성의 내재적인 가치와 생물다양성과 그 구성요소의 생태학적·유전학적·사회적·경제적·과학적·교육적·문화적·휴양적 및 미학적인 가치를 의식하고, 진화와 생물계의 생명유지체계의 유지를 위하여 생물다양성이 가진 중요성을 또한 의식하고, 생물다양성의 보전이 인류의 공통적인 관심사임을 확인하고, 국가는 자신의 생물자원에 대한 주권적 권리를 가지고 있음을 재확인하고, 또한 국가는 자신의 생물다양성을 보전하고 생물자원을 지속가능한 방식으로 이용할 책임이 있음을 재확인하고, 생물다양성이 인간의 특정 활동에 의하여 현저하게 감소되고 있음을 우려하고, 생물다양성에 관한 정보와 지식이 전반적으로 결핍되어 있음과 적절한 조치의 수립 및 시행의 기초가 되는 기본적인 이해를 제공할 과학적·기술적 및 제도적인 능력을 시급히 개발하는 것이 필요함을 인식하고, 원산지의 생물다양성이 현저하게 감소 또는 소실되는 원인을 예측·방지 및 제거하는 것이 필수적임을 유의하고, 또한 생물다양성이 현저히 감소 또는 소실될 위협이 있는 경우, 완전한 과학적 확실성의 결여가 이러한 위협을 피하거나 최소화하는 대책을 지연시키는 구실이 되어서는 아니된다는 것을 또한 유의하고, 나아가 생물다양성의 보전을 위하여 기본적으로 필요한 것은 생태계와 천연서식지의 현지 내 보전과 자연환경 속에서의 종의 적정한 개체군의 유지 및 회복에 있음을 유의하고, 나아가 현지 외 조치도 역시 중요한 역할을 하며 그 조치는 가급적 원산국 내에서 이루어지는 것이 바람직함을 유의하고, 전통적인 생활양식을 취하는 원주민사회 및 지역사회는 생물자원에 밀접하게 그리고 전통적으로 의존하고 있음을 인식하며 생물다양성의 보전 및 그 구성요소들의 지속가능한 이용과 관련된 전통적인 지식·기술혁신 및 관행의 이용에서 발생되는 이익을 공평하게 공유하는 것이 바람직함을 인식하고, 또한 생물다양성의 보전과 지속가능한 이용에 있어서의 여성의 중요한 역할을 인식하며, 생물다양성의 보전을 위한 정책결정 및 시행의 모든 단계에서의 여성의 완전한 참여의 필요성을 확인하고, 생물다양성의 보전과 그 구성요소의 지속가능한 이용을 위하여 국가·정부 간 기구 및 비정부 부문 간의 국제적·지역적 및 범세계적 협력증진의 중요성과 필요성을 강조하고, 신규의 추가적인 재원의 제공과 관련기술에의 적절한 접근이 생물다양성의 소실을 막기 위한 세계의 능력을 실질적으로 제고할 것으로 기대될 수 있음을 인정하고, 나아가 개발도상국의 필요를 충족시키기 위하여 신규의 추가적인 재원의 제공과 관련기술에의 적절한 접근을 포함하여 특별한 제공이 필요하다는 것을 인정하고, 이와 관련하여 최빈국과 군소도서국가의 특별한 사정을 유의하고, 생물다양성을 보전하기 위하여 상당한 투자가 필요하고 이러한 투자로부터 광범위한 환경적 · 경제적 및 사회적인 이익이 기대됨을 인정하고, 경제 · 사회개발 및 빈곤퇴치가 개발도상국의 최우선 과제임을 인식하고, 생물다양성의 보전과 지속가능한 이용은 증가하는 세계인구의 식량 · 건강 및 그 밖의 요구를 충족시키는 데 극히 중요하며 이를 위하여 <u>유전자원 및 유전기술에의 접근과 공유가 긴요함</u>을 인식하고, 궁극적으로 <u>생물다양성의 보전과 지속가능한 이용</u>이 국가 간의 우호 관계를 강화하고 또한 인류의 평화에 공헌함에 유의하고, 생물다양성의 보전과 그 구성요소의 지속가능한 이용에 관한 기존의 국제적 합의를 강화 · 보완할 것을 희망하고, 현재세대와 미래세대의 이익을 위하여 생물다양성을 보전하고 지속가능하게 이용할 것을 결의하며, 다음과 같이 합의하였다.

제1조【목적】 이 협약의 목적은 이 협약의 관련 규정에 따라 추구될 것인 바, 유전자원과 유전기술에 대한 모든 권리를 고려한 <u>유전자원에 대한 적절한 접근</u>, 관련기술의 적절한 이전 및 적절한 재원 제공 등을 통하여 <u>생물다양성을 보전</u>하고, 그 구성요소를 <u>지속가능하게 이용</u>하며, 또한 유전자원의 이용으로부터 발생되는 <u>이익을 공정하고 공평하게 공유</u>하는 것이다.

제2조【용어의 사용】 이 협약의 목적상, "생물다양성"(biological diversity)이라 함은 <u>육상 · 해양 및 그 밖의 수중 생태계와 이들 생</u>태계가 부분을 이루는 복합생태계 등 모든 분야의 생물체 간의 변<u>이성</u>(variability)을 말한다. 이는 종 내의 다양성, 종 간의 다양성 및 생태계의 다양성을 포함한다.

"생물자원"이라 함은 인류를 위하여 실질적 또는 잠재적으로 사용되거나 가치가 있는 유전자원 · 생물체 또는 그 부분 · 개체군 또는 생태계의 그 밖의 생물적 구성요소를 포함한다.

"생명공학"이라 함은 특정용도를 위하여 제품이나 제조공정을 개발하거나 변형시키기 위하여 생물계 · 생물체 또는 그 파생물을 이용하는 기술적 응용을 말한다.

"유전자원 원산국"이라 함은 유전자원을 현지 내 상태(in in-situ sources)에서 보유하고 있는 국가를 말한다.

"유전자원 제공국"이라 함은 야생 또는 사육된 종의 개체군을 포함하여 현지 내 출처에서 수집하였거나 그 국가가 원산국인지 여부에 관계없이 현지 외 출처(ex-situ sources)로부터 취득한 유전자원을 제공하는 국가를 말한다.

"사육 또는 배양종"이라 함은 인간의 필요를 충족시키기 위하여 진화과정에서 인위적인 영향을 받은 종을 말한다.

"생태계"라 함은 식물 · 동물 및 미생물 군락과 기능적인 단위로 상호작용하는 비생물적인 환경의 역동적인 복합체를 말한다.

"현지 외 보전"이라 함은 생물다양성의 구성요소를 그 천연 서식지외에서 보전하는 것을 말한다.

"유전물질"이라 함은 유전의 기능적 단위를 포함하는 식물 · 동물 · 미생물 또는 그 밖의 기원의 물질을 말한다.

"유전자원"이라 함은 실질적 또는 잠재적 가치를 가진 유전물질을 말한다.

"서식지"라 함은 생물체 또는 개체군이 자연적으로 발생하는 장소 또는 그 유형을 말한다.

"현지 내 상태"라 함은 유전자원이 생태계 및 자연서식지에서 존재하는 상태를 말한다. 사육종 또는 배양종의 경우, 그들이 그들의 고유한 특성을 발전시킨 주위환경에 유전자원이 존재하는 상태를 말한다.

"현지 내 보전"이라 함은 생태계 및 자연서식지의 보전과 자연환경에서의 종의 적정한 개체군의 유지 및 회복을 말한다. 사육종 또는 배양종의 경우, 그들이 그들의 고유한 특성을 발전시킨 주위환경에서의 보전·유지 및 회복을 말한다.

"보호구역"이라 함은 특정 보전목적을 달성하기 위하여 지정되거나 또는 규제되고 관리되는 지리적으로 한정된 지역을 말한다.

"지역경제통합기구"라 함은 일정한 역내의 주권국으로 구성된 기구로서 이 협약에 의하여 규율되는 문제에 대한 권한을 그 회원국으로부터 위임받고 그 내부절차에 따라 이 협약에 서명·비준·수락·승인 또는 가입하는 권한을 정당하게 위임받은 기구를 말한다.

"지속가능한 이용"이라 함은 장기적으로 생물다양성의 감소를 유발하지 아니하는 방식과 속도로 생물다양성의 구성요소를 이용함으로써 현재 세대와 미래 세대의 필요와 욕망을 충족시키기 위한 잠재력을 유지하는 것을 말한다.

"기술"은 생명공학을 포함한다.

제3조【원칙】 국가는 국제연합헌장과 국제법의 원칙에 의거하여 자신의 환경정책에 따라 자신의 자원을 개발할 수 있는 주권적 권리를 가지며, 또한 자신의 관할 또는 통제지역 안에서의 활동으로 다른 국가의 환경 또는 자신의 관할권 이원지역의 환경에 피해가 발생하지 아니하도록 보장할 책임을 진다.

제4조【관할범위】 다른 국가의 권리를 존중하는 것을 조건으로 그리고 이 협약에 달리 명시적으로 규정된 경우를 제외하고 이 협약의 규정이 각 체약당사자에 대하여 적용되는 범위는 다음과 같다.

가. 생물다양성의 구성요소의 경우, 자신의 국가관할권 안의 지역

나. 국가의 관할권 또는 통제권 하에서 수행된 과정 및 활동의 경우, 그 효과가 미치는 장소에 관계없이 그 국가의 관할지역 안 또는 관할권 이원지역

제5조【협력】 각 체약당사자는 생물다양성의 보전과 지속가능한 이용을 위하여 국가 관할권 이원지역 및 그 밖의 공동 관심사에 대하여 다른 체약당사자와 직접 또는 적절한 경우 권한 있는 국제기구를 통하여 가능한 한 그리고 적절히 협력한다.

제6조【보전 및 지속가능한 이용을 위한 일반적 조치】 각 체약당사자는 자신의 특수한 상황 및 능력에 따라 다음과 같은 조치를 취한다.

가. 생물다양성의 보전과 지속가능한 이용을 위하여 국가전략·계획 및 프로그램을 개발하거나, 특히 이 협약에 명시된 해당 체약 당사자와 관련된 조치를 반영하는 기존의 전략·계획 또는 프로그램을 취지에 맞게 수정한다.

나. 생물다양성의 보전과 지속가능한 이용을 관련 개별분야별

또는 분야 간별 계획·프로그램 및 정책에 가능한 한 그리고 적절히 통합한다.

제7조 【확인 및 감시】 각 체약당사자는 특히 제8조 내지 제10조의 목적을 위하여 가능한 한 그리고 적절히 다음과 같은 조치를 취한다.

가. 부속서 1에 규정된 범주의 예시적 목록을 고려하여 <u>생물다양성의 보전과 지속가능한 이용에 중요한 생물다양성의 구성요소를 확인</u>한다.

나. 긴급한 보전조치를 필요로 하거나 지속가능한 이용에 가장 큰 잠재력을 제공하는 생물다양성의 구성요소에 특별히 주목하면서 가호에 따라 확인된 구성요소를 표본조사 및 그 밖의 기법을 통하여 감시한다.

다. 생물다양성의 보전과 지속가능한 이용에 중대한 부정적 영향을 미치거나 미칠 우려가 있는 활동의 진행과정 및 범주를 확인하고, 그 효과를 표본조사 및 그 밖의 기법을 통하여 감시한다.

라. 가호 내지 다호에 따른 확인 및 감시활동을 통하여 취득한 정보를 체계적으로 유지·정리한다.

제8조 【현지 내 (in-situ) 보전】 각 체약당사자는 가능한 한 그리고 적절히 다음 조치를 취한다.

가. 생물다양성을 보전하기 위하여 보호지역제도 또는 특별조치 필요 지역제도를 수립한다.

나. 필요한 경우 생물다양성을 보전하기 위하여 <u>보호지역 또는 특별조치가 필요한 지역을 선정·설정 및 관리하기 위한 지침</u>을 개발한다.

다. 생물다양성의 보전과 지속가능한 이용을 보장하기 위하여 보호 지역 내외에 관계없이 생물다양성의 보전에 중요한 생물자원을 규제 또는 관리한다.

라. 생태계 및 천연서식지의 보호와 자연환경에서의 종의 적정한 개체군의 유지를 촉진한다.

마. 보호지역에 대한 보호를 증진하기 위하여 보호지역의 인접지역에서의 환경적으로 건전하고 <u>지속가능한 개발</u>을 촉진한다.

바. 특히 계획 또는 그 밖의 관리전략의 개발과 시행을 통하여 악화된 생태계를 회복·복구시키며 위협받는 종의 회복을 촉진한다.

사. 인간의 건강에 대한 위험을 고려하여 생물다양성의 보전 및 지속가능한 이용에 환경적으로 부정적인 영향을 미칠 가능성이 있는 생명공학에 의한 생물변형체의 이용 및 방출에 연관된 위험을 규제·관리 또는 통제하는 방법을 수립 또는 유지한다.

아. 생태계·서식지 또는 종을 위협하는 외래종의 도입을 방지하고 이들 <u>외래종을 통제·박멸</u>한다.

자. 생물다양성과 그 구성요소에 대한 현재의 이용이 생물다양성의 보전 및 그 구성요소의 지속가능한 이용과 양립하는 데 필요한 조건을 제공하기 위하여 노력한다.

차. 국내입법에 따르는 것을 조건으로 생물다양성의 보전 및 지속가능한 이용에 적합한 전통적인 생활양식을 취하여 온 원주민 사회 및 현지사회의 지식·혁신적 기술 및 관행을 존중·보전 및 유지하고, 이러한 지식·기술 및 관행 보유자의 승인 및 참여하에 이들의 보다

더 광범위한 적용을 촉진하며, 그 지식·기술 및 관행의 이용으로부터 발생되는 이익의 공평한 공유를 장려한다.

카. 멸종위기에 처한 종 및 개체군의 보호를 위한 입법 및/또는 그 밖의 규제적인 규정을 제정 또는 유지한다.

타. 제7조에 따라 생물다양성에 대한 심각한 부정적인 영향이 확인되는 경우, 활동의 관련 진행과정 및 유형을 규제 또는 관리한다.

파. 가호 내지 타호에 규정된 현지내 보전을 위하여 특히 개발도상국에 대하여 재정적 및 그 밖의 지원을 제공하는 데 협력한다.

제9조 【현지 외(ex-situ) 보전】 각 체약당사자는 주로 현지 내 조치를 보완하기 위하여 가능한 한 그리고 적절히 다음과 같은 조치를 취한다.

가. 가급적 생물다양성의 구성요소의 원산국 안에서 그 구성요소의 <u>현지 외 보전을 위한 조치</u>를 채택한다.

나. 가급적 유전자원의 원산국 안에서 식물·동물 및 미생물의 현지 외 보전 및 연구를 위한 시설을 설립·유지한다.

다. <u>위협받는 종의 회복 및 복구</u>를 위한 조치와 적절한 조건하에서 이들을 천연 서식지로 재반입하기 위한 조치를 채택한다.

라. 다호의 규정에 따라 임시로 특별한 현지 외 조치가 필요한 경우를 제외하고, 생태계와 종의 현지 내 개체군이 위협받지 아니하도록 현지 외 보전목적을 위하여 천연 서식지로부터의 생물자원의 수집을 규제하고 관리한다.

마. 가호 내지 라호에 규정된 현지 외 보전을 위한 재정적 및 그 밖의 지원을 제공하는 데 있어서 그리고 개발도상국에서의 현지 외 보전 시설을 설치·관리하는 데 있어서도 협력한다.

제10조 【생물다양성 구성요소의 지속가능한 이용】 각 체약당사자는 가능한 한 그리고 적절히 다음 조치를 취한다.

가. 생물자원의 보전과 지속가능한 이용에 대한 고려를 국가정책 결정에 통합한다.

나. 생물다양성에 미치는 부정적인 영향을 피하거나 최소화하기 위하여 생물자원의 이용에 관련된 조치를 채택한다.

다. 보전 또는 지속가능한 이용 요건에 부합되는 전통적인 문화적 관행에 따른 생물자원의 관습적인 이용을 보호하고 장려한다.

라. 생물다양성이 감소된 퇴화지역에서의 복구활동을 개발·시행하도록 현지주민을 지원한다.

마. 생물자원의 지속가능한 이용을 위한 방법을 개발하는 데 있어 정부기관과 민간부문 간의 협력을 장려한다.

제11조 【유인 조치】 각 체약당사자는 가능한 한 그리고 적절히 생물다양성의 구성요소의 보전 및 지속가능한 이용을 위한 유인요소로 작용할 경제적·사회적으로 건전한 조치를 취한다.

제12조 【연구 및 훈련】 각 체약당사자는 개발도상국의 특별한 필요를 고려하여 다음 조치를 취한다.

가. 생물다양성과 그 구성요소의 확인·보전 및 지속가능한 이용을 위한 <u>조치에 관한 과학·기술교육계획 및 훈련계획을 수립·유지</u>하며, 개발도상국의 특별한 필요를 위하여 이러한

교육 및 훈련을 위한 지원을 제공한다.

나. 무엇보다도 과학·기술 자문보조기관의 권고의 결과로 채택된 당사자총회의 결정에 따라 특히 개발도상국에서의 생물다양성의 보전과 지속가능한 이용에 기여하는 연구를 촉진·장려한다.

다. 제16조·제18조 및 제20조의 규정에 따라 생물자원의 보전과 지속가능한 이용을 위한 방법을 개발하는 데 있어 생물다양성 연구에서의 과학적 발전의 이용을 촉진·협력한다.

제13조【공공교육 및 홍보】 각 체약당사자는 다음 조치를 취한다.

가. 생물다양성의 보전 및 이를 위하여 필요한 조치의 중요성에 대한 이해를 촉진·증진시키며, 언론매체를 통하여 이러한 이해를 전파시키고 이러한 주제사항들을 교육과정에 포함시키는 것을 촉진·장려한다.

나. 생물다양성의 보전과 지속가능한 이용에 대한 교육·홍보프로그램을 개발함에 있어 다른 국가 및 국제기구와 적절히 협력한다.

제14조【영향평가 및 부정적 영향의 최소화】 1. 각 체약당사자는 가능한 한 그리고 적절히 다음 조치를 취한다.

가. 생물다양성에 대한 영향을 피하거나 최소화하기 위하여 생물다양성에 중대한 부정적인 효과를 미칠 수 있는 제안된 사업에 대한 환경영향평가를 요구하는 적절한 절차를 도입하고 적절한 경우 이러한 절차에 공공의 참여를 허용한다.

나. 생물다양성에 중대한 부정적인 영향을 미칠 수 있는 사업 계획 또는 정책의 환경에 대한 효과가 정당히 고려되도록 보장하는 적절한 조치를 도입한다.

다. 적절히 양자·지역 또는 다자간 약정의 체결을 장려함으로써 상호주의 기초 위에서 다른 나라 또는 자신의 국가관할권 이원지역의 생물다양성에 심각한 부정적인 영향을 미칠 가능성이 있는 자기 나라의 관할권 또는 통제 아래 있는 활동에 관한 통지·정보교환 및 협의를 촉진한다.

라. 자기 나라의 관할 또는 통제 아래 있는 지역에서 발생하는 위험 또는 피해로서 다른 나라의 관할지역 안 또는 자신의 국가관할권 이원지역의 생물다양성에 긴박하고 중대한 위험 또는 피해가 있는 경우, 영향을 받을 수 있는 국가에게 즉시 그러한 위험 또는 피해를 통고할 뿐만 아니라 이러한 위험 또는 피해를 방지하거나 최소화하기 위한 조치를 취한다.

마. 자연 발생적이든 아니든 관계없이 생물다양성에 중대하고 긴박한 위험이 될 활동 또는 사건에 대한 긴급대처를 위한 국가조치를 증진하며, 그러한 국가 노력을 보완하고, 적절한 경우 그리고 국가 또는 지역경제통합기구가 합의하는 경우, 공동비상계획을 수립하기 위한 국제협력을 촉진한다.

2. 당사자총회는 수행된 연구결과를 토대로 생물다양성의 피해에 대한 복구 및 보상을 포함한 책임과 배상문제를 검토한다. 다만, 이러한 책임이 전적으로 국내문제인 경우에는 제외한다.

제15조【유전자원에 대한 접근】

1. 국가가 자신의 천연자원에 대한 주권적 권리를 가지고 있음에 비추어 유전자원에 대한 접근을

결정하는 권한은 해당 국가의 정부에 있으며 유전자원에 대한 접근은 국가입법에 따른다.

2. 각 체약당사자는 다른 체약당사자의 환경적으로 건전한 이용을 위하여 유전자원에 대한 접근을 촉진하는 여건을 조성하고 이 협약의 목적에 반하는 제한을 부과하지 아니하도록 노력한다.

3. 이 협약의 목적상 이 조와 제16조 및 제19조에 언급된 체약당사자가 제공하는 유전자원은 그 자원의 원산국인 체약당사자 또는 이 협약에 따라 유전자원을 획득한 당사자가 제공하는 것만을 의미한다.

4. 유전자원에 대한 접근이 허용된 경우, 그 접근은 상호 합의된 조건과 이 조의 규정에 따른다.

5. 유전자원에 대한 접근은 그 자원을 제공하는 체약당사자가 달리 결정하지 아니하는 한, 그 체약당사자의 <u>사전통고승인</u>을 받는 경우에 한한다.

6. 각 체약당사자는 다른 체약당사자가 제공한 유전자원에 기초한 과학적 연구를 그 체약당사자의 완전한 참여와 가능한 경우 그 체약당사자의 영토 안에서 개발·수행하도록 노력한다.

7. 각 체약당사자는 연구·개발의 결과와 유전자원의 상업적 및 그 밖의 이용으로 발생하는 <u>이익을 그 자원을 제공하는 국가와 공정하고 공평하게 공유하기 위하여</u> 적절히 그리고 제16조 및 제19조에 따라 그리고 필요한 경우에는 제20조 및 제21조에 의하여 설치된 재정체계를 통하여 입법적·행정적 또는 정책적 조치를 취한다. 이러한 공유는 상호 합의된 조건에 따른다.

제16조 【기술에의 접근 및 기술이전】

1. 각 체약당사자는 기술에는 생명공학이 포함되며 체약당사자 간의 기술에의 접근과 이전이 이 협약의 목적달성에 필수적인 요소임을 인정하여 이 조의 규정에 따라 생물다양성의 보전과 지속가능한 이용과 관련되거나, 유전자원을 이용하는 기술로서 환경에 심각한 피해를 끼치지 아니하는 기술에 대한 다른 체약당사자의 접근 및 이들에 대한 기술이전을 제공 및/또는 촉진한다.

2. 제1항에 언급된 개발도상국에 대한 기술접근 및 이전은 상호 합의되는 경우 양허적이고 특혜적인 조건을 포함하여 <u>공정하고 최혜적인 조건으로</u> 그리고 필요한 경우 제20조 및 제21조에 따라 설치된 재정 체계에 따라 제공 및/또는 촉진된다. 특허 및 그 밖의 지적소유권의 적용을 받는 기술의 경우, 지적소유권의 적절하고 효과적인 보호를 인정하고 그에 합치되는 조건으로 이러한 <u>기술접근 및 이전</u>이 제공된다. 이 항은 제3항·제4항 및 제5항에 합치되게 적용된다.

3. 각 체약당사자는 유전자원을 제공하는 체약당사자, 특히 개발도상국인 체약당사자가 상호 합의된 조건하에 또는 필요한 경우 제20조 및 제21조의 규정을 통하여 그리고 국제법에 따르고 제4항 및 제5항에 합치되게 특허 및 그 밖의 지적재산권으로 보호된 기술을 포함하여 그 자원을 이용하는 기술에 접근하거나 이전받을 수 있도록 적절히 입법적·행정적 또는 정책적 조치를 취한다.

4. 각 체약당사자는 민간부문이 개발도상국의 정부기관 및 민간부문의 이익을 위하여 제1항에 언급된 기술에의 접근·공동개발 및 이전을 촉진하도록 하기 위하여 적절히 입법적·행정적 또

는 정책적 조치를 취하며, 이와 관련하여 제1항·제2항 및 제3항에 포함된 의무사항을 준수한다.

5. 체약당사자는 특허권 및 그 밖의 지적소유권이 이 협약의 이행에 영향을 미칠 수 있음을 인정하고, 이러한 권리가 이 협약의 목적을 지원하고 이 협약의 목적에 반하지 아니하도록 보장하기 위하여 국내입법 및 국제법에 따라 협력한다.

제17조 【정보교환】 1. 체약당사자는 개발도상국의 특별한 필요를 고려하여 생물다양성의 보전 및 지속가능한 이용과 관련하여 공개적으로 이용가능한 모든 정보의 교환을 촉진한다.

2. 이러한 정보의 교환은 기술적·과학적 및 사회·경제적 연구결과의 교환뿐만 아니라 훈련 및 조사프로그램·전문지식·현지의 전통적 지식에 관한 정보 그 자체 그리고 이들이 제16조 제1항에 언급된 기술과 연계된 정보의 교환을 포함한다. 또한 정보교환은 타당한 경우 정보의 회송을 포함한다.

제18조 【기술·과학협력】 1. 체약당사자는 필요한 경우 적절한 국제기관 및 국내기관을 통하여 생물다양성의 보전과 지속가능한 이용분야에서 국제적인 기술·과학협력을 증진한다.

2. 각 체약당사자는 이 협약을 이행함에 있어 무엇보다도 국가정책의 개발 및 이행을 통하여 다른 체약당사자 특히 개발도상국인 체약당사자와 기술·과학협력을 증진한다. 이러한 협력을 증진함에 있어 인적자원의 개발 및 제도구축을 통한 국가 능력의 개발과 강화에 특별한 관심이 주어져야 한다.

3. 당사자총회는 제1차 회의에서 기술·과학협력의 증진 및 촉진을 위하여 자료교환기구 체제의 설치방안을 결정한다.

4. 체약당사자는 이 협약의 목적을 추구함에 있어 국내입법과 정책에 따라 현지 기술 및 전통적 기술을 포함한 기술의 개발 및 이용을 위한 협력방안을 장려하고 개발한다. 이를 위하여 체약당사자는 인력양성과 전문가의 교류에 대한 협력을 증진한다.

5. 체약당사자는 상호 합의 조건하에 이 협약의 목적과 관련된 기술 개발을 위한 공동연구프로그램 및 합작투자의 수립을 증진한다.

제19조 【생명공학의 관리 및 그 이익의 배분】 1. 각 체약당사자는 생명공학의 연구활동을 위하여 유전자원을 제공하는 당사자, 특히 개발도상국인 당사자가 그러한 연구활동에 효과적으로 참여하고 가능한 경우 유전자원 제공국 안에서 참여할 수 있도록 적절히 입법적·행정적 또는 정책적 조치를 취한다.

2. 각 체약당사자는 다른 체약당사자 특히 개발도상국인 체약당사자가 제공한 유전자원에 근거한 생명공학으로부터 발생하는 결과 및 이익에 대하여 공정하고 공평한 기초 위에서 그러한 당사자의 우선적인 접근을 증진하고 촉진하기 위하여 모든 실행 가능한 조치를 취한다. 이러한 접근은 상호 합의된 조건에 따른다.

3. 당사자는 생물다양성의 보전과 지속가능한 이용에 부정적인 효과를 미칠 수 있는 생명공학에 기인한 변형된 생물체의 안전한 이전·취급 및 사용의 분야에서 특히 사전통고동의 등을 포함한 적절한 절차를 명시하는 의정서의 필요성과 그 양식을 검토한다.

4. 각 체약당사자는 직접 또는 제3항에 언급된 생물체를 제공하는 자신의 관할 아래 있는 자연인 또는 법인에 요구하여 그 생물체를 도입하는 체약당사자가 생물체를 다루는 데 필요로 하는 사용 및 안전규정에 관한 모든 가능한 정보뿐만 아니라 이러한 생물체를 도입하는 체약당사자에게 관계되는 특정 생물체의 잠재적이고 부정적인 영향에 관한 모든 가능한 정보를 제공한다.

제20조【재원】 1. 각 체약당사자는 자신의 국가계획·우선순위 및 사업계획에 따라 이 협약의 목적을 성취하기 위한 국내활동에 대하여 자신의 능력에 따라 재정적 지원 및 유인조치를 제공할 것을 약속한다.

2. 선진국인 당사자는 개발도상국인 당사자가 이 협약의 의무를 이행하는 조치를 취하는 데 따르는 합의된 만큼의 총 부가비용에 충당할 수 있도록 그리고 협약의 규정에 따라 혜택을 받을 수 있도록 신규의 추가적인 재원을 제공한다. 이러한 부가비용은 당사자총회가 정하는 정책·전략·사업 우선순위·적격성 기준 및 예시적 부가비용 목록에 따라 개발도상국인 당사자와 제21조에 언급된 제도적 조직 간에 합의된다. 시장경제로의 전환 과정을 겪고 있는 국가들을 포함한 그 밖의 당사자는 자발적으로 선진국인 당사자의 의무를 이행할 수 있다. 이 조의 목적상 당사자총회는 제1차 회의에서 선진국인 당사자와 선진국인 당사자의 의무사항을 자발적으로 이행하는 그 밖의 당사자의 목록을 작성한다. 당사자총회는 이 목록을 정기적으로 검토하며 필요한 경우 목록을 수정한다. 또한 그 밖의 국가 및 자금원으로부터의 자발적인 기여금은 장려된다.

이러한 공약의 이행은 기금의 적정성·예측성 및 유입의 적기성에 대한 필요성과 목록에 포함된 기여 당사자 간의 책임분담의 중요성을 고려한다.

3. 선진국인 당사자는 또한 이 협약의 이행과 관련된 재원을 양자적·지역적 그리고 그 밖의 다자적 경로를 통하여 제공할 수 있고, 개도국인 당사자는 이를 이용할 수 있다.

4. 개발도상국인 당사자의 협약에 따른 공약의 효과적인 이행 정도는 선진국인 당사자가 재원 및 기술이전에 관한 이 협약상의 공약을 얼마나 효과적으로 이행할지에 달려 있으며 경제·사회개발과 빈곤의 퇴치가 개발도상국인 당사자의 제1차적이며 최우선 순위임을 충분히 고려한다.

5. 당사자는 재원제공 및 기술이전과 관련된 조치에서 최빈국의 특수한 필요와 특별한 사정을 충분히 고려한다.

6. 체약당사자는 개발도상국인 당사자, 특히 군소도서국가 안에서의 생물다양성에 대한 의존, 생물다양성의 분포 및 생물다양성의 소재지에서 기인하는 특별한 여건을 고려한다.

7. 건조·준건조지대, 해안지대 및 산악지대 등 환경적으로 매우 취약한 지역에 있는 국가를 포함한 개발도상국의 특별한 사정도 고려된다.

제21조【재정체계】 1. 이 협약의 목적을 위하여 개발도상국인 당사자에 대한 무상 또는 양허성의 재원을 제공하기 위한 재정체계가 설치되며, 이 체계의 필수요소를 이 조에 정한다. 이 체계는 이 협약의 목적을 위하여 당사자

총회의 권한과 지침에 따라 기능하며 당사자총회에 책임을 진다. 이 체계의 운영은 당사자총회 제1차 회의에서 결정되는 제도적 조직에 의하여 수행된다. 이 협약의 목적을 위하여 당사자총회는 이러한 재원에의 접근 및 재원의 이용과 관련된 정책·전략·사업우선순위 및 적격성 기준을 결정한다. 기여금은 당사자총회에서 주기적으로 정하게 될 소요재원의 규모에 따라서 20조에 언급된 기금의 예측가능성·적정성 및 적기공급 등의 필요와 제20조 제2항에 언급된 목록에 포함된 기여 당사자 간의 책임분담의 중요성을 고려한다. 자발적 기여금은 또한 선진국인 당사자와 그 밖의 국가 및 자금원에 의하여 조성된다. 이 체계는 민주적이고 투명한 관리 체계 안에서 운영된다.

2. 이 협약의 목적에 따라 당사자총회는 제1차 회의에서 정책·전략 및 사업계획 우선순위뿐만 아니라 재원의 이용에 대한 정기적인 감시 및 평가를 포함하여 재원에의 접근 및 이용의 적격성을 위한 상세한 기준과 지침을 결정한다. 당사자총회는 재정체계의 운영을 위탁받은 제도적 조직과 협의 후 제1항을 실행하기 위한 조치를 결정한다.

3. 당사자총회는 이 협약 발효 후 2년 이내에 그리고 그 이후는 정기적으로 제2항에 언급된 기준 및 지침을 포함하여 이 조에 의하여 설립된 체계의 효율성을 검토한다. 이 검토를 토대로 필요한 경우 이 체계의 효율성을 증진하기 위한 적절한 조치를 취한다.

4. 체약당사자는 생물다양성의 보전과 지속가능한 이용을 위한 재원을 제공하기 위하여 기존의 재정체계의 강화를 고려한다.

제22조【다른 국제협약과의 관계】

1. 이 협약의 규정은 기존의 국제협정에서 유래하는 체약당사자의 권리 및 의무에 영향을 미치지 아니한다. 다만, 이러한 권리 및 의무의 행사가 생물다양성에 심각한 피해 또는 위협을 초래할 경우에는 예외로 한다.

2. 체약당사자는 해양환경에 대하여 해양법에 따른 국가의 권리 및 의무와 합치되게 이 협약을 이행한다.

제23조【당사자총회】

1. 이에 따라 당사자총회를 설치한다. 당사자총회 제1차 회의는 유엔환경계획 사무총장이 이 협약 발효 후 1년 이내에 소집한다. 그 후로는 당사자총회 정기회의는 당사자총회 제1차 회의에서 결정되는 일정한 간격으로 개최된다.

2. 당사자총회 특별회의는 당사자총회가 필요하다고 인정하는 때에 또는 당사자의 서면 요청에 의하여 개최된다. 다만, 이러한 서면요청은 사무국이 그 요청을 당사자에게 통보한 후 6월 이내에 최소한 당사자 3분의 1로부터 지지를 받는 것을 조건으로 한다.

3. 당사자총회는 당사자총회의 의사규칙 및 당사자총회가 설치하는 보조기관의 의사규칙뿐만 아니라 사무국의 경비를 규율하는 재정규칙을 컨센서스로 합의·채택한다. 당사자총회는 각 정기회의에서 차기 정기회의까지의 회계기간에 대한 예산을 채택한다.

4. 당사자총회는 이 협약의 이행상태를 검토하고, 이를 위하여 다음 사항을 수행한다.

가. 제26조에 따라 제출될 정보를 전달하기 위한 형식 및 간격을 정하고 이러한 정보와 보조기구가 제출한 보고서를 검토한다.

나. 제25조에 따라 제공되는 생
물다양성에 관한 과학·기술·
공학적 자문의견을 검토한다.
다. 필요한 경우 제28조에 따라
의정서를 심의·채택한다.
라. 필요한 경우 제29조 및 제30조
에 따라 이 협약 및 부속서의 개
정안을 심의·채택한다.
마. 의정서 및 그 부속서의 개정
안을 심의하고 개정이 결정되는
경우 해당 의정서의 당사자에게
이 개정의 채택을 권고한다.
바. 필요한 경우 제30조에 따라
이 협약의 추가 부속서를 심
의·채택한다.
사. 이 협약의 이행을 위하여 필
요하다고 판단되는, 특히 과
학·기술자문을 제공하기 위한
보조기구를 설치한다.
아. 이 협약에 포함된 사항을 다
루는 다른 협약들의 집행기구
와 적절한 협력방식을 설정하
기 위하여 사무국을 통하여 이
들 집행기구와 접촉한다.
자. 협약운영과정에서 얻은 경험
에 비추어 이 협약의 목적달성
을 위하여 필요한 추가적인 조
치를 검토·시행한다.
5. 국제연합·국제연합 전문기구·
국제원자력기구 및 이 협약의 비
당사자인 국가는 당사자총회의
회의에 옵서버로 참석할 수 있다.
생물다양성의 보전과 지속가능
한 이용과 관련된 분야에서 자격
을 갖춘 정부 간 또는 비정부 간
기구나 기관이 당사자총회의 회
의에 옵서버로 참가할 의사를 사
무국에 통보한 경우, 최소한 출석
당사자 3분의 1이 반대하지 아니
하는 한 참가가 허가될 수 있다.
옵서버의 참가허가 및 회의참석
은 당사자총회가 채택한 의사규
칙에 따른다.

제24조 【사무국】 1. 이 협약에 의
하여 사무국이 설치되며, 사무국
의 기능은 다음과 같다.
가. 제23조에 규정된 당사자총회
회의를 준비·지원하는 것
나. 의정서가 부여한 기능을 수
행하는 것
다. 이 협약에 따른 기능수행에
관한 보고서를 작성하고 이를
당사자총회에 제출하는 것
라. 다른 관련 국제기구와 협조
하고 특히 사무국 기능의 효과
적인 수행에 필요한 행정약정
또는 계약을 체결하는 것
마. 당사자총회가 결정하는 기능
을 수행하는 것
2. 당사자총회는 제1차 정기회의
에서 이 협약에 따른 사무국의 기
능을 수행할 의사를 표명한 기존
의 관련 국제기구 중에서 사무국
을 지정한다.

제25조 【과학·기술자문 보조기구】
1. 당사자총회 그리고 적절한 경
우 다른 보조기구에 이 협약의 이
행과 관련된 시의적절한 자문을
제공하기 위하여 과학·기술자
문의 제공을 위한 보조기구를 이
에 따라 설치한다. 이 기구는 모
든 당사자의 참여에 개방되며 수
개의 전문분야로 구성된다. 이 기
구는 관련 전문분야의 권한 있는
정부대표로 구성된다. 이 기구는
모든 활동상황을 당사자총회에
정기적으로 보고한다.
2. 당사자총회의 권한하에 그리고
당사자총회가 정한 지침에 따라
당사자총회의 요청이 있을 경우
이 기구는 다음 사항을 수행한다.
가. 생물다양성의 현황에 대한 과
학적·기술적 평가를 제공한다.
나. 이 협약의 규정에 따라 취한
조치유형별 효과에 대한 과학
적·기술적 평가를 준비한다.
다. 생물다양성의 보전과 지속가능한

이용과 관련된 혁신적·효율적·최신의 기술 및 노하우를 확인하고 이러한 기술의 개발 및/또는 이전을 촉진하는 방법에 관하여 자문한다.

라. 생물다양성의 보전 및 지속 가능한 이용과 관련된 연구·개발 분야에서의 과학프로그램 및 국제협력에 관한 자문을 제공한다.

마. 당사자총회 및 그 보조기구가 제기할 수 있는 과학적·기술적 및 방법론적 질의에 답한다.

3. 이 기구의 기능·권한·조직 및 운영에 관한 사항은 당사자총회에서 더 구체화될 수 있다.

제26조【보고】 각 체약당사자는 당사자총회가 정한 간격에 따라 이 협약의 규정을 이행하기 위하여 취한 조치와 이 협약의 목적을 달성하는 데 있어서의 그 조치의 유효성에 관한 보고서를 당사자총회에 제출한다.

제27조【분쟁의 해결】 1. 이 협약의 해석 또는 적용에 관하여 체약당사자 간에 분쟁이 있는 경우, 관련 당사자는 교섭을 통하여 해결책을 모색한다.

2. 관련 당사자가 교섭에 의하여 합의에 도달할 수 없는 경우, 공동으로 제3자의 주선을 모색하거나 또는 제3자에 의한 조정을 요청할 수 있다.

3. 이 협약을 비준·수락·승인하거나 이 협약에 가입할 때 또는 그 후 언제든지 국가 또는 지역경제통합기구는 제1항 또는 제2항에 따라 해결되지 아니한 분쟁에 대하여 다음의 분쟁해결 방안 중 하나 또는 모두를 강제적인 것으로 수락함을 수탁자에게 서면으로 선언할 수 있다.

가. 부속서 2의 제1부에 규정된 절차에 따른 중재

나. 분쟁의 국제사법재판소 회부

4. 분쟁당사자가 제3항에 따라 동일한 절차나 어느 절차를 수락하지 아니하는 경우, 당사자가 달리 합의하지 아니하는 한 부속서 2의 제2부에 따라 조정에 회부된다.

5. 이 조의 규정은 해당 의정서가 달리 규정하지 아니하는 한 모든 의정서에 대하여 적용된다.

제28조【의정서 채택】 1. 체약당사자는 이 협약의 의정서를 작성·채택하는 데 협력한다.

2. 의정서는 당사자총회의 회의에서 채택된다.

3. 사무국은 제안된 의정서의 문안을 최소한 이러한 회의가 개최되기 6월 이전에 체약당사자에게 전달한다.

...

제37조【유보】 <u>이 협약에 대하여는 어떠한 유보도 할 수 없다.</u>

제38조【탈퇴】 1. <u>체약당사자는 협약이 자신에 대하여 발효한 날로부터 2년 후에는 언제든지 수탁자에게 서면통지를 함으로써 협약으로부터 탈퇴할 수 있다.</u> ...

43 1992년 기후변화협약(United Nations Framework Convention on Climate Change)

체결일 : 1992.5.9.
발효일 : 1994.3.21.
한국 발효일 : 1994.3.21.

이 협약의 당사자는,

지구의 기후변화와 이로 인한 부정적 효과가 <u>인류의 공통관심사 (a common concern of mankind)</u>임을 인정하고,

인간활동이 대기 중의 온실가스 농도를 현저히 증가시켜 왔으며, 이로 인해 <u>자연적 온실효과가</u> 증대되고 이것이 평균적으로 지구표면 및 대기를 추가적으로 온난화시켜 자연생태계와 인류에게 부정적 영향을 미칠 수 있음을 우려하며,

과거와 현재의 <u>지구 전체 온실 가스의 큰 부분이 선진국에서 배출</u>되었다는 것과 개발도상국의 1인당 배출량은 아직 비교적 적으나 지구 전체의 배출에서 차지하는 <u>개발도상국의 배출비율이 그들의 사회적 및 개발의 요구</u>를 충족시키기 위하여 증가할 것임을 주목하고,

육지와 해양 생태계에서 <u>온실 가스의 흡수원과 저장소</u>가 하는 역할과 중요성을 인식하며,

기후변화에 대한 예측, 특히 그 시기·규모 및 지역적 양태에 대한 예측에 불확실성이 많음을 주목하고,

기후변화의 세계적 성격에 대응하기 위하여는 모든 국가가 그들의 <u>공통적이면서도 그 정도에 차이가 나는 책임, 각각의 능력 및 사회적·경제적 여건</u>에 따라 가능한 모든 협력을 다하여 효과적이고 적절한 국제적 대응에 참여하는 것이 필요함을 인정하며,

<u>1972년</u> 6월 16일 스톡홀름에서 채택된 <u>국제연합인간환경회의선언</u>의 관련규정을 상기하고,

국가는 국제연합헌장과 국제법의 원칙에 따라 고유의 환경정책과 개발정책에 입각하여 <u>자기 나라의 자원을 개발할 주권적 권리</u>를 가지며, <u>자기 나라의 관할권 혹은 통제지역 안의 활동 때문에 다른 국가나 관할권 이원지역의 환경에 피해가 발생하지 아니하도록 보장할 책임</u>이 있음을 또한 상기하며,

기후변화에 대응하기 위한 국제협력에 있어서 국가주권원칙을 재확인하고,

국가는 효과적인 환경법령을 제정하여야 하며, 환경기준과 관리의 목적 및 우선순위는 이들이 적용되는 환경 및 개발상황을 반영하여야 하며, 어떠한 국가에 의하여 적용된 기준이 다른 국가, 특히 개발도상국에 대해서는 부적절하며 또한 부당한 경제적·사회적 비용을 유발할 수도 있다는 것을 인식하며,

<u>국제연합 환경개발회의</u>에 관한 1989년 12월 22일 총회 결의 44/228호, 인류의 현재 및 미래 세대를 위한 지구기후의 보호에 관한 1988년 12월 6일 결의 43/53호, 1989년 12월 22일 결의 44/207호, 1990년 12월 21일 결의 45/212호 및 1991년 12월 19일 결의 46/169호의 규정을 상기하고,

해수면 상승이 도서 및 해안지역, 특히 저지대 해안지역에 가져

올 수 있는 부정적 효과에 관한 1989년 12월 22일 총회 결의 44/206호의 규정과 사막화 방지 실천계획의 이행에 관한 1989년 12월 19일의 총회 결의 44/172호의 관련규정을 또한 상기하며, <u>1985년의 오존층보호를 위한 비엔나 협약,</u> 1990년 6월 29일에 개정된 <u>1987년의 오존층파괴물질에 관한 몬트리올 의정서</u>를 또한 상기하고, 1990년 11월 7일 채택된 제2차 세계기후회의 각료 선언을 주목하며, 많은 국가가 행한 기후변화에 관한 귀중한 분석작업과 세계기상 기구·국제연합환경계획 및 국제연합체제 안의 그 밖의 기구들, 그리고 그 밖의 국제적 및 정부 간 기구가 과학연구결과의 교환과 연구의 조정에서 이룩한 중요한 기여를 의식하고,

기후변화를 이해하고 이에 대응하기 위하여 필요한 조치는 관련 과학적·기술적 및 경제적 고려에 바탕을 두고 이러한 분야의 새로운 발견에 비추어 계속적으로 재평가될 경우에 환경적·사회적 및 경제적으로 가장 효과적이라는 것을 인식하며,

기후변화에 대응하기 위한 다양한 조치는 그 자체만으로도 경제적으로 정당화될 수 있으며, 또한 그 밖의 환경문제를 해결하는데 도움을 줄 수 있음을 인식하고, 선진국이 온실효과의 증대에 대한 자기 나라의 상대적 책임을 정당히 고려하여 세계적·국가적 그리고 합의되는 경우 지역적 차원에서의 모든 온실가스에 대한 종합대응전략의 첫 단계로서 명확한 우선순위에 입각하여 <u>신축성</u> 있게 신속한 조치를 취할 필요성을 또한 인식하며,

저지대 국가 및 군소도서국가, 저지대 연안 지역·건조지역· 반건조 지역 또는 홍수·가뭄 및 사막화에 취약한 지역을 가지고 있는 국가, 그리고 연약한 산악생태계를 가지고 있는 개발도상국이 특별히 기후변화의 부정적 효과에 취약하다는 것을 또한 인식하고,

그 경제가 특별히 화석연료의 생산·사용 및 수출에 의존하고 있는 국가, 특히 <u>개발도상국</u>이 온실가스 배출을 제한하기 위하여 취한 조치로 인해 겪을 특별한 어려움을 인식하며,

기후변화에 대한 대응은 사회적 및 경제적 발전에 대한 부정적인 영향을 피하기 위하여, 특히 개발도상국의 지속적인 <u>경제성장</u> 달성과 <u>빈곤퇴치</u>를 위한 정당하고 우선적인 요구를 충분히 고려하여 사회적 및 경제적 발전과 통합적인 방식으로 조정되어야 한다는 것을 확인하고,

모든 국가, 특히 개발도상국은 지속가능한 사회적 및 경제적 발전을 달성하는데 필요한 자원에의 접근을 필요로 하며, 개발도상국이 이러한 목적을 달성하기 위해서는, 경제적 및 사회적으로 유리한 조건의 신기술의 적용 등을 통하여 더 높은 에너지 효율성을 달성하고 온실가스 배출량을 전반적으로 통제할 수 있으리라는 가능성을 고려하는 한편, 개발도상국의 에너지 소비가 증가할 필요가 있을 것임을 인식하며, <u>현재와 미래의 세대</u>를 위하여 기후체계를 보호할 것을 결의하여, 다음과 같이 합의하였다.

제1조 【정의】 이 협약의 목적상, 1. "기후변화의 부정적 효과"라 함은 <u>기후변화에 기인한 물리적 환경 또는 생물상의 변화로서 자연적 생태계 및 관리되는 생태계의 구성·회복력 또는 생산성, 사</u>

회경제체제의 운용 또는 인간의 건강과 복지에 대하여 현저히 해로운 효과를 야기하는 것을 말한다.

2. "기후변화"라 함은 인간활동에 직접 또는 간접으로 기인하여 지구대기의 구성을 변화시키는 상당한 기간 동안 관측된 자연적 기후가변성에 추가하여 일어나는 기후의 변화를 말한다.

3. "기후체계"라 함은 대기권, 수권, 생물권과 지리권 그리고 이들의 상호작용의 총체를 말한다.

4. "배출"이라 함은 특정 지역에 특정 기간 동안 온실가스 및/또는 그 전구물질을 대기 중으로 방출하는 것을 말한다.

5. "온실가스"라 함은 적외선을 흡수하여 재방출하는 천연 및 인공의 기체성의 대기 구성물을 말한다.

6. "지역경제통합기구"라 함은 이 협약 및 부속의정서가 규율하는 사항에 관하여 권한을 가지며, 또한 내부절차에 따라 정당하게 권한을 위임받아 관련문서에 서명·비준·수락·승인 또는 가입할 수 있는 특정 지역의 주권국가들로 구성된 기구를 말한다.

7. "저장소"라 함은 온실가스 또는 그 전구물질이 저장되는 기후체계의 하나 또는 그 이상의 구성요소들을 말한다.

8. "흡수원"이라 함은 대기로부터 온실가스, 그 연무질 또는 전구물질을 제거하는 모든 과정·활동 또는 체계를 말한다.

9. "배출원"이라 함은 대기 중으로 온실가스, 그 연무질 또는 전구물질을 방출하는 모든 과정 또는 활동을 말한다.

제2조 【목적】 이 협약과 당사자총회가 채택하는 모든 관련 법적문서의 궁극적 목적은, 협약의 관련규정에 따라, 기후체계가 위험한 인위적 간섭(dangerous anthropogenic interference)을 받지 않는 수준으로 대기 중 온실가스 농도의 안정화(stabilization of greenhouse gas concentration)를 달성하는 것이다. 그러한 수준은 생태계가 자연적으로 기후변화에 적응하고 식량생산이 위협받지 않으며 경제개발이 지속가능한 방식으로 진행되도록 할 수 있기에 충분한 기간 내에 달성되어야 한다.

제3조 【원칙】 협약의 목적을 달성하고 그 규정을 이행하기 위한 행동에 있어서, 당사자는 무엇보다도 다음 원칙에 따른다.

1. 당사자는 형평에 입각하고 공통적이면서도 그 정도에 차이가 나는 책임과 각각의 능력에 따라 인류의 현재 및 미래 세대의 이익을 위하여 기후체계를 보호해야 한다. 따라서 선진국인 당사자는 기후변화 및 그 부정적 효과에 대처하는 데 있어 선도적 역할을 해야 한다.

2. 기후변화의 부정적 효과에 특별히 취약한 국가 등 개발도상국인 당사자와, 개발도상국인 당사자를 포함하여 이 협약에 따라 불균형적이며 지나친 부담을 지게 되는 당사자의 특수한 필요와 특별한 상황은 충분히 고려되어야 한다.

3. 당사자는 기후변화의 원인을 예견·방지 및 최소화하고 그 부정적 효과를 완화하기 위한 예방조치를 취하여야 한다. 심각하거나 회복할 수 없는 손상의 위협이 있는 경우, 충분한 과학적 확실성이 없다는 이유로 이러한 조치를 연기하여서는 아니되며, 기후변화를 다루는 정책과 조치는 최저비용으로 세계적 이익을 보장할 수 있도록 비용효과적이어야 한

다. 이 목적을 달성하기 위하여, 이러한 정책과 조치는 서로 다른 사회경제적 상황을 고려하여야 하고, 종합적이어야 하며, 온실가스의 모든 관련 배출원·흡수원 및 저장소 그리고 적응 조치를 포함하여야 하며, 모든 경제분야를 포괄하여야 한다. 기후변화에 대한 대응노력은 이해 당사자가 협동하여 수행할 수 있다.

4. 당사자는 지속가능한 발전을 증진할 권리를 보유하며 또한 증진하여야 한다. 경제발전이 기후변화에 대응하는 조치를 취하는 데 필수적임을 고려하여, 인간활동으로 야기될 기후변화로부터 기후체계를 보호하기 위한 정책과 조치는 각 당사자의 특수한 상황에 적절하여야 하며 국가개발계획과 통합되어야 한다.

5. 당사자는 모든 당사자, 특히 개발도상국인 당사자가 지속적 경제성장과 발전을 이룩하고 그럼으로써 기후변화문제에 더 잘 대응할 수 있도록 하는 지지적이며 개방적인 국제경제체제를 촉진하기 위하여 협력한다. 일방적 조치를 포함하여 기후변화에 대처하기 위하여 취한 조치는 국제무역에 대한 자의적 또는 정당화할 수 없는 차별수단이나 위장된 제한수단이 되어서는 아니 된다.

제4조 【공약】 1. 모든 당사자는 공통적이면서도 그 정도에 차이가 나는 책임과 자기 나라의 특수한 국가적, 지역적 개발우선순위·목적 및 상황을 고려하여 다음 사항을 수행한다.

가. 당사자총회가 합의하는 비교가능한 방법론을 사용하여, 몬트리올 의정서에 의하여 규제되지 않는 모든 온실가스의 배출원에 따른 인위적 배출과 흡수원에 따른 제거에 관한 국가통계를 제12조에 따라 작성, 정기적으로 갱신 및 공표하고 당사자총회에 통보한다.

나. 몬트리올 의정서에 의하여 규제되지 않는 모든 온실가스의 배출원에 따른 인위적 배출의 방지와 흡수원에 따른 제거를 통하여 기후변화를 완화하는 조치와 기후변화에 충분한 적응을 용이하게 하는 조치를 포함한 국가적 및 적절한 경우 지역적 계획을 수립·실시·공표하고 정기적으로 갱신한다.

다. 에너지·수송·산업·농업·임업 그리고 폐기물관리분야를 포함한 모든 관련분야에서 몬트리올 의정서에 의하여 규제되지 않는 온실가스의 인위적 배출을 규제·감축 또는 방지하는 기술·관행 및 공정을 개발·적용하고, 이전을 포함하여 확산시키는 것을 촉진하고 협력한다.

라. 생물자원·산림·해양과 그 밖의 육상·연안 및 해양 생태계 등 몬트리올 의정서에 의하여 규제되지 않는 온실가스의 흡수원과 저장소의 지속가능한 관리를 촉진하고 또한 적절한 보존 및 강화를 촉진하며 이를 위해 협력한다.

마. 기후변화의 영향에 대한 적응을 준비하는 데 협력한다. 즉, 연안관리·수자원 및 농업을 위한 계획 그리고 특히 아프리카 등 가뭄·사막화 및 홍수에 의하여 영향받는 지역의 보호와 복구를 위한 적절한 통합계획을 개발하고 발전시킨다.

바. 관련 사회·경제 및 환경정책과 조치에서 가능한 한 기후변화를 고려하며, 기후변화를 완화하고 이에 적응하기 위하여 채택한 사업과 조치가 경제·공중보건 및 환경의 질에

미치는 부정적 효과를 최소화
할 수 있도록, 예를 들어 영향평
가와 같은, 국가적으로 입안되
고 결정된 적절한 방법을 사용
한다.

사. 기후변화의 원인·결과·규
모·시기 및 여러 대응전략의
경제적·사회적 결과에 관한
이해를 증진시키고 또한 이에
관한 잔존 불확실성을 축소·
제거하기 위하여 기후체계와
관련된 과학적·기술적·기능
적·사회경제적 및 그 밖의 조
사, 체계적 관측 그리고 자료보
관소의 설치를 촉진하고 협력
한다.

아. 기후체계와 기후변화, 그리
고 여러 대응전략의 경제적·
사회적 결과와 관련된 과학
적·기술적·기능적·사회 경
제적 및 법률적 정보의 포괄적,
공개적 그리고 신속한 교환을
촉진하고 협력한다.

자. 기후변화에 관한 교육, 훈련
및 홍보를 촉진하고 협력하며,
이러한 과정에서 비정부 간 기
구 등의 광범위한 참여를 장려
한다.

차. 제12조에 따라 이행관련 정
보를 당사자총회에 통보한다.

2. 부속서 1에 포함된, 선진국인
당사자와 그 밖의 당사자는 특히
다음에 규정된 사항을 수행할 것
을 합의한다.

가. 당사자는 온실가스의 인위적
배출을 제한하고 온실가스의
흡수원과 저장소를 보호·강화
함으로써 기후변화의 완화에
관한 국가정책을 채택하고 이
에 상응하는 조치를 취한다. 이
러한 정책과 조치를 취함으로
써 선진국은 이 협약의 목적에
부합하도록 인위적 배출의 장
기적 추세를 수정하는 데 선도
적 역할을 수행함을 증명한다.

선진국은 이러한 역할을 수행
함에 있어 이산화탄소와 몬트
리올 의정서에 의하여 규제되
지 않는 그 밖의 온실가스의 인
위적 배출을 1990년대 말까지
종전 수준으로 회복시키는 것
이 그러한 수정에 기여함을 인
식하고 각 당사자의 출발점 및
접근방법·경제구조 그리고 자
원기반의 차이, 강력하고 지속
가능한 경제성장을 유지할 필
요성, 가용기술 그리고 여타 개
별적 상황, 아울러 이 목적에 대
한 세계적 노력에 각 당사자가
공평하고 적절하게 기여할 필
요성을 고려한다. 선진국인 당
사자는 그 밖의 당사자와 이러
한 정책과 조치를 공동으로 이
행할 수 있으며, 또한 그 밖의
당사자가 협약의 목적, 특히 본
호의 목적을 달성하는데 기여
하도록 지원할 수 있다.

나. 이러한 목적달성을 촉진하기
위하여 당사자는 이산화탄소와
몬트리올 의정서에 의하여 규
제되지 않는 그 밖의 온실가스
의 인위적 배출을 개별적 또는
공동으로 1990년 수준으로 회
복시키기 위한 목적으로, 가호
에 언급된 정책 및 조치에 관한
상세한 정보와, 가호에 언급된
기간 동안에 이러한 정책과 조
치의 결과로 나타나는 몬트리
올 의정서에 의하여 규제되지
않는 온실가스의 배출원에 따
른 인위적 배출과 흡수원에 따
른 제거에 관한 정보를 협약이
자기 나라에 대하여 발효한 후
6월 이내에, 또한 그 이후에는
정기적으로 제12조에 따라 통
보한다. 당사자총회는 제7조에
따라 제1차 회기에서, 또한 그
이후에는 정기적으로 이러한
정보를 검토한다.

다. 나호의 목적상 온실가스의 배출원에 따른 배출과 흡수원에 따른 제거에 관한 계산은 흡수원의 유효용량 및 기후변화에 대한 가스종별 기여도를 포함하는 최대한으로 이용가능한 과학적 지식을 고려하여야 한다. 당사자총회는 제1차 회기에서 이러한 계산방식에 대해 심의, 합의하고 그 이후에는 정기적으로 이를 검토한다.

라. 당사자총회는 제1차 회기에서 가호와 나호의 조치가 충분한지를 검토한다. 이러한 검토는 기후변화와 그 영향에 대한 최대한으로 이용가능한 과학적 정보 및 평가와 아울러 관련 기술적·사회적 및 경제적 정보를 고려하여 수행한다. 이러한 검토에 입각하여 당사자총회는 적절한 조치를 취하며, 이에는 가호 및 나호의 공약에 대한 개정의 채택이 포함될 수 있다. 당사자총회는 제1차 회기에서 가호에 규정된 공동이행에 관한 기준을 또한 결정한다. 가호와 나호에 대한 제2차 검토는 1998년 12월 31일 이전에 실시하며, 그 이후에는 이 협약의 목적이 달성될 때까지 당사자총회가 결정하는 일정한 간격으로 실시한다.

마. 당사자는 다음을 수행한다.
(1) 협약의 목적을 달성하기 위하여 개발된 관련 경제적 및 행정적 수단들을 적절히 그 밖의 당사자와 조정한다.
(2) 몬트리올 의정서에 의하여 규제되지 않은 온실가스의 인위적 배출수준의 증가를 초래하는 활동을 조장하는 정책과 관행을 찾아내어 정기적으로 검토한다.

바. 당사자총회는 관련 당사자의 승인을 얻어 부속서 1·2의 명단을 적절히 수정할지를 결정하기 위하여 1998년 12월 31일 이전에 이용가능한 정보를 검토한다.

사. 부속서 1에 포함되지 않은 당사자는 비준서·수락서·승인서 또는 가입서에서, 그리고 그 이후에는 언제든지 가호와 나호에 구속받고자 하는 의사를 수탁자에게 통고할 수 있다. 수탁자는 그러한 통고를 서명자 또는 당사자에게 통보한다.

3. 부속서 2에 포함된, 선진국인 당사자와 그 밖의 선진당사자는 개발도상국이 제12조 제1항에 따른 공약을 이행하는 데에서 부담하는 합의된 만큼의 모든 비용을 충족시키기 위하여 새로운 추가적 재원을 제공한다. 이러한 당사자는 또한 기술이전을 위한 비용을 포함하여, 본조 제1항에 규정된 것으로서 개발도상국이 제11조에 언급된 국제기구 또는 국제기구들과 합의한 조치를 이행하는 데에서 발생하는, 합의된 만큼의 모든 부가비용을 충족시키기 위하여 제11조에 따라 개발도상국인 당사자가 필요로 하는 새로운 추가적 재원을 제공한다. 이러한 공약의 이행에는 자금 흐름의 충분성과 예측 가능성 및 선진국인 당사자 간의 적절한 부담배분의 중요성을 고려한다.

4. 부속서 2에 포함된, 선진국인 당사자와 그 밖의 선진당사자는 또한 기후변화의 부정적 효과에 특히 취약한 개발도상국인 당사자가 이러한 부정적 효과에 적응하는 비용을 부담할 수 있도록 지원한다.

5. 부속서 2에 포함된, 선진국인 당사자와 그 밖의 선진당사자는 다른 당사자, 특히 개발도상국인

당사자가 이 협약의 규정을 이행할 수 있도록 환경적으로 건전한 기술과 노하우의 이전 또는 이에 대한 접근을 적절히 증진·촉진하며, 그리고 이에 필요한 재원을 제공하기 위한 모든 실행 가능한 조치를 취한다. 이러한 과정에서 선진국인 당사자는 개발도상국인 당사자의 내생적 능력과 기술의 개발 및 향상을 지원한다. 지원할 수 있는 위치에 있는 그 밖의 당사자와 기구도 이러한 기술이전을 용이하게 하도록 지원할 수 있다.

6. 제2항의 공약을 이행하는 데 있어, 부속서 1에 포함된 당사자로서 시장경제로의 이행과정에 있는 당사자에 대해서는 기후변화에 대응하는 능력을 향상시키도록 당사자총회로부터 어느 정도의 융통성이 허용되며, 이에는 기준으로 선정된 몬트리올 의정서에 의해 규제되지 않는 온실가스의 과거 인위적 배출수준에 관한 사항이 포함된다.

7. 개발도상국인 당사자의 협약에 따른 공약의 효과적 이행 정도는 선진국인 당사자가 재원 및 기술이전에 관한 협약상의 공약을 얼마나 효과적으로 이행할지에 달려있으며, 경제적·사회적 개발과 빈곤퇴치가 개발도상국의 제1차적이며 가장 앞서는 우선순위임을 충분히 고려한다.

8. 본조의 공약을 이행하는 데 있어, 당사자는 특히 다음에 열거한 각 지역에 대한 기후변화의 부정적 효과 그리고/또는 대응조치의 이행에 따른 영향으로부터 발생하는 개발도상국인 당사자의 특수한 필요와 관심을 충족시키기 위하여 재원제공, 보험 그리고 기술이전과 관련된 조치를 포함하여 이 협약에 따라 어떠한 조치가 필요한지를 충분히 고려한다.

가. 소도서국가

나. 저지대 연안을 보유한 국가

다. 건조·반건조 지역, 산림지역 및 산림황폐에 취약한 지역을 보유한 국가

라. 자연재해에 취약한 지역을 보유한 국가

마. 가뭄과 사막화에 취약한 지역을 보유한 국가

바. 도시대기가 고도로 오염된 지역을 보유한 국가

사. 산악 생태계를 포함하여 연약한 생태계 지역을 보유한 국가

아. 화석연료와 이에 연관된 에너지 집약적 생산품의 생산·가공 및 수출로부터 얻는 소득에, 그리고/또는 화석연료와 이에 연관된 에너지 집약적 생산품의 소비에 크게 의존하는 경제를 보유한 국가

자. 내륙국과 경유국 또한, 당사자총회는 본항과 관련하여 적절한 조치를 취할 수 있다.

9. 당사자는 재원제공 및 기술이전과 관련된 조치에서 최빈국의 특수한 필요와 특별한 상황을 충분히 고려한다.

10. 당사자는, 협약의 공약을 이행함에 있어, 기후변화에 대응하기 위한 조치의 이행에 따라 발생하는 부정적 효과에 취약한 경제를 가진 당사자, 특히 개발도상국인 당사자의 여건을 제10조에 따라 고려한다. 이는 화석연료와 이에 연관된 에너지 집약적 생산품의 생산·가공 및 수출로부터 발생하는 소득에 크게 의존하는, 그리고/또는 화석연료와 이에 연관된 에너지 집약적 생산품의 소비에 크게 의존하는, 그리고/또는 다른 대체에너지로 전환하는 데 심각한 어려움을 갖고 있어 화석연료 사용에 크게 의존하는 경제를 보유한 당사자에게 특히 적용된다.

제5조 ~ 제10조 생략

제11조【재정지원체제】1. 기술이전을 포함하여 무상 또는 양허성 조건의 재원제공을 위한 지원체제를 이에 규정한다. 이 지원체제는 협약에 관련되는 정책, 계획의 우선순위 및 자격기준을 결정하는 당사자총회의 지침에 따라 기능을 수행하고 총회에 책임을 진다. 그 운영은 하나 또는 그 이상의 기존 국제기구에 위탁된다.
2. 재정지원체제는 투명한 관리제도 안에서 모든 당사자가 공평하고 균형있는 대표성을 갖는다.
3. 당사자총회와 재정지원체제의 운영을 위탁받은 기구는 상기 두 항에 효력을 부여하기 위하여 다음 사항을 포함하는 운영요령에 합의한다.
가. 기후변화를 다루기 위한 재원제공사업이 당사자총회가 마련한 정책, 계획의 우선순위 및 자격기준에 부합하도록 보장하는 방식
나. 특정 재원제공 결정을 이러한 정책, 계획의 우선순위 및 자격기준에 비추어 재심의하는 방식
다. 제1항에 규정된 책임요건과 부합하게, 운영을 맡은 기구가 재원제공활동에 관한 정기보고서를 당사자총회에 제출하는 것
라. 예측 가능하고 확인 가능한 방식으로 협약이행에 필요하고 이용가능한 재원제공액을 결정하고, 이 금액을 정기적으로 검토하는 조건에 관해 결정하는 것
4. 당사자총회는 제21조 제3항에 언급된 임시조치를 검토, 심의하여 제1차 회기에서 상기 규정의 이행을 위한 준비를 하고 임시조치의 유지 여부를 결정한다. 그로부터 4년 이내에 당사자총회는 재정지원체제에 대해 검토하고 적절한 조치를 취한다.
5. 선진국인 당사자는 또한 협약이행과 관련된 재원을 양자적, 지역적 및 그 밖의 다자적 경로를 통하여 제공하고, 개발도상국인 당사자는 이를 이용할 수 있다.

제12조 ~ 제13조 생략

제14조【분쟁해결】1. 이 협약의 해석 또는 적용에 관하여 둘 또는 그 이상의 당사자 간에 분쟁이 있는 경우, 관련 당사자는 교섭 또는 스스로 선택하는 그 밖의 평화적 방법을 통하여 분쟁의 해결을 모색한다.
2. 이 협약의 비준·수락·승인 또는 가입 시, 그리고 그 후 언제든지, 지역경제통합기구가 아닌 당사자는 협약의 해석이나 적용에 관한 분쟁에 있어서 동일한 의무를 수락하는 당사자와의 관계에서 다음을 특별한 합의 없이, 선언하였다는 사실만으로, 의무적인 것으로 인정함을 수탁자에게 서면으로 선언할 수 있다.
가. 분쟁의 국제사법재판소 회부 그리고/또는
나. 당사자총회가 가능한 한 신속히 중재에 관한 부속서 형태로 채택할 절차에 따른 중재지역경제통합기구인 당사자는 나호에서 언급된 절차에 따른 중재와 관련하여 유사한 효력을 가지는 선언을 행할 수 있다.
3. 제2항에 따라 행해진 선언은 선언의 조건에 따라 기한이 만료될 때까지, 또는 서면 철회통고가 수탁자에게 기탁된 후 3월까지 유효하다.
4. 새로운 선언, 선언의 철회통고 또는 선언의 기한만료는 분쟁당사자가 달리 합의하지 아니하는 한, 국제사법재판소 또는 중재재판소에서 진행 중인 소송에 대하여 어떠한 영향도 미치지 아니한다.

5. 제2항의 운용에 따를 것을 조건으로, 일방당사자가 타방당사자에게 그들 간에 분쟁이 존재하고 있음을 통고한 후 12월 동안 분쟁당사자가 제1항에 언급된 수단을 통하여 분쟁을 해결하지 못한 경우, 그 분쟁은 분쟁당사자 일방의 요청에 의하여 조정에 회부된다.

6. 조정위원회는 분쟁당사자 일방의 요청에 따라 설치된다. 위원회는 관련당사자 각각에 의하여 임명된 동수의 위원과 각 당사자에 의해 임명된 위원들이 공동으로 선출한 의장으로 구성된다. 위원회는 권고적 판정을 내리고, 당사자는 이를 성실히 고려한다.

7. 당사자총회는 가능한 한 신속히 조정에 관한 부속서 형태로 조정과 관련된 추가절차를 채택한다.

8. 본조의 규정은 해당문서가 달리 규정하지 아니하는 한, 당사자총회가 채택하는 모든 관련 법적 문서에 적용된다.

제15조 ~ 제23조 생략

제24조 【유보】 협약에 대하여는 어떤 유보도 행할 수 없다.

제25조 【탈퇴】 1. 당사자는 협약이 자기 나라에 대하여 발효한 날부터 3년이 경과한 후에는 언제든지 수탁자에게 서면통고를 함으로써 협약으로부터 탈퇴할 수 있다.

2. 탈퇴는 수탁자가 탈퇴통고를 접수한 날부터 1년의 기한 만료일 또는 탈퇴통고서에 더 늦은 날짜가 명시된 경우에는 그 늦은 날에 발효한다.

3. 협약으로부터 탈퇴한 당사자는 당사자가 되어 있는 모든 의정서로부터도 탈퇴한 것으로 본다.

제26조 생략

[부속서1] 오스트레일리아, 오스트리아, 벨라루스 1, 벨기에, 불가리아 1, 캐나다, 체크슬로바크 1, 덴마크, 구주경제공동체, 에스토니아 1, 핀란드, 프랑스, 독일, 희랍, 헝가리 1, 아이슬란드, 아일랜드, 이탈리아, 일본, 라트비아 1, 리투아니아 1, 룩셈부르크, 네덜란드, 뉴질랜드, 노르웨이, 폴란드 1, 포르투갈, 루마니아 1, 러시아 1, 스페인, 스웨덴, 스위스, 터키, 우크라이나 1, 영국, 미국 1, 시장경제로 전환 중인 국가

[부속서2] 오스트레일리아, 오스트리아, 벨기에, 캐나다, 덴마크, 구주경제공동체, 핀란드, 프랑스, 독일, 희랍, 아이슬란드, 아일랜드, 이탈리아, 일본, 룩셈부르크, 네덜란드, 뉴질랜드, 노르웨이, 포르투갈, 스페인, 스웨덴, 스위스, 터키, 영국, 미국

44 1997년 기후변화에 관한 국제연합 기본협약에 대한 교토의정서(Kyoto Protocol to the United Nations Framework Convention on Climate Change)

체결일 : 1997.12.11.
발효일 : 2005.2.16.
한국 발효일 : 2005.2.16.

제1조 이 의정서의 목적상, 협약 제1조의 정의규정이 적용된다. 추가로,

1. "당사자 총회"라 함은 협약의 규정에 의한 당사자 총회를 말한다.

2. "협약"이라 함은 1992년 5월 9일 뉴욕에서 채택된 기후변화에 관한 국제연합기본협약을 말한다.

3. "기후변화에 관한 정부 간 패널"이라 함은 세계기상기구 및 국제연합 환경계획이 1988년에 공동으로 설립한 기후변화에 관한 정부 간 패널을 말한다.

4. "몬트리올 의정서"라 함은 1987년 9월 16일 몬트리올에서 채택되고 그 이후 조정·개정된 오존층 파괴물질에 관한 몬트리올 의정서를 말한다.

5. "출석하여 투표하는 당사자"라 함은 회의에 출석하여 찬성이나 반대 투표를 하는 당사자를 말한다.

6. "당사자"라 함은 문맥상 다른 의미로 사용되지 아니하는 한, 이 의정서의 당사자를 말한다.

7. "부속서 1의 당사자"라 함은 협약의 부속서 1(당해 부속서가 개정되는 경우에는 그 개정부속서를 말한다)에 포함된 당사자 및 협약 제4조제2항사목에 의하여 통고한 당사자를 말한다.

제2조 1. 부속서 1의 당사자는 제3조의 규정에 의한 수량적 배출량의 제한·감축을 위한 공약을 달성함에 있어 지속가능한 개발을 촉진하기 위하여 다음 각 목의 사항을 수행한다.

가. 자국의 여건에 따라 다음과 같은 정책·조치를 이행하고/이행하거나 더욱 발전시킨다.

(1) 자국 경제의 관련 부문에서 에너지의 효율성을 향상시킬 것

(2) 관련 국제환경협정상 자국의 공약을 고려하면서, 온실가스(몬트리올 의정서에 의하여 규제되는 것을 제외한다)의 흡수원 및 저장소를 보호·강화하고, 지속가능한 산림관리작업과 신규조림 및 재조림을 촉진할 것

(3) 기후변화요소를 고려한 지속가능한 형태의 농업을 촉진할 것

(4) 신규 및 재생가능한 형태의 에너지와 이산화탄소의 격리기술 및 선진적·혁신적이며 환경적으로 건전한 기술에 대한 연구·촉진·개발 및 그 이용을 증진할 것

(5) 모든 온실가스의 배출부문에 있어서 협약의 목적에 위배되는 시장의 불완전성, 재정적 유인, 세금·관세의 면제 및 보조금 등을 점진적으로 감축하거나 단계적으로 폐지하며, 시장적 기제를 적용할 것

(6) 온실가스(몬트리올 의정서에 의하여 규제되는 것을 제외한다)의 배출량을 제한·감축하는 정책 및 조치를 촉진하기 위하여 관련 부문의 적절한 개선을 장려할 것

(7) 수송부문에서 온실가스(몬트리올 의정서에 의하여 규제되는 것을 제외한다)의 배출량을 제한 및/또는 감축하는 조치를 취할 것

(8) 폐기물의 관리와 에너지의 생산·수송·분배 과정에서의 회수 및 사용을 통하여 메탄의 배출량을 제한 및/또는 감축할 것

나. 이 조에서 채택되는 정책 및 조치의 개별적·복합적 효과를 증대하기 위하여 협약 제4조제2항마목(1)에 따라 다른 부속서 1의 당사자들과 협력한다. 이를 위하여, 이들 당사자는 이러한 정책 및 조치에 관한 경험을 공유하고 정보를 교환하기 위한 조치를 이행하되, 이에는 정책 및 조치의 비교가능성·투명성 및 그 효과를 개선하기 위한 방안의 개발이 포함된다. 이 의정서의 당사자회의의 역할을 수행하는 당사자총회는 제1차 회기 또는 그 이후에 가능한 한 신속히 모든 관련 정보를 고려하여, 이러한 협력을 촉진하기 위한 방안을 검토한다.

2. 부속서 1의 당사자는 <u>국제민간항공기구 및 국제해사기구</u>에서의 활동을 통하여, 항공기용 및 선박용 연료로부터 각각 발생하는 <u>온실가스</u>(몬트리올 의정서에 의하여 규제되는 것을 제외한다) <u>배출량의 제한·감축</u>을 추구한다.

3. 부속서 1의 당사자는 이 조의 규정에 의한 정책 및 조치를 이행하기 위하여 노력하되, 협약 제3조를 고려하여 기후변화의 부정적 효과, 국제통상에 미치는 영향, 다른 당사자들, 특히 개발도상국인 당사자들과 그 중에서도 협약 제4조제8항 및 제9항에 규정된 당사자들에 대한 사회적·환경적·경제적 영향 등을 포함

한 부정적 영향을 최소화하는 방식으로 이행하기 위하여 노력한다. 이 의정서의 당사자회의의 역할을 수행하는 당사자총회는 이항의 이행을 촉진하기 위하여 적절한 경우 추가적 조치를 취할 수있다.

4. 이 의정서의 당사자회의의 역할을 수행하는 당사자총회는, 각국의 상이한 여건과 잠재적 영향을 고려하여 제1항 가목의 정책 및 조치를 조정하는 것이 유익하다고 결정하는 경우에는, 이러한 정책 및 조치를 조정하기 위한 방안 및 수단을 검토한다.

제3조 1. 부속서 1의 당사자는, 이들 당사자에 의한 부속서 가에 규정된 온실가스의 총 인위적 배출량을 <u>이산화탄소를</u> 기준으로 환산한 배출량에 대하여 이를 <u>2008년부터 2012년까지의 공약기간 동안 1990년도 수준의 5퍼센트 이상 감축</u>하기 위하여, 이러한 총배출량이 이 조 및 부속서 나에 규정된 이들 당사자의 수량적 배출량의 제한·감축을 위한 공약에 따라 계산되는 배출허용량을 초과하지 아니하도록 개별 또는 공동으로 보장한다.

2. 부속서 1의 당사자는 2005년까지 이 의정서상의 공약을 달성하는 데 따른 가시적 진전을 제시하여야 한다.

3. 인위적·직접적인 토지이용의 변화와 임업활동(1990년 이후의 신규조림·재조림 및 산림전용에 한한다)에 기인하는 온실가스의 배출원에 의한 배출량과 흡수원에 의한 제거량 간의 순변화량은, 각 공약기간마다 탄소저장량의 검증가능한 변화량으로 측정되며, 부속서 1의 당사자가 이 조의 공약을 달성하는데 사용된다. 이러한 활동과 연관되는 온실가

스의 배출원에 의한 배출량 및 흡수원에 의한 제거량은 투명하고 검증가능한 방식으로 보고되며, 제7조 및 제8조에 따라 검토된다.

4. 이 의정서의 당사자회의의 역할을 수행하는 당사자총회의 제1차 회기 전에 부속서 1의 당사자는 과학·기술자문 보조기관의 검토를 위하여 자국의 1990년도 탄소저장량의 수준을 설정하고, 다음 연도의 탄소저장량의 변화에 대한 추산을 가능하게 하는 자료를 제공한다. 이 의정서의 당사자회의의 역할을 수행하는 당사자총회는 제1차 회기 또는 그 이후에 가능한 한 조속히 농지·토지이용변화 및 임업부문에서 온실가스의 배출원에 의한 배출량 및 흡수원에 의한 제거량의 변화와 관련된 추가적인 인위적 활동 중 어느 활동을 어떤 방법으로 부속서 1의 당사자의 배출허용량에 추가하거나 공제할 것인지에 관한 방식·규칙 및 지침을 결정한다. 이러한 결정을 함에 있어서는 불확실성, 보고의 투명성, 검증가능성, 기후변화에 관한 정부 간 패널의 방법론적 작업, 제5조에 따른 과학·기술자문 보조기관의 자문 및 당사자총회의 결정들이 고려되며, 동 결정은 제2차 공약기간 및 후속의 공약기간에 대하여 적용된다. 당사자는 추가적인 인위적 활동이 1990년 이후에 이루어진 경우에는, 위의 결정을 제1차 공약기간에 대하여 적용하는 것을 선택할 수 있다.

5. 시장경제로의 이행과정에 있는 부속서 1의 당사자로서 당사자총회 제2차 회기의 결정 9/CP.2에 따라 그 이행의 기준연도 또는 기간이 설정된 당사자는 이 조에 따른 공약을 이행함에 있어 그 기준연도 또는 기간을 사용한다. 시장경제로의 이행과정에 있는 부속서 1의 당사자로서 협약 제12조에 따른 제1차 국가보고서를 제출하지 아니한 그 밖의 당사자는 이 조에 따른 공약을 이행함에 있어 1990년도 이외의 역사적 기준연도 또는 기간을 사용할 의사가 있음을 이 의정서의 당사자회의의 역할을 수행하는 당사자총회에 통고할 수 있다. 동 당사자총회는 이러한 통고의 수락여부를 결정한다.

6. 이 의정서의 당사자회의의 역할을 수행하는 당사자총회는 협약 제4조 제6항을 고려하여, 시장경제로의 이행과정에 있는 부속서 1의 당사자에 대하여 이 의정서상의 공약(이 조에 따른 공약을 제외한다)을 이행함에 있어 일정한 융통성을 허용한다.

7. 제1차 수량적 배출량의 제한·감축을 위한 공약기간인 2008년부터 2012년까지 부속서 1의 당사자별 배출허용량은 1990년도나 제5항에 따라 결정된 기준연도 또는 기간에 당해 당사자가 배출한 부속서 가에 규정된 온실가스의 총 인위적 배출량을 이산화탄소를 기준으로 환산한 배출량에 부속서 나에 규정된 당사자별 백분율을 곱한 후 다시 5를 곱하여 산정한다. 토지이용변화와 임업이 1990년도에 온실가스의 순 배출원을 구성한 부속서 1의 당사자는 자국의 배출허용량을 산정함에 있어서 1990년도의 토지이용변화에 기인한, 배출원에 의한 총 인위적 배출량을 이산화탄소를 기준으로 환산한 배출량에서 흡수원에 의한 제거량을 공제한 양을 자국의 1990년도나 기준연도 또는 기간의 배출량에 포함시킨다.

8. 부속서 1의 당사자는 제7항에 규정된 계산을 위하여 <u>수소불화</u>

탄소・과불화탄소 및 육불화황에 대하여 1995년도를 기준연도로 사용할 수 있다.

9. 후속기간에 대한 부속서 1의 당사자의 공약은 제21조 제7항에 따라 채택되는 이 의정서 부속서 나의 개정을 통하여 정하여지며, 이 의정서의 당사자회의의 역할을 수행하는 당사자총회는 제1항에 규정된 제1차 공약기간이 종료하기 최소 7년 전에 이러한 공약에 대한 검토를 개시한다.

10. 제6조 또는 제17조의 규정에 따라 일방당사자가 타방당사자로부터 취득하는 배출량의 감축단위 또는 배출허용량의 일부는 이를 취득하는 당사자의 배출허용량에 추가된다.

11. 제6조 또는 제17조의 규정에 따라 일방당사자가 타방당사자에게 이전하는 배출량의 감축단위 또는 배출허용량의 일부는 이를 이전하는 당사자의 배출허용량에서 공제된다.

12. 제12조의 규정에 따라 일방당사자가 타방당사자로부터 취득하는 인증받은 배출감축량은 이를 취득하는 당사자의 배출허용량에 추가된다.

13. 일정 공약기간 동안 부속서 1의 당사자의 배출량이 이 조에 따른 배출허용량보다 적을 경우, 그 차이는 당해 당사자의 요청에 따라 동 당사자의 후속 공약기간의 배출허용량에 추가된다.

14. 부속서 1의 당사자는 제1항에 규정된 공약을 이행함에 있어서 개발도상국인 당사자들, 특히 협약 제4조 제8항 및 제9항에 규정된 당사자들에게 미치는 사회적・환경적・경제적인 부정적 영향을 최소화하는 방식으로 이행하기 위하여 노력하여야 한다. 협약 제4조 제8항 및 제9항의 이행에 관한 당사자총회의 관련 결정들에 따라, 이 의정서의 당사자회의의 역할을 수행하는 당사자총회는 제1차 회기에서 협약 제4조 제8항 및 제9항에 규정된 당사자들에 대하여 기후변화의 부정적 효과 및/또는 대응조치의 영향을 최소화하기 위하여 어떠한 조치가 필요한지를 검토하며, 그 검토 사항에는 기금의 설립, 보험 및 기술이전이 포함된다.

제4조 1. 제3조상의 공약을 공동으로 이행하기로 합의한 부속서 1의 당사자들은, 이들 당사자에 의한 부속서 가에 규정된 온실가스의 총 인위적 배출량을 이산화탄소 기준으로 환산하여 합산한 총배출량이 제3조 및 부속서 나에 규정된 수량적 배출량의 제한・감축을 위한 공약에 따라 계산된 그들의 배출허용량을 초과하지 아니하는 경우에는, 당해 공약을 이행한 것으로 간주된다. 그러한 합의를 한 각 당사자의 배출허용량의 수준은 그 합의에서 정하여진다.

2. 그러한 합의를 한 당사자들은 이 의정서의 비준서・수락서・승인서 또는 가입서의 기탁일에 합의된 내용을 사무국에 통고한다. 사무국은 협약의 당사자 및 서명자에게 그 합의된 내용을 통보한다.

3. 그러한 합의는 제3조 제7항에 명시된 공약기간 동안에만 유효하다.

4. 공동으로 공약을 이행하는 당사자들이 지역경제통합기구의 틀 안에서 동 기구와 함께 공약을 이행하는 경우, 이 의정서의 채택 이후에 이루어지는 동 기구 구성상의 변동은 동 의정서상의 기존 공약에 아무런 영향을 미치지 아니한다. 지역경제통합기구의 구

성상의 모든 변동은 그 변동 이후에 채택되는 제3조상의 공약에 대하여만 적용된다.

5. 그러한 합의의 당사자들이 그들 각각의 배출감축량을 합산한 감축량수준을 달성하지 못하는 때에는, 그러한 합의를 한 각 당사자는 그 합의에서 정하여진 자국의 배출량 수준에 대하여 책임을 진다.

6. 공동으로 공약을 이행하는 당사자들이 이 의정서의 당사자인 지역경제통합기구의 틀 안에서 동 기구와 함께 공약을 이행하는 경우, 그들 각각의 배출감축량을 합산한 감축량 수준을 달성하지 못하는 때에는, 지역경제통합기구의 각 회원국은 개별적으로, 또한 제24조에 따라 행동하는 지역경제통합기구와 함께, 이 조에 따라 통고된 자국의 배출량 수준에 대하여 책임을 진다.

제5조 1. 부속서 1의 당사자는 늦어도 제1차 공약기간이 개시되기 일년 전까지 모든 온실가스(몬트리올 의정서에 의하여 규제되는 것을 제외한다)의 배출원에 의한 인위적 배출량과 흡수원에 의한 제거량을 추산하기 위한 국가제도를 마련한다. 이 의정서의 당사자회의의 역할을 수행하는 당사자총회는 제1차 회기에서 제2항에 규정된 방법론이 반영된 국가제도에 관한 지침을 결정한다.

2. 모든 온실가스(몬트리올 의정서에 의하여 규제되는 것을 제외한다)의 배출원에 의한 인위적 배출량과 흡수원에 의한 제거량을 추산하기 위한 방법론은 기후변화에 관한 정부 간 패널이 수락하고 당사자총회가 제3차 회기에서 합의한 것으로 한다. 이러한 방법론이 사용되지 아니하는 경우에는, 이 의정서의 당사자회의

의 역할을 수행하는 당사자총회가 제1차 회기에서 합의한 방법론에 따른 적절한 조정이 적용된다. 이 의정서의 당사자회의의 역할을 수행하는 당사자총회는, 특히 기후변화에 관한 정부간 패널의 작업과 과학·기술자문 보조기관의 자문에 기초하고 당사자총회의 관련 결정들을 충분히 고려하여, 이러한 방법론과 조정을 정기적으로 검토하고 적절한 경우에는 이를 수정한다. 이러한 방법론과 조정에 대한 수정은 그러한 수정 이후에 채택되는 제3조상의 공약의 준수를 확인하기 위하여만 사용된다.

3. 부속서 가에 규정된 온실가스의 배출원에 의한 인위적 배출량과 흡수원에 의한 제거량에 대하여 이산화탄소를 기준으로 한 환산치를 계산하는 데 사용되는 지구온난화지수는 기후변화에 관한 정부 간 패널이 수락하고 당사자총회가 제3차 회기에서 합의한 것으로 한다. 이 의정서의 당사자회의의 역할을 수행하는 당사자총회는, 특히 기후변화에 관한 정부 간 패널의 작업과 과학·기술자문 보조기관의 자문에 기초하고 당사자총회의 관련 결정들을 충분히 고려하여, 각 온실가스의 지구온난화지수를 정기적으로 검토하고 적절한 경우에는 이를 수정한다. 지구온난화지수에 대한 수정은 그러한 수정 이후에 채택되는 제3조상의 공약에 대하여만 적용된다.

제6조 1. 부속서 1의 당사자는 제3조상의 공약을 이행하기 위하여, 모든 경제 부문에서 온실가스의 배출원에 의한 인위적 배출량의 감축이나 흡수원에 의한 인위적 제거량의 증대를 목표로 하는 사업으로부터 발생하는 배출량의

감축단위를 다른 부속서 1의 당사
자에게 이전하거나 그들로부터
취득할 수 있다. 이 경우, 다음 각
목의 요건을 충족하여야 한다.
가. 이러한 사업에 대하여 관련
   당사자들의 승인이 있을 것
나. 이러한 사업은 그 사업이 시
   행되지 아니하는 경우와 대비
   하여, 배출원에 의한 배출량의
   추가적 감축이나 흡수원에 의
   한 제거량의 추가적 증대를 제
   공할 것
다. 당사자가 제5조 및 제7조상
   의 의무를 준수하지 아니하는
   경우, 그 당사자는 배출량의 감
   축단위를 취득하지 못하도록
   할 것
라. 배출량의 감축단위의 취득은
   제3조상의 공약의 이행을 위한
   국내 조치의 보조수단으로 활
   용되어야 할 것
2. 이 의정서의 당사자회의의 역
할을 수행하는 당사자총회는 제1
차 회기 또는 그 이후에 가능한
한 조속히 이 조의 검증·보고 및
이행을 위한 지침을 더욱 발전시
킬 수 있다.
3. 부속서 1의 당사자는 자국의 책
임하에 법인이 이 조의 규정에 의
한 배출량의 감축단위의 발생·이
전 및 취득을 초래하는 활동에 참
여하는 것을 허가할 수 있다.
4. 부속서 1의 당사자에 의한 이
조에 규정된 요건의 이행문제가
제8조의 관련 규정에 따라 확인되
는 경우, 배출량의 감축단위의 이
전과 취득은 그러한 문제가 확인
된 이후에도 계속 이루어질 수 있
다. 다만, 당사자는 준수에 관한
모든 문제가 해결될 때까지는 이
러한 감축단위를 제3조상의 공약
을 이행하는 데 사용할 수 없다.

제7조 1. 부속서 1의 당사자는
당사자총회의 관련 결정에 따라
제출하는 온실가스(몬트리올 의
정서에 의하여 규제되는 것을 제
외한다)의 배출원에 의한 인위적
배출량과 흡수원에 의한 제거량
에 관한 자국의 연례통계목록에,
제3조의 준수를 보장하기 위하여
필요한 보충정보로서 제4항에 따
라 결정되는 것을 포함시킨다.
2. 부속서 1의 당사자는 협약 제
12조에 따라 제출하는 자국의 국
가보고서에, 이 의정서상의 공약
의 준수를 증명하기 위하여 필요
한 보충정보로서 제4항에 따라
결정되는 것을 포함시킨다.
3. 부속서 1의 당사자는 이 의정
서가 자국에 대하여 발효한 이후
의 공약기간의 첫째 연도에 대하
여 협약상 제출하여야 하는 제1
차 통계목록을 시작으로 제1항에
서 요구하는 정보를 매년 제출한
다. 동 당사자는 이 의정서가 자
국에 대하여 발효하고 제4항에
규정된 지침이 채택된 이후에, 협
약상 제출하여야 하는 제1차 국
가보고서의 일부로서 제2항에서
요구하는 정보를 제출한다. 이 조
에서 요구하는 정보의 후속 제출
빈도는 당사자총회에서 결정되
는 국가보고서의 제출일정을 고
려하여, 이 의정서의 당사자회의
의 역할을 수행하는 당사자총회
가 결정한다.
4. 이 의정서의 당사자회의의 역
할을 수행하는 당사자총회는 제1
차 회기에서, 당사자총회에서 채
택되는 부속서 1의 당사자의 국
가보고서 작성을 위한 지침을 고
려하여, 이 조에서 요구하는 정보
의 작성지침을 채택하고, 그 후
정기적으로 이를 검토한다. 또한
이 의정서의 당사자회의의 역할
을 수행하는 당사자총회는 제1차

공약기간 이전에 배출허용량의 계산방식을 결정한다.

제8조 1. 부속서 1의 당사자가 제7조에 따라 제출하는 정보에 대하여는 당사자총회의 관련 결정들과 이 의정서의 당사자회의의 역할을 수행하는 당사자총회가 제4항의 규정에 의하여 그 목적을 위하여 채택한 지침에 따라 전문가 검토반이 이를 검토한다. 부속서 1의 당사자가 제7조제1항에 따라 제출하는 정보는 배출량의 통계목록과 배출허용량의 연례 취합 및 계산의 일부로서 검토된다. 추가적으로, 부속서 1의 당사자가 제7조제2항에 따라 제출하는 정보는 보고서 검토의 일부로서 검토된다.

2. 전문가 검토반은, 당사자총회가 정한 방침에 따라, 사무국에 의하여 조정되며, 협약의 당사자가, 적절한 경우에는 정부 간 기구가, 지명하는 인사 중에서 선정되는 전문가로 구성된다.

3. 검토과정에서는 이 의정서의 당사자에 의한 이행의 모든 측면에 대하여 철저하고 포괄적인 기술적 평가가 이루어진다. 전문가 검토반은 당사자의 공약이행을 평가하고, 그 이행과정에 있어서의 모든 잠재적 문제점과 공약의 이행에 영향을 미치는 모든 요소들을 확인하여, 이 의정서의 당사자회의의 역할을 수행하는 당사자총회에 제출할 보고서를 작성한다. 사무국은 이러한 보고서를 협약의 모든 당사자에게 배포하는 한편, 이 의정서의 당사자회의의 역할을 수행하는 당사자총회가 보다 심층적으로 이를 검토할 수 있도록 그 보고서에서 지적된 이행상의 문제점을 목록화한다.

4. 이 의정서의 당사자회의의 역할을 수행하는 당사자총회는 제1차 회기에서, 당사자총회의 관련 결정들을 고려하여, 전문가 검토반이 이 의정서의 이행을 검토하기 위한 지침을 채택하고 그 후 정기적으로 이를 검토한다.

5. 이 의정서의 당사자회의의 역할을 수행하는 당사자총회는 이행보조기관, 적절한 경우에는 과학·기술자문 보조기관의 지원을 받아 다음 사항을 검토한다.

가. 당사자가 제7조에 따라 제출한 정보 및 이 조의 규정에 의하여 그 정보에 대하여 행하여진 전문가의 검토보고서

나. 사무국이 제3항에 따라 목록화한 이행상의 문제점 및 당사자가 제기한 모든 문제점

6. 이 의정서의 당사자회의의 역할을 수행하는 당사자총회는 제5항에 규정된 정보에 대한 검토에 따라 이 의정서의 이행을 위하여 필요한 모든 사항에 관하여 결정한다.

제9조 1. 이 의정서의 당사자회의의 역할을 수행하는 당사자총회는 기후변화와 그 영향에 대하여 이용 가능한 최선의 과학적 정보·평가와 기술적·사회적·경제적 관련 정보에 비추어 이 의정서를 정기적으로 검토한다. 이러한 검토는 협약상의 관련 검토, 특히 협약 제4조 제2항 라목 및 제7조 제2항 가목에서 요구되는 관련 검토와 조정된다. 이 의정서의 당사자회의의 역할을 수행하는 당사자총회는 이러한 검토에 기초하여 적절한 조치를 취한다.

2. 제1차 검토는 이 의정서의 당사자회의의 역할을 수행하는 당사자총회의 제2차 회기에서 이루어진다. 추가적 검토는 적절한 방식에 의하여 정기적으로 이루어진다.

제10조 모든 당사자는, 공통적이지만 그 정도에는 차이가 있는

각자의 책임과 국가 및 지역에 고유한 개발우선순위·목적·상황을 고려하고, 부속서 1에 포함되지 아니한 당사자에 대하여는 어떠한 새로운 공약도 도입하지 아니하나 협약 제4조제1항의 기존 공약에 대하여는 이를 재확인하며, 지속가능한 개발을 달성하기 위하여 이들 공약의 이행을 계속 진전시키고, 협약 제4조 제3항·제5항 및 제7항을 고려하여 다음 사항을 수행한다.

가. 당사자총회가 채택한 국가보고서의 작성을 위한 지침에 부합하고 당사자총회가 합의한 비교가능한 방법론을 사용하여, 모든 온실가스(몬트리올 의정서에 의하여 규제되는 것을 제외한다)의 배출원에 의한 인위적 배출량과 흡수원에 의한 제거량에 관한 국가통계목록을 작성하고 이를 정기적으로 갱신하기 위하여, 각 당사자의 사회·경제적 여건을 반영하는 국내배출요소·활동자료 및/또는 모델의 질을 개선하기 위한 비용효율적인 국가적 계획, 적절한 경우에는 지역적 계획을 타당하고 가능한 범위 안에서 수립할 것

나. 기후변화를 완화하는 조치와 기후변화에 대한 충분한 적응을 용이하게 하는 조치를 그 내용으로 하는 국가적 계획, 적절한 경우에는 지역적 계획을 수립·실시·공표하고 정기적으로 이를 갱신할 것

(1) 이러한 계획은, 특히 에너지·수송·산업·농업·임업 및 폐기물관리에 관한 것이며, 적응기술 및 국토관리계획을 개선하기 위한 방법은 기후변화에 대한 적응을 향상시킨다.

(2) 부속서 1의 당사자는 제7조에 따라 국가적 계획과 이 의정서에 따른 조치에 관한 정보를 제출한다. 그 밖의 당사자는 기후변화 및 그 부정적 영향에 대한 대응에 기여하리라고 생각되는 조치(온실가스 배출량의 증가 완화, 흡수원의 증진 및 흡수원에 의한 제거, 능력형성 및 적응조치를 포함한다)를 내용으로 하는 계획에 관한 정보를 자국의 국가보고서에 적절히 포함시키도록 노력한다.

다. 기후변화와 관련된 환경적으로 건전한 기술·노하우·관행 및 공정의 개발·적용·확산을 위한 효과적인 방식을 증진하는 데 협력한다. 특히 개발도상국에 대하여, 기후변화와 관련된 환경적으로 건전한 기술·노하우·관행 및 공정의 이전이나 이에 대한 접근을 적절히 증진·촉진하며, 이에 필요한 재원을 제공하기 위하여 실행가능한 모든 조치를 행한다. 이러한 조치는 공공소유 또는 사적 권리가 소멸된 환경적으로 건전한 기술의 효과적인 이전을 위한 정책 및 계획의 수립과 민간부문으로 하여금 환경적으로 건전한 기술의 이전과 이에 대한 접근을 증진하고 향상시킬 수 있도록 하는 환경의 조성을 포함한다.

라. 협약 제5조를 고려하여, 기후체계 및 기후변화의 부정적 영향이나 다양한 대응전략의 경제적·사회적 영향에 관한 불확실성을 줄이기 위하여 과학적·기술적 연구에서 협력하고, 체계적 관측체제의 유지·발전 및 자료보관제도의 정비를 증진하며, 연구 및 체계적 관측에 관한 국가 간 및 정부 간 노력·계획 및 협력망에 참여하기 위한

고유한 역량과 능력의 개발·강화를 증진한다.

마. 국제적 차원에서, 적절한 경우에는 기존 기구를 활용하여, 교육·훈련계획(국가적 능력, 특히 인적·제도적 능력형성의 강화, 특히 개발도상국에 있어서 이 분야의 전문가를 양성할 요원의 교류나 파견에 관한 것을 포함한다)의 개발·실시에 협력하고 이를 증진한다. 국가적 차원에서 기후변화에 관한 공중의 인식을 제고하고 관련 정보에 대한 공중의 접근을 용이하게 한다. 이러한 활동을 수행하기 위한 적절한 방식은, 협약 제6조를 고려하여, 이 협약의 관련 기구를 통하여 개발된다.

바. 당사자총회의 관련 결정들에 따라, 이 조에 의하여 수행한 계획 및 활동에 관한 정보를 자국의 국가보고서에 포함시킨다.

사. 이 조의 공약을 이행함에 있어서 협약 제4조제8항을 충분히 고려한다.

제11조 1. 제10조의 이행에 있어, 당사자는 협약 제4조 제4항·제5항 및 제7항 내지 제9항의 규정을 고려한다.

2. 협약 제4조 제1항의 이행과 관련하여, 협약 부속서 2의 선진국인 당사자와 그 밖의 선진당사자는 협약 제4조 제3항 및 제11조와 협약의 재정지원체제의 운영을 위임받은 기구를 통하여 다음을 행한다.

가. 협약 제4조 제1항 가목의 규정에 의한 기존 공약으로서 제10조 가목에 규정된 사항의 이행을 진전시키기 위하여 개발도상국인 당사자가 부담하는 합의된 총비용을 충당하기 위하여 신규의 추가적 재원을 제공할 것

나. 협약 제4조 제1항의 규정에 의한 기존 공약으로서 제10조에 규정되어 있고 개발도상국인 당사자와 협약 제11조에 규정된 국제기구 간에 합의된 사항의 이행을 진전시키는 데 소요되는 합의된 총증가비용을 개발도상국인 당사자가 충당하는 데 필요한 신규의 추가적 재원(기술이전을 위한 재원을 포함한다)을 제11조에 따라 제공할 것

이러한 기존 공약의 이행에는 자금 흐름의 적정성 및 예측가능성이 필요하다는 점과 선진국인 당사자 간에 적절한 부담배분이 중요하다는 점이 고려되어야 한다. 이 의정서의 채택 이전에 합의된 결정을 포함하여 당사자총회의 관련 결정에서 협약상의 재정지원체제를 운영하도록 위임받은 기구에 대한 지침은 이 항의 규정에 준용한다.

3. 협약 부속서 2의 선진국인 당사자와 그 밖의 선진당사자는 양자적·지역적 및 그 밖의 다자적 경로를 통하여 제10조의 이행을 위한 재원을 제공할 수 있고, 개발도상국인 당사자는 이를 이용할 수 있다.

제12조 1. 청정개발체제를 이에 규정한다.

2. 청정개발체제는 부속서 1에 포함되지 아니한 당사자가 지속가능한 개발을 달성하고 협약의 궁극적 목적에 기여할 수 있도록 지원하며, 부속서 1의 당사자가 제3조의 규정에 의한 수량적 배출량의 제한·감축을 위한 공약을 준수할 수 있도록 지원하는 것을 목적으로 한다.

3. 청정개발체제하에서,

가. 부속서 1에 포함되지 아니한 당사자는 인증받은 배출감축량

을 발생시키는 사업활동으로부터 이익을 얻는다.

나. 부속서 1의 당사자는 제3조의 규정에 의한 수량적 배출량의 제한·감축을 위한 공약의 일부 준수에 기여하기 위하여 이러한 사업활동으로부터 발생하는 인증받은 배출감축량을 이 의정서의 당사자회의의 역할을 수행하는 당사자총회가 결정하는 바에 따라 사용할 수 있다.

4. 청정개발체제는 이 의정서의 당사자회의의 역할을 수행하는 당사자총회의 권한 및 지도에 따르며, 청정개발체제 집행이사회의 감독을 받는다.

5. 각 사업활동으로부터 발생하는 배출감축량은 다음에 기초하여, 이 의정서의 당사자회의의 역할을 수행하는 당사자총회가 지정하는 운영기구에 의하여 인증받는다.

가. 관련 각 당사자가 승인한 자발적 참여

나. 기후변화의 완화와 관련되는 실질적이고 측정가능한 장기적 이익

다. 인증받은 사업활동이 없는 경우에 발생하는 배출량의 감축에 추가적인 배출량의 감축

6. 청정개발체제는, 필요한 경우, 인증받은 사업활동을 위한 재원조달을 지원한다.

7. 이 의정서의 당사자회의의 역할을 수행하는 당사자총회는 제1차 회기에서 사업활동에 대한 독립적인 감사·검증을 통하여 투명성·효율성 및 책임성을 보장하기 위한 방식 및 절차를 발전시킨다.

8. 이 의정서의 당사자회의의 역할을 수행하는 당사자총회는 인증받은 사업활동의 수익 중 일부

가 행정경비로 지불되고, 기후변화의 부정적 효과에 특히 취약한 개발도상국인 당사자의 적응비용의 충당을 지원하는 데 사용되도록 보장한다.

9. 청정개발체제에의 참여(제3항 가목에 규정된 활동에의 참여 및 인증받은 배출감축량의 취득에의 참여를 포함한다)는 민간 및/또는 공공 기구를 관여시킬 수 있으며, 이러한 참여는 청정개발체제의 집행이사회가 제공하는 지침에 따라 이루어진다.

10. 2000년부터 제1차 공약기간 개시 전의 기간 동안 취득된 인증받은 배출감축량은 제1차 공약기간 동안의 공약준수를 지원하기 위하여 사용될 수 있다.

제13조 1. 협약의 최고기관인 당사자총회는 이 의정서의 당사자회의의 역할을 수행한다.

2. 이 의정서의 당사자가 아닌 협약의 당사자는 이 의정서의 당사자회의의 역할을 수행하는 당사자총회의 모든 회기의 심의에 참관인으로 참여할 수 있다. 당사자총회가 이 의정서의 당사자회의의 역할을 수행하는 경우, 이 의정서에 따른 결정은 이 의정서의 당사자만이 할 수 있다.

3. 당사자총회가 이 의정서의 당사자회의의 역할을 수행하는 경우, 그 당시 이 의정서의 당사자가 아닌 협약의 당사자를 대표하는 자가 당사자총회의 의장단의 구성원인 때에는, 동 구성원은 이 의정서의 당사자들이 그들 중에서 선출한 추가구성원으로 대체된다.

4. 이 의정서의 당사자회의의 역할을 수행하는 당사자총회는 이 의정서의 이행상황을 정기적으로 검토하고, 그 권한의 범위 안에서 이 의정서의 효과적 이행의

증진에 필요한 결정을 한다. 당사자총회는 이 의정서에 의하여 부여된 기능을 수행하며 다음을 행한다.

가. 이 의정서의 규정에 따라 제공되는 이용가능한 모든 정보에 입각하여, 당사자의 의정서 이행상황, 이 의정서에 따라 행한 조치의 전반적 효과, 특히 환경적·경제적·사회적 효과 및 이의 누적적 효과와 협약의 목적 성취도를 평가할 것

나. 협약 제4조 제2항 라목 및 제7조 제2항에서 요구되는 모든 검토를 충분히 고려하고, 협약의 목적 및 협약의 이행과정에서 얻은 경험과 과학·기술 지식의 발전에 비추어, 이 의정서에 따른 당사자의 의무를 정기적으로 검토하고, 이러한 측면에서 이 의정서의 이행에 관한 정기보고서를 심의·채택할 것

다. 당사자의 서로 다른 여건·책임 및 능력과 이 의정서상의 각자의 공약을 고려하여, 기후변화와 그 효과에 대응하기 위하여 당사자가 채택한 조치에 관한 정보의 교환을 촉진하고 용이하게 할 것

라. 2 이상의 당사자의 요청이 있는 경우, 각 당사자의 서로 다른 여건·책임 및 능력과 이 의정서상의 각자의 공약을 고려하여, 기후변화와 그 효과에 대응하기 위하여 당사자가 채택한 조치의 조정을 용이하게 할 것

마. 협약의 목적 및 이 의정서의 규정에 따라, 그리고 당사자총회의 관련 결정을 충분히 고려하여, 이 의정서의 당사자회의의 역할을 수행하는 당사자총회가 합의한 방법론으로서 이 의정서의 효과적인 이행을 위한 비교가능한 방법론의 발전

과 정기적인 개선을 촉진·지도할 것

바. 이 의정서의 이행에 필요한 사항에 대하여 권고할 것

사. 제11조 제2항에 따라 추가적 재원의 동원을 위하여 노력할 것

아. 이 의정서의 이행에 필요하다고 판단되는 보조기관을 설치할 것

자. 적절한 경우, 권한있는 국제기구·정부 간 기구 및 비정부 간 기구로부터의 지원·협력 및 정보제공을 구하고 이를 활용할 것

차. 이 의정서의 이행을 위하여 필요한 그 밖의 기능을 수행하고, 당사자총회의 결정에 의하여 부여되는 모든 과제를 심의할 것

5. 이 의정서의 당사자회의의 역할을 수행하는 당사자총회가 컨센서스로 달리 결정하는 경우를 제외하고는, 당사자총회의 의사규칙 및 협약상 적용되는 재정절차는 이 의정서에 준용한다.

6. 이 의정서의 당사자회의의 역할을 수행하는 당사자총회의 제1차 회기는 사무국에 의하여 이 의정서의 발효일 이후에 예정되어 있는 당사자총회의 첫째 회기와 함께 소집된다. 이 의정서의 당사자회의의 역할을 수행하는 당사자총회의 후속 정기회기는, 동 당사자총회가 달리 결정하지 아니하는 한, 당사자총회의 정기회기와 함께 매년 개최된다.

7. 이 의정서의 당사자회의의 역할을 수행하는 당사자총회의 특별회기는 동 당사자총회가 필요하다고 인정하거나 당사자의 서면요청이 있는 때에 개최된다. 다만, 이러한 서면요청은 사무국이 이를 당사자들에게 통보한 후 6월 이내에 최소한 당사자 3분의 1 이상의 지지를 받아야 한다.

8. 국제연합·국제연합전문기구·국제원자력기구 및 이들 기구의 회원국이나 참관인인 협약의 비당사자는 이 의정서의 당사자회의의 역할을 수행하는 당사자총회의 회기에 참관인으로 참석할 수 있다. 국내적·국제적 또는 정부간·비정부 간 기구나 기관을 불문하고 이 의정서가 규율하는 사항에 대하여 전문성을 갖는 기구나 기관이 이 의정서의 당사자회의의 역할을 수행하는 당사자총회의 회기에 참관인으로 참석하고자 하는 의사를 사무국에 통보하는 경우, 출석당사자의 3분의 1 이상이 반대하지 아니하는 한 그 참석이 허용될 수 있다. 참관인의 참석 허용 및 회의 참가는 제5항에 규정된 의사규칙에 따라 이루어진다.

제14조 1. 협약 제8조에 의하여 설치되는 사무국은 이 의정서의 사무국의 역할을 수행한다.

2. 사무국의 기능에 관하여 규정하고 있는 협약 제8조 제2항 및 사무국의 기능수행에 필요한 준비에 관하여 규정하고 있는 협약 제8조제3항은 이 의정서에 준용한다. 또한 사무국은 이 의정서에 의하여 부여된 기능을 수행한다.

제15조 1. 협약 제9조 및 제10조에 의하여 설치된 과학·기술자문 보조기관 및 이행을 위한 보조기관은 각각 이 의정서의 과학·기술자문 보조기관 및 이행을 위한 보조기관의 역할을 수행한다. 과학·기술자문 보조기관 및 이행을 위한 보조기관의 기능수행에 관한 협약의 규정은 이 의정서에 준용한다. 이 의정서의 과학·기술자문 보조기관 및 이행을 위한 보조기관 회의의 회기는 각각 협약의 과학·기술 보조기관 및 이행을 위한 보조기관의 회의와 함께 개최된다.

2. 이 의정서의 당사자가 아닌 협약의 당사자는 보조기관의 모든 회기의 심의에 참관인으로 참여할 수 있다. 보조기관이 이 의정서의 보조기관의 역할을 수행하는 경우, 이 의정서에 따른 결정은 이 의정서의 당사자만이 할 수 있다.

3. 협약 제9조 및 제10조에 의하여 설치된 보조기관이 이 의정서와 관련된 사항에 대하여 그 기능을 수행하는 경우, 그 당시 이 의정서의 당사자가 아닌 협약의 당사자를 대표하는 자가 보조기관의 의장단의 구성원인 때에는 동 구성원은 이 의정서의 당사자들이 그들 중에서 선출한 추가구성원으로 대체된다.

제16조 이 의정서의 당사자회의의 역할을 수행하는 당사자총회는, 당사자총회가 채택한 모든 관련 결정에 비추어 가능한 한 조속히, 협약 제13조에 규정된 다자간 협의절차를 이 의정서에 적용하는 문제를 심의하고, 적절한 경우에는 이를 수정한다. 이 의정서에 적용될 수 있는 모든 다자간 협의절차는 제18조에 따라 마련된 절차 및 체계에 영향을 미치지 아니하도록 운영된다.

제17조 당사자총회는, 특히 검증·보고·책임 등에 관한 것을 비롯하여, 배출량거래에 관한 원칙·방식·규칙·지침을 규정한다. 부속서 나의 당사자는 제3조의 규정에 의한 공약을 이행하기 위하여 배출량거래에 참여할 수 있다. 이러한 모든 거래는 제3조의 규정에 의한 수량적 배출량의 제한·감축을 위한 공약의 이행을 위한 국내조치의 보조수단으로 활용되어야 한다.

제18조 이 의정서의 당사자회의의 역할을 수행하는 당사자총회는 제1차 회기에서, 이 의정서가 준수되지 아니하는 원인·형태·정도 및 빈도를 고려하여, 그 결과에 관한 예시목록의 개발 등 그 사례를 결정하고 이에 대응하기 위한 적절하고 효과적인 절차 및 체제를 승인한다. 이 조의 규정에 의한 절차 및 체제로서 기속력있는 결과를 수반하는 것은 이 의정서의 개정에 의하여 채택된다.

제19조 분쟁해결에 관한 협약 제14조의 규정은 이 의정서에 준용한다.

제20조 1. 모든 당사자는 이 의정서의 개정안을 제안할 수 있다.
2. 이 의정서의 개정안은 이 의정서의 당사자회의의 역할을 수행하는 당사자총회의 정기회기에서 채택된다. 사무국은 개정안의 채택여부가 상정되는 정기회기가 개최되기 최소 6월 전에 동 개정안을 당사자들에게 통보하고, 협약의 당사자와 그 서명자에게도 통보하며, 참고용으로 수탁자에게도 통보한다.
3. 당사자는 이 의정서의 개정안에 대하여 컨센서스에 의한 합의에 도달하도록 모든 노력을 다한다. 컨센서스를 위한 모든 노력을 다하였으나 합의에 도달하지 못한 경우, 동 개정안은 최종적으로 회의에 출석하여 투표하는 당사자의 4분의 3 이상의 다수결로 채택된다. 사무국은 채택된 개정안을 수탁자에게 통보하며, 수탁자는 동 개정안의 수락을 위하여 이를 모든 당사자에게 배포한다.
4. 개정안에 대한 수락서는 수탁자에게 기탁된다. 제3항에 따라 채택된 개정안은 이 의정서의 당사자 중 최소 4분의 3 이상의 수락서가 수탁자에게 접수된 날부터 90일째 되는 날에 수락한 당사자에 대하여 발효한다.
5. 그 밖의 당사자가 그 후에 수탁자에게 수락서를 기탁한 경우에는, 그 개정안은 수락서를 기탁한 날부터 90일째 되는 날에 동 당사자에 대하여 발효한다.

제21조 1. 이 의정서의 부속서는 의정서의 불가분의 일부를 구성하며, 명시적으로 달리 규정하지 아니하는 한, 이 의정서에 관한 언급은 동시에 그 부속서도 언급하는 것으로 본다. 이 의정서의 발효 이후에 채택되는 모든 부속서는 목록·양식이나 과학적·기술적·절차적·행정적 특성을 갖는 서술적 성격의 자료에 국한된다.
2. 모든 당사자는 이 의정서의 부속서안이나 이 의정서의 부속서의 개정안을 제안할 수 있다.
3. 이 의정서의 부속서안 및 이 의정서의 부속서의 개정안은 이 의정서의 당사자회의의 역할을 수행하는 당사자총회의 정기회기에서 채택된다. 사무국은 제안된 부속서안 또는 부속서의 개정안의 채택여부가 상정되는 정기회기가 개최되기 최소 6월 전에 동 부속서안 또는 부속서의 개정안을 당사자들에게 통보하고, 협약의 당사자와 그 서명자에게도 통보하며, 참고용으로 수탁자에게도 통보한다.
4. 당사자는 부속서안 또는 부속서의 개정안에 대하여 컨센서스에 의한 합의에 도달하도록 모든 노력을 다한다. 컨센서스를 위한 모든 노력을 다하였으나 합의에 도달하지 못한 경우, 부속서안 또는 부속서의 개정안은 최종적으로 회의에 출석하여 투표하는 당사자의 4분의 3 이상의 다수결로 채택된다. 사무국은 채택된 부속

서안 또는 부속서의 개정안을 수탁자에게 통보하며, 수탁자는 수락을 위하여 이를 모든 당사자에게 배포한다.

5. 제3항과 제4항에 따라 채택된 부속서안 또는 부속서(부속서 가 또는 나를 제외한다)의 개정안은 수탁자가 동 부속서안 또는 부속서의 개정안의 채택을 당사자에게 통보한 날부터 6월 후에 이 의정서의 모든 당사자(동 기간 내에 이를 수락하지 아니함을 수탁자에게 서면으로 통고한 당사자를 제외한다)에 대하여 발효한다. 부속서안 또는 부속서의 개정안을 수락하지 아니한다는 서면통고를 한 당사자가 이를 철회한 경우에는, 동 당사자에 대하여는 그 철회통고가 수탁자에게 접수된 날부터 90일째 되는 날에 발효한다.

6. 부속서안 또는 부속서의 개정안의 채택이 이 의정서의 개정을 수반하는 경우에는, 그 부속서안 또는 부속서의 개정안은 이 의정서의 개정안이 발효할 때까지 발효하지 아니한다.

7. 이 의정서의 부속서 가 및 나의 개정안은 제20조에 규정된 절차에 따라 채택되고 발효된다. 다만, 부속서 나의 개정안은 관련 당사자의 서면동의가 있는 경우에만 채택된다.

제22조 1. 각 당사자는 제2항에 규정된 경우를 제외하고는 하나의 투표권을 가진다.

2. 지역경제통합기구는 그 기구의 권한사항에 대하여 이 의정서의 당사자인 기구 회원국의 수와 동수의 투표권을 행사한다. 기구 회원국 중 어느 한 국가라도 투표권을 행사하는 경우, 기구는 투표권을 행사하지 아니하며, 그 반대의 경우도 또한 같다.

제23조 국제연합사무총장은 이 의정서의 수탁자가 된다.

제24조 1. 이 의정서는 협약의 당사자인 국가와 지역경제통합기구의 서명을 위하여 개방되고, 이들에 의하여 비준·수락·승인된다. 이 의정서는 1998년 3월 16일부터 1999년 3월 15일까지 뉴욕의 국제연합본부에서 서명을 위하여 개방되며, 그 서명기간이 종료한 다음 날부터 가입을 위하여 개방된다. 비준서·수락서·승인서·가입서는 수탁자에게 기탁된다.

2. 이 의정서의 당사자가 되는 지역경제통합기구는, 기구 회원국 중 어느 한 국가도 이 의정서의 당사자가 아닌 경우에도 이 의정서상의 모든 의무에 구속된다. 기구의 1 이상의 회원국이 이 의정서의 당사자인 경우, 기구와 그 회원국은 이 의정서상의 의무를 수행하기 위한 각각의 책임을 결정한다. 이 경우, 기구와 그 회원국은 이 의정서상의 권리를 동시에 행사할 수 없다.

3. 지역경제통합기구는 그 비준서·수락서·승인서·가입서에서 이 의정서가 규율하는 사항에 관한 기구의 권한범위를 선언한다. 또한, 기구는 그 권한범위의 실질적 변동에 관하여 수탁자에게 통보하며, 수탁자는 이를 당사자에게 통보한다.

제25조 1. 이 의정서는 부속서 1의 당사자들의 1990년도 이산화탄소 총배출량 중 55퍼센트 이상을 차지하는 부속서 1의 당사자를 포함하여, 55 이상의 협약의 당사자가 비준서·수락서·승인서·가입서를 기탁한 날부터 90일째 되는 날에 발효한다.

2. 이 조의 목적상, "부속서 1의 당사자들의 1990년도 이산화탄소 총배출량"이라 함은 부속서 1의

당사자들이 이 의정서의 채택일 또는 그 이전에 협약 제12조에 따라 제출한 제1차 국가보고서에서 통보한 양을 말한다.

3. 발효에 관한 제1항의 조건이 충족된 후 이 의정서를 비준·수락·승인·가입하는 국가 또는 지역경제통합기구의 경우에는, 그 비준서·수락서·승인서·가입서가 기탁된 날부터 90일째 되는 날에 동 국가 또는 기구에 대하여 발효한다.

4. 이 조의 목적상, 지역경제통합기구가 기탁하는 문서는 기구의 회원국이 기탁하는 문서에 추가되는 것으로 계산되지 아니한다.

제26조 이 의정서에 대하여는 어떠한 유보도 행할 수 없다.

제27조 1. 당사자는 의정서가 자신에 대하여 발효한 날부터 3년이 경과한 후에는 언제나 수탁자에게 서면통고를 함으로써 이 의정서로부터 탈퇴할 수 있다.

2. 탈퇴는 수탁자가 탈퇴 통고를 접수한 날부터 1년이 경과한 날이나 탈퇴통고서에 이보다 더 늦은 날짜가 명시된 경우에는 그 늦은 날에 발효한다.

3. 협약으로부터 탈퇴한 당사자는 이 의정서로부터도 탈퇴한 것으로 본다.

제28조 아랍어·중국어·영어·불어·러시아어 및 서반아어본이 동등하게 정본인 이 의정서의 원본은 국제연합 사무총장에게 기탁된다.

1997년 12월 11일에 교토에서 작성하였다.

이상의 증거로, 정당하게 권한을 위임받은 아래 서명자가 명시된 일자에 이 의정서에 서명하였다.

45 2015년 파리(기후)협정(Paris Agreement)

채택일 ; 2015.12.12.(파리, 유엔기후변화협약 당사자총회)
국회비준동의 ; 2016.11.3.
비준서 기탁 ; 2016.11.3
발효 ; 2016.12.3(조약 제2315호)

이 협정의 당사자는,
「기후변화에 관한 국제연합 기본협약(이하 "협약"이라 한다)」의 당사자로서, 제17차 협약 당사자총회에서 결정(1/CP.17)으로 수립된 「행동 강화를 위한 더반플랫폼」에 따라, 협약의 목적을 추구하고, 상이한 국내 여건에 비추어 형평의 원칙 및 공통적이지만 그 정도에 차이가 나는 책임과 각자의 능력의 원칙을 포함하는 협약의 원칙에 따라, 이용 가능한 최선의 과학적 지식에 기초하여 기후변화라는 급박한 위협에 대하여 효과적이고 점진적으로 대응할 필요성을 인식하며, 또한, 협약에서 규정된 대로 개발도상국인 당사자, 특히 기후변화의 부정적 영향에 특별히 취약한 개발도상국 당사자의 특수한 필요와 특별한 사정을 인식하고, 자금제공 및 기술 이전과 관련하여 최빈개도국의 특수한 필요와 특별한 상황을 충분히 고려하며, 당사자들이 기후변화뿐만 아니라 그에 대한 대응 조치에서 비롯된 여파에 의해서도 영향을 받을 수 있음을 인식하고, 기후변화 행동, 대응 및 영향이 지속가능한 발전 및 빈곤 퇴치에 대한 형평한 접근과 본질적으로 관계가 있음을 강조하며, 식량안보 수호 및 기아 종식이 근본적인 우선 과제이며, 기후변화의 부정적 영향에 식량생산체계가 특별히 취약하다는 점을 인식하고, 국내적으로 규정된 개발우선순위에 따라 노동력의 정당한 전환과 좋은 일자리 및 양질의 직업 창출이 매우 필요함을 고려하며, 기후변화가 인류의 공통 관심사임을 인정하고, 당사자는 기후변화에 대응하는 행동을 할 때 양성평등, 여성의 역량 강화 및 세대간 형평뿐만 아니라, 인권, 보건에 대한 권리, 원주민·지역공동체·이주민·아동·장애인·취약계층의 권리 및 발전권에 관한 각자의 의무를 존중하고 촉진하며 고려하여야 함을 인정하며, 협약에 언급된 온실가스의 흡수원과 저장고의 적절한 보전 및 증진의 중요성을 인식하고, 기후변화에 대응하는 행동을 할 때, 해양을 포함한 모든 생태계의 건전성을 보장하는 것과 일부 문화에서 어머니 대지(Mother Earth)로 인식되는 생물다양성의 보존을 보장하는 것의 중요성에 주목하고, 일각에게 "기후 정의"(Climate Justice)라는 개념이 갖는 중요성에 주목하며, 이 협정에서 다루어지는 문제에 대한 교육, 훈련, 공중의 인식, 공중의 참여, 공중의 정보 접근, 그리고 모든 차원에서의 협력이 중요함을 확인하고,기후변화에 대한 대응에 당사자 각자의 국내 법령에 따라 모든 차원의 정부조직과 다양한 행위자의 참여가 중요함을 인식하며, 또한, 선진국인 당사자가 주도하고 있는 지속가능한 생활양식과 지속가능한 소비 및 생산 방식이 기후변화에 대한 대응에 중요한 역할을 함을 인식하면서, 다음과 같이 합의하였다.

제1조 이 협정의 목적상, 협약 제1조에 포함된 정의가 적용된다. 추가로,

가. "협약"이란 1992년 5월 9일 뉴욕에서 채택된 「기후변화에 관한 국제연합 기본협약」을 말한다.

나. "당사자총회"란 협약의 당사자총회를 말한다.

다. "당사자"란 이 협정의 당사자를 말한다.

제2조 1. 이 협정은, 협약의 목적을 포함하여 협약의 이행을 강화하는 데에, 지속가능한 발전과 빈곤 퇴치를 위한 노력의 맥락에서, 다음의 방법을 포함하여 기후변화의 위협에 대한 전지구적 대응을 강화하는 것을 목표로 한다.

가. 기후변화의 위험 및 영향을 상당히 감소시킬 것이라는 인식 하에, 산업화 전 수준 대비 지구 평균 기온 상승을 섭씨 2도보다 현저히 낮은 수준으로 (well below 2 ℃ above pre-industrial levels) 유지하는 것 및 산업화 전 수준 대비 지구 평균 기온 상승을 섭씨 1.5도로 제한하기 위한 노력의 추구 (pursuing efforts to limit the temperature increase to 1.5 ℃)

나. 식량 생산을 위협하지 아니하는 방식으로, 기후변화의 부정적 영향에 적응하는(adapt) 능력과 기후 회복력(cimate resilience) 및 온실가스 저배출 발전을 증진하는 능력의 증대, 그리고

다. 온실가스 저배출 및 기후 회복적 발전으로 나아가는 방향에 부합하도록 하는 재정 흐름의 조성

2. 이 협정은 상이한 국내 여건에 비추어 형평 그리고 공통적이지만 그 정도에 차이가 나는 책임과 각자의 능력의 원칙을 반영하여 이행될 것이다.

제3조 기후변화에 전지구적으로 대응하기 위한 국가결정기여 (nationally determined contributions)로서, 모든 당사자는 제2조에 규정된 이 협정의 목적을 달성하기 위하여 제4조, 제7조, 제9조, 제10조, 제11조 및 제13조에 규정된 바와 같이 의욕적인 노력을 수행하고 통보하여야 한다. 이 협정의 효과적인 이행을 위해서는 개발도상국 당사자에 대한 지원이 필요함을 인식하면서, 모든 당사자는 시간의 경과에 따라 진전되는 노력을 보여줄 것이다.

제4조 1. 형평에 기초하고 지속가능한 발전과 빈곤 퇴치를 위한 노력의 맥락에서, 제2조에 규정된 장기 기온 목표를 달성하기 위하여, 개발도상국 당사자에게는 온실가스 배출 최대치 달성에 더욱 긴 시간이 걸릴 것임을 인식하면서, 당사자는 전지구적 온실가스 배출 최대치(global peaking)를 가능한 한 조속히 달성할 것을 목표로 하고, 그 후에는 이용 가능한 최선의 과학에 따라 급속한 감축을 실시하는 것을 목표로 하여 금세기의 하반기에 온실가스의 배출원에 의한 인위적 배출과 흡수원에 의한 제거 간에 균형을 달성할 수 있도록 한다.

2. 각 당사자는 달성하고자 하는 차기 국가결정기여를 준비하고,

통보하며, 유지한다(shall). 당사자는 그러한 국가결정기여의 목적을 달성하기 위하여 국내적 완화 조치를 추구한다(shall).

3. 각 당사자의 차기 국가결정기여는 상이한 국내 여건에 비추어 공통적이지만 그 정도에 차이가 나는 책임과 각자의 능력을 반영하고, 당사자의 현재 국가결정기여보다 진전되는 노력을 시현할 것이며(will represent a progression beyond the Party's then current nationally determined contribution) 가능한 한 가장 높은 의욕 수준을 반영할 것이다.

4. 선진국 당사자는 경제 전반에 걸친 절대량 배출 감축목표(economy-wide absolute emission reduction targets)를 약속함으로써 주도적 역할을 지속하여야 한다(should). 개발도상국 당사자는 완화 노력(mitigation efforts)을 계속 강화하여야 하며(should), 상이한 국내 여건에 비추어 시간의 경과에 따라 경제 전반의 배출 감축 또는 제한 목표로 나아갈 것이 장려된다.

5. 개발도상국 당사자에 대한 지원 강화를 통하여 그들이 보다 의욕적으로 행동할 수 있을 것임을 인식하면서, 개발도상국 당사자에게 이 조의 이행을 위하여 제9조, 제10조 및 제11조에 따라 지원이 제공된다.

6. 최빈개도국과 소도서 개발도상국은 그들의 특별한 사정을 반영하여 온실가스 저배출 발전을 위한 전략, 계획 및 행동을 준비하고 통보할 수 있다.

7. 당사자의 적응 행동 그리고/또는 경제 다변화 계획으로부터 발생하는 완화의 공통이익은 이 조에 따른 완화 성과에 기여할 수 있다.

8. 국가결정기여를 통보할 때, 모든 당사자는 결정 1/CP.21과 이 협정의 당사자회의 역할을 하는 당사자총회의 모든 관련 결정에 따라 명확성, 투명성 및 이해를 위하여 필요한 정보를 제공한다(shall).

9. 각 당사자는 결정 1/CP.21과 이 협정의 당사자회의 역할을 하는 당사자총회의 모든 관련 결정에 따라 5년마다(every five years) 국가결정기여를 통보하며(shall), 각 당사자는 제14조에 언급된 전지구적 이행점검(the global stocktake)의 결과를 통지받는다(shall be informed).

10. 이 협정의 당사자회의 역할을 하는 당사자총회는 제1차 회기에서 국가결정기여를 위한 공통의 시간 계획에 대하여 고려한다.

11. 이 협정의 당사자회의 역할을 하는 당사자총회가 채택하는 지침에 따라, 당사자는 자신의 의욕 수준을 증진하기 위하여 기존의 국가결정기여를 언제든지 조정할 수 있다(may).

12. 당사자가 통보한 국가결정기여는 사무국이 유지하는 공공 등록부에 기록된다(shall be recorded).

13. 당사자는 자신의 국가결정기여를 산정한다(shall). 자신의 국가결정기여에 따른 인위적 배출과 제거를 산정할 때는, 당사자는 이 협정의 당사자회의 역할을 하는 당사자총회가 채택하는 지침에 따라, 환경적 건전성, 투명성, 정확성, 완전성, 비교가능성, 일관성을 촉진하며, 이중계산의 방지를 보장한다(shall ensure the avoidance of double counting).

14. 국가결정기여의 맥락에서, 인위적 배출과 제거에 관한 완화 행동을 인식하고 이행할 때 당사자는, 이 조 제13항에 비추어, 협약상의 기존 방법론과 지침을 적절히 고려하여야 한다.

15. 당사자는 이 협정을 이행할 때, 대응조치의 영향으로 인하여 자국 경제가 가장 크게 영향을 받는 당사자, 특히 개발도상국 당사자의 우려사항을 고려한다.

16. 공동으로 이 조 제2항에 따라 행동할 것에 합의한 지역경제통합기구와 그 회원국을 포함하는 당사자는 자신의 국가결정기여를 통보할 때, 관련 기간 내에 각 당사자에 할당된 배출 수준을 포함하는 합의 내용을 사무국에 통고한다. 그 다음 순서로 사무국은 협약의 당사자 및 서명자에게 그 합의 내용을 통지한다.

17. 그러한 합의의 각 당사자는 이 조 제13항 및 제14항 그리고 제13조 및 제15조에 따라 이 조 제16항에서 언급된 합의에 규정된 배출 수준에 대하여 책임을 진다.

18. 공동으로 행동하는 당사자들이 이 협정의 당사자인 지역경제통합기구의 프레임워크 안에서 그리고 지역경제통합기구와 함께 공동으로 행동하는 경우, 그 지역경제통합기구의 각 회원국은 개별적으로 그리고 지역경제통합기구와 함께, 이 조 제13항 및 제14항 그리고 제13조 및 제15조에 따라 이 조 제16항에 따라 통보된 합의에서 명시된 배출 수준에 대하여 책임을 진다.

19. 모든 당사자는 상이한 국내 여건에 비추어, 공통적이지만 그 정도에 차이가 나는 책임과 각자의 능력을 고려하는 제2조를 유념하며 장기적인 온실가스 저배출 발전 전략을 수립하고 통보하기 위하여 노력하여야 한다.

제5조 1. 당사자는 협약 제4조제1항라목에 언급된 바와 같이, 산림을 포함한 온실가스 흡수원 및 저장고(sinks and reservoirs)를 적절히 보전하고 증진하는 조치를 하여야 한다.

2. 당사자는, 협약하 이미 합의된 관련 지침과 결정에서 규정하고 있는 기존의 프레임워크인: 개발도상국에서의 산림 전용과 산림 황폐화로 인한 배출의 감축 관련 활동, 그리고 산림의 보전, 지속가능한 관리 및 산림 탄소 축적 증진 역할에 관한 정책적 접근 및 긍정적 유인과; 산림의 통합적이고 지속가능한 관리를 위한 완화 및 적응 공동 접근과 같은 대안적 정책 접근을, 이러한 접근과 연계된 비탄소 편익에 대하여 적절히 긍정적인 유인을 제공하는 것의 중요성을 재확인하면서, 결과기반 지불(results-based payments) 등의 방식을 통하여, 이행하고 지원하는 조치를 하도록 장려된다.

제6조 1. 당사자는 일부 당사자가 완화 및 적응 행동을 하는 데에 보다 높은 수준의 의욕을 가능하게 하고 지속가능한 발전(sustainable development)과 환경적 건전성(environmental integrity)을 촉진하도록 하기 위하여, 국가결정기여 이행에서 자발적 협력 추구를 선택하는 것을 인정한다.

2. 국가결정기여를 위하여 당사자가 국제적으로 이전된 완화 성과(internationally transferred mitigation outcomes)의 사용을 수반하는 협력적 접근(coopera-

tive approaches)에 자발적으로 참여하는 경우, 당사자는 지속 가능한 발전을 촉진하고 거버넌스 등에서 환경적 건전성과 투명성을 보장하며, 이 협정의 당사자회의 역할을 하는 <u>당사자총회가 채택하는 지침</u>에 따라, 특히 이중계산의 방지 등을 보장하기 위한 엄격한 계산을 적용한다.

3. 이 협정에 따라 국가결정기여를 달성하기 위하여 <u>국제적으로 이전된 완화 성과는 자발적으로 사용</u>되며, 참여하는 당사자에 의하여 승인된다.

4. 당사자가 자발적으로 사용할 수 있도록 온실가스 배출 완화에 기여하고 <u>지속가능한 발전(sustainable development)을 지원하는 메커니즘(mechanism)</u>을 이 협정의 당사자회의 역할을 하는 <u>당사자총회의 권한과 지침</u>에 따라 <u>설립한다.</u> 이 메커니즘은 이 협정의 당사자회의 역할을 하는 당사자총회가 지정한 기구의 감독을 받으며, 다음을 목표로 한다.

가. 지속가능한 발전 증진 및 온실가스 배출의 <u>완화 촉진</u>

나. 당사자가 허가한 <u>공공 및 민간 실체</u>가 온실가스 배출 완화에 참여하도록 유인 제공 및 촉진

다. 유치당사자 <u>국내에서의 배출 수준 하락에 기여.</u> 유치당사자는 배출 감축으로 이어질 완화 활동으로부터 이익을 얻을 것이며 그러한 배출 감축은 다른 당사자가 자신의 국가결정기여를 이행하는 데에도 사용될 수 있다. 그리고

라. <u>전지구적 배출의 전반적 완화 달성</u>

5. 이 조 제4항에 언급된 메커니즘으로부터 발생하는 배출 감축을 다른 당사자가 자신의 국가결정기여 달성을 증명하는 데 사용하는 경우, <u>그러한 배출 감축은 유치당사자의 국가결정기여 달성을 증명하는 데 사용되지 아니한다.</u>

6. 이 협정의 당사자회의 역할을 하는 당사자총회는 이 조 제4항에 언급된 메커니즘하에서의 활동 수익 중 일부가 행정 경비로 지불되고, 기후변화의 부정적 영향에 특별히 취약한 개발도상국 당사자의 적응 비용의 충당을 지원하는 데 사용되도록 보장한다.

7. 이 협정의 당사자회의 역할을 하는 당사자총회는 제1차 회기에서 이 조 제4항에 언급된 메커니즘을 위한 규칙, 방식 및 절차를 채택한다.

8. 당사자는 지속가능한 발전과 빈곤퇴치의 맥락에서, 특히 완화, 적응, 금융, 기술 이전 및 역량배양 등을 통하여 적절히 조율되고 효과적인 방식으로 국가결정기여의 이행을 지원하기 위하여 당사자가 <u>이용 가능한 통합적이고, 전체적이며, 균형적인 비시장 접근(non-market approaches)의 중요성</u>을 인식한다. 이러한 접근은 다음을 목표로 한다.

가. 완화 및 적응 의욕 촉진

나. 국가결정기여 이행에 공공 및 민간 부문의 참여 강화, 그리고

다. 여러 기제 및 관련 제도적 장치 전반에서 조정의 기회를 마련

9. 지속가능한 발전에 대한 <u>비시장 접근 프레임워크</u>를 이 조 제8항에 언급된 비시장 접근을 촉진하기 위하여 정의한다.

제7조 1. 당사자는 지속가능한 발전에 기여하고 제2조에서 언급된 기온 목표의 맥락에서 적절한 적응 대응을 보장하기 위하여, 적응 역량 강화(enhancing adaptive capacity), 회복력 강화(strengthening resilience) 그리고 기후변화에 대한 취약성 경감(reducing vulnerability to climate change)이라는 전지구적 적응목표(the global goal on adaptation)를 수립한다.

2. 당사자는 기후변화의 부정적 영향에 특별히 취약한 개발도상국 당사자의 급박하고 즉각적인 요구를 고려하면서, 적응(adaptation)이 현지적, 지방적, 국가적, 지역적 및 국제적 차원에서 모두가 직면한 전지구적 과제라는 점과, 적응이 인간, 생계 및 생태계를 보호하기 위한 장기적이며 전지구적인 기후변화 대응의 핵심 요소이며 이에 기여한다는 점을 인식한다.

3. 개발도상국 당사자의 적응 노력은 이 협정의 당사자회의 역할을 하는 당사자총회 제1차 회기에서 채택되는 방식에 따라 인정된다.

4. 당사자는 현재 적응에 대한 필요성이 상당하고, 더 높은 수준의 완화가 추가적인 적응 노력의 필요성을 줄일 수 있으며, 적응 필요성이 더 클수록 더 많은 적응 비용이 수반될 수 있다는 점을 인식한다.

5. 당사자는, 적절한 경우 적응을 관련 사회경제적 및 환경적 정책과 행동에 통합하기 위하여, 취약계층, 지역공동체 및 생태계를 고려하면서 적응 행동이 국가 주도적이고 성 인지적(gender-responsive)이며 참여적이고 전적으로 투명한 접근을 따라야 한다는 점과, 이용 가능한 최선의 과학, 그리고 적절히 전통 지식, 원주민 지식 및 지역 지식체계에 기반을 두고 따라야 한다는 점을 확인한다.

6. 당사자는 적응 노력에 대한 지원과 국제협력의 중요성을 인식하고, 개발도상국 당사자, 특히 기후변화의 부정적 영향에 특별히 취약한 국가의 요구를 고려하는 것의 중요성을 인식한다.

7. 당사자는 다음에 관한 것을 포함하여「칸쿤 적응 프레임워크」를 고려하면서 적응 행동 강화를 위한 협력을 증진하여야 한다.

가. 적응 행동과 관련 있는 과학, 계획, 정책 및 이행에 관한 것을 적절히 포함하여, 정보, 모범관행, 경험 및 교훈의 공유

나. 관련 정보와 지식의 취합 및 당사자에 대한 기술적 지원 및 지침의 제공을 지원하기 위하여, 이 협정을 지원하는 협약상의 것을 포함한 제도적 장치의 강화

다. 기후 서비스에 정보를 제공하고 의사결정을 지원하는 방식으로, 연구, 기후체계에 관한 체계적인 관측, 조기경보시스템 등을 포함하여 기후에 관한 과학적 지식의 강화

라. 개발도상국 당사자가 효과적인 적응 관행, 적응 요구, 우선순위, 적응 행동과 노력을 위하여 제공하고 제공받은 지원, 문제점과 격차를 파악할 수 있도록, 모범관행 장려에 부합하는 방식으로의 지원, 그리고

마. 적응 행동의 효과성 및 지속성 향상

8. 국제연합 전문기구 및 기관들은 이 조 제5항을 고려하면서 이 조 제7항에서 언급된 행동을 이행하기 위한 당사자의 노력을 지원하도록 장려된다.

9. 각 당사자는, 관련 계획, 정책 그리고/또는 기여의 개발 또는 강화를 포함하는 적응계획 과정과 행동의 이행에 적절히 참여하며, 이는 다음을 포함할 수 있다.

가. 적응 행동, 조치, 그리고/또는 노력의 이행

나. 국가별 적응계획을 수립하고 이행하는 절차

다. 취약인구, 지역 및 생태계를 고려하면서, 국가별로 결정된 우선 행동을 정하기 위하여 기후변화 영향과 취약성 평가

라. 적응 계획, 정책, 프로그램 및 행동에 대한 모니터링, 평가 및 그로부터의 학습, 그리고

마. 경제 다변화와 천연자원의 지속가능한 관리 등의 방식을 통하여 사회경제적 그리고 생태계의 회복력 구축

10. 각 당사자는 개발도상국 당사자에게 어떤 추가적 부담도 발생시키지 아니하면서 적절히 적응 보고서를 정기적으로 제출하고 갱신하여야 하며, 이 보고서는 당사자의 우선순위, 이행 및 지원 필요성, 계획 및 행동을 포함할 수 있다.

11. 이 조 제10항에 언급된 적응 보고서는 국가별 적응계획, 제4조제2항에 언급된 국가결정기여, 그리고/또는 국가별보고서를 포함하여 그 밖의 보고서나 문서의 일부로서 또는 이와 함께 정기적으로 적절히 제출되고 갱신된다.

12. 이 조 제10항에 언급된 적응 보고서는 사무국이 유지하는 공공 등록부에 기록된다.

13. 제9조, 제10조 및 제11조의 규정에 따라 이 조 제7항, 제9항, 제10항 및 제11항을 이행하기 위하여 지속적이고 강화된 국제적 지원이 개발도상국 당사자에게 제공된다.

14. 제14조에 언급된 전지구적 이행점검(the global stocktake)은 특히 다음의 역할을 한다.

가. 개발도상국 당사자의 적응 노력 인정

나. 이 조 제10항에 언급된 적응보고서를 고려하며 적응 행동의 이행 강화

다. 적응과 적응을 위하여 제공되는 지원의 적절성과 효과성 검토, 그리고

라. 이 조 제1항에 언급된 전지구적 적응목표를 달성하면서 나타난 전반적인 진전 검토

제8조 1. 당사자는 기상이변과 서서히 발생하는 현상을 포함한 기후변화의 부정적 영향과 관련된 손실(loss) 및 피해(damage)를 방지하고, 최소화하며, 해결해 나가는 것의 중요성과, 그 손실과 피해의 위험을 줄이기 위한 지속가능한 발전의 역할을 인식한다.

2. 기후변화의 영향과 관련된 손실 및 피해에 관한 바르샤바 국제 메커니즘(the Warsaw International Mechanism)은 이 협정의 당사자회의의 역할을 하는 당사자총회의 권한 및 지침을 따르며, 이 협정의 당사자회의의 역할을 하는 당사자총회가 결정하는 바에 따라 증진되고 강화될 수 있다.

3. 당사자는 협력과 촉진을 기반으로, 적절한 경우 바르샤바

국제 메커니즘 등을 통하여 기후변화의 부정적 영향과 관련된 손실 및 피해에 관한 이해, 행동 및 지원을 강화하여야 한다.
4. 이에 따라, 이해, 행동 및 지원을 강화하기 위한 협력과 촉진 분야는 다음을 포함할 수 있다.
가. 조기경보시스템
나. 비상준비태세
다. 서서히 발생하는 현상
라. 돌이킬 수 없고 영구적인 손실과 피해를 수반할 수 있는 현상
마. 종합적 위험 평가 및 관리
바. 위험 보험 제도, 기후 위험 분산 그리고 그 밖의 보험 해결책
사. 비경제적 손실, 그리고
아. 공동체, 생계 및 생태계의 회복력
5. 바르샤바 국제 메커니즘은 이 협정상의 기존 기구 및 전문가그룹, 그리고 이 협정 밖에 있는 관련 기구 및 전문가 단체와 협력한다.
제9조 1. 선진국 당사자는 협약상의 자신의 기존 의무의 연속선상(in continuation of their existing obligations under the Convention)에서 완화 및 적응 모두와 관련하여 개발도상국 당사자를 지원하기 위하여 재원을 제공한다.
2. 그 밖의 당사자는 자발적으로 그러한 지원을 제공하거나 제공을 지속하도록 장려된다.
3. 전지구적 노력의 일환으로, 선진국 당사자는 다양한 행동을 통하여 국가 주도적 전략 지원을 포함한 공적 재원의 중요한 역할에 주목하고 개발도상국 당사자의 요구와 우선순위를 고려하면서, 다양한 재원, 기제 및 경로를 통하여 기후재원

을 조성하는 데 주도적 역할을 지속하여야 한다(should). 그러한 기후재원 조성은 이전보다 진전되는 노력을 보여주어야 한다.
4. 확대된 재원의 제공은 적응을 위한 공적 증여기반 재원의 필요성을 고려하고, 국가 주도적 전략과 개발도상국, 특히, 최빈개도국, 소도서 개발도상국과 같이 기후변화의 부정적 영향에 특별히 취약하고 그 역량상 상당한 제약이 있는 개발도상국 당사자의 우선순위와 요구를 감안하면서 완화와 적응 간 균형 달성을 목표로 하여야 한다.
5. 선진국 당사자는 가능하다면 개발도상국 당사자에게 제공될 공적 재원의 예상 수준을 포함하여, 이 조 제1항 및 제3항과 관련된 예시적인 성격의 정성적·정량적 정보를 적용 가능한 범위에서 2년마다 통보한다(shall). 재원을 제공하는 그 밖의 당사자는 그러한 정보를 자발적으로 2년마다 통보하도록 장려된다.
6. 제14조에 언급된 전지구적 이행점검은 기후재원 관련 노력에 관하여 선진국 당사자 그리고/또는 협정상의 기구가 제공하는 관련 정보를 고려한다.
7. 선진국 당사자는, 제13조제13항에 명시된 바와 같이 이 협정의 당사자회의 역할을 하는 당사자총회 제1차 회기에서 채택되는 방식, 절차 및 지침에 따라, 공적 개입을 통하여 제공 및 조성된 개발도상국 당사자에 대한 지원에 관하여 투명하고 일관된 정보를 2년마다 제공한다. 그 밖의 당사자는 그와 같이 하도록 장려된다.

8. 운영 실체를 포함한 협약의 재정메커니즘은 이 협정의 재정메커니즘의 역할을 한다.

9. 협약의 재정메커니즘의 운영 실체를 포함하여 이 협정을 지원하는 기관은, 국가별 기후 전략과 계획의 맥락에서, 개발도상국 당사자, 특히 최빈개도국 및 소도서 개발도상국이 간소한 승인 절차 및 향상된 준비 수준 지원을 통하여 재원에 효율적으로 접근하도록 보장하는 것을 목표로 한다.

제10조 1. 당사자는 기후변화에 대한 회복력을 개선하고 온실가스 배출을 감축하기 위하여 기술 개발 및 이전을 완전히 실현하는 것의 중요성에 대한 장기적 전망을 공유한다.

2. 당사자는, 이 협정상의 완화 및 적응 행동의 이행을 위한 기술의 중요성에 주목하고 기존의 효율적 기술 사용 및 확산 노력을 인식하면서, 기술의 개발 및 이전을 위한 협력적 행동을 강화한다(shall).

3. 협약에 따라 설립된 기술메커니즘(the Technology Mechanism)은 이 협정을 지원한다.

4. 이 조 제1항에 언급된 장기적 전망을 추구하면서, 이 협정의 이행을 지원하기 위하여 기술 개발 및 이전 행동 강화를 촉진하고 증진하는 데 기술메커니즘의 작업에 포괄적인 지침을 제공하도록 기술에 관한 프레임워크를 설립한다.

5. 혁신을 가속화하고 장려하고 가능하게 하는 것은 기후변화에 대한 효과적이고 장기적인 전지구적 대응과 경제 성장 및 지속가능한 발전을 촉진하는 데 매우 중요하다. 그러한 노력은, 연구개발에 대한 협업적 접근을 위하여 그리고 특히 기술 주기의 초기 단계에 개발도상국 당사자가 기술에 쉽게 접근할 수 있도록 하기 위하여, 기술메커니즘 등에 의하여, 그리고 재정적 수단을 통하여 협약의 재정메커니즘 등에 의하여 적절히 지원된다.

6. 이 조의 이행을 위하여 재정적 지원 등의 지원이 개발도상국 당사자에게 제공되며, 이에는 완화와 적응을 위한 지원 간의 균형을 이루기 위하여, 상이한 기술 주기 단계에서의 기술 개발 및 이전에 관한 협력 행동을 강화하기 위한 지원이 포함된다. 제14조에 언급된 전지구적 이행점검은 개발도상국 당사자를 위한 기술 개발 및 이전 지원 관련 노력에 대한 이용 가능한 정보를 고려한다(shall).

제11조 1. 이 협정에 따른 역량배양(capacity-building)은, 특히 적응 및 완화 행동의 이행을 포함한 효과적인 기후변화 행동을 위하여 최빈개도국과 같은 역량이 가장 부족한 개발도상국 및 소도서 개발도상국과 같은 기후변화의 부정적 효과에 특별히 취약한 개발도상국 당사자의 역량과 능력을 강화하여야 하고, 기술의 개발·확산 및 효과적 사용, 기후재원에 대한 접근, 교육·훈련 및 공중의 인식과 관련된 측면, 그리고 투명하고 시의적절하며 정확한 정보의 소통을 원활하게 하여야 한다.

2. 역량배양은 국가별 필요를 기반으로 반응하는 국가 주도적인 것이어야 하고, 국가적, 지방적 그리고 현지적 차원을 포함하여 당사자, 특히 개발도상국 당사자의 국가 주인의식

(country ownership)을 조성하여야 한다. 역량배양은 협약상의 역량배양 활동을 통한 교훈을 포함하여 습득한 교훈을 따라야 하고, 참여적이고 종합적이며 성 인지적인 효과적·반복적 과정이 되어야 한다.

3. 모든 당사자는 이 협정을 이행하는 개발도상국 당사자의 역량을 강화하기 위하여 협력하여야 한다(should). 선진국 당사자는 개발도상국에서의 역량배양 행동에 대한 지원을 강화하여야 한다(should).

4. 지역적·양자적 및 다자적 접근 등의 수단을 통하여 이 협정의 이행을 위한 개발도상국 당사자의 역량을 강화하는 모든 당사자는, 역량배양을 위한 그러한 행동이나 조치에 대하여 정기적으로 통보한다(shall). 개발도상국 당사자는 이 협정의 이행을 위한 역량배양 계획, 정책, 행동이나 조치를 이행하면서 얻은 진전을 정기적으로 통보하여야 한다(should).

5. 역량배양 활동은, 협약에 따라 설립되어 이 협정을 지원하는 적절한 제도적 장치 등 이 협정의 이행을 지원하기 위한 적절한 제도적 장치를 통하여 강화된다. 이 협정의 당사자회의 역할을 하는 당사자총회는 제1차 회기에서 역량배양을 위한 최초의 제도적 장치에 관한 결정을 고려하고 채택한다.

제12조 당사자는 이 협정상에서의 행동 강화와 관련하여 기후변화 교육, 훈련, 공중의 인식, 공중의 참여 그리고 정보에 대한 공중의 접근을 강화하기 위한 적절한 조치의 중요성을 인식하면서, 이러한 조치를 할 때 서로 협력한다.

제13조 1. 상호 신뢰와 확신을 구축하고 효과적 이행을 촉진하기 위하여, 당사자의 상이한 역량을 고려하고 공동의 경험에서 비롯된 유연성을 내재하고 있는, 행동 및 지원을 위하여 강화된 투명성 프레임워크를 설립한다.

2. 투명성 프레임워크는 각자의 역량에 비추어 유연성이 필요한 개발도상국 당사자가 이 조의 규정을 이행하는 데 유연성을 제공한다. 이 조 제13항에 언급된 방식, 절차 및 지침은 그러한 유연성을 반영한다.

3. 투명성 프레임워크는 최빈개도국과 소도서 개발도상국의 특수한 여건을 인식하면서 협약상의 투명성 장치를 기반으로 이를 강화하고, 국가주권을 존중하면서 촉진적·비침해적·비징벌적 방식으로 이행되며, 당사자에게 지나친 부담을 지우지 아니한다.

4. 국가별보고서, 격년보고서, 격년갱신보고서, 국제 평가 및 검토, 그리고 국제 협의 및 분석을 포함하는 협약상의 투명성 장치는 이 조 제13항에 따른 방식, 절차 및 지침을 개발하기 위하여 얻은 경험의 일부를 구성한다.

5. 행동의 투명성을 위한 프레임워크의 목적은, 제14조에 따른 전지구적 이행점검에 알려주기 위하여, 제4조에 따른 당사자의 국가결정기여와 모범관행·우선순위·필요·격차 등 제7조에 따른 당사자들의 적응행동을 완수하도록 명확성 및 그 진전을 추적하는 것을 포함하여, 협약 제2조에 설정된 목적에 비추어 기후변화 행동에 대한 명확한 이해를 제공하는 것이다.

6. 지원의 투명성을 위한 프레임워크의 목적은, 제14조에 따른 전지구적 이행점검에 알려주기 위하여, 제4조, 제7조, 제9조, 제10조 및 제11조에 따른 기후변화 행동의 맥락에서 관련 개별 당사자가 제공하고 제공받은 지원과 관련하여 명확성을 제공하고, 제공된 총 재정지원의 전체적인 개관을 가능한 수준까지 제공하는 것이다.

7. 각 당사자는 다음의 정보를 정기적으로 제공한다.

가. 기후변화에 관한 정부 간 패널에서 수락되고 이 협정의 당사자회의 역할을 하는 당사자총회에서 합의된 모범관행 방법론을 사용하여 작성된 온실가스의 배출원에 의한 인위적 배출과 흡수원에 의한 제거에 관한 국가별 통계 보고서, 그리고

나. 제4조에 따른 국가결정기여를 이행하고 달성하는 데에서의 진전 추적에 필요한 정보

8. 각 당사자는 또한 제7조에 따라 기후변화의 영향과 적응에 관련된 정보를 적절히 제공하여야 한다.

9. 선진국 당사자는 제9조, 제10조 및 제11조에 따라 개발도상국 당사자에게 제공된 재정지원, 기술 이전 지원 및 역량배양 지원에 관한 정보를 제공하고, 지원을 제공하는 그 밖의 당사자는 이러한 정보를 제공하여야 한다.

10. 개발도상국 당사자는 제9조, 제10조 및 제11조에 따라 필요로 하고 제공받은 재정지원, 기술 이전 지원 및 역량배양 지원에 관한 정보를 제공하여야 한다.

11. 이 조 제7항과 제9항에 따라 각 당사자가 제출한 정보는 결정 1/CP.21에 따라 기술 전문가의 검토를 받는다. 개발도상국 당사자의 역량에 비추어 필요한 경우 역량배양 필요를 파악하기 위한 지원을 검토 절차에 포함한다. 또한 각 당사자는 제9조에 따른 노력과 관련하여 그리고 국가결정기여에 대한 당사자 각자의 이행 및 달성과 관련하여 그 진전에 대한 촉진적·다자적 고려에 참여한다.

12. 이 항에 따른 기술 전문가의 검토는, 관련이 있을 경우 당사자가 제공한 지원에 대한 고려와, 국가결정기여의 이행 및 달성에 대한 고려로 구성된다. 또한 검토는 당사자를 위한 개선 분야를 파악하며, 이 조 제2항에 따라 당사자에게 부여된 유연성을 고려하여 이 조 제13항에 언급된 방식·절차 및 지침과 제출된 정보 간 일관성에 대한 검토를 포함한다. 검토는 개발도상국 당사자 각자의 국가적 능력과 여건에 특별한 주의를 기울인다.

13. 이 협정의 당사자회의 역할을 하는 당사자총회는 제1차 회기에서 협약상의 투명성과 관련된 장치로부터 얻은 경험을 기반으로 이 조의 규정을 구체화하여, 행동과 지원의 투명성을 위한 공통의 방식, 절차 및 지침을 적절히 채택한다.

14. 이 조의 이행을 위하여 개발도상국에 지원이 제공된다.

15. 또한 개발도상국 당사자의 투명성 관련 역량배양을 위하여 지속적인 지원이 제공된다.

제14조 1. 이 협정의 당사자회의 역할을 하는 당사자총회는 이 협정의 목적과 그 장기적 목표의 달성을 위한 공동의 진전을 평가하기 위하여 이 협정의

이행을 정기적으로 점검(이하 "전지구적 이행점검"(the global stocktake)이라 한다)한다. 이는 완화, 적응 및 이행 수단과 지원 수단을 고려하면서, 형평과 이용 가능한 최선의 과학에 비추어 포괄적이고 촉진적인 방식으로 행하여진다.

2. 이 협정의 당사자회의 역할을 하는 당사자총회는 이 협정의 당사자회의 역할을 하는 당사자총회에서 달리 결정하는 경우가 아니면 2023년에 첫 번째 전지구적 이행점검을 실시하고 그 후 5년마다 이를 실시한다.

3. 전지구적 이행점검의 결과는, 이 협정의 관련 규정에 따라 당사자가 국내적으로 결정한 방식으로 행동과 지원을 갱신하고 강화하도록 또한 기후 행동을 위한 국제 협력을 강화하도록 당사자에게 알려준다.

제15조 1. 이 협정 규정의 이행을 원활하게 하고 그 준수를 촉진하기 위한 메커니즘을 설립한다.

2. 이 조 제1항에 언급된 메커니즘은 전문가를 기반으로 한 촉진적 성격의 위원회로 구성되고, 이 위원회는 투명하고 비대립적이며 비징벌적인 방식으로 기능한다. 위원회는 당사자 각자의 국가적 능력과 여건에 특별한 주의를 기울인다.

3. 위원회는 이 협정의 당사자회의 역할을 하는 당사자총회 제1차 회기에서 채택되는 방식 및 절차에 따라 운영되며, 매년 이 협정의 당사자회의 역할을 하는 당사자총회에 보고한다.

제16조 1. 협약의 최고기구인 당사자총회는 이 협정의 당사자회의 역할을 한다.

2. 이 협정의 당사자가 아닌 협약의 당사자는 이 협정의 당사자회의 역할을 하는 당사자총회의 모든 회기 절차에 옵서버로 참석할 수 있다. 당사자총회가 이 협정의 당사자회의 역할을 할 때, 이 협정에 따른 결정권은 이 협정의 당사자만이 갖는다.

3. 당사자총회가 이 협정의 당사자회의 역할을 할 때, 당사자총회 의장단의 구성원으로서 해당 시점에 이 협정의 당사자가 아닌 협약의 당사자를 대표하는 자는 이 협정의 당사자들이 그들 중에서 선출한 추가 구성원으로 대체된다.

4. 이 협정의 당사자회의 역할을 하는 당사자총회는 이 협정의 이행상황을 정기적으로 검토하고, 그 권한의 범위에서 이 협정의 효과적 이행의 증진에 필요한 결정을 한다. 이 협정의 당사자회의 역할을 하는 당사자총회는 이 협정에 의하여 부여된 기능을 수행하며 다음을 한다.

가. 이 협정의 이행에 필요하다고 간주되는 보조기구의 설립, 그리고

나. 이 협정의 이행을 위하여 요구될 수 있는 그 밖의 기능의 수행

5. 이 협정의 당사자회의 역할을 하는 당사자총회가 만장일치로 달리 결정하는 경우를 제외하고는, 당사자총회의 절차규칙 및 협약에 따라 적용되는 재정 절차는 이 협정에 준용된다.

6. 이 협정의 당사자회의 역할을 하는 당사자총회의 제1차 회기는 이 협정의 발효일 후에 예정되어 있는 당사자총회의 제1차 회기와 함께 사무국에 의하여

소집된다. 이 협정의 당사자회의 역할을 하는 당사자총회의 후속 정기회기는, 이 협정의 당사자회의 역할을 하는 당사자총회가 달리 결정하는 경우가 아니면, 당사자총회의 정기회기와 함께 개최된다.

7. 이 협정의 당사자회의 역할을 하는 당사자총회의 특별회기는 이 협정의 당사자회의 역할을 하는 당사자총회에서 필요하다고 간주되는 다른 때에 또는 어느 당사자의 서면요청이 있는 때에 개최된다. 다만, 그러한 서면 요청은 사무국에 의하여 당사자들에게 통보된 후 6개월 이내에 최소한 당사자 3분의 1의 지지를 받아야 한다.

8. 국제연합, 국제연합 전문기구, 국제원자력기구 및 이들 기구의 회원국이나 옵서버인 협약의 비당사자는 이 협정의 당사자회의 역할을 하는 당사자총회의 회기에 옵서버로 참석할 수 있다. 이 협정이 다루는 문제와 관련하여 자격을 갖추고 이 협정의 당사자회의 역할을 하는 당사자총회의 회기에 옵서버로 참석하고자 하는 의사를 사무국에 통지한 기구나 기관은, 국내적 또는 국제적, 정부 간 또는 비정부 간인지를 불문하고, 출석 당사자의 3분의 1 이상이 반대하는 경우가 아니면 참석이 승인될 수 있다. 옵서버의 승인 및 참석은 이 조 제5항에 언급된 절차규칙에 따른다.

제17조 1. 협약 제8조에 의하여 설립되는 사무국은 이 협정의 사무국 역할을 한다.

2. 사무국의 기능에 관한 협약 제8조제2항 및 사무국의 기능 수행에 필요한 장치에 관한 협약 제8조제3항은 이 협정에 준

용된다. 또한 사무국은 이 협정에 따라 부여된 기능과 이 협정의 당사자회의 역할을 하는 당사자총회에 의하여 부여된 기능을 수행한다.

제18조 1. 협약 제9조 및 제10조에 의하여 설립된 과학기술자문 보조기구와 이행보조기구는 각각 이 협정의 과학기술자문 보조기구와 이행보조기구의 역할을 한다. 이들 두 기구의 기능 수행에 관한 협약 규정은 이 협정에 준용된다. 이 협정의 과학기술자문 보조기구와 이행보조기구 회의의 회기는 각각 협약의 과학기술 보조기구 및 이행보조기구의 회의와 함께 개최된다.

2. 이 협정의 당사자가 아닌 협약의 당사자는 그 보조기구의 모든 회기의 절차에 옵서버로 참석할 수 있다. 보조기구가 이 협정의 보조기구의 역할을 할 때, 이 협정에 따른 결정권은 이 협정의 당사자만 가진다.

3. 협약 제9조 및 제10조에 의하여 설립된 보조기구가 이 협정에 대한 문제와 관련하여 그 기능을 수행할 때, 보조기구 의장단의 구성원으로서 해당 시점에 이 협정의 당사자가 아닌 협약의 당사자를 대표하는 자는 이 협정의 당사자들이 그들 중에서 선출한 추가 구성원으로 대체된다.

제19조 1. 이 협정에서 언급되지 아니한, 협정에 의하여 또는 협약에 따라 설립된 보조기구나 그 밖의 제도적 장치는 이 협정의 당사자회의 역할을 하는 당사자총회의 결정에 따라 이 협정을 지원한다. 이 협정의 당사자회의 역할을 하는 당사자총회는 그러한 보조기구나 장치

가 수행할 기능을 명확히 한다.

2. 이 협정의 당사자회의 역할을 하는 당사자총회는 그러한 보조기구와 제도적 장치에 추가적인 지침을 제공할 수 있다.

제20조 1. 이 협정은 협약의 당사자인 국가와 지역경제통합기구의 서명을 위하여 개방되며, 이들에 의한 비준, 수락 또는 승인을 조건으로 한다. 이 협정은 뉴욕의 국제연합본부에서 2016년 4월 22일부터 2017년 4월 21일까지 서명을 위하여 개방된다. 그 후 이 협정은 서명기간이 종료한 날의 다음 날부터 가입을 위하여 개방된다. 비준서, 수락서, 승인서 또는 가입서는 수탁자에게 기탁된다.

2. 그 회원국 중 어느 국가도 이 협정의 당사자가 아니면서 이 협정의 당사자가 되는 모든 지역경제통합기구는, 이 협정상의 모든 의무에 구속된다. 하나 또는 둘 이상의 회원국이 이 협정의 당사자인 지역경제통합기구의 경우, 그 기구와 그 회원국은 이 협정상의 의무를 이행하기 위한 각자의 책임에 관하여 결정한다. 그러한 경우, 그 기구와 그 회원국은 이 협정상의 권리를 동시에 행사하지 아니한다.

3. 지역경제통합기구는 그 비준서, 수락서, 승인서 또는 가입서에서 이 협정이 규율하는 문제에 관한 기구의 권한범위를 선언한다. 또한, 이러한 기구는 그 권한범위의 실질적 변동을 수탁자에게 통지하며, 수탁자는 이를 당사자에게 통지한다.

제21조 1. 이 협정은 지구 온실가스 총 배출량 중 최소한 55퍼센트를 차지하는 것으로 추정되는 55개 이상의 협약 당사자가 비준서, 수락서, 승인서 또는 가입서를 기탁한 날부터 30일 후에 발효한다.

2. 오직 이 조 제1항의 제한적 목적상, "지구 온실가스 총 배출량"이란 협약의 당사자가 이 협정의 채택일에 또는 그 전에 통보한 가장 최신의 배출량을 말한다.

3. 발효에 관한 이 조 제1항의 조건이 충족된 후 이 협정을 비준, 수락 또는 승인하거나 이에 가입하는 국가 또는 지역경제통합기구의 경우, 이 협정은 그러한 국가 또는 지역경제통합기구의 비준서, 수락서, 승인서 또는 가입서가 기탁된 날부터 30일 후에 발효한다.

4. 이 조 제1항의 목적상, 지역경제통합기구가 기탁하는 모든 문서는 그 기구의 회원국이 기탁하는 문서에 추가하여 계산되지 아니한다.

제22조 협약의 개정안 채택에 관한 협약 제15조는 이 협정에 준용된다.

제23조 1. 협약의 부속서 채택 및 개정에 관한 협약 제16조는 이 협정에 준용된다.

2. 이 협정의 부속서는 이 협정의 불가분의 일부를 구성하며, 명시적으로 달리 규정되는 경우가 아니면, 이 협정을 언급하는 것은 이 협정의 모든 부속서도 언급하는 것으로 본다. 그러한 부속서는 목록, 양식 및 과학적·기술적·절차적 또는 행정적 특성을 갖는 서술적 성격의 그 밖의 자료에 국한된다.

제24조 분쟁해결에 관한 협약 제14조는 이 협정에 준용된다.

제25조 1. 각 당사자는 이 조 제2항에 규정된 경우를 제외하고는 하나의 투표권을 가진다.

2. 지역경제통합기구는 자신의 권한 범위의 문제에서 이 협정의 당사자인 그 기구 회원국의 수와 같은 수만큼의 투표권을 행사한다. 기구 회원국 중 어느 한 국가라도 투표권을 행사하는 경우, 그러한 기구는 투표권을 행사하지 아니하며, 그 반대의 경우에서도 또한 같다.

제26조 국제연합 사무총장은 이 협정의 수탁자가 된다.

제27조 이 협정에 대해서는 어떤 유보도 할 수 없다.

제28조 1. 당사자는 이 협정이 자신에 대하여 발효한 날부터 3년 후에는 언제든지 수탁자에게 서면통고를 하여 이 협정에서 탈퇴할 수 있다.

2. 그러한 탈퇴는 수탁자가 탈퇴통고서를 접수한 날부터 1년이 경과한 날 또는 탈퇴통고서에 그보다 더 나중의 날짜가 명시된 경우에는 그 나중의 날에 효력이 발생한다.

3. 협약에서 탈퇴한 당사자는 이 협정에서도 탈퇴한 것으로 본다.

제29조 아랍어, 중국어, 영어, 프랑스어, 러시아어 및 스페인어본이 동등하게 정본인 이 협정의 원본은 국제연합 사무총장에게 기탁된다.

2015년 12월 12일에 파리에서 작성되었다.

이상의 증거로, 정당하게 권한을 위임받은 아래의 서명자들이 이 협정에 서명하였다.

46 2021. Glasgow Climate Pact

The Conference of the Parties,

Recalling decisions 1/CP.19, 1/CP.20, 1/CP.21, 1/CP.22, 1/CP.23, 1/CP.24 and 1/CP.25,

Noting decisions 1/CMP.16 and 1/CMA.3,

Recognizing the role of multilateralism and the Convention, including its processes and principles, and the importance of international cooperation in addressing climate change and its impacts, in the context of sustainable development and efforts to eradicate poverty,

Acknowledging the devastating impacts of the coronavirus disease 2019 pandemic and the importance of ensuring a sustainable, resilient and inclusive global recovery, showing solidarity particularly with developing country Parties,

Recognizing the important advances made through the UNFCCC multilateral process since 1994, including in the context of the Convention, the Kyoto Protocol and the Paris Agreement,

Acknowledging that climate change is a common concern of humankind, Parties should, when taking action to address climate change, respect, promote and consider their respective obligations on human rights, the right to health, the rights of indigenous peoples, local communities, migrants, children, persons with disabilities and people in vulnerable situations and the right to development, as well as gender equality, empowerment of women and intergenerational equity,

Noting the importance of ensuring the integrity of all ecosystems, including in forests, the ocean and the cryosphere, and the protection of biodiversity, recognized by some cultures as Mother Earth, and also noting the importance for some of the concept of 'climate justice', when taking action to address climate change,

Expressing appreciation to the Heads of State and Government who participated in the World Leaders Summit in Glasgow and for the increased targets and actions announced and the commitments made to work together and with non-Party stakeholders to accelerate sectoral action by 2030,

Recognizing the important role of indigenous peoples, local communities and civil society, including youth and children, in addressing and responding to climate change, and highlighting the urgent need for multilevel and cooperative action,

Recognizing the interlinked global crises of climate change and biodiversity loss, and the critical role of protecting, conserving and restoring nature and ecosystems in delivering benefits for climate adaptation and mitigation, while ensuring social and environmental safeguards,

I. Science and urgency

1. Recognizes the importance of the best available science for effective climate action and policymaking;

2. Welcomes the contribution of Working Group I to the Intergovernmental Panel on Climate Change Sixth Assessment Report 1 and the recent global and regional reports on the state of the climate from the World Meteorological Organization, and invites the Intergovernmental Panel on Climate Change to present its forthcoming reports to the Subsidiary Body for Scientific and Technological Advice in 2022;

3. Expresses alarm and utmost concern that human activities have caused around 1.1 °C of global warming to date and that impacts are already being felt in every region;

4. Stresses the urgency of enhancing ambition and action in relation to mitigation adaptation and finance in this critical decade to address gaps between current efforts and pathways in pursuit of the ultimate objective of the Convention and its long-term global goal;

II. Adaptation

5. Notes with serious concern the findings from the contribution of Working Group I to the Intergovernmental Panel on Climate Change Sixth Assessment Report, including that climate and weather extremes and their adverse impacts on people and nature will continue to increase with every additional increment of rising temperatures;

6. Emphasizes the urgency of scaling up action and support, including finance, capacity-building and technology transfer, to enhance adaptive capacity, strengthen resilience and reduce vulnerability to climate change in line with the best available science, taking into account the priorities and needs of developing country Parties;

7. Welcomes the national adaptation plans submitted to date, which enhance the understanding and implementation of adaptation actions and priorities;

8. Urges Parties to further integrate adaptation into local, national and regional planning;

9. Invites the Intergovernmental Panel on Climate Change to present to the Conference of the Parties at its twenty-seventh session (November 2022) the findings from the contribution of Working Group II to its Sixth Assessment Report, including those relevant to assessing adaptation needs, and calls upon the research community to further the understanding of global, regional and local impacts of climate change, response options and adaptation needs;

III. Adaptation finance

10. Notes with concern that the current provision of climate finance for adaptation remains insufficient to respond to worsening climate change impacts in developing country Parties;

11. Urges developed country Parties to urgently and significantly scale up their provision of climate finance, technology transfer and capacity-building for adaptation so as to respond to the needs of developing country Parties as part of a global effort, including for the formulation and implementation of national adaptation plans;

12. Recognizes the importance of the adequacy and predictability of adaptation finance, including the value of the Adaptation Fund in delivering dedicated support for adaptation;

13. Welcomes the recent pledges made by many developed country Parties to increase their provision of climate finance to support adaptation in developing country Parties in response to their growing needs, including contributions made to the Adaptation Fund and the Least Developed Countries Fund, which represent significant progress compared with previous efforts;

14. Calls upon multilateral development banks, other financial institutions and the private sector to enhance finance mobilization in order to deliver the scale of resources needed to achieve climate plans, particularly for adaptation, and encourages Parties to continue to explore innovative approaches and instruments for mobilizing finance for adaptation from private sources;

IV. Mitigation

15. Reaffirms the long-term global goal to hold the increase in the global average temperature to well below 2 °C above preindustrial levels and to pursue efforts to limit the temperature increase to 1.5 °C above pre-industrial levels, recognizing that this would significantly reduce the risks and impacts of climate change;

16. Recognizes that the impacts of climate change will be much lower at the temperature increase of 1.5 °C compared with 2 °C, and resolves to pursue efforts to limit the temperature increase to 1.5 °C;

17. Also recognizes that limiting global warming to 1.5°C requires rapid, deep and sustained reductions in global greenhouse gas emissions, including reducing global carbon dioxide emissions by 45 percent by 2030 relative to the 2010 level and to net zero around mid-century, as well as deep reductions in other greenhouse gases;

18. Further recognizes that this requires accelerated action in this critical decade, on the basis of the best available scientific knowledge and equity, reflecting common but differentiated responsibilities and respective capabilities and in the context of sustainable development and efforts to eradicate poverty;

19. Invites Parties to consider further actions to reduce by 2030 non-carbon dioxide greenhouse gas emissions, including methane;

20. Calls upon Parties to accelerate the development, deployment and dissemination of technologies, and the adoption of policies, to transition towards low-emission energy systems, including by rapidly scaling up the deployment of clean power generation and energy efficiency measures, including accelerating efforts towards the phasedown of unabated coal power and phase-out of inefficient fossil fuel subsidies, while providing targeted support to the poorest and most vulnerable in line with national circumstances and recognizing the need for support towards a just transition;

21. Emphasizes the importance of protecting, conserving and restoring nature and ecosystems, including forests and other terrestrial and marine ecosystems, to achieve the long-term global goal of the Convention by acting as sinks and reservoirs of greenhouse gases and protecting biodiversity, while ensuring social and environmental safeguards;

V. Finance, technology transfer and capacity-building for mitigation and adaptation

22. Urges developed country Parties to provide enhanced support, including through financial resources, technology transfer and capacity-building, to assist developing country Parties with respect to both mitigation and adaptation, in continuation of their existing obligations under the Convention, and encourages other Parties to provide or continue to provide such support voluntarily;

23. Notes with concern the growing needs of developing country Parties, in particular due to the increasing impacts of climate change and increased indebtedness as a consequence of the coronavirus disease 2019 pandemic;

24. Welcomes the first report on the determination of the needs of developing country Parties related to implementing the Convention and the Paris Agreement 2 and the fourth Biennial Assessment and Overview of Climate Finance Flows 3 by the Standing Committee on Finance;

25. Emphasizes the need to mobilize climate finance from all sources to reach the level needed to achieve the goals of the Paris Agreement, including significantly increasing support for developing country Parties, beyond USD 100 billion per year;

26. Notes with deep regret that the goal of developed country Parties to mobilize jointly USD 100 billion per year by 2020 in the context of meaningful mitigation actions and transparency on implementation has not yet been met, and welcomes the increased pledges made by many developed country Parties and the Climate Finance Delivery

Plan: Meeting the US$100 Billion Goal 4 and the collective actions contained therein;

27. Urges developed country Parties to fully deliver on the USD 100 billion goal urgently and through to 2025, and emphasizes the importance of transparency in the implementation of their pledges;

28. Urges the operating entities of the Financial Mechanism, multilateral development banks and other financial institutions to further scale up investments in climate action, and calls for a continued increase in the scale and effectiveness of climate finance from all sources globally, including grants and other highly concessional forms of finance;

29. Re-emphasizes the need for scaled-up financial resources to take into account the needs of those countries particularly vulnerable to the adverse effects of climate change, and in this regard encourages relevant multilateral institutions to consider how climate vulnerabilities should be reflected in the provision and mobilization of concessional financial resources and other forms of support, including special drawing rights;

30. Emphasizes the challenges faced by many developing country Parties in accessing finance and encourages further efforts to enhance access to finance, including by the operating entities of the Financial Mechanism;

31. Notes the specific concerns raised with regard to eligibility and ability to access concessional forms of climate finance, and re-emphasizes the importance of the provision of scaled-up financial resources, taking into account the needs of developing country Parties that are particularly vulnerable to the adverse effects of climate change;

32. Encourages relevant providers of financial support to consider how vulnerability to the adverse effects of climate change could be reflected in the provision and mobilization of concessional financial resources and how they could simplify and enhance access to finance;

33. Acknowledges the progress made on capacity-building, particularly in relation to enhancing the coherence and coordination of capacity-building activities towards the implementation of the Convention and the Paris Agreement;

34. Recognizes the need to continue supporting developing country Parties in identifying and addressing both current and emerging capacity-building gaps and needs, and to catalyse climate action and solutions to respond;

35. Welcomes the joint annual reports of the Technology Executive Committee and the Climate Technology Centre and Network for 2020 and 20215 and invites the two bodies to strengthen their collaboration;

36. Emphasizes the importance of strengthening cooperative action on technology development and transfer for the implementation of mitigation and adaptation action, including accelerating, encouraging and enabling innovation, and the importance of predictable, sustainable and adequate funding from diverse sources for the Technology Mechanism;

VI. Loss and damage

37. Acknowledges that climate change has already caused and will increasingly cause loss and damage and that, as temperatures rise, impacts from climate and weather extremes, as well as slow onset events, will pose an ever-greater social, economic and environmental threat;

38. Also acknowledges the important role of a broad range of stakeholders at the local, national and regional level, including indigenous peoples and local communities, in averting, minimizing and addressing loss and damage associated with the adverse effects of climate change;

39. Reiterates the urgency of scaling up action and support, as appropriate, including finance, technology transfer and capacity-building, for implementing approaches to averting, minimizing and addressing loss and damage associated with the adverse effects of climate change in developing country Parties that are particularly vulnerable to these effects;

40. Urges developed country Parties, the operating entities of the Financial Mechanism, United Nations entities and intergovernmental organizations and other bilateral and multilateral institutions, including non-governmental organizations and private sources, to provide enhanced and additional support for activities addressing loss and damage associated with the adverse effects of climate change;

41. Recognizes the importance of demand-driven technical assistance in building capacity to implement approaches to averting, minimizing and addressing loss and damage associated with the adverse effects of climate change;

42. Welcomes the further operationalization of the Santiago network for averting, minimizing and addressing loss and damage associated with the adverse effects of climate change, including the agreement on its functions and process for further developing its institutional arrangements;

43. Endorses paragraphs 67-70 and 73-74 of decision -/CMA.3.6, 7

44. Acknowledges the importance of coherent action to respond to the scale of needs caused by the adverse impacts of climate change;

45. Resolves to strengthen partnerships between developing and developed countries, funds, technical agencies, civil society

and communities to enhance understanding of how approaches to averting, minimizing and addressing loss and damage can be improved;

VII. Implementation

46. Recalls that the round tables among Parties and non-Party stakeholders on pre-2020 implementation and ambition held in 2018, 2019 and 2020 helped to highlight and enhance understanding of the efforts of and challenges faced by Parties in relation to action and support in the pre-2020 period, as well as of the work of the constituted bodies in that period;

47. Strongly urges all Parties that have not yet done so to meet any outstanding pledges under the Convention as soon as possible;

48. Welcomes the action taken to unlock the potential for sectoral action to contribute to fulfilling and implementing national targets, particularly in emission-intensive sectors;

49. Recognizes the need to take into consideration the concerns of Parties with economies most affected by the impacts of response measures, particularly developing country Parties, in line with Article 4, paragraphs 8 and 10, of the Convention;

50. Also recognizes the importance of protecting, conserving and restoring ecosystems to deliver crucial services, including acting as sinks and reservoirs of greenhouse gases, reducing vulnerability to climate change impacts and supporting sustainable livelihoods, including for indigenous peoples and local communities;

51. Encourages Parties to take an integrated approach to addressing the issues referred to in paragraph 50 above in national and local policy and planning decisions;

52. Recognizes the need to ensure just transitions that promote sustainable development and eradication of poverty, and the creation of decent work and quality jobs, including through making financial flows consistent with a pathway towards low greenhouse gas emission and climate-resilient development, including through deployment and transfer of technology, and provision of support to developing country Parties;

VIII. Collaboration

53. Recognizes the importance of international collaboration on innovative climate action, including technological advancement, across all actors of society, sectors and regions, in contributing to progress towards the objective of the Convention and the goals of the Paris Agreement;

54. Recalls Article 3, paragraph 5, of the Convention and the importance of cooperation to address climate change and support sustainable economic growth and development;

55. Recognizes the important role of non-Party stakeholders, including civil society, indigenous peoples, local communities, youth, children, local and regional governments and other stakeholders, in contributing to progress towards the objective of the Convention and the goals of the Paris Agreement;

56. Welcomes the improvement of the Marrakech Partnership for Global Climate Action 8 for enhancing ambition, the leadership and actions of the high-level champions, and the work of the secretariat on the Non-state Actor Zone for Climate Action platform to support accountability and track progress of voluntary initiatives;

57. Also welcomes the high-level communiqué 9 on the regional climate weeks and encourages the continuation of regional climate weeks where Parties and non-Party stakeholders can strengthen their credible and durable response to climate change at the regional level;

58. Further welcomes the informal summary reports by the Chair of the Subsidiary Body for Scientific and Technological Advice on the ocean and climate change dialogue to consider how to strengthen adaptation and mitigation action and on the dialogue on the relationship between land and climate change adaptation related matters;

59. Invites Parties to submit views on how to enhance climate action on land under the existing UNFCCC programmes and activities in paragraph 75 of the report on the dialogue on the relationship between land and climate change adaptation related matters referred to in paragraph 58 above, and requests the Chair of the Subsidiary Body for Scientific and Technological Advice to prepare an informal summary report thereon and make it available to the Conference of the Parties at its twenty-seventh session;

60. Invites the relevant work programmes and constituted bodies under the UNFCCC to consider how to integrate and strengthen ocean-based action in their existing mandates and workplans and to report on these activities within the existing reporting processes, as appropriate;

61. Also invites the Chair of the Subsidiary Body for Scientific and Technological Advice to hold an annual dialogue, starting at the fifty-sixth session of the Subsidiary Body for Scientific and Technological Advice (June 2022), to strengthen ocean-based action and to prepare an informal summary report thereon and make it available to the Conference of the Parties at its subsequent session;

62. Urges Parties to swiftly begin implementing the Glasgow work programme on Action for Climate Empowerment, respecting,

promoting and considering their respective obligations on human rights, as well as gender equality and empowerment of women;

63. Expresses appreciation for the outcomes of the sixteenth Conference of Youth, organized by the constituency of children and youth non-governmental organizations and held in Glasgow in October 2021, and the "Youth4Climate2021: Driving Ambition" event hosted by Italy in Milan, Italy, in September 2021;

64. Urges Parties and stakeholders to ensure meaningful youth participation and representation in multilateral, national and local decision-making processes, including under the Convention and the Paris Agreement;

65. Invites future Presidencies of the Conference of the Parties, with the support of the secretariat, to facilitate the organization of an annual youth-led climate forum for dialogue between Parties and youth in collaboration with the UNFCCC children and youth constituency and other youth organizations with a view to contributing to the implementation of the Glasgow work programme on Action for Climate Empowerment;

66. Emphasizes the important role of indigenous peoples' and local communities' culture and knowledge in effective action on climate change, and urges Parties to actively involve indigenous peoples and local communities in designing and implementing climate action and to engage with the second three-year workplan for implementing the functions of the Local Communities and Indigenous Peoples Platform, for 2022 - 2024;

67. Expresses its recognition for the important role the observer organizations play, including the nine non-governmental organization constituencies, in sharing their knowledge, and their calls to see ambitious action to meet the objectives of the Convention and collaborating with Parties to that end;

68. Encourages Parties to increase the full, meaningful and equal participation of women in climate action and to ensure gender-responsive implementation and means of implementation, which are vital for raising ambition and achieving climate goals;

69. Calls upon Parties to strengthen their implementation of the enhanced Lima work programme on gender and its gender action plan;10

70. Takes note of the estimated budgetary implications of the activities to be undertaken by the secretariat referred to in this decision;

71. Requests that the actions of the secretariat called for in this decision be undertaken subject to the availability of financial resources.

47 1998년 국제형사재판소에 관한 로마규정
(Rome Statute of the International Criminal Court)

체결일 : 1998.7.17.

발효일 : 2002.7.1.

한국 발효일 : 2003.2.1.

전문

이 규정의 당사국들은,

모든 국민들은 공동의 유대로 결속되어 있으며, 그들의 문화는 공유의 유산으로 서로 결합되어 있다는 점을 의식하고, 이러한 섬세한 모자이크는 어느 때라도 깨질 수 있음을 우려하며,

금세기 동안 수백만의 아동·여성 및 남성이 인류의 양심에 깊은 충격을 주는 상상하기 어려운 잔학 행위의 희생자가 되어 왔음에 유념하며,

그러한 중대한 범죄가 세계의 평화·안전과 복지를 위협하고 있음을 인식하며,

국제공동체 전체의 관심사인 가장 중대한 범죄는 처벌되지 않아서는 안되며, 그러한 범죄에 대한 실효적 기소는 국내적 수준에서 조치를 취하고 국제협력을 제고함으로써 확보되어야 함을 확인하며,

이러한 범죄를 범한 자들이 처벌받지 않는 상태를 종식시키고, 이를 통하여 그러한 범죄의 예방에 기여하기로 결정하며,

국제범죄에 책임이 있는 자들에 대하여 형사관할권을 행사함이 모든 국가의 의무임을 상기하며,

국제연합헌장의 목적과 원칙, 특히 모든 국가는 다른 국가의 영토보전이나 정치적 독립을 저해하거나 또는 국제연합의 목적과 양립하지 아니하는 다른 어떠한 방식으로도 무력의 위협이나 무력의 사용을 삼가야 한다는 것을 재확인하며,

이와 관련하여 이 규정의 어떠한 조항도 어느 국가의 국내문제 또는 무력충돌에 간섭할 권한을 당사국에게 부여하는 것으로 해석되어서는 안 된다는 점을 강조하며,

이러한 목적과 그리고 현재와 미래의 세대를 위하여, 국제연합체제와의 관계 속에서 국제공동체 전체의 관심사인 가장 중대한 범죄에 대하여 관할권을 갖는 독립적인 상설 국제형사재판소를 설립하기로 결정하며,

이 규정에 따라 설립되는 국제형사재판소는 국가의 형사관할권을 보충하는 것임을 강조하며,

국제정의에 대한 지속적인 존중과 그 집행을 보장할 것을 결의하며,

다음과 같이 합의하였다.

제1부 재판소의 설립

제1조 【재판소】 국제형사재판소(이하 "재판소"라 한다)를 이에 설립한다. 재판소는 상설적 기구이며, 이 규정에 정한 바와 같이 국제적 관심사인 가장 중대한 범죄(the most serious crimes of international concern)를 범한 자에 대하여 관할권을 행사하는 권한을 가지며, 국가의 형사관할권을 보충한다(shall be complementary). 재판소의 관할권과 기능은 이 규정에 정한 바에 의하여 규율된다.

제2조【재판소와 국제연합과의 관계】 재판소는 이 규정의 당사국총회가 승인하고 그 후 재판소를 대표하여 재판소장이 체결하는 <u>협정</u>을 통하여 <u>국제연합</u>과 관계를 맺는다.

제3조【재판소의 소재지】 1. 재판소의 소재지는 네덜란드(이하 "소재지국"이라 한다)의 헤이그로 한다.

2. 재판소는 당사국총회가 승인하고 그 후 재판소를 대표하여 재판소장이 체결하는 <u>본부협정</u>을 소재지국과 맺는다.

3. 재판소는 이 규정에 정한 바에 따라 재판소가 바람직하다고 인정하는 때에는 <u>다른 장소</u>에서 <u>개정</u>할 수 있다.

제4조【재판소의 법적 지위와 권한】 1. 재판소는 국제적 법인격을 가진다. 또한 재판소는 그 기능의 행사와 목적 달성에 필요한 법적 능력(legal capacity)을 가진다.

2. 재판소는 모든 당사국의 영역에서는 이 규정에 정한 바와 같이, 그리고 다른 여하한 국가의 영역에서는 <u>특별협정</u>에 의하여 자신의 기능과 권한을 행사할 수 있다.

제2부 관할권, 재판적격성 및 적용법규

제5조【재판소의 관할범죄】 1. 재판소의 관할권은 <u>국제공동체 전체의 관심사인 가장 중대한 범죄(the most serious crimes of concern to the international community)</u>에 한정된다. 재판소는 이 규정에 따라 다음의 범죄에 대하여 관할권을 가진다.
가. 집단살해죄(the crime of genocide)

나. 인도에 반한 죄(crimes against humanity)

다. 전쟁범죄(war crimes)

라. 침략범죄(the crimes of aggression)

2. 제121조 및 제123조에 따라 침략범죄를 정의하고 재판소의 관할권 행사 조건을 정하는 조항이 채택된 후, 재판소는 침략범죄에 대한 관할권을 행사한다. 그러한 조항은 국제연합헌장의 관련 규정과 부합되어야 한다(2010년 재검토회의에서 삭제됨).

제6조【집단살해죄】 이 규정의 목적상 "집단살해죄"라 함은 <u>국민적(national), 민족적(ethnical), 인종적(racial) 또는 종교적(religious) 집단의 전부 또는 일부를 그 자체로서(as such) 파괴할 의도(with intent to destroy)를 가지고 범하여진 다음의 행위</u>를 말한다.

가. 집단 구성원의 <u>살해</u>

나. 집단 구성원에 대한 중대한 신체적 또는 정신적 <u>위해</u>의 야기

다. 전부 또는 부분적인 <u>육체적 파괴</u>를 초래할 목적으로 계산된 <u>생활조건</u>을 집단에게 <u>고의</u>적으로 부과

라. 집단 내의 <u>출생</u>을 <u>방지</u>하기 위하여 의도된 조치의 부과

마. 집단의 <u>아동</u>을 타집단으로 강제 이주

제7조【인도에 반한 죄】 1. 이 규정의 목적상 "인도에 반한 죄"라 함은 <u>민간인 주민(any civilian population)에 대한 광범위하거나 체계적인 공격의 일부로서(as a part of a widespread or systematic attack) 그 공격에 대한 인식을 가지고(with knowledge of the attack)</u> 범하여진 다음의 행위를 말한다.

가. 살해

나. 절멸

다. 노예화

라. 주민의 추방 또는 강제이주

마. 국제법의 근본원칙을 위반한 구금 또는 신체적 자유의 다른 심각한 박탈

바. 고문

사. 강간, 성적 노예화, 강제매춘, 강제임신, 강제불임, 또는 이에 상당하는 기타 중대한 성폭력

아. 이 항에 규정된 어떠한 행위나 재판소 관할범죄와 관련하여, 정치적·인종적·국민적·민족적·문화적 및 종교적 사유, 제3항에 정의된 성별 또는 국제법상 허용되지 않는 것으로 보편적으로 인정되는 다른 사유에 근거하여 어떠한 동일시될 수 있는 집단이나 집합체에 대한 박해

자. 사람들의 강제실종

차. 인종차별범죄

카. 신체 또는 정신적·육체적 건강에 대하여 중대한 고통이나 심각한 피해를 고의적으로 야기하는 유사한 성격의 다른 비인도적 행위

2. 제1항의 목적상,

가. "민간인 주민에 대한 공격"이라 함은 그러한 공격을 행하려는 국가나 조직의 정책에 따르거나 이를 조장하기 위하여 (pursuant to or in furtherance of a State or organizational policy) 민간인 주민에 대하여 제1항에 규정된 행위를 다수 범하는 것에 관련된 일련의 행위를 말한다.

나. "절멸"(extermination)이라 함은 주민의 일부를 말살하기 위하여 계산된, 식량과 의약품에 대한 접근 박탈과 같이 생활조건에 대한 고의적 타격

을 말한다.

다. "노예화"라 함은 사람에 대한 소유권에 부속된 어떠한 또는 모든 권한의 행사를 말하며, 사람 특히 여성과 아동을 거래하는 과정에서 그러한 권한을 행사하는 것을 포함한다.

라. "주민의 추방 또는 강제이주"라 함은 국제법상 허용되는 근거 없이 주민을 추방하거나 또는 다른 강요적 행위에 의하여 그들이 합법적으로 거주하는 지역으로부터 강제적으로 퇴거시키는 것을 말한다.

마. "고문"이라 함은 자신의 구금하에 있거나 통제하에 있는 자에게 고의적으로 신체적 또는 정신적으로 고통이나 괴로움을 가하는 것을 말한다. 다만, 오로지 합법적 제재로부터 발생하거나, 이에 내재되어 있거나 또는 이에 부수하는 고통이나 괴로움은 포함되지 아니한다.

바. "강제임신"이라 함은 주민의 민족적 구성에 영향을 미치거나 또는 국제법의 다른 중대한 위반을 실행할 의도로 강제적으로 임신시킨 여성의 불법적 감금을 말한다. 이러한 정의는 임신과 관련되어 국의 국내법에 어떠한 영향을 미치는 것으로 해석되지 아니한다.

사. "박해"라 함은 집단 또는 집합체와의 동일성을 이유로 국제법에 반하는 기본권의 의도적이고 심각한 박탈을 말한다.

아. "인종차별범죄"(the crime of apartheid)라 함은 한 인종집단의 다른 인종집단에 대한 조직적 억압과 지배의 제도화된 체제의 맥락에서 그러한 체제를 유지시킬 의도로 범하

여진, 제1항에서 언급된 행위들과 유사한 성격의 비인도적인 행위를 말한다.

자. "사람들의 강제실종"(enforced disappearance of persons)이라 함은 국가 또는 정치조직에 의하여 또는 이들의 허가·지원 또는 묵인을 받아 사람들을 체포·구금 또는 유괴한 후, 그들을 법의 보호로부터 장기간 배제시키려는 의도하에 그러한 자유의 박탈을 인정하기를 거절하거나 또는 그들의 운명이나 행방에 대한 정보의 제공을 거절하는 것을 말한다.

3 이 규정의 목적상 "성별"(gender)이라는 용어는 사회적 상황에서 남성과 여성의 양성을 지칭하는 것으로 이해된다. "성별"이라는 용어는 위와 다른 어떠한 의미도 표시하지 아니한다.

제8조【전쟁범죄】 1. 재판소는 특히(in particular) 계획이나 정책의 일부(part of plan or policy)로서 또는 그러한 범죄의 대규모 실행의 일부(part of a large-scale commission of such crimes)로서 범하여진 전쟁범죄에 대하여 관할권을 가진다.

2. 이 규정의 목적상 "전쟁범죄"라 함은 다음을 말한다.

가. 1949년 8월 12일자 제네바협약의 중대한 위반, 즉 관련 제네바협약의 규정하에서 보호되는 사람 또는 재산에 대한 다음의 행위 중 어느 하나
(1) 고의적 살해
(2) 고문 또는 생물학적 실험을 포함한 비인도적인 대우
(3) 고의로 신체 또는 건강에 커다란 괴로움이나 심각한 위해의 야기

(4) 군사적 필요에 의하여 정당화되지 아니하며 불법적이고 무분별하게 수행된 재산의 광범위한 파괴 또는 징수
(5) 포로 또는 다른 보호인물을 적국의 군대에 복무하도록 강요하는 행위
(6) 포로 또는 다른 보호인물로부터 공정한 정식 재판을 받을 권리를 고의적으로 박탈
(7) 불법적인 추방이나 이송 또는 불법적인 감금
(8) 인질행위

나. 확립된 국제법 체제 내에서 국제적 무력충돌에 적용되는 법과 관습에 대한 기타 중대한 위반, 즉 다음 행위 중 어느 하나
(1) 민간인 주민 자체 또는 적대행위에 직접 참여하지 아니하는 민간인 개인에 대한 고의적 공격
(2) 민간 대상물, 즉 군사 목표물이 아닌 대상물에 대한 고의적 공격
(3) 국제연합헌장에 따른 인도적 원조나 평화유지임무와 관련된 요원, 시설, 자재, 부대 또는 차량이 무력충돌에 관한 국제법에 따라 민간인 또는 민간 대상물에게 부여되는 보호를 받을 자격이 있는 한도에서 그들에 대한 고의적 공격
(4) 예상되는 구체적이고 직접적인 제반 군사적 이익과의 관계에 있어서 명백히 과도하게 민간인에 대하여 부수적으로 인명의 살상이나 상해를, 민간 대상물에 대하여 손해를, 또는 자연환경에 대하여 광범위하고 장기간의 중대한 피해를 야기한다는 것을 인식하고서도 의도적인 공격의 개시
(5) 어떤 수단에 의하든, 방어되지 않고 군사 목표물이 아

닌 마을・촌락・거주지 또는
건물에 대한 공격이나 폭격
(6) 무기를 내려놓았거나 더
이상 방어수단이 없이 항복한
전투원을 살해하거나 부상시
키는 행위
(7) 사망 또는 심각한 신체적
상해를 가져오는, 제네바협약
상의 식별표장뿐만 아니라 휴
전 깃발, 적이나 국제연합의
깃발 또는 군사표식 및 제복
의 부적절한 사용
(8) 점령국이 자국의 민간인
주민의 일부를 직접적 또는
간접적으로 점령지역으로 이
주시키거나, 피점령지 주민의
전부 또는 일부를 피점령지
내 또는 밖으로 추방시키거나
이주시키는 행위
(9) 군사 목표물이 아닌 것을
조건으로, 종교・교육・예술・
과학 또는 자선 목적의 건물,
역사적 기념물, 병원, 병자와
부상자를 수용하는 장소에 대
한 고의적 공격
(10) 적대 당사자의 지배하에
있는 자를 당해인의 의학적・
치과적 또는 병원적 치료로서
정당화되지 아니하며 그의 이
익을 위하여 수행되지 않는
것으로서, 당해인의 사망을
초래하거나 건강을 심각하게
위태롭게 하는 신체의 절단
또는 여하한 종류의 의학적
또는 과학적 실험을 받게 하
는 행위
(11) 적대국 국가나 군대에
속한 개인을 배신적으로 살해
하거나 부상시키는 행위
(12) 항복한 적에 대하여 구
명을 허락하지 않겠다는 선언
(13) 전쟁의 필요에 의하여
반드시 요구되지 아니하는 적
의 재산의 파괴 또는 몰수

(14) 적대 당사국 국민의 권리
나 소송행위가 법정에서 폐지,
정지 또는 불허된다는 선언
(15) 비록 적대 당사국 국민
이 전쟁개시 전 교전국에서
복무하였을지라도, 그를 자신
의 국가에 대한 전쟁 수행에
참여하도록 강요하는 행위
(16) 습격에 의하여 점령되었
을 때라도, 도시 또는 지역의
약탈
(17) 독이나 독성 무기의 사용
(18) 질식가스, 유독가스 또는
기타 가스와 이와 유사한 모
든 액체・물질 또는 장치의
사용
(19) 총탄의 핵심부를 완전히
감싸지 않았거나 또는 절개되
어 구멍이 뚫린 단단한 외피
를 가진 총탄과 같이, 인체 내
에서 쉽게 확장되거나 펼쳐지
는 총탄의 사용
(20) 과도한 상해나 불필요한
괴로움을 야기하는 성질을 가
지거나 또는 무력충돌에 관한
국제법에 위반되는 무차별적
성질의 무기, 발사체, 장비 및
전투방식의 사용. 다만, 그러
한 무기, 발사체, 장비 및 전투
방식은 포괄적 금지의 대상이
어야 하며, 제121조와 제123
조에 규정된 관련 조항에 따
른 개정에 의하여 이 규정의
부속서에 포함되어야 한다.
(21) 인간의 존엄성에 대한 유
린행위, 특히 모욕적이고 품
위를 손상시키는 대우
(22) 강간, 성적 노예화, 강제
매춘, 제7조 제2항 바호에 정
의된 강제임신, 강제불임 또는
제네바협약의 중대한 위반에
해당하는 여하한 다른 형태의
성폭력

(23) 특정한 지점, 지역 또는 군대를 군사작전으로부터 면 하도록 하기 위하여 민간인 또는 기타 보호인물의 존재를 이용하는 행위

(24) 국제법에 따라 제네바협 약의 식별표장을 사용하는 건 물, 장비, 의무부대와 그 수송 수단 및 요원에 대한 고의적 공격

(25) 제네바협약에 규정된 구 호품 공급의 고의적 방해를 포함하여, 민간인들의 생존에 불가결한 물건을 박탈함으로 써 기아를 전투수단으로 이용 하는 행위

(26) 15세 미만의 아동을 군대 에 징집 또는 모병하거나 그 들을 적대행위에 적극적으로 참여하도록 이용하는 행위

다. 비국제적 성격의 무력충돌 의 경우 1949년 8월 12일자 제 네바 4개 협약 공통 제3조의 중대한 위반, 즉 무기를 버린 군대 구성원과 질병·부상· 억류 또는 기타 사유로 전투능 력을 상실한 자를 포함하여 적 대행위에 적극적으로 가담하 지 않은 자에 대하여 범하여진 다음의 행위 중 어느 하나

(1) 생명 및 신체에 대한 폭 행, 특히 모든 종류의 살인, 신 체절단, 잔혹한 대우 및 고문

(2) 인간의 존엄성에 대한 유 린행위, 특히 모욕적이고 품 위를 손상시키는 대우

(3) 인질행위

(4) 일반적으로 불가결하다고 인정되는 모든 사법적 보장을 부여하는 정규로 구성된 법원 의 판결 없는 형의 선고 및 형 의 집행

라. 제2항 다호는 비국제적 성 격의 무력충돌에 적용되며,

따라서 폭동이나 국지적이고 산발적인 폭력행위 또는 이와 유사한 성격의 다른 행위와 같은 국내적 소요나 긴장사태 에는 적용되지 아니한다.

마. 확립된 국제법 체제 내에서 비국제적 성격의 무력충돌에 적용되는 법과 관습에 대한 여타의 중대한 위반으로 다음 의 행위 중 어느 하나

(1) 민간인 주민 자체 또는 적대 행위에 직접 참여하지 않는 민 간인 개인에 대한 고의적 공격

(2) 국제법에 따라 제네바협 약의 식별표장을 사용하는 건 물, 장비, 의무부대와 그 수송 수단 및 요원에 대한 고의적 공격

(3) 국제연합헌장에 따른 인 도적 원조나 평화유지임무와 관련된 요원, 시설, 자재, 부대 또는 차량이 무력충돌에 관한 국제법에 따라 민간인 또는 민간 대상물에 대하여 부여되 는 보호를 받을 자격이 있는 한도에서 그들에 대한 고의적 공격

(4) 군사 목표물이 아닌 것을 조건으로 종교·교육·예술· 과학또는 자선 목적의 건물, 역사적 기념물, 병원, 병자와 부상자를 수용하는 장소에 대 한 고의적 공격

(5) 습격에 의하여 점령되었 을 때라도, 도시 또는 지역의 약탈

(6) 강간, 성적 노예화, 강제매 춘, 제7조 제2항 바호에서 정 의된 강제임신, 강제불임 또는 제네바 4개 협약 공통 제3조의 중대한 위반에 해당하는 여하 한 다른 형태의 성폭력

(7) 15세 미만의 아동을 군대 또는 무장집단에 징집 또는

모병하거나 그들을 적대행위에 적극적으로 참여하도록 이용하는 행위

(8) 관련 민간인의 안전이나 긴급한 군사적 이유상 요구되지 않음에도 불구하고, 충돌과 관련된 이유로 민간인 주민의 퇴거를 명령하는 행위

(9) 상대방 전투원을 배신적으로 살해하거나 부상시키는 행위

(10) 항복한 적에 대하여 구명을 허락하지 않겠다는 선언

(11) 충돌의 타방당사자의 지배하에 있는 자를 당해인의 의학적·치과적 또는 병원적 치료로서 정당화되지 아니하며 그의 이익을 위하여 수행되지도 않는 것으로서, 당해인의 사망을 초래하거나 건강을 심각하게 위태롭게 하는 신체의 절단이나 또는 여하한 종류의 의학적 또는 과학적 실험을 받게 하는 행위

(12) 충돌의 필요에 의하여 반드시 요구되지 않는 적의 재산의 파괴 또는 몰수

바. 제2항 마호는 비국제적 성격의 무력충돌에 적용되며, 따라서 폭동이나 국지적이고 산발적인 폭력행위 또는 이와 유사한 성격의 다른 행위와 같은 국내적 소요나 긴장사태에는 적용되지 아니한다. 제2항 마호는 정부당국과 조직화된 무장집단 간 또는 무장집단들 간에 장기적인 무력충돌이 존재할 때, 그 국가의 영역에서 발생하는 무력충돌에 적용된다.

3. 제2항 다호와 마호의 어떠한 조항도 모든 합법적 수단에 의하여 그 국가 내에서 법과 질서를 유지 또는 재확립하거나 또는

그 국가의 통일과 영토적 일체성을 보호하려는 정부의 책임에 영향을 미치지 아니한다.

제8조 2(*bis*)【제1부속서 침략범죄에 대한 ICC 규정에 대한 수정】

1. 이 규정의 목적상 '침략범죄'(crime of aggression)란 한 국가의 정치적 또는 군사적 행동(the political or military action of a State)을 실효적으로 통제하거나 지시할 수 있는(effectively to exercise control over or to direct) 지위에 있는 자(사람) (by a person in a position effectively)가 그 성격(character), 중대성(gravity) 및 규모(scale)에 의하여 UN헌장에 대한 명백한(manifest) 위반[24][25]을 구성하는 침략행위(an act of aggression)를 계획(planning)하거나,

---

24) 3. The term "manifest" is an objective qualification. ... 5. The act of aggression, by its character, gravity and scale, constituted a manifest violation of the Charter of the United Nations(제2부속서 범죄구성요소 개정사항 도입)

25) 7. It is understood that in establishing whether an act of aggression constitutes a manifest violation of the Charter of the United Nations, the three components of character, gravity and scale must be sufficient to justify a "manifest" determination. No one component can be significant enough to satisfy the manifest standard by itself(제3부속서 ICC 로마규정의 침략범죄에 관한 개정 양해).

준비[26](preparation)하거나, 개시(initiation)하거나 또는 실행(execution)하는 것을 의미한다.

2. 제1항의 목적상 "침략행위"(act of aggression)는 한 국가가 타국의 주권, 영토보전, 또는 정치적 독립을 저해하거나 국제연합 헌장과 양립하지 아니하는 어떠한 다른 방식으로 무력을 사용함을 의미한다. 선전포고 여부와 관계없이 1974년 12월 14일 국제연합 총회결의 제3314호(X X IX)에 따라 다음의 모든 행위는 '침략행위'에 해당한다.

가. 한 국가의 군대에 의한 타국의 영토에 대한 침공 또는 공격, 일시적인 것이라도 이러한 침공 또는 공격의 결과로 인한 군사점령 또는 무력행사에 의한 타국의 영토의 전부 또는 일부의 병합;

나. 한 국가의 무력에 의한 타국의 영토에 대한 폭격 또는 한 국가의 타국의 영토에 대한 무기의 사용;

다. 한 국가의 군대에 의한 타국의 항구 또는 연안 봉쇄;

라. 한 국가의 무력에 의한 타국의 육군, 해군, 공군 또는 함대 또는 항공편대에 대한 공격;

마. 접수국과의 합의에 의해 타국의 영토에 주둔하는 군사력을 합의된 조건에 위반되게 사용하거나 또는 당해 합의 종료 이후에도 그 영토에 계속 주둔하는 행위;

바. 타국의 처분에 맡겨진 자국 영토를 그 타국에 의해 제3국에 대한 침략행위를 수행하는 데 이용되도록 허용하는 행위;

사. 위에 열거된 행위에 해당할 정도로 타국에 대한 무력행위를 수행하는 무장단원, 무장집단, 비정규군 또는 용병의 국가에 의하거나 국가를 위한 파견 또는 그러한 행위에 대한 국가의 실질적인 관여행위;

제9조 【범죄구성요건】 1. 범죄구성요건(elements of crimes)은 재판소가 제6조, 제7조 및 제8조를 해석하고 적용하는 것을 보조한다. 이는 당사국총회 회원국의 3분의 2의 다수결에 의하여 채택된다.

2. 범죄구성요건에 대한 개정은 다음에 의하여 제안될 수 있다.

가. 당사국

나. 절대과반수의 재판관

다. 소추관

그러한 개정은 당사국총회 회원국의 3분의 2의 다수결에 의하여 채택된다.

3. 범죄구성요건과 그 개정은 이 규정에 부합되어야 한다.

제10조 이 부의 어느 조항도 이 규정과 다른 목적을 위한 기존의 또는 발전 중인 국제법 원칙을 결코 제한하거나 침해하는 것으로 해석되지 아니한다.

제11조 【시간적 관할권】 1. 재판소는 이 규정의 발효 후에 범하여진 범죄에 대하여만 관할권을 가진다.

2. 어느 국가가 이 규정의 발효 후에 규정의 당사국이 되는 경우, 그 국가가 제12조 제3항에 따른 선언을 하지 않는 한, 재판

---

26) 3. The act of aggression - the use of armed force by a State against the sovereignty, territorial integrity or political independence of another State, or in any other manner inconsistent with the Charter of the United Nations - is committed.(제2부속서 침략범죄에 관한 범죄구성요건 제3항)

소는 이 규정이 당해 국가에 대하여 발효된 이후에 범하여진 범죄에 대하여만 관할권을 행사할 수 있다.

제12조 【관할권 행사의 전제조건(preconditions)】

1. 이 규정의 당사국이 된 국가는 이에 의하여 제5조에 규정된 범죄에 대하여 재판소의 관할권을 수락한다.

2. 제13조 가호 또는 다호의 경우, 다음 중 1개국 또는 그 이상의 국가(one or more)가 이 규정의 당사국이거나 또는 제3항에 따라 재판소의 관할권을 수락하였다면 재판소는 관할권을 행사할 수 있다.

가. 당해 행위가 발생한 영역국, 또는 범죄가 선박이나 항공기에서 범하여진 경우에는 그 선박이나 항공기의 등록국

나. 그 범죄 혐의자의 국적국

3. 제2항에 따라 이 규정의 당사국이 아닌 국가의 수락이 요구되는 경우, 그 국가는 사무국장에게 제출되는 선언에 의하여 당해 범죄에 대한 재판소의 관할권 행사를 수락할 수 있다. 그 수락국은 제9부에 따라 어떠한 지체나 예외도 없이 재판소와 협력한다.

제13조 【관할권의 행사】 재판소는 다음의 경우 이 규정이 정한 바에 따라 제5조에 규정된 범죄에 대하여 관할권을 행사할 수 있다.

가. 1개 또는 그 이상의 범죄가 범하여진 것으로 보이는(appears to have been committed) 사태(a situation)가 제14조에 따라 당사국에 의하여 소추관에게 회부된(referred) 경우

나. 1개 또는 그 이상의 범죄가 범하여진 것으로 보이는(appears to have been committed) 사태(a situation)가 국제연합헌장 제7장에 따라 행동하는 안전보장이사회에 의하여 소추관에게 회부된 경우

다. 소추관이 제15조에 따라 그러한 범죄(such a crime)에 대하여 수사를 개시한 경우

제14조 【당사국에 의한 사태의 회부】

1. 당사국은 재판소 관할권에 속하는 하나 또는 그 이상의 범죄의 범행에 대하여 1인 또는 그 이상의 특정인이 책임이 있는지 여부를 결정하기 위하여 그러한 범죄가 범하여진 것으로 보이는 사태를 수사하도록 소추관에게 요청하여, 재판소 관할권에 속하는 하나 또는 그 이상의 범죄가 범하여진 것으로 보이는 사태를 소추관에게 회부할 수 있다.

2. 회부시에는 가능한 한 관련 정황을 명시하고 그 사태를 회부한 국가가 입수할 수 있는 증빙문서를 첨부한다.

제15조 【소추관】

1. 소추관은 재판소 관할범죄에 관한 정보에 근거하여 독자적으로 수사를 개시할 수 있다(may).

2. 소추관은 접수된 정보의 중대성을 분석한다. 이러한 목적을 위하여 소추관은 국가, 국제연합의 기관, 정부 간 또는 비정부 간 기구, 또는 소추관이 적절하다고 여기는 다른 믿을 만한 출처로부터 추가 정보를 구할 수 있으며, 재판소의 소재지에서 서면 또는 구두의 증언을 접수할 수 있다.

3. 소추관이 수사를 진행시킬 만한 합리적인 근거가 있다고 판단하는 경우, 수집된 증빙자료와 함께 수사허가요청서를 전심재판부에 제출한다. 피해자

는 절차 및 증거규칙에 따라 전심재판부에서 진술할 수 있다.

4. 전심재판부가 수사허가요청서와 증빙자료를 검토한 후, 수사를 진행시킬 만한 합리적인 근거가 있고 당해 사건이 재판소의 관할권에 속한다고 판단하는 경우, 동 재판부는 수사의 개시를 허가한다(shall). 다만, 이 허가는 사건의 관할권과 재판적격성에 관한 재판소의 추후 결정에 영향을 미치지 아니한다.

5. 전심재판부의 수사허가 거부는 소추관이 동일한 사태에 관한 새로운 사실이나 증거에 근거하여 추후 요청서를 제출하는 것을 배제하지 아니한다.

6. 제1항과 제2항에 규정된 예비조사 후 제공된 정보가 수사를 위한 합리적인 근거를 구성하지 않는다고 결론짓는 경우, 소추관은 정보를 제공한 자에게 이를 통지한다. 이는 소추관이 동일한 사태에 관하여 자신에게 제출된 추가 정보를 새로운 사실이나 증거로 검토하는 것을 배제하지 아니한다.

제15조의 2(bis) 【침략범죄에 관한 관할권 행사(당사국에 의한 회부, 소추관의 독자적 수사 개시)】

1. 재판소는 제13조 가호 및 다호의 규정에 따라 본조의 규정에 따를 것을 조건으로 침략범죄에 대한 관할권을 행사할 수 있다.

2. 재판소는 30개의 당사국이 개정의 비준서 또는 수락서를 기탁한 때로부터 1년이 경과한 후에 행해진 침략 범죄에 대해서만 관할권을 행사할 수 있다.

3. 재판소는 이 조항의 규정에 따라 2017. 1. 1. 이후에 실시되는 이 규정 개정의 채택에 필요로 하는 것과 동일한 당사국의 다수의 결정 하에 침략범죄에 대한 관할권을 행사할 수 있다.

4. 재판소는 제12조의 규정에 따라 당사국에 의하여 행해진 침략행위로부터 발생한 침략범죄에 대하여 관할권을 행사할 수 있다. 그러나 당사국이 사전에 재판소 사무국에 선언을 제출함으로써 관할권을 수락하지 않는다고 선언한 경우에는 예외로 한다. 이 선언의 철회는 언제든지 할 수 있고, 선언을 한 당사국은 선언한 날로부터 3년의 기간 동안 이를 철회하는 것에 대하여 고려해야 한다.

5. 재판소는 이 규정의 당사국이 아닌 국가의 국민에 의하거나 그 영역 내에서 행해진 침략범죄에 대하여 관할권을 행사할 수 없다.

6. 소추관은 침략범죄에 대한 수사를 진행할 합리적인 근거가 있다고 판단되는 경우에는 먼저 안전보장이사회가 문제가 되는 국가에 의하여 행해진 침략행위의 결정을 하고 있는지의 여부를 확인한다. 소추관은 국제연합 사무총장에 대해 재판소에서 해당 사태에 대한 수사상황을 관련 정보와 문서를 포함하여 통보해야 한다.

7. 안전보장이사회가 그러한 결정을 한 경우에는 소추관은 침략범죄에 대한 수사를 진행할 수 있다.

8. 그러한 결정이 통보일로부터 6개월 이내에 행해지지 않는 경우 소추관은 전심재판단이 제15조에 규정된 절차에 따라 침략범죄에 대한 수사의 개시를 허가하고, 안전보장이사회가 제16조에 따라 별도 결정을

하지 않은 경우, 침략범죄에 관한 수사를 진행할 수 있다.

9. 재판소의 외부기관에 의한 침략범위의 결정은 재판소가 이 규정에 따라 자체적으로 내린 결론에 영향을 미치지 아니한다.

10. 이 조항은 제5조에 규정된 다른 범죄에 대한 관할권의 행사에 관한 규정에 영향을 미치지 아니한다.

제15조의 3(*ter*)【침략범죄에 관한 관할권 행사(안전보장이사회의 회부)】

1. 재판소는 제13조 나호의 규정에 따라 본조의 규정에 따를 것을 조건으로 침략범죄에 대한 관할권을 행사할 수 있다.

2. 재판소는 30개의 당사국이 개정의 비준서 또는 수락서를 기탁한 때로부터 1년이 경과된 후에 행해진 침략범죄에 대해서만 관할권을 행사할 수 있다.

3. 재판소는 이 조항의 규정에 따라 2017. 1. 1. 이후에 실시되는 이 규정 개정의 채택에 필요로 하는 것과 동일한 당사국의 다수의 결정하에 침략범죄에 대한 관할권을 행사할 수 있다.

4. 재판소의 외부기관에 의한 침략행위의 결정은 재판소가 이 규정에 따라 자체적으로 내린 결론에 영향을 미치지 아니한다.

5. 이 조항은 제5조에 규정된 다른 범죄에 대한 관할권의 행사에 관한 규정에 영향을 미치지 아니한다.

제16조【수사 또는 기소의 연기】

안전보장이사회가 국제연합헌장 제7장에 따라 채택하는 결의로 재판소에 수사 또는 기소의 연기를 요청하는 경우 12개월의 기간 동안은 이 규정에 따른 어떠한 수사나 기소도 개시되거나 진행되지 아니한다. 그러한 요청은 동일한 조건하에서 안전보장이사회에 의하여 갱신될 수 있다.

제17조【재판적격성의 문제】

1. 전문 제10항과 제1조를 고려하여 재판소는 다음의 경우 사건의 재판적격성이 없다(inadmissible)고 결정한다.

가. 사건이 그 사건에 대하여 관할권을 가지는 국가에 의하여 수사되고 있거나 또는 기소된 경우. 단, 그 국가가 진정으로(genuinely) 수사 또는 기소를 할 의사가 없거나 (unwilling) 능력이 없는 경우 (unable)에는 그러하지 아니하다.

나. 사건이 그 사건에 대하여 관할권을 가지는 국가에 의하여 수사되었고, 그 국가가 당해인을 기소하지 아니하기로 결정한 경우. 단, 그 결정이 진정으로(genuinely) 기소하려는 의사 또는 능력의 부재(the unwillingness or inability)에 따른 결과인 경우에는 그러하지 아니하다.

다. 당해인이 제소의 대상인 행위에 대하여 이미 재판을 받았고, 제20조 제3항에 따라 재판소의 재판이 허용되지 않는 경우

라. 사건이 재판소의 추가적 조치를 정당화하기에 충분한 중대성이 없는 경우

2. 특정 사건에서의 의사부재를 결정하기 위하여, 재판소는 국제법에 의하여 인정되는 적법절차의 원칙에 비추어 적용 가능한 다음 중 어느 하나 또는 그 이상의 경우가 존재하는지 여부를 고려한다.

가. 제5조에 규정된 재판소 관할범죄에 대한 형사책임으로부터 당해인을 보호할 목적으로 절차가 취해졌거나, 진행 중이거나 또는 국내적 결정이 내려진 경우

나. 상황에 비추어, 당해인을 처벌하려는 의도와 부합되지 않게 절차의 부당한 지연이 있었던 경우

다. 절차가 독립적이거나 공정하게 수행되지 않았거나 수행되지 않고 있으며, 상황에 비추어 당해인을 처벌하려는 의도와 부합되지 않는 방식으로 절차가 진행되었거나 또는 진행중인 경우

3. 특정 사건에서의 능력부재를 결정하기 위하여, 재판소는 당해 국가가 그 국가의 사법제도의 전반적 또는 실질적 붕괴나 이용불능으로 인하여 피의자나 필요한 증거 및 증언을 확보할 수 없는지 여부 또는 달리 절차를 진행할 수 없는지 여부를 고려한다.

제18조 【재판적격성에 관한 예비결정】

1. 사태가 제13조 가호에 따라 재판소에 회부되어 소추관이 수사를 개시할 합리적인 근거가 있다고 결정하였거나 소추관이 제13조 다호와 제15조에 따라 수사를 개시한 경우, 소추관은 모든 당사국과 이용 가능한 정보에 비추어 당해 범죄에 대하여 통상적으로 관할권을 행사할 국가에게 이를 통지한다. 소추관은 그러한 국가에게 비밀리에 통지할 수 있으며 또한 소추관이 어느 자를 보호하거나 증거의 인멸을 방지하거나 또는 어느 자의 도주를 방지하기 위하여 필요하다고 믿는 경우, 국가에게 제공

되는 정보의 범위를 제한할 수 있다.

2. 그러한 통지를 접수한 후 1개월 내에, 국가는 제5조에 규정된 범죄를 구성하며 자국에 대한 통지에서 제공된 정보와 관련된 범죄행위에 대하여, 자국의 관할권 내에 있는 자국민 또는 기타의 자를 수사하고 있다거나 수사하였음을 재판소에 통지할 수 있다. 전심재판부가 소추관의 신청에 따라 수사를 허가하기로 결정하지 아니하는 한, 소추관은 당해 국가의 요청이 있으면 당해인에 대한 그 국가의 수사를 존중한다.

3. 국가의 수사 존중에 따른 소추관의 보류는 보류일로부터 6개월 후 또는 그 국가의 수사를 수행할 의사 또는 능력의 부재에 근거한 중대한 사정변경이 있는 때에는 언제든지 소추관에 의하여 재검토된다.

4. 당해 국가 또는 소추관은 전심재판부의 결정에 대하여 제82조에 따라 상소심재판부에 상소할 수 있다. 상소는 신속하게 심리될 수 있다.

5. 소추관이 제2항에 따라 수사를 보류한 경우, 소추관은 당해 국가가 정기적으로 수사 및 후속 기소의 진전상황에 대하여 통지하여 줄 것을 요청할 수 있다. 당사국은 부당한 지체 없이 그 요청에 응하여야 한다.

6. 전심재판부의 결정이 계류 중이거나 또는 소추관이 이 조에 따라 수사를 보류한 때에는 언제든지, 소추관은 중요한 증거를 확보할 유일한 기회가 있는 경우 또는 그러한 증거를 이후에는 입수할 수 없게 될 중대한 위험이 있는 경우에는 예외적으로 증거를 보전하기 위하

여 필요한 수사상의 조치를 취하기 위한 허가를 전심재판부에 요청할 수 있다.

7. 이 조에 따른 전심재판부의 결정에 이의를 제기한 국가는 추가적인 중대한 사실 또는 중대한 사정변경을 근거로 제19조에 따라 사건의 재판적격성에 대한 이의를 제기할 수 있다.

제19조【재판소의 관할권 또는 사건의 재판적격성에 대한 이의제기】 1. 재판소는 자신에게 회부된 모든 사건에 대하여 재판소가 관할권을 가지고 있음을 확인하여야 한다. 재판소는 직권으로 제17조에 따라 사건의 재판적격성(the admissibility)을 결정할 수 있다.

2. 제17조의 규정에 근거한 사건의 재판적격성에 대한 이의제기 또는 재판소의 관할권에 대한 이의제기는 다음에 의하여 이루어질 수 있다.

가. 피의자 또는 제58조에 따라 체포영장이나 소환장이 발부된 자

나. 사건을 수사 또는 기소하고 있거나 또는 수사 또는 기소하였음을 근거로 그 사건에 대하여 관할권을 갖는 국가

다. 제12조에 따라 관할권의 수락이 요구되는 국가

3. 소추관은 관할권 또는 재판적격성의 문제에 관하여 재판소의 결정을 구할 수 있다. 관할권 또는 재판적격성에 관한 절차에 있어서는 피해자뿐만 아니라 제13조에 따라 사태를 회부한 자도 재판소에 의견을 제출할 수 있다.

4. 사건의 재판적격성 또는 재판소의 관할권에 대한 이의는 제2항에 규정된 자 또는 국가에 의하여 1회에 한하여 제기될 수

있다. 이의제기는 재판이 시작되기 전 또는 시작되는 시점에 이루어져야 한다. 예외적인 상황에서 재판소는 1회 이상 또는 재판시작 이후의 이의제기를 허가할 수 있다. 재판이 시작되는 시점에서 또는 재판소의 허가를 받아 그 후에 행하는 사건의 재판적격성에 대한 이의제기는 오직 제17조제1항 다호에 근거하여 할 수 있다.

5. 제2항 나호와 다호에 규정된 국가는 가능한 한 신속하게 이의제기를 한다.

6. 공소사실의 확인 이전에는 사건의 재판적격성 또는 재판소의 관할권에 대한 이의제기는 전심재판부에 회부된다. 공소사실의 확인 이후에는 이의제기가 1심재판부에 회부된다. 관할권 또는 재판적격성에 관한 결정에 대하여 제82조에 따라 상소심재판부에 상소할 수 있다.

7. 제2항 나호 또는 다호에 규정된 국가가 이의제기를 한 경우, 소추관은 재판소가 제17조에 따라 결정을 내릴 때까지 수사를 정지한다.

8. 재판소의 결정이 계류 중인 동안, 소추관은 재판소로부터 다음의 허가를 구할 수 있다.

가. 제18조 제6항에 규정된 종류의 필요한 수사 조치의 수행

나. 증인으로부터의 진술이나 증언의 취득 또는 이의제기를 하기 전에 시작된 증거의 수집 또는 조사의 완료

다. 관련 국가들과 협력하여, 소추관이 제58조에 따라 이미 체포영장을 신청한 자의 도주 방지 조치

9. 이의제기는 이의제기 이전에 소추관이 수행한 여하한 행

위 또는 재판소가 발부한 여하한 명령이나 영장의 효력에 영향을 미치지 아니한다.
10. 재판소가 제17조에 따라 사건의 재판적격성이 없다고 결정하였더라도, 소추관은 그 사건이 제17조에 따라 재판적격성이 없다고 판단되었던 근거를 부정하는 <u>새로운 사실</u>이 발생하였음을 <u>충분히</u> 확인한 때에는 그 결정에 대한 <u>재검토 요청서</u>를 제출할 수 있다.
11. 소추관이 제17조에 규정된 사항을 고려하여 수사를 보류하는 경우, 소추관은 관련국이 절차 진행에 관한 정보를 제공하여 줄 것을 요청할 수 있다. 그 정보는 관련 국가의 요청이 있으면 비밀로 한다. 소추관이 그 후 수사를 진행하기로 결정하는 경우, 소추관은 자신이 보류하였던 절차에 관하여 해당 국가에 통지한다.

제20조【일사부재리(*ne bis in idem***)】** 1. 이 규정에 정한 바를 제외하고, 누구도 <u>재판소에</u> 의하여 유죄 또는 무죄판결을 받은 <u>범죄의 기초(the basis of crimes)</u>를 구성하는 행위에 대하여 <u>재판소에서</u> 재판받지 아니한다.
2. 누구도 <u>재판소에</u> 의하여 이미 유죄 또는 무죄판결을 받은 <u>제5조</u>에 규정된 범죄에 대하여 <u>다른 재판소에서</u> 재판받지 아니한다.
3. <u>제6조, 제7조 또는 제8조</u>상의 금지된 행위에 대하여 <u>다른 재판소에</u> 의하여 재판을 받은 자는 누구도, 그 다른 재판소에서의 절차가 다음에 해당하지 않는다면 <u>동일한 행위</u>에 대하여 <u>재판소에</u> 의하여 재판받지 아니한다.

가. 재판소 관할범죄에 대한 <u>형사책임으로부터 당해인을 보호할 목적</u>이었던 경우
나. 그 밖에 국제법에 의하여 인정된 적법절차의 규범에 따라 독립적이거나 공정하게 수행되지 않았으며, 상황에 비추어 당해인을 처벌하려는 의도와 부합하지 않는 방식으로 수행된 경우

제21조【적용법규】 1. 재판소는 다음을 적용한다.
가. 첫째, <u>이 규정</u>, 범죄구성요건 및 절차 및 증거규칙
나. 둘째, 적절한 경우 <u>무력충돌에 관한 확립된 국제법 원칙</u>을 포함하여 적용 가능한 조약과 국제법상의 원칙 및 규칙
다. 이상이 없는 경우 적절하다면 범죄에 대하여 통상적으로 관할권을 행사하는 국가의 <u>국내법</u>을 포함하여 세계의 법체제의 국내법들로부터 재판소가 도출한 법의 일반원칙. 다만, 그러한 원칙은 이 규정, 국제법 및 국제적으로 승인된 규범 및 기준과 저촉되어서는 아니 된다.
2. 재판소는 재판소의 <u>기존 결정 속에서 해석된 법의 원칙과 규칙</u>을 적용할 수 있다.
3. 이 조에 따른 법의 적용과 해석은 <u>국제적으로 승인된 인권</u>과 부합되어야 하며, 제7조 제3항에서 정의된 성별, 연령, 인종, 피부색, 언어, 종교 또는 신념, 정치적 또는 기타 견해, 국민적·민족적 또는 사회적 출신, 부, 출생 또는 기타 지위와 같은 사유에 근거한 어떠한 불리한 차별도 없어야 한다.

제3부 형법의 일반원칙

제22조 【범죄법정주의(*nullum crimen sine lege*)】
1. 누구도 문제된 행위가 그것이 발생한 시점에 재판소 관할범죄를 구성하지 않는 경우에는 이 규정에 따른 형사책임을 지지 아니한다.
2. 범죄의 정의는 엄격히 해석되어야 하며 유추에 의하여 확장되어서는 아니 된다. 범죄의 정의가 분명하지 않은 경우, 정의는 수사·기소 또는 유죄판결을 받는 자에게 유리하게 해석되어야 한다.
3. 이 조는 이 규정과는 별도로 어떠한 행위를 국제법상 범죄로 성격지우는 데 영향을 미치지 아니한다.

제23조 【형벌법정주의(*nulla poena sine lege*)】
재판소에 의하여 유죄판결을 받은 자는 이 규정에 따라서만 처벌될 수 있다.

제24조 【소급효 금지】
1. 누구도 이 규정이 발효하기 전의 행위에 대하여 이 규정에 따른 형사책임을 지지 아니한다.
2. 확정판결 전에 당해 사건에 적용되는 법에 변경이 있는 경우, 수사 중이거나 기소 중인 자 또는 유죄판결을 받은 자에게 보다 유리한 법이 적용된다.

제25조 【개인의 형사책임】
1. 재판소는 이 규정에 따라 자연인에 대하여 관할권을 갖는다.
2. 재판소의 관할범죄를 범한 자는 이 규정에 따라 개인적으로 책임을 지며 처벌을 받는다.
3. 다음의 경우에 해당하는 자는 재판소의 관할범죄에 대하여 이 규정에 따른 형사책임을 지며 처벌을 받는다.

가. 개인적으로, 또는 다른 사람이 형사책임이 있는지 여부와는 관계없이 다른 사람과 공동으로 또는 다른 사람을 통하여 범죄를 범한 경우
나. 실제로 일어났거나 착수된 범죄의 실행을 명령·권유 또는 유인한 경우
다. 범죄의 실행을 용이하게 할 목적으로 범행수단의 제공을 포함하여 범죄의 실행이나 실행의 착수를 방조, 교사 또는 달리 조력한 경우
라. 공동의 목적을 가지고 활동하는 집단에 의한 범죄의 실행 또는 실행의 착수에 기타 여하한 방식으로 기여한 경우. 그러한 기여는 고의적이어야 하며, 다음 중 어느 하나에 해당하여야 한다.
 (1) 집단의 범죄활동 또는 범죄목적이 재판소 관할범죄의 실행과 관련되는 경우, 그러한 활동 또는 목적을 촉진시키기 위하여 이루어진 것
 (2) 집단이 그 범죄를 범하려는 의도를 인식하고서 이루어진 것
마. 집단살해죄와 관련하여 집단살해죄를 범하도록 직접적으로 그리고 공공연하게 타인을 선동한 경우
바. 실질적인 조치에 의하여 범죄의 실행에 착수하는 행위를 함으로써 범죄의 실행을 기도하였으나 본인의 의도와는 무관한 사정으로 범죄가 발생하지 아니한 경우. 그러나 범행의 실시를 포기하거나 또는 달리 범죄의 완성을 방지한 자는 자신이 범죄 목적을 완전히 그리고 자발적으로 포기하였다면 범죄미수에 대하여 이 규정에 따른 처벌을 받지 아니한다.

4. 개인의 형사책임과 관련된 이 규정의 어떠한 조항도 국제법상의 국가책임에 영향을 미치지 아니한다.

제26조 【18세 미만자에 대한 관할권 배제】 재판소는 범행 당시 18세 미만자에 대하여 관할권을 가지지 아니한다.

제27조 【공적 지위의 무관련성】

1. 이 규정은 공적 지위에 근거한 어떠한 차별 없이 모든 자에게 평등하게 적용되어야 한다. 특히 국가원수 또는 정부수반, 정부 또는 의회의 구성원, 선출된 대표자 또는 정부 공무원으로서의 공적 지위는 어떠한 경우에도 그 개인을 이 규정에 따른 형사책임으로부터 면제시켜 주지 아니하며, 또한 그 자체로서 자동적인 감형사유를 구성하지 아니한다.

2. 국내법 또는 국제법상으로 개인의 공적 지위에 따르는 면제나 특별한 절차규칙은 그 자에 대한 재판소의 관할권 행사를 방해하지 아니한다.

제28조 【지휘관 및 기타 상급자의 책임】 재판소의 관할범죄에 대하여 이 규정에 따른 형사책임의 다른 근거에 추가하여,

가. 다음과 같은 경우, 군지휘관 또는 사실상 군지휘관으로서 행동하는 자는 자신의 실효적인 지휘와 통제하에 있거나 또는 경우에 따라서는 실효적인 권위와 통제하에 있는 군대가 범한 재판소 관할범죄에 대하여 그 군대를 적절하게 통제하지 못한 결과로서의 형사책임을 진다.

(1) 군지휘관 또는 사실상 군지휘관으로서 행동하는 자가 군대가 그러한 범죄를 범하고 있거나 또는 범하려 한다는

사실을 알았거나 또는 당시 정황상 알았어야 하고,

(2) 군지휘관 또는 사실상 군지휘관으로서 역할을 하는 자가 그들의 범행을 방지하거나 억제하기 위하여 또는 그 사항을 수사 및 기소의 목적으로 권한 있는 당국에 회부하기 위하여 자신의 권한 내의 모든 필요하고 합리적인 조치를 취하지 아니한 경우

나. 가호에 기술되지 않은 상급자와 하급자의 관계와 관련하여 다음의 경우 상급자는 자신의 실효적인 권위와 통제하에 있는 하급자가 범한 재판소 관할범죄에 대하여 하급자를 적절하게 통제하지 못한 결과로서의 형사책임을 진다.

(1) 하급자가 그러한 범죄를 범하고 있거나 또는 범하려 한다는 사실을 상급자가 알았거나 또는 이를 명백히 보여주는 정보를 의식적으로 무시하였고,

(2) 범죄가 상급자의 실효적인 책임과 통제 범위 내의 활동과 관련된 것이었으며,

(3) 상급자가 하급자의 범행을 방지하거나 억제하기 위하여 또는 그 문제를 수사 및 기소의 목적으로 권한 있는 당국에 회부하기 위하여 자신의 권한 내의 모든 필요하고 합리적인 조치를 취하지 아니한 경우

제29조 【시효의 부적용】 재판소의 관할범죄에 대하여는 어떠한 시효도 적용되지 아니한다.

제30조 【주관적 요소】 1. 달리 규정되지 않는 한, 사람은 고의(intent)와 인식(knowledge)을 가지고 범죄의 객관적 요소를 범한 경우에만 재판소 관할범

512 제1편 시대순 일반 국제법 영역

죄에 대하여 형사책임을 지며 처벌을 받는다.

2. 이 조의 목적상 다음의 경우 고의를 가진 것이다.

가. 행위(conduct)와 관련하여, 사람이 그 행위에 관여(engage)하려고 의도한 경우

나. 결과(consequence)와 관련하여, 사람이 그 결과를 야기하려고 의도하였거나 또는 사건의 통상적인 경과에 따라 그러한 결과가 발생할 것을 알고 있는 경우

3. 이 조의 목적상 "인식"이라 함은 어떠한 상황(circumstance)이 존재한다는 것 또는 사건의 통상적인 경과에 따라 어떠한 결과(consequence)가 발생할 것이라는 것을 알고 있음을 말한다. "인식하다"(know) 및 "인식하고서"(knowingly)는 이에 따라 해석된다.

제31조 【형사책임 조각사유】

1. 이 규정에서 정한 여타의 형사책임 조각사유에 더하여, 행위 시 다음의 경우에 해당되면 형사책임을 지지 아니한다.

가. 사람이 자신의 행위의 불법성이나 성격을 평가할 수 있는 능력이나 자신의 행위를 법의 요건에 따르도록 통제할 수 있는 능력을 훼손시키는 정신적 질환(mental disease) 또는 결함(defect)을 겪고 있는 경우

나. 사람이 자신의 행위의 불법성이나 성격을 평가할 수 있는 능력이나 자신의 행위를 법의 요건에 따르도록 통제할 수 있는 능력을 훼손시키는 중독 상태(a state of intoxication)에 있는 경우. 다만, 중독의 결과로서 자신이 재판소 관할범죄를 구성하는 행위에 관여하게

될 것임을 인식하였거나 또는 그 위험을 무시하고 자발적으로 중독된 경우는 그러하지 아니하다.

다. 사람이 급박하고 불법적인 무력사용으로부터 자신이나 다른 사람을 방어하기 위하여 또는 전쟁범죄의 경우 자신이나 다른 사람의 생존을 위하여 필수적인 재산이나 군사적 임무를 달성하는 데 필수적인 재산을 방어하기 위하여 자신이나 다른 사람 또는 보호되는 재산에 대한 위험의 정도에 비례하는 방식으로 합리적으로 행동한 경우. 군대가 수행하는 방어작전에 그 자가 관여되었다는 사실 자체만으로는 이 호에 따른 형사책임 조각사유를 구성하지 아니한다.

라. 재판소의 관할범죄를 구성하는 것으로 주장된 행위가 자신 또는 다른 사람에 대한 급박한 사망 또는 계속적이거나 급박한 중대한 신체적 위해의 위협으로부터 비롯된 강박(duress)에 의하여 야기되었고, 그러한 위협을 피하기 위하여 합리적으로 행동한 경우. 다만, 그 자가 피하고자 하는 것보다 더 큰 위해를 초래하려고 의도하지 않아야 한다. 그러한 위협은,

(1) 다른 사람에 의한 것이거나, 또는

(2) 그 사람의 통제범위를 넘어서는 기타 상황에 의하여 형성된 것일 수도 있다.

2. 재판소는 이 규정에 정한 형사책임 조각사유가 재판소에 제기된 사건에 적용되는지 여부를 결정한다.

3. 재판소는 제1항에 규정된 것 이외의 형사책임 조각사유라도

그 사유가 제21조에 규정된 적용 가능한 법에 의하여 도출된 경우, 재판에서 이를 고려할 수 있다. 그러한 사유의 고려에 관한 절차는 절차 및 증거규칙에 규정된다.

제32조【사실의 착오 또는 법률의 착오】 1. 사실의 착오(mistake of fact)는 그것이 범죄성립에 요구되는 주관적 요소를 흠결시키는 경우에만 형사책임 조각사유가 된다.

2. 특정 유형의 행위가 재판소의 관할범죄인지 여부에 관한 법률의 착오(mistake of law)는 형사책임 조각사유가 되지 아니한다. 그러나 법률의 착오가 범죄성립에 요구되는 주관적 요소를 흠결시키는 경우나 제33조에 규정된 바와 같은 경우에는 형사책임 조각사유가 될 수 있다.

제33조【상급자의 명령과 법률의 규정】 1. 어떠한 자가 정부의 명령이나 군대 또는 민간인 상급자의 명령(order)에 따라 재판소 관할범죄를 범하였다는 사실은, 다음의 경우를 제외하고는 그 자의 형사책임을 면제시켜 주지 아니한다.

가. 그 자가 정부 또는 관련 상급자의 명령에 따라야 할 법적 의무하에 있었고,

나. 그 자가 명령이 불법임을 알지 못하였으며,

다. 명령이 명백하게 불법적이지는 않았던 경우

2. 이 조의 목적상, 집단살해죄 또는 인도에 반한 죄를 범하도록 하는 명령은 명백하게 불법이다.

제4부　재판소의 구성과 행정

제34조【재판소의 기관】 재판소는 다음 기관으로 구성된다.
가. 소장단
나. 상소심부, 1심부 및 전심부
다. 소추부
라. 사무국

제35조【재판관의 복무】 1. 모든 재판관은 재판소의 전임 구성원(full-time members)으로 선출되며, 그들의 임기가 개시되는 때로부터 그러한 방식으로 근무할 수 있어야 한다.

2. 소장단을 구성하는 재판관들은 선출된 때로부터 전임으로 근무한다.

3. 소장단은 재판소의 업무량을 기초로 구성원들과의 협의를 거쳐, 수시로 나머지 재판관들의 어느 정도를 전임으로 근무하도록 할 것인가를 결정할 수 있다. 그러한 조치는 제40조의 규정을 해하지 아니한다.

4. 전임으로 근무할 필요가 없는 재판관에 대한 재정적 조치는 제49조에 따라 이루어진다.

제36조【재판관의 자격요건, 추천 및 선거】 1. 제2항의 규정을 조건으로 재판소에는 18인의 재판관을 둔다.

2. 가. 재판소를 대표하여 행동하는 소장단은 증원이 필요하고 적절하다는 사유를 적시하여 제1항에 명시된 재판관의 증원을 제안할 수 있다. 사무국장은 이러한 제안을 신속히 모든 당사국에 회람한다.

나. 그러한 제안은 제112조에 따라 소집되는 당사국총회의 회의에서 심의된다. 제안은 당사국총회 회원국의 3분의 2의 투표에 의하여 승인되면 채택된 것으로 간주하며, 당

사국총회가 결정하는 시점에 발효한다.

다. (1) 나호에 따라 재판관의 증원을 위한 제안이 채택된 경우, 추가되는 재판관의 선거는 제3항 내지 제8항 및 제37조제2항에 따라 당사국총회의 다음 회기에서 실시된다.

(2) 나호와 다호(1)에 따라 재판관의 증원을 위한 제안이 채택되고 발효한 경우, 소장단은 재판소의 업무량이 이를 정당화할 경우 그 후 언제든지 재판관의 감원을 제안할 수 있다. 다만, 재판관의 수는 제1항에 명시된 수 미만으로 감원되어서는 아니된다. 제안은 가호 및 나호에 정하여진 절차에 따라 처리된다. 제안이 채택된 경우, 재판관의 수는 필요한 수에 도달될 때까지 재직 중인 재판관의 임기가 만료됨에 맞추어 점진적으로 감소시킨다.

3. 가. 재판관은 각 국에서 최고 사법직에 임명되기 위해 필요한 자격을 갖추고, 높은 도덕성과 공정성 및 성실성을 가진 자 중에서 선출된다.

나. 재판관 선거 후보자는 다음을 갖추어야 한다.

(1) 형법과 형사절차에서의 인정된 능력과 판사, 검사, 변호사 또는 이와 유사한 다른 자격으로서 형사소송에서의 필요한 관련 경력. 또는,

(2) 국제인도법 및 인권법과 같은 국제법 관련 분야에서의 인정된 능력과 재판소의 사법업무와 관련되는 전문적인 법률 직위에서의 풍부한 경험

다. 재판관 선거 후보자는 재판소의 실무언어 중 최소한 하나의 언어에 탁월한 지식을 갖고 이를 유창하게 구사하여야 한다.

4. 가. 재판관 선거 후보자의 추천은 이 규정의 어떠한 당사국도 할 수 있으며, 다음 중 어느 절차에 따라야 한다.

(1) 당해 국가에서 최고 사법직의 임명을 위한 후보자 추천 절차

(2) 국제사법재판소규정상 국제사법재판소에 대한 후보 추천을 정한 절차 추천에는 후보자가 제3항의 요건을 어떻게 충족하는지를 반드시 상세하게 명시하는 설명이 첨부되어야 한다.

나. 각 당사국은 모든 선거에서 꼭 자국민일 필요는 없으나 반드시 당사국의 국민인 1인의 후보자를 추천할 수 있다.

다. 당사국총회는 적절한 경우 추천에 관한 자문위원회를 설치하기로 결정할 수 있다. 그러한 경우 위원회의 구성과 임무는 당사국총회가 정한다.

5. 선거의 목적상 다음과 같은 두 가지 후보자명부를 둔다. 제3항 나호(1)에 명시된 자격요건을 갖춘 후보자의 명단을 포함하는 A명부 제3항 나호(2)에 명시된 자격요건을 갖춘 후보자의 명단을 포함하는 B명부 두 개 명부 모두에 해당하는 충분한 자격요건을 갖춘 후보자는 등재될 명부를 선택할 수 있다. 최초의 재판관 선거시 A명부로부터는 최소한 9인의 재판관이, 그리고 B명부로부터는 최소한 5인의 재판관이 선출되어야 한다. 그 후의 선거는 양 명부상의 자격요건을 갖춘 재판관들이 재판소에서 상응하는 비율을 유지하도록 이루어져야 한다.

6. 가. 재판관은 제112조에 따라 재판관 선거를 위하여 소집되는 당사국총회의 회의에서 비밀투표로 선출된다. 제7항

을 조건으로, 재판관으로 선출되는 자는 <u>출석하여 투표한 당사국들의 3분의 2 이상의 최다득표를 한 18인</u>의 후보자로 한다.

나. 제1차 투표에서 충분한 수의 재판관이 선출되지 아니한 경우, 충원될 때까지 가호에 정해진 절차에 따라 계속 투표를 실시한다.

7. <u>어떠한 2인의 재판관도 동일한 국가의 국민이어서는 아니 된다.</u> 재판소 구성의 목적상 2개 이상의 국가의 국민으로 인정될 수 있는 자는 그가 통상적으로 시민적 및 정치적 권리를 행사하는 국가의 국민으로 간주된다.

8. 가. 당사국들은 재판관의 선출에 있어서 재판소 구성원 내에서 다음의 필요성을 고려한다.

(1) 세계의 주요 법체계의 대표성
(2) 공평한 지역적 대표성
(3) 여성 및 남성 재판관의 공정한 대표성

나. 당사국들은 여성이나 아동에 대한 폭력을 포함하되 이에 국한되지 아니하는 특수한 문제에 대하여 법률 전문지식을 가진 재판관을 포함시킬 필요성도 고려한다.

9. 가. 재판관은 나호를 조건으로 9년간 재직하며, 다호 및 제37조제2항을 조건으로 재선될 수 없다.

나. <u>첫 번째 선거</u>에서, 선출된 <u>재판관의 3분의 1</u>은 추첨으로 <u>3년</u>의 임기동안 복무하도록 선정되며, 또 다른 3분의 1의 재판관은 추첨으로 <u>6년</u>의 임기 동안 복무하도록 선정되며, <u>나머지 재판관은 9년</u>의 임기동안 복무한다.

다. 나호에 따라 <u>3년</u>의 임기 동안 복무하도록 선정된 재판관은 완전한 임기로 <u>재선</u>될 수 있다.

10. 제9항의 규정에도 불구하고 제39조에 따라 1심부 또는 상소심부에 배정된 재판관은 그 재판부에서 이미 심리가 개시된 1심 또는 상소심이 종결될 때까지 계속 재직하여야 한다.

제37조【재판관의 결원】 1. 결원이 발생한 경우 제36조에 따라 결원을 채우기 위한 선거를 실시한다.

2. 결원을 채우기 위하여 선출된 재판관은 <u>전임자의 잔여임기</u> 동안 재직하며, 그 기간이 3년 이하일 경우에는 제36조에 따라 완전한 임기로 재선될 수 있다.

제38조【소장단】 1. <u>재판소장</u>과 <u>제1부소장</u> 및 <u>제2부소장</u>은 재판관들의 <u>절대다수결</u>에 의하여 선출된다. 그들은 각각 3년의 임기 또는 그들 각자의 재판관 임기의 종료 중 먼저 만료되는 때까지 재직한다. 그들은 한 번 재선될 수 있다.

2. <u>제1부소장</u>은 재판소장이 직무를 수행할 수 없거나 자격을 상실한 경우 재판소장의 직무를 대리한다. <u>제2부소장</u>은 재판소장과 제1부소장 모두 직무를 수행할 수 없거나 자격을 상실한 경우 재판소장의 직무를 대리한다.

3. 재판소장은 제1부소장 및 제2부소장과 함께 소장단을 구성하며, 소장단은 다음에 대하여 책임을 진다.

가. 소추부를 제외한 재판소의 적절한 운영

나. 이 규정에 따라 소장단에 부여된 다른 기능

4. 제3항가호에 따른 책임을 수행함에 있어서 소장단은 상호 관심사인 모든 사항에 대하여 소추관과 조정하고 동의를 구한다.

제39조【재판부】 1. 재판관 선거 후 가능한 한 신속히, 재판소는 제34조 나호에 명시된 담당부를 구성한다. 상소심부는 재판소장과 4인의 다른 재판관으로, 1심부는 6인 이상의 재판관으로, 그리고 전심부는 6인 이상의 재판관으로 구성된다. 재판관의 담당부 배정은 각부가 수행할 기능의 성격과 선출된 재판관의 자격과 경력에 기초하여 각부에 형법 및 형사절차와 국제법에서의 전문지식이 적절히 배합되는 방식으로 이루어져야 한다. 1심부와 전심부는 형사소송의 경력이 있는 재판관들을 위주로 구성된다.

2. 가. 재판소의 사법적 기능은 각부의 재판부에 의하여 수행된다.
나. (1) 상소심재판부는 상소심부의 모든 재판관들로 구성된다.
(2) 1심재판부의 기능은 1심부의 3인의 재판관에 의하여 수행된다.
(3) 전심재판부의 기능은 전심부의 3인의 재판관 또는 이 규정과 절차 및 증거규칙에 따라 전심부의 단독 재판관에 의하여 수행된다.
다. 이 항의 어떠한 규정도 재판소 업무량의 효율적인 관리상 필요한 경우에 2개 이상의 1심재판부 또는 전심재판부를 동시에 구성하는 것을 배제하지 아니한다.

3. 가. 1심부와 전심부에 배정된 재판관은 그 부에서 3년간 복무하며, 그 후에도 해당부에서 이미 심리가 개시된 사건에 대하여는 그 사건 종결시까지 복무한다.
나. 상소심부에 배정된 재판관은 그들의 전체 임기동안 그 부에서 복무한다.

4. 상소심부에 배정된 재판관은 오직 그 부에서만 근무한다. 그러나 이 조의 어떠한 규정도 소장단이 재판소 업무량의 효율적 관리상 필요하다고 판단하는 경우, 1심부에서 전심부로 또는 그 반대로 재판관을 잠정적으로 배정하는 것을 배제하지 아니한다. 다만, 어떠한 상황에서도 사건의 전심재판 단계에 참여하였던 재판관은 당해 사건을 심리하는 1심재판부에 참여할 수 없다.

제40조【재판관의 독립】 1. 재판관은 그 직무를 수행함에 있어서 독립적이다.

2. 재판관은 자신의 사법적 기능에 방해가 될 수 있거나 또는 자신의 독립성에 대한 신뢰에 영향을 미칠 수 있는 어떠한 활동에도 종사하여서는 아니 된다.

3. 재판소의 소재지에서 전임으로 복무하는 재판관은 다른 영리적 성격의 직업에 종사하여서는 아니 된다.

4. 제2항과 제3항의 적용에 관한 문제는 재판관의 절대다수결에 의하여 결정된다. 그러한 문제가 재판관 개인에 관한 것인 경우 당해 재판관은 결정에 참여하지 아니한다.

제41조【재판관의 회피와 제척】
1. 소장단은 재판관의 요청이 있으면 절차 및 증거규칙에 따라 당해 재판관이 이 규정상의 직무 수행을 회피하도록 할 수 있다.

2. 가. 재판관은 어떠한 사유에서든 자신의 공정성이 합리적으로 의심받을 수 있는 어떠한 사건에도 참여하지 아니한다. 특히 재판관이 전에 어떤 자격으로든 재판소에 제기된 사건에 관여하였거나 또는 현재 수사 중이거나 기소 중인 자가 연루된 국내 형사사건에 관여한 경우, 재판관은 이 항에 따라 그 사건으로부터 제척된다. 재판관은 절차 및 증거규칙에 규정된 다른 사유로도 제척된다.

나. 소추관 또는 수사 중이거나 기소 중인 자는 이 항에 따라 재판관의 제척을 요청할 수 있다.

다. 재판관의 제척에 관한 모든 문제는 재판관의 절대다수결에 의하여 결정된다. 이의가 제기된 재판관은 이 문제에 관한 자신의 의견을 진술할 권리가 있으나 결정에는 참여하지 아니한다.

제42조 【소추부】 1. 소추부는 재판소의 별개 기관으로서 독립적으로 활동한다. 소추부는 재판소에 회부되는 관할범죄와 그 범죄에 관한 구체적 정보를 접수하며, 이를 조사하고 수사하여 재판소에 기소를 제기하는데 대한 책임을 진다. 소추부의 구성원은 외부로부터 지시를 구하거나 지시에 따라 활동하여서는 아니된다.

2. 소추부의 장은 소추관으로 한다. 소추관은 직원, 시설 및 다른 자원을 포함하여 소추부의 관리 및 행정에 전권을 가진다. 소추관은 이 규정에 따라 소추관에게 요구되는 모든 활동을 수행할 권한을 가지는 1인 이상의 부소추관의 조력을 받는다. 소추관과 부소추관은 서로 다른 국적을 가져야 한다. 그들은 전임으로 근무한다.

3. 소추관과 부소추관은 높은 도덕성과 형사사건의 기소와 재판에 있어 고도의 능력과 풍부한 실무경력을 갖춘 자이어야 한다. 그들은 재판소의 실무언어 중 최소한 하나의 언어에 탁월한 지식을 갖고 이를 유창하게 구사하여야 한다.

4. 소추관은 당사국총회 회원국의 비밀투표에 의하여 절대다수결로 선출된다. 부소추관은 소추관이 제시한 후보자 명부로부터 동일한 방식으로 선출된다. 소추관은 충원될 부소추관의 각 직에 대하여 각각 3인의 후보자를 추천한다. 선출시 더 짧은 임기로 결정되지 아니하는 한, 소추관과 부소추관은 9년의 임기 동안 재직하며 재선될 수 없다.

5. 소추관과 부소추관은 자신의 소추기능에 방해가 될 수 있거나 자신의 독립성에 대한 신뢰에 영향을 미칠 수 있는 어떠한 활동에도 종사하지 아니한다. 그들은 다른 영리적 성격의 직업에도 종사하지 아니한다.

6. 소장단은 소추관 또는 부소추관의 요청에 따라 특정 사건을 다루는 것을 회피하도록 할 수 있다.

7. 소추관과 부소추관은 어떠한 사유에서든 자신의 공정성이 합리적으로 의심받을 수 있는 어떠한 사건에도 참여하지 아니한다. 특히 그들이 전에 어떠한 자격으로든 재판소에 제기된 사건에 관여하였거나 또는 현재 수사 중이거나 기소 중인 자가 연루된 국내 형사사건에 관여한 경우, 그들은 이 항에 따라 그 사건으로부터 제척된다.

8. 소추관과 부소추관의 제척에 관한 모든 문제는 상소심재판부가 결정한다.

가. 수사 중이거나 기소 중인 자는 언제든지 이 조에 규정된 사유에 근거하여 소추관과 부소추관의 제척을 요청할 수 있다.

나. 소추관과 부소추관은 적절한 경우 이 사안에 대하여 자신의 의견을 진술할 권리가 있다.

9. 소추관은 성폭력 또는 성별 폭력 및 아동에 대한 폭력을 포함하되 이에 국한되지 아니하는 특수한 문제에 대하여 법률 전문지식을 가진 자문관을 임명한다.

제43조【사무국】 1. 사무국은 제42조에 따른 소추관의 직무와 권한을 침해함이 없이 재판소의 행정과 사무의 비사법적 측면에 대하여 책임을 진다.

2. 사무국은 재판소의 수석행정관인 사무국장(the Registrar)이 이끈다. 사무국장은 재판소장의 권위하에서 자신의 직무를 수행한다.

3. 사무국장과 사무차장은 높은 도덕성을 가진 탁월한 능력의 소유자이어야 하며, 재판소의 실무언어 중 최소한 하나의 언어에 탁월한 지식을 갖고 이를 유창하게 구사하여야 한다.

4. 재판관들은 당사국총회의 추천을 고려하여 비밀투표에 의하여 절대다수결로 사무국장을 선출한다. 필요한 경우 사무국장의 추천에 따라, 재판관들은 동일한 방식으로 사무차장을 선출한다.

5. 사무국장은 5년 임기 동안 재직하며 한 번 재선될 수 있고, 전임으로 근무한다. 사무차장의 임기는 5년 또는 재판관들의 절대다수결로 결정하는 더 짧은 기간으로 하며, 사무차장의 근무가 필요하다고 요구되는 경우 선출될 수 있다.

6. 사무국장은 사무국 내에 피해자·증인 담당부를 둔다. 이 담당부는 소추부와 협의하여 증인, 재판소에 출석한 피해자, 그리고 그러한 증인이 행한 증언으로 인하여 위험에 처한 다른 자들을 위한 보호조치와 안전조치, 상담 및 기타 적절한 지원을 제공한다. 이 부에 성폭력 범죄와 관련된 정신장애를 포함하여 정신장애에 전문지식을 가진 직원을 포함한다.

제44조【직원】 1. 소추관과 사무국장은 각각의 업무에 필요한 자격을 가진 직원을 임명한다. 소추관의 경우에는 수사관의 임명을 포함한다.

2. 직원을 채용함에 있어서, 소추관과 사무국장은 최고 수준의 효율성·능력 및 성실성을 확보하여야 하며, 제36조 제8항에 규정된 기준을 준용한다.

3. 사무국장은 소장단 및 소추관의 합의를 얻어 재판소 직원의 임명, 보수 및 해고에 관한 조건들을 포함하는 직원규칙을 제안한다. 직원규칙은 당사국총회의 승인을 받아야 한다.

4. 재판소는 예외적인 경우 재판소의 각 기관의 업무를 보조하기 위하여 당사국, 정부 간 또는 비정부 간 기구가 제공하는 무보수 요원의 전문지식을 활용할 수 있다. 소추관은 소추부를 대표하여 그러한 제공을 수락할 수 있다. 그러한 무보수 요원은 당사국총회가 제정한 지침에 따라 채용된다.

제45조 【선서】 재판관, 소추관, 부소추관, 사무국장 및 사무차장은 이 규정에 따른 각자의 임무를 맡기 전에 공개된 법정에서 자신의 직무를 공정하고 양심적으로 수행할 것을 각자 엄숙히 선서한다.

제46조 【직의 상실】 1. 재판관, 소추관, 부소추관, 사무국장 또는 사무차장은 다음의 경우에 해당하여 제2항에 따른 결정이 내려지면 그 직을 상실한다.

가. 절차 및 증거규칙에 규정되어 있는 바와 같이 중대한 부정행위 또는 이 규정에 따른 의무의 중대한 위반을 범한 것으로 밝혀진 경우

나. 이 규정이 요구하는 직무를 수행할 수 없는 경우

2. 제1항에 따른 재판관, 소추관 또는 부소추관의 직의 상실에 관한 결정은 당사국총회에서 비밀투표로 다음과 같이 이루어진다.

가. 재판관의 경우, 다른 재판관들의 3분의 2의 다수결에 의하여 채택된 권고에 대하여 당사국의 3분의 2의 다수결

나. 소추관의 경우, 당사국의 절대다수결

다. 부소추관의 경우, 소추관의 권고에 따른 당사국의 절대다수결

3. 사무국장 또는 사무차장의 직의 상실에 관한 결정은 재판관들의 절대다수결에 의하여 이루어진다.

4. 재판관, 소추관, 부소추관, 사무국장 또는 사무차장은 자신의 행동 또는 이 규정이 요구하는 직무를 수행할 능력에 대하여 이 조에 따른 이의제기가 있는 경우, 절차 및 증거규칙에 따라 증거를 제출하거나 접수하고 의견을 개진할 충분한 기회를 가진다. 그 외에는 본인은 이 사안에 대한 심의에 참여하지 아니한다.

제47조 【징계처분】 제46조제1항에 규정된 것보다 덜 중대한 성격의 부정행위를 범한 재판관, 소추관, 부소추관, 사무국장 또는 사무차장은 절차 및 증거규칙에 따라 징계처분을 받는다.

제48조 【특권과 면제】 1. 재판소는 각 당사국의 영역에서 재판소의 목적 달성을 위하여 필요한 특권과 면제를 향유한다.

2. 재판관, 소추관, 부소추관 및 사무국장은 재판소의 업무나 그와 관련된 업무를 수행하는 경우, 외교사절의 장에게 부여되는 것과 동일한 특권과 면제를 향유하며, 임기가 만료된 후에도 그들이 공적 지위에서 행한 구두 또는 서면의 진술과 행위에 대하여 모든 종류의 법적 절차로부터 계속 면제를 부여받는다.

3. 사무차장, 소추부의 직원 및 사무국의 직원은 재판소의 특권 및 면제에 관한 협정에 따라 자신의 직무수행에 필요한 특권·면제와 편의를 향유한다.

4. 변호인, 전문가, 증인 또는 재판소에 출석이 요구되는 다른 자는 재판소의 특권 및 면제에 관한 협정에 따라 재판소의 적절한 기능수행을 위하여 필요한 대우를 부여받는다.

5. 가. 재판관 또는 소추관의 특권과 면제는 재판관들의 절대다수결에 의하여 포기될 수 있다.

나. 사무국장의 특권과 면제는 소장단에 의하여 포기될 수 있다.

다. 부소추관과 소추부 직원의 특권과 면제는 소추관에 의하

여 포기될 수 있다.
라. 사무차장과 사무국 직원의
특권과 면제는 사무국장에 의
하여 포기될 수 있다.

제49조【급여·수당 및 비용】
재판관, 소추관, 부소추관, 사무
국장 및 사무차장은 당사국총
회에서 결정되는 급여·수당
및 비용을 받는다. 이러한 급여
와 수당은 그들의 재직기간 동
안 삭감되지 아니한다.

제50조【공식언어 및 실무언어】
1. 재판소의 공식언어는 아랍
어, 중국어, 영어, 프랑스어, 러
시아어 및 스페인어로 한다. 재
판소의 판결과 재판소에 제기
된 중대한 문제를 해결하는 기
타 결정은 공식언어로 공표된
다. 소장단은 절차 및 증거규칙
이 정한 기준에 따라 이 항의
목적상 어떠한 결정이 근본적
문제를 해결하는 것으로 되는
지를 결정한다.
2. 재판소의 실무언어는 영어
와 프랑스어로 한다. 절차 및 증
거규칙은 다른 공식언어가 실
무언어로 사용될 수 있는 경우
를 결정한다.
3. 절차의 당사자 또는 절차에
참가가 허용된 국가의 요청이
있으면, 재판소는 그러한 허가
가 충분히 정당화될 수 있다고
판단하는 경우에, 그 당사자나
국가가 영어 또는 프랑스어 이
외의 언어를 사용할 수 있도록
허가한다.

제51조【절차 및 증거규칙】1.
절차 및 증거규칙은 당사국총
회 회원국의 3분의 2의 다수결
에 의한 채택으로 발효한다.
2. 절차 및 증거규칙의 개정은
다음에 의하여 제안될 수 있다.
가. 당사국
나. 절대과반수의 재판관

다. 소추관
그러한 개정은 당사국총회 회
원국의 3분의 2의 다수결에 의
한 채택으로 발효한다.
3. 절차 및 증거규칙의 채택 후,
그 규칙에 재판소에 제기된 특
정한 사태를 다룰 규정이 없는
긴급한 경우, 재판관들은 당사
국총회의 차기 정기회기 또는
특별회기에서 채택·개정 또는
거부될 때까지 적용될 임시규
칙을 3분의 2의 다수결로 제정
할 수 있다.
4. 절차 및 증거규칙, 그 개정
및 모든 임시규칙은 이 규정에
부합되어야 한다. 임시규칙뿐
만 아니라 절차 및 증거규칙의
개정은 수사 중이거나 기소 중
인 자 또는 유죄판결을 받는 자
에게 불리하게 소급 적용되지
아니한다.
5. 이 규정과 절차 및 증거규칙
이 충돌할 경우, 이 규정이 우선
한다.

제52조【재판소 규칙】 1. 이 규
정과 절차 및 증거규칙에 따라
재판관들은 재판소의 일상적인
기능수행에 필요한 재판소 규
칙들을 절대다수결로 채택한다.
2. 재판소 규칙을 제정하거나
개정하는 데 있어서 소추관 및
사무국장과 협의한다.
3. 재판소 규칙이나 그 개정은
재판관들이 달리 결정하지 아
니하는 한, 채택 시에 발효한다.
재판소 규칙이나 그 개정은 채
택 즉시 당사국의 의견수렴을
위하여 당사국에게 회람된다. 6
개월 이내에 당사국의 과반수
로부터 반대가 없는 한, 재판소
규칙이나 그 개정은 계속하여
효력을 가진다.

제5부 수사 및 기소

제53조【수사의 개시】 1. 소추관은 자신에게 이용 가능한 정보를 평가한 후, 이 규정에 따른 절차를 진행할 합리적 근거가 없다고 판단하지 않는 한 수사를 개시하여야 한다(shall). 수사 개시 여부를 결정함에 있어 소추관은 다음을 고려한다.

가. 소추관에게 이용 가능한 정보가 재판소 관할범죄가 범하여졌거나 범하여지고 있다고 믿을 만한 합리적 근거를 제공하는지 여부

나. 사건이 제17조에 따른 재판 적격성이 있는지 또는 있게 될지 여부

다. 범죄의 중대성 및 피해자의 이익을 고려하더라도, 수사가 정의에 도움이 되지 않을 것 (an investigation would not serve the interests of justice) 이라고 믿을 만한 상당한 이유(substantial reasons)가 있는지 여부

소추관이 절차를 진행할 합리적 근거가 없다고 결정하고 그 결정이 오직 다호만을 근거로 한 경우, 소추관은 이를 전심재판부에 통지한다.

2. 수사 후 소추관이 다음과 같은 이유로 기소할 충분한 근거가 없다고 결정하는 경우, 소추관은 전심재판부와 제14조에 따라 회부한 국가 또는 제13조 나호에 따른 사건의 경우 안전보장이사회에 자신의 결정과 그 이유를 통지한다.

가. 제58조에 따른 영장 또는 소환장을 청구할 법적 또는 사실적 근거가 충분하지 않은 경우

나. 사건이 제17조에 따라 재판 적격성이 없는 경우

다. 범죄의 중대성, 피해자의 이익, 피의자의 연령 또는 쇠약 정도 및 범죄에 있어서 피의자의 역할을 포함한 모든 정황을 고려할 때, 기소가 정의에 부합하지 아니하는 경우

3. 가. 제14조에 따른 사건 회부국 또는 제13조 나호에 따른 안전보장이사회의 요청이 있으면, 전심재판부는 제1항 또는 제2항에 따른 소추관의 절차종결 결정을 재검토할 수 있으며, 소추관에게 그 결정을 재고할 것을 요청할 수 있다.

나. 또한 소추관의 절차종결 결정이 오직 제1항 다호 또는 제2항 다호만을 근거로 한 경우, 전심재판부는 직권으로 그 결정을 재검토할 수 있다. 그러한 경우 소추관의 결정은 전심재판부의 확인을 받아야만 유효하다.

4. 소추관은 새로운 사실이나 정보를 근거로 수사 또는 기소의 개시 여부에 대한 결정을 언제든지 재고할 수 있다.

제54조【수사에 관한 소추관의 의무 및 권한】 1. 소추관은,

가. 진실을 규명하기 위하여 이 규정에 따른 형사책임이 있는지 여부를 평가하는 데 관계되는 모든 사실과 증거를 수사하며, 그렇게 함에 있어서 유죄 및 무죄의 정황을 동등하게 수사한다.

나. 재판소 관할범죄의 효과적인 수사 및 기소를 보장하기 위하여 적절한 조치를 취하며, 그렇게 함에 있어서 연령, 제7조 제3항에 정의된 바와 같은 성별, 건강을 포함하여 피해자 및 증인의 이익과 개인적인 정황을 존중하고, 특히 성폭력, 성별 폭력 또는 아동에 대한

폭력이 관련된 경우에는 범죄
의 성격을 고려한다.
다. 이 규정에 따른 개인의 권
리를 충분히 존중한다.
2. 소추관은 국가의 영역에서 다
음과 같이 수사를 행할 수 있다.
가. 제9부의 규정에 따라,
나. 제57조 제3항 라호에 따른
전심재판부의 허가를 받아
3. 소추관은,
가. 증거를 수집하고 조사할 수
있다.
나. 수사 중인 자, 피해자 및 증
인의 출석을 요구하고 그들을
신문할 수 있다.
다. 국가 또는 정부 간 기구나
조직의 협조를 그들 각각의
권한 및 또는 임무에 따라 구
할 수 있다.
라. 국가, 정부 간 기구 또는 개
인의 협조를 촉진하는 데 필
요한 약정 또는 협정을 맺을
수 있다. 단, 그러한 약정 또는
협정은 이 규정에 저촉되어서
는 아니된다.
마. 소추관이 비밀을 조건으로
그리고 오로지 새로운 증거를
산출할 목적으로 취득한 문서
또는 정보를, 정보제공자가
동의하지 아니하는 한 절차의
어떠한 단계에서도 공개하지
않기로 합의할 수 있다.
바. 정보의 비밀, 개인의 보호
또는 증거의 보전을 확보하기
위하여 필요한 조치를 취하거
나 또는 필요한 조치가 취해
지도록 요청할 수 있다.

제55조【수사 중 개인의 권리】

1. 이 규정에 따른 수사와 관련
하여 개인은,
가. 스스로 복죄하거나 자신의
유죄를 시인하도록 강요받지
아니한다.

나. 어떠한 형태의 강요, 강박
또는 위협, 고문, 또는 다른 어
떠한 형태의 잔혹하거나 비인
도적이거나 굴욕적인 대우나
처벌을 받지 아니한다.
다. 자신이 충분히 이해하고 말
하는 언어 이외의 언어로 신
문받는 경우, 무료로 유능한
통역과 공정성의 요건을 충족
시키는 데 필요한 번역의 도
움을 받는다.
라. 자의적인 체포 또는 구금을
당하지 아니하며, 이 규정에
서 정한 근거와 절차에 따른
경우를 제외하고는 자유를 박
탈당하지 아니한다.
2. 개인이 재판소 관할범죄를
범하였다고 믿을 만한 근거가
있고, 그 자가 소추관 또는 이
규정 제9부에 의한 요청에 따라
국가 당국의 신문을 받게 될 경
우, 그는 신문에 앞서 자신에게
고지되어야 할 다음의 권리를
가진다.
가. 신문에 앞서 그가 재판소 관
할범죄를 범하였다고 믿을 만한
근거가 있음을 고지받을 권리
나. 침묵이 유죄 또는 무죄를
결정함에 있어서 참작됨이 없
이 진술을 거부할 권리
다. 자신이 선택하는 법적 조력
을 받을 권리, 또는 자신이 법
적 조력을 받지 못하고 있다
면 정의를 위하여 요구되는
경우에 자신에게 지정된 법적
조력을 받을 권리, 그리고 자
신이 비용을 지불할 충분한
수단이 없는 경우에는 이를
무료로 제공받을 권리
라. 자신이 자발적으로 변호인
의 조력을 받을 권리를 포기
하지 아니하는 한 변호인의
참석하에 신문을 받을 권리

제56조【유일한 수사기회에 관한 전심재판부의 역할】 1. 가. 소추관이 수사가 증인으로부터 증언이나 진술을 얻거나 증거를 조사·수집 또는 검사하기 위한 유일한 기회를 제공하며 재판을 위하여 추후에는 확보할 수 없다고 판단하는 경우, 소추관은 이를 전심재판부에 통지한다.

나. 이 경우 전심재판부는 소추관의 청구가 있으면 절차의 효율성과 일체성을 보장하고, 특히 피의자의 권리를 보호하는 데 필요한 조치를 취할 수 있다.

다. 전심재판부가 달리 명하지 않는 한, 소추관은 가호에 규정된 수사와 관련하여 체포된 자 또는 소환에 응하여 출석한 자에게 자신이 관련된 사항에 관하여 진술할 수 있도록 관련 정보를 제공한다.

2. 제1항 나호에 언급된 조치는 다음을 포함할 수 있다.

가. 취하여야 할 절차에 관한 권고 또는 명령

나. 절차에 대한 기록의 작성 지시

다. 보조할 전문가의 임명

라. 체포된 자 또는 소환에 응하여 재판소에 출석한 자를 위한 변호인의 참여 허가 또는 그러한 체포나 출석이 아직 없었거나 변호인이 선정되지 아니한 경우에 참석하여 피의자 측의 이익을 대변할 변호인의 임명

마. 증거의 수집 및 보전과 신문을 관찰하고 그에 관한 권고 또는 명령을 하도록 전심재판부의 구성원 중의 한 명 또는 필요한 경우에는 전심부 또는 1심부의 활용 가능한 다른 재판관의 지명

바. 증거를 수집하거나 보전하는데 필요한 기타의 조치들

3. 가. 소추관이 이 조에 따른 조치를 구하지는 않았으나 전심재판부가 재판에서 피고인에게 필수적이라고 여기는 증거를 보전하기 위하여 그러한 조치가 필요하다고 판단하는 경우, 전심재판부는 소추관이 그러한 조치를 요청하지 않은 데 상당한 이유가 있는지 여부에 관하여 소추관과 협의한다. 협의 후 소추관이 그러한 조치를 요청하지 않은 것이 부당하다고 판단하는 경우, 전심재판부는 직권으로 그러한 조치를 취할 수 있다.

나. <u>이 항에 따른 전심재판부의 직권 조치 결정에 대하여 소추관은 상소할 수 있다.</u> 상소는 신속하게 심리된다.

4. 이 조에 따라 재판을 위하여 보전되거나 수집된 증거 또는 그에 대한 기록의 증거능력은 재판 시 제69조에 의해 결정되며, 1심재판부가 정하는 증명력이 부여된다.

제57조【전심재판부의 기능 및 권한】 1. 이 규정에서 달리 정하지 않는 한, 전심재판부는 이 조의 규정에 따라 기능을 행사한다.

2. 가. 제15조, 제18조, 제19조, 제54조 제2항, 제61조 제7항 및 제72조에 따른 <u>전심재판부의 명령 또는 결정은 그 재판부 재판관들의 과반수의 동의</u>가 있어야 한다.

나. 그 외의 모든 경우에 절차 및 증거규칙에 달리 규정되어 있거나 또는 전심재판부의 과반수에 의하여 달리 결정되지 않는 한, 전심재판부의 단독재판관이 이 규정에 따른 기

능을 행사할 수 있다.
3. 전심재판부는 이 규정에 따른 다른 기능 외에도,
가. 소추관의 요청에 따라, 수사를 위하여 필요한 명령을 하고 영장을 발부할 수 있다.
나. 체포된 자 또는 제58조에 따른 소환에 응하여 출석한 자의 요청이 있는 경우, 제56조에 규정된 것과 같은 조치를 포함하는 명령을 하거나 또는 자신의 방어준비를 하는 자를 지원하는데 필요한 협력을 제9부에 따라 구할 수 있다.
다. 필요한 경우, 피해자 및 증인의 보호와 그들의 사생활 보호, 증거 보전, 체포된 자 또는 소환에 응하여 출석한 자의 보호 그리고 국가안보 정보의 보호를 제공할 수 있다.
라. 전심재판부는 가능한 경우 언제나 당해국의 의견을 고려한 후, 당해국이 제9부에 따른 협력 요청을 이행할 권한 있는 사법당국이나 그 구성요건을 이용할 수 없음으로 인하여 협력 요청을 이행할 수 없음이 그 사건의 경우에 명백하다고 결정하는 경우, 소추관으로 하여금 제9부에 따른 당해국의 협력을 확보함이 없이 그 국가의 영역 안에서 특정한 수사조치를 취하도록 권한을 줄 수 있다.
마. 제58조에 따라 체포영장 또는 소환장이 발부된 경우, 이 규정과 절차 및 증거규칙에서 정한 바와 같이 증거가치 및 당해 당사자의 권리를 적절히 고려하여, 피해자의 궁극적 이익을 위하여 몰수 목적의 보호조치를 취하도록 제93조 제1항 카호에 따라 당해국의 협조를 구할 수 있다.

제58조【전심재판부의 체포영장 또는 소환장 발부】 1. 전심재판부는 수사 개시 후 언제라도 소추관의 신청에 따라 소추관이 제출한 신청서 및 증거 또는 기타 정보를 검토한 후 다음이 확인되면 체포영장을 발부한다.
가. 당해인이 재판소 관할범죄를 범하였다고 믿을 만한 합리적 근거가 있으며,
나. 당해인의 체포가 다음을 위하여 필요하다고 판단되는 경우
(1) 재판 출석을 보장하기 위한 경우
(2) 수사 또는 재판소 절차를 방해하거나 위태롭게 하지 못하도록 보장하기 위한 경우
(3) 적용 가능한 경우, 당해 범행의 계속 또는 그와 동일한 상황에서 발생하는 재판소의 관할권 내에 속하는 관련 범행의 계속을 방지하기 위한 경우
2. 소추관의 신청서는 다음을 포함한다.
가. 당해인의 성명 및 기타 관련 신원 정보
나. 당해인이 범행의 혐의를 받는 재판소 관할범죄에 대한 구체적 언급
다. 그러한 범죄를 구성하는 것으로 주장되는 사실에 대한 간결한 설명
라. 당해인이 그러한 범죄를 범하였다고 믿을 만한 합리적 근거를 형성하는 증거 및 기타 정보의 요약
마. 소추관이 당해인의 체포가 필요하다고 믿는 이유
3. 체포영장은 다음을 포함한다.
가. 당해인의 성명 및 기타 관련 신원 정보
나. 당해인의 체포사유가 되는 재판소 관할범죄에 대한 구체적 언급

다. 그러한 범죄를 구성하는 것으로 주장되는 사실에 대한 간결한 설명

4. 체포영장은 재판소가 달리 명령할 때까지 효력을 지속한다.

5. 체포영장을 근거로 재판소는 제9부에 따라 당해인의 긴급인도구속 또는 체포 및 인도를 청구할 수 있다.

6. 소추관은 전심재판부에 대하여 체포영장에 명시된 범죄를 수정하거나 그에 추가함으로써 체포영장을 수정할 것을 요청할 수 있다. 전심재판부는 당해인이 수정되거나 추가된 범죄를 범하였다고 믿을 만한 합리적 근거가 있다고 확인되는 경우 체포영장을 그와 같이 수정한다.

7. 체포영장 신청에 대한 대안으로 소추관은 당해인에 대해 소환장을 발부하도록 요청하는 신청서를 전심재판부에 제출할 수 있다. 전심재판부는 당해인이 범행의 혐의를 받는 범죄를 범하였다고 믿을 만한 합리적 근거가 있으며 소환장이 그의 출석을 확보하는데 충분하다고 확인하는 경우, 국내법에 규정된 (구금 이외의) 자유를 제한하는 조건을 부가하거나 부가하지 않으면서 당해인이 출석하도록 소환장을 발부한다. 소환장은 다음을 포함한다.

가. 당해인의 성명 및 기타 관련 신원 정보

나. 당해인이 출석하여야 하는 구체적 일자

다. 당해인이 범행의 혐의를 받는 재판소 관할범죄에 대한 구체적 언급

라. 그러한 범죄를 구성하는 것으로 주장되는 사실에 대한 간결한 설명 소환장은 당해인에게 송달된다.

제59조 【구금국에서의 체포절차】

1. 긴급인도구속 또는 체포 및 인도 요청을 접수한 당사국은 즉시 자국법 및 제9부의 규정에 따라 당해인을 체포하기 위한 조치를 취한다.

2. 체포된 자는 신속히 구금국의 권한 있는 사법당국에 인치되어야 하며, 그 사법당국은 자국법에 따라 다음을 결정한다.

가. 영장이 당해인에 적용되는지 여부

나. 당해인이 적절한 절차에 따라 체포되었는지 여부

다. 당해인의 권리가 존중되었는지 여부

3. 체포된 자는 인도될 때까지 구금국의 권한 있는 당국에 임시석방을 신청할 권리를 가진다.

4. 그러한 신청에 대하여 결정함에 있어 구금국의 권한 있는 당국은 범행의 혐의를 받는 범죄의 중대성에 비추어 임시석방을 정당화하는 긴급하고 예외적인 상황이 있는지 여부 및 구금국이 그를 재판소에 인도할 의무를 이행할 수 있도록 보장하는 필요한 안전장치가 존재하는지 여부를 검토한다. 구금국의 권한 있는 당국은 체포영장이 제58조 제1항 가호 및 나호에 따라 적절하게 발부되었는지 여부를 검토할 수 없다.

5. 여하한 임시석방 신청도 전심재판부에 통지되어야 하며, 전심재판부는 구금국의 권한 있는 당국에 권고를 행한다. 구금국의 권한 있는 당국은 결정을 내리기 전에 당해인의 도주를 방지하기 위한 조치에 관한 권고를 포함한 전심재판부의 권고를 충분히 고려한다.

6. 당해인에 대한 임시석방이 허가된 경우, 전심재판부는 임

시석방의 상황에 대한 정기적인 보고를 요청할 수 있다.

7. 구금국의 인도명령이 내려지면 당해인은 가능한 한 신속히 재판소로 인도되어야 한다.

제60조 【재판소에서의 최초 절차】 1. 당해인이 재판소로 인도되거나 또는 자발적이거나 소환에 따라 재판소에 출석하였을 때, 전심재판부는 그 자가 범행의 혐의를 받는 범죄에 대하여 통지를 받았는지, 그리고 재판 계속 중 임시석방을 신청할 권리 등 이 규정에 따른 자신의 권리에 관하여 통지를 받았는지 확인한다.

2. 체포영장의 적용을 받는 자는 재판 계속 중 임시석방을 신청할 수 있다. 전심재판부가 제58조 제1항에 규정된 조건들이 충족됨을 확인한 경우, 그는 계속 구금된다. 그와 같이 확인되지 않는 경우, 전심재판부는 조건부로 또는 조건 없이 당해인을 석방한다.

3. 전심재판부는 석방 또는 구금에 관한 결정을 정기적으로 재검토하며, 소추관 또는 당해인의 신청이 있으면 언제든지 재검토할 수 있다. 재검토에 따라 사정변경으로 필요하다고 인정되는 경우, 전심재판부는 구금·석방 또는 석방조건에 대한 결정을 변경할 수 있다.

4. 전심재판부는 누구도 소추관의 변명할 수 없는 지체로 인하여 재판 전에 불합리하게 장기간 구금되지 않도록 보장한다. 그러한 지체가 발생한 경우, 재판소는 조건부로 또는 조건 없이 당해인의 석방을 고려한다.

5. 필요한 경우 전심재판부는 석방된 자의 출석을 확보하기 위하여 체포영장을 발부할 수 있다.

제61조 【재판 전 공소사실의 확인】 1. 제2항의 규정을 조건으로, 당해인의 인도 또는 자발적 재판소 출석 후 합리적인 기간 내에 전심재판부는 소추관이 재판을 구하고자 하는 공소사실을 확인하기 위한 심리를 행한다. 심리는 소추관과 피의자 및 피의자 변호인의 출석하에 이루어진다.

2. 전심재판부는 다음의 경우 소추관의 요청에 따라 또는 직권으로 피의자가 출석하지 않은 상태에서 소추관이 재판을 구하고자 하는 공소사실을 확인하기 위한 심리를 할 수 있다.

가. 당해인이 출석할 권리를 포기한 경우

나. 당해인이 도주하였거나 소재를 알 수 없고, 그의 재판소 출석을 확보하고 그에게 공소사실 및 그 공소사실을 확인하기 위한 심리의 개시를 통지하기 위해 모든 합리적인 조치를 취한 경우

그러한 경우, 전심재판부가 정의에 합당하다고 결정하는 경우, 변호인이 당해인을 대리한다.

3. 당해인은 심리 전 합리적인 기간 내에,

가. 소추관이 그를 재판에 회부하려는 공소사실을 기재한 문서의 사본을 제공받는다.

나. 소추관이 심리에서 근거로 삼고자 하는 증거를 통지받는다. 전심재판부는 심리 목적으로 정보의 공개에 관하여 명령을 내릴 수 있다.

4. 심리가 시작되기 전에 소추관은 수사를 계속할 수 있으며 공소사실을 수정 또는 철회할 수 있다. 당해인은 심리전에 여하한 공소사실의 변경 또는 철회에 대하여 합리적인 통지를

받는다. 공소사실 철회의 경우, 소추관은 전심재판부에 철회의 사유를 통지한다.

5. 심리 시 소추관은 당해인이 기소대상인 범죄를 범하였다고 믿을 만한 상당한 근거를 형성하는 충분한 증거로써 각 공소사실을 증빙하여야 한다. 소추관은 서면 증거 또는 약식 증거에 의존할 수 있으며, 재판에서 증언할 것으로 예상되는 증인을 소환할 필요는 없다.

6. 심리 시 당해인은,

가. 공소사실을 부인할 수 있다.

나. 소추관이 제출한 증거에 대하여 이의를 제기할 수 있다.

다. 증거를 제출할 수 있다.

7. 전심재판부는 심리를 근거로 당해인이 기소대상인 각각의 범죄를 범하였다고 믿을 만한 상당한 근거를 형성하는 충분한 증거가 있는지를 결정한다. 그 결정에 근거하여 전심재판부는,

가. 충분한 증거가 있다고 결정한 관련 공소사실을 확인하고, 확인된 공소사실에 대한 재판을 위하여 당해인을 1심재판부에 회부한다.

나. 증거가 불충분하다고 결정한 공소사실에 대하여는 확인을 거절한다.

다. 심리를 연기하고 소추관에게 다음을 고려하도록 요청한다.

(1) 특정한 공소사실과 관련하여 추가 증거를 제공하거나 또는 추가 수사를 행할 것, 또는

(2) 제출된 증거가 재판소의 다른 관할범죄를 구성하는 것으로 보이므로 공소사실을 수정할 것

8. 전심재판부가 공소사실의 확인을 거절하는 경우에도, 추가 증거가 보강되면 소추관이 추후 다시 확인을 요청함에는 지장이 없다.

9. 공소사실이 확인된 후 재판이 시작되기 전, 소추관은 전심재판부의 허가를 받고 또한 피의자에게 통지한 후 공소사실을 수정할 수 있다. 소추관이 공소사실을 추가하려고 하거나 보다 중한 공소사실로 대체하려고 하는 경우, 이 조에 따라 공소사실을 확인하기 위한 심리를 열어야 한다. 재판이 시작된 후에는, 소추관은 1심재판부의 허가를 얻어 공소사실을 철회할 수 있다.

10. 전심재판부에 의하여 확인되지 아니한 공소사실이나 소추관이 철회한 공소사실에 대하여 전에 발부된 영장은 효력을 상실한다.

11. 이 조에 따라 <u>공소사실이 확인되면 소장단은 1심재판부를 구성한다.</u> 동 재판부는 제9항 및 제64조제4항을 조건으로 그 후의 절차에 책임을 지며, 그 절차와 관련되는 적용 가능한 전심재판부의 모든 기능을 행사할 수 있다.

제6부 재 판

제62조 【재판 장소】 달리 결정되지 않는 한, 재판 장소는 재판소의 소재지로 한다.

제63조 【피고인 출석하의 재판】

1. 피고인은 재판하는 동안 출석하여야 한다.

2. 재판소에 출석한 피고인이 계속하여 재판을 방해하는 경우, 1심재판부는 그를 퇴정시킬 수 있으며 필요한 경우 통신기술을 이용하여 피고인이 재판정 밖에서 재판을 관찰하고 변호인에게 지시할 수 있도록 피고인을 위하여 조치를 취한다.

그러한 조치는 다른 합리적인 대안이 부적절한 것으로 확인된 후, 오직 예외적인 상황에서 엄격히 필요한 기간 동안만 취해져야 한다.

제64조【1심재판부의 기능과 권한】 1. 이 조에 규정된 1심재판부의 기능과 권한은 이 규정과 절차 및 증거규칙에 따라 행사된다.

2. 1심재판부는 재판이 공정하고 신속하게, 그리고 피고인의 권리를 충분히 존중하고 피해자와 증인의 보호에 적절히 유의하여 진행되도록 보장한다.

3. 이 규정에 따라 재판을 위해 사건이 배당되면 그 사건을 처리하도록 배정된 <u>1심재판부는</u> 다음을 행한다.

가. 당사자들과 협의하여 공정하고 신속한 소송진행을 촉진하기 위하여 필요한 <u>절차의</u> 채택

나. 재판에서 사용될 언어의 결정

다. 이 규정의 기타 관련 조항에 따라, 적절한 재판준비가 가능하도록 재판이 시작되기에 충분히 앞서 전에 공개되지 않았던 문서 또는 정보의 공개 조치

4. 1심재판부는 효율적이고 공정한 운영을 위하여 필요한 경우, 예비적인 문제를 전심재판부에 회부하거나, 필요한 경우 전심부의 다른 재판관에게 회부할 수 있다.

5. 당사자들에 대한 통지 후 1심재판부는 2인 이상의 피고인들에 대한 공소사실들에 관하여 적절한 대로 병합 또는 분리를 지시할 수 있다.

6. 재판 전 또는 재판이 진행되는 동안 그 기능을 수행함에 있어, 1심재판부는 필요한 대로 다음을 행할 수 있다.

가. 제61조 제11항에 규정된 전심재판부의 기능 행사

나. 필요한 경우 이 규정이 정하는 바에 따라 국가의 지원을 받음으로써 증인의 출석 및 증언, 그리고 문서 및 기타 증거의 제공 요구

다. 비밀 정보의 보호 제공

라. 재판 전에 이미 수집되었거나 재판 중에 당사자가 제출한 증거 외의 추가 증거의 제출 명령

마. 피고인, 증인 및 피해자의 보호 조치

바. 기타 관련 문제에 대한 어떠한 결정

7. <u>재판은 공개로 진행된다.</u> 그러나 1심재판부는 제68조에 기술된 목적을 위하여 또는 증거로 제출될 비밀정보나 민감한 정보를 보호하기 위한 특수상황으로 인하여 특정 절차를 비공개로 진행할 것이 요구된다고 결정할 수 있다.

8. 가. 재판이 시작되면 1심재판부는 전심재판부가 확인한 공소사실을 피고인에게 낭독한다. 1심재판부는 피고인이 공소사실의 성격을 이해하고 있음을 확인한다. 재판부는 피고인에게 제65조에 따라 유죄를 인정하거나 무죄를 주장할 기회를 부여한다.

나. 재판에서 재판장은 절차가 공정하고 공평한 방식으로 진행되도록 보장하는 것을 포함하여 절차의 진행을 위한 지시를 할 수 있다. 재판장의 지시를 조건으로, 당사자는 이 규정에 정한 바에 따라 증거를 제출할 수 있다.

9. 1심재판부는 당사자의 신청에 따라 또는 직권으로, 특히 다음 권한을 가진다.

가. 증거능력 또는 증거의 관련
성을 결정할 권한
나. 심리 중 질서를 유지하는
데 필요한 모든 조치를 취할
권한
10. 1심재판부는 절차를 정확하
게 반영하는 완벽한 재판기록이
작성되고 사무국장이 이를 유
지·보존할 것을 보장한다.

제65조 【유죄인정에 관한 절차】
1. 피고인이 제64조 제8항 가호
에 따라 유죄를 인정하는 경우,
1심재판부는 다음을 결정한다.
가. 피고인이 유죄인정의 성격 및
결과를 이해하고 있는지 여부
나. 피고인이 변호인과의 충분
한 협의를 거쳐 자발적으로
유죄를 인정한 것인지 여부
다. 유죄의 인정이 다음에 포함
된 사건의 사실관계에 의하여
뒷받침되고 있는지 여부
  (1) 소추관이 제기하고 피고
  인이 인정한 공소사실
  (2) 소추관이 제출하여 공소
  사실을 보충하고 피고인이 인
  정한 자료
  (3) 증인의 증언 등 소추관 또
  는 피고인이 제출한 기타 증거
2. 제1항에 규정된 사항들이 갖
추어졌다고 인정하는 경우, 1심
재판부는 피고인의 유죄인정이
추가 제출 증거와 함께 당해 범
죄를 입증하는데 요구되는 필
수적인 모든 사실을 형성하는
것으로 간주하고, 피고인에게
그 범죄에 대한 유죄판결을 내
릴 수 있다.
3. 제1항에 규정된 사항들이 갖
추어졌다고 인정하지 않는 경
우, 1심재판부는 유죄인정이 이
루어지지 아니한 것으로 간주
하며, 재판이 이 규정에 정한 일
반 재판절차에 따라 계속되도
록 명령한다. 또한 사건을 다른

1심재판부로 이송할 수도 있다.
4. 1심재판부가 정의, 특히 피
해자의 이익을 위하여 사건의
사실관계가 보다 완벽하게 밝
혀질 필요가 있다고 판단하는
경우, 1심재판부는,
가. 소추관에게 증인의 증언을
포함한 추가 증거의 제출을
요구할 수 있다.
나. 재판이 이 규정에 정한 일
반 재판절차에 따라 계속되도
록 명령할 수 있으며, 이 경우
유죄인정이 이루어지지 않은
것으로 간주한다. 또한 사건
을 다른 1심재판부로 이송할
수도 있다.
5. 공소사실의 변경, 유죄의 인
정 또는 부과될 형량에 관한 소
추관과 피고인 측 사이의 어떠
한 협의도 재판소를 기속하지
아니한다.

제66조 【무죄의 추정】 1. 모든
사람은 적용법규에 따라 재판
소에서 유죄가 입증되기 전까
지는 무죄로 추정된다.
2. 피고인의 유죄를 입증할 책
임은 소추관에게 있다.
3. 피고인을 유죄판결하기 위
하여는, 재판소가 피고인의 유
죄를 합리적인 의심의 여지가
없이 확신하여야 한다.

제67조 【피고인의 권리】 1. 공
소사실의 확인에 있어서 피고
인은 이 규정에 정한 바에 따른
공개 심리, 공평하게 진행되는
공정한 심리 그리고 완전히 평
등하게 다음과 같은 최소한의
보장을 받을 권리를 가진다.
가. 공소사실의 성격, 근거 및
내용에 대하여 피고인이 완전
히 이해하고 말하는 언어로 신
속하고 상세하게 통지받는다.
나. 방어 준비를 위하여 적절한
시간과 편의를 받으며, 피고

인이 선택한 변호인과 비공개로 자유로이 통신한다.

다. 부당한 지체 없이 재판을 받는다.

라. 제63조 제2항을 조건으로 재판에 출석하고 스스로 또는 자신이 선택하는 법적 조력을 통하여 변호하며, 피고인이 법적 조력을 받지 못하고 있다면 정의를 위하여 요구되는 경우에 재판소가 지정한 법적 조력을 받으며 자신의 비용을 지불할 충분한 수단이 없는 경우에는 이를 무료로 제공받는다는 것을 통지받고 이러한 조력을 제공받는다.

마. 자신에게 불리한 증인을 신문하거나 또는 신문받게 하고, 자신에게 불리한 증인과 동등한 조건하에 자신에게 유리한 증인의 출석 및 신문을 확보한다. 피고인은 또한 항변을 제기하고 이 규정에 따라 증거능력이 있는 다른 증거를 제출할 권리를 가진다.

바. 재판소의 절차나 재판소에 제출된 문서가 피고인이 완전히 이해하고 말하는 언어로 되어 있지 않은 경우, 유능한 통역자의 조력이나 그러한 번역을 무상으로 제공받는다.

사. 증언하거나 또는 유죄를 시인하도록 강요받지 아니하며, 침묵이 유죄 또는 무죄의 결정에 참작됨이 없이 진술을 거부할 수 있다.

아. 자신의 변호를 위하여 선서 없이 구두 또는 서면으로 진술한다.

자. 입증책임의 전환이나 반증책임을 부과받지 아니한다.

2. 이 규정에 정한 다른 공개에 추가하여, 소추관은 자신이 보유하거나 통제하고 있는 증거로서 피고인이 무죄임을 보여주거나 보일 수 있다고 믿는 증거, 피고인의 죄를 감경시킬 수 있는 증거, 또는 소추관측 증거의 신빙성에 영향을 미칠 수 있는 증거를 가능한 한 신속히 피고인 측에 공개한다. 이 항의 적용에 관하여 의문이 있는 경우 재판소가 결정한다.

제68조 【피해자 및 증인의 보호와 절차 참여】 1. 재판소는 피해자와 증인의 안전, 신체적·정신적 안녕, 존엄성 및 사생활을 보호하기 위한 적절한 조치를 취한다. 그렇게 함에 있어서 연령, 제7조 제3항에 정의된 바와 같은 성별, 건강 및 범죄의 성격을 포함한 모든 관련 요소를 고려하며, 범죄의 성격을 고려함에 있어서는 성폭력, 성별 폭력 또는 아동에 대한 폭력이 관련된 범죄의 경우에 유의하되, 이에 한정되는 것은 아니다. 소추관은 특히 이러한 범죄를 수사하고 기소하는 동안에 이러한 조치를 취한다. 이 조치들은 피고인의 권리와 공정하고 공평한 재판을 침해하거나 이에 저촉되어서는 아니된다.

2. 제67조에 규정된 공개 심리의 원칙에 대한 예외로서, 재판부는 피해자와 증인 또는 피고인을 보호하기 위하여 절차의 일정 부분을 비공개로 진행하거나 전자적 또는 기타 특수한 수단에 의한 증거 제출을 허용할 수 있다. 특히 이러한 조치는 재판소가 모든 상황 특히 피해자나 증인의 의견을 고려하여 달리 명령하지 않는 한, 성폭력의 피해자 또는 아동이 피해자나 증인인 경우에 실행된다.

3. 피해자의 개인적 이해가 영향을 받는 경우, 재판소는 재판

소가 적절하다고 결정하는 절차의 단계에서 피고인의 권리와 공정하고 공평한 재판을 침해하거나 이에 저촉되지 않는 방식으로 피해자의 견해와 관심이 제시될 수 있도록 허용한다. 그러한 견해와 관심은 재판소가 적절하다고 판단하는 경우 절차 및 증거규칙에 따라 피해자의 법적 대리인에 의하여 제시될 수 있다.

4. 피해자·증인 담당부는 제43조제6항에 규정된 적절한 보호조치, 안전조치, 상담 및 지원에 관하여 소추관 및 재판소에 조언할 수 있다.

5. 이 규정에 따른 증거 또는 정보의 공개가 증인이나 그 가족의 안전에 중대한 위험을 초래할 수 있는 경우, 소추관은 재판이 시작되기 전에 진행되는 절차에서는 그러한 증거 또는 정보를 공개하지 아니하고 대신 그 요약을 제출할 수 있다. 이러한 조치는 피고인의 권리와 공정하고 공평한 재판을 침해하거나 이와 저촉되지 않는 방식으로 실행된다.

6. 국가는 자국의 공무원 또는 고용인의 보호와 비밀 또는 민감한 정보의 보호에 관하여 필요한 조치가 취해지도록 신청할 수 있다.

제69조【증거】 1. 증언하기 전, 증인은 절차 및 증거규칙에 따라 자신이 제공할 증거의 진실성에 대하여 선서한다.

2. 재판에서 증인의 증언은 제68조 또는 절차 및 증거규칙에 열거된 조치에 정하여진 범위를 제외하고는 자신이 직접 하여야 한다. 재판소는 이 규정을 조건으로 절차 및 증거규칙에 따라 비디오 또는 오디오 기술에 의한 증인의 구두 또는 녹음 증언 및 문서나 녹취록의 제출을 허용할 수 있다. 이 조치들이 피고인의 권리를 침해하거나 이에 저촉되어서는 아니된다.

3. 당사자는 제64조에 따라 사건에 관련된 증거를 제출할 수 있다. 재판소는 진실의 결정을 위하여 필요하다고 판단하는 모든 증거의 제출을 요구할 권한을 가진다.

4. 재판소는 절차 및 증거규칙에 따라, 특히 증거의 증명력 및 그 증거가 공정한 재판이나 증인의 증언에 대한 공정한 평가에 미칠 수 있는 모든 침해를 고려하여 증거의 관련성 또는 증거능력에 대하여 결정할 수 있다.

5. 재판소는 절차 및 증거규칙에 규정된 비밀유지에 관한 특권을 존중하고 준수한다.

6. 재판소는 공지의 사실에 대한 입증을 필요로 하지 않으며, 그 사실의 존재를 바로 인정할 수 있다.

7. 이 규정 또는 국제적으로 승인된 인권을 위반하여 취득된 증거는 다음의 경우 증거능력이 없다.

가. 그 위반이 증거의 신빙성에 대하여 상당한 의심을 야기시키는 경우

나. 그 증거의 인정이 절차의 일체성에 반하거나 또는 이를 중대하게 침해하는 경우

8. 국가가 수집한 증거의 관련성 또는 증거능력을 판단함에 있어, 재판소는 그 국가의 국내법의 적용에 관하여 판단하지 아니한다.

제70조【사법운영을 침해하는 범죄】 1. 재판소는 사법운영을 침해하는 다음 범죄들이 고의

적으로 범하여진 경우 이에 대하여 관할권을 가진다.

가. 제69조 제1항에 따라 진실을 말할 의무가 있는 경우의 허위 증언

나. 허위 또는 위조된 것임을 아는 증거의 제출

다. 증인에게 부정하게 영향을 미치거나, 증인의 출석이나 증언을 저지 또는 방해하거나, 증인의 증언에 대하여 보복하거나 또는 증거를 인멸·조작하거나 증거의 수집 방해

라. 재판소의 직원이 자신의 임무를 수행하지 않도록 하거나 부적절하게 수행하도록 강제하거나 설득할 목적으로, 그 직원을 방해하거나 협박하거나 또는 부정하게 영향을 행사

마. 재판소의 직원 또는 다른 직원이 수행한 임무를 이유로 한 재판소 직원에 대한 보복

바. 재판소의 직원으로서 자신의 공적 임무와 관련하여 뇌물의 요구 또는 수령

2. 이 조의 범죄에 대한 재판소의 관할권 행사에 적용되는 원칙과 절차는 절차 및 증거규칙에 규정된다. 이 조에 따른 재판소의 절차와 관련하여 재판소에 국제협력을 제공하는 조건에 관하여는 피요청국의 국내법에 따른다.

3. 유죄판결의 경우, 재판소는 절차 및 증거규칙에 따라 5년 이하의 징역 또는 벌금을 부과하거나 이를 병과할 수 있다.

4. 가. 각 당사국은 이 조에 규정된 사법운영을 침해하는 범죄가 자국의 영역 안에서 또는 자국민에 의하여 범하여진 경우, 자국의 수사 또는 사법절차의 일체성을 침해하는 범죄행위를 처벌하는 자국의 형

법을 동 범죄행위에 확장·적용한다.

나. 당사국은 재판소의 요청에 따라 적절하다고 판단하는 경우 언제든지 당해 사건을 소추하기 위하여 자국의 권한 있는 당국에 회부한다. 권한 있는 당국은 그 사건을 성실하게 취급하며, 그 사건을 효과적으로 처리하기에 충분한 자원을 투입한다.

제71조【재판소에서의 부정행위에 대한 제재】

1. 재판소는 재판소에 출석한 자가 절차를 방해하거나 재판소의 명령을 고의적으로 거부하는 등 부정행위를 하는 경우, 법정에서 일시적 또는 영구적 퇴정, 벌금, 증거 및 절차규칙이 규정하는 기타 유사조치 등 구금 이외의 행정조치로 제재할 수 있다.

2. 제1항에 기술된 조치의 부과에 관한 절차는 절차 및 증거규칙의 규정에 따른다.

제72조【국가안보 정보의 보호】

1. 이 조는 국가의 정보 또는 문서의 공개가 당해국의 판단으로 자국의 국가안보 이익을 침해할 수 있는 모든 경우에 적용된다. 이러한 경우에는 제56조 제2항 및 제3항, 제61조 제3항, 제64조 제3항, 제67조 제2항, 제68조 제6항, 제87조 제6항 및 제93조의 범위에 해당하는 경우뿐만 아니라 절차의 기타 어느 단계에서 발생하는 경우이건 위와 같은 공개가 쟁점이 되는 때를 포함한다.

2. 이 조는 또한 정보 또는 증거를 제출하도록 요청받은 자가 정보의 공개가 국가안보 이익을 침해할 수 있다는 이유로 이를 거절하거나 또는 그 사항을 당해 국가로 회부하고, 당해 국

가도 정보의 공개가 자국의 국가안보 이익을 침해할 수 있다는 의견임을 확인한 경우에도 적용된다.

3. 이 조의 어떠한 규정도 제54조 제3항 마호 및 바호에 따라 적용가능한 비밀유지의 요건이나 제73조의 적용을 침해하지 아니한다.

4. 국가가 자국의 정보 또는 문서가 절차의 어느 단계에서 공개되고 있거나 공개될 것 같다는 사실을 알고 그 공개가 자국의 국가안보 이익을 침해할 수 있다고 판단하는 경우, 당해 국가는 이 조에 따라 그 문제의 해결을 위하여 개입할 권리를 가진다.

5. 어느 국가가 정보의 공개로 자국의 국가안보 이익이 침해될 수 있다고 판단하는 경우, 그 국가는 협력적 방식에 의한 문제의 해결을 모색하기 위하여 경우에 따라 소추관, 피고인 측 또는 전심재판부나 1심재판부와 협력하여 모든 합리적인 조치를 취한다. 이러한 조치는 다음을 포함할 수 있다.

가. 요청의 변경 또는 명료화

나. 요청된 정보 또는 증거의 관련성에 관한 재판소의 결정, 또는 그 증거가 관련성이 있더라도 피요청국 이외의 출처로부터 취득될 수 있거나 또는 이미 취득되었는지 여부에 대한 결정

다. 다른 출처로부터 또는 다른 형태의 정보 또는 증거의 취득

라. 요약 또는 편집본의 제공, 공개의 제한, 비공개 또는 일방적 참가 절차의 활용 또는 이 규정 및 절차 및 증거규칙상 허용되는 기타의 보호조치 등을 포함하여 조력이 제공될

수 있는 조건에 관한 합의

6. 협력적 방식으로 문제를 해결하기 위한 모든 합리적인 조치를 취하였고, 국가가 자국의 국가안보 이익을 침해함이 없이 정보 또는 문서를 제공하거나 공개할 수 있는 수단이나 조건이 없다고 판단하는 경우, 당해 국가는 그 이유를 구체적으로 설명하는 것 자체가 필연적으로 자국의 국가안보 이익을 침해하게 되는 경우를 제외하고는 소추관 또는 재판소에 자국의 결정의 구체적 이유를 통지한다.

7. 그 후 재판소는 증거가 피고인의 유죄 또는 무죄를 입증하는 데 관련되고 필요하다고 판단하는 경우, 다음 조치를 취할 수 있다.

가. 정보 또는 문서의 공개가 제9부의 협력요청 또는 제2항에 규정된 상황에 따라 요청되었으며, 당해 국가가 제93조 제4항에 규정된 거절사유를 원용한 경우,

(1) 재판소는 제7항 가호(2)에 규정된 결정을 내리기 전 그 국가의 주장을 검토하기 위한 목적으로 추가 협의를 요청할 수 있으며, 이는 적절한 경우 비공개 및 일방적 참가방식의 심리를 포함할 수 있다.

(2) 피요청국이 당해 사건의 상황에서 제93조 제4항의 거절사유를 원용함으로써 이 규정상의 의무에 따라 행동하지 않는다고 재판소가 판단하는 경우, 재판소는 판단의 이유를 명시하여 제87조 제7항에 따라 그 문제를 회부할 수 있다.

(3) 재판소는 경우에 따라 적절하게 피고인에 대한 재판에서 사실의 존재 또는 부존재에 관하여 추정할 수 있다.

나. 기타의 모든 경우,
(1) 공개를 명령할 수 있다.
(2) 공개를 명령하지 않는 한
도에서는 피고인에 대한 재판
에서 상황에 따라 적절한 대
로 사실의 존재 또는 부존재
에 관하여 추정할 수 있다.

제73조 【제3자의 정보 또는 문서】
국가, 정부 간 기구 또는 국제기
구가 당사국에게 비밀리에 제
공하여 당사국이 보관·소유
또는 관리하고 있는 문서나 정
보를 제공할 것을 재판소가 요
청하는 경우, 당사국은 문서나
정보를 공개하기 위하여 원 제
공자의 동의를 구한다. 원 제공
자가 당사국인 경우, 그 국가는
정보 또는 문서의 공개에 동의
하거나 또는 제72조의 규정에
따를 것을 조건으로 재판소와
공개 문제를 해결하기 위한 조
치를 취한다. 원 제공자가 당사
국이 아니고 공개 동의를 거부
하는 경우, 피요청국은 원 제공
자에 대한 기존의 비밀유지 의
무로 인하여 문서 또는 정보를
제공할 수 없음을 재판소에 통
지한다.

제74조 【판결의 요건】 1. 1심
재판부의 모든 재판관은 재판
의 각 단계 및 심의의 전 과정
에 출석한다. 소장단은 1심재판
부의 구성원이 계속 출석할 수
없게 된 경우, 사건별로 재판의
각 단계에 참석하여 그를 대체
하도록 가능한 대로 1인 또는
그 이상의 교체재판관을 지정
할 수 있다.
2. 1심재판부의 판결은 증거 및
전체 절차에 대한 평가에 근거
하여야 한다. 판결은 공소사실
및 변경된 공소사실에 기재된
사실과 정황을 초과하여서는
아니 된다. 재판소는 재판에서

재판소에 제출되어 검토된 증
거만을 근거로 판결할 수 있다.
3. 재판관들은 판결에 있어서
전원합의를 이루도록 노력하
되, 전원합의를 이루지 못한 경
우, 판결은 재판관의 과반수에
의한다.
4. 1심재판부의 심의는 비밀로
유지된다.
5. 판결은 서면으로 작성되며,
1심재판부의 증거에 대한 판단
과 결론에 관한 충분하고도 이
유있는 서술을 포함한다. 1심재
판부는 하나의 판결을 내린다.
전원합의를 이루지 못한 경우,
1심재판부의 판결은 다수의견
과 소수의견을 포함한다. 판결
또는 그 요지는 공개된 법정에
서 선고된다.

제75조 【피해자에 대한 배상】
1. 재판소는 원상회복, 보상 및
사회복귀를 포함하여 피해자에
대한 또는 피해자에 관한 배상
의 원칙을 수립한다. 이를 근거
로 재판소는 그 판결에서 피해
자에 관한 또는 피해자에 대한
손해·손실 및 피해의 범위와
정도를 신청에 의하여 또는 예외
적인 상황에서는 직권으로 결정
할 수 있으며, 이때 재판소가 근
거로 삼은 원칙을 명시한다.
2. 재판소는 원상회복, 보상 및
사회복귀 등을 포함하여 피해
자에 대한 또는 피해자에 관한
적절한 배상을 명시하는 명령
을 유죄판결을 받은 자에게 직
접 내릴 수 있다. 적절한 경우,
재판소는 제79조에 규정된 신
탁기금을 통하여 배상이 이루
어지도록 명령할 수 있다.
3. 이 조에 따른 명령을 내리기
전에 재판소는 유죄판결을 받
은 자, 피해자, 기타 이해관계자
또는 이해관계국으로부터의 또

는 이들을 대리한 의견 제시를 요청할 수 있으며 제시된 의견들을 참작한다.

4. 이 조에 따른 권한을 행사함에 있어 재판소는, 재판소의 관할범죄에 대한 유죄판결 후에, 이 조에 따라 재판소가 내린 명령을 실행하기 위하여 제93조 제1항에 따른 조치를 요구하는 것이 필요한지 여부를 결정할 수 있다.

5. 당사국은 이 조에 따른 결정을 제109조의 규정이 이 조에 적용되는 것처럼 이행한다.

6. 이 조의 어떠한 규정도 국내법 또는 국제법에 따른 피해자의 권리를 침해하는 것으로 해석되지 아니한다.

제76조 【양형(sentencing)】

1. 유죄판결의 경우, 1심재판부는 부과할 적절한 형을 검토하며 재판과정에서 제출된 증거 및 개진된 의견 중 양형과 관련된 것을 참작한다.

2. 제65조가 적용되는 경우를 제외하고 1심재판부는 재판이 종결되기 전, 양형과 관련된 추가 증거 또는 의견을 심리하기 위하여 절차 및 증거규칙에 따라 직권으로 추가 심리를 실시할 수 있으며, 소추관 또는 피고인의 요청이 있으면 반드시 실시한다.

3. 제2항이 적용되는 경우, 제75조에 따른 어떠한 의견제시도 제2항에 규정된 추가 심리 중에 개진되며, 필요한 경우 별도의 추가 심리 중에 개진된다.

4. 형은 공개적으로 그리고 가능한 한 피고인이 출석한 가운데 선고한다.

제7부 형 벌(Penalties)

제77조 【적용 가능한 형벌】

1. 제110조를 조건으로, 재판소는 이 규정 제5조에 규정된 범죄로 유죄판결을 받은 자에 대하여 다음의 형 중 하나를 부과할 수 있다.

가. <u>최고 30년을 초과하지 아니하는 유기징역</u>

나. 범죄의 극도의 중대성과 유죄판결을 받은 자의 개별적 정황에 의하여 정당화될 경우에는 <u>무기징역</u>

2. 징역에 추가하여 재판소는 다음을 명할 수 있다.

가. 절차 및 증거규칙에 규정된 기준에 따른 <u>벌금</u>

나. 선의의 제3자의 권리를 침해함이 없이, 당해 범죄로부터 직접적 또는 간접적으로 발생한 수익·재산 및 자산의 <u>몰수</u>

제78조 【형의 결정】

1. 형을 결정함에 있어 재판소는 절차 및 증거규칙에 따라 범죄의 중대성 및 유죄판결을 받은 자의 개별적 정황 등의 요소를 고려한다.

2. 징역형을 부과함에 있어, 재판소는 재판소의 명령에 따라 전에 구금되었던 기간이 있을 경우 이를 공제한다. 재판소는 그 당해 범죄의 기초를 이루는 행위와 관련하여 구금되었던 기간도 공제할 수 있다.

3. 어떠한 자가 2개 이상의 범죄에 대하여 유죄판결을 받은 경우, 재판소는 각각의 범죄에 대한 형과 총 징역기간을 명시하는 합산형을 선고한다. 이 기간은 선고된 개별형 중 가장 중한 형보다 짧아서는 아니되며, 또한 30년의 징역 또는 제77조 제1항 나호에 따른 무기징역을 초과하여서는 아니된다.

제79조【신탁기금】 1. 재판소 관할범죄의 피해자와 그 가족을 위하여 당사국총회의 결정으로 신탁기금을 설립한다.

2. 재판소는 벌금 또는 몰수를 통하여 징수한 현금 및 기타 재산을 재판소의 명령에 따라 신탁기금으로 귀속되도록 명령할 수 있다.

3. 신탁기금은 당사국총회가 결정하는 기준에 따라 운영된다.

제80조【국가의 형벌 적용과 국내법에 대한 불침해】 이 부의 어떠한 규정도 국가가 자국법에 규정된 형을 적용하는 데 영향을 미치지 아니하며, 또한 이 부에 규정된 형을 규정하고 있지 아니한 국가의 법에 영향을 미치지 아니한다.

제8부 상소 및 재심

제81조【유·무죄 판결이나 양형에 대한 상소】 1. 제74조에 따른 판결에 대하여 절차 및 증거규칙에 따라 다음과 같이 상소할 수 있다.

가. 소추관은 다음 이유를 근거로 상소할 수 있다.
 (1) 절차상의 하자
 (2) 사실의 오인
 (3) 법령 위반

나. 유죄판결을 받은 자 또는 그 자를 대신한 소추관은 다음 이유를 근거로 상소할 수 있다.
 (1) 절차상의 하자
 (2) 사실의 오인
 (3) 법령 위반
 (4) 절차 또는 판결의 공정성 또는 신뢰성에 영향을 주는 기타 사유

2. 가. 소추관 또는 유죄판결을 받은 자는 범죄와 양형 사이의 불균형을 이유로 절차 및 증거규칙에 따라 양형에 대하여 상소할 수 있다.

나. 양형에 대한 상소에서 재판소가 유죄판결의 전부 또는 일부를 파기하여야 할 근거가 있다고 판단하는 경우, 재판소는 소추관 또는 유죄판결을 받은 자에게 제81조 제1항 가호 또는 나호에 따른 근거를 제출하도록 요청하고, 제83조에 따라 유죄판결을 내릴 수 있다.

다. 재판소가 오직 유죄판결에 대한 상소에서 제2항 가호에 따라 형을 감경할 근거가 있다고 판단하는 경우에 동일한 절차가 적용된다.

3. 가. 1심재판부가 달리 명령하지 아니하는 한, 유죄판결을 받은 자는 상소심 계류 중 계속 구금된다.

나. 유죄판결을 받은 자의 구금기간이 부과된 징역형기를 초과하는 경우, 그 자는 소추관 역시 상소하여 아래 다호의 조건이 적용되는 경우를 제외하고는 석방된다.

다. 무죄판결 시 피고인은 다음을 조건으로 즉시 석방된다.
 (1) 예외적인 상황에서 구체적인 도주의 위험, 기소된 범죄의 중대성 및 상소심의 성공 가능성을 고려하여, 1심재판부는 소추관의 요청에 따라 상소심 계류 중 그 자의 구금을 유지할 수 있다.
 (2) 다호 (1)에 따른 1심재판부의 결정에 대하여 절차 및 증거규칙에 따라 상소할 수 있다.

4. 제3항 가호 및 나호의 규정을 조건으로, 판결 또는 형의 집행은 상소를 위하여 허용된 기간 및 상소절차 동안 정지된다.

제82조 【기타 결정에 대한 상소】

1. 어느 당사자도 절차 및 증거규칙에 따라 다음 결정에 대하여 상소할 수 있다.

가. 관할권 또는 재판적격성에 관한 결정

나. 수사 중이거나 기소 중인 자의 석방을 허가 또는 거부하는 결정

다. 제56조 제3항에 따른 전심재판부의 직권에 의한 결정

라. 절차의 공정하고 신속한 진행 또는 재판의 결과에 중대한 영향을 미치게 될 문제와 관련되며 상소심재판부의 신속한 결정이 절차를 현저히 촉진시킬 수 있다고 전심재판부 또는 1심재판부가 판단하는 결정

2. 제57조 제3항 라호에 따른 전심재판부의 결정에 대하여는 전심재판부의 허가를 얻어 관련국 또는 소추관이 상소할 수 있다. 이 상소는 신속히 심리된다.

3. 상소는 상소심재판부가 요청을 받아 절차 및 증거규칙에 따라 그와 같이 명령하지 않는 한 그 자체로 정지적 효력을 가지지 아니한다.

4. 피해자, 유죄판결을 받은 자 또는 제75조의 명령에 의하여 불리하게 영향을 받은 선의의 재산 소유자의 법적 대리인은 절차 및 증거규칙에 규정된 바에 따라 배상 명령에 대하여 상소할 수 있다.

제83조 【상소심 절차】

1. 제81조 및 이 조에 따른 절차의 목적상 상소심재판부는 1심재판부의 모든 권한을 가진다.

2. 상소심재판부가 상소된 절차가 판결 또는 양형의 신뢰성에 영향을 주는 방식으로 불공정하였다고 판단하는 경우 또는 상소된 판결 또는 양형이 사실의 오인, 법령 위반 또는 절차상의 하자에 의하여 실질적으로 영향을 받았다고 판단하는 경우, 재판부는 다음 조치를 취할 수 있다.

가. 판결 또는 양형의 파기 또는 변경

나. 다른 1심재판부에서의 새로운 재판의 명령

이 목적상 상소심재판부는 원심재판부가 사실에 관한 쟁점을 판단하고 이에 따라 다시 보고하도록 원심재판부로 환송하거나, 또는 스스로 그 쟁점을 판단하기 위하여 증거를 요구할 수 있다. 유죄판결을 받은 자 또는 그를 대신하여 소추관이 판결 또는 양형에 대하여 상소한 경우에만, 그 판결 또는 양형은 유죄판결을 받은 자에게 불리하게 변경될 수 없다.

3. 양형에 대한 상소에서 상소심재판부는 형이 범죄에 비례하지 않는다고 판단하는 경우, 제7부에 따라 형을 변경할 수 있다.

4. 상소심재판부의 판결은 재판관들의 과반수로 결정되며, 공개된 법정에서 선고된다. 판결은 판결이 근거한 이유를 명시한다. 전원합의가 이루어지지 않는 경우, 상소심재판부의 판결은 다수의견과 소수의견 모두를 포함하며 재판관은 법률 문제에 관하여 개별의견 또는 반대의견을 표시할 수 있다.

5. 상소심재판부는 무죄 또는 유죄판결을 받은 자가 출석하지 않더라도 판결을 선고할 수 있다.

제84조 【유죄판결 또는 양형의 재심】 1. 유죄판결을 받은 자, 또는 그의 사망 후에는 배우자·자녀·부모 또는 피고인의 사망 당시의 생존자로 피고인으로부터 청구를 제기하도록 명시적인 서면 위임을 받은 자, 또는 피고인을 대신한 소추관은 다음을 근거로 유죄 또는 형의 확정판결에 대하여 상소심재판부에 재심을 청구할 수 있다.

가. 다음과 같은 새로운 증거가 발견된 경우

(1) 재판 당시에는 입수할 수 없었던 증거로서 그 입수불능에 대하여 전적으로든 부분적으로든 신청 당사자에게 귀책사유가 없었고,

(2) 재판 당시 입증되었다면 다른 판결을 가져 왔을 충분히 중요한 증거

나. 재판에서 고려되었고 유죄판결의 근거가 된 결정적 증거가 허위, 위조 또는 변조되었음이 새로이 판명된 경우

다. 유죄판결 또는 공소사실의 확인에 참여하였던 1인 이상의 재판관이 당해 사건에서 제46조에 따라 그들의 직의 상실을 정당화할 정도로 충분히 중대한 부정행위 또는 심각한 의무위반을 범한 경우

2. 상소심재판부는 신청이 근거 없다고 판단되는 경우 이를 기각한다. 신청이 이유 있다고 판단되는 경우, 상소심재판부는 절차 및 증거규칙에 규정된 방식으로 각 당사자들을 심리한 후 판결이 수정되어야 할지 여부에 대한 결정에 이르기 위하여, 적절한 대로 다음 중 하나의 조치를 취할 수 있다.

가. 원래의 1심재판부의 재소집

나. 새로운 1심재판부의 구성

다. 그 사건에 대한 관할권의 유지

제85조 【체포 또는 유죄판결을 받은 자에 대한 보상】 1. 불법체포 또는 구금의 피해자였던 자는 강제적인 보상을 받을 권리를 가진다.

2. 종국판결로 형사범죄의 유죄판결을 받았으나 그 후 새로운 사실 또는 새롭게 발견된 사실로 재판의 오류가 있었음이 결정적으로 밝혀짐으로써 유죄판결이 파기된 경우, 그러한 유죄판결의 결과로 처벌을 받았던 자는 법에 따른 보상을 받는다. 단, 알려지지 않은 사실이 적시에 공개되지 못한 것이 전적으로든 부분적으로든 자신의 귀책사유에 의한 경우는 그러하지 아니하다.

3. 예외적인 경우로서, 중대하고 명백한 재판의 오류가 있었음을 보여주는 결정적인 사실을 재판소가 확인한 경우, 재판소는 무죄의 종국판결 또는 그에 의한 절차의 종결에 따라 구금으로부터 석방된 자에게 절차 및 증거규칙에 규정된 기준에 따른 보상을 재량으로 명할 수 있다.

제9부 국제적 협력과 사법공조

제86조 【일반적 협력의무】 당사국은 이 규정에 정한 바에 따라 재판소 관할범죄의 수사 및 기소에 있어서 재판소에 최대한 협력한다.

제87조 【협력요청 : 일반규정】

1. 가. 재판소는 당사국에 협력을 요청할 권한을 가진다. 요청은 외교경로 또는 각 당사국이 비준, 수락, 승인 또는 가입 시 지정한 기타 적절한 경로를 통하여 전달된다. 그 지정에 대한 당사국의 추후의

변경은 절차 및 증거규칙에 따라 이루어진다.

나. 적절한 경우 가호의 규정을 침해함이 없이 요청은 국제형사경찰기구 또는 적절한 지역기구를 통하여도 전달될 수 있다.

2. 협력요청 및 이를 증빙하는 문서는 피요청국이 비준, 수락, 승인 또는 가입 시 행한 선택에 따라 피요청국의 공식언어로 작성되거나, 공식언어의 번역본이 첨부되거나 또는 재판소의 실무언어 중의 하나로 작성되어야 한다. 이 선택에 대한 추후의 변경은 절차 및 증거규칙에 따라 이루어진다.

3. 피요청국은 공개가 협력요청의 이행에 필요한 정도 외에는 협력요청과 이를 증빙하는 문서를 비밀로 유지한다.

4. 이 부에 따라 제출된 협력요청과 관련, 재판소는 정보의 보호와 관련된 조치를 포함하여 피해자, 잠재적 증인 및 그 가족의 안전 또는 신체적·정신적 안녕을 보장하는 데 필요한 조치를 취할 수 있다. 재판소는 이 부에 따라 입수된 모든 정보를 피해자, 잠재적 증인과 그 가족의 안전 및 신체적·정신적 안녕을 보호하는 방식으로 제공되고 처리되도록 요청할 수 있다.

5. 가. 재판소는 이 규정의 당사국이 아닌 국가에게 그 국가와의 특별약정, 협정 또는 기타 적절한 근거에 기초하여 이 부에 따른 조력을 제공하도록 요청할 수 있다.

나. 재판소와 특별약정 또는 협정을 체결한 이 규정의 당사국이 아닌 국가가 그러한 약정 또는 협정에 따른 요청에 협력하지 않는 경우, 재판소는 이를 당사국총회에 또는 안전보장이사회가 그 사태를 재판소에 회부한 경우에는 안전보장이사회에 통지할 수 있다.

6. 재판소는 정부 간 기구에 정보나 문서의 제공을 요청할 수 있다. 또한 재판소는 그러한 기구와 합의되는 그 기구의 권한과 임무에 따른 기타 형태의 협력과 지원을 요청할 수 있다.

7. 당사국이 이 규정에 정한 바에 반하여 재판소의 협력요청을 이행하지 않고 이로 인하여 재판소가 이 규정에 따른 기능과 권한을 행사하지 못하게 된 경우, 재판소는 그러한 취지의 결정을 하고 그 사안을 당사국총회에 회부하거나 또는 안전보장이사회가 그 사태를 재판소에 회부한 경우에는 안전보장이사회에 회부할 수 있다.

제88조 【국내법상 절차의 이용가능성】 당사국은 이 부에 명시된 모든 형태의 협력에 이용가능한 절차가 국내법에 포함되도록 한다.

제89조 【재판소에의 인도(surrender)】 1. 재판소는 어떤 자에 대한 체포 및 인도청구서를 제91조에 기재된 증빙자료와 함께 그 영역 안에서 그 자가 발견될 수 있는 국가에 송부할 수 있으며, 그 자의 체포 및 인도(surrender)에 관하여 그 국가의 협력을 요청한다. 당사국은 이 부의 규정과 자국 국내법상의 절차에 따라 체포 및 인도청구를 이행한다.

2. 인도청구된 자가 제20조에 규정된 일사부재리의 원칙에 근거하여 국내법원에 이의를 제기한 경우, 피청구국은 재판적격성에 대한 관련 결정이 있었는지 여부를 확정하기 위하여 재판소와 즉시 협의한다. 그 사건이 재판적격성이 있는 경

우, 피청구국은 그 요청을 이행한다. 재판적격성에 관한 결정이 계류 중인 경우, 피청구국은 재판소가 재판적격성에 대한 결정을 내릴 때까지 인도청구의 이행을 연기할 수 있다.

3. 가. 자국을 통한 통과가 인도를 방해하거나 지연시키게 될 경우를 제외하고, 당사국은 다른 국가가 재판소로 인도 중인 자가 자국의 영역을 통하여 이송되는 것을 자국의 국내절차법에 따라 허가한다.

나. 재판소의 통과요청서는 제87조에 따라 전달된다. 통과요청서는 다음을 포함한다.

(1) 이송될 자에 대한 설명

(2) 사건의 사실 및 그 법적 성격에 대한 간략한 서술

(3) 체포 및 인도영장

다. 이송되는 자는 통과기간 동안 구금된다.

라. 항공편으로 이송되고 통과국의 영역에 착륙이 예정되지 아니한 경우, 허가를 받도록 요구되지 아니한다.

마. 통과국의 영역에서 예정되지 아니한 착륙이 이루어지는 경우, 통과국은 나호에 규정된 통과요청서를 재판소에 요구할 수 있다. 통과국은 통과요청서가 접수되고 통과가 이루어질 때까지 이송 중인 자를 구금한다. 다만 이 호의 목적을 위한 구금은 96시간 내에 요청서가 접수되는 경우를 제외하고는, 예정되지 아니한 착륙으로부터 96시간을 초과하여 연장될 수 없다.

4. 인도청구된 자가 재판소가 인도를 구하는 범죄와 다른 범죄로 피청구국에서 절차가 진행 중이거나 형을 복역하고 있는 경우, 그 청구를 허가하기로

결정한 피청구국은 재판소와 협의한다.

제90조 【청구의 경합】 1. 제89조에 따라 재판소로부터 인도청구를 접수한 당사국이 재판소가 인도를 구하는 자의 범죄의 기초를 구성하는 것과 동일한 행위에 대하여 다른 국가로부터 범죄인인도 청구를 접수한 경우, 그 당사국은 재판소와 그 청구국에 그 사실을 통지한다.

2. 청구국이 당사국인 경우, 피청구국은 다음의 경우에 재판소의 청구에 우선권을 준다.

가. 재판소가 제18조 또는 제19조에 따라 인도가 청구된 사건에 대하여 재판적격성이 있다는 결정을 내렸고, 그 결정이 청구국이 범죄인인도 청구와 관련하여 수행한 수사 또는 기소를 고려한 경우

나. 재판소가 제1항에 따른 피청구국의 통지에 따라 가호에 기술된 결정을 내린 경우

3. 제2항 가호에 따른 결정이 내려지지 아니한 경우, 피청구국은 제2항 나호에 따른 재판소의 결정이 계류 중인 동안 재량에 따라 청구국의 범죄인인도 청구의 처리를 진행할 수는 있으나, 재판소가 그 사건에 재판적격성이 없다고 결정할 때까지 범죄인인도를 하여서는 아니된다. 재판소의 결정은 신속히 이루어져야 한다.

4. 청구국이 이 규정의 당사국이 아닌 경우, 피청구국은 자신이 청구국에 범죄인인도를 하여야 할 국제적 의무를 부담하지 않는다면, 재판소가 그 사건이 재판적격성이 있다고 결정한 경우 재판소의 인도청구에 우선권을 준다.

5. 제4항에서 재판소가 사건에

재판적격성이 있다고 결정하지 아니한 경우, 피청구국은 재량으로 청구국으로부터의 범죄인인도 청구에 대한 처리를 진행할 수 있다.

6. 피청구국이 이 규정의 당사국이 아닌 청구국에 범죄인인도를 하여야 할 기존의 국제적 의무를 부담하고 있다는 점을 제외하고는 제4항이 적용되는 경우, 피청구국은 그 자를 재판소에 인도할 것인지 또는 청구국에 인도할 것인지를 결정한다. 결정을 함에 있어서 피청구국은 다음 사항을 포함하나 이에 국한되지 않는 모든 관련 요소를 고려한다.

가. 각 청구일자

나. 관련되는 경우, 범죄가 청구국의 영역 안에서 범하여졌는지 여부 및 피해자와 인도청구된 자의 국적을 포함한 청구국의 이해관계

다. 재판소와 청구국 간의 추후 인도 가능성

7. 재판소로부터 인도청구를 받은 당사국이 다른 국가로부터 재판구성을 이루는 행위 이외의 행위로 동일한 자에 대한 범죄인인도 청구를 받는 경우,

가. 피청구국이 청구국에 범죄인인도를 하여야 할 기존의 국제적 의무를 부담하지 않는 경우, 재판소의 청구에 우선권을 준다.

나. 피청구국이 청구국에 범죄인인도를 하여야 할 기존의 국제적 의무를 부담하고 있는 경우, 재판소에 인도할 것인지 또는 청구국에 범죄인인도를 할 것인지를 결정한다. 그 결정을 함에 있어서 피청구국은 제6항에 열거된 사항을 포함하나 이에 국한되지 않는

모든 관련 요소를 고려하되, 관련 행위의 상대적 성격과 중대성을 특별히 고려한다.

8. 이 조에 따른 통지로 재판소가 사건이 재판적격성이 없다는 결정을 내리고 그 후 청구국에 대한 범죄인인도가 거절된 경우, 피청구국은 그 결정을 재판소에 통지한다.

제91조 【체포 및 인도청구의 내용】 1. 체포 및 인도의 청구는 서면으로 한다. 긴급한 경우, 청구는 문자기록을 전달할 수 있는 어떠한 매체에 의하여도 이루어질 수 있으나 제87조 제1항 가호에 규정된 경로를 통하여 확인되어야 한다.

2. 전심재판부가 제58조에 따라 체포영장을 발부한 자의 체포 및 인도청구의 경우, 그 청구는 다음을 포함하거나 또는 이에 의하여 증빙되어야 한다.

가. 인도청구된 자의 신원 확인에 충분하게 기술된 정보 및 인도청구된 자의 개연적 소재지에 관한 정보

나. 체포영장의 사본

다. 피청구국에서의 인도절차상의 요건을 충족시키는데 필요한 문서, 진술 또는 정보 다만 그 요건은 피청구국과 다른 국가 간의 조약 또는 약정에 따른 범죄인인도 청구에 적용할 수 있는 것보다 부담이 더 커서는 아니되며, 가능한 경우 재판소의 특성을 고려하여 부담이 덜 되어야 한다.

3. 이미 유죄판결을 받은 자에 대한 체포 및 인도청구의 경우, 청구는 다음을 포함하거나 또는 이에 의하여 증빙되어야 한다.

가. 인도청구된 자에 대한 체포영장 사본

나. 유죄판결문 사본

다. 인도청구된 자가 유죄판결
문에서 언급된 자임을 증명하
는 정보
라. 인도청구된 자가 형을 선고
받은 경우, 부과된 선고형량
문의 사본과 징역형인 경우에
는 이미 복역한 기간과 잔여
형기에 대한 서술
4. 재판소의 청구가 있으면 당
사국은 일반적 또는 특정한 사
안에 대하여 제2항 다호에 따라
적용될 수 있는 자국 국내법상
의 요건에 관하여 재판소와 협
의한다. 협의 중에 당사국은 자
국 국내법상의 특별한 요건에
관하여 재판소에 조언한다.

제92조【긴급인도구속】 1. 긴
급한 경우, 재판소는 인도청구
서 및 제91조에 명시된 청구증
빙서류가 제출되기 전에 피청
구자의 긴급인도구속을 청구할
수 있다.
2. 긴급인도구속에 대한 청구는
문자기록을 전달할 수 있는 어
떠한 매체에 의하여도 이루어질
수 있으며 다음을 포함한다.
가. 긴급인도구속이 청구된 자
의 신원확인에 충분하게 기술
된 정보 및 그 자의 개연적 소
재지에 관한 정보
나. 가능한 경우 범죄의 일시
및 장소를 포함하여 긴급인도
구속이 청구된 자의 청구가
요청된 범죄와 그 범죄를 구
성하는 것으로 주장되는 사실
에 대한 간결한 서술
다. 긴급인도구속이 청구된 자
에 대한 체포영장 또는 유죄
판결문의 존재에 관한 서술
라. 긴급인도구속이 청구된 자
에 대한 인도청구가 뒤따를
것이라는 서술
3. 피청구국이 절차 및 증거규
칙에 명시된 시한 내에 인도청

구서 및 제91조에 명시된 청구
증빙서류를 접수받지 못하는
경우, 긴급인도구속된 자는 석
방될 수 있다. 그러나 피청구국
의 국내법상 허용되는 경우, 그
자는 이 기간의 만료 전에 인도
에 동의할 수 있다. 이 경우 피
청구국은 가능한 한 신속히 그
자를 재판소에 인도하기 위하
여 절차를 취한다.
4. 긴급인도구속이 청구된 자
가 제3항에 따라 구금으로부터
석방되었다는 사실은 인도청구
서와 청구증빙서류가 뒤늦게
전달되더라도 그 자에 대한 추
후의 체포와 인도를 저해하지
아니한다.

제93조【기타 형태의 협력】
1. 당사국은 이 부의 규정과 국
내법상의 절차에 따라 수사 또
는 기소와 관련하여 다음 지원
을 제공하도록 하는 재판소의
요청을 이행한다.
가. 사람의 신원과 소재지 또는
물건의 소재지
나. 선서된 증언을 포함한 증거
의 수집과 재판소에 필요한
감정인의 의견 및 보고서를
포함한 증거의 제출
다. 수사 또는 기소 중인 자의 신문
라. 재판서류를 포함한 서류의
송달
마. 증인 또는 감정인으로서의
자발적 재판소 출석에 대한
편의 제공
바. 제7항에 규정된 자의 일시
적 이송
사. 매장장소의 발굴과 조사를
포함하여 장소나 현장의 조사
아. 수색 및 압수의 집행
자. 공적 기록 및 공문서를 포
함한 기록과 서류의 제공
차. 피해자 또는 증인의 보호
및 증거의 보전

카. 선의의 제3자의 권리를 침해함이 없이, 궁극적으로 몰수를 위한 수익·재산·자산 및 범행도구의 확인, 추적 및 동결 또는 압수

타. 재판소 관할범죄의 수사와 기소를 용이하게 하기 위한 것으로서 피요청국의 법에 금지되지 아니한 기타 형태의 지원

2. 재판소는 재판소에 출석하는 증인 또는 감정인이 피요청국을 떠나기 전에 행한 작위 또는 부작위에 관하여 재판소에 의하여 기소되거나 구금되거나 또는 어떠한 개인적 자유를 제한받지 않는다는 점을 보증할 권한을 가진다.

3. 제1항에 따라 제출된 요청에 기술된 특별한 지원조치의 이행이 피요청국에서 일반적으로 적용되는 기존의 근본적 법 원칙상 금지되는 경우, 피요청국은 그 문제를 해결하기 위하여 신속히 재판소와 협의한다. 협의 시 그 지원이 다른 방식으로 또는 조건부로 제공될 수 있는지를 검토한다. 협의 후에도 그 문제가 해결될 수 없는 경우, 재판소는 필요한 만큼 그 요청을 수정한다.

4. 당사국은 요청이 당사국의 국가안보와 관련된 문서의 제출 또는 증거의 공개와 관련되는 경우에만 제72조에 따라 요청의 전부 또는 일부를 거절할 수 있다.

5. 제1항 타호에 따른 지원요청을 거절하기 전, 피요청국은 지원이 특정한 조건부로 제공될 수 있는지 또는 지원이 추후에 또는 대체적인 방식으로 제공될 수 있는지를 검토한다. 단, 재판소 또는 소추관이 조건부 지원을 수락하는 경우, 재판소

또는 소추관은 그 조건을 준수한다.

6. 지원요청이 거절된 경우, 피요청국은 신속히 재판소 또는 소추관에게 그 이유를 통지한다.

7. 가. 재판소는 신원확인을 목적으로 또는 증언이나 기타 지원을 얻기 위하여 구금 중인 자의 일시적 이송을 요청할 수 있다. 그 자는 다음 조건이 충족되는 경우 이송될 수 있다.

(1) 그 자가 내용을 알고 자유로이 이송에 대하여 동의하고,

(2) 피요청국과 재판소가 합의하는 조건에 따라 피요청국이 이송에 동의한 경우

나. 이송되는 자는 이송 중 구금된다. 이송의 목적이 달성된 경우, 재판소는 그 자를 지체 없이 피요청국으로 송환한다.

8. 가. 재판소는 요청에 기재된 수사 및 절차에 필요한 경우를 제외하고는 문서 및 정보의 비밀을 보장한다.

나. 피요청국은 필요한 경우 문서 또는 정보를 비공개를 조건으로 소추관에게 전달할 수 있다. 이 경우 소추관은 오직 새로운 증거를 산출할 목적으로만 그것을 사용할 수 있다.

다. 피요청국은 스스로 또는 소추관의 요청에 따라 추후 그러한 문서나 정보의 공개에 동의할 수 있다. 이 경우 그것은 제5부 및 제6부의 규정과 절차 및 증거규칙에 따라 증거로 사용될 수 있다.

9. 가. (1) 당사국이 인도청구나 범죄인인도 청구가 아닌 다른 경합되는 요청을 재판소와 자신의 국제적 의무에 따라 다른 국가로부터 받는 경우, 당사국은 재판소 및 다른 국가와 협의하여 필요한 경우

그중 하나의 요청을 연기시키거나 또는 그 요청에 조건을 첨부함으로써 두 요청 모두를 충족시키도록 노력한다.
(2) 그렇게 할 수 없는 경우, 경합되는 요청은 제90조에 규정된 원칙에 따라 해결한다.
나. 그러나 재판소의 요청이 국제협정에 의하여 제3국 또는 국제기구의 통제하에 있는 정보·재산 또는 사람과 관계된 경우, 피요청국은 재판소에 이를 통지하며 재판소는 그 제3국 또는 국제기구에 요청을 행한다.
10. 가. 재판소는 요청이 있는 경우, 재판소 관할범죄를 구성하는 행위 또는 요청국의 국내법상 중대한 범죄를 구성하는 행위에 대하여 수사 또는 재판을 수행하는 당사국에 협력하거나 지원을 제공할 수 있다.
나. (1) 가호에 따라 수행하는 지원은 특히 다음을 포함한다.
(가) 재판소가 수행하는 수사 또는 재판 과정에서 얻은 진술, 문서 또는 다른 형태의 증거의 송부
(나) 재판소의 명령으로 구금된 자에 대한 신문
(2) 나호 (1) (가)에 따른 지원의 경우,
(가) 문서 또는 다른 형태의 증거가 국가의 지원으로 획득된 경우, 송부는 그 국가의 동의를 필요로 한다.
(나) 진술, 문서 또는 다른 형태의 증거가 증인 또는 감정인에 의하여 제공된 경우, 송부는 제68조의 규정에 따른다.
다. 재판소는 규정 비당사국으로부터의 이 항에 따른 지원요청을 이 항에 열거된 조건으로 허가할 수 있다.

제94조【진행 중인 수사 또는 기소와 관련된 요청의 이행 연기】
1. 요청의 즉각적인 이행이 요청과 관련된 사건 이외의 다른 사건에 대하여 진행 중인 수사나 기소를 방해하게 될 경우, 피요청국은 재판소와 합의한 기간 동안 요청의 이행을 연기할 수 있다. 그러나 연기는 피요청국이 관련 수사나 기소를 완료하는데 필요한 기간보다 더 길어서는 아니된다. 연기 결정을 내리기 전, 피요청국은 요청이 일정한 조건부로 즉시 제공될 수 있는지 여부를 고려한다.
2. 제1항에 따라 연기결정이 내려진 경우, 소추관은 제93조 제1항차호에 따라 증거를 보전하기 위한 조치를 구할 수 있다.

제95조【재판적격성에 대한 이의제기와 관련된 요청의 이행 연기】 재판소가 제18조 또는 제19조에 따라 재판적격성에 대한 이의제기를 심의 중인 경우, 소추관이 제18조 또는 제19조에 따라 그러한 증거의 수집을 계속할 수 있다고 재판소가 명시적으로 명령하지 않는 한, 피요청국은 재판소의 결정이 계류 중인 동안 이 부에 따른 요청의 이행을 연기할 수 있다.

제96조 제93조에 따른 기타 형태의 지원요청의 내용
1. 제93조에 규정된 기타 형태의 지원 요청은 서면으로 한다. 긴급한 경우, 요청은 문자기록을 전달할 수 있는 어떠한 매체에 의하여도 이루어질 수 있으나 제87조 제1항 가호에 규정된 경로를 통하여 확인되어야 한다.
2. 요청은 해당하는 대로 다음을 포함하거나 또는 이에 의하여 증빙되어야 한다.
가. 요청의 법적 근거 및 이유를 포함하여 요청의 목적과

요청되는 지원에 대한 간결한 서술

나. 요청되는 지원이 제공되기 위하여 발견되거나 확인되어야 할 사람이나 장소의 소재 또는 신원에 대한 가능한 상세한 정보

다. 요청의 기초를 이루는 필수적인 사실에 대한 간결한 서술

라. 추후의 절차 또는 요건의 이유와 상세

마. 요청을 이행하기 위하여 피요청국의 법률에 따라 요구되는 정보

바. 요청되는 지원을 제공하는 데 관련된 기타 정보

3. 재판소의 요청이 있는 경우 당사국은 일반적 또는 특정한 문제에 대하여, 제2항 마호에 따라 적용될 수 있는 자국 국내법상의 특별한 요건에 관하여 재판소와 협의한다. 협의 중에 당사국은 자국 국내법상 특별한 요건에 관하여 재판소에 조언한다.

4. 이 조의 규정은 적용 가능한 경우 재판소에 대한 지원요청에 관하여 적용된다.

제97조 【협의】 당사국이 이 부에 따라 받은 요청에 관하여 요청의 이행을 <u>방해</u>하거나 <u>저지</u>시킬 수 있는 <u>문제점</u>을 확인하는 경우, <u>당사국은 그 사안을 해결하기 위하여 지체 없이 재판소와 협의</u>한다. 그러한 문제점은 특히 다음을 포함할 수 있다.

가. 요청을 이행하기에 불충분한 정보

나. 인도청구의 경우, 최선의 노력에도 불구하고 인도청구된 자의 소재를 파악할 수 없거나 또는 수행된 수사 결과 피청구국 내에 있는 자는 영장에서 거명된 자가 명백히

아닌 것으로 판정된 사실

다. 현재 형태의 요청 이행은 피요청국이 다른 국가에 대하여 부담하는 기존의 조약상 의무를 위반하도록 요구한다는 사실

제98조 【면제의 포기 및 인도 동의에 관한 협력】 1. 재판소가 먼저 제3국으로부터 면제의 포기를 위한 협력을 얻을 수 없는 한, <u>재판소는 피요청국이 제3국의 사람 또는 재산에 대하여 국가면제 또는 외교면제에 관한 국제법상의 의무에 부합되지 않게 행동하도록 하는 인도청구 또는 지원요청을 진행시켜서는 아니 된다.</u>

2. 재판소가 먼저 파견국으로부터 인도동의를 주기 위한 협력을 얻을 수 없는 한, <u>재판소는 피청구국이 파견국의 사람을 재판소에 인도하기 위하여는 파견국의 동의를 요하는 국제협정상의 의무에 부합되지 않게 행동하도록 하는 인도청구를 진행시켜서는 아니 된다.</u>

제99조 제93조와 제96조에 따른 요청의 이행

1. 지원 요청은 피요청국 법상의 관련절차에 따라, 그리고 피요청국에서 금지되지 않는 한, 요청서에 약술된 절차에 따르거나 또는 요청서에 명시된 자가 이행과정에 출석하고 협력하도록 허용하는 것을 포함하여 요청서에 명시된 방식으로 이행한다.

2. 긴급한 요청의 경우, 그에 응하여 제공되는 문서 또는 증거는 재판소의 요청이 있으면 신속히 전달한다.

3. 피요청국의 회신은 그 국가의 언어와 양식으로 작성·송부한다.

4. 이 부의 다른 규정을 침해함이 없이, 요청의 이행에 필수적이라면 피요청국 당국의 입회 없이 수사를 수행하는 것을 포함하여, 특정인과의 자발적인 면담 또는 그자로부터의 증거 수집 및 공개된 장소 또는 기타 공공장소의 변형없는 조사 등 강제조치 없이 이행될 수 있는 요청을 성공적으로 이행하는 데 필요한 경우, 소추관은 그러한 요청을 다음과 같이 국가의 영역에서 직접 이행할 수 있다.

가. 피요청국이 그 영역 안에서 범죄가 범하여졌다는 혐의를 받는 국가이고 또한 제18조 또는 제19조에 따라 재판적격성이 있다고 결정된 경우, 소추관은 피요청국과 가능한 모든 협의를 거쳐 요청을 직접 이행할 수 있다.

나. 기타의 경우, 소추관은 피요청국과 협의를 거쳐 피요청국이 제기한 모든 합리적 조건이나 우려에 따를 것을 조건으로 요청을 이행할 수 있다. 피요청국이 이 호에 따른 요청의 이행에 대한 문제를 확인하는 경우, 피요청국은 그 문제를 해결하기 위하여 지체 없이 재판소와 협의한다.

5. 재판소에 의하여 심리되거나 조사받는 자가 제72조에 따라 국방 또는 국가안보와 관련된 비밀정보의 공개를 방지하기 위한 제한규정을 원용하도록 허용하는 규정은 이 조에 따른 지원 요청의 이행에도 적용된다.

제100조 【비용】 1. 피요청국의 영역에서 요청을 이행하기 위한 일상적 비용은 재판소가 부담하는 다음 비용을 제외하고는 피요청국이 부담한다.

가. 증인 및 감정인의 여행 및 안전, 또는 구금 중인 자의 제93조에 따른 이송과 관련된 비용

나. 번역비, 통역비 및 복사비

다. 재판관, 소추관, 부소추관, 사무국장, 사무차장 및 재판소의 다른 기관 직원의 여비와 수당

라. 재판소가 요청한 감정인의 견해나 보고서의 비용

마. 구금국이 재판소로 인도하는 자의 이송 관련 비용

바. 협의에 따라, 요청의 이행으로부터 발생할 수 있는 특별 비용

2. 제1항의 규정은 적절한 대로 당사국의 재판소에 대한 요청에 적용된다. 그 경우 재판소는 일상적인 이행비용을 부담한다.

제101조 【특정성의 원칙】 1. 이 규정에 따라 재판소에 인도된 자는 인도되게 된 범죄의 기초를 이루는 행위 또는 행위의 과정이 아닌, 인도 전에 범한 행위에 대하여 절차가 취해지거나 처벌 또는 구금되지 아니한다.

2. 재판소는 재판소에 인도를 행한 국가에 대해 제1항의 요건을 포기하도록 요청할 수 있으며, 필요한 경우 제91조에 따라 추가 정보를 제공할 수 있다. 당사국은 위 요건에 관하여 재판소에 포기할 권한을 가지며, 그렇게 하도록 노력한다.

제102조 【용어의 사용】 이 규정의 목적상,

가. "인도"(surrender)라 함은 이 규정에 따라 국가가 어떠한 사람을 재판소에 넘겨주는 것을 말한다.

나. "범죄인 인도"(extradition)라 함은 조약, 협약 또는 국내법에 규정된 바에 따라 어떠한 사람을 한 국가에서 다른 국가로 넘겨주는 것을 말한다.

제10부 집 행

제103조 【징역형 집행에서 국가의 역할】 1. 가. 징역형은 재판소가 재판소에 대하여 수형자 인수 의사를 표시한 국가의 명단 중에서 지정된 국가에서 집행된다.

나. 수형자 인수 의사를 표시할 때, 국가는 재판소가 동의하고 이 부에 부합되는 인수 조건을 첨부할 수 있다.

다. 특정 사건에서 지정된 국가는 재판소의 지정을 수락하는지 여부를 신속히 재판소에 통지한다.

2. 가. 집행국은 제1항에 따라 합의된 조건의 시행을 포함하여 징역형의 조건 또는 정도에 현저히 영향을 줄 수 있는 모든 상황을 재판소에 통지한다. 재판소는 그러한 알려지거나 예측 가능한 상황을 최소한 45일 전에 통지받는다. 그 기간 동안 집행국은 제110조에 따른 의무를 저해할 수 있는 어떠한 조치도 취하지 아니한다.

나. 재판소가 가호에 규정된 상황에 합의할 수 없는 경우, 재판소는 이를 집행국에 통보하고 제104조 제1항에 따라 처리한다.

3. 재판소는 제1항에 따른 지정의 재량을 행사함에 있어서 다음을 고려한다.

가. 절차 및 증거규칙에 규정된 바와 같이, 형평한 분배의 원칙에 따라 당사국들이 징역형의 집행 책임을 분담한다는 원칙

나. 수형자의 처우에 관하여 광범위하게 수락된 국제조약상의 기준 적용

다. 수형자의 의견

라. 수형자의 국적

마. 범죄 및 수형자의 정황 또는 형의 효율적 집행에 관한 집행국의 지정에 적절한 기타 요소

4. 제1항에 따라 지정된 국가가 없는 경우, 징역형은 제3조 제2항에 기술된 본부협정에 규정된 조건에 따라 소재지국이 제공하는 수형시설에서 집행된다. 이 경우 징역형의 집행에서 발생하는 비용은 재판소가 부담한다.

제104조 【집행국 지정의 변경】 1. 재판소는 언제든지 수형자를 다른 국가의 교도소로 이송할 것을 결정할 수 있다.

2. 수형자는 언제든지 집행국으로부터의 이송을 재판소에 신청할 수 있다.

제105조 【형의 집행】 1. 징역형은 제103조 제1항 나호에 따라 국가가 명시한 조건의 적용을 받고 당사국을 기속하며, 당사국은 어떠한 경우에도 이를 변경하지 아니한다.

2. 재판소만이 상소 및 재심의 신청에 대하여 결정할 권리를 가진다. 집행국은 수형자의 이러한 신청을 방해하지 아니한다.

제106조 【형의 집행과 징역의 조건에 대한 감독】 1. 징역형의 집행은 재판소의 감독에 따르며, 수형자의 처우에 관하여 광범위하게 수락된 국제조약상의 기준과 부합하여야 한다.

2. 징역의 조건은 집행국의 법에 의하여 규율되며 수형자의 처우에 관하여 광범위하게 수락된 국제조약상의 기준에 부합하여야 한다. 어떠한 경우에도 그러한 조건들이 집행국에서 유사한 범죄로 유죄판결을 받은 수형자에게 적용되는 조

건들보다 유리하거나 불리하여서는 아니 된다.

3. 수형자와 재판소 간의 통신은 방해받지 않으며, 비밀이 유지되어야 한다.

제107조【형 집행 만료자의 이송】

1. 형 집행 만료 후 집행국의 국민이 아닌 자는 집행국이 그를 자국에 체류하도록 허가하지 않는 한, 그를 접수할 의무가 있는 국가 또는 이송될 자의 희망을 고려하여 그를 접수하기로 합의한 다른 국가로 집행국의 법률에 따라 이송될 수 있다.

2. 어느 국가도 제1항에 따라 다른 국가로 이송하는데 발생하는 비용을 부담하지 않는 경우, 그 비용은 재판소가 부담한다.

3. 제108조의 규정을 조건으로, 집행국은 재판 또는 형 집행을 위하여 범죄인인도 또는 인도를 청구하는 국가로 그 자를 자국법에 따라 범죄인인도를 하거나 또는 달리 인도할 수 있다.

제108조【다른 범죄의 기소 또는 처벌의 제한】

1. 집행국의 구금하에 있는 수형자는, 재판소가 집행국의 요청을 받아 기소·처벌 또는 범죄인인도를 행하는 것을 허가하지 않는 한, 그 자가 집행국으로 이송되기 전에 행한 어떠한 행위에 대하여도 기소·처벌되거나 또는 제3국으로 범죄인인도 되지 아니한다.

2. 재판소는 수형자의 의견을 들은 후 그 문제를 결정한다.

3. 수형자가 재판소가 부과한 형을 완전히 복역한 후 집행국의 영역에서 자발적으로 30일을 초과하여 머무르거나 또는 집행국에서 출국한 후 그 국가의 영역으로 다시 돌아온 경우, 제1항은 적용되지 아니한다.

제109조【벌금 및 몰수조치의 집행】

1. 당사국은 선의의 제3자의 권리를 침해함이 없이 그리고 자국의 국내법 절차에 따라, 재판소가 제7부에 따라 명령한 벌금 또는 몰수 명령을 집행한다.

2. 당사국이 몰수명령을 집행할 수 없는 경우, 당사국은 선의의 제3자의 권리를 침해함이 없이, 재판소가 몰수를 명한 수익·재산 또는 자산의 가액을 회수하기 위한 조치를 취한다.

3. 당사국이 재판소의 판결을 집행한 결과로 취득한 재산 또는 부동산의 매매 수익 또는 적절한 경우 기타 재산의 매매 수익은 재판소로 이전된다.

제110조【감형에 대한 재판소의 재검토】

1. 집행국은 재판소가 선고한 형기가 만료되기 전에는 당해인을 석방하지 아니한다.

2. 재판소만이 감형을 결정할 권한을 가지며, 당해인을 심문한 후 그 문제를 결정한다.

3. 형의 3분의 2 또는 무기징역의 경우 25년을 복역한 경우, 재판소는 감형 여부를 결정하기 위하여 형을 재검토한다. 그 전에는 재검토가 이루어져서는 아니 된다.

4. 제3항에 따른 재검토에 있어서, 재판소는 1개 이상의 다음 요소가 존재한다고 판단할 경우 형을 감경할 수 있다.

가. 재판소의 수사 및 기소에 있어서 초기부터 지속적으로 협력하려는 의사

나. 다른 사건에 있어서의 재판소의 판결 및 명령의 집행을 가능하게 하는 그 자의 자발적인 조력과 특히 피해자의 이익을 위하여 사용될 수 있는 벌금, 몰수 또는 배상 명령

의 대상이 되는 자산을 찾는 것을 지원하는 자발적 조력

다. 절차 및 증거규칙에 규정된 바와 같이, 감형을 정당화하기에 충분한 명백하고 중요한 사정변경을 형성하는 기타 요소

5. 재판소가 제3항에 따른 최초의 검토에서 감형이 적절하지 않다고 결정하는 경우, 재판소는 그 후 절차 및 증거규칙에 규정된 기간마다 그리고 그에 규정된 기준을 적용하여 감형문제를 검토한다.

제111조 【도주】 유죄판결을 받은 자가 구금에서 탈출하여 집행국으로부터 도주한 경우, 집행국은 재판소와 협의를 거쳐 기존의 양자 또는 다자 간 약정에 따라 그 자가 소재한 국가에 인도를 청구하거나 또는 제9부에 따라 재판소가 당해인의 인도를 구하도록 요청할 수 있다. 재판소는 그 자가 형을 복역하고 있던 국가 또는 재판소가 지정한 다른 국가로 그 자의 이송을 명할 수 있다.

제11부 당사국총회

제112조 【당사국총회】 1. 이 규정의 당사국총회가 이에 설치된다. 각 당사국은 총회에서 교체대표와 자문을 동반할 수 있는 1인의 대표를 가진다. 이 규정 또는 최종의정서에 서명한 기타 국가는 총회에서 옵서버가 될 수 있다.

2. 당사국총회는,

가. 적절한 대로, 준비위원회의 권고를 심의하고 채택한다.

나. 재판소의 행정에 관하여 소장단, 소추관 및 사무국장의 운영을 감독한다.

다. 제3항에 따라 설치된 이사회의 보고서와 활동을 심의하

고, 이에 관하여 적절한 조치를 취한다.

라. 재판소 예산을 심의하고 결정한다.

마. 제36조에 따라 재판관 수의 변경 여부를 결정한다.

바. 제87조 제5항과 제7항에 따라 협력불응과 관련된 모든 문제를 심의한다.

사. 이 규정 또는 절차 및 증거규칙과 부합하는 다른 모든 기능을 수행한다.

3. 가. 총회는 총회에서 3년 임기로 선출된 1인의 의장, 2인의 부의장 및 18인의 위원으로 구성되는 이사회를 둔다.

나. 이사회는 특히 공평한 지역적 배분과 세계의 주요한 법체계의 적절한 대표성을 고려한 대의적 성격을 가진다.

다. 이사회는 최소한 1년에 1회 이상, 필요할 때마다 회합한다. 이사회는 총회가 책임을 이행하는 데 조력한다.

4. 총회는 재판소의 효율성과 경제성을 제고하기 위하여, 재판소의 감사·평가 및 조사를 위한 독립적인 감독장치를 포함하여 필요한 보조기관을 둘 수 있다.

5. 재판소장, 소추관 및 사무국장 또는 그 대리인들은 적절한 대로 총회 및 이사회의 회의에 참석할 수 있다.

6. 총회는 재판소 소재지 또는 국제연합 본부에서 1년에 1회 회합하며, 필요한 경우 특별회기를 가진다. 이 규정에 달리 정한 경우를 제외하고, 특별회기는 이사회가 스스로 발의하거나 당사국 3분의 1의 요청에 따라 소집된다.

7. 각 당사국은 1표의 투표권을 가진다. 총회와 이사회는 컨센

서스로 결정에 도달하기 위하여 모든 노력을 다하여야 한다. 컨센서스에 도달할 수 없는 경우, 이 규정에 달리 정한 경우를 제외하고 다음과 같이 결정한다.

가. 실질문제에 대한 결정은 당사국의 절대과반수를 투표정족수로 하여, 출석하여 투표한 당사국의 3분의 2의 다수결로 승인되어야 한다.

나. 절차문제에 대한 결정은 출석하여 투표한 당사국들의 단순다수결로 행한다.

8. 재판소 비용에 대한 재정적 분담금의 지불을 연체한 당사국은 연체금액이 연체 이전의 만 2년 동안 부담해야 할 분담금액과 같거나 이를 초과하는 경우, 총회 및 이사회에서 투표권을 가지지 못한다. 그럼에도 불구하고 총회는 연체가 그 당사국이 통제할 수 없는 사정에 기인한다고 판단하는 경우, 그 당사국의 총회 및 이사회에서의 투표를 허용할 수 있다.

9. 총회는 그 자체의 절차규칙을 채택한다.

10. 총회의 공식언어 및 실무언어는 국제연합 총회의 언어로 한다.

제12부 재 정

제113조【재정규칙】 달리 특별히 규정된 경우를 제외하고, 재판소와 이사회 및 보조기관을 포함하는 당사국총회의 회의와 관련된 모든 재정적 문제는 이 규정과 당사국총회에서 채택된 재정규칙에 의하여 규율된다.

제114조【비용의 지출】 재판소와 이사회 및 보조기관을 포함한 당사국총회의 비용은 재판소의 기금에서 지출된다.

제115조【재판소 및 당사국총회의 기금】 재판소와 이사회 및 보조기관을 포함한 당사국총회의 비용은 당사국총회가 결정한 예산에 규정된 바에 따라 다음 수입원에 의하여 충당된다.

가. 당사국이 납부한 산정된 분담금

나. 특히 안전보장이사회에 의한 회부로 인하여 발생된 비용에 관하여는 국제연합 총회의 승인을 조건으로 국제연합이 제공한 기금

제116조【자발적 기여금】 제115조를 침해함이 없이, 재판소는 당사국총회가 채택한 관련 기준에 따라 정부・국제기구・개인・기업 및 기타 단체로부터의 자발적 기여금을 추가기금으로 받아 사용할 수 있다.

제117조【분담금의 산정】 당사국의 분담금은 국제연합이 정규예산을 위하여 채택한 산정기준을 기초로 하고, 그 산정기준의 기초가 된 원칙에 따라 조정되어 합의된 산정기준에 따라 산정된다.

제118조【연례감사】 재판소의 연례 재정보고서를 포함하여 재판소의 기록, 회계장부 및 회계계정은 매년 독립된 감사관에 의하여 감사를 받는다.

제13부 최종조항

제119조【분쟁의 해결】 1. 재판소의 사법적 기능에 관한 모든 분쟁은 재판소의 결정에 의하여 해결된다.

2. 이 규정의 해석과 적용에 관하여 분쟁 개시 후 3개월 내에 교섭을 통하여 해결되지 아니하는 2개국 이상의 당사국 간의 기타 모든 분쟁은 당사국총회

에 회부된다. 총회는 스스로 그 분쟁을 해결하려고 노력하거나 또는 국제사법재판소규정에 따라 동 재판소에 회부를 포함하는 추가적 분쟁해결수단에 관하여 권고할 수 있다.

제120조 【유보】 이 규정에 대하여 어떠한 유보도 할 수 없다.

제121조 【개정】 1. 이 규정의 발효로부터 7년 후 당사국은 이 규정의 개정을 제안할 수 있다. 제안된 모든 개정안은 국제연합 사무총장에게 제출되며, 국제연합 사무총장은 이를 신속히 모든 당사국에 회람한다.

2. 통보일로부터 최소한 3개월 이후의 차기회의에서 당사국총회는 참석하여 투표한 당사국의 과반수로 그 제안을 다룰 것인지 여부를 결정한다. 총회는 그 제안을 직접 다루거나, 관련 쟁점상 필요한 경우 검토회의를 소집할 수 있다.

3. 당사국총회의 회의 또는 검토회의에서 컨센서스에 도달할 수 없는 경우, 개정안의 채택은 당사국의 3분의 2의 다수결을 요한다.

4. 제5항에 규정된 경우를 제외하고, 개정은 당사국의 8분의 7의 비준서 또는 수락서가 국제연합 사무총장에게 기탁된 때로부터 1년 후에 모든 당사국에 대하여 발효한다.

5. 이 규정 제5조, 제6조, 제7조 및 제8조에 대한 개정은 그 개정을 수락한 당사국에 대하여 비준서 또는 수락서가 기탁된 지 1년 후에 발효한다. 개정을 수락하지 아니한 당사국의 국민에 의하여 또는 그 국가의 영역에서 개정으로 포함된 범죄가 범해진 경우, 재판소는 그 범죄에 대하여 관할권을 행사하지 아니한다.

6. 제4항에 따라 개정이 당사국의 8분의 7에 의하여 수락된 경우, 그 개정을 수락하지 아니한 모든 당사국은 제127조 제1항에도 불구하고 그러나 제127조 제2항을 조건으로, 개정의 발효 후 1년 이내에 통보함으로써, 이 규정에서 탈퇴할 수 있으며 탈퇴는 통보 즉시 효력을 발생한다.

7. 국제연합 사무총장은 당사국총회의 회의 또는 검토회의에서 채택된 모든 개정을 전 당사국에 회람한다.

제122조 【제도적 성격의 규정에 대한 개정】 1. 오로지 제도적 성격만을 지닌 이 규정의 조항, 즉 제35조, 제36조 제8항과 제9항, 제37조, 제38조, 제39조 제1항(처음 2문), 제2항과 제4항, 제42조제4항 내지 제9항, 제43조 제2항과 제3항, 제44조, 제46조, 제47조 및 제49조의 개정은 제121조 제1항에도 불구하고 모든 당사국이 언제든지 제안할 수 있다. 제안된 개정안은 국제연합 사무총장이나 당사국총회가 지정한 자에게 제출되며, 이들은 이를 모든 당사국과 당사국총회에 참석한 다른 자들에게 신속히 회람한다.

2. 컨센서스에 도달할 수 없는 이 조에 따른 개정은 당사국총회 또는 검토회의에서 당사국의 3분의 2의 다수결로 채택된다. 그러한 개정은 당사국총회 또는 경우에 따라서는 검토회의에서 채택된 지 6개월 후 모든 당사국에 대하여 발효한다.

제123조 【규정의 재검토】 1. 이 규정이 발효한 지 7년 후, 국제연합 사무총장은 이 규정에 대한 개정을 심의하기 위한 재검

토회의를 소집한다. 그러한 재검토는 제5조에 포함된 범죄목록을 포함할 수 있으나 이에 국한되지 아니한다. …

2. 그 후 언제라도 국제연합 사무총장은 당사국의 요청에 따라 제1항에 규정된 목적을 위하여 당사국 과반수의 승인으로 재검토회의를 소집한다.

3. 제121조 제3항 내지 제7항의 규정은 재검토회의에서 심의된 이 규정에 대한 개정의 채택 및 발효에 적용된다.

제124조 【경과규정】 제12조 제1항 및 제2항에도 불구하고, 국가는 이 규정의 당사국이 될 때 이 규정이 당해 국가에 대하여 발효한 후 7년 동안, 자국민에 의하여 또는 자국 영역에서 범해진 것으로 혐의를 받는 제8조에 규정된 범죄의 범주에 관하여 재판소의 관할권을 수락하지 아니한다고 선언할 수 있다. 이 조에 따른 선언은 언제든지 철회될 수 있다. 이 조의 규정은 제123조 제1항에 따라 소집되는 재검토회의에서 재검토된다.

제125조 【서명·비준·수락·승인 또는 가입】 1. 이 규정은 1998년 7월 17일 로마에 있는 국제연합 식량농업기구 본부에서 모든 국가에 대하여 서명을 위하여 개방된다.

2. 이 규정은 서명국의 비준, 수락 또는 승인을 받아야 한다. 비준서, 수락서 또는 승인서는 국제연합 사무총장에게 기탁된다.

3. 이 규정은 모든 국가의 가입을 위하여 개방된다. 가입서는 국제연합 사무총장에게 기탁된다.

제126조 【발효】 1. 이 규정은 60번째의 비준서, 수락서, 승인서 또는 가입서가 국제연합 사무총장에게 기탁된 날로부터 60일이 경과한 다음 달의 첫째 날에 발효한다.

2. 60번째의 비준서, 수락서, 승인서 또는 가입서가 기탁된 후 이 규정을 비준·수락·승인 또는 가입하는 각 국가에 대하여, 이 규정은 그러한 국가가 비준서, 수락서, 승인서 또는 가입서를 기탁한 후 60일이 경과한 다음 달의 첫째 날에 발효한다.

제127조 【탈퇴】 1. 당사국은 국제연합 사무총장에 대한 서면통보에 의하여 이 규정에서 탈퇴할 수 있다. 탈퇴는 통보서에 보다 늦은 날짜가 명시되지 않는 한, 통보서 접수일로부터 1년 후에 효력을 발생한다.

2. 국가는 탈퇴를 이유로 이미 발생한 모든 재정적 의무를 포함하여 그 국가가 이 규정의 당사자이었던 동안 이 규정에 따라 발생한 의무로부터 면제되지 아니한다. 국가의 탈퇴는 탈퇴국이 협력할 의무가 있었던 탈퇴 발효일 전에 개시된 범죄수사 및 절차와 관련된 재판소와의 여하한 협력에도 영향을 미치지 아니하며, …

제128조 【정본】 아랍어·중국어·영어·프랑스어·러시아어 및 스페인어본이 동등하게 정본인 이 규정의 원본은 국제연합 사무총장에게 기탁되며, 국제연합 사무총장은 그 인증등본을 모든 국가에 송부한다.

이상의 증거로, 아래 서명자들은 그들 각자의 정부로부터 정당하게 권한을 위임받아 이 규정에 서명하였다. 1998년 7월 17일 로마에서 작성되었다.

48 2001년 국제위법행위에 대한 국가책임에 관한 (최종) 초안(Draft Articles on Responsibility of States for Internationally Wrongful Acts)

제1부 국가의 국제위법행위

제1장 일반원칙

제1조【국제위법행위에 대한 국가책임】 국가의 모든 국제위법행위(every internationally wrongful acts)는 그 국가의 국제책임을 발생시킨다(entails).

제2조【국가의 '국제위법행위'의 요소】 작위(action)또는 부작위(omission)를 구성하는 행위가 다음과 같은 경우, 국가의 국제위법행위가 존재한다.
(a) 국제법에 의해 국가에 귀속(歸屬)(attributable)되고 ;
(b) 국가의 국제의무의 위반을 구성하는 경우.

제3조【국가 행위의 국제위법행위로의 결정(characterization)】 국가 행위의 국제위법성의 결정은 '국제법'에 의해 결정된다. 그러한 결정은 그 행위의 국내법상의 적법성에 의하여 영향받지 아니한다.

제2장 행위의 국가로의 귀속

제4조【국가기관의 행위】 1. 어떤 국가기관의 행위(the conduct of any State organ)는 그 기관이 입법, 행정, 사법 또는 기타 다른 기능을 수행하는 기관이든, 그 기관이 국가조직상 어떤 위치를 차지하든, 그 기관의 성격이 중앙정부기관 이든 '영토적 단위'(territorial unit)이든 상관없이 '국제법상' 그 국가의 행위로 간주된다.
2. 기관은 당해 국가의 국내법에 따라 그 같은 지위를 가진 모든 개인 또는 단체(entity)를 포함한다.

제5조【정부권한의 요소(공권력)을 행사하는 개인 또는 단체의 행위】 제4조에 따른 국가기관은 아니지만 당해 국가의 법에 의하여 정부권한의 요소(공권력 ; elements of the governmental authority)를 행사할 권한을 '위임'(empowered)받은 개인 또는 단체의 행위는 '국제법상' 그 국가의 행위로 간주된다. 단 구체적인 경우에 그 개인 또는 단체가 그 같은 자격에서(in that capacity) 행동하여야 한다.

제6조【국가에 의하여 타국의 통제(처분)하에 놓여진 기관의 행위】 한 국가에 의하여 타국의 통제(처분)하에(at the disposal of a State by another State) 놓여진 기관의 행위는 그 기관이 통제(처분)국의 정부권한의 요소(공권력)을 행사하고 있는 경우(at whose disposal it is displaced) '국제법상' 통제(처분)국의 행위로 간주된다.

제7조【그 권한 밖에서 또는 지시에 반하여 행동하는 기관의 행위(ultra vires acts)】 국가기관 혹은 정부권한의 요소(공권력 행사)를 위임받은 개인 및 단체의 행위는 설사 자신의 권한을 넘어섰거나(踰月) 지시를 위반했을지라도(even if it exceeds its authority or contravenes instruction) 당해 기관 또는 단체가 그 같은 자격(in that capacity)에서 행동하였다면 그들의 행위는 '국제법상' 국가의 행위로 간주된다.

제8조【국가의 지시 또는 통제에 의한 행위】 개인 또는 집단이 "<u>그 행위를 수행함에 있어서</u>"(in carrying out the conduct) 사실상 한 국가의 <u>지시</u>(instructions)에 의하거나 그 <u>지휘</u>(지도; direction) 또는 <u>통제</u>(control)에 따라 행동한 경우에는 그 개인 또는 집단의 행위는 '국제법상' 그 국가의 행위로 간주된다.

제9조【공공당국의 부재, 마비 상태에서 자발적으로 공무를 수행한 사인의 행위】 개인 또는 집단이 <u>공공당국의 부재</u>(absence) 또는 <u>마비</u>(default) 상태로 정부권한(공권력)의 행사가 <u>요구되는 상태에서</u>(such as to call for) 사실상 정부권한(공권력)을 행사하였다면, 그 행위는 '국제법상' 그 국가의 행위로 간주된다.

제10조【반도단체 또는 다른 단체들의 행위】 1) 한 국가의 '<u>신정부</u>'<u>를 구성하는 반도단체의 행위</u>(insurrectional movement)는 '국제법상' 그 국가의 행위로 간주된다. 2) 기존 국가의 일부 지역 또는 그 통치하의 지역에서 '<u>신 국가</u>' <u>수립에 성공한</u>(succeeds in establishing a new State) 반란단체 또는 다른 단체의 행위는 '국제법상' 그 신국가의 행위로 간주된다. 3) 이 조는 당해 단체의 행위와 어떻게 관련되었든 <u>제4조 내지 제9조에 의하여 그 국가의 행위로 간주될 수 있는 여하한 행위의 국가로의 귀속을 방해하지 않는다.</u>

제11조【국가에 의하여 자신의 행위로 승인되고 채택된 행위】 '앞의 조항'들에 의하여 국가로 귀속되지 않는 행위도, 국가가 그 문제된 행위를 자신의 행위로 '<u>승인</u>' (acknowledge)하고 '<u>채택</u>'(adopt)하는 경우, 그 범위 내에서(if and to the extent that) '국제법상' 그 국가의 행위로 간주된다.

제3장 국제의무의 위반

제12조【국제의무 위반의 존재】 국가의 행위가 국제의무에 의하여 요구되는 바와 합치되지 않는 경우, 그 의무의 '<u>연원</u>'(origin)이나 성격(character)과는 상관없이 국가의 국제의무 위반이 된다.

제13조【국가에 대한 구속력 있는 국제의무】 행위의 발생 시 국가가 당해 의무에 구속되지 않는 한, 국제의무의 위반을 구성하지 않는다.

제14조【국제의무 위반의 시간적 연속】 1. <u>계속적 성격을 갖지 않는 국가행위로 인한 국제의무의 위반은</u>, 그 효과가 계속되더라도 <u>그 행위가 완성된 시점에 성립한다.</u> 2. <u>계속적 성격을 갖는 국가행위로 인한 국제의무 위반은 그 행위가 계속되고 국제의무와 불일치하는 상태로 남아 있는 전 기간 동안에 걸쳐 계속된다.</u> 3. 국가에게 일정한 결과를 방지할 것을 요구하는 국제의무의 위반은 <u>그러한 결과가 발생하는 시기에</u> 발생하며, 그러한 결과가 계속되어 그 의무와 합치되지 않는 상태로 남아 있는 <u>전 기간 동안에 걸쳐 계속된다.</u>

제15조【복합행위(composite act)로 구성되는 위반】 1. <u>전체적으로</u>(in aggregate) 위법한 것으로 정의되는 일련의 작위 또는 부작위에 의한 국가의 국제의무 위반은, 다른 작위 또는 부작위와 함께 취해짐으로써 그러한 위법행위를 구성하기에 <u>충분한 작위 또는 부작위가 발생한 시기에 성립한다.</u> 2 이와 같은 경우, 그 위반은 일련

의 작위 또는 부작위가 <u>처음 발생한 시기부터 전 기간에 걸쳐 확대</u>되며, 그러한 작위 또는 부작위가 반복되고 국제의무와 합치되지 않는 상태로 <u>남아 있는 한 계속</u>된다.

제4장 타국의 행위와 관련(관여)된 국가책임

제16조 【타국이 국제위법행위를 범하는 데 대한 지원 또는 원조】

한 국가가 타국을 <u>지원(aid)</u> 또는 <u>원조(assistance)</u>하는 행위는 다음의 경우 그에 대한 국제책임을 진다.
(a) 당해 국가는 국제위법행위의 사정을 <u>알고</u> 하였을 것
(b) 당해 국가가 범하였어도 그 행위는 국제법상 <u>위법</u>할 것

제17조 【국제위법행위를 범하는 데 대하여 행하여진 지시 또는 통제】

타국이 국제위법행위를 행하도록 <u>지시(directs)</u>하고 <u>통제(control)</u>한 국가는 다음의 경우 '그 행위에 대한' 국제책임을 진다.
(a) 당해 국가는 국제위법행위의 사정을 <u>알고</u> 하였을 것
(b) 당해 국가가 범하였어도 그 행위는 국제법상 <u>위법</u>할 것

제18조 【타국에 대한 강제】

타국에 대하여 행동하도록 <u>강제한(coerces)</u> 국가는 다음과 같은 경우 그 행위에 대하여 국제책임을 진다.
(a) 강제가 없었더라면 그 행위가 그 강제된 국가의 국제위법행위일 것
(b) 강제국은 그 행위의 사정을 알고 강제하였을 경우

제19조 【본장의 효과】

본장은 문제된 행위를 자행한 국가 또는 여타의 국가들에게 본 조항들의 타 규정에 의하여 부과되는 국가책임을 저해하지 않는다.

제5장 위법성 조각사유

제20조 【동의(Consent)】

타국의 행위에 대한 <u>유효한 동의</u>는 그 국가에 대한 관계에서는 '<u>동의의 범위 내</u>'에서 당해 행위의 위법성을 조각한다.

제21조 【자위(Self-defence)】

'국제연합헌장'에 합치하여 취해진 <u>합법적 자위</u> 조치에 해당한다면 그 국가행위의 위법성이 조각된다.

제22조 【국제위법행위에 대한 대응조치(Countermeasures)】

행위가 <u>제3부 제2장</u>에 따른 타국에 대한 <u>대응조치</u>에 해당하는 경우, 그 범위 내에서는 타국에 대한 국제의무와 합치되지 않는 국가행위의 위법성이 조각된다.

제23조 【불가항력(Force majeure)】

1. 국가의 행위로서 그 국제의무와 일치하지 않는 행위는 그 행위가 <u>불가항력</u>에 기인하는 경우 위법성이 조각된다.

불가항력이라 함은 <u>그 국가의 통제밖</u>에 있음으로써 그 국가로 하여금 그 상황에서 <u>문제의 의무를 이행하는 것을 실질적으로 불가능하게 만드는 저항할 수 없는 힘(irresistable force)</u>, 또는 <u>예측하지 못한 사고(unforeseen event)</u>의 발생을 의미한다.

2. 제1항은 다음의 경우에는 적용되지 아니한다.
(a) 불가항력의 상황이 이를 원용하는 국가의 행위에 의하여, 단독적으로 또는 다른 요소들과 결합하여, 기인하는 경우 또는
(b) 그 국가가 그러한 상황 발생의 위험을 부담하였던 경우

제24조 【조난(Distress)】

1. 국제의무와 일치하지 않는 국가의 행위는 그 문제의 <u>행위자(행위주체)(the author)</u>가 조난의 상황에

처하여 그 행위자(행위주체)의 생명(life) 또는 그 행위자(행위주체)의 보호에 맡겨진(entrusted to the author's care) 다른 사람들의 생명의 구조를 위하여 여하한 다른 합리적 수단을 확보하지 못하는 경우, 그 위법성이 조각된다.
2. 제1항은 다음의 경우에는 적용되지 않는다.
(a) 조난 상황이 이를 원용하는 국가의 행위에, 단독적으로 또는 다른 요소들과 결합하여, 기인하는 경우 또는
(b) 그 문제의 행위가 그와 대등한 또는 그보다 더 중대한 위험을 야기할 우려가 있는 경우

제25조 【(국가적) 필요상황(Necessity) ; 긴급피난 ; 궁박】
1. 필요상황은 다음과 같은 경우 외에는 국제의무와 일치하지 않는 국가의 행위의 위법성의 조각 근거로서 원용될 '수' 없다.
(a) 그 행위가 그 국가에 있어서 '중대하고도 급박한 위험'으로부터 '본질적 이익'의 보호를 위한 '유일한 수단'일 경우, 그리고
(b) 그 행위가 그 '의무 상대국이나 상대국들' 또는 '국제공동체 전체의 본질적 이익'을 중대하게 침해하지 않는 경우.
2. 국가는 다음의 경우 여하한 상황에서도 위법성 면제의 근거로서 필요상황을 원용할 수 없다.
(a) 문제의 국제의무가 필요상황의 원용가능성을 배제하고 있는 경우, 또는
(b) 그 국가가 필요상황에 기여한 경우.

제26조 【강행규범의 이행(compliance)】 본장의 여하한 규정도 일반국제법상의 강행규범으로부터 발생하는 의무와 일치하지 않는 여하한 국가행위에 대해서도 위법성을 조각시키지 않는다.

제27조 【위법성 조각사유의 원용의 결과】 본장에 따른 위법성 조각사유의 원용은 다음을 저해하지 않는다.
(a) 위법성 조각사유가 더 이상 존재하지 않는 경우(if and to the extent) 그 범위 내에서 문제 의무의 이행
(b) 문제의 행위에 의하여 야기된 여하한 '중대한' 손실(material loss)에 대한 보상(compensation)의 경우

제2부 국가의 국제책임의 내용

제1장 일반원칙

제28조 【국제위법행위의 법적 결과】 제1부의 규정들에 따라 발생한 국제위법행위에 의하여 발생한 국가의 국제책임은 본부에 의하여 정해진 법적 결과(legal consequences)를 수반한다.

제29조 【계속적 이행의 의무】 본부에 의하여 국제위법행위의 법적 결과는 위반된 의무를 이행하여야 할 책임국의 계속적 의무(the continued duty)를 저해하지 않는다.

제30조 【중지 및 재발방지】 국제위법행위의 책임국은 다음과 같은 의무를 진다.
(a) 그 행위가 계속되는 경우, 이를 중지할 의무
(b) 상황이 요구하는 경우, 재발방지의 적절한 확보 및 보장을 제공할 의무

제31조 【배상(Reparation)】 1. 책임국은 국제위법행위에 의하여 야기된 손해에 대하여 완전한 배상(full reparation)을 할 의무를 진다.
2. 손해는 국가의 국제위법행위에 의하여 야기된 여하한 '물질적

또는 정신적(material or moral) 손해'(damage)도 포함된다.

제32조 【국내법과의 무관성】 책임국은 본 부의 의무의 불이행을 정당화하기 위하여 국내법 규정에 의존할 수 없다.

제33조 【본 부에 규정된 국제의무의 범위】 1. 본 부에 규정된 책임국의 의무는 특히 국제의무의 성격 및 내용 그리고 그 위반의 상황에 따라 어느 하나의 타국, 수 개국, 또는 국제공동체 전체를 상대로 부과된다.

2. 본 부는 국가의 국제책임으로부터 국가 이외의 개인 또는 단체에 대하여 직접적으로 주어지는 여하한 권리도 저해하지 않는다.

제2장 손해배상(Reparation for injury)

제34조 【배상의 형식】 국제위법행위에 의하여 야기된 손해에 대한 완전한 배상은 본장의 규정에 따라 원상회복(restitution), 금전배상(compensation) 및 만족(사죄; satisfaction)의 형식을 단독적으로 또는 결합적으로 취한다.

제35조 【원상회복(Restitution)】 국제위법행위에 책임이 있는 국가는 원상회복 즉 그 위법행위가 범해지기 이전에 존재하던 상황을 회복할 의무를 부담한다. 단 이는 다음과 같은 경우에 한한다.

(a) 원상회복이 실질적으로 불가능하지 않으며

(b) 원상회복이 금전배상 대신 원상회복으로부터 파생되는 이익과의 비례성을 벗어나는 부담을 초래하지 않는 경우

제36조 【금전배상(Compensation)】 1. 국제위법행위에 책임이 있는 국가는 그로 인하여 야기된 손해가 원상회복에 의하여 배상되지 않는 경우, 이에 대하여 금전배상을 하여야 할 의무를 부담한다.

2. 금전배상은 금전적으로 산정가능한 여하한 손해도 망라하여야 하며, 여기에는 확인될 수 있는 한 일실이익(逸失利益)(loss of profits)도 포함된다.

제37조 【만족(사죄; Satisfaction)】 1. 국제위법행위에 책임이 있는 국가는 그 행위로 인하여 야기된 피해가 원상회복 또는 금전배상에 의하여 구제될 수 없는 경우, 이에 대하여 만족(사죄)을 제공하여야 할 의무를 부담한다.

2. 만족(사죄)은 위반의 인정, 유감의 표명, 공식 사과, 또는 그 밖의 적절한 방식으로 행해질 수 있다.

3. 만족은 피해와의 비례성을 벗어나면 안 되며, 책임국에게 모욕(humiliating)을 주는 방식을 취할 수 없다.

제38조 【이자(interest)】 1. 본 장에 의하여 부과되는 원금에 대한 이자는 완전한 배상을 확보하기 위하여 필요한 경우 지급될 수 있어야 한다. 이율(利率)과 계산방법은 그러한 결과에 도달할 수 있도록 결정되어야 한다.

2. 이자는 원금(the principal sum)이 지급되었어야 할 일자로부터 지급의무가 완수되는 일자까지 진행된다.

제39조 【피해에 대한 기여(contribution)】 손해배상을 결정함에 있어서, 피해국 또는 손해배상의 추구와 관련된 여하한 개인 또는 단체의 고의 또는 과실에 의한 작위 또는 부작위가 피해에 기여한 바를 고려해야 한다.

제3장 일반 국제법상의 강행규범적 의무의 중대한 위반

제40조【본장의 적용】 1. 본장은 국가에 의한 '일반 국제법상의 강행규범적 의무의 중대한 위반'에 의하여 발생하는 국제책임에 적용된다.
2. 그러한 의무의 위반은 그것이 책임국에 의한 '그 의무의 <u>심각한 또는 조직적인 불이행</u>'(a gross or systematic failure)이 수반되는 경우에 중대한 것으로 본다.

제41조【본장의 의무의 중대한 위반에 대한 특별한 결과】 1. 국가들은 제40조의 의미에 속하는 모든 중대한 위반을 '<u>합법적 방법</u>'(lawful means)을 통하여 종식시키기 위하여 <u>협력</u>하여야 한다.
2. 여하한 국가도 제40조에 언급된 중대한 위반에 의하여 창설된 상황을 합법적인 것으로 승인하거나 이러한 상황의 유지에 지원 <u>또는 원조를 제공하면 안 된다.</u>
3. 본조는 본 부에서 언급된 다른 결과 또는 본장이 적용되는 위반이 국제법상 발생시키는 추후의 결과를 저해하지 않는다.

제3부 국가의 국제책임의 이행 (implementation)

제1장 국가책임의 추궁(invocation)

제42조【피해국에 의한 추궁】 국가는 다음의 경우 피해국 <u>(injured State)</u>으로서 타국의 책임을 추궁할 수 있다.
(a) 위반된 의무가 <u>개별적으로 (individually)</u> 그 국가를 상대로 하는 것이거나, 또는
(b) 위반된 의무가 <u>그 국가를 포함하는 일단의 국가들</u>을 또는 국제공동체 전체를 상대로 하는 것이며, 그 의무의 <u>위반(the breach of the obligation)</u>이

(ⅰ) 그 국가에 <u>특별히 영향을 주거나</u>(specially affects), 또는
(ⅱ) 그 의무가 상대로 하는 <u>모든 다른 국가들의 입장(지위)</u>을 그 의무의 추후 이행과 관련하여 <u>급격하게 변경하는 성질의 것</u>인 경우

제43조【피해국에 의한 손해배상 청구의 통고】 1. 타국의 책임을 추궁하는 피해국은 그 국가에게 자국의 청구를 <u>통고</u>하여야 한다.
2. 피해국은 특히 다음을 적시할 수 있다.
(a) 위법행위가 계속되는 경우, 그 중지를 위하여 책임국이 취하여야 할 행위
(b) 제2부의 규정에 따라 취해져야 할 손해배상의 형태

제44조【청구의 수리 가능성(admissibility)】
다음의 경우 국가책임이 추궁될 수 없다.
(a) 청구가 <u>청구의 국적</u>에 관하여 적용되는 규칙에 반하여 제기되는 경우
(b) 청구가 <u>국내적 구제완료</u>의 규칙이 적용되는 것이며, 아직 가용하고 효과적인 국내적 구제가 완료되지 않은 경우

제45조【책임 추궁권의 상실】
다음의 경우 국가책임이 추궁될 수 없다.
(a) 피해국이 청구를 유효하게 <u>포기</u>한 경우
(b) 피해국이 그 스스로의 행위에 의하여 청구권의 소멸을 유효하게 <u>묵인</u>한 것으로 간주되는 경우

제46조【피해국의 복수성】 수 개국이 동일한 국제위법행위에 의하여 피해를 입은 경우, <u>각각의 피해국</u>은 국제위법행위를 범한 국가의 책임을 '<u>개별적으로</u>'(separately) 추궁할 수 있다.

제47조【책임국의 복수성】1. 수개의 국가들이 동일한 국제위법행위에 대하여 책임이 있는 경우, 그 행위와 관련하여 각각의 국가들의 책임이 추궁될 수 있다.

2. 제1항은 (a) 여하한 피해국에 대해서도 스스로 입은 손해 이상을 금전배상에 의하여 회복하는 것을 허용하지 않으며 (b) 다른 책임국에 대한 구상의 권리를 저해하지 않는다.

제48조【피해국 이외의 국가에 의한 책임의 추궁】1. 다음의 경우, 피해국 이외의 여하한 국가(any state other than an injured State)도 제2항에 따라 타국의 책임을 추궁할 권리를 가진다.

(a) 위반된 의무가 그 국가를 포함한 국가군을 상대로 하며, 이들 국가군의 공동이익의 보호를 위하여 확립된 경우, 또는

(b) 위반된 의무가 국제공동체 전체를 상대로 하는 경우

2. 제1항에 의하여 책임을 추궁할 권리를 가지는 여하한 국가도 책임국에 대하여 다음을 요구할 수 있다.

(a) 국제위법행위의 중지 및 제30조에 따른 재발방지의 확보 및 보장

(b) 피해국 및 "그 위반된 의무의 수익주체들"(the beneficiaries of the obligation breached)을 위하여 앞의 조항들에 따라 배상의무를 이행할 것

3. 제43조, 44조 및 45조에 의한 피해국의 책임추궁을 위한 요건들은 제1항에 따라 그 같은 권리를 가지는 국가들에 의한 책임 추궁에도 적용된다.

제2장 대응조치
(Countermeasures)

제49조【대응조치의 대상 및 제한】

1. 피해국은 오로지(only) 국제위법행위에 책임이 있는 국가로 하여금 제2부에 규정된 의무를 이행하도록 유도(induce)하기 위한 목적으로 그 국가를 상대로 대응조치를 취할 수 있다.

2. 대응조치는 그 조치를 취하는 국가가 책임국에 대하여 국제의무를 당분간(for the time being) 불이행(non-performance)하는 것으로 제한된다.

3. 대응조치는 가능한 한 문제의 의무의 이행의 재개(resumption)를 가능하게 하는 방법으로 취해져야 한다.

제50조【대응조치에 의하여 영향받는 의무】1. 대응조치는 다음에 영향을 주어서는 안된다(shall not affect).

(a) 국제연합헌장에 의해 구현된 무력의 위협 또는 그 행사 금지 의무,

(b) 기본적 인권의 보호의무,

(c) 복구가 금지되는 인도적 성격의 의무,

(d) 기타 일반 국제법상의 강행규범상의 의무,

2. 대응조치를 취하는 국가는 다음 의무의 이행을 면제받지 않는다.

(a) 그 국가와 책임국 간의 분쟁해결 절차상의 의무

(b) 외교관 또는 영사관 그리고 그 관저, 공문서 및 서류의 불가침 존중의 의무

제51조【비례성】대응조치는 국제위법행위의 심각성과 문제되는 권리를 참작하여, 입은 피해에 비례해야 한다.

제52조【대응조치에의 호소에 관한 조건】 1. 대응조치를 취하기에 앞서 피해국은,

(a) 제43조에 따라 책임국에게 제2부에 규정된 의무들을 이행할 것을 요구하며,

(b) 대응조치를 취한다는 모든 결정을 책임국에게 통보하며, 그 국가와의 교섭을 제의한다.

2. 제1항 (b)에도 불구하고, 피해국은 자국의 권리를 보존하기 위하여 필요한 긴급 대응조치를 취할 수 있다.

3. 다음의 경우 대응조치는 취해져서는 안 되며, 이미 취해진 경우 지체 없이 중지되어야 한다 (must be suspended).

(a) 국제위법행위가 종료(has ceased)된 경우, 그리고

(b) 분쟁이 당사자들에게 구속력 있는 결정을 내릴 권한이 있는 재판소(court) 또는 중재법원(tribunal)에 계류 중(pending before)인 경우.

4. 제3항은 책임국이 분쟁해결 절차를 성실하게 이행하지 않는 경우에는 적용되지 않는다.

제53조【대응 조치의 종료(Termination)】 책임국이 제2부상의 의무를 이행한다면(즉 책임 해제 조치), 대응조치는 즉시 종료되어야 한다(shall be terminated).

제54조【피해국 이외의 다른 국가(States other than an injured State)에 의한 조치】 위반 행위의 중지 및 피해국 또는 의무 위반국의 수혜자를 위한 배상을 확보하기 위하여 제48조 1항에 따라 타국의 책임을 추궁할 권리가 있는 여하한 국가가 그 타국에 대하여 합법적 조치(lawful measure)를 취할 권리를 해하지 않는다.

제4부 일반 규정

제55조【특별법】 본 조항들은 국제위법행위의 존재의 요건 또는 국가의 국제책임의 내용 또는 이행이 국제법의 특별규칙에 의하여 규율되는 경우 그 범위 내에서 적용되지 않는다.

제56조【본 조항들에 의하여 규율되지 않는 국가책임의 문제들】 국제위법행위에 대한 국가책임의 문제들이 본 조항들에 의하여 규율되지 않는 범위 내에서는 이 문제들에 대하여 적용가능한 국제법 규칙들이 계속 적용된다.

제57조【국제기구의 책임】 본 조항들은 국제기구의 행위에 대한 국제기구 또는 국가의 국제법상의 책임과 관련된 여하한 문제도 저해하지 않는다.

제58조【개별적 책임】 본 조항들은 국가를 위하여 행동하는 사람의 국제법상 개인의 책임과 관련된 여하한 문제도 저해하지 않는다.

제59조【국제연합헌장】 본 조항들은 국제연합 헌장을 저해하지 않는다.

49 2004년 국가 및 그 재산의 관할권 면제에 관한 국제연합 협약(United Nations Convention on Jurisdictional Immunities of States and Their Property)

채택일 : 2004.12.2.

본 협약의 당사국들은, 국가 및 그 재산의 관할권 면제는 국제관습법의 원칙으로 일반적으로 수락되었음을 고려하고, 국제연합 헌장에 구현된 국제법의 원칙을 유념하고, 국가 및 그 재산의 관할권 면제에 관한 국제협약이 특히 국가와 자연인 또는 법인에 대한 법의 지배와 법적 명확성을 증진하며 국제법의 편찬 및 발전과 이 분야에서의 실행의 조화에 기여함을 확신하며, 국가 및 그 재산의 관할권 면제와 관련된 국가실행의 발전을 염두에 두고, 본 협약의 규정에 의해 규율되지 않는 사항들은 국제관습법의 규칙들에 의하여 계속 규제됨을 확인하며, 다음과 같이 합의하였다.

제1부 총 칙

제1조 【본 협약의 적용범위】 본 협약은 국가 및 그 재산의 타국 법원 관할권으로부터의 면제에 대해 적용된다.

제2조 【용어의 사용】 1. 본 협약의 목적에 따라

(a) "법원"(court)이라 함은 명칭을 불문하고 사법적 기능(judicial fuctions) 수행하는 자격이 주어진 여하한의 국가기관을 의미한다.

(b) "국가"라 함은

(i) 국가 및 각종 정부기관,

(ii) 주권적 권한(sovereign authority)을 행사하는 행위를 수행할 자격이 있고 그러한 자격으로(in that capacity) 행동하는 연방국가의 구성단위 또는 국가의 정치적 하부조직;

(iii) 국가의 주권적 권한을 행사하는 행위를 수행할 자격이 있고 실제로 이를 수행하고 있는 범위 내에서의(to the extent) 국가의 대리기관(agencies)이나 종속기관(instrumentalities) 또는 기타 실체(entities);

(iv) 국가대표의 자격으로 행동하는 자.

(c) "상업적 거래"(commercial transaction)는 다음을 의미한다.

(i) 상품의 판매 또는 용역의 공급을 위한 모든 상업적 계약 및 거래,

(ii) 여하한의 그러한 차관 및 거래에 관한 보증의무 또는 배상의 채무를 포함하여, 차관 및 기타 금전적 성격의 거래를 위한 모든 계약

(iii) 상업적, 산업상의, 무역상의 또는 직업적 성격의 여하한 계약이나 거래, 그러나 사람을 고용하는 계약을 포함하지 않는다.

2. 계약이나 거래가 제1항(c)의 "상업적 거래"인지 결정하는 데는, 그 계약이나 거래의 성격(성질)(nature)에 대한 참조가 우선되어야 한다. 그러나 계약이나 거래의 당사자들이 그같이 합의(have so agreed)하거나 또는 법정지국의 실행상(in the practice of the State of the forum) 그 목적이 계약이나 거래의 비상업적 성격(non-commercial character)을 결정하는데 관련이 있는(relevant)

경우에는 그 목적 또한 고려하여야 한다.

3. 본 협약에서 용어의 사용에 관한 제1항 및 제2항의 규정은 다른 국제문서 또는 어떠한 국가의 국내법에서의 이들 용어의 사용 또는 이에 부여한 의미들을 저해하지 아니한다.

제3조【본 협약에 의해 영향을 받지 아니하는 특권 및 면제】 1. 본 협약은 다음의 직무 수행(exercise of the fuction)과 관련하여 국가가 국제법상 향유하는 특권과 면제를 저해하지 아니한다.

(a) 외교사절, 영사관, 특별사절, 국제기구 파견 사절, 국제기구의 기관 또는 국제회의에 파견된 대표, 그리고

(b) 이들과 관련된 인사들.

2. 본 협약은 국제법상 국가원수들에게 부여하는 인적(ratione personae) 특권과 면제를 저해하지 아니한다.

3. 본 협약은 국가가 소유하거나 운영하는 항공기 또는 우주물체와 관련하여 국제법상 국가가 향유하는 면제를 저해하지 아니한다.

제4조【본 협약의 불소급】 본 협약은 본 협약이 관계국들에 대하여 발효되기 이전에 그 국가를 상대로 제기된 소송에 있어서 야기되는 국가 및 그 재산의 관할권 면제와 관련된 여하한 문제에 대해서도 적용되지 아니한다. 단, 이는 본 협약에서 언급된 규칙으로서 본 협약과는 관계없이 국제법상 국가 및 그 재산의 관할권 면제를 규율하는 여하한 규칙들의 적용도 방해하지 않는다.

제2부 일반원칙

제5조【국가면제】 국가는 본 협약의 규정에 따를 것을 조건으로

그 스스로 또는 그 재산과 관련하여 타국 법원의 관할권으로부터 면제를 향유한다.

제6조【국가면제에 효력을 부여하는 방법】 1. 국가는 타국을 상대로 자국 법원에 제기된 소송에서 관할권 행사를 삼감으로써 제5조에 규정된 국가면제에 효력을 부여해야 하며, 이를 위해 자국 법원이 자발적으로 제5조상의 타국의 면제가 존중되도록 결정하는 것을 확보해야 한다.

2. 타국이 다음에 해당할 경우 국가의 법원에 제기된 소송은 타국을 상대로 제기된 것으로 본다.

(a) 소송의 당사자로 지명된 경우, 또는

(b) 소송의 당사자로 지명되지 않았으나 사실상(in effect) 소송이 그 타국의 재산, 권리, 이익 또는 활동에 영향을 미치기 위한(seeks to affect) 경우.

제7조【관할권 행사에 대한 명시적 동의】 1. 국가는 어떠한 사항이나 사건과 관련하여 타국 법원의 관할권 행사에 대해 다음에 의해 명시적으로 동의한 경우, 그 사항 또는 사건과 관련하여 타국의 법원에 제기된 소송에서 관할권 면제를 원용할 수 없다.

(a) 국제협정,

(b) 서면상의 계약,

(c) 특정 소송에서 법원에서의 선언 또는 서면상의 통보.

2. 타국 법의 적용에 대한 국가의 동의는 그 타국 법원에 의한 관할권 행사에 대한 동의로 해석되지 아니한다.

제8조【법원에서의 소송 참가의 효과】 1. 국가는 다음의 경우 타국 법원에서의 소송에서 관할권 면제를 원용할 수 없다.

(a) 스스로 소를 제기한 경우, 또는

(b) 소송에 참가하거나 본안(merits)과 관련한 여타의 조치를 취한 경우, 그러나 국가가 그러한 조치를 취할 때까지 면제의 주장의 근거가 될 수 있는 사실을 인식하지 못했음을 법정에서 입증하는 경우, 최단시일 내에 이루어지는 경우 그러한 사실들을 근거로 면제를 주장할 수 있다.

2. 국가는 오직 다음을 목적으로 소송에 참가하거나 여타의 조치를 취한 경우 타국 법원의 관할권 행사에 동의한 것으로 볼 수 없다.

(a) 면제를 원용하는 것, 또는

(b) 소송에서 문제되는 재산에 대한 권리 또는 이익을 주장하는 것.

3. 국가의 대리인이 타국의 법원에 증인으로 출석하는 것은 전자의 국가가 그 법원의 관할권 행사에 동의하는 것으로 해석되지 아니한다.

4. 국가가 타국 법원에서의 소송에 출석하지 않는 것은 전자의 국가가 그 법원의 관할권 행사에 동의하는 것으로 해석되지 아니한다.

제9조 【반소(counterclaim)】

1. 타국 법원에 소송을 제기하는 (instituting) 국가는 그 주된 청구(본소)와 동일한 법률 관계 또는 사실로부터 제기되는 여하한 반소와 관련하여서도 법원의 관할권으로부터 면제를 원용할 수 없다.

2. 타국 법원에서의 소송에서 청구를 제기하기 위해 참가하는 (intervening) 국가는 그 국가에 의해 제기된 청구와 동일한 법률 관계 또는 사실로부터 제기되는 어떠한 반소와 관련하여서도 그 법원의 관할권으로부터의 면제를 원용할 수 없다.

3. 타국 법원에서 자기를 상대로 제기된 소송에 대해 반소하는 국가는 그 주된 청구(본소)와 관련하여 그 법원의 관할권으로부터 면제를 원용할 수 없다.

제3부 국가면제가 원용될 수 없는 소송

제10조 【상업적 거래】

1. 국가가 외국의 자연인 혹은 법인과의 상업적 거래에 참가하고 있고 적용 가능한 국제사법의 규칙에 의하여 그 상업적 거래에 관련된 분쟁이 타국 법원의 관할권에 속하는 경우, 그 국가는 그 상업적 거래로부터 제기되는 소송에서 그 관할권으로부터의 면제를 원용할 수 없다.

2. 제1항은 다음 경우에는 적용되지 아니한다.

(a) 국가 간 상업적 거래일 경우, 또는

(b) 그 상업적 거래의 당사자들이 명시적으로 별도의 합의를 하는 경우.

3. 국영기업 또는 국가에 의해 설립되어 독립적인 법인격을 가지고 다음을 할 수 있는 다른 실체가

(a) 소를 제기하거나 제소되거나; 그리고

(b) 그 국가가 그 실체에게 운영 또는 관리하는 권한을 부여한 재산을 포함하여, 재산을 취득, 소유 또는 점유와 처분할 수 있는 능력이 있으면서, 그 실체가 참여하는 상업적 거래에 관계된 소송에 연루되는 경우, 그 국가가 향유하는 재판관할권의 면제는 영향받지 아니한다.

제11조 【고용계약】

1. 관계국들 간에 별도로 합의를 하지 않는 한, 국가는 타국의 영토상에서 전체적으로 혹은 부분적으로 수행되었거나 수행될 사업을 위해 그 국가와 개인 간 고용계약과 관련된 소송에 있어서 달리 권한 있는

그 타국의 법원에서 관할권 면제를 원용할 수 없다.

2. 제1항은 다음과 같은 경우에 적용되지 아니한다.

(a) 피고용자가 정부 권한 행사에 있어 특정 기능을 수행하기 위하여 채용된 경우,

(b) 피고용자가,

(i) 1961년 외교관계에 관한 빈 협약에서 정의된 외교관(diplomatic agent),

(ii) 1963년 영사관계에 관한 빈 협약에서 정의된 영사관(consular officer),

(iii) 국제기구 주재 상주사절 또는 특별사절의 외교직원(a member of the diplomatic staff), 또는 국제회의에서 국가를 대표하기 위하여 채용된 자, 또는

(iv) 여타 외교면제를 향유하는 사람인 경우.

(c) 소송의 대상이 개인의 채용(recruitment), 고용의 갱신(renewal) 또는 복직(reinstatement)에 관련된 경우

(d) 소송의 대상이 개인의 해고(dismissal)또는 고용의 종료(termination)이며, 고용국의 국가원수, 정부수반, 또는 외무부장관에 의하여 그러한 소송이 그 국가의 안보 이익(the security interests)을 저해할 것임이 결정되는 경우,

(e) 피고용자가 소송 개시 당시 고용국의 국민이면서 법정지국에 상거소(permanent residence)를 갖지 않고 있는 경우,

(f) 고용국과 피고용자가 서면으로 달리 합의한 경우. 단 이는 소송의 대상을 이유로 법정지국의 법원에 배타적 관할권을 부여하는 공공정책의 고려에 따를 것을 조건으로 한다.

제12조【인적 피해 및 재산의 손해】 관계국 간에 별도의 합의가 없는 한, 국가는 타국의 권한 있는 법원에서 자국에게 귀속되는 것으로 주장되는 작위 또는 부작위로 인한 사망, 기타 인적피해 또는 실체적 재산상의 피해에 대한 금전적 보상에 관한 소송에 있어서 관할권 면제를 원용할 수 없다. 단, 이는 그 작위 또는 부작위가 전체적으로 또는 부분적으로 그 타국의 영토상에서 발생하였으며 그 작위 또는 부작위의 행위자가 그 작위 또는 부작위의 발생 시기에 그 영토상에 있는 경우에 한한다.

제13조【재산의 소유권, 점유 및 사용】 관계국 간에 다른 합의가 없는 한, 국가는 타국의 권한 있는 법원에서 다음 사안들에 대한 결정과 관계된 소송에 있어 관할권 면제를 원용할 수 없다.

(a) 법정지국에 소재하는(situated in the State of the forum) 부동산에 대한 국가의 여하한 권리 또는 이익, 그 점유 또는 사용, 또는 그러한 이익 또는 그 점유 또는 사용으로부터 발생하는 국가의 여하한의 의무,

(b) 상속, 증여 또는 무주물(bona vacantia)의 방법으로 취득한 동산 또는 부동산에 대한 국가의 여하한 권리 또는 이익.

(c) 신탁재산, 파산자의 재산, 해산하는 회사의 재산 등과 같은 재산의 운영에 대한 국가의 여하한 권리 또는 이익.

제14조【지적 및 산업 재산권】 관계국 간에 별도의 합의가 없는 한, 국가는 타국의 권한 있는 법원에서 다음 사항들에 대한 소송에 있어 관할권 면제를 원용할 수 없다.

(a) 법정지국 내에서 잠정적이라 하더라도 어느 정도의 법적 보호를 향유하는 특허, 공업의장, 상품 명칭 또는 기업 명칭, 상표, 저작권 또는 기타 형태의 <u>지적 또는 산업재산</u>에 대한 그 국가의 여하한 권리의 결정.

(b) 위의 (a)에 언급된 성질의 권리로서 제3자에게 속하고 법정지국에서 보호받는 권리에 대해 법정지국 내에서 주장되는 자국에 의한 침해 사실.

제15조 【회사 또는 기타 집단적 단체에의 참여】 1. 국가는 타국의 권한 있는 법원에서 유한회사이든 무한회사이든 <u>기업 또는 기타 집단적 단체(other collective body)</u>에의 참여에 관한 소송으로서 그 국가와 그 법인 또는 그에 따른 다른 참여자들과의 관계에 관한 소송에 있어 <u>관할권 면제를 원용할 수 없다.</u> 이는 그 단체가 다음과 같은 요건을 갖춘 경우에 한한다.

(a) 국가 또는 국제기구 이외로 참여자가 있으며,

(b) 법정지국의 법에 근거하여 <u>조직 또는 설립</u>되었거나 또는 그 국가 내에 <u>소재지 또는 주된 영업소(seat or principal place of business)</u>를 갖고 있는 경우.

2. 그러나 국가는 관계국 간에 특별한 합의가 있거나 또는 분쟁당사자들이 서면상으로 별도의 합의를 하는 경우 또는 그 단체를 설립하거나 규율하는 문서에서 그러한 취지의 규정을 포함하고 있는 경우, 상기의 소송에서 관할권 면제를 원용할 수 있다.

제16조 【국가에 의해 소유 또는 운영되는 선박】 1. 관계국 간에 별도의 합의가 없는 한, <u>선박을 소유하거나 운영하는 국가</u>는 그 <u>선박의 운영(operation)</u>과 관련된 소송에 있어서 그 소송원인이 발생한 당시에 선박이 <u>비상업적 공무 목적(government non-commercial purpose)</u> 이외의 용도로 사용된 경우, 타국의 권한 있는 법원에서 관할권 면제를 원용할 수 없다.

2. 제1항은 군함 및 해군보조함들에 대해서는 적용되지 않으며, 기타 국가에 의해 소유 또는 운영되고 오로지 비상업적 공무를 위해 사용되는 선박들에 대해 적용되지 않는다.

3. 관계국 간에 별도의 합의가 없는 한, 국가는 자국에 의해 소유되거나 운영되는 선박에 의한 <u>화물운송(carriage of cargo)</u>과 관련된 소송에 있어 그 소송원인이 발생한 당시에 <u>그 선박이 비상업적 공무 목적 이외의 용도로 사용된 경우</u>, 타국의 권한 있는 법원에서 관할권 면제를 원용할 수 <u>없다.</u>

4. 제3항은 제2항에 언급된 선박에 의해 수송되는 여하한 화물에 대해서도 적용되지 않으며, <u>국가에 의해 소유되거나 또는 오로지 비상업적 공무 목적을 위해 사용되거나 그같이 의도된 여하한 화물</u>에 대해서도 적용되지 않는다.

5. 국가는 사유의 선박 및 화물 그리고 그 소유주들이 향유하는 모든 방어수단, 시효 및 책임의 한계를 주장할 수 있다.

6. 소송에서 국가에 의하여 소유되거나 운영되는 선박 또는 국가 소유 화물의 비상업적 공무 성격과 관련하여 문제가 제기되는 경우, 해당 국가의 외교대표 또는 기타 권한 있는 당국에 의해 서명되고 그 법원에 제출된 <u>증명서</u>가 그 선박 또는 화물의 성격에 대한 증거로 인정된다.

제17조 【중재합의의 효과】 국가가 외국의 자연인 또는 법인과 상업적 거래에 관한 분쟁(differences)

을 중재(arbitration)에 부탁하기로 서면으로 합의를 하는 경우 이 중재 합의에서 별도로 규정하지 않는 한, 그 국가는 다음 사항들에 관련된 소송에 있어 타국의 권한 있는 법원에서 관할권 면제를 원용할 수 없다.

(a) 중재합의의 유효성 및 해석, 또는 적용
(b) 중재절차 또는
(c) 중재판정의 확인 또는 폐기

제4부 법원 소송과 관련된 강제조치(measures of constraint)로부터의 국가면제

제18조 【판결(재판) 전 강제조치로부터의 국가면제】 타국의 법원에서 제기된 소송과 관련하여 국가 재산에 대한 압류(attachment), 억류(나포)(arrest)와 같은 여하한의 판결 전 강제조치(pre-judgement measures of constraint)는 취해질 수 없다. 단, 그러한 조치는 다음과 같은 경우 그 범위 내에서는 취해질 수 있다.

(a) 그 국가가 그러한 조치의 집행에 대하여 다음과 같이 나타내는 방법에 의해 명시적으로 동의한 경우
   (i) 국제협정에 의하여,
   (ii) 중재합의 또는 서면의 계약에 의하여, 또는
   (iii) 재판정에서의 선언에 의해 또는 당사자 간의 분쟁이 발생한 후 서면상의 통보에 의하여, 또는
(b) 국가가 소송의 대상인 청구의 만족을 위하여 재산을 할당(allocated)하거나 특정(earmarked)한 경우.

제19조 【판결(재판) 후 강제조치로부터의 국가면제】 타국 법원에서의 소송과 관련하여 국가의 재산에 대해서는 압류(attachment),

억류(나포)(arrest) 또는 강제집행(execution)과 같은 여하한 판결 후 강제조치(post-judgement measure of constraint)도 취할 수 없다. 단, 그러한 조치는 다음과 같은 예외적인 경우 그 범위 내에서 취할 수 있다.

(a) 그 국가가 그러한 조치의 집행에 대하여 다음과 같은 방법에 의해 명시적으로 동의한 경우:
   (i) 국제협정에 의하여,
   (ii) 중재합의 또는 서면상의 계약에 의하여, 또는
   (iii) 재판정에서의 선언에 의하여 또는 당사자 간의 분쟁 발생 후 서면상 통보에 의하여, 또는
(b) 그 국가가 소송의 대상인 청구의 만족을 위하여 재산을 할당하거나 특정한 경우, 또는
(c) 그 재산이 특별히 그 국가에 의해 비상업적 공무 목적 이외를 위해(for other than government non-commercial purposes) 사용되고 있거나 사용될 의도로 있으며, 법정지국의 영토 내에 존재하는 것이 확인된 경우. 다만 이 경우, 그 판결(재판) 후 강제조치는 오로지 그 소송의 대상이 된 실체와 관련을 가지는 재산(property that has a connection with the entity against which the proceeding was directed)에 대해서만 취하여질 수 있다.

제20조 【관할권에 대한 동의가 강제조치에 미치는 효과】 제18조 및 제19조에 의한 강제조치에 대한 동의가 요구되는 경우, 제7조에 의한 관할권 행사에 대한 동의는 강제조치를 취하는 데 대한 동의를 내포하지 아니한다.

제21조 【특별한 범주의 재산】
1. 특히(in particular) 다음의 범주에 속하는 국가의 재산은 제19조(c)에서 언급된 특별히 비상업적

공무 목적 이외를 위해 국가에 의해 사용되거나 사용될 재산으로 보지 아니한다.

(a) 그 국가의 외교사절단, 영사관, 특별사절단, 국제기구 피견사절 또는 국제기구의 기관 또는 국제회의에 파견된 대표의 직무수행에 사용되거나 사용될 예정인 여하한의 은행계좌를 포함한 재산,

(b) 군사적 성격의 재산 또는 군사적 기능의 수행에 사용되거나 사용될 예정인 재산,

(c) 그 국가의 중앙은행 또는 다른 통화당국의 재산,

(d) 그 국가의 문화유산 또는 공문서의 일부를 구성하면서 판매를 목적으로 배치되거나 그같이 의도하지 않은 재산,

(e) 과학적, 문화적 또는 역사적 이해관계가 있는 전시품의 일부를 구성하며 판매를 목적으로 배치되거나 그같이 의도되지 않은 재산.

2. 제1항은 제18조와 제19조 (a) 및 (b)를 침해하지 않는다.

제5부 잡 칙

제22조 【소송서류의 송달】 1. 소환장 또는 기타 국가를 상대로 하는 소송 서류의 송달은 다음과 같이 이루어진다.

(a) 법정지국과 관계국을 구속하는 현행의 국제협약에 따라, 또는

(b) 법정지국의 법에 반하지 않는 범위 내에서, 청구인과 관계국간에 체결된 송달 관련 특별약정에 따라, 또는

(c) 그러한 협약 또는 특별약정이 부재한 경우,

　(i) 외교경로를 통한 관계국 외무부에 전송되거나,

　(ii) 법정지국의 법에 반하지 않는 범위 내에서, 해당국가에 의해 수락되는 기타의 방법에 의해.

2. 제1항 (c)(ⅰ)에 언급된 소송서류의 송달은 외무부에 의한 서류의 수취로써 완료된 것으로 간주된다.

3. 이들 서류에는 필요한 경우 관계국의 공식 언어 또는 공식 언어 중 하나로 된 번역본이 첨부되어야 한다.

4. 자국을 상대로 제기된 소의 본안절차에 출두하는 여하한 국가도 이 이후부터는 소송서류의 송달이 제1항과 제3항의 규정에 반하여 이루어졌음을 주장할 수 없다.

제23조 【결석 판결】 1. 결석판결은 법원이 다음 사항들을 확인한 경우가 아니면 국가에 대해 부여될 수 없다.

(a) 제22조 제1항 및 제3항에서 언급된 요건이 충족되었다는 것,

(b) 제22조 제1항 및 제2항에 따라 소환장 또는 기타 소송서류가 송달되었거나 그같이 간주되는 날로부터 4개월 이상이 경과되었다는 것,

(c) 본 협약이 관할권 행사를 배제하지 않는다는 것.

2. 국가를 상대로 부여되는 모든 결석판결의 사본은 필요한 경우 관계국의 공식 언어 또는 공식 언어 중 하나로 된 번역본과 함께 제22조 제1항에서 지정된 수단들 중 하나를 통하여 그리고 동항의 규정에 따라 그 국가에 전송되어야 한다.

3. 결석판결의 파기를 신청하기 위한 기한은 관계국이 판결의 사본을 수취하였거나 수취했다고 간주되는 날로부터 4개월 이내로 할 수 없다.

제24조 【법원절차 중의 특권 및 면제】 1. 국가가 특정의 행위를 하거나 삼가도록 또는 소송 목적상 서류를 작성하거나 정보를 공개

하도록 지시하는 타국의 법원의 명령을 이행하지 않았거나 이를 거부하는 경우, 이는 해당 사건의 본안과 관련하여 그러한 행위로부터 나올 수 있는 결과 이외에 여하한 다른 결과도 발생시키지 않는다. 특히, 그러한 불이행 또는 거부를 이유로 국가에 대해 여하한 벌금 또는 처벌도 부과될 수 없다.

2. 국가는 타국 법원에서 스스로가 피고로 되는 여하한 소송에서도 소송비용 또는 경비의 지불을 보장하기 위해 그 명칭 여하를 막론하고 여하한 담보, 보증금 또는 공탁의 제공도 요구받지 아니한다.

제6부 최종조항

제25조【부속서】본 협약의 부속서는 협약과 불가분의 일부를 구성한다.

제26조【다른 국제 협정】본 협약의 여하한 부분도 당사국들이 본 협약에서 다루어지는 사항과 관련하여, 그들 스스로가 당사자로 되어 있는 현행 국제협정들에 의하여 가지는 권리와 의무에 대하여 영향을 주지 않는다.

제27조【분쟁 해결】1. 당사국들은 본 협약의 해석 또는 적용과 관련된 분쟁들을 교섭에 의하여 해결하도록 노력하여야 한다.

2. 본 협약의 해석 또는 적용과 관련된 2 또는 그 이상의 당사국들 간의 분쟁으로서 교섭을 통하여 6개월 이내에 해결될 수 없는 여하한 분쟁도 이들 당사국 중 여하한 국가의 요청에 의해서도 중재재판에 부탁되어야 한다. 중재재판 요청일로부터 6개월이 경과한 후에도 이들 당사국들이 중재재판의 구성에 대하여 합의하지 못하는 경우, 이들 당사국 중 여하한

국가도 국제사법재판소 규정에 따른 재판신청에 의하여 그 분쟁을 동 재판소에 회부할 수 있다.

3. 각 당사국은 본 협약의 서명, 비준, 수락 또는 승인, 또는 가입 시에 제2항에 의해 구속받지 않음을 선언할 수 있다. 그러한 선언을 한 여하한 당사국에 대해서도 다른 당사국들은 제2항에 구속받지 않는다.

4. 제3항에 따라 선언을 한 여하한 당사국도 언제든지 국제연합 사무총장에게 통고함으로써 그 선언을 철회할 수 있다.

제28조【서명】본 협약은 모든 국가들의 서명을 위하여 2007년 1월 17일까지 뉴욕 국제연합 본부에서 개방된다.

제29조【비준, 수락, 승인 또는 가입】1. 본 협약은 비준, 수락 또는 승인되어야 한다.

2. 본 협약은 여하한 국가의 가입을 위해서도 개방된다.

3. 비준, 수락, 승인 또는 가입의 문서는 국제연합 사무총장에게 기탁되어야 한다.

제30조【발효】1. 본 협약은 국제연합 사무총장에게 30번째의 비준, 수락, 승인 또는 가입 서류가 기탁된 일자로부터 30일째 되는 날에 발효한다.

2. 30번째의 비준, 수락, 승인 또는 가입 서류가 기탁된 후 본 협약에 비준, 수락, 승인 또는 가입하는 각국에 대하여, 본 협약은 그러한 국가가 비준, 수락, 승인 또는 가입 서류를 제출한 후 30일째 되는 날에 발효한다.

제31조【폐기】1. 어떠한 당사국도 국제연합 사무총장에게 서면 통고를 함으로써 본 협약을 폐기할 수 있다.

2. 폐기는 국제연합 사무총장에

의하여 통고가 접수된 일자로부터 1년 후에 발효한다. 그러나 폐기가 관계국들 중 어느 한 국가에 대하여 발효하기 전에는 본 협약은 한 국가를 상대로 타국의 법원에서 제기된 소송에 있어서 문제되는 국가 또는 그 재산의 관할권 면제에 관한 여하한 문제에 대해서도 적용된다.

3. 폐기는 본 협약에 구현된 의무로서 본 협약과 관계없이 국제법에 의하여 부과되는 의무를 이행할 여하한 당사국의 책무에 대해서도 영향을 주지 아니한다.

제32조【기탁 및 통고】 1. 국제연합 사무총장은 본 협약의 기탁기관이다.

2. 국제연합 사무총장은 본 협약의 기탁기관으로서, 다음 사항들을 모든 국가들에게 통보한다.

(a) 본 협약의 서명 및 제29조 및 제31조에 따른 비준, 수락, 승인 또는 가입 문서의 기탁 또는 폐기.

(b) 제30조에 따르는 본 협약의 발효일자.

(c) 본 협약과 관련된 여하한 행위, 통고 또는 통지.

제33조【정본】 본 협약의 아랍어, 중국어, 영어, 프랑스어, 러시아어 및 스페인어본들은 동등히 정본이다.

이상의 증거로, 하기 서명자들은 각자의 정부에 의하여 정당히 권한을 위임받아, 2005년 1월 17일 뉴욕의 국제연합 본부에서 서명을 위하여 개방된 본 협약에 서명하였다.

협약의 부속서
협약의 일부 규정에 관한 양해

본 부속서는 관련 규정들에 관한 이해를 명확히 하기 위한 것이다.

제10조와 관련하여
제10조의 "면제"라는 용어는 전체로서 본 협약의 문맥 속에서 이해되어야 한다.

제10조 3항은 "법인의 진상 규명" 문제, 국가적 단체가 의도적으로 청구의 만족을 피하기 위하여 그 재정상황을 허위 발표하였거나 사후에 그 자산을 감소시킨 상황과 관련된 문제들 또는 기타 관련 쟁점들을 예단하지 않는다.

제11조와 관련하여
제11조 2항 (d)에서 고용국의 "안보상 이익"이라는 언급은 우선적으로 국가안보 및 외교사절과 영사관들의 안전을 가리키는 것으로 의도된 것이다.

1961년 외교관계에 관한 빈 협약 제41조와 1963년 영사관계에 관한 빈 협약 제55조에 따라, 이들 조항에서 언급된 모든 사람들은 접수국의 노동법을 포함한 법령을 준수할 의무를 진다. 동시에 1961년 외교관계에 관한 빈 협약 제38조 및 1963년 영사관계에 관한 빈 협약 제71조에 따라, 접수국은 사절 및 영사관의 직무 수행에 부당하게 간섭하지 않는 방법으로 관할권을 행사하여야 한다.

제13조 및 제14조와 관련하여
"결정"이라는 표현은 보호되는 권리들의 존재의 규명 또는 입증뿐만 아니라 그러한 권리들의 내용, 범위 및 정도를 포함한 그 실체의 평가 또는 산정을 가리키기 위하여서도 사용된다.

제17조와 관련하여

"상업적 거래"라는 표현은 투자 사항들도 포함한다.

제19조와 관련하여

(c)의 "단체"라 함은 독립된 법인 격으로서의 국가, 연방국가의 구 성단위, 국가의 하부조직, 독립된 법인격을 향유하는 국가 또는 다 른 단체의 기관 또는 조직을 가리 킨다.

(c)의 "단체와 관련을 가지는 재 산"이라는 말은 소유권 또는 재 산권보다 넓은 의미로 이해되어 야 한다.

제19조는 "법인의 실체 규명" 문 제, 국가적 단체가 청구의 만족을 피하기 위하여 그 재정상황을 허 위 발표하였거나 또는 사후에 그 자산을 감소시킨 상황과 관련된 문제들 또는 기타 관련된 사항들 을 예단하지 않는다.

※ 김현석, 국제법 평론 제21호(2001-II), pp.305~319, 번역 참조

50 2006년 외교보호에 관한 규정 초안
(Draft Articles on Diplomatic Protection[27])

제1부 일반 규정

제1조【정의와 범위】 본 초안의 목적상, '외교적 보호'란 한 국가가 자신의 자연인이나 법인에 대한 국제위법행위에 의해 초래된 피해로 인해 타국의 책임을 외교적 조치나 다른 평화적 수단을 통해 그러한 책임의 이행을 목적으로 추궁(invocation)하는 것으로 구성된다.

제2조【외교적 보호를 행사할 권리】 국가는 이 초안의 규정에 따라 외교적 보호를 행사할 권리를 갖는다(has the right).

제2부 국 적

제1장 일반 원칙

제3조【국적국에 의한 보호】
1. 외교적 보호를 행사할 자격이 있는 국가는 국적국이다.
2. 제1항에도 불구하고, 외교적 보호는 자국민이 아닌 사람에 대하여 초안 제8조에 따라 한 국가에 의해 행사될 수 있다.

제2장 자연인

제4조【자연인의 국적국】 자연인에 대한 외교적 보호 목적을 위해, 국적국이란 국제법에 불일치하지 않은(not inconsistent with international law) 출생, 혈통, 귀화, 국가승계 혹은 기타 다른 방법에 의해 그 국가의 법에 따라 그 자연인이 그 국가의 국적을 취득한 국가이다.

제5조【자연인의 계속된 국적】
1. 국가는 피해 일자로부터 계속적으로 공식적 청구를 제기하는 일자까지 자국 국적의 사람에 대하여 외교적 보호를 행사할 수 있다. 계속성은 그러한 국적이 두 일자에 존재했다면 있는 것으로 추정된다.
2. 제1항에도 불구하고, 만일 전 임국의 국적을 가졌거나 또는 이전의 국적을 상실했고 청구제기와 관련이 없는 이유로(for a reason unrelated to) 국제법과 불일치하지 않는 방식으로 (현)국가의 국적을 취득했을 경우, 국가는 청구의 공식제기 일자에는 자국민이지만 피해발생 일자에는 자국민이 아닌 사람을 위해 외교적 보호를 행사할 수 있다.
3. 외교적 보호는 이전 국적국가의 국민이었고 현 국적국가의 국민이 아니었을 때 초래된 피해에 대하여 현 국적국가가 그 사람을 위해 이전 국적국가에 대하여는 행사될 수 없다.
4. 국가는 공식적 청구 제기 일자 이후에 청구가 제기된 국가(즉, 피청구국)의 국적을 취득한 사람을 위하여 외교적 보호를 행사할 자격이 더 이상은 없다.

제6조【다중(복수) 국적과 제3국에 대한 청구】 1. 이중 또는 다중 국적인이 자국민인 어떠한 국가도 자국민이 아닌 국가에 대하여 그 국민을 위해 외교적 보호를 행사할 수 있다.
2. 이중 또는 다중의 국적국가는 이중국적인 또는 다중 국적인을 위하여 외교적 보호를 공동으로(jointly) 행사할 수 있다.

---

27) 윤경철, 정통국제법, 박문각(2021), pp.570~589.

제7조 【다중(복수)국적과 국적국에 대한 청구】 국적국은 침해 일자에 그리고 공식 청구 제기 일자 모두에 그 국적 국가의 국적이 우세하지(predominant) 않는다면, 그러한 사람을 또한 국민으로 하는 (다른) 국가에 대하여 그 사람을 위해 외교적 보호를 행사할 수 없다.

제8조 【무국적자와 난민】 1. 국가는 피해 일자에 그리고 공식 청구 제기 일자에 그 국가에 합법적으로 그리고 상시적으로 거주하는 (lawfully and habitually resident) 무국적자를 위하여 외교적 보호를 행사할 수 있다.

2. 국가는 피해일자에 그리고 공식 청구 제기 일자에 합법적으로 그리고 상시적으로 그 국가에 거주하는 자로서, 그 국가에 의해 국제적으로 수락된 기준에 따라 난민으로 인정된 사람을 위해 외교적 보호를 행사할 수 있다.

3. 제2항은 난민의 국적국가에 의한 국제위법행위로 초래된 피해에 대해서는 적용되지 않는다.

제3장 법 인

제9조 【회사의 국적국】 회사의 외교적 보호 목적으로, 국적국은 그 국가의 법에 의해 회사가 설립된 국가이다. 하지만, 그 회사가 다른 국가나 국가들의 국민에 의해 통제되거나 설립지 국가에서 '실질적인 영업활동'(substantial business activities)이 없고 '본점 소재지'와 '회사의 재무지배소재지'(the seat of management and the financial control) 양자(both)가 그 다른 국가에 위치한 경우에 그 국가가 국적국으로 간주되어야 한다(shall).

제10조 【회사의 계속적인 국적】 1. 국가는 피해 일자로부터 계속적으로 공식적 청구 제기 일자까지 그 국가의 혹은 전임국의 국적을 가진 회사를 위해 외교적 보호를 행사할 권리를 갖는다. 계속성은 그 국적이 양 일자에 존재하는 경우에 추정된다.

2. 국가는 청구제기 후에 청구가 제기된 국가의 국적을 획득한 회사를 위해 더 이상 외교적 보호를 행사할 권리가 없다.

3. 제1항에도 불구하고, 국가는 피해 발생 일자에 자국적 회사였고 그리고 피해의 결과로 인해 설립지 국가의 법에 의해 존재하지 않게 된 회사를 위해 외교적 보호를 계속해서 행사할 수 있다.

제11조 【주주의 보호】 회사의 주주들의 국적국가는 회사에 대한 피해의 경우에 그 주주들을 위해 다음의 경우가 아니라면 경우 외교적 보호를 행사할 수 없다.

(가) 그 회사가 피해와 관계없는 이유로(for a reason unrelated to the injury) 설립지 국가의 법에 따라 소멸한 경우, 혹은

(나) 피해 일자에 그 회사가 초래된 피해에 대해 책임이 있다고 여겨지는(alleged to be responsible for causing the injury) 국가의 국적을 가지고 있는 경우, 그리고 그 국가에서 회사설립이 그 국가에 의해 그곳에서 영업활동의 전제 조건(precondition for doing business there)으로서 요구된 경우.

제12조 【주주에 대한 직접 피해】 국가의 위법 행위로 회사 자체(itself)의 권리와는 구분되는 주주의 권리 그 자체(as such)에 직접적인 피해를 초래한 정도에 따라(to the extent), 그러한 주주들의 국적국가는 자국민을 위해 외교적 보호를 행사할 권리가 있다.

제13조 【다른 법인】 이 장에서 포함된 제 원칙들은 적절하게 회사 이외의 법인(legal persons other than corporations)에 대한 외교적 보호에 적용되어야 한다.

제3부 현지(국내)구제

제14조 【현지(국내)구제절차 완료】

1. 국가는 피해자가 초안 규정 제15조에 따를 것을 조건으로 <u>모든 현지(국내)구제절차를 완료하기 전에</u> 초안규정 제8조에 언급된 국민이나 다른 사람에 끼친 피해에 대해 국제청구를 제기할 수 <u>없다.</u>

2. "현지(국내)구제절차"란 초래된 피해에 대해 책임을 져야 할 국가의 일상적이거나 또는 특별한 사법적이거나 행정적인 재판소나 기관에 피해자에 의해 회부되는 데에 개방되는 <u>법적 구제절차</u>를 의미한다.

3. 현지(국내)구제절차는 국제청구 혹은 청구와 관련된 선언적 판결을 요구하는 것이 국민이나 초안 규정 제8조에 언급된 다른 사람의 피해를 기초하여 <u>압도적으로/우세하게(preponderantly)</u> 기초하여 제기된 경우에는 <u>완료되어야 한다.</u>

제15조 【현지(국내)구제절차규칙에 대한 예외】

현지구제절차는 다음의 경우에는 완료될 필요가 없다.

(가) <u>효과적인 구제(effective redress)</u>를 제공할 수 있는 합리적으로 <u>이용가능한(reasonably available)</u> 국내구제절차가 그러한 시정을 제공할 합리적인 <u>가능성(reasonable possibility)</u>이 없는 경우;

(나) 책임을 져야 할 국가로 귀속될 수 있는 구제과정에서 <u>부당한 지연(undue delay)</u>이 있는 경우;

(다) 피해자와 피해 일자에 책임을 져야 할 국가 간에 <u>적절한 관련성(relevant connection)</u>이 없는 경우;

(라) 피해자가 현지(국내)구제절차로부터 <u>명백히 배제된(manifestly precluded)</u> 경우; 혹은

(마) 책임을 져야 할 국가가 현지(국내)구제절차가 완료되어야 한다는 <u>요구조건을 포기한(waived)</u> 경우.

제4부 잔여규칙

제16조 【외교적 보호 이외의 조치나 절차】

국제위법행위의 결과로 겪게 된 피해에 대해 시정을 구할 외교적 보호 이외의 조치나 절차에 국제법상 호소할 수 있는 국가, 자연인, 법인 혹은 다른 실체의 권리는 본 초안의 규정에 의해 영향받지 않는다.

제17조 【국제법의 특별 규칙】

본 초안 규정은 투자보호에 관한 조약 규정과 같이 국제법상의 특별 규칙과 불일치하는 정도에 따라 적용되지 않는다.

제18조 【선박의 승무원 보호】

선박 승무원의 구성원의 국적국가가 외교적 보호를 행사할 권리는 국제위법행위로부터 발생한 선박의 피해와 연관되어 피해를 입은 그러한 승무원을 위해, <u>그들의 국적과 관계없이</u>, 선박의 국적국가의 <u>구제를 요구할 권리(right to seek redress)</u>에 의해 영향받지 않는다.

제19조 【관행의 권고】

본 초안규정에 따라 외교보호를 행사할 수 있는 국가는 다음을 해야 한다.

(가) <u>특별히 중대한 피해가 발생한 경우</u> 외교적 보호를 행사할 가능성에 대한 <u>적절한 고려</u>;

(나) 외교적 보호에 대한 호소 또는 추구된 손해배상과 관련하여, 가능한 어떠한 경우에서나, <u>피해자의 견해에 대한 고려</u>; 그리고

(다) 어떠한 '적절한 공제'를 조건으로 책임국으로부터의 피해에 대해 획득한 어떠한 금전배상을 피해자에게 전달하는 것.

574 제1편 시대순 일반 국제법 영역

51 2008년 경제적, 사회적, 문화적 권리에 관한 국제인권규약 선택의정서(Optional Protocol to the International Covenant on Economic, Social and Cultural Rights)

2013.5.5. 발효

본 의정서의 당사국들은, 국제연합 헌장에 선언된 원칙에 따라 고유한 존엄성과 인류 가족의 모든 구성원의 평등하고 양도할 수 없는 권리에 대한 승인이 세계의 자유, 정의와 평화의 기초인 점을 고려하면서, 세계인권선언이 모든 사람은 태어날 때부터 자유롭고 존엄성과 권리에 있어 평등하며 모든 사람은 인종, 피부색, 성별, 언어, 종교, 정치적 및 기타 의견, 민족적 또는 사회적 출신, 재산, 출생 및 기타의 지위 등에 따른 어떠한 종류의 구별도 없이 이 의정서에 제시된 모든 권리와 자유를 누릴 자격이 있다는 것을 선언하는 점에 주목하면서,

공포와 빈곤으로부터 해방된 자유로운 인류의 이상은 오직 모든 이들이 시민적·문화적·경제적·정치적·사회적 권리를 누릴 때만이 성취 가능하다는 세계인권선언과 인권에 관한 국제규약의 주장을 상기하며, 모든 인간의 권리와 근본적 자유가 지닌 보편성, 불가분성, 상호의존성, 상호관련성을 재확인하며

경제적, 사회적, 그리고 문화적 권리에 관한 국제규약의 각 당사국은 특히 입법조치의 채택을 포함한 모든 적절한 수단에 의해 점진적으로 이 규약에서 인정된 권리의 완전한 실현을 점진적으로 달성하기 위하여 가용자원을 최대한 이용하여 개별적으로 그리고 특히 경제적 그리고 기술적인 국제지원과 협력을 통해 조치를 취할 것을 약속한 것을 상기하며,

규약의 목적과 그 규정의 이행을 더 잘 실현하기 위해 경제적, 사회적, 문화적 권리위원회가 이 의정서에 규정된 기능을 수행하게 하는 것을 고려하면서 다음과 같이 합의하였다.

제1조 【통보에 관한 위원회의 권한】 1. 이 의정서의 당사국이 된 (A)규약당사국은 본 의정서의 규정에 따른 통보를 접수하고 심리하는 위원회의 권한을 승인한다.

2. 규약당사국이 당 의정서의 당사국이 아니라고 위원회가 간주한다면 어떠한 통보도 위원회에 의해 접수될 수 없다.

제2조 【(개인)통보(Communications)】 통보는 규약에 규정된 경제·사회·문화적 권리가 당사국에 의해 침해되어 피해를 입었다고 주장하는 당사국 관할하의 개인 또는 개인의 집단에 의하거나 그들을 위하여 제출될 수 있다. 개인이나 개인 집단을 대신하여 통보가 제출된 경우, 그 제출자가 그들의 동의없이 그들을 위해 행동하고 있다는 것을 정당화할 수 있지 않는 한 그들의 동의가 있어야 한다.

제3조【통보의 허용성】 1. 위원회는 이용가능한 <u>모든 국내</u> <u>구제절차가 완료되었음을 확</u> <u>인할 때까지는 통보를 심리하</u> <u>지 아니한다.</u> 국내 구제절차의 이용이 불합리하게 지연되는 경우에는 그러하지 아니한다.
2. 위원회는 다음의 경우에는 통보가 허용될 수 없다고 선언해야 한다.
가. 국내구제절차가 완료된 후 일 년 이내 제출되지 않는다. 단 제출자가 그러한 시간 제약 내에 통보를 제출할 수 없었다는 점을 입증할 수 있는 경우에는 예외로 한다.
나. 관련당사국에게 현 의정서가 발효되기 전에 발생한 통보의 주제인 사실의 경우, 단 그러한 사실이 발효일 이후에 지속되지 않아야 한다.
다. 동일한 사안이 위원회에서 이미 검토되었거나 다른 국제조사나 해결절차에서 검토되었거나 검토되고 있는 중인 경우,
라. 규약상 규정과 양립하지 않는 경우,
마. 충분히 실체화되지 않거나 대충매체에 의해 확산된 보도에 전적으로 기초를 두지 않아 명백히 근거가 없는 경우,
바. 통보제출권한의 남용인 경우, 혹은
사. 서면이 아닌 익명인 경우.

제4조【명백한 불이익을 드러내지 않는 통보】 위원회는, 통보가 일반적 중요성을 띤 심각한 문제를 제기하는 것이 아닌 한, 통보자가 명백한 불이익을 겪었다는 점을 드러내지 않는 통보에 대해 심리하기를 필요한 경우 거절할 수 있다.

제5조【잠정조치】 1. 위원회는 통보를 접수한 후에 본안을 결정하기 전까지는 언제든지 주장된 권리침해의 피해자 또는 피해자들에게 발생할 수 있는 회복이 불가능한 손해를 방지하기 위하여 예외적인 상황에서 필요한 잠정조치를 취하라는 요청을 긴급한 고려사항으로 관련당사국에게 송부할 수 있다.

제6조【통보 전달】 1. 만일 위원회가 관련당사국에 대한 언급없이 통보가 허용될 수 없다고 간주하지 않는 한, 위원회는 현 의정서에 의해 회부된 어떠한 통보에 대해 관련당사국의 주의를 촉구해야 한다.
2. 6개월 이내에, 접수국은 그 국가에 의해 제공될 수 있는 사안과 구제를 명확화하는 서면 설명이나 진술을, 가능한 한, 위원회에 제출해야 한다.

제7조【우호적 해결】 1. 위원회는 이 규약에서 제시된 의무의 존중에 기초하여 사안의 우호적 해결에 도달할 것을 목적으로 당사국들에게 주선을 활용하게 해야 한다.
2. 우호적 해결에 관한 합의는 본 의정서상의 통보 심리를 종결한다.

제8조【통보의 심의】 1. 위원회는 통보와 관련되어 제출된 문서가 관련당사국에 송부된 경우, 제출된 모든 문서의 관점에서 본 의정서 제2조에 의해 제출된 통보를 심의한다.
2. 위원회는 본 의정서하의 통보를 심의할 때 비공개 회의를 개최해야 한다.
3. 본 의정서에 따라 통보를 심의할 때, 위원회는 적절할 경우 국제연합 기관, 전문기구,

기금, 프로그램, 다른 기제에서 발행한 관련 문서, 그리고 지역 인권체제를 포함하여 다른 국제기구, 관련당사국의 견해나 논평을 염두에 두어야 한다.

4. 본 의정서상 통보를 심의할 때 위원회는 규약 제2부에 따라 당사국에 의해 취해진 조치들의 적절성을 심리해야 한다. 그렇게 하는 데에 있어 위원회는 당사국이 규약에서 제시된 권리들의 이행을 위해 넓은 범위의 가능한 정책을 채택할 수 있다는 점을 유념해야 한다.

제9조【위원회의 후속 의견】

1. 위원회는 통보를 심의한 후, 권고가 있는 경우에는 권고와 함께 통보에 대한 위원회의 견해를 관련 당사자들에게 전달한다.

2. 그 당사국은 가능하다면 위원회의 권고와 더불어 그 견해에 대해 적절한 고려를 해야 한다. 그리고 6개월 이내에 위원회의 견해와 권고의 관점에서 취해진 어떠한 조치에 관한 정보를 포함하여 서면 반응을 위원회에 제출해야 한다.

제10조【국가 간 통보(Inter-State Communications)】

1. <u>의정서의 당사국은 타 당사국이 이 규약상의 의무를 이행하지 아니하고 있다고 주장하는 당사국의 통보를 접수, 심리하는 위원회의 권한을 인정한다는 것을 이 조에 의하여 언제든지 선언</u>할 수 있다.

이 조항에 의한 통보는 위원회의 권한 자체를 승인하는 선언을 행한 당사국에 의해 제출된 경우에만 접수되고 심리될 수 있다. 위원회는 당사국이 그 같은 선언을 하지 않았다고 간주하는 경우 어떠한 통보도 접수될 수 없다. 이 조항에 의해 접수된 통보는 다음의 절차에 따라 진행된다.

가. 만일 당 의정서의 당사국이, 타당사국이 협약상의 의무를 이행하지 않는다고 간주하는 경우 서면 통보로 그 문제에 대해 타당사국의 주의를 환기시킬 수 있다. 그 당사국은 그 사안에 대해 위원회에 또한 통보할 수 있다. 통보 접수 이후 3개월 이내에 통보접수국은 그 통보에 대한 설명을 제공하거나 사안을 명확하게 하는 진술을 서면으로 해야 한다. 그것은 가능한 한도와 적절한 한도 내에서 그 사안에 대해 진행되고 있거나 이용가능한 국내절차나 구제조치에 대한 언급이 포함되어야 한다.

나. 만일 접수국의 최초의 통보 접수 이후 6개월 이내에 관련 양 당사국 간에 사안의 만족할 만한 해결이 되지 않는 경우, 양 당사국 중 어느 국가에 의해서 위원회와 다른 당사국에 통고를 조건으로 위원회에 회부할 권리를 갖는다.

다. 위원회는 모든 이용가능한 국내구제절차가 원용되었는지 그리고 완료되었는지를 확인한 후에만 회부된 사안을 다루어야 한다. 구제절차의 적용이 부당하게 지연된 경우에는 적용되어서는 아니 된다.

라. 이 항의 다의 규정에 따를 것을 조건으로 위원회는 본 협약에서 규정된 의무의 존중에 기초하여 사안에 대한 우호적인 해결을 목적으로 관련당사국들에게 주선을 이용하게 해야 한다.

마. 위원회는 현 조항에 따른 통보를 검토할 때 비공개 회의를 개최해야 한다.

바. 이 항의 나에 따라 위원회에 회부된 어떠한 사안에 대해 위원회는 나에 언급된 관련당사국들에게 관련된 어떠한 정보를 제공해 주도록 요청할 수 있다.

사. 이 항의 나에 언급된 관련당사국들은 사안이 위원회에 의해 심리되고 있을 때 출석할 권리와 구두로 또는 서면으로 제출할 권리를 갖는다.

아. 위원회는 이 항의 나에 따라 통고 접수 일자 이후 적절한 모든 편의에 따라 다음과 같은 보고서를 제출해야 한다.

자. 만일 이 항의 다의 조건하에 해결책이 도달한다면, 위원회는 사실과 도달된 해결책의 간략한 서술에 보고서를 국한해야 한다.

차. 만일 다에 따른 조건하에 해결책이 도달되지 않으면 위원회는 관련당사국 간의 쟁점에 관한 관련 사실이 보고서상에 규정되도록 해야 한다. 관련당사국들에 의해 작성된 서면 의견진술서와 구두 의견진술 기록은 보고서에 첨부되어야 한다. 위원회는 또한 당사국들 간의 쟁점에 관련되었다고 간주될 수 있는 어떠한 견해를 관련당사국들에게만 통보할 수 있다. 모든 사안에서 보고서는 관련당사국들에 통보되어야 한다.

2. 본조의 1호에 의한 선언은 당사국들에 의해 유엔 사무총장에게 기탁되어야 하고 사무총장은 그 사본을 다른 당사국들에게 전달해야 한다. 선언은 언제든지 유엔 사무총장에게

통보함으로써 철회될 수 있다. 그러한 철회는 이 조항에 따라 이미 전달된 통보의 주제인 어떠한 사안의 심리에 영향을 주지 않는다. 관련당사국이 새로운 선언을 하지 않는 한 사무총장에게 접수된 선언의 철회 통고 이후 이 조에 따라 어떠한 당사국에 의한 더 이상의 통보가 접수될 수 없다.

제11조【사실심사절차(Inquiry Procedure)】 1. <u>의정서의 당사국은 언제든 이 조에 의하여 제공되는 위원회의 권한을 인정한다고 선언할 수 있다.</u>
2. <u>당사국이 협약에 규정된 권리를 중대하게 또는 체계적으로 침해(grave or systematic violations)하였음을 보여주는 신빙성 있는 정보를 입수한 경우, 위원회는 해당 당사국에게 동 정보의 심의에 협조하고 이를 위하여 관련 정보에 관한 의견을 제출하도록 요청한다.</u>
3. 위원회는 관련당사국이 제출한 의견과 위원회가 이용할 수 있는 다른 신빙성 있는 정보를 고려하여 조사를 수행하고 긴급히 위원회에 보고하는 위원회 위원 중 한 명 또는 수 명을 지명할 수 있다. 정당한 사유가 있는 경우에 당사국의 동의 아래 이러한 조사는 당사국의 영역에 대한 방문을 포함할 수 있다.

제12조【사실심사 후속절차】
1. 위원회는 현 의정서 제11조상 수행된 사실심사에 반응하여 취해진 규약 제16조와 제17조상의 어떠한 조치의 세부사항을 보고서 상에 포함시키기 위해 관련당사국을 초청할 수 있다.
2. 위원회는 제11조 6항에 규정된 6개월의 기간이 종료한

뒤, 필요할 경우, 그 같은 사실 심사에 반응하여 취해진 조치를 당사국에게 알려주기 위해 당사국을 초청할 수 있다.

제13조 【보호조치】 당사국은 그 관할권하의 개인이 이 의정서에 따라 위원회로의 통보의 결과 어떠한 형태의 부당대우나 위협에 처하지 않는다는 것을 보장하기 위해 모든 적절한 조치를 취할 수 있다.

제14조 【국제적 지원과 협력】
1. 위원회는 적절하다고 판단할 수 있는 경우와 관련당사국의 동의를 얻어 국제연합 전문기구, 기금, 프로그램, 혹은 다른 관할 기구에게 통보와 관련된 자신의 견해나 권고 그리고 그에 대한 당사국의 견해와 제안이 있다면 그것과 함께 기술적 조언이나 원조의 필요성을 나타내는 사실심사 결과를 전달해야 한다.
2. 위원회는 당사국의 동의를 얻어 위원회의 관할분야에 해당하는 것으로 규약상 승인된 권리이행에 발전을 성취하려는 당사국을 지원하는 데 기여할 수 있는 국제적 조치에 대한 권고가능성을 결정하는 데 도움을 줄 이 의정서하에서 심리된 통보에서 발생하는 어떠한 문제에 관해 그러한 기관의 주의를 촉구할 수 있다.
3. 신탁기금이 총회의 관련 절차에 의거하여, 국제연합의 재정규정이나 규칙에 따라 운영되어야 하고, 전문가 지원이나 당사국에 기술적 지원을 목적으로, 당사국의 동의를 얻어, 규약상 포함된 권리의 향상된 이행을 위해, 그리하여 이 의정서의 맥락에서 경제적, 사회적, 그리고 문화적 권리의 영역에서 국내적 역량을 구축하는 데 기여하기 위해 설치될 수 있다.
4. 본 조항의 규정들은 규약상 권리의 실행을 해야 할 당사국의 의무에 어떠한 영향을 주지 않는다.

제15조 【연례보고】 위원회는 본 의정서상의 활동에 관한 요약을 연례보고서에 포함해야 한다.

제16조 【확산과 정보】 각 당사국은 규약과 본 의정서 그리고 위원회의 견해와 권고에 관한 정보에 대한 접근을 원활하게 하기 위해 널리 알리고 확산시킬 것을 약속한다. ...

제17조 【서명, 비준과 가입】 본 의정서는 규약을 서명, 비준, 또는 가입한 어떠한 국가에 의한 서명을 위해 개방한다.

제18조 【발효】 사회권 규약 선택의정서는 열 번째 국가의 비준이나 가입에 관해 국제연합 사무총장에게 기탁한 날짜 이후 3개월 후 발효된다.

제19조 【개정】 어떠한 당사국도 본 의정서의 개정을 제안할 수 있고 그것을 국제연합 사무총장에게 제출할 수 있다. ...

제20조 【폐기】 1. 어떠한 당사국도 국제연합 사무총장에게 서명 통지로 언제든지 본 의정서의 폐기를 선언할 수 있다. 폐기는 사무총장의 통지 접수 날짜 이후 6개월이 지나면 효력을 갖는다.
2. 폐기는 본 의정서 규정을 제2조와 제10조상의 어떠한 통보에, 또는 폐기가 효력을 발휘하는 날짜 이전에 제11조하에 시작된 어떠한 절차의 계속적인 적용에 영향을 주지 않는다.

제21조【사무총장에 의한 통지】
국제연합 사무총장은 규약 제
26조 1항에서 언급된 다음의
특정 사항을 모든 국가에 통지
해야 한다. ...

제22조【공식언어】 아랍어, 중
국어, 영어, 불어, 러시아어, 그
리고 스페인어본의 현 의정서
는 동등한 정본으로 국제연합
의 문서고에 기탁된다. ...

제2편

WTO 법

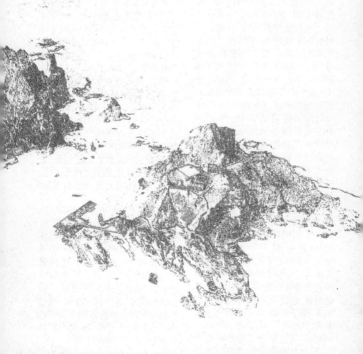

1 1995년 세계무역기구 설립을 위한 마라케쉬 협정 (WTO설립협정)(Marrakesh Agreement Establishing the World Trade Organization)

이 협정의 당사자들은,

상이한 경제발전단계에서의 각각의 필요와 관심에 일치하는 방법으로 환경을 보호하고 보존하며 이를 위한 수단의 강화를 모색하면서, 지속가능한 개발이라는 목적에 일치하는 세계자원의 최적이용을 고려하는 한편, 생활수준의 향상, 완전고용의 달성, 높은 수준의 실질소득과 유효수요의 지속적인 양적 증대 및 상품과 서비스의 생산 및 무역의 증대를 목적으로 무역 및 경제활동 분야에서의 상호관계가 이루어져야 한다는 점을 인식하고, 개발도상국, 그리고 특히 그중 최빈개도국이 국제무역의 성장에서 자기 나라의 경제를 발전시키는 데 필요한 만큼의 몫을 확보하는 것을 보장하기 위하여 적극적인 노력을 기울여야 할 필요성이 있다는 점을 인식하고, 관세 및 그 밖의 무역장벽의 실질적인 삭감과 국제무역 관계에 있어서의 차별대우의 폐지를 지향하는 상호 호혜적인 약정의 체결을 통하여 이러한 목적에 기여하기를 희망하며, 따라서, 관세 및 무역에 관한 일반협정, 과거의 무역자유화 노력의 결과 및 모든 우루과이라운드 다자간무역협상의 결과 전체를 포괄하는 통합되고 보다 존속가능하고 항구적인 다자간 무역체제를 발전시켜 나갈 것을 결의하고, 이러한 다자간 무역체제의 기초가 되는 기본원칙을 보존하고 목적을 증진하기로 결정하여, 다음과 같이 합의한다.

제1조 【기구의 설립】 이 협정에 따라 세계무역기구가 설립된다.

제2조 【세계무역기구의 범위】

1. 세계무역기구는 이 협정의 부속서에 포함된 협정 및 관련 법적 문서와 관련된 사항에 있어서 회원국간의 무역관계의 수행을 위한 공동의 제도적인 틀을 제공한다.

2. 부속서 1, 2 및 3에 포함된 협정 및 관련 법적 문서(이하 "다자간무역협정"이라 한다)는 이 협정의 불가분의 일부(integral parts)를 구성하며, 모든 회원국에 대하여 구속력을 갖는다.

3. 또한 부속서 4에 포함된 협정 및 관련 법적 문서(이하 "복수국간무역협정"이라 한다)는 이를 수락한 회원국에 대하여 이 협정의 일부를 구성하며 이를 수락한 회원국에 대하여 구속력을 갖는다. 복수국간무역협정은 이를 수락하지 아니한 회원국에게 의무를 지우거나 권리를 부여하지 아니한다.

4. 부속서 1가에 명시된 1994년도 관세 및 무역에 관한 일반협정(이하 "1994년도 GATT"라 한다)은 국제연합 무역과 고용회의 준비위원회 제2차 회의 종결 시 채택된 최종의정서에 부속된 1947년 10월 30일자 관세 및 무역에 관한 일반협정이 그 이후 정정, 개정 또는 수정된 일반협정(이하 "1947년도 GATT"라 한다)과 법적으로 구별(legally distinct))된다.

제3조 【세계무역기구의 기능】

1. 세계무역기구는 이 협정 및 다자간무역협정의 이행, 관리 및 운영을 촉진하고 그 목적을 증진하

며 또한 복수국간무역협정의 이행, 관리 및 운영을 위한 틀을 제공한다.

2. 세계무역기구는 이 협정의 부속서에 포함된 협정에서 다루어지는 사안과 관련된 회원국 간의 다자간 무역관계에 관하여 그들 간의 협상을 위한 장(the forum for negotiations)을 제공한다. 세계무역기구는 또한 각료회의에 의하여 결정되는 바에 따라 회원국 간의 다자간 무역관계에 관한 추가적인 협상을 위한 토론의 장 및 이러한 협상결과의 이행을 위한 틀을 제공한다.

3. 세계무역기구는 이 협정 부속서 2의 분쟁해결규칙 및 절차에 관한 양해(이하 "분쟁해결양해" 라 한다)를 시행한다.

4. 세계무역기구는 이 협정 부속서 3에 규정된 무역정책검토제도를 시행한다.

5. 세계무역기구는 세계경제 정책결정에 있어서의 일관성 제고를 위하여 적절히 국제통화기금과 국제부흥개발은행 및 관련 산하기구들과 협력한다.

제4조 【세계무역기구의 구조】

1. 모든 회원국 대표로 구성되며 최소 2년에 1회 개최되는 각료회의(Ministerial Conference)가 설치된다. 각료회의는 세계무역기구의 기능을 수행하며 이를 위하여 필요한 조치를 취한다. 각료회의는 회원국이 요청하는 경우, 이 협정과 다자간무역협정의 구체적인 의사결정 요건에 따라 다자간무역협정의 모든 사항에 대하여 결정을 내릴 권한을 갖는다.

2. 모든 회원국 대표로 구성되며 필요에 따라 개최되는 일반이사회(General Council)가 설치된다. 일반이사회는 각료회의 비회기 중에 각료회의의 기능을 수행한다.

일반이사회는 또한 이 협정에 의하여 부여된 기능을 수행한다. 일반이사회는 자체적인 의사규칙을 제정하고 제7항에 규정된 위원회의 의사규칙을 승인한다.

3. 일반이사회는 분쟁해결양해에 규정된 분쟁해결기구(the Dispute Settlement Body)의 임무를 이행하기 위하여 적절히 개최된다. 분쟁해결기구는 자체적인 의장을 둘 수 있으며 동 임무이행을 위하여 필요하다고 판단하는 의사규칙을 제정한다.

4. 일반이사회는 무역정책검토제도(the Trade Policy Review Body)에 규정된 무역정책검토기구의 임무를 이행하기 위하여 적절히 개최된다. 무역정책검토기구는 자체적인 의장을 둘 수 있으며 동 임무이행을 위하여 필요하다고 판단되는 의사규칙을 제정한다.

5. 일반이사회의 일반적인 지도에 따라 운영되는 상품무역이사회, 서비스무역이사회 및 무역관련지적재산권이사회가 설치된다. 상품무역이사회는 부속서 1가의 다자간무역협정의 운영을 감독한다. 서비스무역이사회는 서비스무역에 관한 일반협정의 운영을 감독한다. 무역관련지적재산권이사회는 무역관련지적재산권에 관한 협정의 운영을 감독한다. 이들 이사회는 각각의 협정과 일반이사회에 의하여 부여된 기능을 수행한다. 이들 이사회는 일반이사회의 승인에 따라 각각의 의사규칙을 제정한다. 이들 이사회에의 가입은 모든 회원국 대표에게 개방된다. 이들 이사회는 자신의 기능을 수행하기 위하여 필요할 때마다 회합한다.

6. 상품무역이사회, 서비스무역이사회 및 무역관련지적재산권이사회는 필요에 따라 보조기구를

설치한다. 이들 보조기구는 각각의 이사회의 승인에 따라 각각의 의사규칙을 제정한다.

7. 각료회의는 무역개발위원회, 국제수지제한위원회 및 예산·재정·관리위원회를 설치하며 이들은 이 협정 및 다자간무역협정에 의하여 자신에게 부여된 기능 및 일반이사회가 자신에게 부여하는 추가적인 기능을 수행하며, 적절하다고 판단되는 기능을 갖는 추가적인 위원회를 설치할 수 있다. 무역개발위원회는 자신의 기능의 일부로서 최빈개도국 회원국을 위한 다자간무역협정의 특별조항을 정기적으로 검토하고 적절한 조치를 위하여 일반이사회에 보고한다. 이러한 위원회에의 가입은 모든 회원국에게 개방된다.

8. 복수국간무역협정에 규정된 기구는 동 협정에 의하여 자신에게 부여되는 기능을 수행하며 세계무역기구의 제도적인 틀 안에서 운용된다. 이들 기구는 일반이사회에 자신의 활동상황을 정기적으로 통보한다.

제5조【그 밖의 국제기구와의 관계】 1. 일반이사회는 세계무역기구의 책임과 관련된 책임을 갖는 그 밖의 정부 간 기구와의 효과적인 협력을 위하여 적절한 조치를 취한다.

2. 일반이사회는 세계무역기구의 소관사항과 관련된 사항과 관계가 있는 비정부간 기구와의 협의 및 협력을 위하여 적절한 조치를 취할 수 있다.

제6조【사무국】 1. 사무총장(Director-General)을 최고책임자로 하는 세계무역기구 사무국(이하 "사무국"이라 한다)이 설치된다.

2. 각료회의는 사무총장을 임명하고 사무총장의 권한, 의무, 근무조건 및 임기를 명시하는 규정을 채택한다.

3. 사무총장은 각료회의가 채택하는 규정에 따라 사무국 직원을 임명하고 이들의 의무와 근무조건을 결정한다.

4. 사무총장 및 사무국 직원의 임무는 전적으로 국제적인 성격을 갖는다. 사무총장과 사무국 직원은 자신의 의무를 수행하는 데 있어서 어떠한 정부나 세계무역기구 밖의 당국으로부터 지시를 구하거나 받아서는 아니된다. 이들은 국제관리로서 자신의 지위를 손상시킬 어떠한 행위도 삼가한다. 세계무역기구 회원국은 사무총장 및 사무국 직원의 임무의 국제적인 성격을 존중하며, 이들의 의무를 수행하는 데 있어서 영향력을 행사하려고 하지 아니한다.

제7조【예산 및 분담금】 1. 사무총장은 예산·재정·관리위원회에 세계무역기구의 연간예산안 및 재정보고서를 제출한다. 예산·재정·관리위원회는 사무총장이 제출하는 연간예산안 및 재정보고서를 검토하고 이에 대하여 일반이사회에 권고한다. 연간예산안은 일반이사회의 승인을 받아야 한다.

2. 예산·재정·관리위원회는 아래 사항을 포함하는 재정규정을 일반이사회에 제안한다.

가. 세계무역기구의 지출경비를 회원국 간에 배분하는 분담금의 비율, 그리고

나. 분담금 체납회원국에 대하여 취하여야 할 조치 재정규정은 실행 가능한 한 1947년도 GATT의 규정 및 관행에 기초한다.

3. 일반이사회는 재정규정 및 연간예산안을 세계무역기구 회원국의 반 이상을 포함하는 3분의 2 다수결에 의하여 채택한다.

4. 회원국은 일반이사회에서 채택되는 재정규정에 따라 세계무역기구의 지출경비 중 자기 나라의 분담금을 세계무역기구에 신속하게 납부한다.

제8조 【세계무역기구의 지위】

1. 세계무역기구는 법인격을 가지며 각 회원국은 세계무역기구에 대하여 이 기구가 자신의 기능을 수행하는 데 필요한 법적 능력을 부여한다.

2. 각 회원국은 세계무역기구에 대하여 이 기구가 자신의 기능을 수행하는 데 필요한 특권과 면제를 부여한다.

3. 각 회원국은 또한 세계무역기구의 관리와 이 기구의 회원국 대표에 대하여도 이들이 세계무역기구와 관련하여 자신의 기능을 독자적으로 수행하는 데 필요한 특권과 면제를 부여한다.

4. 회원국이 세계무역기구, 이 기구의 관리 및 이 기구 회원국 대표에게 부여하는 특권과 면제는 1947년 11월 21일 국제연합 총회에서 승인된 전문기구의 특권과 면제에 관한 협약에 규정된 특권과 면제와 유사하여야 한다.

5. 세계무역기구는 본부협정을 체결할 수 있다.

제9조 【의사결정】

1. 세계무역기구는 1947년도 GATT에서 지켜졌던 컨센서스에 의한 결정의 관행을 계속 유지한다.[1] 달리 규정되지 아니하는 한, 컨센서스에 의하여 결정이 이루어지지 아니하는 경우에는 문제가 된 사안은 표결에 의한다. 각료회의와 일반이사회에서 세계무역기구 각 회원국은 하나의 투표권을 갖는다. 구주공동체가 투표권을 행사할 때는, 세계무역기구의 회원국인 구주공동체 회원국 수와 동일한 수의 투표권을 갖는다.[2] 이 협정 또는 다자간무역협정에 달리 규정되어 있는 경우를 제외하고는, 각료회의와 일반이사회의 결정은 투표과반수에 의한다.[3]

2. 각료회의와 일반이사회는 이 협정과 다자간무역협정의 해석을 채택하는 독점적인 권한을 갖는다. 부속서 1의 다자간무역협정의 해석의 경우 이들은 동 협정의 운영을 감독하는 이사회의 권고사항에 기초하여 자신의 권한을 행사한다. 해석의 채택에 대한 결정은 회원국 4분의 3 다수결에 의한다. 이 항은 제10조의 개정규정을 저해하는 방법으로 사용되지 아니한다.

3. 예외적인 상황(in exceptional circumstances)에서 각료회의는 이 협정이나 다자간무역협정이 회원국에게 지우는 의무를 면제(waive)하기로 결정할 수 있다. 다만, 이러한 결정은 이 항에 달리 규정되어 있는 경우를 제외하고는 세계무역기구 회원국 4분의 3 다수결에 의한다.

가. 이 협정과 관련한(concerning this Agreement) 면제요청은 컨센서스에 의한 결정의 관행에 따라 각료회의에 검토를 위하여 제출한다. 각료회의는 동 요청을 검토하기 위하여 90일을 초과하지 아니하는 기간을 설정한다. 동 기간 동안 컨센서스가 도출되지 아니하는 경우, 면제부여는 회원국의 4분의 3 다수결로 결정한다.

나. 부속서 1가, 1나 또는 1다의 다자간무역협정과 그들의 부속서와 관련한 면제요청은 90일 이내의 기간 동안의 검토를 위하여 상품무역이사회, 서비스무역이사회 또는 무역관련지적재산권이사회에 각각 제출된다. 동 기간의 만료 시 관련이사회는 각료회의에 보고서를 제출한다.

4. 면제를 부여하는 각료회의의 결정은 동 결정을 정당화하는 예외적인 상황, 면제의 적용을 규율하는 제반조건 및 면제 종료일자를 명시한다. 1년보다 긴 기간 동안 부여되는 면제의 경우 각료회의는 면제 부여 후 1년 이내 및 그 이후 면제 종료 시까지 매년 면제를 검토한다. 각료회의는 매 검토 시마다 의무면제 부여를 정당화하는 예외적인 상황이 계속 존재하는지 여부 및 면제에 첨부된 조건이 충족되었는지 여부를 조사한다. 각료회의는 연례검토를 기초로 면제를 연장, 수정 또는 종료할 수 있다.

5. 해석 및 면제에 관한 모든 결정을 포함하여, 복수국간무역협정에 의한 결정은 동 협정의 규정에 따른다.

제10조 【개정】 1. 세계무역기구 회원국은 각료회의에 개정안을 제출함으로써 이 협정 또는 부속서 1의 다자간무역협정에 대한 개정을 발의할 수 있다. 제4조 제5항에 열거된 이사회도 자신이 그 운영을 감독하는 부속서 1의 다자간무역협정의 규정에 대한 개정안을 각료회의에 제출할 수 있다. 각료회의가 보다 긴 기간을 결정하지 아니하는 한, 각료회의에 개정안이 공식적으로 상정된 날로부터 90일 동안에 각료회의는 개정안을 회원국의 수락을 위하여 회원국에게 제출할 것인지 여부에 관하여 컨센서스에 의하여 결정한다. 제2항, 제5항 또는 제6항이 적용되지 아니하는 경우, 동 결정은 제3항 또는 제4항의 규정 중 어느 것이 적용될 것인지 명시한다. 컨센서스가 이루어지는 경우, 각료회의는 즉시 동 개정안을 회원국의 수락을 위하여 회원국에게 제출한다. 정해진

기간 내에 각료회의에서 컨센서스가 이루어지지 아니할 경우, 각료회의는 동 개정안을 회원국의 수락을 위하여 회원국에게 제출할 것인지 여부를 회원국 3분의 2 다수결로 결정한다. 각료회의가 회원국 4분의 3 다수결로 제4항의 규정이 적용된다고 결정하지 아니하는 한, 제2항, 제5항 및 제6항에 규정된 경우를 제외하고는 제3항의 규정이 동 개정안에 적용된다.

2. 이 규정과 아래 열거된 규정에 대한 개정은 모든 회원국이 수락하는 경우에만 발효한다. 이 협정 제9조, 1994년도 GATT 제1조 및 제2조, 서비스무역에 관한 일반협정 제2조제1항, 무역관련지적재산권에 관한 협정 제4조

3. 제2항 및 제6항에 열거된 규정을 제외하고, 이 협정이나 부속서 1가 및 부속서 1다의 다자간무역협정의 규정에 대한 개정으로서 회원국의 권리와 의무를 변경시키는 성격의 개정은 회원국 3분의 2 수락으로 수락회원국에 대하여만 발효하며, 그 이후 수락하는 회원국에 대하여는 수락한 때부터 발효한다. 각료회의는 이 항에 따라 발효된 개정의 성격상 각료회의가 각각의 경우에 명시한 기간 내에 이를 수락하지 아니한 회원국이 자유로이 세계무역기구를 탈퇴하거나 또는 각료회의의 동의를 얻어 회원국으로 남아 있을 수 있다고 회원국 4분의 3 다수결로 결정할 수 있다.

4. 제2항 및 제6항에 열거된 규정을 제외하고 이 협정이나 부속서 1가 및 1다의 다자간무역협정의 규정에 대한 개정으로서 회원국의 권리와 의무를 변경시키지 아니하는 성격의 개정은 회원국 3분의 2 수락으로 모든 회원국에 대하여 발효한다.

5. 제2항에 규정된 것을 제외하고, 서비스무역에 관한 일반협정의 제1부, 제2부 및 제3부와 각 부속서에 대한 개정은 회원국 3분의 2 수락으로 수락회원국에 대하여만 발효하며, 그 이후 수락하는 회원국에 대하여는 수락한 때부터 발효한다. 각료회의는 선행규정에 따라 발효된 개정의 성격상 각료회의가 각각의 경우에 명시한 기간 내에 이를 수락하지 아니한 회원국이 자유로이 세계무역기구를 탈퇴하거나 또는 각료회의의 동의를 얻어 회원국으로 남아 있을 수 있다고 회원국 4분의 3 다수결로 결정할 수 있다. 서비스무역에 관한 일반협정 제4부, 제5부 및 제6부와 각 부속서에 대한 개정은 회원국 3분의 2 수락으로 모든 회원국에 대하여 발효한다.

6. 이 조의 그 밖의 규정에도 불구하고, 무역관련지적재산권에 관한 협정에 대한 개정은 동 협정 제71조제2항의 요건에 합치하는 경우 추가적인 공식 수락절차없이 이 각료회의에서 채택될 수 있다.

7. 이 협정 또는 부속서 1의 다자간무역협정에 대한 개정을 수락하는 회원국은 각료회의가 명시한 수락기간 내에 세계무역기구 사무총장에게 수락서를 기탁한다.

8. 세계무역기구 회원국은 각료회의에 개정안을 제출함으로써 부속서 2와 3의 다자간무역협정에 대한 개정을 발의할 수 있다. 부속서 2의 다자간무역협정에 대한 개정의 승인은 컨센서스에 의하여 결정되며, 이러한 개정은 각료회의의 승인에 따라 모든 회원국에 대하여 발효한다. 부속서 3의 다자간무역협정에 대한 개정의 승인결정은 각료회의의 승인에 따라 모든 회원국에 대하여 발효한다.

9. 각료회의는 특정 무역협정의 당사자인 회원국들의 요청에 따라 전적으로 컨센서스에 의해서만 동 협정을 부속서 4에 추가하도록 결정할 수 있다. 각료회의는 복수국간무역협정의 당사자인 회원들의 요청에 따라 동 협정을 부속서 4로부터 삭제할 수 있다.

10. 복수국간무역협정에 대한 개정은 동 협정의 규정에 따른다.

제11조 【원회원국】 1. 이 협정 및 다자간무역협정을 수락하고, 자기 나라의 양허 및 약속표가 1994년도 GATT에 부속되며 서비스무역에 관한 일반협정에 자기 나라의 구체적 약속표가 부속된 국가로서 이 협정 발효일 당시 1947년도 GATT 체약당사자와 구주공동체는 세계무역기구의 원 회원국(original Members)이 된다.

2. 국제연합의 최빈개도국으로 인정한 국가는 자기 나라의 개별적인 개발, 금융 및 무역의 필요나 행정 및 제도적인 능력에 합치하는 범위 내에서 약속 및 양허를 하도록 요구된다.

제12조 【가입】 1. 국가 또는 자신의 대외무역관계 및 이 협정과 다자간무역협정에 규정된 그 밖의 사항을 수행하는 데에 있어서 완전한 자치권(full autonomy)을 보유하는 독자적 관세영역(separate customs territory)은 자신과 세계무역기구 사이에 합의되는 조건에 따라 이 협정에 가입할 수 있다. 이러한 가입은 이 협정 및 이 협정에 부속된 다자간무역협정에 대하여 적용된다.

2. 가입은 각료회의가 결정한다. 각료회의는 세계무역기구 회원국 3분의 2 다수결에 의하여 가입조건에 관한 합의를 승인한다.

3. 복수국간무역협정에의 가입은 동 협정의 규정에 따른다.

제13조 【특정 회원국 간의 다자간무역협정 비적용(non-application)】

1. 특정 회원국이 세계무역기구 회원국이 되는 때에 다른 특정 회원국에 대한 적용에 동의하지 아니하는 경우, 이 협정 및 부속서 1과 2의 다자간무역협정은 이들 양 회원국 간에 적용되지 아니한다.

2. 제1항은 1947년도 GATT 체약당사자였던 세계무역기구의 원 회원국 간에 있어서는 1947년도 GATT 제35조가 이미 원용되었고, 또한 이 협정 발효 시에 동 체약당사자에게 효력이 있었던 경우에 한하여 원용될 수 있다.

3. 특정 회원국과 제12조에 따라 가입한 다른 회원국 간의 관계에 있어서 제1항은 적용에 동의하지 않는 회원국이 각료회의가 가입조건에 관한 합의사항을 승인하기 이전에 <u>각료회의에 협정 비적용 의사를 통보한 경우에만 적용</u>된다.

4. 각료회의는 회원국의 요청에 따라 특수한 경우에 있어서 이 조의 운영을 검토하고 적절한 권고를 할 수 있다.

5. 복수국간무역협정의 당사자 간의 동 협정 비적용은 동 협정의 규정에 따른다.

제14조 【수락, 발효 및 기탁】

1. 이 협정은 서명 또는 다른 방법에 의하여 <u>이 협정 제11조에 따라 세계무역기구의 원 회원국이 될 자격이 있는 1947년도 GATT 체약당사자 및 구주공동체의 수락을 위하여 개방된다.</u> 이러한 수락은 이 협정 및 이 협정에 부속된 다자간무역협정에 적용된다. 이 협정과 이 협정에 부속된 다자간무역협정은 우루과이라운드 다자간무역협상 결과를 구현하는 최종의정서 제3항에 따라 각료들이 결정하는 날 발효하며, 각료들이 달리 결정하지 아니하는 한 그날

<u>로부터 2년의 기간 동안 수락을 위하여 개방</u>된다. 이 협정 발효 이후의 수락은 수락한 날로부터 30일째 되는 날 발효한다.

2. 이 협정 발효 이후 이 협정을 수락하는 회원국은 이 협정 발효와 함께 개시되는 기간에 걸쳐 이행하여야 하는 다자간무역협정의 양허 및 의무를 이 협정 발효일에 이 협정을 수락한 것처럼 이행한다.

3. 이 협정 발효 시까지 이 협정문 및 다자간무역협정은 1947년도 GATT 체약당사자단의 사무총장에게 기탁된다. 동 사무총장은 신속하게 이 협정 및 다자간무역협정의 인증등본 및 각 수락 통보문을 이 협정을 수락한 각국 정부와 구주공동체에 송부한다. 이 협정 및 다자간무역협정과 이에 대한 모든 개정은 이 협정 발효 시 세계무역기구 사무총장에게 기탁된다.

4. 복수국간무역협정의 수락 및 발효는 동 협정의 규정에 따른다. 이러한 협정은 1947년도 GATT 체약당사자단의 사무총장에게 기탁된다. 이러한 협정은 이 협정 발효 시 세계무역기구 사무총장에게 기탁된다.

제15조 【탈퇴】

1. 회원국은 이 협정으로부터 탈퇴할 수 있다. 이러한 탈퇴는 이 협정 및 다자간무역협정에 대하여 적용되며, <u>서면 탈퇴통보가 세계무역기구 사무총장에게 접수된 날로부터 6월이 경과한 날 발효한다.</u>

2. 복수국간무역협정으로부터의 탈퇴는 동 협정의 규정에 따른다.

제16조 【기타 조항】

1. 이 협정 또는 다자간무역협정에 달리 규정되지 아니하는 한, <u>세계무역기구는 1947년도 GATT 체약당사단 및 1947년도 GATT의 틀 내에서</u>

설립된 기구의 결정, 절차 및 통상적인 관행에 따른다.

2. 실행 가능한 범위 내에서, 1947년도 GATT 사무국이 세계무역기구의 사무국이 되며 이 협정 제6조 제2항에 따라 각료회의가 사무총장을 임명할 때까지 1947년도 GATT 사무총장이 세계무역기구 사무총장이 된다.

3. 이 협정의 규정과 다자간무역협정의 규정이 상충하는 경우 상충의 범위 내에서 이 협정의 규정이 우선한다.

4. 각 회원국은 자기 나라의 법률, 규정 및 행정절차가 부속 협정에 규정된 자기 나라의 의무에 합치될 것을 보장한다.

5. 이 협정의 어느 규정에 대하여서도 유보를 할 수 없다. 다자간무역협정의 규정에 대한 유보는 동 협정에 명시된 범위 내에서만 할 수 있다. 복수국간무역협정의 규정에 대한 유보는 동 협정의 규정에 따른다.

6. 이 협정은 국제연합헌장 제102조의 규정에 따라 등록된다. 1994년 4월 15일 마라케쉬에서 동등하게 정본인 영어, 불어 및 스페인어로 각 한 부씩 작성하였다.

주 석

이 협정과 다자간무역협정에 사용된 "국가"나 "국가들"은 세계무역기구의 독자적 관세영역 회원국을 포함하는 것으로 양해된다.

세계무역기구의 독자적 관세영역 회원국의 경우, 이 협정이나 다자간무역협정에서의 표현이 "국가"라는 용어로 수식되는 경우 이는 특별히 달리 명시되어 있지 않는 한 동 관세영역에 관한 것으로 해석되어야 한다.

1) 관련 기구는 결정을 하는 회의에 참석한 회원국 중 어느 회원국도 공식적으로 반대하지 않는 한 검토를 위하여 제출된 사항에 대하여 컨센서스에 의하여 결정되었다고 간주된다.

2) 구주공동체와 그 회원국의 투표수는 어떠한 경우에도 구주공동체의 회원국 수를 초과할 수 없다.

3) 분쟁해결기구로서 개최된 일반이사회의 결정은 분쟁해결양해 제2조 제4항에 따라서만 이루어진다.

4) 과도기간이나 단계별 이행기간을 조건으로 하는 의무로서 의무면제 요청회원국이 관련기구의 종료 시까지 이행하지 못한 의무에 대한 면제 부여는 컨센서스에 의하여서만 결정된다.

부속서 목록 ...

2 1995년 분쟁해결규칙 및 절차에 관한 양해(분쟁해결양해 ; DSU)

(Understanding on Rules and Procedures Governing the Settlement of Disputes)

회원국은 다음과 같이 합의한다.

제1조 【대상범위 및 적용】 1. 이 양해의 규칙 및 절차는 이 양해의 부록 1에 연결된 협정(이하 "<u>대상협정</u>"이라 한다)의 협의 및 분쟁해결규정에 따라 제기된 분쟁에 적용된다. 또한 이 양해의 규칙 및 절차는 세계무역기구 설립을 위한 협정(이하 "세계무역기구협정"이라 한다) 및 이 양해만을 고려하거나 동 협정 및 양해를 다른 대상협정과 함께 고려하여 세계무역기구협정 및 이 양해의 규정에 따른 회원국의 권리·의무에 관한 회원국 간의 협의 및 분쟁해결에 적용된다.

2. <u>이 양해의 규칙 및 절차는 이 양해의 부록 2에 명시된 대상협정에 포함된 분쟁해결에 관한 특별 또는 추가적인 규칙과 절차에 따를 것을 조건으로 하여 적용된다.</u> 이 양해의 규칙 및 절차가 부록 2에 명시된 대상협정의 특별 또는 추가적인 규칙 및 절차와 상이한 경우 <u>부록 2의 특별 또는 추가적인 규칙 및 절차가 우선한다.</u> 2개 이상의 대상협정상의 규칙 및 절차가 관련되는 분쟁에 있어서, 검토대상이 되고 있는 이러한 대상협정들의 특별 또는 추가적인 규칙 및 절차가 서로 상충하고, 분쟁당사자가 패널설치로부터 20일 이내에 적용할 규칙 및 절차에 대하여 합의에 이르지 못하는 경우, <u>제2조 제1항에 규정된 분쟁해결기구의 의장은 분쟁당사자와 협의하여 일방 분쟁당사자의 요청 후 10일 이내에 적용할</u> 규칙 및 절차를 확정한다. 분쟁해결기구 의장은 가능한 한 특별 또는 추가적인 규칙 및 절차를 이용해야 하며, 이 양해의 규칙 및 절차는 상충을 피하기 위하여 필요한 범위 안에서 이용해야 한다는 원칙에 따른다.

제2조 【실시】 1. 이 규칙과 절차를 실시하기 위하여, 그리고 대상협정에 달리 규정되어 있지 아니하는 한, 대상협정의 협의 및 분쟁해결규정을 실시하기 위하여 <u>분쟁해결기구</u>가 설치된다. 이에 따라 <u>분쟁해결기구는 패널을 설치하고, 패널 및 상소기구보고서를 채택하며, 판정 및 권고의 이행상황을 감독하고, 대상협정에 따른 양허 및 그 밖의 의무의 정지를 허가하는 권한을 갖는다.</u> 복수국간무역협정인 대상협정에 따라 발생하는 분쟁과 관련, 이 양해에서 회원국이라는 용어는 당해 복수국간무역협정의 당사자인 회원국만을 지칭한다. 분쟁해결기구가 복수간무역협정의 분쟁해결규정을 집행하는 경우 오직 그 협정의 당사자인 회원국만이 그 분쟁에 관하여 분쟁해결기구가 취하는 결정이나 조치에 참여할 수 있다.

2. 분쟁해결기구는 세계무역기구의 관련 이사회 및 위원회에 각각의 소관 대상협정의 규정과 관련된 분쟁의 진전상황을 통보한다.

3. 분쟁해결기구는 이 양해에 규정된 시한 내에 자신의 기능을 수행하기 위하여 필요할 때마다 회의를 개최한다.

4. 이 양해의 규칙 및 절차에 따라 분쟁해결기구가 결정을 하여야 하는 경우 컨센서스에 의한다.(Re.1)
(Remark 1) 결정 채택 시 분쟁해결기구 회의에 참석한 회원국 중 어떠한 회원국도 그 결정에 대하여 공식적인 반대를 하지 않을 경우, 분쟁해결기구는 검토를 위해 제출된 사안에 대하여 컨센서스로 결정하였다고 간주된다.

제3조【일반 규정】 1. 회원국은 지금까지 1947년도 관세 및 무역에 관한 일반협정 제22조와 제23조에 따라 적용되어 온 분쟁관리 원칙과 이 양해에 의하여 더욱 발전되고 수정된 규칙 및 절차를 준수할 것을 확인한다.

2. 세계무역기구의 분쟁해결제도는 다자간 무역체제에 안전과 예견가능성을 부여하는 데 있어서 중심적인 요소이다. 세계무역기구의 회원국은 이 제도가 대상협정에 따른 회원국의 권리와 의무를 보호하고 국제공법의 해석에 관한 관례적인 규칙에 따라 대상협정의 현존 조항을 명확히 하는 데 기여함을 인정한다. 분쟁해결기구의 권고와 판정은 대상협정에 규정된 권리와 의무를 증가시키거나 축소시킬 수 없다.

3. 회원국이 대상협정에 따라 직접적 또는 간접적으로 자신에게 발생하는 이익이 다른 회원국의 조치로 인하여 침해되고 있다고 간주하는 상황을 신속히 해결하는 것이 세계무역기구의 효과적인 기능수행과 회원국의 권리와 의무 간의 적절한 균형의 유지에 필수적이다.

4. 분쟁해결기구의 권고나 판정은 이 양해 및 대상협정상의 권리와 의무에 따라 사안의 만족스러운 해결을 달성하는 것을 목표로 한다.

5. 중재판정을 포함하여 대상협정의 협의 및 분쟁해결규정에 따라 공식적으로 제기된 사안에 대한 모든 해결책은 그 대상협정에 합치되어야 하며, 그 협정에 따라 회원국에게 발생하는 이익을 무효화 또는 침해하거나 그 협정의 목적달성을 저해하여서는 아니 된다.

6. 대상협정의 협의 및 분쟁해결규정에 따라 공식적으로 제기된 사안에 대하여 상호 합의된 해결책은 분쟁해결기구, 관련 이사회 및 위원회에 통지되며, 여기에서 회원국은 그 해결책과 관련된 문제점을 제기할 수 있다.

7. 제소하기 전에 회원국은 이 절차에 따른 제소가 유익할 것인지에 대하여 스스로 판단한다. 분쟁해결제도의 목표는 분쟁에 대한 긍정적인 해결책을 확보하는 것이다. 분쟁당사자가 상호 수락할 수 있으며 대상협정과 합치하는 해결책이 명백히 선호되어야 한다. 상호 합의된 해결책이 없을 때에는 분쟁해결제도의 첫번째 목표는 통상 그 조치가 대상협정에 대한 위반으로 판정이 내려진 경우 동 조치의 철회를 확보하는 것이다. 그러한 조치의 즉각적인 철회가 비현실적일 경우에만 대상협정에 대한 위반조치의 철회 시까지 잠정조치로서 보상의 제공에 의지할 수 있다. 이 양해가 분쟁해결절차에 호소하는 회원국에게 부여하는 최후의 구제수단은 분쟁해결기구의 승인에 따르는 것을 조건으로 다른 회원국에 대하여 차별적으로 대상협정상의 양허 또는 그 밖의 의무의 적용을 정지할 수 있다는 것이다.

8. 대상협정에 따라 부담해야 하는 의무에 대한 위반이 있는 경우, 이러한 행위는 일견(*prima*

facie) 또는 침해 사례를 구성하는 것으로 간주된다. 이는 일반적으로 규칙위반이 동 대상협정의 당사국인 다른 회원국에 대하여 부정적인 영향을 미친다고 추정됨을 의미하며, 이 경우 피소국이 제소국의 협정의무 위반주장에 대하여 반박하여야 한다.

9. 이 양해의 규정은 세계무역기구협정 또는 복수국간무역협정인 대상협정에 따른 결정을 통하여 대상협정의 규정에 대한 유권해석을 구할 수 있는 회원국의 권리를 저해하지 아니한다.

10. 조정의 요청 및 분쟁해결절차의 활용이 투쟁적인 행위로 의도되거나 간주되어서는 아니되며, 또한 분쟁이 발생하는 경우 모든 회원국은 분쟁해결을 위하여 성실하게 이 절차에 참여하는 것으로 양해된다. 또한 별개의 사안에 대한 제소 및 반소는 연계되어서는 아니 되는 것으로 양해된다.

11. 이 양해는 대상협정의 협의규정에 따라 세계무역기구협정의 발효일 또는 그 이후에 이루어진 새로운 협의요청에 대해서만 적용된다. 세계무역기구협정의 발효일 이전에 1947년도 관세 및 무역에 관한 일반협정이나 대상협정의 선행협정에 따라 협의요청이 이루어진 분쟁의 경우 세계무역기구협정의 발효일 직전에 유효한 관련 분쟁해결규칙 및 절차가 계속 적용된다.(Re.2)

(Remark 2) 이 항은 그 분쟁에 대한 패널보고서가 채택되지 못하거나 완전히 집행되지 못한 분쟁에도 적용된다.

12. 제11항에도 불구하고 대상협정에 기초하여 개발도상회원국이 선진국회원국에 대하여 제소하는 경우, 이러한 제소국은 이 양해의 제4조, 제5조, 제6조 및 제12조에 포함된 규정 대신 1966년 4월 5일자 결정(BISD 14S/18)의 상응하는 규정에 호소할 수 있는 권리를 갖는다. 다만, 패널이 그 결정 제7항에 규정된 시한이 보고서를 마련하는 데 부족하다고 판단하고 또한 제소국과 합의된 경우 그 시한은 연장될 수 있다. 제4조, 제5조, 제6조 및 제12조의 규칙 및 절차와 동 결정의 상응하는 규칙 및 절차 간에 차이가 있는 경우 후자가 우선한다.

제4조 【협의】 1. 회원국은 회원국이 활용하는 협의절차의 효율성을 강화하고 개선하려는 결의를 확인한다.

2. 각 회원국은 자기 나라의 영토 안에서 취하여진 조치로서 대상협정의 운영에 영향을 미치는 조치에 관하여 다른 회원국이 표명한 입장에 대하여 호의적인 고려를 할 것과 적절한 협의 기회를 부여할 것을 약속한다.(Re.3)

(Remark 3) 회원국의 영토 안에서 지역 또는 지방정부나 당국에 의하여 취해진 조치와 관련하여 다른 대상협정의 규정이 이 항의 규정과 상이한 규정을 포함하고 있는 경우, 그러한 다른 대상협정의 규정이 우선한다.

3. 협의요청이 대상협정에 따라 이루어지는 경우 그 요청을 접수한 회원국은 달리 상호합의하지 아니하는 한 요청접수일로부터 10일 이내에 답변하며, 요청접수일로부터 30일 이내의 기간 내에 상호 만족할 만한 해결책에 도달하기 위하여 성실하게 협의에 응한다. 회원국이 요청접수일로부터 10일 내에 답변하지 아니하거나 30일 이내의 기간 내에 또는 달리 상호 합의한 기간 내에 협의에 응하지 아니하는 경우, 협의개최를 요청한 회원국은 직접 패널의 설치를 요구할 수 있다.

4. 이러한 모든 협의요청은 협의 요청 회원국에 의하여 분쟁해결 기구 및 관련 이사회와 위원회에 통보된다. 모든 협의요청은 서면 으로 제출되며, 협의요청시 문제 가 되고 있는 조치의 명시 및 제 소에 대한 법적 근거의 제시를 포 함한 협의요청사유를 제시한다.

5. 대상협정의 규정에 따른 협의 과정에서 이 양해에 의거하여 다 음 단계의 조치를 취하기 전에 회 원국은 <u>사안의 만족할 만한 조정</u> 을 시도하여야 한다.

6. 협의는 <u>비공개</u>이며 다음 단계 에서의 당사국의 권리를 저해하 지 아니한다.

7. <u>협의요청접수일로부터 60일 이 내에 협의를 통한 분쟁해결에 실 패하는 경우, 제소국은 패널의 설 치를 요청</u>할 수 있다. 협의당사자 가 <u>협의를 통한 분쟁해결에 실패 했다고 공동으로</u> 간주하는 경우, 제소국은 위의 60일 기간 중에 패 널의 설치를 요청할 수 있다.

8. <u>부패성 상품에 관한 분쟁을 포 함하여 긴급한 경우, 회원국은 요 청접수일로부터 10일 이내에 협 의를 개시</u>한다. 협의요청접수일 로부터 <u>20일 이내에 협의를 통하 여 분쟁이 해결되지 아니하는 경 우 제소국은 패널의 설치를 요청</u> 할 수 있다.

9. 부패성 상품에 관한 분쟁을 포 함하여 긴급한 경우, 분쟁당사자 와 패널 및 상소기구는 가능한 한 최대한 절차의 진행을 가속화하 기 위하여 모든 노력을 기울인다.

10. 협의과정에서 회원국은 <u>개발 도상회원국의 특별한 문제점과 이익에 대하여</u> 특별한 고려를 하 여야 한다.

11. 협의회원국이 아닌 회원국이 1994년 GATT 제22조 제1항, 서 비스무역에 관한 일반협정 제22조

제1항 또는 그 밖의 대상협정의 상응하는 규정(Re.4)에 따라 개 최되는 협의에 대하여 <u>실질적인 무역상의 이해관계를</u> 갖고 있다 고 간주하는 경우, 그러한 회원국 은 위의 조항에 따른 협의요청 문 서가 배포된 날로부터 10일 이내 에 <u>협의회원국 및 분쟁해결기구 의 협의에 참여할 의사를</u> 통보할 수 있다. 이러한 회원국은, 협의 요청을 받은 회원국이 실질적인 이해관계에 대한 주장에 충분한 근거가 있다고 <u>동의</u>하는 경우, 협 의에 동참한다. 이 경우 이들은 동 사실을 분쟁해결기구에 통보 한다. 협의에 동참하기 위한 요청 이 수락되지 아니하는 경우, 협의 참여를 요청한 회원국은 1994년 도 GATT 제22조 제1항 또는 제 23조 제1항, 서비스무역에 관한 일반협정 제22조 제1항 또는 제 23조 제1항, 또는 그 밖의 대상협 정의 상응하는 규정에 따라 <u>협의 를 요청</u>할 수 있다.

(Remark 4) 대상협정에 상응하 는 협의규정은 다음과 같다.

농업에 관한 협정 제19조, 위생 및 식물위생조치의 적용에 관한 협 정 제11조 제1항, 섬유 및 의류에 관한 협정 제8조 제4항, 무역에 대한 기술장벽에 관한 협정 제14조 제1항, 무역관련투자조치에 관한 협정 제8조, 1994년도 GATT 제6 조의 이행에 관한 협정 제17조 제 2항, 1994년도 GATT 제7조의 이 행에 관한 협정 제19조 제2항, 선 적 전 검사에 관한 협정 제7조, 원 산지규정에 관한 협정 제7조, 수 입허가 절차에 관한 협정 제6조, 보조금 및 상계조치에 관한 협정 제30조, 긴급수입제한조치에 관 한 협정 제14조, 무역관련지적재 산권에 관한 협정 제64조 제1항, 그리고 각 협정의 소관기구가 결

정하고 분쟁해결기구에 통보되는 모든 복수국간무역협정상의 상응하는 협의조항

제5조 【주선, 조정 및 중개】 1. 주선, 조정 및 중개는 분쟁당사자가 합의하는 경우 자발적으로 취해지는 절차이다.

2. 주선, 조정 및 중개의 절차, 특히 이러한 절차의 과정에서 분쟁당사자가 취한 입장은 공개되지 아니하며, 이러한 절차에 따른 다음 단계의 과정에서의 분쟁당사자의 권리를 저해하지 아니한다.

3. 분쟁당사자는 언제든지 주선, 조정 또는 중개를 요청할 수 있다. 주선, 조정 또는 중개는 언제든지 개시되고 종료될 수 있다. 일단 주선, 조정 또는 중개절차가 종료되면 제소국은 패널의 설치를 요청할 수 있다.

4. 협의요청접수일로부터 60일 이내에 주선, 조정 또는 중개절차가 개시되는 경우, 제소국은 협의요청 접수일로부터 60일의 기간을 허용한 후에 패널의 설치를 요청할 수 있다. 분쟁당사자가 공동으로 주선, 조정 또는 중개과정이 분쟁을 해결하는 데 실패하였다고 판단하는 경우, 제소국은 위의 60일의 기간 중에 패널의 설치를 요청할 수 있다.

5. 분쟁당사자가 합의하는 경우, 주선, 조정 또는 중개절차는 패널과정이 진행되는 동안 계속될 수 있다.

6. 사무총장은 회원국이 분쟁을 해결하는 것을 돕기 위하여 직권(ex officio)으로 주선, 조정 또는 중개를 제공할 수 있다.

제6조 【패널설치】 1. 제소국이 요청하는 경우, 패널설치요청이 의제로 상정되는 첫 번째 분쟁해결기구 회의에서 컨센서스로 패널을 설치하지 아니하기로 결정

하지 아니하는 한, 늦어도 그 분쟁해결기구 회의의 다음 번에 개최되는 분쟁해결기구 회의에서 패널이 설치된다.(Re.5)

(Remark 5) 제소국이 요청시, 최소한 10일의 사전공고 후, 요청으로부터 15일 이내에 분쟁해결기구 회의가 동 목적을 위하여 개최된다.

2. 패널설치는 서면으로 요청된다. 이러한 요청은 협의가 개최되었는지 여부를 명시하고, 문제가 된 특정 조치를 명시하며, 문제를 분명하게 제시하는 데 충분한 제소의 법적 근거에 대한 간략한 요약문을 제시한다. 제소국이 표준위임사항과 상이한 위임사항을 갖는 패널의 설치를 요청하는 경우, 서면 요청서에는 제안하고자 하는 특별위임사항의 문안이 포함된다.

제7조 【패널의 위임사항】 1. 패널은 분쟁당사자가 패널설치로부터 20일 이내에 달리 합의하지 아니하는 한, 다음의 위임사항(terms of reference)을 부여받는다. "(분쟁당사자가 인용하는 대상협정명)의 관련 규정에 따라 (당사자국명)이 문서번호 ... 으로 분쟁해결기구에 제기한 문제를 조사하고, 분쟁해결기구가 동 협정에 규정된 권고나 판정을 내리는 데 도움이 되는 조사결과를 작성한다."

2. 패널은 분쟁당사자가 인용하는 모든 대상협정 관련 규정을 검토한다.

3. 패널설치 시 분쟁해결기구는 분쟁해결기구 의장에게 제1항의 규정에 따를 것을 조건으로 분쟁당사자와의 협의를 거쳐 패널의 위임사항을 작성하는 권한을 부여할 수 있다. 이와 같이 작성된 패널의 위임사항은 모든 회원국에게 배포된다. 표준위임사항이

아닌 다른 위임사항에 대한 합의가 이루어지는 경우, 회원국은 분쟁해결기구에서 이와 관련된 모든 문제를 제기할 수 있다.

제8조 【패널구성】 1. 패널은 패널에서 일한 경력이 있거나 패널에 자기 나라의 입장을 개진한 경력이 있는 자, 세계무역기구 회원국의 대표나 1947년도 GATT 체약당사자의 대표로 근무한 경력이 있는 자, 또는 대상협정이나 그 협정의 선행협정의 이사회나 위원회에서 대표로 근무한 경력이 있는 자, 사무국에서 근무한 경력이 있는 자, 국제무역법이나 국제무역정책에 대하여 가르치거나 저술한 경력이 있는 자, 또는 회원국의 고위급 무역정책 관리로서 근무한 경력이 있는 자 등 충분한 자격을 갖춘 정부 및 또는 비정부인사로 구성된다.

2. 패널위원은 패널위원의 독립성과 충분히 다양한 배경 및 광범위한 경험이 확보될 수 있도록 선정되어야 한다.

3. 자기 나라 정부가 분쟁당사자인(Re.6) 회원국의 국민 또는 제10조 제2항에 규정된 제3자의 국민은 분쟁당사자가 달리 합의하지 아니하는 한 그 분쟁을 담당하는 패널의 위원이 되지 아니한다. (Remark 6) 관세동맹이나 공동시장이 분쟁의 일방당사자인 경우, 이 조항은 관세동맹이나 공동시장의 모든 회원국의 국민에게 적용된다.

4. 패널위원의 선정을 돕기 위하여 사무국은 제1항에 기술된 자격요건을 갖춘 정부 및 비정부인사의 명부를 유지하며, 동 명부로부터 적절히 패널위원이 선정될 수 있다. 명부는 1984년 11월 30일 작성된 비정부패널위원명부 (BISD 31S/9) 및 대상협정에 따라 작성된 그 밖의 명부 및 목록을 포함하며, 세계무역기구협정의 발효 시의 명부 및 목록에 등재된 인사들의 이름을 유지한다. 회원국은 명부에 포함시킬 정부 및 비정부인사의 이름을 이들의 국제무역에 대한 지식 및 대상협정의 분야 또는 주제에 대한 지식에 관한 정보와 함께 정기적으로 제시할 수 있으며, 이들의 이름은 분쟁해결기구의 승인을 얻은 후 명부에 추가로 등재된다. 명부에는 등재된 각 인사별로 구체적인 경험분야 또는 대상협정의 분야나 주제에 관한 전문지식이 명시된다.

5. 패널은 분쟁당사자가 패널설치로부터 10일 이내에 5인의 패널위원으로 패널을 구성하는 데 합의하지 아니하는 한 3인의 패널위원으로 구성된다. 패널구성은 회원국에게 신속히 통보된다.

6. 사무국은 분쟁당사자에게 패널위원 후보자를 제의한다. 분쟁당사자는 불가피한 사유를 제외하고는 동 패널위원 후보자를 거부하지 아니한다.

7. 패널설치일로부터 20일 이내에 패널위원 구성에 대한 합의가 이루어지지 아니하는 경우, 사무총장은 일방 분쟁당사자의 요청에 따라 분쟁해결기구 의장 및 관련 위원회 또는 이사회의 의장과의 협의를 거쳐 분쟁에서 문제가 되고 있는 대상협정의 특별 또는 추가적인 규칙이나 절차에 따라 분쟁당사국과 협의 후 가장 적합하다고 생각되는 패널위원을 임명함으로써 패널의 구성을 확정한다. 분쟁해결기구 의장은 이러한 요청을 받은 날로부터 10일 이내에 회원국에게 이와 같이 이루어진 패널의 구성을 통보한다.

8. 회원국은 일반적으로 자기 나라의 관리가 패널위원으로 임명

되는 것을 허가할 것을 약속한다.

9. 패널위원은 정부대표나 기구 대표가 아닌 개인자격으로 임무를 수행한다. 따라서 회원국은 패널에 계류 중인 사안과 관련하여 패널위원에게 지시를 내리지 아니하며, 개인자격인 패널위원에 대하여 영향력을 행사하지 아니한다.

10. 선진국회원국과 개발도상회원국 간의 분쟁 시 개발도상회원국이 요청하는 경우, 패널위원 중 적어도 1인은 개발도상회원국의 인사를 포함하여야 한다.

11. 여행경비 및 일당을 포함한 패널위원의 경비는 세계무역기구 일반이사회가 예산, 재정 및 관리위원회의 권고에 기초하여 채택한 기준에 따라 세계무역기구의 예산으로 충당된다.

제9조 【복수제소자를 위한 절차】

1. 2개 이상의 회원국이 동일한 사안과 관련된 패널의 설치를 요청하는 경우, 이러한 복수의 제소내용을 조사하기 위하여 모든 관련 회원국의 권리를 고려하여 단일 패널을 설치할 수 있다. 이러한 복수의 제소내용을 조사하기 위하여 가능할 경우에는 언제나 단일 패널이 설치되어야 한다.

2. 단일 패널은 별도의 패널이 설치되어 제소내용을 조사하였을 경우에 분쟁당사국이 향유하였을 권리가 침해되지 아니하도록 조사작업을 체계화하고 조사결과를 분쟁해결기구에 제시한다. 일방 분쟁당사자가 요청하는 경우, 패널은 관련 분쟁에 관한 별도의 보고서를 제출한다. 각 제소국은 다른 제소국의 서면입장을 입수할 수 있으며, 각 제소국은 다른 제소국이 패널에 자기 나라의 입장을 제시하는 때 참석할 권리를 갖는다.

3. 동일한 사안과 관련된 복수의 제소내용을 조사하기 위하여 2개 이상의 패널이 구성되는 경우, 가능한 한 최대한도로 동일한 패널위원이 각각의 패널에서 패널위원이 되며 이러한 분쟁의 패널과정을 위한 일정은 조화된다.

제10조 【제3자】

1. 분쟁당사자의 이해관계와 분쟁에서 문제가 되고 있는 대상협정상의 다른 회원국의 이해관계는 패널과정에서 충분히 고려된다.

2. 패널에 회부된 사안에 실질적인 이해관계를 갖고 있으며 자기 나라의 이해관계를 분쟁해결기구에 통보한 회원국(이하 "제3자"라 한다)은 패널에 대하여 자신의 입장을 개진하고 서면입장을 패널에 제출할 기회를 갖는다. 이러한 서면입장은 분쟁당사자에게 전달되며 패널보고서에 반영된다.

3. 제3자는 제1차 패널회의에 제출되는 분쟁당사자의 서면입장을 입수한다.

4. 만일 제3자가 이미 패널과정의 대상이 되는 조치로 인하여 대상협정에 따라 자기 나라에 발생하는 이익이 무효화 또는 침해되었다고 간주하는 경우, 그 회원국은 이 양해에 따른 정상적인 분쟁해결절차에 호소할 수 있다. 이러한 분쟁은 가능할 경우에는 언제나 원 패널에 회부된다.

제11조 【패널의 기능】

패널의 기능은 분쟁해결기구가 이 양해 및 대상협정에 따른 책임을 수행하는 것을 지원하는 것이다. 따라서 패널은 분쟁의 사실부분에 대한 객관적인 평가, 관련 대상협정의 적용가능성 및 그 협정과의 합치성을 포함하여 자신에게 회부된 사안에 대하여 객관적인 평가를 내려야 하며, 분쟁해결기구가 대상협정에 규정되어 있는 권고를 행하거나 판정을 내리는 데 도움이 되는 그 밖의 조사결과를 작성한다. 패널은 분쟁당사자와 정기적으로 협의하고 분쟁당사자에게 <u>상호 만족할 만한 해결책을 찾기 위한 적절한 기회를 제공하여야 한다.</u>

제12조 【패널절차】 1. 패널은 분쟁당사자와의 협의 후 달리 결정하지 아니하는 한 부록 3의 작업절차를 따른다.

2. 패널절차는 패널과정을 부당하게 지연시키지 아니하면서 질이 높은 패널보고서를 보장할 수 있도록 충분한 융통성을 부여하여야 한다.

3. 분쟁당사자와의 협의 후 패널위원은 현실적으로 가장 빠른 시일 내에, 그리고 가능한 언제나 패널의 구성 및 위임사항에 대하여 합의가 이루어진 후로부터 일주일 이내에 관련이 있는 경우 제4조 제9항의 규정을 고려하여 패널과정에 관한 일정을 확정한다.

4. 패널과정에 관한 일정 결정 시 패널은 분쟁당사자에게 자신의 입장을 준비하는 데 필요한 충분한 시간을 부여한다.

5. 패널은 분쟁당사자가 서면입장을 제출하여야 하는 정확한 마감시한을 설정해야 하며, 분쟁당사자는 동 마감시한을 준수하여야 한다.

6. 각 분쟁당사자는 패널과 그 밖의 분쟁당사자에게 즉시 전달되도록 자기 나라의 서면입장을 사무국에 제출한다. 패널이 제3항에 언급된 일정 확정시 분쟁당사자와 협의 후 분쟁당사자가 제1차 서면입장을 동시에 제출하여야 한다고 결정하지 아니하는 한 <u>제소국은 피소국보다 먼저 제1차 서면입장을 제출한다.</u> 제1차 서

면입장을 순차적으로 기탁하기로 한 경우, 패널은 피소국의 입장 접수시한을 확고하게 설정한다. 그 후에 제출되는 모든 서면입장은 동시에 제출된다.

7. <u>분쟁당사자가 상호 만족할 만한 해결책을 강구하는 데 실패하는 경우, 패널은 서면보고서 형식으로 자신의 조사결과를 분쟁해결기구에 제출한다.</u> 이 경우 패널보고서는 사실에 관한 조사결과, 관련 규정의 적용가능성 및 자신이 내린 조사결과와 권고에 대한 근본적인 이유를 명시하여야 한다. 분쟁당사자 간에 해결책이 발<u>견된 경우 패널보고서는 사안의 간략한 서술과 해결책이 도달되었다는 사실을 보고하는 데 국한</u>된다.

8. 절차를 보다 더 효율적으로 하기 위하여, <u>패널의 구성 및 위임사항에 대하여 합의가 이루어진 날로부터 최종보고서가 분쟁당사자에게 제시되는 날까지의 패널이 자신의 검토를 수행하는 기간은 일반적인 규칙으로서 6월을 초과하지 아니한다.</u> 부패성 상품에 관한 분쟁을 포함하여 긴급한 경우, 패널은 <u>3월</u> 이내에 패널보고서를 분쟁당사자에게 제시하는 것을 목표로 한다.

9. 패널이 6월 이내에 또는 긴급한 경우 3월 이내에 자신의 보고서를 제출하지 못할 것이라고 간주하는 경우, <u>패널은 지연사유를 패널보고서를 제출할 때까지 소요될 것으로 예상되는 기간과 합께 분쟁해결기구에 서면으로 통보한다.</u> 어떠한 경우에도 <u>패널설치로부터 회원국에게 보고서를 배포할 때까지의</u> 기간이 <u>9월을</u> 초과하여서는 아니 된다.

10. 개발도상회원국이 취한 조치와 관련된 협의의 경우 분쟁당사자

는 제4조 제7항 및 제8항에 설정된 기간을 연장하는 데 합의할 수 있다. 만일 관련기간이 경과한 후에도 협의당사자가 협의종료에 대하여 합의할 수 없는 경우, 분쟁해결기구 의장은 분쟁당사자와의 협의 후 관련 기간을 연장할 것인지 여부 및 연장할 경우 얼마만큼 연장할 것인지를 결정한다. 또한 개발도상회원국에 대한 제소를 검토하는 데 있어서, 패널은 동 개발도상회원국이 자기 나라의 논거를 준비하고 제시하는 데 충분한 시간을 부여한다. 제20조 제1항 및 제21조 제4항의 규정은 이 항에 따른 어떠한 조치에 의해서도 영향을 받지 아니한다.

11. 하나 또는 둘 이상의 당사자가 개발도상회원국인 경우, 패널보고서는 분쟁해결절차의 과정에서 개발도상회원국이 제기한 대상협정의 일부를 구성하는 <u>개발도상회원국을 위한 차등적이고 보다 유리한 대우에 관한 관련 규정을 어떤 형태로 고려하였는지를 명시적으로 적시한다.</u>

12. 패널은 제소국이 <u>요청하는</u> 경우 언제라도 <u>12월을</u> 초과하지 아니하는 기간 동안 자신의 작업을 <u>정지할</u> 수 있다. 이와 같이 정지하는 경우, 이 조의 제8항 및 제9항, 제20조 제1항 및 제21조 제4항에 명시된 시한은 작업이 정지되는 기간만큼 연장된다. 패널의 작업이 <u>12월 이상</u> 정지되는 경우에는 동 패널설치 <u>권한이 소멸된다.</u>

제13조 【정보요청권리】 1. 각 패널은 자신이 적절하다고 판단하는 모든 개인 또는 기관으로부터 정보 및 기술적 자문을 구할 권리를 갖는다. 그러나 패널은 회원국의 관할권 아래에 있는 개인이나 기관으로부터 이러한 정보나 자문을 구하기 전에 동 회원국의 당국

에 통보한다. 패널이 필요하고 적절하다고 간주하는 정보를 요청하는 경우, 회원국은 언제나 신속히 그리고 충실하게 이에 응하여야 한다. 비밀정보가 제공되는 경우, 동 정보는 이를 제공하는 회원국의 개인, 기관 또는 당국으로부터의 공식적인 승인 없이는 공개되지 아니한다.

2. 패널은 모든 관련 출처로부터 정보를 구할 수 있으며, 사안의 특정 측면에 대한 의견을 구하기 위하여 전문가와 협의할 수 있다. 패널은 일방 분쟁당사자가 제기하는 과학적 또는 그 밖의 기술적 사항과 관련된 사실문제에 관하여 전문가검토단에게 서면 자문보고서를 요청할 수 있다. 이러한 검토단의 설치에 관한 규칙 및 검토단의 절차는 부록 4에 규정되어 있다.

제14조 【비공개성】 1. <u>패널의 심의는 공개되지 아니한다.</u>

2. 패널보고서는 제공된 정보 및 행하여진 진술내용에 비추어 분쟁당사자의 참석없이 작성된다.

3. 개별 패널위원이 패널보고서에서 표명한 의견은 <u>익명으로</u> 한다.

제15조 【잠정검토단계】 1. 패널은 반박 서면입장 및 구두주장을 심리한 후 <u>자신의 보고서 초안 중 서술적인 부분(사실 및 주장)을 분쟁당사자에게</u> 제시한다. 패널이 설정한 기간 내에 분쟁당사자는 서면으로 논평을 제출한다.

2. 분쟁당사자로부터 논평을 접수하기 위하여 정해진 기간이 경과한 후 패널은 <u>서술부분과 패널의 조사결과 및 결론을</u> 모두 포함하는 <u>잠정보고서를 분쟁당사자에게 제시한다.</u> 분쟁당사자는 패널이 정한 기간 내에 <u>잠정보고서의 특정 부분을 최종보고서가 회원국에게 배포되기 전에 잠정검토</u>

하여 줄 것을 서면으로 요청할 수 있다. 일방 분쟁당사자가 요청하는 경우, 패널은 분쟁당사자와 서면 논평에 명시된 문제에 관하여 추가적인 회의를 개최한다. 논평기간 내에 어떤 분쟁당사자도 논평을 제출하지 아니하는 경우 잠정보고서는 최종 패널보고서로 간주되며 신속히 회원국에게 배포된다.

3. 최종 패널보고서의 조사결과는 잠정검토단계에서 이루어진 주장에 대한 토의를 포함한다. 잠정검토단계는 제12조 제8항에 명시된 기간 내에서 진행된다.

제16조 【패널보고서의 채택】

1. 회원국에게 패널보고서를 검토할 충분한 시간을 부여하기 위하여 동 보고서는 회원국에게 배포된 날로부터 20일 이내에는 분쟁해결기구에서 채택을 위한 심의의 대상이 되지 아니한다.

2. 패널보고서에 이의가 있는 회원국은 적어도 동 패널보고서가 심의되는 분쟁해결기구 회의가 개최되기 10일 이전에 회원국에게 배포되도록 자신의 이의를 설명하는 이유를 서면으로 제출한다.

3. 분쟁당사자는 분쟁해결기구의 패널보고서에 대한 심의과정에 충분히 참여할 권리를 가지며 그들의 견해는 충실히 기록된다.

4. 일방 분쟁당사자가 정식으로 분쟁해결기구에 자기 나라의 상소결정을 통지하지 아니하거나, 분쟁해결기구가 컨센서스로 패널보고서를 채택하지 아니하기로 결정하지 아니하는 한, 패널보고서는 회원국에게 배포된 날로부터 60일 이내에 분쟁해결기구 회의(Re.7)에서 채택된다. 일방 분쟁당사자가 자기 나라의 상소결정을 통지하는 경우, 패널보고서는 상소절차 종료후까지 분쟁

해결기구에서 채택을 위한 논의의 대상이 되지 아니한다. 이러한 채택절차는 회원국이 패널보고서에 대하여 자기 나라의 견해를 표명할 수 있는 권리에 아무런 영향을 미치지 아니한다.

(Remark 7) 분쟁해결기구의 회의가 이 기간 내에 제16조 제1항 및 제4항의 요건을 충족시킬 수 있는 시기에 계획되어 있지 아니한 경우, 분쟁해결기구의 회의가 동 목적을 위하여 소집된다.

제17조 【상소심의】

상설상소기구
(Standing Appellate Body)

1. 분쟁해결기구는 상설상소기구를 설치한다. 상소기구는 패널사안으로부터의 상소(appeals)를 심의한다. 동 기구는 7인으로 구성되며, 이들 중 3인이 하나의 사건을 담당한다. 상소기구 위원은 교대로 업무를 담당한다. 이러한 교대는 상소기구의 작업절차에 정해진다.

2. 분쟁해결기구는 4년 임기의 상소기구위원을 임명하며 각 상소기구위원은 1차에 한하여 연임할 수 있다. 다만, 세계무역기구협정 발효 직후 임명되는 7인 중 3인의 임기는 2년 후 만료되며, 이는 추첨으로 결정한다. 결원은 발생할 때마다 충원된다. 임기가 만료되지 아니한 상소기구위원을 교체하기 위하여 임명된 위원은 전임자의 잔여임기 동안 상소기구위원의 직을 수행한다.

3. 상소기구는 법률, 국제무역 및 대상협정 전반의 주제에 대하여 입증된 전문지식을 갖춘 인정된 권위자로 구성된다. 상소기구위원은 어느 정부와도 연관되지 아니한다. 상소기구위원은 세계무역기구 회원국을 폭넓게 대표한다. 모든 상소기구위원은 어느 때라도

단기간의 통지로 이용 가능해야 하며 세계무역기구의 분쟁해결활동 및 그 밖의 관련 활동을 계속 숙지하고 있어야 한다. 상소기구위원은 직접 또는 간접적인 이해의 충돌을 이야기할 수 있는 분쟁의 심의에 참여하지 아니한다.

4. 분쟁당사자만이 패널보고서에 대하여 상소할 수 있으며 제3자는 상소할 수 없다. 제10조 제2항에 따라 사안에 대한 실질적인 이해관계가 있음을 분쟁해결기구에 통지한 제3자는 상소기구에 서면입장을 제출하고 상소기구에서 자신의 입장을 개진할 기회를 가질 수 있다.

5. 일반적으로 일방 분쟁당사자가 자기 나라의 상소결정을 공식적으로 통지한 날로부터 상소기구가 자신의 보고서를 배포하는 날까지의 절차는 60일을 초과하지 아니한다. 자신의 일정 확정 시 상소기구는 관련되는 경우 제4조 제9항의 규정을 고려한다. 상소기구는 60일 이내에 자신의 보고서를 제출하지 못할 것이라고 간주하는 경우, 지연사유를 보고서 제출에 소요될 것으로 예상되는 기간과 함께 서면으로 분쟁해결기구에 통보한다. 어떠한 경우에도 그 절차는 90일을 초과할 수 없다.

6. 상소는 패널보고서에서 다루어진 법률문제 및 패널이 행한 법률해석에만 국한된다.

7. 상소기구는 자신이 필요로 하는 적절한 행정적 및 법률적 지원을 제공받는다.

8. 여행경비 및 수당을 포함하여 상소기구위원이 업무를 수행하는 데 소요되는 비용은 예산·재정 및 관리위원회의 권고에 근거하여 일반이사회가 채택하는 기준에 따라 세계무역기구의 예산으로 충당한다.

상소절차

9. 상소기구는 분쟁해결기구 의장 및 사무총장과의 협의를 거쳐 작업절차를 작성하며, 동 작업절차는 회원국들이 알 수 있도록 통보된다.

10. 상소기구의 심의과정은 공개되지 아니한다. 상소기구보고서는 제공된 정보 및 행하여진 진술내용에 비추어 분쟁당사자의 참석 없이 작성된다.

11. 상소기구보고서에 표명된 개별상소기구위원의 견해는 익명으로 한다.

12. 상소기구는 제6항에 따라 제기된 각각의 문제를 상소심의과정에서 검토한다.

13. 상소기구는 패널의 법률적인 조사결과와 결론을 확정(uphold), 변경(modify) 또는 파기(reverse)할 수 있다.

상소기구보고서의 채택

14. 상소기구보고서가 회원국에게 배포된 후 30일 이내에 분쟁해결기구가 컨센서스로 동 보고서를 채택하지 아니하기로 결정하지 아니하는 한, 분쟁해결기구는 이를 채택하며 분쟁당사자는 동 보고서를 무조건 수락한다.(Re.8) 동 채택절차는 회원국이 상소기구보고서에 대하여 자기 나라의 견해를 표명할 수 있는 권리를 저해하지 아니한다.

(Remark 8) 분쟁해결기구의 회의가 동 기간 중 계획되어 있지 않은 경우, 동 목적을 위하여 분쟁해결기구 회의가 소집된다.

제18조【패널 또는 상소기구와의 의사소통】 1. 패널 또는 상소기구가 심의 중인 사안과 관련하여 패널 또는 상소기구와 일방 분쟁당사자만의 의사소통이 있어서는 아니 된다.

2. 패널이나 상소기구에 제출되

2. 1995년 분쟁해결규칙 및 절차에 관한 양해(분쟁해결양해 ; DSU) **601**

는 서면입장은 비밀로서 취급되나 분쟁당사자는 이를 입수할 수 있다. 이 양해의 어느 규정도 분쟁당사자가 자기 나라의 입장에 관한 진술을 공개하는 것을 금지하지 아니한다. 회원국은 다른 회원국이 패널이나 상소기구에 제출한 정보로서 비밀이라고 지정한 경우 이를 비밀로 취급한다. 또한 분쟁당사자는 회원국이 요청하는 경우 서면입장에 포함된 공개가능한 정보의 평문요약문을 제공한다.

제19조 【패널 및 상소기구의 권고】
1. 패널 또는 상소기구는 조치가 대상협정에 일치하지 않는다고 결론짓는 경우, 관련 회원국(Re.9)에게 동 조치를 동 대상협정에 합치시키도록 권고한다.(Re.10) 자신의 권고에 추가하여 패널 또는 상소기구는 관련 회원국이 권고를 이행할 수 있는 방법을 제시할 수 있다.
(Remark 9) "관련 회원국"은 패널이나 상소기구 권고의 대상이 되는 분쟁당사국이다.
(Remark 10) 1994년도 GATT 또는 다른 대상협정의 위반을 수반하지 아니하는 사건에 대한 권고에 대하여는 제26조를 참조 바람.
2. 제3조 제2항에 따라 패널과 상소기구는 자신의 조사결과와 권고에서 대상협정에 규정된 권리와 의무를 증가 또는 감소시킬 수 없다.

제20조 【분쟁해결기구의 결정시한】 분쟁당사자가 달리 합의하지 아니하는 한, 일반적으로 분쟁해결기구가 패널을 설치한 날로부터 패널 또는 상소보고서의 채택을 심의하는 날까지의 기간은 패널보고서에 대하여 상소를 제기하지 아니한 경우는 9월을, 상소를 제기한 경우에는 12월을 초

과하지 아니한다. 패널이나 상소기구가 제12조 제9항 또는 제17조 제5항에 따라 보고서의 제출 기간을 연장하기로 한 경우, 추가로 소요된 시간은 동 기간에 합산된다.

제21조 【권고 및 판정의 이행에 대한 감독】 1. 분쟁해결기구의 권고 또는 판정을 신속하게 이행하는 것이 모든 회원국에게 이익이 되도록 분쟁의 효과적인 해결을 확보하는 데 필수적이다.
2. 분쟁해결의 대상이 된 조치와 관련하여 개발도상회원국의 이해관계에 영향을 미치는 문제에 대하여 특별한 주의를 기울여야 한다.
3. 패널 또는 상소보고서가 채택된 날로부터 30일 이내(Re.11)에 개최되는 분쟁해결기구 회의에서 관련 회원국은 분쟁해결기구의 권고 및 판정의 이행에 대한 자기 나라의 입장을 분쟁해결기구에 통보한다. 권고 및 판정의 즉각적인 준수가 실현불가능한 경우, 관련 회원국은 준수를 위한 합리적인 기간을 부여받는다. 합리적인 기간은 다음과 같다.
(Remark 11) 분쟁해결기구 회의가 이 기간 중 계획되어 있지 아니한 경우, 동 목적을 위하여 분쟁해결기구 회의가 소집된다.
가. 분쟁해결기구의 승인을 받는 것을 조건으로, 관련 회원국이 제의하는 기간. 또는 이러한 승인이 없는 경우에는,
나. 권고 및 판정이 채택된 날로부터 45일 이내에 분쟁당사자가 상호 합의하는 기간. 또는 이러한 합의가 없을 때에는,
다. 권고 및 판정이 채택된 날로부터 90일 이내에 기속적인 중재를 통하여 확정되는 기간.(Re.12) 이러한 중재에 있어서 중재인

(Re.13)을 위한 지침은 패널 또는 상소기구 권고 이행을 위한 합리적인 기간이 패널 또는 상소기구 보고서가 채택된 날로부터 <u>15월을 초과하지 아니하여야 한다</u>는 것이다. 그러나 특별한 사정에 따라 동 기간은 단축되거나 연장될 수 있다.
(Remark 12) 사안을 중재에 회부한 날로부터 10일 이내에 분쟁당사자가 중재인에 합의하지 못하는 경우, 사무총장은 당사국과 협의한 후 10일 이내에 중재인을 임명한다.
(Remark 13) "중재인"이라는 표현은 개인 혹은 집단을 지칭하는 것으로 해석된다.
4. 패널 또는 상소기구가 제12조 제9항 또는 제17조 제5항에 따라 보고서의 제출기간을 연장한 경우를 <u>제외하고는, 분쟁해결기구가 패널을 설치한 날로부터 합리적인 기간 확정일까지의 기간은 분쟁당사자가 달리 합의하지 아니하는 한 15월을 초과하지 아니한다.</u> 패널 또는 상소기구가 보고서 제출기간을 연장하기로 한 경우, 추가적으로 소요된 기간은 동 15월의 기간에 합산된다. 다만, <u>분쟁당사자가 예외적인 사정이 존재한다고 합의하지 아니하는 한 총 기간은 18월을 초과하지 아니한다.</u>
5. 권고 및 판정의 준수를 위한 조치가 취해지고 있는지 여부 또는 동 조치가 대상협정에 합치하는지 여부에 대하여 의견이 일치하지 아니하는 경우, <u>이러한 분쟁은 가능한 한 원패널에 회부하는 것을 포함하여</u> 이러한 분쟁해결절차의 이용을 통하여 결정된다. 패널은 사안이 회부된 날로부터 <u>90일</u> 이내에 보고서를 배포한다. 패널이 동 시한내에 보고서를 제

출할 수 없다고 판단하는 경우, 지연사유를 패널보고서 제출에 필요하다고 예상되는 기간과 함께 서면으로 분쟁해결기구에 통보한다.
6. 분쟁해결기구는 채택된 권고 또는 판정의 이행상황을 지속적으로 <u>감시한다. 모든 회원국은 권고 또는 판정이 채택된 후 언제라도 그 이행문제를 분쟁해결기구에 제기할 수 있다.</u> 분쟁해결기구가 달리 결정하지 아니하는 한, 권고나 판정의 이행문제는 제21조 제3항에 따라 <u>합리적 이행기간이 확정된 날로부터 6월 이후에 분쟁해결기구 회의의 의제에 상정되며, 동 문제가 해결될 때까지 계속 분쟁해결기구의 의제에 남는다.</u> 이러한 분쟁해결기구 회의가 개최되기 최소한 10일 전까지 관련 회원국은 권고 또는 판정의 이행에 있어서의 진전상황에 관한 서면보고서를 분쟁해결기구에 제출한다.
7. 개발도상회원국이 제소국인 경우, 분쟁해결기구는 상황에 비추어 적절한 어떠한 추가적인 조치를 취할 것인지를 검토한다.
8. 개발도상회원국이 제소국인 경우, 분쟁해결기구는 어떠한 적절한 조치를 취할 것인지를 고려할 때 제소대상조치가 무역에 있어서 차지하는 비중뿐만 아니라 동 조치가 관련 개발도상회원국의 경제에 미치는 영향도 고려한다.

제22조【보상 및 양허의 정지】
1. <u>보상 및 양허 또는 그 밖의 의무의 정지</u>는 권고 및 판정이 합리적인 기간 내에 이행되지 아니하는 경우 <u>취할 수 있는 잠정적인 조치이다.</u> 그러나 보상이나 양허 또는 그 밖의 의무의 정지는 관련 조치를 대상협정에 합치시키도록 하는 <u>권고의 완전한 이행에 우</u>

선하지 아니한다. 보상은 자발적인 성격을 띠며, 이를 행하는 경우 대상협정과 합치하여야 한다.

2. 관련 회원국이 제21조 제3항에 의거하여 확정된 합리적인 기간 내에 대상협정위반으로 판정이 난 조치를 동 협정에 합치시키지 아니하거나 달리 권고 및 판정을 이행하지 아니하는 경우, 동 회원국은 요청을 받는 경우 합리적인 기간이 종료되기 전에 분쟁해결절차에 호소한 분쟁당사자와 상호 수락할 수 있는 보상의 마련을 위하여 협상을 개시한다. 합리적인 기간이 종료된 날로부터 20일 이내에 만족할 만한 보상에 대하여 합의가 이루어지지 아니하는 경우, 분쟁해결절차에 호소한 분쟁당사자는 대상협정에 따른 양허 또는 그 밖의 의무를 관련 회원국에 대해 적용을 정지하기 위한 승인을 분쟁해결기구에 요청할 수 있다.

3. 어떠한 양허 또는 그 밖의 의무를 정지할 것인지를 검토하는 데 있어서 제소국은 다음의 원칙과 절차를 적용한다.

가. 일반적인 원칙은 제소국은 패널 또는 상소기구가 위반 또는 그 밖의 무효화 또는 침해가 있었다고 판정을 내린 분야와 동일한 분야에서의 양허 또는 그 밖의 의무의 정지를 우선 추구하여야 한다는 것이다.

나. 동 제소국이 동일 분야에서 양허 또는 그 밖의 의무를 정지하는 것이 비현실적 또는 비효과적이라고 간주하는 경우, 동일 협정상의 다른 분야에서의 양허 또는 그 밖의 의무의 정지를 추구할 수 있다.

다. 동 제소국이 동일 협정상의 다른 분야에서의 양허 또는 그 밖의 의무를 정지하는 것이 비현실적 또는 비효과적이며 상황이 충분히 심각하다고 간주하는 경우, 다른 대상협정상의 양허 또는 그 밖의 의무의 정지를 추구할 수 있다.

라. 위의 원칙을 적용하는 데 있어서 동 제소국은 다음 사항을 고려한다.

(1) 패널 또는 상소기구가 위반 또는 그 밖의 무효화 또는 침해가 있었다고 판정을 내린 분야 또는 협정상의 무역, 그리고 동 무역이 제소국에서 차지하는 중요성

(2) 무효화 또는 침해에 관련된 보다 더 광범위한 경제적 요소와 양허 또는 그 밖의 의무의 정지가 초래할 보다 더 광범위한 경제적 파급효과

마. 동 제소국이 나호 또는 다호에 따라 양허 또는 그 밖의 의무를 정지하기 위한 승인을 요청하기로 결정하는 경우, 요청서에 그 사유를 명시한다. 분쟁해결기구에 요청서를 제출함과 동시에 제소국은 관련 이사회, 그리고 또한 나호에 따른 요청의 경우에는 관련 분야기구에도 요청서를 송부한다.

바. 이 항의 목적상 "분야"란 다음을 의미한다.

(1) 상품과 관련, 모든 상품

(2) 서비스와 관련, 주요 분야를 명시하고 있는 현행 "서비스 분야별분류표"에 명시된 이러한 분야 (Re.14)

(Remark 14) MTN.GNS/W/120 문서상의 목록은 11개 분야를 명시하고 있다.

(3) 무역관련 지적재산권과 관련, 무역관련 지적재산권에 관한 협정 제2부 제1절, 또는 제2절, 또는 제3절, 또는 제4절, 또는 제5절, 또는 제6절, 또는 제7절에 규정

된 각 지적재산권의 범주, 또는
제3부 또는 제4부 상의 의무
사. 이 항의 목적상 "협정"이란
다음을 의미한다.

(1) 상품과 관련, 세계무역기구
협정 부속서 1가에 열거된 협정
전체와 관련 분쟁당사자가 그 회
원국인 경우 복수국간무역협정
(2) 서비스와 관련, 서비스무역
에 관한 일반협정
(3) 지적재산권과 관련, 무역관
련 지적재산권에 관한 협정
4. 분쟁해결기구가 승인하는 양
허 또는 그 밖의 의무의 정지의
수준은 무효화 또는 침해의 수준
에 상응한다.
5. 분쟁해결기구는 대상협정이 양
허 또는 그 밖의 의무의 정지를
금지하는 경우, 이를 승인하지 아
니한다.
6. 제2항에 규정된 상황이 발생
할 때에 분쟁해결기구는 요청이
있는 경우, 분쟁해결기구가 콘센
서스로 동 요청을 거부하기로 결
정하지 아니하는 한, 합리적 기간
의 종료로부터 30일 이내에 양허
또는 그 밖의 의무의 정지를 승인
한다. 그러나 관련 당사국이 제안
된 정지의 수준에 대하여 이의를
제기하거나, 제소국이 제3항나호
또는 다호에 따라 양허 또는 그
밖의 의무의 정지에 대한 승인을
요청했을 때 제3항에 명시된 원
칙 및 절차가 준수되지 아니하였
다고 주장하는 경우, 동 사안은
중재에 회부된다(shall). 이러한
중재는 원패널위원의 소집이 가
능한 경우 원패널, 또는 사무총장
이 임명하는 중재인(Re.15)에 의
하여 수행되며 합리적인 기간의
만료일로부터 60일 이내에 완결
된다. 양허 또는 그 밖의 의무는
중재의 진행 중에는 정지되지 아
니한다.

(Remark 15) "중재인"이라는 표
현은 개인 또는 집단을 지칭하는
것으로 해석된다.
7. 제6항에 따라 행동하는 중재
인은(Re.16) 정지의 대상인 양허
또는 그 밖의 의무의 성격을 검토
하지 아니하며, 이러한 정지의 수
준이 무효화 또는 침해의 수준에
상응하는지를 판정한다. 중재인
은 또한 제안된 양허 또는 그 밖
의 의무의 정지가 대상협정에 따
라 허용되는지 여부를 판정할 수
있다. 그러나 중재에 회부된 사안
이 제3항에 명시된 원칙 및 절차
가 준수되지 아니하였다는 주장
을 포함하는 경우, 중재인은 동
주장을 검토한다. 중재인이 동 원
칙 및 절차가 준수되지 아니하였
다고 판정하는 경우, 제소국은 제
3항에 합치하도록 동 원칙 및 절
차를 적용한다. 당사국은 중재인
의 판정을 최종적인 것으로 수락
하며, 관련 당사자는 제2차 중재
를 추구하지 아니한다. 분쟁해결
기구는 중재인의 판정을 조속히
통보받으며, 요청이 있는 경우
(upon request) 그 요청이 중재인
의 판정에 합치하면 분쟁해결기
구가 컨센서스로 동 요청을 거부
하기로 결정하기 아니하는 한 양
허 또는 그 밖의 의무의 정지를
승인한다.
(Remark 16) "중재인"이라는 표
현은 개인 또는 집단, 또는 원패
널이 중재인 역할을 맡은 경우 동
패널의 구성원을 지칭하는 것으
로 해석된다.
8. 양허 또는 그 밖의 의무의 정
지는 잠정적이며, 대상협정 위반
판정을 받은 조치가 철폐되거나
권고 또는 판정을 이행하여야 하
는 회원국이 이익의 무효화 또는
침해에 대한 해결책을 제시하거
나 상호 만족할 만한 해결에 도달
하는 등의 시점까지만 적용된다.

제21조 제6항에 따라 분쟁해결기구는 보상이 제공되었거나 양허 또는 그 밖의 의무가 정지되었으나 조치를 대상협정에 합치시키도록 한 권고가 이행되지 아니한 경우를 포함하여 <u>채택된 권고 또는 판정의 이행을 계속해서 감독</u>한다.

9. 대상협정의 분쟁해결규정은 회원국 영토 안의 지역 또는 지방 정부나 당국이 취한 조치로서 대상협정의 준수에 영향을 미치는 조치에 대하여 호소될 수 있다. 분쟁해결기구가 대상협정의 규정이 준수되지 아니하였다고 판정을 내리는 경우, 이에 대한 책임이 있는 회원국은 협정준수를 확보하기 위하여 취할 수 있는 <u>합리적인 조치를</u> 취한다. <u>보상 및 양허 또는 그 밖의 의무의 정지에 관한 대상협정 및 이 양해의 규정은 이러한 준수를 확보하는 것이 불가능한 경우에 적용</u>된다.(Re.17)

(Remark 17) 회원국의 영토 안의 지역 또는 지방 정부나 당국이 취한 조치와 관련된 대상협정의 규정이 이 항의 규정과 상이한 규정을 포함하고 있는 경우, 대상협정의 규정이 우선 적용된다.

제23조【다자간체제의 강화】

1. 회원국은 대상협정상의 <u>의무위반, 이익의 무효화 또는 침해,</u> 또는 대상협정의 <u>목적달성에 대한</u> 장애의 시정을 추구하는 경우 이 양해의 규칙 및 절차에 호소하고 또한 이를 준수한다.
2. 이러한 경우 회원국은 다음과 같이 한다.
가. 이 협정의 규칙 및 절차에 따른 분쟁해결에 호소하지 아니하고는 위반이 발생하였다거나 이익이 무효화 또는 침해되었다거나 대상협정의 목적달성이 저해되었다는 취지의 판정을

내리지 아니하며, 분쟁해결기구가 채택한 패널보고서나 상소기구보고서에 포함된 조사결과 또는 이 양해에 따라 내려진 중재판정에 합치되도록 그러한 판정을 내린다.
나. 관련 회원국이 권고 및 판정을 이행하기 위한 합리적인 기간을 확정하는 데 있어서 제21조에 명시된 절차를 따른다.
다. 관련 회원국이 합리적인 기간 내에 권고 및 판정을 이행하지 아니하는 데 대한 대응으로서 대상협정상의 양허 또는 그 밖의 의무를 정지하기 전에 양허 또는 그 밖의 의무의 정지의 수준을 정하는 데 있어서 제22조에 명시된 절차를 따르며 동 절차에 따라 분쟁해결기구의 승인을 얻는다.

제24조【최빈개도국회원국에 대한 특별절차】

1. 최빈개도국회원국이 관련된 분쟁의 원인판정 및 분쟁해결절차의 모든 단계에서 <u>최빈개도국 회원국의 특수사정이 특별히 고려된다.</u> 이와 관련하여 회원국은 최빈개도국회원국이 관련되는 분쟁의 해결절차에 따라 문제를 제기함에 있어서 적절히 자제한다. 무효화 또는 침해가 최빈개도국회원국의 조치에 의하여 초래된 것으로 판정이 내려지는 경우, 제소국은 동 절차에 따라 보상을 요청하거나 양허 또는 그 밖의 의무를 정지시키기 위한 승인을 추구함에 있어서 적절히 자제한다.
2. 최빈개도국회원국이 관련된 분쟁의 해결에 있어서 만족할 만한 해결책이 협의과정에서 발견되지 아니하는 경우, 사무총장 또는 분쟁해결기구 의장은 최빈개도국회원국이 요청하는 때에는 당사자가 문제를 해결하는 것을 지

원하기 위하여 패널설치요청이 이루어지기 전에 주선, 조정 및 중재를 제의한다. 사무총장 또는 분쟁해결기구 의장은 이러한 지원을 제공함에 있어서 자신이 적절하다고 판단하는 어떠한 출처와도 협의할 수 있다.

제25조 【중재】 1. 분쟁해결의 대체적 수단으로서 세계무역기구 안에서의 신속한 중재는 쌍방 당사자가 명백하게 규정한 문제와 관련된 특정 분쟁의 해결을 촉진할 수 있다.

2. 이 양해에 달리 규정되어 있는 경우를 제외하고는, 중재에의 회부는 당사자의 상호 합의에 따르며, 이 경우 당사자는 따라야 할 절차에 합의한다. 중재에 회부하기로 한 합의사항은 중재절차가 실제로 개시되기 전에 충분한 시간을 두고 모든 회원국에게 통지된다.

3. 다른 회원국은 중재에 회부하기로 합의한 당사자의 동의를 얻은 경우에만 중재절차의 당사자가 될 수 있다. 중재절차의 당사자는 중재판정을 준수하기로 합의한다. 중재판정은 분쟁해결기구 및 관련 협정의 이사회 또는 위원회에 통보되며, 회원국은 분쟁해결기구, 이사회 또는 위원회에서 중재판정에 관련된 어떠한 문제도 제기할 수 있다.

4. 이 양해 제21조 및 제22조는 중재판정에 준용된다.

제26조 1. 1994년도 GATT 제23조 제1항 (b)에 규정된 형태의 비위반 제소 1994년도 GATT 제23조 제1항 (b)의 규정이 특정 대상협정에 적용될 수 있는 경우, 패널 또는 상소기구는 일방 분쟁당사자가 특정 회원국의 조치의 결과로 인하여 동 조치의 특정 대상협정의 규정에 대한 위반여부에 관계없이, 특정 대상협정에 따라 직접적 또는 간접적으로 자기나라에 발생하는 이익이 무효화 또는 침해되고 있다고 간주하거나 동 대상협정의 목적달성이 저해되고 있다고 간주하는 경우에만 판정 및 권고를 내릴 수 있다. 이러한 당사자가 특정 사안이 1994년도 GATT 제23조 제1항 (b)의 규정이 적용될 수 있는 대상협정의 규정과 상충하지 아니하는 조치에 관한 것이라고 간주하고, 또한 패널이나 상소기구가 그렇게 판정하는 경우에 이 양해의 절차가 다음에 따를 것을 조건으로 적용된다.

가. 제소국은 관련 대상협정과 상충하지 아니하는 조치에 관한 제소를 변호하는 상세하고 정당한 사유를 제시한다.

나. 특정 조치가 관련 대상협정을 위반하지 아니하면서 동 협정에 따른 이익을 무효화 또는 침해하거나 동 협정의 목적달성을 저해한다고 판정이 내려지는 경우, 동 조치를 철회할 의무는 없다. 그러나 이러한 경우 패널 또는 상소기구는 관련 회원국에게 상호 만족할 만한 조정을 행하도록 권고한다.

다. 제21조의 규정에도 불구하고 제21조 제3항에 규정된 중재는 일방 당사자의 요청이 있는 경우 무효화 또는 침해된 이익의 수준에 대한 결정을 포함할 수 있으며, 또한 상호 만족할 만한 조정에 이르기 위한 수단 및 방법을 제의할 수 있다. 이러한 제의는 분쟁당사자에 대하여 구속력을 갖지 아니한다.

라. 제22조 제1항의 규정에도 불구하고 보상은 분쟁의 최종적인 해결로서의 상호 만족할 만한 조정의 일부가 될 수 있다.

2. 1994년도 GATT 제23조 제1항

(c)에 규정된 형태의 제소 1994년
도 GATT 제23조 제1항 (c)의 규
정이 대상협정에 적용될 수 있는
경우, 패널은 1994년도 GATT 제
23조 제1항 (a) 및 (b)가 적용될 수
있는 상황과 상이한 상황이 존재
하는 결과로 인하여 일방 분쟁당
사국이 대상협정에 따라 직접적
또는 간접적으로 자기 나라에 발
생하는 이익이 무효화 또는 침해
되고 있다고 간주하거나 동 협정
의 목적 달성이 저해되고 있다고
간주하는 경우에만 판정 및 권고
를 내릴 수 있다. 이러한 일방 분
쟁당사자가 그 사안이 이 항의 적
용을 받는다고 간주하고 패널이
그렇게 판정을 내리는 경우에 한
하여 이 양해의 절차는 패널보고
서가 회원국에게 배포되는 시점
을 포함하여 배포된 시점까지 적
용된다. 1989년 4월 12일자 결정
(BISD 36S/61−67)에 포함된 분
쟁해결규칙 및 절차는 보고서의
채택을 위한 논의와 권고와 판정
의 감독 및 이행에 적용된다. 아
울러 다음 사항이 적용된다.
가. 제소국은 이 항의 적용대상
   이 되는 사안에 관하여 행하여
   진 논거를 변호하는 상세한 정
   당한 사유를 제시한다.
나. 이 항의 적용대상이 되는 사
   안이 관련된 분쟁에 있어서, 패
   널이 그 분쟁에 이 항의 적용대
   상이 되는 분쟁해결사항 이외
   의 사항이 포함되어 있다고 판
   정을 내리는 경우, 패널은 이러
   한 사항을 다루는 보고서와 이
   항의 적용대상이 되는 사항에
   관한 별도의 보고서를 분쟁해
   결기구에 배포한다.

제27조 【사무국의 책임】 1. 사무
국은 특히 패널이 다루는 사안의
법적, 역사적 및 절차적 측면에
관하여 패널을 지원할 책임을 지
며, 또한 사무 및 기술지원을 제

공할 책임을 진다.
2. 사무국이 회원국의 요청에 따
라 분쟁해결에 관하여 회원국을
지원하는 것과 별도로 개발도상
회원국에게 분쟁해결과 관련한
추가적인 법률자문 및 지원을 제
공할 필요성이 있을 수 있다. 이
를 위하여 사무국은 지원을 요청
하는 개발도상회원국에게 세계
무역기구의 기술협력부서의 유
자격 법률전문가의 이용이 가능
하도록 한다. 동 전문가는 사무국
의 계속적인 불편부당성을 확보
하는 방법으로 개발도상회원국
을 지원한다.
3. 사무국은 회원국의 전문가가
분쟁해결절차 및 관행을 보다 더
잘 알 수 있도록 하기 위하여 관
심있는 회원국을 위해 이에 관한
특별 연수과정을 실시한다.

부록 1
이 양해의 대상이 되는 협정
가. 세계무역기구 설립을 위한 협정
나. 다자간무역협정
부속서 1가 : 상품무역에 관한 다
   자간협정
부속서 1나 : 서비스무역에 관한
   일반협정
부속서 1다 : 무역관련 지적재산
   권에 관한 협정
부속서 2 : 분쟁해결규칙 및 절차
   에 관한 양해
다. 복수국간무역협정
부속서 4 : 민간항공기무역에 관
   한 협정/정부조달에 관한 협정/
   국제낙농협정/국제우육협정
복수국간무역협정에 대한 이 양
해의 적용가능성은 부록 2에 포
함되는 모든 특별 또는 추가적인
규칙 또는 절차를 포함하여 이 양
해가 개별협정에 적용되기 위한
조건을 명시하는 각 협정 회원국
의 결정으로서 분쟁해결기구에
통지되는 결정의 채택에 따른다.

부록 2
대상협정에 포함된 특별 또는 추가적인 규칙 및 절차
협정 규칙 및 절차

위생 및 식물 위생조치의 적용에 관한 협정 제11조 제2항

섬유 및 의류에 관한 협정 제2조 제14항 및 제21항, 제4조 제14항, 제5조 제2항, 제4항 및 제6항, 제6조 제9항부터 제11항까지, 제8조 제1항부터 제12항까지

무역에 대한 기술장벽에 관한 협정 제14조 제2항부터 제4항까지, 부속서 2

1994년도 GATT 제6조의 이행에 관한 협정 제17조 제4항부터 제7항까지

1994년도 GATT 제7조의 이행에 관한 협정 제19조 제3항부터 제5항까지, 부속서 2의 제2항 바호, 제3항, 제9항 및 제21항

보조금 및 상계조치에 관한 협정 제4조 제2항부터 제12항까지, 제6조 제6항, 제7조 제2항부터 제10항까지, 제8조 제5항 주석35, 제24조 제14항, 제27조 제7항 부속서 5

서비스무역에 관한 일반협정 제22조 제3항, 제23조 제3항

금융서비스에 관한 부속서 제4항
항공운송서비스에 관한 부속서 제4항

서비스무역에 관한 일반협정을 위한 제1항부터 제5항까지

특정 분쟁해결절차에 관한 결정

이 부록상의 규칙 및 절차의 목록에는 그 규정의 일부만이 문맥상 적절한 조항들이 포함되어 있다.

복수국간무역협정에 포함된 특별 또는 추가적인 규칙이나 절차로서 각 협정의 관할 기구에 의하여 결정되고 분쟁해결기구에 통보된 규칙 또는 절차

부록 3
작업절차

1. 패널은 그 절차에 있어서 이 양해의 관련 규정을 따른다. 이에 추가하여 다음의 작업 절차가 적용된다.

2. 패널은 비공개회의로 개최된다. 분쟁당사자와 이해당사자는 패널의 출두요청을 받는 경우에 한하여 회의에 참석한다.

3. 패널의 논의와 패널에 제출된 서류는 비밀로 유지된다. 이 양해의 어느 조항도 일방 분쟁당사자가 자신의 입장에 관한 성명을 공표하는 것을 방해하지 아니한다. 회원국은 다른 회원국이 비밀로 지정하여 패널에 제출한 정보를 비밀로 취급한다. 일방 분쟁당사자가 자신의 서면입장을 비밀문서로 패널에 제출하는 경우, 동 분쟁당사자는 또한 회원국의 요청이 있을 때에는 제출문서 중 일반에 공개될 수 있는 정보의 평문 요약본을 제공한다.

4. 패널이 당사자와 최초의 실질회의를 개최하기 전에 분쟁당사자는 사안의 사실과 논거를 제시하는 서면입장을 패널에 전달한다.

5. 당사자와의 최초의 실질회의에서 패널은 제소국에게 자신의 입장을 개진하도록 요청한다. 이어서 동일한 회의에서 피소국은 자신의 의견을 제시하도록 요청된다.

6. 분쟁에 대한 자기 나라의 이해관계를 분쟁해결기구에 통지한 모든 제3자는 패널의 최초의 실질회의 기간 중 제3자의 의견개진을 위하여 별도로 마련된 회의에서 의견을 제시하도록 서면으로 요청받는다. 이러한 모든 제3자는 동 회의에 처음부터 끝까지 참석할 수 있다.

7. 공식적인 반박은 패널의 제2차 실질회의에서 행하여진다. 피소국은 제소국보다 먼저 발언할 권리를 갖는다. 당사자는 동 회의가 개최되기 전에 서면반박서를 패널에 제출한다.

8. 패널은 언제라도 당사자에게 질문할 수 있으며 당사자와의 회의 도중에 또는 서면으로 설명을 요구할 수 있다.

9. 분쟁당사자와 제10조에 따라 의견제시를 요청받은 제3자는 자신의 구두진술을 서면으로 패널에 제출한다.

10. 충분한 투명성을 위하여 위의 제5항부터 제9항까지에 언급된 입장표명, 반박 및 진술은 당사자가 참석한 가운데 행하여진다. 또한 보고서의 서술부분에 대한 논평과 패널의 질문에 대한 답변을 포함한 각 당사자의 서면입장은 다른 당사자가 입수할 수 있도록 한다.

11. 패널에 특정된 추가적인 절차

12. 패널의 작업을 위한 제안된 일정표

가. 당사자의 제1차 서면입장의 접수

(1) 제소국 3-6주

(2) 피소국 2-3주

나. 당사자와의 최초의 실질 회의 일자, 시간 및 장소, 그리고 제3자를 위한 회의 1-2주

다. 당사자의 서면반박서 접수 2-3주

라. 당사자와의 제2차 실질회의 일자, 시간 및 장소 1-2주

마. 보고서 서술부분의 당사자에 대한 제시 2-4주

바. 보고서 서술부분에 대한 당사자의 논평 접수 2주

사. 조사결과와 결론을 포함하는 잠정보고서의 당사자에 대한 제시 2-4주

아. 보고서 일부에 대한 당사자의 검토요청 마감시한 1주

자. 분쟁당사국들과의 추가적인 회의 가능성을 포함한 패널의 재검토기간 2주

차. 분쟁당사국들에 대한 최종보고서 제시 2주

카. 회원국에 대한 최종보고서의 배포 3주

위에 제시된 일정은 예측하지 못한 상황에 비추어 변경될 수 있다. 분쟁당사국들과의 추가회의는 필요시 소집된다.

부록 4
전문가검토단

다음의 규칙 및 절차는 제13조 제2항의 규정에 따라서 설치된 전문가검토단에 적용된다.

1. 전문가검토단은 패널의 권한 아래 있다. 동 검토단의 위임사항과 상세한 작업절차는 패널에 의하여 결정되며, 동 검토단은 패널에 보고한다.

2. 전문가검토단에의 참여는 당해 분야에서 전문가로서의 명성과 경험을 가진 사람에 한정된다.

3. 분쟁당사자의 국민은 패널이 전문적 과학지식에 대한 필요가 달리 충족될 수 없다고 간주하는 예외적인 상황을 제외하고는 분쟁당사자의 공동 합의 없이는 전문가검토단의 업무를 담당할 수 없다. 분쟁당사자와의 정부관리는 전문가검토단의 업무를 담당할 수 없다. 전문가검토단의 구성원은 정부대표나 기구의 대표로서가 아니고 개인자격으로 참여한다. 따라서 정부나 기구는 전문가검토단에 회부된 사안에 대하여 전문가에게 지시를 내리지 아니한다.

4. 전문가검토단은 적절하다고 판단되는 어떠한 출처와도 협의하

고 또한 이로부터 정보 및 기술적 조언을 구할 수 있다. 전문가검토단은 회원국의 관할권 안에 있는 출처로부터 정보 또는 조언을 구하기 전에 그 회원국 정부에 통보한다. 회원국은 전문가검토단이 필요하고 적절하다고 간주하는 정보의 요청에 대하여 신속하고 충분하게 대응한다.

5. 분쟁당사자는 비밀이 아닌 한 전문가검토단에 제공되는 모든 관련 정보에 대해 접근할 수 있다. 전문가검토단에 제공된 비밀정보는 동 정보를 제공한 정부, 기구 또는 사람으로부터 공식 승인을 받지 아니하고서는 공개되지 아니한다. 전문가검토단이 이러한 정보를 요청하였으나 전문가검토단에 의한 동 정보의 공개가 승인되지 아니한 경우, 동 정보를 제공하는 정부, 기구 또는 사람은 동 정보의 평문 요약본을 제공한다.

6. 전문가검토단은 논평을 구하기 위하여 분쟁당사자에게 보고서 초안을 제시하며, 동 논평을 최종보고서에 적절히 고려한 후 최종보고서를 패널에 제출할 때 분쟁당사자에게도 제시한다. 전문가검토단의 최종보고서는 권고적 성격만을 갖는다.

제3편

총회/
안전보장이사회
결의

1 1950년 평화를 위한 단결 결의(총회 결의 377)

채택일 : 1950.11.3.(제5차 국제연합총회)

[결의 A]

총회는,

국제연합의 목적에 언급된 처음의 두 목적이

「국제평화와 안전을 유지하는 것, 그리고 그러한 목적을 위하여 평화에 대한 위협의 방지 및 제거와 침략행위 또는 기타의 평화파괴행위의 진압을 위한 유효한 집단적 조치를 취하며, 평화적 방법과 정의의 원칙 및 국제법에 따라 평화의 파괴에 이를 우려가 있는 국제분쟁 또는 사태의 조정 또는 해결을 실현할 것」 그리고,

「인민의 평등권 및 자결의 원칙을 존중하는 데 기초를 둔 제 국가 간의 우호관계를 발전시키고 또 세계평화를 강화하기 위하여 그 밖의 적당한 조치를 취할 것」임을 승인하고,

국제분쟁에 휩쓸렸을 때에는 헌장 제6장에 규정된 절차에 따라 평화적 수단에 의하여 그러한 분쟁 해결을 추구함이 국제연합 전 가맹국의 제1차적 의무임을 재확인하며 또 국제연합이 이 점에 관하여 지금까지 여러 경우에 성과 있는 업적을 남겼음을 상기하며, 국제적 긴장이 위험한 규모로 존재함을 확인하며,

국제연합헌장의 제 원칙의 무시가 국제적 긴장이 계속되는 주된 원인이라고 진술하는 「평화의 필수사항」이라는 표제의 총회결의 제290(IV)를 상기하고, 그리고 그 결의의 목적에 더욱 공헌할 것을 희망하며,

안전보장이사회에 의한 국제평화와 안전의 유지를 위한 그 제1차적 책임수행의 필요성과 전원 일치를 추구하고 거부권행사를 억제할 상임이사국들의 의무를 재확인하며,

헌장 제43조에 규정된 군대를 위한 협정교섭을 할 발의권이 안전보장이사회에 있음을 재확인하고, 그리고 그와 같은 협정의 체결 시까지는 국제연합이 국제평화와 안전의 유지를 위한 수단을 임의로 사용하도록 확보할 것을 희망하며,

안전보장이사회가 그 책임, 특히 전기 두 절에서 언급된 책임을 모두 가맹국에 대신하여 수행함에 실패하는 것이 가맹국으로부터 그들의 의무를 해제하거나 또는 국제연합으로부터 헌장상 국제평화와 안전을 유지할 그 책임을 해제하는 것이 아님을 인식하며, 특히, 그와 같은 실패가 총회로부터 그 권리를 박탈하거나 총회로부터 헌장상 국제평화와 안전의 유지에 관한 그 책임을 해제하는 것이 아님을 승인하며,

총회가 이러한 점에 관한 그 책임을 수행하기 위하여서는 사실을 확인하고 침략자를 발견할 수 있는 관찰의 가능성과 집단적으로 사용할 수 있는 군대의 존재 및 실효적이기 위하여서는 신속한 집단적 행동을 총회가 국제연합가맹국에게 적시에 권고할 수 있는 가능성을 필요로 함을 승인하여,

(A)

1. 평화에 대한 위협, 평화파괴 또는 침략행위가 있다고 생각되는 경우에 안전보장이사회가 상임이사국들의 전원일치를 얻지 못하기 때문에 국제평화와 안전의

유지에 관한 그 제1차적 책임의 수행에 실패할 때에는 총회는 국제평화와 안전을 유지하며 또한 회복하기 위한 집단적 조치에 관하여 가맹국에 적당한 권고를 할 목적으로 즉시 그 사실을 심의할 것이며 이 집단적 조치는 평화의 파괴 또는 침략행위의 경우에는 필요하면 군대의 사용을 포함함을 결의한다. 총회가 그때 회기 중이 아닌 경우에는 그에 관한 요청이 있은 지 24시간 이내에 긴급특별회기로서 회합할 수 있다. 이 긴급특별회기는 안전보장이사회의 어떤 7개 이사국의 투표에 의한 요청이나 또는 국제연합 가맹국의 과반수에 의한 요청이 있을 때 소집한다.

2. 이러한 목적을 위하여 이 결의의 부속서에 기재한 총회의 절차규칙의 개정을 채택한다.

(B)

3. 평화감시위원회를 설치한다. 이 위원회는 역년 1951년 및 1952년에 있어서는 14개 가맹국 즉 중국, 콜롬비아, 체코슬로바키아, 프랑스, 인도, 파키스칸, 스웨덴, 소련, 영국, 미국 및 우루과이로 구성하며, 그 계속이 국제평화와 안전의 유지를 위태롭게 할 우려가 있는 국제적 긴장이 존재하는 지역에서 사태를 감시하고 그에 관하여 보고할 수 있다. 이 위원회가 행차할 영역소속국가의 유치 또는 동의에 따라 총회, 또는 총회가 회기 중에 있지 않을 때에는 중간위원회는 안전보장이사회가 당해사항에 관하여 헌장이 부과시키고 있는 임무를 수행하고 있지 않을 경우 이 위원회를 이용할 수 있다. 이 위원회를 이용하기 위한 결정은 출석하여 투표하는 가맹국의 3분의 2의 찬성투표에 의하여 이루어진다. 안전보장이사회도 또한 헌장상의 그 기능에 따라 이 위원회를 이용할 수 있다.

4. 이 위원회는 그 임무를 수행함에 있어서 임의로 소위원회를 임명하고 또한 자기를 원조하는 관찰자의 역무를 이용할 권능을 가짐을 결정한다.

5. 모든 정부 및 관헌에 대하여 이 위원회가 임무를 수행하는 데 협력하고 그리고 원조할 것을 권고한다.

6. 사무총장에 대하여 이 위원회가 지시하는 경우에는 총회 결의 제297(IV)B에서 규정된 현지 관찰자명부를 이용하여 필요한 직원 및 편의를 제공할 것을 요청한다.

(C)

7. 국제연합의 가맹국에 대하여 국제평화와 안전의 회복을 위한 안전보장이사회 또는 총회의 어떤 권고를 지지하여 제공할 수 있는 원조의 성질 및 범위를 결정하기 위하여 자국의 자원을 조사하도록 권유한다.

8. 국제연합 가맹국에 대하여 안전보장이사회 또는 총회의 권고가 있을 때에는 국제연합부대로서의 근무를 위해 신속하게 이용될 수 있도록 훈련되고 조직되고 장비를 갖춘 부대를 각 가맹국이 그 자국군대 내에 유지하도록 권고한다. 이 부대는 헌장 제51조에서 인정된 개별적 또는 집단적 자위권의 행사에 사용되어도 무방하다.

9. 국제연합 가맹국에 대하여 전항을 실시함에 있어 취한 조치는 가능한 한 조속히 제11항에서 규정된 집단조치위원회에 통보할 것을 권유한다.

10. 사무총장에 대하여 제8항에 규정된 부대를 국제연합부대로서 신속하게 복무시키기 위하여 조직, 훈련 및 장비에 관한 기술적 자문을 얻고자 하는 가맹국의 요청에 따라 제공할 수 있는 군사전문가단을 제11항에 규정된 위원회의 승인을 얻어 임명할 것을 요청한다. (이하 생략)

2 1960년 식민지제국 및 제 인민에 대한 독립부여 선언(총회 결의 1514)(Declaration on the granting of independence to colonial countries and peoples)

채택일 : 1960.12.14.(제15차 국제연합총회)

총회는 ...
어떠한 형식·표현을 불문하고 식민지주의를 급속히 또한 무조건으로 종결시킬 필요가 있음을 엄밀히 표명하고 이 목적을 위하여, 다음의 사항을 선언한다.

1. 외국에 의한 인민의 정복, 지배 및 착취는 기본적 인권을 부인하고 국제연합헌장에 위반되며 세계평화와 협력의 촉진에 장해가 된다.

2. 모든 인민은 자결의 권리를 가지고(All peoples have the right to self-determination ;), 그 권리에 의하여 그들의 정치적 지위를 자유로이 결정하며 또한 경제적·사회적 및 문화적 향상을 자유로이 추구한다.

3. 정치적·경제적·사회적 및 교육적 준비가 불충분함에 결코 독립을 지연시키는 구실로 해서는 안 된다.

4. 종속하의 인민이 독립을 완성하는 권리를 평화롭고 자유롭게 행사할 수 있도록 하기 위하여 그들에 향하여진 모든 무력행동 또는 모든 종류의 억압수단을 정지하고 또 그들의 국토의 보전을 존중하여야 한다.

5. 신탁통치지역 및 비자치지역 또는 아직 독립을 달성하지 못한 기타의 모든 지역에 있어서 이러한 지역의 주민이 완전한 독립과 자유를 향유하도록 하기 위하여 어떠한 조건이나 유보도 붙이지 않고 그들의 자유롭게 표명된 의사 및 희망에 따라 종족, 신앙 또는 피부의 색에 의한 차별이 없이 모든 권력을 그들에게 위양하기 위하여 조속한 조치가 취하여져야 한다.

6. 국가의 국민적 단결(the national unity) 및 영토보존의 일부 또는 전부의 파괴를 목적으로 하는 어떠한 시도도 국제연합헌장의 목적 및 원칙과 양립하지 아니한다.

7. 모든 국가는 평등과 타국의 내정에의 불간섭, 그리고 모든 인민의 주권적 권리 및 그 영토보존의 존중을 기초로 하며 국제연합헌장, 세계인권선언 및 본 선언의 제 조항을 성실히 또 엄격히 준수하여야 한다.

3 1962년 천연자원에 대한 영구주권선언(총회 결의 1803)(Permanent sovereignty over natural resources)

1803 (XVII). Permanent sovereignty over natural resources

The General Assembly,

Recalling its resolutions 523 (VI) of 12 January 1952 and 626 (VII) of 21 December 1952,

Bearing in mind its resolution 1314 (XIII) of 12 December 1958, by which it established the Commission on Permanent Sovereignty over Natural Resources and instructed it to conduct a full survey of the status of permanent sovereignty over natural wealth and resources as a basic constituent of the right to self-determination, with recommendations, where necessary, for its strengthening, and decided further that, in the conduct of the full survey of the status of the permanent sovereignty of peoples and nations over their natural wealth and resources, due regard should be paid to the rights and duties of States under international law and to the importance of encouraging international co-operation in the economic development of developing countries,

Bearing in mind its resolution 1515 (XV) of 15 December 1960, in which it recommended that the sovereign right of every State to dispose of its wealth and its natural resources should be respected,

Considering that any measure in this respect must be based on the recognition of the inalienable right of all States freely to dispose of their natural wealth and resources in accordance with their national interests, and on respect for the economic independence of States,

Considering that nothing in paragraph 4 below in any way prejudices the position of any Member State on any aspect of the question of the rights and obligations of successor States and Governments in respect of property acquired before the accession to complete sovereignty of countries formerly under colonial rule,

Noting that the subject of succession of States and Governments is being examined as a matter of priority by the International Law Commission,

Considering that it is clec-irable to promote international co-operation for the economic development of developing countries, and that economic and financial agreements between the developed and the developing countries must be based on the principles of equality and of the right of peoples and nations to self-determination,

Considering that the provision of economic and technical assistance, loans and increased foreign investment must not be subject to conditions which conflict with the interests of the recipient State,

Considering the benefits to be derived from exchanges of technical and scientific information likely to promote the development and use of such resources and wealth, and the important part which the United Nations and other international organizations are called upon to play in that connexion,

Attaching particular importance to the question of promoting the economic development of developing countries and securing their economic independence,

Noting that the creation and strengthening of the inalienable sovereignty of States over their natural wealth and resources reinforces their economic independence,

Desiring that there should be further consideration by the United Nations of the subject of permanent sovereignty over natural resources in the spirit of international co-operation in the field of economic development, particularly that of the developing countries,

I

Declares that:

1. The right of peoples and nations to permanent sovereignty over their natural wealth and resources must be exercised in the interest of their national development and of the well-being of the people of the State concerned,

2. The exploration, development and disposition of such resources, as well as the import of the foreign capital required for these purposes, should be in conformity with the rules and conditions which the peoples and nations freely consider to be necessary or desirable with regard to the authorization, restriction or prohibition of such activities.

3. In cases where authorization is granted, the capital imported and the earnings on that capital shall be governed by the terms thereof, by the national legislation in force, and by international law. The profits derived must be shared in the proportions freely agreed upon, in each case, between the investors and the recipient State, due care being taken to ensure that there is no impairment, for any reason, of that State's sovereignty over its natural wealth and resources.

4. Nationalization, expropriation or requisitioning shall be based on grounds or reasons of public utility, security or the national interest which are recognized as overriding purely individual or private interests, both domestic and foreign. In such cases the owner shall be paid appropriate compensation, in accordance with the rules in force in the State taking such measures in the exercise of its sovereignty and in accordance with international law. In any case where the question of compensation gives rise to a controversy, the national jurisdiction of the State taking such measures shall be exhausted. However, upon agreement by sovereign States and other parties concerned, settlement

of the dispute should be made through arbitration or international adjudication.

5. The free and beneficial exercise of the sovereignty of peoples and nations over their natural resources must be furthered by the mutual respect of States based on their sovereign equality.

6. International co-operation for the economic development of developing countries, whether in the form of public or private capital investments, exchange of goods and services, technical assistance, or exchange of scientific in formation, shall be such as to further their independent national development and shall he based upon respect for their sovereignty over their natural wealth and resources.

7. Violation of tlie rights of peoples and nations to sovereignty over their natural wealth and resources is contrary to the spirit and principles of the Charter of the United Nations and hinders the development of international cooperation and the maintenance of peace.

8. Foreign investment agreements freely entered into by or between sovereign States shall be observed in good faith; States and international organizations shall strictly and conscientiously respect the sovereignty of peoples and nations over their natural wealth and resources in accordance with the Charter and the principles set forth in the present resolution.

II

Welcomes the decision of the International Law Commission to speed up its work on the codification of the topic of responsibility of States for the consideration of the General Assembly,

III

Requests the Secretary-General to continue the study of the various aspects of permanent sovereignty over natural resources, taking into account the desire of Member States to ensure the protection of their sovereign rights while encouraging international co-operation in the field of economic development, and to report to the Economic and Social Council and to the General Assembly, if possible at its eighteenth session.

1194th plenary meeting
14 December 1962.

4 1965년 국가들의 국내문제와 그 독립 및 주권에 대한 간섭의 불허용성에 관한 선언(불간섭원칙선언/총회 결의 2131)(Declaration on the Inadmissibility of Intervention in the Domestic Affairs of States and the Protection of Their Independence and Sovereignty)

2131 (XX). Declaration on the Inadmissibility of Intervention in the Domestic Affairs of States and the Protection of Their Independence and Sovereignty

The General Assembly,

Deeply concerned at the gravity of the international situation and the increasing threat to universal peace due to armed intervention and other direct or indirect forms of interference threatening the sovereign personality and the political independence of States,

Considering that the United Nations, in accordance with their aim to eliminate war, threats to the peace and acts of aggression, created an Organization, based on the sovereign equality of States. whose friendly relations would be based on respect for the principle of equal rights and self-determination of peoples and on the obligation of its Members to refrain from the threat or use of force against the territorial integrity or political independence of any State,

Recognizing that, in fulfilment of the principle of self-determination, the General Assembly, in the Declaration on the Granting of Independence to Colonial Countries and Peoples contained

in resolution 1514 (XV) of 14 December 1960. stated its conviction that <u>all peoples have an inalienable right to complete freedom, the exercise of their sovereignty and the integrity of their national territory, and that, by virtue of that right, they freely determine their political status and freely pursue their economic. social and cultural development,</u>

Recalling that in the Universal Declaration of Human Rights the General Assembly proclaimed that recognition of the inherent dignity and of the equal and inalienable rights of all members of the human family is the foundation of freedom, justice and peace in the world, without distinction of any kind,

Reaffirming the principle of non-intervention, proclaimed in the charters of the Organization of American States, the League of Arab States and the Organization of African Unity and affirmed at the conferences held at Montevideo: Buenos Aires. Chapultepec and Rogota, as well as in the decisions of the Asian-African Conference at Bandung. the First Conference of Heads of State or Government of Non-Aligned Countries at Belgrade, in the Programme for Peace and International Co-operation adopted at the end of the Second Conference of Heads of State or Government of Non-Aligned Countries at Cairo, and in the declaration on subversion adopted at Accra by the Heads of State and Government of the African States.

Recognizing that full observance of the principle of the non-intervention of States in the internal and external affairs of other States is essential to the fulfilment of the purposes and principles of the United Nations,

Considering that armed intervention is synonymous with aggression and, as such, is contrary to the basic principles on which peaceful international co-operation between States should be built,

Considering further that direct intervention, subversion and all forms of indirect intervention are contrary to these principles and, consequently, constitute a violation of the Charter of the United Nations,

Mindful that violation of the principle of non-intervention poses a threat to the independence, freedom and normal political, economic, social and cultural development of countries, particularly those which have freed themselves from colonialism, and can pose a serious threat to the maintenance of peace,

Fully aware of the imperative need to create appropriate conditions which would enable all States, and in particular the developing countries, to choose without duress or coercion their own political, economic and social institutions,

In the light of the foregoing considerations, solemnly declares:
1. No State has the right to intervene, directly or indirectly, for any reason whatever, in the internal or external affairs of any other State. Consequently, armed intervention and all other forms of interference or attempted threats against the personality of the State or against its political, economic and cultural elements are condemned.

2. No State may use or encourage the use of economic, political or any other type of measures to coerce another State in order to obtain from it the subordination of the exercise of its sovereign rights or to secure from it advantages of any kind. Also, no State shall organize, assist. foment, finance, incite or tolerate subversive, terrorist or armed activities directed towards the violent overthrow of the regime of another State, or interfere in civil strife in another State.

3. The use of force to deprive peoples of their national identity constitutes a violation of their inalienable rights and of the principle of non-intervention.

4. The strict observance of these obligations is an essential condition to ensure that nations live together in peace with one another, since the practice of any form of intervention not only violates the spirit and letter of the Charter of the United Nations but also leads to the creation of situations which threaten international peace and security.

5. Every State has an inalienable right to choose its political. economic, social and cultural systems, without interference in any form by another State.

6. All States shall respect the right of self-determination and independence of peoples and nations, to be freely exercised without any foreign pressure, and with absolute respect for human rights and fundamental freedoms. Consequently, all States shall contribute to the complete elimination of racial discrimination and colonialism in all its forms and manifestations.

7. For the purpose of the present Declaration, the term "State" covers both individual States and groups of States.

8. Nothing in this Declaration shall be construed as affecting in any manner the relevant provisions of the Charter of the United Nations relating to the maintenance of international peace and security, in particular those contained in Chapters VI. VII and VIII.

1408th plenary meeting,
21 December 1965.

5 1970년 국제연합헌장에 따른 국가 간 우호관계와 협력에 관한 국제법의 제 원칙에 관한 선언(우호관계원칙선언/총회 결의 2625)(Declaration on Principles of International Law concerning Friendly Relations and Co-operation among States in accordance with the Charter of the United Nations)

2625 (XXV). Declaration on Principles of International Law concerning Friendly Relations and Co-operation among States in accordance with the Charter of the United Nations

PREAMBLE

The General Assembly,

Reaffirming in the terms of the Charter of the United Nations that the maintenance of international peace and security and the development of friendly relations and co-operation between nations are among the fundamental purposes of the United Nations,

Recalling that the peoples of the United Nations are determined to practise tolerance and live together in peace with one another as good neighbours,

Bearing in mind the importance of maintaining and strengthening international peace founded upon freedom, equality, justice and respect for fundamental human rights and of developing friendly relations among nations irrespective of their political, economic and social systems or the levels of their development,

Bearing in mind also the paramount importance of the Charter of the United Nations in the promotion of the rule of law among nations.

Considering that the faithful observance of the principles of international law concerning friendly relations and co-operation among States and the fulfilment in good faith of the obligations assumed by States, in accordance with the Charter, is of the greatest importance for the maintenance of international peace and security and for the implementation of the other purposes of the United Nations,

Noting that the great political, economic and social changes and scientific progress which have taken place in the world since the adoption of the Charter give increased importance to these principles and to the need for their more effective application in the conduct of States wherever carried on,

Recalling the established principle that outer space, including the Moon and other celestial bodies, is not subject to national appropriation by claim of sovereignty, by means of use or occupation, or by any other means, and mindful of the fact that consideration is being given in the United Nations to the question of establishing other appropriate provisions similarly inspired,

Convinced that the strict observance by States of the obligation not to intervene in the affairs of any other State is an essential condition to ensure that nations live together in peace with one another, since the practice of any form of intervention not only violates the spirit and letter of the Charter, but also leads to the creation of situations which threaten international peace and security,

Recalling the duty of States to refrain in their international relations from military, political, economic or any other form of coercion aimed against the political independence or territorial integrity of any State,

Considering it essential that all States shall refrain in their international relations from the threat or use of force against the territorial integrity or political independence of any State, or in any other manner inconsistent with the purposes of the United Nations,

Considering it equally essential that all States shall settle their international disputes by peaceful means in accordance with the Charter,

Reaffirming, in accordance with the Charter, the basic importance of sovereign equality and stressing that the purposes of the United Nations can be implemented only if States enjoy sovereign equality and comply fully with the requirements of this principle in their international relations,

Convinced that the subjection of peoples to alien subjugation, domination and exploitation constitutes a major obstacle to the promotion of international peace and security,

Convinced that the principle of equal rights and self-determination of peoples constitutes a significant contribution to contemporary international law, and that its effective application is of paramount importance for the promotion of friendly relations among States, based on respect for the principle of sovereign equality,

Convinced in consequence that any attempt aimed at the partial or total disruption of the national unity and territorial integrity of a State or country or at its political independence is incompatible with the purposes and principles of the Charter,

Considering the provisions of the Charter as a whole and taking into account the role of relevant resolutions adopted by the competent organs of the United Nations relating to the content of the principles,

Considering that the progressive development and codification of the following principles:

(a) The principle that States shall refrain in their international relations from the threat or use of force against the territorial integrity or political independence of any State, or in any other manner inconsistent with the purposes of the United Nations,

(b) The principle that States shall settle their international disputes by peaceful means in such a manner that international peace and security and justice are not endangered,

(c) The duty not to intervene in matters within the domestic jurisdiction of any State, in accordance with the Charter,

(d) The duty of States to co-operate with one another in accordance with the Charter,

(e) The principle of equal rights and self-determination of peoples,

(f) The principle of sovereign equality of States,

(g) The principle that States shall fulfil in good faith the obligations assumed by them in accordance with the Charter, so as to secure their more effective application within the international community, would promote the realization of the purposes of the United Nations,

Having considered the principles of international law relating to friendly relations and co-operation among States,

1. *Solemnly proclaims* the following principles:

The principle that States shall refrain in their international relations from the threat or use of force against the territorial integrity or political independence of any State, or in any other manner inconsistent with the purposes of the United Nations

Every State has the duty to refrain in its international relations from the threat or use of force against the territorial integrity or political independence of any State, or in any other manner inconsistent with the purposes of the United Nations. Such a threat or use of force constitutes a violation of international law and the Charter of the United Nations and shall never be employed as a means of settling international issues.

A war of aggression constitutes a crime against the peace, for which there is responsibility under international law.

In accordance with the purposes and principles of the United Nations, States have the duty to refrain from propaganda for wars of aggression.

Every State has the duty to refrain from the threat or use of force to violate the existing international boundaries of another State or as a means of solving international disputes, including territorial disputes and problems concerning frontiers of States.

Every State likewise has the duty to refrain from the threat or use of force to violate international lines of demarcation, such as armistice lines, established by or pursuant to an international agreement to which it is a party or which it is otherwise bound to respect. Nothing in the foregoing shall be construed as prejudicing the positions of the parties concerned with regard to the status and effects of such lines under their special regimes or as affecting their temporary character.

States have a duty to refrain from acts of reprisal involving the use of force.

Every State has the duty to refrain from any forcible action which deprives peoples referred to in the elaboration of the principle of equal rights and self-determination of their right to self-determination and freedom and independence.

Every State has the duty to refrain from organizing or encouraging the organization of irregular forces or armed bands, including mercenaries, for incursion into the territory of another State.

Every State has the duty to refrain from organizing, instigating, assisting, or participating in acts of civil strife or terrorist acts in another State or acquiescing in organized activities within its territory directed towards the commission of such acts, when the acts referred to in the present paragraph involve a threat or use of force.

The territory of a State shall not be the object of military occupation resulting from the use of force in contravention

The territory of a State shall not be the object of military occupation resulting from the use of force in contravention of the provisions of the Charter. The territory of a State shall not be the object of acquisition by another State resulting from the threat or use of force. No territorial acquisition resulting from the threat or use of force

shall be recognized as legal. Nothing in the foregoing shall be construed as affecting;

(a) Provisions of the Charter or any international agreement prior to the Charter regime and valid under international law; or

(b) The powers of the Security Council under the Charter.

All States shall pursue in good faith negotiations for the early conclusion of a universal treaty on general and complete disarmament under effective international control and strive to adopt appropriate measures to reduce international tensions and strengthen confidence among States.

All States shall comply in good faith with their obligations under the generally recognized principles and rules of international law with respect to the maintenance of international peace and security, and shall endeavour to make the United Nations security system based on the Charter more effective.

Nothing in the foregoing paragraphs shall be construed as enlarging or diminishing in any way the scope of the provisions of the Charter concerning cases in which the use of force is lawful.

The principle that States shall settle their international disputes by peaceful means in such a manner that international peace and security and justice are not endangered.

Every State shall settle its international disputes with other States by peaceful means in such a manner that international peace and security and justice are not endangered.

States shall accordingly seek early and just settlement of international disputes by negotiation, inquiry, mediation, conciliation, arbitration, judicial settlement, resort to regional agencies or arrangements or other peaceful means of their choice. In seeking such a settlement the parties shall agree upon such peaceful means as may be appropriate to the circumstances and nature of the dispute.

The parties to a dispute have the duty, in the event of failure to reach a solution by any one of the above peaceful means, to continue to seek a settlement of the dispute by other peaceful means agreed upon by them.

States parties to an international dispute, as well as other States, shall refrain from any action which may aggravate the situation so as to endanger the maintenance of international peace and security, and shall act in accordance withthe purposes and principles of the United Nations.

International disputes shall be settled on the basis of the sovereign equality of States and in accordance with the principle of free choice of means. Recourse to, or acceptance of, a settlement procedure freely agreed to by States with regard to existing or future disputes to which they are parties shall not be regarded as incompatible with sovereign equality.

Nothing in the foregoing paragraphs prejudices or derogates from the applicable provisions of the Charter, in particular those relating tothe pacific settlement of international disputes.

The principle concerning the duty not to intervene in matters within the domestic jurisdiction of any State, in accordance with the Charter

No State or group of States has the right to intervene, directly or indirectly, for any reason whatever, in the internal or external affairs of any other State. Consequently, armed intervention and all other forms of interference or attempted threats against the personality of the State or againt its political, econoic and cultural elements, are in violations of international law.

No State may use or encourage the use of economic, political or any other type of measures to coerce another State in order to obtain from it the subordination of the exercise of its sovereign rights and to secure from it advantages of any kind. Also, no State shall organize, assist, foment, finance, incite, or tolerate subversive, terrorist or armed activities directed towards the violent overthrow of the regime of another State, or interfere in civil strife in another State.

The use of force to deprive peoples of their national identity constitutes a violation of their inalienable rights and of the principles of non-intervention.

Every State has an inalienable right to choose its political, economic, social and cultural system, without interference in any form by another States.

Nothing in the foregoing paragraphs shall be construed as affecting the relevant provisions of the Charter relating to the maintenance of international peace and security.

The duty of States to co-operate with one another in accordance with the Charter

States have the duty to cooperate with one another, irrespective of the differences in their political, economic and social systems, in the various spheres of international relations, in order to maintain international peace and security and to promote international economic stability and progress, the general welfare of nations and international co-operation free from discrimination based on such differences.

To this end:

(a) States shall cooperate with other States in the maintenance of international peace and security;

(b) States shall co-operate in the promotion of universal respect for, and observance of, human rights andfundamental freedoms for all, and in the elimination of all forms of racial discrimination and all forms of religious intolerance;

(c) States shall conduct their international relations in the economic, social, cultural, technical and trade fields in accordance with the principles of sovereign equality and non-intervention;

(d) States Members of the United Nations have the duty to take joint and separate action in co-operation with the United Nations in accordance with the relevant provisions of the Charter.

States should co-operate in the economic, social and cultural fields as well as in the field of science and technology and for the promotion of international cultural and educational progress. States should co-operate in the promotion of economic growth throughout the world, especially that of the developing countries.

The principle of equal rights and self-determination of peoples

By virtue of the principle of equal rights and self-determination of peoples enshrined in the Charter of the United Nations, all peoples have the right freely to determine, without external interference, their political status and to pursue their economic, social and cultural development, and every State has the duty to respect this right in accordance with the provisions of the Charter.

Every State has the duty to promote, through joint and

separate action, realization of the principle of equal rights and self-determination of peoples, in accordance with the provisions of the Charter, and to render assistance to the United Nations in carrying out the responsibilities entrusted to it by the Charter regarding the implementation of the principle, in order:

(a) To promote friendly relations and co-operation among States; and

(b) To bring a speedy end to colonialism, having due regard to the freely expressed will of the peoples concerned; and bearing in mind that subjection of peoples to alien subjugation, domination and exploitation constitutes a violation of the principle, as well as a denial of fundamental human rights and it contrary to the Charter.

Every State has the duty to promote through joint and separate action universal respect for and observance of human rights and fundamental freedoms in accordance with the Charter.

The establishment of a sovereign and independent State, the free association or integration with an independent State or the emergence into any other political status freely determined by a people constitute modes of implementing the right of self-determination by that people.

Every State has the duty to refrain from any forcible action which deprives peoples referred to above in the elaboration of the present principle of their right to self-determination and freedom and independence. In their actions against, and resistance to, such forcible action in pursuit of the exercise of their right to self-determination, such peoples are entitled to seek and to receive support in accordance with the purposes and principles of the Charter.

The territory of a colony or other Non-Self Governing Territory has, under the Charter, a status separate and distinct from the territory of the State administering it; and such separate and distinct status under the Charter shall exist until the people of the colony or Non-Self-Governing Territory have exercised their right of self-determination in accordance with the Charter, and particularly its purposes and principles.

Nothing in the foregoing paragraphs shall be construed as authorizing or encouraging any action which would dismember or impair, totally or in part, the territorial integrity or political unity of sovereign and independent States conducting themselves in compliance with the principle of equal rights and self-determination of peoples as described above and thus possessed of a government representing the whole people belonging to the territory without distinction as to race, creed or colour.

Every State shall refrain from any action aimed at the partial or total disruption of the national unity and territorial integrity of any other State or country.

The principle of sovereign equality of States

All States enjoy sovereign equality. They have equal rights and duties and are equal members of the international community, notwithstanding differences of an economic, social, political or other nature.

In particular, sovereign equality includesthe following elements:
(a) States are juridically equal;
(b) Each State enjoys the rights inherent in full sovereignty;
(c) Each State has the duty to respect the personality of other States;
(d) The territorial integrity and political independence of the State are inviolable;
(e) Each State has the right freely to choose and develop its political, social, economic and cultural systems;
(f) Each State has the duty to comply fully and in good faith with its international obligations and to live in peace with other States.

The principle that States shall fulfil in good faith the obligations assumed by them in accordance with the Charter

Every State has the duty to fulfil in good faith the obligations assumed by it in accordance with the Charter of the United Nations.

Every State has the duty to fulfil in good faith its obligations under the generally recognized principles and rules of international law.

Every State has the duty to fulfil in good faith ite obligations under international agreements valid under the generally recognized principles and rules of international law.

Where obligations arising under international agreements are in conflict with the obligations of Members of the United Nations under the Charter of the United Nations, the obligations under the Charter shall prevail.

GENERAL PART

2. *Declares* that:
In their interpretation and application the above principles are interrelated and each principle should be construed in the context of the other principles.

Nothing in this Declaration shall be construed as prejudicing in any manner the provisions of the Charter or the rights and duties of Member States under the Charter or the rights of peoples under the Charter, taking into account the elaboration of these rights in this Declaration.

3. *Declares further* that:
The principles of the Charter which are embodied in this Declaration constitute basic principles of international law, and consequently appeals to all States to be guided by these principles in their international conduct and to develop their mutual relations on the basis of the strict observance of these principles.

6 1974년 침략정의에 관한 결의(총회 결의 3314)
(Definition of Aggression)

3314 (XXIX). Definition of Aggression

The General Assembly,

Having considered the report of the Special Committee on the Question of Defining Aggression, established pursuant to its resolution 2330 (XXII)′ of 18 December 1967, covering the work of its seventh session held from 11 March to 12 April 1974, including the draft Definition of Aggression adopted by the Special Committee by consensus and recommended for adoption by the General Assembly,

Deeply convinced that the adoption of the Definition of Aggression would contribute to the strengthening of international peace and security,

1. *Approves* the Definition of Aggression, the text of which is annexed to the present resolution;

2. *Expresses its appreciation* to the Special Committee on the Question of Defining Aggression for its work which resulted in the elaboration of the Definition of Aggression;

3. *Calls upon* all States to refrain from all acts of aggression and other uses of force contrary to the Charter of the United Nations and the Declaration on Principles of International Law concerning Friendly Relations and Co-operation among States in accordance with the Charter of the United Nations,

4. *Calls the attention* of the Security Council to the Definition of Aggression, as set out below, and recommends that it should, as appropriate, take account of that Definition as guidance in determining, in accordance with the Charter, the existence of an act of aggression.

2319th plenary meeting
14 December 1974

ANNEX
Definition of Aggression

The General Assembly,

Basing itself on the fact that one of the fundamental purposes of the United Nations is to maintain international peace and security and to take effective collective measures for the prevention and removal of threats to the peace, and for the suppression of acts of aggression or other breaches of the peace,

Recalling that the Security Council, in accordance with Article 39 of the Charter of the United Nations, shall determine the existence of any threat to the peace, breach of the peace or act of aggression and shall make recommendations, or decide what measures shall be taken in accordance with Articles 41 and 42, to maintain or restore international peace and security,

Recalling also the duty of

States under the Charter to settle their international disputes by peaceful means in order not to endanger international peace, security and justice,

Bearing in mind that nothing in this Definition shall be interpreted as in any way affecting the scope of the provisions of the Charter with respect to the functions and powers of the organs of the United Nations,

Considering also that, since aggression is the most serious and dangerous form of the illegal use of force, being fraught in the conditions created by the existence of all types of weapons of mass destruction, with the possible threat of a world conflict and all its catastrophic consequences, aggression should be defined at the present stage,

Reaffirming the duty of States not to use armed force to deprive peoples of their right to self-determination, freedom and independence, or to disrupt territorial integrity,

Reaffirming also that the territory of a State shall not be violated by being the object, even temporarily, of military occupation or of other measures of force taken by another State in contravention of the Charter, and that it shall not be the object of acquisition by another State resulting from such measures or the threat thereof,

Reaffirming also the provisions of the Declaration on Principles of International Law concerning Friendly Relations and Cooperation among States in accordance with the Charter of the United Nations,

Convinced that the adoption of a definition of aggression ought to have the effect of deterring a potential aggressor, would simplify the determination of acts of aggression and the implementation of measures to suppress them and wouldb also facilitate the protection of the rights and lawful interests of, and the rendering of assistance to, the victim,

Believing that, although the question whether an act of aggression has been committed must be considered in light of all the circumstances of each part.icular case, it is nevertheless desirable to formulate basic principles as guidance for such determination,

Adopts the following Definition of Aggression.

Article I

Aggression is the use of armed force by a State against the sovereignty, territorial integrity or political independence of another State, or in any other manner inconsistent with the Charter of the United Nations, as set out in this Definition.

Explanatory note : In this Definition theterm "State":

(a) Is used without prejudice to questions of recognition or to whether a State is a member of the United Nations;

632 제3편 총회/안전보장 이사회 결의

Article 2

<u>The first use of armed force by a State in contravention of the Charter shall constitute prima facie evidence of an act of aggression</u> although the Security Council may, in conformity with the Charter, conclude that a determination that an act of aggression has been committed would not be justified in the light of other relevant circumstances, including the fact that the acts concerned or their consequences are not of sufficient gravity.

Article 3

Any of the following acts, regardless of a declaration of war, shall, subject to and in accordance with the provisions of article 2, qualify as an act of aggression:

(a) <u>The invasion or attack by the armed forces of a State of the territory of another State, or any military occupation,</u> however temporary, resulting from such invasion or attack, or any annexation by the use of force of the territory of another State or part thereof;

(b) <u>Bombardment</u> by the armed forces of a State against the territory of another State or <u>the use of any weapons</u> by a State against the territory of another State;

(c) <u>The blockade</u> of the ports or coasts of a State by the armed forces of another State;

(d) <u>An attack</u> by the armed forces of a State on the land, sea or air forces, or marine and <u>air fleets</u> of another State;

(e) The use of armed forces of one State which are within the territory of another State with the agreement of the receiving State, in contravention of the conditions provided for in the agreement or any extension of their presence in such territory beyond the termination of the agreement;

(f) <u>The action of a Slate in allowing its territory, which it has placed at the disposal of another State, to be used by that other State for perpetrating an act of aggression against a third State;</u>

(g) <u>The sending by or on behalf of a State of armed bands, groups, irregulars or mercenaries, which carry out acts of armed force against another State of such gravity as to amount to the acts</u> listed above, or its substantial involvement therein.

Article 4

The acts enumerated above are not exhaustive and the Security Council may determine that other acts constitute aggression under the provisions of the Charter.

Article 5

1. No consideration of whatever nature, whether political, economic, military or otherwise, may serve as a justification for aggression.

2. <u>A war of aggression is a crime against international peace.</u> <u>Aggression gives rise to</u>

international responsibility.

3. No territorial acquisition or special advantage resulting from aggression is or shall be recognized as lawful.

Article 6

Nothing in this Definition shall be construed as in any way enlarging or diminishing the scope of the Charter, including its provisions concerning cases in which the use of force is lawful.

Article 7

Nothing in this Definition, and in particular article 3, could in any way prejudice the right to self-determination, freedom and independence, as derived from the Charter, of peoples forcibly deprived of that right and referred to in the declaration on Principles of International Law concerning Friendly Relations and Co-operation among States in accordance with the Charter of the United Nations, particularly peoples under colonial and racist regimes or other forms of alien domination; nor the right of these peoples to struggle to that end and to seek and receive support, in accordance with the principles of the Charter and in conformity with the above-mentioned Declaration.

Article 8

In their interpretation and application the above provisions are interrelated and each provision should be construed in the context of the other provisions.

7 2022년 안보리 거부권행사시 총회토론을 위한 상설위임결의(Standing mandate for a General Assembly debate when a veto is cast in the Security Council)(총회 결의 76/262)

United Nations

A/RES/76/262

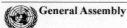 **General Assembly**

Distr.: General
28 April 2022

Seventy-sixth session
Agenda item 124
Strengthening of the United Nations system

Resolution adopted by the General Assembly on 26 April 2022

[*without reference to a Main Committee (A/76/L.52 and A/76/L.52/Add.1)*]

76/262. Standing mandate for a General Assembly debate when a veto is cast in the Security Council

The General Assembly,

Guided by the purposes and principles of the Charter of the United Nations,

Recalling its authority under Article 10 of the Charter,

Recalling also Article 12 of the Charter,

Recalling further Article 24 (1) of the Charter, which provides that, in order to ensure prompt and effective action by the United Nations, its Members have conferred on the Security Council primary responsibility for the maintenance of international peace and security, and agreed that in carrying out its duties under this responsibility the Security Council acts on their behalf,

Recalling Article 27 of the Charter on voting in the Security Council,

Recalling also the provisions of the Charter relating to the powers and functions of the General Assembly in matters pertaining to the maintenance of international peace and security,

Recalling further that the International Court of Justice has observed the competence of the General Assembly on questions relating to the maintenance of international peace and security,

Bearing in mind its decision 62/557 of 15 September 2008, and noting that the present resolution and its provisions are without prejudice to the intergovernmental negotiations on Security Council reform,

1. *Decides* that the President of the General Assembly shall convene a formal meeting of the General Assembly within 10 working days of the casting of a veto by one or more permanent members of the Security Council, to hold a debate on the

situation as to which the veto was cast, provided that the Assembly does not meet in an emergency special session on the same situation;

2.   *Also decides*, on an exceptional basis, to accord precedence in the list of speakers to the permanent member or permanent members of the Security Council having cast a veto;

3.   *Invites* the Security Council, in accordance with Article 24 (3) of the Charter of the United Nations, to submit a special report on the use of the veto in question to the General Assembly at least 72 hours before the relevant discussion in the Assembly;

4.   *Decides* to include in the provisional agenda of its seventy-seventh session an item entitled "Use of the veto", and that the item should remain on the agenda of the Assembly for consideration in accordance with paragraph 1 of the present resolution;

5.   *Also decides* that, should a veto be cast by one or more permanent members of the Security Council during the remainder of the seventy-sixth session of the General Assembly, the President of the General Assembly shall convene a formal meeting of the Assembly, in accordance with paragraph 1 of the present resolution, under the agenda item entitled "Strengthening of the United Nations system".

*69th plenary meeting
26 April 2022*

8 2001년 안보리 결의 1368

United Nations   S/RES/1368 (2001)

 Security Council

Distr.: General

12 September 2001

Resolution 1368 (2001)

Adopted by the Security Council at its 4370th meeting, on 12 September 2001

The Security Council,

Reaffirming the principles and purposes of the Charter of the United Nations,

Determined to combat by all means threats to international peace and security caused by terrorist acts,

Recognizing the inherent right of individual or collective self-defence in accordance with the Charter,

1.   *Unequivocally condemns* in the strongest terms the horrifying terrorist attacks which took place on 11 September 2001 in New York, Washington, D.C. and Pennsylvania and *regards* such acts, like any act of international terrorism, as a threat to international peace and security;

2.   *Expresses* its deepest sympathy and condolences to the victims and their families and to the people and Government of the United States of America;

3.   *Calls* on all States to work together urgently to bring to justice the perpetrators, organizers and sponsors of these terrorist attacks and *stresses* that those responsible for aiding, supporting or harbouring the perpetrators, organizers and sponsors of these acts will be held accountable;

4.   *Calls also* on the international community to redouble their efforts to prevent and suppress terrorist acts including by increased cooperation and full implementation of the relevant international anti-terrorist conventions and Security Council resolutions, in particular resolution 1269 (1999) of 19 October 1999;

5.   *Expresses* its readiness to take all necessary steps to respond to the terrorist attacks of 11 September 2001, and to combat all forms of terrorism, in accordance with its responsibilities under the Charter of the United Nations;

6.   *Decides* to remain seized of the matter.

---

9 2001년 안보리 결의 1373

United Nations   S/RES/1373 (2001)

 Security Council   Distr.: General

28 September 2001

Resolution 1373 (2001)

Adopted by the Security Council at its 4385th meeting, on 28 September 2001

The Security Council,

Reaffirming its resolutions 1269 (1999) of 19 October 1999 and 1368 (2001) of 12 September 2001,

Reaffirming also its unequivocal condemnation of the terrorist attacks which took place in New York, Washington, D.C. and Pennsylvania on 11 September 2001, and expressing its determination to prevent all such acts,

Reaffirming further that such acts, like any act of international terrorism, constitute a threat to international peace and security,

Reaffirming the inherent right of individual or collective self-defence as recognized by the Charter of the United Nations as reiterated in resolution 1368 (2001),

Reaffirming the need to combat by all means, in accordance with the Charter of the United Nations, threats to international peace and security caused by terrorist acts,

Deeply concerned by the increase, in various regions of the world, of acts of terrorism motivated by intolerance or extremism,

Calling on States to work together urgently to prevent and suppress terrorist acts, including through increased cooperation and full implementation of the relevant international conventions relating to terrorism,

Recognizing the need for States to complement international cooperation by taking additional measures to prevent and suppress, in their territories through all lawful means, the financing and preparation of any acts of terrorism,

Reaffirming the principle established by the General Assembly in its declaration of October 1970 (resolution 2625 (XXV)) and reiterated by the Security Council in its resolution 1189 (1998) of 13 August 1998, namely that every State has the duty to refrain from organizing, instigating, assisting or participating in terrorist acts in another State or acquiescing in organized activities within its territory directed towards the commission of such acts,

Acting under Chapter VII of the Charter of the United Nations,

1.   *Decides* that all States shall:

(a)   Prevent and suppress the financing of terrorist acts;

(b)   Criminalize the wilful provision or collection, by any means, directly or indirectly, of funds by their nationals or in their territories with the intention that the funds should be used, or in the knowledge that they are to be used, in order to carry out terrorist acts;

(c)   Freeze without delay funds and other financial assets or economic resources of persons who commit, or attempt to commit, terrorist acts or participate in or facilitate the commission of terrorist acts; of entities owned or controlled directly or indirectly by such persons; and of persons and entities acting on behalf of, or at the direction of such persons and entities, including funds derived or generated from property owned or controlled directly or indirectly by such persons and associated persons and entities;

(d)   Prohibit their nationals or any persons and entities within their territories from making any funds, financial assets or economic resources or financial or other related services available, directly or indirectly, for the benefit of persons who commit or attempt to commit or facilitate or participate in the commission of terrorist acts, of entities owned or controlled, directly or indirectly, by such persons and of persons and entities acting on behalf of or at the direction of such persons;

2.   *Decides also* that all States shall:

(a)   Refrain from providing any form of support, active or passive, to entities or persons involved in terrorist acts, including by suppressing recruitment of members of terrorist groups and eliminating the supply of weapons to terrorists;

(b)   Take the necessary steps to prevent the commission of terrorist acts, including by provision of early warning to other States by exchange of information;

(c)   Deny safe haven to those who finance, plan, support, or commit terrorist acts, or provide safe havens;

(d)   Prevent those who finance, plan, facilitate or commit terrorist acts from using their respective territories for those purposes against other States or their citizens;

(e)   Ensure that any person who participates in the financing, planning, preparation or perpetration of terrorist acts or in supporting terrorist acts is brought to justice and ensure that, in addition to any other measures against them, such terrorist acts are established as serious criminal offences in domestic laws and regulations and that the punishment duly reflects the seriousness of such terrorist acts;

(f)   Afford one another the greatest measure of assistance in connection with criminal investigations or criminal proceedings relating to the financing or support of terrorist acts, including assistance in obtaining evidence in their possession necessary for the proceedings;

(g)   Prevent the movement of terrorists or terrorist groups by effective border controls and controls on issuance of identity papers and travel documents, and through measures for preventing counterfeiting, forgery or fraudulent use of identity papers and travel documents;

S/RES/1373 (2001)

3.   *Calls* upon all States to:

(a)   Find ways of intensifying and accelerating the exchange of operational information, especially regarding actions or movements of terrorist persons or networks; forged or falsified travel documents; traffic in arms, explosives or sensitive materials; use of communications technologies by terrorist groups; and the threat posed by the possession of weapons of mass destruction by terrorist groups;

(b)   Exchange information in accordance with international and domestic law and cooperate on administrative and judicial matters to prevent the commission of terrorist acts;

(c)   Cooperate, particularly through bilateral and multilateral arrangements and agreements, to prevent and suppress terrorist attacks and take action against perpetrators of such acts;

(d)   Become parties as soon as possible to the relevant international conventions and protocols relating to terrorism, including the International Convention for the Suppression of the Financing of Terrorism of 9 December 1999;

(e)   Increase cooperation and fully implement the relevant international conventions and protocols relating to terrorism and Security Council resolutions 1269 (1999) and 1368 (2001);

(f)   Take appropriate measures in conformity with the relevant provisions of national and international law, including international standards of human rights, before granting refugee status, for the purpose of ensuring that the asylum-seeker has not planned, facilitated or participated in the commission of terrorist acts;

(g)   Ensure, in conformity with international law, that refugee status is not abused by the perpetrators, organizers or facilitators of terrorist acts, and that claims of political motivation are not recognized as grounds for refusing requests for the extradition of alleged terrorists;

4.   *Notes* with concern the close connection between international terrorism and transnational organized crime, illicit drugs, money-laundering, illegal arms-trafficking, and illegal movement of nuclear, chemical, biological and other potentially deadly materials, and in this regard *emphasizes* the need to enhance coordination of efforts on national, subregional, regional and international levels in order to strengthen a global response to this serious challenge and threat to international security;

5.   *Declares* that acts, methods, and practices of terrorism are contrary to the purposes and principles of the United Nations and that knowingly financing, planning and inciting terrorist acts are also contrary to the purposes and principles of the United Nations;

6.   *Decides* to establish, in accordance with rule 28 of its provisional rules of procedure, a Committee of the Security Council, consisting of all the members of the Council, to monitor implementation of this resolution, with the assistance of appropriate expertise, and *calls upon* all States to report to the Committee, no later than 90 days from the date of adoption of this resolution and thereafter according to a timetable to be proposed by the Committee, on the steps they have taken to implement this resolution;

7.   *Directs* the Committee to delineate its tasks, submit a work programme within 30 days of the adoption of this resolution, and to consider the support it requires, in consultation with the Secretary-General;

8.   *Expresses* its determination to take all necessary steps in order to ensure the full implementation of this resolution, in accordance with its responsibilities under the Charter;

9.   *Decides* to remain seized of this matter.

10 2017년 안보리 대북 제재 결의 2397

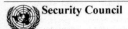

United Nations   S/RES/2397 (2017)

Security Council

Distr.: General
22 December 2017

Resolution 2397 (2017)

**Adopted by the Security Council at its 8151st meeting, on
22 December 2017**

The Security Council,

Recalling its previous relevant resolutions, including resolution 825 (1993),
resolution 1695 (2006), resolution 1718 (2006), resolution 1874 (2009), resolution
1887 (2009), resolution 2087 (2013), resolution 2094 (2013), resolution 2270 (2016),
resolution 2321 (2016), resolution 2356 (2017), resolution 2371 (2017), resolution
2375 (2017), as well as the statements of its President of 6 October 2006
(S/PRST/2006/41), 13 April 2009 (S/PRST/2009/7), 16 April 2012
(S/PRST/2012/13), and 29 August 2017 (S/PRST/2017/16),

Reaffirming that proliferation of nuclear, chemical and biological weapons, as
well as their means of delivery, constitutes a threat to international peace and security,

Expressing its gravest concern at the ballistic missile launch by the Democratic
People's Republic of Korea ("the DPRK") on 28 November 2017 in violation of
resolutions 1718 (2006), 1874 (2009), 2087 (2013), 2094 (2013), 2270 (2016) 2321
(2016), 2356 (2017), 2371 (2017), and 2375 (2017) and at the challenge such a test
constitutes to the Treaty on Non-Proliferation of Nuclear Weapons ("the NPT") and
to international efforts aimed at strengthening the global regime of non-proliferation
of nuclear weapons, and the danger it poses to peace and stability in the region and
beyond,

Underlining once again the importance that the DPRK respond to other security
and humanitarian concerns of the international community including the necessity of
the DPRK respecting and ensuring the welfare, inherent dignity, and rights of people
in the DPRK, and *expressing great concern* that the DPRK continues to develop
nuclear weapons and ballistic missiles by diverting critically needed resources away
from the people in the DPRK at tremendous cost when they have great unmet needs,

Acknowledging that the proceeds of the DPRK's trade in sectoral goods,
including but not limited to coal, iron, iron ore, lead, lead ore, textiles, seafood, gold,
silver, rare earth minerals, and other prohibited metals, as well as the revenue
generated from DPRK workers overseas, among others, contribute to the DPRK's
nuclear weapons and ballistic missile programs,

Expressing its gravest concern that the DPRK's ongoing nuclear- and ballistic
missile-related activities have destabilized the region and beyond, and *determining*
that there continues to exist a clear threat to international peace and security,

Acting under Chapter VII of the Charter of the United Nations, and taking measures under Article 41,

1.   *Condemns* in the strongest terms the ballistic missile launch conducted by the DPRK on 28 November 2017 in violation and flagrant disregard of the Security Council's resolutions;

2.   *Reaffirms* its decisions that the DPRK shall not conduct any further launches that use ballistic missile technology, nuclear tests, or any other provocation; shall immediately suspend all activities related to its ballistic missile program and in this context re-establish its pre-existing commitments to a moratorium on all missile launches; shall immediately abandon all nuclear weapons and existing nuclear programs in a complete, verifiable and irreversible manner, and immediately cease all related activities; and shall abandon any other existing weapons of mass destruction and ballistic missile programs in a complete, verifiable and irreversible manner;

Designations

3.   *Decides* that the measures specified in paragraph 8(d) of resolution 1718 (2006) shall apply also to the individuals and entities listed in Annex I and II of this resolution and to any individuals or entities acting on their behalf or at their direction, and to entities owned or controlled by them, including through illicit means, and *decides* further that the measures specified in paragraph 8(e) of resolution 1718 (2006) shall also apply to the individuals listed in Annex I of this resolution and to individuals acting on their behalf or at their direction;

Sectoral

4.   *Decides* that all Member States shall prohibit the direct or indirect supply, sale or transfer to the DPRK, through their territories or by their nationals, or using their flag vessels, aircraft, pipelines, rail lines, or vehicles and whether or not originating in their territories, of all crude oil, unless the Committee approves in advance on a case-by-case basis a shipment of crude oil which is exclusively for livelihood purposes of DPRK nationals and unrelated to the DPRK's nuclear or ballistic missile programmes or other activities prohibited by resolutions 1718 (2006), 1874 (2009), 2087 (2013), 2094 (2013), 2270 (2016), 2321 (2016), 2356 (2017), 2371 (2017), 2375 (2017) or this resolution, further *decides* that this prohibition shall not apply with respect to crude oil that, for a period of twelve months after the date of adoption of this resolution, and for twelve months periods thereafter, does not exceed 4 million barrels or 525,000 tons in the aggregate per twelve month period, and *decides* that all Member States providing crude oil shall provide a report to the Committee every 90 days from the date of adoption of this resolution of the amount of crude oil provided to the DPRK;

5.   *Decides* that all Member States shall prohibit the direct or indirect supply, sale or transfer to the DPRK, through their territories or by their nationals, or using their flag vessels, aircraft, pipelines, rail lines, or vehicles, and whether or not originating in their territories, of all refined petroleum products, *decides* that the DPRK shall not procure such products, *further decides* that this provision shall not apply with respect to procurement by the DPRK or the direct or indirect supply, sale, or transfer to the DPRK, through their territories or by their nationals, or using their flag vessels, aircraft, pipelines, rail lines, or vehicles, and whether or not originating in their territories, of refined petroleum products, including diesel and kerosene, in the aggregate amount of up to 500,000 barrels during a period of twelve months beginning on January 1, 2018, and for twelve month periods thereafter, provided that (a) the Member State notifies the Committee every thirty days of the amount of such

supply, sale, or transfer to the DPRK of refined petroleum products along with information about all the parties to the transaction, (b) the supply, sale, or transfer of refined petroleum products involve no individuals or entities that are associated with the DPRK's nuclear or ballistic missile programmes or other activities prohibited by resolutions 1718 (2006), 1874 (2009), 2087 (2013), 2094 (2013), 2270 (2016), 2321 (2016), 2356 (2017), 2371 (2017), 2375 (2017), or this resolution, including designated individuals or entities, or individuals or entities acting on their behalf or at their direction, or entities owned or controlled by them, directly or indirectly, or individuals or entities assisting in the evasion of sanctions, and (c) the supply, sale, or transfer of refined petroleum products are exclusively for livelihood purposes of DPRK nationals and unrelated to generating revenue for the DPRK's nuclear or ballistic missile programmes or other activities prohibited by resolutions 1718 (2006), 1874 (2009), 2087 (2013), 2094 (2013), 2270 (2016), 2321 (2016), 2356 (2017), 2371 (2017), 2375 (2017) or this resolution, *directs* the Committee Secretary beginning on 1 January 2018 to notify all Member States when an aggregate amount of refined petroleum products sold, supplied, or transferred to the DPRK of 75 per cent of the aggregate yearly amounts have been reached, also *directs* the Committee Secretary beginning on 1 January 2018 to notify all Member States when an aggregate amount of refined petroleum products sold, supplied, or transferred to the DPRK of 90 per cent of the aggregate yearly amounts have been reached, and *further directs* the Committee Secretary beginning on 1 January 2018 to notify all Member States when an aggregate amount of refined petroleum products sold, supplied, or transferred to the DPRK of 95 per cent of the aggregate yearly amounts have been reached and to inform them that they must immediately cease selling, supplying, or transferring refined petroleum products to the DPRK for the remainder of the year, *directs* the Committee to make publicly available on its website the total amount of refined petroleum products sold, supplied, or transferred to the DPRK by month and by source country, *directs* the Committee to update this information on a real-time basis as it receives notifications from Member States, *calls upon* all Member States to regularly review this website to comply with the annual limits for refined petroleum products established by this provision beginning on 1 January 2018, *directs* the Panel of Experts to closely monitor the implementation efforts of all Member States to provide assistance and ensure full and global compliance, and *requests* the Secretary-General to make the necessary arrangements to this effect and provide additional resources in this regard;

6. *Decides* that the DPRK shall not supply, sell or transfer, directly or indirectly, from its territory or by its nationals or using its flag vessels or aircraft, food and agricultural products (HS codes 12, 08, 07), machinery (HS code 84), electrical equipment (HS code 85), earth and stone including magnesite and magnesia (HS code 25), wood (HS code 44), and vessels (HS code 89), and that all States shall prohibit the procurement of the above-mentioned commodities and products from the DPRK by their nationals, or using their flag vessels or aircraft, whether or not originating in the territory of the DPRK, *clarifies* that the full sectoral ban on seafood in paragraph 9 of resolution 2371 (2017) prohibits the DPRK from selling or transferring, directly or indirectly, fishing rights, and *further decides* that for sales of and transactions involving all commodities and products from the DPRK whose transfer, supply, or sale by the DPRK are prohibited by this paragraph and for which written contracts have been finalized prior to the adoption of this resolution, all States may only allow those shipments to be imported into their territories up to 30 days from the date of adoption of this resolution with notification provided to the Committee containing details on those imports by no later than 45 days after the date of adoption of this resolution;

7. *Decides* that all Member States shall prohibit the direct or indirect supply, sale or transfer to the DPRK, through their territories or by their nationals, or using

their flag vessels, aircraft, pipelines, rail lines, or vehicles and whether or not originating in their territories, of all industrial machinery (HS codes 84 and 85), transportation vehicles (HS codes 86 through 89), and iron, steel, and other metals (HS codes 72 through 83) and *further decides* that this provision shall not apply with respect to the provision of spare parts needed to maintain the safe operation of DPRK commercial civilian passenger aircraft (currently consisting of the following aircraft models and types: An-24R/RV, An-148-100B, Il-18D, Il-62M, Tu-134B-3, Tu-154B, Tu-204-100B, and Tu-204-300);

8.   *Expresses concern* that DPRK nationals continue to work in other States for the purpose of generating foreign export earnings that the DPRK uses to support its prohibited nuclear and ballistic missile programs despite the adoption of paragraph 17 of resolution 2375 (2017), *decides* that Member States shall repatriate to the DPRK all DPRK nationals earning income in that Member State's jurisdiction and all DPRK government safety oversight attachés monitoring DPRK workers abroad immediately but no later than 24 months from the date of adoption of this resolution unless the Member State determines that a DPRK national is a national of that Member State or a DPRK national whose repatriation is prohibited, subject to applicable national and international law, including international refugee law and international human rights law, and the Convention on the Privileges and Immunities of the United Nations, and *further decides* that all Member States shall provide a midterm report by 15 months from the date of adoption of this resolution of all DPRK nationals earning income in that Member State's jurisdiction that were repatriated over the 12 month period starting from the date of adoption of this resolution, including an explanation of why less than half of such DPRK nationals were repatriated by the end of that 12 month period if applicable, and all Member States shall provide final reports by 27 months from the date of adoption of this resolution;

Maritime Interdiction of Cargo Vessels

9.   *Notes with great concern* that the DPRK is illicitly exporting coal and other prohibited items through deceptive maritime practices and obtaining petroleum illegally through ship-to-ship transfers and *decides* that Member States shall seize, inspect, and freeze (impound) any vessel in their ports, and may seize, inspect, and freeze (impound) any vessel subject to its jurisdiction in its territorial waters, if the Member State has reasonable grounds to believe that the vessel was involved in activities, or the transport of items, prohibited by resolutions 1718 (2006), 1874 (2009), 2087 (2013), 2094 (2013), 2270 (2016), 2321 (2016), 2356 (2017), 2371 (2017), 2375 (2017), or this resolution, *encourages* Member States to consult with the flag States of relevant vessels once they are seized, inspected, and frozen (impounded), and *further decides* that, after six months from the date such vessels were frozen (impounded), this provision shall not apply if the Committee decides, on a case-by-case basis and upon request of a flag State, that adequate arrangements have been made to prevent the vessel from contributing to future violations of these resolutions;

10.   *Decides* that when a Member State has information to suspect that the DPRK is attempting to supply, sell, transfer or procure, directly or indirectly, illicit cargo, that Member State may request additional maritime and shipping information from other relevant Member States, including to determine whether the item, commodity, or product in question originated from the DPRK, *further decides* that all Member States receiving such inquiries shall respond as promptly as possible to such requests in an appropriate manner, *decides* that the Committee, with the support of its Panel of Experts, shall facilitate timely coordination of such information requests through an expedited process, and *requests* the Secretary-General to make the

necessary arrangements to this effect and provide additional resources to the Committee and the Panel of Experts in this regard;

11. *Reaffirms* paragraph 22 of resolution 2321 (2016) and *decides* that each Member State shall prohibit its nationals, persons subject to its jurisdiction and entities incorporated in its territory or subject to its jurisdiction from providing insurance or re-insurance services to vessels it has reasonable grounds to believe were involved in activities, or the transport of items, prohibited by resolutions 1718 (2006), 1874 (2009), 2087 (2013), 2094 (2013), 2270 (2016), 2321 (2016), 2356 (2017), 2371 (2017), 2375 (2017), or this resolution, unless the Committee determines on a case-by-case basis that the vessel is engaged in activities exclusively for livelihood purposes which will not be used by DPRK individuals or entities to generate revenue or exclusively for humanitarian purposes;

12. *Reaffirms* paragraph 24 of resolution 2321 (2016) and *decides* that each Member State shall de-register any vessel it has reasonable grounds to believe was involved in activities, or the transport of items, prohibited by resolutions 1718 (2006), 1874 (2009), 2087 (2013), 2094 (2013), 2270 (2016), 2321 (2016), 2356 (2017), 2371 (2017), 2375 (2017), or this resolution and prohibit its nationals, persons subject to its jurisdiction and entities incorporated in its territory or subject to its jurisdiction from thereafter providing classification services to such a vessel except as approved in advance by the Committee on a case-by-case basis, and *further decides* that Member States shall not register any such vessel that has been de-registered by another Member State pursuant to this paragraph except as approved in advance by the Committee on a case-by-case basis;

13. *Expresses concern* that DPRK-flagged, controlled, chartered, or operated vessels intentionally disregard requirements to operate their automatic identification systems (AIS) to evade UNSCR sanctions monitoring by turning off such systems to mask their full movement history and *calls upon* Member States to exercise enhanced vigilance with regards to such vessels conducting activities prohibited by resolutions 1718 (2006), 1874 (2009), 2087 (2013), 2094 (2013), 2270 (2016), 2321 (2016), 2356 (2017), 2371 (2017), 2375 (2017), or this resolution;

14. *Recalls* paragraph 30 of resolution 2321 (2016) and *decides* that all Member States shall prevent the direct or indirect supply, sale or transfer to the DPRK, through their territories or by their nationals, or using their flag vessels or aircraft, and whether or not originating in their territories, of any new or used vessels, except as approved in advance by the Committee on a case-by-case basis;

15. *Decides* that, if a Member State has information regarding the number, name, and registry of vessels encountered in its territory or on the high seas that are designated by the Security Council or by the Committee as subject to the asset freeze imposed by paragraph 8 (d) of resolution 1718 (2006), the various measures imposed by paragraph 12 of resolution 2321 (2016), the port entry ban imposed by paragraph 6 of resolution 2371 (2017), or relevant measures in this resolution, then the Member State shall notify the Committee of this information and what measures were taken to carry out an inspection, an asset freeze and impoundment or other appropriate action as authorized by the relevant provisions of resolutions 1718 (2006), 1874 (2009), 2087 (2013), 2094 (2013), 2270 (2016), 2321 (2016), 2356 (2017), 2371 (2017), 2375 (2017), or this resolution;

16. *Decides* that the provisions of this resolution shall not apply with respect solely to the trans-shipment of Russia-origin coal to other countries through the Russia-DPRK Rajin-Khasan port and rail project, as permitted by paragraph 8 of resolution 2371 (2017) and paragraph 18 of resolution 2375 (2017);

Sanctions Implementation

17.   *Decides* that Member States shall report to the Security Council within ninety days of the adoption of this resolution, and thereafter upon request by the Committee, on concrete measures they have taken in order to implement effectively the provisions of this resolution, *requests* the Panel of Experts, in cooperation with other UN sanctions monitoring groups, to continue its efforts to assist Member States in preparing and submitting such reports in a timely manner;

18.   *Calls upon* all Member States to redouble efforts to implement in full the measures in resolutions 1718 (2006), 1874 (2009), 2087 (2013), 2094 (2013) 2270 (2016), 2321 (2016), 2356 (2017), 2371 (2017), 2375 (2017) and this resolution and to cooperate with each other in doing so, particularly with respect to inspecting, detecting and seizing items the transfer of which is prohibited by these resolutions;

19.   *Decides* that the mandate of the Committee, as set out in paragraph 12 of resolution 1718 (2006), shall apply with respect to the measures imposed in this resolution *and further decides* that the mandate of the Panel of Experts, as specified in paragraph 26 of resolution 1874 (2009) and modified in paragraph 1 of resolution 2345 (2017), shall also apply with respect to the measures imposed in this resolution;

20.   *Decides* to authorize all Member States to, and that all Member States shall, seize and dispose (such as through destruction, rendering inoperable or unusable, storage, or transferring to a State other than the originating or destination States for disposal) of items the supply, sale, transfer, or export of which is prohibited by resolutions 1718 (2006), 1874 (2009), 2087 (2013), 2094 (2013), 2270 (2016), 2321 (2016), 2356 (2017), 2371 (2017), 2375 (2017) or this resolution that are identified in inspections, in a manner that is not inconsistent with their obligations under applicable Security Council resolutions, including resolution 1540 (2004), as well as any obligations of parties to the NPT, the Convention on the Prohibition of the Development, Production, Stockpiling and Use of Chemical Weapons and on Their Development of 29 April 1997, and the Convention on the Prohibition of the Development, Production and Stockpiling of Bacteriological (Biological) and Toxin Weapons and on Their Destruction of 10 April 1972;

21.   *Emphasizes* the importance of all States, including the DPRK, taking the necessary measures to ensure that no claim shall lie at the instance of the DPRK, or of any person or entity in the DPRK, or of persons or entities designated for measures set forth in resolutions 1718 (2006), 1874 (2009), 2087 (2013), 2094 (2013), 2270 (2016), 2321 (2016), 2356 (2017), 2371 (2017), 2375 (2017) or this resolution, or any person claiming through or for the benefit of any such person or entity, in connection with any contract or other transaction where its performance was prevented by reason of the measures imposed by this resolution or previous resolutions;

22.   *Emphasizes* that the measures set forth in resolutions 1718 (2006), 1874 (2009), 2087 (2013), 2094 (2013), 2270 (2016), 2321 (2016), 2356 (2017), 2371 (2017), 2375 (2017) and this resolution shall in no way impede the activities of diplomatic or consular missions in the DPRK pursuant to the Vienna Conventions on Diplomatic and Consular Relations;

Political

23.   *Reiterates* its deep concern at the grave hardship that the people in the DPRK are subjected to, *condemns* the DPRK for pursuing nuclear weapons and ballistic missiles instead of the welfare of its people while people in the DPRK have great unmet needs, *emphasizes* the necessity of the DPRK respecting and ensuring the welfare and inherent dignity of people in the DPRK, and *demands* that the DPRK stop

diverting its scarce resources toward its development of nuclear weapons and ballistic missiles at the cost of the people in the DPRK;

24. *Regrets* the DPRK's massive diversion of its scarce resources toward its development of nuclear weapons and a number of expensive ballistic missile programs, *notes* the findings of the United Nations Office for the Coordination of Humanitarian Assistance that well over half of the people in the DPRK suffer from major insecurities in food and medical care, including a very large number of pregnant and lactating women and under-five children who are at risk of malnutrition and 41% of its total population who are undernourished, and, in this context, *expresses* deep concern at the grave hardship to which the people in the DPRK are subjected;

25. *Reaffirms* that the measures imposed by resolutions 1718 (2006), 1874 (2009), 2087 (2013), 2094 (2013), 2270 (2016), 2321 (2016), 2356 (2017), 2371 (2017), 2375 (2017) and this resolution are not intended to have adverse humanitarian consequences for the civilian population of the DPRK or to affect negatively or restrict those activities, including economic activities and cooperation, food aid and humanitarian assistance, that are not prohibited by resolutions 1718 (2006), 1874 (2009), 2087 (2013), 2094 (2013), 2270 (2016), 2321 (2016), 2356 (2017), 2371 (2017), 2375 (2017) and this resolution, and the work of international and non-governmental organizations carrying out assistance and relief activities in the DPRK for the benefit of the civilian population of the DPRK, *stresses* the DPRK's primary responsibility and need to fully provide for the livelihood needs of people in the DPRK, and *decides* that the Committee may, on a case-by-case basis, exempt any activity from the measures imposed by these resolutions if the committee determines that such an exemption is necessary to facilitate the work of such organizations in the DPRK or for any other purpose consistent with the objectives of these resolutions;

26. *Reaffirms* its support for the Six Party Talks, *calls* for their resumption, and *reiterates* its support for the commitments set forth in the Joint Statement of 19 September 2005 issued by China, the DPRK, Japan, the Republic of Korea, the Russian Federation, and the United States, including that the goal of the Six-Party Talks is the verifiable denuclearization of the Korean Peninsula in a peaceful manner and the return of the DPRK to the Non-proliferation Treaty (NPT) and International Atomic Energy Agency safeguards at an early date, bearing in mind the rights and obligations of States parties to the NPT and underlining the need for all States parties to the NPT to continue to comply with their Treaty obligations, that the United States and the DPRK undertook to respect each other's sovereignty and exist peacefully together, that the Six Parties undertook to promote economic cooperation, and all other relevant commitments;

27. *Reiterates* the importance of maintaining peace and stability on the Korean Peninsula and in north-east Asia at large, and *expresses* its commitment to a peaceful, diplomatic, and political solution to the situation and welcomes efforts by the Council members as well as other States to facilitate a peaceful and comprehensive solution through dialogue and stresses the importance of working to reduce tensions in the Korean Peninsula and beyond;

28. *Affirms* that it shall keep the DPRK's actions under continuous review and is prepared to strengthen, modify, suspend or lift the measures as may be needed in light of the DPRK's compliance, and, in this regard, *expresses its determination* to take further significant measures in the event of a further DPRK nuclear test or launch, and *decides* that, if the DPRK conducts a further nuclear test or a launch of a ballistic missile system capable of reaching intercontinental ranges or contributing to the development of a ballistic missile system capable of such ranges, then the Security Council will take action to restrict further the export to the DPRK of petroleum;

29. *Decides* to remain seized of the matter.

S/RES/2397 (2017)

Annex I

Travel Ban/Asset Freeze (Individuals)

1. CH'OE SO'K MIN

   a. Description: Ch'oe So'k-min is an overseas Foreign Trade Bank representative. In 2016, Ch'oe So'k-min was the deputy representative at the Foreign Trade Bank branch office in that overseas location. He has been associated with cash transfers from that overseas Foreign Trade Bank office to banks affiliated with North Korean special organizations and Reconnaissance General Bureau operatives located overseas in an effort to evade sanctions.

   b. AKA: n/a

   c. Identifiers: DOB: 25 July 1978; Nationality: DPRK; Gender: male

2. CHU HYO'K

   a. Description: Chu Hyo'k is a North Korean national who is an overseas Foreign Trade Bank representative.

   b. AKA: Ju Hyok

   c. Identifiers: DOB: 23 November 1986; Passport No. 836420186 issued 28 October 2016 expires 28 October 2021; Nationality: DPRK; Gender: male

3. KIM JONG SIK

   a. *Description*: A leading official guiding the DPRK's WMD development efforts. Serving as Deputy Director of the Workers' Party of Korea Munitions Industry Department.

   b. *A.K.A.*: Kim Cho'ng-sik

   c. *Identifiers*: YOB: between 1967 and 1969; Nationality: DPRK; Gender: male; Address: DPRK

4. KIM KYONG IL

   a. Description: Kim Kyong Il is a Foreign Trade Bank deputy chief representative in Libya.

   b. AKA: Kim Kyo'ng-il

   c. Identifiers: Location Libya; DOB: 01 August 1979; Passport No. 836210029; Nationality: DPRK; Gender: male

5. KIM TONG CHOL

   a. Description: Kim Tong Chol is an overseas Foreign Trade Bank representative.

   b. AKA: Kim Tong-ch'o'l

   c. Identifiers: DOB: 28 January 1966; Nationality: DPRK; Gender: male

6. KO CHOL MAN

   a. Description: Ko Chol Man is an overseas Foreign Trade Bank representative.

   b. AKA: Ko Ch'o'l-man

    c.   Identifiers: DOB: 30 September 1967; Passport No. 472420180; Nationality: DPRK; Gender: male

7. KU JA HYONG

    a.   Description: Ku Ja Hyong is a Foreign Trade Bank chief representative in Libya.

    b.   AKA: Ku Cha-hyo'ng

    c.   Identifiers: Location Libya; DOB: 08 September 1957; Nationality: DPRK; Gender: male

8. MUN KYONG HWAN

    a.   Description: Mun Kyong Hwan is an overseas Bank of East Land representative.

    b.   AKA: Mun Kyo'ng-hwan

    c.   Identifiers: DOB: 22 August 1967; Passport No. 381120660 expires 25 March 2016; Nationality: DPRK; Gender: male

9. PAE WON UK

    a.   Description: Pae Won Uk is an overseas Daesong Bank representative.

    b.   AKA: Pae Wo'n-uk

    c.   Identifiers: DOB: 22 August 1969; Nationality: DPRK; Gender: male; Passport No. 472120208 expires 22 Feb 2017

10. PAK BONG NAM

    a.   Description: Pak Bong Nam is an overseas Ilsim International Bank representative.

    b.   AKA: Lui Wai Ming; Pak Pong Nam; Pak Pong-nam

    c.   Identifiers: DOB: 06 May 1969; Nationality: DPRK; Gender: male

    d.   Nationality: DPRK; Gender: male

11. PAK MUN IL

    a.   Description: Pak Mun Il is an overseas official of Korea Daesong Bank.

    b.   AKA: Pak Mun-il

    c.   Identifiers: DOB 01 January 1965; Passport No. 563335509 expires 27 August 2018; Nationality: DPRK; Gender: male

12. RI CHUN HWAN

    a.   Description: Ri Chun Hwan is an overseas Foreign Trade Bank representative.

    b.   AKA: Ri Ch'un-hwan

    c.   Identifiers: DOB 21 August 1957; Passport No. 563233049 expires 09 May 2018; Nationality: DPRK; Gender: male

13. RI CHUN SONG

    a.   Description: Ri Chun Song is an overseas Foreign Trade Bank representative.

    b.   AKA: Ri Ch'un-so'ng

    c.   Identifiers: DOB: 30 October 1965; Passport No. 654133553 expires 11 March 2019; Nationality: DPRK; Gender: male

14.   RI PYONG CHUL

    a.   *Description*: Alternate Member of the Political Bureau of the Workers' Party of Korea and First Vice Director of the Munitions Industry Department.

    b.   *A.K.A.*: Ri Pyo'ng-ch'o'l

    c.   *Identifiers*: YOB: 1948; Nationality: DPRK; Gender: male; Address: DPRK

15.   RI SONG HYOK

    a.   Description: Ri Song Hyok is an overseas representative for Koryo Bank and Koryo Credit Development Bank and has reportedly established front companies to procure items and conduct financial transactions on behalf of North Korea.

    b.   AKA: Li Cheng He

    c.   Identifiers: DOB: 19 March 1965; Nationality: DPRK; Gender: male

16.   RI U'N SO'NG

    a.   Description: Ri U'n-so'ng is an overseas Korea Unification Development Bank representative.

    b.   AKA: Ri Eun Song; Ri Un Song

    c.   Identifiers: DOB: 23 July 1969; Nationality: DPRK; Gender: male

Annex II

Asset Freeze (Entities)

1.   MINISTRY OF THE PEOPLE'S ARMED FORCES (MPAF)

    a.   *Description*: The Ministry of the People's Armed Forces manages the general administrative and logistical needs of the Korean People's Army.

    b.   *Location*: Pyongyang, DPRK

제4편

한국 관련 문서

1 1951년 샌프란시스코 대일평화조약(the Treaty of Peace with Japan)[26)]

1951.9.8. 체결
1952.4.28. 발효

전문

연합국들과 일본은 지금부터 이들의 관계가 <u>주권평등</u>으로서 공동의 복지를 증진하고 <u>국제평화와 안전</u>을 증진시키기 위해 우호적인 연합으로 협력하는 국가들이 되어야 하며 따라서 그들 사이에 <u>전쟁상태의 지속의 결과로서 여전히 미해결된 문제들을 해결하는 평화조약을 체결하기를</u> 바라는 바이므로,

일본으로서는 국제연합의 회원국 지위에 지원하고 모든 상황에 국제연합헌장의 원칙을 준수하고 <u>세계인권선언</u>의 목적을 실현하기 위해 노력하며, 국제연합헌장의 제55조와 제56조에 규정된 바와 그리고 전후 일본 내에서 이미 개시된 일본 내에서 안정과 복지의 조건을 창설하기 위해 노력하며 공적 및 <u>사적 무역과 통상에서 국제적으로 수락된 공정한 관행</u>을 준수할 자신의 의도를 선언하고 있고,

연합국들이 위에서 언급된 일본의 의도를 환영하므로,

연합국들과 일본은 현 평화조약을 체결하기를 결정하며 전권위임장을 제출한 이후 선량하고 적당한 형식으로 파악된 서명자 전권대표들을 임명했는 데 그들은 다음의 조항들에 대해 합의하였다.

제1장 평화

제1조

(a) <u>일본과 각 연합국들과의 전쟁상태(the state of war)</u>는 제23조에 규정된 바와 같이, 일본과 관련된 연합국 사이에서 현 조약이 시행되는 날부터 종료된다(is terminated).

(b) 연합국들은 일본과 그 영해에 대한 일본 국민들의 완전한 주권을 승인한다(recognize).

제2장 영토

제2조

(a) 일본은 <u>한국(Korea)[29)]의 독립을 승인하고(recognizing), 제주도, 거문도 및 울릉도(the islands of Quelpart, Port Hamilton, and Dagelet)</u>를 비롯한 한국에 대한 일체의 권리(right), 권원(title) 및 청구권(claim)을 포기한다(renounces).

(b) 일본은 타이완(the Formosa)과 평후제도(the Pescadores)에 대한 일체의 권리, 권원 및 청구권을 포기한다.

(c) 일본은 쿠릴열도(the Kurile Islands)에 대한 그리고 일본이 <u>1905년 9월 5일의 포츠머스조약</u>에 의해 주권을 획득한 사할린의 일부(portions of Sakhain)와 그것에 인접한 도서에 대한 일체의 권리, 권원 및 청구권을 포기한다.

---

28) 인터넷에 나와있는 번역문이 너무 조악해서 영어원문을 참조하면서 신중하게 수정하였습니다.

29) 여기서 '한국'은 일본어본에 의하면 '조선'(朝鮮)을 의미한다. 대한민국을 의미하는 것이 아니다.

(d) 일본은 국제연맹의 위임통치
제도와 관련된 일체의 권리, 권
원 및 청구권을 포기하고, <u>이전
에 일본의 위임통치권 하에 있
었던 태평양 제도(the Pacific
Islands)까지 신탁통치를 확대
하는 1947년 4월 2일자의 유엔
안전보장이사회의 조치를 수용</u>
한다.

(e) 일본은 일본 국민의 활동으로
부터 비롯된 것이건, 혹은 그 밖
의 활동으로부터 비롯된 것이
건 간에, <u>남극 지역의 어떤 부분</u>
과 관련된 여하한의 권리, 권원
또는 이익에 대한 모든 청구를
포기한다.

(f) <u>일본은 남사군도(the Spratly
Islands)와 서사군도(the Paracel)
에 대한 일체의 권리와 권원 및
청구권을 포기한다.</u>

제3조
일본은 남서제도와 대동제도를
비롯한 북위 29도 남쪽의 남서제
도와 (보닌 제도, 로사리오 섬 및
화산열도를 비롯한)소후칸 남쪽
의 남방제도, 그리고 오키노토리
섬과 미나미토리 섬을 유일한 통
치 당국인 미국의 신탁통치하에
두려는 미국이 유엔에 제시한 어
떤 제안도 동의한다. 그러한 제안
과 그에 대한 적극적인 조치가 있
을 때까지 미국은 그 영해를 포함
한 그 섬들의 영토와 주민들에 대
한 모든 그리고 여하한의 행정,
입법, 사법권을 행사할 권리를 가
진다.

제4조
(a) 이 조항의 (b)의 규정에 따라,
일본의 부동산 및 제2조에 언급
된 지역의 일본 국민들의 자산
처분 문제와, 현재 그 지역들을
통치하고 있는 당국자들과 그곳
의 (법인을 비롯한) 주민들에 대
한 (채무를 비롯한) 그들의 청구

권들, 그리고 그러한 당국자들
과 주민들의 부동산의 처분과
일본과 그 국민들에 대한 그러
한 당국자들과 주민들의 채무를
비롯한 청구권들의 처분은 <u>일본
과 그 당국자들 간에 특별한 협
정의 대상</u>이 된다. 그리고 일본
에 있는, 그 당국이나 거류민의
재산의 처분과, 일본과 일본국
민을 상대로 하는 그 당국과 거
류민의 청구권(부채를 포함)의
처분은 <u>일본과 그 당국간의 별
도 협정의 주제가 될 것이다.</u> 제
2조에서 언급된 지역에서의 어
떤 연합국이나 그 국민의 재산
은, 현재까지 반환되지 않았다
면, 현존하는 그 상태로 행정당
국에 의해 반환될 것이다.

(b) <u>일본은 제2조와 제3조에 언급
된 지역에 있는 일본과 일본 국
민 재산에 대해, 미군정의 지침
(directives)에 의하거나 이에
의거한 처분의 적법성을 인정</u>
한다.

(c) <u>일본의 '지배'(통제)에서 벗어
난 지역(territory removed from
Japanese control)과 일본을 연
결하는 일본이 소유한 해저 케
이블은 균등하게 분할될 것이다.
일본은 일본측 터미널과 그에
접하는 절반의 케이블을 갖고,
분리된 지역은 나머지 케이블과
터미널 시설을 갖는다.</u>

제3장 안전

제5조
(a) 일본은 유엔헌장 제2조에서
규정된 특히 다음과 같은 의무
를 수락한다.
(ⅰ) 국제분쟁을 국제평화와 안
전 및 정의를 위태롭게 하지
않는 방식으로 평화적 수단으
로 해결한다.
(ⅱ) 그들의 국제관계에서 어떠

한 국가의 영토보전 또는 정치적 독립, 또한 국제연합의 목적과 양립하지 않는 다른 어떠한 수단으로도 무력의 위협이나 무력의 사용을 자제한다.
(iii) 국제연합이 헌장에 따라 취하는 어떠한 조치에 대해서도 국제연합에 모든 지원이 주어져야 하고, 국제연합이 방지 조치 또는 강제조치를 취하는 어떠한 국가에 대한 지원을 자제한다.
(b) 연합국들은 일본과의 관계에서 유엔헌장 제2조 원칙들에 따라야 함을 확인한다.
(c) 연합국들은 그들 스스로 일본이 주권국가로서 국제연합헌장 제51조에서 언급된 개별적 또는 집단적 자위의 고유한 권리가 있음과 일본이 집단안보협정을 자발적으로 체결할 수 있음을 승인한다.

제6조
(a) 연합국의 모든 점령군은 이 협약의 발효 후 가능한 신속하게, 한편 어떠한 경우에도 이후 90일 이내에 일본에서 철수해야 한다. 그러나 이 규정은 하나 또는 그 이상의 연합군을 일방으로 하고, 일본을 타방으로 하여 체결된 또는 체결될 수 있는 양자 또는 다자협정에 의해 외국 군대의 일본 영토에서 배치(stationing) 또는 유지(retention)를 막을 수는 없다.
(b) 일본 군대의 귀국을 다루는 1945년 7월 26일 포츠담선언의 9항의 규정이 아직 완료가 되지 않은 범위는 실행될 것이다.
(c) 점령군의 사용을 위해 제공되고, 이 협약의 발효 시에 점령군이 소유하고 있는 아직 대가가 지불되지 않은 모든 일본의 재산은 상호 합의에 의해 달리 약정을 하지 않는 한 상기 90일 이내에 일본 정부에 반환하여야 한다.

제4장 정치적 및 경제적 조항들

제7조
(a) 각 연합국들은 자국과 일본 사이에 이 협약이 발효한 후 1년 이내에 일본과의 전쟁 이전의 양자 조약들 또는 협약들을 계속해서 발효하거나 재개(revive)시키는 것을 원하는지를 일본에 통보하여야 한다. 이렇게 통보된 조약들 또는 협약들은 이 (샌프란시스코 강화)협약에 일치함을 보장하기 위해 필요한 수정을 하는 것만을 조건으로 계속 발효되거나 또는 재개된다. 이렇게 통보된 조약들과 협약들은 통보일로부터 3개월 후에, 계속해서 발효한 것으로 간주되거나 또는 재개되며, 한편 국제연합 사무국에 등록되어야 한다. 일본에 이렇게 통보되지 않는 모든 조약 및 협약은 폐기된 것으로 간주된다.
(b) 이 조의 (a)에 근거해 시행되는 통보에 있어서 조약 또는 협약의 운영 또는 재개에 관하여 국제관계에 대해 통보국이 책임을 지는 어떠한 영토를 제외시킬 수 있다. 이 제외는 제외 신청을 일본에 통보한 날로부터 3개월 이내에 이루어져야 한다.

제8조
(a) 일본은 연합국들에 의한 또는 평화회복과 관련된 다른 협정들뿐만 아니라 1939년 9월 1일에 시작된 전쟁상태를 종료하기 위해 현재 또는 향후 체결되는 모든 조약들의 완전한 효력을 승인한다. 일본은 또한 이전의 국제연맹과 상설국제사법재판소를 종결하기 위해 수행된 협정을 수락한다.

(b) 일본은 1919년 9월 10일 생제르망 앙레예의 협약 및 1936년 7월 20일 몽트뢰 해협조약의 서명국임에서 발생할 수 있는 그리고 1923년 7월 24일에 로잔에서 서명된 '터키와의 평화 조약'의 제16조에서 발생할 수 있는 모든 그러한 권리와 이익을 포기한다.

(c) 일본은 1930년 1월 20일 독일과 채권국간의 협정 및 1930년 5월 17일 신탁협정을 포함한 그 부속서 및 1930년 1월 20일 국제결제은행(the Bank for International Settlements)에 관한 협약 및 국제결제은행의 정관에 근거하여 얻은 일체의 권리, 권원 및 이익을 포기하고 또한 그러한 협정들로부터 발생하는 모든 의무로부터 면제된다. 일본은 이 조약 최초 발효 후 6개월 이내에 이 항에 규정된 권리, 권원 및 이익의 포기를 파리 외무부에 통보하여야 한다.

제9조
일본은 공해상의 어업의 규제나 제한, 그리고 어업의 보존 및 발전을 규정하는 양자간 및 다자간 협정을 체결하기를 바라는 연합국들과 즉각 협상을 시작한다.

제10조
일본은 1901년 9월 7일에 베이징에서 서명한 최종 의정서, 그리고 모든 부속서, 통첩, 그에 따른 보충문서들의 규정들로부터 발생하는 모든 이익과 특권을 포함하여, 중국에 대한 모든 특별한 권리와 이익을 포기하며 앞에서 언급한 의정서, 부속서, 통첩 그리고 문서를 일본에 대하여 폐기하도록 합의한다.

제11조
일본은 일본 내외의 극동국제군사재판소 및 기타 연합국의 전쟁범죄 재판소의 판결을 수락하고 이로써 일본에서 수감된 일본인에게 선고된 형을 수행한다. 그러한 죄수들에 대한 사면, 감형 및 가석방의 권한은 사건별로 형을 선고한 연합국 정부 혹은 연합국 정부들의 결정이 있을 경우와 그리고 일본의 권고에 의한 경우 이외에는 행사되지 않는다.
극동국제군사재판소에 의해 과형된 사람들의 경우 재판소에서 대표되는 정부들의 과반수에 따른 결정과 일본의 권고에 의한 경우를 제외하고 그러한 권한은 행사되어질 수 없다.

제12조
(a) 일본은 각 연합국과 무역, 해양 및 다른 통상관계를 안정적이고 우호적인 기초 위에 두기 위하여 조약 또는 협정을 체결하기 위한 협상을 신속하게 할 준비가 되어 있다는 것을 선언한다.

(b) 관련 조약이나 협정이 체결될 때까지 일본은 이 조약의 최초의 효력발생 후 4년간
(1) 각 연합국들, 그 국민, 생산품, 선박들에게
(i) 관세, 과징금, 상품의 수입 및 수출에 부과되거나 그와 관련되는 제한사항들과 기타 규칙에 관하여 최혜국대우를 부여하고
(ii) 해운, 항해 및 수입 상품에 대한 그리고 자연인, 법인 및 그 이익에 관한 내국인대우 - 이 대우는 세금의 부과 및 징수, 재판을 받을 권리(access to the courts), 계약의 체결 및 이행, (유·무형)재산권, 일본법에 따라 창설된 법인에의 참가 및 일반적으로 모든 종류의 사업활동 및 직업활동의 수행에 관한 모든 사항을 포함한다.

(2) 일본 국영무역기업들의 대외적인 구입과 판매는 오로지 상업적 고려에만 기초를 두어야 함을 보장한다.

(c) 하지만, 어떠한 문제에 대해 일본은 관련 연합국이 경우에 따라 동일한 문제에 대해 일본에게 내국민대우나 최혜국대우를 주는 범위 내에서만, 그 연합국에게 내국민대우나 최혜국대우를 부여해야 한다. 앞에서 상정된 상호주의는 연합국의 여하한의 본국이 아닌 영역(any non-metropolitan territory)의 생산품, 선박 및 법인, 그리고 그 영역에 거주하는 사람들의 경우에, 그리고 연방정부를 가지고 있는 연합국의 어떠한 구성국이나 주(州)의 법인, 그곳에 거주하는 사람에게, 그러한 영역이나, 구성국 또는 주(州)에서 일본에게 부여되는 대우에 따라 결정된다.

(d) 이 조를 적용함에 있어서, 차별적 조치는 그것을 적용하는 당사국의 통상조약들에서 관행적으로 규정되어 있는 예외에 근거를 둔 것이라면, 또한 그 당사국의 대외적 재정 상태나(해운 및 항해에 관해서는 예외), 국제수지를 보호해야 할 필요성에 근거를 둔 것이라면, 또는 필수적 안보적 이익을 유지해야 할 필요성에 근거를 둔 것이라면, 그러한 조치가 사정에 비례적이라면 그리고 자의적이거나, 불합리한 방식으로 적용되지 않는다면, 사정에 따라서, 내국민대우나, 최혜국대우의 부여로부터 일탈하는 것으로 간주되지는 않는다.

(e) 이 조에 의한 일본의 의무는 본 조약의 제14조에 의한 어떠한 연합국의 권리 행사에 의해서 영향을 받지 않는다. 아울러 이 조의 규정들은 본 조약의 제15조에 의해 일본이 부담해야 할 약속들을 제한하는 것으로 해석되어서는 안 된다.

제13조

(a) 일본은 국제민간항공운송에 관한 양자간, 또는 다자간 협정을 체결하자는 어떠한 연합국의 요구에 따라 즉시 해당 연합국들과 협상을 시작한다.

(b) 일본은 그러한 협정이나 협정들이 체결될 때까지, 본 조약이 최초로 발효된 때로부터 4년 동안, 항공 교통권과 특권에 대해 그러한 효력 발생 일자에 어떠한 해당 연합국에 의해 행사된 것보다 불리하지 않은 대우를 해당 연합국에 확대하는 한편, 항공업무의 운영 및 개발에 관한 완전한 기회균등을 부여한다.

(c) 일본은 국제민간항공조약 제93조에 따라 당 조약의 당사국이 될 때까지, 항공기의 국제운항에 적용할 수 있는 동 조약의 규정들에 효력을 부여하며, 동 조약의 조건에 따라 동 조약의 부속서로 채택된 표준과 관행 및 절차들을 준수한다.

제5장 청구권과 재산

제14조

(a) 일본이 전쟁 중 일본에 의해 발생한 피해와 고통에 대해 연합국에 배상(reparations)을 해야 한다는 것은 승인된다. 그럼에도 불구하고 일본이 생존 가능한 경제를 유지하면서 그러한 모든 피해와 고통에 완전한 배상을 하는 동시에 다른 의무들을 이행하기에는 일본의 자원이 현재 충분하지 않다는 것 또한 승인된다. 따라서

1. 일본은 현재의 영토가 일본군에 의해 점령당하고 일본에 의해 피해를 받아 희망하는 문제의 연합국들을 위해 생산, 회수 및 다른 작업에 있어 일본인의 역무를 이용가능하게 제공함으로써, 발생한 피해 복구 비용의 보상(compensate)을 그런 국가들에게 지원하기 위한 목적으로 교섭을 즉각 시작한다. 그러한 협정은 다른 연합국들에게 추가적인 부담을 부과하지 않아야 한다. 그리고 원자재의 제조가 필요하게 되는 경우, <u>일본에게 어떤 외환 부담이 돌아가지 않도록 원자재는 해당 연합국들이 공급한다.</u>
2. (I) 아래 (II)호의 규정에 따라, 각 연합국들은 본 조약의 최초의 효력 발생시에 각 연합국의 관할권하에 있었던 다음의 모든 재산, 권리 및 이익을 압수하거나, 유치하거나, 청산 아니면 처분할 권리를 가진다.
(a) 일본 및 일본 국민,
(b) 일본 또는 일본 국민을 위해 혹은 그 이익을 위해 행동하는 자,
(c) 일본 또는 일본 국민에 의해 소유되거나 통제되는 단체,
이 (I)호에서 명시된 재산, 권리 및 이익은 현재 동결되었거나, 귀속되었거나, 연합국 적산 관리 당국이 소유하거나, 통제하고 있는 것들을 포함하며, 그것들은 그러한 자산이 그 같은 당국의 통제하에 놓인 시점에서 앞의 (a)나 (b) 또는 (c)에 언급된 여하한의 사람이나, 실체에 속하거나 그들을 대신하여 보유했거나, 관리했던 것들이다.
(II) 다음은 위의 (I)호에 명기된 권리로부터 제외된다.
(i) 전쟁 기간 중, 일본에 의해 점령된 영토가 아닌 연합국들 중의 한 영토안에서 해당 정부의 허가를 얻어 거주한 일본의 자연인의 재산, 다만 전쟁 중에 제한 조치를 받았고, 본 조약이 최초로 효력을 발생하는 일자에 그러한 제한 조치로부터 해제되지 않은 재산은 제외한다.
(ii) 일본 정부 소유로 외교 및 영사 목적으로 사용한 모든 부동산과 가구 및 비품, 그리고 일본의 외교 및 영사 직원들이 소유한 것으로 통상적으로 외교 및 영사의 업무를 수행하는 데 필요한 모든 개인용 가구와 비품 및 투자 성질이 아닌 다른 개인 재산
(iii) 종교단체나 민간 자선단체에 속하는 재산으로 종교적 또는 자선적 목적으로만 사용된 재산
(iv) 관련 국가와 일본 간에 1945년 9월 2일 이후에 재개된 무역 및 금융 관계에 의해 일본이 관할하게 된 재산과 권리 및 이익, 다만 관련 연합국의 법에 위반하는 거래로부터 발생한 것은 제외한다.
(v) 일본 또는 일본 국민의 채무, 일본에 소재하는 유형재산에 관한 어떠한 권리, 권원 또는 이익, 일본의 법에 따라 조직된 기업의 이익 또는 그것들에 대한 증서, 다만 이 예외는 일본의 통화로 표시된 일본 및 일본 국민의 채무에게만 적용한다.
(III) 앞에 언급된 예외 (i)로부터 (v)까지의 재산은 그 보존 및 관리를 위한 합리적인 비용의 지불을 조건으로 반환된다, 그러한 여하한의 재산이 청산되었다면, 대신 그 매각 대금(the proceeds)이 반환되어야 한다.

(Ⅳ) 앞에 나온 (Ⅰ)호에 규정된 일본재산을 압류하고, 유치하고 청산하거나, 달리 그 외의 방법으로 처분할 권리는 해당 연합군의 법률에 따라 행사되며 그 소유자는 그러한 법률에 의해 본인에게 주어질 수 있는 그러한 권리들을 가진다.

(Ⅴ) 연합국은 일본의 상표권과 문학적 및 예술적 재산권을 각국의 지배적 사정이 허용하는 바에 따라, 일본에게 유리하게 취급하는 것에 동의한다.

(b) 연합국은 본 조약에 달리 규정이 있는 경우를 제외하고, 연합국의 모든 배상 청구권과, 전쟁 수행 과정에서 일본 및 그 국민이 자행한 어떤 행동으로부터 발생된 연합국 및 그 국민의 다른 청구권, 그리고 점령에 따른 직접적인 군사적 비용에 관한 연합국의 청구권을 포기한다.

제15조

(a) 본 조약이 일본과 관련 연합국 간에 효력이 발생된 지 9개월 이내에 신청이 있을 경우, 일본은 그 신청일로부터 6개월 이내에, 1941년 12월 7일부터 1945년 9월 2일까지 일본에 있던 각 연합국과 그 국민의 유형 및 무형의 재산과, 종류 여하를 불문한 모든 권리 또는 이익을 반환한다. 다만, 그 소유주가 강박이거나, 사기를 당하지 않고 자유로이 처분한 것은 제외한다. 그러한 재산은 전쟁으로 말미암아 부과될 수 있는 모든 부담금 및 요금을 지불하지 않고, 또한 그 반환을 위한 어떤 요금도 지불하지 않고 반환된다. 소유자나 그 소유자를 대신하여, 또는 그 소유자의 정부가 소정 기간 내에 반환을 신청하지 않는 재산은 일본 정부가 결정하는 바에 따라 처분할 수 있다. 그러한 재산이 1941년 12월 7일에 일본 내에 존재하고 있었으나, 반환될 수 없거나 전쟁의 결과로 손상이나 피해를 입은 경우, 1951년 7월 13일에 일본 내각에서 승인된 연합국 재산보상법안이 정하는 조건보다 불리하지 않은 조건으로 보상된다.

(b) 전쟁 중에 침해된 산업재산권에 대해서, 일본은 현재 모두 수정되었지만, 1949년 9월 1일 시행 각령 제309호, 1950년 1월 28일 시행 각령 제12조 및 1950년 2월 1일 시행 각령 제9호에 의해 지금까지 주어진 것보다 불리하지 않은 이익을 계속해서 연합국 및 그 국민에게 부여한다. 다만, 그 연합국의 국민들이 각령에 정해진 기한까지 그러한 이익을 제공해 주도록 신청한 경우에만 그러하다.

(c) (ⅰ) 일본은 1941년 12월 6일에 일본에 존재했던, 출판 여부를 불문하고, 연합국과 그 국민들의 작품에 대해서, 문학과 예술의 지적재산권이 그 날짜 이후로 계속해서 유효했음을 인정하고, 전쟁의 발발 이후 일본 국내법이나 관련 연합국의 법에 의해서 어떠한 협약들이나 협정들이 폐기 혹은 중지되었건 상관없이, 그 날짜에 일본이 한 쪽 당사자였던 그런 협약들이나 협정의 시행으로, 그 날짜 이후로 일본에서 발생했거나, 전쟁이 없었다면 발생했을 권리를 승인한다.

(ⅱ) 그 권리의 소유자가 신청할 필요도 없이, 또 어떤 수수료의 지불이나 다른 어떤 형식에 구애됨이 없이, 1941년 12월 7일부터, 일본과 관련 연합국 간의 본 협정이 시행되는 날까지의

기간은 그런 권리의 정상적인 사용 기간에서 제외될 것이다. 그리고 그 기간은 추가 6개월의 기간을 더해서, 일본에서 번역판권을 얻기 위해서 일본어로 번역되어야 한다고 정해진 시간에서 제외되어야 한다.

제16조

일본의 전쟁포로로써 부당하게 고통을 겪은 연합국 군대의 구성원들에게 배상을 희망하는 한 가지 표현으로서 일본은 전쟁기간 동안 중립이었던 나라나 연합국과 전쟁 중이었던 나라에 있는 일본과 일본인의 자산을, 선택에 따라, 그것과 동등한 가치를, 공정하다고 결정될 수 있는 그러한 기반 위에서, 과거 전쟁포로와 그 가족들의 권익을 위해서 국제적십자위원회(ICRC)에 이전해 줄 것이고, 국제적십자위원회는 그 재산을 청산해서 적절한 국내기관에 그에 따른 기금을 분배하게 될 것이다. 본 협정의 제14조 (a) 2(Ⅱ)(ⅱ)부터 (ⅴ)까지에 규정된 범위의 재산은, 본 협약이 처음으로 발효되면 일본에 거주하지 않는 일본의 자연인들의 재산과 마찬가지로 이전 대상에서 제외될 것이다. 이 항의 이전조항은 현재 일본의 재정기관이 현재 보유한 국제결제은행의 주식 19,770주에 대해서는 적용되지 않는다는 것도 동등하게 양해한다.

제17조

(a) 어떠한 연합국이든 요청에 의거하여, 그 연합국 국민의 소유권과 관련된 사건에서 일본정부는 국제법에 따라 일본포획재판소의 어떠한 결정이나 명령을 재검토하거나 수정해야 하고, 취해진 결정이나 내려진 명령을 포함해서 이런 사건들의 기록을 포함한 모든 문서의 사본을 제공해야 한다. 원상복구가 옳다는 재검토나 수정이 나온 사건에서는 제15조의 규정이 관련 재산에 적용될 것이다.

(b) 일본정부는 일본과 관련된 연합국간에 본 협정이 발효되는 날로부터 일년 이내에 언제라도 어떠한 연합국 국민이든지 1941년 12월 7일과 발효되는 날 사이에 일본법정으로부터 받은 어떠한 판결에 대해서도 일본 당국에 재심을 신청할 수 있도록 필요한 조치를 해야 하며, 이것은 그 국민이 원고나 피고로서 제기를 할 수 없는 어떠한 심리절차에서라도 적용되어야 한다. 일본정부는 해당 국민이 그러한 여하한의 재판에 의해 손해를 입었을 경우에는 그 사람을 재판을 하기 전의 상태로 원상회복시켜 주도록 하거나, 그 사람이 공정하고 정당할 수 있는 구제를 받을 수 있도록 조치해야 한다.

제18조

(a) 전쟁 상태의 개입은, (채권에 관한 것을 포함한) 기존의 의무 및 계약으로부터 발생하는 금전상의 채무를 상환할 의무, 그리고 전쟁상태의 존재 이전에 존재한 권리로서, 일본의 정부나, 그 국민들이 연합국의 한 나라의 정부나, 그 국민들에게, 또는 연합국의 한 나라의 정부나, 그 국민들이 일본의 정부나, 그 국민들에게 주어야 하는 권리에 영향을 미치지 않는다는 것을 인정한다. 그와 마찬가지로 전쟁상태의 개입은 전쟁상태 이전에 발생한 것으로, 연합국의 한 나라의 정부가 일본 정부에 대해, 또는 일본 정부가 연합국의 한 나라의 정부에 대해 제기하거나, 다시 제기할 수 있는

재산의 멸실이나 손해 또는 개인적 상해나 사망으로 인한 본안 청구권에 대해 검토할 의무에 영향을 미치는 것으로 간주되지 않는다. 이 항의 규정은 제14조에 의해 부여되는 권리를 침해하지 않는다.

(b) 일본은 전쟁 이전의 대외채무에 관한 책임과, 이후에 일본의 책임이라고 선언된 단체들의 채무에 관한 책임을 질 것을 천명한다. 그리고 빠른 시일 내에 그러한 채무의 지불재개에 관해 채권자들과 협상을 시작하고, 전쟁 전의 다른 청구권들과 채무들에 대한 협상을 촉진하며, 그에 따라 총액의 상환을 용이하게 하겠다는 의향을 표명한다.

제19조

(a) 일본은 전쟁으로부터 발생했거나, 전쟁상태의 존재로 말미암아 취해진 조치들로부터 발생한 연합국들과 그 국민들에 대한 일본국민들의 모든 청구권을 포기한다. 본 조약이 발효되기 전에 일본 영토 내에서 연합국 군대나 당국의 주둔, 활동 또는 조치들로부터 생긴 모든 청구권을 포기한다.

(b) 앞에서 언급한 포기에는 1939년 9월 1일부터 본 조약 효력 발생 시까지의 사이에 일본의 선박에 관해서 연합국이 취한 조치로부터 생긴 청구권과 연합국의 수중에 있는 일본인 전쟁포로와 민간인 피억류자에 관해서 생긴 모든 청구권 및 채무가 포함된다. 다만 1945년 9월 2일 이후 어떤 연합국이 제정한 법률로 특별히 인정된 일본인의 청구권은 포함되지 않는다.

(c) 일본정부는 상호 포기를 조건으로, 정부간의 청구권 및 전쟁 중에 입은 멸실 또는 손해에 관한 청구권을 포함하여 독일과 독일 국민에 대한(채무 포함)모든 청구권을 일본 정부와 일본 국민을 위해서 포기한다. 다만, (a) 1939년 9월1일 이전에 체결된 계약 및 취득한 권리에 관한 청구권과, (b) 1945년 9월 2일 이후에 일본과 독일 간의 무역 및 금융의 관계로부터 생긴 청구권은 제외한다. 그러한 포기는 본 조약 제16조 및 제20조에 따라 취해진 조치를 손상시키는 것은 아니다.

(d) 일본은 점령 기간 동안, 점령 당국의 지시에 따라 또는 그 지시의 결과로 행해졌거나, 당시 일본법에 의해 인정된 모든 작위 또는 부작위 행위의 유효성을 인정하며, 연합국 국민들에게 그러한 작위 또는 부작위 행위로부터 발생하는 민사 또는 형사 책임을 묻는 어떠한 조치도 취하지 않는다.

제20조

일본은 1945년 베를린회의의 의사록에 관한 의정서에 따라 일본 내의 독일 재산을 처분할 권리를 가지게 되는 제국에 의해 결정되었거나 결정될 수 있는 바에 따라 그 같은 처분을 보장하기 위해 필요한 모든 조치를 취한다. 그리고 그러한 재산이 최종적으로 처분될 때까지 (일본은) 그에 따른 보존 및 관리에 대한 책임을 진다.

제21조

본 조약 제25조의 규정에 관계없이, 중국은 제10조 및 제14조(a)2의 이익을 받을 권리를 가지며, 한국은 제2조, 제4조, 제9조 및 제12조의 이익을 받을 권리를 가진다.

제6장 분쟁 해결

제22조

본 조약의 어떤 당사국의 의견으로 특별청구재판소나, 다른 합의된 방법으로 해결되지 않는 본 조약의 해석 또는 집행에 관한 분쟁이 발생한 경우, 그러한 분쟁은 그에 따른 분쟁 당사국의 요청에 의해 국제사법재판소의 결정을 위해 회부된다. 일본과 아직 국제사법재판소 규정당사국이 아닌 연합국은 각각 본 조약을 비준할 때에, 그리고 1946년 10월 15일의 국제연합 안전보장이사회의 결의에 따라 특별한 합의 없이, 일반적으로 이 조항에서 언급된 성격의 모든 분쟁에 대해 국제사법재판소의 관할권을 수락하는 일반 선언서를 동 재판소 행정처장에게 기탁한다.

제7장 최종 조항

제23조

(a) 본 조약은 일본을 포함하여 본 조약에 서명하는 국가에 의해 비준된다. 본 조약은 비준서가 일본에 의해 그리고 가장 중요한 점령국인 미국을 포함하여, 다음의 호주, 캐나다, 실론, 프랑스, 인도네시아, 네덜란드, 뉴질랜드, 필리핀, 영국과 북아일랜드 그리고 미국 등의 과반수에 의해 기탁되었을 때, 그것을 비준한 모든 나라들에게 효력을 발한다.

(b) 일본이 비준서를 기탁한 후 9개월 이내에 본 조약이 발효되지 않는다면, 본 조약을 비준한 어떠한 국가라도 일본이 비준서를 기탁한 후 3년 이내에 일본정부 및 미국정부에게 그러한 취지에 따른 통고를 함으로써 자국과 일본과의 사이에 본 조약을 발효시킬 수 있다.

제24조

모든 비준서는 미국정부에 기탁해야 하며 미국정부는 제23조(a)에 의거한 본 조약의 효력 발생일자에 그리고 제23조(b)에 따라 행해지는 어떤 통고일자에 그러한 기탁을 한 모든 서명국에게 통지한다.

제25조

본 조약의 목적상, 연합국이란, 각 경우 관련된 국가가 본 조약에 서명하였고, 본 조약을 비준한 것을 조건으로, 일본과 전쟁하고 있던 국가들이나, 이전에 제23조에 명명된 국가의 영토의 일부를 이루고 있었던 어떠한 국가이어야 한다. 본 조약은 제21조의 규정에 따라, 여기에 정의된 연합국이 아닌 국가에 대해서는 어떠한 권리나, 권원 또는 이익도 부여하지 않는다. 아울러 본 조약의 어떠한 규정에 의해 앞에서 정의된 연합국이 아닌 국가를 위해 일본의 어떠한 권리, 권원 또는 이익이 감소되거나 훼손되지 않는다.

제26조

일본은 1942년 1월 1일의 국제연합선언에 서명하거나, 동의하는 어떤 국가와, 일본과 전쟁상태에 있는 어떤 국가, 또는 이전에 본 조약의 서명국이 아닌 제23조에 의해 명명된 어떤 국가의 영토의 일부를 이루고 있던 어떤 국가와 본 조약에 규정된 것과 동일하거나, 실질적으로 동일한 조건으로 양자 평화조약 체결을 준비해야 한다. 다만 이러한 일본측의 의무는 본 조약이 최초로 발효된 지 3년 뒤에 소멸된다. 일본이 본 조약이 제공하는 것보다 더 많은 이익을 주는 어떤 국가와 평화적인 해결을 하거나, 전쟁 청구 해결을 할 경우, 그러한 이익은 본 조약의 당사국들에게도 적용되어야 한다.

제27조

이 조약은 미국 정부의 문서보관소에 기탁되며 동 정부는 그 인증 등본을 각 서명국에게 교부한다. 그에 따른 믿음을 가지고, 아래 서명자의 전권대표는 본 조약에 서명했다. 1951년 9월 8일 샌프란시스코 시에서 동등하게 진정본인 영어, 프랑스어 및 스페인어로 작성되었고 그리고 일본어로 작성되었다.

이하 서명 전권대표 성명들 ...

2 1952년 인접해양에 대한 주권선언

1952.1.18.

국무원고시 제14호
국무원회의 의결을 거쳐 인접
해양에 대한 주권에 관하여 다
음과 같이 선언한다.

대통령 이승만
단기 4285년 1월 18일

확정된 국제선례에 의거하고
국가의 복지와 방위를 영구히
보장하지 않으면 안 될 요구에
의하여 대한민국 대통령은 다
음과 같이 선언한다.

1. 대한민국 정부는 국가의 영
토인 한반도 및 도서에 해안에
인접한 대륙붕의 상하에 이미
알려져 있고 또는 장래에 발견
될 모든 자연자원, 광물 및 수산
업을 국가에 가장 이롭게 보
호·보존 및 이용하기 위하여
그 심도여하를 불문하고 인접
대륙붕에 대한 국민의 주권을
보존하며 또 행사한다.
2. 대한민국 정부는 국가의 영
토인 한반도 및 도서의 해안에
인접한 해양의 상하 및 그 안에
존재하는 모든 자연자원 및 재
부(財富)를 보유·보호·보존
및 이용하는 데 필요한 아래와
같이 한정한 연장해양에 뻗친
그 심도여하를 불문하고 인접
해양에 대한 국가의 주권을 보
지(保持)하며 또 행사한다. 특히
어족 같은 감소될 우려가 있는
자원 및 재부(財富)가 대한민국
에게 손해가 되도록 개발되거
나 또는 국가의 손상이 되도록
감소 혹은 고갈되지 않게 하기
위하여 수산업과 어렵업(漁獵
業)을 정부의 감독하에 둔다.

3. 대한민국 정부는 이로써 대
한민국 정부의 관할권과 지배
권이 있는 상술한 해양의 상하
및 그 안에 존재하는 자연자원
및 재부(財富)를 감독하며 또
보호할 수역을 한정할 아래에
명시된 경계선을 선언하며 또
유지한다. 이 경계선은 장래에
구명될 새로운 발견, 연구 또는
권익의 출현에 의하여 발생하
는 신정세에 맞추어 수정할 수
있음을 겸하여 선언한다. 대한
민국의 주권과 보호하에 있는
수역은 한반도 및 그 부속도서
의 해안과 아래의 제선을 연결
함으로써 조성되는 경계선 간
의 해양이다.
㉠ 함경북도 경흥군 우암령 고
정으로부터 북위42도15분 동경
130도45분의 점에 이르는 선
㉡ 북위42도15분 동경130도45
분의 점으로부터 북위38도 동
경132도50분의 점에 이르는 선
㉢ 북위38도 동경132도50분의
점으로부터 북위35도 동경130
도의 점에 이르는 선
㉣ 북위35도 동경130도의 점으
로부터 북위34도40분 동경129
도10분의 점에 이르는 선
㉤ 북위34도40분 동경129도10
분의 점으로부터 북위32도 동
경127도의 점에 이르는 선
㉥ 북위32도 동경127도의 점으
로부터 북위32도 동경124도의
점에 이르는 선
㉦ 북위32도 동경124도의 점으
로부터 북위39도45분 동경124
도의 점에 이르는 선
㉧ 북위39도45분 동경124도의
점으로부터(평안북도 용천군
신도렬도) 마안도서단에 이르

는 선

㉢ 마안도서단으로부터 북으로
한만국경의 서단과 교차되는
직선

4. 인접해양에 대한 본 주권의
선언은 공해상의 자유항행권을
방해하지 않는다.

3 1953년 국제연합총사령관을 일방으로 하고 조선인민군 최고사령관 및 중국인민지원 사령관을 다른 일방으로 하는 한국군사정전에 관한 협정

(Agreement between the Commadnder-in-chief, United Nations Command, on the one hand, and the Supreme Commander of the Korean People's Army and the Commander of the Chinese People's voluteers, on the other hand, concerning a military armistice in Korea)

서명 1953.7.27.(판문점)

발효 1953.7.27.

서언

국제연합군 총사령관을 일방으로 하고 조선인민군 최고사령관 및 중국인민지원사령관을 다른 일방으로 하는 하기의 서명자들은 쌍방에 막대한 고통과 유혈을 초래한 한국충돌을 정지시키기 위하여 서로 최후적인 평화적 해결이 달성될 때까지 한국에서의 적대행위와 일체 무력행위의 완전한 정지를 보장하는 정전을 확립할 목적으로 하기 사항에 기재된 정전조건과 규정을 수락하며 또 그 제약과 통제를 받는데 각각 공동상호동의한다. 이 조건과 규정의 의도는 순전히 '군사적 성질'에 속하는 것이며 이는 오직 한국에서의 교전쌍방에만 적용한다.

제1조 군사분계선과 비무장지대(제1항~제11항)

1. 한 개의 군사분계선을 확정하고 쌍방이 이 선으로부터 각기 2km씩 후퇴함으로써 적대군대 간에 한 개의 비무장지대를 설정한다. 한 개의 비무장지대를 설정하여 이를 완충지대로 함으로써 적대행위의 재발을 초래할 수 있는 사건의 발생을 방지한다.

2. 군사분계선의 위치는 첨부한 지도에 표시한 바와 같다.

3. 비무장지대는 첨부한 지면에 표시한 북방 경계선 및 남방 경계선으로써 이를 확정한다.

6. 쌍방은 모두 비무장지대 내에서 또는 비무장지대로부터 비무장지대에 향하여 어떠한 적대행위도 감행하지 못한다.

7. 군사정전위원회의 특정한 허가 없이는 어떠한 군인이나 민간인이나 군사분계선을 통과함을 허가하지 않는다.

8. 비무장지대 내의 어떠한 군인이나 민간인이나 그가 들어가려고 요구하는 지역사령관의 특정한 허가 없이는 어느 일방의 '군사통제하에 있는 지역'에도 들어감을 허가하지 않는다.

9. 민사행정 및 구제사업의 집행에 관계되는 인원과 군사정전위원회의 특정한 허가를 얻고 들어가는 인원을 제외하고는 어떠한 군인이나 민간인이나 비무장지대에 들어감을 허가하지 않는다.

10. 비무장지대 내의 군사분계선 이남의 부분에 있어서의 민사행정(civil administration) 및 구제사업(relief)은 국제연합군 총사령관이 책임(responsibility)진다. 비무장지대 내의 군사분계

선 이북의 부분에 있어서의 민사행정(civil administration) 및 구제사업(relief)은 조선인민군 최고사령관과 중국인민지원군 사령관이 공동으로 책임(the joint responsibility)진다. ...

제2조 정화(停火) 및 정전의 구체적 조치(제12항~제50항)

12. 적대 쌍방사령관들은 육해공군의 모든 부대와 인원을 포함한 그들의 통제하에 있는 모든 무장력량이 한국에 있어서의 일체 적대행위를 완전히 정지할 것을 명령하고 또 이를 보장한다. ...

13. ㄴ. ... 상기한 연해도서라는 용어는 본 정전협정이 효력을 발생할 때에 비록 일방이 점령하고 있더라도 1950년 6월 24일에 상대방이 통제하고 있던 도서중에서 백령도, 대청도, 소청도, 연평도 및 우도의 도서군들을 국제연합군 총사령관의 군사통제하에 남겨두는 것을 '제외' 기타 모든 도서는 조선인민군 최고사령관과 중국인민지원군사령관의 군사 통제하에 둔다. 한국 서해안에 있어서 상기 경계선 이남에 있는 모든 도서는 국제연합군 총사령관의 군사통제하에 남겨 둔다.

ㄷ. 한국 경외로부터 증원하는 군사인원을 들여오는 것을 중지한다. ...

ㄹ. 한국경외로부터 증원하는 작전비행기, 장갑차량, 무기 및 탄약을 들여오는 것을 정지한다.

14. 본 정전협정은 쌍방의 군사통제하에 있는 적대중의 일체 지상군사역량에 적용되며, 이러한 지상군사역량은 비무장지대와 상대방의 군사통제하에 있는 한국 지역을 존중한다.

15. 본 정전협정은 적대중의 일체 해상군사력에 적용되며 이러한 해상군사력은 비무장지대와 상대방의 *군사통제하에* 있는 한국육지에 인접한 해면을 존중하며 한국에 대하여 어떠한 종류의 봉쇄도 하지 못한다.

16. 본 정전협정은 적대중의 일체 공중군사역량에 적용되며, 이러한 공중군사역량은 비무장지대와 상대방의 군사통제하에 있는 한국지역 및 양지역에 인접한 해면의 상공을 존중한다.

19. 군사정전위원회를 설립한다.

20. 군사정전위원회는 10명의 고급장교로 구성하되 그 중의 5명은 국제연합군 총사령관이 이를 임명하며, 그 중의 5명은 조선인민군 최고사령관과 중국인민지원군사령관이 공동으로 이를 임명한다.

24. 군사정전위원회의 전반적 임무는 본 정전협정의 실시를 감독하며 본 정전협정의 어떠한 위반사건이든지 협의하여 처리하는 것이다. ...

35. 군사정전위원회는 적대 쌍방 사령관들에게 본 정전협정의 수정 또는 증보에 대한 건의를 제출할 수 있다.

36. 중립국감독위원회를 설정한다.

37. 중립국감독위원회는 4명의 고급장교로 구성하되, 그 중의 2명은 국제연합군 총사령관이 지명한 중립국 즉 스웨덴 및 스위스가 이를 임명하며, 그 중의 2명은 조선인민군 최고사령관과 중국인민지원군사령관이 공동으로 지명한 중립국 즉 폴란드 및 체코슬로바키아가 이를 임명한다. ...

제3조 전쟁포로에 관한 조치 (제51항~59항)

51. 본 정전협정이 효력을 발생하는 당시에 각방이 수용하고 있는 전체 전쟁포로의 석방과 송환은 본 정전협정 조인 전에 쌍방이 합의한 하기 규정에 따라 집행한다. ...

제4조 쌍방관계정부들에의 건의 (제60항)

60. 한국문제의 평화적 해결을 위하여 쌍방 군사령관은 쌍방의 관계 각국 정부에 정전협정이 조인되고 효력을 발생한 후 삼개월 내에 각기 대표를 파견하여 쌍방의 <u>한급 높은 정치회의</u>를 소집하고 한국으로부터의 <u>모든 외국군대의 철수 및 한국문제의 평화적 해결문제들을</u> '협의'할 것을 이에 건의한다.

제5조 부칙(61~63항)

61. 본 정전협정에 대한 수정과 증보는 반드시 적대 쌍방 사령관들의 상호 합의를 거쳐야 한다.
62. 본 정전협정의 각 조항은 쌍방이 공동으로 접수하는 수정 및 증보 또는 쌍방의 정치적 수준에서의 평화적 해결을 위한 적당한 협정 중의 규정에 의하여 명확히 교체될 때까지는 계속 효력을 가진다.

<u>국제연합군 총사령관 미 육군 대장 마크 W. 클라크</u>
<u>조선인민군 최고사령관 조선민주주의인민공화국원수 김일성</u>
<u>중국인민지원군 사령원 팽덕희</u>

< 참 석 자 >
국제연합군대표단 수석대표 미 육군중장 윌리암 K. 해리슨
조선인민군 및 중국인민지원군 수석대표 조선인민군 대장 남일

4 1965년 대한민국과 일본국간의 기본관계에 관한 조약(Treaty on Basic Relations between the Republic of Korea and Japan)

체결일 : 1965.6.22.
발효일 : 1965.12.1.

대한민국과 일본국은, 양국 국민관계의 역사적 배경과, 선린관계와 주권상호존중의 원칙에 입각한 <u>양국 관계의 정상화</u>에 대한 상호 희망을 고려하며, 양국의 상호 복지와 공통 이익을 증진하고 국제평화와 안전을 유지하는데 있어서 양국이 국제연합 헌장의 원칙에 합당하게 긴밀히 협력함이 중요하다는 것을 인정하며, 또한 <u>1951. 9. 8 샌프란시스코시에서 서명된 일본국과의 평화조약의 관계규정과 1948. 12. 12 국제연합 총회에서 채택된 결의 제195호(III)을 상기</u>하며, 본 기본관계에 관한 조약을 체결하기로 결정하여, 이에 다음과 같이 양국간의 전권위원을 임명하였다.

대한민국 대한민국 외무부장관 이동원, 대한민국 특명전권대사 김동조

일본국 일본국 외무대신 시이나 에쓰부로(椎名悅三郎) 다카스끼 신이치(高杉晋一)

이들 전권위원은 그들의 전권위임장을 상호 제시하고 그것이 상호 타당하다고 인정한 후 다음의 제 조항에 합의하였다.

제1조 <u>양 체약 당사국간에 외교 및 영사관계를 수립한다.</u> 양 체약 당사국은 대사급 외교사절을 지체없이 교환한다. 양 체약

당사국은 또한 양국 정부에 의하여 합의되는 장소에 영사관을 설치한다.

제2조 <u>1910년 8월 22일 및 그 이전에 대한제국과 대일본제국 간에 체결된 모든 조약 및 협정이 이미 무효(already null and void)임을 확인한다.</u>

제3조 대한민국 정부가 <u>국제 연합 총회의 결정 제195호(III)에 명시된 바와 같이 한반도에 있어서의 유일한 합법정부(the only lawful Government in Korea)</u>임을 확인한다.

제4조
(가) 양 체약 당사국은 양국 상호간의 관계에 있어서 국제연합 헌장의 원칙을 지침으로 한다.
(나) 양 체약 당사국은 양국의 상호의 복지와 공통의 이익을 증진함에 있어서 국제연합 헌장의 원칙에 합당하게 협력한다.

제5조 양 체약 당사국은 양국의 무역, 해운 및 기타 통상상의 관계를 안정되고 우호적인 기초 위에 두기 위하여 조약 또는 협정을 체결하기 위한 교섭을 실행 가능한 한 조속히 시작한다.

제6조 양 체약 당사국은 민간 항공 운수에 관한 협정을 체결하기 위하여 실행 가능한 한 조속히 교섭을 시작한다.

4. 1965년 대한민국과 일본국간의 기본관계에 관한 조약 669

제7조 본 조약은 비준되어야
한다. 비준서는 가능한 한 조속
히 서울에서 교환한다.

본 조약은 비준서가 교환된 날
로부터 효력을 발생한다. 이상
의 증거로써 각 전권위원은 본
조약에 서명 날인한다. 1965년
6월 22일 동경에서 동등히 정본
인 한국어, 일본어 및 영어로 2
통을 작성하였다. 해석에 상위
가 있을 경우에는 영어본에 따
른다.

대한민국을 위하여 이동원 김
동조, 일본국을 위하여 椎名悅
三郎 高杉晋─ 30)

---

30) 「한일기본조약」은 「대한민국과
일본국간의 기본관계에 관한 조
약(기본조약)과 이에 부속된 4개
의 협정 및 25개 문서를 총칭
하는 말이다. 4개의 부속협정은
「어업에 관한 협정」, 「재일교포의
법적 지위 및 대우에 관한 협정」,
「재산 및 청구권에 관한 문제의
해결과 경제협력에 관한 협정」,
「문화재 및 문화협력에 관한 협
정」이다. 1952년 2월 15일 <한일
회담>이 시작된 이래 14년 동안
결렬과 재개를 반복하며 모두 7
차례의 회담을 거쳐 합의에 도
달하게 되어, 1965년 2월 20일
일본의 외무장관 시이나 에쓰부
로(椎名悅三郎)가 방한하여 가
조인하고 1965년 6월 22일 동경
에서 정식 조인되었다. 1965년 6
월 22일 정식 조인된 「한일기
본조약」은 그해 12월 비준서가
교환됨으로써 주권의 상호존중
과 호혜평등의 원칙에 입각한
국교정상화가 실현되었다.

5 1965년 한일 재산 및 청구권에 관한 협정

(Agreement on the Settlement of Problem concerning Property and Claims and the Economic Cooperation between the Republic of Korea and Japan)

발효일 1965.12.18

...

제2조

양 체약국은 양 체약국 및 그 국민(법인을 포함함)의 재산, 권리 및 이익과 양 체약국 및 그 국민 간의 청구권에 관한 문제가 1951년 9월 8일에 샌프란시스코에서 서명된 일본국과의 평화조약 제4조 (a)에 규정된 것을 포함하여 완전히 그리고 최종적으로(completely and finally) 해결된 것이 된다는 것을 확인한다.

본조의 규정은 다음의 것(본 협정의 서명일까지 각기 체약국이 취한 특별조치의 대상이 된 것을 제외한다)에 영향을 미치는 것이 아니다.

(a) 일방체약국의 국민으로서 1947년 8월 15일부터 본 협정의 서명일까지 사이에 타방체약국에 거주한 일이 있는 사람의 재산, 권리 및 이익

(b) 일방체약국 및 그 국민의 재산, 권리 및 이익으로서 1945년 8월 15일 이후에 있어서의 통상의 접촉의 과정에 있어 취득되었고 또는 타방체약국의 관할하에 들어오게 된 것.

2의 규정에 따르는 것을 조건으로 하여 일방체약국 및 그 국민의 재산, 권리 및 이익으로서 본 협정의 서명일에 타방체약국의 관할하에 있는 것에 대한 조치와 일방체약국 및 그 국민의 타방체약국 및 그 국민에 대한 모든 청구권으로서 동일자 이전에 발생한 사유에 기인하는 것에 관하여는 어떠한 주장도 할 수 없는 것으로 한다.

제3조

1. 본 협정의 해석 및 실시에 관한 양 체약국간의 분쟁은 우선 외교상의 경로를 통하여 해결한다.

2. 1의 규정에 의하여 해결할 수 없었던 분쟁은 어느 일방체약국의 정부가 타방체약국의 정부로부터 분쟁의 중재를 요청하는 공한을 접수한 날로부터 30일의 기간 내에 각 체약국 정부가 임명하는 1인의 중재위원과 이와 같이 선정된 2인의 중재위원이 당해 기간 후의 30일의 기간 내에 합의하는 제3의 중재위원 또는 당해 기간 내에 이들 2인의 중재위원이 합의하는 제3국의 정부가 지명하는 제3의 중재위원과의 3인의 중재위원으로 구성되는 중재위원회에 결정을 위하여 회부한다. 단, 제3의 중재위원은 양 체약국 중 어느 편의 국민이어서는 아니된다.

3. 어느 일방체약국의 정부가 당해 기간 내에 중재위원을 임명하지 아니하였을 때, 또는 제3의 중재위원 또는 제3국에 대하여 당해 기간 내에 합의하지 못하였을 때에는 중재위원회는 양 체약국 정부가 각각 30일의 기간 내에 선정하는 국가의 정

부가 지명하는 각 1인의 중재위
원과 이들 정부가 협의에 의하
여 결정하는 제3국의 정부가 지
명하는 제3의 중재위원으로 구
성한다.

4. 양 체약국 정부는 본조의 규
정에 의거한 중재위원회의 결
정에 복한다.

...

6 1991년 남북간 화해·불가침·교류협력에 관한 합의서(남북기본합의서)

발효일 : 1992.2.19.

남과 북은 분단된 조국의 평화적 통일을 염원하는 온 겨레의 뜻에 따라, <u>7·4 남북공동성명에서 천명된 조국통일 3대원칙을 재확인하고</u>, 정치군사적 대결상태를 해소하여 민족적 화해를 이룩하고, 무력에 의한 침략과 충돌을 막고 긴장완화와 평화를 보장하며, 다각적인 교류·협력을 실현하여 민족공동의 이익과 번영을 도모하며, <u>쌍방 사이의 관계가 나라와 나라 사이의 관계가 아닌 통일을 지향하는 과정에서 잠정적으로 형성되는 특수관계라는 것을 인정</u>하고, 평화통일을 성취하기 위한 공동의 노력을 경주할 것을 다짐하면서, 다음과 같이 합의하였다.

제1장 남북화해

제1조 남과 북은 서로 상대방의 체제를 인정하고 존중한다.

제2조 남과 북은 상대방의 내부문제를 간섭하지 아니한다.

제3조 남과 북은 상대방에 대한 비방·중상을 하지 아니한다.

제4조 남과 북은 상대방을 파괴·전복하려는 일체 행위를 하지 아니한다.

제5조 남과 북은 <u>현 정전상태를 남북 사이의 공고한 평화상태로 전환시키기 위하여 공동으로 노력하며 이러한 평화상태가 이룩될 때까지 현 군사정전협정을 준수한다.</u>

제6조 남과 북은 국제무대에서 대결과 경쟁을 중지하고 서로 협력하며 민족의 존엄과 이익을 위하여 공동으로 노력한다.

제7조 남과 북은 서로의 긴밀한 연락과 협의를 위하여 이 합의서 발효 후 3개월 안에 판문점에 남북연락사무소를 설치·운영한다.

제8조 남과 북은 이 합의서 발효 후 1개월 안에 본 회담 테두리 안에서 남북정치분과위원회를 구성하여 남북화해에 관한 합의의 이행과 준수를 위한 구체적 대책을 협의한다.

제2장 남북불가침

제9조 남과 북은 상대방에 대하여 무력을 사용하지 않으며 상대방을 무력으로 침략하지 아니한다.

제10조 <u>남과 북은 의견대립과 분쟁문제들을 대화와 협상을 통하여 평화적으로 해결한다.</u>

제11조 남과 북은 <u>불가침 경계선과 구역은 1953년 7월 27일자 군사정전에 관한 협정에 규정된 군사분계선과 지금까지 쌍방이 관할하여 온 구역</u>으로 한다.

제12조 남과 북은 불가침의 이행과 보장을 위하여 이 합의서 발효 후 3개월 안에 남북공동위원회를 구성·운영한다. 남북군사공동위원회에서는 대규모 부대 이동과 군사연습의 통보 및 통제문제, 비무장지대의 평화적 이용문제, 군인사교류 및 정보교환문제, 대량살상무기와 공격능력의 제거를 비롯한 단계적 군축실현문제, 검증문제 등 군사적 신뢰조성과 군축을 실현하기 위한 문제를 협의·추진한다.

제13조 남과 북은 우발적인 무력충돌과 그 확대를 방지하기 위하여

쌍방 군사당국자 사이에 직통전화를 설치 · 운영한다.

제14조 남과 북은 이 합의서 발효 후 1개월 안에 본 회담 테두리 안에서 남북군사분과위원회를 구성하여 불가침에 관한 합의의 이행과 준수 및 군사적 대결상태를 해소하기 위한 구체적 대책을 협의한다.

제3장 남북교류 · 협력

제15조 남과 북은 민족경제의 통일적이며 균형적인 발전과 민족전체의 복리향상을 도모하기 위하여 자원의 공동개발, 민족내부교류로서의 물자교류, 합작투자 등 경제교류와 협력을 실시한다.

제16조 남과 북은 과학 · 기술, 교육, 문화 · 예술, 보건, 체육, 환경과 신문, 라디오, 텔레비전 및 출판물을 비롯한 출판 · 보도 등 여러 분야에서 교류와 협력을 실시한다.

제17조 남과 북은 민족구성원들의 자유로운 왕래와 접촉을 실현한다.

제18조 남과 북은 흩어진 가족 · 친척들의 자유로운 서신거래와 왕래와 상봉 및 방문을 실시하고 자유의사에 의한 재결합을 실현하며, 기타 인도적으로 해결할 문제에 대한 대책을 강구한다.

제19조 남과 북은 끊어진 철도와 도로를 연결하고 해로, 항로를 개설한다.

제20조 남과 북은 우편과 전기통신교류에 필요한 시설을 설치 · 연결하며, 우편 · 전기통신 교류의 비밀을 보장한다.

제21조 남과 북은 국제무대에서 경제와 문화 등 여러 분야에서 서로 협력하며 대외에 공동으로 진출한다.

제22조 남과 북은 경제와 문화 등 각 분야의 교류와 협력을 실현하기 위한 협의의 이행을 위하여 이 합의서 발효 후 3개월 안에 남북경제교류 · 협력공동위원회를 비롯한 부문별 공동위원회를 구성 · 운영한다.

제23조 남과 북은 이 합의서 발효 후 1개월 안에 본 회담 테두리 안에서 남북교류 · 협력에 관한 합의의 이행과 준수를 위한 구체적 대책을 협의한다.

제4장 수정 및 발효

제24조 이 합의서는 쌍방의 합의에 의하여 수정 보충할 수 있다.

제25조 이 합의서는 남과 북이 각기 발효에 필요한 절차를 거쳐 그 본문을 서로 교환한 날부터 효력을 발생한다.

1991년 12월 13일

남북고위급회담
남측대표단 수석대표
대한민국
국무총리 정원식

북남고위급회담
북측대표단 단장
조선민주주의인민공화국
정무원 총리 연형묵

7 2018년 한반도의 평화와 번영, 통일을 위한 판문점 선언

대한민국 문재인 대통령과 조선민주주의인민공화국 김정은 국무위원장은 평화와 번영, 통일을 염원하는 온 겨레의 한결같은 지향을 담아 한반도에서 역사적인 전환이 일어나고 있는 뜻깊은 시기에 2018년 4월 27일 판문점 평화의 집에서 남북정상회담을 진행하였다.

양 정상은 한반도에 더 이상 전쟁은 없을 것이며 새로운 평화의 시대가 열렸음을 8천만 우리 겨레와 전 세계에 엄숙히 천명하였다.

양 정상은 냉전의 산물인 오랜 분단과 대결을 하루 빨리 종식시키고 민족적 화해와 평화번영의 새로운 시대를 과감하게 열어나가며 남북관계를 보다 적극적으로 개선하고 발전시켜 나가야 한다는 확고한 의지를 담아 역사의 땅 판문점에서 다음과 같이 선언하였다.

1. 남과 북은 남북 관계의 전면적이며 획기적인 개선과 발전을 이룩함으로써 끊어진 민족의 혈맥을 잇고 공동번영과 자주통일의 미래를 앞당겨 나갈 것이다.

남북관계를 개선하고 발전시키는 것은 온 겨레의 한결같은 소망이며 더 이상 미룰 수 없는 시대의 절박한 요구이다.

① 남과 북은 우리 민족의 운명은 우리 스스로 결정한다는 민족 자주의 원칙을 확인하였으며 이미 채택된 남북 선언들과 모든 해방들을 철저히 이행함으로써 관계 개선과 발전의 전환적 국면을 열어나가기로 하였다.

② 남과 북은 고위급 회담을 비롯한 각 분야의 대화와 협상을 빠른 시일 안에 개최하여 정상회담에서 합의된 문제들을 실천하기 위한 적극적인 대책을 세워나가기로 하였다.

③ 남과 북은 당국 간 협의를 긴밀히 하고 민간교류와 협력을 원만히 보장하기 위하여 쌍방 당국자가 상주하는 남북공동연락사무소를 개성지역에 설치하기로 하였다.

④ 남과 북은 민족적 화해와 단합의 분위기를 고조시켜 나가기 위하여 각계각층의 다방면적인 협력과 교류 왕래와 접촉을 활성화하기로 하였다. 안으로는 6. 15를 비롯하여 남과 북에 다같이 의의가 있는 날들을 계기로 당국과 국회, 정당, 지방자치단체, 민간단체 등 각계각층이 참가하는 민족공동행사를 적극 추진하여 화해와 협력의 분위기를 고조시키며, 밖으로는 2018년 아시아경기대회를 비롯한 국제경기들에 공동으로 진출하여 민족의 슬기와 재능, 단합된 모습을 전 세계에 과시하기로 하였다.

⑤ 남과 북은 민족 분단으로 발생된 인도적 문제를 시급히 해결하기 위하여 노력하며, 남북적십자회담을 개최하여 이산가족·친척상봉을 비롯한 제반 문제들을 협의 해결해 나가기로 하였다. 당면하여 오는 8. 15를 계기로 이산가족·친척 상봉을 진행하기로 하였다.

⑥ 남과 북은 민족경제의 균형적 발전과 공동번영을 이룩하기 위하여 10. 4선언에서 합의

된 사업들을 적극 추진해 나가며 1차적으로 동해선 및 경의선 철도와 도로들을 연결하고 현대화하여 활용하기 위한 실천적 대책들을 취해나가기로 하였다.

2. 남과 북은 한반도에서 첨예한 군사적 긴장상태를 완화하고 전쟁 위험을 실질적으로 해소하기 위하여 공동으로 노력해 나갈 것이다.

① 남과 북은 지상과 해상, 공중을 비롯한 모든 공간에서 군사적 긴장과 충돌의 근원으로 되는 상대방에 대한 일체의 적대행위를 전면 중지하기로 하였다. 당면하여 5월 1일부터 군사분계선 일대에서 확성기 방송과 전단살포를 비롯한 모든 적대 행위들을 중지하고 그 수단을 철폐하며 앞으로 비무장지대를 실질적인 평화지대로 만들어 나가기로 하였다.

② 남과 북은 서해 북방한계선 일대를 평화수역으로 만들어 우발적인 군사적 충돌을 방지하고 안전한 어로 활동을 보장하기 위한 실제적인 대책을 세워나가기로 하였다.

③ 남과 북은 상호협력과 교류, 왕래와 접촉이 활성화되는 데 따른 여러 가지 군사적 보장대책을 취하기로 하였다. 남과 북은 쌍방 사이에 제기되는 군사적 문제를 지체없이 협의 해결하기 위하여 국방부장관회담을 비롯한 군사당국자회담을 자주 개최하며 5월 중에 먼저 장성급 군사회담을 열기로 하였다.

3. 남과 북은 한반도의 항구적이며 공고한 평화체제 구축을 위하여 적극 협력해 나갈 것이다. 한반도에서 비정상적인 현재의 정전상태를 종식시키고 확고한 평화체제를 수립하는 것은 더 이상 미룰 수 없는 역사적 과제이다.

① 남과 북은 그 어떤 형태의 무력도 서로 사용하지 않을 때 대한 불가침 합의를 재확인하고 엄격히 준수해 나가기로 하였다.

② 남과 북은 군사적 긴장이 해소되고 서로의 군사적 신뢰가 실질적으로 구축되는 데 따라 단계적으로 군축을 실현해 나가기로 하였다.

③ 남과 북은 정전협정체결 65년이 되는 올해에 종전을 선언하고 정전협정을 평화협정으로 전환하며 항구적이고 공고한 평화체제 구축을 위한 남·북·미 3자 또는 남·북·미·중 4자회담 개최를 적극 추진해 나가기로 하였다.

④ 남과 북은 완전한 비핵화를 통해 핵 없는 한반도를 실현한다는 공동의 목표를 확인하였다. 남과 북은 북측이 취하고 있는 주동적인 조치들이 한반도 비핵화를 위해 대단히 의의있고 중대한 조치라는데 인식을 같이 하고 앞으로 각기 자기의 책임과 역할을 다하기로 하였다. 남과 북은 한반도 비핵화를 위한 국제사회의 지지와 협력을 위해 적극 노력하기로 하였다.

양 정상은 정기적인 회담과 직통전화를 통하여 민족의 중대사를 수시로 진지하게 논의하고 신뢰를 굳건히 하며, 남북관계의 지속적인 발전과 한반도의 평화와 번영, 통일을 향한 좋은 흐름을 더욱 확대해 나가기 위하여 함께 노력하기로 하였다. <u>당면하여 문재인 대통령은 올해 가을 평양을 방문하기로 하였다.</u>

2018년 4월 27일
판 문 점

대한민국
대통령 문재인

조선민주인민공화국
국무위원회 위원장 김정은

8 2018년 미합중국 도널드 J. 트럼프 대통령과 조선민주주의인민공화국 김정은 국무위원장 간의 싱가포르 북미정상회담 공동합의문

미합중국 대통령 도널드 J. 트럼프와 조선민주주의인민공화국 국무위원장 김정은은 2018년 6월 12일 싱가포르에서 처음으로 열린 역사적 회담을 개최하였다.

트럼프 대통령과 김정은 국무위원장은 새로운 북미관계 수립과 한반도에서의 지속적이고 강건한 평화체제 건설에 관한 의제에 대하여 포괄적이고 심도있고, 진실성 있는 의견교환을 이뤄냈다. 트럼프 대통령은 북한에게 안전보장을 약속하였고, 김정은 국무위원장은 단호하고 확고하게 한반도에서의 완전한 비핵화를 약속하였다.

새로운 북미관계의 수립이 한반도와 세계의 평화와 번영에 기여함을 확신하고 양국간 상호신뢰 구축이 한반도 비핵화를 촉진시킬 수 있음을 인식하며 트럼프 대통령과 김정은 국무위원장은 다음과 같이 선언한다.

1. 미합중국과 조선민주주의인민공화국은 양국 국민들의 평화와 번영을 향한 염원에 따라 새로운 북미관계를 수립하기로 약속한다.
2. 미합중국과 조선민주주의인민공화국은 지속적이고 안정적인 평화체제를 한반도 내에서 구축하기 위한 노력에 협력하기로 한다.
3. 2018년 4월 27일 발표된 판문점 선언의 의의를 재확인하며, 조선민주주의인민공화국은 한반도의 완전한 비핵화를 위해 노력하기로 약속한다.
4. 미합중국과 조선민주주의인민공화국은 이미 신원이 확인된 자들에 대한 즉각적인 송환을 포함하여 전쟁포로(POW; Prisoner of War)와 전시행방불명자(MIA; Missing in Action)의 유해를 수습하기로 한다.

역사상 최초로 개최된 북미정상회담이 지난 수십년 동안 양국간 긴장과 적대로 점철된 시간을 극복하고 다가올 새로운 미래를 준비하는데 있어서 커다란 의미를 가지고 있는 신기원적 사건임을 인지하면서, 트럼프 대통령과 김정은 국무위원장은 이번 합의문에 규정된 사항들을 완전히 그리고 신속하게 이행할 것을 약속하였다. 미합중국과 조선민주주의인민공화국은 미합중국 국무장관인 마이크 폼페오와 이에 상응하는 북한의 유관 고위당국자의 협의를 통해 가능한 최대한 빠른 시일 내에 북미정상회담의 결과물을 이행하기 위한 추가 협상을 진행하기로 약속하였다.

미합중국 대통령 도널드 J. 트럼프와 조선민주주의인민공화국 국무위원장 김정은은 새로운 북미관계의 발전과 한반도와 세계의 평화, 번영 그리고 안정의 촉진을 위해 협력할 것을 다짐하였다.

미합중국 대통령 도널드 J. 트럼프

조선민주주의인민공화국 국무위원회 위원장 김정은

2018년 6월 12일
센토사 섬, 싱가포르

9 2018년 남북 평양공동선언문

대한민국 문재인 대통령과 조선민주주의인민공화국 김정은 국무위원장은 2018년 9월 18일부터 20일까지 평양에서 남북정상회담을 진행하였다.

양 정상은 역사적인 판문점선언 이후 남북 당국간 긴밀한 대화와 소통, 다방면적 민간교류와 협력이 진행되고, 군사적 긴장완화를 위한 획기적인 조치들이 취해지는 등 훌륭한 성과들이 있었다고 평가하였다.

양 정상은 민족자주와 민족자결의 원칙을 재확인하고, 남북관계를 민족적 화해와 협력, 확고한 평화와 공동번영을 위해 일관되고 지속적으로 발전시켜 나가기로 하였으며, 현재의 남북관계 발전을 통일로 이어갈 것을 바라는 온 겨레의 지향과 여망을 정책적으로 실현하기 위하여 노력해 나가기로 하였다.

양 정상은 판문점선언을 철저히 이행하여 남북관계를 새로운 높은 단계로 진전시켜 나가기 위한 제반 문제들과 실천적 대책들을 허심탄회하고 심도있게 논의하였으며, 이번 평양정상회담이 중요한 역사적 전기가 될 것이라는 데 인식을 같이하고 다음과 같이 선언하였다.

1. 남과 북은 비무장지대를 비롯한 대치지역에서의 군사적 적대관계 종식을 한반도 전 지역에서의 실질적인 전쟁위험 제거와 근본적인 적대관계 해소로 이어나가기로 하였다.

① 남과 북은 이번 평양정상회담을 계기로 체결한 「판문점선언 군사분야 이행합의서」를 평양공동선언의 부속합의서로 채택하고 이를 철저히 준수하고 성실히 이행하며, 한반도를 항구적인 평화지대로 만들기 위한 실천적 조치들을 적극 취해나가기로 하였다.

② 남과 북은 남북군사공동위원회를 조속히 가동하여 군사분야 합의서의 이행실태를 점검하고 우발적 무력충돌 방지를 위한 상시적 소통과 긴밀한 협의를 진행하기로 하였다.

2. 남과 북은 상호호혜와 공리공영의 바탕 위에서 교류와 협력을 더욱 증대시키고, 민족경제를 균형적으로 발전시키기 위한 실질적인 대책들을 강구해 나가기로 하였다.

① 남과 북은 금년 내 동, 서해선 철도 및 도로 연결을 위한 착공식을 갖기로 하였다.

② 남과 북은 조건이 마련되는 데 따라 개성공단과 금강산관광 사업을 우선 정상화하고, 서해경제공동특구 및 동해관광공동특구를 조성하는 문제를 협의해 나가기로 하였다.

③ 남과 북은 자연생태계의 보호 및 복원을 위한 남북 환경협력을 적극 추진하기로 하였으며, 우선적으로 현재 진행 중인 산림분야 협력의 실천적 성과를 위해 노력하기로 하였다.

④ 남과 북은 전염성 질병의 유입 및 확산 방지를 위한 긴급조치를 비롯한 방역 및 보건·의료 분야의 협력을 강화하기로 하였다.

3. 남과 북은 이산가족 문제를 근본적으로 해결하기 위한 인도적 협력을 더욱 강화해 나가기로 하였다.

① 남과 북은 금강산 지역의 이산가족 상설면회소를 빠른 시일 내 개소하기로 하였으며, 이를 위해 면회소 시설을 조속히 복구하기로 하였다.

② 남과 북은 적십자 회담을 통해 이산가족의 화상상봉과 영상편지 교환 문제를 우선적으로 해결해 나가기로 하였다.

4. 남과 북은 화해와 단합의 분위기를 고조시키고 우리 민족의 기개를 내외에 과시하기 위해 다양한 분야의 협력과 교류를 적극 추진하기로 하였다.

① 남과 북은 문화 및 예술분야의 교류를 더욱 증진시켜 나가기로 하였으며, 우선적으로 10월 중에 평양예술단의 서울공연을 진행하기로 하였다.

② 남과 북은 2020년 하계올림픽경기대회를 비롯한 국제경기들에 공동으로 적극 진출하며, 2032년 하계올림픽의 남북공동 개최를 유치하는 데 협력하기로 하였다.

③ 남과 북은 10. 4 선언 11주년을 뜻깊게 기념하기 위한 행사들을 의의있게 개최하며, 3. 1운동 100주년을 남북이 공동으로 기념하기로 하고, 그를 위한 실무적인 방안을 협의해 나가기로 하였다.

5. 남과 북은 한반도를 핵무기와 핵위협이 없는 평화의 터전으로 만들어 나가야 하며 이를 위해 필요한 실질적인 진전을 조속히 이루어 나가야 한다는 데 인식을 같이 하였다.

① 북측은 동창리 엔진시험장과 미사일 발사대를 유관국 전문가들의 참관 하에 우선 영구적으로 폐기하기로 하였다.

② 북측은 미국이 6. 12 북미공동성명의 정신에 따라 상응조치를 취하면 영변 핵시설의 영구적 폐기와 같은 추가적인 조치를 계속 취해나갈 용의가 있음을 표명하였다.

③ 남과 북은 한반도의 완전한 비핵화를 추진해 나가는 과정에서 함께 긴밀히 협력해 나가기로 하였다.

6. 김정은 국무위원장은 문재인 대통령의 초청에 따라 가까운 시일 내로 서울을 방문하기로 하였다.

2018년 9월 19일

대한민국 대통령 문재인

조선민주주의인민공화국 국무위원장 김정은

10 2018년 역사적인 '판문점선언' 이행을 위한 군사분야 합의서

남과 북은 한반도에서 군사적 긴장 상태를 완화하고 신뢰를 구축하는 것이 항구적이며 공고한 평화를 보장하는 데 필수적이라는 공통된 인식으로부터 한반도의 평화와 번영, 통일을 위한 판문점선언을 군사적으로 철저히 이행하기 위하여 다음과 같이 포괄적으로 합의하였다.

1. 남과 북은 지상과 해상, 공중을 비롯한 모든 공간에서 군사적 긴장과 충돌의 근원으로 되는 상대방에 대한 일체의 적대행위를 전면 중지하기로 하였다.

① 쌍방은 지상과 해상, 공중을 비롯한 모든 공간에서 무력 충돌을 방지하기 위해 다양한 대책을 강구하였다. 쌍방은 군사적 충돌을 야기할 수 있는 모든 문제를 평화적 방법으로 협의·해결하며, 어떤 경우에도 무력을 사용하지 않기로 하였다. 쌍방은 어떠한 수단과 방법으로도 상대방의 관할구역을 침입 또는 공격하거나 점령하는 행위를 하지 않기로 하였다. 쌍방은 상대방을 겨냥한 대규모 군사훈련 및 무력증강 문제, 다양한 형태의 봉쇄 차단 및 항행방해 문제, 상대방에 대한 정찰행위 중지 문제 등에 대해 '남북군사공동위원회'를 가동하여 협의해 나가기로 하였다. 쌍방은 군사적 긴장 해소 및 신뢰구축에 따라 단계적 군축을 실현해 나가기로 합의한 판문점선언을 구현하기 위해 이와 관련된 다양한 실행 대책들을 계속 협의하기로 하였다.

② 쌍방은 2018년 11월 1일부터 군사분계선 일대에서 상대방을 겨냥한 각종 군사연습을 중지하기로 하였다. 지상에서는 군사분계선으로부터 5km 안에서 포병 사격훈련 및 연대급 이상 야외기동훈련을 전면 중지하기로 하였다. 해상에서는 서해 남측 덕적도 이북으로부터 북측 초도 이남까지의 수역, 동해 남측 속초 이북으로부터 북측 통천 이남까지의 수역에서 포사격 및 해상 기동훈련을 중지하고 해안포와 함포의 포구 포신 덮개 설치 및 포문폐쇄 조치를 취하기로 하였다. 공중에서는 군사분계선 동 서부 지역 상공에 설정된 비행 금지구역 내에서 고정익항공기의 공대지유도무기사격 등 실탄사격을 동반한 전술훈련을 금지하기로 하였다.

③ 쌍방은 2018년 11월 1일부터 군사분계선 상공에서 모든 기종들의 비행금지구역을 다음과 같이 설정하기로 하였다. 고정익항공기는 군사분계선으로부터 동부지역(군사분계선표식물 제0646호부터 제1292호까지의 구간)은 40km, 서부지역(군사분계선표식물 제0001호부터 제0646호까지의 구간)은 20km를 적용하여 비행금지구역을 설정한다. 회전익항공기는 군사분계선으로부터 10km로, 무인기는 동부지역에서 15km, 서부지역에서 10km로, 기구는 25km로 적용한다.

다만, 산불 진화, 지 해상 조난 구조, 환자 후송, 기상 관측, 영농지원 등으로 비행기 운용이 필요한 경우에는 상대측에 사전 통보하고 비행할 수 있도록 한다. 민간 여객기(화물기 포함)에 대해서는 상기 비행금지구역을 적용하지 않는다.

④ 쌍방은 지상과 해상, 공중을 비롯한 모든 공간에서 어떠한 경우에도 우발적인 무력충돌 상황이 발생하지 않도록 대책을 취하기로 하였다.

이를 위해 지상과 해상에서는 경고방송 → 2차 경고방송 → 경고사격 → 2차 경고사격 → 군사적 조치의 5개 단계로, 공중에서는 경고신 및 신호 → 차단비행 → 경고사격 → 군사적 조치의 4개 단계의 절차를 적용하기로 하였다.

쌍방은 수정된 절차를 2018년 11월 1일부터 시행하기로 하였다.

⑤ 쌍방은 지상과 해상, 공중을 비롯한 모든 공간에서 어떠한 경우에도 우발적 충돌이 발생하지 않도록 상시 연락체계를 가동하며, 비정상적인 상황이 발생하는 경우 즉시 통보하는 등 모든 군사적 문제를 평화적으로 협의하여 해결하기로 하였다.

2. 남과 북은 비무장지대를 평화지대로 만들어 나가기 위한 실질적인 군사적 대책을 강구하기로 하였다.

① 쌍방은 비무장지대 안에 감시초소(GP)를 전부 철수하기 위한 시범적 조치로 상호 1km 이내 근접해 있는 남북 감시초소들을 완전히 철수하기로 하였다.

② 쌍방은 판문점 공동경비구역을 비무장화하기로 하였다.

③ 쌍방은 비무장지대 내에서 시범적 남북공동유해발굴을 진

행하기로 하였다.

④ 쌍방은 비무장지대 안의 역사유적에 대한 공동조사 및 발굴과 관련한 군사적 보장대책을 계속 협의하기로 하였다.

3. 남과 북은 서해 북방한계선 일대를 평화수역으로 만들어 우발적인 군사적 충돌을 방지하고 안전한 어로활동을 보장하기 위한 군사적 대책을 취해 나가기로 하였다.

① 쌍방은 2004년 6월 4일 제2차 남북장성급군사회담에서 서명한 '서해 해상에서의 우발적 충돌 방지' 관련 합의를 재확인하고, 전면적으로 복원 이행해 나가기로 하였다.

② 쌍방은 서해 해상에서 평화수역과 시범적 공동어로구역을 설정하기로 하였다.

③ 쌍방은 평화수역과 시범적 공동어로구역에 출입하는 인원 및 선박에 대한 안전을 철저히 보장하기로 하였다.

④ 쌍방은 평화수역과 시범적 공동어로구역 내에서 불법어로 차단 및 남북 어민들의 안전한 어로활동 보장을 위하여 남북 공동순찰 방안을 마련하여 시행하기로 하였다.

4. 남과 북은 교류협력 및 접촉 왕래 활성화에 필요한 군사적 보장대책을 강구하기로 하였다.

① 쌍방은 남북관리구역에서의 통행 통신 통관(3통)을 군사적으로 보장하기 위한 대책을 마련하기로 하였다.

② 쌍방은 동 서해선 철도 도로 연결과 현대화를 위한 군사적 보장대책을 강구하기로 하였다.

③ 쌍방은 북측 선박들의 해주 직항로 이용과 제주해협 통과 문제 등을 남북군사공동위에서 협의하여 대책을 마련하기로 하였다.

④ 쌍방은 한강(임진강) 하구 공동이용을 위한 군사적 보장 대책을 강구하기로 하였다.

5. 남과 북은 상호 군사적 신뢰 구축을 위한 다양한 조치들을 강구해 나가기로 하였다.

① 쌍방은 남북군사당국자 사이에 직통전화 설치 및 운영 문제를 계속 협의해 나가기로 하였다.

② 쌍방은 남북군사공동위원회 구성 및 운영과 관련한 문제를 구체적으로 협의·해결해 나가기로 하였다.

③ 쌍방은 남북군사당국간 채택한 모든 합의들을 철저히 이행 하며, 그 이행상태를 정기적으로 점검 평가해 나가기로 하였다.

6. 이 합의서는 쌍방이 서명하고 각기 발효에 필요한 절차를 거쳐 그 문본을 교환한 날부터 효력을 발생한다.

① 합의서는 쌍방의 합의에 따라 수정 및 보충할 수 있다.

② 합의서는 2부 작성되었으며, 같은 효력을 가진다.

2018년 9월 19일

대한민국국방부장관 송영무

조선민주주의인민공화국 인민무력상 조선인민군 대장 노광철

11 1995년 세계무역기구협정의 이행에 관한 특별법 (세계무역기구법)

시행일 : 2007.12.14.

제1조【목적】 이 법은「세계무역기구 설립을 위한 마라케쉬 협정」을 이행할 때 세계무역기구 회원국으로서의 우리나라의 권리와 이익을 확보하고 이 협정의 이행으로 인하여 발생할 수 있는 피해를 최소화함으로써 국민경제의 건전한 발전을 보장하는 것을 목적으로 한다.

제2조【경제주권의 보장】「세계무역기구 설립을 위한 마라케쉬 협정」(이하 "협정"이라 한다)의 어느 조항도 세계 자유무역 체제의 일원으로서의 우리나라의 정당한 경제적 권익을 침해하는 것을 용납하여 인정하는 것으로 해석될 수 없다.

제3조【협정상의 권익 확보】 ① 정부는 협정의 기본원칙에 따라 권리와 의무를 행한다.
② 정부는 협상의 결과가 협정의 기본원칙에 어긋나거나 협정 의무의 이행으로 인하여 특정 품목의 국내 피해가 클 경우 협정 절차에 따라 이를 수정하기 위한 협상을 추진하여야 한다.

제4조【보조금에 대한 조치】 세계무역기구 회원국이 협정에서 허용하지 아니하는 보조금 등에 의하여 수출을 하는 경우에 정부는 협정과 관계 법령으로 정하는 바에 따라 필요하고 적절한 조치를 취하여야 한다.

제5조【민족내부거래】 남북한 간의 거래는 민족내부거래로서 협정에 따른 국가 간의 거래로 보지 아니한다.

제6조【특별긴급관세】 농림수산물의 수입물량이 급증하거나 국제가격이 뚜렷이 하락하는 경우에 정부는 협정과 관계 법령으로 정하는 바에 따라 양허(讓許)한 세율을 초과하여 특별긴급관세를 부과할 수 있다.

제7조【농림수산물 관세 및 수입이익금의 용도】 협정 이행으로 인한 농림수산물 관세와 수입이익금은 관계 법령에서 정하는 바에 따라 농어민 소득 향상과 농어촌 발전 등을 위하여 사용한다.

제8조【국민건강의 보호】 정부는 식품, 그 용기, 그 밖의 수입물품에「검역법」,「식품위생법」,「식물방역법」,「가축전염병예방법」등의 법령으로 정하는 세균·병해충 또는 유해물질 등이 포함되어 있어 국민건강을 해칠 우려가 있을 경우에는 협정과 관계 법령으로 정하는 바에 따라 다음 각 호의 물품에 대하여 수입을 금지하거나 제한할 수 있다.
1. 그 수입물품
2. 그 수입물품을 원료로 하여 제조·가공된 물품
3. 그 수입물품을 제조·가공한 제조원의 유사 물품

제9조【환경의 보호】 특정 물품의 수입으로 인하여 사람·동물의 건강이나 식물의 성장을 해칠 환경오염의 위험이 있을 경우에는 정부는 협정과 관계 법령으로 정하는 바에 따라 그 물품이나 이를 원료로 하여 제조·가공된 물품의 수입을 금지하거나 제한할 수 있다.

제10조 【수입 기관의 지정】 정부는 농림수산물의 수입으로 인하여 관련 국내 농림수산업이 위축될 위험이 큰 물품에 대하여는 협정과 관계 법령으로 정하는 바에 따라 정부·지방자치단체·공공기관 및 생산자단체 등으로 하여금 수입하게 할 수 있다.

제11조 【국내지원 정책의 시행】
① 정부는 협정 발효 후 조속한 시일 내에 수출품에 대한 신용보증과 수출시장에 대한 정보 제공 등 협정에서 허용하는 수출시장 개척에 대한 지원제도를 확충하여야 한다.
② 정부는 협정 발효 후 조속한 시일 내에 농림수산업의 생산자를 보호하기 위하여 협정에서 허용하는 다음 각 호의 지원조치를 강구하여야 한다.
1. 생산 통제를 목적으로 한 직접지불
2. 영세농(零細農) 등을 위한 보조
3. 토양 등 환경보전을 위한 유기농, 경종농(耕種農)에 대한 보조
4. 농림수산업 재해에 대한 지원
5. 생산과 연계되지 아니하는 소득보조

제12조 【생산자단체의 농림수산물 수급조절사업에 대한 지원】 정부는 농림수산물 수급조절사업을 하는 생산자단체에게 관계 법령으로 정하는 바에 따라 수매(收買)·비축(備蓄)·가공 등을 위한 시설에 대하여 지원하여야 한다.

제13조 【농림수산업의 구조조정사업의 실시】 정부는 협정 이행과 관련하여 농림수산업의 구조조정사업을 시행하여야 하며, 협정 발효 후 사업 시행 내용을 연 1회 국회에 보고하여야 한다.

제14조 삭제 <2007.12.14.>

12 국적법 [31]

제1조【목적】 이 법은 대한민국의 국민이 되는 요건을 정함을 목적으로 한다.

제2조【출생에 의한 국적 취득】 ① 다음 각 호의 어느 하나에 해당하는 자는 출생과 동시에 대한민국 국적(國籍)을 취득한다.

1. 출생 당시에 부(父) 또는 모(母)가 대한민국의 국민인 자

2. 출생하기 전에 부가 사망한 경우에는 그 사망 당시에 부가 대한민국의 국민이었던 자

3. 부모가 모두 분명하지 아니한 경우나 국적이 없는 경우에는 대한민국에서 출생한 자

② 대한민국에서 발견된 기아(棄兒)는 대한민국에서 출생한 것으로 추정한다.

제3조【인지에 의한 국적 취득】 ① 대한민국의 국민이 아닌 자(이하 "외국인"이라 한다)로서 대한민국의 국민인 부 또는 모에 의하여 인지(認知)된 자가 다음 각 호의 요건을 모두 갖추면 법무부장관에게 신고함으로써 대한민국 국적을 취득할 수 있다.

1. 대한민국의 「민법」상 미성년일 것

2. 출생 당시에 부 또는 모가 대한민국의 국민이었을 것

② 제1항에 따라 신고한 자는 그 신고를 한 때에 대한민국 국적을 취득한다.

③ 제1항에 따른 신고 절차와 그 밖에 필요한 사항은 대통령령으로 정한다.

제4조【귀화에 의한 국적 취득】 ① 대한민국 국적을 취득한 사실이 없는 외국인은 법무부장관의 귀화허가(歸化許可)를 받아 대한민국 국적을 취득할 수 있다.

② 법무부장관은 귀화허가 신청을 받으면 제5조부터 제7조까지의 귀화 요건을 갖추었는지를 심사한 후 그 요건을 갖춘 자에게만 귀화를 허가한다.

③ 제1항에 따라 귀화허가를 받은 자는 법무부장관이 그 허가를 한 때에 대한민국 국적을 취득한다.

④ 제1항과 제2항에 따른 신청절차와 심사 등에 관하여 필요한 사항은 대통령령으로 정한다.

제5조【일반귀화 요건】 외국인이 귀화허가를 받기 위하여서는 제6조나 제7조에 해당하는 경우 외에는 다음 각 호의 요건을 갖추어야 한다.

1. 5년 이상 계속하여 대한민국에 주소가 있을 것

2. 대한민국의 「민법」상 성년일 것

3. 품행이 단정할 것

4. 자신의 자산(資産)이나 기능(技能)에 의하거나 생계를 같이 하는 가족에 의존하여 생계를 유지할 능력이 있을 것

5. 국어능력과 대한민국의 풍습에 대한 이해 등 대한민국 국민으로서의 기본 소양(素養)을 갖추고 있을 것

제6조【간이귀화 요건】 ① 다음 각 호의 어느 하나에 해당하는 외국인으로서 대한민국에 3년 이상 계속하여 주소가 있는 자는 제5조제1호의 요건을 갖추지 아니하여도 귀화허가를 받을 수 있다.

1. 부 또는 모가 대한민국의 국민이었던 자

2. 대한민국에서 출생한 자로서 부 또는 모가 대한민국에서 출생한 자

3. 대한민국 국민의 양자(養子)

---

31) 법률 제12421호 일부개정 2014.3.18.

로서 입양 당시 대한민국의 「민법」상 성년이었던 자

② 배우자가 대한민국의 국민인 외국인으로서 다음 각 호의 어느 하나에 해당하는 자는 제5조 제1호의 요건을 갖추지 아니하여도 귀화허가를 받을 수 있다.

1. 그 배우자와 혼인한 상태로 대한민국에 2년 이상 계속하여 주소가 있는 자

2. 그 배우자와 혼인한 후 3년이 지나고 혼인한 상태로 대한민국에 1년 이상 계속하여 주소가 있는 자

3. 제1호나 제2호의 기간을 채우지 못하였으나, 그 배우자와 혼인한 상태로 대한민국에 주소를 두고 있던 중 그 배우자의 사망이나 실종 또는 그 밖에 자신에게 책임이 없는 사유로 정상적인 혼인 생활을 할 수 없었던 자로서 제1호나 제2호의 잔여기간을 채웠고 법무부장관이 상당(相當)하다고 인정하는 자

4. 제1호나 제2호의 요건을 충족하지 못하였으나, 그 배우자와의 혼인에 따라 출생한 미성년의 자(子)를 양육하고 있거나 양육하여야 할 자로서 제1호나 제2호의 기간을 채웠고 법무부장관이 상당하다고 인정하는 자

제7조 【특별귀화 요건】 ① 다음 각 호의 어느 하나에 해당하는 외국인으로서 대한민국에 주소가 있는 자는 제5조 제1호·제2호 또는 제4호의 요건을 갖추지 아니하여도 귀화허가를 받을 수 있다.

1. 부 또는 모가 대한민국의 국민인 자. 다만, 양자로서 대한민국의 「민법」상 성년이 된 후에 입양된 자는 제외한다.

2. 대한민국에 특별한 공로가 있는 자

3. 과학·경제·문화·체육 등 특정

분야에서 매우 우수한 능력을 보유한 자로서 대한민국의 국익에 기여할 것으로 인정되는 자

② 제1항 제2호 및 제3호에 해당하는 자를 정하는 기준 및 절차는 대통령령으로 정한다.

제8조 【수반 취득】 ① 외국인의 자(子)로서 대한민국의 「민법」상 미성년인 자는 부 또는 모가 귀화허가를 신청할 때 함께 국적 취득을 신청할 수 있다.

② 제1항에 따라 국적 취득을 신청한 자는 법무부장관이 부 또는 모에게 귀화를 허가한 때에 함께 대한민국 국적을 취득한다.

③ 제1항에 따른 신청 절차와 그 밖에 필요한 사항은 대통령령으로 정한다.

제9조 【국적회복에 의한 국적 취득】 ① 대한민국의 국민이었던 외국인은 법무부장관의 국적회복허가(國籍回復許可)를 받아 대한민국 국적을 취득할 수 있다.

② 법무부장관은 국적회복허가 신청을 받으면 심사한 후 다음 각 호의 어느 하나에 해당하는 자에게는 국적회복을 허가하지 아니한다.

1. 국가나 사회에 위해(危害)를 끼친 사실이 있는 자

2. 품행이 단정하지 못한 자

3. 병역을 기피할 목적으로 대한민국 국적을 상실하였거나 이탈하였던 자

4. 국가안전보장·질서유지 또는 공공복리를 위하여 법무부장관이 국적회복을 허가하는 것이 적당하지 아니하다고 인정하는 자

③ 제1항에 따라 국적회복허가를 받은 자는 법무부장관이 허가를 한 때에 대한민국 국적을 취득한다.

④ 제1항과 제2항에 따른 신청 절차와 심사 등에 관하여 필요한 사항은 대통령령으로 정한다.

⑤ 국적회복허가에 따른 수반(隨伴) 취득에 관하여는 제8조를 준용(準用)한다.

제10조【국적 취득자의 외국 국적 포기 의무】 ① 대한민국 국적을 취득한 외국인으로서 외국 국적을 가지고 있는 자는 대한민국 국적을 취득한 날부터 1년 내에 그 외국 국적을 포기하여야 한다.

② 제1항에도 불구하고 다음 각 호의 어느 하나에 해당하는 자는 대한민국 국적을 취득한 날부터 1년 내에 외국 국적을 포기하거나 법무부장관이 정하는 바에 따라 대한민국에서 외국 국적을 행사하지 아니하겠다는 뜻을 법무부장관에게 서약하여야 한다.

1. 귀화허가를 받은 때에 제6조 제2항 제1호·제2호 또는 제7조 제1항 제2호·제3호의 어느 하나에 해당하는 사유가 있는 자

2. 제9조에 따라 국적회복허가를 받은 자로서 제7조 제1항 제2호 또는 제3호에 해당한다고 법무부장관이 인정하는 자

3. 대한민국의 「민법」상 성년이 되기 전에 외국인에게 입양된 후 외국 국적을 취득하고 외국에서 계속 거주하다가 제9조에 따라 국적회복허가를 받은 자

4. 외국에서 거주하다가 영주할 목적으로 만 65세 이후에 입국하여 제9조에 따라 국적회복허가를 받은 자

5. 본인의 뜻에도 불구하고 외국의 법률 및 제도로 인하여 제1항을 이행하기 어려운 자로서 대통령령으로 정하는 자

③ 제1항 또는 제2항을 이행하지 아니한 자는 그 기간이 지난 때에 대한민국 국적을 상실(喪失)한다.

제11조【국적의 재취득】 ① 제10조 제3항에 따라 대한민국 국적을 상실한 자가 그 후 1년 내에 그 외국 국적을 포기하면 법무부장관에게 신고함으로써 대한민국 국적을 재취득할 수 있다.

② 제1항에 따라 신고한 자는 그 신고를 한 때에 대한민국 국적을 취득한다.

③ 제1항에 따른 신고 절차와 그 밖에 필요한 사항은 대통령령으로 정한다.

제11조의2【복수국적자의 법적 지위 등】 ① 출생이나 그 밖에 이 법에 따라 대한민국 국적과 외국 국적을 함께 가지게 된 자(이하 "복수국적자"(複數國籍者)라 한다)는 대한민국의 법령 적용에서 대한민국 국민으로만 처우한다.

② 복수국적자가 관계 법령에 따라 외국 국적을 보유한 상태에서 직무를 수행할 수 없는 분야에 종사하려는 경우에는 외국 국적을 포기하여야 한다.

③ 중앙행정기관의 장이 복수국적자를 외국인과 동일하게 처우하는 내용으로 법령을 제정 또는 개정하려는 경우에는 미리 법무부장관과 협의하여야 한다.

제12조【복수국적자의 국적선택 의무】 ① 만 20세가 되기 전에 복수국적자가 된 자는 만 22세가 되기 전까지, 만 20세가 된 후에 복수국적자가 된 자는 그때부터 2년 내에 제13조와 제14조에 따라 하나의 국적을 선택하여야 한다. 다만, 제10조 제2항에 따라 법무부장관에게 대한민국에서 외국 국적을 행사하지 아니하겠다는 뜻을 서약한 복수국적자는 제외한다. <개정 2010. 5. 4.>

② 제1항 본문에도 불구하고 「병역법」 제8조에 따라 제1국민역(第一國民役)에 편입된 자는 편입된 때부터 3개월 이내에 하나의 국적을 선택하거나 제3항 각 호의 어느 하나에 해당하는 때부터 2년

이내에 하나의 국적을 선택하여야 한다. 다만, 제13조에 따라 대한민국 국적을 선택하려는 경우에는 제3항 각 호의 어느 하나에 해당하기 전에도 할 수 있다.

③ 직계존속(直系尊屬)이 외국에서 영주(永住)할 목적 없이 체류한 상태에서 출생한 자는 병역의무의 이행과 관련하여 다음 각 호의 어느 하나에 해당하는 경우에만 제14조에 따른 국적이탈신고를 할 수 있다.

1. 현역·상근예비역 또는 보충역으로 복무를 마치거나 마친 것으로 보게 되는 경우
2. 제2국민역에 편입된 경우
3. 병역면제처분을 받은 경우

제13조 【대한민국 국적의 선택 절차】 ① 복수국적자로서 제12조 제1항 본문에 규정된 기간 내에 대한민국 국적을 선택하려는 자는 외국 국적을 포기하거나 법무부장관이 정하는 바에 따라 대한민국에서 외국 국적을 행사하지 아니하겠다는 뜻을 서약하고 법무부장관에게 대한민국 국적을 선택한다는 뜻을 신고할 수 있다.

② 복수국적자로서 제12조 제1항 본문에 규정된 기간 후에 대한민국 국적을 선택하려는 자는 외국 국적을 포기한 경우에만 법무부장관에게 대한민국 국적을 선택한다는 뜻을 신고할 수 있다. 다만, 제12조 제3항 제1호의 경우에 해당하는 자는 그 경우에 해당하는 때부터 2년 이내에는 제1항에서 정한 방식으로 대한민국 국적을 선택한다는 뜻을 신고할 수 있다.

③ 제1항 및 제2항 단서에도 불구하고 출생 당시에 모가 자녀에게 외국 국적을 취득하게 할 목적으로 외국에서 체류 중이었던 사실이 인정되는 자는 외국 국적을 포기한 경우에만 대한민국 국적을 선

택한다는 뜻을 신고할 수 있다.

④ 제1항부터 제3항까지의 규정에 따른 신고의 수리(受理) 요건, 신고 절차, 그 밖에 필요한 사항은 대통령령으로 정한다.

제14조 【대한민국 국적의 이탈 요건 및 절차】 ① 복수국적자로서 외국 국적을 선택하려는 자는 외국에 주소가 있는 경우에만 주소지 관할 재외공관의 장을 거쳐 법무부장관에게 대한민국 국적을 이탈한다는 뜻을 신고할 수 있다. 다만, 제12조 제2항 본문 또는 같은 조 제3항에 해당하는 자는 그 기간 이내에 또는 해당 사유가 발생한 때부터만 신고할 수 있다.

② 제1항에 따라 국적 이탈의 신고를 한 자는 법무부장관이 신고를 수리한 때에 대한민국 국적을 상실한다.

③ 제1항에 따른 신고 및 수리의 요건, 절차와 그 밖에 필요한 사항은 대통령령으로 정한다.

제14조의2 【복수국적자에 대한 국적선택명령】 ① 법무부장관은 복수국적자로서 제12조 제1항 또는 제2항에서 정한 기간 내에 국적을 선택하지 아니한 자에게 1년 내에 하나의 국적을 선택할 것을 명하여야 한다.

② 법무부장관은 복수국적자로서 제10조 제2항, 제13조 제1항 또는 같은 조 제2항 단서에 따라 대한민국에서 외국 국적을 행사하지 아니하겠다는 뜻을 서약한 자가 그 뜻에 현저히 반하는 행위를 한 경우에는 6개월 내에 하나의 국적을 선택할 것을 명할 수 있다.

③ 제1항 또는 제2항에 따라 국적선택의 명령을 받은 자가 대한민국 국적을 선택하려면 외국 국적을 포기하여야 한다.

④ 제1항 또는 제2항에 따라 국적선택의 명령을 받고도 이를 따르지 아니한 자는 그 기간이 지난 때에 대한민국 국적을 상실한다.
⑤ 제1항 및 제2항에 따른 국적선택의 절차와 제2항에 따른 서약에 현저히 반하는 행위 유형은 대통령령으로 정한다.

제14조의3【대한민국 국적의 상실결정】 ① 법무부장관은 복수국적자가 다음 각 호의 어느 하나의 사유에 해당하여 대한민국의 국적을 보유함이 현저히 부적합하다고 인정하는 경우에는 청문을 거쳐 대한민국 국적의 상실을 결정할 수 있다. 다만, 출생에 의하여 대한민국 국적을 취득한 자는 제외한다.
1. 국가안보, 외교관계 및 국민경제 등에 있어서 대한민국의 국익에 반하는 행위를 하는 경우
2. 대한민국의 사회질서 유지에 상당한 지장을 초래하는 행위로서 대통령령으로 정하는 경우
② 제1항에 따른 결정을 받은 자는 그 결정을 받은 때에 대한민국 국적을 상실한다.

제14조의4【복수국적자에 관한 통보의무 등】 ① 공무원이 그 직무상 복수국적자를 발견하면 지체 없이 법무부장관에게 그 사실을 통보하여야 한다.
② 공무원이 그 직무상 복수국적자 여부를 확인할 필요가 있는 경우에는 당사자에게 질문을 하거나 필요한 자료의 제출을 요청할 수 있다.
③ 제1항에 따른 통보 절차는 대통령령으로 정한다.

제15조【외국 국적 취득에 따른 국적 상실】 ① 대한민국의 국민으로서 자진하여 외국 국적을 취득한 자는 그 외국 국적을 취득한 때에 대한민국 국적을 상실한다.

② 대한민국의 국민으로서 다음 각 호의 어느 하나에 해당하는 자는 그 외국 국적을 취득한 때부터 6개월 내에 법무부장관에게 대한민국 국적을 보유할 의사가 있다는 뜻을 신고하지 아니하면 그 외국 국적을 취득한 때로 소급(遡及)하여 대한민국 국적을 상실한 것으로 본다.
1. 외국인과의 혼인으로 그 배우자의 국적을 취득하게 된 자
2. 외국인에게 입양되어 그 양부 또는 양모의 국적을 취득하게 된 자
3. 외국인인 부 또는 모에게 인지되어 그 부 또는 모의 국적을 취득하게 된 자
4. 외국 국적을 취득하여 대한민국 국적을 상실하게 된 자의 배우자나 미성년의 자(子)로서 그 외국의 법률에 따라 함께 그 외국 국적을 취득하게 된 자
③ 외국 국적을 취득함으로써 대한민국 국적을 상실하게 된 자에 대하여 그 외국 국적의 취득일을 알 수 없으면 그가 사용하는 외국 여권의 최초 발급일에 그 외국 국적을 취득한 것으로 추정한다.
④ 제2항에 따른 신고 절차와 그 밖에 필요한 사항은 대통령령으로 정한다.

제16조【국적상실자의 처리】 ① 대한민국 국적을 상실한 자(제14조에 따른 국적이탈의 신고를 한 자는 제외한다)는 법무부장관에게 국적상실신고를 하여야 한다.
② 공무원이 그 직무상 대한민국 국적을 상실한 자를 발견하면 지체 없이 법무부장관에게 그 사실을 통보하여야 한다.
③ 법무부장관은 그 직무상 대한민국 국적을 상실한 자를 발견하거나 제1항이나 제2항에 따라 국적상실의 신고나 통보를 받으면 가족관계등록 관서와 주민등록 관서에 통보하여야 한다.

④ 제1항부터 제3항까지의 규정에 따른 신고 및 통보의 절차와 그 밖에 필요한 사항은 대통령령으로 정한다.

제17조【관보 고시】 ① 법무부장관은 대한민국 국적의 취득과 상실에 관한 사항이 발생하면 그 뜻을 관보에 고시(告示)하여야 한다.
② 제1항에 따라 관보에 고시할 사항은 대통령령으로 정한다.

제18조【국적상실자의 권리 변동】 ① 대한민국 국적을 상실한 자는 국적을 상실한 때부터 대한민국의 국민만이 누릴 수 있는 권리를 누릴 수 없다.
② 제1항에 해당하는 권리 중 대한민국의 국민이었을 때 취득한 것으로서 양도(讓渡)할 수 있는 것은 그 권리와 관련된 법령에서 따로 정한 바가 없으면 3년 내에 대한민국의 국민에게 양도하여야 한다.

제19조【법정대리인이 하는 신고 등】 이 법에 규정된 신청이나 신고와 관련하여 그 신청이나 신고를 하려는 자가 15세 미만이면 법정대리인이 대신하여 이를 행한다.

제20조【국적 판정】 ① 법무부장관은 대한민국 국적의 취득이나 보유 여부가 분명하지 아니한 자에 대하여 이를 심사한 후 판정할 수 있다.
② 제1항에 따른 심사 및 판정의 절차와 그 밖에 필요한 사항은 대통령령으로 정한다.

제21조【허가 등의 취소】 ① 법무부장관은 거짓이나 그 밖의 부정한 방법으로 귀화허가나 국적회복허가 또는 국적보유판정을 받은 자에 대하여 그 허가 또는 판정을 취소할 수 있다.
② 제1항에 따른 취소의 기준·절차와 그 밖에 필요한 사항은 대통령령으로 정한다.

제26조【권한의 위임】 이 법에 따른 법무부장관의 권한은 대통령령으로 정하는 바에 따라 그 일부를 지방출입국·외국인관서의 장에게 위임할 수 있다.

부 칙

제1조【시행일】 이 법은 공포 후 6월이 경과한 날부터 시행한다.

제2조【귀화허가신청 등에 관한 경과조치】 이 법 시행 전에 종전의 규정에 의하여 귀화허가·국적회복허가 및 국적이탈허가를 신청한 자에 대하여서는 종전의 규정을 적용한다.

제3조【국적의 회복 및 재취득에 관한 경과조치】 ① 제9조의 개정규정은 이 법 시행 전에 대한민국의 국적을 상실하였거나 이탈하였던 자가 대한민국의 국적을 회복하는 절차에 관하여서도 이를 적용한다.
② 제11조의 개정규정은 제1항에 규정된 자 중 대한민국의 국적을 취득한 후 6월 내에 외국 국적을 포기하지 아니하여 대한민국의 국적을 상실하게 된 자에 대하여서도 이를 적용한다.

제4조【국적취득자의 외국 국적 포기의무에 관한 경과조치】 제10조의 개정규정은 이 법 시행 전에 대한민국의 국적을 취득하고 그 때부터 이 법의 시행일까지 6월이 경과하지 아니한 자에 대하여서도 이를 적용한다.

제5조【이중국적자의 국적선택의무 및 절차에 관한 경과조치】 제12조 내지 제14조의 개정규정은 이 법 시행 전에 대한민국의 국적과 외국 국적을 함께 가지게 된 자(이미 국적 이탈 허가를 받은 자를 제외한다)에 대하여서도 이를 적용한다. 다만, 이 법의 시행

일 현재 만 20세 이상인 자는 이 법의 시행일을 제12조 제1항에 규정된 국적선택기간의 기산일로 본다.

제6조【국적상실자의 처리 및 권리변동에 관한 경과조치】 제16조 및 제18조의 개정규정은 이 법 시행 전에 대한민국의 국적을 상실한 자에 대하여서도 이를 적용한다.

제7조【부모양계혈통주의 채택에 따른 모계출생자에 대한 국적취득의 특례】 ① 1978년 6월 14일부터 1998년 6월 13일까지의 사이에 대한민국의 국민을 모로 하여 출생한 자로서 다음 각 호의 1에 해당하는 자는 2004년 12월 31일까지 대통령령이 정하는 바에 의하여 법무부장관에게 신고함으로써 대한민국의 국적을 취득할 수 있다.

1. 모가 현재 대한민국의 국민인 자
2. 모가 사망한 때에는 그 사망 당시에 모가 대한민국의 국민이었던 자

② 제1항의 규정에 의한 신고는 국적을 취득하고자 하는 자가 15세 미만인 때에는 법정대리인이 대신하여 이를 행한다.

③ 천재지변 기타 불가항력적 사유로 인하여 제1항에 규정된 기간 내에 신고를 하지 못한 자는 그 사유가 소멸된 때부터 3월 내에 법무부장관에게 신고함으로써 대한민국의 국적을 취득할 수 있다.

④ 제1항 또는 제3항의 규정에 의하여 신고한 자는 그 신고를 한 때에 대한민국의 국적을 취득한다.

제8조【다른 법률의 개정】 민법 중 다음과 같이 개정한다. 제781조 제1항에 단서를 다음과 같이 신설한다. 다만, 부가 외국인인 때에는 모의 성과 본을 따를 수 있고 모가에 입적한다.

부 칙
[2014. 3. 18. 제12421호(출입국관리법)]

제1조【시행일】 이 법은 공포 후 3개월이 경과한 날부터 시행한다.

제2조【다른 법률의 개정】 ① 국적법 일부를 다음과 같이 개정한다. 제22조 중 "출입국관리사무소장 또는 출입국관리사무소 출장소장"을 "지방출입국·외국인관서의 장"으로 한다. ...

13 범죄인 인도법

시행일 : 2013.3.23.

제1장 총 칙

제1조【목적】 이 법은 범죄인 인도(引渡)에 관하여 그 범위와 절차 등을 정함으로써 범죄 진압 과정에서의 국제적인 협력을 증진함을 목적으로 한다.

제2조【정의】 이 법에서 사용하는 용어의 뜻은 다음과 같다.

1. "인도조약"이란 대한민국과 외국 간에 체결된 범죄인의 인도에 관한 조약·협정 등의 합의를 말한다.

2. "청구국"이란 범죄인의 인도를 청구한 국가를 말한다.

3. "인도범죄"란 범죄인의 인도를 청구할 때 그 대상이 되는 범죄를 말한다.

4. "범죄인"이란 인도범죄에 관하여 청구국에서 수사나 재판을 받고 있는 사람 또는 유죄의 재판을 받은 사람을 말한다.

5. "긴급인도구속"이란 도망할 염려가 있는 경우 등 긴급하게 범죄인을 체포·구금(拘禁)하여야 할 필요가 있는 경우에 범죄인 인도청구가 뒤따를 것을 전제로 하여 범죄인을 체포·구금하는 것을 말한다.

제3조【범죄인 인도사건의 전속관할】 이 법에 규정된 범죄인의 인도심사 및 그 청구와 관련된 사건은 서울고등법원과 서울고등검찰청의 전속관할로 한다.

제3조의2【인도조약과의 관계】 범죄인 인도에 관하여 인도조약에 이 법과 다른 규정이 있는 경우에는 그 규정에 따른다.

제4조【상호주의】 인도조약이 체결되어 있지 아니한 경우에도 범죄인의 인도를 청구하는 국가가 같은 종류 또는 유사한 인도범죄에 대한 대한민국의 범죄인 인도청구에 응한다는 보증을 하는 경우에는 이 법을 적용한다.

제2장 외국으로의 범죄인 인도

제1절 인도의 사유와 인도의 제한

제5조【인도에 관한 원칙】 대한민국 영역에 있는 범죄인은 이 법에서 정하는 바에 따라 청구국의 인도청구에 의하여 소추(訴追), 재판 또는 형의 집행을 위하여 청구국에 인도할 수 있다.

제6조【인도범죄】 대한민국과 청구국의 법률에 따라 인도범죄가 사형, 무기징역, 무기금고, 장기(長期) 1년 이상의 징역 또는 금고에 해당하는 경우에만 범죄인을 인도할 수 있다.

제7조【절대적 인도거절 사유】 다음 각 호의 어느 하나에 해당하는 경우에는 범죄인을 인도하여서는 아니 된다.

1. 대한민국 또는 청구국의 법률에 따라 인도범죄에 관한 공소시효 또는 형의 시효가 완성된 경우

2. 인도범죄에 관하여 대한민국 법원에서 재판이 계속(係屬) 중이거나 재판이 확정된 경우

3. 범죄인이 인도범죄를 범하였다고 의심할 만한 상당한 이유가 없는 경우. 다만, 인도범죄에 관하여 청구국에서 유죄의 재판이 있는 경우는 제외한다.

4. 범죄인이 인종, 종교, 국적, 성별, 정치적 신념 또는 특정 사회

단체에 속한 것 등을 이유로 처벌되거나 그 밖의 불리한 처분을 받을 염려가 있다고 인정되는 경우

제8조【정치적 성격을 지닌 범죄 등의 인도거절】 ① 인도범죄가 정치적 성격을 지닌 범죄이거나 그와 관련된 범죄인 경우에는 범죄인을 인도하여서는 아니 된다. 다만, 인도범죄가 다음 각 호의 어느 하나에 해당하는 경우에는 그러하지 아니하다.

1. 국가원수(國家元首)·정부수반(政府首班) 또는 그 가족의 생명·신체를 침해하거나 위협하는 범죄

2. 다자간 조약에 따라 대한민국이 범죄인에 대하여 재판권을 행사하거나 범죄인을 인도할 의무를 부담하고 있는 범죄

3. 여러 사람의 생명·신체를 침해·위협하거나 이에 대한 위험을 발생시키는 범죄

② 인도청구가 범죄인이 범한 정치적 성격을 지닌 다른 범죄에 대하여 재판을 하거나 그러한 범죄에 대하여 이미 확정된 형을 집행할 목적으로 행하여진 것이라고 인정되는 경우에는 범죄인을 인도하여서는 아니 된다.

제9조【임의적 인도거절 사유】 다음 각 호의 어느 하나에 해당하는 경우에는 범죄인을 인도하지 아니할 수 있다.

1. 범죄인이 대한민국 국민인 경우

2. 인도범죄의 전부 또는 일부가 대한민국 영역에서 범한 것인 경우

3. 범죄인의 인도범죄 *외의* 범죄에 관하여 대한민국 법원에 재판이 계속 중인 경우 또는 범죄인이 형을 선고받고 그 집행이 끝나지 아니하거나 면제되지 아니한 경우

4. 범죄인이 인도범죄에 관하여 제3국(청구국이 아닌 외국을 말한다. 이하 같다.)에서 재판을 받고 처벌되었거나 처벌받지 아니하기로 확정된 경우

5. 인도범죄의 성격과 범죄인이 처한 환경 등에 비추어 범죄인을 인도하는 것이 비인도적(非人道的)이라고 인정되는 경우

제10조【인도가 허용된 범죄 외의 범죄에 대한 처벌 금지에 관한 보증】 인도된 범죄인이 다음 각 호의 어느 하나에 해당하는 경우를 제외하고는 인도가 허용된 범죄 외의 범죄로 처벌받지 아니하고 제3국에 인도되지 아니한다는 청구국의 보증이 없는 경우에는 범죄인을 인도하여서는 아니 된다.

1. 인도가 허용된 범죄사실의 범위에서 유죄로 인정될 수 있는 범죄 또는 인도된 후에 범한 범죄로 범죄인을 처벌하는 경우

2. 범죄인이 인도된 후 청구국의 영역을 떠나든가 자발적으로 청구국에 재입국한 경우

3. 범죄인이 자유롭게 청구국을 떠날 수 있게 된 후 45일 이내에 청구국의 영역을 떠나지 아니한 경우

4. 대한민국이 동의하는 경우

제10조의2【동의 요청에 대한 법무부장관의 조치】 법무부장관은 범죄인을 인도받은 청구국으로부터 인도가 허용된 범죄 외의 범죄로 처벌하거나 범죄인을 제3국으로 다시 인도하는 것에 관한 동의 요청을 받은 경우 그 요청에 타당한 이유가 있다고 인정될 때에는 이를 승인할 수 있다. 다만, 청구국이나 제3국에서 처벌하려는 범죄가 제7조 각 호 또는 제8조에 해당되는 경우에는 그 요청을 승인하여서는 아니 된다.

제2절 인도심사 절차

제11조 【인도청구를 받은 외교부장관의 조치】 외교부장관은 청구국으로부터 범죄인의 인도청구를 받았을 때에는 인도청구서와 관련 자료를 법무부장관에게 송부하여야 한다. <개정 2013.3.23.>

제12조 【법무부장관의 인도심사청구명령】 ① 법무부장관은 외교부장관으로부터 제11조에 따른 인도청구서 등을 받았을 때에는 이를 서울고등검찰청 검사장(檢事長)에게 송부하고 그 소속 검사로 하여금 서울고등법원(이하 "법원"이라 한다)에 범죄인의 인도허가 여부에 관한 심사(이하 "인도심사"라 한다)를 청구하도록 명하여야 한다. 다만, 인도조약 또는 이 법에 따라 범죄인을 인도할 수 없거나 인도하지 아니하는 것이 타당하다고 인정되는 경우에는 그러하지 아니하다.

② 법무부장관은 제1항 단서에 따라 인도심사청구명령을 하지 아니하는 경우에는 그 사실을 외교부장관에게 통지하여야 한다.

제13조 【인도심사청구】 ① 검사는 제12조 제1항에 따른 법무부장관의 인도심사청구명령이 있을 때에는 지체 없이 법원에 인도심사를 청구하여야 한다. 다만, 범죄인의 소재(所在)를 알 수 없는 경우에는 그러하지 아니하다.

② 범죄인이 제20조에 따른 인도구속영장에 의하여 구속되었을 때에는 구속된 날부터 3일 이내에 인도심사를 청구하여야 한다.

③ 인도심사의 청구는 관계 자료를 첨부하여 서면으로 하여야 한다.

④ 검사는 인도심사를 청구하였을 때에는 그 청구서의 부본(副本)을 범죄인에게 송부하여야 한다.

제14조 【법원의 인도심사】 ① 법원은 제13조에 따른 인도심사의 청구를 받았을 때에는 지체 없이 인도심사를 시작하여야 한다.

② 법원은 범죄인이 인도구속영장에 의하여 구속 중인 경우에는 구속된 날부터 2개월 이내에 인도심사에 관한 결정(決定)을 하여야 한다.

③ 범죄인은 인도심사에 관하여 변호인의 도움을 받을 수 있다.

④ 제3항의 경우에는 「형사소송법」 제33조를 준용한다.

⑤ 법원은 인도심사에 관한 결정을 하기 전에 범죄인과 그의 변호인에게 의견을 진술할 기회를 주어야 한다. 다만, 인도심사청구 각하결정(却下決定) 또는 인도거절 결정을 하는 경우에는 그러하지 아니하다.

⑥ 법원은 인도심사를 하면서 필요하다고 인정할 때에는 증인을 신문(訊問)할 수 있고, 감정(鑑定)·통역 또는 번역을 명할 수 있다.

⑦ 제6항의 경우에는 심사청구의 성질에 반하지 아니하는 범위에서 「형사소송법」 제1편 제12장부터 제14장까지 및 제16장을 준용한다.

제15조 【법원의 결정】 ① 법원은 인도심사의 청구에 대하여 다음 각 호의 구분에 따라 결정을 하여야 한다.

1. 인도심사의 청구가 적법하지 아니하거나 취소된 경우: 인도심사청구 각하결정

2. 범죄인을 인도할 수 없다고 인정되는 경우: 인도거절 결정

3. 범죄인을 인도할 수 있다고 인정되는 경우: 인도허가 결정

② 제1항에 따른 결정에는 그 이유를 구체적으로 밝혀야 한다.

③ 제1항에 따른 결정은 그 주문

(主文)을 검사에게 통지함으로써 효력이 발생한다.

④ 법원은 제1항에 따른 결정을 하였을 때에는 지체 없이 검사와 범죄인에게 결정서의 등본을 송달하고, 검사에게 관계 서류를 반환하여야 한다.

제15조의2 【범죄인의 인도 동의】

① 범죄인이 청구국으로 인도되는 것에 동의하는 경우 법원은 신속하게 제15조에 따른 결정을 하여야 한다. 이 경우 제9조에 해당한다는 이유로 인도거절 결정을 할 수 없다.

② 제1항에 따른 동의는 서면으로 법원에 제출되어야 하며, 법원은 범죄인의 진의(眞意) 여부를 직접 확인하여야 한다.

③ 제1항에 따른 결정이 있는 경우 법무부장관은 제34조 제1항에 따른 명령 여부를 신속하게 결정하여야 한다.

제16조 【인도청구의 경합】

① 법무부장관은 둘 이상의 국가로부터 동일 또는 상이한 범죄에 관하여 동일한 범죄인에 대한 인도청구를 받은 경우에는 범죄인을 인도할 국가를 결정하여야 하며, 필요한 경우 외교부장관과 협의할 수 있다. <개정 2013.3.23.>

② 제1항에 따른 결정을 할 때에는 인도범죄의 발생일시, 발생장소, 중요성, 인도청구 날짜, 범죄인의 국적 및 거주지 등을 고려하여야 한다.

제17조 【물건의 양도】

① 법원은 인도범죄로 인하여 생겼거나 인도범죄로 인하여 취득한 물건 또는 인도범죄에 관한 증거로 사용될 수 있는 물건 중 대한민국 영역에서 발견된 것은 검사의 청구에 의하여 청구국에 양도할 것을 허가할 수 있다. 범죄인의 사망 또는 도망으로 인하여 범죄인 인도가

불가능한 경우에도 또한 같다.

② 제1항에 따라 청구국에 양도할 물건에 대한 압수·수색은 검사의 청구로 서울고등법원 판사(이하 "판사"라 한다)가 발부하는 압수·수색영장에 의하여야 한다.

③ 제2항의 경우에는 그 성질에 반하지 아니하는 범위에서 「형사소송법」 제1편 제10장을 준용한다.

제18조 【인도심사청구명령의 취소】

① 외교부장관은 제11조에 따른 서류를 송부한 후에 청구국으로부터 범죄인의 인도청구를 철회한다는 통지를 받았을 때에는 그 사실을 법무부장관에게 통지하여야 한다.

② 법무부장관은 제12조 제1항 본문에 따른 인도심사청구명령을 한 후에 외교부장관으로부터 제1항에 따른 통지를 받거나 제12조 제1항 단서에 해당하게 되었을 때에는 인도심사청구명령을 취소하여야 한다.

③ 검사는 제13조 제1항에 따른 인도심사청구를 한 후에 인도심사청구명령이 취소되었을 때에는 지체 없이 인도심사청구를 취소하고 범죄인에게 그 내용을 통지하여야 한다.

④ 제3항에 따른 인도심사청구의 취소는 서면으로 하여야 한다.

제3절 범죄인의 인도구속

제19조 【인도구속영장의 발부】

① 검사는 제12조 제1항에 따른 법무부장관의 인도심사청구명령이 있을 때에는 인도구속영장에 의하여 범죄인을 구속하여야 한다. 다만, 범죄인이 주거가 일정하고 도망할 염려가 없다고 인정되는 경우에는 그러하지 아니하다.

② 인도구속영장은 검사의 청구에 의하여 판사가 발부한다.

③ 인도구속영장에는 다음 각 호

의 사항을 적고 판사가 서명날인
하여야 한다.
1. 범죄인의 성명·주거·국적
2. 청구국의 국명(國名)
3. 인도범죄명
4. 인도범죄 사실의 요지
5. 인치구금(引致拘禁)할 장소
6. 영장 발부일 및 그 유효기간과
그 기간이 지나면 집행에 착수하
지 못하며 영장을 반환하여야 한
다는 취지

제20조【인도구속영장의 집행】
① 인도구속영장은 검사의 지휘에
따라 사법경찰관리가 집행한다.
② 검사는 범죄인이 군복무 중인
경우에는 군검찰관에게 인도구
속영장의 집행을 촉탁(囑託)할
수 있다. 이 경우 인도구속영장은
군검찰관의 지휘에 따라 군사법
경찰관리가 집행한다.
③ 인도구속영장을 집행할 때에
는 반드시 범죄인에게 이를 제시
하여야 한다.
④ 사법경찰관리 등이 범죄인을
구속할 때에는 구속의 이유와 변
호인을 선임(選任)할 수 있음을
알려주고, 신속히 범죄인 소재지
를 관할하는 지방검찰청 또는 그
지청(支廳)의 소속 검사에게 범
죄인을 인치하여야 한다.
⑤ 인도구속영장에 의한 구속에
관하여는 「형사소송법」 제83조,
제85조 제3항·제4항, 제86조, 제
87조, 제89조, 제90조, 제137조 및
제138조를 준용한다.

제21조【교도소 등에의 구금】 검
사는 인도구속영장에 의하여 구
속된 범죄인을 인치받으면 인도
구속영장에 기재된 사람과 동일
인인지를 확인한 후 지체 없이 교
도소, 구치소 또는 그 밖에 인도
구속영장에 기재된 장소에 구금
하여야 한다.

제22조【인도구속의 적부심사】
① 인도구속영장에 의하여 구속
된 범죄인 또는 그 변호인, 법정
대리인, 배우자, 직계친족, 형제
자매, 가족이나 동거인 또는 고용
주는 법원에 구속의 적부심사(適
否審査)를 청구할 수 있다.
② 인도구속의 적부심사에 관하
여는 그 성질에 반하지 아니하는
범위에서 「형사소송법」 제214조
의2제2항부터 제14항까지, 제214
조의3 및 제214조의4를 준용한다.

제23조【인도구속의 집행정지와
효력 상실】 ① 검사는 타당한 이
유가 있을 때에는 인도구속영장
에 의하여 구속된 범죄인을 친족,
보호단체 또는 그 밖의 적당한 자
에게 맡기거나 범죄인의 주거를
제한하여 구속의 집행을 정지할
수 있다.
② 검사는 범죄인이 다음 각 호의
어느 하나에 해당할 때에는 구속
의 집행정지를 취소할 수 있다.
1. 도망하였을 때
2. 도망할 염려가 있다고 믿을 만
한 충분한 이유가 있을 때
3. 주거의 제한이나 그 밖에 검사
가 정한 조건을 위반하였을 때
③ 검사는 법무부장관으로부터
범죄인에 대하여 제36조에 따른
인도장(引渡狀)이 발부되었을 때
에는 지체 없이 구속의 집행정지
를 취소하여야 한다.
④ 검사는 제2항이나 제3항에 따
라 구속의 집행정지를 취소하였을
때에는 사법경찰관리로 하여금 범
죄인을 구속하게 하여야 한다.
⑤ 검사는 제3항에 따른 구속의 집
행정지 취소로 인하여 범죄인을
구속하였을 때에는 법무부장관에
게 그 내용을 보고하여야 한다.
⑥ 다음 각 호의 어느 하나에 해
당하는 경우에는 인도구속영장
은 효력을 잃는다.

1. 제15조 제1항 제1호 또는 제2호에 따라 인도심사청구 각하결정 또는 인도거절 결정이 있는 경우
2. 제18조 제3항에 따라 인도심사청구가 취소된 경우
3. 제34조 제3항에 따른 통지가 있는 경우

제24조 【긴급인도구속의 청구를 받은 외교부장관의 조치】 외교부장관은 청구국으로부터 범죄인의 긴급인도구속을 청구받았을 때에는 긴급인도구속 청구서와 관련 자료를 법무부장관에게 송부하여야 한다.

제25조 【긴급인도구속에 관한 법무부장관의 조치】 법무부장관은 제24조에 따른 서류를 송부받은 경우에 범죄인을 긴급인도구속하는 것이 타당하다고 인정할 때에는 그 서류를 서울고등검찰청 검사장에게 송부하고 그 소속 검사로 하여금 범죄인을 긴급인도구속하도록 명하여야 한다. 다만, 다음 각 호의 어느 하나에 해당하는 경우에는 긴급인도구속을 명할 수 없다.
1. 청구국에서 범죄인을 구속하여야 할 뜻의 영장이 발부되었거나 형의 선고가 있었다고 믿을 만한 상당한 이유가 없는 경우
2. 청구국에서 범죄인의 인도청구를 하겠다는 뜻의 보증이 있다고 믿을 만한 상당한 이유가 없는 경우

제26조 【긴급인도구속영장에 의한 구속】 ① 검사는 제25조에 따른 법무부장관의 긴급인도구속 명령이 있을 때에는 긴급인도구속영장에 의하여 범죄인을 구속하여야 한다.
② 긴급인도구속영장의 발부 및 그 영장에 의한 구속에 대하여는 제19조 제2항·제3항, 제20조부터 제22조까지 및 제23조 제1항부터 제4항까지의 규정을 준용한다.

제27조 【긴급인도구속된 범죄인의 석방】 ① 법무부장관은 긴급인도구속영장에 의하여 구속된 범죄인에 대하여 제12조 제1항 단서에 따라 인도심사청구명령을 하지 아니하는 경우에는 서울고등검찰청 검사장에게 그 소속 검사로 하여금 범죄인을 석방하도록 명함과 동시에 외교부장관에게 그 사실을 통지하여야 한다.
② 검사는 제1항에 따른 법무부장관의 석방명령이 있을 때에는 지체 없이 범죄인에게 그 내용을 통지하고 그를 석방하여야 한다.

제28조 【범죄인에 대한 통지】 ① 검사는 긴급인도구속영장에 의하여 구속된 범죄인에 대하여 제12조 제1항에 따른 법무부장관의 인도심사청구명령을 받은 때에는 지체 없이 범죄인에게 그 사실을 서면으로 통지하여야 한다.
② 긴급인도구속영장에 의하여 구속된 범죄인에 대하여 제1항에 따른 통지가 있은 때에는 그 구속은 인도구속영장에 의한 구속으로 보고, 제13조 제2항과 제14조 제2항을 적용할 때에는 그 통지가 있은 때에 인도구속영장에 의하여 범죄인이 구속된 것으로 본다.

제29조 【인도 불청구 통지 시의 석방】 ① 외교부장관은 제24조에 따른 서류를 송부한 후에 청구국으로부터 범죄인의 인도청구를 하지 아니한다는 통지를 받았을 때에는 지체 없이 법무부장관에게 그 사실을 통지하여야 한다.
② 법무부장관은 제1항에 따른 통지를 받았을 때에는 서울고등검찰청 검사장에게 그 소속 검사로 하여금 범죄인을 석방하도록 명하여야 한다.
③ 검사는 제2항에 따른 법무부장관의 석방명령이 있을 때에는 지체 없이 범죄인에게 그 내용을 통지하고 그를 석방하여야 한다.

제30조【검사의 조치사항】 검사는 긴급인도구속영장에 의하여 구속된 범죄인에 대하여 그가 구속된 날부터 2개월 이내에 법무부장관의 인도심사청구명령이 없을 때에는 범죄인을 석방하고, 법무부장관에게 그 내용을 보고하여야 한다.

제31조【긴급인도구속에 대한 인도구속의 준용】 ① 긴급인도구속영장에 의하여 구속된 후 그 구속의 집행이 정지된 범죄인에 대하여 제28조 제1항에 따른 통지가 있는 경우에 긴급인도구속영장에 의한 구속의 집행정지는 제23조 제1항에 따른 구속의 집행정지로 본다.
② 다음 각 호의 어느 하나에 해당하는 경우에는 긴급인도구속영장은 효력을 잃는다.
1. 범죄인에 대하여 제27조 제2항 또는 제29조 제3항에 따른 통지가 있는 경우
2. 범죄인이 긴급인도구속영장에 의하여 구속된 날부터 2개월 이내에 제28조 제1항에 따른 통지가 없는 경우

제4절 범죄인의 인도

제32조【범죄인의 석방】 ① 검사는 다음 각 호의 어느 하나에 해당하는 경우에는 지체 없이 구속 중인 범죄인을 석방하고, 법무부장관에게 그 내용을 보고하여야 한다.
1. 제18조 제2항에 따라 법무부장관의 인도심사청구명령의 취소가 있는 경우
2. 법원의 인도심사청구 각하결정이 있는 경우
3. 법원의 인도거절 결정이 있는 경우

② 법무부장관은 제1항에 따라 범죄인이 석방되었을 때에는 외교부장관에게 그 사실을 통지하여야 한다.

제33조【결정서 등본 등의 송부】 검사는 제15조 제4항에 따른 결정서 등본을 송달받았을 때에는 지체 없이 그 결정서 등본에 관계 서류를 첨부하여 법무부장관에게 송부하여야 한다.

제34조【인도에 관한 법무부장관의 명령 등】 ① 법무부장관은 제15조 제1항 제3호에 따른 인도허가 결정이 있는 경우에는 서울고등검찰청 검사장에게 그 소속 검사로 하여금 범죄인을 인도하도록 명하여야 한다. 다만, 청구국이 인도청구를 철회하였거나 대한민국의 이익 보호를 위하여 범죄인의 인도가 특히 부적당하다고 인정되는 경우에는 그러하지 아니하다.
② 법무부장관은 제1항 단서에 따라 범죄인을 인도하지 아니하는 경우에는 서울고등검찰청 검사장에게 그 소속 검사로 하여금 구속 중인 범죄인을 석방하도록 명함과 동시에 외교부장관에게 그 사실을 통지하여야 한다.
③ 검사는 제2항에 따른 법무부장관의 석방명령이 있을 때에는 지체 없이 범죄인에게 그 내용을 통지하고 그를 석방하여야 한다.
④ 법무부장관은 제3항에 따른 통지가 있은 후에는 해당 인도청구에 대한 범죄인의 인도를 명할 수 없다. 다만, 제9조 제3호의 경우에 관하여 인도조약에 특별한 규정이 있는 경우에 대한민국에서 인도범죄 외의 사건에 관한 재판 또는 형의 집행이 끝나지 아니하였음을 이유로 범죄인 불인도 통지를 한 후 그에 해당하지 아니하게 되었을 때에는 그러하지 아니하다.

제35조【인도장소와 인도기한】
① 법무부장관의 인도명령에 따른 범죄인의 인도는 범죄인이 구속되어 있는 교도소, 구치소 또는 그 밖에 법무부장관이 지정하는 장소에서 한다.
② 인도기한은 인도명령을 한 날부터 30일로 한다.
③ 제2항에도 불구하고 인도명령을 할 당시 범죄인이 구속되어 있지 아니한 경우의 인도기한은 범죄인이 인도집행장(引渡執行狀)에 의하여 구속되었거나 구속의 집행정지 취소에 의하여 다시 구속된 날부터 30일로 한다.

제36조【인도장과 인수허가장의 송부】 ① 법무부장관은 제34조제1항에 따른 인도명령을 할 때에는 인도장을 발부하여 서울고등검찰청 검사장에게 송부하고, 인수허가장(引受許可狀)을 발부하여 외교부장관에게 송부하여야 한다.
② 인도장과 인수허가장에는 다음 각 호의 사항을 적고, 법무부장관이 서명날인하여야 한다.
1. 범죄인의 성명·주거·국적
2. 청구국의 국명
3. 인도범죄명
4. 인도범죄 사실의 요지
5. 인도장소
6. 인도기한
7. 발부날짜

제37조【인도를 위한 구속】 ① 검사는 법무부장관으로부터 제36조에 따른 인도장을 받았을 때에는 범죄인이 구속되어 있거나 구속의 집행이 정지될 때까지 구속되어 있던 교도소·구치소 또는 그 밖에 인도구속영장에 기재된 구금장소의 장에게 인도장을 교부하고 범죄인을 인도할 것을 지휘하여야 한다.
② 제1항의 경우 범죄인이 구속되어 있지 아니하면 검사는 인도집행장을 발부하여 범죄인을 구속하여야 한다.
③ 인도집행장에는 다음 각 호의 사항을 적고, 검사가 서명날인하여야 한다.
1. 범죄인의 성명·주거·국적
2. 청구국의 국명
3. 인도범죄명
4. 인도범죄 사실의 요지
5. 인치구금할 장소
6. 발부날짜
④ 인도집행장에 의한 범죄인의 구속에 관하여는 제20조와 제21조를 준용한다.
⑤ 검사는 범죄인이 인도집행장에 의하여 교도소, 구치소 또는 그 밖에 인도집행장에 기재된 구금장소에 구속되었을 때에는 지체 없이 그 교도소 등의 장에게 인도장을 교부하여 범죄인을 인도할 것을 지휘하고 법무부장관에게 그 내용을 보고하여야 한다.

제38조【법무부장관의 통지】 법무부장관은 제23조 제5항 또는 제37조 제5항에 따른 보고를 받았을 때에는 지체 없이 외교부장관에게 범죄인을 인도할 장소에 구속하였다는 사실과 인도할 기한을 통지하여야 한다.

제39조【청구국에의 통지】 ① 외교부장관은 법무부장관으로부터 제36조에 따른 인수허가장을 송부받았을 때에는 지체 없이 청구국에 이를 송부하여야 한다.
<개정 2013.3.23.>
② 외교부장관은 법무부장관으로부터 제38조에 따른 통지를 받았을 때에는 지체 없이 그 내용을 청구국에 통지하여야 한다.

제40조【교도소장 등의 인도】 ① 제37조 제1항 또는 제5항에 따라 범죄인의 인도 지휘를 받은 교도소·구치소 등 인도구속영장 또는

인도집행장에 기재된 구금장소의 장은 청구국의 공무원이 인수허가장을 제시하면서 범죄인 인도를 요청하는 경우에는 범죄인을 인도하여야 한다.

② 검사는 범죄인의 인도기한까지 제1항에 따른 인도 요청이 없는 경우에는 범죄인을 석방하고, 법무부장관에게 그 내용을 보고하여야 한다.

제41조【청구국의 범죄인 호송】 제40조 제1항에 따라 범죄인을 인도받은 청구국의 공무원은 지체 없이 범죄인을 청구국으로 호송하여야 한다.

제3장 외국에 대한 범죄인 인도청구

제42조【법무부장관의 인도청구 등】 ① 법무부장관은 대한민국 법률을 위반한 범죄인이 외국에 있는 경우 그 외국에 대하여 범죄인 인도 또는 긴급인도구속을 청구할 수 있다.

② 법무부장관은 외국에 대한 범죄인 인도청구 또는 긴급인도구속청구 등과 관련하여 필요하다고 판단할 때에는 적절하다고 인정되는 검사장·지청장 등에게 필요한 조치를 명할 수 있다.

제42조의2【검사장 등의 조치】 ① 제42조 제2항에 따른 명령을 받은 검사장·지청장 등은 소속 검사에게 관련 자료의 검토·작성·보완 등 필요한 조치를 하도록 명하여야 한다.

② 제1항에 따른 명령을 받은 검사는 그 명령을 신속히 이행하고 관련 자료를 첨부하여 그 결과를 법무부장관에게 보고하여야 한다.

제42조의3【검사의 범죄인 인도청구 등의 건의】 ① 검사는 외국에 대한 범죄인 인도청구 또는 긴급인도구속청구가 타당하다고 판단할 때에는 법무부장관에게 외국에 대한 범죄인 인도청구 또는 긴급인도구속청구를 건의할 수 있다.

② 제1항의 경우 검사는 인도조약 및 법무부장관이 지정한 사항을 적은 서면과 관련 자료를 첨부하여야 한다.

제42조의4【외국에 대한 동의 요청】 ① 법무부장관은 외국으로부터 인도받은 범죄인을 인도가 허용된 범죄 외의 범죄로도 처벌할 필요가 있다고 판단하는 경우에는 그 외국에 대하여 처벌에 대한 동의를 요청할 수 있다.

② 검사는 제1항에 따른 동의 요청이 필요하다고 판단하는 경우에는 법무부장관에게 동의 요청을 건의할 수 있다. 이 경우 제42조의3 제2항을 준용한다.

제43조【인도청구서 등의 송부】 법무부장관은 제42조 및 제42조의4에 따라 범죄인 인도청구, 긴급인도구속청구, 동의 요청 등을 결정한 경우에는 인도청구서 등과 관계 자료를 외교부장관에게 송부하여야 한다.

제44조【외교부장관의 조치】 외교부장관은 법무부장관으로부터 제43조에 따른 인도청구서 등을 송부받았을 때에는 이를 해당 국가에 송부하여야 한다.

제4장 보 칙

제45조【통과호송 승인】 ① 법무부장관은 외국으로부터 외교기관을 거쳐 그 외국의 공무원이 다른 외국에서 인도받은 사람을 대한민국 영역을 통과하여 호송하기 위한 승인을 요청하는 경우에 그 요청에 타당한 이유가 있다고 인정되는 경우에는 이를 승인할 수 있다. 다만, 다음 각 호의 어느

하나에 해당되는 경우에는 그 요청을 승인하여서는 아니 된다.
1. 청구대상자의 인도 원인이 된 행위가 대한민국의 법률에 따라 죄가 되지 아니하는 경우
2. 청구대상자의 인도 원인이 된 범죄가 정치적 성격을 지닌 경우 또는 인도청구가 청구대상자가 범한 정치적 성격을 지닌 다른 범죄에 관하여 재판을 하거나 그러한 범죄에 대하여 이미 확정된 형을 집행할 목적으로 행하여진 것이라고 인정되는 경우
3. 청구가 인도조약에 의하지 아니한 경우에 그 청구대상자가 대한민국 국민인 경우
② 법무부장관은 제1항에 따른 승인을 할 것인지에 관하여 미리 외교부장관과 협의하여야 한다.

제45조의2【통과호송 승인 요청】 ① 법무부장관은 외국으로부터 국내로 범죄인을 호송할 때 제3국의 영토를 통과하여야 할 필요가 있는 경우에는 그 제3국에 대하여 통과호송에 관한 승인을 요청할 수 있다.
② 제1항의 승인 요청에 관하여는 제43조와 제44조를 준용한다.

제46조【비용】 범죄인의 인도에 드는 비용에 관하여 청구국과 특별한 약정이 없는 경우 청구국의 공무원에게 범죄인을 인도할 때까지 범죄인의 구속 등으로 인하여 대한민국의 영역에서 발생하는 비용은 대한민국이 부담하고, 청구국의 공무원이 범죄인을 대한민국으로부터 인도받은 후에 발생하는 비용은 청구국이 부담한다.

제47조【검찰총장 경유】 이 법에 따라 법무부장관이 검사장 등에게 하는 명령과 검사장·지청장 또는 검사가 법무부장관에게 하는 건의·보고 또는 서류 송부는 검찰총장을 거쳐야 한다.

제48조【인도조약 효력 발생 전의 범죄에 관한 인도청구】 인도조약에 특별한 규정이 없는 경우에는 인도조약의 효력 발생 전에 범한 범죄에 관한 범죄인의 인도청구에 대하여도 이 법을 적용한다.

제49조【대법원규칙】 법원의 인도심사 절차와 인도구속영장 및 긴급인도구속영장의 발부 절차 등에 관하여 필요한 사항은 대법원규칙으로 정한다.

제50조【시행령】 제49조에 따라 대법원규칙으로 정하는 사항 외에 이 법 시행에 필요한 사항은 대통령령으로 정한다.

제51조【출입국에 관한 특칙】 ① 법무부장관은 범죄인이 유효한 여권을 소지하지 아니하거나 제시하지 아니하는 등의 경우에 범죄인 인도의 목적을 달성하기 위하여 특히 필요하다고 판단될 때에는「출입국관리법」제3조·제6조 제1항·제7조·제12조·제13조 및 제28조에도 불구하고 이 법 제36조에 따른 인도장·인수허가장 또는 외국정부가 발행한 범죄인 인도명령장 등 범죄인 인도 관련 서류로 출입국심사를 하고 입국 또는 출국하게 할 수 있다.
② 법무부장관은 외국으로 인도할 범죄인이 대한민국 국민으로서「병역법」제70조에 따른 국외여행 허가대상 병역의무자인 경우에는 제1항의 출국조치를 하기 전에 국방부장관과 협의하여야 한다.

14 영해 및 접속수역법

시행일 : 2011.4.4.

제1조【영해의 범위】대한민국의 영해는 기선(基線)으로부터 측정하여 그 바깥쪽 12해리의 선까지에 이르는 수역(水域)으로 한다. 다만, 대통령령으로 정하는 바에 따라 일정수역의 경우에는 12해리 이내에서 영해의 범위를 따로 정할 수 있다.
[전문개정 2011.4.4.]

제2조【기선】① 영해의 폭을 측정하기 위한 통상의 기선은 대한민국이 공식적으로 인정한 대축척해도(大縮尺海圖)에 표시된 해안의 저조선(低潮線)으로 한다.
② 지리적 특수사정이 있는 수역의 경우에는 대통령령으로 정하는 기점을 연결하는 직선을 기선으로 할 수 있다.
[전문개정 2011.4.4.]

제3조【내수】영해의 폭을 측정하기 위한 기선으로부터 육지 쪽에 있는 수역은 내수(內水)로 한다.
[전문개정 2011.4.4.]

제3조의2【접속수역의 범위】대한민국의 접속수역은 기선으로부터 측정하여 그 바깥쪽 24해리의 선까지에 이르는 수역에서 대한민국의 영해를 제외한 수역으로 한다. 다만, 대통령령으로 정하는 바에 따라 일정수역의 경우에는 기선으로부터 24해리 이내에서 접속수역의 범위를 따로 정할 수 있다.
[전문개정 2011.4.4.]

제4조【인접국 또는 대향국과의 경계선】대한민국과 인접하거나 마주 보고 있는 국가와의 영해 및 접속수역의 경계선은 관계국과 별도의 합의가 없으면 두 나라가 각자 영해의 폭을 측정하는 기선상의 가장 가까운 지점으로부터 같은 거리에 있는 모든 점을 연결하는 중간선으로 한다.
[전문개정 2011.4.4.]

제5조【외국선박의 통항】① 외국선박은 대한민국의 평화·공공질서 또는 안전보장을 해치지 아니하는 범위에서 대한민국의 영해를 무해통항(無害通航)할 수 있다. 외국의 군함 또는 비상업용 정부선박이 영해를 통항하려는 경우에는 대통령령으로 정하는 바에 따라 관계 당국에 미리 알려야 한다.
② 외국선박이 통항할 때 다음 각 호의 행위를 하는 경우에는 대한민국의 평화·공공질서 또는 안전보장을 해치는 것으로 본다. 다만, 제2호부터 제5호까지, 제11호 및 제13호의 행위로서 관계 당국의 허가·승인 또는 동의를 받은 경우에는 그러하지 아니하다.
1. 대한민국의 주권·영토보전 또는 독립에 대한 어떠한 힘의 위협이나 행사(行使), 그 밖에 국제연합헌장에 구현된 국제법원칙을 위반한 방법으로 하는 어떠한 힘의 위협이나 행사
2. 무기를 사용하여 하는 훈련 또는 연습
3. 항공기의 이함(離艦)·착함(着艦) 또는 탑재
4. 군사기기의 발진(發進)·착함 또는 탑재
5. 잠수항행
6. 대한민국의 안전보장에 유해한 정보의 수집
7. 대한민국의 안전보장에 유해한 선전·선동

8. 대한민국의 관세·재정·출입국관리 또는 보건·위생에 관한 법규에 위반되는 물품이나 통화(通貨)의 양하(揚荷)·적하(積荷) 또는 사람의 승선·하선
9. 대통령령으로 정하는 기준을 초과하는 오염물질의 배출
10. 어로(漁撈)
11. 조사 또는 측량
12. 대한민국 통신체제의 방해 또는 설비 및 시설물의 훼손
13. 통항과 직접 관련 없는 행위로서 대통령령으로 정하는 것
③ 대한민국의 안전보장을 위하여 필요하다고 인정되는 경우에는 대통령령으로 정하는 바에 따라 일정수역을 정하여 외국선박의 무해통항을 일시적으로 정지시킬 수 있다.
[전문개정 2011.4.4.]

제6조【정선 등】 외국선박(외국의 군함 및 비상업용 정부선박은 제외한다. 이하 같다.)이 제5조를 위반한 혐의가 있다고 인정될 때에는 관계 당국은 정선(停船)·검색·나포(拿捕), 그 밖에 필요한 명령이나 조치를 할 수 있다.
[전문개정 2011.4.4.]

제6조의2【접속수역에서의 관계 당국의 권한】 대한민국의 접속수역에서 관계 당국은 다음 각 호의 목적에 필요한 범위에서 법령에서 정하는 바에 따라 그 직무권한을 행사할 수 있다.
1. 대한민국의 영토 또는 영해에서 관세·재정·출입국관리 또는 보건·위생에 관한 대한민국의 법규를 위반하는 행위의 방지
2. 대한민국의 영토 또는 영해에서 관세·재정·출입국관리 또는 보건·위생에 관한 대한민국의 법규를 위반한 행위의 제재
[전문개정 2011.4.4.]

제7조【벌칙】 ① 제5조제2항 또는 제3항을 위반한 외국선박의 승무원이나 그 밖의 승선자는 5년 이하의 징역 또는 2억 원 이하의 벌금에 처하고, 정상을 고려하여 필요할 때에는 해당 선박, 기재(器材), 채포물(採捕物) 또는 그 밖의 위반물품을 몰수할 수 있다.
② 제6조에 따른 명령이나 조치를 거부·방해 또는 기피한 외국선박의 승무원이나 그 밖의 승선자는 2년 이하의 징역 또는 1천만 원 이하의 벌금에 처한다.
③ 제1항 및 제2항의 경우 징역형과 벌금형은 병과(倂科)할 수 있다.
④ 이 조를 적용할 때 그 행위가 이 법 외의 다른 법률에 규정된 죄에 해당하는 경우에는 그 중 가장 무거운 형으로 처벌한다.
[전문개정 2011.4.4.]

제8조【군함 등에 대한 특례】 외국의 군함이나 비상업용 정부선박 또는 그 승무원이나 그 밖의 승선자가 이 법이나 그 밖의 다른 법령을 위반하였을 때에는 이의 시정이나 영해로부터의 퇴거를 요구할 수 있다.
[전문개정 2011.4.4.]

15 영해 및 접속수역법 시행령

시행일 : 2013.3.23.
대통령령 제24424호, 2013.3.23., 타법개정

제1조 【목적】 이 영은 「영해 및
접속수역법」(이하 "법"이라 한다)
에서 위임된 사항과 그 시행에 관
하여 필요한 사항을 규정함을 목
적으로 한다.

제2조 【직선기선의 기점】 영해의
폭을 측정함에 있어서 법 제2조
제2항의 규정에 따라 직선을 기
선으로 하는 각 수역과 그 기점은
별표 1과 같다.

**제3조 【대한해협에 있어서의 영
해의 범위】** 국제항행에 이용되는
대한해협을 구성하는 수역에 있
어서의 영해는 법 제1조 단서의
규정에 따라 별표 2에서 정한 선
을 연결하는 선의 육지 측에 있는
수역으로 한다.

제4조 【외국군함등의 통항】 외국
의 군함 또는 비상업용 정부선박
이 영해를 통항하고자 할 때에는
법 제5조 제1항 후단의 규정에 따
라 <u>그 통항 3일 전까지(공휴일은
제외한다) 외교부장관</u>에게 다음
각 호의 사항을 통고하여야 한다.
다만, 전기선박이 통과하는 수역
이 국제항행에 이용되는 해협으
로서 동 수역에 공해대가 없을 경
우에는 그러하지 아니하다.
1. 당해 선박의 선명·종류 및 번호
2. 통항목적
3. 통항항로 및 일정

제5조 【외국선박의 영해 내 활동】
① 외국선박이 영해 내에서 법 제
5조 제2항 제2호 내지 제5호·제
11호 또는 제13호의 행위를 하고
자 할 때에는 외교부장관에게 다
음 각 호의 사항을 기재한 신청서
를 제출하여 관계당국의 허가·

승인 또는 동의를 얻어야 한다.
1. 당해 선박의 선명·종류 및 번호
2. 활동목적
3. 활동수역·항로 및 일정
② 법 제5조 제2항 제2호 내지 제
5호 또는 제11호의 행위에 관하
여 다른 법령에 의하여 관계당국
의 허가·승인 또는 동의를 얻은
때에는 이 영에 의한 허가·승인
또는 동의를 얻은 것으로 본다.

제6조 【오염물질의 배출규제 기준】
법 제5조 제2항 제9호에서 "대통
령령이 정하는 기준"이라 함은
「해양환경관리법 시행령」 제47조
에 따른 기준을 말한다.

제7조 【무해통항의 일시정지】
① 법 제5조 제3항의 규정에 따라
영해 내의 일정수역에 있어서 외
국선박의 무해통항의 일시적 정
지는 국방부장관이 행하되, 미리
국무회의의 심의를 거쳐 대통령
의 승인을 얻어야 한다.
② 국방부장관이 제1항의 규정에
따라 대통령의 승인을 얻은 때에
는 무해통항의 일시적 정지수
역·정지기간 및 정지사유를 지
체 없이 고시하여야 한다.

16 배타적 경제수역 및 대륙붕에 관한 법률(약칭: 배타적 경제수역법)

[시행 2017.3.21.] [법률 제14605호, 2017.3.21., 일부개정]

제1조(목적) 이 법은 「해양법에 관한 국제연합 협약」(이하 "협약"이라 한다)에 따라 배타적 경제수역과 대륙붕에 관하여 대한민국이 행사하는 주권적 권리와 관할권 등을 규정하여 대한민국의 해양권익을 보호하고 국제해양질서 확립에 기여함을 목적으로 한다. [전문개정 2017.3.21.]

제2조(배타적 경제수역과 대륙붕의 범위) ① 대한민국의 배타적 경제수역은 협약에 따라 「영해 및 접속수역법」 제2조에 따른 기선(基線)(이하 "기선"이라 한다)으로부터 그 바깥쪽 200해리의 선까지에 이르는 수역 중 대한민국의 영해를 제외한 수역으로 한다. <개정 2017.3.21.>
② 대한민국의 대륙붕은 협약에 따라 영해 밖으로 영토의 자연적 연장에 따른 대륙변계(大陸邊界)의 바깥 끝까지 또는 대륙변계의 바깥 끝이 200해리에 미치지 아니하는 경우에는 기선으로부터 200해리까지의 해저지역의 해저와 그 하층토로 이루어진다. 다만, 대륙변계가 기선으로부터 200해리 밖까지 확장되는 곳에서는 협약에 따라 정한다. <신설 2017.3.21.>
③ 대한민국과 마주 보고 있거나 인접하고 있는 국가(이하 "관계국"이라 한다) 간의 배타적 경제수역과 대륙붕의 경계는 제1항 및 제2항에도 불구하고 국제법을 기초로 관계국과의 합의에 따라 획정한다. <개정 2017.3.21.>

제3조(배타적 경제수역과 대륙붕에서의 권리) ① 대한민국은 협약에 따라 배타적 경제수역에서 다음 각 호의 권리를 가진다. <개정 2017.3.21.>
1. 해저의 상부 수역, 해저 및 그 하층토(下層土)에 있는 생물이나 무생물 등 천연자원의 탐사·개발·보존 및 관리를 목적으로 하는 주권적 권리와 해수(海水), 해류 및 해풍(海風)을 이용한 에너지 생산 등 경제적 개발 및 탐사를 위한 그 밖의 활동에 관한 주권적 권리
2. 다음 각 목의 사항에 관하여 협약에 규정된 관할권
가. 인공섬·시설 및 구조물의 설치·사용
나. 해양과학 조사
다. 해양환경의 보호 및 보전
3. 협약에 규정된 그 밖의 권리
② 대한민국은 협약에 따라 대륙붕에서 다음 각 호의 권리를 가진다. <신설 2017.3.21.>
1. 대륙붕의 탐사를 위한 주권적 권리
2. 해저와 하층토의 광물, 그 밖의 무생물자원 및 정착성 어종에 속하는 생물체(협약 제77조제4항에 규정된 정착성 어종에 속하는 생물체를 말한다)의 개발을 위한 주권적 권리
3. 협약에 규정된 그 밖의 권리

제4조(외국 또는 외국인의 권리 및 의무) ① 외국 또는 외국인은 협약의 관련 규정에 따를 것을 조건으로 대한민국의 배타적 경제수역과 대륙붕에서 항행(航行) 또는 상공 비행의 자유,

해저 전선(電線) 또는 관선(管線) 부설의 자유 및 그 자유와 관련되는 것으로서 국제적으로 적법한 그 밖의 해양 이용에 관한 자유를 누린다. <개정 2017.3.21.>

② 외국 또는 외국인은 대한민국의 배타적 경제수역과 대륙붕에서 권리를 행사하고 의무를 이행할 때에는 대한민국의 권리와 의무를 적절히 고려하고 대한민국의 법령을 준수하여야 한다.

제5조(대한민국의 권리 행사 등)
① 외국과의 협정으로 달리 정하는 경우를 제외하고 대한민국의 배타적 경제수역과 대륙붕에서는 제3조에 따른 권리를 행사하거나 보호하기 위하여 대한민국의 법령을 적용한다. 배타적 경제수역과 대륙붕의 인공섬·시설 및 구조물에서의 법률관계에 대하여도 또한 같다. <개정 2017.3.21.>

② 제3조에 따른 대한민국의 배타적 경제수역에서의 권리는 대한민국과 관계국 간에 별도의 합의가 없는 경우 대한민국과 관계국의 중간선 바깥쪽 수역에서는 행사하지 아니한다. 이 경우 "중간선"이란 그 선상(線上)의 각 점으로부터 대한민국의 기선상의 가장 가까운 점까지의 직선거리와 관계국의 기선상의 가장 가까운 점까지의 직선거리가 같게 되는 선을 말한다.

③ 대한민국의 배타적 경제수역과 대륙붕에서 제3조에 따른 권리를 침해하거나 그 배타적 경제수역과 대륙붕에 적용되는 대한민국의 법령을 위반한 혐의가 있다고 인정되는 자에 대하여 관계 기관은 협약 제111조에 따른 추적권(追跡權)의 행사, 정선(停船)·승선·검색·나포 및 사법절차를 포함하여 필요한 조치를 할 수 있다. <개정 2017.3.21.>

17 국제형사재판소 범죄의 처벌 등에 관한 법률

법률 제10577호 일부개정 2011.4.12.

제1장 총 칙

제1조【목적】 이 법은 인간의 존엄과 가치를 존중하고 국제사회의 정의를 실현하기 위하여 「국제형사재판소에 관한 로마규정」에 따른 국제형사재판소의 관할 범죄를 처벌하고 대한민국과 국제형사재판소 간의 협력에 관한 절차를 정함을 목적으로 한다.

제2조【정의】 이 법에서 사용하는 용어의 뜻은 다음과 같다.
1. "집단살해죄등"이란 제8조부터 제14조까지의 죄를 말한다.
2. "국제형사재판소"란 1998년 7월 17일 이탈리아 로마에서 개최된 국제연합 전권외교회의에서 채택되어 2002년 7월 1일 발효된 「국제형사재판소에 관한 로마규정」(이하 "국제형사재판소규정"이라 한다)에 따라 설립된 재판소를 말한다.
3. "제네바 협약"이란 「육전에 있어서의 군대의 부상자 및 병자의 상태 개선에 관한 1949년 8월 12일자 제네바 협약」(제1협약), 「해상에 있어서의 군대의 부상자, 병자 및 조난자의 상태 개선에 관한 1949년 8월 12일자 제네바협약」(제2협약), 「포로의 대우에 관한 1949년 8월 12일자 제네바협약」(제3협약) 및 「전시에 있어서의 민간인의 보호에 관한 1949년 8월 12일자 제네바 협약」(제4협약)을 말한다.
4. "외국인"이란 대한민국의 국적을 가지지 아니한 사람을 말한다.
5. "노예화"란 사람에 대한 소유권에 부속되는 모든 권한의 행사를 말하며, 사람 특히 여성과 아동을 거래하는 과정에서 그러한 권한을 행사하는 것을 포함한다.
6. "강제임신"이란 주민의 민족적 구성에 영향을 미치거나 다른 중대한 국제법 위반을 실행할 의도로 강제로 임신시키거나 강제로 임신하게 된 여성을 정당한 사유 없이 불법적으로 감금하여 그 임신 상태를 유지하도록 하는 것을 말한다.
7. "인도(人道)에 관한 국제법규에 따라 보호되는 사람"이란 다음 각 목의 어느 하나에 해당하는 사람을 말한다.
가. 국제적 무력충돌의 경우에 제네바 협약 및 「1949년 8월 12일자 제네바 협약에 대한 추가 및 국제적 무력충돌의 희생자 보호에 관한 의정서」(제1의정서)에 따라 보호되는 부상자, 병자, 조난자, 포로 또는 민간인
나. 비국제적 무력충돌의 경우에 부상자, 병자, 조난자 또는 적대행위에 직접 참여하지 아니한 사람으로서 무력충돌 당사자의 지배하에 있는 사람
다. 국제적 무력충돌 또는 비국제적 무력충돌의 경우에 항복하거나 전투 능력을 잃은 적대 당사자 군대의 구성원이나 전투원
[전문개정 2011.4.12.]

제3조【적용범위】 ① 이 법은 대한민국 영역 안에서 이 법으로 정한 죄를 범한 내국인과 외국인에게 적용한다.
② 이 법은 대한민국 영역 밖에서 이 법으로 정한 죄를 범한 내국인에게 적용한다.
③ 이 법은 대한민국 영역 밖에 있는 대한민국의 선박 또는 항공기

안에서 이 법으로 정한 죄를 범한 외국인에게 적용한다.

④ 이 법은 대한민국 영역 밖에서 대한민국 또는 대한민국 국민에 대하여 이 법으로 정한 죄를 범한 외국인에게 적용한다.

⑤ 이 법은 대한민국 영역 밖에서 집단살해죄 등을 범하고 대한민국 영역 안에 있는 외국인에게 적용한다.

제4조【상급자의 명령에 따른 행위】 ① 정부 또는 상급자의 명령에 복종할 법적 의무가 있는 사람이 그 명령에 따른 자기의 행위가 불법임을 알지 못하고 집단살해죄 등을 범한 경우에는 명령이 명백한 불법이 아니고 그 오인(誤認)에 정당한 이유가 있을 때에만 처벌하지 아니한다.

② 제1항의 경우에 제8조 또는 제9조의 죄를 범하도록 하는 명령은 명백히 불법인 것으로 본다.
[전문개정 2011.4.12.]

제5조【지휘관과 그 밖의 상급자의 책임】 군대의 지휘관(지휘관의 권한을 사실상 행사하는 사람을 포함한다. 이하 같다) 또는 단체·기관의 상급자(상급자의 권한을 사실상 행사하는 사람을 포함한다. 이하 같다)가 실효적인 지휘와 통제하에 있는 부하 또는 하급자가 집단살해죄 등을 범하고 있거나 범하려는 것을 알고도 이를 방지하기 위하여 필요한 상당한 조치를 하지 아니하였을 때에는 그 집단살해죄 등을 범한 사람을 처벌하는 외에 그 지휘관 또는 상급자도 각 해당 조문에서 정한 형으로 처벌한다.
[전문개정 2011.4.12.]

제6조【시효의 적용 배제】 집단살해죄 등에 대하여는 「형사소송법」 제249조부터 제253조까지 및 「군사법원법」 제291조부터 제295조

까지의 규정에 따른 공소시효와 「형법」 제77조부터 제80조까지의 규정에 따른 형의 시효에 관한 규정을 적용하지 아니한다.
[전문개정 2011.4.12.]

제7조【면소의 판결】 집단살해죄 등의 피고사건에 관하여 이미 국제형사재판소에서 유죄 또는 무죄의 확정판결이 있은 경우에는 판결로써 면소(免訴)를 선고하여야 한다.
[전문개정 2011.4.12.]

제2장 국제형사재판소 관할 범죄의 처벌

제8조【집단살해죄】 ① 국민적·인종적·민족적 또는 종교적 집단 자체를 전부 또는 일부 파괴할 목적으로 그 집단의 구성원을 살해한 사람은 사형, 무기 또는 7년 이상의 징역에 처한다.

② 제1항과 같은 목적으로 다음 각 호의 어느 하나에 해당하는 행위를 한 사람은 무기 또는 5년 이상의 징역에 처한다.
1. 제1항의 집단의 구성원에 대하여 중대한 신체적 또는 정신적 위해(危害)를 끼치는 행위
2. 신체의 파괴를 불러일으키기 위하여 계획된 생활조건을 제1항의 집단에 고의적으로 부과하는 행위
3. 제1항의 집단 내 출생을 방지하기 위한 조치를 부과하는 행위
4. 제1항의 집단의 아동을 강제로 다른 집단으로 이주하도록 하는 행위

③ 제2항 각 호의 어느 하나에 해당하는 행위를 하여 사람을 사망에 이르게 한 사람은 제1항에서 정한 형에 처한다.

④ 제1항 또는 제2항의 죄를 선동한 사람은 5년 이상의 유기징역에 처한다.

⑤ 제1항 또는 제2항에 규정된 죄의 미수범은 처벌한다.
[전문개정 2011.4.12.]

제9조【인도에 반한 죄】 ① 민간인 주민을 공격하려는 국가 또는 단체·기관의 정책과 관련하여 민간인 주민에 대한 광범위하거나 체계적인 공격으로 사람을 살해한 사람은 사형, 무기 또는 7년 이상의 징역에 처한다.

② 민간인 주민을 공격하려는 국가 또는 단체·기관의 정책과 관련하여 민간인 주민에 대한 광범위하거나 체계적인 공격으로 다음 각 호의 어느 하나에 해당하는 행위를 한 사람은 무기 또는 5년 이상의 징역에 처한다.

1. 식량과 의약품에 대한 주민의 접근을 박탈하는 등 일부 주민의 말살을 불러올 생활조건을 고의적으로 부과하는 행위
2. 사람을 노예화하는 행위
3. 국제법규를 위반하여 강제로 주민을 그 적법한 주거지에서 추방하거나 이주하도록 하는 행위
4. 국제법규를 위반하여 사람을 감금하거나 그 밖의 방법으로 신체적 자유를 박탈하는 행위
5. 자기의 구금 또는 통제하에 있는 사람에게 정당한 이유 없이 중대한 신체적 또는 정신적 고통을 주어 고문하는 행위
6. 강간, 성적 노예화, 강제매춘, 강제임신, 강제불임 또는 이와 유사한 중대한 성적 폭력 행위
7. 정치적·인종적·국민적·민족적·문화적·종교적 사유, 성별 또는 그 밖의 국제법규에 따라 인정되지 아니하는 사유로 집단 또는 집합체 구성원의 기본적 인권을 박탈하거나 제한하는 행위
8. 사람을 장기간 법의 보호로부터 배제시킬 목적으로 국가 또는 정치단체의 허가·지원 또는 묵인하에 이루어지는 다음 각 목의 어느 하나에 해당하는 행위

가. 사람을 체포·감금·약취 또는 유인(이하 "체포등"이라 한다)한 후 그 사람에 대한 체포등의 사실, 인적 사항, 생존 여부 및 소재지 등에 대한 정보 제공을 거부하거나 거짓 정보를 제공하는 행위

나. 가목에 규정된 정보를 제공할 의무가 있는 사람이 정보 제공을 거부하거나 거짓 정보를 제공하는 행위

9. 제1호부터 제8호까지의 행위 외의 방법으로 사람의 신체와 정신에 중대한 고통이나 손상을 주는 행위

③ 인종집단의 구성원으로서 다른 인종집단을 조직적으로 억압하고 지배하는 체제를 유지할 목적으로 제1항 또는 제2항에 따른 행위를 한 사람은 각 항에서 정한 형으로 처벌한다.

④ 제2항 각 호의 어느 하나에 해당하는 행위 또는 제3항의 행위(제2항 각 호의 어느 하나에 해당하는 행위로 한정한다)를 하여 사람을 사망에 이르게 한 사람은 제1항에서 정한 형에 처한다.

⑤ 제1항부터 제3항까지에 규정된 죄의 미수범은 처벌한다.
[전문개정 2011.4.12.]

제10조【사람에 대한 전쟁범죄】
① 국제적 무력충돌 또는 비국제적 무력충돌(폭동이나 국지적이고 산발적인 폭력행위와 같은 국내적 소요나 긴장 상태는 제외한다. 이하 같다)과 관련하여 인도에 관한 국제법규에 따라 보호되는 사람을 살해한 사람은 사형, 무기 또는 7년 이상의 징역에 처한다.

② 국제적 무력충돌 또는 비국제적 무력충돌과 관련하여 다음 각

호의 어느 하나에 해당하는 행위를 한 사람은 무기 또는 5년 이상의 징역에 처한다.

1. 인도에 관한 국제법규에 따라 보호되는 사람을 인질로 잡는 행위
2. 인도에 관한 국제법규에 따라 보호되는 사람에게 고문이나 신체의 절단 등으로 신체 또는 건강에 중대한 고통이나 손상을 주는 행위
3. 인도에 관한 국제법규에 따라 보호되는 사람을 강간, 강제매춘, 성적 노예화, 강제임신 또는 강제 불임의 대상으로 삼는 행위

③ 국제적 무력충돌 또는 비국제적 무력충돌과 관련하여 다음 각 호의 어느 하나에 해당하는 행위를 한 사람은 3년 이상의 유기징역에 처한다.

1. 인도에 관한 국제법규에 따라 보호되는 사람을 국제법규를 위반하여 주거지로부터 추방하거나 이송하는 행위
2. 공정한 정식재판에 의하지 아니하고 인도에 관한 국제법규에 따라 보호되는 사람에게 형을 부과하거나 집행하는 행위
3. 치료의 목적 등 정당한 사유 없이 인도에 관한 국제법규에 따라 보호되는 사람을 그의 자발적이고 명시적인 사전 동의 없이 생명·신체에 중대한 위해를 끼칠 수 있는 의학적·과학적 실험의 대상으로 삼는 행위
4. 조건 없이 항복하거나 전투능력을 잃은 군대의 구성원이나 전투원에게 상해(傷害)를 입히는 행위
5. 15세 미만인 사람을 군대 또는 무장집단에 징집 또는 모병의 방법으로 참여하도록 하거나 적대행위에 참여하도록 하는 행위

④ 국제적 무력충돌 또는 비국제적 무력충돌과 관련하여 인도에 관한 국제법규에 따라 보호되는

사람을 중대하게 모욕하거나 품위를 떨어뜨리는 처우를 한 사람은 1년 이상의 유기징역에 처한다.

⑤ 국제적 무력충돌과 관련하여 다음 각 호의 어느 하나에 해당하는 행위를 한 사람은 3년 이상의 유기징역에 처한다.

1. 정당한 사유 없이 인도에 관한 국제법규에 따라 보호되는 사람을 감금하는 행위
2. 자국의 주민 일부를 점령지역으로 이주시키는 행위
3. 인도에 관한 국제법규에 따라 보호되는 사람으로 하여금 강제로 적국의 군대에 복무하도록 하는 행위
4. 적국의 국민을 강제로 자신의 국가에 대한 전쟁 수행에 참여하도록 하는 행위

⑥ 제2항·제3항 또는 제5항의 죄를 범하여 사람을 사망에 이르게 한 사람은 사형, 무기 또는 7년 이상의 징역에 처한다.

⑦ 제1항부터 제5항까지에 규정된 죄의 미수범은 처벌한다.

[전문개정 2011.4.12.]

제11조【재산 및 권리에 대한 전쟁범죄】 ① 국제적 무력충돌 또는 비국제적 무력충돌과 관련하여 적국 또는 적대 당사자의 재산을 약탈하거나 무력충돌의 필요상 불가피하지 아니한데도 적국 또는 적대 당사자의 재산을 국제법규를 위반하여 광범위하게 파괴·징발하거나 압수한 사람은 무기 또는 3년 이상의 징역에 처한다.

② 국제적 무력충돌과 관련하여 국제법규를 위반하여 적국의 국민 전부 또는 다수의 권리나 소송행위가 법정에서 폐지·정지되거나 허용되지 아니한다고 선언한 사람은 3년 이상의 유기징역에 처한다.

③ 제1항 또는 제2항에 규정된 죄의 미수범은 처벌한다.
[전문개정 2011.4.12.]

제12조【인도적 활동이나 식별표장 등에 관한 전쟁범죄】 ① 국제적 무력충돌 또는 비국제적 무력충돌과 관련하여 다음 각 호의 어느 하나에 해당하는 행위를 한 사람은 3년 이상의 유기징역에 처한다.
1. 국제연합헌장에 따른 인도적 원조나 평화유지임무와 관련된 요원·시설·자재·부대 또는 차량이 무력충돌에 관한 국제법에 따라 민간인 또는 민간 대상물에 부여되는 보호를 받을 자격이 있는데도 그들을 고의적으로 공격하는 행위
2. 제네바 협약에 규정된 식별표장(識別表裝)을 정당하게 사용하는 건물, 장비, 의무부대, 의무부대의 수송수단 또는 요원을 공격하는 행위
② 국제적 무력충돌 또는 비국제적 무력충돌과 관련하여 제네바 협약에 규정된 식별표장·휴전기(休戰旗), 적이나 국제연합의 깃발·군사표지 또는 제복을 부정한 방법으로 사용하여 사람을 사망에 이르게 하거나 사람의 신체에 중대한 손상을 입힌 사람은 다음의 구분에 따라 처벌한다.
1. 사람을 사망에 이르게 한 사람은 사형, 무기 또는 7년 이상의 징역에 처한다.
2. 사람의 신체에 중대한 손상을 입힌 사람은 무기 또는 5년 이상의 징역에 처한다.
③ 제1항 또는 제2항에 규정된 죄의 미수범은 처벌한다.
[전문개정 2011.4.12.]

제13조【금지된 방법에 의한 전쟁범죄】 ① 국제적 무력충돌 또는 비국제적 무력충돌과 관련하여 다음 각 호의 어느 하나에 해당하는 행위를 한 사람은 무기 또는 3년 이상의 징역에 처한다.
1. 민간인 주민을 공격의 대상으로 삼거나 적대행위에 직접 참여하지 아니한 민간인 주민을 공격의 대상으로 삼는 행위
2. 군사목표물이 아닌 민간 대상물로서 종교·교육·예술·과학 또는 자선 목적의 건물, 역사적 기념물, 병원, 병자 및 부상자를 수용하는 장소, 무방비 상태의 마을·거주지·건물 또는 위험한 물리력을 포함하고 있는 댐 등 시설물을 공격하는 행위
3. 군사작전상 필요에 비하여 지나치게 민간인의 신체·생명 또는 민간 대상물에 중대한 위해를 끼치는 것이 명백한 공격 행위
4. 특정한 대상에 대한 군사작전을 막을 목적으로 인도에 관한 국제법규에 따라 보호되는 사람을 방어수단으로 이용하는 행위
5. 인도에 관한 국제법규를 위반하여 민간인들의 생존에 필수적인 물품을 박탈하거나 그 물품의 공급을 방해함으로써 기아(飢餓)를 전투수단으로 사용하는 행위
6. 군대의 지휘관으로서 예외 없이 적군을 살해할 것을 협박하거나 지시하는 행위
7. 국제법상 금지되는 배신행위로 적군 또는 상대방 전투원을 살해하거나 상해를 입히는 행위
② 제1항 제1호부터 제6호까지의 죄를 범하여 인도에 관한 국제법규에 따라 보호되는 사람을 사망 또는 상해에 이르게 한 사람은 다음의 구분에 따라 처벌한다.
1. 사망에 이르게 한 사람은 사형, 무기 또는 7년 이상의 징역에 처한다.
2. 중대한 상해에 이르게 한 사람은 무기 또는 5년 이상의 징역에 처한다.

③ 국제적 무력충돌 또는 비국제적 무력충돌과 관련하여 자연환경에 군사작전상 필요한 것보다 지나치게 광범위하고 장기간의 중대한 훼손을 가하는 것이 명백한 공격 행위를 한 사람은 3년 이상의 유기징역에 처한다.

④ 제1항 또는 제3항에 규정된 죄의 미수범은 처벌한다.

[전문개정 2011.4.12.]

제14조【금지된 무기를 사용한 전쟁범죄】 ① 국제적 무력충돌 또는 비국제적 무력충돌과 관련하여 다음 각 호의 어느 하나에 해당하는 무기를 사용한 사람은 무기 또는 5년 이상의 징역에 처한다.

1. 독물(毒物) 또는 유독무기(有毒武器)

2. 생물무기 또는 화학무기

3. 인체 내에서 쉽게 팽창하거나 펼쳐지는 총탄

② 제1항의 죄를 범하여 사람의 생명·신체 또는 재산을 침해한 사람은 사형, 무기 또는 7년 이상의 징역에 처한다.

③ 제1항에 규정된 죄의 미수범은 처벌한다.

[전문개정 2011.4.12.]

제15조【지휘관 등의 직무태만죄】 ① 군대의 지휘관 또는 단체·기관의 상급자로서 직무를 게을리하거나 유기(遺棄)하여 실효적인 지휘와 통제하에 있는 부하가 집단살해죄등을 범하는 것을 방지하거나 제지하지 못한 사람은 7년 이하의 징역에 처한다.

② 과실로 제1항의 행위에 이른 사람은 5년 이하의 징역에 처한다.

③ 군대의 지휘관 또는 단체·기관의 상급자로서 집단살해죄등을 범한 실효적인 지휘와 통제하에 있는 부하 또는 하급자를 수사기관에 알리지 아니한 사람은 5년 이하의 징역에 처한다.

[전문개정 2011.4.12.]

제16조【사법방해죄】 ① 국제형사재판소에서 수사 또는 재판 중인 사건과 관련하여 다음 각 호의 어느 하나에 해당하는 사람은 5년 이하의 징역 또는 1천500만 원 이하의 벌금에 처하거나 이를 병과(併科)할 수 있다.

1. 거짓 증거를 제출한 사람

2. 폭행 또는 협박으로 참고인 또는 증인의 출석·진술 또는 증거의 수집·제출을 방해한 사람

3. 참고인 또는 증인의 출석·진술 또는 증거의 수집·제출을 방해하기 위하여 그에게 금품이나 그 밖의 재산상 이익을 약속·제공하거나 제공의 의사를 표시한 사람

4. 제3호의 금품이나 그 밖의 재산상 이익을 수수(收受)·요구하거나 약속한 참고인 또는 증인

② 제1항은 국제형사재판소의 청구 또는 요청에 의하여 대한민국 내에서 진행되는 절차에 대하여도 적용된다.

③ 제1항의 사건과 관련하여「형법」제152조, 제154조 또는 제155조제1항부터 제3항까지의 규정이나「특정범죄 가중처벌 등에 관한 법률」제5조의9에 따른 행위를 한 사람은 각 해당 규정에서 정한 형으로 처벌한다. 이 경우「형법」제155조 제4항은 적용하지 아니한다.

④ 제1항의 사건과 관련하여 국제형사재판소 직원에게「형법」제136조, 제137조 또는 제144조에 따른 행위를 한 사람은 각 해당 규정에서 정한 형으로 처벌한다. 이 경우 국제형사재판소 직원은 각 해당 규정에 따른 공무원으로 본다.

⑤ 제1항의 사건과 관련하여 국제형사재판소 직원에게「형법」제133조의 행위를 한 사람은 같은

조에서 정한 형으로 처벌한다. 이 경우 국제형사재판소 직원은 해당 조문에 따른 공무원으로 본다.
⑥ 이 조에서 "국제형사재판소 직원"이란 재판관, 소추관, 부소추관, 사무국장 및 사무차장을 포함하여 국제형사재판소규정에 따라 국제형사재판소의 사무를 담당하는 사람을 말한다.
[전문개정 2011.4.12.]

제17조【친고죄·반의사불벌죄의 배제】 집단살해죄등은 고소가 없거나 피해자의 명시적 의사에 반하여도 공소를 제기할 수 있다.
[전문개정 2011.4.12.]

제18조【국제형사재판소규정 범죄 구성요건의 고려】 제8조부터 제14조까지의 적용과 관련하여 필요할 때에는 국제형사재판소규정 제9조에 따라 2002년 9월 9일 국제형사재판소규정 당사국총회에서 채택된 범죄구성요건을 고려할 수 있다.
[전문개정 2011.4.12.]

제3장 국제형사재판소와의 협력

제19조【「범죄인 인도법」의 준용】 ① 대한민국과 국제형사재판소 간의 범죄인 인도에 관하여는 「범죄인 인도법」을 준용한다. 다만, 국제형사재판소규정에 「범죄인 인도법」과 다른 규정이 있는 경우에는 그 규정에 따른다.
② 제1항의 경우 「범죄인 인도법」중 "청구국"은 "국제형사재판소"로, "인도조약"은 "국제형사재판소규정"으로 본다.
[전문개정 2011.4.12.]

제20조【「국제형사사법 공조법」의 준용】 ① 국제형사재판소의 형사사건 수사 또는 재판과 관련하여 국제형사재판소의 요청에 따라 실시하는 공조 및 국제형사재판소에 대하여 요청하는 공조에 관하여는 「국제형사사법 공조법」을 준용한다. 다만, 국제형사재판소규정에 「국제형사사법 공조법」과 다른 규정이 있는 경우에는 그 규정에 따른다.
② 제1항의 경우 「국제형사사법 공조법」중 "외국"은 "국제형사재판소"로, "공조조약"은 "국제형사재판소규정"으로 본다.
[전문개정 2011.4.12.]

부 칙
[2007.12.21. 제8719호]

제1조【시행일】 이 법은 공포한 날부터 시행한다.

제2조【다른 법률의 개정】 ① 범죄수익은닉의 규제 및 처벌 등에 관한 법률 일부를 다음과 같이 개정한다.
제2조 제2호 나목을 다음과 같이 한다.
나. 「성매매알선 등 행위의 처벌에 관한 법률」제19조 제2항 제1호(성매매알선등행위 중 성매매에 제공되는 사실을 알면서 자금·토지 또는 건물을 제공하는 행위에 한정한다), 「폭력행위 등 처벌에 관한 법률」제5조 제2항·제6조(제5조 제2항의 미수범에 한정한다), 「국제상거래에 있어서 외국공무원에 대한 뇌물방지법」제3조 제1항, 「특정경제범죄 가중처벌 등에 관한 법률」제4조, 「국제형사재판소 관할 범죄의 처벌 등에 관한 법률」제8조부터 제16조까지의 죄에 관계된 자금 또는 재산
② 특정범죄신고자등보호법 일부를 다음과 같이 개정한다.
제2조 제1호에 라목을 다음과 같이 신설한다.
라. 「국제형사재판소 관할 범죄의 처벌 등에 관한 법률」제8조부터 제16조까지의 죄

18 난민법

[시행 2016.12.20.] [법률 제14408호, 2016.12.20., 일부개정]

제1장 총칙

제1조(목적) 이 법은 「난민의 지위에 관한 1951년 협약」(이하 "난민협약"이라 한다) 및 「난민의 지위에 관한 1967년 의정서」(이하 "난민의정서"라 한다) 등에 따라 난민의 지위와 처우 등에 관한 사항을 정함을 목적으로 한다.

제2조(정의) 이 법에서 사용하는 용어의 뜻은 다음과 같다.

1. "난민"이란 인종, 종교, 국적, 특정 사회집단의 구성원인 신분 또는 정치적 견해를 이유로 박해를 받을 수 있다고 인정할 충분한 근거가 있는 공포로 인하여 국적국의 보호를 받을 수 없거나 보호받기를 원하지 아니하는 외국인 또는 그러한 공포로 인하여 대한민국에 입국하기 전에 거주한 국가(이하 "상주국"이라 한다)로 돌아갈 수 없거나 돌아가기를 원하지 아니하는 무국적자인 외국인을 말한다.

2. "난민으로 인정된 사람"(이하 "난민인정자"라 한다)이란 이 법에 따라 난민으로 인정을 받은 외국인을 말한다.

3. "인도적 체류 허가를 받은 사람"(이하 "인도적체류자"라 한다)이란 제1호에는 해당하지 아니하지만 고문 등의 비인도적인 처우나 처벌 또는 그 밖의 상황으로 인하여 생명이나 신체의 자유 등을 현저히 침해당할 수 있다고 인정할 만한 합리적인 근거가 있는 사람으로서 대통령령으로 정하는 바에 따라 법무부장관으로부터 체류허가를 받은 외국인을 말한다.

4. "난민인정을 신청한 사람"(이하 "난민신청자"라 한다)이란 대한민국에 난민인정을 신청한 외국인으로서 다음 각 목의 어느 하나에 해당하는 사람을 말한다.

가. 난민인정 신청에 대한 심사가 진행 중인 사람

나. 난민 불인정 결정이나 난민 불인정 결정에 대한 이의신청의 기각결정을 받고 이의신청의 제기기간이나 행정심판 또는 행정소송의 제기기간이 지나지 아니한 사람

다. 난민 불인정 결정에 대한 행정심판 또는 행정소송이 진행 중인 사람

5. "재정착 희망난민"이란 대한민국 밖에 있는 난민 중 대한민국에서 정착을 희망하는 외국인을 말한다.

6. "외국인"이란 대한민국의 국적을 가지지 아니한 사람을 말한다.

제3조(강제송환의 금지) 난민인정자와 인도적체류자 및 난민신청자는 난민협약 제33조 및 「고문 및 그 밖의 잔혹하거나 비인도적 또는 굴욕적인 대우나 처벌의 방지에 관한 협약」 제3조에 따라 본인의 의사에 반하여 강제로 송환되지 아니한다.

제4조(다른 법률의 적용) 난민인정자와 인도적체류자 및 난민신청자의 지위와 처우에 관하여 이 법에서 정하지 아니한 사항은 「출입국관리법」을 적용한다.

제2장 난민인정 신청과 심사 등

제5조(난민인정 신청) ① 대한민국 안에 있는 외국인으로서 난민인정을 받으려는 사람은 법무부장관에게 난민인정 신청을 할 수

있다. 이 경우 외국인은 난민인정 신청서를 지방출입국·외국인관서의 장에게 제출하여야 한다. <개정 2014.3.18.>

② 제1항에 따른 신청을 하는 때에는 다음 각 호에 해당하는 서류를 제시하여야 한다.

1. 여권 또는 외국인등록증. 다만, 이를 제시할 수 없는 경우에는 그 사유서

2. 난민인정 심사에 참고할 문서 등 자료가 있는 경우 그 자료

③ 난민인정 신청은 서면으로 하여야 한다. 다만, 신청자가 글을 쓸 줄 모르거나 장애 등의 사유로 인하여 신청서를 작성할 수 없는 경우에는 접수하는 공무원이 신청서를 작성하고 신청자와 함께 서명 또는 기명날인하여야 한다.

④ 출입국관리공무원은 난민인정 신청에 관하여 문의하거나 신청 의사를 밝히는 외국인이 있으면 적극적으로 도와야 한다.

⑤ 법무부장관은 난민인정 신청을 받은 때에는 즉시 신청자에게 접수증을 교부하여야 한다.

⑥ 난민신청자는 난민인정 여부에 관한 결정이 확정될 때까지(난민불인정결정에 대한 행정심판이나 행정소송이 진행 중인 경우에는 그 절차가 종결될 때까지) 대한민국에 체류할 수 있다.

⑦ 제1항부터 제6항까지 정한 사항 외에 난민인정 신청의 구체적인 방법과 절차 등 필요한 사항은 법무부령으로 정한다.

제6조(출입국항에서 하는 신청) ① 외국인이 입국심사를 받는 때에 난민인정 신청을 하려면 「출입국관리법」에 따른 출입국항을 관할하는 지방출입국·외국인관서의 장에게 난민인정신청서를 제출하여야 한다. <개정 2014.3.18.>

② 지방출입국·외국인관서의 장은 제1항에 따라 출입국항에서 난민인정신청서를 제출한 사람에 대하여 7일의 범위에서 출입국항에 있는 일정한 장소에 머무르게 할 수 있다. <개정 2014.3.18.>

③ 법무부장관은 제1항에 따라 난민인정신청서를 제출한 사람에 대하여는 그 신청서가 제출된 날부터 7일 이내에 난민인정 심사에 회부할 것인지를 결정하여야 하며, 그 기간 안에 결정하지 못하면 그 신청자의 입국을 허가하여야 한다.

④ 출입국항에서의 난민신청자에 대하여는 대통령령으로 정하는 바에 따라 제2항의 기간 동안 기본적인 의식주를 제공하여야 한다.

⑤ 제1항부터 제4항까지 정한 사항 외에 출입국항에서 하는 난민인정 신청의 절차 등 필요한 사항은 대통령령으로 정한다.

제7조(난민인정 신청에 필요한 사항의 게시) ① 지방출입국·외국인관서의 장은 지방출입국·외국인관서 및 관할 출입국항에 난민인정 신청에 필요한 서류를 비치하고 이 법에 따른 접수방법 및 난민신청자의 권리 등 필요한 사항을 게시(인터넷 등 전자적 방법을 통한 게시를 포함한다)하여 누구나 열람할 수 있도록 하여야 한다. <개정 2014.3.18.>

② 제1항에 따른 서류의 비치 및 게시의 구체적인 방법은 법무부령으로 정한다.

제8조(난민인정 심사) ① 제5조에 따른 난민인정신청서를 제출받은 지방출입국·외국인관서의 장은 지체 없이 난민신청자에 대하여 면접을 실시하고 사실조사를 한 다음 그 결과를 난민인정신청서에 첨부하여 법무부장관에게 보고하여야 한다. <개정 2014.3.18.>

② 난민신청자의 요청이 있는 경우 같은 성(性)의 공무원이 면접을 하여야 한다.

③ 지방출입국·외국인관서의 장은 필요하다고 인정하는 경우 면접 과정을 녹음 또는 녹화할 수 있다. 다만, 난민신청자의 요청이 있는 경우에는 녹음 또는 녹화를 거부하여서는 아니 된다. <개정 2014.3.18.>

④ 법무부장관은 지방출입국·외국인관서에 면접과 사실조사 등을 전담하는 난민심사관을 둔다. 난민심사관의 자격과 업무수행에 관한 사항은 대통령령으로 정한다. <개정 2014.3.18.>

⑤ 법무부장관은 다음 각 호의 어느 하나에 해당하는 난민신청자에 대하여는 제1항에 따른 심사 절차의 일부를 생략할 수 있다.

1. 거짓 서류의 제출이나 거짓 진술을 하는 등 사실을 은폐하여 난민인정 신청을 한 경우

2. 난민인정을 받지 못한 사람 또는 제22조에 따라 난민인정이 취소된 사람이 중대한 사정의 변경 없이 다시 난민인정을 신청한 경우

3. 대한민국에서 1년 이상 체류하고 있는 외국인이 체류기간 만료일에 임박하여 난민인정 신청을 하거나 강제퇴거 대상 외국인이 그 집행을 지연시킬 목적으로 난민인정 신청을 한 경우

⑥ 난민신청자는 난민심사에 성실하게 응하여야 한다. 법무부장관은 난민신청자가 면접 등을 위한 출석요구에도 불구하고 3회 이상 연속하여 출석하지 아니하는 경우에는 난민인정 심사를 종료할 수 있다.

제9조(난민신청자에게 유리한 자료의 수집) 법무부장관은 난민신청자에게 유리한 자료도 적극적으로 수집하여 심사 자료로 활용하여야 한다.

제10조(사실조사) ① 법무부장관은 난민의 인정 또는 제22조에 따른 난민인정의 취소·철회 여부를 결정하기 위하여 필요하면 법무부 내 난민전담공무원 또는 지방출입국·외국인관서의 난민심사관으로 하여금 그 사실을 조사하게 할 수 있다. <개정 2014.3.18.>

② 제1항에 따른 조사를 하기 위하여 필요한 경우 난민신청자, 그 밖에 관계인을 출석하게 하여 질문을 하거나 문서 등 자료의 제출을 요구할 수 있다.

③ 법무부 내 난민전담부서의 장 또는 지방출입국·외국인관서의 장은 난민전담공무원 또는 난민심사관이 제1항에 따른 난민의 인정 또는 난민인정의 취소나 철회 등에 관한 사실조사를 마친 때에는 지체 없이 그 내용을 법무부장관에게 보고하여야 한다. <개정 2014.3.18.>

제11조(관계 행정기관 등의 협조) ① 법무부장관은 난민인정 심사에 필요한 경우 관계 행정기관의 장이나 지방자치단체의 장(이하 "관계 기관의 장"이라 한다) 또는 관련 단체의 장에게 자료제출 또는 사실조사 등의 협조를 요청할 수 있다.

② 제1항에 따라 협조를 요청받은 관계 기관의 장이나 관련 단체의 장은 정당한 사유 없이 이를 거부하여서는 아니 된다.

제12조(변호사의 조력을 받을 권리) 난민신청자는 변호사의 조력을 받을 권리를 가진다.

제13조(신뢰관계 있는 사람의 동석) 난민심사관은 난민신청자의 신청이 있는 때에는 면접의 공정성에 지장을 초래하지 아니하는 범위에서 신뢰관계 있는 사람의 동석을 허용할 수 있다.

제14조(통역) 법무부장관은 난민 신청자가 한국어로 충분한 의사 표현을 할 수 없는 경우에는 면접 과정에서 대통령령으로 정하는 일정한 자격을 갖춘 통역인으로 하여금 통역하게 하여야 한다.

제15조(난민면접조서의 확인) 난 민심사관은 난민신청자가 난민 면접조서에 기재된 내용을 이해 하지 못하는 경우 난민면접을 종 료한 후 난민신청자가 이해할 수 있는 언어로 통역 또는 번역을 하 여 그 내용을 확인할 수 있도록 하여야 한다.

제16조(자료 등의 열람·복사) ① 난민신청자는 본인이 제출한 자료, 난민면접조서의 열람이나 복사를 요청할 수 있다.
② 출입국관리공무원은 제1항에 따른 열람이나 복사의 요청이 있 는 경우 지체 없이 이에 응하여야 한다. 다만, 심사의 공정성에 현저 한 지장을 초래한다고 인정할 만 한 명백한 이유가 있는 경우에는 열람이나 복사를 제한할 수 있다.
③ 제1항에 따른 열람과 복사의 구체적인 방법과 절차는 대통령 령으로 정한다.

제17조(인적사항 등의 공개 금지) ① 누구든지 난민신청자와 제13 조에 따라 면접에 동석하는 사람 의 주소·성명·연령·직업·용 모, 그 밖에 그 난민신청자 등을 특정하여 파악할 수 있게 하는 인 적사항과 사진 등을 공개하거나 타인에게 누설하여서는 아니 된 다. 다만, 본인의 동의가 있는 경 우는 예외로 한다.
② 누구든지 제1항에 따른 난민 신청자 등의 인적사항과 사진 등 을 난민신청자 등의 동의를 받지 아니하고 출판물에 게재하거나 방송매체 또는 정보통신망을 이 용하여 공개하여서는 아니 된다.

③ 난민인정 신청에 대한 어떠한 정보도 출신국에 제공되어서는 아니 된다.

제18조(난민의 인정 등) ① <u>법무 부장관은 난민인정 신청이 이유 있다고 인정할 때에는 난민임을 인정하는 결정을 하고 난민인정 증명서를 난민신청자에게 교부 한다.</u>
② 법무부장관은 난민인정 신청 에 대하여 난민에 해당하지 아니 한다고 결정하는 경우에는 난민 신청자에게 그 사유와 30일 이내 에 이의신청을 제기할 수 있다는 뜻을 적은 난민불인정결정통지 서를 교부한다.
③ 제2항에 따른 난민불인정결정 통지서에는 결정의 이유(난민신 청자의 사실 주장 및 법적 주장에 대한 판단을 포함한다)와 이의신 청의 기한 및 방법 등을 명시하여 야 한다.
④ 제1항 또는 제2항에 따른 난민 인정 등의 결정은 난민인정신청 서를 접수한 날부터 6개월 안에 하여야 한다. 다만, 부득이한 경 우에는 6개월의 범위에서 기간을 정하여 연장할 수 있다.
⑤ 제4항 단서에 따라 기간을 연 장한 때에는 종전의 기간이 만료 되기 7일 전까지 난민신청자에게 통지하여야 한다.
⑥ 제1항에 따른 난민인정증명서 및 제2항에 따른 난민불인정결정 통지서는 지방출입국·외국인관 서의 장을 거쳐 난민신청자나 그 대리인에게 교부하거나 「행정절 차법」 제14조에 따라 송달한다. <개정 2014.3.18.>

제19조(난민인정의 제한) 법무부 장관은 난민신청자가 난민에 해 당한다고 인정하는 경우에도 다 음 각 호의 어느 하나에 해당된다 고 인정할 만한 상당한 이유가 있

는 경우에는 제18조 제1항에도 불구하고 난민불인정결정을 할 수 있다.

1. 유엔난민기구 외에 유엔의 다른 기구 또는 기관으로부터 보호 또는 원조를 현재 받고 있는 경우. 다만, 그러한 보호 또는 원조를 현재 받고 있는 사람의 지위가 국제연합총회에 의하여 채택된 관련 결의문에 따라 최종적으로 해결됨이 없이 그러한 보호 또는 원조의 부여가 어떠한 이유로 중지되는 경우는 제외한다.

2. 국제조약 또는 일반적으로 승인된 국제법규에서 정하는 세계평화에 반하는 범죄, 전쟁범죄 또는 인도주의에 반하는 범죄를 저지른 경우

3. 대한민국에 입국하기 전에 대한민국 밖에서 중대한 비정치적 범죄를 저지른 경우

4. 국제연합의 목적과 원칙에 반하는 행위를 한 경우

제20조(신원확인을 위한 보호) ① 출입국관리공무원은 난민신청자가 자신의 신원을 은폐하여 난민의 인정을 받을 목적으로 여권 등 신분증을 고의로 파기하였거나 거짓의 신분증을 행사하였음이 명백한 경우 그 신원을 확인하기 위하여 「출입국관리법」 제51조에 따라 지방출입국·외국인관서의 장으로부터 보호명령서를 발급받아 보호할 수 있다. <개정 2014.3.18.>

② 제1항에 따라 보호된 사람에 대하여는 그 신원이 확인되거나 10일 이내에 신원을 확인할 수 없는 경우 즉시 보호를 해제하여야 한다. 다만, 부득이한 사정으로 신원 확인이 지체되는 경우 지방출입국·외국인관서의 장은 10일의 범위에서 보호를 연장할 수 있다. <개정 2014.3.18.>

제21조(이의신청) ① 제18조 제2항 또는 제19조에 따라 난민불인정결정을 받은 사람 또는 제22조에 따라 난민인정이 취소 또는 철회된 사람은 그 통지를 받은 날부터 30일 이내에 법무부장관에게 이의신청을 할 수 있다. 이 경우 이의신청서에 이의의 사유를 소명하는 자료를 첨부하여 지방출입국·외국인관서의 장에게 제출하여야 한다. <개정 2014.3.18.>

② 제1항에 따른 이의신청을 한 경우에는 「행정심판법」에 따른 행정심판을 청구할 수 없다.

③ 법무부장관은 제1항에 따라 이의신청서를 접수하면 지체 없이 제25조에 따른 난민위원회에 회부하여야 한다.

④ 제25조에 따른 난민위원회는 직접 또는 제27조에 따른 난민조사관을 통하여 사실조사를 할 수 있다.

⑤ 그 밖에 난민위원회의 심의절차에 대한 구체적인 사항은 대통령령으로 정한다.

⑥ 법무부장관은 난민위원회의 심의를 거쳐 제18조에 따라 난민인정 여부를 결정한다.

⑦ 법무부장관은 이의신청서를 접수한 날부터 6개월 이내에 이의신청에 대한 결정을 하여야 한다. 다만, 부득이한 사정으로 그 기간 안에 이의신청에 대한 결정을 할 수 없는 경우에는 6개월의 범위에서 기간을 정하여 연장할 수 있다.

⑧ 제7항 단서에 따라 이의신청의 심사기간을 연장한 때에는 그 기간이 만료되기 7일 전까지 난민신청자에게 이를 통지하여야 한다.

제22조(난민인정결정의 취소 등) ① 법무부장관은 난민인정결정이 거짓 서류의 제출이나 거짓 진술 등 사실의 은폐에 따른 것으로 밝혀진 경우에는 난민인정을 취소할 수 있다.
② 법무부장관은 난민인정자가 다음 각 호의 어느 하나에 해당하는 경우에는 난민인정결정을 철회할 수 있다.
1. 자발적으로 국적국의 보호를 다시 받고 있는 경우
2. 국적을 상실한 후 자발적으로 국적을 회복한 경우
3. 새로운 국적을 취득하여 그 국적국의 보호를 받고 있는 경우
4. 박해를 받을 것이라는 우려 때문에 거주하고 있는 국가를 떠나거나 또는 그 국가 밖에서 체류하고 있다가 자유로운 의사로 그 국가에 재정착한 경우
5. 난민인정결정의 주된 근거가 된 사유가 소멸하여 더 이상 국적국의 보호를 받는 것을 거부할 수 없게 된 경우
6. 무국적자로서 난민으로 인정된 사유가 소멸되어 종전의 상주국으로 돌아갈 수 있는 경우
③ 법무부장관은 제1항 또는 제2항에 따라 난민인정결정을 취소 또는 철회한 때에는 그 사유와 30일 이내에 이의신청을 할 수 있다는 뜻을 기재한 난민인정취소통지서 또는 난민인정철회통지서로 그 사실을 통지하여야 한다. 이 경우 통지의 방법은 제18조제6항을 준용한다.

제23조(심리의 비공개) 난민위원회나 법원은 난민신청자나 그 가족 등의 안전을 위하여 필요하다고 인정하면 난민신청자의 신청에 따라 또는 직권으로 심의 또는 심리를 공개하지 아니하는 결정을 할 수 있다.

제24조(재정착희망난민의 수용) ① 법무부장관은 재정착희망난민의 수용 여부와 규모 및 출신지역 등 주요 사항에 관하여 「재한외국인 처우 기본법」 제8조에 따른 외국인정책위원회의 심의를 거쳐 재정착희망난민의 국내 정착을 허가할 수 있다. 이 경우 정착허가는 제18조제1항에 따른 난민인정으로 본다.
② 제1항에 따른 국내정착 허가의 요건과 절차 등 구체적인 사항은 대통령령으로 정한다.

제3장 난민위원회 등

제25조(난민위원회의 설치 및 구성) ① 제21조에 따른 이의신청에 대한 심의를 하기 위하여 법무부에 난민위원회(이하 "위원회"라 한다)를 둔다.
② 위원회는 위원장 1명을 포함한 15명 이하의 위원으로 구성한다.
③ 위원회에 분과위원회를 둘 수 있다.

제26조(위원의 임명) ① 위원은 다음 각 호의 어느 하나에 해당하는 사람 중에서 법무부장관이 임명 또는 위촉한다.
1. 변호사의 자격이 있는 사람
2. 「고등교육법」 제2조제1호 또는 제3호에 따른 학교에서 법률학 등을 가르치는 부교수 이상의 직에 있거나 있었던 사람
3. 난민 관련 업무를 담당하는 4급 이상 공무원이거나 이었던 사람
4. 그 밖에 난민에 관하여 전문적인 지식과 경험이 있는 사람
② 위원장은 위원 중에서 법무부장관이 임명한다.
③ 위원의 임기는 3년으로 하고, 연임할 수 있다.

제27조(난민조사관) ① 위원회에 난민조사관을 둔다.

② 난민조사관은 위원장의 명을 받아 이의신청에 대한 조사 및 그 밖에 위원회의 사무를 처리한다.

제28조(난민위원회의 운영) 제25조부터 제27조까지에서 규정한 사항 외에 위원회의 운영 등에 필요한 사항은 법무부령으로 정한다.

제29조(유엔난민기구와의 교류·협력) ① 법무부장관은 유엔난민기구가 다음 각 호의 사항에 대하여 통계 등의 자료를 요청하는 경우 협력하여야 한다.
1. 난민인정자 및 난민신청자의 상황
2. 난민협약 및 난민의정서의 이행 상황
3. 난민 관계 법령(입법예고를 한 경우를 포함한다)
② 법무부장관은 유엔난민기구나 난민신청자의 요청이 있는 경우 유엔난민기구가 다음 각 호의 행위를 할 수 있도록 협력하여야 한다.
1. 난민신청자 면담
2. 난민신청자에 대한 면접 참여
3. 난민인정 신청 또는 이의신청에 대한 심사에 관한 의견 제시
③ 법무부장관 및 난민위원회는 유엔난민기구가 난민협약 및 난민의정서의 이행상황을 점검하는 임무를 원활하게 수행할 수 있도록 편의를 제공하여야 한다.

제4장 난민인정자 등의 처우

제1절 난민인정자의 처우

제30조(난민인정자의 처우) ① 대한민국에 체류하는 난민인정자는 다른 법률에도 불구하고 난민협약에 따른 처우를 받는다.
② 국가와 지방자치단체는 난민의 처우에 관한 정책의 수립·시행, 관계 법령의 정비, 관계 부처 등에 대한 지원, 그 밖에 필요한 조치를 하여야 한다.

제31조(사회보장) 난민으로 인정되어 국내에 체류하는 외국인은 「사회보장기본법」 제8조 등에도 불구하고 대한민국 국민과 같은 수준의 사회보장을 받는다.

제32조(기초생활보장) 난민으로 인정되어 국내에 체류하는 외국인은 「국민기초생활 보장법」 제5조의2에도 불구하고 본인의 신청에 따라 같은 법 제7조부터 제15조까지에 따른 보호를 받는다.

제33조(교육의 보장) ① 난민인정자나 그 자녀가 「민법」에 따라 미성년자인 경우에는 국민과 동일하게 초등교육과 중등교육을 받는다.
② 법무부장관은 난민인정자에 대하여 대통령령으로 정하는 바에 따라 그의 연령과 수학능력 및 교육여건 등을 고려하여 필요한 교육을 받을 수 있도록 지원할 수 있다.

제34조(사회적응교육 등) ① 법무부장관은 난민인정자에 대하여 대통령령으로 정하는 바에 따라 한국어 교육 등 사회적응교육을 실시할 수 있다.
② 법무부장관은 난민인정자가 원하는 경우 대통령령으로 정하는 바에 따라 직업훈련을 받을 수 있도록 지원할 수 있다.

제35조(학력인정) 난민인정자는 대통령령으로 정하는 바에 따라 외국에서 이수한 학교교육의 정도에 상응하는 학력을 인정받을 수 있다.

제36조(자격인정) 난민인정자는 관계 법령에서 정하는 바에 따라 외국에서 취득한 자격에 상응하는 자격 또는 그 자격의 일부를 인정받을 수 있다.

제37조(배우자 등의 입국허가) ① 법무부장관은 난민인정자의 배우자 또는 미성년인 자녀가 입국을 신청하는 경우 「출입국관리법」 제11조에 해당하는 경우가 아니면 입국을 허가하여야 한다. ② 제1항에 따른 배우자 및 미성년자의 범위는 「민법」에 따른다.

제38조(난민인정자에 대한 상호주의 적용의 배제) 난민인정자에 대하여는 다른 법률에도 불구하고 상호주의를 적용하지 아니한다.

제2절 인도적체류자의 처우

제39조(인도적체류자의 처우) 법무부장관은 인도적체류자에 대하여 취업활동 허가를 할 수 있다.

제3절 난민신청자의 처우

제40조(생계비 등 지원) ① 법무부장관은 대통령령으로 정하는 바에 따라 난민신청자에게 생계비 등을 지원할 수 있다. ② 법무부장관은 난민인정 신청일부터 6개월이 지난 경우에는 대통령령으로 정하는 바에 따라 난민신청자에게 취업을 허가할 수 있다.

제41조(주거시설의 지원) ① 법무부장관은 대통령령으로 정하는 바에 따라 난민신청자가 거주할 주거시설을 설치하여 운영할 수 있다. ② 제1항에 따른 주거시설의 운영 등에 필요한 사항은 대통령령으로 정한다.

제42조(의료지원) 법무부장관은 대통령령으로 정하는 바에 따라 난민신청자에게 의료지원을 할 수 있다.

제43조(교육의 보장) 난민신청자 및 그 가족 중 미성년자인 외국인은 국민과 같은 수준의 초등교육 및 중등교육을 받을 수 있다.

제44조(특정 난민신청자의 처우 제한) 제2조제4호다목이나 제8조제5항제2호 또는 제3호에 해당하는 난민신청자의 경우에는 대통령령으로 정하는 바에 따라 제40조제1항 및 제41조부터 제43조까지에서 정한 처우를 일부 제한할 수 있다.

제5장 보칙

제45조(난민지원시설의 운영 등) ① 법무부장관은 제34조, 제41조 및 제42조에서 정하는 업무 등을 효율적으로 수행하기 위하여 난민지원시설을 설치하여 운영할 수 있다. ② 법무부장관은 필요하다고 인정하면 제1항에 따른 업무의 일부를 민간에게 위탁할 수 있다. ③ 난민지원시설의 이용대상, 운영 및 관리, 민간위탁 등에 필요한 사항은 대통령령으로 정한다.

제46조(권한의 위임) 법무부장관은 이 법에 따른 권한의 일부를 대통령령으로 정하는 바에 따라 지방출입국·외국인관서의 장에게 위임할 수 있다. <개정 2014.3.18.>

제46조의2(벌칙 적용에서 공무원 의제) 제25조에 규정된 난민위원회(분과위원회를 포함한다)의 위원 중 공무원이 아닌 위원은 「형법」 제127조 및 제129조부터 제132조까지의 규정을 적용할 때에는 공무원으로 본다. [본조신설 2016.12.20.]

제6장 벌칙

제47조(벌칙) 다음 각 호의 어느 하나에 해당하는 자는 1년 이하의 징역 또는 1천만원 이하의 벌금에 처한다.
1. 제17조를 위반한 자
2. 거짓 서류의 제출이나 거짓 진술 또는 사실의 은폐로 난민으로 인정되거나 인도적 체류 허가를 받은 사람

19 남북관계 발전에 관한 법률(약칭 : 남북관계발전법)

[시행 2022. 4. 20.] [법률 제18484호, 2021. 10. 19., 일부개정]

제1장 총칙

제1조(목적) 이 법은 「대한민국헌법」이 정한 평화적 통일을 구현하기 위하여 남한과 북한의 기본적인 관계와 남북관계의 발전에 관하여 필요한 사항을 규정함을 목적으로 한다.

제2조(기본원칙) ① 남북관계의 발전은 자주·평화·민주의 원칙에 입각하여 남북공동번영과 한반도의 평화통일을 추구하는 방향으로 추진되어야 한다.

② 남북관계의 발전은 국민적 합의를 바탕으로 투명과 신뢰의 원칙에 따라 추진되어야 하며, 남북관계는 정치적·파당적 목적을 위한 방편으로 이용되어서는 아니된다.

제3조(남한과 북한의 관계) ① 남한과 북한의 관계는 국가간의 관계가 아닌 통일을 지향하는 과정에서 잠정적으로 형성되는 특수관계이다.

② 남한과 북한간의 거래는 국가간의 거래가 아닌 민족내부의 거래로 본다.

제4조(정의) 이 법에서 사용하는 용어의 정의는 다음과 같다. <개정 2020.12.29.>

1. "남북회담대표"라 함은 특정한 목적을 위하여 정부를 대표하여 북한과의 교섭 또는 회담에 참석하거나 남북합의서에 서명 또는 가서명하는 권한을 가진 자를 말한다.

2. "대북특별사절"이라 함은 북한에서 행하여지는 주요 의식에 참석하거나 특정한 목적을 위하여 정부의 입장과 인식을 북한에 전하거나 이러한 행위와 관련하여 남북합의서에 서명 또는 가서명하는 권한을 가진 자를 말한다.

3. "남북합의서"라 함은 정부와 북한 당국간에 문서의 형식으로 체결된 모든 합의를 말한다.

4. "군사분계선 일대"라 함은 「군사기지 및 군사시설 보호법」 제2조제7호에 따른 민간인통제선 이북지역을 말한다.

5. "전단등"이라 함은 전단, 물품(광고선전물·인쇄물·보조기억장치 등을 포함한다), 금전 또는 그 밖의 재산상 이익을 말한다.

6. "살포"라 함은 선전, 증여 등을 목적으로 전단등을 「남북교류협력에 관한 법률」 제13조 또는 제20조에 따른 승인을 받지 아니하고 북한의 불특정 다수인에게 배부하거나 북한으로 이동(단순히 제3국을 거치는 전단등의 이동을 포함한다. 이하 같다)시키는 행위를 말한다.

제5조(다른 법률과의 관계) 이 법 중 남북회담대표, 대북특별사절 및 파견공무원에 관한 규정은 다른 법률에 우선하여 적용한다.

제2장 남북관계 발전과 정부의 책무

제6조(한반도 평화증진) ① 정부는 남북화해와 한반도의 평화를 증진시키기 위하여 노력한다.

② 정부는 한반도 긴장완화와 남한과 북한간 정치·군사적 신뢰구축을 위한 시책을 수립·시행한다.

제7조(남북경제공동체 구현) ① 정부는 민족경제의 균형적 발전을

통하여 남북경제공동체를 건설하도록 노력한다.

② 정부는 남북경제협력을 활성화하고 이를 위한 제도적 기반을 구축하는 등 남한과 북한 공동의 경제적 이익을 증진시키기 위한 시책을 수립·시행한다.

제8조(민족동질성 회복) ① 정부는 사회문화분야의 교류협력을 활성화함으로써 민족동질성을 회복하도록 노력한다.

② 정부는 지방자치단체 및 민간단체 등의 교류협력을 확대·발전시켜 남한과 북한간 상호이해를 도모하고 민족의 전통문화 발전을 위한 시책을 수립·시행한다.

제9조(인도적 문제 해결) ① 정부는 한반도 분단으로 인한 인도적 문제해결과 인권개선을 위하여 노력한다.

② 정부는 이산가족의 생사·주소확인, 서신교환 및 상봉을 활성화하고 장기적으로 자유로운 왕래와 접촉이 가능하도록 시책을 수립·시행한다.

제10조(북한에 대한 지원) ① 정부는 인도주의와 동포애 차원에서 필요한 경우 북한에 대한 지원을 할 수 있다.

② 정부는 북한에 대한 지원이 효율적이고 체계적이며 투명하게 이루어질 수 있도록 종합적인 시책을 수립·시행한다.

제11조(국제사회에서의 협력증진) 정부는 국제기구나 국제회의 등을 통하여 국제사회에서 남북공동의 이익을 증진시킬 수 있도록 노력한다.

제12조(재정상의 조치) ① 정부는 이 법에 규정된 정부의 책무를 이행하기 위하여 필요한 재원을 안정적으로 확보하기 위하여 노력한다.

② 정부는 지방자치단체 및 비영리법인·비영리민간단체에 대하여 이 법에 따른 사업에 필요한 비용의 전부 또는 일부를 지원할 수 있다.

제12조의2(남북관계 발전의 기반 조성) ① 정부는 남북관계 발전에 필요한 기반을 조성하기 위하여 다음 각 호의 사업을 추진할 수 있다.

1. 남북관계 발전의 필요성에 관한 국민의 관심 확대를 위한 다양한 홍보 방안 마련 및 시행
2. 남북관계 발전에 대한 국민의 이해와 참여를 증진하기 위한 국민참여 사업
3. 남북관계 발전에 필요한 지역별 기반 조성
4. 남북관계 발전 및 남북교류에 관한 실적과 통계의 수집·분석 및 공개
5. 한반도 평화증진, 남북경제공동체 구현, 민족동질성 회복, 인도적문제 해결과 인권개선 등 남북관계 발전에 필요한 기반을 조성하기 위한 사업이나 활동을 하는 비영리법인·비영리민간단체에 대한 지원

② 제1항에 따른 사업의 추진 절차 등에 관하여 필요한 사항은 대통령령으로 정한다.

제13조(남북관계발전기본계획의 수립) ① 정부는 남북관계발전에 관한 기본계획(이하 "기본계획"이라 한다)을 5년마다 수립하여야 한다.

② 기본계획은 통일부장관이 남북관계발전위원회의 심의 및 국무회의의 심의를 거쳐 이를 확정한다. 다만, 예산이 수반되는 기본계획은 국회의 동의를 얻어야 한다.

③ 기본계획에는 다음 각 호의 사항이 포함되어야 한다.

1. 남북관계 발전의 기본방향
2. 한반도 평화증진에 관한 사항
3. 남한과 북한간 교류·협력에 관한 사항
4. 정부의 지방자치단체 및 비영리법인·비영리민간단체와의 민관협력체계 구축 등 남북관계 발전에 필요한 기반의 조성에 관한 사항
5. 그 밖에 남북관계발전에 필요한 사항
④ 통일부장관은 관계중앙행정기관의 장과 협의를 거쳐 기본계획에 따른 연도별 시행계획을 수립하여야 한다.
⑤ 통일부장관은 기본계획 및 연도별 시행계획(이하 이항에서 "기본계획등"이라 한다)을 수립하거나 대통령령으로 정하는 기본계획등의 주요 사항을 변경하는 경우 이를 다음 각 호의 구분에 따른 시기까지 국회에 보고하여야 한다.
1. 기본계획등의 수립: 정기국회 개회 전까지
2. 기본계획등의 주요 사항 변경: 변경 후 30일 이내

제14조(남북관계발전위원회) ① 기본계획, 그 밖에 남북관계 발전을 위한 중요사항을 심의하기 위하여 통일부에 남북관계발전위원회(이하 "위원회"라 한다)를 둔다.
② 위원회는 위원장 1인을 포함하여 30인 이내의 위원으로 구성하며, 제3항 제2호 및 제3호의 위원의 임기는 2년으로 한다.
③ 위원장은 통일부장관이 되고, 위원은 다음 각 호의 자가 된다. 다만, 제2호의 위원 중 10인은 국회의장이 추천하는 자로 하며, 위원장이 위촉하는 위원 중 1명 이상은 제3호에 해당하는 자로 한다.
1. 대통령령이 정하는 관계중앙행정기관의 차관급 공무원

2. 남북관계에 대한 전문지식 및 경험이 풍부한 자 중에서 위원장이 위촉하는 자
3. 「지방자치법」 제165조제1항제1호에 따라 설립된 협의체가 추천하는 사람
④ 위원회에 간사 1인을 두되, 간사는 통일부 소속 공무원 중에서 위원장이 지명하는 자가 된다.
⑤ 위원회의 구성·운영 등에 관하여 필요한 사항은 대통령령으로 정한다.

제3장 남북회담대표 등

제15조(남북회담대표의 임명 등) ① 북한과 중요사항에 관하여 교섭 또는 회담에 참석하거나 중요한 남북합의서에 서명 또는 가서명하는 남북회담대표의 경우에는 통일부장관이 관계기관의 장과 협의한 후 제청하고 국무총리를 거쳐 대통령이 임명한다.
② 통일부장관은 북한과의 교섭 또는 회담 참석, 남북합의서의 서명 또는 가서명에 있어 남북회담대표가 된다.
③ 제1항 및 제2항의 경우를 제외한 남북회담대표는 통일부장관이 임명한다.
④ 대북특별사절은 대통령이 임명한다.
⑤ 2인 이상의 남북회담대표 또는 대북특별사절을 임명할 경우에는 서열을 정하고 수석남북회담대표 또는 수석대북특별사절을 지정하여야 한다.
⑥ 그 밖에 남북회담대표 및 대북특별사절의 임명 등에 관하여 필요한 사항은 대통령령으로 정한다.

제16조(공무원의 파견) ① 정부는 남북관계의 발전을 위하여 필요한 경우 공무원을 일정기간 북한에 파견하여 근무하도록 할 수 있다.
② 국가기관 또는 지방자치단체

의 장은 제1항에 따라 북한에 파견한 공무원에게 그 파견을 이유로 인사 및 처우에 있어서 불리한 조치를 하여서는 아니 된다.

③ 공무원의 파견과 근무 등에 관하여 필요한 사항은 대통령령으로 정한다.

제17조(정부를 대표하는 행위금지) 이 법에 의하지 아니하고는 누구든지 정부를 대표하여 다음 각 호의 어느 하나에 해당하는 행위를 할 수 없다.

1. 북한과 교섭 또는 회담하는 행위
2. 북한의 주요 의식에 참석하는 행위
3. 북한에 정부의 입장과 인식을 전달하는 행위
4. 남북합의서에 서명 또는 가서명 하는 행위

제18조(지휘·감독 등) ① 통일부장관은 남북회담대표 및 파견공무원의 임무수행, 남북회담 운영에 관하여 필요한 지휘·감독을 한다.

② 남북회담대표 및 파견공무원의 임무수행, 남북회담 운영 등 그 밖에 필요한 사항은 대통령령으로 정한다.

제19조(공무원이 아닌 남북회담대표 등에 대한 예우) 정부는 공무원이 아닌 자를 남북회담대표 또는 대북특별사절로 임명한 때에는 대통령령에 의하여 예우를 하고 수당을 지급할 수 있다.

제20조(벌칙 적용에 있어서의 공무원 의제) 공무원이 아닌 자가 남북회담대표 또는 대북특별사절로 임명되어 이 법에 의한 직무를 수행하는 때에는 「형법」 제127조 및 제129조 내지 제132조의 적용에 있어서는 이를 공무원으로 본다.

제4장 남북합의서 체결

제21조(남북합의서의 체결·비준) ① 대통령은 남북합의서를 체결·비준하며, 통일부장관은 이와 관련된 대통령의 업무를 보좌한다.

② 대통령은 남북합의서를 비준하기에 앞서 국무회의의 심의를 거쳐야 한다.

③ 국회는 국가나 국민에게 중대한 재정적 부담을 지우는 남북합의서 또는 입법사항에 관한 남북합의서의 체결·비준에 대한 동의권을 가진다.

④ 대통령이 이미 체결·비준한 남북합의서의 이행에 관하여 단순한 기술적·절차적 사항만을 정하는 남북합의서는 남북회담대표 또는 대북특별사절의 서명만으로 발효시킬 수 있다.

제22조(남북합의서의 공포) 제21조의 규정에 의하여 국회의 동의 또는 국무회의의 심의를 거친 남북합의서는 「법령 등 공포에 관한 법률」의 규정에 따라 대통령이 공포한다.

제23조(남북합의서의 효력범위 등) ① 남북합의서는 남한과 북한사이에 한하여 적용한다.

② 대통령은 남북관계에 중대한 변화가 발생하거나 국가안전보장, 질서유지 또는 공공복리를 위하여 필요하다고 판단될 경우에는 기간을 정하여 남북합의서의 효력의 전부 또는 일부를 정지시킬 수 있다.

③ 대통령은 국회의 체결·비준 동의를 얻은 남북합의서에 대하여 제2항의 규정에 따라 그 효력을 정지시키고자 하는 때에는 국회의 동의를 얻어야 한다.

제24조(남북합의서 위반행위의 금지) ① 누구든지 다음 각 호에 해당하는 행위를 하여 국민의 생

명·신체에 위해를 끼치거나 심
각한 위험을 발생시켜서는 아니
된다.
1. 군사분계선 일대에서의 북한
에 대한 확성기 방송
2. 군사분계선 일대에서의 북한에
대한 시각매개물(게시물) 게시
3. 전단등 살포
② 통일부장관은 제1항 각 호에
서 금지된 행위를 예방하기 위하
여 필요한 경우에는 관계 중앙행
정기관의 장 또는 지방자치단체
의 장에게 협조를 요청할 수 있
다. 이 경우 관계 중앙행정기관의
장 또는 지방자치단체의 장은 특
별한 사유가 없으면 협조하여야
한다.

제5장 벌칙

제25조(벌칙) ① 제24조 제1항을
위반한 자는 3년 이하의 징역 또
는 3천만원 이하의 벌금에 처한
다. 다만, 제23조제2항 및 제3항
에 따라 남북합의서(제24조 제1항
각 호의 금지행위가 규정된 것에
한정한다)의 효력이 정지된 때에
는 그러하지 아니하다.
② 제1항의 미수범은 처벌한다.

정통 제2판 국가고시용
국제조약집

초판 인쇄 | 2023. 3. 15.   **초판 발행 |** 2023. 3. 20.

편저 | 윤경철   **발행인 |** 박 용   **발행처 |** (주)박문각출판

등록 | 2015년 4월 29일 제2015-000104호

주소 | 06654 서울시 서초구 효령로 283 서경 B/D 4층

팩스 | (02)584-2927   **전화 |** 교재 주문·내용 문의 (02)6466-7202

정가 38,000원   ISBN 979-11-6987-205-8